복 있는 사람

오직 여호와의 율법을 즐거워하여 그 율법을 주야로 묵상하는 자로다.
저는 시냇가에 심은 나무가 시절을 좇아 과실을 맺으며 그 잎사귀가 마르지 아니함 같으니
그 행사가 다 형통하리로다.(시편 1:2-3)

신학이란 무엇인가 Reader

Alister E. McGrath

The Christian Theology Reader

알리스터 맥그래스

신학이란 무엇인가 Reader

【 기독교 신학 원전 문헌집 】

25주년 기념 제5판

복 있는 사람

신학이란 무엇인가 Reader

2021년 10월 12일 초판 1쇄 인쇄
2021년 10월 20일 초판 1쇄 발행

지은이 알리스터 맥그래스
옮긴이 김기철
펴낸이 박종현

(주) 복 있는 사람
주소 서울특별시 마포구 연남동 246-21(성미산로23길 26-6)
전화 02-723-7183(편집), 7734(영업·마케팅)
팩스 02-723-7184
이메일 hismessage@naver.com
등록 1998년 1월 19일 제1-2280호

ISBN 979-11-91987-09-6 03230

The Christian Theology Reader
by Alister E. McGrath

This fifth edition first published 2017

Edition history: Blackwell Publishing Limited (1e, 1996; 2e, 2001; and 3e, 2007), John Wiley & Sons Limited (4e, 2011)

감사의 글

이 책을 펴내기까지 많은 분들에게 빚을 졌다. 그분들에게 기쁘게 감사의 마음을 표한다. 먼저 옥스퍼드 대학교에서 내가 가르쳤던 학생들에게 큰 도움을 받았다. 이 책의 초판에 담은 많은 자료들은 그 학생들을 대상으로 삼아 10년에 걸쳐 검증한 것들이다. 학생들이 겪는 어려움과 제기하는 질문에 내가 진지하게 귀 기울였듯이, 학생들도 계속되는 세미나와 강의에서 내가 주요 본문들에 관해 설명하는 것들을 인내심을 가지고 받아주었다. 책의 초판은 드류 대학교, 맥길 대학교, 무어 칼리지(시드니), 프린스턴 신학교, 리젠트 칼리지(밴쿠버), 리들리 칼리지(멜버른), 웨스트민스터 신학교, 휘튼 칼리지 등 여러 학교에서 교수 및 학생들과 함께했던 토론에서 많은 도움을 받았다. 여러 가지 경험과 실패와 생각들을 함께 나누면서 이 책의 초판을 기획할 수 있었다.

그 후로 이 책의 다양한 판본을 수업에 활용하면서 이 책이 좀 더 개선될 수 있도록 소중한 제안을 해주신 분들이 있었다. 그분들의 경험에서도 상당한 유익을 얻었다. 저자와 출판사는 이 책을 확대 개정하여 새로운 판본을 출간할 수 있도록 소중한 제안을 해주신 여러 분들에게도 함께 감사를 드린다. 다음과 같은 분들을 우선 거명하고자 한다. 호세 에이브러햄, 닐 D. 앤더슨, 빈센트 E. 베이코트, A. 반즈, 스티븐 D. 베닌, 프랭크 W. 버크너, 윌리엄 D. 버만, 샬린 P. E. 번즈, A. B. 커네디, 해럴드 카알, 캐런 L. 카, 정성욱, D. 코클리, 리처드 콜린스, W. 크랜포드, 리사 W. 데이비슨, 매리앤 퍼거슨, 크리스토퍼 피셔, 준 앤 그릴리, 배리 하비, 토머스 하비, 아르네 하싱, 샐리 홀트, T. L. 홀첸, 닐 허드슨, 리처드 J. 존스, 워렌 A. 케이, 너대니얼 킹, 카리 크루스, 빌 래닝, 제라드 매니언, 톰 맥콜, 대런 J. N. 미들턴, 키스

그래버 밀러, 윌리엄 밀러, 이자벨 무코니요라, 데니스 인지엔, 마이크 패럿, 데이비드 라트케, 커트 리처드슨, 넬슨 리베라, 그렉 로버트슨, 윌리엄 로드리게스, 제임스 B. 사우어, 데이비드 슐츠, 제임스 L. 슈벵크, 스티븐 슈메이커, 스티븐 심플러, 패트릭 T. 스미스, 이완 스튜어트, J. 마이클 티그펜, 리처드 F. 윌슨, 노먼 워즈바, 다니엘 K. 웡.

편집자와 출판사는 이 책에 실은 자료들의 사용을 허락해 준 모든 저작권 소유자들께도 감사드린다. 원전의 정보와 저작권에 관해서는 이 책의 끝에 실은 '자료 출전'을 참조하기 바란다.

서문

신학 공부를 위한 좋은 방법 중 하나는 주요 신학자들의 견해와 직접 부딪쳐 씨름하는 것이다. 널리 사랑받아 왔고 이제 새로 개정해 5판을 펴내게 된 이 책에서 목표로 삼은 것은, 독자들이 신학 원전을 읽고 씨름하면서 기독교 신학의 핵심 개념, 인물, 학파들과 직접 대면할 수 있게 해주는 것이다. 새 판본에서는 신학 교육자와 학생 독자들의 의견을 수렴하여 자료들을 적절히 조절하고 읽기 쉽게 가다듬었으며 많은 부분을 수정했다. 새로 편집된 읽을거리들은 신학적으로 흥미롭고, 교회 일치의 관점에서 포괄적이며, 교육적 가치도 크다. 이 책을 보완하는 여러 편의 동영상 자료가 준비되어 있는데, 출판사 웹사이트에서 무료로 이용할 수 있다. 이 동영상 자료는 원본 신학 자료를 직접 다루는 학습 경험을 더욱 풍요롭게 해줄 것이다.

이 책은 지금까지 30년간 사용되어 왔는데, 첫 시작은 1990년 가을 뉴저지주 매디슨 소재 드류 대학교에서 가르쳤던 수업이었다. 당시 나는 역사신학 분야에서 에즈라 스콰이어 티플Ezra Squire Tipple 객원교수로 가르치고 있었다. 그때 나의 고민은 내 수업에 참여한 대학원 학생들이 어떻게 하면 16세기 신학의 여러 주제들을 즐겁게 탐구할 수 있을까 하는 문제였다. 고민 끝에 학생들을 선별된 본문과 씨름하게 만드는 틀을 고안했고, 그것이 이 책의 기초가 되었다. 세미나를 시작할 때면 나는 항상 본문의 배경을 제시하고—저자와 맥락과 개념을 소개하고—그다음에 학생들이 직접 본문으로 뛰어들어 탐구한 뒤 질문을 제기하며 요점을 정리하도록 했다. 이 방법은 효과가 좋았다. 옥스퍼드로 돌아와서도 이 방법을 계속 사용하면서 본문 양을 점점 늘려 갔다. 이렇게 실험과 시행착오로 이어진 긴 과정의 결실이 바로 이 책이다.

이 책에는 이천 년 기독교 역사에 걸쳐 250개 이상의 많은 원전에서 선정한 350편이 넘는 읽을거리들을 실었으며, 각각의 글은 핵심 교리, 관점, 지적 발전, 주요 신학 체계를 보여준다. 나아가 독자들이 본문과 적극적으로 씨름할 수 있도록 각 본문에 서론, 논평, 생각해 볼 물음들을 수록했는데, 이 자료들은 여러분이 기독교 신학을 학습하는 데 보다 친숙해지고 자신감을 얻도록 도울 것이다.

서구 기독교에서는 이천 년 동안 신학의 중심 주제들을 비판적으로 성찰해 왔다. 이 책에서는 그런 성찰을 연대기적으로나 지성적인 면에서 폭넓게 다룰 수 있도록 최선의 노력을 기울였다. 읽을거리들은 조직신학 본문, 공의회 선언문, 신앙고백문, 교리문답서, 설교, 성경 주석, 시, 찬송가, 서신 등 폭넓은 신학 장르에서 발췌했다. 드물게는 기독교 외부의 자료(예를 들어, 칼 마르크스의 저술)에서도 읽을거리를 선택했는데, 그 자료들의 저자나 사상이 기독교 신학의 성찰에 중대한 영향을 끼친 경우다.

이 책은 입문용 교재로 독자들에게 사전 지식이 거의 없다는 전제 아래 저술되었다. 지면이 허락하는 한, 각 읽을거리의 중요성을 설명하고 그 맥락과 핵심 특성을 밝혔으며, 독자들이 본문을 읽을 때 명심해야 할 점을 짚어 주려고 최선을 다했다. 읽을거리의 많은 부분은 이레나이우스, 알렉산드리아의 클레멘스, 테르툴리아누스, 오리게네스, 아우구스티누스, 토마스 아퀴나스 등 고전 저술가들의 문헌에서 가져왔다. 고전 자료에 초점을 맞추기는 했어도 이 책에서 인용한 다른 자료의 상당 부분은 시기적으로 지난 200년 동안 나온 것들이며, 그 결과 고전과 현대의 글을 부족함 없이 골고루 담은 셈이 되었다.

일부 독자들이 이 선집에 포함되기를 바랐던 문헌들이 있었는데 애석하게도 지면 문제로 다 담을 수 없었다. 지면의 압박 때문에 많은 독자들이 당연히 포함해야 한다고 여긴 문헌을 뺀 것도 있고, 길게 인용할 가치가 있는 문헌을 발췌해서 실은 것도 있다. 부족한 부분에 대해서는 매우 안타깝게 생각하며 독자들의 양해를 구한다. 이 책에 실리지 않은 신학자들이 있는데 그렇게 제외된 것을 기독교 신학의 발전에 그들이 기여한 것이 미미하다는 식으로 생각해서는 안 된다.

이 책이 앞으로 오랫동안 쓸 만하고 도움이 되는 작품이 되도록 만드는 것이 저자와 출판사의 강한 바람이다. 책의 구조는 훗날 개정판에서도 기존 형태를 크게 흔들지 않고서도 본문을 추가하거나 대체할 수 있도록 기획되었다. 저자와 출판사는 독자들이 보내 주는 평가를 기꺼이 받아들이고, 앞으로 이 책을 개선하고 확대하는 데 반영하려고 한다. 이 책의 현재 판본과 『신학이란 무엇인가』*Christian Theology: An Introduction*를 계속 개정하고 향상시키는 작업에 도움이 될 논평이라면, 무엇이든 출판사로 보내 주기를 부탁드린다. 우선은 독자들이 이 책을 마음껏 누리기를 희망한다.

옥스퍼드 대학교에서

알리스터 맥그래스

일러두기

- 이 책에 실린 353편의 인용 본문 가운데 일부(1.19, 1.28, 4.27)를 제외하고는 모두 역자가 직접 번역했다.
- 이 책에 나오는 인명과 지명은 새번역 성경의 음역을 기본으로 하되, 일반화된 명칭은 국립국어원 외래어표기법 일반 용례를 따랐다.
- 독자들이 신학과 관련된 글을 읽을 때 자주 마주치게 되는 전문용어와 이 책에서 중요하게 논의되는 용어들은 저자의 표기법에 따라 원어를 병기했다. 그리스어, 라틴어, 독일어, 영어 등의 철자와 대소문자 표기도 그대로 살렸다.

차례

1장 전체 서론: 예비적 고찰

2장 신학의 자료

4장 그리스도의 인격

8장 성례전

9장 기독교와 타종교

자료 사용법

이 책에서 인용한 모든 본문은 다음과 같은 구조를 따른다.

각 본문에는 고유 번호가 매겨져 있다. 이 번호로 이 책에 포함된 여러 본문을 서로 참조할 수 있다. 이 번호는 지금 읽고 있는 글이 어느 장에 속하고, 그 장에서 그 글이 어디에 위치하는지 알려준다. 예를 들어, '4.10'(나지안주스의 그레고리우스: 아폴리나리우스주의)은 예수 그리스도의 인격을 다루는 제4장의 10번째 읽을거리를 가리킨다.

번호 뒤에는 인용문의 저자와 주제에 대한 간략한 설명이 따른다. 예를 들어, "토마스 아퀴나스: 유비의 원리"1.10라는 표제를 보고, 독자들은 그 글의 저자와 대략적인 주제를 확인할 수 있다. 읽을거리들은 주제별로 구분해 전체 열 장으로 묶었고, 각 장에서는 연대순으로 배열했다. 그래서 교회에 대한 아우구스티누스의 글은 아퀴나스의 글보다 앞쪽에 나온다. 각 장에 배치된 본문이 다른 맥락에서도 적절히 사용될 수 있다는 점에 유의하라.

그다음에 각 본문에 대한 서론이 나온다. 서론에서는 본문의 배경지식을 설명하며 중요한 핵심 내용을 파악할 수 있게 한다. 서론은 보통 저자와 본문에 관한 몇 가지 간략한 정보를 담고 있다. 그러나 해당 본문의 정확한 이해를 위해 보다 자세한 설명이 필요할 경우 긴 서론을 달았다. 서론은 본문의 저술 시기, 원래 기록된 언어, 전문 용어에 관한 정보, 본문에 언급된 다른 저자들, 예상되는 난제와 같은 문제들에 주의를 환기시키기도 한다. 중요한 신학 용어에 대해서는 이 책의 뒷부분에 해설을 달아 놓았다. 서론의 끝부분에는 해당 본문과 관련해서 이 책에서 흥미롭게 살펴보고 참조할 만한 다른 본문을 밝혀 두었다.

그다음에 본문이 나오는데, 필요에 따라 원어를 영어로 번역했다. 본문의 양이 많은 경우, 논의 중인 논점에 크게 중요하지 않은 내용을 제외하여 축약하기도 했다 생략된 부분은 표준 방식대로 '……' 부호를 사용해 표시했다. 원문이 영어가 아닌 경우에 번역된 원어의 용어나 구절을 아는 것이 독자들에게 유익하다고 판단되면, 대괄호 안에 넣고 이탤릭체로 표기했다. 원전의 용어를 굳이 알 필요가 없는 독자들은 무시하고 넘어가도 괜찮을 것이다.

본문 다음에 논평이 이어진다. 논평은 독자들이 본문의 중요성을 파악하고 본문의 특성에 관심을 기울이도록 도와주며, 특별히 어려운 사항에 대해 설명해 준다.

그다음에 몇 가지 '생각해 볼 물음들'이 이어진다. 이 물음은 독자들이 본문과 적극적으로 씨름할 수 있도록 도와준다. 본문을 제대로 이해하고 그 의미를 올바로 파악했는지 이 물음을 통해 확실히 점검할 수 있다.

각 장은 '추가 독서 자료'라는 유익한 자료 목록으로 끝을 맺는다. 이 자료는 독자가 원할 경우 해당 주제를 보다 깊이 공부할 수 있도록 도와준다.

인용된 본문의 자료 출전은 책의 뒷부분에 실었다. 본문을 원전의 맥락에서 살펴보거나 원어로 공부하기를 원하는 독자들, 부분적으로 생략된 본문을 온전한 형태로 읽어 보기를 원하는 독자들에게 이 자료가 도움이 될 것이다.

학생들에게

: 이 책을 사용하는 법

이 책은 주로 두 부류의 사람들, 곧 혼자서 이 책을 공부하는 사람들과 신학교나 신학대학, 대학교의 수업에서 이 책을 공부하는 사람들의 필요를 염두에 두고 저술했다.

혼자서 공부할 때

여러분이 혼자서 신학을 공부하려고 한다면, 아래 사항을 주의 깊게 읽어 주기 바란다.

❶ 이 책의 자매편인 『신학이란 무엇인가』를 구해 곁에 두고 같이 읽기를 적극 권한다. 그 책에서 제공하는 많은 배경 자료가 이 책의 읽을거리들을 이해하는 데 매우 큰 도움을 줄 것이다. 특히 "길라잡이"에 속한 1부 내용은 반드시 읽어야 한다. 그 부분은 기독교 신학의 역사와 여러분이 이 책에서 직접 마주하는 주요 신학자들을 깊이 이해할 수 있도록 이끌 것이다. 이에 더하여 『신학이란 무엇인가』에서 여러분이 공부하려는 주제와 관련된 장을 찾아 읽을 것을 권한다. 그렇게 하면 이 책의 읽을거리를 온전한 맥락에서 살펴보는 데 도움이 될 것이다. 만일 이 보조교재를 사용하기를 원하지 않는다면, 이 책에서 "기독교 신학의 발전: 역사적 개관"35-44쪽 참조이라는 제목의 짧은 항목을 읽기 바란다. 이 항목은 여러분이 다루게 될 개념들의 역사적 배경을 이해하도록 도와줄 것이다.

❷ 이번 개정판에서 새롭게 바뀐 주요 특징은 동영상 강의를 여러 편

보완한 것이다. 독자들은 이 책을 공부할 때 동영상 강의를 통해 더 많은 도움을 받을 수 있다33-34쪽 참조. 동영상 자료들은 이 책 독자들의 필요에 맞춰 개발했으며, 출판사 웹사이트나 유튜브와 비메오 웹사이트에서 무료로 이용할 수 있다.

❸ 이 책의 인용문들은 주제별로 구분해 장으로 묶어 놓았으며, 각 장에서는 글들을 연대순으로 배열했다. 후대의 저술가들은 흔히 앞선 시대의 학자들이 다듬은 개념을 토대로 논의를 펼치거나 그 개념과 씨름했다는 점—그들이 늘 이 사실을 의식하고 있었던 것은 아니다—을 고려해, 주제별 접근법을 이용하되 각 장을 처음부터 끝까지 공부하기를 추천한다. 각 장의 서론도 역시 주제별 연구를 위한 지침을 제시해 준다. 모든 장을 이 책에서 정한 순서에 따라 공부할 필요는 없다. 어떤 것이든 여러분이 가장 큰 흥미를 느끼는 주제로 시작하기 바란다. 다른 장에 대한 지식은 없어도 된다. 다른 장에 연관된 읽을거리가 있는 경우에는 따로 밝혀 놓았다.

❹ 독자들은 이 책을 읽기에 앞서, 동영상 자료들을 통해 본문에 어떻게 접근해야 할지 미리 가늠해 볼 수 있다. 각 본문은 아래와 같은 방식에 따라 연구하기 바란다.

① 저자가 어떤 사람인지 분명히 확인하라. 저자는 어느 시대에 살았는가? 저자가 활동한 지역은 어디인가?

② 본문이 속한 원래의 저술에 관해 생각해 보라. 어떤 성격의 작품인가? 예를 들어 학술적인 글인가, 논쟁적인 글인가? 아니면 목회적인 글인가, 대중적인 글인가? 저자가 대상으로 삼고 있는 독자는 누구인가?

③ 서론에서 밝히는 중요한 논점들을 살펴보라.

④ 이제 본문을 읽으라. 이 책에는 충분한 여백을 두어 독자들이 읽은 본문에다 주를 달고 필기할 수 있게 해놓았다. 이를 적극 활용하라. 중요한 구절들을 확인하라. 본문을 요약하고, 특별히 중요해 보이는 논증의 흐름이나 가정들을 정리하라.

⑤ 그다음으로 책을 덮고 본문의 내용을 요약할 수 있을지 생각해 보라. 많은 정보를 기억해 낼수록 도움이 된다. 특히 제기된 주장의 주요 논점을 기억하도록 힘쓰라. 여러분이 요약한 내용은 본문의 길이와 복잡한 정도에 따라 다르겠지만, 여러분이 다듬어야 할 요약문의 모습은 아래와 같은 형태를 띠게 될 것이다.

1.7 ▸ 캔터베리의 안셀무스는 『프로슬로기온』에서 하나님의 존재에 대해 이렇게 논증한다. 그는 우선 하나님을 "그보다 더 큰 것을 생각할 수 없는 존재"라고 정의한다. 이 정의에 기초해서 그는 하나님에 대한 개념은 하나님의 실재만큼 클 수 없다는 사실을 지적한다. 따라서 우리가 만일 이러한 하나님 정의에 동의한 후에 하나님에 관해 생각한다면, 하나님은 분명 존재한다.

8.20 ▸ 독일의 개신교 신학자인 마틴 루터는 1520년에 펴낸 『바벨론 포로가 된 교회』에서, 주의 만찬(그는 "미사"나 "제단의 성례전" 이라고 부른다)이 세 가지 이유에서 유언과 비슷하다고 주장한다. 유언은 먼저 유산과 관계가 있으며, 유산 상속자가 누구인지를 밝히며, 유언자의 죽음을 알리기 때문이다.

이런 연습은 여러분이 본문을 어느 정도 이해했는지 확인하도록 도와줄 것이며, 나아가 여러분 스스로 정보를 가장 효과적으로 사용할 수 있게 할 것이다.

다른 사람의 가르침을 받을 때

만일 여러분이 수업을 들으며 이 책을 사용한다면, 강의하는 사람이 여러분에게 이 책의 사용법에 대해 설명해 줄 것이다. 그 설명은 대체로 여러분에게 어떤 글을 읽고 요약하고 평가하라고 지시하는 형태가 될 것이다. 강사의 안내와 정보가 제공되므로 이러한 설명자료는 필요 없다고 생각할 수 있다. 하지만 지금까지의 경험에 따르면 여러분은 이렇게 추가로 제공되는 자료에서 적잖은 유익을 얻을 수 있을 것이다. 앞에서 혼자 신학을 공부하는 학생들에게 추천한 방법도 같이 이용하면 좋을 것이다. 이 방법은 교수자가 여러분에게 어떤 방법을 권하든 거기에 더해 유용한 보조 수단이 될 것이다.

강연을 준비할 때

이 책은 기독교 신학의 주요 주제에 대해 강연이나 설교나 담화를 준비하는 사람들이 원자료를 강의에 포함시키거나 논의의 주제를 대변하는 중심 인물을 제시하려고 할 때도 도움이 될 수 있다. 예를 들어 많은 주제 가운데 아래의 논제들은 이 책을 토대로 손쉽게 연설에 담을 수 있다.

❶ 기독교 신학에서 전통의 역할

❷ 자연에서 하나님에 관해 무엇을 알 수 있을까?

❸ 기독교의 타종교 이해

❹ 인간이 '하나님의 형상으로 창조되었다'는 말은 무슨 의미일까?

❺ 성경의 권위를 둘러싼 논쟁

교사들에게

: 이 책을 사용하는 법

이 책의 바탕을 이루는 근본 동기는, 매우 다양하고 흥미로운 본문들을 대학 강단에서 검증된 설명 자료와 함께 학생들에게 제공하여, 교육자가 가급적 효율적이고 보람차게 강의할 수 있게 하려는 데 있다. 이 책은 교육자의 부담과 어려움을 덜어 주고, 강의 시간에 초보적 내용을 설명하고 평가하느라 많은 시간을 허비하는 대신, 학생들과 어울려 본문을 가운데 두고 창조적이고 신바람나게 연구할 수 있도록 구성되었다.

이 원전 문헌집은 신학 강사가 다방면에서 유용하게 사용할 수 있도록 기획되었다. 아래 지침을 숙지한다면 학생들이 본문에서 최선의 지식을 얻도록 이끌 수 있을 것이다.

❶ 기독교 신학의 주요 읽을거리를 모아 놓은 이 선집은 학생들이 신학 본문과 직접 씨름하는 법을 배우고, 그 작업을 통해 최대의 유익을 얻는 것을 목표로 삼은 책이며, 결코 어떤 특정 교파나 이념의 의제를 옹호하지는 않는다. 읽을거리들은 이천 년 기독교 역사에 등장했던 중요한 신학 논쟁과 발전을 폭넓고도 일관되게 담으려는 목적에 따라 선별되었고, 250여 개의 다양한 원전에서 인용했다. 이 책의 5판을 준비하면서, 기독교 신학을 공부하는 학생들에게 어떤 본문이 가장 도움이 되는지, 또 학생들이 본문과 씨름할 때 어떤 보조 자료가 유익한지 확인하기 위해 학생 독자들과 힘을 합쳐 폭넓은 연구를 실행했다. 4판에서 개정된 내용들은 이렇게 협력한 작업의 결과다.

❷ 이 책의 내용은 가르치는 여러분이 특별한 추가 연구 없이 파악할

수 있는 수준이다. 이 책에서 제공하는 모든 설명은 강의실에 모인 학생들을 대상으로 검증한 것이며, 학생들이 별도의 도움을 받지 않고서도 제시된 논점들을 이해할 수 있다고 말할 때까지 다듬었다. 학생들에게 미리 특정 본문을 읽어오도록 과제를 준다면, 학생들이 이미 그 본문의 기본적인 특징과 주제를 이해한 것으로 보고서 다음 단계로 넘어가 본문들을 좀 더 깊고 폭넓게 다룰 수 있을 것이다.

❸ 이번 5판의 새로운 특징은 동영상 자료가 제공된다는 점이다34-35쪽 참조. 동영상 자료들은 특별히 이 책을 위해 옥스퍼드 대학교 현지에서 제작해 녹화했다. 이 자료들은 책의 소개와 구조에 대한 설명을 담고 있어서, 학생들이 이 책의 여러 주제와 씨름할 때 보다 더 많은 유익을 얻도록 도와줄 것이다. 이 자료들은 출판사 웹사이트, 유튜브, 비메오를 통해 저작권과 관계없이 무료로 이용할 수 있다. 학생들을 가르칠 때 자유롭게 사용할 수 있으며, 저자나 출판사에 별도로 허락을 받지 않아도 된다.

❹ 이 책의 목표는 학생들을 독려해 기독교 신학의 원자료를 직접 다루게 하는 데 있다. 여러 교수들의 전언에 따르면, 학생들은 대체로 원문을 직접 다루기를 두려워하는데, 자신이 읽은 것을 제대로 이해하지 못할 수 있다는 염려가 그 한 가지 이유다. 이 책은 학생들에게 자신감을 심어 줄 목적으로 도움이 될 만한 여러 다양한 자료를 제공한다. 이 자료들이 실질적 도움을 줄 수 있도록 학생들을 대상으로 검증을 거쳤으며 필요한 경우 수정했다.

❺ 이 책은 교회 역사가를 위한 모음집이 아니다. 역사적으로 중요하지만, 신학적으로 적합하지 않은 문헌들도 많다. 예를 들어 갈레리우스의 '관용 칙령'(311년 4월)이 그렇다. 신학교나 신학대학, 대학교에서 기독교 신학을 공부하는 학생들에게 필요한 것을 확인하여 거기에 맞춰 본문을 선택했다. 교회사는 독립된 분과로서 그 자체의 문헌 모음집이 필요하다. 여기에 관심 있는 독자들은 다른 곳에

서 그런 책을 구할 수 있다. 이 책은 역사의 특정 시대, 특정 저술가, 신학 학파, 지역 등을 집중적으로 다루는 전문 자료집도 아니다. 이 책은 기독교 울타리 안에서 신학을 연구해 온 거대한 전통에 대한 입문서로 기획되었고, 독자들이 스스로 문제를 깊이 다룰 수 있도록 돕는 것이 목적이다. 그런가 하면 이 책은 권위 있는 신학자들을 치켜세워 그들에게 영예를 돌리기 위한 '명예의 전당'으로 고안된 것도 아니다. 무엇보다도 이 책은 대표적인 신학 문헌들을 이용해 독자들이 기독교 신학에 대한 이해를 깊이 다질 수 있도록 이끌어 주는 교육 자료다.

❻ 350여 편의 읽을거리들은 각각 서론, 논평, 몇 가지 생각해 볼 물음을 포함한다. 이 부분은 가급적 명료하게 쓰려고 노력했다. 학생들은 여기서 충분한 도움을 받아 자신 있게 본문을 다루며 읽은 것을 이해할 수 있을 것이다. 가르치는 여러분은 "학생들에게: 이 책의 사용법"이라는 앞글의 도움을 받는다면, 학생들이 적극적으로 본문들을 다루도록 격려할 수 있을 것이다.

❼ 이 책은 신학적 중립을 지키며, 특정 교단의 견해를 옹호하지 않는다. 이 책은 여러분이 가르치는 학생들이 바르트(또는 아퀴나스, 아우구스티누스, 루터)를 바르게 이해할 수 있도록 돕지만, 그들에게 바르트(또는 아퀴나스, 아우구스티누스, 루터)의 사상에 동의하라고 강요하지는 않는다. 이 책의 목적은—학생들이 이 책에 인용된 본문을 읽고 숙고하여 여러 쟁점에 대한 충분한 기초적 지식을 갖추고, 이차 자료가 아닌 일차 자료를 직접 다루는 경험을 했다는 가정 아래서—가르치는 여러분이 기독교 전통의 고전 문헌을 마음껏 강의할 수 있게 하는 데 있다.

❽ 이 책은 현재 6판으로 출간된 『신학이란 무엇인가』의 자매편으로 만들어졌으나, 이 책을 단독으로 사용하거나 다른 기독교 신학 입문서와 짝을 이루어 사용해도 좋다.

❾ Reader와 이 책의 자매편인 『신학이란 무엇인가』와 연계된 웹사

이트가 있다. 저자와 출판사는 이 웹사이트를 통해 갱신된 참고 문헌과 추가된 교수 자료, 그리고 가르치는 교수들에게 유용한 자료들을 제공하려 한다. 각 장의 끝부분에는 유용하게 사용할 수 있는 추가 독서 자료를 실었는데, 주로 지난 15년 사이에 출간된 책에서 선별했다. 책의 뒷부분에는 추가 연구를 위한 도서 목록 실어 놓았다. 웹사이트에는 교사와 학생 모두에게 유용한 자료들을 계속 갱신하고 추가해 실을 것이다.

동영상 보조 자료들

이 책에서는 새로운 동영상 자료를 여러 편 제공하는데, 이 자료들은 특별히 이 책의 이해를 위해 개발한 것이다. 보통 12-13분 길이의 프레젠테이션 동영상으로, 독자들이 이 책의 읽을거리들을 간략하게 이해하고 더 깊이 연구하는 과정을 돕고자 마련했다. 이 자료들은 출판사 웹사이트로 들어가 알리스터 맥그래스의 신학 저술에 할당된 페이지에서 이용할 수 있다. 주소는 www.alistermcgrathwiley.com이다.

유튜브와 비메오에서도 직접 이용할 수 있다.

	유튜브	비메오
프리젠테이션 1	http://youtu.be/RqgcvMrlM8I	https://vimeo.com/108984145
프리젠테이션 2	http://youtu.be/UeSNpxEmePI	https://vimeo.com/108990233
프리젠테이션 3	http://youtu.be/QW8Vvj79URc	https://vimeo.com/109020851
프리젠테이션 4	http://youtu.be/npwBNOwxcZI	https://vimeo.com/109676368
프리젠테이션 5	http://youtu.be/76aqyDLKUvw	https://vimeo.com/109676369
프리젠테이션 6	http://youtu.be/iwmyHzoUMA0	https://vimeo.com/110344818

이 자료들에는 저작권 규제가 없고, 독자들이 마음껏 사용할 수 있다. 이 책과 관련해 현재 사용할 수 있는 자료는 다음과 같다. 자료들은 계속 추가될 것이다.

❶ 첫 번째 프레젠테이션에서는 독자들에게 이 책을 소개한다. 이 책이 어떻게 기획되었는지, 구조는 어떻고 책의 바탕을 이루는 교육 철학은 무엇인지를 설명하고, 독자들이 이 책을 어떤 방법으로 사용해야 최고의 유익을 얻을 수 있는지에 대해서도 조언한다. 독자들이 일차 자료들을 다루는 데 도움이 되는 일반적인 원리들—독자가 던져야 할 물음들, 찾아야 할 사항들, 독자의 신학적 이해를 계발하기 위해 본문을 사용하는 법—도 소개되어 있다.

그다음에 다섯 개의 프레젠테이션이 이어진다. 여기서는 대표적인 본문 다섯 편을 선정하여 상세히 다룬다. 이 프레젠테이션들은 독자들이 일차 자료를 다루는 기량을 키우고 자신감을 가질 수 있도록 구성되었다.

❷ 히포의 아우구스티누스: 철학과 신학 1.4
❸ 리옹의 이레나이우스: 전통의 역할 2.2
❹ 도로시 세이어즈: 그리스도론과 교의 4.29
❺ C. S. 루이스: 기독교와 다른 종교들의 신화 9.5
❻ 카르타고의 키프리아누스: 기독교인의 본향인 천국 10.6

기독교 신학의 발전

: 역사적 개관

이 책은 지난 이천 년 기독교 신학의 역사에서 선정한 많은 읽을거리들을 담고 있다. 신학을 '하나님에 관한 담론'이라고 할 때, 기독교 신학은 기독교적 관점에서 바라본 '하나님에 관한 담론'이다. 이러한 읽을거리들과 직접 씨름하는 일은, 기독교인들이 어떻게 자신의 신앙을 표현하고, 기독교적 개념들을 형성하고, 기독교의 주제들을 하나로 엮어 체계화하려고 애써 왔는지 이해하는 가장 좋은 방법 가운데 하나이다. 이렇게 씨름하는 과정이 가능한 한 명확하고 흥미롭고 유익하게 이루어질 수 있도록 각 읽을거리마다 서론과 논평, 생각해 볼 물음들을 덧붙여 놓았다.

하지만 이 읽을거리들에서 최대의 효과를 얻기 위해서는 먼저 기독교 신학이 발전해 온 과정의 주요 특성을 개괄적으로 살펴보는 일이 중요하다. 만일 독자들이 이 책과 함께 자매편인 『신학이란 무엇인가』를 사용해 그 책에서 제시하는 상세한 지침을 따른다면, 이 책에서도 큰 유익을 얻을 수 있을 것이다. 『신학이란 무엇인가』는 여러분이 다루는 글을 보다 더 깊이 이해할 수 있게 도와주며, 본문들이 기록된 맥락을 파악할 수 있게 해준다. 『신학이란 무엇인가』의 서론에 해당하는 네 장(1부)에서는 신학의 역사에 대해 다룬다. 그다음에 이어지는 네 장(2부)에서는 신학의 자료와 해석에 관한 쟁점을 다루는데, 이 부분은 이 책에서 자료의 문제를 다루게 되는 처음 두 장과 겹친다. 『신학이란 무엇인가』의 나머지 열 장에서는 구체적으로 기독교 신학의 주요 주제들을 다루는데, 이 부분이 이 책에 대한 심층적인 서론 역할을 한다.

그러나 모두가 다 『신학이란 무엇인가』를 기독교 신학 공부의 서론으로 삼기는 쉽지 않을 것이다. 그런 사람들은 여기서 제공하는 짧은 항을 이용해 신학 발전 과정의 주요한 특성들을 살펴보고 또 그런 특성들을 이해하는 데 도움이 되는 읽을거리들을 확인할 수 있을 것이다(읽을거리들은 번호로만 표기했다). 이 짧은 항에서는 기독교 신학의 많은 주제 가운데 극히 일부만 다루지만(깊이 다루어야 하는 여러 논제와 논쟁 및 학파들은 생략했다), 방대하게 펼쳐지는 여러 개념 사이에서 독자들이 방향을 잃지 않도록 도울 수 있을 것이다.

기독교 사상을 다루는 역사가들은 편의상 기독교의 이천 년 과정을 비교적 쉽게 다루기 위해 몇 부분으로 나누는 경향을 보인다. 기독교 역사를 어떻게 구분하는 것이 가장 합당한지에 대해서는 역사가들의 다양한 견해가 있지만, 대체로 다음과 같은 틀을 사용한다.

사도시대

처음 100년은 흔히 사도시대로 부른다. 이 시기에 현재 신약성경에 포함된 문서들이 기록되었으며, 기독교가 지중해 지역과 그 너머로 퍼져 나갔다. 사도행전에 기록된 사도 바울의 선교 여행은 이 활동을 보여주는 좋은 예이다. 신약성경 본문은 쉽게 접할 수 있으므로 이 책에는 따로 싣지 않았다.

교부시대

사도시대 다음에 지금도 교부시대로 불리는 시기가 이어진다(근래에는 이 시기를 '초기 교회 시대'로 부르기를 선호하는 사람들도 있다). 이 시대는 대체로 100년경에 시작했다고 여겨지며, 언제 끝났는지에 대해서는 확실하게 일치된 견해가 없다. 어떤 학자들은 5세기에 끝났다고 주장하는가 하면, 어떤 학자들은 최소한 2세기는 더 이어졌다고 생각한다. 칼케돈 공의회(451년)는 기독교 사상사에서 특히 예수 그리스도의 정체성과 관련해 커다란 전환점을 이루었으며, 그 때문에 많은 저술가들은 이 공의회를 신학 역사에서 이 중요한 교부시대에 마침표를 찍은 사건으로 받아들인다. '교부'라는 특이한 단어는 그리스어 *pater*('아버지')에서 유래했으며, 대체로 '교회의 아버지들'이라고 불린 저술가 집단을 가리킨다(아쉽게도 그들 가운데 여성은 없었다). 이 책은 리옹의 이레나이우스, 알렉산드리아의 클레멘스, 오리게네스, 카파도키아 교부들, 알렉산드리아의 아타나시우스, 히포의 아우구스티누스 등 이 시대의 주요 저술가들에게서 인용한 본문을 포함하고 있다.

교부시대에는 신앙과 고전 문화의 관계에 대한 중요한 탐구가 이루어졌으며, 기독교 신학 안에서 성경의 지위(신약 정경을 확립한 일을 포함한다), 예수 그리스도의 정체성, 신론(삼위일체론), 교회론, 은총과 자유의지의 관계 등을 명료하게 밝혔다. 이 책에서는 이 주제들을 충분히 다루었다. 이 주제들에 대해 더 자세히 살펴보기로 한다.

신앙과 고전 문화

처음 몇 세기에 기독교는 널리 확산되어 팔레스타인의 테두리를 벗어나 지중해 동부의 그리스어권 세계로 들어갔고, 알렉산드리아와 안티오키아 등 여러 대도시에 자리 잡았다. 라틴어를 사용하는 서쪽의 로마제국과 북아프리카에서도 성장하기 시작했다. 이 현상은 그 지역에 이미 퍼져 있었던 사상(예를 들어, 고전 철학)과 기독교의 관계를 어떻게 이해해야 할 것인가라는 문제를 낳았다 1.1-1.4.

성경의 지위

교부시대에 이룬 가장 중요한 업적 가운데 하나는 사도시대에 나온 문헌들 가운데 어느 것을 '정경' 곧 '성경'으로 인정할 것인지를 확정한 일이었다. 성경 해석의 문제 2.3, 2.4, 2.8와 특히 정통 신앙에서 벗어난 성경 해석들과 다투는 일에서 전통의 역할 2.2, 2.5, 2.7, 2.10에도 커다란 관심이 모아졌다. 이 시기에는 '신조들'이 공동체가 권위를 인정하고 받아들인 기독교 신앙의 요약본으로 등장하기 시작했다 1.5, 1.6, 2.7.

예수 그리스도의 정체성

교부시대에 이르러서는 예수의 정체성과 의미를 명확하게 밝히는 일이 지극히 중요한 일이 되었다. 예수는 신학적 지형도에서 어느 위치에 있었는가? 이 시기에 '두 본성' 교리가 점차 수용되었으며, 이와 함께 하나님이면서 동시에 인간이신 예수 그리스도를 가장 잘 설명할 수 있는 방법이 무엇인지에 대한 탐구가 이루어졌다. 특히 아리우스 및 네스토리우스와 관련된 논쟁들은 이 문제를 해명하는 일에서 아주 중요했으며, 따라서 그와 관련된 자료들을 이 책에 실었다4.1-4.16.

신론

고전 그리스철학은 이미 '신'의 존재라는 개념을 가지고 있었다. 기독교 신학의 가장 중요한 과제 중 하나는 기독교의 하나님 개념을 경쟁자인 이교 및 철학의 신 개념과 구별해 제시하는 것이었다3.1. 초기 시대에 일어난 많은 논쟁에서는 하나님을 창조자로 말하는 것의 의미3.4, 3.5, 성령의 역할3.8, 3.10, 3.15, 3.16, 악의 존재가 어떻게 선하신 하나님과 조화를 이루는가3.2, 3.6, 3.13와 같은 문제를 집중적으로 다루었다. 하지만 가장 중요한 논의는 삼위일체론—세 위격으로 존재하는 한 분 하나님이라는 기독교 특유의 개념—과 관계가 있었다. 이 교리는 어떻게 이해되었는가?3.3, 3.7, 3.8, 3.10-3.12, 3.14, 3.17

교회론

처음에 교부 저술가들은 교회론7.1-7.4에는 별로 관심을 기울이지 않고, 성례전을 조리 있게 이해하여 발전시키는 데 관심을 집중했다8.1-8.7. 4세기에 일어난 도나투스주의 논쟁의 여파로 서방교회는 교회의 본질은 무엇이고 7.5, 7.6, 성례전을 집례할 권위는 누구에게 있는지8.8, 8.9에 관해 재고하게 되었다. 이런 문제를 둘러싼 논쟁들이 종교개혁 시대에 다시 발생하게 된다.

은총론

초기 기독교 시절에 이루어진 인간 본성과 은총에 관한 논의6.1, 6.3, 6.7에서는 그리스어권 교회가 크게 기여했으나, 이 쟁점들과 계속 씨름한 것은 서방교회였으며, 펠라기우스와 히포의 아우구스티누스 사이에서 벌어진 펠라기우스 논쟁6.8-6.13이 논의를 주도했다.

중세

중세는 교부시대 말에서 대략 1500년에 이르는 기간을 가리킨다. 이 오랜 기간은 문화적으로 매우 창의적이었고 신학적으로도 풍성했으며, 페트루스 롬바르두스의 『네 권의 명제집』과 토마스 아퀴나스가 13세기에 펴낸 대작인 『신학대전』과 같은 신학 고전들을 낳았다. 중세의 신학 교재였던 페트루스 롬바르두스의 저술은 많은 주석의 주제로 사용되었는데, 이런 주석들은 그 책의 자료를 바탕으로 삼아 갈수록 복잡한 신학 개념들을 고안해 냈다. 이 책에는 페트루스 롬바르두스의 명제집에서 몇 개의 본문8.16, 10.13과 명제집의 주제를 주석한 중요한 작품 몇 편6.19-6.21을 선별해 실었다. 토마스 아퀴나스의 『신학대전』에서도 여러 부분을 길게 발췌해 실어 놓아서, 독자들이 그 저술의 독특한 형식을 이해하고 평가하는 데 도움이 되도록 했다1.9, 1.10, 3.21, 4.18, 5.17. 캔터베리의 안셀무스, 토마스 아퀴나스, 보나벤투라, 둔스 스코투스, 오캄의 윌리엄 등 이 시대의 주요 신학자들의 저술에서 인용한 본문도 담았다.

이 시대에 신학자들이 깊이 탐구한 쟁점으로는 신앙과 이성의 관계, 성경 해석 방법, 성례전 신학 등이 있다. 이와 더불어 은총과 자유의지의 관계와 같이 교부시대에 논란이 되었던 쟁점들도 계속 탐구되었다.

신앙과 이성

중세에는 신앙과 이성, 신학과 철학의 관계와 관련해 광범위한 쟁점들이 제기되어 큰 관심을 끌었다. 이러한 현상이 나타난 한 가지 이유는 서유럽 지역에 대학교가 등장한 데서 찾을 수 있으며, 그중에서 특히 파리 대학교가 큰 역할을 했다. 하나님의 존재를 증명할 수 있는지의 문제1.7-1.9, 1.11와 성육신의 근거들4.17, 4.18, 5.13, 5.16을 둘러싼 논쟁들이 이런 관심을 잘 보여주는 예다.

성경 해석

수도원의 등장은 올바른 성경 해석에 대한 새로운 관심으로 이어졌다. 수도원에서 공동체 예배와 개인 신앙훈련에 성경을 꾸준히 사용했던 것은 어떻게 하면 성경을 가장 바르게 이해하고 적용할 수 있는지2.11-2.14에 관한 성찰로 이어졌다.

교회 제도

교황 제도가 확립되면서 점차 교회와 성례전 체계에 관한 중요한 문제들이 나타났다. 중세에 씨름했던 주요 쟁점 가운데는 성례전을 정의하는 문제8.14-8.16와 어떻게 그리스도가 성찬례 가운데 임재한다고 볼 수 있는가8.11-8.13, 8.17-8.18라는 복잡한 문제가 있었다. 교회의 정치적인 권력이 점차 커지면서 교회와 국가의 관계7.8, 7.10라는 신학적으로 중요한 문제들이 제기되었다.

은총과 자유의지의 관계

중세 신학은 여러 가지 면에서 아우구스티누스 신학을 확장한 주석이라고 볼 수 있다. 은총의 본질에 관한 성찰이 아우구스티누스의 개념들을 새로운 방향으로 발전하게 하는 결과로 이어지면서, 은총과 인간의 자유를 둘러싼 쟁점이 이 시기에 중요한 문제로 등장하게 되었다6.17, 6.20, 6.21.

종교개혁과 종교개혁 이후 시대

서방교회에서 16세기는 급진적 변화의 시대라는 특성을 나타낸다. 이러한 종교개혁 시대에 마틴 루터와 장 칼뱅과 같은 사람들을 통해 개신교가 탄생했다. 이 시기에는 특정 주제의 신학 논쟁이 특히 치열했는데, 신학적 성찰에서 성경의 지위, 교회론, 구원받기 위해 해야 할 일은 무엇인지의 문제들이 주요 쟁점이 되었다. 가톨릭교회 역시 종교개혁 시대를 거치면서 트리엔트 공의회를 통해 이 시기에 중요하게 떠오른 쟁점들에 대해 명확한 가톨릭적 견해를 제시했다. 많은 학자들은 17세기까지 종교개혁 시대에 포함시키면서, 17세기에는 개신교와 가톨릭에서 이전 세기에 이루어진 발전을 통합하는 일이 이루어졌다고 주장한다. 기독교인들이 북아메리카로 이주해 그 지역을 신학 논쟁의 주요한 장으로 세운 일도 바로 17세기에 일어났다.

이 시기에 여러 중요한 신학적 발전이 이루어졌는데 대부분은 개신교와 관련된 것이었다. 대체로 루터주의나 칼뱅주의와 관계가 있는 새로운 두 가지 신학 문헌 양식이 등장했는데, 멜란히톤의 『일반원리』*Loci communes*와 칼뱅의 『기독교 강요』1.13, 2.17, 2.18, 5.19, 6.25-6.27, 7.17, 8.23가 그것이다. '질문과 대답'이라는 독특한 형식으로 구성된 '교리문답서'가 이 시대의 신학교육에서 중요한 위치를 차지했다. 이 책에는 가장 유명한 개신교 교리문답서 가운데 하나인 『하이델베르크 교리문답』1.14의 발췌문을 실었다.

이 책에는 마틴 루터, 울리히 츠빙글리, 장 칼뱅, 로베르토 벨라르미노 등 이 시대를 대표하는 주요 신학자들의 글을 인용했으며, 트리엔트 공의회 문헌처럼 이 활기찬 시대의 주요 신앙고백문을 실었다. 이 시대의 신학 논쟁은 격하게 불타오르기 일쑤였고 때로는 흉포해지기까지 했는데, 특히 성경의 권위와 해석, 교회의 본질, 은총론이 중심 쟁점이 되었다. 각 쟁점에서 개신교와 가톨릭은 크게 다른 견해를 표명했다.

성경의 권위

개신교와 가톨릭 사이에서 벌어진 주요 논쟁은, 우선 성경이 교회의 권위에서 독립된 권위를 지니느냐의 문제, 둘째로 교회의 지도 없이도 성경을 해석할 수 있느냐의 문제를 중심으로 이루어졌다2.19, 2.22, 2.24.

교회

교회와 관련한 이 시대의 논쟁에서 세 가지 쟁점이 특히 중요했다. 첫째, 참 교회의 표지는 무엇인가? 교회를 규정하는 것은 제도적·역사적인 면에서 과거와 이어지는 연속성인가, 아니면 신실한 복음의 선포인가7.12-7.18? 둘째, 성례전은 몇 개인가? 개신교는 두 가지 복음적 성례전만 받아들였으나 가톨릭교회는 일곱 가지 성례전을 인정했다. 셋째, 만일 그리스도께서 성만찬 자리에 현존하신다면, 어떤 의미에서 그렇게 말할 수 있는가? 가톨릭교회는 화체설8.24이라는 독특한 교리를 주장한 반면에, 개신교에서는 다양한 견해가 등장했다8.19-8.23.

은총론

종교개혁은 은총론과 관련해서 새로운 논쟁을 불러일으켰다. 이 논쟁은 다양한 방식으로 표출되었는데, 그중 하나로 개신교는 '오직 믿음으로 의롭게 된다'는 독특한 교리를 내세웠고, 가톨릭교회는 이에 강하게 반발했다6.23-6.25, 6.28. 그후 경건주의 사상가들도 나름대로 이 교리를 설명하는 방식에 관심을 기울였는데, 그들은 이 교리가 개인 경건에 해가 된다고 여겼다6.33. 개신교 진영에서는 예정론을 둘러싸고 또 다른 논쟁이 일어났는데, 장 칼뱅이 예정에 관해 가르친 내용이 중심 쟁점이 되었다6.26, 6.29, 6.31.

근현대

대략 1800년 이후 시대를 가리켜 근현대modern라고 부른다. 이 시대에 들어와 서유럽은, 특히 1789년에 일어난 프랑스 혁명과 20세기에 동유럽에서 등장한 마르크스주의로 인해 엄청난 불안정의 시대를 겪었다. 이렇게 불안한 정황 속에서도 이 시대는 서유럽에서 북미까지 이르는 넓은 지역에서 놀라운 신학적 창의성을 발휘했다.

이에 더하여 20세기에 아시아와 아프리카에서 기독교인의 수가 증가하면서, 이 새로운 지역을 중심으로 '지역 신학'이 크게 발전했다. 이러한 지역 신학들은 기독교 전통을 토대로 삼으면서도 각 지역의 상황에 민감하게 응답했다. 이 책에서는 서구 세계 밖에서 등장한 이 신학들을 상세하게 다루지는 못했지만, 이 현상이 매우 중요한 발전이며 21세기에는 한층 더 중요해지리라는 점을 분명히 밝힌다.

근현대에 들어와 광범위한 신학 쟁점들이 전면에 등장했다. 신앙과 이성의 관계1.21, 1.22, 1.26, 성경의 권위와 해석2.39-2.45, 삼위일체론3.28, 3.32, 3.33, 3.37-3.39, 3.42, 그리스도의 정체성4.24-4.36, 구속의 근거5.25, 5.28, 5.31-5.38, 교회의 본질7.21-7.33 등 많은 전통적인 쟁점들이 계속 논의되었다. 이 논쟁들은 대체로 계몽주의의 관심사들에 의해 촉발되었는데, 계몽주의는 이성의 중요성을 강조하면서 교회 전통이나 하나님의 계시를 근거로 삼는 신학 논증들에 의문을 제기했다. 계몽주의가 쇠퇴하고 탈근대성이 등장하면서 신학의 새로운 쟁점들이 나타났는데1.36, 이것들은 앞으로 계속 논의해야 할 문제로 보인다.

타종교들에 대한 지식이 증가하면서, 기독교와 타종교의 관계를 밝히는 일에 새로운 관심이 일었다. 이 쟁점은 이전의 그 어느 시대보다 20세기에 들어와 특별히 광범위하게 논의되었다9.5-9.15. 이 주제를 다룬 장의 읽을거리 대부분이 근래의 자료들로 채워진 이유가 바로 그 때문이다.

서구 문화에서 합리주의의 등장은 전통적인 기독교신학의 많은 면모에 대한 비판으로 이어졌다. 이런 현상 가운데서 가장 중요한 것은, 본질상 간단하고 합리적인 '역사적 예수'와 교회에서 가르치는 훨씬 더 복잡한 '신앙의 그리스도' 사이에는 엄청난 괴리가 있다고 보는 신념에 따라 등장한 '역사적 예수 운동'이었다4.22, 4.24-4.26, 4.30, 4.31, 4.34, 4.35. 하지만 계몽적 합리주의의 핵심 개념들도 20세기 말에 이르러 탈근대성의 도전을 받으며 비판적 검토 대상이 되었고, 이것은 중요한 신학적 결과로 이어졌다1.36. 20세기 초에 합리주의가 영향력을 잃기 시작하면서 기독교 신학은 계시 개념을 새롭게 발굴했으며2.36-2.38, 기독교가 믿는 하나님의 독특한 성격을 해명하는 도구로서 삼위일체론을 다시 받아들였다3.32, 3.33, 3.37-3.39, 3.42. 19세기에는 많은 사람이 교의[dogma] 개념을 비판했는데1.23, 이 개념이 다시 중요한 요소로 등장했다1.35, 2.34.

마지막으로 살펴볼 중요한 요소는 페미니즘 저술가들이 제기한 쟁점들인데, 이것들은 점차 중요성을 인정받고 있다. 페미니즘 저술가들은 하나님에 관해 남성 언어를 사용해 온 전통3.40, 3.41과 기독교 신앙의 중심 특성으로 자리 잡은 그리스도의 남성성4.33, 4.36, 남성 중심적으로 이루어지는 성경 해석 및 신학 개념들2.45, 6.38, 6.40이라는 쟁점들을 더 깊이 탐구할 필요가 있다고 주장했다.

오랜 신학의 역사를 간략하게 살펴보았기에, 기독교 역사 전반에 걸쳐 탐구되고 논의되어온 커다란 주제들을 피상적으로 다룰 수밖에 없었다. 여러분이 이 책에 실린 읽을거리들을 읽고 이해하는 데 작은 도움이 되기를 바란다.

1장 전체 서론: 예비적 고찰

서론

신학이란 무엇인가? 3세기 이래로 기독교인들은 신학이라는 말을 '하나님에 관한 담론'이라는 의미로 사용해 왔다. 그런데 타종교 전통에서 '신'god이라는 말은 전혀 다른 의미로 사용된다. 그런 점에서 '기독교 신학'은 '기독교의 방식으로 하나님God에 관해 논하는 일'을 의미한다고 보아야 할 것이다. 기독교 인들은 자신의 신앙에 관해 숙고한다. '신학'이란 그러한 성찰의 과정과 결실에 관해 사용하는 용어다. 따라서 신학을 공부하는 것은 기독교의 기본 개념들에 관해 조직적으로 생각하는 것을 의미한다. 신학이란 기독교 신앙의 행위와 내용과 의미를 지성적으로 성찰하는 일이다.

기독교 신학에 발을 들여 놓으면 매우 폭넓은 영역의 쟁점들을 탐구하게 된다. 이러한 쟁점 가운데 일부는 신학의 정체성과 특성 자체를 집중적으로 다룬다. 예를 들어 이렇게 물어볼 수 있다. 신학이란 무엇인가? 신학은 어떻게 발전했는가? 신학은 삶을 다루는 다른 영역인 철학이나 문화와 어떤 관계가 있는가? 우리가 하나님에 관해 논하는 방식은 우리의 일상언어와 어떤 관계가 있는가? 하나님의 존재는 어느 정도까지—그리고 어떤 방식으로—증명이 가능한가?

이번 장에서는 이러한 쟁점과 이와 연관된 주제들을 심도 있게 다룬 읽을거리들을 살펴본다. 기독교 신학에서 가장 중요한 논쟁 가운데 하나는 신앙과 이성의 관계에 관한 것이다. 전통적으로 기독교 신학은 이성이 계시를 보조하는 역할만 한다고 생각해 왔다. 토마스 아퀴나스는 초자연적 진리가 우리에게 계시될 필요가 있다고 주장했다. 인간의 이성 그 자체만으로는 신적 신비들을 파악할 수 없기 때문이다. 하지만 그 신비들이 계시되면, 이성은 그것들을 성찰할 수 있다. 기독교 신학자들 대부분은 토마스 아퀴나스의 이러한 견해를 따랐다. 이성은 계시에 대한 우리의 성찰을 가능하게 해준다. 그러나 이성은 비판적으로 사용되어야 한다. 인간 이성을 이처럼 비판적이면서 동시에 긍정적으로 받아들이는 태도는 라틴어를 사용했던 서방 기독교에서 가장 중요하고 영향력 있는 학자인 히포의 아우구스티누스 저술 전체에서 발견할 수 있다. 아우구스티누스의 견해는 근대 초기까지 이성의 지위와 관련해 기독교 내부에서 이루어진 논의에 커다란 영향을 끼쳤다.

서구 문화에서 위대한 '이성의 시대'를 거치면서 모든 것이 바뀌었다. 대부분의 역사가는 이성의 시대가 1750-1950년 사이의 200년을 가리키는 것으로 본다. 이 시대에는 자율적 인간 이성이 세계를 설명하고 지배할 능력이 있다는 새로운 자신감이 등장했다. 하나님에 관해 알 필요가 있는 모든 것을 이성이 추론할 수 있다고 주장했다. 하나님의 계시를 내세울 필요가 없었고, 그 대신에 온전히 이성만을 의지할 수 있었다. 이러한 견해를 가리켜 일반적으로 '합리주의'라고 말하는데, 오늘날도 여전히 여러 영역에서 우리와 마주치고 있다. 그러나 문화에 따라 합리성이 제각기 다르게 이해된다는 사실이 점차 확인되면서 합리주의의 신뢰성은 크게 흔들리게 되었다. 많은 합리주의자들이 보편적 특성이라고 굳게 믿었던 이성이 사실은 그렇지 않다는 것이 드러났다. 피렌체의 위대한 시인인 단테 알리기에리가 말한 대로 이성은 "날개가 짧다."

물론 오늘날 신학에서도 이성의 역할에 대한 관심은 계속 이어지고 있다. 이 사실을 가장 확실히 보여주는 표지는 '신의 존재에 관한 논증'을 둘러싸고 계속 이어지는 논쟁이다. 이러한 논증들이—기독교의 하나님 존재 문제는 예외라고 해도—과연 얼마나 많은 것을 증명해냈는지에 대해서는 의문의 여지가 있지만, 그 논증들에 대한 관심이 크다는 사실은 이성이 신학 논쟁에서 여전히 중요한 역할을 한다는 점을 확인시켜 준다.

책을 시작하는 첫 번째 장에서는 예비 주제들과 관련된 읽을거리들을 모아 놓았다. 독자들은 이 첫 장이 '땅을 다지는' 성격을 띠는 것으로, 신학의 자료(2장)와 기독교 교리의 주요 주제들(3-10장)을 좀 더 구체적으로 다루는 길의 준비 단계라는 것을 알 수 있다. 첫 장에서 탐구할 주제들을 살펴보기로 하자.

1. 하나님의 존재는 증명할 수 있는가?

하나님의 존재 증명에 관한 기독교적 논의에서 반복해서 등장하는 세 가지 큰 주제가 있는데, 다음과 같이 요약할 수 있다.

❶ 하나님의 존재는 이성으로 확실히 증명할 수 없다. 하지만 하나님의 존재가 이성을 초월한다는 사실이 하나님의 존재가 이성에 상반된다는 뜻은 아니다.

❷ 어떤 탁월한 이성은 하나님이 존재한다는 사실을 옹호하는 데 사용될 수 있다. 하지만 이것들을 '엄격한 논리적 증명'이나 '확실한 학문적 실험'이라는 의미에서 증명으로 볼 수는 없다.

❸ 신앙은 하나님이 존재한다는 사실에 대한 동의라기보다는 하나님에 대한 신뢰와 관계가 있다.

중세 이후로 기독교 신학은 이 문제를 깊이 탐구해 왔으며, 특히 캔터베리의 안셀무스와 토마스 아퀴나스가 중요한 공헌을 했다. 이 논쟁의 탐구는 신학에서 근본적으로 중요한 쟁점들을 다루는 탁월한 방법이다. 이 논쟁을 다룰 때, 다음 본문들이 여러분에게 도움이 될 것이다.

하나님의 존재를 증명할 수 있는가?

1.7 ▸ 캔터베리의 안셀무스: 신 존재 증명
1.8 ▸ 가우닐로: 안셀무스의 논증에 대한 응답
1.9 ▸ 토마스 아퀴나스: 신 존재 증명들
1.11 ▸ 오캄의 윌리엄: 신 존재 증명들

1.16 ▸ 르네 데카르트: 신의 존재

1.17 ▸ 블레즈 파스칼: 신 존재 증명들

1.19 ▸ 임마누엘 칸트: 안셀무스의 존재론적 논증에 대하여

1.22 ▸ 존 헨리 뉴먼: 믿음의 토대

1.26 ▸ 루트비히 비트겐슈타인: 신 존재 증명

이 책의 서론에도 언급했듯이 이 읽을거리들은 독자들이 몇 가지 핵심 관심사나 주장 그리고 그런 것들이 제기하는 쟁점을 탐구하면서 신학의 일반 주제를 공부하는 데 사용할 수 있다. 앞서 밝혔듯이 이 본문들은 연대순으로 배열했으며, 각각 본문의 범위와 내용을 알려 주는 간단한 제목이 달려 있다.

2. 신앙과 이성의 관계

여기서는 신앙의 합리성이라는 쟁점을 다룬다. 하나님의 존재를 증명할 수 있는지의 문제도 중요하지만, 보다 넓은 관점에서 기독교 신앙의 합리성 문제는 어떻게 말할 수 있는가? 기독교 신앙은 이치에 맞는 것인가? 아니면 현실을 피해 공상의 세계로 도피하는 것인가? 신앙의 합리적 일관성이라는 기본 쟁점은 기독교 사상의 오랜 역사를 거쳐 논의되어 왔다. 여기서는 몇 가지 대표적인 글을 다루려고 한다.

신앙의 합리성

1.21 ▸ 제1차 바티칸 공의회: 신앙과 이성

1.22 ▸ 존 헨리 뉴먼: 믿음의 토대

1.37 ▸ 존 폴킹혼: 신학과 근거 있는 믿음

1.38 ▸ 프란치스코 교황: 신학과 교회에서 신앙과 진리

3. 문화, 철학, 신학의 관계를 둘러싼 교부시대의 논쟁

초기 교회 시대에, 신학이 세속 철학과 어느 정도까지 교류할 수 있겠는가의 문제로 흥미롭고 중요한 논쟁이 일어났다. 교회 안에서는 많은 사람이 로마제국 문화가 기독교에 보인 적대감 때문에 세속 문화나 철학과 적극적으로 교류하는 일에 의혹을 품었다. 하지만 콘스탄티누스 황제의 개종 이후에 이런 태도가 바뀌기 시작했다. 이번 장에 실은 처음 네 편의 글은 여러분이 이 논쟁에 관해 탐구하고 나아가 아우구스티누스가 제시한 탁월한 문제 해결 방법—신학에서 문화의 비판적 수용—을 맛보도록 도와줄 것이다.

문화, 철학, 신학의 관계를 둘러싼 교부시대의 논쟁

1.1 ▸ 순교자 유스티누스: 철학과 신학

1.2 ▸ 알렉산드리아의 클레멘스: 철학과 신학

1.3 ▸ 테르툴리아누스: 철학과 이단의 관계

1.4 ▸ 히포의 아우구스티누스: 철학과 신학

4. 신학적 언어의 지위

두드러진 관심을 끄는 네 번째 분야는 신학에서 언어와 이미지를 사용하는 방식에 관한 것이며, 신학의 언어가 성격상 유비인가 은유인가라는 문제를 포함한다. 이 중요한 주제를 다루는 본문은 다음과 같다.

신학의 언어와 이미지

1.10 ▸ 토마스 아퀴나스: 유비의 원리

1.14 ▸ 『하이델베르크 교리문답』: 하나님의 형상들

1.25 ▸ 루트비히 비트겐슈타인: 유비

1.27 ▸ 블라디미르 로스키: 부정의 신학

1.29 ▸ 폴 틸리히: 상관관계의 방법

1.30 ▸ 이안 램지: 기독교 교리의 언어

1.31 ▸ 샐리 맥페이그: 은유의 신학

1.33 ▸ 브라이언 게리쉬: 칼뱅의 신학과 조정

5. 교의의 본질

마지막으로, 지난 두 세기 동안 큰 신학적 관심을 끌었던 분야인 '교의의 본질'을 살펴본다. 그러한 교의의 예로 나사렛 예수의 정체성을 규정한 칼케돈 공식을 들 수 있다. 교의는 과거에서 물려받은 골동품인가? 아니면 오늘날도 여전히 신학적 성찰에서 중요한 역할을 담당하는가? 아래 본문들은 다양한 견해를 보여주며, 각각 특유의 강조점을 내세운다. 그중 두 본문은 이 책의 뒷부분에서도 만나게 되는데, 이것은 이 책에서 다루는 신학적 주제들이 서로 겹친다는 사실을 말해 준다.

교의의 본질

1.23 ▸ 아돌프 폰 하르나크: 교의의 기원

1.34 ▸ 조지 린드벡: 후기 자유주의의 교리 이해

1.35 ▸ 두미트루 스타닐로에: 교의의 본질

2.34 ▸ 찰스 고어: 교의와 신약성경의 관계

4.29 ▸ 도로시 세이어즈: 그리스도론과 교의

순교자 유스티누스

: 철학과 신학

순교자 유스티누스약 100-165는 148-161년 사이에 로마에서 그리스어로 두 권의 기독교 신앙 변증론을 썼다. 그 책에서 유스티누스는 복음이 세속적 지혜 개념과 어떻게 연결되는지 밝히려고 애쓰면서 기독교를 열렬히 옹호했다. 그는 당시 지중해 동부 지역에서 큰 힘을 발휘하던 다양한 형태의 플라톤주의를 기독교 복음과 연관짓는 데 큰 관심을 기울였으며, 나아가 기독교와 플라톤주의가 여러 중요한 점에서 합치한다고 강조했다. 그는 특히 플라톤 철학과 기독교 신학 양쪽 모두에서 주요 역할을 하는 핵심 개념인 '로고스'('말'을 뜻하는 그리스 단어)에 끌렸다. 한 예로 "그 말씀은 육신이 되어 우리 가운데 사셨다"(요 1:14)라는 말씀을 참조하라. 기독교 신앙을 옹호하는 유스티누스의 작업에서 중심 주제는 그리스도가 오시기 전에 하나님께서 온 세상에 '로고스의 씨앗'*spermata*을 뿌려 놓았으며, 그로 인해 세속의 지혜와 진리도 불완전하게나마 그리스도를 가리킬 수 있다고 보는 개념이다1.2, 1.3, 1.4 참조.

본문

우리는 그리스도가 하나님의 처음 나신 자firstborn of God라고 배워 왔고, 그분이 모든 인류가 나누어 받은shared 로고스라고 선포해 왔습니다. 이 로고스에 따라 사는 사람들은 비록 그들이 무신론자로 불린다고 하더라도 기독교인입니다. 예를 들어 그리스인들 가운데 소크라테스와 헤라클레이토스 같은 사람이 그렇습니다.……법률가들이나 철학자들이 훌륭하게 말한 것은 모두 로고스의 특정한 측면을 깨닫고 숙고하여 다듬어 낸 것입니다. 하지만 그들은 그리스도이신 로고스를 온전히 알지 못했기 때문에, 빈번히 자기모순에 빠지고 말았습니다.……세상 사람들이 훌륭하게*kalos* 말한 것은 무엇이든지 우리 기독교인들이 소유하고 있습니다. 왜냐하면 우리는 출생하지 않으시고, 참으로 위대하신 하나님으로부터 오신, 그 로고스를 하나님과 나란히next to God 경배하고 사랑하기 때문입니다. 로고스는 우리의 고난을 함께 겪으시고, 우리를 치유하고자 기꺼이 인간이 되셨습니다. 사상가들은 대개 자신에게 심겨진 로고스의 씨앗의 작용을 통해 진리를 희미하게 볼 수 있을 뿐입니다. 왜냐하면 각 사람의 수용 능력에 맞추어 심긴 씨앗 곧 어떤 실물의 모방물*mimema*은 실물 그 자체와는 전혀 다르기 때문입니다. 우리는 하나님의 은총을 입어 그 실물 자체와 연결되며, 그 모방물을 받습니다.

논평

예수 그리스도께서 곧 로고스라고 주장하는 유스티누스의 논법을 주의해서 살펴보라. 유스티누스에 따르면, 플라톤 사상 체계의 토대가 되는 철학 원리는 인간 이성으로 발견해야 하는 추상적 개념이 아니라 특정한 형태로 인간에게 알려지는 것이다. 철학자들이 찾던 그것이 그리스도 안에서 알려졌다.

따라서 인간의 참된 지혜는 모두—명백하게 인지되든 그렇지 않든—로고스에서 나온다는 결론에 이른다. 유스티누스의 견해에 따르면 철학적 모순이나 갈등은 로고스를 온전히 파악하지 못한 데서 생겨난다. 그러나 이제 그리스도를 통해 로고스에 온전히 다가갈 길이 열렸다.

그래서 유스티누스는, 로고스를 아는 지식에 따라 정직하고 진실하게 사는 사람이라면 누구나—소크라테스를 포함해—기독교인으로 인정받을 수 있다고 주장한다. 따라서 세속 철학에서 선하고 참된 것은—명료하게 인지되든 그렇지 않든—궁극적으로 로고스로부터 나왔다는 점에서 기독교인들이 얼마든지 받아들이고 귀하게 여길 수 있다는 결론에 이른다.

생각해 볼 물음들

❶ 여러분은 유스티누스가 기독교와 플라톤주의가 합치한다는 점을 강조한 이유가

무엇이라고 생각하는가?

❷ 유스티누스의 로고스 이해를 따를 때 기독교는 세속 철학에 대해 어떤 견해를 취하게 되는가?

❸ 이교 철학자인 소크라테스와 헤라클레이토스를 기독교인으로 간주할 수 있다는 주장에서 생기는 난점은 무엇인가?

1.2

알렉산드리아의 클레멘스

: 철학과 신학

알렉산드리아의 클레멘스는 여덟 권으로 이루어진 『스트로마타』*Stromata*, 문자적인 의미는 '카펫'이다를 저술했는데, 이 책에서 기독교 신앙과 그리스 철학의 관계를 상세히 다룬다. 당시 이집트의 주요 도시인 알렉산드리아는 플라톤주의가 번창했던 대표적인 지역이었다. 3세기 초 그리스어로 쓰인 『스트로마타』에서 뽑은 이 글에서 클레멘스약 150-215는 하나님께서 그리스도의 오심을 준비하는 방법으로 유대인들에게 모세 율법을 주신 것처럼, 그리스인들에게는 철학을 주셨다고 주장한다. 클레멘스는 철학을 하나님의 계시와 동등한 지위를 지니는 것으로 인정하지 않으면서, 로고스의 순전한 씨앗이 그리스 철학 속에서 발견될 수 있다고 본 순교자 유스티누스의 주장을 넘어선다1.1, 1.3, 1.4 참조.

본문

그러므로 철학은 주님이 오시기*parousia* 전까지 그리스 사람들의 의를 위하여 필요했다. 이제 철학은 참된 종교를 위한 예비 교육*propaideia*과 같은 역할을 맡아 사람들을 설득해서 신앙에 이르도록 도와준다. 여러분이 선한 일이라면 그리스인의 것이든 우리 것이든 가리지 않고 다 하나님의 섭리에 속한 것으로 돌린다면, "여러분의 발은 걸려 넘어지지 않을 것"(잠 3:23)이기 때문이다. 하나님은 모든 선한 것의 원천으로서 어떤 것은 직접적으로(구약과 신약성경을 통해), 또 어떤 것은 간접적으로(철학을 통해) 알려 주신다. 하지만 주님이 그리스인들을 불러 주시기 전까지는 철학이 그들에게 직접적인 수단으로 주어졌다고 볼 수 있다. 율법이 히브리인들을 그리스도께 이끌었듯, 철학은 그리스인들을 그리스도께로 인도하는 '개인교사'*epaidagogei* 구실을 했기 때문이다. 철학은 예비하는 수단이었고, 그것은 예비하는 길을 거쳐 그리스도 안에서 완성되었다.

논평

클레멘스는 그리스철학을 복음을 예비하는 길로 볼 수 있는 방식에 관심을 기울여 탐구했다. 구약성경은 유대인들이 기독교 신앙에 이르는 길을 예비했는데, 그리스철학은 그리스인들에게 그와 유사한 기능을 한다고 클레멘스는 주장한다.

클레멘스는 분명 철학이 기독교인들에게 지속적이고 긍정적인 역할을 하는 것으로 보았다. 그리스도가 오심으로 철학이 부적합해진 것은 아니다. 여전히 철학은 진리를 사랑하는 참된 사람들이 신앙에 이르는 길이 된다. 그리스도께서 구약의 성취요 완성으로 여겨지듯, 그분은 또한 철학의 완성이요 성취로 여겨진다.

생각해 볼 물음들

❶ 바울의 갈라디아서에 나오는 다음의 구절을 읽어 보라. "믿음이 오기 전에는, 우리는 율법의 감시를 받으면서, 장차 올 믿음이 나타날 때까지 갇혀 있었습니다. 그래서 율법은, 그리스도께서 오실 때까지, 우리에게 개인교사 역할을 했습니다. 그것은, 우리로 하여금 믿음으로 의롭다고 하심을 받게 하시려고 한 것입니다"(갈

3:23-24). 이 본문에서 "개인교사"로 번역된 그리스어*epaidagogei*는 클레멘스가 철학의 역할을 가리키기 위해 사용한 말과 같다. 클레멘스가 자기 독자들에게 이러한 유사성을 이해시키려 했다는 점은 분명하다. 클레멘스가 말하려던 논점은 무엇인가? 바울이 이 갈라디아서 본문에서 율법에다 어떤 역할을 부여하는지 살펴보고, 이것을 클레멘스가 철학에 부여하는 역할과 비교해 보라.

❷ "그리스도는 로고스*Logos*이며, 노모스*Nomos*다." 그리스도와 그리스철학 및 구약성경의 관계를 요약한 이 말은 여러 문헌에서 자주 발견되며, 독일의 저명한 기독교사상사 연구자인 아돌프 폰 하르나크가 처음으로 제안했다. 앞서 살펴보았듯이 로고스는 '말'을 가리키는 그리스어이며, 플라톤 철학에서 중요한 의미를 지닌다. 노모스는 '법'을 가리키는 그리스어로서 바울이 기독교 신앙의 관점에서 율법에 부여한 중요한 역할을 밝혀 준다. 그렇다면 "그리스도는 로고스이며, 노모스다"라는 말이 주장하는 바는 무엇인가? 그리고 클레멘스나 유스티누스 같은 사상가들이 이렇게 주장하는 일차적인 이유는 무엇인가?

❸ 신약성경은 대체로 복음의 청중을 크게 두 부류로 나누어 '유대인과 그리스인'으로 말한다. 바울의 고린도전서에 나오는 다음의 간략한 본문을 읽어 보라. "유대 사람은 기적을 요구하고, 그리스 사람은 지혜를 찾으나, 우리는 십자가에 달리신 그리스도를 전합니다. 그리스도가 십자가에 달리셨다는 것은 유대 사람에게는 거리낌이고, 이방 사람에게는 어리석은 일입니다. 그러나 부르심을 받은 사람에게는, 유대 사람에게나 그리스 사람에게나, 이 그리스도는 하나님의 능력이요, 하나님의 지혜입니다"(고전 1:22-24). 클레멘스는 바울의 관심사를 어떤 방식으로 발전시키고 확장하는가? 1.1, 1.2, 1.4 참조

테르툴리아누스

: 철학과 이단의 관계

1.3 ▼

로마의 신학자 테르툴리아누스약 160-220는 철학이 부당하게 신학 속으로 유입된 일에 대해 강하게 비판한 것으로 유명하다. 그의 주장에 따르면 철학

은 그 관점 자체가 이교적이며, 신학에서 철학을 사용하면 교회 안에 이단이 생길 뿐이다. 잘 알려진 대로 테르툴리아누스는 3세기 초 라틴어로 저술한 『이단 반박 논설』*On the Rule of the Heretics*에서 아테네와 예루살렘을 대비하며, 이교 철학과 기독교 신앙의 계시 사이에서 빚어지는 갈등을 그려낸다. 테르툴리아누스는 기독교 신학이 세속 철학, 그중에서도 특히 플라톤주의와 어떤 관계에 있는가라는 근본 문제와 씨름했다. 그리스 도시인 아테네는 플라톤이 기원전 387년 설립한 세속 학문 기관인 아카데메이아의 본거지였다. 테르툴리아누스가 볼 때, 기독교 신학자들은 그들이 맞섰던 이교도 학자들과는 완전히 다른 정신세계에 살았다. 그 둘 사이에 어떻게 대화가 가능할까? 1.1, 1.2, 1.4 참조

본문

철학은 당돌하게도 스스로 하나님의 본질과 섭리의 해석자라고 주장하며, 세상 지혜의 자료들을 공급한다. 이단들은 철학으로부터 자신을 위한 무기를 얻는다. 바로 이 원천에서 플라톤의 신봉자인 발렌티누스는 "아이온"*aeons*과 "인간적 삼위일체"라는 개념들을 얻었다. 마르키온의 신(평온함 때문에 그를 좋아하는 사람도 많다)도 철학으로부터 왔다. 마르키온은 스토아학파 출신이었다. 영혼이 죽음에 종속된다고 말하는 것은 에피쿠로스의 길을 따르는 것이다. 또 몸의 부활을 부정하는 것은 모든 철학자의 글에서 두루 발견된다. 물질이 하나님과 대등하다고 말하는 것은 제논의 교설을 추종하는 것이며, 불의 신에 관해 말하는 것은 헤라클레이토스를 따르는 것이다. 이단과 철학자들이 모두 같은 주제를 붙들고 씨름한다. 악은 어디서 오며 왜 생기는가? 인간의 기원은 무엇이며 어떻게 생겨났는가?……아테네가 예루살렘과 무슨 상관이 있는가? 아카데메이아가 교회와 무슨 상관이 있는가? 우리 믿음의 원리*institutio*는 솔로몬 행각에서 나온 것이며, 솔로몬 자신은 단순한 마음으로 하나님을 구해야 한다고 가르쳤다. 기독교를 두고 '스토아파'니 '플라톤파'니 '변증파'니 떠들어대는 자들 때문에 문제

가 심각하다. 우리는 예수 그리스도 이후에 관해 호기심을 가질 필요도 없고, 복음 이후에 관해 애써 탐구*inquisitio*할 필요도 없습니다. 우리가 믿음에 이르면 그 이상 무언가를 믿고자 애쓰지 않는다. "우리가 믿은 것 외에 우리가 믿어야 할 다른 것은 없다"는 것이 우리의 믿음이기 때문이다.

논평

이 글에서는 아테네와 예루살렘이 대비되고 있다. 아테네는 이교 철학의 본거지이며, 예루살렘은 그리스도 안에서 정점에 이른 신적 계시의 터전이다. 아카데메이아는 오늘날 사용하는 '학계'academic world, 이 현대 영어는 플라톤의 학교 이름에서 유래하기는 했다라는 말처럼, 폭넓은 현상을 가리키는 말이라기보다 구체적으로 아테네에 있었던 플라톤의 철학 학교를 가리킨다. 이단들이 그들의 개념을 세속철학에서 가져왔다는 점을 테르툴리아누스가 간단한 역사적 사실의 문제로 처리하는 방식을 눈여겨보라. 그가 보기에 이 사실은 신학에서 철학을 사용하는 것과 관련하여 매우 심각한 문제들을 일으키기에 충분하다.

테르툴리아누스가 언급하는 많은 이단들은 영지주의의 형태를 띠고 있었다. 특히 그는 2세기의 저술가 마르키온을 언급하는데 그는 144년에 파문당했다. 마르키온에 따르면 기독교는 사랑의 종교이며, 율법이 들어설 자리를 허용하지 않는다. 구약성경은 신약성경과는 전혀 다른 신을 가르친다. 이 세상을 창조했을 뿐인 구약의 신은 율법 개념에 얽매여 있다. 하지만 신약의 하나님은 세상을 구원하고 사랑을 강조한다. 마르키온에게 그리스도의 목적은 구약의 신(세상을 창조하는 책임을 맡은 반신적 존재로서 영지주의의 '데미우르고스'[Demiurgos]와 상당히 유사하다)을 폐위시키고, 그 대신 참된 은총의 하나님께 드리는 예배를 바로 세우는 것이었다.

테르툴리아누스의 기본 논제는 세속의 철학들이 기독교 신앙과 완전히 모순되는 개념을 담고 있다는 것이다. 이런 철학 체계들이 기독교 신학의 토대로 사용된다면 심각한 갈등을 야기하게 되고, 그 결과 기독교의 온전함이 무너지게 된다. 테르툴리아누스가 이단의 뿌리들은 교회 내부가 아니라 외부에 있다고 주장하는 논의를 눈여겨보라.

생각해 볼 물음들

❶ 테르툴리아누스와 순교자 유스티누스1.1는 모두 이교 철학자 헤라클레이토스에 대해 언급한다. 헤라클레이토스에 대한 태도에서 두 사람이 보이는 차이점을 정리하라. 여러분은 이 차이점을 어떻게 설명하겠는가?

❷ 테르툴리아누스가 "아테네가 예루살렘과 무슨 상관이 있는가? 아카데메이아가 교회와 무슨 상관이 있는가?"라는 물음으로 말하려는 요점은 무엇인가?

❸ 테르툴리아누스는 지중해 서쪽 지역에서 활동하며 라틴어를 사용했던 신학자였다. 유스티누스와 클레멘스는 지중해 동쪽 지역에서 활동하고 그리스어를 사용했다. 이 사실은 그들이 철학에 대해 보인 태도와 어떤 연관이 있는가?

1.4 히포의 아우구스티누스

: 철학과 신학

397년 무렵 원래 라틴어로 저술한 『기독교 교양』*De doctrina Christiana*에서 인용한 아래 본문에서 히포의 아우구스티누스354-430는 기독교와 이교 철학의 관계를 다룬다. 아우구스티누스는 출애굽을 모델로 사용하려 기독교인들이 철학에서 모든 좋은 것을 뽑아 내고, 그것을 복음에 관한 설교에 도움이 되도록 사용해서는 안 될 이유가 없다고 주장한다. 이스라엘이 이집트에서 짐들을 버려두고 떠나면서도 보물은 취했던 것처럼, 신학은 세속 철학에서 쓸모없거나 억압적인 것은 버리지만, 유용하고 좋은 것은 받아들여 사용할 수 있다는 것이다1.1, 1.2, 1.3 참조.

철학자들, 그중에서도 특히 플라톤주의자로 불리는 사람들이 만일 우리의 신앙과 일치하고 참된 것을 말한다면, 그 말을 부정해서는 안 된다. 오히려 그들이 그것을 불법으로 점유해 왔음을 깨닫고, 그것을 우리 몫으로 주장해야 마땅하다. 이집트 사람들은 우상을 섬기는 무거운 짐을 지고 있었는데, 이스라엘 자녀들은 그것을 미워하여 버리고 나왔다. 또 이집트 사람들은 많은 금은과 옷도 소유했는데, 우리 조상들은 이집트를 떠나면서 더 좋은 일에 쓰려는 생각으로 그것들을 은밀히 챙겨 나왔다.……이와 마찬가지로 이교 학문은 온전히 거짓 가르침과 미신으로만 이루어지지 않았다.……이교 학문 역시 진리로 사용하기에 적합한 뛰어난 가르침과 훌륭한 도덕적 가치들을 담고 있다. 그것들 가운데 한 분 하나님께 예배하는 데 참으로 합당한 진리들이 발견되기도 한다. 이것은 그들이 소유한 금과 은이라고 말할 수 있는데, 그들이 자기 힘으로 창안한 것이 아니라 온 세상에 퍼져 있는 하나님의 섭리의 광산에서 캐낸 것이다. 그런데도 그들은 그것을 불법으로 부적절하게 마귀를 경배하는 일에 사용해 왔다. 그러므로 기독교인들은 이 진리들을 불운한 굴레에서 풀어내 가져다가 복음을 선포하는 용도로 선용할 수 있다.……우리 가운데 있는 훌륭하고 신실한 사람들이 행한 일은 또 무엇이 있는가? 탁월한 교사요 복된 순교자인 키프리아누스가 이집트를 떠나오며 가져온 풍부한 금과 은과 의복들을 보라! 또 락탄티우스가 가져온 모든 것을 헤아려 보고, 마리우스 빅토리누스, 옵타투스, 힐라리우스와 아직도 살아있는 다른 사람들을 살펴보라! 그에 더해, 그리스 사람들이 얼마나 많이 빌려갔는지도 헤아려 보라! 이 모든 사람에 앞서 하나님의 가장 신실한 종인 모세가 이와 동일한 일을 했다는 것을 우리는 안다. 그래서 성경은 그 일을 가리켜 "모세는 이집트 사람의 모든 지혜를 배워서"(행 7:22)라고 말한다. 만일 미신을 섬기는 이교도들이, 자신들이 유용하게 간직해 온 이런 지식이 한 분 하나님을 예배하고 섬기는 일에 전용되고 그 결과 우상을 섬기는 자신들의 헛된 예배를 무너뜨리게 되리라는 것을 예측했더라면, 그들은 결코 (더욱이 그들이 그리스도의 멍에를 거부하면서 기독교인들을 박해하던 시대에) 이 지식을 이쪽 사람들 가운데 누구에게도 제공하지 않았을 것이다. 하지만 그들은 하나님의 백성이 이집트를 떠날 때, 자신들의 금과 은과 의복을 그들에게 내주었다. 그들이 준 그 물건들이 그리스도를 섬기는 데 사용될 것을 몰랐기 때문이다. 따라서 출애굽 때에 일어난 일은 분명 지금 일어나는 일을 보이는 예표(모형)였다.

논평

아우구스티누스가 철학을 비판하면서도 동시에 긍정적으로 받아들이는 태도를 주의 깊게 살펴보라. 철학의 주장에는 참된 것도 있고 틀린 것도 있다. 철학은 완전히 부정할 필요도 없지만, 무비판적으로 수용해서도 안 된다. 아우구스티누스가, 철학의 개념들을 이교적 맥락에서 분리해 낼 수 있으며 그렇게 해서 기독교인들이 그 개념들을 자유롭게 사용할 수 있다고 주장하는 점에 주목하라. 로마 황제 콘스탄티누스가 회심할 때까지, 이교 문화는 대체로 기독교에 아주 적대적이었고 기독교를 힘써 억압하고 박해했다는 사실을 기억할 필요가 있다. 초기 시대 기독교인들을 박해했던 이교 문화와 역사적으로 얽혀 있는 철학적 관념들을 그 고리에서 풀어낼 수 있다는 것이 아우구스티누스의 주장이다. 박해는 아우구스티누스 시대보다 거의 한 세기 전에 끝났음에도, 여전히 기독교인들의 사고에서 중요한 주제였다. 아우구스티누스의 이러한 취지는 기독교 신앙이 훨씬 더 적극적으로 세속 문화의 개념과 가치들 속으로 들어갈 길을 열어 주었다.

아우구스티누스가 몇몇 탁월한 기독교인들, 곧 이교에서 기독교로 개종하고 나서도 자기들이 받은 이교 교육을 교회를 섬기는 일에 훌륭하게 사용할 수 있었던 사람들을 예시하는 것에 주목해 보라. 아우구스티누스는 특히 카르타고의 키프리아누스를 중요한 인물로 예시했다. 키프리아누스는 3세기에 로마 사람들에게 순교당했으며, 그 결과 북아프리카 기독교인들에게 크게 존경받았다.

❶ 아우구스티누스는 자신의 논지를 전개하며 많은 성경 구절을 인용한다(특히 출 3:21-22, 12:35-36). 이집트를 탈출한 이스라엘 사람들을 근거로 삼아 펼치는 그의 특별한 논지는 무엇인가? 아우구스티누스의 주장에서 "금과 은"은 어떤 중요성을 지니는가? 이 물건들은 만든 것이 아니라, 땅에서 캐낸 것이라는 사실에 주목하라. 그것들이 인간의 손으로 만든 것이 아니라 땅에서 추출해 낸 것이라는 사실은 아우구스티누스의 논증에 어떤 영향을 끼치는가?

❷ 아우구스티누스는 모세가 "이집트 사람의 모든 지혜를 배웠다"라고 말한다. 이 진술이 근거로 삼은 성경 구절은 무엇인가? 이러한 견해는 아우구스티누스의 주장에서 어떤 역할을 하는가?

❸ 세속 철학에 대한 아우구스티누스의 견해는 '비판적 수용'이라고 말할 수 있다. 이 견해를 유스티누스, 클레멘스, 테르툴리아누스가 취한 견해와 비교할 때 어떻게 설명할 수 있겠는가?

니케아 신조

1.5 ▼

니케아 신조는 동방교회와 서방교회에서 모두 정통 기독교의 기초로 널리 받아들여진다. '신조'*creed*라는 말은 라틴어 크레도*credo*, '나는 믿는다'에서 왔으며, 많은 신조들이 이 단어로 시작한다. 이 특별한 신조는 일차적으로 그리스도론에 초점을 맞추고 있지만, 그 중요성은 교회 안에서 '신앙의 규범'으로 통용되는 데서 나타난다. 아리우스파 사람들은 그리스도가 완전한 신이 아니라, "피조물 가운데 첫째"인 존재로 봐야 한다고 주장했다. 니케아 공의회(325년 6월)는 아리우스파를 반박하기 위한 한 가지 방편으로, 예루살렘에서 세례 때 사용했던 신조를 기초로 삼아 간략한 신앙고백문을 작성했다. 이 신조의 목적은 그리스도의 지위를 피조물로 본 아리우스파에 맞서 그리스도의 신성을 확고히 밝히는 데 있었으며, 세 가지 신앙 조항에 더해 네 가지 관점에서 아리우스의 견해를 명백하게 단죄하는 내용으로 이루어져 있다. 니케아 공의회의 진행 상황을 묘사한 세부 기록은 오늘날 남아 있지 않으며, 따라서 우리는 이차 자료(아타나시우스나 카이사레아의 바실리우스와 같은 교회사가 및 저술가들)에 의존해서 니케아 신조의 본문을 확인할 수밖에 없다. 아래에 실은 번역문은 푸아티에의 힐라리우스가 펴낸 라틴어판이 아니라, 그리스어 원문을 따른 것임을 밝혀 둔다. "니케아-콘스탄티노플 신조"를 줄여 짧은 표기로 흔히 "니케아 신조"라는 용어가 사용된다는 점도 기억하라. 니케아-콘스탄티노플 신조는 그리스도의 인격에 관한 상당히 긴 논의를 포함하고 있으며, 교회, 죄 용서, 영원한 삶에 관해서도 다룬다1.6, 2.7, 2.23, 4.16 참조.

본문

우리는 하나님이 한 분이심을 믿으며,
그분은 아버지이며, 전능자*pantokrator*이시고
보이는 것과 보이지 않는 모든 것,
하늘과 땅을 창조하신 분이심을 믿는다.
또한 우리는 한 분 주 예수 그리스도를 믿으며,
그분은 하나님의 독생자이시며
영원히 아버지로부터 출생하셨고
하나님으로부터 오신 하나님이시며,
빛으로부터 오신 빛이시며
참 하나님으로부터 오신 참 하나님으로서
창조되지 않고 출생하신 분이며
아버지와 동일본질이시며*homoousion to patri*
세상 만물이 그분을 통해서 창조되었음을 믿는다.
그분은 우리를 위해서

또 우리의 구원을 위해서
하늘로부터 오셔서 몸을 입으시고 인간이 되셨다*sarkothenta, enanthroposanta*.
그분은 고난을 받으시고 사흘 만에 다시 사신 후 하늘로 오르셨으며,
장차 산 자와 죽은 자를 심판하러 다시 오실 것이다.
또한 우리는 성령을 믿는다.
"그리스도는 존재하지 않은 때가 있었다"거나 "그리스도는 출생하시기 전에는 존재하지 않으셨다"거나 "그리스도는 무로부터 존재하셨다"라고 말하는 사람들, 그리고 하나님의 아들은 다른 실체나 본질을 지닌다거나 변하거나 바뀔 수 있다고 주장하는 사람들이 있는데, 보편적이며 사도적인 교회는 그들을 정죄한다.

논평

니케아 신조가 특별히 아리우스의 견해를 논박한다는 점은 분명하다. 아리우스의 견해는 다음과 같이 간략하게 요약할 수 있다.

❶ 아들은 피조물이며, 다른 모든 피조물과 마찬가지로 하나님의 의지로부터 유래했다.
❷ 따라서 '하나님의 아들'이라는 말은 은유이며, 다른 피조물들 가운데 아들의 서열을 강조하기 위해 사용한 높임말이다. 이 말은 아버지와 아들이 동일한 존재나 지위를 갖는다는 의미는 아니다.
❸ 아들의 지위는 그 자체로 아들의 본성에서 나온 결과가 아니라, 아버지의 의지에 따른 결과다.

신조의 끝부분에서 특별히 정죄할 대상으로 지목한 주장들은 아리우스파에서 내세운 호전적 구호들이다.

"아버지와 동일본질이시며"*homoousion to patri*라는 구절의 표현이 특히 중요하다. 4세기에 아리우스주의 논쟁이 벌어지던 기간에 아버지와 아

들의 관계를 설명하는 용어로 두 가지 후보를 놓고 논쟁이 집중되었다. 어떤 사람들은 '유사본질의' 또는 '유사한 존재인'을 의미하는 호모이우시오스*homoiousios*라는 용어가, 아버지와 아들의 관계에 대해 더 이상 다투지 않고서 둘 사이의 밀접한 관계를 긍정할 수 있게 해주는 현명한 절충안이라고 생각했다. 그러나 결국 이 용어와 대치하는 용어, 곧 '동일본질의' 또는 '동일한 존재인'을 뜻하는 호모우시오스*homoousios*라는 용어가 우위를 차지했다. 이 말은 대체된 상대 용어와 단 한 글자만 다르지만, 아버지와 아들의 관계에 대해서는 매우 다른 개념을 제시한다. 즉 본질이나 존재의 측면에서 보아 아들은 아버지와 똑같으며, 좀 더 공식적으로 말하자면 아들은 존재론적으로 아버지와 동일하다는 의미를 담고 있다. 이후로 이 견해는 개신교와 가톨릭과 정교회를 포함한 모든 주류 기독교 교회에서 정통 그리스도론의 기준으로 인정받게 되었다.

생각해 볼 물음들

❶ 니케아 신조는 그리스도의 정체성, 특히 그리스도와 아버지 하나님과의 관계를 중점으로 다룬다. 그 이유는 무엇인가? 기독교 신앙의 그 밖의 면모들을 다루는 내용이 상대적으로 적은 이유는 무엇인가? 이 점을 이해하기 위해서는 이 신조를 나중에 나온 사도신경1.6과 비교해 보는 것이 도움이 된다.

❷ 아들이 아버지와 유사한 본질을 지니는지, 아니면 동일한 본질을 지니는지에 관한 논의에서 문제가 되는 쟁점은 무엇인가? 이 쟁점이 중요한 이유는 무엇인가?

❸ 니케아 신조가 그리스도는 "하나님으로부터 오신 하나님이시며, 빛으로부터 오신 빛이시며, 참 하나님으로부터 오신 참 하나님"이라고 주장함으로써 말하려는 요점은 무엇인가?

사도신경

사도신경으로 알려진 이 문헌은 기독교 신앙의 중심 주제를 간단 명료하게 요약한 것으로 서방교회에서 널리 사용된다. 사도신경이 형성된 역사는 복잡하며, 세례 지원자들이 공적으로 고백했던 신앙의 선언에 그 뿌리를 두고 있다. 이 신조는 8세기에 이르러 최종 형태가 완성된 것으로 보이며, 전해지는 말에 따르면 12개 조항은 각각 열두 사도에게서 유래했다고 한다. 하지만 그런 생각은 역사적으로 신빙성이 없다. 동방교회판 사도신경에서는 "지옥으로 내려가"와 "성도의 교제와"라는 구절이 나오지 않지만(이 책에서는 대괄호로 표시했다), 20세기에 이르러 사도신경은 동방과 서방을 아울러 대부분의 교회에서 기독교 신앙의 가장 구속력 있는 진술로 널리 받아들여졌다1.5, 2.7, 4.15 참조.

본문

1. 나는 전능하신 아버지 하나님, 천지의 창조주를 믿습니다.
2. 나는 그분의 유일한*unicus* 아들, 우리 주 예수 그리스도를 믿습니다.
3. 그는 성령으로 잉태되어 동정녀 마리아에게서 나시고
4. 본디오 빌라도에게 고난을 받아 십자가에 못 박혀 죽으시고 [지옥으로 내려가]
5. 장사된 지 사흘 만에 죽은 자 가운데서 다시 살아나셨으며
6. 하늘에 오르시어 전능하신 아버지 하나님 우편에 앉아 계시다가
7. 거기로부터 살아있는 자와 죽은 자를 심판하러 오실 것입니다.
8. 나는 성령을 믿으며
9. 거룩한 공교회와 [성도의 교제와]
10. 죄를 용서받는 것과
11. 몸의 부활*resurrectio carnis*과

논평

이 문헌이 전통적으로 12개의 확증적 진술로 구분되고, 각 진술이 사도들의 이름과 연계되었던 것을 주목해 보라.

사도신경의 확증적 진술들은 간략하며 논쟁적인 성격을 띠지 않는다. 각 진술들은 대립하는 견해들에 대한 비판 없이 특정 사항들을 긍정한다. 사도신경과 니케아 신조1.5를 비교하면 흥미로운데, 니케아 신조는 아리우스의 개념들을 반박하는 데 관심을 두며, 명확하게 그 가르침들을 정죄한다. 사도신경은 그런 논쟁을 회피하며, 니케아 신조에서 보이는 것과 같이 그리스도론에 몰두하거나 집중하는 특성이 발견되지 않는다.

사도신경의 진술들이 간결한 것은 이 신조의 기원이 개인이 세례를 받을 때 고백했던 신앙고백에서 나왔다는 사실로 설명된다. 교부시대에 나온 기독교 저술 가운데 이 진술들을 확장해 설명한 글이 많은데, 한 가지 사례는 예루살렘의 키릴로스가 쓴 교리문답 강의다.

생각해 볼 물음들

❶ 니케아 신조와 사도신경에서 발견되는 형식적 또는 내용상 차이에 대해 여러분은 어떻게 설명하겠는가?

❷ 최근 수십 년 동안 기독교 여러 교단들 사이에서 이루어진 교회 일치 논의에서 사도신경이 점점 더 중요해진 이유가 무엇이라고 생각하는가?

❸ 사도신경에서는 계시 개념이라든가 기독교인의 삶에서 성경이 차지하는 중요한 지위와 같은 기독교 믿음의 근본 내용들이 언급되지 않는다. 그 이유는 무엇인가?

1.7

캔터베리의 안셀무스

: 신 존재 증명

캔터베리의 안셀무스약 1033-1109는 1079년경 라틴어로 저술한 『프로슬로기온』*Proslogion*에서 하나님을 "그보다 더 큰 것을 생각할 수 없는 존재"*aliquid quo maius cogitari non potest*라고 정의한다. 이 정의가 옳다면, 필연적으로 하나님의 존재를 인정하게 된다는 것이 그의 논증이다. 그 근거는 다음과 같다. 만일 하나님이 존재하지 않는다면, 하나님의 개념은 남아 있지만 하나님의 실재는 없다. 그러나 하나님의 실재는 하나님에 대한 개념보다 더 크다. 따라서 하나님이 "그보다 더 큰 것을 생각할 수 없는 존재"라면, 하나님 개념은 하나님의 실재를 인정하는 쪽으로 나갈 수밖에 없다. 그렇지 않으면, 하나님에 대한 단순한 개념이 우리가 생각할 수 있는 가장 큰 존재가 되기 때문이다. 하지만 이것은 이 논증이 토대로 삼고 있는 하나님의 정의와 모순된다.

따라서 안셀무스는 하나님 개념이 실제로 존재한다는 것을 인정하고 "그보다 더 큰 것을 생각할 수 없는 어떤 존재"라는 하나님의 정의를 받아들인다면, 하나님의 실재는 필연적으로 도출된다고 논증한다. 라틴어 동사 *cogitare*(생각하다)는 때때로 '파악하다'로 번역되기도 하며, 그런 점에서 하나님에 대한 정의를 '그보다 더 큰 것을 파악할 수 없는 어떤 존재'라고 말하기도 한다. 두 가지 번역은 모두 가능하고 완전하다1.8, 1.19 참조.

본문

하나님에 대한 이 정의는 완전한 참인 까닭에 결코 참이 아니라고 생각할 수 없다. 왜냐하면 존재하지 않는다고 생각할 수 없는 어떤 것을 생각하는 것이 얼마든지 가능하기 때문이다. 그것은 존재하지 않는다고 생각할 수 있는 것보다 훨씬 위대하다. 따라서 (그보다 더 큰 것을 생각할 수 없는) 그것이 존재하지 않는다고 생각할 수 있다면, 이때 말하는 '그보다 더 큰 것을 생각할 수 없는' 것은 정말로 '그보다 더 큰 것을 생각할 수 없는 어떤 것'이 아니다. 이것은 모순이다. 그러므로 '그보다 더 큰 것을 생각할 수 없는 어떤 것'은 참으로 존재하며, 그것이 존재하지 않는다고 생각하는 것은 불가능하다.

그런데, 오 주님, 당신이 바로 그러하신 분입니다. 오, 주 나의 하나님, 당신은 이처럼 참으로 존재하시며, 그러므로 당신이 존재하지 않는다고 생각할 수는 없습니다. 이것이 이치에 맞습니다. 어떤 인간이 당신보다 더 큰 무언가를 생각해 낼 수 있다면, 그 피조물이 창조주를 넘어서며 창조주를 심판하는 자리를 차지하는 셈이 될 것인데, 이것은 완전히 부조리한 일입니다. 참으로 당신 이외에, 존재하는 모든 것은 존재하지 않는 경우를 생각할 수가 있습니다. 그러므로 당신만이 홀로 만물 중에 가장 참되고 가장 위대하게 존재하십니다. 당신 외에 존재하는 모든 것은 당신만큼 참되게 존재하지 못하며, 따라서 위대함에서도 당신에 비해 훨씬 열등합니다.

논평

이러한 접근법을 흔히 '존재론적 논증'이라고 부른다('존재론'이라는 말은 존재[being]의 관념을 다루는 철학 분과를 가리킨다). 안셀무스 자신은 이 논의를 '존재론적' 논증이라고 부르지 않았으며, 나아가 자신의 논의를 엄격한 의미에서 '논증'으로 생각하지도 않았다는 사실이 중요하다. 사실 『프로슬로기온』은 논리적인 논증을 전개하는 저술이 아니라, 명상을 담은 작품이다. 이 저술에서 안셀무스는 하나님 개념이 자신에게 얼마나 분명히 밝혀졌는지와 그 과정이 함축하는 의미에 대해 성찰한다. 우리는 안셀무스를 하나님 존재에 대한 간단하고도 확고한 논증법을 고안한 사람으로 여기는 일이 없도록 조심해야 한다. 그는 그런 의도가 전혀 없었다.

안셀무스의 논의에서 가장 중요한 요점은, 어떤 것의 관념은 그것의 실재보다 열등하다는 것이다. 안셀무스에 의하면, 다음과 같은 결론에 도달한다. "그보다 더 큰 것을 생각할 수 없는 어떤 존재"라는 하나님 관념은 모순을 포함하는데, 하나님의 실재가 이 관념보다 우월하기 때문이다. 달리 말해 만일 하나님에 대한 이 정의가 옳고 인간 정신 속에 존재한다면, 그에 상응하는 실재는 당연히 존재해야 한다.

생각해 볼 물음들

❶ 안셀무스는 매우 독특한 하나님 정의를 제시해 자신의 논증의 기초로 삼는다. 그런데 이 정의는 어디서 온 것인가?

❷ 어떤 것에 대한 관념은 그것의 존재를 함축하는가? 이 문제에 관해서는 1.8에서 더 자세히 살펴볼 것이다.

❸ 안셀무스는 하나님 존재의 본질을 논리적으로 분석하는 자리가 아니라 하나님의 본성에 관해 깊이 명상하는 맥락에서 이러한 논증을 펼친다. 안셀무스가 논증을 펴는 이러한 맥락은 그 논증이 취하는 형태에 어떤 영향을 끼치는가?

1.8 ▼

가우닐로
: 안셀무스의 논증에 대한 응답

11세기 말 어느 때 마호무띠에라는 곳의 베네딕트회 수도사였던 가우닐로 Gaunilo는 안셀무스의 신 존재 증명1.7에 응답하는 글을 썼다. 그 글에서 그는 어떤 것—완전한 섬이든 하나님이든—에 대한 순전한 개념이 그 존재를 보증해 주는 것이 아니라고 주장한다. 어떤 것을 이해할 수 있다는 것이 그것이 실제로 존재한다는 것을 함축하지 않는다는 것이다. 이 문헌은 흔히 「어리석은 자를 위한 변명」A Reply on Behalf of the Fool이라고 불리는데, 성경(시 14:1)에서 하나님의 존재를 부정하는 어리석은 자들을 가리키는 말에서 나왔다 1.7, 1.19 참조.

본문

예를 하나 들어보자. 광대한 바다 어딘가에, 존재하지 않는다는 것을 밝히기가 어렵기(혹은 불가능하기) 때문에 '사라진 섬'으로 불리는 어떤 섬이 있다고 사람들은 말한다. 이 섬은 전설에 나오는 '행복한 섬'보다 훨씬 뛰어나서 온갖 종류의 고귀한 재화와 기쁨으로 가득한 복된 곳이요 또 소유자나 거주민이 없기에 사람 사는 어떤 섬들보다 모든 면에서 풍요로운 섬이라고들 말한다. 그런데 어떤 사람이 내게 이 섬에 대해 말해 준다면, 듣기에 크게 어려운 것이 없기에 쉽게 그 말하는 것을 이해할 수 있다. 하지만 만약 그 사람이 내게 다음과 같이 논리적으로 따져 말한다면 어떻겠는가? "다른 모든 섬들보다 훨씬 뛰어난 이 섬이 당신의 생각 속에 의심할 수 없게 존재하는 것처럼, 실제로도 어딘가에 반드시 존재한다는 것을 의심해서는 안 된다. 당신의 마음속뿐만 아니라 실제로도 존재한다는 것은 훨씬 더 뛰어나다는 것이며, 그렇기 때문에 그 섬은 틀림없이 존재한다. 왜냐하면 그런 섬이 존재하지 않는다면, 실제로 존재하는 다른 모든 섬이 그 섬보다 훨씬 뛰어날 것이며, 그래서 앞에서 당신이 다른 섬들보다 훨씬 뛰어난 것이라고 생각한 이 섬이 실제로는 훨씬 뛰어난 것이 못 될 것이기 때문이다." 이에 대하여 나는 이렇게 답한다. 만일 어떤 사람들이 이런 식으로, 이 섬이 전혀 의심할 수 없게끔 실제로 존재한다는 사실을 내게 납득시키려 한다면, 나는 그들이 농담을 하는 것이라고 생각하든지, 아니면 우리 중 어느 쪽을 더 큰 바보라고 여겨야 할지 결정하기 어렵게 된다. 다시 말해 그들의 주장에 넘어가 내가 바보가 되든지, 아니면 그런 섬의 존재를 확실하게 증명했노라고 생각하는 그들이 바보가 되든지 둘 중 하나다. 그들이 바보가 되지 않으려면 무엇보다 먼저 그 섬의 뛰어남 자체가 비현실적이거나 현실성이 떨어지는 것이 아니라 참되고 의심할 수 없는 것으로서 내 마음속에 존재한다는 사실을 입증해 보여야 할 것이다.

가우닐로는 안셀무스의 '논증'(안셀무스 자신이 그것을 논증으로 여기지 않았다는 것이 분명한데도)에는 명백한 논리적 약점이 있다고 주장했다. 가우닐로에 따르면 그 약점은 다음과 같은 식으로 이해할 수 있다. 그는 더 이상 완전한 섬을 생각할 수 없을 정도로 멋진 섬을 상상해 보라고 제안한다. 안셀무스의 논증에 따르면, 그 섬의 실재는 그 섬에 대한 단순한 개념보다 반드시 더 완전하며, 그런 까닭에 그 섬은 틀림없이 존재한다.

이와 동일한 방식으로 누군가는, 안셀무스의 논지대로라면 백 달러짜리 지폐에 대한 개념은 곧 우리 손에 그 지폐를 쥐고 있다는 것을 뜻하는 것이라고 주장할 수 있을 것이다. 따라서 단지 어떤 것—완전한 섬이든 하나님이든—에 대한 개념이 그것이 존재한다는 점을 보증해 주는 것은 아니다.

가우닐로가 제기한 이 응답은 안셀무스의 논증이 지닌 심각한 약점을 폭로한 것으로 널리 인정받는다. 하지만 안셀무스도 그렇게 쉽게 물러서지 않는다. 안셀무스 논증에서는 하나님이 "그보다 더 큰 것을 생각할 수 없는 존재"라는 것이 하나님에 대한 정의의 본질적 요소다. 그러므로 하나님은 섬이라든가 백 달러짜리 지폐와는 완전히 다른 범주에 속한다. 다른 모든 것을 초월하는 것이 하나님의 본성을 구성한다. 신자들이 '하나님'이라는 말이 뜻하는 바를 이해하기만 하면, 그때 하나님은 그들에게 실제로 존재한다. 이것이 바로 안셀무스가 『프로슬로기온』에서 펼치는 명상의 의도다. 즉 그는 하나님의 본성에 대한 기독교적 이해가 어떻게 하나님의 실재에 대한 믿음을 강화시켜 주는지에 대해 성찰하고 있다. 그의 '논증'은 사실상 이러한 신앙의 맥락 밖에서는 힘을 발휘하지 못하며, 안셀무스 자신도 그의 논증을 그런 식으로 일반 철학의 맥락에서 사용할 의도가 전혀 없었다. 안셀무스에게 중요했던 쟁점은 신앙의 내적 일관성이었고, 신앙이 공적 영역에서 자기 개념을 입증해 보일 능력이 있는가라는 문제가 아니었다.

❶ 가우닐로가 '사라진 섬'의 비유를 사용해 제기하는 논점을 여러분 자신의 말로 요약하라.

❷ 안셀무스는 자신의 견해를 가우닐로가 전혀 이해하지 못했다고 주장했다. 안셀무스에 따르면 그가 『프로슬로기온』에서 펼친 논증은 사실상 다른 어떤 존재보다 훨씬 더 큰 존재가 있다는 관념을 다룬 것이 아니었다. 그와 달리 안셀무스는 참으로 크기 때문에 그보다 더 큰 존재를 생각하는 것조차 불가능한 존재를 주장했다. 여러분은 안셀무스의 반박에 대해 어떻게 답하겠는가?

❸ 가우닐로의 비판에 비추어 볼 때, 하나님의 존재에 대한 안셀무스의 성찰이 여전히 효용성을 지닐 수 있는가? 아니면 이제 더는 효과가 없는 것으로 드러났는가?

1.9

토마스 아퀴나스

: 신 존재 증명들

위대한 스콜라 신학자인 토마스 아퀴나스Thomas Aquinas, 약 1225-1274는 이 유명한 논의에서, 하나님의 존재를 입증하는 다섯 가지 길을 제시한다. 이러한 논의를 엄밀한 의미에서 '증명'이라고 볼 수는 없지만, 아퀴나스는 이것들이 세상에 관해 알려진 지식을 가지고 기독교 신학의 일관성을 입증하는 것으로 여긴다. "다섯 가지 길"은 앞서 안셀무스가 전개한 '존재론적' 논증(1.7과 1.8에서 다루었다)은 포함하지 않는다. 『신학대전』*Summa theologiae*은 아퀴나스가 1265년 라틴어로 쓰기 시작해서 그가 세상을 떠날 때까지 미완성이었으며, 중세 신학의 가장 위대한 저술로 널리 인정받는다. 라틴어 *motus*는 '운동'이나 '변화'로 번역할 수 있다는 점에 유의하라. 아퀴나스의 논증들 가운데 첫 번째는 대체로 '운동을 통한 논증'으로 불린다. 하지만 문제의 단어 *motus*는 실제로 훨씬 더 일반적 의미로 사용되며, 따라서

'변화'라는 말이 번역어로 더 적합하다1.7, 1.8, 1.11, 1.16, 1.17 참조.

본문

하나님의 존재는 논증이 가능한가

논증에는 두 가지 종류가 있다. 첫째는 원인을 통한 논증, 곧 흔히 말하는 대로 '근거에 기초한' 논증인데, 이것은 원인에서 결과로 나아가며 입증하는 방식이다. 둘째는 결과를 통한 논증인데, 우리가 사물들을 경험하는 순서를 따라 결과에서부터 원인으로 나아가며 입증하는 방식이다. 결과가 그 원인보다 더 분명해 보일 때 우리는 그 결과를 통해 원인을 알게 된다. 결과가 우리에게 잘 알려지는 경우라면 우리는 어떤 결과에서든 그 원인이 존재한다는 사실을 논증할 수 있다. 결과는 언제나 어떤 원인을 근거로 하며, 결과가 존재하면 원인도 반드시 존재하기 때문이다. 따라서 우리는 우리에게 분명하게 알려진 결과들을 근거로, 우리에게 분명하게 드러나지 않는 하나님의 존재를 논증할 수 있다.……

하나님은 존재하는가

하나님의 존재는 다섯 가지 길로 증명할 수 있다. 가장 분명한 첫 번째 길은 '변화로부터*ex parte motus*의 논증'이다. 이 세상 안에 있는 사물이 변한다는 것은 분명한 사실이다. 그런데 그렇게 변화 과정을 겪는 모든 것은 다른 무언가에 의해 변하게 된다. 왜냐하면 변하는 모든 것은 그것이 지향하는 최종적인 상태의 가능태 위치에 있지 않고서는 변할 수 없기 때문이다. 이에 반해 변화를 일으키는 것은 현실태 위치에 있다. 어떤 것을 변화시킨다는 것은 다름 아니라 그것을 가능태potentiality에서 현실태actuality로 이끄는 것이며, 어떤 것을 가능태에서 현실태로 이끄는 것은 다른 현실태에 의해서만 가능하다. 예를 들어, 현실적으로 뜨거운 불은 뜨겁게 될 가능성을 지닌 나무를 현실적으로 뜨겁게 만들며, 그런 식으로 나무를 움직여 변화시킨다. 그런데 하나의 사물이 동일한 지점에서 현실성과 가능성의 상태에 동시에 존재하는 것은 불가능하며, 오직 서로 다른 지점에서야 가능하다. 현실적으로 뜨거운 것은 동시에 뜨겁게 될 가능성을 지닐 수 없으며, 차갑게 될 가능성만 지닌다. 이와 마찬가지로 어떤 것이 변화를 일으키는 것인 동시에 변하는 것일 수는 없다. 다시 말해 어떤 것이 자기 자신을 변화시키는 것은 불가능하다. 변하는 것은 무엇이든 다른 무언가에 의해 변화되어야 한다. 그런데 이렇게 변화를 일으키는 것 자체도 변하고 있다면, 그 역시 다른 무언가에 의해 변하고 있는 것이며, 다음으로 이 다른 것 역시 또 다른 무언가에 의해 변하고 있는 것이다. 그런데 이 일은 무한히 연속될 수 없다. 이 과정이 무한히 연속되면 이러한 변화 과정의 제1원인은 존재할 수 없게 되며, 그 결과 변화의 어떤 원인도 존재할 수 없기 때문이다. 변화를 일으키는 제2원인은 그 자체가 제1원인에 의해 움직여지지 않고서는 다른 것을 변하게 만들 수 없는 까닭이다. 그것은 마치 지팡이가 손에 의해 움직여지지 않으면 다른 물건을 움직이게 할 수 없는 것과 같다. 따라서 우리는 다른 어떤 것에 의해서도 변하지 않는 변화 운동의 제1원인에 도달하게 되며, 사람들은 누구나 이것이 바로 하나님이라는 사실을 알게 된다.

두 번째 길은 능동인efficient cause의 본성에 기초한다. 우리는 관찰할 수 있는 세계 안에 연속적인 능동인들이 존재한다는 것을 안다. 하지만 어떤 것이 자기 자신의 능동인이 되는 경우는 볼 수 없다. 이런 일은 불가능하다. 그럴 경우 그것이 자기 자신보다 앞서 있게 된다. 또 능동인도 무한히 이어질 수 없는데, 매 단계에서 첫째 능동인은 중간 원인의 원인이며, 중간 원인은 최종 원인의 원인이기 때문이다. 물론 중간 원인이 여럿이냐 하나뿐이냐는 별개의 문제다. 그런데 원인이 제거되면 결과도 제거된다. 따라서 첫째 능동인이 없다면, 최종 원인도 중간 원인도 없을 것이다. 그런데 만일 능동인이 무한히 소급된다면 첫째 능동인은 없을 것이다. 그 결과 최종 결과도 없고 중간 원인도 없게 된다. 하지만 이것은 분명 오류다. 따라서 우리는 첫째 능동인이 존재한다고 가정할 수밖에 없다. 그런데 사람들은 누구나 이것을 '하나님'이라고 부른다.

세 번째 길은 가능성과 필연성의 본성에 기초한다. 사물 가운데는 존재할 수도 있고 존재하지 않을 수도 있는 것들이 있다. 어떤 사물은 나타났다가 사라지기 때문이다. 그러므로 어떤 사물은 존재할 수도 있고 존재하지 않을 수도 있다. 그런데 이 모든 것이 항상 존재한다는 것은 불가능하다. 존재하지 않을 가능성이 있는 것은 존재하지 않을 때가 있기 때문이다. 따라서 모든 것이 존재하지 않을 가능성을 지니고 있는 것이라면, 어느 때에는 아무것도 없을 것이다. 그런데 이것이 참이라면, 지금 존재하는 것은 아무것도 없어야 맞을 것이다. 존재하지 않는 것은 존재하는 무언가를 통하지 않고서는 존재하기 시작할 수 없기 때문이다. 만일 지금까지 아무것도 존재하지 않았다면, 어떤 것도 존재하는 것이 불가능했을 것이고 지금 아무것도 존재하지 않아야 맞을 것이다. 하지만 이것은 분명 오류이고, 따라서 모든 존재가 다 가능한 것이기만 할 수는 없고 사물 가운데 어떤 것은 반드시 필연적인 것이어야 한다. 그런데 필연적인 모든 것은 자체의 필연성을 다른 어느 곳에서 끌어올 수도 있고 그렇지 않을 수도 있다. 하지만 이미 능동인의 경우에서 증명한 바와 같이, 우리는 어떤 것의 필연성의 원인이 되는 필연적인 것을 찾아 무한히 거슬러 올라갈 수는 없다. 따라서 우리는 다른 무언가에 필연성을 의지하지 않고 그 자체로 필연적이면서도 다른 것들의 필연성의 원인이 되는 것을 가정할 수밖에 없다. 모든 사람이 이것을 '하나님'이라고 부른다.

네 번째 길은 사물 사이에 발생하는 등급의 차이에 근거한다. 사물 가운데 어떤 것은 더 선하고 참되고 고귀하며, 어떤 것은 그런 성질에서 열등하다는 것을 알 수 있다. 우리가 어떤 사물을 더 낫다거나 더 못하다고 말하는 것은 그것이 최상의 상태에 가까이 위치하는 정도에 따라 그렇게 말하는 것이다. 사물은 가장 뜨거운 사물에 가까워짐에 따라 점점 더 뜨거워진다. 그러므로 가장 선하고 참되고 고귀한 것이 존재하며, 존재에 있어서도 최상의 존재가 존재하는데, 최상의 상태에 있는 것은 존재에 있어서도 최상의 존재이기 때문이다.……그런데 어떤 유類, *genus* 의 본질을 가장 완벽하게 소유한 것은 그 유에 속한 모든 것의 원인이 된다. 예를 들어, 가장 완벽하게 뜨거운 불은 모든 뜨거운 것의 원인이다……그러므로 존재하는 모든 것에는 그것이 지니는 선의 원인이자, 그것의 모든 완전성의 원인이며, 그 존재의 원인이 되는 어떤 것이 존재한다. 이것을 가리켜 우리는 '하나님'이라고 부른다.

다섯 번째 길은 사물의 작용 원리에 근거한다. 우리는 자연물이 인식 능력이 없으면서도 어떤 목적을 위해 작용하는 현상을 본다. 이런 특성은 그 물체가 언제나 동일한 방식으로 작용하고 그렇게 함으로써 최고의 선을 이루어낸다는 사실에서 분명하게 확신할 수 있다. 이 사실은 그 물체가 우연이 아니라, 특정한 계획에 따라 자기 목적을 성취하고 있음을 보여 준다. 그런데 화살이 날아가기 위해 궁수가 필요한 것처럼, 인식 능력이 없는 사물은 인식하고 이해하는 능력을 지닌 어떤 것의 힘을 빌려서만 목적을 향해 움직일 수 있다. 따라서 자연물이 자기를 목적을 향해 나가도록 이끌어 주는 지석인 존재가 있다. 이것을 우리는 '하나님'이라고 부른다.

논평

첫 번째 길은 세상의 사물이 움직이거나 변화한다는 경험적 지식에서 출발한다. 세계는 정적이지 않고 역동적이다. 이에 대한 예를 드는 것은 어렵지 않다. 하늘에서 비가 내린다. 돌이 골짜기로 굴러떨어진다. 지구는 태양 주위를 돈다(굳이 말하자면 이것은 아퀴나스가 몰랐던 사실이다). 아퀴나스의 이러한 첫 번째 논증은 보통 '운동을 통한 논증'으로 불린다. 하지만 여기서 말하는 '운동'은 실제로는 훨씬 더 일반적인 의미로 받아들여지며, 그 때문에 여러 가지 면에서 '변화'라는 말로 번역하는 것이 더 적합하다. 아퀴나스는 움직이는 모든 것은 다른 무언가에 의해 움직여진 것이라고 주장한다. 모든 운동에는 원인이 있다. 사물은 저절로 움직이지 않으며, 다른 무언가에 의해 움직여진다. 그런데 운동의 각 원인 자체에도 원인이 있어야 한다. 그 원인에도 또 원인이 있어야 한다. 이렇게 해서 아퀴나스는 우리가 보는 이 세계의 배후에 운동을 일으키는 연속적 원인들의 체계가 자리 잡고 있다고 주장한다. 그런데 이 원인들은 그 수가 무한할 수 없기 때문에, 연속된 고리의 시원에는 오직 하나의 원인이 있어야 한다는 것이 아퀴나스의 논증이다. 바로 이 최초의 운동 원인으로부터 다른 모든 운동이 비롯된다. 이것이 인과관계로 이루어진 거대한 고리의 시작이며, 우리는 이것이 세계가 운동하는 방식 안에 반영되어 있음을 본다. 아퀴나스는 이와 같이 사물이 운동한다는 사실로부터 그 모든 운동이 비롯되는 최초의 단일 원인이 존재한다고 논증하며, 그것이 바로 하나님이라는 결론을 내린다.

두 번째 길은 인과관계 개념에서 출발한다. 달리 말해 아퀴나스는 세계 속에 존재하는 원인과 결과를 지적한다. 하나의 사건(결과)은 다른 사건(원인)이 끼치는 영향으로 설명된다. 앞에서 간단히 살펴본 운동 개념이 이러한 원인-결과의 체계를 보여주는 좋은 예다. 아퀴나스는 위에서와 비슷한 추론 과정을 펼치며 모든 결과를 거슬러 올라가면 최초의 단일 원인에 도달하는데, 바로 그것이 하나님이라고 주장한다.

세 번째 길은 우연적으로 존재하는 것들과 관계가 있다. 달리 말해 세계에는 필연적으로 존재하지 않는 것들(인간이 그 예다)이 있다. 아퀴나스는 이런 유형의 존재들과 필연적 존재(필연적 이유로 거기에 있는 존재)를 대조한다. 아퀴나스는 하나님은 필연적 존재인 데 반해, 인간은 우연적 존재라고 주장한다. 우리가 여기에 존재한다는 사실은 설명이 필요하다. 우리는 왜 여기에 있는가? 무엇이 우리를 존재하게 만들었는가? 아퀴나스는 하나의 존재가 있게 된 것은 이미 존재하는 무언가가 그것을 존재하게 했기 때문이라고 설명한다. 즉 우리가 존재하는 것은 다른 존재가 원인으로 작용했기 때문이다. 우리는 일련의 인과관계를 거쳐 이루어진 결과다. 아퀴나스는 이 일련의 과정을 거꾸로 거슬러 올라가 그 기원을 추적함으로써, 존재를 낳은 최초의 원인은 필연적 존재일 수밖에 없으며, 이것이 바로 하나님이라고 주장한다.

네 번째 길은 진리, 선, 고결함과 같은 인간적 가치에서 출발한다. 이 가치들은 어디에서 오는가? 무엇이 이 가치들을 낳았는가? 아퀴나스는 그 자체로 참되고 선하고 고결한 어떤 것이 틀림없이 존재하며, 바로 그것으로 인해 우리가 진리와 선과 고결함의 개념을 갖게 된다고 주장한다. 아퀴나스에 따르면 이러한 개념의 기원은 하나님이며, 하나님은 이러한 개념들의 최초 원인이다.

마지막 다섯 번째 길은 보통 '목적론적 논증'으로 불린다. 아퀴나스는 이 세계가 지적 설계의 확실한 흔적을 보여준다고 말한다. 자연의 과정과 사물은 특정한 지적 목적에 맞추어 조정된 것처럼 보인다. 그것들은 목적을 지니고 있으며 그 목적에 따라 설계된 것처럼 보인다. 그러나 사물은 자기 자신을 설계하지 못한다. 즉 그것은 자신이 아닌 다른 존재에 의해 설계되고 움직인다. 아퀴나스는 이러한 관찰을 근거로 삼아 논증을 시작해서 자연 질서의 원천은 하나님이어야 한다고 주장한다.

생각해 볼 물음들

❶ 아퀴나스는 정말 이 다섯 가지 사고 과정을 '논증'이라고 여기는가? 그렇지 않다면 여러분은 그것을 무엇이라고 표현하겠는가?

❷ 원인을 찾아 무한히 소급한다는 개념은 왜 불가능한가? 아퀴나스는 분명 불가능하다고 가정하고 있고, 그의 논증은 그 가정의 타당성에 의해 좌우되는 것으로 보인다. 따라서 '운동을 통한 논증'은 원인과 결과의 연속이 어디선가 멈춘다는 사실을 입증할 수 있을 때 효력을 발휘한다. 아퀴나스의 주장에 따르면, 부동의 원동자 Prime Unmoved Mover가 있어야 한다. 아퀴나스는 이 점을 입증하는 데 성공했는가?

❸ 위에서 살펴본 논증들은 오직 한 분이신 하나님에 대한 믿음으로 이끄는가? 예를 들어 '운동을 통한 논증'은 여러 종류의 부동의 원동자들에 대한 믿음으로 귀결될 수도 있다. 그 원인이 오직 하나뿐이라고 주장할 수 있는 강력한 근거는, 기독교에서 그런 하나님은 오직 한 분뿐이라고 주장하는 근본 믿음 외에는 없는 것으로 보인다. 이런 지적에 대해 아퀴나스는 어떻게 말할 수 있을까? 또 자신을 비판한 오캄의 윌리엄에 대해서는 무엇이라고 대답했을까?

❹ 아퀴나스가 얼마나 빈번하게 자신의 논의를 "그런데 모든 사람이 이것을 '하나님'

이라고 보는 데 동의한다"와 같은 문장으로 끝내는지 주목해 보라. 그의 주장은 옳은가? 예를 들어 부동의 원동자는 정확히 기독교의 하나님과 일치하는가?

1.10 ▼

토마스 아퀴나스

: 유비의 원리

토마스 아퀴나스는 『신학대전』1.9 참조에서 하나님에 관한 언어가 작용하는 방식에 관해 논의한다. 하나님에 대해 사용하는 언어—'하나님은 의로우시다'라든가 '하나님은 지혜로우시다'와 같은 말—를 인간에게 그대로 적용할 때—예를 들어, '소크라테스는 지혜롭다'—그 둘의 관계를 어떻게 이해해야 하는지가 중심 문제로 다루어진다. 아퀴나스는 기본적으로 이런 단어들이 서로 다른 두 맥락에서 유비적으로 사용된다고 주장한다. 비록 그 단어들이 양쪽에서 다른 의미로 사용된다 해도 그 사이에는 명백한 관계가 있으며, 그래서 창조 질서와 창조자 사이의 유사성을 부분적으로 드러내 보여준다1.25, 1.27, 1.29, 1.31 참조.

본문

하나님과 피조물에 적용되는 단어들은 일의적으로 사용되는가, 다의적으로 사용되는가?

어떤 단어를 하나님과 피조물에게 일의적으로 적용하는 것은 불가능하다. 왜냐하면 어떤 것의 원인과 비교해 열등한 모습을 지니는 모든 결과는, 그 원인과 동일한 유형의 것이 아니라는 점에서, 그 원인이 되는 것을 제대로 나타내 보여주지 못하기 때문이다. 그러므로 결과에서는 다양하고 여러 가지로 나뉜 형태로 존재하는 것이 원인에서는 단순하고 통일된 모습으로 존재한다. 이것은 태양의 단일한 힘이 여러 가지 다양하고 열등한 것들을 산출하는 것과 같다. 앞에서도 말했듯이, 이와 마찬가지로 피조물 안에 여러 가지 다양한 모습으로 존재하는 완전성들이 하나님 안에서는 단일하고 통일된 형태로 선재한다.

그래서 우리가 피조물을 묘사할 때 사용하는 단어들의 완전성에는 의미상 서로 차이가 있으며 또 각 단어는 다른 모든 것과 다른 완전성을 가리킨다. 예를 들어, 어떤 사람이 지혜롭다고 말할 때, 우리는 그 지혜를 그 사람의 다른 특성들—그의 본질이나 능력, 존재와 같은 것들—과는 별개의 것으로 말하는 것이다. 하지만 지혜라는 말을 하나님에게 적용할 때는 하나님의 본질이나 능력, 존재와 구별되는 것을 의미하는 것으로 사용하지 않는다. '지혜롭다'는 말을 인간에게 사용할 때는, 이를테면 그 말이 의미하는 인간성의 측면을 파악하고 한계를 정하는 것이다*quodammodo circumscribit et comprehendit rem significatum*. 하지만 이 말을 하나님에게 적용할 때는 그렇게 하지 않는다. 하나님에게 사용된 이 말이 의미하는 것은 우리가 아는 그 말의 의미에 의해 제한되지 않고 오히려 넘어선다. 그래서 '지혜롭다'는 말은 하나님과 인간에게 동일한 의미로 사용되지 않으며, 다른 모든 단어들도 역시 그렇다. 그래서 모든 단어들은 하나님과 피조물에게 일의적으로 사용될 수 없다.

어떤 사람들은 이것이 다의적인 모호한 표현에 불과하다고 주장하지만 그렇지 않다. 그들의 말이 옳다면, 우리는 결코 피조물에 관한 진술을 근거로 삼아 하나님에 관한 진술을 논증할 수가 없으며, 그런 논증들은 다의성의 오류a fallacy of equivocation에 걸려 타당하지 못한 것이 될 것이다. 하지만 우리는 하나님에 관해 많은 것을 증명한 철학자들의 가르침이라든가 "하나님의 보이지 않는 속성, 곧 그분의 영원하신 능력과 신성은, 사람이 그 지으신 만물을 보고서 깨닫게 되어 있습니다"(롬 1:20)라고 말한 바울의 가르침을 의지해 그런 일은 있을 수 없다는 것을 안다. 따라서 우리는 하나님과 피조물에 대해 말하는 단어들은 그 둘 사이의 유비, 곧 일정한 비례proportion에 따라 사용된다고 말해야 한다*nomina dicuntur de Deo et creaturis* *secundum analogiam, id est, proportionem*.

우리는 유비로 사용되는 단어를 두 종류로 구분할 수 있다. 첫째, 여러 가지 일들이 어떤 것에 일정한 비례를 지니는 까닭에 그 일들에 하나의 말을 사용하는 경우가 있다. 예를 들어, 우리는 음식과 혈색 모두에 '건강한'이라는 말을 사용하는데, 이 두 가지가 다 동물의 '건강'에 일정한 순서와 비례를 지녀서, 음식은 그 원인이고 혈색은 그 증상이 되기 때문이다. 둘째, 어떤 비례로 인해 같은 단어가 사용되는 경우가 있다. 예를 들어, 동물에게 음식은 건강의 원인이 되며 그런 까닭에 음식과 동물 모두에게 '건강한'이라는 말이 사용된다.

이와 같이 어떤 단어들은 하나님과 피조물에 대해 일의적으로나 아니면 완전히 다의적으로만 사용되는 게 아니라 유비적으로*analogice, et non aequivoce pure neque pure univoce* 사용된다. 우리는 피조물을 토대로 삼지 않고서는 하나님에 대해 전혀 말할 수 없으며 따라서 하나님과 피조물 양쪽에 관해 말하는 것은 무엇이든, 피조물들의 원천이요 원인이자 그들의 모든 완전성들을 선재케 해주는 하나님과 피조물 사이의 질서*ordo creaturae ad Deum*에 비추어서 말해야 한다.

단어를 이렇게 사용하는 방식은 전적인 다의성과 단순한 일의성 사이의 중간에 위치한다. 단어는 일의성의 경우처럼 동일한 의미로 사용되지도 않고, 다의성에서처럼 완전히 다른 의미들로 사용되지도 않는다. 유비적으로 사용되는 단어의 여러 가지 의미들은 어떤 것과의 다양한 관계들을 나타내 보인다. 예를 들어 '건강'이 혈색에서는 건강의 증상을 뜻하고 식사에서는 그 건강의 원인을 의미하는 것과 같다……

단어들은 하나님과 피조물 중 일차로 어느 것을 서술하는가?

……하나님에 대해 비유로 사용되는 모든 단어는 먼저 피조물에게 적용되며 이차적으로 하나님에게 적용된다. 단어들이 하나님과 관련해 사용될 때면 단지 하나님과 피조물 사이의 어떤 유사성만을 가리킨다*nihil aliud* *significant quam similitudines ad tales creaturas*. 우리가 초원을 가리켜 '미소 짓는다'고 말한다면, 그것은 사람들이 미소 지을 때 최상의 상태에 있는 것처럼 보이듯, 꽃이 만발한 초원도 최상의 상태에 있다는 것을 의미한다. 이는 둘 사이의 비례 유사성*secundum similitudinem proportionis*을 따른 표현이다. 이와 마찬가지로 우리가 만일 하나님을 사자라고 말한다면, 그것은 단지 하나님이 사자처럼 그 하시는 일에서 강력하다는 사실을 뜻할 뿐이다. 따라서 하나님에 대해 어떤 것을 말할 때 그 의미는 그 말이 인간과 관련해 사용될 때 지니는 의미를 기초로 결정될 수 있음이 분명하다.

또 이 사실은 비유적으로 사용되지 않는 단어들—어떤 사람들이 주장하는 것처럼 그 단어들이 신적 인과관계를 표현하는 데만 사용된다면—에도 마찬가지로 해당한다. 예를 들어, 만일 '하나님은 선하시다'라는 구절이 '하나님은 피조물이 지니고 있는 선의 원인이다'와 같은 것을 의미한다면, 하나님에게 적용된 '선'이라는 단어는 그 의미에 피조물의 선함을 포함하게 된다. 그래서 '선'은 일차적으로 피조물에게 적용되고 이차적으로 하나님에게 적용된다.

하지만 이런 종류의 단어들은 하나님에 대해 인과관계라는 측면에서뿐만 아니라 본질적으로도*causaliter, sed etiam essentialiter* 사용된다는 점을 앞에서 이미 밝혔다. '하나님은 선하시다'라거나 '하나님은 지혜로우시다'라고 말할 때, 그것은 하나님께서 지혜나 선의 원인이 되신다는 사실뿐만 아니라 이러한 완전성들이 하나님 안에 탁월한 모습으로 선재한다는 사실도 의미한다. 따라서 우리는 다음과 같이 결론을 내린다. 단어가 담고 있는 의미라는 관점에서 보면, 그 단어는 일차적으로 하나님에 관해 사용되며 그 다음에 파생적으로 피조물들에게 사용된다. 그 단어가 의미하는 것—그 단어가 뜻하는 완전성—은 하나님으로부터 피조물에게로 흘러나오기 때문이다. 그러나 우리가 그 단어를 사용하는 관점에서 보면, 우리는 그 단어를 먼저 피조물에게 적용한다. 우리가 먼저 인식하는 것이 피조물이기 때문이다. 이런 까닭에, 앞서 이미 언급한 바와 같이 단어는 피조물에게 적합한 의미를 가리키는 방식으로 사용된다.

창조 질서가 창조자를 반영해 보여주는 방식을 분석하는 이 중요한 글에서 아퀴나스는 하나님에 관해 말하는 일은 일상의 평범한 사물에 적용되는 단어들을 사용해서 이루어진다고 주장한다. 그렇다면 이렇게 서로 다른 두 가지 용법은 어떤 관계에 있는가? 아퀴나스는 단어의 '일의적' 사용(여기서 단어는 언제 사용되든지 정확하게 동일한 것을 의미한다)과 '다의적' 사용(여기서는 동일한 단어가 사용되더라도 서로 다른 것을 의미할 수 있다)을 구분한다. 그래서 bat(박쥐)라는 단어가 흡혈박쥐와 토끼박쥐를 가리킬 때는, 모두 날개를 가진 야행성 날짐승을 가리킨다는 점에서 일의적으로 사용된다. 반면에 bat라는 같은 단어가 날개를 가진 야행성 날짐승과 야구나 크리켓에서 공을 치는 데 사용하는 나무 방망이를 가리킬 때는 다의적으로 사용된다. 단어는 같지만 그 의미는 다르다.

위의 본문에서 아퀴나스는 단어들이 하나님과 인간 모두를 가리킬 때는 일의적으로 사용될 수 없다고 주장한다. '지혜롭다'는 말은 '하나님은 지혜로우시다'와 '솔로몬은 지혜롭다'라는 진술에서 같은 것을 의미하지 않는다. 하나님과 인간 사이의 간극이 너무도 크기에, 단어를 사용해 동일한 내용을 담아낼 수 없다. 하지만 그 단어는 마치 완전히 다른 것을 가리키는 것처럼 오직 다의적으로만 사용되는 것도 아니다. 어떤 단어가 하나님을 가리키는 데 사용되는 것과 인간적 상황에서 사용되는 경우 사이에는 밀접한 관련이 있다. '지혜롭다'라는 말은 '유비적으로' 사용되어서, 하나님의 지혜는 인간의 지혜와 동일한 것도 아니고 완전히 다른 것도 아니라는 사실을 말해 준다. "그 둘 사이에는 유비, 곧 일정한 정도의 비례가 존재한다."

생각해 볼 물음들

❶ 아퀴나스는 우리가 '하나님은 사자다'라는 구절을 어떻게 이해해야 한다고 생각하는가?

❷ "단어들이 하나님과 관련해 사용될 때면 단지 하나님과 피조물 사이의 어떤 유사성만을 가리킨다." 위의 본문에서 이 구절이 들어 있는 부분을 찾아 읽어 보라. 이 구절에서 아퀴나스가 의미하는 것은 무엇인가? 이 구절은 그의 창조론과 어떻게 관련되는가?

❸ "'하나님은 선하시다'라거나 '하나님은 지혜로우시다'라고 말할 때, 그것은 하나님께서 지혜나 선의 원인이 되신다는 사실뿐만 아니라 이러한 완전성들이 하나님 안에 탁월한 모습으로 선재한다는 사실도 의미한다." 본문에서 이 구절의 위치를 확인하라. 이 구절에서 아퀴나스가 말하려는 것은 무엇인가? 이 구절은 '하나님은 지혜로우시다'와 '솔로몬은 지혜롭다'라는 말 사이의 관계를 확인하는 데 어떤 도움을 주는가?

1.11

오캄의 윌리엄

: 신 존재 증명들

중세 후기에 커다란 영향을 끼쳤던 신학자 가운데 한 사람인 오캄의 윌리엄William of Ockham, 약 1285-1347은 하나님의 존재를 증명할 수 있는가라는 문제로 오랜 기간 이어진 논쟁에 중요한 기여를 했다. 그가 제시한 중요한 논증 가운데 일부는 하나님의 유일성(또는 단일성) 문제, 곧 신들이라고 불리는 존재들의 집단이 아니라 단일하고 유일한 실체이신 하나님이 존재하시는지의 문제를 다룬다. 달리 말해 오직 하나인 신—다수의 신들이 아니라—은 과연 존재하며, 이 신이 기독교 교회가 선포하는 하나님과 동일하다는 사실을 입증하는 것은 가능한가? 오캄이 제시하는 중요한 답에 따르면, 신(또한 많은 신들)이 존재한다는 믿음은 이성으로 지지될 수 있지만, 오직 한 분이신 하나님이 존재하신다는 것은 신앙의 문제에 속한다.

전통적 스콜라주의의 방식에 따라 오캄은 먼저 자신의 질문을 제시하고, 이어서 긍정적인 답을 가리키는 논증들을 살펴보고, 그다음에 이에 대한 반론들을 설명하며, 마지막으로 자신의 답을 아주 상세히 진술한다1.9, 1.17, 1.26 참조.

본문

질문 1. 하나의 신만이 존재한다는 것을 자연 이성으로 증명할 수 있는가?

증명할 수 있다. 오직 하나의 세계가 있으며, 그처럼 하나의 통치자만 있기 때문이다(아리스토텔레스, 『형이상학』 12권). 아리스토텔레스가 『천체에 관하여』의 첫 권에서 펼친 주장에 따르면, 오직 하나의 세계가 있다는 것은 자연 이성으로 증명할 수 있다. 따라서 하나의 통치자만 있다는 것도 자연 이성으로 증명할 수 있다. 그리고 이 하나의 통치자는 신이다. 증명 끝.

반론: 신앙의 조항은 증거에 의한 증명이 불가능하다. 그런데 그런 신이 한 분뿐이라는 것은 신앙의 조항에 속한다. 증명 끝.

이 질문에 대하여 나는 먼저 '신'이라는 명칭의 의미가 무엇인지 살펴보고, 이어서 그 질문에 답하겠다.

제1항

첫 번째 논점과 관련해서, 나는 '신'이라는 이름이 다양한 방식으로 기술될 수 있다는 점을 지적하고 싶다. 그 가운데 하나는 "신은 그 외 모든 것보다 훨씬 더 숭고하고 완전한 어떤 것이다"라는 진술이다. 다른 것으로 "신은 그보다 더 숭고하고 완전한 것이 없는 그런 것이다"라는 진술이 있다.

제2항

결론 1.

두 번째 논점과 관련해서 만일 첫 번째 진술에 따른 '신' 개념을 받아들인다면, 오직 하나의 신이 존재한다는 것을 실증적으로 증명할 수 없다고 말하겠다. 그 이유는 이런 의미로 받아들여지는 신이 존재한다는 것은 우리가 명백히 알 수 없기 때문이다. 그러므로 오직 하나의 신이 존재한다는 것은 명백히는 알 수 없는 것이다. 결론은 명백하다. 앞의 항은 다음과 같은 식으로 증명된다. '신이 존재한다'는 명제는 그 자체로 분명하지 않은데, 그 명제에 대해 많은 의심이 제기되기 때문이다. 그 명제는 자명하다고 알려진 명제들을 통해서도 증명할 수 없는데, 모든 논증에는 믿음을 근거로 삼을 수밖에 없는 의심스러운 것이 상정되기 때문이다. 이 명제는 또한 경험에 의해서도 자명한 것으로 확인되지 않는다.

결론 2.

둘째, 현재의 의미로 이해된 신이 존재한다는 것을 분명하게 증명할 수 있다면, 하나님의 단일성도 확실하게 증명될 수 있다고 말하겠다. 이에 대한 논거는 다음과 같다. 만일 신이 둘이고 그 둘을 A와 B로 부르기로 하면, 신에 대한 우리의 설명을 기초로 신 A는 그 외 모든 것보다 더 완전할 것이며, 따라서 신 A는 신 B보다도 완전하고 신 B는 신 A에 비해 덜 완전하게 된다. 다른 한편으로 신 B도 역시 신 A보다 더 완전할 것인데, 우리가 가정한 바에 따라 신 B도 신이기 때문이다. 결과적으로 신 B는 신 A에 비해 더 완전한 동시에 더 불완전하며, 신 A는 신 B에 비해 역시 그렇게 되는데, 이것은 분명한 모순이다. 그러므로 만일 현재의 의미로 이해된 신이 존재한다는 것이 분명히 증명될 수 있다면, 신의 단일성도 확실히 증명될 수 있다.

결론 3.

셋째, 우리가 "신"을 두 번째 진술에 따라 이해한다면 하나님의 단일성은 분명하게 증명될 수 없다고 말하겠다. 하지만 "신의 단일성은 분명하게 증명될 수 없다"는 부정 명제도 역시 논증으로 증명될 수 없는데, 신의 유일성이 명백히 증명될 수 없다는 것은 그 반대에 대한 논증들을 해결하지 않고는 논증될 수 없기 때문이다. 예를 들어 별들이 짝수를 이룬다는 사실은 논증으로 증명될 수 없으며, 이것은 삼위일체가 논증될 수 없는 것과 같다. 하지만 이러한 부정 명제들—"별들이 짝수를 이룬다는 것은 논증될 수 없다"거나 "삼위일체는 논증될 수 없다"는 명제들—조차도 명백하게 증명될 수 없다.

결론 4.

하지만 우리가 위에서 살펴본 두 번째 진술에 따라 "신"을 이해한다면, 신이 존재한다는 사실은 논증이 가능하다고 보아야 한다. 그렇지 않다면, 다시 말해 존재하는 것 가운데 다른 것들보다 더 우월하거나 더 완전한 어떤 것이 없다면, 우리는 무한히 앞으로만 나아가야 할 것이기 때문이다. 그러나 이 사실로부터 그렇게 유일한 존재의 '있음'을 논증할 수 있다는 결론이 나오지는 않는다. 그렇다고 해도 우리는 믿음에 기초해서 이 사실을 주장한다.

논평

오캄은 하나님의 존재를 논증하는 초기의 시도들—예를 들어, 아퀴나스의 '다섯 가지 길'—이 결론을 꾸며내거나 아니면 오직 한 분 하나님만 존재한다는 사실을 논증하는 데 실패한 것이라고 우려했다. 예를 들어 아퀴나스의 운동(변화)을 통한 논증이 왜 부동의 원동자가 여럿일 수 있다는 결론에 도달할 수 없는지에 대한 근거로, 기독교의 전통적 믿음으로 그런 신은 오직 하나뿐이라고 보는 가정 외에는 없다. 오캄은 오직 한 분 하나님만 존재한다는 것을 믿어야 할 논리적 근거가 없음을 입증하면서, 이 논증을 명확하게 밝히는 데 성공한다. 그는 이 믿음이 독자적인 인간 이성으로 도달한 타당한 결론이 아니라, 신앙의 조항에 속하는 것으로 봐야 한다는 결론을 내린다.

생각해 볼 물음들

❶ 오캄의 논증 중 '결론 2'를 여러분 자신의 말로 요약해 보라. 그의 주장에 동의하는가? 이런 성격을 지니는 초기 논증들과 비교할 때, 이 논증은 어떤 의미가 있는가?

❷ 논증의 '결론 3'을 여러분 자신의 말로 요약해 보라. 이 결론은 여기서 사용된 '하나님'에 대한 정의와 어떤 관계가 있는가?

❸ 여러분이 보기에, 오캄은 기독교 신앙과 독자적인 인간 이성의 관계에 대해 우리가 어떤 결론에 도달하기를 원하는가?

1.12 ▼

마틴 루터

: 십자가 신학

독일의 프로테스탄트 신학자 마틴 루터1483-1546는 1518년 독일 하이델베르크에서 벌어진 논쟁에서 여러 가지 논제들을 옹호했으며, 그 가운데 자신의 '십자가 신학'의 기본 특징을 제시했다. 특별히 중요한 것은, 신학이란 '하나님의 뒷모습'*posteriora Dei*을 보고 거기에 지적으로 응답하는 일이며, 이 뒷모습은 오직 십자가를 통해 십자가 안에서만 알 수 있다는 사상이다. 이 논제는 출애굽기 33:23에 근거한 것인데, 이 구절에서는 하나님께서 멀리 사라지실 때 모세가 하나님의 등을 흘낏 볼 수 있었을 뿐이라고 말한다 1.18, 1.27, 3.35 참조.

본문

19. 하나님의 보이지 않는 것들을 헤아리면서 그것들을 이 세상 속 보이는 것들 안에서 찾으려는 사람은 신학자로 불릴 자격이 없다.
20. 그러나 고난과 십자가를 헤아려, 하나님의 드러난 뒷모습*visibilia et posteriora Dei*을 보는 사람은 신학자라고 불릴 자격이 있다.

논평

루터에게 십자가는 기독교 신앙의 핵심이다. 십자가에 못 박힌 그리스도의 이미지는 기독교인들이 하나님과 관련해 책임 있게 수행하는 모든 사고가 담금질되는 도가니다. 루터는 "오직 십자가만이 우리의 신학이다"*crux sola nostra theologia* 또는 "십자가는 모든 것의 시금석이다"*crux probat omnia*와 같은 여러 가지 간결한 진술로 십자가의 중심적 특성을 표현했다. 루터는 예수 그리스도를 배제한 채 하나님을 찾는 '영광의 신학자'와 그리스도의 십자가 안에서 그 십자가를 통해 하나님께서 계시된다는 사실을 아는 '십자가의 신학자'를 구분했으며, 이 구분은 오늘날 널리 알려져 있다.

이 주제에서 루터의 사고를 이끈 두 곳의 성경 본문은 출애굽기 33:23과 고린도전서 2:2이다. 뒤쪽 본문은 "나는 여러분 가운데서 예수 그리스도 곧 십자가에 달리신 그분 밖에는, 아무것도 알지 않기로 작정했습니다"라고 말한다. 이 본문은 루터에게 십자가의 중심적 특성을 확고히 보여주었다. 하지만 출애굽기 본문은 하나님의 '감춰진 계시'라는 개념을 다져 준다. 이 구절의 맥락 전체(출 33: 21-23)를 보면 이렇다. "주님께서 말씀을 계속하셨다. '너는 나의 옆에 있는 한 곳, 그 바위 위에 서 있어라. 나의 영광이 지나갈 때에, 내가 너를 바위 틈에 집어 넣고, 내가 다 지나갈 때까지 너를 나의 손바닥으로 가리워 주겠다. 그 뒤에 내가 나의 손바닥을 거두리니, 네가 나의 등을 보게 될 것이다. 그러나 나의 얼굴은 볼 수 없을 것이다.'" 이것은 모세에게 주어진 말씀인데, 여기서 루터는 인간이 바랄 수 있는 최상의 것은 하나님의 얼굴을 보도록 허락받는 것이 아니라, 하나님이 지나쳐 가실 때 뒷모습을 흘끗 보는 것이라는 생각을 끌어낸다. 연구를 위해 위에 제시한 두 개의 논제 가운데 두 번째 논제에서 이 주제를 명료하게 다루고 있다.

생각해 볼 물음들

❶ 루터가 '영광의 신학자'와 '십자가의 신학자'로 구분한 것을 명료하게 설명해 보라.

❷ 루터는 하나님의 드러난 뒷모습*visibilia et posteriora Dei*을 고난과 십자가에서 발견할 수 있다고 말한다. 이 개념으로 그가 말하려는 바는 무엇인가? 이것은 십자가

가 하나님의 계시의 최고 자리요 초점이라고 말하는 루터의 개념과 어떤 관계가 있는가?

❸ 여러분은 이 논제들에 비추어 볼 때, 루터가 '자연신학'이라는 개념—자연 질서를 통해 하나님을 알 수 있다는 개념—에 어떤 태도를 취할 것으로 예측하게 되는가?

1.13 ▼

장 칼뱅

: 신앙의 본질

제네바의 프로테스탄트 신학자인 장 칼뱅1509-1564은 1559년판 『기독교 강요』에 실린 이 글에서 신앙의 본질에 관하여 중요한 분석을 제시하면서, 신앙과 하나님의 자비로운 약속 사이의 밀접한 관계를 설명한다. 성령의 역할은 이 지식을 계시하고 보증하는 데 있다고 강조하는 점도 눈여겨보라. 칼뱅은 신앙의 확실성이 기독교인의 삶에서 의심이 사라지게 되는 것을 뜻하는가라는 문제도 다룬다. 칼뱅이 볼 때 의심은 기독교인의 삶에서 정상적인 요소이며, 그가 하나님의 약속의 신실하심을 강조하는 것과 상충하지 않는다1.37, 6.23, 6.27 참조.

본문

이제 우리는 아래와 같이 말함으로써, 신앙에 대한 올바른 정의에 도달하게 된다. 신앙이란 하나님께서 우리에게 베푸시는 자비를 확고하고 분명하게 아는 지식*divinae erga nos benevolentiae firmam certamque cognitionem*으로, 이 지식은 그리스도 안에 나타난 하나님의 은혜로운 약속이 참되다는 사실에 근거하며, 성령을 통해 우리 정신에 계시되고 우리 마음에 보증된 것*revelatur mentibus nostris et cordibus obsignatur*이다.……우리는 신앙이 확실하고 굳건해야 한다고 강조하면서도 마음속으로는 의심 없는 확실성이나 흔들림 없는 안정감을 누리지 못한다. 오히려 신자들은 신앙 결핍의 문제로 끊임없이 괴로워하며, 어떤 혼란에도 흔들리지 않는 평화로운 양심을 충분히 누리지 못하는 형편에 있다고 단언할 수 있다. 그럼에도 우리는 신자들이 아무리 큰 시련을 당한다 해도 하나님의 자비에 대한 신뢰*fiducia*에서 이탈하거나 떨어져 나가지 않으리라고 확신한다.

논평

이 글에서 제시하는 정의에 따르면, 신앙 개념은 하나님의 약속과 밀접하게 연결된다. 신앙은 하나님이 존재한다는 것을 믿는 것이 아니라, 자비로우신 하나님의 약속을 신뢰하는 것이다. 칼뱅은 신앙이란 의심이 전혀 없이 사는 것이라고 단정하지 않는다. 오히려 하나님 약속의 확실성을 신뢰하는 일과 그 약속들을 신뢰하지 못하는 인간의 형편이 공존할 수 있음을 강조한다.

칼뱅의 신앙 개념은 그리스도의 인격과 밀접하게 연결되어 있으며, 여기서 그리스도는 하나님의 약속에 대한 확증으로 여겨진다.

생각해 볼 물음들

❶ 신앙에 대한 칼뱅의 정의는 삼위일체의 각 위격에 매우 독특한 역할을 부여한다는 점에서 삼위일체론의 특성을 보인다. 위에서 제시한 신앙에 관한 설명에서 삼위일체의 세 위격이 각각 담당하는 일이 무엇인지 여러분의 말로 설명해 보라.

❷ 신앙은 "그리스도 안에 나타난 하나님의 은혜로운 약속이 참되다는 사실에 근거"한다. 이렇게 주장하는 칼뱅의 진술의 배후에는 어떤 생각이 놓여 있는가? 칼뱅이 왜 "신앙은 하나님의 약속에 근거한다"라고 정의하지 않는지 질문해 보면 도움이 될 것이다. 칼뱅은 이러한 독특한 형태의 표현으로 어떤 통찰을 고수하려고 하는가?

❸ "신자들은 신앙 결핍의 문제로 끊임없이 괴로워"한다. 이 말을 통해 칼뱅이 말하려는 것은 무엇인가? 신앙의 결핍이란 곧 하나님이 신뢰할 수 없는 분이라는 의미가 되는가? 그렇지 않다면 칼뱅은 이러한 믿음의 연약함을 어떻게 설명하는가?

1.14 ▼

『하이델베르크 교리문답』

: 하나님의 형상들

이 프로테스탄트 신앙 교리문답서는 독일 기독교인들에게 개혁주의 신앙의 주요 특성을 제시할 목적으로 1563년 독일어로 작성되었다. 여기서 소개하는 교리문답 조항에서는, 하나님의 형상들이 기독교 신자에게 꼭 필요한 것도 아니고 도움이 되는 것도 아니라는 사상을 설명한다. 여기서 이슬람과 흥미로운 유사점을 볼 수 있는데, 이슬람 신학과 개혁주의 신학이 모두 하나님의 형상들이 하나님께 예배드리는 일에 도움이 되기는커녕, 그 자체가 예배의 대상이 된다고 보아 배제하려고 애썼다는 사실이다3.36, 4.16 참조.

본문

제96문. 제2계명에서 하나님께서 우리에게 원하시는 것은 무엇입니까?

답. 어떤 모양으로든 하나님의 형상을 만들지 말고, 하나님께서 말씀으로 지시하신 것 외에 다른 방식으로 하나님을 예배하지 말라는 것입니다.

제97문. 그러면 우리는 어떤 형상도 사용하지 말아야 합니까?

답. 하나님께서는 어떤 식으로든 눈에 보이는 형상으로 표현될 수 없고, 표현되어서도 안 됩니다. 피조물은 눈에 보이는 형상으로 표현할 수 있지만, 그것을 예배의 대상으로 삼거나 하나님을 섬기는 수단으로 사용하기 위해 그 형상들을 이용하거나 소지하는 일은 하나님께서 용납하지 않으십니다.

제98문. 제대로 교육받지 못한 사람을 위해 교회에서 책 대신 형상을 사용해도 안 됩니까?

답. 안 됩니다. 우리가 하나님보다 더 지혜롭다고 착각해서는 안 됩니다. 하나님께서는 자기 백성이 말 못하는 우상이 아닌 하나님 말씀의 생생한 설교를 통해 배우기를 원하십니다.

논평

질문과 대답으로 이루어진 교리문답의 형식에 주목하라. 루터의 1529년판 『소교리문답』을 포함해 당시에 나온 여러 교리문답서에도 같은 형식을 볼 수 있다. 이 문헌은 기억하기 쉬운 짧은 답을 제시하여 간단하게 암기하며 배울 수 있게 다듬어졌다.

본문은 보이는 형상들보다 말씀을 우위에 두는 전통적 개혁주의의 강조점을 보여준다. 특히 설교를 기독교 신앙을 굳게 하는 수단으로 중요하게 여기는 점에 주목하라. 본문의 질문들이 암묵적으로 비판하는 대상은 동방정교회에서 사용하는 이콘과 로마 가톨릭교회에서 사용하는 신앙 형상들—십자가상이나 십자가에 못 박히신 그리스도를 묘사하는 제단화—이다. 하지만 루터파 사람들은 이러한 신앙의 보조물을 사용하는 데 전혀 어려움을 느끼지 않았다. 따라서 이 본문은 예배와 폭넓은 문화 속에서 형상을 사용하는 일에 대한 개혁주의 특유의 견해를 제시한 것으로 볼 수 있다.

생각해 볼 물음들

❶ 십계명의 둘째 계명은 다음과 같다. "너희는 너희가 섬기려고 위로 하늘에 있는 것이나, 아래로 땅에 있는 것이나, 땅 아래 물 속에 있는 어떤 것이든지, 그 모양

을 본떠서 우상을 만들지 못한다"(출 20:4). 위에서 살펴본 세 가지 질문에 따른 답에는 이러한 성경 본문의 관심사들이 어떤 식으로 반영되어 있는가?

❷ 어떤 형상이라도 모두 신앙적으로 사용할 수 있는지의 문제에 대해 구체적으로 어떤 반론이 제기되는가?

❸ 위의 본문에서 제시하는 개념들로 미루어, 초기 개혁주의가 종교 미술에 대해 어떤 태도를 취했는지 파악할 수 있겠는가?

1.15 ▶

존 로크

: 신 개념의 형성

이 글은 영국의 경험주의 철학자 존 로크1632-1704가 1689년 12월에 펴낸 『인간지성론』*Essay Concerning Human Understanding*에서 뽑은 것이다. 이 글에서 존 로크는 신 개념이 경험에서 나온 것이지 인간의 정신 속에 이미 '본유관념'innate idea으로 심겨져 있는 것이 아니라고 주장한다. 인간 정신은 세상 속에 이미 존재하는 무한과 관련된 개념들을 추론하는 가운데 신의 관념을 구성하며, 그 결과 지고의 존재인 신의 관념에 도달한다. 따라서 신의 관념은 순수 이성에서 추론된다기보다는 경험에 대한 성찰로부터 나온다1.21, 1.22 참조.

본문

불가해한 지고의 존재자에 관한 우리의 관념을 헤아려 보면, 우리는 이 관념 역시 다른 관념과 동일한 방식으로 얻게 된다는 것과, 신이나 개별 정신에 대한 복잡한 관념도 우리의 성찰reflection에서 얻는 단순한 관념으로 이루어져 있다는 사실을 발견하게 된다. 이를테면v.g. 우리는 우리가 직접 실험해 본 일들로부터 존재와 지속, 지식과 힘, 쾌락과 행복이라는 관념들과, 또한 없는 것보다는 있는 게 더 나은 여러 가지 특성과 힘들에 관한 관념들을 얻는다. 이런 것은 우리가 지고의 존재자에 가장 적합한 관념을 구성하려고 할 때 유용하다. 우리는 위의 관념들을 우리가 가진 무한의 관념에 맞추어 확장하거나, 그 관념들을 하나로 엮어 신에 대한 복잡한 관념을 만든다. 감각에서 얻어진 이런 관념들을 확장하는 능력이 우리 마음에 있다는 점은 앞에서 이미 살펴보았다.

내가 알고 있는 몇 가지 가운데 내가 그 전부나 일부를 불완전하게 알고 있다는 사실을 발견한다면, 나는 그것에 대해 갑절이나 더 알 수 있다는 관념을 형성할 수 있다. 나는 몇 번이고 계속해서 배가시켜 갈 수 있고, 그 과정에서 존재하거나 존재 가능한 모든 것으로 이해의 범위를 넓히면서 지식에 대한 내 관념을 확장할 수 있다. 그것을 보다 더 완전하게 이해하는 것에 대해서도 동일하게 말할 수 있다. 즉 사물의 성질, 힘, 원인, 결과, 관계 등과 같이 그 사물이 지닌 모든 속성이나 그 사물과 관련된 모든 것을 완전하게 알 때까지 그런 배가 작업을 할 수 있으며, 그렇게 함으로써 무한하거나 끝없는 지식에 대한 관념을 형성할 수 있다. 힘에 관해서도 우리가 무한하다고 부를 만한 것에 도달할 때까지 이와 동일한 작업을 할 수 있으며, 시작과 끝이 없는 존재의 지속에 관해서도 동일한 작업을 할 수 있고, 그렇게 함으로써 영원한 존재자라는 관념을 형성할 수 있다. 우리가 신이라 부르는 지고의 존재자에게 적용하는 존재, 힘, 지혜와 같은 모든 완전성(우리가 관념을 지니고 있는 것들)은 그 정도에서 무한하고 끝이 없기에, 우리는 그 존재에 관해 생각해 낼 수 있는 최고의 관념을 형성할 수 있다. 이 모든 일은 성찰을 통해 우리 마음의 작용에서 얻거나, 감각을 통해 외부 사물에서 얻을 수 있는 단순한 관념을 무한에 이를 정도로 방대하게 확장함으로써 이루어진다.

무한은 존재, 힘, 지식 등 우리가 가진 관념들과 결합해서 저 복잡한 관념을 만들어 내고, 우리는 이것을 사용해 우리가 할 수 있는 최고의 것, 곧 지고의 존재자를 표상하게 된다.

로크는 경험적 분석을 통해 지식을 얻는 일을 크게 강조했던 경험주의 철학자였다. 경험을 통해 우리는 어떤 핵심적 특성에 대한 관념을 형성하고, 그것을 '확장'하여 신 관념을 형성하게 된다. 이렇게 주장하는 그의 논증 방식을 주의해서 살펴보라.

로크의 『인간지성론』은 창조자와 입법자인 신에게 초점을 맞추어 기독교 신앙의 합리성을 강조했고, 이를 통해 이신론의 지적 토대를 놓은 것으로 널리 인정받는다. 로크는 『인간지성론』의 뒷부분에서 "이성은 우리를 이러한 확실하고 자명한 진리, 곧 영원하고 전능하며 전지한 존재가 있다는 지식으로 이끌어간다"고 주장했다. 그러한 존재의 속성은 인간 이성이 하나님께 합당하다고 인정하는 것들이다. 로크는 어떤 도덕적 · 합리적 특성이 신성에 어울리는지 고찰한 후에, "우리는 무한성에 대한 우리의 관념을 가지고 이 특성들 전부를 확장하며, 나아가 그것들을 하나로 묶어 우리의 복잡한 신 관념을 만들어 낸다"고 주장한다. 달리 말해 신 관념은 무한성에 투영된 인간의 합리적이고 도덕적인 특성들로 이루어진다. 로크가 하나님을 가리키는 데 사용하는 언어, 예를 들어 '지고의 존재'와 같은 용어를 살펴보라.

본문의 영어는 현대어로 수정하지 않았지만, 현대 독자들이 어렵다고 느낄 만한 점은 별로 많지 않다. 특별히 두 단어를 주의할 필요가 있다. 본문에서 shew라는 단어는 show의 옛 형태이며, v.g.은 e.g.로 보는 것이 맞다.

생각해 볼 물음들

❶ 로크는 신 관념을 형성하는 작업에서 성경에 어떤 지위를 부여하는가?

❷ 로크의 분석에서 '지고의 존재'가 있다는 주장에 대한 가장 신뢰할 만한 근거들은

무엇인가?

❸ 로크는 "우리는……복잡한 신 관념"을 만든다고 말한다. 본문에서 이 구절이 들어 있는 부분을 찾아 읽어 보라. 로크의 주장은 신이란 인간 정신이 마음대로 구성해 낸 존재라는 의미인가?

1.16 ▼

르네 데카르트

: 신의 존재

1642년 발표한 르네 데카르트1596-1650의 신 존재 논증은 11세기에 캔터베리의 안셀무스가 제시한 신 존재 논증1.7 참조과 상당히 닮았다. 데카르트에 따르면 하나님은 "최고로 완전한 존재자"이다. 존재는 완전성이며, 그런 까닭에, 신은 존재라는 완전성을 지녀야 마땅하다는 결론이 나온다. 그렇지 않다면 신은 완전하지 못할 것이기 때문이다. 데카르트는 이 논증을 두 가지 사례(삼각형과 산)로 보완한다. '삼각형' 하면 세 각이 두 직각의 합과 같다는 사실을 생각하게 되고, '산' 하고 말하면 즉시 골짜기를 생각하게 되는 것과 마찬가지로, 하나님을 생각하는 것은 곧 그 존재를 생각하는 것이다1.7, 1.8, 1.15, 1.17, 1.19, 1.26 참조.

본문

이 문제를 곰곰이 생각해 본 결과, 나는 삼각형의 세 각을 합한 값이 두 직각의 합과 같다는 사실을 삼각형의 본질과 나눌 수 없는 것처럼, 또한 골짜기라는 관념을 산의 관념과 떨어뜨릴 수 없는 것처럼, 신의 존재도 신의 본질과 분리할 수 없다고 확신한다. 그러므로 신(곧 최고로 완전한 존재자)에게 존재가 결핍되어 있다고(곧 어떤 완전성을 결여하고 있다)고 생각하는*cogitare*

것은 골짜기가 없는 산을 생각하는 것만큼이나 모순이다.……날개 달린 말이나 날개 없는 말을 임의로 상상하는 것은 가능하지만, 존재하지 않는 신(곧 최고의 완전성을 지니지 못한 최고로 완전한 어떤 존재자)은 임의로 생각할 수 없다.……내가 제일의 최고 존재자를 생각할 때, 다시 말해 내 정신의 보고에서 그 존재자에 대한 관념을 길어 올릴 때, 필연적으로 그에게 모든 완전성을 귀속시키게 된다.……그런데 이 필연성은, 내가 신의 존재는 완전성이라는 사실을 깨닫고 나서 제일의 최고 존재자가 실제로 존재한다는 결론을 내리는 것이 옳음을 확고히 지지해 준다.

논평

데카르트에게 신의 완전이라는 개념은 힘써 강조할 만큼 매우 중요하다. 그래서 그는 기하학적 유비들을 동원해 신의 존재에 대한 논증을 펼친다. 회의주의가 힘을 발휘하던 시대에 살았던 데카르트는 비판에 흔들리지 않는 합리적 근거 위에서 신 존재를 논증하려고 애썼다. 이성에 호소했던 그의 노력은 처음에는 매우 매력적인 것으로 인정받았고, 프랑스 가톨릭교회 안에 새로운 형태의 합리적 변증론이 발전하는 길을 연 것처럼 보였다. 하지만 이처럼 과도하게 이성을 신뢰한 일은 장기적으로는 골칫거리로 판명되었다. 계몽주의 세계관의 등장으로 데카르트가 신의 존재를 옹호하고자 의지했던 합리적 토대들이 심각하게 무너져 내렸기 때문이다.

생각해 볼 물음들

❶ 신의 완전성을 강조했던 데카르트의 견해가 세상 속의 고난과 죄라는 쟁점을 필요 이상으로 심각한 신앙적 문제로 만드는 이유는 무엇인가?

❷ "19세기 사람들이 믿기를 포기한 신은 17세기에 고안되었다"(알래스데어 매킨타이어). 이 논평은 데카르트의 개념들이 끼친 영향을 이해하는 데 어떤 도움을 주는가?

❸ "그런데 이 필연성은, 내가 신의 존재는 완전성이라는 사실을 깨닫고 나서 제일의 최고 존재자가 실제로 존재한다는 결론을 내리는 것이 옳음을 확고히 지지해 준다." 본문에서 이 구절이 들어 있는 부분을 찾아 그 의미를 헤아려 보라. 데카르트가 제시하는 논점은 무엇인가? 여러분은 그의 주장을 얼마나 신뢰하는가? 그의 견해는 캔터베리의 안셀무스가 주장한 이론1.7 참조과 어떤 관계에 있는가?

1.17 ▼

블레즈 파스칼
: 신 존재 증명들

블레즈 파스칼의 『팡세』*Pensées*, 사색는 원래 1658-1662년 사이에 프랑스어로 기록된 메모와 사유들을 그의 사후에 수집해 모아 놓은 책이다. 여기에 인용한 몇 편의 글에서 파스칼1623-1662은 이성의 한계를 강조할 뿐만 아니라, 하나님에 대한 우리 지식에서 이성보다 마음이 훨씬 더 중요한 역할을 한다고 강조한다. 그는 "하나님에 대한 지식"은 인간의 비참한 처지와 그리스도 안에서 가능한 구속의 인식과 함께 다루지 않으면, 사람들에게 별 효용이 없다고 주장한다1.7, 1.8, 1.9, 1.15, 1.19, 1.26 참조.

본문

110. 우리는 이성*raison*만이 아니라 마음*coeur*을 통해서도 진리를 안다. 우리는 이렇게 마음을 통해 제1원리들을 아는데, 이 일과 아무런 관계도 없는 이성은 헛되이 그 원리들을 논박하려고 애쓴다. 회의론자들은 이러한 논박 자체에만 몰두하는데, 그 일을 제대로 성취하지도 못한다. 우리는 우리가 꿈을 꾸고 있지 않다는 것을 안다. 우리가 이것을 이성으로 증명하는 것이 불가능할지라도 이러한 무능력은 우리 이성의 연약함을 입증하는 것일 뿐, 회의주의자들이 주장하듯 우리의

모든 인식이 불확실하다는 것을 증명하는 것은 아니다.……따라서 우리의 무능력은 우리가 붙잡은 확실성을 논박하는 일이 아니라, 모든 것의 심판관을 자처하는 이성을 겸손하게 만드는 일만 해야 한다. 이성은 자신이 마치 우리가 뭔가를 배우는 일에서 유일한 길인 양 나선다!……

188. 이성이 도달할 수 있는 최종 단계는 이성을 초월하는 것들이 수없이 많다는 사실을 시인하는 것이다. 이 사실을 인정하지 못하는 이성은 무기력할 뿐이다. 만약 자연적인 일들이 이성을 능가한다면, 초자연적인 일들에 관해서는 더 이상 무슨 말을 할 수 있겠는가?……

190. 하나님의 존재에 대한 형이상학적 증명들*les preuves de Dieu metaphysiques*은 인간의 추론과 너무 동떨어지고 매우 복잡하기에 거의 효과를 내지 못한다. 어떤 사람들에게는 그런 증명들이 도움이 될지 모르나 그것은 논증을 지켜보는 그 순간만 그럴 뿐이고, 한 시간쯤 지나고 나면 자기들이 잘못 생각했다는 사실을 깨닫고 기분 나빠 할 것이기 때문이다.……

449. ……자신의 비참함을 모른 채 하나님을 아는 것은 자신을 치유하실 수 있는 구주를 모른 채 자신의 비참함만을 아는 것만큼이나 위험하다. 이러한 두 가지 지식*connaissances* 가운데 앞의 것만 알면 '철학자들의 오만'에 빠지게 되는데, 그들은 하나님은 알지만 자신들의 비참함은 모른다. 뒤엣것만 알면 '무신론자들의 절망'에 빠지게 되는데, 그 사람들은 자신의 절망은 알지만 구주를 알지는 못한다.……만일 어떤 사람들이 수의 비례는 무형의 영원한 진리이며 하나님으로 불리는 제일의 진리에 근거하고 그 진리에 속한다고 확신한다 해도, 나로서는 그들이 구원의 상태에 가까이 도달했다고 생각하지 않는다.……

논평

파스칼의 『팡세』의 구성 형식을 보면, 별개의 독립된 글들이 대체로 매우 압축적인 형태로 이루어져 있다. 그러한 '단편적 특성' 때문에 다루기가 까다롭고, 그 글들을 전체로 묶어 연구하기가 어렵다. 여기에 인용한 네 편의 글은 전체를 하나로 엮어 다루거나 일관된 논증으로 연구하기보다, 각각 개별적인 논의로 이해하는 것이 적절하다.

파스칼은 기독교 신앙을 합리주의적으로 옹호하려는 기류가 점차 강해지던 현상에 비판적이었던 주요 인물로 인정받는다. 파스칼은 인간 이성을 평가절하하지 않으면서도 이성의 약점을 밝히는 일에 관심을 기울였다. 그가 관심을 가졌던 문제 가운데 하나는, 인간 정신이 인간의 마음을 누르고 올라섰다는 점이다. 다른 관심사는 하나님 존재에 대한 형이상학적 '증명'은 이해하기가 거의 불가능하다는 점이었다.

여기에 인용한 『팡세』의 번호 표기는 오래된 브룅슈비크Braunschweig판이 아니라 루이 라퓌마Louis Lafuma판을 따랐다는 점을 밝혀둔다.

생각해 볼 물음들

❶ "우리는 이성만이 아니라 마음을 통해서도 진리를 안다." 파스칼이 마음에 더 관심을 쏟아야 한다고 주장하는 이유는 무엇인가? 그는 '이성'과 '마음'에 각각 어떤 역할을 부여하는가? 이러한 견해가 하나님의 존재에 관한 논의에 지니는 함의는 무엇인가?

❷ "자신의 비참함을 모른 채 하나님을 아는 것은 자신을 치유하실 수 있는 구주를 모른 채 자신의 비참함을 아는 것만큼이나 위험하다." 본문에서 이 구절의 위치를 확인하라. 파스칼이 주장하는 논점은 무엇인가? 그것이 인간의 자기 인식에 대해 지니는 함의는 무엇인가?

❸ 파스칼은 신 존재 논증에 기초를 둔 신앙은 허약한 신앙이라고 말하면서, 그 이유는 신앙으로 이끄는 그 논증의 신뢰성이 항상 문제가 되기 때문이라고 주장한다. 이러한 통찰은 신앙의 본질과 토대에 관련해서 어떤 결과를 낳는가? 이성과 마음이 모두 이 문제에 연루된다고 본 파스칼의 주장과는 어떤 관계가 있는가?

1.18

블레즈 파스칼

: 숨어 계시는 하나님

1658-1662년 사이에 프랑스어로 기록된 짧은 글들을 모아 출판한 『팡세』에서 파스칼1623-1662은, 하나님이 부분적으로라도 숨어 계신 것이 적합하기도 하고 필요하기도 하다고 주장한다. 그렇지 않다면 인간은 오만함에 빠져 자신에게 완전한 진리를 발견할 수 있는 능력이 있다고 믿게 되기 때문이다. '어두움'에 싸여 세상 안에 계시는 하나님 앞에서 인간은 자신의 한계를 인식할 수밖에 없고, 그래서 그리스도 안에 나타난 하나님의 자기 계시에 관심을 기울이게 된다1.12 참조.

본문

232. 만일 우리가 하나님이 어떤 사람은 눈멀게 하고 다른 사람은 밝히 깨닫게 하신다는 사실을 원칙으로 받아들이지 않는다면, 하나님이 하시는 일에 대해 아무것도 알 수 없다.……

242. 하나님은 숨어 계신 분이기에, 하나님이 숨어 계신다고 말하지 않는 종교는 참되지 않으며, 그 이유가 무엇인지 설명하지 못하는 종교는 가르치는 일을 할 수 없다.……

446. 어둠이 없다면 인간은 자신의 타락한 실상을 알지 못했을 것이다. 빛이 없다면 치유를 소망하지 못했을 것이다. 그래서 하나님께서 우리에게 부분적으로 감춰져 계시고 부분적으로 드러나신 것은 합당할 뿐만 아니라 유익을 주기도 한다. 왜냐하면 인간이 자신의 비참함을 알지 못한 채 하나님을 아는 것, 또는 하나님을 알지 못한 채 자신의 비참함을 아는 것은 똑같이 인간에게 위험하기 때문이다.……

449. 이 세상에서 우리가 보는 것들은 신성의 완전한 부재나 확실한 현존을 가리키는 것이 아니라, 오히려 숨어 계신 하나님*Dieu cache*의 임재

를 가리킨다. 만물이 이에 대한 표지를 담고 있다.

논평

이 글에서 파스칼은 그가 일찍이 인간 이성이 안고 있는 제약들에 대해 주장했던 몇 가지 논점을 발전시킨다. 이런 까닭에 파스칼 사상이 지닌 특정 측면을 탐구하기에 앞서, 그가 펼치는 일반적인 이론을 이해하기 위해 1.17을 읽기를 권한다.

파스칼의 기본 논점은 인간 이성으로는 하나님의 존재를 분명히 파악할 수 없다는 것이다. 이 말은 인간이 하나님을 찾고 알기 위해서는 도움—신적 계시라는 특별한 형태의 도움—을 구할 수밖에 없다는 뜻이다. 따라서 하나님의 숨어 계심은 인간으로 하여금 이성이 안고 있는 한계와 신앙의 문제에서 겸손해야 할 필요성을 깨닫게 하시려는 하나님의 한 가지 전략으로 볼 수 있다.

여기에 인용한 『팡세』의 번호 표기는 오래 된 브룅슈비크Braunschweig 판이 아니라 루이 라퓌마Louis Lafuma 판을 따랐다는 점을 밝혀 둔다.

생각해 볼 물음들

❶ 파스칼의 주장에 기초할 때, 하나님께서 우리를 피해 숨어 계시는 이유를 어떻게 설명할 수 있는가? 이것은 신 존재 증명에 대한 그의 견해1.17와 어떤 관계에 있는가?

❷ '하나님의 숨어 계심'에 대한 파스칼의 견해는 마틴 루터의 견해1.12 참조와 어떻게 다른가? 두 사람 특유의 개념이나 거기서 끌어내는 통찰을 살펴볼 때, 두 사람 사이에는 어떤 유사성이 있는가?

❸ "어둠이 없다면 인간은 자신의 타락한 실상을 알지 못했을 것이다. 빛이 없다면 치유를 소망하지 못했을 것이다." 본문에서 이 구절의 위치를 확인하라. 여기서

파스칼이 말하려는 바는 무엇인가? 이 구절은 그가 이해하는 인간 본성에 어떤 빛을 비춰 주는가? 기독교 신앙에는 어떤 빛을 비춰 주는가?

1.19 ▼

임마누엘 칸트

: 안셀무스의 존재론적 논증에 대하여

독일 철학자 임마누엘 칸트1724-1804는 안셀무스1.7나 데카르트1.16가 펼치는 신 존재 논증에 큰 감명을 받지 못했다. 이들의 이론을 '존재론적 논증'이라고 부른 최초의 인물인 칸트는 '존재는 술어가 아니다'라고 주장한다. 결과적으로 신 관념을 생각하는 것이 필연적으로 '신이 존재한다'는 관념을 생각하는 데까지 이어진다고 볼 수는 없다. 그가 사용한 '백 달러'의 유비는 일찍이 가우닐로1.8 참조가 주장한 것과 거의 동일한 논점—곧 어떤 관념을 가진다는 것이 그 관념의 대상이 존재한다는 사실을 의미하는 것은 아니다—을 제시한다1.7, 1.8, 1.15, 1.16, 1.17 참조.

본문

'이다/있다'being는 분명히 실재적 술어가 아니다. 다시 말해, 사물의 개념에다 보탤 수 있는 어떤 것의 개념이 아니다. 그것은 한낱 사물 또는 어떤 규정들 그 자체의 설정이다. 논리적 사용에서 그것은 단지 판단의 연결어[繫辭]일 따름이다. '신은 전능이다[/하다]'God is omnipotent라는 명제는 객관성을 띠는 두 개념, 곧 신과 전능을 포함한다. '이다/있다'라는 작은 말은 거기에 덧붙여진 또 하나의 술어가 아니라, 오히려 단지 술어를 주어와 관련지어 정립한 것일 뿐이다. 이제 내가 주어(신)를 그것의 모든 술어들(전능도 그 가운데 속하는데)과 함께 총괄하여, 신이 있다 또는 신은 있다고 말한다면, 나는 신이라는 개념에 새로운 술어를 정립한 것이 아니고, 단지 주어 그 자체를 그것의 모든 술어들과 함께 정립한 것이며, 그것도 대상을 나의 개념과 관련시켜 정립한 것뿐이다. 양자는 정확히 한 가지를 함유해야만 한다. 그러니 한낱 가능성을 표현하는 개념에, 내가 그 대상을 (그것이 있다고 표현함으로써) 단적으로 주어진 것으로 생각한다 해서, 더 이상 보탤 수 있는 것은 아무것도 없다. 그렇기에 현실적인 것은 한낱 가능적인 것 이상은 아무것도 함유하지 않는다. 현실적인 100달러는 가능적인 100달러보다 조금도 더 함유하는 게 없다. 왜냐하면, 가능적인 100달러는 그 개념을, 현실적인 100달러는 그 대상 및 그것의 설정 자체를 의미하므로, 후자가 전자 이상 무엇을 더 함유하는 경우에는 나의 개념은 그것의 전체 대상을 표현하지 못할 것이고, 그러므로 또한 그 대상에 알맞은 개념이 아닐 것이니 말이다. 그러나 나의 재산 상태에서는 100달러의 순전한 개념(다시 말해, 그것의 가능성)에서보다 현실적인 100달러에서 더한 것이 있다. 대상은 그 현실성에서 한낱 나의 개념 중에 분석적으로 포함되어 있는 것이 아니라, (나의 상태의 규정인) 나의 개념에 종합적으로 보태진 것이기 때문이다. 나의 개념 밖의 '있다'에 의해 생각된 100달러 자신이 조금도 증가되지는 않으면서도 말이다. (『순수이성비판 2』 백종현 역, 아카넷, 2006, pp. 775-777. "탈러"를 "달러"로 수정함)

논평

칸트가 강조하는 가장 근본적인 논점은 존재는 술어가 아니라는 것이다. 신 관념과 신의 실재 사이에는 전혀 연결고리가 없다. '신은 전능하다'와 같은 진술에서 용어 사이의 관계를 밝히는 것은 가능하다. 하지만 신에 관한 진술이 신이 존재한다는 증명이 될 수는 없다.

칸트는 *in intellectu*('지성 안에서')와 *in re*('실재 안에서')를 구분한다. '지성 안에서'는 '바르게 형성된'이라든가 '자기모순이 아닌'과 같은 의미로 연결되며, '실재 안에서'는 경험적 증거에 기초하고 실제로 참일 수 있는 명확한 명제와 관련된다. 존재에 대한 물음들은 언제나 증거에 의해 후험적으로*a posteriori* 결정되어야 하며, 결코 개념들에 호소해서 선험적으로*a priori* 확정될 수 없다.

독일어 원본에서 칸트는 통화 단위로 탈러*Thaler*라는 말을 쓴다. 나는 원래 사용된 이 단어에서 "달러"라는 말이 직접 유래했다는 사실을 근거로 삼아 문장을 좀 더 현대적으로 다듬기 위해 이 말을 "달러"로 옮겼다.

생각해 볼 물음들

❶ 1)캔터베리의 안셀무스1.7나 2)르네 데카르트1.16가 주장한 신 존재 논증에 대한 칸트의 분석을 자신의 말로 설명해 보라.

❷ 존재론적 논증에 대한 칸트의 비판은 가우닐로의 비판1.8과 어떤 차이가 있는가?

❸ "현실적인 100달러는 가능적인 100달러보다 조금도 더 함유하는 게 없다." 본문에서 이 구절의 위치를 확인하라. 칸트가 이 구절에서 말하려는 바는 무엇인가?

1.20 ▼

쇠렌 키르케고르

: 진리의 주체성

덴마크의 철학자 쇠렌 키르케고르1813-1855는 신앙과 진리의 관계에 대해 깊은 관심을 기울여 연구했다. 이전의 많은 사상가들이 합리적 논증을 통해서나 자연의 증거에 호소해서 기독교 신앙의 객관적 진리를 탐구한 반면, 키르케고르는 진리의 내적 본질을 강조했다. 특히 키르케고르는 객관적 진리를 찾는 추론 양식인 사변 철학과 주관적 진리를 찾는 존재 양식인 종교적 신앙을 구분했다. 이제 살펴볼 글은 그가 1846년 덴마크어로 저술한 『비학문적 후서』*Unscientific Postscript*에서 인용한 것으로, 여기서 키르케고르는 신앙의 내면성, 특히 진리의 내면적 전유(專有)의 필요성을 강조한다1.7, 1.9, 1.16, 1.21, 1.22, 1.26, 1.37 참조.

본문

주체성이 진리일 때, 이 진리를 개념적으로 규정하는 일은 객관성에 정반대되는 것에 대한 표현, 곧 길의 분기점을 보이는 표지를 포함해야 한다. 그와 동시에 이 표현은 주체적 내면의 긴장을 지시하는 기능을 하게 된다. 따라서 진리를 정의하면 다음과 같다. 가장 정열적인 내면의 전유 과정에서 굳게 붙잡는 객관적 불확실성이 진리, 곧 실존하는 개인이 도달할 수 있는 최고의 진리다. 길이 휘어져 갈리는 지점에서(그곳은 주체성에 관련된 것이기 때문에 객관적으로 확인할 수 없다) 객관적인 지식은 중지된다. 그래서 객관적으로 보아 주체는 불확실성만을 갖는다. 하지만 바로 그 때문에 주체의 내면성을 이루는 무한한 정열의 긴장이 증가한다. 정확하게 말해 진리란 무한한 정열로 객관적인 불확실성을 선택하는 모험이다. 나는 신을 찾기 위해 자연의 질서를 관찰하며, 거기서 신의 전능과 지혜를 발견한다. 하지만 그와 동시에 내 정신을 흩뜨리고 불안에 빠지게 하는 많은 것들도 보게 된다. 이 모든 것이 객관적인 불확실성을 낳는다. 하지만 바로 이 사실로 인해 내면성이 한껏 강력해지는데, 내면성이 무한한 정열로 객관적인 불확실성을 끌어안기 때문이다. 수학적 명제의 경우에는 이미 객관성이 주어져 있지만, 바로 그 이유로 해서 그런 명제의 진리는 실존과 상관없는 것이 된다.

그런데 위에서 언급한 진리에 대한 정의는 신앙에도 동일하게 적용된다. 모험이 없이는 신앙도 없다. 신앙이란 정확히 말해 개인의 내면성의 무한한 정열과 객관적인 불확실성 사이의 모순이다. 만일 내가 하나님을 객관적으로 이해할 수 있다면, 하나님을 믿지 않을 것이다. 하지만 이해할 수 없는 까닭에 믿어야 한다. 내가 신앙 안에 튼튼히 서고자 한다면 객관적인 불확실성을 굳게 붙잡으려고 애써야 하는데, 그렇게 해서 수만 길 되는 깊은 바다로 빨려 들어가지 않고 믿음을 유지할 수 있게 된다.

주체성 곧 내면성이 진리라는 원리에는 소크라테스의 지혜가 함축되어 있는데, 그가 이룬 영구한 공헌은 인식자는 실존하는 개인이라는 실존의 본질적 의미를 깨우친 데 있다. 이러한 이유로 소크라테스는 무지 한가운데서도 이교 신앙으로 도달할 수 있는 최고 수준의 진리에 속했다. 우리가 사는 객관적인 시대에는, 이 사실을 이해하고 나아가 사변철학은 안타깝게도 인식자가 실존하는 개인이라는 점을 계속 망각해 왔다는 사실을 간파하는 것이 참 어렵게 되었다. 하지만 소크라테스가 밝힌 것을 이해하지도 못한 채 그를 토대로 삼아 진보를 이루고자 하는 것은 소크라테스와 전혀 상관없는 일이다.

논평

키르케고르는 인간 실존의 내면적이고 주체적인 측면을 매우 강조하는 '실존주의적' 삶의 이론을 연 사람으로 널리 인정받는다. 진리는 단지 외적 사실에 대한 동의가 아니라, '가장 정열적인 내면의 전유 과정'으로 제시된다. 키르케고르는 일기에 이렇게 썼다. "나는 내게 참된 진리를 찾아야 한다.……내가 붙잡고 살거나 죽을 수 있는 관념 말이다." 그런데 이것은 신앙 개념과 어떤 관계가 있는가? 키르케고르는 단순하고 합리적인 실존의 설명을 지지할 수 없게 만들어 버리는 모호하고 부조리한 인간 상황을 강조한다. 이러한 인간 상황에 적절하게 대응하는 유일한 길은 온전히 헌신하는 삶을 살고 기꺼이 사회의 규범에 맞서면서, 인격적으로 온당한 삶의 고귀한 권위를 지켜내는 것이다. 키르케고르는 기독교인의 삶의 방식으로 들어가는 '믿음의 도약'을 강하게 옹호했다. 그는 이 삶의 방식이 극히 불가해하고 위험천만하다 해도 개인을 절망에서 구원할 수 있는 유일한 길이라고 믿었다.

생각해 볼 물음들

❶ 키르케고르는 "객관적" 진리와 "주체적" 진리를 구분함으로써 무엇을 말하려고

하는가?

❷ "신앙이란 정확히 말해 개인의 내면성의 무한한 정열과 객관적인 불확실성 사이의 모순이다." 이 구절에서 키르케고르가 말하려는 바는 무엇인가? 이것은 그가 제시하는 주체적 진리라는 개념과 어떤 관계가 있는가?

❸ 본문을 근거로 여러분은 키르케고르가 신 존재를 논증하려는 시도에 대해 어떻게 응답할 것이라고 예상하는가?

제1차 바티칸 공의회

: 신앙과 이성

1.21 ▼

교황 비오 9세가 로마에서 소집한 제1차 바티칸 공의회1869-1870는 프랑스 혁명과 나폴레옹전쟁(이 사건들은 남부 유럽의 로마 가톨릭교회에 심각한 난제들을 낳았다)이 야기한 유럽의 새로운 상황에 응답하고, 교회의 권위와 전통적인 기독교에서 진리로 주장해 온 여러 가지 가르침을 위태롭게 하는 다양한 지적 경향에 대응하려고 노력했다. 공의회는 3차회기 때 발표한 교의헌장 「하나님의 아들」*Dei filius*을 통해 신앙과 이성의 관계에 관한 문제를 다루었다. 이 중요한 문헌은 가톨릭 신앙의 근본 주제들을 다루며, 특히 신앙 문제와 관련해 임의로 인간 이성을 사용하는 일에 제약을 가해야 한다고 가르쳤다1.7, 1.9, 1.11, 1.16, 1.20, 1.24, 1.38 참조.

본문

가톨릭교회는 지식에는 그 원천뿐만 아니라 대상과 관련해서도 분명한 이중 질서가 있다는 사실을 일치된 의견으로 주장해 왔고 지금도 주장하고 있다. 원천과 관련해서 우리는 자연적 이성을 통해 특정 단계의 지식을 얻고, 거룩한 신앙에 의해서는 다른 단계의 지식을 얻게 된다. 대상과 관련해서는 자연적 이성으로 얻을 수 있는 것들이 있는가 하면, 그에 더해 하나님께서 계시하시지 않으면 알 수 없는 신비들, 곧 하나님 안에 숨겨진 신비들이 있다. 그래서 하나님께서 창조 질서를 통해 이방인들에게 알려졌다(롬 1:20)고 말하는 사도 바울도 예수 그리스도로 말미암아 허락된 은총과 진리(요 1:17)를 다루면서 다음과 같이 주장한다. "우리는 비밀로 감추어져 있는 하나님의 지혜를 말합니다. 그것은 하나님께서 우리를 영광스럽게 하시려고, 영세 전에 미리 정하신 지혜입니다. 이 세상 통치자들 가운데는, 이 지혜를 아는 사람이 하나도 없습니다. 그들이 알았더라면, 영광의 주님을 십자가에 못 박지 않았을 것입니다.……하나님께서는 성령을 통하여 이런 일들을 우리에게 계시해 주셨습니다. 성령은 모든 것을 살피시니, 곧 하나님의 깊은 경륜까지도 살피십니다"(고전 2:7-8, 10). 독생자께서도 아버지께 아뢰는 가운데, 아버지께서 이런 일들을 지혜 있고 똑똑한 사람들에게는 감추시고 어린아이들에게는 드러내셨다(마 11:25)라고 말씀하신다.……이성은 자기 앞에 합당한 대상이 되는 진리들을 파고드는 방식으로는 결코 신비들을 헤아릴 수 없다. 왜냐하면 하나님의 신비들은 본성상 피조물인 인간의 지성을 훌쩍 넘어서는 것들이요, 그래서 계시가 주어지고 신앙으로 그 계시를 수용한다고 해도 그 신비들은 여전히 신앙의 베일에 덮이고 모호함에 휩싸여 있기 때문이다. 우리가 주님에게서 멀리 떨어져 육신을 입고서, 보이는 것이 아니라 믿음으로 사는 동안(고후 5:6-7)은 그럴 것이다.

신앙이 이성보다 우위에 있는 게 옳다 해도 신앙과 이성 사이에는 사실 아무런 다툼이 있을 수 없다. 한 분 하나님께서 신비를 계시하고 신앙을 불어넣으시는가 하면, 동시에 인간 정신에 이성의 빛을 비춰 주시기 때문이다. 하나님께서는 자신을 부정할 수 없으시고, 진리가 진리를 거스를 수는 없다. 이처럼 신앙과 이성 사이에 헛된 다툼이 나타나는 이유는 대체로 신앙의 교의들을 교회의 가르침에 조화되게 설명하고 이해하지 못하거나, 단순한 의견에 불과한 것을 이성의 결론으로 오해하는 데서 온다. 그래서 우리는 "밝히 드러난 신앙의 진리와 상충하는 모든 주장은 완전히 그릇된 것이다"(제5차 라테란 공의회)라고 주장한다.

게다가 사도적 가르침의 권한과 더불어 신앙 유산을 수호할 사명을 맡은 교회는 아무도 "철학이나 헛된 속임수로"(골 2:8) 넘어지는 일이 없도록 "거짓 지식의 반대 이론"(딤전 6:20)을 단죄할 성스러운 권리와 의무를 지닌다. 따라서 모든 신실한 기독교인들은 신앙의 교리와 상충하는 것으로 드러난 이론들, 그중에서도 특히 교회가 단죄한 이론들을 마치 학문의 타당한 결론이나 되는 것처럼 여겨 옹호해서는 안 된다. 그에 더해 그런 이론들이 진리의 외양을 지닌 오류일 뿐이라는 사실을 확실히 알아야 한다.

신앙과 이성은 결코 대립하지 않을 뿐만 아니라 서로 지지해 준다. 한편으로 신앙의 토대 위에 세워지고 신앙의 빛으로 명료해진 올바른 이성은 신성한 일들의 학문을 자라게 해준다. 다른 한편으로 신앙은 이성이 오류에 빠지는 것을 막아 주며, 이성을 보호하고 이성에게 다양한 인식을 제공한다. 그래서 교회는 인간의 예술과 학문이 발전하는 것을 방해하지 않으며, 오히려 여러 가지 면에서 지원하고 격려한다. 교회는 이러한 자원들이 인간의 삶에 베푸는 유익을 무시하거나 업신여기지 않고, 이것들이 모든 학문의 주이신(삼상 2:3) 하나님으로부터 나온 것이요 적절히 사용하기만 하면 그분의 은총을 힘입어 하나님께 이를 수 있음을 인정한다. 교회는 이런 학문들이 그들 나름의 특정한 영역 안에서 자체의 고유한 원리와 방법을 사용하는 데도 반대하지 않는다. 그러나 교회는 이러한 적절한 자유를 인정하면서도 그 학문들이 신성한 가르침에 맞서거나, 자신들이 지켜야 할 한계를 넘어섬으로써 오류에 물든 결과 신앙에 속한 것을 침범하고 혼란을 일으키는 일이 없도록 각별한 관심을 기울인다.

하나님께서 계시하신 신앙의 교리는 인간 지성으로 완전하게 다듬을 수 있는 철학적 지식으로 주어진 것이 아니라, 신실하게 보호하고 오류 없이 선포하도록 그리스도의 배필인 교회에게 위임된 거룩한 자산이다. 거룩한 어머니 교회*sancta mater Ecclesia*가 한 번 선포한 이 신성한 교의들은 본래 의미대로 유지되어야 하며, 더 깊은 이해라든가 다른 어떤 명분으로 그 의미를 포기하는 일이 있어서는 안 된다. "지성과 학문과 지혜가 세대와 시대의 흐름에 따라, 각 사람과 모두 안에서, 또 개인과 전체 교회 안에서 원대하고 활기 있게 꽃피기를 소원한다. 하지만 이 일은 오로지 그 본연의 토대 안에서, 곧 동일한 교리, 동일한 의미, 동일한 이해 안에서 이루어져야 한다."

논평

제1차 바티칸 공의회(흔히 간략하게 Vatican I로 부른다)는 그 당시에 특히 교회 내부에서 전통적인 권위 체계에 대한 반감이 증대되던 현상에 맞대응하고자 개최되었다는 사실을 아는 것이 중요하다. 전통적인 가르침을 옹호하고 재확인할 필요가 있었다. 그 무렵 유럽에서 등장하던 새로운 지적 분위기에 맞서 로마 가톨릭교회 신자들이 그러한 현상을 어떻게 받아들여야 하는지를 명료하게 밝히는 일이 긴급해졌다. 제1차 바티칸 공의회는 로마 가톨릭교회가 이러한 학과들(1차 공의회는 라틴어 *scientia*를 사용하는데 '학문'이나 '학과'로 옮길 수 있다)에 개입할 수 있는 권리를 인정하는 의견을 채택했으며, 그러면서도 각 학과는 신앙의 문제로 판단받지 않아도 되는 그 나름의 독특한 방법론을 사용할 수 있다고 인정했다. 본문 끝에 인용한 긴 글은 5세기 갈리아의 신학자 레랭의 빈켄티우스Vincent of Léins에게서 가져온 것이다.

생각해 볼 물음들

❶ 제1차 바티칸 공의회는 신앙과 이성의 관계를 어떻게 이해하는가? 계시된 진리와 다른 종류의 진리들 사이에 갈등이 존재하는가?

❷ 제1차 바티칸 공의회는 신앙과 이성이 어떤 방식으로 서로 지지해 줄 수 있다고 주장하는가?

❸ "신앙의 유산"이라는 말이 중요하다. 제1차 바티칸 공의회가 언급한 이 말의 의미는 무엇인가?

1.22

존 헨리 뉴먼

: 믿음의 토대

영국의 신학자이자 철학자인 존 헨리 뉴먼은 그의 주저 『동의의 문법』*Essay in Aid of a Grammar of Assent*, 1870에서 주장하기를, 믿음을 보장해 주는 토대들은 깊은 내면에 자리 잡은 직관적이거나 본능적인 하나님 인식에 근거하는데, 이 인식은 합리적 논증이나 설명으로는 밝히기가 여의치 않다고 했다. 따라서 신앙의 온전한 논리적 구조는 결코 완전히 이해될 수 없는데, 근본적으로 종교는 이성을 토대로 해서는 제대로 파악하거나 이해할 수 없는 직접적이고 즉흥적인 '감정' 또는 '계시'에 근거하는 까닭이다. 뉴먼 자신은 미처 알지 못했겠으나, 파스칼이 종교적인 지식과 경험에서 마음의 역할을 강조한 데서 그의 생각과 매우 유사한 견해를 볼 수 있다1.7, 1.8, 1.14, 1.17, 1.20, 1.26, 1.38 참조.

본문

우리는 처음에 믿음을 낳았던 추론 행위들이 없어도 믿음을 지속할 수 있다는 것을 경험으로 안다. 삶이 계속 이어지면서 우리는 습성이 축적되어 내면이 형성되고 변화될 뿐만 아니라, 다양한 주제들과 관련해 엄청난 양의 신념과 의견들로 풍요롭게 된다. 이러한 신념과 의견들은 마치 제일 원리라도 되는 양 자리를 잡고서 이를테면 정신의 가구와 의복을 형성한다. 우리가 그것들을 명확하게 지각할 때도 있지만, 때로는 그것들이 내면에 숨겨지기도 하고, 간혹 드물게는 우리의 사고 능력 앞에 직접 모습을 드러내기도 한다. 그렇다 해도 그것들은 여전히 믿음의 조항이며, 우리가 처음 그것을 받아들였을 때는 사소하든 중대하든, 의식하든 의식하지 못하든 그 나름의 이유가 있었다. 하지만 그 이유가 어떤 것이었든 그리고 그때는 우리가 그 이유를 알았을지 몰라도, 그 후로 우리는 오랫동안 그것을 잊고 있었다. 우리 믿음의 근거를 이룬 것이 다른 사람의 권위였든, 아니면 우리 자신의 경험, 독서, 성찰이었든, 우리는 그 문제들을 우리 정신 속에 받아들이고 그것들에 자리를 내주었다. 우리는 그 근거가 무엇인지는 잊었어도 그것들을 믿었고, 지금도 여전히 믿고 있다. 지금도 그것들은 우리 정신 속에 스스로 버티고 있으며, 오랫동안 그렇게 해왔다. 그것들은 결코 '결론'이 아니며, 어떤 추론 과정을 내포하고 있지도 않다. 바로 여기서 우리는 믿음이 추론과는 전혀 별개로 작동하는 사례를 본다.

논평

이 글에서 뉴먼은 종교적 믿음의 합리성 문제와 씨름하고 있다. 믿는 행위를 어떤 이유를 들어 설명할 수 있는가? 믿음의 근거는 무엇인가? 이런 질문들이 한동안 뉴먼을 사로잡았다. 그보다 몇 년 전에는 『종교에 이르는 합리주의적 원리들』*On the Introduction of Rationalistic Principles into Religion*이라는 소책자를 썼다. 뉴먼의 기본 관심사는 기독교 신앙을 합리주의의 전제들 위에 세우지 않고서 신앙의 합리적 특성을 지켜내는 데 있었다. 실제로 뉴먼은 데카르트와 그 추종자들이 제시한 종류의 이론들과는 거리를 두었다.

여기서 기본 전제는, 완벽한 신 존재 논증 따위는 없으며, 단지 계속해서 축적된 성찰들이 하나로 묶여서 사람들이 복음의 진리를 받아들이도록 설득한다는 것이다. 특히 뉴먼은 도덕적 판단의 '추론 감각'illative sense을 주장했는데—이것은 아리스토텔레스의 저술에 나오는 실천적 지혜*phronesis*와 유사한 개념으로 볼 수 있다—인간 정신은 이 감각을 통해 합리적이기는 해도 엄격한 논리의 한계 밖에 있는 토대들에 관한 최종 판단에 이르게 된다.

❶ 뉴먼은 이 글을 시작하면서, 처음에는 특정한 문제에서 시작된 신앙이 어떻게 그 본래의 요소에서 분리되어 존재하거나 다른 요소들에 근거할 수 있는지에 대해 고찰한다. 이 관심사는 실제적인 면에서 어떤 중요성을 지니는가?

❷ 믿음의 구성 요소들에 관해 논하면서 뉴먼은 "우리가 그것들을 명확하게 지각할 때도 있지만, 때로는 그것들이 내면에 숨겨지기도 하고, 간혹 드물게는 우리의 사고 능력 앞에 직접 모습을 드러내기도 한다"라고 말한다. 여기서 뉴먼이 말하려는 바는 무엇인가? 이 견해는 인간 이성과 마찬가지로 인간의 마음도 그런 문제들에 중요하다고 주장한 파스칼의 견해1.17와 어떤 관계가 있는가?

❸ "바로 여기서 우리는 믿음이 추론과는 전혀 별개로 작동하는 사례를 본다." 여기서 뉴먼이 말하려는 바는 무엇인가? 그가 끌어낸 결론은 무슨 의미인가?

1.23 ▼

아돌프 폰 하르나크

: 교의의 기원

독일의 개신교 신학자이자 '교의사가'인 아돌프 폰 하르나크1851-1930는 방대한 저서인 『교의사』*History of Dogma*, 1886-1889를 비롯해 여러 편의 중요한 저술에서, 어떻게 교회 안에서 '교의'dogma가 생성되었는지에 대해 논의한다. 초기 교회의 많은 교의—예를 들어, 성육신 교의—는 기독교 복음이 애석하고도 매우 부적절하게 헬레니즘 철학과 결합한 데서 생겼다는 것이 하르나크의 기본 확신이다. 여기에 인용한 글은 비교적 짧은 저술인 『교의사 개요』*The Outlines of the History of Dogma*에서 선택한 것이다. 이 글에서 하르나크는 교회 안에서 어떻게 교의가 시작되고 계속 발전했는지를 논한다

1.34, 1.35, 2.34 참조.

교의는 성서를 토대로 추론한 것이요, 그런 까닭에 그리스도교 계시에 대한 해설이라는 교회의 주장은 역사적인 조사에 의해 확인되지 않는다. 오히려 교의적 기독교(교의들)는 그 개념과 구조에서 볼 때 복음의 토양 위에 그리스 정신이 세운 산물임이 분명하다. 초기에 사람들이 복음을 이해하고 든든히 세우는 데 사용했던 지적 수단은 불가피하게 그 지적 내용까지 끌어들여 섞이게 만들었다. 그렇게 해서 교의가 등장했는데, 그 형성 과정에는 분명 다른 요소들(성서의 말씀들, 제의와 조직의 요구사항, 정치 및 사회 환경, 논리적 결과에 따라 사물들을 설명하는 태도, 맹목적인 관습 등)도 일정한 역할을 담당했으나, 초기 단계에만 한정해서 보면 기독교 구원의 주요 원리들을 확정짓고 설명하고 발전시키려는 바람과 노력이 그 과정을 주도했다.

복음을 순전하게 설명하는 것이 환상일 뿐이라는 사실이 입증되면서 교의의 공식화도 역시 그렇다는 것이 확인되었듯이, 역사적인 탐구는 또한 교회의 다른 환상도 무너뜨렸다. 교의는 교회 안에서 언제나 동일하게 유지되면서 단지 설명되어왔을 뿐이라는 환상과, 교회의 신학은 불변하는 교의를 설명하거나 안팎으로 압박해 오는 이단의 주장을 논박하는 일 외에는 다른 목표를 갖지 않는다는 환상이 무너져 버렸다. 교의의 형성 과정을 살펴보면, 오히려 신학이 교의를 고안했으며 그런데도 교회는 신학자들의 수고를 덮어 버리고 그로 인해 신학자들이 불행한 곤경에 처하게 되었다는 사실을 알 수 있다. 신학자들이 애써 이룬 결실은 기껏해야 복제물로 대접받았으며, 그들이 최선을 다해 이룬 공헌은 강탈당했다. 진보하는 역사의 원칙이 그렇듯이, 그들은 자기들이 토대를 다졌던 교의 체계에 의해 통제당하는 처지에 놓였으며, 계속되는 교의의 발전 과정에서 신학의 주요 인물들뿐만 아니라 전체 신학자 세대까지도 이단자로 지목되고 의혹의 대상으로 여겨졌다. 교의는 진보하는 역사 과정에서 언제나 자기 선배들을 집어삼켰다.

교의적 기독교는 계속되는 발전 과정에서도, 시들어가는 고대 정신이 복음의 토양 위에 세운 작품이라는 원래의 양식과 특성(그리스 변증가들과 오리게네스의 양식)을 전혀 잃어버리지 않았으나, 아우구스티누스에게 이르러 처음으로, 나중에 루터를 만나면서 훨씬 더 깊고 철저하게 변화를 겪게 되었다. 이 두 사람은 모두—앞사람보다는 뒷사람이 훨씬 더 두드러지게—새로우면서 좀 더 복음적인 기독교 개념을 옹호했으며, 주로 바울의 사상을 따랐다. 하지만 아우구스티누스는 전통적인 교의를 수정하려는 시도를 거의 하지 않았으며, 오히려 옛것과 새것을 조화롭게 다듬어 냈다. 루터가 제대로 그 일을 시도하긴 했으나 철저하게 밀고 나가지 않았다. 기독교 교의의 성격은 이 두 사람의 영향을 받아 발전했으며, 옛 전통에 속한 교의 체계는 상당히 힘을 잃게 되었다. 이런 면모는 개신교 안에 확실하게 자리 잡았으며, 앞서 말했듯이 사람들은 개신교 교회들의 상징적 가르침을 더 이상 옛 교의를 그대로 복제한 것이라고 여기지 않게 되었다.

논평

하르나크는 교의를 비판했던 사람으로서, 교의의 역사를 파헤치는 것이 교의를 폐기하는 일의 첫 단계라고 확신했었다는 사실을 아는 것이 중요하다.

이 본문에서 '복음적'evangelical이라는 용어는 '프로테스탄트'로 이해하는 것이 합당하다. 독일어 *evangelisch*는 영어로 옮기기 어려울 때가 많은데, 하르나크는 이 단어로 프로테스탄트 교회들을 가리키려고 했던 것이 분명하다.

생각해 볼 물음들

❶ 하르나크는 로마 가톨릭교회와 개신교회가 '교의'라는 개념을 똑같이 이해한다고 보았는가? 여러분은 두 교회가 지닌 차이점을 어떻게 설명하겠는가?

❷ "교의적 기독교는……복음의 토양 위에 그리스 정신이 세운 산물"이다. 본문에서

이 구절이 들어 있는 부분을 확인하라. 이 구절에서 하르나크가 말하려는 바는 무엇인가? 만일 이 주장이 사실이라면, 그것이 함축하는 의미는 무엇인가?

❸ 하르나크는 교의의 발전에 대해 논의하면서, 관찰 가능한 역사적 사실이라는 관점에서 볼 때 기독교 교의는 기독교 역사 전체에 걸쳐 동일하지 않다고 주장한다. 이 진술은 제1차 바티칸 공의회에서 말하는 "신앙의 유산"의 영속성이라는 개념 1.21과 어떻게 다른가?

1.24 ▼

칼 바르트

: 신학의 본질과 과제

1934년 4월 10-12일 사이에 칼 바르트1886-1968는 파리에 있는 자유개신교 신학교에서 '신학'을 주제로 세 번에 걸쳐 강연을 했다. 그 강의는 칼뱅 신학을 다루는 세 번의 세미나와 함께 열렸으며, '계시', '교회', '신학' 등 일반적 주제를 다루었다. '신학'을 주제로 한 세 번째 강의에서 인용한 아래 본문에서 바르트는 이 주제가 지닌 심오한 특성을 활짝 열어 보여주며, 신학을 전문화하려는 일체의 유혹에 강한 반론을 펼친다. 신학은 전문적 엘리트들의 업무가 아니라, 교회를 위한 일이다1.4, 1.28, 2.38, 3.29 참조.

본문

머리와 가슴을 흔들어 깨우는 모든 학문 가운데 가장 아름다운 학문은 신학이다. 신학은 인간의 현실에 가장 가깝고, 모든 학문이 추구하는 진리를 가장 분명히 보여준다. 신학은 유서 깊고 심오한 '학부'Fakultät라는 말을 가장 잘 대변한다. 신학은 움부리아(고대 이탈리아 중북부 지방—옮긴이)나 토스카나의 풍경처럼 멀리 떨어진 곳의 전망까지도 늘 선명한 풍경으로 펼쳐 보인다. 신학은 쾰른이나 밀라노의 대성당처럼 정교하고 기묘한 걸작이다.

신학의 역사를 돌아보면, 이 사실을 미처 깨닫지 못한 탓에 참으로 가련한 신학자들이 많았고, 가련한 시대도 있었다!……

신학에 맡겨진 과제, 곧 신학이 성취해야 하고 성취할 수 있는 과제는 교회 안에서 교회의 주님을 섬기는 일이다. 신학은 교회의 예전, 곧 교회를 구체화해서 보여주는 다양한 행위들 속에서, 그리고 거룩하게 행하는 모든 복음 선포나 경외하는 믿음을 선포하는 모든 행위 속에서 명확한 기능을 맡는데, 교회는 이러한 일들을 통해 하나님 앞에 나아가 그분을 섬긴다. 신학은 진공 속이나 임의로 선택된 영역에 존재하는 것이 아니라, 세례와 견신례 사이, 성경과 그에 대한 해설 및 선포 사이의 영역에 존재한다. 교회의 다른 모든 기능과 마찬가지로, 신학은 하나님께서 인간에게 말씀하셨고 인간은 은총을 통해 그분의 말씀을 들을 수 있다는 사실만을 토대로 삼는다. 신학은 회개하는 겸손의 행위인데, 이 행위는 위에서 말했듯이 하나님께서 인간에게 말씀하시고 인간은 은총을 통해 그 말씀을 듣는다는 사실을 통해 인간에게 나타난다. 이 겸손의 행위는, 인간이 어울려 교회를 이룬다는 것이 무엇을 의미하고 함축하는지를 교회가 자문하는 데서 볼 수 있듯이, 신학을 통해 계속 자신을 비판적으로 검증하고자 애쓰는 일로 이루어진다.……

신학의 과제는 설교자와 회중을 포함한 교회 안의 사람들에게, 교회의 삶과 사역은 복음과 율법의 권위에 종속된다는 점과, 또 하나님의 말씀을 귀 기울여 들어야 한다는 점을 계속 상기시키는 데 있다.……신학은 교회의 삶을 위험에 빠뜨리려고 계속 위협해 오는 오류를 신중하게 분별하는 파수꾼이 되어야 한다. 교회는 실수를 저지르고 오류에 빠지고 죄에 물든 사람들로 이루어지는 까닭이다.……

신학은 신학자들만을 위한 사사로운 학문이 아니다. 교수를 위한 사적인 학문 분야도 아니다. 다행히도 대다수 교수보다 신학을 더 깊이 이해하는 목회자들이 늘 있었다. 또 신학은 목회자 전용의 연구 과목도 아니다. 다행히도 목회자들이 신학에 미숙하거나 무지한 형편에 있을 때, 열정적으로 신학을 탐구하는 교인들과 교회가 늘 존재해 왔다. 신학은 교회를 위한 일이다.

논평

이 강연은 독일에서 히틀러가 권력을 장악하고 독일 교회의 안녕과 독일 기독교의 온전함이 심각하게 위협당하던 때인 1934년에 행해졌다. 비록 파리에서 열리기는 했으나, 이 강연은 나치 독일이 세운 사회 규범에 순응하라는 압력에 맞서 기독교 교회의 정체성을 지켜 내는 일에 신학이 중요하다는 자각을 나타낸다. 이러한 논점들은 이 시기에 나온 「바르멘 선언」7.24에서 더욱 깊이 발전했다.

이 강연에서는 숨 막히게 경쟁하는 학문 세계에서 신학 분과를 해방시킬 수 있는 비전을 제시하며, 교회의 삶과 사명에 대한 신학의 중요한 역할을 강조한다. 여기서 모든 신자가 사제의 직무를 담당한다고 주장하는 종교개혁의 '만인사제직' 이론과 비슷한 견해를 볼 수 있다. 바르트가 볼 때 기독교인은 누구나—스스로 인지하든 못하든—잠재적 신학자다.

이 무렵에 바르트는 자유주의 신학에 대한 강력한 비판자로서 하나님의 계시의 우선성을 힘주어 옹호하는 인물로 명성을 쌓고 있었지만, 그런 관심사들이 이 강연에서는 생각만큼 명료하게 드러나지 않는다. 앞서 파리에서 '계시'에 관해 행한 강연이 아마도 그 관심사들의 가장 명료한 영향을 받은 것으로 보인다. 이 본문의 특징은 무엇보다도 신학을 독특하게 그려냈다는 점에 있다. 신학은 참된 진실성과 적합성을 지니고 있으며, 학자들 못지않게 평범한 신자들도 충분히 이해할 수 있는 신나는 지적 학문이다.

독일어 *Fakultät*가 대학의 '학부'를 뜻하기도 하지만('신학부'라는 말처럼), 여기서는 '능력'이나 '역량'을 의미한다.

생각해 볼 물음들

❶ 움부리아나 토스카나의 풍경들이라는 유비는 어떤 목적을 위해 사용되는가? 바

르트가 그런 유비를 사용해서 주장하려는 논점은 무엇인가?

❷ 프랑스의 저명한 중세철학 전공자인 에티엔느 질송은 스콜라 신학을 가리켜 '정신의 대성당'이라고 말했다. 바르트가 신학을 쾰른과 밀라노의 대성당과 비교하는 것에서 비슷한 생각이 언뜻 드러난다. 이 비유로 말하고자 하는 논점은 무엇인가?

❸ "신학은 교회를 위한 일이다." 바르트가 여기서 말하려는 바는 무엇인가? 그는 이 주장을 통해 어떤 견해를 비판하려고 하는가?

1.25 ▼

루트비히 비트겐슈타인

: 유비

아래 본문은 오스트리아의 철학자 루트비히 비트겐슈타인1889-1951이 사망한 지 2년 후인 1953년에 처음으로 독일어판과 더불어 영어번역본으로 출간된 『철학적 탐구』*Philosophical Investigations*에서 인용한 것이다. 여기서 비트겐슈타인은 단어들의 의미가 실생활에서 사용됨으로써 정해진다고 주장한다. 실생활에서 사용되면서 단어들의 "가족 유사성"family resemblance이 형성된다. 비트겐슈타인이 이처럼 단어들의 실제 사용을 강조한 것은 존재론적 성격이 강한 유비 이론들을 교정하는 중요한 도구가 된다1.10, 1.15 참조.

본문

예를 들어, 우리가 '게임'이라고 부르는 여러 가지 행위들을 생각해 보라. 보드게임, 카드게임, 구기게임, 올림픽게임과 같은 것들 말이다. 이 모든 게임의 공통점은 무엇인가? "틀림없이 뭔가 공통적인 것이 있다. 그렇지 않으면 그것들을 '게임'이라고 부르지 않을 테니까"라고 말하지 말고, 그것들 모두에 공통되는 어떤 것이 있는지를 보고 살펴보라. 그것들을 잘 헤아린다면, 그것들 모두에 공통적인 어떤 것이 아니라, 그것들 사이에 존재하는 유사성과 근친성 그리고 전체적 연속성을 보게 될 것이다. 다시 말하지만 생각만 할 것이 아니라 보라! 예를 들어 다양한 근친성을 지니는 보드게임들을 살펴보라. 그다음에 카드게임으로 넘어가라. 여기서 여러분은 첫째 그룹과 일치하는 많은 것을 발견하겠지만, 많은 공통 특징이 사라지고 다른 것들이 등장한다. 그다음에 구기게임으로 넘어가면 공통된 많은 것이 남아 있지만, 다른 많은 것이 사라진다. 이를테면 그것들은 모두 '재미'있는가? 체스와 오목놀이를 비교해 보라. 혹시 놀이하는 사람들 사이에 언제나 이기고 지는 일이나 경쟁이 있는가? 패 떼기라는 카드놀이를 생각해 보라. 구기게임에는 승패가 있지만, 어린아이가 공을 벽에 던지고 받는 놀이에서는 그런 특성이 사라져 버린다. 기량과 행운이 어떤 역할을 하는지 살펴보고, 장기의 기량과 테니스의 기량에는 어떤 차이가 있는지 살펴보라. 이제 윤무놀이 같은 게임을 생각해 보라. 여기에는 오락적 요소는 있지만, 다른 특성을 지닌 요소들은 많이 사라져 버린다. 이런 식으로 계속해서 우리는 다른 성격의 게임들을 수없이 살펴볼 수 있으며, 어떻게 유사성들이 나타나고 사라지는지를 볼 수 있다.

이제까지 살펴본 결과, 우리는 크고 작은 유사성들이 서로 겹치고 얽혀 이루어진 복잡한 유사성의 그물망을 보게 된다.

나는 이러한 유사성들의 특성을 표현할 말로 '가족 유사성'family resemblance이라는 용어를 추천한다. 가족 구성원들 사이에는 체격, 이목구비, 눈 색깔, 걸음걸이, 성격 등이 같은 모습으로 서로 겹쳐 다양한 유사성을 보이기 때문이다. 그런데 나는 '게임들'이 일종의 가족을 이룬다고 말하고 싶다.

논평

비트겐슈타인은 단어들이 사용되는 방식들을 연구하는 일에 특히 커다란 관심을 기울였다. 그는 어떤 단어가 사용되는 자리인 '삶의 양식'*Lebensform*이 그 단어의 의미를 확정하는 데 결정적인 중요성을 지닌다는 점을 밝혔다. 따라서 기독교인의 '삶의 양식'은 기독교의 구원 개념이 함축하고 전제하며 표현하는 것을 이해하는 일에서 주도적 중요성을 지닌다.

이 사실은 우리가 여러 가지 단어를 사용하는 방식에 대해 중요한 함의를 지닌다. 비트겐슈타인이 지적한 대로 동일한 단어가 많은 의미로 사용될 수 있다. 이 현상을 다루는 한 가지 방법은 각 단어의 의미를 확고하고 명료하게 규정하는 완전히 새로운 어휘집을 펴내는 것일 수 있다. 하지만 이것은 진정한 대안이 될 수 없다. 종교와 마찬가지로 언어도 살아있는 실체이며, 따라서 그런 인위적 방식으로 행동하도록 강제할 수는 없다. 비트겐슈타인에 따르면, 온전히 수용할 수 있는 방법은 어떤 단어를 바르게 이해할 수 있는 특정 의미를 규정해서 그 단어가 지닌 다른 많은 의미들과 혼동을 피할 수 있게 노력하는 것이다. 이 일은 그 단어가 자리한 "삶의 양식" 안에서 그 단어와 연관된 관념과 용법을 신중하게 연구하는 일로 이루어진다.

이러한 기초 위에서 비트겐슈타인은 단어들이 서로 관계 맺는 방식을 탐구하기 위해 '가족 유사성'이라는 개념을 제안한다. 단어들은 똑같지는 않지만, 서로 밀접한 관계를 지닌다.

생각해 볼 물음들

❶ 비트겐슈타인은 우리가 어떤 식으로 단어의 의미를 규정해야 한다고 제안하는가?

❷ 이 방법은 기독교 신앙의 어휘에 어떻게 적용될 수 있는가? 예를 들어 '구속'**redemption**이라는 용어의 의미를 찾는 물음에 대해, 비트겐슈타인이라면 우리에게 어떤 방식을 권하겠는가?

❸ 비트겐슈타인의 이론은 토마스 아퀴나스가 제안한 이론1.10과 어떤 관계가 있는가?

❹ 비트겐슈타인의 일반적인 방법은 특히 기독교가 아닌 맥락에서 다른 의미로 사용

되는 단어들이 기독교와 연관되어 사용되는 경우에 지니는 의미를 밝히는 데 어떤 도움을 주는가? 예를 들어 사도 바울은 '칭의'justification라는 용어를 믿음을 통해 하나님과 인간 사이에 이루어지는 새로운 관계(롬 5:1-2 참조)를 가리키는 것으로 사용한다. 하지만 일상 영어에서 justification은 '인쇄하는 문서의 가장자리를 다듬어 행을 고르게 하는 일'과 같은 것을 뜻한다. 비트겐슈타인은 신학자들이 기독교 신앙의 어휘를 다듬고 명료하게 하는 데 어떤 도움을 주는가?

1.26 ▼

루트비히 비트겐슈타인

: 신 존재 증명

아래 본문은 20세기의 중요한 철학자인 루트비히 비트겐슈타인1889-1951이 세상을 떠난 후에 독일어로 출간된 『문화와 가치』*Culture and Value*에서 인용한 것이다. 이 글에서 비트겐슈타인은 신 존재를 논리적으로 추론하는 작업에 따르는 한계에 대해 논증하며, 신을 믿게 되는 일에서 경험과 실제 삶이 중요하다는 점을 강조한다1.7, 1.9, 1.16, 1.17, 1.18, 1.19, 1.20, 1.21, 1.22 참조.

본문

신의 본질이 그 존재를 보증한다고 말할 수 있다(이 말의 실제 의미는, 여기서 문제가 되는 것은 어떤 것의 존재가 아니라는 것이다). 이와 마찬가지로, 색의 본질이 색의 존재를 보증한다고 말할 수 있지 않을까? 이를테면 흰 코끼리의 경우와는 대조적으로 말이다. 사실 이것이 뜻하는 것은, '색' 견본의 도움을 받지 않고서는 나는 '색'이 무엇이고 '색'이라는 말이 의미하는 것이 무엇인지 설명할 수 없다는 것이다. 그래서 이 경우에는 '만일 색이 존재한다면 사정이 어떠할지' 설명하는 것 같은 일은 있을 수 없다.……그런데 이제 우리는 이렇게 말할 수 있다. '만일 올림포스에 신들이 존재한다면 사정이 어떠할지는 서술할 수 있다.' 하지만 '신이라는 것이 존재한다면 사정이 어떠할지'는 서술할 수 없다. 이렇게 말하는 것은 '신' 개념을 좀 더 정확하게 규정하는 것이다.……우리는 '신'이라는 말(그리고 그 말의 용법)을 어떻게 배우는가? 나로서는 그 말을 문법적으로 온전하게 기술할 수 없다. 하지만 나는 이를테면 그렇게 기술하는 데 어느 정도 기여는 할 수 있다. 나는 그 말에 관해 꽤 여러 가지를 말할 수 있으며, 또 시간이 흐르면서 일종의 사례들을 모을 수도 있을 것이다.……

신 존재 증명은 실제로 사람들에게 신이 존재한다는 사실을 확신시켜 줄 수 있는 것이어야 마땅하다. 그러나 내가 보기에, 그런 증명을 주장했던 신자들이 진정 원했던 것은 자신의 믿음에 지적인 분석과 토대를 제공하는 것이었다. 그들 자신이 그런 증명의 결과로 믿음을 갖게 된 것이 아닌데도 말이다.……삶은 신을 믿도록 사람을 교육시킬 수 있다. 그리고 경험 역시 이것을 가능하게 한다. 하지만 "이 존재자의 존재"를 우리에게 보여주는 것은 시각이나 기타 형태의 감각 경험이라기 보다는, 예컨대 다양한 종류의 고통이라고 할 수 있다. 이것은 감각 인상이 우리에게 대상을 보여주는 방식으로 신을 보여주지도 않으며, 신에 대해 억측하게 하지도 않는다. 경험과 사유, 다시 말해 삶은 우리에게 이러한 신 개념을 강압적으로 부여할 수 있다.

논평

이 흥미로운 글에서 비트겐슈타인은 하나님이 정말 존재하느냐의 문제를 다루는 전통적 형이상학 이론에 관해 몇 가지 근본적인 비판을 가한다. 특히 신자들은 그런 논증을 토대로 자신의 신앙을 세우는 것이 아니라는 그의 주장에 주목하라.

앞서 언급했듯이1.25, 비트겐슈타인은 단어가 실생활에 사용되면서 그 의미를 얻는 방식에 큰 강조점을 두고 있다. 이 본문에서는 신앙의 문제에서 삶의 경험들, 특히 고통이 맡는 역할을 분명히 지적한다.

생각해 볼 물음들

❶ "내가 보기에, 그런 증명을 주장했던 신자들이 진정 원했던 것은 자신의 믿음에 지적인 분석과 토대를 제공하는 것이었다. 그들 자신이 그런 증명의 결과로 믿음을 갖게 된 것이 아닌데도 말이다." 이 평가는 얼마나 타당한가? 이것은 캔터베리의 안셀무스1.7와 토마스 아퀴나스1.9에게 어떻게 적용될 수 있는가? 이 두 사람은 자신들이 제시한 '증명'의 결과로 믿게 되었는가? 아니면 그들의 '증명'은 그들이 지녔던 신앙의 결론과 표현이었는가?

❷ "'색' 견본의 도움을 받지 않고서는 나는 '색'이 무엇이고 '색'이라는 말이 의미하는 것이 무엇인지 설명할 수 없다." 비트겐슈타인이 여기서 말하려는 바는 무엇인가? 이 말은 하나님 개념에 대해 어떤 타당성을 지니는가?

❸ 삶이 우리에게 하나님 개념을 "강압적으로 부여"할 수 있다는 비트겐슈타인의 말이 뜻하는 것은 무엇인가?

1.27

블라디미르 로스키

: 부정의 신학

블라디미르 로스키Vladimir Lossky, 1903-1958는 20세기 러시아 정교회의 탁월한 신학자 가운데 한 사람이었다. 러시아 혁명이 일어난 후에 파리로 옮겨 정착했고 그곳에서 여러 권의 책을 썼는데, 가장 유명한 것은 『동방교회의 신비 신학에 대하여』*Mystical Theology of the Eastern Church*이다. 이 책은 정교회 신학의 주요 주제를 다루며, 특히 부정의 신학 이론(신학용어 해설 참조)에 관해 논의한다. 로스키는 이 이론의 토대를 세운 사람으로 널리 인정받는 디오니시우스 위(僞)아레오파기타Dionysius the pseudo-Areopagite를 소개하면서 논의를 시작한다1.12, 1.14, 1.18, 1.28 참조.

디오니시우스는 성삼위일체의 도움을 청하는 기도로 논문을 시작하면서 그분께서 자기를 "신비로운 문헌들의 지극히 높은 자리, 곧 인식을 초월하는 곳으로, 하나님 지식의 단순하고 무조건적이며 불변하는 신비들이 침묵의 어둠 속에서 빛 가운데로 남김없이 드러나는 곳"으로 인도해 주시기를 구한다. 디오니시우스는 이 글을 디모데에게 헌정하면서, 그를 '신비적 관상'*mystica theamata*으로 초대한다. 모든 존재와 지식을 초월하시는 그분과 절대적 무지 안에서 합일을 이루기 위해서는 감각, 모든 이성적 활동, 감각이나 지성으로 알 수 있는 모든 것, 존재하거나 존재하지 않는 모든 것을 포기할 필요가 있다. 이것은 단순한 변증법적 과정의 문제가 아니라 그것을 넘어서는 다른 것이라는 사실은 이미 잘 알려져 있다. 다시 말해 정화 곧 카타르시스*katharsis*가 필요하다. 우리는 모든 부정한 것은 물론, 정결한 것까지도 전부 포기해야 한다. 그다음에 지극히 높고 숭고한 성결함도 벗어버리고, 모든 신성한 빛들과 하늘의 음성과 말씀도 뒤로 제쳐 놓아야 한다. 오직 그렇게 함으로써, 우리는 모든 피조물을 초월하시는 그분께서 거처로 삼으신 어둠 속으로 뚫고 들어갈 수 있다.

이와 같이 디오니시우스는 우리가 인식한 모든 것에 얽혀 있는 상태에서 점차 풀려나 위로 상승하는 길을, 모세가 하나님을 뵙기 위해 시내산에 오른 일과 비교한다. 거기서 모세는 자신을 정화하는 일부터 시작한다. 그다음에 그는 모든 부정한 것과 자신을 분리한다. 그때 그는 "수많은 나팔이 울려나는 소리"를 들었고, 찬란한 광선을 수없이 쏟아내는 큰 빛을 보았다. 그래서 그는 군중과 헤어져 제사장들을 데리고 신성한 오르막길의 정상에 이르렀다. 그곳에서도 그는 하나님께 닿지 못하고 하나님을 관상하지 못했으며(하나님이 보이지 않았기 때문이다), 다만 하나님이 계신 자리만 보았다. 내가 보기에 이 사실은, 눈으로 보고 지성으로 아는 모든 것 가운데서 가장 높고 거룩한 것일지라도 만물 위에 계시는 그분의 속성을 보이는 가설적 설명에 불과하다는 점을 말해 준다.

모든 생각을 초월하시는 그분의 현존, 곧 인간의 생각이 미치는 최고 자리인 성소에 계시는 그분의 현존이 그러한 일들을 통해 계시된다. 바로 그때 모세는 보는 것과 보이는 것들에서 자유롭게 풀려나, 참으로 신비로운 무지의 어둠 속으로 들어간다. 거기서 모세는 모든 학문적 이해를 포기하고, 전혀 만질 수 없고 볼 수 없는 것, 자기 자신이나 다른 사람에게 속한 것이 아니라 만물 위에 계신 그분께만 속한 것에 도달한다. 그는 자신의 최고 능력에 이르러 모든 지식이 정지하는 무지 상태에 들게 되고, 바로 그 무지에 의지해 이해를 초월하는 것들을 알게 된다.

이제 부정의 길, 곧 신비 신학—이것이 부정의 방법을 논하는 이 글의 제목이다—이 절대 파악할 수 없는 분인 하나님을 대상으로 삼는다는 것이 분명해졌다. 하나님을 대상으로 삼는다고 말하는 것조차도 적절하지 않아 보인다. 위에서 인용해 살펴본 구절의 뒷부분이 말하는 것은, 인식 가능한 것의 최고의 정점에 도달하면, 우리는 인식할 수 있는 대상뿐만 아니라 인식하는 일 자체로부터도 자유롭게 된다는 점이다. 다시 말해 인식 대상과 마찬가지로 인식 주체로부터도 자유롭게 된다. 하나님은 더 이상 자신을 대상으로 드러내지 않는다. 이제 문제가 되는 것은 인식이 아니라 연합이기 때문이다. 부정의 신학이란 우리로서는 언제나 파악할 수 없는 분이신 하나님과의 신비적 연합을 향해가는 길이다.

논평

로스키가 제시하는 '부정의 신학' 이론에서는 하나님의 신비를 강조하며, 신의 본질을 해명하거나 밝히려는 모든 인간적 노력에 한계가 있다고 주장한다. 하나님의 실체는 알 수가 없으며 하나님은 자신의 계시를 넘어선다는 것이 로스키가 주장하는 핵심 공리다. 이 본문은 하나님의 불가해성을 강조하는데, 그 의미는 하나님이 비합리적이라는 뜻이 아니라 인간 정신이 하나님의 실재를 온전히 파악할 수 없다는 것이다.

❶ 본문에서 로스키가 '어떻게 하나님을 아는가'와 관련해 주장하는 내용의 특징을 여러분은 어떻게 설명하겠는가? 그는 어떤 역할을 부여하는가? 여러분은 로스키의 견해가 서구 신학에서 두드러지게 강조하는 합리적 성찰과 어떻게 다르다고 생각하는가?

❷ 로스키가 시내산에 오른 모세를 유비로 삼아 주장하려는 논점은 무엇인가?

❸ 여러분은 이 본문에서 로스키가 하나님에 관해 아무것도 알 수 없다는 주장을 펼친다고 생각하는가?

디트리히 본회퍼

: 세속 세계의 하나님

이 편지는 독일 신학자이자 목회자인 디트리히 본회퍼1906-1945가 제2차 세계대전이 막바지에 이를 무렵, 테겔 교도소에 갇혀 있었을 때 쓴 것이다. 이 편지에서 본회퍼는 하나님의 존재가 당연한 것으로 인정받지 못하는 세계 속에서 기독교가 마주하는 새로운 도전에 관해 논의한다. 그는 기독교를 다른 모든 종교와 구별해 주는 핵심 주제를 밝히면서, 그리스도 안에서 하나님께서 당하신 고난에 초점을 맞춘다. 본회퍼는 인간의 "종교성"을 복음에 대한 접촉점이라고 보는 개념에 대해 강하게 비판했다. 본문에서 분명히 드러나듯이, 고난당하시는 하나님이라는 주제는 본회퍼에게 매우 중요했다. 본회퍼는 1945년 4월 플로센뷔르크 강제수용소에서 처형되었다

1.20, 1.24, 1.27, 3.30, 3.35 참조.

이제 다시 우리의 주제에 몇 가지 생각을 보태 보려네. 나는 성서적 개념들을 비종교적으로 해석하는 일에 서서히 접근하고 있네. 나는 이것을 내가 이미 해결한 것 이상의 과제로 여기고 있네. 세상의 자율에 이르는 일대 발전을 역사적으로 더듬어 보면 다음과 같네. 신학에서는 맨 먼저 체베리의 허버트Herbert von Cherbury 1581-1648가 종교적 인식은 이성만으로도 충분하다고 주장하고, 도덕에서는 몽테뉴와 보댕이 계명들 대신 생활의 규칙들을 제시하고, 정치에서는 마키아벨리가 일반 도덕으로부터 정치를 분리해 국시론을 확립하네. 내용상으로는 마키아벨리와 다르지만, 인간 사회의 자율을 강조한다는 점에서 그와 견해가 일치하는 후고 그로티우스는 자신의 자연법을 국제법으로 제시하면서, 자연법은 "하나님이 존재하지 않는다고 해도"*etsi deus non daretur* 타당성을 지닌다고 말하네. 끝으로 철학적 종지부는 다음과 같네. 데카르트의 이신론은 이 세상은 하나님의 간섭 없이도 잘 돌아가는 기계장치라고 주장하는 반면, 스피노자의 범신론은 자연이 곧 신이라고 주장하네. 칸트는 사실 이신론자이고, 피히테와 헤겔은 범신론자라고 할 수 있네. 곳곳에서 인간의 자율과 세상의 자율을 사유의 목표로 삼고 있네(자연과학에서는 이 주제가 니콜라우스 쿠자누스와 조르다노 브루노, 그리고 이들의—"이단적"—세계 무한설의 등장과 함께 시작되는 것 같습니다). 고대의 우주는 물론이고 중세의 세상도 유한하기는 매한가지였네. 어찌 생각하든, 무한한 세상은 "하나님이 존재하지 않는다고 해도" 보존되는 세상이지. 물론 현대 물리학은 세상의 무한성을 다시 의심하지만, 그런데도 예전처럼 세상의 유한성을 상정하지는 않는다네. 도덕적·정치적·자연과학적 작업가설로서의 하나님은 거부되고 극복되었네. 철학적·종교적 작업가설로서의 하나님도 마찬가지이지(포이어바흐). 이 작업가설을 철회하거나 될 수 있으면 광범위하게 배제하는 것이야말로 지적 성실성이라고 할 수 있네. 신앙심을 일으키는 자연 과학자나 그런 의사 등등은 일종의 혼혈아나 다름없네.

겁 많은 사람들은 이제 하나님은 어디에 자리하시느냐고 묻고, 이 물음에 대한 답을 알지 못하는 까닭에, 자신들을 이러한 궁지에 빠뜨린 발전 전체를 저주하네. 너무 협소해진 공간에서 벗어나는 다양한 비상구에 대해서는 이미 자네에게 써 보냈네. 결사적으로 도약하여*salto mortale* 중세기로 회귀하는 것도 그 비상구 가운데 하나로 추가해야겠네. 그러나 중세기의 원리는 교권 절대주의의 모습을 한 타율이어서, 중세기로 회귀하는 것은 지적 성실성을 희생시킴으로써만 얻을 수 있는 자포자기의 행보에 지나지 않네. 그러한 행보는 "아아, 돌아갈 길을 내가 알았더라면, 어린이의 나라에 들어갈 수 있는 아득한 길을 알았더라면"*O wüsst'ich doch den Weg zurück, den weiten Weg ins Kinderland*이라는 악곡에 따라 꾸는 꿈에 지나지 않네. 그런 길은 존재하지 않네. 어쨌든 그 길은 내적 성실성을 일부러 포기함으로써가 아니라, 마태복음 18:3이 말하는 의미에서만, 곧 참회, 이른바 궁극적 성실성을 통해서만 주어지네! "하나님이 존재하지 않는다고 해도", 우리는 이 세상에서 살아야 한다는 사실을 인식하지 않고는 성실해질 수 없네. 그리고 우리는 바로 이것을—하나님 앞에서!—알고 있네. 하나님 자신이 우리에게 이러한 인식을 하게 하시지. 우리의 성년 됨이 우리에게 하나님 앞에서 우리의 상태를 확실히 인식하게 하는 것도 그 때문이네. 하나님은 우리가 하나님 없이 삶을 영위하는 자로 살아야 한다는 것을 알게 하시네. 우리와 함께하시는 하나님은 우리를 버리는 하나님이시지!(막 15:34) 우리를 하나님이라는 작업가설 없이 세상에서 살게 하시는 하나님이야말로 우리가 항상 마주하는 하나님이네. 우리는 하나님 앞에서, 하나님과 함께, 하나님 없이 살고 있네. 하나님은 자기 자신을 세상에서 밀어내 십자가 위로 나가게 하시지. 하나님은 세상 속에서 무력하고 연약하시지만, 바로 이것이 그분이 우리와 함께하시며 우리를 도우시는 방식이요 유일한 방법이라네. 마태복음 8:17이 명시하듯이, 그리스도께서는 자신의 전능으로 우리를 도우시는 것이 아니라, 자신의 약함으로 자신의 수난으로 우리를 도우시네!

바로 여기에 모든 종교와의 결정적인 차이가 있네. 인간의 종교성은 인간이 세상에서 곤경에 처했을 때 그에게 하나님의 능력을 제시하네. 하나님이 '데우스 엑스 마키나' *deus ex machina* 라는 것이지. 반면에 성서는 인간에게 하나님의 무력과 수난을 제시하네. 고난을 받는 하나님만이 도우실 수 있기 때문이지. 이 점에서 이미 기술한 세상의 성년 됨으로 나아가는 발전, 그릇된 하나님 표상을 제거하는 발전은 세상에서 자신의 무력함으로 힘과 공간을 확보하시는 성서의 하나님을 볼 수 있도록 눈을 활짝 열어 준다고 할 수 있네. 바로 여기서 "세상적 해석"이 시작되어야 할 것 같네.

논평

본회퍼는 처형당하기 얼마 전, 교도소에서 이 편지를 썼다. 이 편지에서는, 인간은 본질상 종교적이라는 전제 위에서 종교와 신학을 이해하는 이론들의 취약성에 대해 논한다. 본회퍼의 경우는 나치에 대한 경험이 그런 전제에 의문을 품게 된 계기가 되었다.

이 편지에서는 세상의 자율성이라는 쟁점과 더불어 하나님의 무력함이라는 주제를 폭넓게 다룬다. 본회퍼는 이 주제가 십자가에서 나타났다고 보았다. 본회퍼는 중세 이후의 지성사를 간략하게 논하면서, 세상이 어떻게 성년기에 이르러 마치 하나님이 없는 듯이 살아가는지의 문제를 밝힌다.

라틴어 구호 *etsi Deus non daretur*('마치 하나님이 없는 것처럼')은 네덜란드의 작가 휴고 그로티우스 Hugo Grotius, 1583-1645 가 사용했던 말이며, 서구에서 세속적 흐름이 점차 중요해진 현상을 가리키는 표지로 널리 사용된다.

생각해 볼 물음들

❶ "마치 하나님이 없는 것처럼" 사는 삶과 확고하게 무신론에 빠진 삶 사이에는 어떤 차이가 있는가?

❷ 본회퍼는 세상의 "성년 됨"에 대해 어떻게 설명하는가? 그는 그런 현상이 발전하

는 데 주도적인 역할을 한 요소가 무엇이라고 생각하는가? 위의 본문에서 본회퍼가 직접 언급하지는 않지만, 나치 시대는 이 논점을 어떤 식으로 예증하는가?

❸ "우리는 하나님 앞에서, 하나님과 함께, 하나님 없이 살고 있네. 하나님은 자기 자신을 세상에서 밀어내 십자가 위로 나가게 하시지. 하나님은 세상 속에서 무력하고 연약하시지만, 바로 이것이 그분이 우리와 함께하시며 우리를 도우시는 방식이요 유일한 방법이라네." 본문에서 이 구절의 위치를 확인하며 읽어 보라. 이 구절에서 본회퍼가 말하려는 바는 무엇인가?

1.29 ▼

폴 틸리히

: 상관관계의 방법

폴 틸리히1886-1965는 미국에 정착한 독일인 망명자로서 20세기 미국의 주요 신학자 가운데 한 사람이 되었다. 그가 크게 관심을 기울인 분야는 변증론이었다. 그의 주장에 따르면, 기독교의 신뢰성을 계속 지켜가기 위해서는 복음 선포를 세속 문화가 제기하는 질문들, 그중에서도 특히 북아메리카에서 제기되는 질문들과 상호 연관시키는 작업이 꼭 필요하다. 틸리히가 볼 때, 문화는 이른바 "궁극적 질문들"을 제기하며, 이에 대해 신학은 답할 의무가 있다. 여기서 인용한 중요한 본문에서 틸리히는 기독교 메시지와 세속 문화를 상호 연관시킬 수 있는 일반 원리를 연구한다1.28, 1.34, 1.36 참조.

본문

'상관관계'라는 용어는 다음과 같은 세 가지의 방식으로 사용된다. 이 용어는 통계표에서 볼 수 있듯이 일련의 다양한 자료들이 서로 대응하는 것을 뜻할 수도 있고, 대극적 관계처럼 여러 개념들의 논리적 상호 의존성을 의미하기도 하며, 전체 구조 안에 있는 사물이나 사건들의 실제적 상호의존성을 의미할 수도 있다. 상관관계라는 용어를 신학에 적용할 때는 이 세 가지 의미가 모두 중요하다. 먼저 종교적 상징과 그 상징이 가리키는 것 사이의 대응을 뜻하는 상관관계가 있다. 다음으로 인간적인 것을 가리키는 개념과 신적인 것을 가리키는 개념 사이에서 논리적 관계를 뜻하는 상관관계가 있다. 또 인간의 궁극적 관심과 그 궁극적인 관심의 대상 사이에서 실제적 관계를 뜻하는 상관관계가 있다. 첫 번째 의미의 상관관계는 종교적 지식의 핵심 문제와 관련된다……

두 번째 의미의 상관관계는 하나님과 세상에 관한 진술들, 예를 들어 무한과 유한의 상관관계를 다룬다……세 번째 의미의 상관관계는 종교 경험 내의 신-인 관계들을 규정한다. 이 세 번째 의미의 상관관계 이론을 신학에서 사용하는 것에 대해 칼 바르트 같은 신학자들이 강하게 반박했는데, 그들은 신과 인간 사이의 상관관계는 어떤 유형이든 하나님을 부분적으로나마 인간에게 의존하게 만든다고 우려했다. 하지만 하나님이 그 심원한 본질의 차원에서는 결코 인간에게 의존하지 않으신다고 하더라도, 자신을 인간에게 드러내 보이는 일에서는 인간이 그분의 현현을 받아들이는 방식에 의존하신다. 예정론에서는 이처럼 인간의 방식에 의존하는 일이 하나님께서 미리 정해 놓은 것이요 인간의 자유와는 전혀 별개의 일이라고 주장하겠지만, 그와는 상관없이 우리는 이 특성을 사실로 인정해야 한다. 신-인 관계, 나아가 이러한 관계 속에 있는 인간과 하나님은 계시 역사의 단계 및 인간의 모든 발전 단계에 따라 변한다. '우리를 향한 하나님'과 '하나님을 향한 우리' 사이에는 상호 의존성이 존재한다. 하나님의 진노와 은혜는 하나님의 '마음'(루터), 곧 하나님의 존재 깊은 곳에서는 서로 대립하지 않으나, 신-인 관계 속에서는 대립한다. 신-인 관계는 상관관계다. '신과 인간의 만남'(에밀 브루너)은 양편 모두에게 실제적인 무엇인가를 의미한다. 이것이 세 번째 의미에서 살펴 본 실제적인 상관관계다.

신-인 관계는 인식적인 측면에서도 상관관계를 이룬다. 상징적으로 말해, 하나님은 인간의 질문에 답을 주시며, 인간은 하나님께서 주신 답의 영향 아래서 질문을 제기한다. 신학은 인간 실존이 지닌 질문들을 다듬어

내며, 또 인간 실존이 제기하는 질문들에 비추어서 하나님의 자기 현현이 담고 있는 대답들을 구체화한다. 이렇게 반복되는 절차를 따라 인간은 질문과 대답이 분리되지 않는 지점까지 이르게 된다. 그러나 이 지점은 시간 속의 한 순간이 아니다. 그것은 인간의 본질적 존재, 다시 말해 인간의 유한성과 무한성—인간은 무한 안에서 창조되었으며 또 거기서 떨어져 나왔다—의 통일에 속한다.……유한한 인간과 무한 사이의 본질적 통일과 실존적 분리라는 두 가지 증상은 인간이 자기가 속한 무한에 관해 질문할 수 있는 능력이 된다. 다시 말해 인간이 무한에 관해 물을 수밖에 없다는 사실은 그가 거기서 분리되어 있음을 보여준다.

계시 사건이 담고 있는 대답들은 우리의 실존 전체에 얽혀 있는 물음들, 즉 실존적인 물음들과 상호 관련될 때에만 의미를 지니게 된다. 무상성의 충격, 유한성 앞에서 느끼는 불안, 비존재의 위협을 경험한 사람만이 하나님이라는 관념이 의미하는 것이 무엇인지 이해할 수 있다. 역사적인 인간 실존의 비극적인 모호성을 경험하고 실존의 의미에 대해 철저하게 질문해 본 사람만이 하나님 나라의 상징이 무엇을 의미하는지 이해할 수 있다. 계시는 우리가 지금까지 물어왔으며 앞으로도 묻게 될 질문, 곧 '우리 자신'에 관한 질문에 답을 준다. 인간은 구체적 형태의 질문이 제기되기 전부터 그 존재 자체가 자기 자신에게 던지는 물음이다. 그런 점에서 인류 역사 초창기부터 이런 근본적 질문이 제기되었다는 사실이 전혀 놀랍지 않다. 신화 자료를 분석한 모든 글이 그 사실을 보여준다. 또한 아동을 연구한 모든 글이 보여주듯이, 아동기의 초기 단계에서 이와 동일한 질문이 나타난다는 사실도 놀랄 것이 못 된다. 인간이 된다는 것은, 자신의 존재에 관해 질문하고, 그 질문에 대한 답의 영향을 받아 산다는 것을 의미한다. 또 역으로 자신의 존재에 관한 물음에 답을 얻고, 그 답의 영향을 받아 또다른 질문을 제기하며 산다는 것을 의미한다.

상관관계의 방법을 사용하는 조직신학은 다음과 같은 방식으로 진행된다. 조직신학은 실존적인 물음이 터져 나오는 인간 상황을 분석하고, 기독교 메시지에서 사용된 상징들이 그런 문제에 대한 답이 된다는 것을 논증한다. 인간 상황에 대한 분석은 오늘날 '실존론적'이라고 불리는 개념들을 도구로 이루어진다. 이런 분석은 실존주의보다 훨씬 오래전에 이루어졌으며, 인간의 자기 자신에 대한 사고만큼이나 오래된 것으로, 철학이 시작된 이후로 여러 가지 개념들을 통해 표현되어 왔다. 인간은 세상을 바라볼 때마다 자신을 그 세상에 속한 일부로 생각해 왔다. 그러나 인간은 또 자신이 객체들로 이루어진 세상에서 낯선 자요, 일정한 수준의 과학적 분석 이상으로는 그 세상을 간파할 수 없다는 사실을 깨달았다. 그리하여 인간은 자기 자신이 실재의 깊은 차원으로 연결된 문이라는 것과, 실존 자체에 도달할 수 있는 유일한 통로가 자신의 실존 안에 있다는 사실을 깨닫게 되었다. 이 말이 뜻하는 것은, 과학적인 연구의 소재라는 측면에서 인간이 다른 객체들보다 훨씬 더 다루기 쉽다는 것이 아니다. 사실은 그와 정반대다! 이 말은 인간 자신의 실존에 대한 직접적인 경험이 실존 일반의 본질을 어느 정도 드러내 보여준다는 것을 뜻한다. 자신의 유한성의 본질을 꿰뚫어 보는 사람이라면 실존하는 모든 것 속에서 유한성의 흔적을 발견할 수 있다. 그래서 그 사람은 자신의 유한성에 관한 문제를 묻는 가운데 보편적인 유한성이 안고 있는 문제를 물을 수 있게 된다. 이렇게 해서 그는 인간에 관한 이론을 세우는 것이 아니라, 자기가 인간으로서 경험하는 실존에 관한 이론을 세우게 된다.

논평

시작부터 틸리히는 신학의 가장 중요한 과제 중 하나가 신학적 사고를 비종교적 상황과 연관시키는 일이라고 말한다. 이 점에서 그의 신학은 교의학적이라기보다 변증적이라고 할 수 있다. 다시 말해 그는 기독교를 20세기의 세속 문화에 매력적이고 이해 가능한 것으로 제시하는 일에 큰 관심을 쏟는다. 상황과 기독교인 사이를 이어 주는 그의 '상관관계의 방법'은 기독교의 선포를 성년이 된 세상에 적합한 것으로 제시하려는 그의 관심사를 반영한다. 그래서 틸리히는 문화가 제기하는 '궁극적 질문들'을 규명하고, 나아가 그 물음들의 이면에 놓인 실질적·실존적 관심사들을 충족시켜 줄 수 있는 답을 제시하는 것이 신학의 과제라고 주장한다. 이런 의미에서 틸리히는 신학 못지않게 변증론도 크게 발전시켰다고 할 수 있다.

틸리히의 신학 작업은 '상관관계'라는 용어로 요약할 수 있다. '상관관계의 방법'이라는 말로 틸리히는 현대 신학의 과제가 인간 문화와 기독교 신앙 사이에 대화의 문을 여는 것이라고 생각한다.

생각해 볼 물음들

❶ 틸리히는 "상관관계"라는 용어로 무엇을 말하려고 하는가? 무엇과 무엇을 서로 관련시키는가? 이 일은 어떤 방식으로 이루어지는가? 여러분은 본문에서 틸리히가 밝히는 상관관계의 세 가지 측면을 각각 연구해 보면 좋을 것이다.

❷ 본문에서 틸리히는 바르트를 비판한다. 그 이유는 무엇인가? 틸리히는 또 에밀 브루너나 장 칼뱅과 교감한다. 여러분은 이 두 개신교 신학자에 대한 틸리히의 평가를 어떻게 생각하는가?

❸ 틸리히가 볼 때, 기독교 메시지는 인간 실존에 얽혀 있는 문제들에 대해 답을 제공한다. 틸리히가 이렇게 말하는 의미는 무엇인가? 그가 그러한 대답에서 실존주의가 매우 중요하다고 본 이유는 무엇인가?

1.30 ▼

이안 램지

: 기독교 교리의 언어

종교철학자 이안 T. 램지Ian T. Ramsey, 1915-1972는 이 글에서 교리 언어의 본질을 논하며, 교리적 진술은—나사렛 예수와 관련된 '현시(現示) 상황'disclosure situation을 다루는 교리적 진술은 특히 더—그 진술의 경험적 토대에 비추어 이해해야 한다고 주장한다. 램지는 형이상학적 진술이 무의미하다고 주장하는 주류 논리 실증주의를 배경으로 이 글을 쓴다. 그는 전통적인 신학 언어가 경험적으로 유의미하다고 주장했으며, 여기서 인용한 글에서 그 점을 옹호한다1.10, 1.16, 1.17, 1.22, 1.26, 1.37 참조.

본문

초기 기독교인들에게 예수 그리스도는 통상적으로 '하나님'이라는 단어를 전달하는 기능을 맡았던 '현시'(現示) 상황들의 원인이자 대상이었다. 그에 더해 '피곤을 느꼈다'거나 '눈물을 흘렸다'와 같이 겉으로 보기에도 확연한 경험적 사실들로 예수 그리스도를 설명하기도 했다. 그래서 우리는 '현시' 또는 '계시'의 대상을 설명할 때, 언뜻 보기에 논리상 상충하는 두 가지 다른 언어를 사용한다. 여기에서 이 두 가지 언어가 어떻게 통합될 수 있는지의 문제가 발생한다. 기독교의 현시에서는 오직 하나의 대상만 드러나기 때문이다.……

기독교 교리는 사진 찍듯이 정밀한 언어로 담아 낸 하나님 상을 제공하지 않는다. 기독교 교리는 전통적인 형이상학에 속하는 인식론과는 전혀 다른 인식론을 근거로 정당화될 수 있을 뿐이다. 기독교 교리는 결코 '수퍼 사이언스'(모든 학문을 포괄하는 초월 학문)가 아니다. 기독교 교리는 그 구조 및 '사실' 의존성이라는 면에서 볼 때, 평행 현상인 '수퍼 사이언스'에 비해 훨씬 더 복잡하다. 우리가 이렇게 여러 가지 사례를 살핀 것은 전통적인 기독교 구절을 어떻게 다른 방식으로 해명하고 정당화할 수 있는지 그 실마리를—오직 그것만을—제시하기 위함이었다. 만일 그 구절들이 '현시' 상황들, 곧 직간접적으로 나사렛 예수를 중심으로 삼으며 또 부분적으로는 신비롭고 난해하기도 한 상황들에 뿌리내리고 있다면, 그때 비로소 기독교의 구절들은 자체의 주제에 적합한 논리적 복잡성을 얻게 된다. 경험론에서 출발하는 철학적 신학에서는, 기독교 교리에 관한 전통적 구절들이 각기 논의를 전개할 때 어떤 논리적 순서를 따라야 하는지를 이런 방식으로 이해한다. 또 이 신학에서는 '사실들'을 바라보는 평이한 관점—언어는 자신이 가리키는 대상과 일대일로 대응하는 언어적 사진을 제공한다고 보는 사상을 따르는 관점—을 바탕으로 해서는 결코 그 구절들의 논리적 구조를 적절히 설명할 수 없다고 확신한다. 이런 실수를 범하게 되는 까닭은, 신학의 논리와 일반 학문에서 사용하는 엄밀한 언어의 논리를 혼동하기 때문이다.

논평

본문에서 램지는 개인적 경험과 인격적 현시에 근거한 종교 언어의 모델을 주장한다. 그는 나사렛 예수가 기독교적 진리 주장들의 원인이자 대상이라는 말로 시작한다. 램지는 '현시'(이 글의 목적에 비추어, 이 단어는 대략 '계시'라는 의미로 이해할 수 있다)라는 말을 사용하여, 기독교 교리의 근본적인 과제 가운데 하나가 나사렛 예수와 관련된 두 개의 언어 유형—즉 나사렛 예수가 하나님을 현시하는 이로서 맡는 역할과, 경험적으로 피곤해하거나 눈물을 흘리는 모습을 보이는 이로서 맡는 역할—을 하나로 엮어 내는 것이라고 주장한다. 그래서 램지는 교리적 언어가 간단하고 명료할 수가 없다고 주장하며, 그 이유로 교리적 언어는 기독교적 현시의 원인과 대상을 동시에 납득할 수 있게 해명해야 한다는 사실을 지적한다.

생각해 볼 물음들

❶ 램지가 글을 쓰던 당시(1957년), 서구 철학의 진영에서 영향력을 발휘하던 논리실증주의는 형이상학적 언어가 경험적으로 무의미하다고 주장했다. 위의 본문에서 램지는 이 도전에 어떻게 응답하는가?

❷ "기독교 교리는 사진 찍듯이 정밀한 언어로 담아낸 하나님 상을 제공하지 않는다." 본문에서 이 구절을 찾아 읽어 보라. 이 구절에서 램지가 말하려는 바는 무엇인가? 그는 이 구절을 통해 신학 언어와 관련된 어떤 견해에 이의를 제기하고 있는가?

❸ 오늘날 기독교 교리에 대해 제기되는 비판들은 기독교 교리가 언어를 사용하는 방식을 오해한 데 기인한다는 램지의 주장을 여러분의 말로 설명해 보라.

1.31 ▼

샐리 맥페이그

: 은유의 신학

미국의 저명한 신학자 샐리 맥페이그Sallie McFague, 1933 출생는 『은유 신학』*Metaphorical Theology*, 1982과 『하나님의 모델』*Models of God*, 1987과 같은 여러 저술을 통해, 기독교에서 하나님에 관해 말하는 방식들은 일차적으로 은유의 성격을 띠며, 하나님과 인간 사이의 유사성뿐만 아니라 차이점에도 관심을 기울인다는 논지를 펼친다. 그녀는 신학적 성찰을 풍성하고 분명하게 다듬기 위해 이미지나 모델이 필요하다고 주장한 후에, 은유의 특별한 역할을 살피면서 '어머니로서의 하나님'이라는 은유를 강조한다1.10, 1.25, 3.40, 3.41, 3.42 참조.

본문

우선 살펴볼 사실은, 구성적이고 은유적인 신학이 하는 일은 '비신화화'demythologize가 아니라 '재신화화'remythologize라는 점이다. 신학을 은유적인 것으로 이해한다는 말은, 훨씬 더 계몽되어 보이는(따라서 훨씬 더 추상적일 수밖에 없는) 용어들을 찾고자 종교 언어에서 구체적이고 시적이며 상상적인 특성을 벗겨 내고 나아가 신인동형론적인 특성까지도 벗겨 버리려는 시도를 그 근본에서부터 거부한다는 것을 뜻한다. 은유 신학에서는 우리 시대에 맞게끔 재신화화하는 작업을 신학의 주요 과제로 삼는다. 다시 말해, 기독교 신앙을 우리 시대에 힘 있고 이해하기 쉬운 방식으로 제시할 수 있는 기본적인 은유와 모델들을 현대인의 경험에서 찾아내서 신앙을 설명하는 일을 한다. 신학자들은 시인이 아니며 철학자도 아니다(기독교 전통 속에서 신학자들은 흔히 그런 처지에 놓였다). 그러나 은유 신학의 관점에서 보면, 신학자들은 시와 철학 모두에 관여하는 이례적인 지위에 놓인다. 신학자들은 기독교 신앙과 공명하면서 신앙을 그 시대에 설명하기에 적합한 은유와 모델들에 대해 민감하게 반응해야 한다는 점에서 보면 시인이며, 또 이러한 은유와 모델들의 의미를 일관되고 포괄적이며 체계적인 방법으로 해명해 내야 한다는 점에서 보면 철학자다.……

구성적이고 은유적인 신학과 관련해서 두 번째로 살펴볼 훨씬 더 복잡한 쟁점은, 은유와 모델의 문제다. 은유와 모델은 무엇이며, 또 신학을 은유적이라고 부르는 까닭은 무엇인가? 은유란 어떤 단어나 구절이 부적절하게 사용된 경우를 말한다. 어떤 맥락에서 적절하게 사용되는 단어를 다른 맥락에다 적용하는 것이다. 의자의 팔걸이, 체스 게임이라고 일컫는 전쟁, 하나님 아버지가 그 예다. 아리스토텔레스 때부터 지금까지 은유는 주로 꾸미거나 장식하는 시적 장치로 여겨져 왔다. 은유를 통해 어떤 말이나 구절을 부적절하게 사용하긴 했으나 반드시 그 방법을 사용할 필요는 없는 것이라고 생각해 왔다. 다시 말해 그런 식으로 표현한 것들은 모두 은유를 사용하지 않고 직접적으로 말할 수 있는 것들이다. 하지만 시간이 흐르면서 은유를 대체 불가능한 것으로 여기는 생각이 힘을 얻게 되었다. 즉 은유를 통해 표현한 것을 직접적으로 말하거나 은유 없이 말하는 것이 불가능한데, 만일 그게 가능하다면 당연히 우리는 직접적으로 말했을 것이기 때문이다. 이제 은유는 장식품이 아니라 어쩔 수 없이 사용해야 하는 도구가 되었다. 은유란 친숙한 용어로 친숙하지 않은 것을 표현하고, 우리가 아는 용어를 사용해 알지 못하는 것에 관해 말하려는 시도다.

모든 은유가 다 이러한 정의에 들어맞는 것은 아니다. 많은 은유들(예를 들어, 의자의 팔걸이라는 은유)이 관습적인 언어에 편입되어서 미처 우리가 그것을 의식하지 못하기 때문이기도 하며, 어떤 은유들(예를 들어, 하나님 아버지라는 은유)은 아주 친숙해져서 그것들이 친숙하지 않은 것을 표현하고 있다는 점을 깨닫지 못하기 때문이기도 하다. 하지만 '전쟁은 체스 게임이다'라는 말처럼 신선한 은유는, 즉시 우리의 상상력을 자극해서 매우 복잡한 현상인 전쟁을 체스 게임의 격자무늬 말판에 비추어 구체적인 게임처럼 이해할 수 있게 해준다. 당연히 전쟁은 체스게임이 아니다. 그러므로 전쟁을 체스게임에 비추어 기술하는 것은 전쟁의 특정 측면들(예를 들어 전략을 세우는 일)은 분명히 드러내고 다른 측면들(예를 들어, 폭력과 죽음)은 걸러내는, 부분적이고 상대적이며 온전하지 못한 설명이다.

은유는 언제나 '…이다'와 '…아니다'의 특성을 지닌다. 다시 말해, 어떤 사실을 단언할 경우 그것은 정의를 내리는 것이 아니라 유사성을 설명하는 것이다. 예를 들어 '하나님은 어머니다'라는 말은 하나님을 어머니로 정의하거나 '하나님'과 '어머니'라는 말 사이의 동일성을 주장하는 것이 아니라, 하나님에 관해 어떻게 말해야 할지 모르는 사실을 어머니라는 은유를 통해 이해하려는 것이다. 여기서 전제는 하나님에 관한 말은 모두 간접적이라는 점, 즉 어떤 말이나 어구로도 직접 하나님을 가리킬 수 없다는 사실인데, '하나님-언어'는 다른 곳에서 적절하게 사용되는 표현을 우회로로 삼아서만 말할 수 있기 때문이다. 하나님을 어머니라고 부른다는 것은 어머니의 역할에 속하는 몇 가지 특성을 하나님과 우리가 맺는 관계의 특정 면모를 부분적으로나마 명확하게 밝혀 주는 도구로 사용하도록 요구하는 것이다. 하지만 이것은 다른 많은 은유들도 역시 이런 목적을 위해 부분적으로나마 이해를 증진시키는 격자무늬 말판으로 사용될 자격이 있다는 사실을 뜻한다.

논평

『은유 신학』에서 샐리 맥페이그는 '은유'라는 범주를 신학에서 다시 살려내 사용하려고 노력한다. 이 일에는 '은유'라는 말의 의미가 무엇인지, 특히 이 용어가 '유비'라는 용어와 어떤 관계에 있는지를 밝히는 일이 포함된다. 맥페이그는 은유가 유연성이라는 장점을 지닌다고 본다. 다시 말해, 은유는 융통성이 있으며 다양한 해석을 기꺼이 받아들인다.

맥페이그가 은유는 '유사함'과 '유사하지 않음'을 모두 아우른다는 사실을 강조하고 있는 점에 주목하라. 예를 들어 '하나님은 늑대다'라고 말하는 것—나아가 이 말을 은유로 받아들이는 것—은 그 말을 듣는 사람들에게 하나님과 늑대 사이의 유사점과 차이점을 찾아보도록 부추긴다. 이런 이미지의 사용을 순전히 유비적인 것이라고 생각해서는 안 된다. 은유는 유사성보다 차이점을 강조할 수도 있다.

맥페이그는 신학에서 은유적 요소를 제거하는 것에 반대한다. 그렇게 하면 신학이 언어적 측면과 상징적 차원에서 황폐화하는 결과에 이를 수 있다고 생각했기 때문이다. 은유를 배제하는 것은 이미지—매우 강력하고 감동적인 이미지—들을 배제하는 것이다.

생각해 볼 물음들

❶ '은유'라는 말은 사람에 따라 서로 다른 방식으로 이해한다. 맥페이그가 이 용어로 말하려는 의미는 무엇인가? 이러한 이해는 은유의 신학적 잠재력에 대한 그의 평가에 어떤 영향을 끼쳤는가?

❷ 맥페이그는 자신의 의도가 "종교 언어에서 구체적이고 시적이며 상상적인 특성을 벗겨" 내려는 모든 시도를 거부하는 것이라고 분명히 밝힌다. 그녀가 이렇게 거부하는 근거로 제시하는 것은 무엇인가?

❸ 맥페이그는 이 글에서 여러 가지 종교적 은유를 제시하는데, 그 가운데 하나는 '어머니이신 하나님'이다. 이 은유는 어떤 통찰을 보여주는가?

❹ 맥페이그는 "다른 많은 은유들도……부분적으로나마 이해를 촉진시키는 격자무늬 말판으로 사용될 자격이 있다"라고 말한다. 여기서 그녀가 주장하는 것은 은유들은 여럿이 겹쳐져 힘을 발휘하며, 그렇기에 하나님에 대해 좀 더 깊이 이해하기 위해서는 다수의 은유가 필요하다는 점이다. 그런 식으로 더 깊은 이해를 얻고자 한다면, 다수의 은유를 어떤 방법으로 사용해야 하는가? 은유의 어떤 면은 사용하고 다른 면은 버려야 하는지를 어떻게 선택할 수 있는가?

구스타보 구티에레즈

: 비판적 성찰의 신학

페루의 신학자 구스타보 구티에레즈Gustavo Gutiérrez, 1928 출생는 라틴 아메리카의 해방신학을 대표하는 중요한 신학자 가운데 한 사람이며, 특히 이론보다 실천을 강조한 것으로 유명하다. 이론과 실천praxis을 구분한 칼 마르크스에게서 기원을 찾을 수 있는 이 강조점은 해방신학자들이 실천적·사회적 참여와 정치적 개입의 필요성을 역설하고, 신학을 현실과 거리를 둔 객관적·학문적 분야로 이해하는 서구적 태도에 대해 강하게 비판하는 데서 구체적인 모습을 드러낸다. 『해방신학』*Theology of Liberation*, 1971에서 인용한 아래 본문에서, 구티에레즈는 기독교 신학의 본질을 비판적으로 이해하는 작업에서 이 논점이 지니는 중요성을 탐구한다3.32, 9.3 참조.

본문

신학은 인간 및 인간의 근본 원리들에 대한 비판적 성찰이어야 마땅하다. 이 노선을 따를 때에야 신학은 자기 자신을 제대로 알고 온전한 개념 요소들을 갖춘 진정한 담론일 수 있다. 하지만 신학을 비판적 성찰이라고 말한다고 해서 반드시 이런 인식론적 측면만 가리키는 것은 아니다. 기독교 공동체의 삶과 사고에서 제기되는 경제적이고 사회-문화적인 쟁점들을 선명하고 비판적으로 다루는 태도도 가리킨다. 이런 쟁점들을 무시하는 것은 자기 자신과 다른 사람들을 속이는 일이 된다. 하지만 여기서 우리는 비판적 성찰이라는 용어를 실천에 관한 이론에만 한정해서 사용하고자 한다. 사회와 교회가 하나님의 말씀으로 부름받았으며 그 말씀에 귀를 기울여야 한다는 점에서 신학적 성찰은 당연히 사회와 교회에 대한 비판이론이 된다. 또 신학적 성찰은 믿음으로 받은 말씀의 빛 안에서 이루어지고 실천적 목표에서 영감을 얻는—그래서 역사적 실천과 뗄 수 없도록 연계되는—

비판 이론이다.

교회는 복음의 설교와 성례전과 구성원들의 사랑을 수단으로 삼아 하나님 나라의 선물을 인류 역사 한가운데서 선포하고 소중히 지켜 나간다. 기독교 공동체가 고백하는 신앙은 사랑을 통해 힘을 발휘한다. 신앙은 참된 사랑이자 행동이며 다른 사람을 섬기는 헌신이다. 마땅히 그래야 한다. 신학은 성찰이며 비판적인 태도다. 신학은 뒤에서 따라가며, 보조하는 위치에 선다. 헤겔이 철학을 가리켜 "해 질 녘에야 잠에서 깬다"라고 한 말을 그대로 신학에도 적용할 수 있다. 교회의 목회 행위는 신학적인 명제들에서 결론으로 도출되는 것이 아니다. 신학은 목회 행위를 산출하지 않으며, 반대로 목회 행위를 성찰한다. 신학은 목회 행위 안에서 기독교 공동체의 행동에 영감을 불어넣는 성령의 임재를 발견할 수 있어야 한다. 신앙을 이해하기 위한 일차적인 '신학의 장'*locus theologicus*은 교회의 삶과 설교와 역사 참여라고 할 수 있다.

이에 더해 세상 속에서 이루어지는 그리스도인의 현존과 활동을 성찰하는 일은 교회의 가시적 울타리를 넘어 나간다는 것을 의미한다. 이것은 지극히 중요하다. 이것은 세상을 향해 개방적인 태도를 지니고, 세상이 제기하는 문제들을 이해하며, 그 역사적인 변화들에 민감하게 귀를 기울이는 것을 의미한다. 이브 콩가르가 이런 말을 했다. "교회가 현대 세계의 실질적인 문제와 씨름하여 답을 제시하기 원한다면……이른바 신학적이고 목회론적인theologicopastoral 인식론의 새로운 장을 열어야 한다. 고전 신학에서 흔히 그랬듯이 계시와 전통만을 출발점으로 삼을 것이 아니라, 세상과 역사에서 발생하는 사실과 문제들에서 출발해야한다." 이처럼 인류 역사 전체를 향해 열린 자세를 취할 때 신학은, 편협함에 빠지지 않고 그 비판적 기능과 더불어 교회의 실천적 면모를 온전히 성취할 수 있게 된다.

이러한 비판적 기능은 필수 불가결한 의무다. 신앙에 비추어서 성찰하는 일은 언제나 교회의 목회 행위를 수반해야 한다. 신학은 역사의 사건들을 적절한 관점 안에 배치함으로써 사회와 교회가 일시적인 일들을 영구한 것으로 여기는 일이 없도록 도와준다. 따라서 비판적 성찰은 언제나 기존의 사회 및 교회 질서를 합리화하고 정당화하는 이데올로기와는 정반대의 역할을 담당한다. 다른 한편, 신학은 계시의 원천을 밝혀 줌으로써 목회 행위가 바른 방향으로 나가도록 돕는다. 또 목회 행위를 폭넓은 맥락 안에 배치함으로써 행동주의activism와 즉효주의immediatism를 극복하도록 돕는다. 그래서 비판적 성찰인 신학은 인류와 기독교 공동체를 위해 해방하는 기능을 수행하며, 또 그들이 물신숭배와 우상숭배뿐만 아니라 자폐적이고 치명적인 자아도취에 빠지지 않도록 막아 준다. 이러한 신학은 모든 유형의 종교적인 소외로부터 자유롭게 되는 일에서 필수적이고 영구한 역할을 맞는다. 그런 소외는 교회의 제도에 의해 생겨나는 경우가 많은데, 참되게 주님의 말씀으로 나가는 길을 교회 제도가 방해할 때 발생한다.

사회와 교회를 비판적으로 성찰하는 신학은 그 사고방식이 성장하기도 하며 또 어떤 의미에서는 변하기도 한다. 사실 기독교 공동체의 현실참여는 역사 과정 속에서 다양한 형태로 변하는데, 이렇게 변하는 참여 형태에 따라 신학적인 사고도 계속해서 새로워지고 또 새로운 영역으로 확장되기도 한다. 한때 완벽한 것으로 확정되었던 '진리들'—이것들은 길이요 진리라고 말할 수 있는 참 진리가 아니다—만을 토대로 삼는 신학은 굳어 버릴 수밖에 없고 결국에는 쓸모없는 것이 되어 버린다. 이런 의미에서 볼 때, 사람들이 부이야르H. Bouillard의 말로 즐겨 인용하면서도 쉽게 오해를 하는, "첨단을 걷지 않는 신학은 잘못된 신학이다"라는 말이 새로운 타당성을 얻게 된다.……

특별한 문제의식에서 출발하는 이런 신학은, 오늘날 우리에게 적합하고 꼭 필요한, 라틴 아메리카의 눈으로 본 신학을 형성하는 일에서 신중하면서도 견고하고 영구한 토대를 제공해 줄 수 있을 것이다. 이처럼 라틴 아메리카에 초점을 맞추는 것은 섣불리 독창적인 것을 세우려는 욕심 때문이 아니라, 역사적인 효율성에 대한 철저한 깨달음과—굳이 숨길 이유가 없는 것으로—보편적인 기독교 공동체의 삶과 성찰에 기여하고자 하는 열망에 따른 것이다. 하지만 우리가 그 일에 기여할 수 있기 위해서는, 보편성을 향한 이런 열망을—전체 기독교 공동체로부터 정신 자산을 공급받겠다는 생각과 더불어—시작 단계에서부터 확고하게 밝혀 둘 필요가 있다. 또한 이런 열망을 구체적으로 실천하기 위해서는 특수주의적인—지역주의적이고 배타적인—기질을 극복하고, 나아가 우리 고유의 것, 곧 특수하면서도 보편적인 것을 이루어 내어 그 결실을 보여주어야 할 것이다.

논평

구스타보 구티에레즈는 라틴 아메리카의 해방신학 전통을 대표하는데, 이 신학 전통에서는 교회가 빈번히 그 지역의 억압적인 정부를 편들어 왔다는 사실을 인정하고, 교회는 가난한 사람들의 편에 서야한다고 주장했다. 『해방신학』에서 구티에레즈는 이 운동의 결정적 토대로 자리 잡은 독특한 주제들을 소개한다. 해방신학은 가난하고 억압당하는 사람들을 지향한다. 해방신학은 실천에 대한 비판적 성찰을 포함하며, 사회운동이나 정치행동에 등을 돌려서는 안 된다. 고전적인 서구 신학에서는 행동을 성찰의 결과라고 여겨온 데 반해 해방신학은 그 순서를 뒤집는다. 행동이 앞서고, 그 뒤를 비판적 성찰이 따른다.

생각해 볼 물음들

❶ 신학은 역사적 실천에 대해 비판적으로 성찰한다. 본문에서 순수 이론이 아니라 실천에 우선권을 부여해야 한다고 주장하는 이유는 무엇인가? 전통적으로 서구가 행동에 앞서 이론을 강조한 것에 대해 어떻게 비판할 수 있는가?

❷ 구티에레즈는 "기존의 사회 및 교회 질서를 합리화하고 정당화하는" 이데올로기가 나타날 수 있다고 주장한다. 이 문제에 대해 해방신학은 어떤 방식으로 답하는가? 나아가 해방신학은 어떻게 현실을 변화시킬 수 있는가?

❸ 구티에레즈는 "교회 제도"가 "참되게 주님의 말씀으로 나가는 길"을 방해할 수 있다고 주장한다. 그가 여기서 말하려는 바는 무엇인가? 여러분은 이 문제가 어

1.33 ▼

브라이언 게리쉬

: 칼뱅의 신학과 조정

탁월한 프로테스탄트 신학자 장 칼뱅은 하나님의 계시가 인간의 수용 능력이나 역량에 맞춰 '조정'되거나 '변형'된 형태로 일어난다고 보았다. 아래 인용한 본문에서 현대의 뛰어난 칼뱅 해석자 가운데 한 사람인 브라이언 A. 게리쉬Brian A. Gerrish, 1931 출생는 칼뱅의 접근법이 지닌 기본 특성들을 분석한다. 이 특성들은 특히 개혁주의 신학에 큰 영향을 끼쳤다1.10, 1.13, 1.29 참조.

본문

칼뱅에 의하면, 계시의 형태들은 수용자인 인간 본성에 적합하도록 여러 가지 방식으로 변형된다. 이런 변형을 가리켜 그는 '조정'accommodation이라는 용어를 사용한다. 인간 정신으로 하나님을 이해할 수 없다는 것은 칼뱅에게 공리와도 같다. 하나님에 관해 아는 지식은 계시를 통해 알려지며, 하나님은 자신을 알려 주실 때 있는 그대로의 자신을 계시하는 것이 아니라 인간의 수용 역량에 맞게 변형된 형태로 계시하신다. 그래서 설교에서 하나님은 사람들에게 말하는 설교자를 통해 자신을 드러내며, 성례전에서는 인간의 물질적 본성에 맞게 변형된 소통 양식을 사용하신다. 그런데 성경에 대해 말하면서 칼뱅은 '조정' 개념을 계시의 양식을 넘어 실제 내용에 이르기까지 확장하며, 성경 언어의 어법 자체가 대체로 유한한 인간 정신에 맞게 변형되었다고 주장한다. 하나님께서 인간의 연약함으로 낮아지신 것은 예언자나 사도들의 말을 통해 자신을 계시하신 일이나 '말씀'을 성스러운 책에 기록하게 하신 일에서만 볼 수 있는 것이 아니다. 하나님은 자신을 증언하는 사람들에게도 조정된 언어를 사용하게 하신다. 예를 들어 하나님은 신인동형론적으로 손을 치켜들고, 생각을 바꾸고, 깊이 생각하고, 화를 내시는 등 여러 가지 모습으로 묘사된다. 칼뱅은 이렇게 조정된 언어는 그 자체에 부정확성을 지니고 있다고 인정한다. 조정된 언어가 신적 진리와 관계를 맺는 방식은 유모나 어머니가 사용하는 아기 말투가 성인 세계의 실재들과 연관되는 방식과 같다.

논평

이 글에서는 하나님의 계시가 수용자의 역량이나 문화적 상황에 따라 어떻게 '변형'되는가라는 기본 쟁점을 다룬다. 게리쉬는 칼뱅이 이 과정을 이해했던 방식을 탐구하고 그 함의를 밝힌다. 이 쟁점은 역사적으로만 중요한 것이 아니라, 성경 해석과 신학의 형성과 관련해서도 지속적인 타당성을 지닌다.

생각해 볼 물음들

❶ 게리쉬의 논의에 따르면 '조정' 개념은 성경의 신인동형론에 어떤 빛을 비추는가? 달리 말해 칼뱅의 견해는 인간 및 물질과 관련된 용어로 하나님을 묘사하는 성경 구절들—예를 들어, "주님의 팔"이라고 말하는 구절—을 이해하는 데 어떤 도움을 주는가?

❷ 아기에게 말하는 유모나 어머니의 유비는 여기서 다루는 쟁점을 이해하는 데 어떤 빛을 비춰 주는가?

❸ 게리쉬는 "조정된 언어는 그 자체에 부정확성을 지니고 있다"라고 말하는데, 이 말은 무슨 의미인가? 이것은 하나님의 자기 현시(現示)라는 기독교 개념에 어떤 영향을 끼치는가?

1.34

조지 린드벡

: 후기 자유주의의 교리 이해

조지 린드벡George Lindbeck, 1923 출생의 『교리의 본질』*Nature of Doctrine*, 1984은 후기 자유주의(흔히 '예일 학파'로 알려진 신학적 견해)를 대변하는 저술로 널리 인정받는다. 이 저술에서 린드벡은 기독교 교리에 대한 '문화-언어적' 이론을 제시하는데, 이 이론에 따르면 교리가 기독교 전통의 언어를 통제한다. 린드벡은 교리가 인지적인 진리 주장들을 제시한다거나 인간적인 경험을 표현한다고 보는 이론들을 살핀 후에, 자신의 견해를 아래와 같이 제안한다1.10, 1.20, 1.28, 1.29, 1.32, 1.37 참조.

본문

지금부터 내가 간략하게 설명하려 하는 문화-언어적cultural-linguistic 이론은 현재 연구 중인 신학적 관심사에 따라 다듬어진 것이다. 하지만 그것은 인류학, 사회학, 철학 분야의 연구들과 서로 조화를 이루며, 실제로 이런 연구들에서 영감을 얻기도 했다. 내가 설명하려는 내용에서 종교는 대체로 신화나 이야기로 구체화되고 장중한 의례로 구현된 포괄적 해석틀로 정의된다. 여기서 해석틀은 자아와 세상에 대한 인간의 지식과 경험을 구조화한다. 그러나 우주적 이야기를 묘사하는 담화telling라고 해서 다 종교적인 것은 아니다. 종교적 담화에는 특별한 목적이나 관심이 수반된다. 윌리엄 크리스천William Christian에 따르면, 그 담화는 "우주 안에 있는 그 어떤 것보다 더 중요"하다고 여겨지는 것을 규명하고 묘사할 목적으로, 또 행동과 믿음을 포함한 삶의 모든 것을 그것과 관련지어 조직화할 목적으로 사용되어야 한다. 만일 지극히 중요한 것에 대한 관심 없이 이런 해석틀을 사용하거나 이야기를 전개한다면, 그것은 종교적 기능을 멈추게 된다. 그렇다고 하더라도 종교는 계속해서 개인이나 집단의 태도와 정서와 행동을 다양한 방식으로 형성할 것이다. 다시 말해, 종교는 더 이상 세상의 명백한 지지를 받지 못할 때조차도 계속해서 사람들이 자기 자신과 자기가 속한 세상을 경험하는 방식에 막강한 영향을 행사할 것이다.

좀 더 전문적으로 말해, 종교란 삶과 사상 전체를 형성하는 일종의 문화적 또는/그리고 언어적 준거틀이나 매체라고 볼 수 있다. 종교는 칸트가 말하는 선험적인 것*a priori*과 어느 정도 비슷한 기능을 수행한다. 물론 이 경우에 선험적인 것이란 서로 다른 기술들이 습득되어 이룬 집합을 말한다. 종교는 원래 참과 선에 관한 신념들의 모음이 아니며(물론 포함할 수는 있다), 기본적인 태도나 감정, 정서를 표현하는 상징체계도 아니다(물론 그런 것들을 산출하기는 한다). 오히려 종교는 실재를 기술하고 신념을 설명할 수 있게 하며 내적 태도나 감정과 정서를 경험할 수 있게 하는 관용구와 유사하다. 문화나 언어처럼 종교도 개인적 주관성이 드러난 것이기보다는 그 주관성을 형성하는 공동체적 현상이다. 종교는 추론적이고 직관적인 상징 어휘에 더해, 그 어휘를 의미 있게 배치해 주는 독특한 논리나 문법으로 이루어진다. 마지막으로, 언어(비트겐슈타인의 용어로 말하면 '언어게임')가 삶의 형태와 상호 관련되고 문화가 인지적 차원과 행동의 차원을 지니는 것과 마찬가지로, 종교 전통도 그런 특성을 지닌다. 종교가 담고 있는 교리, 우주적인 이야기나 신화, 윤리적인 명령들은 종교가 실행하는 의례, 종교가 불러일으키는 정서나 경험, 종교가 지시하는 행위, 종교가 형성하는 제도 형태와 뗄 수 없을 정도로 밀접하게 연결되어 있다. 종교를 문화-언어적 체계에 빗대어 설명하는 데는 위와 같은 요소들이 모두 포함된다.……

따라서 언어-문화적 모델은, 인간의 경험이 문화와 언어의 형식에 의해 다듬어지고 형성되고 구성되는 측면을 강조하는 관점에 속하는 것이라고 볼 수 있다. 우리가 적합한 상징체계를 배우지 않고서는 생각할 수 없는 사고, 느낄 수 없는 감정, 이해할 수 없는 실재가 무수히 많다. 헬렌 켈러나 이른바 늑대소년의 사례를 통해 알 수 있듯이, 우리는 언어를 습득하지 않고서는 사고와 행동과 감정이라는 인간 고유의 능력을 실현할 수 없다. 이와 마찬가지로, 종교적인 사람이 된다는 것은 특정 종교의 언어와 상징체계에 익숙해지는 것이라고 말할 수 있다. 기독교인이 된다는 것은 이스라엘과 예수의 이야기를 제대로 배우고, 그것에 비추어 자기 자신과 세계를 해석하고 경험하게 된다는 것을 뜻한다. 종교란 선험적 자아라든가 인식 이전의 경험을 표현하거나 주제화하는 것이라기보다는, 자아와 그가 속한 세상을 세우고 형성하는 외부의 소리*verbum externum*다. 내면의 소리*verbum internum*(그리스도인들은 전통적으로 이것을 성령의 행위로 보았다)도 매우 중요한데, 이 모델을 따르는 신학에서는 내면의 소리를 (경험-표현적 모델에서 말하는 것처럼) 여러 종교에서 제각각 다양하게 설명하는 공통 경험으로 이해하기보다는 참된 종교 곧 진정한 외부의 소리에 귀를 기울이고 받아들이는 능력으로 이해한다.……

이렇게 종교의 내적 차원과 외적 차원의 관계를 뒤집는다는 점에서, 언어적·문화적 접근은 외적인 믿음(명제로 밝힐 수 있는 믿음)을 일차적인 것으로 보는 인지 이론과 비슷하지만, 인지 이론의 주지주의적 요소는 없다. 실존의 모든 차원을 조직화하는 데 사용되는 포괄적 틀이나 이야기는 믿어야 하는 명제의 집합이라기보다, 매개물로서 우리가 그 안에서 활동할 수 있게 하는 것이며, 사람이 자기 삶을 영위하는 데 사용하는 기술의 집합이다. 그것을 구성하는 상징 어휘와 구문론은 여러 목적으로 사용될 수 있는데, 그 중 하나가 실재에 관한 진술을 체계적으로 표현하는 것이다. 따라서 어떤 종교에서 내세우는 진리 주장은 대체로 그 종교에서 매우 중요한 것인데(기독교의 경우가 그렇다), 그 종교가 제시하는 진리 주장의 성격을 결정하는 것은 개념 어휘와 구문론, 곧 내적 논리다. 대체로 인식적 측면이 중요하기는 하지만 일차적인 것은 아니다.

(명제로) 기호화된 것보다는 기호 자체를 강조함으로써, 문화-언어적 이론은 경험-표현적 이론이 관심을 두는 인간 실존의 성찰할 수 없는 차원들을 인지 이론의 관점보다 훨씬 잘 수용할 수 있다. 인지주의(그리고 주지주의) 방식으로는 종교를 명시적으로 알려진 명제나 명령을 의식적으로 선택하여 믿거나 따르는 것으로 설명할 수 없다. 오히려, 종교적이 된다는 것은—문화적으로나 언어적으로 능숙하게 되는 것과 마찬가지로—훈련과

연습을 통해 일련의 기술을 내면화하는 것이다. 사람들은 명료하게 설명할 수 있는 것보다 훨씬 더 풍요롭고 정교한 것을 내적 구조 속에 지니는 종교 전통을 따라, 어떻게 느끼고 행동하고 생각해야 하는지를 배운다. 근본을 이루는 지식은 종교에 관한 것도 아니고, 종교에서 이러저러하다고 가르치는 내용도 아니며, 오히려 이런저런 방식으로 종교적이 되는 방법에 관한 것이다. 때로는 종교적 믿음이나 행동규범들을 명료하게 형식화한 진술들이 이 학습 과정에 도움이 되기도 하지만, 언제나 그런 것은 아니다. 대체로 의례와 기도와 모범이 훨씬 더 중요하다. 따라서 경험-표현적 관점에서 경험과 지식을 대조하는 것이 '방법을 아는 것'knowing how과 '내용을 아는 것'knowing that을 대조하는 것과 비슷하다고 볼 때, 문화-언어적 모델은 비록 방법이 다르기는 하나 표현적 모델 못지않게 경험적 측면 또는 실존적 측면을 강조한다.

논평

후기 자유주의의 출현은 1980년 이후 서구 신학에서 나타난 가장 중요한 현상들 가운데 하나로 여겨진다. 이 운동은 미국에서 시작했으며, 처음에는 예일 대학교 신학부를 배경으로 삼아 한스 프라이와 폴 호머, 데이비드 케슬리, 조지 린드벡과 같은 신학자들을 중심으로 이루어졌다. 신학계에서 '예일 학파'라고 부르는 것이 정확하게 맞는 말은 아니지만, 1970년대 후반에서 1980년대 초반 사이에 예일 대학교에서 등장한 다양한 신학 이론들 사이에는 분명 '가족 유사성'이 존재한다. 그후 후기 자유주의 흐름은 북미와 영국의 신학계에서 견고하게 자리 잡았다. 이 운동의 토대를 이루는 주요 이론들로는 한스 프라이가 중심이 되어 전개한 내러티브 신학 이론들과, 경험과 사상을 낳고 해석하는 일에서 문화와 언어의 중요성을 강조한 사회적 해석 학파들을 들 수 있다.

린드벡의 『교리의 본질』은 '후기 자유주의' 진영의 견해를 대변하는 가장 중요한 저술로 인정받고 있다. 린드벡이 제시한 '문화-언어적' 이론은, 인간의 언어와 문화에서 동떨어져 존재하는 보편적이고 직접적인 인간 경험 같은 것은 없다고 주장한다. 오히려 이 이론에서는 특정한 역사적·문화적 전통 안에 살면서 그 개념과 가치들을 내면화하는 일이 종교의 핵심이라고 강조한다. 그러한 전통은 역사적으로 매개된 일련의 개념들 위에 근거하는데, 이 개념들을 전달하는 데 특히 적합한 도구가 이야기다.

생각해 볼 물음들

❶ 어떻게 교리를 기독교 언어의 문법이라고 말할 수 있는가? 이 견해의 강점과 약점은 무엇인가?

❷ "따라서 언어-문화적 모델은, 인간의 경험이 문화와 언어의 형식에 의해 다듬어지고 형성되고 구성되는 측면을 강조하는 관점에 속하는 것이라고 볼 수 있다." 본문 속에서 이 구절의 위치를 확인하라. 이 구절에서 린드벡이 말하려는 바는 무엇인가? 이 구절은 린드벡의 이론에서 전통과 사회 구조들이 지니는 중요성을 어떻게 설명하는가?

❸ '후기 자유주의'라는 말을 사용한 데서, 린드벡과 그의 동료들은 자유주의가 극복되었다고 여겼다는 사실을 알 수 있다. 위의 본문으로부터 이렇게 생각하는 근거를 제시한다면 어떻게 설명할 수 있겠는가?

1.35 ▼

두미트루 스타닐로에

: 교의의 본질

루마니아 신학자 두미트루 스타닐로에Dumitru Stăniloae, 1903-1993는 정교회 전통에서 가장 주목받는 인물 가운데 한 사람이었다. 그의 저술들은 교의적 진리의 내적 일관성과 각 교의가 기독교인의 인격적 삶에 대해 지니는 의의를 강조하는 데 특별한 관심을 기울인다. 스타닐로에는 신학자의 과제가 교의와 개인적 영성 사이의 밀접한 관계를 밝히고 발전시키는 것이라고 보았다. 그의 『정교회 교의신학』*Orthodox Dogmatic Theology*에서 뽑은 본문은 교의에 관한 그의 특별한 견해를 분명히 보여준다. 이 저술은 1946년에 시작해 1978년에 루마니아어로 출간되었다1.23, 1.27, 2.34 참조.

본문

교의란 정의 또는 엄밀한 '한계 설정'*horoi*을 말한다. 하지만 교의는 유한한 것에 비추어서 하나님의 무한성에 한계를 설정하며, 진보를 향한 인간의 무한한 역량에도 한계를 정한다. 다시 말해 하나님의 무한성과 유한한 인간이 지닌 무한을 향한 역량, 곧 하나님의 무한성과 결속하여 존재하면서 끊임없이 그 무한성에 가까이 다가가는 능력에 한계를 정한다.

이 두 실재 가운데 어느 하나에라도 한계 설정을 포기하거나, 둘 모두에 공통되는 한계 설정을 포기하는 것은—전자나 후자 모두 운동의 원리를 따르기에—그 둘이 결합된 실존의 한없는 심연을 무의미한 구렁텅이로 변질시켜 버릴 것이다. 그 구렁텅이에서는 무엇이든 가능하지만 진정 새롭고 심오한 것은 전혀 존재하지 않는다. 교의는 매우 일반적인 공식으로서, 세부 사항까지 파고들지는 않는다. 그런데 바로 이것이 교의가 그 안에 담고 있는 무한한 내용의 폭을 확증하는 방법이다. 하지만 교의가 이런 일반적 특성을 지닌다고 해서 엄밀성을 결여하는 것으로 보아서는 안 된다. 구원의 근본 구조들은 그 구조들의 일반적인 틀 안에서 충분히 명시된다.

교의 공식들의 역설적 특성에 대해서는 앞에서 이미 살펴보았다. 하나님은 본질에서 하나이며 위격에서 셋이시다. 하나님은 변하지 않으시나, 세상을 구원하는 그분의 섭리 행위에서는 살아 움직이고 적극적이며 새로우시다. 그리스도는 하나님이시며 인간이시다. 인간은 언제나 창조된 존재로 살아가지만 신성화된다. 이러한 역설은 어디서나 발견되지만 특히 인간 일반에게 해당한다. 인간은 모든 것을 균일하게 만드는 율법에 종속되지 않으면서 동시에 모든 것을 포용할 수 있기 때문이다. 인간은 개체이지만,

한없이 풍요로운 개체다. 인간은 늘 동일성을 유지하지만, 그 표현과 상태에서는 끊임없이 다양하고 새롭다. 인간들 사이의 관계는 이와 같은 역설적 특성을 훨씬 더 두드러지게 보여준다. 인간은 자율적이지만, 다른 사람과 교제하지 않고서는 살 수 없고 자기 존재를 구현할 수도 없다. 인간 실존의 어느 한 가지 양상을 억지로 다른 것으로 환원하는 일은 그 양상 안에 고통을 일으키는데, 그런 식의 환원은 그의 실존과 상충하기 때문이다. 세상과 맺는 관계에서도 인간은 이러한 내면의 역설적 특성을 보여준다. 인간은 세상의 모든 다양성을 다 포용하여 하나로 묶지만, 인간 그 자체는 독특성을 유지하고 하나로 남으며 또 세상을 그 다양성 그대로 보존한다. 무한하신 하나님께서 제약된 창조 세계와 맺는 관계 속에서는 이러한 역설적 특성이 얼마나 더 불가피하겠는가? 다시 말해 모든 이해를 초월하여 살아 계시는 한 분 하나님께서 상호 인격적인 사랑 안에 존재하신다.

교의 공식들은 살아있고 한없이 풍요로운 실재의 모순된 측면들을 포괄하며, 그런 까닭에 역설적이다. 따라서 교의는 자체 내에서 모든 것을 표현한다. 다시 말해 무한과 유한이 자체의 모든 차원들을 상실하지 않고서도 하나가 된다.

신학은 교의 공식들의 포괄적이고 무한한 내용을 끝임없이 성찰하는 것을 목적으로 삼는다. 교의 공식들은 이 무한한 실재에 한계를 설정하고 굳게 지켜, 그 실재의 한없이 깊고 복잡한 차원들을 혼동되지 않는 풍요로운 상태에 있게 하기 때문이다.

하지만 다른 한편으로, 신학도 교의 공식들을 지속적 성찰과 심화 작업의 대상으로 삼기 위해서는 일반적이면서도 정밀한 교의 공식들의 틀 안에 있어야 한다. 신적 본질과 인간적 본질은—특히 이 본질들이 그리스도의 신격 안에서 혼동되지 않으면서 최고로 하나를 이룬 데서 볼 수 있듯이—무한한 내용을 담고 있으며, 그 내용에 대해 성찰하게 해준다. 우리는 신적 본질과 인간적인 본질들을 그 풍성한 생명과 불변의 특성들까지 남김없이 완벽하게 설명해 낼 수는 없다. 그 일은 마치 끝없는 신비로서 늘 새로우면서도 변하지 않는 한 인격 안에서 그 두 본성이 이룬 일치의 깊이와 복잡성을 묘사하는 일에 끝없는 것과 같다.

교의의 무한한 내용을—엄밀한 교의 공식들이라는 틀 안에서—명료하게 다듬어 내는 일을 하는 신학은 모두 그러한 교의들을 확장해 표현한 것이라고 볼 수 있다. 교의와 '신학적 견해'*theologoumena*를 구분하려는 논의가 종종 있었다. 이런 견해에 따르면 교의는 교회가 세운 공식들이며, 이에 반해 신학적 견해는 교의에서 나오기는 했어도 아직 공적으로 교회의 인정을 받지 못한 다양한 신학적 설명들을 가리킨다. 그런데 여기서 교의와 신학적 견해로 구분하는 방식에 더해, 신학적 견해로 인정되는 설명들과 그 외의 다른 종류의 설명들을 가르는 구분도 생각해야 하는데, 이 후자의 설명들은 구조상 교의에 근거하는 것들이다. 이 경우에 신학적 견해가 교의에서 나왔는데도 구조상 교의에 근거하지 못하는 이유는 무엇인가?

사실 교의에 대한 모든 설명은 교의 공식들의 틀 안에 있는 한, 구조상 교의들에 근거한 것들이다. 게다가 그 설명들이 그 공식들의 틀에 속하지 않으면 신학적 견해로 인정될 수 없을 뿐만 아니라, 장차 어느 땐가 교의 공식들의 특성을 부여받게 되리라는 희망도 품을 수 없다. 그런 것들은 교회가 교회의 교의를 설명하면서 자신의 자산으로 받아들이지 않는 것들이며, 그래서 결국에는 쓸모없는 것이 되어 버린다.

하지만 교회의 틀 안에서 세워진 어떤 참된 신학이 교회가 가르치는 교의의 내용을 한층 더 명료하게 설명해 준다고 해도, 교회는 그런 설명들 가운데 어떤 것에도 교회의 가르침이라는 권위를 부여하지 않는다. 그 대신에 그런 설명들은 공식화된 교의들에 포함된다는 사실로 인해 권위를 지니게 된다. 교회는 끊임없이 교의적 설명들을 늘려가지만, 교회가 옛 공식을—엄격한 교의 공식 안에서—더 철저히 명료화하는 일에 집중하게 되는 것은 이러한 철저한 명료화가 옛 공식들에 대한 비조직적인 해석들에 직면하거나, 아니면 이런 종류의 해석들이 교회 내에서 혼란과 분열을 낳기 시작할 때뿐이다.

논평

여기서 스타닐로에는 신학이란 신비와 씨름하는 일이라고 말하며, 이렇게 씨름하는 과정이 계속 이어져야 한다고 주장한다. 신학은 기독교 신앙이 지닌 핵심 진리들의 "한없이 깊고 복잡한 차원들"을 "끊임 없이 성찰"하는 일이다. 스타닐로에는 교의(교회가 인정한 근본 진리)와 신학적 견해 *theologoumena*, 개인이 사사로이 펼치는 신학적 설명과 이론들를 구분해서 설명한다. 스타닐로에는 이런 구분의 가치를 인정하지만, 궁극적으로 그 효용성에 대해서는 회의적이다. 모든 신학적 진술은 근본적으로 그런 교의들에 의존한다는 것이 그의 주장이다.

생각해 볼 물음들

❶ 정교회의 신학은 흔히 신앙의 "신비를 보존"하려는 노력으로 정의된다. 여러분은 스타닐로에의 논의를 다룬 이 본문에서 이 주제를 발견할 수 있는가?

❷ 스타닐로에는 그리스도의 "끝없는 신비"에 대한 교회의 성찰이 어떻게 기독교 신학을 위한 모델이 된다고 생각하는가? 여러분도 이에 동의하는가?

❸ 본문의 시작 부분에서는 교의를 "한계 설정"이라고 규정한다. 스타닐로에가 이 개념으로 말하려는 바는 무엇인가? 그는 그것을 어떻게 설명하는가?

1.36 ▼

케빈 밴후저

: 신학에 대한 포스트모던의 도전

아래의 본문에서 케빈 밴후저Kevin Vanhoozer, 1957 출생는 전통적인 기독교 신학 이론에 맞서 포스트모던 사상이 제기하는 주장에 대하여 살핀다. 밴후저의 저술들은 성경 해석과 신학적 설명 사이의 복잡한 관계를 집중적으로 다룬다. 2003년 당시 상황을 밝히고 평가하는 글에서 인용한 이 본문에서 밴후저는 포스트모던 사상가들이 제기하는 문제, 곧 기독교 신학이 대답해야 하는 문제를 네 가지로 설명한다1.9, 1.16, 1.17, 1.22, 1.26 참조.

본문

포스트모던 시대의 '선악을 알게 하는 나무'에서 열매를 따 먹는 일은 새로운 '타락'과 순수성 상실로 떨어지게 만든다. 더 이상 천사들의 지식을 열망하지 않게 되며, 하나님의 눈으로 보는 관점 따위는 더더욱 바라지 않는다. 그렇다면 우리는 어떻게 참과 거짓, 옳음과 그름을 판단할 수 있는가? 리오타르Lyotard는 포스트모던 사상의 중심 쟁점이 윤리, 곧 옳은 행동의 가능성임을 인정했다. 리오타르 자신은 '소서사들'little narratives로 살아가는 것으로 만족하는데, 이 다원성은 포스트모던의 조건이 정당성 위기에 빠지게 한다. 누구의 이야기, 누구의 해석, 누구의 권위, 누구의 기준이 중요한가? 그 이유는 무엇인가?

포스트모던 사상가들이 특히 의혹의 눈으로 바라보는 '거대서사'metanarrative, 통합서사, 거대담론는 어떤 것들인가?

이성

포스트모던 사상가들은 "오라, 우리가 서로 변론하자"(공유 경험과 논리적 범주들을 기초로 삼아)라고 외치는 인식론적 토대주의epistemological foundationalism를 거부한다. 이 말은 포스트모던 사상가들이 비이성적이라는 뜻이 아니다. 그들이 거부하는 것은 '이성'reason이 아니라 '보편적 이성'Reason이다. 그들은 보편적 합리성은 부정하는 반면, 이성은 특정 맥락 속에서 관계와 연관된 것이라고 본다. 말하자면 합리성으로 간주되는 것은 서사narration에 기반을 둔 것이다. 약간 달리 말하면, 이성은 언제나 특별한 서사, 전통, 제도, 실천 안에 위치한다. 이러한 '위치 구속성'이 사람들이 무엇을 합리적이라고 여기는지를 결정한다.

포스트모던 사상가들은 근대 인식론에서 두 가지 문제를 지적한다. 첫째, 근대 인식론에서 언어를 지시적으로 이해하는 견해가 문제로 지적되는데, 이 견해에서는 단어들이 언어 외적인 일을 가리키고 감정이나 가치를 표현하는 데 아무런 문제가 없다고 본다. 그러나 언어는 중립적 도구가 아니라 사회적 구조물이다. 둘째, 포스트모던 사상가들은 과학의 작업가설에서 전제로 작용하는 원자론과 환원주의를 거부한다. 그 작업가설은 실제의 자연세계는 물리주의적 특성을 지니며, 따라서 인과법칙 체계나 어떤 하나의 체계, 곧 전체를 포괄하는 설명적 준거틀이나 '통합 이론'으로 설명해 낼 수 있다고 여긴다.

진리

위에서 살펴본 포스트모던 사상의 비판적 견해들은 하나로 결합하여 근대성의 형이상학적 과제, 곧 포괄적인 개념 체계로 자연의 실재를 지배하려는 시도에 맞서는 강력한 힘을 형성한다. 포스트모던 사상가들은 통합적, 전체적, 보편적 체계를 거부하고, 새롭게 차이성,difference 다원성,plurality 파편성,fragmentation 복합성complexity을 적극적으로 강조한다. 포스트모던 사상가들은 진리 주장, 이른바 '올바로 파악하는 일'getting it right이라는 것에 의혹을 품는다. 그들은 "그것이 사물이 존재하는 방식이다"라는 주장을 들으면, "그것은 당신에게나 사물이 존재하는 방식이다"라고 맞받아친다. 이런 관점에서 보면, 진리란 권력을 쥔 사람이 자연과 사회 세계를 이해하고 조직하는 자신의 방식을 영속화시키려고 동원하는 억압적인 이야기일 뿐이다. 미셸 푸코에 의하면, 진리에 관한 모든 담론의 배후에는 수사학적 가식이 숨어 있다. 다시 말해, '지식 주장'acknowledge claim은 이데올로기와 권력의지를 덮는 가면일 뿐이다.

역사

포스트모던 사상가들은 보편적 역사를 해명해야 한다고 주장하는 서사들에 대해서도 의혹을 품는다. 근대 사상가들은 무엇보다도 '보편적 역사'와 관련된 이야기들을 말하기 좋아한다. 칸트에서 헤겔과 마르크스에 이르기까지 근대 사상가들은 인간의 이야기를 대체로 인류의 진보라는 측면에서 설명하려고 애써 왔다. 포스트모던 역사가들은 역사가 단일하고 직선적인 이치에 따라 움직인다는 전제를 거부했다. 연속성보다는 불연속성이 포스트모던의 좌우명이다. 게다가 포스트모던 사상가들은 지역적이거나 국부적인 역사들을 바르게 수정해야 한다는 주장에 대해서도 문제를 제기한다. 현재에 관한 '하나의 참된 이야기'가 있을 수 없듯이, 과거의 경우도 역시 그렇다. 그와는 달리 역사는—철학과 마찬가지로—사물들이 실제로 존재하거나 존재했던 방식에 관해서보다는 역사를 만든 사람들에 관해 더 많은 것을 말해 준다.

자아

위에서 살펴본 사실에서, 사람이 자신의 역사를 해명할 수 있는 유일하게 참된 방법 같은 것은 없으며, 나아가 자신의 정체성을 서술할 참된 방법도 없다는 결론이 나온다. 그러나 자아는 또 다른 방식들에 의해서도 중심에서 밀려난다. 포스트모던 사상가들은 인간이 합리적인 의식을 지닌 자율적 개체로서, 문화와 언어와 역사 속에 자리한 자신의 독특한 위치를 초월하고, 성으로 구분되는 몸도 초월한다는 관념을 거부한다. 데카르트의 생각과는 달리 자아는 자기 자신의 정신조차도 알지 못한다. 폴 리쾨르에 의하면, 의식은 주어진 것이 아니라 과제다. 우리가 발견하는 자아는 언제나 이미 구체적인 상황 속에 휘말려 있는 것이기 때문이다. 포스트모던 사상가들은 인식하는 주체라는 '거대서사'metanarrative를 믿지 않는다. 포스트모던이 이해하는 자아는 자기를 앞서는 물질적, 사회적, 언어적 상황의 주인이 아니라, 거기에 종속된 존재다.

그래서 포스트모던 사상가들이 제기한 의혹은 리처드 니버가 다음과 같이 말한 세 가닥으로 꼬인 줄을 풀어 버린다. "자아가 되는 것은 하나님을 소유하는 것이며, 하나님을 소유하는 것은 역사, 곧 의미 있는 양식으로 연결된 사건들을 소유하는 것이다. 그리고 한 분 하나님을 소유하는 것은 오직 하나의 역사를 소유하는 것이다." 이런 면에서 포스트모던 사상가들은, 역사의 의미와 자율적인 자아를 확보함에 따라 '하나님'—고전 유신론에서 말하는 지고의 존재—은 믿을 수 없는 것이 되어 버렸다고 말하는 니체의 주장에 동의한다.

논평

전통적인 기독교 신학에 도전하는 포스트모더니즘을 소개하는 이 글에서 밴후저는, 포스트모던 사상이 '보편성'에 대해 의혹을 품고 신학적인 의미 문제를 제기하는 네 가지 영역을 밝힌다. 밴후저의 관심은 포스트모던 사상을 비판하는 것이 아니라, 그것이 전통적 사고방식에 미친 영향을 입증하는 데 있다. 그가 다루는 중심 주제는 '보편적인 것'에서 '지역적인 것'으로의 전환이다. 근대사상에서 보편적이라고 여기는 것(예를 들어, 근대의 '이성'이라는 관념)이 좀 더 지역적이고 한정된 것, 다시 말해 문화와 언어와 역사의 특수성들에 의해 규정된 것으로 대체되었다.

생각해 볼 물음들

❶ 밴후저의 네 가지 논점을 여러분 자신의 말로 요약해 보면 도움이 될 것이다. 여러분은 네 가지 논점 가운데 어느 것이 오늘의 신학에 가장 중요하다고 생각하는가?

❷ 밴후저는 논의를 시작하며 주요한 포스트모던 사상가인 장 프랑수아 리오타르 **Jean-François Lyotard, 1924-1998**를 언급한다. 리오타르는 이성이나 역사에 대한 보편

적 설명을 비판하면서 '거대서사'metanarratives를 거부한다. 실재의 보편적 해명에 대한 이런 반감은 밴후저가 네 가지로 논하는 영역에서 각각 어떻게 설명되는가?

❸ 리오타르에게 흔히 제기되는 비판은, 다른 사람들의 거대서사는 무시하고 그 자리를 자신의 거대서사로 대체했다는 것이다. 포스트모더니즘 역시 그 개념 자체를 보편적인 진리로 생각하는 것인가? 만일 그렇다면, 이 사실은 포스트모더니즘이 진리와 보편성 주장들에 대해 제기한 비판과 어떻게 조화를 이룰 수 있는가?

❹ 현대 신학을 위해 포스트모던 사상이 중요하게 기여할 수 있는 가능성을 요약하면서 밴후저는 미국 신학자 리처드 니버1894-1962의 글을 인용한다. 이 글을 통해 밴후저는 어떤 논점을 제시하려고 하는가?

존 폴킹혼

: 신학과 근거 있는 믿음

존 폴킹혼1930 출생은 엄밀한 증거에 기초해 지식을 추구하는 자연과학적 접근법을 신학 연구에 도입했다. 이 글에서 폴킹혼은 다른 학문들과 마찬가지로 신학도 '근거 있는 믿음'의 특성을 지닌다고 주장한다. 달리 말해 옹호할 수 있는 연구 절차와 정당성 판단 기준에 따라 수행되는 인식 방법을 특징으로 한다. 아래 본문에서 폴킹혼은 이런 제안으로 자신이 말하려고 하는 바를 설명하고, 그것을 신학에 적용한다1.9, 1.16, 1.17, 1.22, 1.26 참조.

본문

과학자들은 무엇이 합리적인지 보여주는 선험적 개념에 좀처럼 동의하지 못한다. 그들은 물리 세계가 너무나도 놀랍고 예측을 벗어난 것이기에, 단순히 인간이 지닌 합리적인 예지 능력으로는 결코 설득력 있게 밝힐 수 없다는 사실을 알았다. 이와 달리, 우리는 실재와 우리의 만남에서 드러나는 실질적 특성을 통해 우리가 탐구하는 대상에 관한 지식과 사고를 형성할 수밖에 없다. 실재의 다양한 차원들은 그 나름의 독특한 특성을 지니며, 그런 점에서 모든 실재에 적용할 수 있는 단일한 인식론 법칙 같은 것은 없다. 양자세계와 우주의 굽은 시공간의 반(反)직관적인 본질을 잘 아는 물리학자는 상식을 합리적 예측의 유일한 척도로 삼으려는 유혹에 흔들리지 않는다. 이 사실 때문에 과학자가 묻는 직관적인 질문은, 마치 합리성이 취해야할 형태가 어떤 것인지 미리 알기나 하듯이 "이것은 합리적인가?"가 아니라, "당신은 무엇 때문에 사실이 그러하다고 생각하는가?"이다.……

과학의 테두리 안에서 수행되는 신학은 자기 믿음의 증거에 대해 솔직할 각오가 되어 있어야 한다. 이러한 자세는 매우 중요하다. 현대 사회에서는 기독교 신앙에 귀를 기울여 듣는 일이 어렵게 되어 버린 까닭이다. 그렇게 된 이유는, 많은 사람들이 기독교 신앙이 참일 수 있는 가능성에 대해서는 적절하고도 성숙한 자세로 숙고하지 않은 채, 자신은 일상의 세속적인 기대치와 확연히 상반된 주장 속에는 어떤 진리도 있을 수 없다는 사실을 익히 "안다"는 듯이 생각한다는 데 있다.

과학과 종교는 모두 근거 있는 믿음에 대한 관심을 공유하지만, 양쪽에서 근거로 제시하는 증거의 성격은 확연히 다르다.……실재를 연구하는 자연과학 밖의 학문들 대부분이 그렇듯이, 신학은 실험을 반복해서 확인할 수 있게 해주는 토대가 없다("주 당신들의 하나님을 시험하면 안 됩니다," 신 6:16). 그림의 특질이라든가 음악의 아름다움, 친구의 성품과 같은 것들에 대해 내리는 판단은 경험적인 증명으로 좌우되는 것이 아니라 공감하는 분별력에 의존한다. 게다가 앞서 말했듯이, 진리를 추구하는 인간의 탐구는 제아무리 애써도 절대적으로 확실한 결론을 도출해 낼 수 없다. 현실적으로 기대할 수 있는 것은 복잡한 현상을 가장 그럴듯하게 설명해 내는 일인데, 이 목표는 합리적인 헌신을 위한 토대를 제공할 수 있을 만큼 충분히 포괄적이고 근거가 있는 이해를 추구함으로써 성취된다. 과학도 그렇지만 종교도 마찬가지로, 바보가 아니고서는 결코 부인할 수 없을 것 같은 강압적이고 논리적인 증명을 제시하려는 욕심을 품지 않는다. 과학과 종교 모두 어느 선까지는 지적 불확실성을 피할 수 없으며, 따라서 진리를 탐구하는 일에는 어느 정도 신중한 용기가 필요한 법이다. 경험과 해석이 서로 얽혀서 불가피한 순환현상을 이룬다. 과학이라고 해도 이런 딜레마를 완전히 벗어날 수 없다(이론은 실험을 해석하고, 실험은 이론의 정당성 여부를 판단한다). 이 사실을 잘 알았기에 마이클 폴라니는 판단 기술을 활용해 수행되는 과학의 영역에도 암묵적인 차원이 존재한다는 것을 인정했으며, 또한 과학은 마땅히 개인적인 지식이어야 하고 절대적으로 확실한 것이 아니라 정당화된 믿음을 도출할 수 있을 뿐이라고 주장했다. 폴라니가 『개인적 지식』을 저술한 이유에 대해, 자신이 (과학적으로) 참이라고 믿는 것이 그릇된 것일 수도 있음을 알면서도 어떻게 그것에 헌신할 수 있었는지를 설명하기 위해서였다고 말하는 점을 생각해 보라. 그의 생각은 내가 인간이 지닌 불가피한 인식론적 제약이라고 말하는 것과 상통한다.

논평

폴킹혼의 글은 신중하고 명료하기에 그의 주장을 따라잡기가 쉽다. 그는 글을 시작하면서, 학문은 이성을 통해 참으로 확증된 것에서부터 시작하는 것이 아니라 자연세계와 씨름하는 데서부터 시작한다는 점을 강조한다. 그렇게 씨름한 결과, 때로는 이성을 거스르는 것처럼 보여도 확실히 참된 것으로 믿어지는 반직관적인 지식에 도달하게 된다. "인간이 지닌 불가피한 인식론적 제약"이란 마땅히 진리로 받아들여야 할 만큼 충분한 근거가 있지만, 참이라고 증명할 수는 없는 믿음에 뛰어드는 것을 말한다. 그뿐 아니라 지금 우리가 그 견해를 옳은 것으로 믿는다고 해도, 그것이 나중에는 틀린 것으로 밝혀질 수도 있다는 가능성을 항상 인정해야 한다. 폴킹혼은 보편적으로 적용 가능한 단일한 연구 방법은 없다는 사실을 주장하기 위해 실재의 다양한 '차원들'이라는 개념에 호소한다. 과학과 신학이 대상으로 삼는 차원을 포함해 실재의 모든 차원을 탐구하는 일에는 각각의 경우에 특유한 접근 방법이 요청된다.

생각해 볼 물음들

❶ 폴킹혼의 주장을 여러분 자신의 말로 요약해 보라. 그가 끝부분에서 "인간이 지닌 불가피한 인식론적 제약"이라고 말한 것에서 시작해서, 그다음에 그가 어떻게 이런 결론에 이르게 되었는지를 살피고, 마지막으로 그것이 학문과 신학에 대해 어떤 함의가 있는지 헤아려 본다면 도움이 될 것이다.

❷ 폴킹혼은 헝가리의 과학자이자 철학자인 마이클 폴라니1891-1976가 주장한 이론을 옹호한다. 폴킹혼이 소개하는 폴라니의 근본 통찰은 무엇인가? 이것은 어떤 신학적 적합성을 지니는가?

❸ 폴킹혼이 "근거 있는 믿음"과 "강압적이고 논리적인 증명"을 구분해서 말하려는 바는 무엇인가?

❹ "진리를 추구하는 인간의 탐구는 제 아무리 애써도 절대적으로 확실한 결론을 도출해 낼 수 없다." 본문에서 이 구절의 위치를 확인하라. 여러분은 폴킹혼의 주장이 옳다고 생각하는가?

1.38

프란치스코 교황

: 신학과 교회에서 신앙과 진리

「신앙의 빛」*Lumen fidei*은 프란치스코 교황의 첫 번째 회칙이며, 그가 교황으로 선출되고 나서 약 4개월이 지난 2013년 7월 5일에 발표했다. 이 문서는 삶과 신앙에서 진리가 중요하다는 점을 옹호하면서, 운문으로 다듬어진 진리 관념의 등장과 함께 진리에 대한 공적 논의가 여러 관념과 도전들로 풍성하게 되었음을 강조한다1.1, 1.3, 1.4 참조.

23. "너희가 믿지 않으면, 이해하지 못하리라"(사 7:9 참조). 히브리어 성경을 그리스어로 번역하여 알렉산드리아에서 편찬한 칠십인역 성경은 이사야 예언자가 아하스 왕에게 전하는 말을 위와 같이 옮기고 있습니다. 여기서는 진리를 아는 문제가 신앙의 중심으로 자리 잡고 있습니다. 하지만 히브리어 성경은 다른 식으로 해석합니다. 이사야 예언자는 왕에게 "너희가 믿지 않으면, 굳게 서지 못하리라"라고 말합니다. 여기에는 동사 '아만'*'amān*의 두 가지 형태를 토대로 다음과 같은 언어유희가 이루어집니다. "너희가 믿으면"*ta'amînû* "너희가 굳게 서리라"*tē'āmēnû*. 적들의 위세에 놀란 왕은 대제국 앗시리아와 동맹을 맺어 안전을 도모합니다. 예언자는 왕에게 그렇게 하지 말고 견고하고 튼튼한 바위이신 이스라엘의 하나님을 온전히 신뢰하라고 말합니다. 하나님은 신뢰할 만한 분이시기에, 그분을 믿고 그분의 말씀 위에 견고히 서는 것이 마땅합니다. 그분은 이사야가 뒤에 나오는 절에서 두 번에 걸쳐 아멘이신 하나님, "진리이신 하나님"(사 65:16 참조), 곧 신실한 언약의 견고한 토대라고 고백하는 바로 그 하나님입니다. 이 그리스어 역본 성경에서는 "굳게 서다"를 "이해하다"로 번역함으로써, 하나님에 대한 신뢰라는 성경적 개념을 지적 이해라는 그리스 개념으로 대체하여 본문의 의미를 크게 변경한 것처럼 보입니다. 하지만 이러한 번역에 헬레니즘 문화와의 교류가 반영되어 있기는 하지만, 결코 히브리어 본문의 바탕을 이루는 정신에서 벗어난 것은 아닙니다. 이사야가 왕에게 약속하는 확고한 토대는 사실 하나님의 행위를 알고 하나님께서 인간의 삶과 이스라엘의 역사와 함께하신다는 사실을 아는 데서 나옵니다. 이사야 예언자는 왕에게 그리고 우리에게도, 주님의 길을 이해하고 하나님께서 신실하심으로 세상을 다스리는 현명한 계획을 바라보라고 권합니다. 아우구스티누스는 그의 『고백록』에서 우리가 견고하게 서기 위해 의지해야 할 진리에 관해 논하면서, 이러한 '이해'와 '견고히 서다'라

는 개념을 종합하여 "저는 당신께서 세우시는 진리 안에서 다듬어지고 튼튼히 설 것입니다"라고 말합니다. 아우구스티누스가 말하는 문맥을 살펴보면, 이처럼 견고한 하나님의 진리란 다름 아니라 성경에서 분명히 가르치는 대로 하나님께서 친히 역사 속에 신실하게 현존하신다는 사실, 그리고 시대와 세대를 하나로 묶으시고 우리의 갈가리 찢긴 삶을 하나로 세우시는 그분의 능력을 가리킨다는 것을 알 수 있습니다.

24. 이러한 빛에 비추어 읽는다면, 위의 예언서 본문은 다음과 같은 결론을 들려줍니다. 우리는 지식과 진리가 없으면 굳게 설 수도 없고, 앞으로 나아갈 수도 없으며, 그렇기에 지식이 필요하고 진리를 알아야 합니다. 진리가 없는 신앙은 구원하지 못하며, 확실히 디딜 터전도 제공하지 못합니다. 그런 신앙은 아름다운 이야기, 행복을 바라는 우리의 깊은 열망의 투사, 우리가 깜빡 속아 넘어갈 정도로 우리를 만족시켜 주는 그 무엇에 불과합니다. 그도 아니면 위로와 원기는 줄지 몰라도 변덕스런 기분이나 상황에 얽매여 버려, 견고한 삶의 여정을 걸어가도록 지탱해 주지 못하는 오만한 감정으로 추락합니다. 만약 이런 것들이 신앙이라면, 아하스 왕은 자기 생명과 왕궁의 안전을 그런 일시적 감정에 걸지 않는 편이 옳을 것입니다. 하지만 신앙은 본질적으로 진리와 연결되어 있으며, 그런 까닭에 왕이 생각하는 것보다 훨씬 더 탁월하고 새로운 빛을 제공해 줄 수 있습니다. 신앙은 먼 곳을 내다보며, 언약과 약속을 신실하게 지키시는 하나님의 손길을 헤아리기 때문입니다.

25. 우리 시대에 등장한 진리의 위기 앞에서 우리는 그 어느 때보다 더욱 신앙과 진리가 결속되어 있음을 기억할 필요가 있습니다. 현대 문화 속에서 우리는 흔히 유일하고 참된 진리는 과학기술의 진리뿐이라고 여깁니다. 다시 말해 진리란 우리가 과학을 도구로 삼아 세우고 평가할 수 있는 것이고, 효과가 있어 삶을 좀 더 편하고 안락하게 만들어 주는 것이라고 생각합니다. 요즈음에는 이런 진리만이 확실한 진리요, 다른 사람과 나눌 수 있는 진리요, 토론하거나 함께 수행하는 일의 기초가 될 수 있는 진리로 여깁니다. 그러나 다른 한편 이와 반대되는 편에서

는 개인들이 자신만의 깊은 확신에 기초한 주관적 진리를 힘주어 강조합니다. 하지만 이런 진리는 오직 그 개인에게만 타당한 것이며, 공동선에 봉사한다는 명분으로 다른 사람들에게 강요할 수 있는 것이 아닙니다. 참 진리, 곧 우리의 개인적 또는 사회적 삶을 포괄적으로 설명해주는 진리는 의심스러운 것으로 대접받습니다. 또 사람들은 이 진리가 지난 세기에 거대한 전체주의 세력들이 강요했던 진리, 개인들의 현실적인 삶을 파괴하면서까지 자기 세계관을 강요했던 전체주의적 진리가 아니냐고 묻습니다. 결국 우리에게 남는 것은 상대주의뿐입니다. 상대주의에서 보면, 보편적 진리의 문제—이 문제는 궁극적으로 하나님에 관한 문제입니다—는 더 이상 타당한 문제가 되지 못합니다. 이런 관점에서는 종교와 진리의 결속을 끊어 버리려는 노력이 사리에 맞는 일이 됩니다. 그런 결속은 동일한 신념을 공유하지 않는 사람은 누구라도 억압하는 광신주의에 뿌리를 내리고 있기 때문입니다. 하지만 이 점과 관련해 우리는 현대 세계의 거대한 기억상실증을 지적할 수 있습니다. 진리 문제는 사실상 기억의 문제, 다시 말해 심층 기억의 문제입니다. 진리는 우리 자신보다 앞서는 것을 다루며, 우리의 사소하고 한정된 개인의식을 넘어서는 방식으로 우리를 하나로 묶어 줄 수 있기 때문입니다. 진리는 존재하는 모든 것의 근원에 관한 문제이며, 그 근원에 비추어 우리는 우리가 함께 걸어가는 길의 목표와 의미를 발견할 수 있습니다.

논평

프란치스코는 최초의 비서구권 출신 교황이다. 호르헤 마리오 베르고글리오는 1936년 아르헨티나 부에노스아이레스의 빈민가에서 태어났으며, 교황으로 선출되기 전에 부에노스아이레스의 대교구장을 지냈다. 이 회칙은 전임자인 베네딕토 16세가 일찍이 마련한 초안을 기초로 프란치스코가 수정하고 확대한 것이다. 회칙의 어투는 온화하고 매력적이며, 진리 탐구에 헌신하는 일을 신앙적 삶의 한 가지 면모로 중요하게 제시한다. 프란치스코는 이러한 진리 개념을 교조적으로 강요된 진리(전체주의 정권의 특징이다) 및 뿌리 없는 상대주의(모든 개념을 똑같이 타당하다고 여긴다)와 조심스럽게 구분한다.

생각해 볼 물음들

❶ 본문의 앞부분에서는 이사야 7:9을 살피면서, 진리와 굳건함의 관계를 다룬다. 이 시작 부분에서 제시하는 논점은 무엇인가?

❷ 프란치스코는 우리가 제멋대로 진리를 내세우고 그것을 믿는 일이 얼마나 위험한지를 지적한다. 이렇게 될 가능성에 대비해 그는 어떤 안전장치를 제시하는가?

❸ 프란치스코는 "진리의 위기"에 대해 말한다. 본문에서 이 구절이 나오는 부분을 다시 읽어 보라. 그가 이 구절에서 말하려는 바는 무엇인가? 그는 결함이 있는 것으로 판단한 두 가지 대안 이론과 자신의 견해를 어떻게 구분하는가?

추가 독서 자료

— David K. Clark, *To Know and Love God: Method for Theology*(Wheaton, IL: Crossway Books, 2003).

— Philip Clayton and Zachary Simpson(eds), *The Oxford Handbook of Religion and Science*(New York: Oxford University Press, 2006).

— John Cornwell and Michael McGhee, *Philosophers and God: At the Frontiers of Faith and Reason*(London: Continuum, 2009).

— Stephen T. Davis, *God, Reason and Theistic Proofs: How Do We Prove the Existence of God?*(Reason and Religion series)(Grand Rapids, MI: Eerdmans, 1997).

— Paul Helm(ed.), *Faith and Reason*(Oxford: Oxford University Press, 1999).

— John R. Hinnells(ed.), *The Routledge Companion to the Study of Religion*(New York: Routledge, 2005).

— Paul D. Janz, *God, the Mind's Desire: Reference, Reason and Christian Thinking*(Cambridge: Cambridge University Press, 2004).

— Basil Mitchell, *The Justification of Religious Belief*(Oxford: Oxford University Press, 1981).

— Richard G. Swinburne, *Faith and Reason*, 2nd edn(Oxford: Clarendon Press, 2005).

— William J. Wainwright, *The Oxford Handbook of Philosophy of Religion*(New York: Oxford University Press, 2005).

— John Webster, Kathryn Tanner, and Iain Torrance(eds), *The Oxford Handbook of Systematic Theology*(New York: Oxford University Press, 2007).

— Nicholas Wolterstorff, *Reason within the Bounds of Religion*, 2nd edn(Grand Rapids, MI: Eerdmans, 1984). (『종교의 한계 내에서의 이성』 문석호 역, 성광문화사, 1991)

— Nicholas Wolterstorff, *Divine Discourse: Philosophical Reflections on the Claim that God Speaks*(Cambridge: Cambridge University Press, 1995).

2장 신학의 자료

서론

기독교 신학의 자료는 무엇인가? 기독교 전통에서는 일반적으로 '성경'the Bible으로 불리는 문서 모음집이 신학적 논의와 개인적 신앙에서 특별히 중요한 위치를 차지한다는 점에서 의견이 일치한다. 개신교 신앙고백들은 모두 기독교인의 사고와 삶에서 성경이 중심이라고 강조한다. 최근에 제2차 바티칸 공의회1962-1965는 가톨릭 신학과 설교에서 성경이 지니는 중요성을 재차 확인했다. 성경의 권위는 '영감'이라는 개념과 관련되어 있다. 다시 말해 성경은 하나님의 말씀을 담고 있는 것으로 여겨진다.

그러므로 기독교 신학에서 가장 근본적인 문제 가운데 하나는, 성경의 권위 및 해석과 관련된 것이다. (많은 신학 문헌들이 '성경'이라는 말보다는 '성서'[Scripture 또는 Holy Scripture]라는 용어를 즐겨 사용한다는 사실을 기억하라. 물론 이 용어도 정확하게 같은 문헌을 가리킨다) 이번 장에 포함된 많은 읽을거리들은 이 쟁점을 직접 다룬다.

아주 이른 시기부터 성경은 결코 기독교적이라고 인정할 수 없는 다양한 해석에 노출되었다. 이 사실은 특히 2세기에 영지주의와 논쟁하던 시기에 분명히 드러났으며, 이때 영지주의 저술가들은 매우 사변적이고 이단적인 성경 해석을 주장했다. 이에 맞서 리옹의 이레나이우스와 같은 저술가들은 교회의 살아있는 전통의 테두리 안에서 성경을 해석해야 할 필요성을 강조했다. 이레나이우스는 이단들이 성경을 제멋대로 해석한다고 주장했다. 이와 달리 정통 신앙인들은 사도적 저자들이 승인할 만한 방식에 따라 성경을 해석했다. 사도들로부터 교회를 통해 전해져 온 것에는 성경 문헌뿐만 아니라, 그 문헌들을 읽고 이해하는 바른 방법도 포함된다. 이 사실은 전통을 신학의 자료로 보는 방식에 대해 큰 관심을 불러일으켰다.

성경 해석과 관련한 논쟁은 계속되었다. 성경 해석은 어떤 원리에 기초해 이루어져야 하는가? 이 원리들은 특히 16세기 이후 개신교가 등장한 후에 토착어 성경 번역본들이 급속히 증가하면서, 커다란 논쟁의 주제가 되었다. 특히 중세 서방에서 널리 사용된 라틴어역 성경인 불가타 성경의 권위와 관련해 논쟁이 일었다. 불가타 성경은 확정된 문헌인가, 아니면 그 시대에 속한 한 가지 번역본으로 성경학이 발전함에 따라 수정되고 개편될 수 있는 것인가?

신학의 자료와 관련해서 특히 중요한 다섯 가지 주제들을, 이번 장에 포함된 읽을거리들을 통해 어렵지 않게 연구할 수 있다.

1. 성경의 권위

이번 장에서 살펴볼 본문들 가운데 한 묶음은 성경의 권위 문제를 다룬다. 기독교 신학에서 성경이 차지하는 확고한 지위는 어떻게 설명하고 옹호할 수 있는가? 성경은 신조들과 같은 기독교의 다른 규범들과 어떤 관계에 있는가? 개신교와 가톨릭교회는 이 문제에 대해 서로 다른 견해를 말하는가? 만일 그렇다면 그 이유는 무엇인가?

성경의 권위

2.7 ▸ 예루살렘의 키릴로스: 신조의 역할

2.9 ▸ 히에로니무스: 성경의 역할

2.19 ▸ 트리엔트 공의회: 성경과 전통

2.32 ▸ 찰스 하지: 성경의 영감

2.43 ▸ 칼 라너: 성경의 권위

2.47 ▸ 제임스 I. 패커: 계시의 본질

2.49 ▸ 『가톨릭교회 교리서』: 성경과 전통

2.50 ▸ N. T. 라이트: 성경 내러티브의 권위

2. 성경의 해석

다른 모든 문헌들처럼 성경도 해석이 필요하다. 그렇다면 기독교인들은 성경을 어떤 식으로 다루어 왔고, 어떤 해석의 틀을 사용했는가? 이번 장에 포함된 읽을거리들은 이 문제에 대해 다양한 견해들을 예시한다.

성경의 해석

2.1 ▸ 사르디스의 멜리토: 예표론과 구약성경 해석

2.3 ▸ 히폴리투스: 성경의 예표론적 해석

2.4 ▸ 알렉산드리아의 클레멘스: 성경의 4중적 해석

2.6 ▸ 오리게네스: 성경을 이해하는 세 가지 방법

2.8 ▸ 히포의 아우구스티누스: 성경의 문자적 의미와 풍유적 의미

2.11 ▸ 클레르보의 베르나르두스: 성경의 풍유적 의미

2.12 ▸ 스티븐 랭턴: 성경의 도덕적 의미

2.13 ▸ 작센의 루돌프: 상상으로 성경 읽기

2.14 ▸ 자크 르페브르 데타플: 성경의 의미들

2.15 ▸ 마틴 루터: 성경의 4중적 의미

2.22 ▸ 멜키오르 카노: 성경 해석자인 교회

2.39 ▸ 루돌프 불트만: 비신화화와 성경 해석

2.41 ▸ 오스틴 파러: 비신화화와 역사, 성경 해석

2.42 ▸ 게르하르트 폰 라트: 예표론과 성경 해석

2.44 ▸ 브레바드 S. 차일즈: 정경적 성경 해석

2.45 ▸ 필리스 트리블: 페미니스트 성경 해석

3. 전통과 성경의 관계

2세기 이후, 성경 해석에서는 전통이 담당하는 역할을 두고 중요한 논쟁이 일어났다. 성경을 구성하는 모든 책은 똑같이 타당하고, 똑같이 신뢰할 수

있는 것인가? 우리에게 통찰력을 물려주어 우리의 성찰을 풍부하게 키워 준 과거 인물들의 음성에 귀를 기울여야 하는가? 앞에서 언급했듯이 이 논쟁은 2세기에 중요하게 등장했으나, 이후에도 결코 잦아들지 않았다. 이와 관련해 성경 해석에서 교회의 역할이라는 문제도 논쟁의 대상이 되었다. 교회는 성경의 주인인가, 아니면 성경이 교회의 주인인가? 아니면 이 둘을 모두 아우르는 제3의 방법이 있는가? 이번 장에 실은 읽을거리들은 이러한 쟁점들에 대한 다양한 관점을 제시하며, 관련된 주요 견해를 이해하고 평가할 수 있게 해준다.

전통의 신학적 역할

2.2 ▸ 리옹의 이레나이우스: 전통의 역할

2.5 ▸ 테르툴리아누스: 전통과 사도적 계승

2.7 ▸ 예루살렘의 키릴로스: 신조의 역할

2.1 ▸ 레랭의 빈켄티우스: 전통의 역할

2.19 ▸ 트리엔트 공의회: 성경과 전통

2.22 ▸ 멜키오르 카노: 성경 해석자인 교회

2.23 ▸ 일치 신조: 성경과 신학자들

2.24 ▸ 로베르토 벨라르미노: 개신교의 성경 해석

2.27 ▸ 프랜시스 화이트: 성경과 전통

2.30 ▸ 요한 아담 묄러: 살아있는 전통

2.31 ▸ 존 헨리 뉴먼: 전통의 역할

2.46 ▸ 장 메옌도르프: 살아있는 전통

2.49 ▸ 『가톨릭교회 교리서』: 성경과 전통

4. 계시의 본질

신학이란 이성을 도구로 하나님의 계시와 씨름하는 작업이라고 볼 수도 있다. 그러면 '계시'란 무엇인가? 하나님이 '계시된다'고 말하는 것은 무엇을 뜻하는가? 계시는 어디서 발견되는가? 하나님의 계시는 하나님께 대한 인간의 통찰을 늘려 주는가? 아니면 인간의 통찰이 부적합하다는 사실을 폭로하고 대안을 제시함으로써, 인간의 지식을 무기력하게 만드는가? 이번 장에 인용한 몇 편의 글은 이 주제를 집중적으로 다룬다.

계시의 본질

2.16 ▸ 마틴 루터: 그리스도 안의 계시

2.35 ▸ 제임스 오어: 기독교에서 계시의 중심성

2.36 ▸ 빌헬름 헤르만: 계시의 본질

2.37 ▸ 칼 바르트: 하나님의 자기 드러냄인 계시

2.38 ▸ 에밀 브루너: 계시의 인격적 본질

2.47 ▸ 제임스 I. 패커: 계시의 본질

5. 자연 속의 계시

이 장에 인용된 본문들을 사용해서 탐구할 수 있는 마지막 쟁점은, 창조 세계를 통해 하나님을 어디까지 알 수 있는가의 문제다. 이 분야는 전통적으로 '자연신학'이라고 알려졌다. 이것은 20세기 독일어권 개신교에서 매우 상이한 견해를 주장했던 칼 바르트와 에밀 브루너를 중심으로 특별히 뜨겁게 타올랐던 논쟁의 주제였다.

자연 속의 계시

2.16 ▸ 마틴 루터: 그리스도 안의 계시

2.17 ▸ 장 칼뱅: 자연적인 하나님 지식

2.21 ▸ 「벨직 신앙고백」: 자연의 책

2.26 ▸ 토머스 브라운: 계시의 두 책

2.28 ▸ 조나단 에드워즈: 창조 세계의 아름다움

2.29 ▸ 윌리엄 페일리: 창조의 지혜

2.33 ▸ 제라드 맨리 홉킨스: 자연에 담긴 하나님의 위엄

2.48 ▸ 토머스 F. 토런스: 자연신학에 대한 칼 바르트의 비판

2.51 ▸ 알리스터 맥그래스: 자연신학에 대한 기독교의 이해

사르디스의 멜리토

: 예표론과 구약성경 해석

기독교인은 히브리어 성경—구약성경—을 어떻게 해석해야 하는가? 구약성경 속의 개념, 사건, 인물들은 기독교 전통과 어떤 관계에 있는가? 어떤 면에서 구약성경을 신약성경의 예시로 볼 수 있는가? 일찍이 이 문제를 다룬 중요한 글 가운데 하나로 2세기 신학자인 사르디스의 멜리토Melito of Sardis, 약 180 사망가 쓴 「유월절 설교」를 들 수 있다. 이 설교는 160-170년 사이에 그리스어로 쓴 것으로 추정되는데, 20세기 후반에서야 세 가지 사본을 발견해 설교 본문 전체를 확인하게 되었다. 멜리토는 유월절을 그리스도의 죽음을 가리키는 '예표'그리스어로 *typos*로 볼 수 있다는 매우 중요한 개념을 펼친다. '예표론'(유형론, 또는 모형론)으로 알려진 이 성경 해석은 계시의 역사적인 틀 안에서 사건과 인물과 사물들 사이의 유사성을 찾는다. 그래서 이집트에서 죽임을 당한 유월절 어린 양을 "땅 위에 사는 사람 가운데 죽임을 당한 어린 양"(계 13:8)의 예시로 볼 수 있듯이, 일찍이 이집트에서 기념한 유월절은 "우리들의 유월절……그리스도"Christ our Passover(고전 5:7)를 예시하는 것으로 볼 수 있다. 이와 유사하게 이스라엘이 이집트에서 살았던 역사는 예수께서 유대 땅에서 사셨던 역사에 대한 예시로 볼 수 있고, 유대 땅에서 예수께서 이루신 역사는 이스라엘이 이집트에 머물렀던 역사를 요약한 것으로 볼 수 있다2.8, 2.14, 2.15, 2.39, 2.41, 2.44 참조.

본문

앞에서 히브리 백성의 출애굽 사건을 기록한 성경을 읽었고, 그 비밀의 말씀을 풀어 어떻게 양이 희생제물로 드려져 히브리 백성이 구원에 이르게 되었는지에 대해 설명했습니다. 사랑하는 여러분, 다음의 사실을 잘 이해하십시오. 유월절의 신비는 이처럼 새롭고도 오랜 것이고, 영원하면서 일시적이고, 부패할 수 있으면서도 부패하지 않으며, 무너질 수 있으면서도 무너지지 않습니다. 율법에 따라서는 오랜 것이지만 복음으로 인해 새롭습니다. 예표로서는 일시적이지만 복음으로 말미암아 영원합니다. 양의 희생으로서는 부패할 수 있으나, 주님의 생명으로 인해 부패하지 않습니다. 주님께서 땅에 묻히심으로 무너질 수 있으나 그분께서 죽은 자들 가운데 부활하심으로 무너지지 않습니다. 율법은 옛것이지만 복음은 새것이며, 예표는 일시적이지만 은총은 영원합니다. 양은 부패할 수 있지만 주님은 부패할 수 없으며, 그분은 양으로서 죽임을 당하셨지만 하나님으로서 부활하셨습니다. 그분은 양으로서 희생제물로 드려졌지만 한 마리 양에 불과한 존재가 아니었고, 침묵하는 어린 양이었지만 결코 어린 양에 그치지 않으셨기 때문입니다. 전자는 모형이었고, 후자는 성취되어 나타난 열매입니다……

사랑하는 여러분, 언어나 사건은 양식이나 본 없이 발생하는 법이 없습니다. 모든 사건과 언어는 양식을 수반하는데—말하는 것은 양식을, 발생하는 사건은 원형을 수반합니다—사건이 원형을 통해 모습을 드러내듯이, 말도 그 윤곽을 통해 드러나게 됩니다. 모형이 없으면 미술작품도 생겨날 수 없습니다. 생겨날 일은 미리 앞서 그것을 예표하는 모형을 통해 알 수 있지 않나요? 이런 이유에서 존재하게 될 것의 양식은 밀납, 진흙, 목재로 만들어지는데, 깨질 수밖에 없는 작은 모형을 통해, 그 모형을 토대로 삼아 생기게 될 것—모형보다 규모가 크고 힘은 더 강하고 모양도 더 아름다우며 장식으로서도 훨씬 더 정교한 것—을 볼 수 있기 위해서입니다. 그래서 모형이 가리키는 것이 생성되면, 그 미래의 상을 미리 앞서 담았던 모형은 더는 쓸모가 없어 파괴됩니다. 모형이 보여주던 유사성이 완전한 본질의 모습으로 나타났기 때문입니다. 그래서 한때 가치가 있었던 것은 이제 가치를 잃어버립니다. 진정 가치 있는 것이 나타났기 때문입니다. 모든 것에는 때에 맞는 시간이 있습니다. 예표에 합당한 시간이 있고, 재료에 합당한 시간이 있으며, 실재에 합당한 시간이 있습니다. 여러분은 모형을 만듭니다. 모형이 필요한 까닭은 그것을 통해 장차 나타날 작품을 그려볼 수 있기 때문입니다. 여러분은 모형에 쓸 재료를 구합니다. 재료가 필요한 것은 그것을 사용해 장차 나타나게 될 작품이 모습을 갖추기 때문입니다. 여러분은 작품을 완성하고 나면, 그때부터는 그것만을 소중히 여깁니다. 작품은 예표와 실재를 동시에 보여주기 때문입니다. 그러므로 썩을 수밖에 없는 대상을 보여주는 모형도 이와 같다면, 썩지 않는 대상들을 보여주는 모형은 더욱 그럴 것입니다. 땅에 속한 것들이 이와 같다면, 하늘에 속한 것들은 더욱 그럴 것입니다. 주님께서 주시는 구원과 진리도 사람들을 통해 예시되었으며, 복음의 가르침은 율법에 의해 미리 선포되었습니다.

따라서 [이스라엘] 백성은 교회에 대한 모형이 되었고, 율법은 비유로 이루어진 밑그림이 되었습니다. 하지만 복음은 율법의 성취요 그에 대한 설명이 되었고, 교회는 진리의 보고가 되었습니다. 그러므로 예표는 그것이 성취되기 전까지 가치가 있었고, 비유는 그것이 해석되기 전까지 놀라운 것이었습니다. 이 말이 뜻하는 것은 [이스라엘] 백성은 교회가 등장하기 전까지 가치가 있었고, 율법은 복음이 빛으로 드러나기 전까지 놀라운 것이었다는 말입니다. 하지만 교회가 등장하고 복음이 선포되면서 예표의 의의는 실재에 흡수되었고, 그래서 예표의 가치는 사라졌습니다. 율법의 의의는 복음에 흡수됨으로써 율법은 완성되었습니다. 예표가 그려 내던 것이 본질상 참된 실재에 종속됨으로써 예표가 의미를 잃고, 비유가 해석을 통해 밝혀짐으로써 그 의의를 상실한 것처럼, 복음이 빛으로 드러나면서 율법은 완성되었고, 교회가 등장하자 [이스라엘] 백성도 그 의의를 상실했으며, 주님께서 나타나시면서 모든 예표는 무너졌습니다. 진정 가치 있는 것들이 나타남으로써 이전에 가치가 있던 것들이 이제 가치를 지니지 못하게 되었습니다.

논평

본문은 시작부터 회중이 유월절에 대해 생각하도록 이끌고, 그다음에 유월절을 그리스도의 구원의 죽음에 대한 예시로 해석한다. 이 설교는 초기 교회가 구약성경을 사용했던 방식을 보여주는 중요한 자료다. 멜리토의 유월절 설교는 그리스도의 죽음을 구원사의 맥락 속에서 다루며, 구원사 전체에서 이른 시기에 발생한 사건들이 훗날에 일어난 사건들과 상호 관련된다는 점을 깨닫도록 이끈다. 그리스도의 죽음이 유월절을 재현하는 것처럼, 유월절은 그리스도의 죽음을 예시한다. 멜리토는 '예시'나 '예표'가 구원사 속의 특정한 자리에서 가치를 발휘한다고 강조한다. 하지만 앞서 예시하던 것이 이루어짐으로써, '예표'는 자체의 고유한 중요성을 잃게 된다.

생각해 볼 물음들

❶ "예표의 의의는 실재에 흡수되었고, 그래서 예표의 가치가 사라졌습니다." 본문에서 이 구절이 들어있는 단락을 찾아 읽어 보라. 멜리토가 이 구절에서 말하려는 바는 무엇인가?

❷ 멜리토가 이스라엘과 기독교 교회의 연속성을 강조하려고 하는 이유는 무엇인가? 여러분이 보기에 그는 그 점을 성공적으로 설명했는가?

❸ '예표론적' 접근법에 따르면 구약성경의 해석자는 구약성경을 신약성경과 연속된 것으로 볼 수 있으며, 나아가 신약성경은 구약성경이 담고 있는 소망들을 성취한 것이요 동시에 초월하기도 한다는 점을 강조한다. 여러분이 보기에 멜리토는 어떤 식으로 이런 사상을 펼치는가?

2.2 ▼

리옹의 이레나이우스

: 전통의 역할

리옹의 이레나이우스 Irenaeus of Lyons, 약 130-202 의 『이단 반박』 *Against Heresies* 은 2세기 말경에 그리스어로 쓰였으나, 지금은 주로 라틴어 번역본이 널리 알려져 있다. 이 글에서 이레나이우스는 살아있는 기독교 공동체는 성경을 해석하는 전통을 소유하며, 이단들에게는 이 전통이 허락되지 않았다고 주장한다. 주교들은 역사적으로 사도들을 계승했으며, 그렇기에 교회에 속한 회중들이 사도들의 가르침과 해석에 충실하도록 지켜준다 2.2, 2.5, 2.7, 2.10, 2.19, 2.27, 2.30, 2.31, 2.46 참조.

본문

[이단에 속한 사람들은] 성경을 근거로 논박을 당하게 되면, 성경 자체로 화살을 돌려 [성경이] 옳지 못하다거나 권위가 없다는 식으로 비난을 하면서, 성경은 잡다한 글들을 담고 있을 뿐이요 전통을 알지 못하는 사람들은 거기서 진리를 발견하기가 어렵다는 이유를 내세운다. 진리는 기록된 문서가 아니라 '살아있는 목소리'로 전해져 왔다는 것이 그들의 주장이다.⋯⋯ 그 사람들은 자신들이 임의로 이해한 것, 곧 허구가 분명한 것을 지혜로 내세운다.⋯⋯하지만 우리가 또 사도들에게서 시작됐고 장로들이 계승해 교회 안에서 보호받아 온 전통에 호소하면, 그들은 반발하고 전통의 원수가 되어 [자기들이] 장로들이나 심지어 사도들보다 더 현명하며, [자기들은] 흠 없는 진리를 발견했노라고 주장한다.⋯⋯그래서 결국 그들은 성경이나 전통 중 어느 것에도 동의하지 않게 된다.⋯⋯진리를 깨우치고자 하는 사람이라면 누구나, 온 세상의 모든 교회에 전해진 사도들의 전통을 의지해야 한다. 사도들이 주교로 세운 사람들과 그들의 계승자로서 오늘까지 교회 안에 있는 사람들 가운데, 그런 부류의 사람들이 주장하는 것을 전혀 알지도 못하고 가르치지도 않는 사람들을 우리는 얼마든지 예로 들 수 있다. 만일 사도들이 온전한 사람에게만 은밀히 가르쳐 주었을 비밀스런 지식*recondita mysteria*을 알고 있었다면, 당연히 그것을 교회를 맡긴 사람들에게 전해 주었을 것이다. 사도들은 자신들의 계승자로 선택하여 가르치는 직무*locum magisterii*를 넘겨준 사람들이 완전하고 흠 없기를 바랐기 때문이다.⋯⋯우리가 가리키는 것은 교회들 가운데서 가장 위대하고 가장 오래되었고 가장 영광스러운 교회, 모든 사람이 아는 교회다. 이 교회는 가장 영예로운 두 사도, 곧 베드로와 바울에 의해 로마에서 기초가 놓이고 세워졌으

며, 인류에게 선포되는 사도적 전통과 신앙이 이 교회를 통해 주교들의 계승을 거쳐 우리에게 전해졌다.……이 교회는 신실한 사람들을 통해 사도적 전통을 한결같이 보존해 왔기에 굳건한 지위에 있으며, 따라서 세상의 모든 교회는 이 교회와 일치해야 한다.……

이 사실을 뒷받침하는 증거가 참으로 많기에, 우리는 교회에서 쉽게 얻을 수 있는 진리를 찾아 다른 곳을 기웃거릴 필요가 없다. 말하자면 사도들은 이 진리를 하나도 남김없이 이 저장소에 맡겨 놓았으며, 필요한 사람은 누구라도 여기서 생명수를 얻을 수 있다. 이 교회는 생명에 이르는 문이며, 다른 모든 것은 도둑이요 강도다.

논평

이레나이우스는 특별히 영지주의의 도전에 맞서 기독교의 정통 신앙을 강하게 방어한 교부로 유명하다. 그의 탁월한 저서 『이단 반박』에서 그는 기독교의 구원 이해를 옹호하면서, 특히 비기독교적인 해석에 맞서 사도적 증언을 신실하게 따르려고 할 때 전통의 역할이 중요하다고 강조한다. 전통은 교회의 가르침을 견고하게 세워 주고 영지주의 견해를 방어할 힘을 준다는 이레나이우스의 주장에 특히 주목하라.

생각해 볼 물음들

❶ 이레나이우스는 왜 '살아있는 목소리'라는 개념이 자기 견해에 위협이 된다고 생각했는가? 그는 이 위협에 어떻게 대응하는가?

❷ 이레나이우스는 사도적 계승의 역사적 성격에 어떤 특별한 가치를 부여했는가?

❸ 교회의 가르침은 공적으로 이용할 수 있어야 하며, 감추거나 은밀히 기독교 지도자들에게 맡겨 놓아서는 안 된다는 점을 이레나이우스가 중요하게 여기는 이유는 무엇인가?

히폴리투스

: 성경의 예표론적 해석

예표론적 주석에서는 구약성경에 나오는 인물, 사건, 물건들과 그에 상응하는 신약성경의 인물, 사건, 교리들을 연결한다. 이 본문에서 로마의 히폴리투스Hippolytus of Rome, 170-235는 성경에 대한 예표론적 해석을 지나칠 정도로 장황하게 펼친다. 배에 관한 언급이 나오는 이사야 18:2을 주해하면서 히폴리투스는 배를 구성하는 거의 모든 부분이 지닌 예표론적 의미를 밝혀낸다2.6, 2.8, 2.9, 2.11, 2.12, 2.15, 2.42 참조.

본문

배에 달린 노들은 교회를 가리킨다. 바다는 우주*kosmos*이며, 그 속에서 교회는 마치 먼바다로 나선 배처럼 흔들리나 결코 가라앉지 않는다. 그 안에 능숙한 항해자이신 그리스도를 모시고 있기 때문이다. 배의 중심에는 그리스도의 수난의 상급과 더불어 십자가를 실었다. 뱃머리는 동쪽을 향하고, 배꼬리는 서쪽을 향한다. 키 역할을 하는 두 개의 노는 두 권의 성경을 가리킨다. 아딧줄은 팽팽하게 힘이 들어갔는데, 이것은 교회를 지탱하는 그리스도의 사랑과 같다. 배에는 물을 실었는데 이것은 씻어 거듭나게 하는 일을 가리킨다. 배의 흰 돛은 성령의 숨결을 받아들이며, 이로써 신자들을 굳세게 한다. 선원들이 배의 좌현과 우현에 섰는데, 이들은 우리를 지키는 거룩한 수호천사들을 가리킨다.

논평

이 글은 한눈에 봐도 이사야 18:2을 참 기이하게 해석했다는 것을 알 수 있다. 성경 본문은 다음과 같다. "에티오피아의 강 건너편, 벌레들이 날개치는 소리가 나는 땅에 재앙이 닥칠 것이다. 그들이 갈대 배를 물에 띄우고, 뱃길로 사절단을 보낸다. 너희 민첩한 사절들아, 가거라. 강물이 여러 갈래로 나뉘어 흐르는 땅으로 가거라. 거기에 사는 민족, 곧 키가 매우 크고 근육이 매끄러운 백성, 멀리서도 두려움을 주고 적을 짓밟는 강대국 백성에게로 가거라"(1-2절). 히폴리투스가 이 본문에 욱여넣은 해석(그가 본문에서 그런 해석을 끌어냈다고 보기가 거의 불가능하기에)은 초기 시대의 성경 해석이 본문의 명료한 의미로부터 심각하게 벗어날 때가 얼마나 많았는지를 잘 보여준다. 교리적 명제를 본문에 투사해 해석하는 일이 흔했으며, 이런 방법이 신학 개념들을 논의하는 데 편리한 도구로 여겨졌다.

생각해 볼 물음들

❶ 왜 히폴리투스는 성경 본문을 이런 식으로 해석했는가? 여러분은 그의 해석이 설득력이 있다고 생각하는가?

❷ 히폴리투스는 배를 구성하는 거의 모든 부분을 밝히고 해석하면서, 거기에 숨겨진 신학적 의미를 찾아내고자 애쓴다. 여러분은 이런 방법에 어떻게 응답하겠는가?

2.4 알렉산드리아의 클레멘스

: 성경의 4중적 해석

클레멘스의 8권으로 된 저술인 『스트로마타』*Stromata*, 문자적 의미는 '카펫'이다는 성경 해석 방법을 포함해 다양한 문제를 다룬다. 3세기 초 원래 그리스어로 기록된 『스트로마타』에서 인용한 이 글에서 클레멘스약 150-215는 성경에 네 가지 의미—문자적 의미와 여기에 덧붙여진 세 가지 영적 의미—가 있다는 기본 원리를 간략하게 설명한다. 이 원리는 나중에 콰드리가*Quadriga*

로 알려진 이론으로 형식을 갖추는데, 이 이론에서는 성경을 문자적literal, 풍유적allegorical, 교훈적tropological, 종말론적anagogical 의미를 지닌 것으로 본다2.3, 2.6, 2.8, 2.9, 2.11, 2.12, 2.15 참조.

본문

우리는 율법의 의미를 [문자적 의미에 더해] 다음과 같은 세 가지 방식으로 이해해야 한다. 징표를 풀어 보여주는 것, 올바른 행위를 지시하는 것, 그리고 예언을 밝히 알려 주는 것.

논평

이 글은 매우 짧지만, 그 나름으로 상당히 중요한 내용을 담고 있다. 성경 본문은 문자적 의미에 더해 세 가지 비문자적인 의미, 곧 '영적' 의미를 지닌다고 말한다. 이 글에서 우리는 중세 때 사용한 4중적 틀—콰드리가Quadriga—을 예견할 수 있다. 콰드리가는 다음과 같은 형태를 지닌다.

❶ 문자적 의미.
❷ 풍유적 의미. 이것은 믿어야 할 내용을 알려 준다.
❸ 도덕적(또는 교훈적) 의미. 이것은 행하여야 할 일들을 알려 준다.
❹ 종말론적 의미. 이것은 희망으로 품어 바라보아야 할 일들을 알려 준다.

생각해 볼 물음들

❶ 클레멘스는 성경의 문자적 의미 외에 세 가지 요소를 더 밝힌다. 여기서 우리는 어떤 식으로, 그리고 어느 정도까지 '콰드리가'를 예견할 수 있는가?

❷ 여러분은 중세 때 등장하는 풍유적, 도덕적, 종말론적 의미라는 틀을 클레멘스가 "징표를 풀어 보여주는 것, 올바른 행위를 지시하는 것, 그리고 예언을 밝히 알려주는 것"이라고 말한 것과 어떻게 연관지어 설명할 수 있는가?

2.5

테르툴리아누스

: 전통과 사도적 계승

3세기 초에 신학의 자료들에 관해 분석한 이 글에서 테르툴리아누스약 160-220는 기독교 신학을 규정하는 일에서 전통과 사도적 계승이 중요한 역할을 한다고 강조한다. 정통주의는 역사적으로는 사도들과 연속성을 지니고 신학적으로는 사도들을 토대로 삼고 있는가에 의해 좌우된다. 이에 반해 이단들은 그러한 연속성을 전혀 보여주지 못한다2.2, 2.7, 2.10, 2.19, 2.27, 2.30, 2.31, 2.46 참조.

본문

처음에 사도들은 유대 전역에서 예수 그리스도에 대한 믿음을 증언하고 교회를 세웠으며, 그후에 세상으로 나가 여러 나라에서 그 믿음에 관한 동일한 교리를 선포했다. 사도들은 도시마다 교회들을 세웠는데, 이 교회들로부터 다른 교회들이 믿음의 뿌리와 교리의 씨앗을 물려받았으며, 지금도 계속 물려받아 교회들이 세워지고 있다. 이 사실에 근거해서 교회들은 사도적 교회의 열매로, 따라서 '사도적'인 교회로 인정받는다. 어떤 일이든 그 기원에 따라 분류하는 것은 당연하다. 이 이유에서 교회들은 그 수가 아무리 많고 중요한 것이라고 해도 사실 사도들에게서 나오고 그들에게 근거를 두고 있는 하나의 첫 교회다. 그래서 모든 교회가 최초이고*prima* 사도적이면서 동시에 하나다. 이 단일성은 그 교회들이 평화를 나누며 '형제' 라는 호칭으로 부르고 환대의 의무를 다한다는 사실로 입증된다. 이러한 규범들은 동일한 계시로 이루어진 하나의 전통 외에 다른 도대를 갖지 못하기 때문이다.

따라서 우리는 이 근거 위에서 다음과 같은 규정*praescriptio*을 정한다. 주 예수 그리스도께서 사도들에게 복음 전하는 일을 맡겨 파송하셨으므로, 그리스도께서 임명하신 사람들 외에 어떤 설교자도 받아들여서는 안 된다. "아들과 또 아들이 계시하여 주려고 하는 사람 밖에는 아버지를 아는 이가 없"으며, 또 아들은 친히 설교할 내용을 가르치시고 설교하라고 파송하신 그 사도들 외에는 아무에게도 자기 자신을 계시하지 않으셨기 때문이다. 이 규정에 따르면, 사도들이 설교한 것—다시 말해 그리스도께서 그들에게 계시하신 것—을 확증하는 일은, 사도들이 전한 설교와 소위 살아있는 목소리와 사도들의 서신들을 통해 설립된 교회들만이 할 수가 있다. 이것이 옳다면 믿음의 원천이자 원형인 사도적 교회들과 일치하는 모든 교리는 진리로 인정되어야 한다. 그런 교리들은 교회들이 사도들에게서 물려받고, 사도들은 그리스도에게서 받고, 그리스도는 하나님께로부터 받은 것을 확고하게 보존하기 때문이다.……

만일 이런 이단들이 자신들의 뿌리가 사도 시대에 속한 것이라고 억지를 부리고, 그 뿌리가 사도들에게 속하기에 사도들에게서 전해진 것으로 볼 수 있다고 주장한다면 우리는 이렇게 말할 수 있다. 너희 교회들의 뿌리를 제시하고 너희 주교들의 조직을 밝혀서, 첫 시대부터 계승되어 온 것임을 입증하라. 너희 교회의 첫 주교가 어떤 사도 또는 사도들과 연관된 인물을 사도적 창시자*auctor*와 선임자로 삼고 있는지를 입증하라.

논평

이레나이우스처럼 테르툴리아누스도 이단 사상의 위협에 직면했다. 앞에서 살펴보았듯이1.3, 테르툴리아누스는 이 위협의 원인 가운데 하나가 이교 철학이 신학 안에 침투하면서 시작됐다고 보았다. 이런 위협이 중요하다는 사실을 인지한 테르툴리아누스는 이단의 실상을 밝히고 그 위협에 대처하는 지침을 정하고자 애썼다. 법률가였던 테르툴리아누스는 이단을 분별하고 반박할 실제적인 조치들이 필요하다는 점을 분명히 인식했으며, 위에 인용한 본문에서 교회 지도자들에게 실제적인 충고를 전한다.

생각해 볼 물음들

❶ 교회의 지도자들이 이단의 위협에 대처할 수 있도록 돕기 위해 테르툴리아누스가 제시하는 지침은 무엇인가?

❷ 테르툴리아누스는 사도들이 담당하는 극히 중요한 역할이 무엇이라고 말하는가? 이것은 이단과 맞서는 일에 어떤 도움이 되는가?

❸ 테르툴리아누스가 이단에 속한 사람들에게 그들의 역사적 근거를 제시하라고 요구하는 이유는 무엇인가?

2.6 ▼

오리게네스

: 성경을 이해하는 세 가지 방법

알렉산드리아의 신학자인 오리게네스약 185-254는 3세기 전반에 많은 저술을 남겼으며, 초기 기독교계에서 가장 영향력 있고 창조적인 성경 해석자 가운데 한 사람으로 인정받는다. 아래 본문에서 오리게네스는 '몸과 혼과 영'이라는 표상을 사용해서, 성경 읽는 방법을 읽는 사람의 성숙도에 따라 세 가지로 구분한다. 기독교인들을 성숙도와 발전의 정도에 따라 다양하게 구분하는 것은 클레멘스와 알렉산드리아의 오리게네스 두 사람 모두에게서 발견되는 특징이다2.3, 2.8, 2.9, 2.11, 2.12, 2.15 참조.

본문

기독교인의 영혼에 성경의 의미가 새겨지는 방법에 세 가지가 있다. 비교적 평범한 사람들은 성경의 '몸'이라고 불리는 것으로 깨우침을 얻는다. 이것은 말씀을 즉시 받아들이는 경우에 대해 내가 붙인 이름이다. 둘째, 어느 정도 진보를 이룬 사람들은 이른바 '혼'에 의해 깨우침을 얻는다. 셋째, 완전한 사람은……장차 일어날 좋은 것들의 그림자를 지니고 있는 '영적' 율법에 의해 깨우침을 얻는다. 인간이 몸과 혼과 영으로 이루어져 있듯이, 하나님께서 인간의 구원을 위해 준비하신 선물도 그렇다.……

성경의 어떤 부분들에는 '몸'이 전혀 없다. 이런 곳에서 우리는 오직 '혼'과 '영'만을 찾아야 한다. 아마도 이것은 요한복음에서 "유대 사람의 정결 예법을 따라, 거기에는 돌로 만든 물항아리 여섯이 놓여 있었는데, 그것은 물 두세 동이들이 항아리였다"(요 2:6)라는 구절이 제시하는 논점으로 보인다. 이 본문의 말씀은 사도들이 유대인들을 은밀히 불러 성경 말씀을 통해, 곧 어떤 때는 '혼'과 '영'이라는 두 동이를 담고 있고, 다른 때는 '몸'까지 포함해 세 동이를 담고 있는 말씀을 통해 정결케 변화하도록 가르친 것을 의미한다.……'몸'의 유용성은 수많은 평범한 신자들에게서 입증되며, 아주 확실하다. 바울은 '혼'에 관한 사례를 많이 제시한다.……이에 반해 영적 해석은 "육신상의 이스라엘 백성"(고전 10:18)의 예배가 "하늘에 있는 것들의 모형과 그림자"(히 8:5)를 보여주는 방식을 이해할 수 있는 사람들과, 어떻게 "율법이 장차 일어날 좋은 것들의 그림자를 지니고" 있는지 설명할 수 있는 사람들에게 속한다.

논평

오리게네스는 교육받지 못한 기독교인과 그들과 대비되는 교양 있는 기독교인들을 구분하는데(이것은 널리 인정받은 방식은 아니었다), 그는 자신을 후자의 집단에 포함시킨다. 오리게네스는 기본적으로 성경을 읽는 '육적' 방식과 '영적' 방식을 구분하면서, 성경 구절을 해석하는 여러 가지 방법을 예로 들어 이 방식을 설명한다.

생각해 볼 물음들

❶ 오리게네스가 '평범한' 기독교인과 '완전한' 기독교인으로 구분한 것에 대해 여러분은 어떻게 생각하는가?

❷ 오리게네스의 주장에 따르면 이 구분은 성경을 읽는 방식에 어떤 차이를 낳는가?

❸ 요한복음 2:6에 대한 오리게네스의 이해는 그의 논점을 설명하는 데 어떤 도움을 주는가?

2.7 ▼

예루살렘의 키릴로스

: 신조의 역할

350년 무렵 예루살렘의 키릴로스Cyril of Jerusalem, 약 313-386는 세례받는 사람들을 대상으로 행한 스물 다섯 차례 연속 강의에서 기독교 신앙과 그 실천의 여러 가지 면모들에 대해 설명했다. 아래에 인용한 글에서 그는 신조들의 기원과 역할을 설명하면서, 신조들이 성경의 요약으로서 지니는 중요성을 밝힌다2.2, 2.5, 2.10, 2.19 참조.

본문

그러나 신앙을 배우고 고백하는 일에서는 교회가 여러분에게 나눠준 것만 받아들이고 의지하십시오. 그것은 성경 전체에 굳건히 뿌리를 내린 것입니다. 그런데 누구나 다 성경을 읽을 수 있는 것은 아닙니다. 어떤 사람은 학식이 없어서, 다른 사람은 시간이 없어서 성경 지식을 얻기 어렵습니다. 무지 때문에 영혼이 죽는 일은 없어야 하겠기에, 신앙의 전체 가르침을 몇 줄로 요약했습니다. 내가 이 요약문을 낭독할 때 그것을 암기하고, 여러분 스스로도 열심히 암송하시기 바랍니다. 종이에 기록하는 것이 아니라, 기억에 담아 마음에 새기십시오.……이렇게 신앙을 종합한 것은 인간의 의견에 합치하도록 다듬은 것이 아니라, 신앙을 온전하게 가르치기 위해서입니다. 여기에 성경 전체에서 뽑은 가장 중요한 내용을 담았습니다. 겨자씨가 그 작은 낟알 속에 수많은 가지를 담고 있듯이, 이 신앙의 요약은 구약과 신약이 가르치는 참 종교에 대한 온전한 지식을 간략한 구절로 묶어낸 것입니다. 그러니 형제자매 여러분, 이제 깊이 헤아려서 여러분이 전해 받은 '전통을 지키고' 여러분 '마음속 깊이 새겨' 두시기 바랍니다.

논평

키릴로스가 활동하던 무렵, 신조들이 기독교 신앙의 공적 진술로서 점차 중요한 역할을 맡게 되었다. 그래서 불가피하게 다음과 같은 질문이 따라온다. 신조들이 성경을 대신한다고 볼 수 있는가? 그렇지 않다면, 신조들의 지위는 어떻게 되는가? 이 쟁점에 대해 키릴로스가 제시한 답은 그 당시 기독교 내에 이 문제와 관련해 광범위한 의견일치가 이루어졌음을 보여준다. 신조는 성경적 지혜의 요약으로 인정되며, 외워서 배우도록 공식 문구로 다듬어진 것이다.

생각해 볼 물음들

❶ 신조는 어떤 면에서 성경적 통찰들을 "하나로 묶어 낸 것"이라고 말할 수 있는가?

❷ 키릴로스가 겨자씨의 유비로 말하려고 하는 것이 무엇인지 설명해 보라. 이 표상의 출처인 마가복음 4:31-32을 참조하라.

❸ 위의 본문에서 키릴로스가 옹호하는 견해는 사도신경1.6에 어떻게 적용될 수 있겠는가?

2.8

히포의 아우구스티누스

: 성경의 문자적 의미와 풍유적 의미

아우구스티누스354-430가 초기에 다투었던 주요 논쟁 가운데 하나는 마니교와 관계가 있었다. 마니교는 구약성경의 의미를 지나치게 문자적으로 이해한 결과, 구약을 부적합한 것으로 배척했다. 390년대에 원래 라틴어로 저술한 아래의 글에서 아우구스티누스는 구약성경의 의미를 문자적 의미와 풍유적 또는 영적 의미로 구분한다. 그의 주장에 따르면 구약성경은 늘 영적 의미를 지니고 있지만, 그 의미는 신약성경에 비추어 볼 때만 적절하게 파악될 수 있다. 그는 신약에 비추어 구약을 읽는 방법을 구약성경의 참 의미를 가리고 있던 너울을 걷어내는 일에 비교한다2.3, 2.6, 2.9, 2.11, 2.12, 2.15 참조.

본문

[마니교 사람들은] 율법을 부적합한 것으로 만들려는 악한 생각을 품고 있으면서도 동시에 우리에게 바로 이 성경을 인정하라고 강요한다. 그들은 율법 아래 있는 사람은 얽매인 사람이라고 말하는 구절을 굳게 움켜쥐고는, "율법으로 의롭게 되려고 하는 사람은 그리스도에게서 끊어지고, 은혜에서 떨어져 나간 사람입니다"(갈 5:4)라는 구절을 중심으로 삼아 다른 모든 구절들을 판단한다. 우리는 이 말씀이 온전히 참이라고 인정한다. 우리는 차라리 얽매여 사는 것이 유익이 되는 사람들 외에는 그 누구에게도 율법이 필요하다고 말하지 않는다. 이성으로 죄를 이길 수 없는 사람들은 바

보라도 아는 형벌의 위협과 공포에 억눌려 살 수밖에 없으며, 그렇기에 율법의 짐을 지는 것이 유익하다. 그리스도의 은혜는 그런 위협과 형벌에서 사람들을 해방하며, 그때 은혜는 율법을 정죄하는 것이 아니라 우리로 하여금 두려움의 종이 아니라 그리스도의 사랑에 순종하며 살도록 이끌어 준다. 은혜는 하나님께서 주신 선물로서, 율법에 얽매여 살려는 사람들은 이해할 수 없는 것이다. 바울은 그런 사람들을 불신자라고 비난한다. 그들은 자기들이 하나님의 의로운 심판에 의해 굴레에 매여 있다가 이제 우리 주 예수로 말미암아 해방되었다는 사실을 믿지 않는다. 사도 바울은 다음과 같이 말한다. "율법은, 그리스도께서 오실 때까지, 우리에게 개인교사 *paedagogus* 역할을 했습니다"(갈 3:24). 이처럼 하나님은 인간에게 두려워할 대상으로 개인교사를 주셨으며, 나중에는 인간이 사랑할 만한 스승을 주셨다. 하지만 그리스도인들이 이제는 의무적으로 지키지 않아도 되는 율법의 명령과 계율들, 즉 안식일과 할례, 희생제사와 같은 것들 속에는 신실한 사람이라면 누구나 알 수 있는 신비로운 내용이 담겨 있다. 그 속에 든 것을 문자적으로 받아들이는 것만큼 위험한 일은 없으며, 또 성령께서 그 진리를 밝혀 주시게 되면 그것만큼 유익한 것도 없다. 그래서 사도 바울은 "문자는 사람을 죽이고, 영은 사람을 살립니다"(고후 3:6)라고 말한다. 또 "오늘날에 이르기까지도 그들은, 옛 언약의 책을 읽을 때에, 바로 그 너울을 벗지 못하고 있습니다. 그 너울은 그리스도 안에서 제거되기 때문입니다"(고후 3:14)라고도 말한다. 그리스도 안에서 폐기되는 것은 구약성경이 아니라 그 앞을 가로막은 휘장이며, 따라서 그리스도를 통해 구약성경을 이해할 수 있게 된다. 말하자면 그리스도가 없었을 때는 불분명하고 숨겨졌던 것이 활짝 드러난다.……[바울은] "율법이나 구약성경이 폐지되었다"라고 말하지 않는다. 그러므로 가려져 있던 것이 주님의 은혜로 인해 쓸모없는 것으로 폐기되었다고 말하는 것은 옳지 않다. 그와는 반대로, 유용한 진리를 가렸던 덮개가 제거된 것이다. 이 일은 교만하고 악한 마음을 지닌 사람이 아니라 진실하고 경건하게 성경의 의미를 찾는 사람들에게 일어난다. 이런 사람들에게는 사건들의 규칙이라든가 행동과 말의 이치가 밝히 드러나며, 구약과 신약도 한 점 어긋남이 없을 정도로 완벽하게 조화를 이룬 모습으로 드러나게 된다. 비밀스런 진리들은 표상을 통해 전달되며, 이 표상들은 해석을 통해 빛 가운데로 모습을 드러낸다.

논평

이 글은 구약성경과 신약성경의 관계와 관련해 기독교에서 널리 받아들여지게 될 이론을 제시한다는 점에서 매우 중요하다. 특히 아우구스티누스가 '휘장'이라는 이미지를 사용하는 방식을 눈여겨보라. 그는 이 이미지를 바울이 고린도교회에 보낸 두 번째 편지에서 얻었다. 아우구스티누스에 따르면 구약과 신약 사이에는 갈등이 없다. 다만 우리의 눈을 흐리게 만든 휘장이 제거되기까지는 그 둘의 적절한 관계와 연결고리를 볼 수 없을 뿐이다. 따라서 적절한 해석틀을 개발하는 것이 신학적 성찰에서 필수 요소가 된다.

생각해 볼 물음들

❶ 아우구스티누스의 주장에 따르면, 율법과 은총은 서로 긴장 상태에 있는가 아니면 서로 배척하는가?

❷ 아우구스티누스가 "그리스도 안에서 폐기되는 것은 구약성경이 아니라 그 앞을 가로막은 휘장이며, 따라서 그리스도를 통해 구약성경을 이해할 수 있게 된다"라고 주장할 때, 여기서 그가 말하려는 바는 무엇인가?

❸ 아우구스티누스에 따르면, 율법은 복음이 오기 전에 어떤 역할을 담당했는가?

❹ 아우구스티누스가 구약성경의 율법에 관해 주장한 견해는 알렉산드리아의 클레멘스가 펼친 견해1.2와 어떻게 비교되는가?

히에로니무스

: 성경의 역할

히에로니무스약 347-420는 오리게네스와 더불어 초기 교회를 대표하는 성경 주석가와 해석자로 활동했으며, 성경 번역에 각별한 관심을 쏟았다. 그 바탕에는 성경이 교회 및 신자들의 삶과 사고에 근본적 중요성을 지닌다는 깊은 확신이 있었다. 아래 인용한 편지에서 그 면모를 확인할 수 있다2.2, 2.6, 2.7, 2.19, 2.23 참조.

본문

[바울은] "비밀로 감추어져 있는 하나님의 지혜" 곧 "영세 전에 미리 정하신 지혜"(고전 2:7)에 관해 말합니다. 하나님의 지혜는 그리스도이십니다. 우리가 배운 대로 그리스도는 "하나님의 능력이요 하나님의 지혜"(고전 1:24)이기 때문입니다. 이 지혜는 비밀로 감추어져 있습니다. 시편 9:1에 달린 표제, 곧 "아들의 감추어진 것들"이 가리키는 것이 바로 이것입니다. 그분 안에는 지혜와 지식의 온갖 보화가 숨겨져 있습니다. 비밀로 감추어져 있는 분은 영세 전에 예정되고, 율법과 예언서 속에 미리 정해지고 예시된 바로 그분입니다. 이것이 바로 예언자들을 가리켜 '선견자'로 부르게 된 이유입니다. 그들은 다른 사람들이 볼 수 없었던 그분을 보았습니다. 아브라함도 그분의 날을 보고 기뻐했습니다(요 8:56). 반역한 사람들에게 닫혔던 하늘이 에스겔에게 열렸습니다(겔 1:1). 다윗은 "내 눈을 열어 주십시오. 그래야 내가 주님의 법 안에 있는 놀라운 진리를 볼 것입니다"(시 119:18)라고 노래합니다. 율법은 영적인 것이며, 따라서 그것을 이해하기 위해 우리는 너울을 벗어버리고 맨얼굴로 하나님의 영광을 볼 필요가 있습니다(고후 3:14-18).……

사도행전에서 신실한 내시는……이사야의 글을 읽다가 빌립에게 "지금 읽으시는 것을 이해하십니까?"라는 질문을 받습니다. 그러자 "나를 지도하여 주는 사람이 없으니, 내가 어떻게 깨달을 수 있겠습니까?"(행 8:30-31)라고 대답합니다. 나는 세상 끝 에티오피아에서 온 이 내시보다 더 신실하지도 않고, 학식이 뛰어나지도 못합니다. 그 사람은 왕의 궁정을 떠나 멀리 있는 성전까지 왔습니다. 그는 마차 안에서 성경을 읽을 만큼 신성한 지식을 사랑했습니다. 하지만 그는 책을 손에 들어 주님의 말씀을 묵상하고 혀와 입술로 소리를 내어 읽으면서도, 자기가 그 책을 통해 경배하는 분이 누구인지 알지 못했습니다. 그때 빌립이 다가와 문자 속에 감춰진 예수를 그에게 드러내 보여주었습니다. 참으로 탁월한 선생입니다! 그 즉시 내시는 믿고서 세례를 받았으며, 신자와 성도의 무리에 들었습니다. 학생에서 스승으로 변했습니다. 그는 유대교의 화려한 성전보다 사막의 샘물 곁에 세워진 교회에서 훨씬 더 놀라운 것을 발견했습니다.……

내가 문제를 아주 간략하게 다루었지만—짧은 편지로는 자세히 다루기 힘듭니다—어쨌든 길을 인도해 줄 실력 있는 안내자가 없다면, 성경 속으로 깊이 들어가기가 힘들다는 점을 아셨을 것입니다.……

친애하는 형제여, 이 [거룩한 책] 안에 머물며 말씀에 대해 묵상하고, 그 외에 아무것도 구하거나 알려고 하지 않기를 부탁합니다. 이것이 당신에게 이 땅 위에서 약간이나마 천국을 누리는 길*in terris regni caelestis habitaculum*이 될 수 있지 않을까요? 성경이 평이하다거나 말씀이 세련되지 못하다고 해서 기분 상하는 일이 없기를 바랍니다. 그런 일은 번역상 오류이거나, 아니면 훨씬 더 깊은 목적을 담고 있기 때문입니다. 성경은 많이 배우지 못한 사람이라도 쉽게 배우고 유익을 얻을 수 있는 문구로 다듬어져 표현되어 있는 까닭에, 학식이 있는 사람과 학식이 없는 사람이 같은 구절을 읽어도 각기 제 나름의 의미를 깨달을 수 있습니다. 내가 이것을 안다고 주장하면, 그만큼 오만하거나 앞질러 간 것이 될 것입니다. 그렇게 하는 것은 마치 하늘에 뿌리 내린 나무의 열매를 이 땅 위에서 따려고 하는 것과 같을 것입니다. 하지만 다른 한편으로는 그렇게 하고 싶은 것이 솔직한 내 마음입니다.……주님께서는 "구하여라, 그리하면 하나님께서 너희에게 주실 것이다.

찾아라, 그리하면 너희가 찾을 것이다. 문을 두드려라, 그리하면 하나님께서 너희에게 열어 주실 것이다"(마 7:7)라고 말씀하십니다. 그러니 하늘에서 우리에게 허락될 그 지식을 여기 이 땅 위에서 열심히 공부하도록 합시다.

논평

히에로니무스는 기독교인들이 성경을 읽도록 격려하는 일에 큰 관심을 기울였고, 성경 번역을 통해 그 목적을 이루려 힘썼다. 하지만 위의 본문에서와 같이 성경을 읽고 연구하는 데 여러 가지 어려움도 있다는 사실도 잘 알고 있었다. 기독교인들이 성경 본문을 이해하는 데는 도움이 필요하다.

생각해 볼 물음들

❶ 히에로니무스가 성경 독자들에게 능숙한 안내자와 같은 조력자가 필요하다고 말한 이유는 무엇인가?

❷ 이 본문, 특히 첫째 단락에서는 '본다'는 이미지가 중요한 역할을 한다. 히에로니무스는 성경을 다루면서 시각이라는 은유를 어떻게 제시하는가?

❸ 히에로니무스는 성경이 세련되지 못한 문학 작품이라는 비난(기독교를 공격하는 그리스 비평가들이 흔히 이렇게 비난했다)에 민감하게 반응한다. 이 비난에 대해 그는 어떻게 대응하는가?

레랭의 빈켄티우스

: 전통의 역할

2.10 ▼

레랭의 빈켄티우스Vincent of Lérins, 450년 이전에 사망는 펠라기우스 논쟁의 여파가 휩쓸던 434년에 쓴 글에서, 그 시대에 일어난 논쟁들이 몇 가지 유감스러운 신학적 개변(改變)을 일으켰으며 그 가운데 하나가 아우구스티누스의 이중 예정론이라고 주장했다. 그러면 그처럼 교리적으로 개변된 것을 밝혀내고, 또 미래에 그런 일이 일어나는 것을 막을 수 있는 방법은 무엇인가? 빈켄티우스는 진정한 기독교적 가르침을 판정할 수 있는 세 가지 기준을 제시한다. 보편성(어디서나 믿는 것)과 고대성(언제나 믿는 것)과 일치성(모든 사람이 믿는 것)이다 2.2, 2.5, 2.7, 2.19, 2.27, 2.30, 2.31, 2.46 참조.

본문

그래서 나는 이단의 추악한 오류와 보편적 신앙의 진리를 구분하는 데 필요한 방법, 곧 확고하면서도 이른바 일반적이고 지침이 되는 원리를 세우는 방법이 무엇인지를 탁월하게 성결하고 교리적으로 올바른 사람들에게 열심히 묻고 배우는 일에 힘썼다. 그래서 내가 모든 사람에게서 얻은 답은 다음과 같이 정리할 수 있다. 나뿐만 아니라 어느 누구라도 이단들의 속임수를 간파하거나 그들의 덫을 폭로하고, 나아가 건강하고 온전한 참 신앙 속에 머물기를 원한다면, 주님의 도우심을 힘입어 다음과 같은 두 가지 방식으로 신앙을 튼튼히 세워야 한다. 첫째, 거룩한 율법의 권위에 의지하는 것과 둘째, 보편적 교회의 전통을 따르는 것이다.

여기서 어떤 사람은 이렇게 질문할 수 있다. 성경은 정경으로서 완전하고 그 자체로 부족함이 없는데, 왜 성경의 권위에 교회의 생각을 덧붙일 필요가 있는가? 성경은 그 심오한 깊이라는 관점에서 볼 때, 어느 누구에게나 일반적인 의미로 받아들여지지 않는다는 것이 그 대답이다. 동일한 구절이 한 사람에게는 이렇게, 다른 사람에게는 저렇게 해석되며, 그 결과 사람 수만큼이나 많은 의견이 개진된다.……이렇게 다양하고 많은 오류들 때문에, 보편 교회의 규칙에 따라 예언자와 사도들을 해석하는 규칙을 세울 필요가 있다.

지금 보편 교회 안에서 가장 큰 관심을 두어야 할 사항은 언제 어디서나 모든 사람이 믿어 온 것*quod ubique, quod semper, quod ab omnibus creditum est*을 지켜야 한다는 점이다. 이 규칙은 진정으로 보편적인 것이 어떤 것인지를 말해 준다. 이 규칙은 모든 것을 보편적으로 이해하는 이성과 언어의 기준에서 볼 때도 확실한 것이다. 만일 우리가 이 하나의 신앙, 곧 전체 교회가 세상 어디서나 고백하는 신앙을 참된 것으로 인정한다면, 우리는 '보편성'universality을 따르는 것이 된다. 만일 우리가 위대한 성도들과 선조들이 명확하게 선포한 그 가르침에서 이탈하지 않는다면, 우리는 '고대성'antiquity을 인정하는 것이다. 우리가 이러한 고대성을 인정하면서 주교와 지도자들이 가르친 것을 모두(또는 거의 모두) 따른다면, 우리는 '일치성'consensus을 지키는 것이 된다.

논평

빈켄티우스는 기독교 신학 전통을 확고히 다지는 일에 큰 관심을 쏟았으며, 많은 교리들이 적합한 근거도 없이 개변되는 것에 대해 염려했다. 빈켄티우스는 특히 아우구스티누스의 예정론 가운데 몇 가지 사항에 대해 우려하면서, 그것이 성급하고 즉흥적으로 나왔으며, 현명하지 못한 견해라고 생각했다. 그는 그런 이론들을 판정할 수 있는 공적 표준이 필요하다고 생각했다. 그렇다면 그런 오류로부터 교회를 안전하게 보호할 수 있는 표준은 무엇일까? 빈켄티우스의 답은 명확했다. 바로 '전통'이다. "언제 어디서나 모든 사람이 믿어 온 것"*quod ubique, quod semper, quod ab omnibus creditum est*이라는 구절이 "빈켄티우스의 원리"Vincentian canon로 알려지게 되었다.

생각해 볼 물음들

❶ 빈켄티우스가 기독교 정통신앙에 대해 공적으로 합의된 표준이 필요하다고 판단하게 된 이유는 무엇인가?

❷ "기독교 정통신앙은 성경이 가르치는 것을 되풀이할 뿐이다." 이러한 주장에 대해 빈켄티우스는 어떻게 답하겠는가?

❸ "언제 어디서나 모든 사람이 믿어 온 것"이라는 구절로 빈켄티우스가 말하려는 바는 무엇인가? 정통신앙에 대한 이런 정의는 실행 가능한 것인가?

2.11 ▼

클레르보의 베르나르두스

: 성경의 풍유적 의미

클레르보의 시토회 수도원 설립자인 베르나르두스1090-1153는 12세기 전반에 라틴어로 저술한 『아가서 주석』에서 "우리 집 들보는 백향목이요, 우리 집 서까래는 전나무라오"(1:17)라는 구절을 풍유적으로 해석한다. 아래에 인용한 글은, 한때 그저 평이하게 보였던 본문에다 교리적 또는 영적 의미를 "투사해 읽어 내는" 방법을 잘 보여준다. 2.3, 2.6, 2.8, 2.9, 2.12, 2.15 참조.

본문

'집'이라는 말에서 우리는 큰 무리를 이룬 기독교인들이라는 의미를 발견할 수 있다. 이 무리는 '들보'의 역할을 하는, 권력과 위엄을 지닌 사람들, 곧 교회와 정부의 통치자들에 의해 하나로 통합된다. 이 사람들이 지혜와 확고한 법을 수단으로 그들 모두를 하나로 엮어 준다. 그렇지 않고 모든 사람이 제각각 하고 싶은 대로 행한다면, 벽은 기울고 무너져 결국 집 전체가 허물어질 것이다. '서까래'*laqueria*라는 것은 들보에 튼튼히 고정되어 집을 품위 있게 꾸며주는 것이며, 서까래라는 말에서 우리는 제대로 교육받은 성직자의 온화하고 질서 잡힌 삶과 교회의 예전이 바르게 시행되는 것을 떠올릴 수 있다. 하지만 강하고 굳건한 '들보' 같은 통치자들이 선의로 아낌없이 도움을 베풀고 그 힘으로 보호해 주지 않는다면, 어떻게 성직자가 자기 직무를 수행하고 교회가 의무를 감당할 수 있겠는가?

논평

이 본문은 중세 영성 저술가들이 선호했던 풍유적 해석을 잘 보여준다. 문자적 또는 역사적 성경 읽기가 적어도 처음 단계에서는 영적 계몽이라는 면에서 이렇다 할 효과를 나타내지 못하는 까닭에, 베르나르두스는 풍유적 성경 해석을 통해 성경 관념들을 이미 잘 알고 있는 신학 개념들과 연관시킨다. 본문 자체와 이러한 영적 개념들의 연관성을 확인하는 도구로 풍유법을 사용하며, 그래서 기존 관념들을 보강하는 방식으로 본문을 읽게 된다.

생각해 볼 물음들

❶ 베르나르두스는 건물의 여러 부분들을 해석하면서 그 해석들을 어떻게 정당화하는가?

❷ 베르나르두스가 제안하는 견해를 일찍이 히폴리투스가 제시한 견해2.3와 비교하며 살펴보라. 여러분은 '예표론적' 주석과 '풍유적' 주석을 어떻게 구분하겠는가?

❸ 베르나르두스는 그가 살던 시대의 교회적 삶에 적용하는 것으로 이 글을 맺는다. 이러한 적용은 그 근거가 되는 토대들에서 살펴볼 때 얼마나 설득력이 있는가?

2.12 ▼

스티븐 랭턴

: 성경의 도덕적 의미

12세기에 활동했던 탁월한 성경 주석가이자 설교자인 스티븐 랭턴Stephen

Langton, 약 1150-1228은 아모스 7:10-13에 기록된 아마샤 제사장(아래 본문에서는 아마시우스로 표기한다)과 여로보암 왕이 관련된 사건을 주석한 이 글에서 본문의 '도덕적' 또는 '교훈적' 의미를 밝혀 낸다. 이 기법은 성경 구절에서 도덕적 교훈을 추출해 내는 일을 한다. 성경 시대에 베델의 대제사장 아마샤가 여로보암에게 아모스 예언자를 고발했던 일처럼, 오늘날의 사제들도 똑같은 결함을 보여준다. 여기서 사용되는 문체는 '방주'glossing, 旁註—성경 단어들에 폭넓은 해석학적 논평을 덧대는 것—라는 양식이다. 인용한 아래 글에서, 성경 본문은 굵은 글자체로 표시했고, 랭턴의 논평은 보통 글자체로 표시했다2.3, 2.6, 2.8, 2.9, 2.11, 2.15 참조.

본문

아마시우스는 악한 사제, 곧 선한 일에는 전혀 관심이 없고 악한 일에 열심을 내는 사악하고 고약한 고위성직자의 예표*typus*라고 볼 수 있다. 그는 자선의 불 따위와는 거리가 먼 사람이다. 그는 창기를 만나거나 재정적 이득을 얻는 일이라면, 겨울밤에 십리 길도 마다하지 않고 달려갈 사람이다. 하지만 임종하는 사람의 유언을 듣는 일로는 단 몇 분이라도 자기 식탁에서 벗어나기를 원치 않는다.……진리의 길을 바르게 설교하는 사람과 맞닥뜨려 그 진리가 자기의 악한 삶을 끝장내지 않을까 두려워질 때도, 그는 불안감을 감추고(그것이 자신이 씨름해야 할 문제인데도) 오히려 자기 왕이나 군주에게 달려가 그 설교자를 고발한다. 그는 왕에게 해(害)가 미칠 것을 걱정하는 척하면서 왕이 보복하도록 부추긴다. 그런데 여로보암이 어떻게 이런 고발을 근거 없는 것으로 일축하는지 주의해 살펴보라. 이 일은 고위성직자들이 세속 군주들보다 훨씬 더 악하다는 사실을 보여준다. 군주가 이 악한 사제의 거짓 고발을 무시했음에도, 그는 악한 일을 멈추지 않는다. 그래서 **아마시우스는 아모스에게 '선견자야'라고 말한다.** 설교로 나를 위협하는 너 예언자이자 학식 있는 박사여, **여기를 떠나 유다 땅으로 가라.** 내가 주교로 관할하는 이 교구를 떠나 파리에 있는 네 연구실로 돌아가라. **거기서 떡**

을 먹으며, 거기서 예언하라. 가르치고 설교하는 일은 파리에 가서 하라. **벧엘,** 곧 나의 주교 관할지에서는 **다시는 예언하지 말라.** 가르치는 일도 하지 말라. 너의 비난은 왕을 모욕하는 일이요, 이곳은 왕에게 속한 것이며, 따라서 왕은 교회에 속한 누구든 자기 마음대로 고용하고 해고할 수 있다.

논평

스티븐 랭턴은 캔터베리 대주교였던 자신과 영국 왕 사이에 빚어졌던 험악한 관계에 비추어 이 성경 본문의 배경을 이루는 특별한 정황에 개인적으로 흥미를 느꼈던 것으로 보인다. 이 글은 중세 때 성경 본문에 '방주'를 달았던 관습을 잘 보여준다. 이 관습은 단어나 구절 위에 방주를 끼워 넣는 방식과, 난외에 좀 더 길게 방주를 다는 방식의 두 가지 형태로 이루어졌는데, 후자는 단어나 구절의 의미를 간략하게 설명하는 것이라기보다는 본문에 대한 주석에 가까웠다.

생각해 볼 물음들

❶ 이 인용문이 제시하는 본문 해석이 얼마나 설득력이 있는가?

❷ 당시 파리 대학교는 신학적으로 탁월한 중심지였으며, 랭턴 자신도 한동안 거기서 가르쳤다. 이 글에서 랭턴은 파리를 어떻게 이용하는가?

2.13 ▼

작센의 루돌프
: 상상으로 성경 읽기

작센의 루돌프Ludolf of Saxony, 약 1300-1378는 알려진 것이 거의 없는 불가사의

한 인물이다. 그는 도미니크 수도회Order of Preachers에 들어가 신학 수업을 마쳤으며, 그후 1340년에 스트라스부르의 카르투시오 수도회에 가입한 것으로 알려졌다. 1343년에 그는 코블렌츠에 있는 카르투시오 수도원으로 옮겼으며, 그곳의 원장이 되었다. 하지만 그는 이 직책에 열의를 다하지 않았던 것으로 보이며, 1348년에 평범한 수도사의 삶으로 돌아갔다. 그는 나머지 생애를 마인츠와 스트라스부르에서 보냈다. 그는 카르투시오회 수사 루돌프라고도 알려졌으며, 독일 이름인 '루돌프'는 흔히 라틴어 표기를 따라 '루돌푸스'Ludolphus나 '루돌프흐'Ludolph로 표기되기도 한다.

루돌프의 『그리스도의 생애』*On the Life of Christ*는 1340년경 라틴어로 저술되었고, 그리스도의 생애를 깊이 묵상하며 중간에 초기 저술가들의 기도와 글을 인용해 삽입한 형태를 띤다. 이런 식으로 초기 인물들의 말과 일화를 편집한 글이 중세 말에 크게 유행했으며, 개인의 신앙생활이나 설교를 위한 자료집으로 널리 사용되었다. 이 저술에서 루돌프는 자신의 목적이 "여러 가지 사안들을 상상력 넘치는 표현들로 묘사하며", 그래서 독자들을 "예수가 말하고 행한 일들 앞에 서도록" 이끌어 주는 데 있다고 밝힌다2.3, 2.6, 2.8, 2.9, 2.11, 2.12, 2.15 참조.

본문

아버지의 품에서 동정녀의 태로 내려오신 분께 신실한 마음으로 가까이 다가가라. 거룩한 수태의 순간에 다른 증인들처럼 천사와 함께 순수한 믿음으로 그곳에 서고, 당신을 위해 아기를 품으신 동정녀 마리아와 함께 기뻐하라. 아기가 태어나고 할례받을 때, 신실한 수호자처럼 요셉과 함께 그곳을 지키라. 동방 박사들과 함께 베들레헴으로 가서 어린 왕께 경배하라. 그 부모를 도와 어린 예수를 모셔 성전에 들게 하라. 사도들과 나란히 선한 목자를 거들어 기적을 베푸실 때 함께 일하라. 그의 복되신 어머니와 요한과 함께 그분이 죽으시는 자리에 있어, 그분으로 인해 아파하고 애통하라. 당신을 위해 죽으신 구주, 그분의 몸을 진실하고 정성스런 마음으로 어루만

지고, 그 상처를 하나씩 보듬어라. 막달라 마리아와 함께 일어나 부활하신 주님을 귀한 보물처럼 찾고 구하라. 올리브산 위에 제자들과 함께 서서 하늘로 오르시는 그분을 놀라운 마음으로 바라보라. 제자들이 함께 모일 때, 그들 사이에 자리를 잡으라. 다른 모든 일은 제쳐 놓고, 높은 곳에서 성령의 능력으로 옷 입는 일을 귀하게 여기라. 당신이 이 신비로운 일들로 열매 맺기를 원한다면, 우리 주 예수 그리스도께서 말씀하고 행하신 일 앞에 당신 자신을 내어놓으라. 정성을 다해 온 마음을 기울이고, 사랑하는 마음을 담아 흔들리지 않는 기쁨으로 자신을 내어놓되, 그 외 모든 염려와 근심은 제쳐 두라. 앞서 말한 것들에 당신의 귀를 활짝 열어 기울이고, 눈을 활짝 열어 살펴보라. 이 일들은 간절히 생각하는 사람에게는 한없이 기쁜 일이요, 직접 맛보는 사람에게는 훨씬 더 그렇기 때문이다. 이 가운데서 많은 일이 과거에 일어난 일로 언급되나, 당신은 그 모두를 마치 지금 이 순간에 일어나는 일인 양, 묵상해야 한다. 그럴 때 비로소 훨씬 더 큰 기쁨을 맛볼 수 있기 때문이다. 그러니 전에 있었던 일을 현재 일어나는 일인 양 읽어라. 과거 일들을 마치 지금 일어나기나 하듯, 당신 눈앞에 펼쳐 놓아라. 그럴 때 그 일들이 지혜와 기쁨으로 얼마나 가득한지 깨닫게 된다.

논평

루돌프는 자신이 소개하려는 방법 전체를 잘 요약해서 보여준다. "당신이 이 신비로운 일들로 열매 맺기를 원한다면, 우리 주 예수 그리스도께서 말씀하고 행하신 일 앞에 당신 자신을 내어놓으라. 정성을 다해 온 마음을 기울이고, 사랑하는 마음을 담아 흔들리지 않는 기쁨으로 자신을 내어놓되 그 외 모든 염려와 근심은 제쳐 두라." 이그나티우스 로욜라는 전장에서 입은 상처를 치유하는 동안 루돌프의 『그리스도의 생애』를 읽었으며, 자신의 저술인 『영적 훈련』*Spiritual Exercises*에서 그와 비슷하게 성경을 이해하는 방법을 제시했다.

❶ 루돌프가 독자들을 그리스도의 삶으로 인도하기 위해 고안한 방법에 주목하라. 그가 사용하는 방법을 여러분의 말로 정리하라.

❷ 루돌프는 그리스도의 삶에서 특별히 중요해 보이는 일화들을 소개하며, 그 일화들과 그에 잘 어울리는 개별 인물들을 연결한다. 예를 들어 아기 예수의 할례에는 요셉이 증인이 되는데, 이런 식으로 짝지어진 일화와 그에 대한 증인들을 정리하라. 루돌프가 출처를 밝히지 않고 사용하는 성경 본문들을 확인하는 것도 도움이 될 것이다.

❸ 루돌프가 우리를 이야기 속으로 이끌어가는 방식에 주목하라. 그는 단지 일어난 일들을 재진술하는 데서 끝내지 않는다. 그는 우리에게 이야기 속에 참여할 수 있는 일을 하라고 요청한다. 루돌프가 제시하는 각각의 일화에서 여러분에게 요청하는 일이 무엇인지 밝혀 보라. 예를 들어 그는 여러분에게 마리아와 요셉을 도와 어린 예수를 성전으로 모시는 일을 하라고 요청한다. 루돌프가 독자인 여러분을 언급된 여러 사건의 능동적 참여자로 묘사하는 방식에 주목해 보라. 여러분은 직접 행동으로 참여해야 한다.

2.14 ▼

자크 르페브르 데타플

: 성경의 의미들

프랑스의 인문주의 성경학자 자크 르페브르 데타플Jacques Lefèvre d'Etaples, 스타풀렌시스로도 알려짐, 약 1455-1536은 1508년에 선별된 다섯 편의 히브리어 시편에 대한 글을 쓰면서, 그 서언 부분에서 자신의 구약성경 해석 방법을 제시한다. 이 방법에서는 구약성경을 역사적인 이야기로 이해하는 '문자적-역사적' 의미와 예수 그리스도의 오심에 대한 예언으로 이해하는 '문자적-예언적' 의미("성령과 일치하는 문자적 의미")로 나누어 제시한다. 따라서 그는 성경에 두 가지 '문자적' 의미가 있다고 주장한다. 이 글의 맥락에서는 대체로 라틴어 *litera*가 '문자'라는 의미보다 '문자적 의미'로 번역되어야 마땅하다는 점을 기억하라2.3, 2.6, 2.8, 2.9, 2.11, 2.12, 2.15 참조.

본문

그때 나는 이것이 전혀 참된 문자적 의미가 아닐지도 모른다는 점을 깨닫기 시작했다. 오히려 나쁜 약제사가 자기 약초를 주무르는 경우처럼, 어떤 것을 다른 것으로 대체한 것, 다시 말해 참된 문자적 의미를 그릇된 의미로 대체한 것이다. 그래서 나는 즉시 우리의 첫 지도자들—우리 영혼의 밭고랑에다 최초로 이 씨앗을 뿌리고 성경 문자를 이해하는 문을 연 사도(나는 바울을 뜻한다)와 예언자들—에게 충고를 구했다. 그렇게 해서 나는 성경의 다른 의미—예언자와 그를 통해 말씀하시는 성령의 의도—를 발견했다. 나는 이것을 '문자적' 의미—구체적으로 말해 성령과 일치하는 문자적 의미—라고 부른다. 성령은 예언자들이나 눈이 열린 사람들에게 이것 외에 다른 문자적 의미를 전하지 않았다. 물론 나는 특별히 본문의 내용이 요구하는 경우에는 풍유적, 교훈적, 영적 의미 같은 다른 의미들이 가능하다는 사실을 부정하지 않는다. 눈이 열리지 않았는데도 열렸다고 생각하는 사람들은 다른 문자적 의미를 주장하는데, 이렇게 하는 것은 [바울] 사도의 말대로 영을 죽이고 억압하는 것이다.

오늘날 유대인들은 이런 문자적 의미를 찾고 있으며, 그들 가운데서는 지금도 그 예언이 그대로 이루어지고 있다. 그들의 눈은 흐려져 볼 수 없으며, 그들의 전체 시각이 심각하게 뒤틀려 있다. 이런 유형의 의미를 가리켜 그들은 '문자적'이라고 주장하지만, 그들의 예언자들이 가르친 문자적 의미가 아니라 그들의 랍비들이 주장한 문자적 의미다. 이 사람들은 다윗의 거룩한 찬송 대부분을 다윗 자신에게 적용되는 것으로 보고, 다윗이 사울의 박해나 여러 가지 전투에서 겪은 고난들과 관련되는 것으로 해석한다. 그들은 이 시편들에 나오는 다윗을 예언자로 여기지 않고, 오히려 자신의 역사를 기록하듯 자기가 보고 겪은 일들을 서술하는 자로 여긴다. 하지만 다윗은 자신에 대해 "주님의 영이 나를 통하여 말씀하시니, 그의 말씀이 나의 혀에 담겼다"라고 말한다. 또 성경에서는 다윗을 가리켜 이스라엘의 모든 사람 가운데서 야곱의 하나님께서 보내신 그리스도와 메시아를 노래하는 일을 맡은 사람이라고 말한다. 그런데 성경에서 다윗이 야곱의 하나님께서 보내신 그리스도와 메시아를 노래하는 곳이 시편 이외에 어디인가?

그래서 나는 이중적인 문자적 의미가 있다는 것을 알게 되었다. 하나는 열린 눈이 없어서 하나님의 일들을 육을 따라 인간의 용어로 해석하는 사람들이 주장하는 왜곡된 의미이다. 참된 문자적 의미는 열린 눈이 있어 통찰력이 뛰어난 사람들이 파악한다. 전자는 인간의 생각으로 고안해 낸 것이며, 후자는 하나님의 영께서 주신 선물이다. 그릇된 의미는 하나님의 영을 억압하고 바른 의미는 하나님의 영을 칭송한다. 그래서 수도승들 *religiosi* 이 자기들은 '문자적' 주석에 들어갔다가 우울하고 비참한 마음으로 나오게 된다고 불평하는 데는 타당한 이유가 있어 보인다. 그들의 모든 신앙적 헌신이 마치 타오르는 불길에다 찬물을 끼얹은 것처럼 돌연 무너지고 사라져 버렸다. 건강한 몸이라면 자신에게 해로운 것이 무엇인지 알듯이, 정신도 자신을 해롭게 하는 것이 무엇인지 알기 때문이다. 그래서 나는 이것이 마땅히 극복되어야 한다고 생각한다. 색이 빛에 의해 생명을 얻듯이, 성령에 의해 생명을 공급받는 그런 의미를 찾아야 한다. 나는 이러한 목표를 염두에 두고, 그리스도의 도움을 힘입어 시편에 대한 간략한 주석을 쓰려고 했다. 그리스도는 다윗을 이해하는 열쇠가 되신다. 다윗이 성령의 뜻을 받들어 시편에서 노래했던 그분이 바로 그리스도시다.

적절한 의미와 부적절한 의미 사이에 얼마나 큰 차이가 있는지 분명히 보이기 위해 몇 가지 사례를 살펴본다. 시편 2편에서는 "어찌하여 뭇 나라가 술렁거리며, 어찌하여 뭇 민족이 헛된 일을 꾸미는가? 어찌하여 세상의 임금들이 전선을 펼치고, 어찌하여 통치자들이 음모를 함께 꾸며 주님을 거역하고, 주님과 그의 기름 부음 받은 이를 거역"하는가라고 말한다.

유대인들에게 이 구절의 문자적 의미는 팔레스타인 사람들이 주님의 기름 부음 받은 자(메시아)인 다윗에 맞서 일어났다는 것이다. 그러나 바울과 다른 사도들에 따르면, 이 구절의 참된 문자적 의미는 참 메시아이자 참 하나님의 아들이신 주님으로서의 그리스도를 가리킨다(이것이 참되고 합당한 의미다). 다음으로 시편 18편을 살펴보자. 유대인들에게 이 시편의 문자적 의미는 다윗이 사울과 다른 원수들의 손아귀에서 구원받은 일로 하나님께 감사를 고백한다는 것이다. 하지만 바울은 그 문자적 의미가 주님으로서의 그리스도를 뜻하는 것으로 이해한다. 유대인들은 시편 19편이 율법을 첫 번째로 주신 일을 가리키는 것으로 이해한다. 바울은 이 시편이 율법을 첫 번째로 주신 일을 가리키는 것이 아니라, 복된 사도들과 그 계승자들을 통해 율법이 온 세상에 선포되는 두 번째 일을 가리키는 것으로 이해한다.

논평

이 글은 참으로 중요한데, 특히 일부 학자들 사이에서 이 글의 기본 통찰이 젊은 시절의 루터가 사용한 성경 해석 방법2.15 참조의 토대가 되었다고 주장한 데서 그 점을 알 수 있다. 르페브르는 문자적으로 성경을 이해하는 전통적 방식에 대해 우려를 표명하며, 나아가 그 자신이 상당히 만족스럽게 여기는 대안적 견해를 제시한다.

생각해 볼 물음들

❶ 르페브르가 성경의 "이중적인 문자적 의미"라는 말로 뜻하는 것은 무엇인가? 그는 이 두 가지 의미를 어떻게 구분하는가?

❷ 르페브르가 시편 2편에 적용하는 방법은 그의 견해를 어떻게 밝혀 주는가?

❸ 르페브르가 그리스도는 "다윗을 이해하는 열쇠"라고 주장할 때, 그 주장은 무슨 의미인가?

2.15 ▼

마틴 루터

: 성경의 4중적 의미

독일의 프로테스탄트 신학자인 마틴 루터1483-1546가 1516년 무렵에 쓴 이 글은 '영'과 '육'을 구분해 대조한다. 여기서 루터는 영과 육을 삶을 이루는 두 가지 방식으로 여기며, 이 둘은 각각 구약성경의 의미를 이해하는 고유한 방식과 관계가 있다고 주장한다. 자크 르페브르 데타플2.14 참조의 저술에 근거하는 것이 분명한 이 글에서 루터는 성경 해석 방법에서 전통적인 4중적 틀(일반적으로 '콰드리가'라고 불린다)을 유지하면서도 네 가지 의미 모두를 (이스라엘의 역사와 관련해) 순전히 역사적으로 이해하거나, (예수 그리스도의 오심과 관련해) 예언적으로 이해할 수 있다고 주장한다. 따라서 구약성경에는 두 가지 문자적 의미, 곧 '문자적-역사적' 의미와 '문자적-예언적' 의미가 존재한다. 이 인용문은 루터의 초기 시대, 그가 '종교개혁에 투신'하기 전에 나온 것이며, 16세기인 1520년대에 등장한 스콜라주의와 인문주의의 성경 해석 방법을 보여주는 중요한 자료다. 여기서는 "시온산"에 대한 여덟 겹의 해석을 도표 형태로 제시하는데, 이를 통해 루터가 의미하는 것을 분명하게 이해할 수 있다2.3, 2.6, 2.8, 2.9, 2.11, 2.12, 2.14 참조.

본문

"나는 영으로 찬미하고, 또 깨친 마음으로도 찬미하겠습니다"(고전 14:15). "영으로 찬미한다"는 것은 육으로만 찬송하는 사람들과는 달리 영적으로 깊이 들어가 온 마음으로 찬송하는 것을 뜻한다.……유대인들처럼 시편을 육적으로만 이해하는 사람들은 이 본문을 그리스도와 상관없는 것으로 보아 고대 역사에 적용한다. 하지만 그리스도는 당신의 백성의 마음을 열어 주셨으며, 그래서 그들은 성경을 다음과 같이 이해할 수 있다.……

시온산은 다음과 같은 의미를 지닌다.……

	죽음에 이르게 하는 문자를 따른 이해	생명을 주는 영에 따른 이해
역사적 의미	가나안 땅	시온에 사는 백성
풍유적 의미	회당, 또는 거기에 속한 중요한 사람들	교회, 또는 박사와 주교, 중요한 사람들
교훈적 의미	바리새인의 의와 율법적 의	신앙의 의, 또는 그 외의 탁월한 것
종말론적 의미	미래에 누릴 육의 영광	하늘에 속한 영원한 영광

……따라서 성경에 나오는 풍유나 교훈이나 종말적 견해는, 성경의 다른 곳에서 역사적인 방식으로 그것의 진리를 명확하게 밝히고 있지 않다면 결코 타당한 것으로 받아들일 수 없다. 그럴 경우에 성경은 터무니없는 것이 되어 버린다.

논평

2.4에서 언급한 것처럼 중세 때 사용되었던 4중적 성경 해석의 틀—'콰드리가'—는 다음과 같은 형태로 이루어져 있다.

❶ 문자적 의미.
❷ 풍유적 의미. 이것은 믿어야 할 내용들을 알려 준다.
❸ 도덕적(교훈적) 의미. 이것은 행하여야 할 일들을 알려 준다.
❹ 종말론적 의미. 이것은 희망으로 품어 바라보아야 할 일들을 알려 준다.

루터는 이러한 전통적 성경 읽기 방법에 자크 르페브르 데타플이 제시한 '성경의 이중적인 문자적 의미'2.14로 알려진 방법을 더해 보완한다.

생각해 볼 물음들

❶ 루터의 틀은 어떤 면에서 자크 르페브르 데타플이 제시한 이론이 발전한 것이라

고 볼 수 있는가?

❷ 루터는 자기가 성경 속에다 독단적이거나 엉뚱한 개념들을 투사해 해석하고 있다는 반론을 어떻게 극복하려고 하는가? 루터가 마음대로 성경의 여러 가지 영적 의미들을 이용하는 데 제한을 가하는 것은 무엇인가?

2.16 ▼

마틴 루터

: 그리스도 안의 계시

루터는 1535년 갈라디아서 주석에서 우리가 어떻게 하나님을 알 수 있는지의 문제를 다룬다. 그는 자연을 통해 하나님을 알 수 있다고 주장하면서도, 그러한 '하나님 지식'은 제한적이고 충분하지 못하며, 반드시 성경의 빛으로 보완되고 수정될 필요가 있다고 주장했다. 이 인용문에서 루터가 하나님 지식과 관련해 철저히 그리스도 중심적인 이해를 펼치고 있는 점에 주목하라2.35, 2.38, 2.47 참조.

본문

요한복음 1:18에 따르면, 하나님은 그리스도를 통하지 않고서는 알려지기를 원치 않으시며, 우리는 그 외의 어떤 방법으로든 하나님을 알 수 없다. 그리스도는 하나님께서 아브라함에게 약속하신 후손이며, 하나님은 그리스도를 모든 약속의 기초로 삼으셨다. 따라서 그리스도만이 우리가 하나님과 그분의 뜻을 알게 되는 방편이요 생명이며 거울이다.

하나님은 그리스도를 통해 당신의 사랑과 자비를 우리에게 알리신다. 그리스도 안에서 우리는 하나님이 분노하는 주인이나 심판관이 아니라, 우리에게 복 주시는 은혜롭고 친절하신 아버지이시며, 우리를 율법과 죄, 죽음, 악에서 건지시고 그리스도를 통해 의로움과 영원한 생명을 베푸시는 분임을 안다. 이것은 하나님과 그분의 신성한 설득에 대한 확실하고도 참된 지식으로, 이 지식은 결코 잘못되는 법이 없으며 또 이것을 의지하지 않고서는 결코 하나님을 알 수 없는 아주 특별한 방식으로 하나님을 그려내 보여준다[*depingit*].……

사람은 누구나 본성적으로 하나님이 존재한다는 일반적인 관념을 지닌다. 이에 대해 로마서 1:19-20에서 이렇게 말씀한다. "하나님을 알 만한 일이 사람에게 환히 드러나 있습니다.……하나님의 보이지 않는 속성, 곧 그분의 영원하신 능력과 신성은, 사람이 그 지으신 만물을 보고서 깨닫게 되어 있습니다." 과거에서 현재에 이르기까지 온 세상에 존재하는 다양한 제의와 종교들은, 모든 사람이 어느 때든 하나님에 대한 일반적인 지식을 지녔다는 사실을 보이는 충분한 증거가 된다. 이 지식이 본성에 따른 것인지, 부모에게서 물려받은 것인지의 문제는 여기서 논의하지 않겠다.

그런데 누군가는 이렇게 반론을 제기할 수도 있다. "만일 모든 사람이 하나님을 안다면, 왜 바울은 복음이 선포되기 전에 갈라디아 사람들이 하나님을 알지 못했다고 말하는가?" 나의 대답은 '하나님 지식'*cognitio Dei* 에는 일반 지식과 특수 지식이라는 두 가지가 있다는 것이다. 사람은 누구나 일반 지식을 지니고 있어, 하나님이 존재하시며 그분이 하늘과 땅을 창조하셨고 그분은 의로우시며 악한 자들을 벌주신다는 것과 같은 사실들을 안다. 하지만 하나님께서 우리를 위해 무엇을 작정하셨고 우리에게 무엇을 주시고 어떻게 행하시려는지, 어떻게 우리를 죄와 죽음에서 건지고 구원하시려는지에 대해서는 알지 못한다. 바로 이것이 하나님에 대해 알아야 할 참되고 바른 지식이다. 어떤 사람의 얼굴이 내게 친숙할지라도 그의 속마음을 알 수 없기에, 진정으로 그를 알지 못하는 경우가 있을 수 있다. 이처럼 사람들은 본성으로는 하나님이 존재한다는 것을 알지만, 하나님이 원하시는 것과 원치 않으시는 것이 무엇인지는 알지 못한다. 그래서 성경에서는 "[하나님을] 깨닫는 사람도 없고"(롬 3:11)라고 말하며, 다른 곳에서는 "하나님을 본 사람은 아무도 없다"(요 1:18)라고 말한다. 다시 말해 하나님의 뜻이 무엇인지 아는 사람이 아무도 없다. 그런데 여러분이 하나님이 존재한다는 사실을 알더라도 여러분을 향한 하나님의 뜻이 무엇인지를 알지 못한다면, 그게 무슨 유익이 있겠는가? 하지만 여기서 다르게 생각하는 사람들이 있다. 유대인들은 모세 율법에서 명하는 대로 하나님께 예배드리는 것이 하나님의 뜻이라고 생각한다. 터키 사람들은 코란을 준수하는 것이 하나님의 뜻이라고 여기며, 수도승들은 자신이 배운 대로 행하고 지키는 것이 하나님의 뜻이라고 생각한다. 그러나 그들은 모두 바울이 로마서 1:21에서 말한 것처럼, "생각이 허망해져서" 속고 있는 것이다. 그들은 하나님께서 기뻐하시는 일과 싫어하시는 일을 알지 못하여, 자기 마음으로 꾸며 낸 것들을 마치 본성상 참 하나님이나 되는 양 예배한다. 이런 것들은 본질상 아무것도 아니다.

바울은 이 사실을 가리켜 "여러분이 하나님을 알지 못해서" 곧 하나님의 뜻이 무엇인지 알지 못해서 "본디 하나님이 아닌 것들에게 종노릇"을 했다고 말한다. 다시 말해 여러분의 마음에서 나온 소망과 상상의 노예가 되어 그런 소망과 상상에 의지해 이런저런 사역이나 제의로 하나님께 예배해야 한다는 관념을 고안해 냈다. 그런데 사람들이 "하나님이 계신다"는 것을 대전제로 받아들이기에 온갖 종류의 우상숭배가 생겨난 것이며, 신성에 관한 일반 지식이 없다면 이런 우상들은 세상에 나타나지 않았을 것이다. 사람들이 이처럼 하나님에 대한 자연적 지식을 알고 있었기에, 그분의 말씀과는 상반되고 동떨어진 하나님 지식, 곧 하나님에 관한 공허하고 악한 지식이 생겨나게 되었다. 그들은 이런 지식을 참된 진리로 여겼으며, 그 지식을 근거로 본질상 참 하나님과는 다른 하나님을 꾸며 냈다. 그래서 수도승들은 자신의 '생활 규정'을 준수하는가에 따라 죄를 용서해 주고 은총과 영생을 베푸는 하나님을 그려 낸다. 이런 하나님은 어디에도 존재하지 않으며, 따라서 [수도승들은] 참 하나님을 섬기거나 예배하는 것이 아니다. 사실 그들은 본질상 하나님이 아닌 존재를 섬기고 예배한다. 다시 말해, 자기 마음속의 허구와 우상을 그 나름의 진리라고 내세우고 그것을 섬기고 예배하는 것이다. 하지만 이성조차도 인간의 의견은 하나님이 될 수 없다는 사실을 안다. 그러므로 말씀 없이 하나님을 예배하거나 섬기려는 사람은 누구든지 참 하나님이 아니라 바울의 말대로 "본디 하나님이 아닌 것"을 섬기게 된다.

논평

이 인용문은 루터의 "십자가 신학"1.12이 발전하여 이룬 중요한 결과로 볼 수 있다. 이 글에서 루터는 그리스도 안에 나타난 하나님의 자기 계시를 강조한다. 이 글은 인간이라면 누구나 알 수 있는 일반적인 하나님 지식과 기독교 공동체 안에서만 가능한 특별한 하나님 지식을 분명히 구분한다.

생각해 볼 물음들

❶ 루터는 "하나님은 그리스도를 통하지 않고서는 알려지기를 원치 않으시며, 우리는 그 외의 어떤 방법으로든 하나님을 알 수 없다"라는 주장에서 어떤 결론을 끌어내는가?

❷ "계시는 그리스도를 통해 일어난다"라고 말하는 루터의 주장은 그가 계시의 수단으로 성경의 중요성을 강조한 것에 문제를 일으키는가?

❸ 루터는 자연적인 '하나님 지식'에 어떤 역할을 부여하는가?

2.17 ▼

장 칼뱅

: 자연적인 하나님 지식

장 칼뱅1509-1564은 1559년판 『기독교 강요』의 앞부분에서 우리가 '어떻게 하나님에 관해 알게 되는가'라는 문제를 논한다. 칼뱅에 따르면 하나님에 관한 참되고 온전한 지식은 성경을 통해서만 얻을 수 있다. 그러면서도 그는 하나님에 대한 자연적인 지식이 가능하며, 이 지식이 하나님에 대한 온전한 지식에 이르는 길을 열어 주고 또 인간이 하나님의 존재나 본질을 알지 못하는 무지에 대해 변명할 여지를 없앤다고 주장한다. 특히 인간에게 심어진 하나님 인식에 대해 칼뱅이 주장하는 것을 주목해 보라 2.28, 2.29, 2.33, 2.48, 2.51 참조.

본문

인간의 정신 속에 타고난 본능으로 하나님을 인식하는 감각 *divinitatis sensus* 이 있다는 것에는 논란의 여지가 없다. 그 누구도 무지를 핑계 삼지 못하도록 하나님께서는 계속해서 이러한 인식을 새롭게 하시고 늘려 주신다. 따라서 사람은 누구나 하나님의 존재하심과 그분의 창조주 되심을 알기에, 그분을 예배하지 않고 자신의 삶을 드려 섬기지 못할 때는 자기 안에 있는 증거로 인해 정죄당하게 된다. 만약 어디선가 하나님에 대해 무지한 사람들을 찾아보려고 한다면, 시대에 훨씬 뒤떨어진 사람들과 문명에서 철저히 격리된 사람들 *ab humanitatis cultu remotiores* 가운데서 발견할 가능성이 크다. 하지만 사실 (어떤 이교도가 말한 것처럼) 하나님이 존재한다는 일반적인 믿음을 지니지 못할 정도로 야만적인 민족이나 미개한 사람은 없다.……세상이 시작된 이후로 종교 없이 유지된 나라나 도시, 가정은 없었으며, 이 사실은 모든 사람의 마음속에 하나님에 대한 인식이 각인되어 있다는 것을 말해 준다.……

하늘과 땅에는 하나님의 놀라운 지혜를 선포하는 증거가 셀 수 없이 많다. 천문학과 의학과 온갖 자연과학 *tota physica scientia* 을 이용해 자세히 살펴야 할 비밀스러운 일들이 있는가 하면, 또 가장 어리석고 무지한 사람들이라도 분명히 알아볼 수 있어서 그들이 눈 뜨고 있는 이상 부인할 수 없는 것들도 있다.

논평

칼뱅은 흔히 자연신학을 반대한 사람으로 알려져 있다. 하지만 칼뱅의 글을 직접 읽고 그가 자연적인 하나님 지식 문제에 대해 생각한 것을 바르게 파악하는 것이 중요하다. 20세기의 많은 신학자들은 칼 바르트의『교회 교의학』에서 역사를 다룬 항목들을 근거로 삼아 칼뱅을 이해한다. 그 항목들에서는 칼뱅을 일관되게 자연신학에 적대적인 모습으로 그리고 있다. 사실 이것은 심각한 오해라고 할 수 있다. 유감스럽게도 칼뱅에 대한 이런 오해를 많은 사람들이 그대로 받아들였다. 따라서 그 주제에 관한 칼뱅 자신의 견해를 살펴보는 일이 중요하다.

생각해 볼 물음들

❶ 칼뱅은 하나님에 대한 자연적 지식을 인간 정신 속에 심어진 지식과 자연 세계를 살펴서 얻을 수 있는 지식으로 구분한다. 이 구분의 요점은 무엇인가?

❷ 칼뱅에 따르면, 하나님에 대한 자연적 지식은 어떤 목적에 유용하게 사용되는가?

❸ 칼뱅이 특히 "천문학과 의학과 온갖 자연과학"의 역할을 어떻게 긍정적으로 평가하는지를 살펴보라. 칼뱅이 지녔던 큰 권위에 비추어 볼 때, 이런 특성이 그 시대, 특히 그의 저술의 영향권 아래 있던 유럽 지역에서 자연과학이 발전하는 과정에 어떤 영향을 끼쳤을 것으로 생각하는가?

2.18 ▼ 장 칼뱅

: 구약과 신약의 관계

마틴 루터는 '율법'과 '복음'을 철저히 구분해야 한다고 주장했다. 구약도

'복음'을 담고 있고 '신약'에도 '율법'이 들어 있다고 인정하지만, 루터가 일반적으로 펼친 주장은 구약이 신약과 전혀 다른 범주에 속한다는 것이었다. 이와 달리 장 칼뱅1509-1564은 구약과 신약의 연속성을 주장한다. 신구약 성경은 본질상 동일하며, 차이점은 주로 그 실행이나 설명과 관련된다. 아래의 중요한 글에서 칼뱅은 그러한 차이점 세 가지를 제시한다2.3, 2.4, 2.6, 2.8, 2.9, 2.11, 2.12, 2.13, 2.14, 2.24, 2.42 참조.

본문

그런데 위에서 살펴본 사실로부터 우리는 세상이 시작한 이래로 하나님께서 자신의 백성으로 받아들인 모든 사람이 지금 우리 가운데서 실행되는 것과 동일한 율법과 교리를 통해 하나님과 언약을 맺고 있다*foederatos*는 사실을 알 수 있다.……모든 족장들과 맺었던 언약은 그 내용과 본질의 양면에서 지금 우리와 맺은 언약과 아주 비슷한 까닭에, 사실상 동일한 것이라고 볼 수 있다. 차이점이 있다면, 그 언약의 실행과 관련된다.……첫째, 유대인들 앞에 제시되었고 그들이 추구해야 했던 목표는 물질적 번영이나 행복이 아니라, 영원한 생명에 대한 소망이었다고 말할 수 있다. 이러한 선택에 대한 믿음은 신탁과 율법과 예언자들을 통해 그들에게 확실히 제시되었다. 둘째, 그들을 주님께 속하게 해준 언약*foedus*은 그들의 공로 때문이 아니라, 오직 그들을 부르신 하나님의 자비에 근거한 것이다. 셋째, 그들은 중보자이신 그리스도를 알고 소유했으며, 그리스도를 통해 하나님과 연합하고 그분의 약속 안에서 유익을 누리게 되었다.

논평

칼뱅의 이러한 기본 견해는 아우구스티누스가 제시한 견해2.8 참조를 확대한 것으로 볼 수 있다. 칼뱅의 견해는 구약과 신약이 전혀 관계가 없는 작품이라는 결론을 피하면서도 두 책이 독특한—따라서 서로 다른—특성을 지닌다는 점을 바르게 평가할 수 있게 해준다.

생각해 볼 물음들

❶ 칼뱅이 말하는 구약과 신약의 근본적 차이점은 무엇인가?

❷ 칼뱅은 어떤 방식으로 신구약 성경의 연속성과 각 책의 독특성을 동시에 확보하는가?

2.19 ▼

트리엔트 공의회

: 성경과 전통

로마 가톨릭교회는 종교개혁에 맞서 트리엔트 공의회1545-1563를 열어 확고하게 대응했다. 공의회에서 다룬 의제 가운데 하나는 전통과 성경의 관계 문제였다. 트리엔트 공의회에서는 성경의 권위와 해석의 문제와 관련해 프로테스탄트가 보인 무책임한 태도를 지적하고 강하게 반대했다. 1546년 4월 8일 논의를 마친 공의회 제4차 회기에서 프로테스탄트의 견해에 대해 다음과 같이 확증했다.

❶ 성경을 계시의 유일한 원천으로 볼 수 없다. 전통도 없어서는 안 될 보조 자료인데, 프로테스탄트는 이 사실을 무책임하게 부정했다.

❷ 트리엔트 공의회는 프로테스탄트가 제시한 정경 목록에 결함이 있다고 판정하고, 권위 있는 것으로 인정한 온전한 성경 목록을 발표했다. 이 목록에는 프로테스탄트 학자들이 정경성을 인정하지 않는 외경들이 포함된다.

❸ 불가타역을 권위 있고 신뢰할 수 있는 성경으로 확증한다.

❹ 트리엔트 공의회는 프로테스탄트 해석자들의 자유분방한 개인주의에 맞서 성경을 해석할 수 있는 교회의 권위를 옹호한다.

아래에 인용한 본문—위의 네 가지 논점 가운데 첫째 논점을 다룬다—은 트리엔트 공의회에서 성경과 전통의 관계를 다룬 글에서 가져왔다. 이 본문은 성경과 전통이 모두 계시의 원천으로서 중요하다는 점을 분명히 인정하며, 불가타역 성경이 신학 성찰의 토대로서 우선권을 가진다는 점을 재차 확인한다2.2, 2.5, 2.7, 2.10, 2.27, 2.30, 2.31, 2.46 참조.

본문

이 진리와 규범은 글로 기록된 책들과 기록되지 않은 전통들 속에 들어 있다*in libris scriptis et sine scripto traditionibus*. 전통들은 사도들이 그리스도로부터 또는 사도들로부터 받아 성령의 지시에 따라 손에서 손으로 전달함으로써 우리에게 전해진 것이다. 정통 교부들의 모범을 따라 [교회는] 구약과 신약이 모두 하나님께서 지으신 것임을 알기에, 이 두 책을 똑같은 애정과 존경의 마음으로 받아들이고 귀하게 여긴다. 이와 마찬가지로 구전 전통도 신앙에 관한 것이든 도덕에 관한 것이든 그리스도께서 친히 또는 성령께서 명하신 것이고 계승을 통해 가톨릭교회 안에 보존되어 온 것이기에, 역시 애정과 존경의 마음으로 받아들이고 귀하게 여긴다.……

라틴어로 기록되고 오랜 세월에 걸쳐 사용되어온 고전 불가타 성경은 교회가 공인한 것으로, 공개 강연이나 토론, 설교, 주석을 행할 때 참된 것으로 지켜져야 하며, 그 누구도 어떤 상황에서든 이 성경을 함부로 부정하려고 해서는 안 된다.

논평

트리엔트 공의회에서 채택한 이 견해는 최근에 『가톨릭교회 교리서』가 분명히 밝히고 있듯이2.49, 로마 가톨릭교회에게 여전히 중요하다. 따라서 이 선언은 그 중요성을 온전히 평가받아 주요 신학적 지표로 인정된 것으로 보아야 한다. 불가타역 성경의 우위성을 강조하는 일은 가톨릭 성경 학계를 곤란하게 해온 문제로 알려져 있다. 최근에 와서2.40 가톨릭교회는 불가타 역본을 당시 최고의 성경 번역본으로 여기는 경향을 보이며, 성경 본문에 대한 원어 연구의 중요성을 다시 인정했다.

생각해 볼 물음들

❶ 트리엔트 공의회가 성경과 전통의 관계를 설명하면서 '계승'의 중요성을 강조한 이유는 무엇인가? 이것은 가톨릭교회가 프로테스탄트 교회를 비판하는 데 어떤 도움을 주었는가?

❷ 트리엔트 공의회는 성경과 전통을 어떻게 구분하는가? 트리엔트 공의회의 일부 해석자들은 성경은 '기록된 전통'이요 전통은 '기록되지 않은 전통'이라고 볼 수 있다고 제안했다. 이 제안이 어느 정도 도움이 되는가?

❸ 트리엔트 공의회는 교회가 성경과 전통을 "똑같은 애정과 존경의 마음으로 받아들이고 귀하게 여긴다"고 말하는데, 그 의미는 무엇인가?

「갈리아 신앙고백」: 성경의 정경성

2.20 ▼

1559년 프랑스어로 작성된 이 신앙고백은 프로테스탄트 특유의 정경 이해를 분명하게 보여준다. 각 책의 이름을 어떻게 부르는지 그리고 별칭이 있는 경우(예를 들어 잠언과 계시록) 그것이 무엇인지 주의 깊게 살펴보라. 히브리서를 사도 바울의 저작으로 보지 않고 독립적인 문헌으로 다루는 것에도 주목하라. 이어서 성경의 권위를 주장하는데, 이 권위는 교회에서 부여하는 것이 아니라, 본래 성경에 속한 것이라는 점을 분명히 밝힌다 2.1, 2.2, 2.5, 2.7, 2.9, 2.18 참조.

본문

3. 성경 전체는 다음과 같이 정경에 속하는 구약과 신약의 책들로 이루어진다. 모세오경인 창세기, 출애굽기, 레위기, 민수기, 신명기. 그다음에 여호수아, 사사기, 룻기, 사무엘상하, 열왕기상하, 역대기상하(파랄리포메논Paralipomenon이라고 부르기도 한다), 에스라. 그다음에 느헤미야, 에스더, 욥기, 시편, 잠언(또는 솔로몬의 격언), 전도서, 아가. 그다음에 이사야, 예레미야, 예레미야애가, 에스겔, 다니엘, 호세아, 요엘, 아모스, 오바댜, 요나, 미가, 나훔, 하박국, 스바냐, 학개, 스가랴, 말라기. 그다음에 마태복음, 마가복음, 누가복음, 요한복음이 오며, 이어서 사도행전으로도 불리는 누가의 둘째 책. 이어서 사도 바울의 서신인 로마서, 고린도전후서, 갈라디아서, 에베소서, 빌립보서, 골로새서, 데살로니가전후서, 디모데전후서, 디도서, 빌레몬서. 그다음에 히브리서, 야고보서, 베드로전후서, 요한일이삼서, 유다서이며. 마지막으로 요한계시록(또는 묵시록)이다.
4. 이 책들이 정경에 속하며 신앙의 확고한 규범이 되는 것을 우리가 아는 까닭은 교회의 일반적인 합의나 동의 때문이 아니라, 성령의 증거와 내적 설득 때문이다*par les tesmoignage et interieure persuasion du sainct esprit*. 성령은 우리가 교회의 다른 책들, 곧 아무리 유용하다 해도 신앙의 조항으로 삼을 수 없는 책들과 정경을 구분할 수 있게 해준다.
5. 우리는 성경 안에 담긴 말씀이 하나님에게서 온 것이요, 그 말씀의 권위는 인간에게서 비롯된 것이 아니라 오직 하나님께서 허락하신 것임을 믿는다. 말씀은 모든 진리의 척도가 되며, 하나님을 섬기는 일과 우리의 구원에 필요한 모든 것을 담고 있는 까닭에, 사람이나 심지어 천사라도 거기에 다른 것을 더하거나 빼거나 바꾸는 일은 온당하지 않다. 따라서

고전이나 관습, 숫자, 인간의 지혜, 심판, 선포, 칙령, 포고, 회의, 환상, 기적 등 그 어떤 것의 권위로도 성경과 맞설 수 없으며, 오히려 그 모든 것이 성경을 통해 검토되고 규정되고 개혁되어야 한다는 결론이 나온다. 우리는 사도신경과 니케아 신조와 아타나우시스 신조라는 세 가지 신조를 통해 믿음을 고백하는데, 그 신조들이 하나님의 말씀과 일치하기 때문이다.

논평

이 글에서는 각 부분이 공포하는 내용의 독특성을 파악하는 것이 중요하다. 「갈리아 신앙고백」은 비슷한 유형에 속하는 프로테스탄트 문서와 마찬가지로, 확실하게 정경에 속하는 성경 목록을 제시하여 독자들을 돕는다. 「갈리아 신앙고백」은 삶과 사상의 문제에서 성경이 최고 권위를 지닌다고 주장하며, 이 권위는 다른 곳에서 온 것이 아니라 본래적인 것이라고 말한다. 다시 말해 성경이 권위 있는 까닭은 교회의 권위가 성경에 권위가 있음을 인정했기 때문이 아니라, 성경의 영감받은 특성으로 인해 이미 그 자체 내에 권위를 지니고 있기 때문이다.

생각해 볼 물음들

❶ 「갈리아 신앙고백」은 어떤 근거로 위에서 언급한 책들이 정경에 속한다고 주장하는가? 이와 대비되는 견해로는 어떤 것이 있으며, 갈리아 신앙고백은 그에 대해 어떻게 답하는가?

❷ 「갈리아 신앙고백」은 신조들에 어떤 역할을 부여하는가? 이 신조들은 어떤 식으로 성경과 관련된다고 보는가?

2.21 ▼

「벨직 신앙고백」
: 자연의 책

칼뱅이 하나님에 대한 자연적인 지식을 강하게 주장한 것 2.17 참조 은 개혁주의 전통 안에서 자연신학 개념이 발달하는 데 중요한 자극제가 되었다. 그래서 「갈리아 신앙고백」1559 2.20 참조 에서는 인간을 향한 하나님의 계시가 두 가지 모양으로 나타난다고 주장했다. 첫째, 하나님께서 지으신 작품들을 통해, 곧 그것들을 창조하고 보존하고 다스리는 일을 통해 계시하셨다. 둘째, 하나님의 말씀을 통해 훨씬 더 명료하게 계시하셨다. 말씀은 처음에 여러 통로로 직접 계시되었으며, 그후 우리가 성경이라고 부르는 책들 속에 기록되었다.

이와 유사한 생각이 「벨직 신앙고백」1561 에도 표현된다. 이 신앙고백에서는 「갈리아 신앙고백」에 들어 있는 자연신학에 관한 간략한 언급을 확대했다. 이 신앙고백에서도 하나님에 대한 지식을 성경과 자연이라는 두 가지 통로를 통해 얻을 수 있다고 주장한다. 이 신앙고백이 분명히 밝히는 두 가지 주제는 다음과 같이 요약할 수 있다.

❶ 하나님을 아는 방식에는 두 가지가 있다. 하나는 자연 질서를 통해 아는 지식이며, 다른 하나는 성경을 통해 아는 지식이다.
❷ 두 번째 방식이 첫 번째 방식에 비해 훨씬 더 분명하고 완전하다.

아래에 인용한 글에서 우리는 「벨직 신앙고백」의 둘째 조항이 이 쟁점에 대해 가르치는 내용을 살펴본다. 이 신앙고백은 1561년에 귀도 드 브레 Guido de Brès 가 작성한 것으로 전체 이름은 "왈론과 플라망의 개혁주의 교회 신앙고백" *The Confession of Faith of the Reformed Walloon and Flemish Churches* 이다. 이 문헌은 여러 가지 점에서 앞서 나온 「갈리아 신앙고백」을 근거로 삼고 있음이 분명하며, 그 개념들을 여러 조항에서 확대한 것으로 볼 수 있다 2.17,

2.26, 2.28, 2.33, 2.50 참조.

본문

우리는 [하나님을] 두 가지 방식으로 안다. 첫째, 우주의 창조와 그 보전과 다스림을 통해 알게 된다. 우주는 우리 눈앞에 펼쳐진 가장 아름다운 책이며, 그 안에 있는 크고 작은 모든 피조물은 마치 수많은 부호처럼 우리를 이끌어 사도 바울이 말한 바 "하나님의 보이지 않는 속성, 곧 그분의 영원하신 능력과 신성"(롬 1:20)을 바라보게 만든다. 그 모든 것은 사람들을 확신에 이르도록 이끌기에 족하며, 따라서 누구도 변명할 수 없게 된다. 둘째, 하나님은 그의 거룩하고 신성한 말씀으로 더욱 분명하고 온전하게 그분 자신을 알려 주신다. 그렇게 함으로써 우리가 이 세상의 삶에서 그분의 영광과 우리의 구원에 관해 꼭 알아야 할 것들을 알려 주신다.

논평

이 간략한 고백문은 저지대 국가들에서 생물학과 자연과학이 발달하는 데 상당히 중요한 기여를 한 것으로 확인되었다. 현미경의 발달은 자연이라는 '작은 책'을 보다 더 자세하게 살펴보고, 나아가 창조 세계에 나타난 하나님의 지혜를 폭넓게 파악하려는 노력의 결실로 볼 수 있다.

생각해 볼 물음들

❶ 「벨직 신앙고백」은 어떤 식으로 두 종류의 책을 구분하는가? 두 책의 유사점과 차이점은 무엇인가?

❷ 로마서 1:20은 「벨직 신앙고백」에서 제시하는 견해에 대한 증거 본문으로서 어느 정도 중요한가?

❸ 「벨직 신앙고백」에 비추어 볼 때, 자연을 연구하는 일은 성경 연구를 불필요한 것으로 만드는가?

2.22 ▼

멜키오르 카노

: 성경 해석자인 교회

16세기에 성경을 해석하는 일에서 교회 제도가 담당하는 역할과 관련해 커다란 견해차가 제기되었다. 프로테스탄트 교회에 맞서 스페인의 도미니크회 신학자인 멜키오르 카노Melchior Cano, 1509-1560는 성경 해석을 위한 여덟 가지 원칙을 제시하며, 교회의 역할을 크게 강조했다. 1563년에 출간된 카노의 책 『신학의 여러 주제에 대하여』*On Theological Topics*에서는 많은 분량을 할애하여 이 쟁점을 다룬다. 아래의 글은 그가 제시한 여덟 가지 논점을 그의 말 그대로 축약해 인용한 것이다. 카노는 성경의 모호함을 분명하게 밝힌 후에, 그 사실이 성경 해석에 어떤 함의를 지니는지 고찰한다2.2, 2.5, 2.7, 2.10, 2.19, 2.27, 2.30, 2.31, 2.46 참조.

본문

1. 성경의 의미가 모호할 경우, 교회가 결정하는 것이 참된 의미가 된다.……
2. '교회'라는 용어*nomen*는 모든 신자의 모임뿐만 아니라, 교회의 사제와 교사들, 특히 그들이 공의회로 함께 모이는 모임을 가리키는 말이다.……
3. 교황 성청Apostolic See이 성경의 의미를 규정할 경우, 그것을 보편적 진리로 받아들여야 한다.……
4. 널리 인정받고 모든 성인들이 받아들이는 성경 이해는 보편적 진리

다.……

5. 사도 전승으로 전해진 특별한 성경 해석을 교회가 일반적인 관례로 받아들인다면, 그것을 신앙의 진리로 인정해야 한다.……
6. 어떤 가르침이 성경 안에서 명확하거나 모호하게 언급되지 않았다고 해도, 그 가르침을 교회나 교황의 권위로 열린 공의회에서 신앙의 교의로 주장해 왔거나 모든 성인이 확실한 것으로 변함없이 꾸준히 주장해 왔다면, 우리는 그 가르침을 보편적 진리로 인정하고 그와 반대되는 가르침은 이단적인 것으로 배척해야 한다.……
7. 교회, 공의회, 교황 성청, 나아가 성인들까지 한뜻으로 신학적 결론을 도출하고 한목소리로 신자들에게 가르친다면, 그것을 보편적 진리로 받아들여야 한다. 그것을 그리스도께서 직접 계시하신 것처럼 여겨야 하며, 부정하는 사람은 성경이나 사도 전승을 부인하는 이단처럼 다루어야 한다.……
8. 모든 스콜라 신학자가 한목소리로 똑같이 견고하고 확실한 결론을 내리고 그것을 신자들이 따라야 할 확실한 진리로 꾸준히 가르쳐 왔다면, 그것을 당연히 보편적 진리로 받아들여야 한다.

논평

카노가 교회의 역할을 분석한 이 글에서 우리는, 프로테스탄트 종교개혁의 여파로 많은 논쟁이 벌어지던 상황에서 성경 해석과 관련된 여러 권위들 사이의 관계를 밝히는 일이 점차 중요해졌다는 사실을 확인할 수 있다. 카노가 교황과 공의회, 스콜라 신학자들, “성인들”의 권위를 어떻게 구분하는지를 주의해 살펴보라. 문맥상 카노가 “성인들”이라는 말을 교부 저술가들을 가리키는 말로 사용한다는 것을 알 수 있다. 그가 제시한 여덟 가지 성경 해석 원리는 교회 제도에 성경을 해석하는 결정적인 지위를 부여하면서도 어떤 쟁점들은 미해결로 남겨 둔다. 그 대표적인 예로 교부들의 증언이 상충하거나 서로 모순되는 경우에 어떻게 처리할 것인지의 문제를 들 수 있다.

생각해 볼 물음들

❶ 여러분은 카노가 교회가 성경 해석자로서 맡는 역할을 왜 그렇게 강조한다고 생각하는가?

❷ 카노의 이론에는 신자들의 모임인 교회가 성경보다 더 오래되었다고 보는 그의 중요한 확신이 담겨 있다. 교회의 역사를 살펴보면, 교회는 일정 기간 성경 없이 존재했다. 이 사실이 담고 있는 신학적 함의는 무엇인가?

❸ 어떤 점에서 카노의 견해는 레랭의 빈켄티우스가 제시한 이론2.10을 발전시킨 것으로 볼 수 있는가?

2.23 ▼

일치 신조
: 성경과 신학자들

루터파의 일치 신조*Formula of Concord*, 1577는 1537-1577년 사이에 루터교회 안에서 일어난 여러 가지 주요 논쟁을 거치며 형성되었다. 중요하게 다루어진 쟁점 가운데 하나는 루터파 운동 내에서 루터와 그 뒤를 이은 필립 멜란히톤과 같은 인물들의 신학적 권위 문제였다. 이 신조는 루터교회가 개인 신학자들이 아니라 성경을 기초로 해서 세워졌다는 점을 확실히 밝히기 위해 작성되었으며, 모든 신학자의 의견은 제아무리 탁월하다고 해도 성경에 비추어 검증되어야 한다고 주장했다1.5, 1.6, 2.2, 2.5, 2.7, 2.10, 2.19, 2.21 참조.

본문

우리는 모든 가르침*dogmata*과 교사들을 판단하고 평가하는 오직 하나의 규칙과 규범이 있고, 이것이 바로 구약과 신약의 예언 문서와 사도적 문서들이라는 사실을 믿고 고백하며 가르친다……그 외의 다른 문서들은 선조들의 것이든 최근 신학자들의 것이든 또 그 이름이 무엇이든, 성경과 동등한 지위를 지니는 것으로 볼 수 없다. 이 모든 문서는 성경에 종속되는 것이라고 보아야 하며, 사도 시대 이후로 세계 여러 곳에서 예언자들과 사도들의 가르침이 보존되어 온 방식을 증언하는 것으로 보아야 한다……언제나 성경은 모든 교리를 이해하고 판단하는 유일한 잣대요 규칙과 규범이 되며, 그것을 기준으로 교리들이 옳은지 그른지, 참인지 거짓인지를 구분하게 된다. 다른 신조들*symbola*과 문헌들은……성경처럼 심판자의 권위를 지니지 못하며, 다만 우리의 종교가 어떻게 [성경을] 설명하고 제시했는지를 증언하는 증인일 뿐이다.

논평

그 당시 루터파 안에서 강하게 다투었던 쟁점 가운데 하나는 마틴 루터—여러 가지 면에서 루터교의 설립자다—의 가르침이 최고 권위를 지니는지의 문제였다. 이 글에서는 당시 저술가들을 포함해 여러 사람들의 저술이 탁월하고 유익한 많은 내용을 가르친다고 해도, 성경만이 최고 권위를 지닌다는 답을 제시했다. 이 이론은 루터파가 루터의 개념들을 융통성 없이 반복하는 일에 빠지지 않도록 막아 주었으며, 신학자들을 이끌어 계속 성경과 직접 씨름하도록 길을 열어 주었다. 결국 루터는 루터교 신학에서 가르치는magisterial 권위를 지니는 것이 아니라, 행정상 역할을 담당하는 것으로 의견이 정리되었다. 루터의 이름이 직접 거명되지 않는다는 점에 주목할 필요가 있다. 이것은 예민한 사안이며, 신중히 역학 관계를 고려해 취해진 조처였다.

생각해 볼 물음들

❶ 이 문헌은 성경의 최고 권위를 어떤 방식으로 확증하는가?

❷ "그 외의 다른 문서들은 선조들의 것이든 최근 신학자들의 것이든 또 그 이름이 무엇이든, 성경과 동등한 지위를 지니는 것으로 볼 수 없다." 이 특별한 문장의 행간에 담긴 의미를 여러분은 어떻게 이해하는가?

2.24 ▼

로베르토 벨라르미노

: 개신교의 성경 해석

프로테스탄트 종교개혁으로 성경을 해석할 권리가 누구에게 있느냐는 문제가 발생했다. 종교개혁에 가장 체계적으로 대응했던 비평가 중 한 사람인 로베르토 벨라르미노Robert Bellarmine, 1542-1621는 이 문제에 대한 개신교의 응답이 성경 해석을 개인의 사사로운 판단 문제로 만들어 버렸다고 주장했다. 그는 1581-1593년에 라틴어로 저술한 『이 시대의 이단들에 대한 기독교 신앙 논쟁 강의』*Disputations Concerning the Controversies of the Christian Faith*에서 성경은 대체로 모호하며, 따라서 신실한 해석자인 교회를 필요로 한다고 주장했다2.2, 2.5, 2.7, 2.10, 2.19, 2.27, 2.30, 2.31, 2.46 참조.

본문

성경은 모호해서 해석을 필요로 하며, 그런 까닭에 또 다른 문제가 발생한다. 말하자면 이렇게 성경을 해석하는 일을 가시적이고 공적인 단일 심판관의 손에 맡겨야 하느냐 아니면 개개인의 판단에 맡겨야 하느냐의 문제이다. 이것은 극히 엄중한 문제로, 여기서 온갖 논쟁이 생겨난다.……

우리와 맞서는 [개신교] 사람들도 성경이 기록되도록 주도하신 영, 곧 성령 안에서 성경을 해석해야 한다고 주장한다는 점에서는 우리와 의견을 같이한다. 이 점과 관련해 사도 베드로는 베드로후서 1장에서 "아무도 성경의 모든 예언을 제멋대로 해석해서는 안 됩니다. 예언은 언제든지 사람의 뜻에서 나온 것이 아니라, 사람들이 성령에 이끌려서 하나님께로부터 오는 말씀을 받아서 한 것입니다"라고 말했다. 여기서 베드로는 개인이 마음대로 성경을 해석할 것이 아니라 성령을 따라 해석해야 한다고 말하며, 그 근거로 성경이 인간의 생각이 아니라 성령의 영감으로 기록되었다는 점을 제시한다.

따라서 전체 문제는 이렇게 정리할 수 있다. 그 성령을 어디서 찾을 수 있는가? 우리는 성령을 개인에게서는 보기 힘들고, 교회 안에서 가장 확실하게 만날 수 있다고 주장한다. 다시 말해 전체 교회의 최고 목자께서 세우신 주교들의 회의 안에서, 또는 기타 사제들의 회의 속에 계신 최고 목자 안에서 만날 수 있다.……우리는 일반적으로 교회가 성경의 참 의미와 그와 관련된 모든 논쟁의 심판관이 된다고 주장한다. 다시 말해 트리엔트 공의회의 넷째 회기에서 명백하게 밝힌 것처럼, 모든 가톨릭교도에게 인정받고 공의회를 이끄는 최고 주교가 그 심판관이 된다.

하지만 오늘날 이단자들은 성경을 해석해 주시는 성령이 주교들의 모임이나 다른 사람들 속에서 발견되지 않는다고 주장한다. 따라서 각 개인이 해석의 은사를 지닌 사람이라면 자기 자신의 영을 따르거나 아니면 그런 은사를 지녔다고 여겨지는 사람의 권위를 따름으로써, 스스로 심판관이 되어야 한다. 마틴 루터는 「나는 그 조항 전체를 옹호한다」*Assertio omnium Articulorum*라는 글의 서문에서, 각 사람이 성경을 읽을 때 성령이 그들에게 임한다고 가르친다.……장 칼뱅은 『기독교 강요』에서 성경의 정의와 특히 거룩한 공의회의 정의를 엄밀히 해석할 것을 주장한다. 하지만 곧이어 그는 교부뿐만 아니라 공의회와도 연관된 신앙의 문제를 다루는 일에서 각 개인을 심판관으로 만들어 버린다*proinde privates homines iudices facit in caussa fidei*. 그는 교회의 공적인 판단에 거의 아무것도 맡기지 않는다.

논평

벨라르미노는 16세기 말과 17세기 초에 가톨릭교회를 옹호한 변증가로서 큰 성공을 거두고 이름을 날린 사람에 속한다. 위의 본문은 종교개혁으로

야기된 논쟁들을 집중적으로 다룬 그의 책 『신앙 논쟁 강의』에서 인용했다. 이 글에서는 성경을 어떻게 해석해야 하는지의 문제를 다룬다. 벨라르미노가 주장하는 요점은 개신교가 개인 신자들을 성경의 의미에 대한 심판관으로 만들어 버렸으며, 교회의 공동체적 판단을 위한 실질적인 자리를 전혀 남겨놓지 않았다는 것이다. 마틴 루터에 대해 언급한 내용은 루터가 자신의 초기 주장들을 옹호하고자 1520년에 「나는 그 조항 전체를 옹호한다」 I Assert All of the Articles 라는 제목으로 출간한 글과 관계가 있다. 벨라르미노가 지적한 칼뱅의 글은 1559년판 『기독교 강요』의 IV.ix.8, 12-13이다. "최고 목자"와 "최고 주교"가 교황을 가리키는 용어라는 점에 주목하라.

생각해 볼 물음들

❶ 벨라르미노는 멜키오르 카노의 견해2.22를 그대로 따르고 있다. 벨라르미노가 교회의 역할을 매우 강조하는 이유는 무엇인가?

❷ 어떤 면에서 벨라르미노의 주장은 트리엔트 공의회의 가르침2.19을 확대한 것이라고 볼 수 있는가?

❸ 벨라르미노의 가장 근본적인 비판은, 모호할 수밖에 없는 성경의 의미를 확정짓는 데 필요한 적절한 공동체적 수단이 개신교에는 없다는 점이다. 이 주장에 대해 여러분은 어떻게 평가하는가?

2.25 ▼

킹 제임스 성경 번역자들

: 성경의 번역

1604년 영국 국왕 제임스 1세는 성경 전체를 새롭게 영어로 번역해 제작하는 일을 재가했다. 번역 작업은 복잡했고, 여섯 개의 번역자 그룹이 참여해서 여러 해에 걸쳐 웨스트민스터, 옥스퍼드, 케임브리지에서 작업했다. 각 집단은 외경을 포함한 성경의 특정 부분을 번역하도록 할당받았다. 최종 결과는 1611년에 출간되어 가장 영향력 있는 영어 성경 번역으로 자리 잡았으며, 영문학과 신앙생활과 예배에 막대한 영향을 끼치게 되었다. 킹 제임스 번역본의 초판에는 "지극히 높고 강하신 제임스 왕"에게 헌정하는 글과 "번역자들이 독자들에게"라는 이름의 긴 서문이 포함되었다. 뒤의 서문은 49명으로 이루어진 전체 번역자들을 대표해서 마일즈 스미스가 썼으며, 현대에 간행된 판본들에서는 대체로 생략되었다. 글의 분량과 장황함을 고려할 때 생략한 것도 이해는 되지만, 독자들은 성경을 토착어로 번역하는 작업을 옹호한 흥미로운 원리와 킹 제임스 번역본의 특성에 대해 알 수 있는 기회를 잃어버렸다. 아래 인용한 글에서 우리는 킹 제임스 번역자들이 성경을 현대 영어로 펴내며 그 작업을 옹호하는 내용을 살펴본다. 본문은 현대어로 바꾸지 않고, 원래 형태대로 제시한다2.6, 2.8, 2.16 참조.

본문

성경이 참으로 풍성하고 완벽하다는 사실이 이처럼 인정되었는데도 우리가 성경으로 만족하지 않거나 갈망하는 마음으로 성경을 연구하지 않는다면, 우리의 게으름을 그 무슨 말로 변명할 수 있겠습니까? 사람들이 크게 칭송하는 것들이 있습니다. 무화과, 빵, 꿀단지, 기름 등을 가득 늘어놓은 올리브나무 대접을 보고는 달콤하고 맛있는 것들이 얼마나 풍성하게 담겨 있는지 놀라워합니다. '현자의 돌'을 보고는 구리를 금으로 바꾸는 것이라고 칭송합니다. '풍요의 뿔'을 보고는 일용할 양식에 필요한 모든 것이 그 안에 담겨있다고 말합니다. '파나시아' 약초를 보고는 질병에 효험이 있다고 말하고, '카톨리콘' 약재를 보고는 모든 약을 대신한다고 감탄합니다. '불카누스 갑옷'을 보고는 어떤 검과 창이라도 막아낼 수 있다고 놀라워합니다. 그런데 사람들이 육신의 쾌락을 기준 삼아 헛되고 공허하게 이런 것들에서 찾아내는 유익을, 우리는 바르고 온전하게 영적인 유익을 살펴서 성경에서 찾아낼 수 있습니다. 성경은 갑옷에 불과한 것이 아니라 공격과 수비에 합당한 완전한 무장이고, 우리는 성경으로 우리 생명을 지키고 원수들을 물리칩니다. 성경은 약초가 아니라 나무이며, 좀 더 정확히 말해 천국을 가득 채운 생명나무로, 날마다 과실을 맺어 그 열매는 양식이 되고 잎은 약이 됩니다. 성경은 기억만을 위한 것이 아니고, 한두 끼 양식을 담은 만나 항아리나 기름 단지에 불과한 것이 아닙니다. 성경은 아무리 큰 무리라도 충분히 먹일 만큼 풍족하게 하늘에서 쏟아지는 양식이며, 우리의 모든 필요를 채워 주고 빚을 갚을 수 있는 기름 단지로 가득한 창고입니다. 한마디로 말해 성경은 곰팡이 핀 전통에 맞서 온전한 양식을 보관하는 창고요, 독에 오염된 이단들에 맞서 깨끗게 하는 병원이요(바실리우스가 이렇게 말했다), 반역하는 영들에 맞서 유익한 법을 담은 법전이요, 궁핍한 형편에 맞서 값진 보석으로 가득한 보고이며, 마지막으로 영원한 생명을 공급하는 극히 순결한 물을 쏟아내는 샘입니다. 또 놀라운 일은 무엇일까요? 성경 원본은 이 땅이 아니라 하늘에 속합니다. 성경의 입안자는 인간이 아니라 하나님이십니다. 성경의 저자는 지혜로운 사도나 예언자들이 아니라 성령이십니다. 성경 기록자들은 모태에서부터 구별되었고, 하나님의 영을 충분히 받은 사람들입니다. 그 재료는 진리, 경건, 순결, 의로움이며, 그 형태는 하나님의 말씀, 하나님의 계명, 하나님의 계시, 진리의 말씀, 구원의 말씀입니다. 그 효력은 명철, 확고한 설득, 사망의 일에서 돌이킴, 새로운 삶, 경건, 평화, 성령 안에서 누리는 기쁨입니다. 마지막으로 성경 연구의 목적과 보상은 성도들과 나누는 교제, 천상 세계에 참여하는 일, 영원하고 더럽지 않고 결코 사라지지 않는 유산을 누리는 일입니다. 복 있는 사람은 성경을 기뻐하며, 더할 나위 없이 복된 사람은 밤낮으로 성경을 묵상합니다.

그런데 사람이 성경을 이해할 수 없다면 어떻게 성경을 묵상할 수 있겠습니까? 알 수 없는 언어로 막혀 있는 것을 어떻게 이해할 수 있습니까? 성경은 이렇게 말합니다. "내가 그 말의 뜻을 알지 못하면, 나는 그 말을 하는 사람에게 딴 세상 사람이 되고, 그도 나에게 딴 세상 사람이 될 것입니다"(고전 14:11). 사도 바울은 어떤 언어도 배척하지 않았습니다. 가장 오래

된 히브리어도 방대한 헬라어도 세밀한 라틴어도 마찬가지입니다. 우리는 이해하지 못하는 언어에 휩싸여 있을 때, 본능적으로 완전히 귀머거리라고 느끼게 됩니다. 그 언어들에 귀를 기울일 수도 없고, 아무것도 들을 수 없습니다. 스키타이 사람들은 아테네 사람의 말을 알아들을 수 없자 그들을 야만인으로 여겼습니다. 로마 사람도 시리아 사람과 유대인들을 그렇게 여겼습니다(히에로니무스조차도 히브리어를 야만적이라고 말했는데, 그 언어가 많은 사람에게 낯설었기 때문입니다). 콘스탄티노플의 황제도 라틴어를 야만적이라고 불렀습니다. 당연히 니콜라우스 교황은 이 일에 크게 분노했습니다. 이처럼 예수께서 태어나시기 오래 전에 유대인들은 다른 모든 나라들을 '로그나짐'Lognazim이라고 불렀는데, 이 말은 야만적이라는 말과 거의 같은 뜻입니다. 그러므로 어떤 사람이 로마 원로원에는 언제나 통역자로 세움받은 사람이 한두 명 있었다고 지적했듯이, 교회도 이와 비슷하게 급박한 처지에 몰리지 않도록 번역본들을 준비해 둘 필요가 있습니다. 번역, 그것은 창문을 활짝 열어 빛을 받아들이는 일이요, 껍질을 깨뜨려 알맹이를 먹을 수 있게 하는 일이며, 휘장을 제쳐 지성소를 들여다보게 하는 일입니다. 번역은 마치 야곱이 우물 아귀의 돌을 굴려내어 라반의 양 떼에게 물을 먹인 일처럼(창 29:10) 우물 뚜껑을 열어 사람들에게 물을 공급하는 일입니다. 정말이지 일반 대중의 언어로 번역된 성경이 없다면, 배우지 못한 사람들은 양동이나 물을 길을 도구 없이 야곱의 깊은 우물(요 4:11)곁에 선 자녀들과 같을 것입니다. 아니면 이사야가 말한 대로 어떤 사람에게 밀봉된 책을 내밀며 "이것을 좀 읽어 주시오"라고 청해도 그에게서 "두루마리가 밀봉되어 있어서 못 읽겠소"(사 29:11)라는 대답을 듣는 일과 같을 것입니다.

논평

이 긴 서문에서는 성경을 새롭게 영어로 번역해 펴내는 이유에 대해 설명한다. 그러면서 그때 진행하던 특별한 성경 번역뿐만 아니라, 일반적인 번역 과정에도 적용되는 이론적 근거를 제시한다. 이 성경 번역본은 현대 독자들에게는 상당히 과장된 듯한 느낌도 주지만, 지적이고 유려한 특성을 지닌다. 위에 인용한 본문에서는 특히 성경 번역의 영적 유익에 대해 다루고 있다.

생각해 볼 물음들

❶ 번역의 중요성을 설명하기 위해 사용한 이미지들에 주목해 보라. 마일즈 스미스는 그 이미지들로부터 독자들이 무엇을 이해하기 바라는가? 특히 우물의 이미지를 사용한 것에 주목해 보라.

❷ 스미스는 영어 성경을 읽고 연구함으로써, 어떤 영적 유익을 얻을 수 있다고 생각했는가?

❸ 스미스가 성경의 "저자"inditer가 성령이라고 말하는 이면에는 성경의 권위에 대한 어떤 이해가 자리 잡고 있는가? 이 고대 단어는 '기록하다', 때로는 그보다 더 발전된 의미로 '받아쓰게 하다'를 뜻하는 프랑스어 *enditer*에서 유래했다.

2.26 ▼

토머스 브라운

: 계시의 두 책

토머스 브라운Sir Thomas Browne, 1605-1682은 윈체스터와 옥스퍼드 대학교에서 교육을 받고 의사로서 훈련을 쌓았다. 유럽 대륙을 두루 여행한 후 그는 노리치에서 의사로 정착했으며, 학자이자 고고학 연구자로서 탁월하고 전문적인 명성을 누렸다. 브라운의 주저는 『의사의 종교』*The Religion of a Physician*인데, 1635년경 출판을 염두에 두지 않고 저술한 것으로 보인다. 하지만 1642년 두 개의 비공식 판본이 공개되었으며, 이 판들에 오류가 있어 브라운은 1643년에 공식 판본을 발행했다. 여기서 특별히 살펴보려고 인용한 항목은 그의 저술 제2권에서 뽑은 것이며, 자연 세계가 '하나님의 목적과 성품을 이해하는 창문이 될 수 있는가'라는 문제를 다룬다2.20, 2.29, 2.33, 2.51 참조.

본문

내가 신성한 지식을 얻는 책이 두 권 있다. 기록된 하나님의 책 외에 또 하나 그분의 종인 자연이라는 책이 있으며, 이 책은 온 우주와 세상에 만인이 볼 수 있도록 펼쳐져 있다. 앞의 책에서 하나님을 볼 수 없었던 사람들은 뒤의 책에서 그분을 만나 왔다. 자연은 이교도들의 성경이요 신학이었다. 그들은 태양의 자연스러운 운동을 보고서, 이스라엘 백성이 태양의 초자연적인 멈춤을 보고 하나님을 찬미했던 것보다 더 크게 하나님을 찬미했다. 자연의 평범한 결과들 앞에서 그들은 하나님의 기적을 맛본 사람들이 터뜨렸던 감탄보다 더 커다란 감탄을 쏟아냈다. 이교도들은 이 신비로운 문자들을 어떻게 읽고 즐겨야 하는지를 우리 그리스도인들보다 훨씬 더 잘 알았다. 그리스도인들은 온 세상에 퍼져 있는 이 그림 문자에 무심한 눈길을 보냈고, 자연의 꽃들로부터 신성한 지식을 흡수하는 일에 게을렀다. 나 역시 자연의 이름을 찬미하며, 그에 못지않게 하나님을 기억한다. 나는 자연을 학교에서 가르친 대로 운동과 정지의 원리라고 정의하지 않고, 고르고 일정한 선으로 규정한다. 다시 말해, 지혜로우신 하나님께서 피조물들의 다양한 특성에 따라 그들의 행동을 규정해 놓으신 고정되고 항구적인 과정이라고 정의한다. 날마다 회전하는 것은 태양의 본성이다. 하나님께서 그 일을 태양의 필연적 과정으로 정해 놓으셨기 때문이다. 태양은 처음에 그것에 운동을 부여하신 분의 말씀의 능력에 의거하지 않고서는 그 과정에서 이탈할 수 없다. 그런데 하나님은 자연의 이런 과정을 좀처럼 바꾸거나 깨뜨리지 않으시며, 오히려 위대한 예술가처럼 자기 작품을 완성시켜 놓으셨다. 그 결과 어떤 새로운 창조도 없이, 처음과 동일한 힘으로, 당신의 극히 오묘한 계획들이 이루어지게 하신다. 그래서 하나님께서는 물에다 나무를 보태 풍요롭게 하시며, 피조물들을 방주로 들여 보존하시는데, 사실 이 일은 하나님의 입김만으로도 쉽사리 하실 수 있는 일이었다. 하나님께서는 능숙한 기하학자처럼 컴퍼스를 한 번 휘둘러 훨씬 쉽게 직선을 그리거나 나눌 수 있으신 데도, 자기 예술 작품에 미리 정해 놓은 원리를 따라 빙 돌아서 더 긴 방법을 이용해 일을 하신다. 하지만 하나님께서 당신의 규칙을 깨뜨리실 때가 있는데, 우리가 오만한 이성을 앞세워 그분의 능력을 의심하거나 하나님은 할 수 없다는 결론을 내리는 일이 없도록 세상에 당신의 권능을 알려 주시려 할 때다. 그래서 나는 자연의 결과들을 하나님의 작품이라고 부르며, 자연은 하나님의 손이요 도구라고 말한다. 따라서 하나님이 행하신 일들을 자연 발생적인 일로 돌리는 것은 주인의 영예를 도구에게 넘겨주는 것이 된다. 만일 우리가 이성을 앞세워 이런 주장을 한다면, 망치들이 들고 일어나 자기네가 우리 집을 지었노라고 외치고, 펜이 나서서 우리 저술의 영예를 가로채려고 하는 것과 같을 것이다. 하나님의 작품들에는 보편적인 아름다움이 깃들어 있으며, 따라서 종(種)이나 유(類)의 구분 없이 모든 피조물에는 어떤 기형도 있을 수 없다는 것이 나의 주장이다. 우리는 사람들이 논리라고 부르는 것을 기준으로 두꺼비나 곰이나 코끼리를 추하다고 말해서는 안 된다. 그 동물들의 외적 형태나 특성들은 그것들의 내면적 형상의 활동을 가장 적절하게 표현해 낸 것이며, 당신께서 지으신 모든 것을 좋다고 보시는 하나님의 일반적인 판단을 통과한 것들이다. 이를테면 그 동물들은 기형을 혐오하시고 질서와 아름다움의 잣대가 되시는 주님의 뜻에 합당하다고 인정받은 것들이다. 기형은 결코 존재하지 않으며, 다만 기이한 상태에 놓여 있을 뿐이다. 그러나 그런 상태 속에도 그 나름의 아름다움이 존재한다. 자연은 참 기이하게도 비정상적인 부분들을 산출하는데, 그런 부분들이 종종 중심을 이루는 뼈대보다 훨씬 더 탁월한 것이 되기도 한다. 좀 더 구체적으로 말해, 추하거나 잘못 지어진 것은 전혀 없으며, 단지 혼돈만 있을 뿐이다. 게다가 그 혼돈 가운데도 (엄밀하게 말해) 기형이 있을 수 없는데, 아예 형태라는 것이 존재하지 않거나 아직 하나님의 말씀으로 지음받지 않았기 때문이다. 자연은 예술과 상충하지 않고 예술도 자연과 상충하지 않으며, 이 둘은 모두 섭리하시는 하나님의 종이다. 예술은 자연의 완성이다. 지금 세상이 여섯째 날에 이르렀다 해도, 여전히 혼돈은 있게 마련이다. 자연은 한 세상을 이루었으며, 예술은 또 다른 세상을 이루었다. 간단히 말해, 만물은 인위적인 것이다. 자연은 하나님께서 다듬은 예술이기 때문이다.

논평

이 저술은 하나님의 '두 책'—'자연이라는 책'과 '성경이라는 책'—에 대한 풍성한 논의를 담고 있어서 특히 중요하다. 이 글에서 브라운은 우리가 앞서 장 칼뱅의 글 2.17과 「벨직 신앙고백」 2.21에서 살펴보았던 개념들을 다룬다. 원본의 영어 표기를 수정하지 않고 그대로 옮겼는데, 그 의도는 독자들이 수 세기에 걸쳐 변화해 온 영어의 흐름을 느껴보게 하려는 것이다.

생각해 볼 물음들

❶ 브라운은 "두 책"의 관계를 어떻게 설명하는가?

❷ 브라운은 "자연의 책"에 특별한 관심을 쏟는다. 그 이유는 무엇이고, 그런 관심은 어떤 식으로 표명되는가?

❸ "만물은 인위적인 것이다. 자연은 하나님께서 다듬은 예술이기 때문이다." "인위적"이라는 단어는 브라운이 살던 시대 이후에 의미가 바뀌었다. 이 글에서 그 단어의 의미는 '예술 작품'이나 '창작된'이라는 표현으로 가장 잘 설명할 수 있을 것이다. 이 구절에서 브라운이 제시하는 논점은 무엇인가?

프랜시스 화이트

: 성경과 전통

2.27 ▼

17세기 초 성공회 신학을 대변하는 프랜시스 화이트 1564-1638 는 일리 Ely 의 주교로 일하던 시절에 『안식일 논의』*Treatise of the Sabbath Day*, 1635를 저술했다. 이 책은 당시 영국 성공회의 '개혁된 가톨릭 신앙'Reformed Catholicism을 대변하는 고전 자료로서, 성경이 신학에서 우위성을 갖는다는 종교개혁의 주장과 교회 제도가 성경을 매개한다는 가톨릭의 견해를 결합한다2.2, 2.5, 2.7, 2.10, 2.19, 2.30, 2.31, 2.46 참조.

본문

잉글랜드 성공회는 공적이고 권위 있는 교리와 종교라는 측면에서 다음과 같이 설명할 수 있다. 잉글랜드 성공회에서는 거룩한 예언자와 사도들의 신성한 정경인 성경을 일차적이고 중심적인 토대로 삼아 그 위에 믿음과 종교를 세웠다. 성경 다음으로는, 고대의 참된 보편 교회에 속한 주교와 사제들이 전해 준 일치된 증언과 권위를 기초로 삼으며, 신기하거나 속된 새 사상들보다는 보편 교회의 결정을 더 소중히 여긴다. 성경은 수원지와 살아있는 샘으로, 그 안에는 순수한 생명수와 더불어 하나님의 백성을 지혜롭게 하여 구원으로 이끄는 데 필요한 모든 것이 차고 넘치도록 담겨 있다. 초기에 세워진 그리스도의 참된 교회가 전해준 하나의 일치된 증언은 성경에 담긴 천국 물을 끌어와 후세에게 전해주는 수도관*canalis*이다. 그 가운데 첫째인 성경은 최고 권위를 지니며, 그 자체로서 만인이 따를 만한 가치를 지닌다. 그다음에 오는 초기 교회의 선포와 증언은 이차적으로 목회 활동의 규율과 지침이 되며, 우리를 성경에 대한 바른 이해로 이끌어 주고 그 안에 굳게 세우는 일을 한다.

논평

당시 청교도와 성공회 사이의 신학 논쟁에서 중요하게 떠오른 쟁점은 성경을 중보자 없이 직접 해석하는 것이 가능한지, 아니면 반드시 교회의 가르침에 비추어 해석해야 하는지의 문제였다. 이 글에서 화이트는 후자의 견해를 지지하면서, 신자들은 '초기'('처음'을 의미한다) 교회가 전해 준 "하나의 일치된 증언"에 의지해 성경을 바르게 해석할 필요가 있다고 주장한다. 화이트가 볼 때, 전통이 이렇게 "이차적이고 목회적인" 역할을 담당하는 것으로 인정한다고 해서, 성경이 최고의 권위를 지닌다는 종교개혁의 기본 원리를 양보하는 것은 아니다. 전통은 우리가 성경을 좀 더 바르게 해석할 수 있도록 도와줄 뿐이다.

생각해 볼 물음들

❶ 본문을 신중하게 읽고 화이트의 용어들을 주의 깊게 살펴보라. 여러분은 성경과 전통의 관계에 대한 그의 이해에서 어떤 특성을 발견하는가?

❷ 화이트는 교회를 "수도관"이라고 표현한다. 여러분은 이 용어를 사용하는 그의 의도가 무엇이라고 생각하는가? 이 이미지는 교회가 역사 속에서 맡았던 계시 전달의 역할에 관해 무엇을 말해 주는가?

❸ 화이트는 "신기하거나 속된 새 사상들"이 등장한 데 대해 크게 우려했다. 여러분은 그가 염두에 두었던 사상이 무엇이라고 생각하는가?

2.28 ▼

조나단 에드워즈

: 창조 세계의 아름다움

아래 인용한 본문은 출판할 목적으로 쓴 글이 아니다. 이 글은 미국의 주요 개신교 신학자인 조나단 에드워즈Jonathan Edwards, 1703-1758가 남긴 메모와 단상들의 모음집에 포함된 것으로, 지금은 예일 대학교 도서관에 보관되어 있다. 이 글에서 에드워즈는 창조 질서를 통해 제한된 규모로나마 하나님을 알 수 있다는 견해를 펼친다. 칼뱅과 마찬가지로 에드워즈도 자연이 성경에 간직된 진리를 비추어 준다고 생각하며, 그러면서도 성경이 명료성과 권위에서는 훨씬 더 뛰어나다고 주장한다2.17, 2.21, 2.28, 2.33, 2.51 참조.

본문

57. 하나님께서 더할 나위 없는 지혜로 만물의 질서를 세우셨기에, 하나님의 작품은 그분의 음성을 담고 있어서 그분을 바라보는 사람들을 가르치고, 신성한 비밀과 그분과 그분의 영적 나라에 속한 것들을 보여준다고 말하는 것은 아주 합당하고도 적절하다. 하나님의 작품들은 그분께 속한 것들을 사용하여 지적 존재들을 가르치시는 하나님의 음성이나 언어라고 말할 수 있다. 그런데 사람들은 하나님께서 이렇게 당신의 작품을 이용해 교육하는 방식을 매우 좋아하셨다는 사실을 잘 알면서도, 왜 하나님께서는 다른 방식 못지않게 이런 방식으로, 즉 당신의 작품들을 통해 신성한 일을 드러내 생생하게 보여주시는 방식으로 우리를 가르치고 교훈을 주신다는 사실을 받아들이려 하지 않을까?

70. 우리가 만일 신성한 일이 반영된 이 그림자들을 하나님의 음성으로 인정해, 거기서 이런저런 신성한 일들을 배우고 하나님의 음성이 얼마나 놀라운 은혜를 지니고 있는지 깨닫는다면, 하나님의 음성은 참으로 멋지고 명료하게 우리의 정신을 흔들어 깨우치고 가르쳐서 우리를 말씀하시는 하나님 앞에 서게 할 것이다. 우리는 딛고 선 모든 자리와 마주보는 모든 일에서 신성한 일들이 놀라운 모습으로 펼쳐지고 선명하게 드러나는 것을 볼 수 있다. 또 그 일들은 성경을 확증해주기에 부족함이 없을 것이다. 이 모든 것과 성경은 놀라울 정도로 일치하기 때문이다.……

156. 성경은 두 가지 방식으로 자연이라는 책의 해석자가 된다. 첫째, 자연계의 구조 속에 상징과 예표로 담겨 있는 영적 비밀들을 우리에게 밝혀 주며, 둘째, 자연이라는 책이 지닌 상징과 예표들을 실제에 적용해서 여러 가지 예를 통해 그런 영적 비밀들을 보여준다.……

211. 눈앞에 한없이 펼쳐지는 세상의 장대함, 끝닿은 데 없이 치솟은 하늘 등, 이 모든 것은 하나님의 영적인 니라의 무한한 장엄함과 높음과 거룩함을 나타내 보이는 예표다. 이 세상 속에 심기고 깃든 그분의 권능과 지혜와 거룩함과 사랑을 참으로 신비롭게 드러내며, 이 세상에 전해져 광대한 세계와 높은 하늘에 실린 도덕적이고 자연적인 선, 빛, 지식, 거룩함, 행복을 보여준다. 이것들은 흔히 "주님의 한결같은 그 사랑, 하늘보다 더 높고, 주님의 진실하심, 구름에까지 닿습니다"와 같은 구절들로 묘사된다.

논평

이 단편들에서 보여주는 에드워즈의 주장은 여러 가지 면에서 장 칼뱅의 이론과 유사하다. 하지만 에드워즈는 계몽주의의 합리주의가 점차 기독교 신학에 강하게 도전해 왔던 상황에 처해 있었고, 그래서 신학적이고 영적이라는 두 가지 측면에서 이 쟁점을 훨씬 중요하게 받아들였을 것이다. "자연이라는 책"과 "성경이라는 책"2.21, 2.27 참조의 조화를 강조한 에드워즈는 "자연의 종교"가 어떻게 기독교 복음 안에서만 바르게 해석되고 완성될 수 있는지를 입증하려고 노력했다.

생각해 볼 물음들

❶ 57번 단상에서 주장하는 논점은 무엇인가? 이 논점은 자연신학에, 특히 자연과학을 통해 자연을 연구하는 일에 어떤 함의를 지니는가?

❷ 창조 질서에 속한 다양한 요소들을 가리켜 "신성한 일이 반영된……그림자들"이라고 말하는 의도는 무엇인가?

❸ 에드워즈의 주장에 따르면, "성경이라는 책"은 "자연이라는 책"을 어떤 방식으로 해석하는가?

2.29 ▼

윌리엄 페일리

: 창조의 지혜

영국의 신학자이자 자연철학자인 윌리엄 페일리William Paley, 1743-1805는 자연 신학에 대한 새로운 관심과 신뢰를 불러일으킨 일로 널리 인정받았다. 그의 저술인 『자연신학, 또는 자연현상에서 수집한 신의 존재와 속성에 대한 증거』1802는 19세기 전반에 영국의 대중적인 종교 사상에 엄청난 영향을 끼쳤으며, 찰스 다윈도 읽었다고 전해진다. 여기서 살펴볼 본문은 『자연신학』의 첫 장에서 발췌한 것으로, 한적한 들판에서 발견한 시계라는 유명한 비유로 시작한다. 페일리는 시계를 발견한 사람이 그 시계에서 무엇을 알 수 있겠느냐고 묻는다2.28, 2.33, 2.51 참조.

본문

들판을 걷는데 돌덩이가 내 발에 채였다고 상상해 보자. 그리고 그 돌이 어떻게 거기에 있게 되었는지에 관해 질문을 받았다고 가정해 보자. 내가 알고 있는 것과는 반대로 그 돌이 원래부터 거기 있었다고 대답할 수 있을 것이다. 그리고 이 대답이 불합리하다는 사실을 입증하기는 그리 쉽지 않을 것이다. 그러나 땅 위에서 시계를 하나 발견했고, 그 시계가 어떻게 거기에 있게 되었는지의 물음과 씨름해야 한다고 가정해 보자. 앞의 질문에 답했던 방식대로, 즉 내가 아는 한 그 시계는 언제나 거기에 있던 것이라고 답할 수는 없다. 왜 이런 대답이 돌덩이에 대해서처럼 시계에는 도움이 되지 못할까? 돌에 대해 설명했던 대답이 왜 시계의 경우에는 받아들여질 수 없을까? 그 이유는 다음과 같다. 시계를 꼼꼼히 살펴보면 돌에서는 볼 수 없는 사실, 곧 시계의 여러 부분이 하나의 목적을 위해 짜 맞춰지고 조합되었다는 점을 알 수 있다. 구체적으로 말해, 모든 부품이 하나로 조합되고 조정되어 하루의 시간을 가리키도록 정해져 있다. 그리고 여러 부품들이 현재 구조와 다른 식으로 짜이거나 현재 상태와는 다른 순서나 방식으로 배치되었다면, 그 기계는 전혀 작동하지 않거나 정해진 용도에 전혀 합치하지 못했을 것이다. 이런 부속들 가운데 기본적인 몇 가지를 살펴서 그 기능을 헤아려 보면, 전체가 하나의 결론으로 이어지는 특성을 확인할 수 있다. 먼저 우리는 원통형 상자 안에 둥글게 말리고 탄력을 지닌 스프링이 들어 있는 것을 보게 되는데, 스프링은 저절로 풀리는 힘으로 그 원통형 상자를 회전시킨다. 다음으로 잘 휘도록 만든 줄(굽은 부분 때문에 일부러 그렇게 만들었다)을 볼 수 있는데, 이 줄은 원통형 상자에서 발생하는 스프링의 운동을 원뿔 활차(퓨지)로 전달한다. 그다음으로 여러 개의 톱니바퀴를 볼 수 있는데, 그 바퀴의 톱니들이 서로 연결되고 맞물려서, 원뿔 활차에서 평형바퀴로, 평형바퀴에서 시계바늘로 운동을 전달한다. 그와 동시에 톱니바퀴들은 다양한 크기와 모양에 따라 운동을 조절해서, 바늘이 정해진 시간에 정해진 거리만큼 고르고 정확하게 나가고 멈추게 한다. 톱니바퀴들은 녹슬지 않도록 놋쇠로 만들고, 스프링은 어떤 금속보다 탄력이 큰 강철로 만들었으며, 시계 표면은 다른 데서는 사용하지 않는 재질인 유리로 덮었는데, 투명하지 않은 물질을 사용하면 상자를 열지 않고는 시간을 확인할 수 없기 때문이다. 위에서 살펴본 기계장치(그것을 이해하고 파악하기 위해서는 기구를 통해 검사할 필요가 있고 또 그 주제에 관한 약간의 선행 지식이 필요하지만, 앞서 말했듯이 일단 이해하고 파악하기만 하면)를 통해 우리는 그 시계를 만든 제작자가 있다는 피할 수 없는 결론에 이르게 된다. 다시 말해, 이전 어느 때 어떤 곳엔가 틀림없이 시계기술자 또는 여러 명의 기술자들이 존재했으며, 그들이 시계의 구조를 헤아리고 용도를 고려해서 지금 우리가 당연시하는 시계의 목적에 맞도록 시계를 제작했다는 것이다.

논평

페일리는 '천체 역학'으로 알려진 분야에서 뉴턴이 발견한 자연의 규칙성에 큰 영향을 받았다. 전체 우주는 규칙적이고 이해할 수 있는 원리에 따라 작동하는 복잡한 기계장치처럼 보였다. 페일리는 세계를 기계장치로 보는 뉴턴식 이미지에서 즉각 시계의 은유를 떠올렸고, 움직이는 세계 속에서 분명히 드러나는 정교한 체계를 세운 이가 누구인지를 묻게 되었다.

페일리의 중요한 주장 중 하나는 기계장치에는 '설계'contrivance—특정 목적에 맞춘 계획과 구조—가 함축되어 있다는 것이다. 산업혁명이 발전하던 시대에 글을 썼던 페일리는 영국의 지식 계급에서 기계류—시계, 망원경, 양말 제조기, 증기기관 같은 것들—에 대해 늘어난 관심을 변증적인 자원으로 이용하고자 애썼다.

페일리 이론의 대체적인 뼈대는 잘 알려져 있다. 당시에 영국은 산업혁명 시기를 통과하고 있었고, 그 과정에서 기계류가 산업에서 점차 중요한 역할을 맡게 되었다. 페일리는 그처럼 복잡한 기계장치가 아무런 목적도 없이 우연히 존재한 것이라고 주장하는 사람은 정신이 이상한 사람일 것이라고 말한다. 기계 장치에는 설계가 전제되어 있다. 다시 말해, 목적의식과 설계하고 제작하는 능력이 전제되어 있는 것이다. 좁게는 인간의 몸과 넓게는 세계 전체가 일종의 기계장치와 같이 수단과 목적이 잘 조화를 이루도록 설계되고 제작되었다는 것이다. 한 가지 강조해야 할 것은, 페일리가 인간의 기계장치와 자연 사이에 유비가 존재한다고 주장하지 않는다는 점이다. 그의 논증이 지닌 강점은 동일성을 근거로 삼는 데 있다. 다시 말해, 자연은 곧 기계장치이고 따라서 지적으로 설계되었다는 것이다.

덧붙이자면 '퓨지'란 시계 스프링의 힘을 균등하게 조절하는 원뿔형 바퀴를 말한다.

생각해 볼 물음들

❶ 페일리가 사용하는 시계의 유비를 요약해 보라. 시계에서 발견되는 사실은 돌과 관련해서 발견하는 사실과 어떻게 다른가?

❷ 당시 산업혁명의 결과로 나타난 기계류에 대한 새로운 관심은 페일리가 자신의

논증을 세우는 데 어떤 영향을 끼쳤는가?

❸ 페일리의 논증은 필연적으로 창조자가 오직 한 분이라는 결론으로 이어지는가?

2.30 ▼

요한 아담 묄러

: 살아있는 전통

유명한 튀빙겐 가톨릭 학파의 창설자 중 하나인 요한 아담 묄러Johann Adam Möhler, 1796-1838, 영어로는 성을 "Moehler"로 표기하기도 한다는 1832년 출간한 아래 글에서, 전통이란 교회 안에 살아 움직이면서 기독교 공동체의 성경 해석이 오류에 빠지지 않도록 안내하는 목소리라고 말한다. 그의 주장에 따르면, 아무리 오류가 없는 성경이라고 해도 인간이 계속해서 잘못 이해하고 그릇 해석한다면 그 성경은 아무런 가치가 없게 된다. 그래서 교회는 올바른 성경 해석을 보장하기 위해 하나님께서 세우신 수단이 된다. 특히 "전통이란 신자들의 마음속에 항상 거하며 살아 움직이는 말씀이다"라고 주장하는 점에 주목하라. 원래의 영역본이 지닌 여러 가지 부정확한 점들을 살펴 수정하여 옮겼다2.2, 2.5, 2.7, 2.10, 2.19, 2.27, 2.31, 2.46 참조.

본문

이제 우리는 다음과 같은 중요한 문제를 다룬다. 우리는 어떻게 참된 그리스도론을 얻는가? 좀 더 일반적이고 엄밀하게 묻는다면, 어떻게 우리는 예수 그리스도 안에서 제시된 구원의 토대에 관해 명료한 지식을 얻게 되는가? 개신교인들은 "오류가 없는 성경을 탐구함으로써"라고 답한다. 이에 반해, 가톨릭 신자들은 "우리를 성경에 대한 참된 이해로 인도하는 유일한 통로인 교회에 의해서"라고 답한다. 가톨릭 신자들은 자신의 견해를 더 자세히 밝히고자 이렇게 덧붙인다. "성경은 의심할 바 없이 하나님께서 전하시는 것들을 담고 있고, 그렇기에 순전한 진리를 전해 준다. 성경이 종교와 교회의 관점에서 보아 필수적인 모든 진리를 담고 있는지, 아니면 최소한의 수준에서 알아야 할 유용한 진리를 담고 있는지는 부차적으로 다룰 문제이다." 그런 점에서 성경은 하나님의 오류 없는 말씀이다. 그러나 성경이 무오류의 속성을 지닌다고 해도, 인간 자신은 오류에서 자유로울 수 없다. 우리는 그 자체로 잘못이 있을 수 없는 말씀을 오류 없이 받아들일 때, 오류에서 비로소 자유로울 수 있다. 이처럼 말씀을 받아들이는 일에는 오류를 저지르는 인간의 행위가 어쩔 수 없이 상당부분 개입될 수밖에 없다.

하지만 성경의 거룩한 내용들을 이처럼 인간 지성의 몫으로 넘기는 과정에서 커다란 착오나 일반적인 오류가 일어나지 않도록 하기 위해, 교회를 인도하여 생기 넘치게 하시는 성령께서 교회 안에서 인간의 영과 결합하여 기독교 특유의 지각, 곧 깊고 확실한 감각을 형성하게 되고, 늘 진리 안에 있는 이 지각을 통해 온전한 진리로 이끌어 준다고 우리는 배워 왔다. 굳건한 사도직을 신뢰하고 교회의 가르침을 따르고 교회의 울타리 안에서 듣고 배우며 살아가고, 교회로 늘 풍성하게 열매 맺게 해주는 고귀한 원리를 받아들임으로써 내면의 깊은 지각이 형성되는데, 이러한 지각만이 기록된 말씀을 이해하고 받아들이는 데 적합하다. 이 지각은 성경 자체가 형성되는 과정에서 작용한 지각과 온전히 일치하기 때문이다. 교회 안에서 획득된 그러한 지각을 힘입어 성경을 깊이 읽는다면, 성경의 일반적이고 본질적인 의미가 바뀌지 않고 독자의 마음에 전달된다. 정말이지 앞서 말한 식으로 사도직을 통한 훈육과 교회의 교육이 개인들에게서 이루어지기만 한다면, 우리는 성경 없이도 얼마든지 성경의 전반적인 내용을 획득할 수 있게 된다.

이것이 통상적이고 정규적인 절차다. 하지만 이만저만한 문제를 지니는 오류와 오해들은 어쨌든 일어나게 마련이다. 사도들의 시대에 하나님의 말씀을 내세워 하나님의 말씀과 다투었던 것처럼, 어느 시대나 이러한 다툼은 다시 등장했다. 그런 환경에서는 어떤 절차를 따라야 하는가? 제기되는 그릇된 이해들에 맞서 어떻게 하나님의 말씀을 지킬 것인가? 특수한 의견에 맞서 보편적인 지각이 결정하며, 개인의 판단에 맞서 교회의 판단이 결정한다. 간단히 말해, 교회가 성경을 해석한다. 교회는 주님의 몸이다. 다시 말해, 교회는 그 보편적 성격으로 인해 주님의 가시적 형태—그분의 영원하면서도 늘 갱신되는 인간성—이며, 그분의 영원한 계시다. 주님은 공동체 안에 거하시며, 그분의 모든 약속과 은사는 사도들의 시대 이후로 공동체에 전수되어 왔고, 개인들에게는 결코 주어지지 않는다. 이러한 보편적 지각, 곧 교회의 의식이 주관적 의미에서의 전통이다. 그러면 전통이란 무엇인가? 교회 안에 존재하면서 교회 교육을 매개로 전달되는 기독교 특유의 지각이다. 하지만 이 지각은 그 대상과 분리되어서는 효력이 없다. 정말이지 지각은 그 대상 안에서 그 대상에 의해 형성되며, 그럴 때만 온전한 지각이라고 불릴 수 있다. 전통이란 신자들의 마음속에 항상 거하며 살아 움직이는 말씀이다. 넓은 의미에서 성경 해석은 이러한 전통에 비추어 이루어진다. 논쟁이 된 주제에 대해 전통이 내리는 선언은 곧 교회의 판결이며, 따라서 교회는 신앙의 문제들에서 심판자가 된다. 객관적인 의미에서 전통은 모든 세대를 통해 전해지고 외적인 역사적 증거에 의해 증명된, 교회의 보편적 신앙이다. 이런 의미에서 전통은 성경 해석의 표준이자 규범, 곧 신앙의 규범이 된다.

논평

이 중요한 글은 묄러 자신이 전통적 프로테스탄트의 견해와 로마가톨릭의 견해에서 약점이라고 여겼던 내용들을 제시한다는 점에서 신중하게 살펴볼 필요가 있다. 전통적 프로테스탄트 견해가 안고 있는 약점에 대하여 그는 이렇게 말한다. "그런 점에서 성경은 하나님의 오류 없는 말씀이다. 그러나 성경이 무오류의 속성을 지닌다고 해도, 인간 자신은 오류에서 자유로울 수 없다. 우리는 그 자체로 잘못이 있을 수 없는 말씀을 오류 없이 받아들일 때, 비로소 오류에서 자유로울 수 있다. 이처럼 말씀을 받아들이는 일에는 오류를 저지르는 인간의 행위가 어쩔 수 없이 상당부분 개입될 수밖에 없다." 달리 말해, 성경 본문의 의미가 오류가 있는 해석자에 의해 결정되는 경우에는 '무오한 성경'이라고 말하는 것이 어려워진다. 그래서 묄러는 성경을 해석하는 일에서 교도권*magisterium*(가톨릭교회의 가르치는 직무)의 역할이 중요하다고 지적한다. 그러나 그는 다른 한편으로 전통을 과거로부터 전해 받은 자료의 덩어리로 보고, 어떤 대가를 치르더라도 옹호해야 한다고 여기는 사상에 대해서도 비판적이다. 그런 주장 대신에 묄러는 전통을 주관적 의미와 객관적 의미를 모두 지닌 "살아있는 말씀"이라고 말한다. 묄러가 전통의 주관적 측면을 강조한다는 점이 특히 흥미롭다.

생각해 볼 물음들

❶ 전통에 대해 로마가톨릭이나 프로테스탄트에서 보여주는 기존의 이해 방식과 관련해서 묄러가 염려하는 내용을 요약해 보라.

❷ "전통이란 신자들의 마음속에 항상 거하며 살아 움직이는 말씀이다"라는 구절에서 묄러가 말하려는 바는 무엇인가?

❸ 이 본문은 개인적 성경 해석과 공동체적 성경 해석 사이의 상호작용을 다룬 흥미로운 내용과 더불어, 기독교 교리에 관한 성찰을 담고 있다. 이 문제에서 개인의 역할이 지닌 한계에 대해 묄러는 어떻게 설명하는가? 그런 한계는 신앙 공동체를 통해 어떻게 해결되는가?

2.31

존 헨리 뉴먼

: 전통의 역할

영국 신학자인 존 헨리 뉴먼1801-1890은 처음에 영국 성공회 성직자로 시작했지만 나중에 성공회를 떠나 로마가톨릭 신자가 되었다. 그의 많은 저술은 교회의 본질에 관한 중요한 성찰을 담고 있으며, 특히 기독교 교리의 형성과 관련해 교회의 역할과 그 전통들을 다룬다. 뉴먼의 초기 저술 가운데 하나는 옥스퍼드 대학 교회의 사제로 지내던 때인 1837년에 나왔다. 『교회의 예언자적 직무에 대하여』는 교회론의 넓은 틀에서 영국 성공회의 위치를 고찰한다. 뉴먼은 영국 성공회를 개신교와 로마 가톨릭교회 사이의 "중간 길"*via media*이라고 보았다. 이에 관한 논의에서 뉴먼은 기독교 신학에서 전통의 역할을 분석하고, 개신교와 로마가톨릭에서 주장하는 견해들을 비교 대조하면서, 그것을 근거로 삼아 양쪽의 신학적 자원을 훨씬 더 바람직한 모습으로 종합해 제시한다. 기본적으로 뉴먼은 개신교가 성경만을 강조하고 가톨릭은 교도권, 곧 교회의 가르치는 권한을 강조한다고 보면서, 이에 맞서 성경과 교부 저술가들의 권위를 내세운다2.2, 2.5, 2.7, 2.10, 2.19, 2.27, 2.30, 2.46 참조.

본문

개신교에 속한 교파들은 비록 중요한 쟁점들에서 제각각 의견이 갈린다고 해도 성경의 권위를 인정한다는 점에서는 완전하게 의견의 일치를 이룬다는 사실을 살펴보았다. 독립 교단이나 침례파, 유니테리언, 장로교, 웨슬리파 등 어떤 이름으로 불리든 마찬가지다. 하지만 로마가톨릭의 경우는 사정이 다르다. 그들은 성경의 권위에 무조건 호소하지 않는다. 그들은 단순히 성경만을 토대로 삼는 논증에 자신의 운명을 걸려고 하지 않는다. 그래서 우리가 그들과 논쟁을 벌이면서 성경을 논증의 토대로 삼으려 한다면, 논쟁을 시작조차 할 수 없게 된다. 그들이 성경을 부정하지 않는데도, 부정하는 사람들이라고 몰아치는 것은 매우 부당하다. 그들은 성경을 부정할 생각이 없으며, 그렇게 여겨지는 것도 싫어한다. 어쩌면 그들도 성경 외에 다른 어떤 것의 지도도 받지 않겠다고 고백하는 개신교 신자만큼이나, 성경을 충실히 따르고 있을지 모른다. 하지만 그들은 성경을 하나님의 말씀으로 인정하면서도 성경이 하나님의 말씀의 전부라고는 생각하지 않으며, 더 나아가 자신들은 성경 이외의 다른 것, 곧 교회의 기존 전통들을 통해서도 자신들의 신앙을 규정한다고 당당히 주장한다. 그들은 자신들이 따르는 교리 체계가 사도들에게서 그들에게 전해진 것이요, 영감으로 기록된 문서들 못지않게 참되고 확실한 것이라고 주장하며, 그렇기에 그 거룩한 문서들을 잃어버린다고 해도 세상은 여전히 계시의 복을 누릴 수 있다고 주장한다. 따라서 그들을 제대로 논박하려면, 그들의 주장을 바르게 이해할 필요가 있다. 우리는 가톨릭 신자들이 전통을 푯대로 삼는다는 말을 들어 왔고, 그래서 그들에게는 이미 편집되고 틀이 잡힌 일련의 진술이 있어 그것을 사도들에게서 물려받은 것으로 고백한다는 식으로 멋대로 생각한다. 예를 들어, 우리는 그들이 고백하는 전통을 어디에서 볼 수 있는지, 그 전통들을 수집한 모음집이 있는지, 또 그것들을 인쇄하여 출판했는지를 묻는 질문이 종종 제기되는 것을 본다.

그런데 교회의 전통이 사실은 교회 교부들의 문헌에 실려 있다는 점을 가톨릭교도들이 인정한다고 해도, 그들의 실제 이론에 대한 오해로 말미암아 여전히 문제는 그대로 남는다. 그 이론은 다음과 같다. 그들이 사용하는 전통이라는 말은, 그들이 앞 세대에서 물려받고 그 앞 세대는 그 이전 세대에게서 물려받은 신앙과 규례의 체계 전체를 가리킨다. 그런데 이런 의미라면, 우리도 분명 이 세상의 문제들과 관련해서 전통을 푯대로 삼고 있다고 말할 수 있다. 전수받은 규칙과 습득된 관례를 가지고 있으면서도 그것을 전혀 문서로 기록해 두지 않는 회사나 사회, 단체가 어디 있겠는가? 우리는 어떤 사람이 "상도에 어긋나는 행동을 했다"라든가, 어떤 일을 "전에는 결코 행한 적이 없다"라든가, 그 일은 "규칙에 어긋난다"와 같은 말을 얼마나 자주 듣는지 모른다. 그래서 미래에는 그렇게 상도에 어긋나는 일의 폐해를 막기 위해 이제까지 암묵적 약속에 따라 행했던 일들을 공적이고 명백한 명령이나 원칙으로 바꾸게 된다. 규정을 정하기에 앞서 그 규정의 필요성이 확인될 필요가 있고, 규정을 채택하기 전에 먼저 그 규정에 대한 실제적인 위반이 있어야 한다. 그렇게 해서 이 땅에 속한 법의 상당 부분이 각각 전통의 재가를 받아 이루어진다. 전통은 공식적이거나 권위 있는 어떤 법규에 담겨있지 않고, 관습과 전례에 근거한다. 예를 들이, 살인이 사형에 해당하는 죄라고 분명하게 선언하는 명확한 성문법은 없고, 그저 창세기 9장에 나오는 하나님의 명령(창 9:6)에 호소할 뿐이다. 살인자는 관습에 따라 목을 매달았다. 이러한 것이 교회의 전통이다. 전통은 한결같이 유지되는 관습이다. 로마가톨릭교도들이 전통을 준수한다고 말할 경우, 그 말은 그리스도인들이 늘 믿고 행동해 왔던 대로 그들도 믿고 행동한다는 것을 의미한다. 그들은 판사와 배심원들이 그렇듯 관습을 따른다. 그런데 그들은 자신들의 관습과 이 세상의 다른 모든 관습 사이에 다음과 같은 중요한 차이가 있다고 주장한다. 말하자면, 법의 전통은 최소한 그 세부적인 면모에서 볼 때 오랜 세월동안 지속되어왔다고 해도, 어쨌든 인간 사이의 약속에서 시작된 것이다. 이에 반해 그들의 전통은 똑같은 시작이 있다고 해도, 거슬러 올라가면 그리스도의 사도들에게 이르게 되고, 인간의 권위가 아니라 하나님의 권위에서 비롯된 것이며, 따라서 적합할 뿐만 아니라 참되고 본질적인 구속력을 지닌다는 것이다.

만일 우리가 이렇게 고백되어 온 전통들이 문서로 기록되지 않은 까닭이 무엇이냐고 묻는다면, 그들은 사도들에게서 전해져 온 기독교의 교리가 너무 다양하고 구체적인 면에서도 매우 세세한 까닭에 그렇게 할 수가 없었다고 대답할 것이다. 여러분이 번잡한 대로를 가는 중에 어떤 사람을 만났다고 할 때, 그 사람이 단번에 자기 생각 모두를 여러분에게 말해 줄 수는 없을 것이다. 이와 마찬가지로 참으로 크고 초자연적인 진리들을 소유한 데다 교회를 확장하는 일에도 바쁜 사도들은, 자신들이 받은 계시 전부를 한 편의 서신이나 글에 체계적으로 요약해서 담아 낼 수 없었다. 그런 까닭에 사도들은 기록을 남기지 않았으며, 그 결과로 신약성경 어디에서도 체계라든가 완벽한 형태를 찾아 볼 수 없게 되었다고 보아야 한다.

또 이런 방식으로 진리가 기록되지 않고 전달된다는 개념을 전제로 삼기를 거부한다면, 오늘의 신앙이 곧 어제의 신앙이었다는 사실을 보여줄 수도 없고 또 현시대를 사도 시대와 연결해 줄 수도 없게 된다. 이와는 달리 로마가톨릭 사람들은, 교회 학자들이 전해 준 간접적이지만 확고한 증언은 교회 안에서 아무런 오류도 낳지 않고 반감 없이 그 첫 모습대로 기록되었을 것이고, 또 생소한 것들에 대해서는 교회의 전 영역에서 반대의 외침이 터져 나오기도 하고 초기 교회의 잘 알려진 관행처럼 그에 대해 비난하는 선언이 쏟아져 나왔을 것이라고 주장한다. 이런 식으로 그들은 자기들이 물려받은 전통이나 문자로 기록되지 않은 신조가 안고 있는 모호한 특성을 해명하고 그에 덧붙여 그 정확성과 유용성을 옹호한다. 전통은 숨겨져 있지만, 살아 있다. 전통은 빠르게 흐르는 강물처럼 바위에 가로막히기 전까지는 조용하다. 전통은 교회가 무의식 속에 지닌 의견과 느낌의 습성이며, 교회는 위기를 맞아 그것을 성찰하고 정리하고 표현한다. 그런데도 우리는 어떤 사람에게 특정 주제에 대한 그의 취향과 의견을 뭉뚱그려 보여 달라고 요구하듯이, 로마가톨릭 전통들을 완전히 체계화된 것으로 보여 달라고 요구하는 실수를 저지른다. 진정한 의미에서 전통은 필연적으로 비문자적 성격을 지닌다. 전통은 한 사회가 일정한 기간에 느끼거나 행동한 것을 담아내는 형식이다. 어떤 사람의 외모와 태도를 몇 줄의 글에 담아 낯선 사람에게 전달할 수 없는 것처럼, 전통을 문자로 다 담아낼 수는 없다.

바로 이것이, 교회의 가르침에 내재된 것이든 문서로 작성되어 공의회의 가르침이나 옛 교부들의 저술 속에 뿌리 내린 것이든, 로마가톨릭 신자들이 의지하는 전통이다.

논평

뉴먼은 후기에 펴낸 중요한 저술에서 기독교 교리가 '발전한다'라고 말할 수 있는가라는 문제와 씨름하면서, 만일 그렇다면 그 발전을 이끄는 원리는 무엇이고 교리에서 이루어진 특정한 발전이 적절한지 않은지를 판단할 수 있게 해주는 원리는 무엇인지 묻는다.

연구를 위해 선택한 이 본문에서는 성경 해석에서 과거가 담당하는 역할이라는 좀 더 일반적인 문제를 다루며, 특히 과거의 신학적 판단이 오늘날에 적합성을 지니는 방식, 그 판단들이 전달되는 방식, 그리고 그 판단들이 구체적으로 영국 성공회 안에 수용되는 모양을 다룬다. 뉴먼이 제기하는 이 논점들은 어떤 의미에서는 빅토리아 시대 초기에 성공회 안에서 일어난 논쟁들의 영향을 받기도 했지만, 훨씬 더 넓은 면에서 타당성을 지닌다.

생각해 볼 물음들

❶ 뉴먼이 여기서 논의되는 문제들을 중요하게 여긴 이유는 무엇인가? 과거의 신학적 논쟁이나 합의된 내용과 씨름하는 일이 필요한 이유는 무엇인가?

❷ 뉴먼은 교리의 형성과 관련해서 오직 성경에만 의지하는 개신교의 견해에 대해 어떤 난점들을 제시하는가?

❸ "그들이 사용하는 전통이라는 말은, 그들이 앞 세대에서 물려받고 그 앞 세대는 그 이전 세대에게서 물려받은 신앙과 규례의 체계 전체를 가리킨다." 뉴먼은 "기록되지 않은 전통"이라는 개념에 대해, 특히 그 당시 일부 로마가톨릭 변증가들이 주장하는 이 개념에 대해 상반되는 듯한 두 가지 태도를 취한다. 뉴먼이 밝히는 난점은 무엇이고, 강점은 무엇인가?

❹ "전통은 숨겨져 있지만, 살아 있다. 전통은 빠르게 흐르는 강물처럼 바위에 가로막히기 전까지는 조용하다. 전통은 교회가 무의식 속에 지닌 의견과 느낌의 습성이며, 교회는 위기를 맞아 그것을 성찰하고 정리하고 표현한다." 본문에서 이 구절의 위치를 확인하라. 이 구절은 무엇에 대해 말하는가? 이에 대해 뉴먼은 어떻게 응답하는가?

찰스 하지

: 성경의 영감

2.32 ▼

프린스턴 신학교의 교수와 학장을 역임한 저명한 신학자 찰스 하지Charles

Hodge, 1797-1878는 성경의 권위와 영감에 관한 이론을 내세워 19세기 미국에 커다란 영향을 끼쳤다. 하지의 이론은 흔히 '구 프린스턴 신학'으로 불렸으며, 성경의 권위와 영감을 강조한 것으로 유명하다. 아래의 글은 1872년에서 1873년에 걸쳐 출간된 그의 『조직신학』에서 인용했다 2.9, 2.18, 2.19, 2.22, 2.24, 2.27, 2.43, 2.52 참조.

본문

여기서 다룰 문제는 성경에서 주장하는 성경의 본질이 아니라, 성경 기록을 이끈 영감의 본질과 결과에 대해 성경 자체가 무엇을 말하는가 하는 것이다. 이 주제에 대해 교회에서 일반적으로 가르쳐 온 교리에 따르면, 영감이란 선택받은 특정한 사람들에게 끼치는 성령의 감동이며, 그러한 감동으로 그들은 하나님의 마음과 뜻을 오류 없이 전달하는 하나님의 도구가 되었다. 그들이 말한 것이 곧 하나님께서 말씀하신 것이었다는 의미에서 그들은 하나님의 도구였다.

이러한 정의는 몇 가지 독특한 논점을 포함하고 있다. 첫째, 영감은 초자연적인 감동이다. 따라서 한편으로 영감은 언제 어디서나 작용하는 하나님의 섭리의 힘과 구별되고, 다른 한편으로 하나님의 백성의 마음에서 이루어지는 성령의 은혜로운 활동과도 구별된다. 성경과 사람들의 일반적인 견해에 따르면, 제2원인을 통해 규칙적으로 작용하는 하나님의 능력에서 오는 결과들과, 그런 원인들의 개입 없이 하나님의 직접적인 능력에 의해 일어나는 결과들 사이에는 분명한 차이가 있다. 전자에 속하는 결과들은 자연적인 것이고, 후자에 속하는 결과들은 초자연적이다. 영감은 후자의 영역에 속한다. 영감은 그 대상들의 내적 상태나 외적 환경의 영향에 좌우되는 자연적인 결과가 아니다.

성경은 또 성령의 은혜로운 사역과 특정한 사람들에게 기이한 은사를 부어 주는 사역을 분명히 구분한다. 그래서 영감을 영적 조명과 혼동해서는 안 된다. 우선, 이 둘은 그 대상에서 차이가 있다. 영감의 대상은 소수의 선택받은 사람들이고, 영적 조명의 대상은 참된 신자들 전체다. 다음으로, 이 둘은 그 목적에서 차이가 있다. 영감의 목적은 특정 사람들을 교사로서 무오하게 만드는 데 있다. 영적 조명의 목적은 사람들을 거룩해지도록 이끄는 데 있다. 따라서 결과에서도 이 둘은 차이가 있다. 영감 자체는 거룩하게 하는 영향을 끼치지 않는다. 발람도 영감을 받았다. 사울도 예언자들과 함께 예언했다. 가야바도 예언을 했으나 그것은 "자기 생각으로 한 것이 아니"었다(요 11:51). 마지막 날에 많은 사람이 그리스도께 "주님, 주님, 우리가 주님의 이름으로 예언을 하고, 주님의 이름으로 귀신을 쫓아내고, 또 주님의 이름으로 많은 기적을 행하지 않았습니까?"라고 말할 것이다. 그들에게 주님은 "나는 너희를 도무지 알지 못한다. 불법을 행하는 자들아, 내게서 물러가라"고 말씀하실 것이다(마 7:22-23).

둘째, 위에서 살펴본 정의는 계시와 영감의 차이를 전제로 한다. 우선, 계시와 영감은 그 목적에서 차이가 있다. 계시의 목적은 지식을 전달하는 데 있다. 영감의 목적은 가르치는 일에 오류가 없게 하는 데 있다. 그래서 다음으로, 그 둘은 결과에서도 서로 다르다. 계시의 결과는 계시의 수용자를 더 지혜롭게 하는 것으로 나타난다. 영감의 결과는 그 수용자가 가르치는 일에서 오류를 범하지 않는 것으로 나타난다. 두 가지 은사를 한 사람이 동시에 누리게 되는 일도 흔하다. 곧 성령은 지식을 알려 주고, 그 지식을 구두나 글로 다른 사람들에게 전달하는 과정을 통제하기도 한다. 이런 특성은 시편 기자들이나 때로는 예언자와 사도들에게서 의심의 여지없는 사실로 확인된다. 하지만 대체로 계시는 과거의 어느 한때에 이루어졌으며, 뒤이어 성령의 인도하심에 따라 글로 기록되었다. 그래서 사도 바울은 자기가 받은 복음의 지식은 사람이 아니라 예수 그리스도의 계시에서 온 것이라고 말하고, 기회가 있을 때마다 설교와 서신을 통해 이 지식을 전했다.

논평

찰스 하지는 고전 개신교의 성경 영감 이론을 대변하는 주요 인물이며, 그의 계승자인 벤저민 B. 워필드가 이 이론을 한층 더 발전시켰다. '구 프린스턴 학파'라는 말은 대체로 하지와 같은 학자들이 성경의 권위와 영감에 대해 가르쳤던 폭넓은 견해를 가리킨다. 본문에서 하지는 성령이 하는 일을 '영감'과 '조명'으로 분명히 구별해 제시한다.

생각해 볼 물음들

❶ 하지가 성경의 '영감'이라는 말로 뜻하는 것은 무엇인가? 그는 성경을 읽는 독자들의 정신 속에서 일어나는 일반적인 조명과 '영감'을 어떤 식으로 구분하는가?

❷ 하지는 성령과 인간 저자들이 영감의 과정에서 어떤 관계를 이룬다고 이해하는가? 그는 이 저자들을 "하나님의 도구"라고 말하는데, 그 의미는 무엇인가?

❸ "영감 자체는 거룩하게 하는 영향을 끼치지 않는다." 이 구절로 하지가 말하려는 바는 무엇인가? 이 논점이 그에게 중요한 까닭은 무엇인가?

2.33

제라드 맨리 홉킨스
: 자연에 담긴 하나님의 위엄

영국의 예수회 저술가인 제라드 맨리 홉킨스Gerard Manley Hopkins, 1844-1889는 존 러스킨의 미학 이론과, 조지 허버트와 크리스티나 로제티 같은 성공회 신자들의 시에서 큰 영향을 받았다. 홉킨스의 종교 사상은 옥스퍼드 대학교 시절 중요한 발전을 이루었다. 당시 그는 1845년에 성공회에서 로마가톨릭으로 개종했던 존 헨리 뉴먼2.31 참조의 영향을 받고, 그에게서 자기에게 어울리는 역할 모델을 발견했던 것으로 보인다. 1866년 홉킨스는 뉴먼을 따라 가톨릭 신앙으로 개종했다. 그의 시 가운데 생전에 출판된 것은 거의 없다. 홉킨스가 옥스퍼드 대학교에서 만났던 친구 로버트 브리지스1844-1930

는 1913년에 계관 시인이 되었고, 그의 유고 관리자로 일했다. 홉킨스는 뒤늦게 천재성을 인정받았고, 1930년대가 되어서야 빅토리아 시대의 가장 위대한 시인 중 하나로 평가받게 되었다.

많은 사람이 홉킨스의 시 가운데 최고 작품을 「도이칠란트호의 난파」로 여기지만 다른 사람들은 그의 짧은 시, 특히 자연신학의 주제를 다룬 시들 속에서 그의 천재성을 가장 분명히 확인할 수 있다고 주장한다. 아마도 창조 세계에 반영된 하나님을 노래하는 시로서 최고 작품은 「하나님의 위엄」일 것이다. 이 소네트는 흔들리는 금박에서 빛이 솟구치듯 하나님의 영광이 피조물에게서 퍼져 나온다고 묘사하는데, 이것은 신학적으로 매우 중요한 관념이다 2.17, 2.21, 2.28, 2.29, 2.51 참조.

본문

세상은 하나님의 위엄으로 충만하다.
흔들리는 금박에서 쏟아지는 빛처럼, 그 위엄 솟구치리라.
으깨져 흐르는 기름의 향기처럼, 그 위엄 드높이 퍼져 오르리라.
그런데도 사람들은 어찌 그분의 권위에 무심할까.
인간들은 밟고, 짓밟고, 짓눌러 왔다.
모든 것이 거래로 뒤틀리고 고역으로 힘 잃고 더럽혀졌다.
그 위로 인간의 때가 쌓이고 사람 냄새가 덥혔다.
이제 땅은 헐벗었으나, 발은 신으로 싸여 느끼지 못한다.

이 모든 일에도 자연은 결코 무너지지 않는다.
만물 속 깊은 곳에 참 귀한 생기 살아있기에.
마지막 빛이 어둠 너머 서쪽으로 사라져도
오, 갈색빛 동쪽 가장자리로 아침은 솟아오른다.
성령이 둥근 세상을 덮어, 따뜻한 가슴으로
아! 그 찬란한 날개로 품어 주시기에.

이탈리아 소네트 형식을 따르는 이 유명한 시는, 인간 관찰자 앞에서 침묵하는 자연을 노래하는 것으로 보는 것이 가장 적절하다. 어떤 사람들은 그 면모를 무시해서 이 시가 지니는 초월적 의미를 놓쳐 버린다. 하지만 자연에는 자신의 신적 원천을 가리키고, 하나님의 영광—홉킨스는 "위엄"이라는 표현을 좋아한다—을 증언할 수 있는 능력이 있다. 인간이 그 능력을 알아보지 못한다고 해서, 조물주의 위대함을 선포하는 자연의 능력이 없어지지는 않는다. 홉킨스가 볼 때, 성령은 이해력이 떨어질 수밖에 없는 인간 정신을 깨우쳐 주심으로, 자연의 참된 의미를 분별할 수 있게 해준다.

생각해 볼 물음들

❶ 이 시의 첫째 연에서 홉킨스가 드러내는 근본 관심사는 무엇인가? 산업혁명이 영국의 풍경에 가한 충격을 지적하고 있는가? 아니면 훨씬 더 깊은 문제를 다루는가?

❷ 둘째 연은 피조물이 창조자에 의해 갱신된다는 주제를 다룬다. 이 부분에서 홉킨스가 주장하는 논점은 무엇인가?

❸ 성령에 대한 언급으로 끝나는 연에서 홉킨스가 말하려는 것은 무엇인가? 이것은 그가 시의 앞부분에서 인간이 저지른 자연 파괴와 자연 경시를 강조한 것과 어떤 관계가 있는가?

2.34

찰스 고어

: 교의와 신약성경의 관계

찰스 고어Charles Gore, 1853-1932는 19세기 후반과 20세기 초에 활동한 중요한 영국 신학자 중 한 사람이다. 1891년 "하나님 아들의 성육신"이라는 제목으로 행한 뱀튼 강연에서, 그는 예수 그리스도에 관한 신약성경의 진술이 발전해서 교리적이고 형이상학적인 진술로 이행한 현상을 탐구한다. 아돌프 폰 하르나크를 비롯한 몇 사람은 이러한 이행에 대해 기독교의 신학이 그리스 형이상학의 영향을 받아 일어난 부적절한 변화였다고 주장했다. 하지만 고어는 다른 견해를 제시해, 그러한 교의 공식들은 신약성경의 통찰들을 바르게 파악하여 지키기 위한 본질적 요소였다고 옹호한다1.23, 1.34 참조.

본문

그런데 이러한 결정 사항들은 신약성경에 나오는 사도적 가르침을 별도의 추가 내용 없이 새로운 형태로 표현한 것일 뿐이라고 말한다. 법률 규정이 도덕 원리를 보호하듯이, 그 결정 사항들은 사도적 가르침을 보호하려는 목적에서 새로운 형태로 표현된 것이다. 그것들은 그리스 변증법에서 사용하는 용어들을 빌려와 사도적 가르침을 공식으로 다듬어 냈다는 점에서만 발전이라고 말할 수 있다.

이 견해를 정당화하려 할 때, 무엇보다도 먼저 사도적 교사들이 사용한 초기 언어는 훗날에 나온 교회 언어와 같은 명료성을 지니지 못했다는 사실을 분명하게 인정할 필요가 있다. 하지만 신약성경 자체 내에서도 발전이 이루어지고 있었는데, 이처럼 점진적으로 가르침이 발전한 이유는, 적어도 그 의도의 측면에서 볼 때 매우 분명하다. 사도들은 자신의 양심과 씨름하는 가운데 점진적으로 예수 그리스도에 대한 확고한 믿음에 이르게 되었다. 사도들은 첫 제자들을 지도할 때도 이와 비슷한 과정을 사용했다. 직설적이고 간략하게 "예수 그리스도는 하나님이시다"라고 설교한 일은 제정신을 지닌 모든 유대인에게 충격을 주었을 것이고, 그들은 그 주장을 두 번째 하나님을 선포하는 것이라고 생각했을 것이다. 또 그런 설교는 '많은 신'을 믿었던 이방인들에게는 기꺼이 환영받았을 것이다. 그래서 사도행전의 기록을 살펴보면, 사도 바울이 이방인에게 처음 행한 설교는 기독교의 바탕이 되는 한 분이신 참 하나님에 대한 믿음을 다지는 데 집중하고, 유대인이나 유대교의 영향을 받은 사람들에게 처음 행한 설교는 예수가 그리스도라는 사실을 확고히 제시하는 데 할애했다. 유대인과 그리스인은 제각기 다른 논증 절차를 거쳐 그리스도의 도덕적인 권위와 신적 사명을 인정하고, 그렇게 해서 그리스도의 참 본성에 대한 믿음에 이를 필요가 있다. 무엇보다도 먼저 그리스도를 신뢰하고 따르는 일, 다시 말해 실제로 그를 믿는 일이 필요하며, 그 다음으로 그분에 관한 참 교리를 알아야 한다. 그래서 여러분이 사도 바울의 초기 서신들이나 사도 베드로의 첫 번째 서신, 야고보의 서신을 읽을 때면, 예수 그리스도의 신성이 명시적으로 주장되기보다는 암시된 경우를 더 많이 발견하게 될 것이다. 하지만 한 발자국 더 깊이 들어가 보면, 예수 그리스도의 신성을 거듭 언급하면서 명료하고 오류가 없는 것으로 제시하는 것을 보게 된다. 물론 겉으로는 하나님의 유일성 및 성부만 신성의 원천이 되신다는 진리를 지키기 위해 신중하게 계산된 말로 표현하기는 한다. 이런 예는 바울의 빌립보서와 골로새서 또는 히브리서, 요한복음과 요한 서신들에 나오는 중요한 교의적 본문들에서도 볼 수 있다.

이 문헌들의 언어에 대해서는 다음과 같이 말할 수 있다. 우선 공의회 교령들은 비록 전문적이지는 않더라도 부적절하게 제시된 내용이 하나도 없으며, 나아가 그 교령들은 본질상 보호 장치의 성격을 지닌 것으로서 적극적인 가르침의 원천이라기보다는 오류를 논박하는 기능을 담당한다. 이에 반해, 사도들의 언어는 광산과 같아서, 교회의 신조에서 처음부터 가르치고 지시한 대로, 우리는 거기서 영구하고 고갈되지 않는 적극적 가르침의 보화를 끌어올릴 수 있다. 교령들은 울타리일 뿐이며 신약성경은 목초지다.

논평

이 글에서 찰스 고어는, 신약성경의 개념적 내용을 옹호하기 위해서는 신약성경 자체의 어휘들을—그리고 그 개념 체계까지도—넘어설 필요가 있다고 주장한다. 그리고 이렇게 주장한다고 해서 계시의 원천인 신약성경의 타당성을 어떤 식으로든 포기하는 것이 아니라고 단언한다. 오히려 그는 신약성경이 마치 다양한 진리와 통찰을 채굴하는 "광산"과 같다고 주장하면서, 그런 "채굴" 과정에서 오류가 발생하지 않았다는 점을 보장하기 위한 명확한 원칙들이 필요하다고 주장한다. 교의를 형성하는 일에서 성경 자체를 넘어서는 사고가 필요하다는 점에 대해 고어와 아돌프 폰 하르나크가 의견을 같이한다는 점은 흥미롭다. 하지만 고어는 이렇게 하는 것이 완전히 적절한 일이라고 보는 반면, 하르나크는 교의의 형성이 헬라 철학과 같은 외부의 영향을 받아 불가피하게 왜곡될 수밖에 없다고 생각했다.

생각해 볼 물음들

❶ "교령들은 울타리일 뿐이며 신약성경은 목초지다." 이 구절에서 고어가 뜻하는 것은 무엇인가? 여러분은 그의 생각이 옳다고 생각하는가?

❷ 공의회의 교령들이나 신조의 진술들은 "신약성경에 나오는 사도적 가르침을 별도의 추가 내용 없이 새로운 형태로 표현한 것일 뿐"이다. 본문에서 이 구절의 위치를 확인하라. 고어는 이 과정이 필수적이라고 주장하는데, 그 이유는 무엇인가? 또 고어는 교의와 신약성경이 비록 형태에서는 다르나 실체에서는 동일성을 지닌다고 주장하는데, 그 이유는 무엇인가?

❸ 고어는 보호한다는 개념을 중요하게 여긴다. 이 생각은 이교 사상에 맞서 기독교의 가르침을 보호하기 위해 교의가 생겨났다는 그의 믿음을 반영하고 있다. 여러분은 이 견해를 어떻게 평가하겠는가?

2.35 ▼

제임스 오어

: 기독교에서 계시의 중심성

제임스 오어James Orr, 1844-1913는 19세기 말과 20세기 초에 활동한 저명한

스코틀랜드 신학자 중 한 사람이다. 오어는 글래스고에 있는 스코틀랜드 자유교회 신학대학에서 오랜 기간 교수로 지내면서, 교의신학에 관련된 많은 저술을 집필했다. 여기에 옮긴 글은 기독교인의 삶과 사고에서 성육신 교리가 차지하는 중심성—그 당시 영국의 신학 논의에서 널리 다루어진 주제다—을 체계화하기 위해 마련한 일련의 강의에서 선택한 것이다. 이 시기에 오어가 지녔던 특별한 관심사는 계시 개념이 기독교의 중심이라는 점을 입증하는 것이었다. 만일 "인격적이고 윤리적이며 자기를 계시하시는 하나님"이라는 개념을 부정하거나 그 내용을 변개한다면, 기독교인의 삶과 사고는 그 독특한 본질을 빼앗기게 된다2.47, 2.50 참조.

본문

이제 기독교 세계관을 긍정적인 측면에서 살펴보고, 그 세계관과 현대 사상의 관계를 헤아려 볼 차례다. 이 과제로 넘어가면서 나는 종교 자체의 출발점인 하나님의 존재를 다루는 것으로 시작한다. 기독교는 유신론적 체계이며, 그 첫 번째 공리는 인격적이고 윤리적이며 자기를 계시하시는 하나님이다.……우리가 살아계시는 하나님이라는 개념을 지키고자 한다면, 그 개념을 진지하게 다루어야 한다. 우리가 믿는 하나님은, 인간의 역사 속에서 살아있는 행위로 자기를 나타내시는 분, 인류를 위한 말씀과 메시지를 지니신 분, 인간에게 복을 주시려는 뜻과 능력을 지녀 그대로 행하시는 분이시다. 내가 앞서 주장했듯이, 유신론은 온전함에 이르기 위해 계시를 필요로 한다.

따라서 기독교의 신관은 단순히 자연신학을 토대로 삼은 모든 신 개념에 맞서는 힘을 지닌다. 기독교의 신관은 하나님과 계시라는 두 개념을 밀접한 관계로 엮어 하나로 묶는다. 기독교 교리는 일반적으로 유신론이라는 개념이 포괄하는 모든 것을 아우르면서 동시에 단순한 유신론을 훌쩍 능가한다. 기독교의 관점에서 볼 때, 하나님은 가장 생생한 방식으로 세계 역사 속으로 뚫고 들어오는 존재다. 하나님은 물질적 우주 안에 능동적으로—우주의 질서를 유지하고 인도하고 통제하면서—현존할 뿐만 아니라, 가장 직접적인 방식으로 인간의 역사 과정 속으로 들어오시고 그 안에서 일반적이거나 특별한 섭리에 의해 그리고 점진적이고 진보적인 계시를 통해 일하신다. 그런데 이 일은 동시에 실제적인 훈련과 교육으로 이루어져서, 인간에게 하나님에 대한 지식을 제공해 주어 그 지식을 힘입어 인간이 자기 실존의 최고의 목적을 깨닫게 하고 나아가 하나님의 목적을 이루는 일에 기꺼이 협력할 수 있게 해준다. 더 나아가 하나님을 구속하시는 하나님으로, 오래 참으시고 자비가 넘치시기에 인간을 구원하려는 은혜로운 목적을 사랑의 행위와 끝없는 희생을 통해 성취하시는 분으로 깨닫게 해준다. 따라서 기독교의 신관은 기독교 체계에 속한 나머지 모든 요소들—그리스도 안의 계시 개념, 그리스도를 통해 실현되는 하나님 나라, 그리스도 안에서 이루어지는 죄로부터의 구속—과 밀접하게 연계되어, 나뉠 수 없게 된다. 기독교의 신관이 사람들에게 생생한 신념을 불러일으키면서 참된 것으로 인정받게 되는 이유는—그 신관이 유신론으로서 지니는 추상적인 특성 때문이 아니라—바로 이러한 요소들을 지니고 있기 때문이다. 내가 유신론을 옹호한다고 말할 경우, 그것은 계시와 단절된 유신론이 아니라 온전한 기독교 견해로 완벽하게 다듬어진 유신론을 가리킨다.

논평

이 글에서 오어는 계시가 기독교 신앙에 필수적인지 아닌지의 문제를 다룬다. 오어는 필수적이라고 단언하면서, 몇 가지 특별한 근거를 제시한다. 그는 가장 중요한 근거 가운데 하나로, '단순한 유신론'은 하나님께서 역사 속으로 개입하여 그분 자신을 계시하고 인간을 구속하신다는 사실을 인정하는 데까지 확장되지 않는다면, 부적합한 종교 이론에 그친다고 주장한다.

생각해 볼 물음들

❶ 자연신학은 그 자체만으로도 하나님에 대한 지식이나 종교적 믿음의 원천으로서

완전한 자격을 지닌다고 보는 모든 주장에 대해 오어는 어떻게 답하겠는가?

❷ 오어가 이해하는 기독교와 "유신론"의 관계에 대해 설명하라. 그 둘은 동일한가? 만일 동일하지 않다면, 그 차이점의 근거는 무엇인가?

2.36 ▼

빌헬름 헤르만

: 계시의 본질

빌헬름 헤르만Wilhelm Hermann, 1846-1922은 제1차 세계대전 직전에 활동한 저명한 독일 개신교 자유주의 신학자로 널리 인정받았고, 프리드리히 슐라이어마허와 알브레히트 리츨을 직접 계승했다. 1879년부터 마르부르크 대학교에서 조직신학 교수로 지낸 오랜 기간에 걸쳐, 헤르만은 뒤이어 등장한 신학 세대에게 커다란 영향을 끼쳤다. 예를 들어, 젊은 시절의 칼 바르트가 그 세대에 속한다. 헤르만의 중요한 저술 중 하나는 1886년에 독일어로 쓴 『하나님과 그리스도인의 교제』*Der Verkehr des Christen Mit Gott*인데, 이 책에서 그는 자신의 가장 독특한 개념들을 제시했다. 한 가지 예로 하나님께 대한 그리스도인의 지식과 체험의 토대로서 나사렛 예수라는 역사적 인물의 중요성을 강조한 것을 들 수 있다2.43, 2.47 참조.

본문

1. 전달된 지식으로서의 계시

하나님은 우리에게 분명하게 말씀하시며 또 일하시는 가운데 우리의 말을 듣고 헤아려 주신다는 사실을 확신할 때에야 비로소 우리는 하나님과의 교제에 대해 말할 수 있다.

하나님은 우리와 교제하시기 위해 그분 자신을 우리에게 알리신다. 성경에 따르면 인간과 교제하시는 하나님은 그분 자신의 거룩함을 지키기 위해, 인간이 갖가지 노력으로 그분께 도달하려고 시도하는 일을 허용하지 않으신다. 하나님은 오직 한 가지 방법으로 그 일을 허용하시고, 그것을 통해 우리에게 그분 자신을 열어 보이신다. 그런데 만일 인간이 뭔가 도움을 받지 않고서는 모든 싸움과 의심을 뛰어넘어 하나님과 실제로 교제하는 자리로 오르는 것이 불가능하다면, 그와 마찬가지로 하나님에 관한 그 어떤 온전한 정보라 해도—그 정보를 하나님의 계시라고 주장한다고 해도—인간을 그 자리로 이끌어 줄 수 없다는 점도 확실하다. 물론 우리는 그러한 정보를 토대로 삼아 하나님 개념을 세울 수는 있다. 우리는 그런 계시의 실체를 기꺼이 인정할 수 있고, 그렇게 해서 우리의 신 개념이 옳을 것이라고 믿을 수 있다. 하지만 그럴 경우에도, 여전히 우리는 그렇게 계시된 하나님이 실제로 우리와 교제한다는 확신을 스스로의 힘으로 얻어내야만 한다. 만일 우리가 받은 것이 하나님에 관한 정보뿐이라면, 여전히 우리에게는 하나님께서 우리와 실제로 교제하신다는 확실성을 획득하는 일이 남아있게 된다. 그리고 우리의 그런 노력으로는 결코 의심을 정복할 수 없는데, 그 노력들 한가운데서 늘 의심이 솟아나기 때문이다. 그러므로 하나님에 관한 정보는, 비록 그것을 하나님의 계시라고 주장한다 해도, 하나님의 구원하시는 행위가 아니라 인간 자신의 노력에 근거하는 불안정한 경건을 낳을 뿐이다. 하나님은 결코 우리를 그처럼 비참한 형편에 내버려 두지 않으시는데, 적어도 개신교인들의 경우에 이 사실을 알 수 있는 길은 널리 퍼져 있는 다음과 같은 구호에 휩쓸려 꼭 필요한 한 가지 일을 놓쳐버리지 않을 때 비로소 가능하다. 그 구호는 "하나님께서 세상을 지으셨고, 한 쌍의 사람에게서 인류가 시작되었고, 하나님의 아들이 인간이 되셨으며, 죄책을 벌해야 하는 하나님의 요구가 그 아들의 죽음으로 충족되었는데, 이 모든 일이 당신을 위해 일어났다는 사실을 여러분은 반드시 믿어야 한다"라는 것이다. 이런 식으로 믿으려고 마음먹은 사람들은 자기 영혼에 고통을 더할 뿐이다. 이런 교리들이 그 자체로는 참될지 모르나, 우리는 이런 교리들을 통해서는 신앙에 확실성을 부여하는 그 실재를 얼굴을 맞대고 직접 볼 수가 없다. 이런 교리들은 단지 우리에게 어떤 사실을 말해 줄 뿐이며, 따라서 우리는 우리 자신의 노력으로 그 정보가 참된 것임을 확인해야 하기 때문이다.

2. 내적 체험으로서의 계시

하지만 우리는 이렇게 종교적으로 자립하려는 헛된 노력을 철저히 포기하며, 나아가 교리를 믿어야만 한다는 사고를 완전히 거부한다. 그런 주장들에 마음이 흔들리지 말고 스스로 한 가지 물음을 물어야 한다. "어떻게 우리는 살아 계신 하나님께서 우리와 교제하신다는 사실을 알게 되는가?" 그런데 이 사실을 확신하게 해주는 실재를 우리가 보고 이해하게 될 때, 우리는 우리 자신이 짊어져 온 고통스런 수고도 하나님의 행위에 힘입어 제거된다는 사실을 알게 된다. 그리스도인이 하나님께서 그분 자신을 알려 주려고 애쓰신다는 사실을 경험할 때, 그리고 그 일을 위해 하나님께서 얼마나 애쓰시는지 알게 될 때, 그는 앞서 언급한 교리들에서 무엇이 참된 것인지도 이해하기 시작하기 때문이다.

하나님께서는 우리에게 당신 자신을 알려 주시며, 그런 까닭에 우리는 **오직 한 가지 사실**을 통해, 그리고 **그분을 믿을 수 있게 해주는 그 사실에 의지하여**, 하나님을 알게 된다. 교리라는 것은 기껏해야 우리가 어떻게 하나님을 설명해야 하는지를 말해 줄 뿐이다. 그 어떤 교리도 하나님께서 실제로 우리를 위해 존재하신다는 온전한 확신을 우리 마음에 심어 줄 수 없다. 오직 한 가지 사실이 우리 안에 그 확신을 불러일으킬 수 있다. 그래서 우리 그리스도인들은 온 세상에서 하나님의 실재에 대한 모든 의심을 극복할 수 있게 해주는 것이 오직 한 가지 사실뿐이라고 주장한다. 그것은 바로 역사 속에 예수께서 오신 일이요, 신약성경 안에 우리를 위해 보존되어 온 그분에 관한 이야기이다. 하나님에 대한 우리의 확신은 여러 가지 다양한 경험에 의해서도 불타오를 수 있겠지만, 궁극적으로 그 확신에 이를 수 있는 가장 확고한 토대는 우리가 속한 역사 안에서 인간 예수를 의심할 수 없는 실재로 만난다는 사실에 있다.

물론 오랫동안 우리는 예수께서 능력으로 우리에게 나타나시는 경험이 없이도 그분에 관해 들어왔을 수 있다. 우리 눈이 처음으로 비가시적인 것을 향해 열리는 일이 오직 예수의 인격과의 만남을 통해서만 가능하다고 주장할 수는 없다. 어쩌면 우리 대부분에게 그러한 계시는 우리가 속한 친밀한 공동체 안의 사람들에게서 올 수가 있으며, 우리도 우리 차례가 되면 그와 비슷한 방식으로 다른 사람들을 섬겨야 한다. 하지만 진실함과 형제애를 통해 우리로 하여금 하나님과 함께하는 숨겨진 삶을 찾도록 도와주는 그 사람들은 하나님의 계시를 이루는 단편들이다. 하나님께서 역사 속에 우리를 위해 정해 놓으신 전체 계시는, 예수의 인격이 인간이 지닌 위대하고 숭고한 모든 것들을 훨씬 능가한다는 사실을 깨달을 때, 그리고 우리에게 강력한 영향을 미치는 사람을 보고서 예수께서 바로 그들에게 생명을 주신 분이요 주가 되신다는 사실을 깨달을 때, 비로소 우리에게 계시가 된다. 친밀한 공동체에 속한 사람들을 통해 알게 되는 하나님의 계시는, 우리가 예수와 친밀하게 됨에 따라 한편으로 밀리거나 그 가치를 박탈당하는 것이 아니라 오히려 더 깊어지고 온전하게 된다.

예수께서 그리스도이시라는 것이 그리스도인의 진정한 고백이다. 하지만 올바로 이해하면, 이 고백의 의미는 인간 예수를 통해 우리가 처음으로 하나님과의 참된 교제 속으로 들어가게 된다는 것이다. 이 말을 어떻게 받아들일지 묻는 사람들이 있을 터인데, 진심으로 하나님을 찾는 사람들에게는 그 일이 놀라울 정도로 간단한 것이라고 답하겠다. 하지만 기독교 세계 한가운데로 숨어든 도둑들(요 10:1)로 말미암아 그 일이 흔히 어려운 것이 되어 버리는데, 그들은 인간 예수가 아니라 다른 길을 통해 하나님과의 교제에 이르게 되는 것처럼 주장한다. 가장 빈번하게 등장하는 것이 예수에 관한 교리라는 우회로로, 여기서는 예수를 높이 치켜세워 찬양하고 그렇게 해서 예수의 인격과 만날 길을 차단하는 편리한 장벽을 만들어 낸다. 이 장벽으로 인해 무수한 사람들이 구원에 이르는 유일한 길이 막혀 버린다. 믿기만 하면 훨씬 더 고상한 것들, 곧 놀라운 교리들—신앙의 객관적 대상*fides quae creditur*—을 얻을 수 있다는 생각을 사람들에게 주입함으로써, 인간 예수가 바로 그리스도라는 신성하고 간단한 사실을 혐오스러운 것으로 만들어 버린다. 그 결과 우리 개신교인들 사이에서도 하나님을 만나는 일을 가장 좋은 일로 여기거나, 심지어 그 일을 하나님에게서 오는 놀라운 선물로 여기는 일이 매우 어렵게 되었다. 예수만이 우리로 하여금 살아 계신 하나님을 확신할 수 있게 해준다는 사실을 대부분의 사람들이 하찮게 생각한다. 그 사람들은 자신들이 '믿는' 모든 교리 가운데 하나님 존재에 관한 교리가 가장 기본적이라고 생각한다.

논평

빌헬름 헤르만은 리츨의 이론을 이어받아 넓게는 종교적인 삶에서, 구체적으로는 그리스도론 분야에서 그 이론을 한층 더 발전시킨 사람이라고 볼 수 있다. 앞선 시대에 활동한 슐라이어마허와 리츨처럼, 헤르만도 그리스도론과 구원론의 밀접한 관계를 주장했다. 다시 말해 그리스도가 누구인가는 그가 우리에게 끼친 영향을 통해 알 수 있다고 보았다. 예수의 종교적 중요성은 그의 종교적 인격, 특히 그의 '내적 존재'와 그 인격이 신자들의 마음에 끼친 영향에서 찾을 수 있다.

우리는 비판적·역사적 방법을 통해서가 아니라 복음서의 예수가 민감한 독자들에 끼치는 주관적인 감동을 통해 신앙의 확신에 이르게 된다. 이 저술의 다른 곳에서 헤르만은 이렇게 말한다. "우리가 하나님을 우리에게 커다란 영향을 끼치고 그런 경험을 통해 세상을 이길 힘을 얻게 해주시는 능력이라고 이해한다면, 우리는 하나님이 우리 안에서 그런 일을 행하셔서 그분 자신을 계시해 주시는 한에서만 하나님을 알 수 있다." 이것은 헤르만 사상의 중심 주제, 곧 "우리 안에서 이루어지는 하나님의 사역"과 여러 가지 면에서 동의어로 사용되는 계시 개념을 가리킨다. 하지만 헤르만이 계시를 일반적으로 타당한 지식이라는 의미로 생각하지 않는다는 점도 강조할 필요가 있다. 오히려 그는 계시를, 생명을 주시는 하나님의 능력을 인식하게 해주는 인간적 경험을 뜻하는 것으로 본다. 우리가 다룬 위의 본문에서 이 점이 분명히 드러난다.

생각해 볼 물음들

❶ 헤르만은 '계시'라는 말을 어떻게 이해하는가?

❷ 헤르만은 어떻게 계시라는 주제 안에 인간의 경험을 포함하는가? 계시는 종교 경험의 영역 안에서 일어나는가, 아니면 신성에 관한 개념들의 형태로 일어나는가?

❸ "하나님에 대한 우리의 확신은 여러 가지 다양한 경험에 의해서도 불타오를 수 있겠지만, 궁극적으로 그 확신에 이를 수 있는 가장 확고한 토대는 우리가 속한 역사 안에서 인간 예수를 의심할 수 없는 실재로 만난다는 사실에 있다." 본문에서 이 구절의 위치를 확인하라. 헤르만이 이 구절에서 말하려는 바는 무엇인가? 이것은 그의 계시 개념과 어떤 관계에 있는가?

칼 바르트

: 하나님의 자기 드러냄인 계시

2.37 ▼

이 중요한 글은 스위스의 개신교 신학자 칼 바르트가 1932년 독일어로 출간한 『교회교의학』 1/1에서 인용했다. 이 글에서 바르트는 "계시" 및 "하나님의 말씀"과 예수 그리스도의 관계에 대한 견해를 펼친다. 그의 이론은 복잡하고 미묘하게 얽혀 있고, 인간이 하나님에 관해서 무언가를 알고자 한다면 반드시 하나님의 계시가 필요하다는 점을 강조한다. 여기서 "man"으로 번역된 독일어 *Mensch*는 사실 성 구분이 없는 말이고, "인간"human person으로 옮겨야 마땅하다2.35, 2.38, 2.47 참조.

근본적으로 하나님의 말씀은 하나님께서 영원히 숨어 계시는 가운데 스스로 자신에게 하시는 말씀이 분명하다. 우리는 나중에 삼위일체론의 맥락에서 계시 개념을 다룰 때 이 크고 절대적인 진리를 다시 살펴볼 것이다. 그런데 하나님의 말씀은 또 의심의 여지없이 계시와 성서와 선포를 통해 인간에게 말을 걸어오는 말씀이다. 그래서 우리는 즉시 이 말씀을 듣고 이해하는 사람을 떠올리지 않고서는 결코 이 말씀에 대해 말하거나 생각할 수가 없다. 하나님의 말씀, 곧 교회 그 자체이신 예수 그리스도는 불가피하게 우리를, 이 말씀의 수용자인 동시에 전달자로 예비되고 부름 받고 규정된 사람들이 있었으며 또 있게 될 것이라는 인식 앞에 세운다. 따라서 하나님의 말씀은 우리를 이른바 인간학적인 문제 앞에, 다시 말해 어떻게 인간이 그런 사람이 될 수 있겠는가라는 문제 앞에 서게 만든다. 내가 "이른바 인간학적인 문제 앞에"라고 말했는데, 이 말은 어떤 유보조항을 전제로 하고서야 그렇게 부를 수 있다는 사실을 지적한 것이다. 그렇지 않으면 그렇게 부를 수 없는가? 아무런 조건도 없이 하나님 말씀의 인식 가능성 문제를 인간학의 문제라고 말할 수 있을까? 우리는 인간이 자기가 할 수 있는 다른 모든 일과 마찬가지로 이 인식 가능성과 관련해서도 일반적으로 무엇을 할 수 있고 또 무엇을 할 수 없는지를 물어야 할까? 인간에 관한 진리로서, 일반적으로 인식이 가능하고 또 자체 내에 하나님의 말씀을 인식할 수 있는 인간의 능력도 지니는 일반적인 진리라는 것이 있는가?……우리가 이 물음을 물을 수밖에 없는 까닭은, 종교개혁 이후로 개신교 역사에서 이루어진 거의 확정적인 발전의 결과로, 우리가 현대주의라고 부르는 교회 진영 안에서 이 문제에 대한 인상적이고 긍정적인 답이 나왔기 때문이다.……

관건은 하나님의 말씀 사건이 인간의 현실 속에서 일어나는 다른 사건들과 어깨를 나란히 할 수 있겠느냐는 문제다. 인간의 현실 속에 일어나기 위해서는 사실 인간 편에서 인간 자신이 그 사건을 받아들이는 잠재적 능력이 필요한데, 이 잠재적 능력은 인간이 인간으로서 타고난 기질과 기관에 속하는 것이요, 자기 성찰과 자신에 대한 인간학적 실존 분석으로 발견하고 도달할 수 있는 긍정적 또는 부정적 속성에 속하는 것이다. 간단히 말해 칸트 계열의 철학에서 '능력'faculty 이라고 부르는 것에 속한다.

그런데 말씀 사건은 인간의 편에서 그에 상응하는 가능성을 전제하는 것이라기보다는, 말씀 사건 자체가 가능성을 산출한 후 그 가능성을 사건으로 발생하게 함으로써 인간에게 부여하는 것이며, 그 결과 그 사건은 오직 하나님의 말씀에만 완전하고 배타적으로 적합한 가능성이기를 멈추지 않으면서도 인간의 가능성이 되는 것이라고 말할 수 있다. 또 우리가 다루는 말씀의 인식 가능성은 인간의 가능성으로 파악할 수 있기는 하지만, 다른 모든 가능성들과는 달리 인식 주체 곧 인간 자체라는 면에서는 결코 파악할 수 없고, 오직 인식 대상이나 인식의 현실이라는 측면에서만 파악할 수 있다. 하나님의 말씀의 본질에서 볼 때, 특히 앞에서 다루었던 하나님 말씀의 특성, 곧 인간을 목적으로 삼고 인간에게 적절하며, 인간에게 향하고 인간에게 말을 건넨다는 특성에서 생각할 때, 우리는 첫째 견해에 반대하고 둘째 견해를 옹호해야 한다. 지금 우리가 관심 있게 다루는 이러한 관점에서 우리는 하나님의 말씀을 하나님의 자유로운 사랑의 행위로 이해해야 하며, 마치 말씀을 전해 받고 듣는 인간이 어떤 식으로든 하나님 말씀의 개념에 본질적인 요소가 될 수 있는 것처럼 생각해서는 안 된다. 인간이 하나님의 말씀의 수용자라는 점은 그 말씀이 참인 만큼이나 분명한 사실이지만, 이 사실은 우리가 하나님의 본질에 관해 미리 알 수 있는 것에서 도출할 수 있는 것이 아니다. 또 우리가 인간의 본질에 관하여 미리 알았던 것에서 도출할 수 있는 것도 아니다. 만일 우리가 이러한 말씀을 향한 성향, 곧 말씀과 관련해서 본질적이고 독자적으로 인간이 타고난 인식 가능성을 인간에게 귀속시킨다면, 하나님의 말씀은 더 이상 은총일 수 없고 은총 그 자체도 더 이상 은총이 아닐 것이다. 그런데 인간에게 선포된 하나님 말씀의 내용을 다룬 단락에서 살펴본 것에서도 동일한 결론이 나온다.

그런데 우리는 이 말씀의 내용이, 실제로*in concretissimo* 각 사람에게 어떤 모양으로 나타나느냐와는 상관없이, 언제나 주님과 인간의 본래적이고 결정적인 만남이요, 인간이 스스로 손에 넣을 수 없는 계시 곧 인간에게 전해질 수 있을 뿐인 새로운 일의 계시라는 점을 밝혔다. 또 말씀의 내용은 절대적으로 "밖에 계시는" 창조자에 의해 인간 실존에 가해지는 제약으로, 이 제약으로 인해 인간은 자기 자신을 오직 무로부터 지음 받고 무 위에서 보존되는 존재로 이해하게 된다. 또 말씀의 내용은 인간의 현 실존 전체의 철저한 갱신인 동시에 그 실존에 대한 철저한 비판이다. 이 갱신과 비판으로 인해 인간은 자기 자신을 오직 무로부터 지음 받고 무 위에서 보존되는 존재로 이해하고, 자신이 은총을 의지해 사는 죄인이요 스스로 하나님께 등을 돌려 버림받은 죄인일 뿐이라는 사실을 깨닫게 된다. 마지막으로, 말씀의 내용은 다가오는 분이시요 엄밀한 의미에서 미래에 계신 분이시며 인간의 영원하신 주와 구주가 되시는 하나님의 현존으로, 이러한 하나님의 현존으로 인해 인간은 자기 자신이 주님을 바라보면서 그분의 미래를 향해 서둘러 나가는 자라고 이해하게 된다. 하나님의 말씀의 실제 내용을 기술하는 이런 공식들이 아니라, 하나님께서 친히 말씀하시고 늘 그 공식들대로 행하시는 그 말씀의 내용, 곧 하나님의 실제 말씀의 실제 내용을 통해 인간은 다음과 같은 사실을 분명하게 알 수 있다. 인간 편에서 듣거나 이해하거나 아는 능력, 다시 말해 피조물이요 죄인이며 기다리는 자인 인간이 이 말씀을 파악하는 역량을 지닐 가능성은 없다. 오히려 하나님의 실제 말씀에 상응하는 인식 가능성은 인간의 모든 능력과 역량이 할 수 있는 것과 비교해 상상조차 할 수 없는 새 일*novum*을 드러내 보이며, 따라서 그것은 순수 사실로 곧 하나님의 실제 말씀 자체와 정확하게 동일한 것으로 이해될 수 있다.

논평

이 중요한 글에서 바르트는 계시 신학의 기본 주제들을 제시하고, 계시의 현실과 삼위일체론을 연관시켜 설명한다. 바르트 신학의 흥미로운 면모 가운데 하나는 계시의 발생 사실과 하나님의 삼위일체 교리를 강한 신학적 끈으로 연결한다는 점이다. 역사적으로 20세기 후반에 들어와 삼위일체론에 대한 관심이 크게 되살아난 데는 바르트의 영향이 크게 작용했다고 볼 수 있다. 바르트가 사용한 두 개의 라틴어 용어는 설명이 필요하다. *in concretissimo*는 "실제로"라는 말로, *novum*은 "새 일"로 옮기는 게 가장 좋다.

생각해 볼 물음들

❶ "하나님의 말씀"에 관한 논의가 인간학적인 문제가 될 수 있다고 보는 주장에 대해 바르트가 우려하는 이유는 무엇인가? 이와 관련해서 바르트를 곤란하게 만든 일반적인 쟁점은 무엇인가? 인간 본성 안에 "말씀을 향한 성향"이 있다고 보는 견해를 그가 좋아하지 않는 이유는 무엇인가?

❷ 이 본문에서 바르트가 "하나님의 말씀"이라는 말로 뜻하는 것은 무엇인가?

❸ "하나님의 말씀, 곧 교회의 존재이신 예수 그리스도는 불가피하게 우리를, 이 말씀의 수용자인 동시에 전달자로 예비되고 부름 받고 규정된 사람들이 있었으며 또 있게 될 것이라는 인식 앞에 세운다." 본문에서 이 구절의 위치를 확인하라. 이 구절에서 바르트가 말하려는 바는 무엇인가? 바르트가 말씀의 수용자이자 전달자인 인간의 이중 측면을 밝힘으로써 제기하고 있는 논점은 무엇인가?

에밀 브루너

: 계시의 인격적 본질

2.38 ▼

1930년대에 이르러 스위스의 개신교 신학자 에밀 브루너Emil Bruuner, 1889-1966와 칼 바르트의 관계가 점차 멀어졌다. 처음에는 두 사람 모두가 인간과 대립하는 하나님의 타자성을 강조하는 '변증법적 신학자'로 보였지만, 브루너는 점차 인간이 "하나님의 대화 상대"가 된다는 개념과 더불어 인간을 향한 하나님의 인격적 현시를 강조하게 되었다.『만남으로서의 진리』*Truth as Encounter*에서 인용한 아래 본문에서 브루너는 신적 계시의 인격적 본질을 강조하는데, 이것이 하나님과 인간 사이의 대화라는 그의 개념의 핵심 요소가 된다 2.37 참조.

본문

하나님의 자기 계시는 객체가 아니라 전적인 주체의 행위이자 자기 내어줌이다. 주체는 더 좋게 표현하면 인격a Person이라고 할 수 있다. 자기 자신을 계시하는 인격, 다시 말해 주권과 자신과의 친교를 요청하는 동시에 제공하는 인격은, 객체라든가 객관적이라고 불리는 모든 것과 맞서는 가장 급진적인 반명제다. 이와 마찬가지로 인격적인 신뢰 행위는 주체성—곧 객체와 대립될 때에야 비로소 현실적인 것이 되는 주체성, 자기에게 낯선 것을 전유하는appropriates 주체성—과는 전혀 다른 것이다. 만일 우리가 이러한 맥락에서 전유에 관해 말한다면, 인간이 자기 자신을 하나님께 내어놓아 그의 소유가 되도록 하는 경우와 같은 것이 될 뿐이다. 그러나 우리가 신자로서 생각한다면, 여기서 의미하는 것이 무엇인지 알게 된다. 그것은 계시와 신앙에서 일어나는 일은 그런 식으로 완전히 다른 것이 되지 않고서는 진리의 틀과 진리의 지식 속으로 밀어 넣어질 수 없다는 사실이다. 하지만 성경 속에서 우리가 지금까지 말해 온 것들은 바로 진리라 불리는 것들이다.……이러한 성경적 "진리"는 다른 영역에서 진리라고 부르는 것과는 다른데, 이것은 이러한 인격적 만남과 양면적 자기 내어줌과 거기서 비롯된 친교 등이 추론을 도구로 사실들을 이해하는 일과 다른 것과 마찬가지다. 이렇게 말한다고 해서, 성경적인 진리 개념과 일반적이고 합리적인 진리 개념 사이에 이런 차이점을 뛰어넘는 긍정적인 관계들이 존재하지 않는다고 주장하는 것은 아니다.……성경의 관심사는, 하나님의 말씀과 신앙의 상호 관계 속에서 실현되는 인격적 소통을 밝히는 것이며, 역으로 인격적 소통이라는 성경의 근본적 범주를 성찰하면서 하나님의 말씀과 신앙에 관한 개념을 파악하는 일이다. 이런 절차를 통해 성경적인 진리 개념이 규정되고 다른 영역에서 이해하는 모든 진리 개념들과 구별된다.

논평

브루너의 사상이 당시 활동하던 유대인 사상가 마틴 부버의 '인격주의' 철학의 영향을 받았다는 것은 분명하다. 부버는 자신의 주저 『나와 너』*Ich und Du*, 1927, 영어로는 "I and You" 또는 "I and Thou"로 번역된다에서 관계의 범주를 '인격적인' 특성을 지니는 "나와 너"의 관계와 비인격적인 "나와 그것"의 두 가지로 분명하게 구분한다. 부버는 나와 너의 관계는 능동적인 두 주체, 곧 두 인격 사이에서 이루어진다고 주장한다. 이 관계는 상호적이고 호혜적인 특성을 지닌다. "근원어 '나-너'의 '나'는 인격으로 나타나고 자기 자신을 주체성으로 인식한다." 달리 말해 사람들 사이의 인격적 관계는 '나-너' 관계의 본원적 특성을 구체적으로 표현한 것이라고 부버는 말한다. 부버의 '나-너' 관계라는 개념에서 핵심은 관계 그 자체, 곧 두 인격을 이어 주는 만질 수 없고 볼 수 없는 끈이다.

브루너는 이러한 '나와 너'의 관계 개념을 계시론에 적용한다. 계시는 단순한 정보의 교환일 수가 없는데, 만일 그렇다면 하나님이 '그것'이라는 의미가 되어 버리기 때문이라고 브루너는 주장한다. 하나님이 참으로 '너'You라면, 계시는 당연히 인격적 현시의 형태를 취해야 한다.

생각해 볼 물음들

❶ 이 글의 시작 부분에서 브루너가 왜 '인격'의 개념을 매우 강조하는지 설명해 보라.

❷ 브루너에게 성경적 진리 개념은 인격적인 관계, 곧 "인격적 소통"을 함축한다. 그가 이렇게 생각하는 이유는 무엇인가? 그는 이 견해를 펼치면서 어떤 계시 개념들을 비판하는가?

❸ "자기 자신을 계시하는 인격, 다시 말해 주권 및 자신과의 친교를 요청하는 동시에 제공하는 인격은 객체라든가 객관적이라고 불리는 모든 것과 맞서는 가장 급진적인 반명제다." 이 구절에서 브루너가 말하려는 바는 무엇인가?

2.39

루돌프 불트만

: 비신화화와 성경 해석

루돌프 불트만Rudolf Bultmann, 1884-1976은 1941년 6월 4일에 행한 강연에서 '신약성경의 비신화화'라는 용어를 소개했다. 논란을 일으켰던 이 강연의 요지는 그리스도에 관한 신약성경의 선포를 뜻하는 케리그마*kerygma*가 신화론의 용어들로 진술되고 이해되었으며, 1세기에는 그런 신화론적 용어들이 완전히 타당하고 이해 가능했을 수 있지만, 오늘날에는 진지하게 받아들일 수 없다는 것이다(불트만은 이런 신화론적 용어들을 현존하는 유대교 묵시문학의 신화와 영지주의의 구속 신화에서 가져오고 또 '종교사학파'의 개념들도 빌려왔다). 따라서 이러한 신화론적 우주론을 제거하고, 그 바탕에 깔려 있는 실존론적 진리들을 발굴해 내는 것이 신약성경 해석의 과제라고 주장한다2.41, 2.43, 2.49, 10.20 참조.

본문

신약성경의 우주론은 본질적으로 신화적 특성을 지닌다. 세상은 삼중 구조로 이루어져, 가운데 위치한 땅과 위쪽의 하늘, 아래의 지하세계로 구성된 것으로 여겨진다.……역사는 중단 없이 부드럽게 이어지는 과정을 따르지 않고, 초자연적인 힘들이 역사를 움직이고 통제한다. 이 세대aeon는 사탄과 죄와 죽음의 굴레에 매여 있으며……종말을 향해 빠르게 달린다. 종말은 곧 다가올 것이고, 우주적 재앙의 형태로 나타날 것이다. 종말은 마지막 때의 '환난'으로 시작할 것이다. 그다음에 하늘에서 심판자가 내려오고, 죽은 자들이 일어나고, 최후의 심판이 있어 사람들은 영원한 구원이나 저주로 떨어지게 된다. 이것이 신약성경에서 설교 주제로 구속사건을 설명할 때 전제로 삼고 있는 신화적 세계상이다.……

현대인들이 기독교의 설교에서 제시되는 이러한 신화적 세계관을 참된 것으로 받아들일 수 있을까? 그런 세계관을 받아들이는 일은 어리석고도 불가능한 일일 것이다. 어리석은 까닭은 그 신화적 세계관 속에 기독교 특유의 요소가 아무것도 없기 때문이다. 그것은 과학 이전 시대의 우주론일 뿐이다. 불가능한 까닭은 세계관이라는 것을 선택하여 받아들일 수 있는 사람은 아무도 없기 때문이다. 세계관은 역사 속에서 우리가 위치한 자리에 따라 이미 결정된 것이다.……전깃불과 라디오를 이용하고 몸이 아프면 현대 의학 기술의 도움을 받으면서, 그와 동시에 정령과 기적으로 가득한 신약성경의 세계를 믿는 것은 불가능하다.……

신화의 본래 목적은 사실 그대로의 객관적 세계상을 설명하는 것이 아니라, 인간이 자기가 사는 세상 속에서 자기 자신을 어떻게 이해하는지를 표명하는 데 있다. 따라서 신화는 우주론적으로 해석할 것이 아니라 인간학적으로, 더 나은 말로 하자면 실존론적으로 해석해야 한다.……그러므로 신약성경 신화론의 가치는 겉으로 나타난 표상들이 아니라 그 안에 간직된 실존 이해에서 찾아야 한다. 이러한 실존 이해가 참된 것이냐가 실질적인 문제가 된다. 우리는 신앙으로 그것이 참이라고 주장하며, 신약성경 신화론의 겉 표상들에 신앙이 얽매이게 해서는 안 된다.……우리의 과제는 신약성경의 이원론적 신화론을 실존론적으로 해석하는 것이다.……우리가 해결해야 할 것은, 신약성경이 우리에게 참된 자기 이해를 제시하여 진정한 실존적 결단에 이르도록 이끌어주느냐의 문제다.

논평

불트만은 빌헬름 헤르만을 따라 신학적 진술들은 원칙상 본질 그대로의 하나님이 아니라 우리와 관계 맺는 하나님에 관하여 논할 수 있을 뿐이라는 점을 강조한다2.36 참조. 불트만의 이 주장에 의하면, 신학적 진술들은 인간의 실존적 상황에 관한 진술로 제시될 수밖에 없다. 신약성경에서 제시하는 하나님에 관한 진술들은 인간 실존의 관점에서 해석된 것들이다. 그래서 불트만은 신약성경의 신화들을 실존론적인 용어들로 해석하는 것이 가능하고 또 필요하다고 주장한다. 불트만이 '신화'라는 말을 사용해도, 그것이 '종교적인 이야기'가 완전히 허위라는 뜻이 아님을 분명히 알 필요가 있다. 불트만의 정의에 따르면, 신화는 초월적 실재를 이 세상의 용어로 설명하는 사고 형태다. 불트만은 이 이야기들이 바탕에는 실존론적인 의미를 품고 있으며, 적합한 해석 과정을 밟아 그 의미를 파악하고 받아들일 수 있다고 주장한다.

불트만의 신학은 두 개의 초점을 중심으로 삼아 그려진 타원이라고 볼 수 있다. 첫째 초점은 신약성경의 비신화화 작업, 곧 실존론적 해석이며, 둘째 초점은 케리그마다. 케리그마는 우리에게 선포되어 실존적 위기를 불러일으키면서 실존적 결단을 요구하는 하나님 말씀의 선포라는 개념이다. 신약성경의 낯선 언어 아래에는 우리에게 가능성으로 제시되어 우리 몫으로 받아들일 수 있는 생명의 길에 대한 선포가 놓여 있다. 신화라는 '껍질' 안에 케리그마라는 '알맹이'가 담겨 있다. 신화적인 '껍질'을 오늘날의 실존론적 용어들로 번역함으로써, 기독교 선포의 핵심을 되찾고 현대인에게 납득할 만한 것으로 제시할 수 있다.

생각해 볼 물음들

❶ 불트만은 자신이 "과학 이전"이라고 이름 붙인 세계관을 폐기하면서, 어떤 근거들을 제시하는가? 그런 세계관의 폐기는 기독교 복음에서 고대적 사고방식을 벗겨 내는 것이라고 불트만은 주장한다. 이 주장에 대해 그가 제시하는 근거는 무엇인가? 여러분은 어떻게 생각하는가?

❷ "신화의 본래 목적은 사실 그대로의 객관적 세계상을 설명하는 것이 아니라, 인

간이 자기가 사는 세상 속에서 자기 자신을 어떻게 이해하는지를 표명하는 데 있다." 본문에서 이 구절의 위치를 확인하라. 이 구절에서는 '신화'를 어떻게 이해하는가?

❸ 불트만의 '비신화화'라는 말이 의미하는 것은 무엇인가? 불트만은 20세기의 "인간이 자기가 사는 세상 속에서 자기 자신을 어떻게 이해하는가"라는 관점에서—즉 실존주의의 관점에서—복음을 해명하는데 사실 이것은 재신화화 작업일 뿐이라고 비판하는 사람들이 있다. 불트만 자신이 제시한 기준에서 생각해도 이것은 분명 '신화'가 아닌가? 이에 대해 그는 어떻게 대답하겠는가?

❹ 불트만이 신화를 이해하는 접근법은 C. S. 루이스의 이론과 어떤 관계가 있는가?

2.40 ▼

교황 비오 12세

: 불가타역 성경의 권위

비오 12세 교황(1876-1958)은 1943년 9월 30일—불가타 성경으로 알려진 라틴어 성경을 번역하는 책임을 맡았던 성 히에로니무스의 축일—에 교황 회칙 「성령의 영감」*Divino afflante Spiritu*을 발표했다. 이 회칙은 라틴어역 불가타 성경 대신에 성경 원어에 기초한 새 번역본의 필요성을 인정했다. 비오 12세는 성경의 본문 비평 연구를 장려하는 한편, 가톨릭교회에서 성경을 여러 자국어로 새롭게 번역할 수 있는 토대를 놓았다. 저명한 가톨릭 성경학자 레이먼드 브라운Raymond E. Brown은 이 회칙을 가리켜 가톨릭 성경학의 '마그나카르타'라고 불렀다. 그 회칙에서 인용한 아래 글에서, 가톨릭교회의 성경학과 신학이 1546년 트리엔트 공의회에서 유일한 지위를 인정받았던 불가타 성경에 더 이상 의존하지 않아도 된다는 점을 밝힌다

2.19, 2.25, 2.49 참조.

19. 오늘날 이 분야의 학문[본문 비평학]이 매우 완벽한 수준에 도달했기에, 모든 수단을 동원해 가능한 한 신속하게 성경과 고대 문헌들을 가톨릭판으로 펴내야 한다. 이 일이 성경 연구자들에게 맡겨졌는데, 쉽지 않으나 영예로운 임무다. 이 작업은 거룩한 본문을 크게 존중하는 자세와 더불어, 모든 비평학적 원칙들을 정확하게 준수한다는 기준에 따라 행해져야 한다. 이렇게 긴 시간이 소요되는 작업은 하나님께서 주신 문서들을 바르게 이해하기 위해 필요할 뿐만 아니라, 크신 섭리의 하나님, 지극히 높은 보좌에서 마치 자녀들에게 편지를 보내듯이 이 책들을 보내 주신 하나님께 감사할 줄 아는 신심에 이르기 위해서도 반드시 필요한 일임을 모두가 알아야 한다.

20. 이렇게 원어 본문을 비평학의 방법에 맞춰 사용하는 것이, 트리엔트 공의회에서 라틴어 역 불가타 성경에 관해 가르친 지혜로운 교령에서 후퇴한 것이라고 생각하는 사람이 있어서는 안 된다. 공의회 의장들은 공의회의 이름으로 교황에게 아뢰어, 우선은 라틴어 본문과 다음으로 그리스어 및 히브리어 본문을 할 수 있는 데까지 바르게 수정해서 하나님의 거룩한 교회의 유익을 위해 출간하기를 청원하도록 위임받았으며, 그 일을 충실히 수행했다는 사실은 역사적으로 확실하다. 이러한 요구가 당시에는 시간 문제 등 여러 가지 어려움으로 제대로 시행될 수 없었지만, 이제는 가톨릭 학자들의 단합된 노력으로 더 완전하고 철저히 수행할 수 있게 되었기에, 그대로 행해지기를 진심으로 소망한다.

21. 트리엔트 공의회는 라틴어역 불가타 성경을 "모든 사람이 참된 성경으로 사용하기" 원했는데, 모두가 알다시피 이 바람은 라틴 교회에게만, 그리고 그 성경을 공적으로 이용하는 데만 해당한다. 그렇다고 해서 그 성경이 어떤 식으로든 원본 성경의 권위와 가치를 과소평가하는 것도 아니다. 왜냐하면 그때 이 원본 성경에는 아무런 문제가 없었고, 오히려 당시 널리 통용되었던 라틴어 역본들에 문제가 있었는데, 트리엔트

공의회는 이 역본들 가운데 "교회에서 오랫동안 계속 사용함으로써 인정받은" 것을 더 나은 것으로 선언했던 것이다. 그러므로 불가타 성경이 지니는 이런 특별한 권위, 곧 진정성(眞正性)은 특정한 비평적 근거를 바탕으로 공의회가 확증한 것이 아니라, 그 성경이 오랜 세월에 걸쳐 교회 안에서 적합한 것으로 사용되어 왔다는 사실에 따른 것이다. 이렇게 사용되어 오면서, 불가타 성경은 교회가 신앙과 도덕 문제에서 줄곧 이해해 온 관점에 비추어 보아도 아무런 오류가 없다는 것이 확인되었고, 그래서 교회가 증언하고 확증하듯이 토론과 강의와 설교에서 오류의 염려 없이 안전하게 인용할 수 있었다. 따라서 불가타 성경의 진정성은 비평적 측면이 아니라 법적 측면에서 인정받는다.

22. 교리 문제들과 관련해서 불가타 성경이 이런 권위를 지닌다고 해서, 원본 성경을 기준 삼아 그 교리를 확인하고 확증하는 일을 차단하는 것은 아니고, 또 일상의 모든 일에서 성경의 바른 의미를 분명히 밝히기 위해 원본 성경으로 돌아가 도움을 구하는 일도 결코 막지 않는다. 오히려 오늘날에는 그렇게 하는 일을 더욱 권장하기까지 한다. 트리엔트 공의회의 교령은 신자들이 거룩한 말씀을 유용하게 사용하고 더욱 바르게 이해할 수 있도록 성경을 자국어로 번역하되 원본 성경에서 직접 번역하는 일을 반대하지 않는다. 우리가 알다시피, 많은 나라에서 이미 이렇게 번역하는 일이 교회 당국의 승인을 받아 놀라운 방식으로 이루어지고 있다.

논평

이 회칙의 앞부분에서 비오 12세는 트리엔트 공의회 이후로 성경 연구와 번역의 학문이 얼마나 놀랍게 발전했는지에 대해 언급했다. 그 결과 이제 불가타 성경은 교회의 영구한 원천 자료라기보다는 그 시대에 한정되었던 번역본이라고 보는 것이 옳다고 선언했다. 회칙에서는 비판적인 성경학과 번역이 계속해서 교회의 지도를 받아 교회 안에서 수행되어야 할 작업이라고 보면서도, 그 작업들을 신학적으로나 영적으로 중요한 것으로 인정해야 한다고 분명히 밝히고 있다.

생각해 볼 물음들

❶ 비오 12세가 불가타 성경에 더해 다른 성경 번역본들을 사용하도록 허용하는 근거는 무엇인가?

❷ 비오 12세는, 트리엔트 공의회가 불가타 번역본에다 교회의 삶과 관련해 중요한 역할을 부여했다고 주장한다. 그가 이렇게 주장하는 이유는 무엇인가?

❸ 위의 본문에서 비오 12세의 회칙을 가리켜 "가톨릭 성경학의 마그나카르타"라고 말하는데, 그 이유는 무엇인가?

2.41 ▼

오스틴 파러

: 비신화화, 역사, 성경 해석

영국의 신약학자이자 철학적 신학자인 오스틴 파러Austin Farrer, 1904-1968는 신약성경의 비신화화를 주장하는 루돌프 불트만에 응답하여, 교회는 이미 오래 전부터 바로 그와 같은 해석 문제와 씨름해 왔는데 불트만이 그 사실을 알지 못했다고 지적했다. 게다가 역사를 무시해야 한다는 주장은 비현실적일 뿐만 아니라 잠재적으로 신앙을 파괴하는 것이라고 보았다 2.34, 2.39, 2.43, 2.50, 10.20 참조.

본문

불트만의 주요 관심사는 신약성경을 해석하는 데 종교적 믿음의 이론을 적용하는 일이었다. 그는 그리스도의 신성은 초월적인 것이요 신앙으로 확인되는 것이며, 우리의 현존재 속에 들어와 자리 잡기까지는 단언할 수 없는 것이라고 바르게 주장한다. 이렇게 말하면서 그는 고등의 초월 교리를 인정한다. 우리의 의지를 십자가에 매달기 위해 '가시적인' 면에서 우리 현존재 위에 새겨지는 그리스도의 십자가는 우리를 훌쩍 초월하여 불가시적인 면에서 그리스도를 매달아 처형했던 갈보리까지 거슬러 나가기 때문이다.

불트만은 그리스도의 신성이 우리의 현존재 안에서만 알려질 수 있으며 역사적인 탐구로는 결코 밝힐 수 없다고 주장하는데, 이 주장도 참된 것으로 받아들일 수 있다. 역사 연구의 방법들은 하나님이 한 인간 안에 살았다는 사실을 입증하지 못하며, 단지 어떤 일을 행하고 어떤 말을 했다는 사실만 확증할 수 있다. 물론 역사 연구의 성과는 내 안에서 신앙을 불러일으키는 것들을 내게 분명하게 보여줄 수 있다. 가령 복음서의 말씀에서 그리스도가 자신을 하나님의 아들로 선포했다는 사실을 내가 역사학을 통해 납득하게 된다면, 불트만 박사가 설교단에서 그리스도에 대해 설교하는 것을 듣지 않고서도, 그때 그 자리에서 그리스도를 믿게 될 것이다. 그와는 달리, 불트만 박사가 교회의 신앙에 관해 선포하는 것을 들었더라도, 나는 시간을 들여 성서를 탐구하기 전까지는 그의 말을 믿지 않을 것이다. 내가 이러한 깨달음에 이르게 된 것은 교회 신앙의 원초적 내용들이 복음서들 안에만 있는 것이 아니라 복음서들 배후의 역사적인 사실에도 있다는 점을 역사학의 연구를 통해 납득했기 때문이다.

불트만 박사야 혼동하지 않았겠지만 그의 독자들이 주의해서 보아야 할 '역사'의 모호한 특성이 있다. '역사'라는 말은 어떤 때는 학문을 가리키는 말로 사용되고 또 다른 때는 명확하고 논리적인 성격을 지니는 진술을 가리키는 말로 사용된다. 첫째 의미에서 우리는 역사적인 추론과 그것에 기초한 역사적 결론들을 다루며, 또 역사적인 결론들로 표현되는 역사적인 진술들만을 논한다. 하지만 둘째 의미에서, 역사적인 진술은 역사학의 방법이나 추론과 관련된 필요가 전혀 없다. 투시력을 지닌 어떤 사람이 한 뽕나무의 껍질을 쓰다듬은 후에 그 나무는 앤 여왕이 심은 것이라고 주장한다면, 그는 이 둘째 의미로 역사적 진술을 하는 것이다. 나는 그의 재능을 크게 존경하여 그의 말을 믿을 수도 있는데, 이 경우 나는 앤 여왕에 관한 역사적 진술(둘째 의미)을 믿지만 역사적인 근거들을 바탕으로 삼아 믿는 것은 아니다.

그런데 불트만 박사는 역사적인 근거들(첫째 의미) 외에는 그 어떤 것도 우리 마음에 역사적인 믿음(둘째 의미)을 심어줄 수 없다고 주장하는 것처럼 보인다(이에 대해 나는 더 이상 말하지 않겠다). 예를 들어, 학문적 역사의 엄격한 추론은 우리에게, 마태복음과 마가복음에 나오고 요한복음에 암시되어 있는 동정녀 수태 이야기들이 그 사건의 사실적 진리를 가리키는 것으로 받아들이라고 강요하지 않는다고 불트만은 주장하는데 이에 우리도 동의할 수 있다. 그런데 불트만은, 만일 그렇다면 우리는 신앙의 근거들 위에서 동정녀 수태를 역사적인 사실(둘째 의미)로 믿을 수 없는 것이라고 생각하는 듯하다. 다시 말해, 불트만의 견해에 따르면, 신앙은 역사적인 믿음의 영역을 확대할 수는 없고 단지 역사적인 추론(첫째 의미)이 지지하는 만큼의 역사적인 믿음의 영역 안에다 불가시적이고 신성한 안감을 덧붙일 수 있을 뿐이다. 나는 이것이 잘못이라고 생각한다. 그리스도인들은 신앙으로 그리스도 안에서 찾아낸 것으로 말미암아, 다른 사람들에 대한 증거로 제출되었다면 결정적인 것으로 인정받지 못했을 사실 증거들을 그리스도에 관한 것으로는 받아들이곤 한다. 내가 볼 때, 이런 믿음의 과정을 인정하지 않으려는 그리스도인은, 마치 친구를 신뢰하는 일에 낯선 사람을 신뢰하는 데 필요한 것과 동일한 보증을 요구하는 사람처럼, 지나치게 까다롭고 비합리적으로 보인다. 따라서 그리스도의 십자가 죽음을 우리의 구원에서 초자연적이고 화려한 안감과 같은 것이라고 믿는 것이 아니라 실제로 그리스도가 죽은 자들 가운데서 몸으로 부활했다는 믿음에 이르기 위해서는 신앙과 증거 가운데 어느 하나가 아니라 그 두 가지가 다 필요하다. 신앙을 동원해 증거를 확증하는 일은 지적 성실성이라는 면에서 매우 힘겨운 노력을 필요로 한다. 우리는 증거 없이 믿거나 증거에 반해 믿어서는 안 된다. 그래서 불트만 박사가 증인들 사이에서 일어나는 충돌을 내세워서 구원 기적들에 대한 증거를 약화시킬 때 나는 그의 주장이 타당하다고 인정한다. 내가 동의하지 않는 것은 그가 본문들에서 끌어내는 해석뿐이다.

논평

이 글에서 파러는, 교회가 지금까지 당대의 사고 유형과 교회의 선포가 밀접한 연관성을 지닌다는 점을 밝히기 위해 애써 온 일과, 불트만의 견해가 어떤 점에서 다른지 밝히라고 불트만에게 요구한다. 그는 불트만이 성경 해석의 역사를 좀 더 자세히 살펴볼 필요가 있다고 지적한다. 하지만 파러에게 더 중요한 일은 신약학이나 기독교 신학이 역사를 포기하는 일이 있어서는 안 된다는 것이다. 신앙의 역사적 근거들을 탐구하는 문제는 확실히 해결될 수는 없을 것으로 보인다. 그럼에도 분명한 사실은 신약성경 자체가 역사적 사건들을 중요한 것으로 인정하고 있고, 결코 무시하거나 하찮게 생각해서는 안 될 것으로 여긴다는 점이다.

생각해 볼 물음들

❶ 불트만의 이론에서 파러가 깊은 관심을 기울이는 문제는 무엇인가? 여러분은 파러가 불트만 이론의 기본 주제들에 공감한다고 생각하는가?

❷ "교회 신앙의 원초적 내용들이 복음서들 안에만 있는 것이 아니라 복음서들 배후의 역사적인 사실에도 있다." 본문에서 이 구절의 위치를 확인하라. 이 구절에서 파러가 주장하려는 논점은 무엇인가?

❸ 파러는 '역사'라는 말을 두 가지 의미로 구분한다. 그 두 가지를 여러분 자신의 말로 설명해 보라. 파러는 불트만의 견해를 다루는 작업에서 이 구분을 어떻게 이용하는가?

2.42

게르하르트 폰 라트

: 예표론과 성경 해석

구약과 신약은 어떤 관계인가? 알다시피 이 문제는 기독교 역사 전반에 걸쳐, 특히 교부 시대와 중세에 두드러지게 논의되었다. 근래에 와서 이 문제를 둘러싼 가장 흥미로운 논의 중 하나는 독일의 구약학자 게르하르트 폰 라트Gerhard von Rad, 1901-1971에게서 시작했다. 폰 라트는 그의 저명한 책 『구약성경 입문』에서 신약 저자들이 구약 이야기들을 해석하고 규명했던 방식을 탐구했으며, 더 나아가 구약을 이해하는 '예표론적' 이론을 다듬어냈다. 폰 라트의 주장에 따르면, 구약성경 자체가 "구원 역사"를 재해석한 증거를 보여주며, 그래서 동일한 역사 사건이 저자에 따라 다른 방식으로 해석되었다는 것을 알 수 있다. 신약성경의 구약 사용은 이 과정을 확장한 것일 뿐이다2.1, 2.8, 2.14, 2.15, 2.39, 2.41, 2.44 참조.

본문

우리가 살펴볼 첫 번째 논점은 신구약 성경에 등장하는 구원 사건들 사이에서 확고한 '구조적 유사성'을 발견할 수 있다는 사실이다. 이 유사성은 우선 말씀에 의한 계시와 사건에 의한 계시를 독특하게 결속하는 방법이 두 성경 모두에서 분명히 나타나는 데서 확인할 수 있다. 따라서 이 유사성은 앞서 살펴본 모든 유형의 신화론적 사변과는 구별되는 특성을 보여준다. 예언자들이 자신이 계시를 받은 때를 세상의 역사적 · 정치저 사건의 날짜와 정확하게 일치시키고, 그렇게 해서 그 계시들이 실제의 역사 사건으로 지니는 특성을 강조했던 방식은 다른 종교에서는 유례를 찾아볼 수 없는 것이었다. "웃시야 왕이 죽던 해에"라든가 "아하스 왕이 죽던 해에"와 같은 구절은 기독교에서 말하는 "본디오 빌라도에게 고난을 받아"라는 구절을 연상케 한다. 하지만 구약성경과 신약성경 사이의 가장 큰 유사성은,

사람들이 고통스럽게도 하나님을 계속해서 그들에게서 멀어지시는 분으로 경험하고, 그래서 그분을 믿음의 도박을 통해서만 의지할 수 있는 분으로 인식하게 된 방식에서 찾을 수 있다. 이에 대해서는 나중에 더 자세히 살펴보겠다. 어쨌든 이 사실은 이런 유사성들이 두 성경에 나오는 구원 사건들 사이의 일반적인 구조적 유사성이라는 형식적 틀로는 설명할 수 없다는 것을 의미한다.

하나님께서 이스라엘에게 주신 말씀의 범위 안에는, 이스라엘 주변의 종교나 문화에서는 전혀 유사성을 발견할 수 없으나 신약성경의 구원 사건들과는 일치하는 확고한 현상들—약속과 소명, 거절의 행위, 심판과 인도 및 위로와 시련의 행위들—이 들어 있다. 복음서 저자들과 사도들은 구약성경에 나오는 그 유사한 현상들에서 미래를 내다보는 특성을 간파했고, 그리스도 오심의 구원 사건이나 그리스도인이 되는 일의 특별한 본성을 밝히기 위해 그 유사한 현상들을 기꺼이 가져다 사용했다. 신약성경이 그리스도의 오심이라는 구원 사건의 유일성을 얼마나 크게 강조하는지 생각해보면, 구약성경을 그렇게 자유롭게 인용한 일은 참으로 놀랍다. 이에 대해서는, 복음서 저자들과 사도들이 이스라엘의 하나님은 기한이 찼을 때 자기 아들을 보내신 바로 그분(갈 4:4)이라고 굳게 믿었다는 사실로만 설명이 가능하다. 구약성경을 예표론적으로 이해하는 일은 설교와 권면에서 구약을 인용하고 적용하는 신학 작업에서 구약성경과 신약성경을 일치시키는 중요한 방법이었다.……

후기 유대교에도 전혀 낯설지 않았던 예표론적 사고는 신약에 들어와 다시 한번 새롭게 발전하게 되었다. 바울서신과 히브리서뿐만 아니라 공관복음서에서도, 신약의 구원 사건들은 흔히 구약에 나오는 사건과 제도들의 대형(對形)antitype으로 간주된다. 예를 들어 예수의 구원 사역을 설명하는 곳에서는 구약에 나오는 원형을 적지않게 언급하고 있다.……

하나님의 약속과 그 약속의 잠정적인 성취로 이루어지는 구약의 다양한 구원 사건들 전체를 장차 예수 그리스도 안에서 완성될 일을 가리키는 것으로 이해하기 위해 특별한 해석 방법이 따로 필요하지는 않다. 이 점은 아주 분명히 확인할 수 있기 때문이다. 예수 그리스도의 오심은 역사적인 사실로서 주석가들에게 전혀 선택의 여지를 허용하지 않는다. 주석가는 구약을 그리스도를 가리키는 것으로 해석해야 하고, 그 해석에 비추어 그리스도를 이해해야 한다. 이러한 상호 보완적 이해가 계속 이어지는 현상은 신약의 구원사건이 지니는 역사적 중요성과 구약 안에서 끊임없이 나오는 약속과 성취라는 틀에 비추어볼 때, 당연한 일이었다고 볼 수 있다.……

따라서 초기 교회에서 구약성경의 자료를 자신들의 일에 적용하기 위해 재해석한 일은 기독교 이전의 전승사적 관점에서 보아도 전적으로 타당한 절차였다. 후기 유대교는 고대 이스라엘의 유산을 신약성경 시대의 문턱까지 전달해 주었고, 최근에 발견된 쿰란 문서들이 보여주는 것처럼 그 유산을 바르게 해석하고 자기 시대에 적용 가능한 것으로 만들려는 노력을 아끼지 않았다. 초기 교회가 했던 이런 일은 그 과정을 한층 더 밀고 나간 것뿐이었다.……이 모든 본문들이 해석되는 장은 그 본문들이 담고 있는 사건들이 최초로 기록된 때로부터 그리스도의 오심이라는 구원 사건에 비추어 그 본문들을 최종적으로 해석하는 때까지 확장된다. 간단히 말해, '예언'prediction이라는 신학 용어는 옛 말씀들이 담고 있는 메시지가 그리스도의 시대까지 유효하다는 사실과, 옛 말씀들의 메시지는 그리스도에게 적용될 때 비로소 참 의미가 선명하게 드러난다는 사실을 말해 준다.

논평

게르하르트 폰 라트는 20세기 독일의 대표적인 구약학자였다. 나치가 지배하던 시절 제3제국Third Reich의 '인종법'으로 인해 폰 라트는 구약성경이 어떤 식으로든 기독교 교회와 연관되는 것으로는 가르칠 수 없게 되었다. 제2차 세계대전이 끝나자, 폰 라트는 그리스도인들이 어떻게 구약을 신약의 개념과 사건들을 예시하는 것으로 이해할 수 있는지의 문제를 학문적으로 진지하게 연구할 수 있었으며, 예표론의 구약 해석 방법을 발전시켜 초기 기독교 저자들에게서 발견되는 여러 가지 주제들을 이해했다.

생각해 볼 물음들

❶ 폰 라트는 구약성경 자체가 동일한 사건을 매우 다양한 방식으로 해석한다고 주장한다. 이 말의 의미는 무엇인가? 이것이 그리스도인이 구약성경을 이해하는 일에서 중요한 이유는 무엇인가?

❷ 폰 라트는 "하나님의 약속과 그 약속의 잠정적인 성취로 이루어지는 구약의 다양한 구원 사건들"을 "장차 예수 그리스도 안에서 완성될 일을 가리키는 것으로" 볼 수 있다고 주장한다. 그는 구약성경을 이해하는 방식이 여러 가지라는 문제를 어떻게 다루는가?

❸ 많은 그리스도인들이 구약성경은 신약의 개념과 사건들을 '예언'하는 것이라고 말한다. 위의 본문에서 볼 때, 폰 라트는 이에 동의하는가?

2.43 ▼

칼 라너

: 성경의 권위

1978년에 독일어로 출간된 『기독교 신앙의 토대』에서 칼 라너Karl Rahner, 1904-1984는 성경의 권위라는 쟁점을 가톨릭의 시각에서 탐구한다. 라너는 20세기에 가장 영향력이 큰 가톨릭 신학자 가운데 한 사람이다. 이 본문에서 그가 특히 교회와 성경의 밀접한 연관성을 계속 강조하고 있음에 주목하라. 라너는 성경의 권위라는 주제와 관련해 매우 중요한 두 가지 쟁점을 탐구한다. 하나는 성경이 예수 그리스도와 관계 맺는 방식에 관한 것이며, 다른 하나는 성경 해석과 연계된 해석학적 쟁점이다2.18, 2.22, 2.24, 2.40, 2.49 참조.

본문

교회는 여러 문서들을 통해 하나님께서 구약과 신약으로 이루어진 성경의 저자auctor라는 사실을 계속 강조해 왔다. 교황 레오 13세에서 비오 12세 때까지 나온 회칙들의 바탕을 이루는 이론 신학에서는 심리학적 이론을 이용해 하나님이 어떻게 성경 문헌의 저자, 곧 필자가 되시는지를 밝히려고 계속 노력해 왔다. 나아가 이렇게 하나님이 성경 문헌의 저자라는 사실을 밝혀서 영감의 교리를 명료하게 세우려고 애썼다. 하지만 이런 식으로 하나님의 저자 자격과 영감을 이해한다고 해서 성경 문헌의 인간 저자들을 하나님의 보조적 위치로 격하시켜서는 안 되고, 그들도 그 나름대로 진정한 저자 자격이 있음을 인정해야 한다(제2차 바티칸 공의회에서 이 사실을 확실히 선언했다).

이처럼 간략하게 살펴 이해한 영감의 본질에서 볼 때 우리는 오늘날에도 영감 이론을 신화론처럼 여겨 비난해서는 안 된다는 사실을 알 수 있다. 이와 관련해 우리는……초월적 계시가 역사 속에서 말과 글로 객관화된 것과 그 초월적 계시의 일치에 관해서, 그리고 이렇게 객관화된 것들의 결과에 대한 인식에 관해서 앞서 언급했던 것을 기억해야 할 것이다. 어쨌든 가톨릭교회에서는 하나님께서 구약과 신약의 저자라는 사실을 부정하지 않는다. 그렇다고 해서 하나님을 이러한 문서들의 직접적인 저자로 보아야 한다는 것은 아니다. 하나님을 성경 저자라고 말하는 것은 여러 다양한 의미로 이해할 수 있으며, 특히 성경이 은총 및 신앙의 빛과 일치할 때 진정 하나님의 말씀으로 부를 수 있다는 의미에서 그렇게 말할 수 있다. 이것이 참인 까닭은 우리가 다른 곳에서 언급했듯이 하나님에 관한 말이 하나님에게서 시작되었다고 해도, 이 사실 때문에 저절로 그 말이 하나님께서 자기 자신을 내어주시는 하나님의 말씀이 되는 것은 아니기 때문이다. 만일 이 말이 하나님에게서 시작되어 성령에 의해 인도되고, 나아가 그 말을 듣는 과정이 하나님의 영에 의해 조절되어 우리 인간의 수준으로 추락하지 않은 채 우리에게 도달함으로써 하나님의 자기표현의 객관화로 발생하지 않았더라면, 이 말은 그렇게 하나님의 말씀이 되지 못했을 것이다.

만일 교회가 하나님께서 예수 그리스도 안에서 하나님의 영을 통해 세우신 것이라면, 또 미래 교회의 표준이 되는 '원형' 교회original church가 하나님께서 역사 과정에서 보존하신 교회와는 달리 질적으로 유일무이하게 하나님의 행위의 대상이 된다면, 나아가 성경이 미래 세대를 위한 표준인 이 원형 교회를 구성하는 요소가 된다면, 이 사실로부터 아주 합당하면서도 긍정적이고 배타적인 의미에서 하나님께서 성경의 저자이며 성경에 영감을 불어넣었다는 결론을 얻게 된다. 이런 점에서 어떤 심리학적 영감 이론에 호소하는 것은 전혀 도움이 안 된다. 오히려 우리는 공평한 관찰자로서 성경의 각 책이 지닌 매우 다양한 특성들을 살펴서 성경의 실제적 기원을 인식할 수 있을 뿐이다. 성경을 기록한 인간 저자들은 다른 분야의 저자들과 매우 동일한 작업을 하며, 그렇게 지식을 얻는 과정에서 자신이 영감을 받는 일에 대해서는 전혀 알 필요가 없다. 만일 하나님께서 모든 세대를 위한 구원의 완벽한 징표로 원형 교회를 마음에 품으시고, 또 미리 정하신 대로 절대적이고 종말론적인 뜻을 따라 구원사 속에 이 교회를 세우기로 결정하시고, 나아가 그 확고한 뜻대로 교회를 세우는 데 필요한 모든 것을 마련하시면서 특정한 환경 속에서 탁월한 방식으로 그 마련하신 것 가운데 성경을 포함하셨다면, 하나님은 성경의 저자가 되시며 성경에 영감을 불어넣은 분이시다. 물론 성경의 영감은 교회의 원설립자이신 하나님의 주권에서 하나의 요소일 뿐이다.

성경을 영감으로 이루어진 신학이자 교회의 공식 교리라고 보는 이론으로부터 성경이 무오하다는 명제가 나온다. 우리는 제2차 바티칸 공의회의 가르침을 따라 다음과 같이 분명히 말할 수 있다. "영감받은 저자인 성경 기록자들이 주장하는 것은 모두 성령께서 주장하는 것이라고 믿어야 하며, 따라서 성경의 책들은 하나님께서 우리의 구원을 위해 성경에 기록하기를 원하신 진리를 오류 없이 확실하고 분명하게 가르친다고 고백해야 한다"(하나님의 계시에 관한 교의 헌장 「하나님의 말씀」 11항). 그런데 우리가 구원의 메시지라는 성경의 참 본질 때문에 이처럼 성경이 보편적 의미의 무류성을 지닌다고 인정한다고 해도, 우리는 여전히 문제를 완전히 해결한 것이 아니며, 또 성경 본문의 현 상태로 말미암아 이 선언의 의미와 한계에 관련해 제기되는 난제들을 풀지 못하는 처지에 있게 된다. 전에는 성경의 무류성을 지나치게 좁은 의미로 이해했는데, 특히 영감을 축자영감이라는 뜻으로 받아들였으며, 성경 저자들을 하나님의 보조자로만 여기고 독립적이고 역사적인 조건하에 있는 문헌 저자로 인정하지 않았다. 교회가 가르치는 성경 무오류성을 이해하고 정확하게 해석하는 일에도 여전히 난점들이 존재한다는 사실은 앞에서 언급한 공의회 문헌의 역사를 살펴보아도 알 수 있다. 그 역사를 돌아볼 때 제2차 바티칸 공의회는, 하나님께서 우리의 구원을 위해 기록하기 원하셨던 진리를 담은 구절이 그 문장의 의미를 제한하는지 아니면 자세히 밝혀 주는지의 문제를 해결하지 않은 채 남겨 두려고 했다는 것이 분명해진다.……

이제 다음과 같이 간단하게 정리한다. 성경은 그 단일성과 전체성에서 볼 때 하나님께서 예수 그리스도 안에서 이 세상에 베푸신 불가역적인 승리의 구원을 객관화한 것이며, 따라서 단일성과 전체성이라는 면에서 성경은 사람들을 강제적인 방법으로 하나님의 진리에서 벗어나게 할 수 없다. 우리는 본문의 참된 의미를 제대로 이해하기 위해 이러한 통일된 전체의 맥락에서 각각의 본문을 읽어야 한다. 그럴 때 본문의 의미를 실제 그대로 이해할 수 있고, 오직 그렇게 함으로써만 본문을 '참된' 것으로 파악할 수 있다.

논평

본문은 20세기 로마가톨릭의 대표적인 신학자들 가운데 한 사람이 펼친 매우 중요한 논의를 담은 글로서 깊이 살펴볼 가치가 있다. 이 본문은 성경, 계시, 그리스도, 교회의 상호작용과 관련해 풍성한 논의를 제공하는데, 라너는 이 논의가 제2차 바티칸 공의회의 관심사들을 반영한다고 본다.

생각해 볼 물음들

❶ 라너가 '영감'이라는 말을 사용해서 주장하는 것은 무엇인가? 이에 대한 라너의 설명은 찰스 하지2.32가 밝힌 고전 개신교의 견해와 어떤 면에서 다른가?

❷ 라너는 성경 정경의 형성을 성경의 권위 및 교회의 권위 문제와 어떻게 연관시키는가?

❸ "성경은 그 단일성과 전체성에서 볼 때, 하나님께서 예수 그리스도 안에서 이 세상에 베푸신 불가역적인 승리의 구원을 객관화한 것이고, 따라서 단일성과 전체성에서 성경은 사람들을 강제적인 방법으로 하나님의 진리에서 벗어나게 할 수 없다." 본문에서 이 구절의 위치를 확인하라. 이 구절에서 라너가 말하려는 바는 무엇인가? 이것은 그가 이해하는 성경 해석 방식에 어떤 영향을 끼치는가?

2.44 ▼

브레바드 S. 차일즈

: 정경적 성경 해석

브레바드 S. 차일즈Brevard S. Childs, 1923-2007는 미국의 저명한 구약학자로서 그의 연구 분야를 휩쓸던 시대적 흐름에 맞서 성경은 정경 본문에 초점을 맞추어 해석해야 한다고 주장했다. 차일즈는 『성경 신학의 위기』1970에서 처음으로 이러한 '정경적' 접근법을 제시했는데, 아래 본문은 그 책에서 인용한 것이다. 이 이론을 가리키는 말로 흔히 '정경 비평'canonical criticism이라는 말이 사용된다. 이 이론은 성경의 정경 형태가 그 책들의 해석 방향을 결정한다고 이해하며, 그 책들을 정경에 들어있는 최종 형태로 고찰하여 신학적 함의를 파악해 낸다2.18, 2.42, 2.50 참조.

본문

우리는 기독교 교회의 정경canon이 성경 신학을 연구하는 데 가장 적합한 맥락context이라는 명제를 옹호한다. 이 말은 무엇을 뜻하는가? 첫째, 이 명제는 역사적으로 기독교의 모든 분파가 똑같이 받아들였던 기본적인 신앙 고백의 내용, 곧 구약과 신약이 모두 기독교 교회의 성경이라는 점을 인정한다. 정경의 지위는 입증해 보일 수 있는 객관적인 문제가 아니라, 기독교 신앙에 속한 진술이다. 본래 의미에서 정경은 권위 있는 책을 그렇지 못한 책들과 구분하는 단순한 형식적 기능을 수행하는 것이 아니라, 교회가 하나님의 말씀을 듣게 되는 테두리를 밝히는 규정이다. 신학에서 긴급하게 다루어야 할 근본 쟁점은 기독교 내에서 여전히 유동적으로 논의되고 있는 정경의 범위 문제가 아니라, 일련의 책에 담겨 있는 규범적인 전승의 실체를 규정하는 일이다.

그리고 정경을 맥락이라고 말하는 것은, 성경의 각 책을 해석할 때 그 책들을 소중히 간직해 온 신앙공동체 안에서 그 책들이 담당해 온 기능에 비추어서 해석해야 한다는 사실을 뜻한다. 교회의 성경은 과거 기록의 보관소가 아니라, 계속 살아 움직이는 교회에게 생명을 공급하는 통로인데, 이 통로를 통해 하나님께서 자신의 백성을 가르치고 훈계하신다. 정경을 성경 해석을 위한 맥락으로 사용하는 일에는, 성경을 과거라는 역사 상황에 가두어 버리는 방법을 거부하는 일이 포함된다. 정경에 호소하는 방법은 성경을 신적 실재를 전달하는 수단으로 인정하는데, 신적 실재는 과거 역사 속에서 옛 백성을 만나 왔으며 지금도 계속해서 성경의 여러 책들을 통해 교회를 만난다. 교회가 성경을 해석하면서 성령께서 빛을 비춰 주시기를 기도하는 것은, 지금은 잊힌 경건한 시대가 남겨 놓은 무의미한 잔재가 아니라 하나님께서 그분을 사모하는 이들에게 성경을 통해 계속해서 자신을 알려 주실 필요가 있다는 점을 인정하는 것이다. 교회는 성경 본문을 계시의 매개 수단으로 사용하기 때문에, 성경과 신학의 상호연계는 정경의 맥락에서 본질적인 요소가 된다. 해석의 서술적 측면과 구성적 측면을 구분할 수는 있으나, 이런 방식으로 성경신학을 연구할 때는 결코 그 둘을 구분해서는 안 된다.

논평

이 글에서 브레바드 차일즈는 성경의 각 책들의 정경적 형태와 위치의 중요성을 주장하면서 그 이유를 몇 가지 제시한다. 이 주장을 근거로 삼아 그는 성경을 커다란 전체로 읽을 수 있는 방법, 특히 성경을 이스라엘의 하나님과 예수 그리스도에 대한 증언으로 읽을 수 있는 방법에 관해 탐구한다. 성경은 교회 안에서 읽어야 하고, 교회는 성경이 세속의 학문 공동체 안에서는 인정받지 못할 수도 있는 의미와 기능을 지닌 것으로 이해한다. 실제로 차일즈는 성경을 기독교 공동체에 속한 문헌으로 되찾아야 한다고 주장한다.

생각해 볼 물음들

❶ "정경의 지위는 입증해 보일 수 있는 객관적인 문제가 아니라, 기독교 신앙에 속한 진술이다." 본문에서 이 구절의 위치를 확인하라. 이 구절에서 차일즈가 말하려는 바는 무엇인가?

❷ "교회는 성경 본문을 계시의 매개 수단으로 사용하기 때문에, 성경과 신학의 상호 연계는 정경의 맥락에서 본질적인 요소가 된다." 이 구절을 어떻게 다른 말로 설명할 수 있는가? 이 구절이 성경 해석과 관련해서 어떤 함의를 지니는가?

❸ 역사–비평적 방법에 대해 제기되는 한 가지 비판은 그 방법이 본문을 과거 속에 가두어 놓고는, 그 본문이 **그때 어떤 의미였는가**를 연구하는 것이 아니라 **지금 어떤 의미인가**를 연구한다는 것이다. 여러분은 차일즈의 견해가 이 문제를 극복할 수 있다고 생각하는가?

2.45 ▼

필리스 트리블

: 페미니스트 성경 해석

북아메리카에서 크게 존중받는 페미니스트 성경학자 가운데 한 사람인 필리스 트리블Phyllis Trible, 1932 출생은 1982년에 펴낸 논문 「페미니스트 해석학과 성경 연구」에서, 페미니스트 신학 의제들이 이전 세대의 해석자들(주로 남성)이 무시하고 억압했던 통찰들을 받아들여 성경을 새롭게 읽는 데까지 이르는 모습을 탁월한 사례로 보여준다. 이 본문은 현대 페미니스트 성경 해석의 고전적인 사례가 된다3.40, 3.41, 6.38, 6.40 참조.

본문

성경은 가부장제가 지배하던 땅에서 태어나서 자란 탓에, 남성적 이미지와 언어로 가득하다. 오랜 세월 동안 해석자들은 신학을 다듬어 내기 위해, 다시 말해 교회와 회당과 학교의 뼈대와 내용을 세우고, 인간—남성과 여성—에게 그들이 누구이고 어떤 규칙을 따라야 하고 어떻게 행동해야 하는지 가르치기 위해, 그런 남성적 언어를 연구하고 부당하게 이용해 왔다. 성경과 성차별주의의 결탁, 신앙과 문화의 연대는 아주 조화로워 보였기에 그에 대해 문제를 제기하는 사람이 거의 없었다.

하지만 지난 십 년에 걸쳐 페미니즘의 이름으로 여러 가지 도전이 나타났고, 여전히 사그라지지 않고 있다. 여성 혐오라는 관점에서 문화를 비판하는 페미니즘은 예언자적 운동으로서 현실 체제를 폭로하고, 심판하고, 회개를 요구한다. 이러한 해석학적 작업은 여러 가지 방식으로 성경과 씨름하면서 성경의 원격성과 복잡성, 다양성, 동시대성을 밝히고, 성경 본문과 해석자 모두에 대한 새로운 이해를 이끌어내려고 노력한다. 이에 따라 나는 성경 속의 여성들을 연구하는 세 가지 이론을 살펴보려 한다. 이 세 가지 관점은 '신구약 중간시대' 문헌과 신약성경에도 적용될 수 있지만, 내가 중점적으로 다룰 부분은 히브리어 성경이다.

첫 번째로 페미니스트들은 성경을 연구하는 가운데 여성을 억압하는 사례들을 자세히 기록하는 일에 주안점을 두었다. 주석가들은 이스라엘에서 여성들이 처했던 곤경을 관찰했다. 사내아이에 비해 부모에게 귀염받지 못했던 여자아이는 늘 어머니와 가까이 지내기는 했으나, 결혼해서 다른 남자의 손에 넘어갈 때까지 아버지의 지배를 받았다. 만일 이렇게 힘 있는 남성 가운데 어느 한 사람이 그녀가 홀대당하거나 학대당할 때 모른 척한다면, 그녀는 아무도 의지할 사람이 없는 처지에 떨어질 수밖에 없었다. 예를 들어, 롯은 남자 손님을 보호하기 위해 자기 딸들을 소돔 남자들에게 내어주었다(창 19:8). 입다는 어리석은 맹세를 지키고자 자기 딸을 희생제물로 바쳤다(삿 11:29-40). 암논은 자기 이복누이 다말을 겁탈했다(삼하 13장). 에브라임 산지에 사는 레위 사람은 다른 남자들과 한통속이 되어 자기 첩을 배신하고, 능욕하여 살해하고 그 시체를 조각내는 일을 저질렀다(삿 19장). 남성과 여성을 다루는 이야기가 모두 다 이처럼 끔찍하지는 않지만, 어쨌든 내러티브 문학에서는 히브리 여성들이 태어나서 죽기까지 남성에게 예속되었음을 분명히 보여준다.

그런 내러티브가 들려주는 내용은 법조문을 통해 더욱 자세히 확인할 수 있다. 남자의 재산으로 규정된(출 20:17, 신 5:12) 여성들은 자기 몸조차 마음대로 처분하지 못했다. 남자들은 자신의 순결에는 신경 쓰지 않으면서도, 숫처녀와 결혼해야 한다고 생각했다. 아내가 과거에 저지른 간음은 자기 아버지와 남편의 영예와 권위를 더럽힌 일이었다. 돌로 쳐서 죽이는 벌이 가해졌다(신 22:13-21). 게다가 여성에게는 이혼을 할 권리가 없었고(신 24:1-4), 재산을 소유할 권리도 없었다. 여성은 제사장직에 오를 수 없었고, 남성에 비해 훨씬 더 부정한 존재로 여겨졌다(레 15장). 여성은 금전적 가치로 보아도 훨씬 열등했다(레 27:1-7).

이러한 페미니즘의 관점에 비추어 성경 속에서 여성이 겪은 열등한 처우와 예속, 학대에 관한 많은 증거가 밝혀졌다. 하지만 이 이론은 다양한 결론으로 갈라졌다. 어떤 사람들은 성경적 신앙이 절망적일 정도로 여성 혐오적인 특성을 지닌다고 비판하는데, 이 주장은 이스라엘의 문화라는 측면에서 그 증거들을 제대로 평가하지 못한 것으로 보인다. 안타깝게도 어떤 사람들은 이런 자료들을 반유대주의 감정을 조장하는 데 이용한다. 어떤 사람들은 성경이 확정적인 권위를 전혀 지니지 못하며, 그래서 무시해도 좋을 역사 문헌이라고 결론을 내린다. 이런 관점에서 흔히 '그게 뭐가 중요해?'라는 반론이 제기된다.

다른 사람들은 성경과 그 주석가들이 여전히 여성에게 휘두르는 남성적 권력에 절망하여 주저앉아 버린다. 또 다른 사람들은 여성을 억압하는 사례들이 주요 논쟁거리로 등장하는 것을 꺼려 본문과 해석자들이 좀 더 탁월한 길을 제시해야 한다고 주장한다.

두 번째로 살펴볼 이론은 첫 번째 이론을 기초로 삼고 그것을 수정해서 다듬어진다. 어떤 페미니스트들은 성경 안에서 가부장제에 비판적인 견해들을 추적하면서, 문화에 도전하는 전승들을 발굴하고 되살리는 일에 집중한다. 이 작업은 무시되어 본문을 빛 가운데로 끌어내고, 친숙한 본문을 재해석하는 일로 이루어진다.

무시되어 본문들 가운데 눈에 띄는 것은 신성을 여성의 모습으로 묘사하는 것들이다. 시편 기자(시 22:9-10)는 하나님을 산파로 묘사하면서 "주님은 나를 모태에서 이끌어 내신 분, 어머니의 젖을 빨 때부터 주님을 의지하게 하신 분이십니다"라고 말한다. 이어서 하나님을 어머니, 곧 태어날 때부터 아이가 의지하는 분으로 묘사한다. "나는 태어날 때부터 주님께 맡긴 몸, 모태로부터 주님만이 나의 하나님이었습니다." 이 시편은 정확하게 일치하지는 않지만 여성적 이미지를 사용해서 하나님의 행위를 담아내고 있다. 이 시편 기자가 말하는 것을 신명기 32:18이 명료하게 보여준다. "너희는 너희를 낳은 바위를 버리고, 너희를 낳은 하나님을 잊었다."

개정표준역 성경[RSV]이 "너희를 낳은 하나님"이라고 정확하게 옮기기는 했지만, 이 번역은 밋밋한 표현이다. 하나님을 해산의 고통을 겪는 여성으로 그리는 충격적 묘사를 제대로 강조할 필요가 있다. 히브리어 동사가 지닌 의미가 바로 그런 분위기이기 때문이다. (이 점에서 예루살렘 바이블이 매우 그릇되게 "너는 네 아버지 되신 하나님을 잊었도다"라고 옮긴 것은 문제가 크다) 그런데 여성 이미지의 또 다른 예는 히브리어 어근 *rhm*이 보여주는 자궁이라는 은유다. 이 단어는 단수 형태로 사용할 때는 여성에게만 있는 신체 기관을 뜻한다. 복수 형태로 사용할 때는 인간과 하나님 모두의 자비심을 뜻한다. 자비로우신[*rahum*] 하나님은 어머니 하나님이시다(예를 들어, 예레미야 31:15-22를 보라). 하지만 오랜 세월 동안 번역자와 주석가들은 이러한 여성적 이미지를 무시해 왔고, 이것은 하나님과 남자와 여자 모두에게 끔찍한 결과로 이어졌다. 하나님의 여성적 이미지를 되찾는 일은 오랜 세월 동안 신앙을 오염시켜 온 남성적 우상을 분명하게 인식하는 것이다.……

세 번째 이론은 성경 속의 테러 이야기들을 기억하여*in memoriam* 재진술하고, 학대당한 여성들과 공감하며 그들을 이해하는 것이다. 첫 번째 관점이 역사적이고 사회적인 면에서 여성 혐오의 사건을 문서로 정리하는 것이라면, 세 번째 관점은 그러한 증거들을 시와 신학의 차원 속으로 끌어들이는 것이다. 그와 동시에 뜻밖의 자리에 남아 있는 증거들을 계속 찾는다.

사사기 19장에서 첩을 배신해 능욕하고 살해하여 그 시체를 조각낸 일은 충격적인 예다. 베냐민 지파의 불량한 사내들이 그 여자의 주인에게 '관계'하자고 요구하자, 그 주인은 자기 첩을 그들에게 대신 내어주었다. 그들은 밤새도록 여자를 능욕했고, 아침이 되자 여자를 주인에게로 돌려보냈다. 그는 동정심을 보이기는커녕, 여자에게 일어나 가자고 명령했다. 여자는 아무 대답이 없고, 여기서 독자들은 그녀가 죽었는지 살아있는지 의아하게 여기게 된다. 어쨌든 주인은 그녀의 몸을 나귀에 싣고 길을 떠난다. 집에 돌아오자 주인은 칼로 여자의 몸을 조각내어 이스라엘 온 지역으로 보냈고, 자기에게 악행을 저지른 베냐민 남자들에게 복수하기 위해 전쟁을 일으키자고 선동한다.

이 이야기의 결론에서 이스라엘 사람들은 "깊이 생각하여 보고 의논한 다음에 의견을 말하기로 하자"(삿 19:30)고 뜻을 모은다. 결국 이스라엘은 무제한의 폭력으로 응답한다. 대량 살상이 벌어지고, 한 여인이 당했던 능욕과 살해와 시신 훼손은 그와 비슷한 죄악을 수없이 많은 여성들에게 저지르는 일의 동기가 된다. 그러나 이 이야기의 서술자(또는 편집자)는 다른 방식으로 응답하여, 사사들의 무정부 상태를 대신하는 왕권을 정치적 해결책으로 제시한다(삿 12:25—트리블의 원문에는 이렇게 표기했는데 삿 21:25을 가리키는 것이 분명하다). 이 해결책은 성공하지 못한다. 다윗 시대에는 이스라엘에 왕이 있었는데도 암논은 다말을 겁탈했다. 그렇다면 오늘날 우리는 "깊이 생각하여 보고 의논한 다음에 의견을 말하기로 하자"라고 주장하는 이 고대의 테러 이야기를 어떻게 이해해야 하는가? 페미니스트 이론에서는 독자들의 반응에 주의를 기울이면서 이 이야기를 그 첩의 처지에서 해석하고, 그 여성의 고난과 죽음을 기억하라고 요청한다……

지금까지 성경에 나오는 여성들을 페미니스트의 관점에서 연구하는 세 가지 이론을 살펴보았다. 첫 번째 이론은 고대 이스라엘의 여성들이 당한 멸시, 종속, 학대를 파헤친다. 이러한 상황을 배경으로 삼아 두 번째 이론은 가부장제에 대한 비판적 기능을 행사하는 저항 문학을 추구한다. 세 번째 이론은 앞의 두 이론을 활용해서 여성들에게 가해진 테러 이야기들을 호의적 관점에서 재진술한다. 이러한 관점들은 서로 얽혀 있지만, 충분히 구분할 수 있다. 해석자의 형편과 재능과 관심사에 따라 어떤 견해가 강조될지가 정해진다. 게다가 페미니스트 해석학은 그 구체적 작업에서 다양한 방법론과 학문을 끌어안는다. 고고학, 언어학, 인류학, 문학 비평, 역사 비평 등 모든 것에서 도움을 얻는다. 이러한 작업으로 과거에 대한 이해가 늘고 깊어지며 그에 따라 현재를 이해하게 된다.

논평

전통적인 기독교 교리에 대한 페미니스트들의 비판은 1980년대 이후 주류 신학의 한 분야로 받아들여졌다. 그 비판들은 흔히 예수 그리스도나 하나님의 '남성성'—하나님을 '아버지'나 '목자'라는 이미지로 설명한다—이라는 널리 알려진 난제를 다루었다. 이 글에서 필리스 트리블은 구약성경에 나오는 여성들의 여러 가지 역할 모델들을 살피면서, 구약의 내러티브에 등장하는 여성들의 역할을 밝히고, 이에 더하여 구약성경의 가부장적인 맥락이 어떻게 현대 서구사회에서 여성들에게 허용하고 기대하는 것과 같은 탁월한 역할을 여성들이 누리지 못하게 방해하는지 탐구한다.

생각해 볼 물음들

❶ 이 글에서 트리블이 주장하는 바에 따르면, 구약성경이 여성들에게 부여한 주된

역할들은 무엇인가?

❷ 트리블은 이런 상황에서 어떻게 "하나님의 여성적 이미지를 되찾는" 일을 시작하는가?

❸ 이 글에서 트리블이 구약성경 속의 여성들을 연구하는 세 가지 주요 페미니스트 이론으로 제시한 것을 요약하고 비판해 보라.

장 메옌도르프

: 살아있는 전통

2.46 ▼

장 메옌도르프John Meyendorff, 1926-1992는 정교회 전통의 기독교 신학을 대표하는 가장 뛰어난 인물 중 한 사람이다. 러시아 혁명의 결과로 그는 러시아 지역에서 공부하던 신학 수업을 중단했고, 이후에 파리에 있는 생 세르지오 정교회 신학교를 1949년에 졸업했다. 메옌도르프는 정교회 신학 전통을 대표하는 학자이자 역사가로 성장했고, 특히 그의 저술 『비잔틴 신학』1974과 『동방 기독교의 그리스도 이해』1969에서 그 면모를 확인할 수 있다. 그는 1959년부터 죽을 때까지 뉴욕주 소재 성 블라디미르 신학교에서 교수로 재직했다. 메옌도르프가 추구했던 정교회 정신은 그가 교회의 삶에서 '살아있는 전통'의 중요성을 강변한 데서 가장 분명하게 확인할 수 있으며, 후기에 그는 이 주제를 다룬 책을 『살아있는 전통』이라는 간략한 제목으로 출간했다2.2, 2.10, 2.30, 2.31 참조.

본문

20세기라는 복잡하고 변화무쌍한 세상 속에서 정교회 기독교인들은 어떻게 자기 신앙을 증언하고 지켜 나갈 수 있을까? 살아있는 전통이 없다면,

우리 시대의 이러한 도전에 아무런 답도 할 수 없을 것이다.

정교회의 모든 신학과 증언은 성경과 일치할 뿐만 아니라, 교부와 성도들의 경험과도 일치하고, 더 나아가 교회 예전을 통해 그리스도의 죽음과 부활을 끊임없이 기념한다는 점에서 당연히 전통적이다. 하지만 "전통적인 신학"이라는 용어가 전통을 단순히 반복하는 것과 동일시된다면, 그 신학은 죽은 신학일 수밖에 없다. 그런 신학은 시대의 쟁점들을 간파하는 데 무기력할 수밖에 없으며, 새롭게 등장하는 이단들과 맞서는 일에서도 옛 시대의 주장들을 들고 나서게 된다.

사실 죽은 전통주의는 진정으로 전통적인 것일 수 없다. 교부신학의 참 특성은 본래의 사도적인 정통신앙과 합치하면서도 그 시대의 도전들에 맞대응할 수 있었다는 데 있다. 그러므로 교부들의 말을 단순히 반복하는 것만으로는 교부들의 정신과 교부들의 신학이 내포하는 의도를 충분히 따라갈 수 없다.

4세기의 위대한 카파도키아 교부들—대 바실리우스, 나지안주스의 그레고리우스, 니사의 그레고리우스—은 두 가지 커다란 위협에 맞서 성공적으로 신앙을 지켜냈으며, 그런 점에서 정교회의 진정한 기둥들이다. 첫째 위협은 그리스도의 신성을 부정했던 아리우스주의 이단이고, 둘째 위협은 강력한 힘으로 밀고 들어온 고대 그리스 철학이었다. 그리스 철학은 오랫동안 지성인들의 정신을 지배해 왔고, 또 매우 매력적이고 전통적이며 고결하게 보였던 까닭에 많은 그리스 지성인들이 예수의 제자들이 전하는 새로운 성경적 신앙을 받아들이지 못하도록 막았다. 교부들은 분명 이 두 가지 문제에 직면했으며, 그것들을 집중적으로 다루었다. 그들은 단순히 아리우스주의자들을 파문하는 데서 멈추지 않았고, 거룩한 삼위일체의 신비를 밝혀 줄 수 있는 긍정적이면서도 시대에 적합한 용어들을 제시했다. 이 용어들은 교회의 신조 속에 표현되어 간직되었다. 그들은 그리스 철학의 타당성을 무조건 부정한 것이 아니라, 그리스도의 복음을 진리의 궁극적 표준으로 인정하는 조건 아래서는 그리스 철학의 탁월한 지혜들도 얼마든지 기독교 신학에 사용될 수 있다는 것을 입증해 보였다.

따라서 우리 자신을 가리켜 '전통적'이라고 말하는 것은 교부들을 따라 그들이 창조적으로 분별하고자 애썼던 일을 본받는 일을 의미한다. 그들처럼 우리도 그저 추상적인 명제적 진리들을 주장하는 데서 만족하지 말고, 인간을 오류에서 구원하는 사명을 이루기 위해 온 힘을 쏟아야 한다. 그들이 동시대 사람들을 이해하고자 노력하고, 더 나아가 청중의 지성을 진심으로 움직일 수 있는 단어와 개념을 사용하고자 끈질기게 애썼던 일은 우리도 본받아야 한다. 참된 전통은 언제나 살아있는 전통이다. 전통은 변하면서도 언제나 동일하다. 변하는 까닭은 그 본질적 내용이 바뀌기 때문이 아니라, 다양한 상황에 직면하기 때문이다. 전통의 내용은 추상적인 명제가 아니라, "내가 곧 진리다"라고 말씀하시는 살아 계신 그리스도 자신이다.

논평

이 글에서 장 메옌도르프는 정교회의 전통 개념을 해석하면서, 그 개념이 개신교와 로마 가톨릭교회에서 가르치는 견해와 다르다고 주장한다. 특히 그가 몇몇 동방 정교회 신학자의 이론이 규범적인 중요성을 지닌다고 인정하는 점에 주목하라. "따라서 우리 자신을 가리켜 '전통적'이라고 말하는 것은 교부들을 따라 그들이 창조적으로 분별하고자 애썼던 일을 본받는 것을 의미한다"라고 그는 말한다. 전통의 내용은 추상적인 명제들이 아니라 "살아 계신 그리스도"라고 말하는 그의 주장이 특히 흥미롭다.

생각해 볼 물음들

❶ 메옌도르프의 주장에서 "전통"이란 정확하게 무엇인가?

❷ "참된 전통은 언제나 살아있는 전통이다." 이 구절에서 메옌도르프가 의미하는 것은 무엇인가? 여러분은 메옌도르프가 "죽은 전통"이라고 말하는 것이 무엇이라고 생각하는가?

❸ "참된 전통은 언제나 살아있는 전통이다. 전통은 변하면서도 언제나 동일하다." 메옌도르프가 이러한 역동적인 전통 개념으로 말하려는 것은 무엇인가?

2.47 ▼

제임스 I. 패커

: 계시의 본질

저명한 복음주의 저술가 제임스 패커James I. Packer, 1926-2020는 1964년에 펴낸 『하나님께서 말씀하셨다』*God Has Spoken*에서 하나님의 '자기 현시'self-disclosure라는 계시 개념에 대해 설명했다. 이 견해는 특히 에밀 브루너2.38 참조와 관계가 깊지만, 영국에서는 계시를 '하나님의 현존'이라는 측면에서만 다룬 윌리엄 템플1881-1944과 같은 저술가들을 통해 대중화되었다. 이 글에서 패커는 정보나 언어 요소를 수반하지 않는 인격적인 자기 현시는 불가능하다고 주장한다2.16, 2.32, 2.35, 2.50 참조.

본문

계시란 무엇인가? 한편에서 보면 하나님의 행위이고, 다른 편에서 보면 하나님의 선물이다. 양쪽을 하나로 묶어서 볼 때, 계시는 하나님에 관한 인간의 경험적 인식과 지적 인식과 관련된다. 하나님의 행위로서의 계시는 우리가 그분을 적극적인 경험의 수준에서 구주로 알게 해주는 하나님의 인격적인 '자기 현시'다. 하나님의 선물로서의 계시는 우리가 이런 목적에 이를 수단으로 우리에게 주시는 하나님에 관한 지식이다. 하나님의 행위로서의 계시는 하나님의 선물인 계시가 이루어지는 중에 발생한다. 따라서 계시라는 말의 첫 번째 의미는 두 번째 의미를 함축한다. 그런 까닭에 좁은 의미의 계시는 언제나 넓은 의미의 계시라는 틀 안에서 연구되어야 한다.

하나님께서는 우리가 그분을 아는 데 필요한 계시를 어떤 방식으로 계시하시는가? 그분이 말씀하시는 언어적 소통에 의해 계시하신다. 이 언어적 소통이 없으면, 구원을 낳는 온전한 의미의 계시는 결코 일어날 수 없다. 왜냐하면 출애굽이나 정복, 포로 됨, 십자가 처형, 빈 무덤과 같은 공적이고 역사적인 사건들은 그 일들을 설명하고자 하나님께서 덧붙이시는 말씀이라든가, 그 일들을 확증해 주거나 성취되었음을 알게 해주는 앞선 약속이 없이는 결코 하나님을 계시할 수 없기 때문이다. 따라서 기본 형식에서 볼 때 계시는 필연적으로 명제로 이루어진다. 하나님께서는 당신 자신에 관해, 그리고 세계 안에서 당신이 행하시는 일에 관해 우리에게 말씀하심으로써 자신을 계시하신다. 구약 시대에 하나님께서 '여러 가지 방법으로' 말씀하셨다고 말하는 히브리서 1:1의 진술은, 하나님께서 때를 따라 자신을 알리기 위해 사용하신 수단이 매우 다양했었다는 사실을 말해 준다. 그런 수단에는 신적 현현, 천사들의 전언, 하늘에서 들려오는 음성(출 19:9, 마 3:17, 벧후 1:17), 환상, 꿈, 징조가 있으며……이에 덧붙여 좀 더 조직적인 성격을 띠는 영감이 있는데, 하나님의 영은 이 영감을 통해 인간 정신의 성찰 작용을 통제하심으로써 인간이 모든 일에서 올바른 판단을 하도록 이끄셨다. 그러나 이런 수단에 의해 밝혀지고 전달되고 확증되는 계시 내용들은 어느 경우든 그 실체에서는 명제적이며, 형태에서는 언어적인 성격을 지닌다.

하나님께서는 왜 우리에게 자신을 계시하시는가? 앞서 살펴보았듯이, 우리를 이성적 존재로 지으신 하나님께서는 당신의 사랑 안에서 우리를 친구로 삼기 원하시기 때문이다. 그래서 하나님께서는 당신의 말씀을 우리에게—말씀과 계명과 약속으로—주시는데, 그 말씀을 수단으로 당신의 생각을 우리와 나누시고 또 우정의 전제이자 우정에 없어서는 안 될 인격적인 '자기 드러냄'을 이루신다.

하나님의 계시의 내용은 무엇인가? 계시의 내용은 근본적으로 우리가 죄인으로서 현재 매여 있는 곤경에 의해 결정된다. 우리가 하나님을 알지 못하고 하나님을 떠난 삶에 빠졌어도 하나님께서는 우리를 당신의 친구로 삼으시려는 목적을 포기하지 않으신다. 오히려 하나님께서는 당신의 사랑 안에서 우리를 죄에서 구하시고 당신께로 되돌리기로 마음을 정하셨다. 이 일을 이루기 위해 하나님께서는 당신 아들의 성육신과 죽음, 부활, 통치를 통해 당신을 우리에게 구속자와 새롭게 창조하시는 분으로 알리시려는 계획을 세우셨다. 이 계획이 성취되는 데는 여자의 자손에게 주신 약속(창 3:15)에서 시작해 구약의 역사 전체에 걸쳐 오랫동안 이어져 온 예비단계의 사건들이 필요했다. 그뿐 아니라 그에 수반되는 언어적 가르침도 필요했는데, 그 가르침은 계속되는 각 사건들이 발생하기 전에는 예언하고, 발생한 후에는 그 의미를 깨우쳐 준다. 그 결과로 매 단계마다 사람들은 구원이 펼쳐지는 역사를 이해하고, 온전히 성취될 구원의 약속을 마음에 품으며, 그러한 은총을 누리는 자신들이 어떤 사람이 되어야 하는지를 깨닫게 된다. 이처럼 구원(하나님의 행위들)의 역사는 계시(하나님의 신탁들)의 역사라는 맥락 안에서 발생했다.

논평

이 본문의 배경에는 에밀 브루너가 주장한 계시 이론과 비슷한 내용이 자리 잡고 있다. 에밀 브루너는 계시를 정보 체계라기보다 "인격적 현존"이라는 면에서 다루었다2.38 참조. 거의 같은 시기에 영국의 많은 저술가들이 브루너와 유사한 개념들을 펼쳤고, 1960년대의 영어권 신학에 큰 영향을 끼쳤다. 패커의 논의에서는 "인격적 현존" 개념이 적합한 계시 개념을 구성한다는 가정에 대해 문제를 제기한다.

생각해 볼 물음들

❶ 패커는 하나님의 행위와 하나님의 말씀이라는 두 가지 측면에서 계시를 설명한다. 그는 두 가지 개념을 어떻게 하나로 묶는가?

❷ 패커는 하나님의 계시가 일어나는 동기와 그 계시의 내용을 어떻게 설명하는가?

두 가지 문제는 서로 어떤 관계인가?

❸ "하나님의 행위로서의 계시는 우리가 그분을 적극적인 경험의 수준에서 우리 하나님이요 구세주로 알게 해주는 하나님의 인격적인 '자기 현시'다. 하나님의 선물로서의 계시는 우리가 이런 목적에 이를 수단으로 우리에게 주시는 하나님에 관한 지식이다." 본문에서 이 구절의 위치를 확인하라. 패커가 이 구절에서 말하려는 바는 무엇인가? 계시의 "행위"와 "선물"은 어떤 관계에 있는가?

2.48 ▼

토머스 F. 토런스

: 자연신학에 대한 칼 바르트의 비판

20세기 영국의 가장 중요한 신학자로 널리 인정받는 토머스 F. 토런스 Thomas F. Torrance, 1913-2007는 칼 바르트 신학의 해석자이자 번역가로 유명하다. 버지니아 대학교의 '페이지-바버와 제임스 리처드 강연'에서 발표했던 이 중요한 글에서, 토런스는 칼 바르트가 자연신학에 대해 제기했던 근본적인 반론을 자신의 관점에서 명료하게 설명해 주고 있다 2.17, 2.21, 2.33, 2.51 참조.

본문

이 모든 것에 비추어 우리는 자연신학을 비판했던 칼 바르트의 반론을 어떻게 이해해야 할까? 분명 그의 반론은, 하나님과 세상 사이에 어떤 긍정적인 관계도 인정하지 않고 둘 사이를 갈라놓는 유신론적 이원론과는 아무런 관계가 없다. 또 많은 바르트 비평가들이 주장하는 것처럼 구속과 창조를 가르고 피조물의 가치를 격하시키는 마르키온주의 이원론과도 관계가 없다. 더 나아가 그의 반론은 제1차 바티칸 공의회에서 정죄한 것과 같은, 그릇된 신앙주의와 결탁한 회의주의와도 전혀 관계가 없다. 그와는 달리 바르트의 이론은, 시공간 속에서 발생하고 또 구속에서와 마찬가지로 창조에서도 발생하는 하나님의 구체적인 행위를 크게 강조하며, 나아가 하나님의 능력이 연약한 인간 능력에 의해 제한된다거나 이른바 자연적 이성이 인간을 향한 하나님의 자기 계시에 어떤 제한을 가할 수 있다는 점을 철저히 거부하는 것을 특징으로 한다. 이러한 특성에 비추어 볼 때, 바르트를 오해하는 현상이 참 기이하게 여겨지는데, 그런 현상은 바르트 비평가들의 생각이 이미 바르트 자신은 오래전에 버린 이원론적 사고방식에 여전히 머물러 있다는 것을 보여주기 때문이다. 바르트는 하나님과 세상의 관계를 상호작용의 관점에서 이해하는 길을 되찾았고, 그에 따라 세상과 하나님 사이에 하나님께서 이미 세워 놓으신 존재론적이고 인식론적인 다리와 씨름하면서 그런 이원론적 사고를 버렸다. 따라서 전통적인 자연신학에 대한 바르트의 반론은, 그 근거를 헤아려 볼 때 사람들이 그의 생각이라고 주장하는 내용과는 정반대되는 것이다.

반드시 이해하고 넘어가야 할 사실은 바르트의 사고가 종교개혁에서 새롭게 강조한 '무로부터의 세계 창조', 곧 세계의 완전한 우연성이라는 테두리 안에서 움직인다는 점이다. 그 테두리 안에서 비로소 자연은 다시 한 번 자연스러운 것으로 인정받게 되는데, 이것은 자연에 목적인final causes이 깃든 것으로 생각하게 되면서 부여되었던 내면의 신격화hidden divinization—신이 곧 자연이다"*deus sive natura*라는 관념—로부터 자연이 풀려났기 때문이다. 자연을 그런 방식으로 다루었던 것은, 하나님이 이신론적인 신으로서 실제의 자연과는 분리되고, 그 결과 자연이 스스로 신성에 이르는 다리를 제공함으로써 어느 정도 그 신을 대신할 수 있다는 생각에서 비롯된 것이다. 그래서 바르트는 에리히 프치바라Erich Przywara가 옹호하는 아우구스티누스 유형의 형이상학을 공격하게 되었다. 그 형이상학에서는 자연 속에 깃든 신적 현실성entelechy이라는 아리스토텔레스 개념이 신플라톤주의의 주입된 은총과 계몽이라는 개념을 통해 강화되었다. 그래서 모든 존재는 본질적으로 신성과 유사하며, 은총을 받은 인간은 태생적으로 하나님과의 관계에 참여할 수 있다고 주장할 수 있었다. 바르트는 이런 신학에 잠재하는 내재주의immanentism가 자기로서는 결코 받아들일 수 없는 이신론의 다른 면모일 뿐이라고 생각했다. 이와 달리 그는 하나님의 하나님 되심과 인간의 인간 됨을 크게 강조했으며, 인간 안에 내재하는 불법적인 신성—이것은 쉽사리 하나님과 세계의 종합을 위한 토대로 사용될 수 있었다—대신에 하나님께서 시공간 속에서 창조하고, 계시하며, 구속하면서 활동하신다는 '유대-기독교'의 이해를 주장했다. 바로 이것이 초기 교회 때 기독교인들이 성육신과 창조의 상호관계를 숙고하면서 신학에서 구체적으로 표현해 낸 것이었다.

바르트가 프치바라의 사상에 특히 날카롭게 반대한 까닭은, 로마가톨릭 신학에서 나온 그의 사고가 독일 낭만주의 관념론의 배후에 자리 잡고 있는 내재주의 철학의 새로운 판본일 뿐이고, 이런 철학의 사고방식에 독일의 개신교 신학이 완전히 사로잡혀 버렸고, 그 결과 나치의 악마적 자연신학에 효과적으로 항거할 수 있는 토대를 잃어버렸다고 확신했기 때문이다. 이러한 확신을 근거로 바르트는, 에밀 브루너가 문제가 되는 근본 쟁점들을 제대로 파악하지도 않은 채 자연과 은총이라는 이중의 토대 위에 개신교 자연신학을 세우려고 했던 일도 마찬가지로 날카롭게 반대했다. 하지만 이러한 논쟁거리들과는 별개로 전통적인 자연신학에 대한 바르트의 실질적인 반대는 신학적이고 학문적인 토대들을 근거로 이루어졌다. 우리가 하나님에 관해 아는 지식의 실제 내용은 그 지식에 포함된 학문적인 방법론과 하나로 합쳐져서는 다른 독립적 토대 위에서 나오는 일체의 사상들을 궁극적으로 부적절한 것으로 여겨 부정하며, 또 그런 사상들이 긍정적인 신학을 위한 이차적이거나 동등한 기초로 제시될 경우 불가피하게 혼돈을 낳는 원천이 된다고 보아 배척한다.

신학의 내용에 한정해서 본다면, 바르트의 주장은 다음과 같다. 만일 우리가 예수 그리스도를 통해 실제로 알게 되는 하나님이 그 자체로 영원하고 나뉘지 않은 존재로서 아버지와 아들과 성령이시라면, 우리는 삼위일체 하나님이신 존재—곧 스스로 존재하는 하나님—가 아니라 어떤 일반적 존재인 신으로 끝나는 독립적인 자연신학을 어떻게 생각해야 하는가? 자연신학은 그 자체의 힘으로 하나님의 행위에서 하나님의 존재를 추상해 내는데, 신학이 이신론에서 출발하지 않는 경우에는 거기다 억지로 이신론을 덧씌우기까지 한다. 만일 이 세상 속에서 이루어지는 하나님의 구원하는 행위를 보고 하나님을 알게 되는 지식이 참으로 삼위일체이신 하나님을 아는 것이라면, 삼위일체론은 처음부터 하나님에 대한 지식의 토대에 속하게 되며, 이 사실은 하나님을 그분의 삼위일체적 행위와는 상관없이 파악된 한 분 하나님으로 보는 모든 신론에 의문을 제기하게 된다. 이것은 전통적인 성격의 자연신학에서 산출된 하나님 지식일 뿐이다.

학문의 방법론에만 한정해서 보면, 바르트는 형식과 내용, 방법과 주제가 뗄 수 없을 정도로 하나로 결합된 엄격한 연구 양식을 요구하며, 또 우리가 우리의 실제적 지식과 그 구체적 내용과 무관하게 별도로 인식 방식을 세울 수 있다고 보는 일체의 관념을 거부한다. 그러므로 바르트는 엄격한 학문에서 사용하는 것과 동일한 토대에 굳건히 서서, 신학 연구에 합당한 학문 방법을 개발하고, 나아가 그 연구 과정에서 밝혀지는 대상의 본질이 요구하는 바에 맞추어 인식론적 구조를 세울 자유를 주장한다. 물론 이 연구 과정은 일체의 선험적 가정이나 다른 연구 분야에서 끌어온 선입견에 전혀 구속 받지 않아야 한다. 후험적 학문인 신학은 그 자체의 작업에 선행하거나 별개로 존재하는 모든 전제와 사고 구조들을 의문시하는 일로 이루어진다. 바로 이러한 이유 때문에 바르트는 은총으로만 의롭게 된다는 개념의 인식론적 함의를 매우 중요하게 여긴다. 이 개념은 우리가 이미 알고 있다고 생각하는 모든 것에 대해 끈질기게 의문을 품게 만들고, 또 철학적인 것이든 교회와 관련된 것이든 일체의 속단과 외적 권위에 대해 끊임없이 문제를 제기하게 만들기 때문이다. 이 경우 신학은 하나님에 관한 우리의 개념과 명제들을 정당화하거나 입증하기 위해 궁극적으로 하나님의 본성이나 행위만을 근거로 삼게 된다. 바로 이 칭의론에서 우리는 신학 탐구의 형식과 내용, 방법론과 주제가 어떻게 부합될 수 있는지 명료하게 확인할 수 있다.

그러므로 인식론의 측면에서 바르트가 전통적인 자연신학에 반대한 이유는 그것이 논증에서 전혀 타당하지 못하다든가 그 자체가 합리적인 구조로 이루어졌기 때문이 아니라, 그것의 독립적인 특성 때문이었다. 다시 말해, 바르트는 자연신학이 살아 계신 삼위일체 하나님의 적극적인 자기 현시에서 이탈하여 '오직 자연만'을 근거로 삼아 자율적이고 합리적인 구조를 세웠다고 반박했다. 이렇게 하는 것은 하나님에 관한 지식을 두 부분으로, 곧 한 분 하나님에 대한 자연적 지식과 삼위일체 하나님에 대한 계시적 지식으로 가를 수 있을 뿐이며, 이것은 신학적으로나 학문적으로나 용납할 수 없는 것이기 때문이다. 이 말은 자연신학이 추구하는 적합하고 합리적인 구조가 하나님에 관한 지식에는 들어설 자리가 없다고 주장하는 것이 아니라, 그러한 합리적 구조가 본질상 하나님 지식의 실제적인 내용과 밀접하게 연계되지 않는다면 그것은 왜곡된 추상이 될 뿐이라는 점을 주장하는 것이다. 바로 이러한 이유에서 바르트는 자연신학이 계시신학 속에 포함되는 것이 옳으며, 계시신학 안에서 우리는 하나님에 관한 실제적인 지식을 하나님 안의 지성적인 관계들에 근거한 그대로 다루어야 한다고 주장한다. 하나님께서 존재와 행위로 자신을 드러내시는 한에서만 하나님께 적합한 합리적 구조가 그분에 대한 우리의 지식으로 드러나기 때문이다. 그러나 본질적인 면에서 볼 때, 합리적 구조라는 것은 그것이 얽혀 있는 하나님에 관한 실제적 지식에서 추상될 수 있는 것이 아니고, 그 자체로 독립적이거나 자율적인 사고 체계로 설 수 있는 것도 아니다. 그렇게 될 경우 그것은 스스로는 완벽하고 일관적일지 모르나, 자신을 넘어서는 존재론적 근거를 지니지 못하는 것들과 마찬가지로 무의미한 것이 되어 버리기 때문이다. 다시 말해, 그것은 체스와 같이 여흥거리에 불과한 게임이 되어 버린다. 누구 못지않게 바르트도 이런 일을 즐길 수 있었지만, 결코 진지하게 받아들일 수는 없었다.

논평

이 글에서 토런스는 칼 바르트가 자연신학 때문에 겪은 어려움에 대해 공감하면서, 바르트가 자연신학과 관련해 반대했던 근본적인 요소가 인간의 자율성 개념이었다고 밝힌다. 바르트가 볼 때, 자연신학은 인간의 자기주장—인간이 계시의 조건들을 결정할 수 있다거나 그리스도 안에 나타난 하나님의 실제 계시와는 별개로 '하나님을 아는 지식'의 문제를 다룰 수 있다고 보는 개념—과 관계가 있다. 이 논점은 특히 이 글의 결론 부분에서 다음과 같이 제시된다. "그러므로 인식론의 측면에서 바르트가 전통적인 자연신학에 반대한 이유는 그것이 논증에서 전혀 타당하지 못하다든가 그 자체가 합리적인 구조로 이루어졌기 때문이 아니라, 그것의 독립적인 특성 때문이었다. 다시 말해, 바르트는 자연신학이 살아 계신 삼위일체 하나님의 적극적인 자기 현시에서 이탈하여 '오직 자연만'을 근거로 삼아 자율적이고 합리적인 구조를 세웠다고 반박했다."

생각해 볼 물음들

❶ "모든 존재는 본질적으로 신성과 유사하며……" 본문에서 이 구절의 위치를 확인하라. 토런스가 볼 때, 에리히 프치바라의 유비 이론에 바르트가 적대감을 보이는 근거는 무엇인가?

❷ "바르트의 이론은, 시공간 속에서 발생하고 또 구속에서와 마찬가지로 창조에서도 발생하는 하나님의 구체적인 행위를 크게 강조하며, 나아가 하나님의 능력이 연약한 인간 능력에 의해 제한된다거나 이른바 자연적 이성이 인간을 향한 하나님의 자기계시에 어떤 제한을 가할 수 있다는 점을 철저히 거부하는 것을 특징으로 한다." 본문에서 이 구절의 위치를 확인하라. 토런스가 이 주장으로 말하려는 바는 무엇인가?

❸ 토런스에 의하면 "바르트는 자연신학이 계시신학 속에 포함되는 것이 옳……다고 주장한다." 이 주장이 말하려는 바는 무엇인가? 여러분은 토런스가 이렇게 말한 것이 옳다고 생각하는가?

『가톨릭교회 교리서』
: 성경과 전통

1985년 로마에서 주교 특별 위원회가 열려, 제2차 바티칸 공의회 20주년을 기념하고 공의회의 업적을 발전시키는 길을 논의했다. 그때 20세기 말에 이른 교회에 필요한 요소들을 고려해서 토착어로 된 새로운 교리문답을 만들어야 한다는 요구가 강하게 제기되었다. 주교 특별 위원회는 많은 사람들이 신앙 및 도덕과 관련한 모든 가톨릭 교리들을 다루는 개론서인 교리서를 요구해 왔다는 점에 주목했다.

이 요구의 직접적인 결과가 『가톨릭교회 교리서』*Catechism of the Catholic Church*이다. 이 저술은 1992년에 출간되었고, 곧바로 주요 교육 자료로 자리를 잡았다. 이 교리서를 편찬하기까지는 오랜 시간이 걸렸고, 그 과정에 편찬자들이 직면해야 했던 많은 쟁점들이 반영되었다. 요한 바오로 2세는 1986년 11월 15일 그 작업을 맡을 특별 위원회의 회원을 임명했다. 1992년 2월 14일에 위원회는 작업을 마쳤다. 마무리된 교리서는 같은 해 6월 25일 교황의 승인을 얻었다. 교리서는 라틴어를 비롯한 여러 언어로 출간되었다. 최초의 영어 번역본은 1992년에 나왔고, 수정된 여러 번역본이 1997년 9월에 새로운 모습을 보였다. 아래 인용문은 1997년 수정된 판본에서 가져왔지만, 인용된 단락에는 그때 수정된 내용이 들어있지 않다는 점을 밝혀 둔다2.2, 2.10, 2.19, 2.22, 2.24, 2.43 참조.

본문

I. 사도전승

75. "지극히 높으신 하나님의 모든 계시를 자신 안에 지니신 주 그리스도께서는 사도들에게 복음을 선포하라고 명령하셨다. 앞서 예언자들이

약속했던 그 복음을 주님께서는 당신의 인격으로 성취하시고, 입으로 널리 알리셨다. 사도들은 복음을 선포하고, 하나님의 선물을 모든 사람에게 전했다. 이 복음은 모든 구원의 진리와 도덕적 규범의 원천이었다."[1]

사도들의 선포를 통해……

76. 주님께서 명령하신 대로 복음은 두 가지 방식으로 전해졌다.

- **구두로는**, "사도들이 그리스도의 말씀과 삶과 사역을 통해 받거나 성령께서 깨우쳐 주셔서 받은 것을 자신들의 설교와 모범을 통해 또는 그들이 세운 제도를 통해 전달했다."[2]
- **문서로는**, "사도들과 그 뒤를 이은 사람들이 성령의 감동을 받아 구원의 소식을 기록함으로써 전달했다.[3]

……사도적 계승으로 지속된다.

77. "사도들은 완전하고 살아있는 복음을 교회 안에 영구히 보존하기 위해 주교들을 세워 자신들을 계승하게 했고, 그들에게 교도직의 자리를 물려주었다."[4] "영감받은 책들 속에 특별한 방식으로 표현된 사도들의 가르침은 세상 끝날까지 지속적으로 계승되어 보전되도록 정해졌다."[5]

78. 성령 안에서 일어나는 이러한 생생한 전달은 성경과 밀접한 관계가 있으면서도 분명히 구별되는 까닭에, 전통이라고 부른다. 전통을 통해 "교회는 자신의 모든 것과 자신이 믿는 모든 것을 교리와 생활과 예배 안에서 영속시키고, 모든 세대의 사람들에게 전달한다."[6] "거룩한 교부들의 말은 생명을 주는 이 전통의 현존을 증언하며, 전통의 풍요로움이 어떻게 교회의 삶과 실천 속에, 그리고 교회의 믿음과 기도 속에 부어지는지 증언한다."[7]

79. 성령 안에서 당신의 '말씀'을 통해 이루시는 아버지 하나님의 자기소통은 교회 안에 계속 현존하고 작용한다. "예전에 말씀하셨던 하나님은

계속해서 당신의 사랑하는 아들의 신부와 대화를 나누시며, 복음의 살아있는 음성이 교회 안에서—그리고 교회를 통해 세상 속에서—울려 퍼지게 하는 성령은 신자들을 온전한 진리로 이끌고, 그들 속에 하나님의 말씀이 차고 넘치도록 일하신다."[8]

II. 전통과 성경의 관계

공통된 하나의 원천……

80. "그런데 성스런 전통과 성경은 밀접하게 엮여 있고 상통한다. 이 둘은 하나의 신성한 원천에서 흘러나와 하나가 되고, 동일한 목표를 향해 움직이기 때문이다."[9] "이 둘은 모두 '세상끝 날까지 항상' 당신의 백성과 함께하시겠다고 약속하신 그리스도의 신비가 교회 안에 현존하면서 열매 맺게 한다."[10]

……두 가지 독특한 전달 양식

81. "성경은 성령의 인도로 기록된 까닭에, 하나님의 말씀이다."[11] 그리고 "[거룩한] 전통은 주 그리스도와 성령께서 사도들에게 위탁하신 하나님의 말씀을 온전히 전달해 준다. 전통은 하나님의 말씀을 사도들의 계승자들에게 전달하고, 그들은 진리의 영에 의해 계몽되어 그 말씀을 신실하게 보존하고 자세히 풀어 세상에 널리 설교하여 전파한다."[12]

82. 그래서 계시를 해석하고 전달하는 사명을 맡은 교회는 "계시된 모든 진리의 확실성을 성경만을 근거로 삼아 확증하지 않는다. 성경과 전통 모두를 똑같은 헌신과 공경의 마음으로 받아들이고 존중해야 한다."[13]

1 DV *Dei verbum*, 제2차 바티칸 공의회, 하나님의 계시에 관한 교의 헌장 「하나님의 말씀」 7. 마태복음 28:19-20, 마가복음 16:15 참조.

2 DV 7.

3 DV 7.

4 DV 7 #2. 이레나이우스, 『이단 반박』 3, 3, 1: PG 7/1, 848.

5 DV 8 #1.

6 DV 8 #1.

7 DV 8 #3.

8 DV 8 #3. 골로새서 3:16 참조.

9 DV 9.

10 마태복음 28:20.

11 DV 9.

12 DV 9.

13 DV 9.

논평

이 본문은 제2차 바티칸 공의회에서 발표한 "하나님의 계시에 관한 교의 헌장"으로 불리는 문서 『하나님의 말씀』*Dei Verbum*을 주된 근거로 삼아, 성경과 전통의 관계를 다룬다. 이 교리서에서는 성경과 전통이 공통의 원천을 공유하면서 그 전달 양식에서만 서로 다른 것이라고 주장한다. 이 본문을 트리엔트 공의회에서 같은 쟁점을 다룬 자료2.19와 비교해 보는 것이 도움이 된다.

생각해 볼 물음들

❶ 이 교리서는 성경과 전통의 관계를 어떻게 이해하는가? 둘은 동전의 양면인가? 이 교리서의 견해는 1546년 트리엔트 공의회에서 발표한 견해2.19와 어떤 관계가 있는가?

❷ 이 교리서에서는 그리스도의 가르침이 두 가지의 서로 다른 방식 또는 형태로 전해졌다고 말한다. 그 두 가지는 무엇인가? 둘은 어떤 관계에 있는가?

❸ 이 교리서는 하나님의 계시를 보호하고 해석하는 일에서 교회의 교도직에 어떤 역할을 부여하는가?

N. T. 라이트

: 성경 내러티브의 권위

영국의 신약학자 N. T. 라이트N. T. Wright, 1948 출생, 톰 라이트라고도 부른다는 '역사적 예수' 문제를 폭넓고 영향력 있게 다룬 연구로 유명하다. 그는 초기 교회 시대에 등장한 신학적인 문제들, 그중에서도 특히 그리스도인들이 성경을 이해하고 해석하는 방법에 관해 저술했다. 아래에 인용한 글에서 라이트는 성경에 나오는 기독교의 이야기들을 어떻게 교회와 그리스도인들에게 '권위' 있는 것으로 제시할 수 있겠는가 하는 문제를 다룬다2.19, 2.23, 2.32, 2.41 참조.

본문

이야기가 권위를 가졌다는 사실을 확인할 수 있는 방법에는 여러 가지가 있다. 때때로 이야기는 그 등장인물의 행동을 본받게 하려는 의도로 사용된다. 이야기 속 등장인물에는 그런 감화력이 있었기에, 몇몇 초기 교부들은 구약성경을 읽으며 그 힘을 간파하고는 풍유적 해석을 고집했다. 좀 더 자세히 말하자면 이야기는 어떤 식으로든 영속화될 수 있는 보편적 도덕성ethos을 불러일으키려는 목적으로 사용될 수 있다는 것이다. 사실 그런 모델은 기독교인의 성경 읽기에도 자주 등장하는데 문제는 너무 모호하다는 데 있다. 다시 말해 그런 모델들은 해석에 있어서 무엇이 튀어 나올지 짐작할 수 없는 경품 상자나 다름없다. 이와 달리 나는 일반적인 이야기, 그리고 확실히 성경 이야기에는 독자의 주목과 적절한 반응을 유도하는 형태와 목적이라는 것이 있다고 말하고 싶다.

그런데 여기서 적절한 반응이라는 것은 무엇을 말하는 것일까? 여러분에게 생각해볼 만한 모델을 하나 제시하려고 한다. 사실 이것은 단순한 예시가 아니라, 뒤에서 곧 설명하겠지만, (내가 지금까지 설명해 온 바와 같이) 하나님이 자신의 권위를 행사하는 수단으로 자기 백성에게 주신, 성경 이야기의 몇몇 중요한 특징들과 일치하는 것이다. 가령 셰익스피어가 쓴 희곡이 하나 있는데, 그 다섯 번째 막의 대본을 잃어버렸다고 가정해 보자. 처음 네 막이 참으로 풍부한 인물묘사와 흥분을 고조시키는 줄거리를 지니고 있어서 많은 사람들이 그 희곡을 꼭 무대에 올려 달라고 요구한다고 생각해 보자. 그렇다고 해도 다섯 번째 막을 단번에 써내는 것은 적절해 보이지 않는다. 그렇게 하면 희곡을 단일한 형태로 고정시켜 버리게 되고, 셰익스피어로 하여금 자신이 실제 쓰지도 않은 작품을 책임지게 하는 일이 벌어지게 될 것이다. 차라리 고도로 훈련 받은 섬세하고 숙련된 셰익스피어 전문 배우들에게 핵심 배역을 맡겨서, 앞의 네 막과 더불어 셰익스피어와 그 시대의 언어와 문화를 깊이 섭렵하게 한 후에 그들 스스로 다섯 번째 막을 끌어가도록 위임하는 것이 훨씬 낫다고 생각된다.

결과를 생각해 보자. 처음 네 막은 원래 모습 그대로 남아 있으므로 지금 하는 작업에서 그 '권위'에 의문의 여지가 없다. 다시 말해, 즉흥적으로 새로 꾸며낸 내용에 대해 누군가는 특정 등장인물의 연기가 일관성이 없다거나 아니면 앞에서 제시된 세부 줄거리나 주제가 개연성 있는 결론으로 이어지지 않는다고 항의할 수 있다. 처음 네 막이 지니는 이런 '권위'가 배우들이 희곡 앞부분을 계속 되풀이하게 하는 암묵적인 명령으로 작용하지는 않는다. 그 권위란 이 연극이 미완성의 작품으로서, 스스로 앞으로 나가려는 자기 고유의 추진력을 지니고 있다는 사실을 가리킨다. 그래서 연극이 개연성 있는 결론에 이르는 것도 필요하지만, 우선 이야기의 가닥들이 어떻게 적절히 하나로 모아지는지 파악하고 이어서 그렇게 파악한 것을 말과 행동을 통해 혁신적이면서도 일관되게 표현해 내기 위해, 있는 그대로의 이야기 속으로 책임지고 들어갈 수 있는 배우가 필요하다.

이 모델은 좀 더 발전된 형태로 수정될 수 있을 것이고 또 수정되어야 마땅하다. 사실 이 모델은 꽤 많은 가능성을 지닌다. 이 모델을 바탕으로 삼아 생각해 볼 수 있는 구체적인 방식들—나중에 다른 곳에서 살펴볼 것이다—가운데 하나로, 다음과 같이 다섯 개의 막으로 구성해 보는 방법이 있다. (1) 창조, (2) 타락, (3) 이스라엘, (4) 예수라는 막으로 구성하고, 이어서 신약성경은 제5막의 첫 장면을 담당하면서 이 연극이 어떻게 끝나게 될지를 보여주는 실마리를 제공한다(롬 8:1, 고전 15장, 요한계시록의 여러 부분). 그리고 교회는 기존 이야기의 '권위' 아래 살면서, 즉흥 연기와 실제 공연될 마지막 5장 사이를 채워 가는 사명을 지닌다. 앞선 자료들에서 제시한 주요 주제나 성격 묘사와 일치하지 않는 경우에는 언제든지 이의가 제기될 수 있다. 그런 이의 제기—그리고 그런 공연!—를 하기 위해서는 이야기 전체의 성격을 꿰뚫어 보고, 또 앞에서 가져온 구절을 그대로 되풀이하기만 하는 (당연히) 부적절한 방식을 정확히 꿰뚫어 볼 수 있는 민감성이 필요하다. 우리에게 필요한 것은 바로 그런 민감성(모델을 교회의 삶이라는 차원으로 현실화하는 능력)이다. 여러분은 지금까지 성경의 권위를 적용하는 일이 빈틈없는 프로그램으로 구성된 컴퓨터가 작동하는 방식과 비슷하게 다루어졌다는 사실을 생각해 본 적이 있는가?

논평

어떤 책이 권위 있다고 어떻게 말할 수 있는가? 어떤 책에 대해 "권위 있다"라고 주장할 때, 그 말은 무엇을 뜻하는가? 성경은 어떤 수단에 의지해서 그 권위를 실제로 행사할 수 있는가? 라이트는 1991년에 쓴 이 논문에서 특히 개신교 진영에서 발견되는 이른바 성경의 권위에 대한 '기계적인' 이해(글의 마지막 부분에서 컴퓨터를 언급하는 것에 주목하라)를 비판하고 있다. 라이트에 따르면 성경의 권위라는 개념은 성경 자체에서는 명료하게 진술되지 않으므로, 성경 자체의 권위가 아니라 성경이 다른 문제에 관해 말하는 내용을 토대로 그 개념을 추론하거나 적용해야 한다. 이 인용문에서 라이트는 어떻게 성경의 권위가 교회의 삶 속에서 힘을 발휘하게 되는지 살피는 연극 모델을 제시한다.

생각해 볼 물음들

❶ 라이트는 어떻게 특정 이야기가 권위를 지닌다고 말할 수 있는지의 문제를 살피는 일로 논의를 시작한다. 이 문제가 왜 중요한가? 또 그가 그런 이야기의 '형태'와 '목적'을 결정하는 일을 크게 강조하는 이유는 무엇인가?

❷ 라이트가 사용하는 유비, 곧 원래 5막으로 이루어졌으나 다섯 번째 막의 대본이 사라진 셰익스피어의 희곡이라는 유비를 여러분의 말로 설명해 보라.

❸ 고린도전서 15:1-4을 읽고 이 구절이 라이트의 주장에 잘 부합되는지 살펴보라. 그는 이 본문을 어떻게 사용하는가?

2.51 ▼

알리스터 맥그래스

: 자연신학에 대한 기독교의 이해

알리스터 맥그래스1953 출생는 자연과학이 기독교 신학의 능동적인 대화 상대가 될 수 있는 방법에 특별한 관심을 기울인다. 이에 따라 그는 자연신학이 한편으로는 과학과 종교 사이의 대화에서, 다른 한편으로는 신학과 문화 사이의 대화에서 특히 중요한 접점이 된다고 주장했다. 여기서 살펴볼 글은 『공개된 비밀』*The Open Secret*에서 인용한 것이다. 이 글에서 맥그래스는 자연신학을 자연을 기초로 삼아 하나님을 증명하는 것으로 여겨서는 안 되고, 오히려 기독교의 실재관과 자연계에서 관찰되는 것 사이의 '공명'을 확증하는 것으로 보아야 한다고 주장한다2.17, 2.21, 2.28, 2.29, 2.48 참조.

본문

자연신학이란 흔히 "종교적 믿음에 속하지도 않고 어떤 종교적 믿음도 가정하지 않는 전제들에서 출발해서 종교적 믿음을 긍정하려는 노력”(윌리엄 올스턴)이라고 이해된다. 올스턴의 정의는 전통적인 자연신학 이론들이 지닌 변증적 의도를 분명하게 보여준다. 앞서 언급했듯이, '보일Boyle 강연'에서는 자연신학이 하나님의 존재에 대한 증거를 제공해 준다고 보았다. 자연에서 출발할 때, 하나님의 존재는 관찰되는 대상들을 납득할 수 있도록 설명해 주는 유일의 길로 제시된다. 초기에 활동한 많은 보일 강연자들이 보기에 물질계의 복잡성과 아름다움은 창조자 하나님의 존재를 기초로 삼을 때만 설명이 가능했다. 널리 영향을 끼친 『자연신학』1802의 저자인 윌리엄 페일리도 생물계를 치밀하게 관찰한 결과, 비슷한 결론을 요구한다고 주장했다. 자연은 시계에 비교되었고, 자연이라는 복잡한 기계장치는 신적 시계공을 가리켰다. 이 저자들 중 일부는 자신들의 논증이 하나님의 존재를 '증명'하는 것이라고 보았지만, 사실은 하나님에 대한 믿음을 소급해서 입증한 것으로 보는 게 더 나을 듯싶다. 이러한 논점이 존 헨리 뉴먼의 남긴 다음과 같은 명언의 바탕에 깔려 있다. “나는 하나님을 믿는 까닭에 설계를 믿는 것이지, 설계를 알기에 하나님을 믿는 것이 아니다.”

이 책에서 제안하는 자연신학 이론도 역시 커다란 변증적 잠재력을 지닌다. 여기서는 자연을 “공개된 비밀”—공개적으로 다룰 수는 있으나 그 진정한 의미는 기독교 신앙의 관점에서만 파악할 수 있는 실체—로 이해한다. 하지만 이 자연신학 이론은 자연을 관찰해서 하나님의 존재를 '증명'하려고 하는 것이 아니라, 사물을 분별하는 인간의 역량까지 포함해 관찰 대상을 파악할 수 있는 기독교 세계관의 역량에 기초한다. 기독교가 지닌 설명 능력은 관찰된 대상과 공명하는 것으로 보인다는 점에서 긍정적으로 받아들여진다. “나는 태양이 떠오르는 것을 믿듯이, 기독교를 믿는다. 그것을 보기 때문만이 아니라, 그것에 의지해 다른 모든 것을 보기 때문이다.” C. S. 루이스의 논문 「신학은 시인가?」의 결론에 나오는 이 말은 하나님께 대한 믿음이 지성의 지평을 밝혀 주고, 사물들을 올바른 시각에서 볼 수 있게 해주어, 그 결과 실재의 내적 일관성을 간파할 수 있게 해준다는 기독교적 관점을 제시한다.

이 이론에서 변증학은 세계관 및 관찰이 기독교의 사물 이해 방식과 이루는 공명을 토대로 삼는데, 여기서 기독교의 사물 이해 방식은 실제로 관찰된 것과의 상당한 경험적 일치—복잡하고 다면적인 현상에 대한 '최상의 설명'—를 제공하는 것으로 인정된다. 이 기본적인 이론은 존 폴킹혼이 실재의 여러 측면들을 납득할 만하게 설명해 주는 다양한 세계관들이 지니는 역량을 논하면서 경제성economy, 범위scope, 정확성elegance, 생산성frutfulness이라는 네 가지 탁월성 기준을 사용하는 데서 볼 수 있다. 폴킹혼은 자연주의에 비해 유신론이 훨씬 더 강력한 설명 도구가 된다고 여기며, 이런 면에서 볼 때 삼위일체론적 유신론이 통상적인 유신론에 비해 훨씬 뛰어나다고 주장한다.

이 이론은 또한 리처드 도킨스의 저술들에서도 발견되는데, 그는 경험과 관찰 사이의 최고 수준의 일치는 우선 종의 진화에 대한 다윈의 설명을 통해 확보되고, 그 다음으로 일체의 신 관념이나 자연 질서 안에 깃든 목적 개념을 거부하는 데서 얻어진다고 주장한다. "우리가 관찰하는 우주는, 그 바탕에 설계도 없고 목적도 없으며, 악과 선도 없고, 눈멀고 냉혹한 무관심 외에는 아무것도 없다고 가정할 때에야 딱 맞아떨어지는 속성들을 지닌다."

이것은 논리적으로 빈틈없는 논증이나, 논쟁의 여지가 없는 증거들로 이루어지는 과학 논쟁의 확고한 종결이라는 의미의 '증명'이 아니다. 오히려 이론과 관찰의 수렴이라는 면에서 규정하는 '최상의 설명'이라고 할 수 있다. 우리가 강조해 왔듯이, 자연은 여러 가지 해석에 대해 열려 있다. 그 해석들이 각각 증거에 의해 확증되는 것이 아니지만, 모두 그 나름대로 자연을 설명하는 방식을 제시하고, 그런 설명 방식은 크든 작든, 경험된 자연에 공명한다. 이 사실은 새로 형성된 자연신학에서 확실한 적합성을 지닌다. 이전 세대는 자연신학이 자연을 성찰함으로써 하나님의 존재를 '증명'할 수 있다고 생각했던 데 반해, 이러한 관점의 자연신학에서는 관찰과 이론 사이의 공명을 확인함으로써 자연이 하나님에 대한 기존 믿음을 강화시켜 준다고 주장한다.

논평

이 글에서 맥그래스는 자연신학을 하나님의 존재를 '증명'하는 것으로 생각하는 전통적 방식에서 벗어날 것을 주장한다. 맥그래스는 '귀추법'abduction, 곧 '최상의 설명에 이르는 추론'inference to the best explanation이라는 개념을 사용하여, 삼위일체론을 기초로 삼아 세계에 관해 사고하는 기독교의 방식과 세상 속에서 실제로 관찰되는 것 사이의 공명과 조화를 입증하는 것이 훨씬 더 나은 접근법이라고 주장한다. 그리스도인은 자연을 탐구해서 하나님을 믿게 되는 것이 아니다. 오히려 그리스도인은 하나님 지식을 기준으로 삼아 자연을 이해하며, 이 지식이 실제로 관찰하는 것들을 확증해 준다고 생각한다.

생각해 볼 물음들

❶ 본문은 18세기와 19세기 초의 영국 고전 신학, 그중에서도 보일 강연과 윌리엄 페일리의 신학에 대한 논의로 글을 시작한다. 이렇게 역사를 살핀 결과, 어떤 논점이 제시되는가?

❷ "나는 태양이 떠오르는 것을 믿듯이, 기독교를 믿는다. 그것을 보기 때문만이 아니라, 그것에 의지해 다른 모든 것을 보기 때문이다." C. S. 루이스에게서 인용한 이 글의 위치를 본문에서 확인하라. 루이스의 이 말은 맥그래스가 펼치는 견해에 어떤 토대를 제공하는가?

❸ 시편 19편의 앞부분에 나오는 "하늘은 하나님의 영광을 드러내고"라는 구절은 자연신학에 관한 논의에서 자주 인용된다. 맥그래스의 견해는 이 구절과 일치하고 있는가?

추가 독서 자료

— Kenneth J. Archer, *A Pentecostal Hermeneutic for the Twenty-First Century: Spirit, Scripture and Community*(London: T&T Clark, 2004).

— R. J. Coggins and J. L. Houlden, *A Dictionary of Biblical Interpretation* (London: SCM Press, 1990).

— Avery Dulles, *Models of Revelation* (Dublin: Gill & Macmillan, 1983).

— Edward Farley and Peter Hodgson, "Scripture and Tradition"; in P. Hodgson and R. King(eds), *Christian Theology* (Philadelphia: Fortress Press, 1982), pp. 35-61. (『현대 기독교 조직신학: 기독교 신학의 전통과 과제에 대한 개론』 윤철호 역, 한국장로교출판사, 1999)

— George Lindbeck, *The Nature of Doctrine* (Philadelphia: Fortress Press, 1984). (『교리의 본성』 김영원 역, 도서출판100, 2021)

— Henri de Lubac, *Scripture in the Tradition* (New York: Crossroad Publishing, 2000).

— I. Howard Marshall, Kevin J. Vanhoozer, and Stanley E. Porter, *Beyond the Bible: Moving from Scripture to Theology* (Grand Rapids, MI: Baker Academic, 2004).

— Bruce M. Metzger, *The New Testament Canon* (Oxford: Oxford University Press, 1987).

— Robert Morgan, *Biblical Interpretation* (Oxford: Oxford University Press, 1988).

— Grant R. Osborne, *The Hermeneutical Spiral: A Comprehensive Introduction to Biblical Interpretation, 2nd edn* (Downers Grove, IL: InterVarsity Press, 2006).

— Jaroslav Pelikan, *Credo: Historical and Theological Guide to Creeds and Confessions of Faith in the Christian* Tradition (New Haven, CT: Yale University Press, 2005).

— Manlio Simonetti, Anders Bergquist, and Markus N. A. Bockmuehl, *Biblical Interpretation in the Early Church: An Historical Introduction to Patristic*

Exegesis(Edinburgh: T&T Clark, 2001).

—— Anthony C. Thiselton, *New Horizons in Hermeneutics*(Grand Rapids, MI: Zondervan, 1992). (『해석의 새로운 지평』 최승락 역, SFC, 2015)

—— K. R. Tremblath, *Evangelical Theories of Biblical Inspiration*(Oxford: Oxford University Press, 1988).

—— Kevin J. Vanhoozer, *The Drama of Doctrine: A Canonical-Linguistic Approach to Christian Theology*(Louisville, KY: Westminster John Knox Press, 2005). (『교리의 드라마』 윤석인 역, 부흥과개혁사, 2017)

—— Allan Verhey, *Remembering Jesus: Christian Community, Scripture, and the Moral Life*(Grand Rapids, MI: Eerdmans, 2005).

—— John Webster, Kathryn Tanner, and Iain Torrance(eds), *The Oxford Handbook of Systematic Theology*(New York: Oxford University Press, 2007).

—— David M. Williams, *Receiving the Bible in Faith: Historical and Theological Exegesis*(Washington, DC: Catholic University of America Press, 2004).

—— Frances M. Young, *Biblical Exegesis and the Formation of Christian Culture*(Peabody, MA: Hendrickson Publishers, 2002).

3장 신론

서론

'신학'이라는 말은 문자적으로 '하나님에 관한 담론'을 뜻한다. 현대에 들어와서 이 단어의 의미가 원래의 틀을 벗어나 '종교의 독특한 개념들에 관한 연구'를 뜻하는 것으로 변했지만, 그 본래의 의미에서 볼 때 우리는 하나님이 기독교 신학의 중심을 이룬다는 사실을 알 수 있다. 이번 장의 읽을거리들은 기독교의 하나님 이해와 연관된 쟁점들, 예를 들어 삼위일체론이라는 대표적인 교리, 창조자 하나님 개념, 하나님의 속성과 관련된 여러 쟁점 등을 다룬다.

초기 교회에서 벌어진 중요한 논쟁 가운데 하나는 기독교에서 믿는 하나님의 정체성과 관련이 있었다. 기독교의 하나님은 이스라엘의 하나님과 어떤 관계가 있는가? 그리스와 로마의 고전적 종교의 신들과는 어떤 관계가 있는가? 고전 고대의 말기에 형성된 문화 세계 안에 널리 퍼졌던 철학적 신 개념들과는 어떤 관계가 있는가? 기독교의 하나님 이해와 하나님에 관한 현대의 철학적 사고의 관계는 여전히 중요한 문제가 된다. 이러한 논의 가운데 특히 최근 수십 년 사이에 중요하게 떠오른 것은 하나님이 고난을 당한다고 말할 수 있느냐는 문제이다. 이 문제는 제1차 세계대전 이후에 중요한 쟁점으로 떠올랐는데, 인간이 고난을 겪는 상황과 하나님을 연관시켜 생각하려는 시도가 이루어지면서 그에 대한 응답으로 등장했다. 이 책에 실은 글들을 통해 드러나겠지만, 제1차 세계대전을 통해 이 쟁점에 대한 관심이 촉발되기 오래 전에 이미 기독교 전통 안에서는 하나님과 인간의 고난의 관계에 대한 논의가 있었다.

기독교에서 이처럼 하나님의 정체성을 밝히는 과정은 초기 교회 때 삼위일체론이 등장한 데서 확인할 수 있다. 아주 이른 시기에 기독교인들이 기본적인 삼위일체 이론을 직관적으로 파악했다고 생각할 만한 확고한 근거들이 있다. 하지만 이 교리의 형성 과정은 조심스럽게 진행되면서, 매 단계마다 세밀한 비판과 평가가 이루어졌다. 역사를 살펴보면, 이러한 발전 과정에서 여러 개의 이정표를 확인할 수 있다. 이정표 가운데 첫째는 예수 그리스도의 신성을 공식적으로 인정한 일이었고, 둘째는 성령의 신성이 점진적으로 수용된 일이었다. 이 두 갈래 과정은 4세기 말에 완료되었다.

하지만 기독교에서 하나님의 본질을 두고 벌어진 논쟁에서 삼위일체론은 마지막 주제가 아니었다. 이 책에서는 고대에 일어났던 몇 가지 논쟁을 더 살펴보는데, 예를 들어 하나님을 세상의 창조자로 볼 수 있는 방법, 하나님이 전능하시다는 말의 의미, 성령의 독특한 특성 등을 다룬다.

1. 삼위일체론

계몽주의 시대의 많은 기독교 신학자에게 골칫거리였던 삼위일체론은 20세기와 21세기 초에 이르러 극적으로 되살아났다. 이러한 현상은 합리주의의 영향력이 시들어가고, 그에 더해 기독교 고유의 사고방식에 대한 확신이 회복된 데 따른 것으로 보인다. 이번 장에 포함된 많은 읽을거리는 삼위일체론의 주제에 초점을 맞추고, 하나님을 이렇게 이해할 수 있는 근거와 또 널리 난해한 것으로 여겨지는 이 교리를 납득할 수 있게 설명하는 방식을 다룬다.

삼위일체론

3.12 ▸ 히포의 아우구스티누스: 삼위일체

3.14 ▸ 콘스탄티아의 에피파니우스: 사벨리우스주의

3.15 ▸ 알렉산드리아의 키릴로스: 성령의 역할

3.16 ▸ 다마스쿠스의 요하네스: 성령

3.17 ▸ 제11차 톨레도 공의회: 삼위일체

3.18 ▸ 캔터베리의 안셀무스: 하나님의 동정심

3.19 ▸ 생 빅토르의 리카르두스: 삼위일체 안의 사랑

3.25 ▸ 토마스 아 켐피스: 삼위일체 사변의 한계

3.28 ▸ 프리드리히 슐라이어마허: 삼위일체

3.32 ▸ 레오나르도 보프: 가난한 자들을 위한 기쁜 소식인 삼위일체

3.33 ▸ 로버트 젠슨: 삼위일체

3.37 ▸ 발터 카스퍼: 삼위일체의 합리성

3.39 ▸ 존 밀뱅크: 포스트모던 시대의 삼위일체

3.42 ▸ 새라 코클리: 사회적 삼위일체 모델

2. 하나님이 고난당하실 수 있는가?

초기의 기독교 사상은 상당 부분 고전 그리스 철학 전통과 상호작용하며 형성되었다. 그리스 철학에서는 하나님을 완전한 존재로 생각했다. 완전은 변함없음을 뜻했는데, 변화는 쇠퇴와 불완전을 가리키는 표지로 여겼기 때문이다. 그래서 초기의 기독교 사상가들은 성육신한 하나님이신 그리스도가 당한 고난을 그의 신성이 아니라 인간적 본질하고만 관련된 것으로 해석하는 경향이 있었다. 반면에 하나님은 고난을 겪지 않는 것으로 보았다. 이런 사상은 기독교 전통에서 여러 차례 도전을 받았는데, 한 가지 예를 마틴 루터의 '고난당하시는 하나님' 사상에서 볼 수 있다. 하지만 계몽주의 시대에 합리주의가 등장하면서 하나님의 완전성 개념, 곧 하나님은 고난에서 초탈하신다고 보는 개념을 다시 강조하는 흐름이 나타났다. 제1차 세계대전에서 경험한 충격과 고통은 고난을 중요한 변증적 쟁점이 되게 만들었

으며, 많은 신학자들로 하여금 하나님의 아파테이아 그리스어 *apatheia*, 무정념 라는 전통적 사상을 다시 찾게 만들었다. 사랑이신 하나님이 고난을 회피하실 수 있는가? 위르겐 몰트만을 비롯한 많은 신학자들은 당연히 그렇지 않다고 생각했다. 그런데도 논쟁은 여전히 계속되고 있다.

하나님도 고난을 겪으시는가?

3.18 ▸ 캔터베리의 안셀무스: 하나님의 동정심

3.19 ▸ 생 빅토르의 리카르두스: 삼위일체 안의 사랑

3.20 ▸ 헤일스의 알렉산더: 그리스도 안에서 하나님이 겪으신 고난

3.27 ▸ 베네딕트 스피노자: 하나님의 무정념성

3.30 ▸ 위르겐 몰트만: 하나님의 고난

3.34 ▸ 한스 큉: 하나님의 불변성

3.35 ▸ 에버하르트 융엘: 십자가에 달리신 하나님

4.20 ▸ 마틴 루터: 네스토리우스주의 비판

3. 하나님과 악

이와 연관된 주제로, 선하신 하나님께서 이 세상 속에서 발견되고 인간 본성 안에서 경험되는 악과 어떤 관계가 있는가 하는 문제가 있다. 이 두 가지는 양립할 수 없는가? 아니면 서로 조화될 수 있는가? 이 문제에 대한 답을 찾는 일이 1755년에 발생해 막대한 피해와 인명 손실을 일으킨 리스본 대지진으로 인해 근대의 중요한 쟁점이 되었다. 그런 사건이 하나님의 선하심과 어떻게 조화될 수 있는가? 2004년 12월에 인도양에서 일어난 쓰나미로 인해 이와 유사한 질문이 제기되었다. 이 장에 포함된 많은 읽을거리에서 여러 가지 답을 헤아려 볼 수 있다.

하나님과 악

3.2 ▸ 리옹의 이레나이우스: 악의 기원

3.6 ▸ 오리게네스: 하나님과 악의 관계

3.13 ▸ 히포의 아우구스티누스: 하나님과 악의 관계

3.22 ▸ 바뇨레조의 보나벤투라: 악의 기원

3.43 ▸ 데이비드 벤틀리 하트: 하나님과 악

4. 성령

20세기 말에 일어난 중요한 신학적 발전 중 하나는 은사 운동이다. 이 운동의 기원은 20세기 초까지 거슬러 올라가며, 특히 1906년 로스앤젤레스에서 일어난 '아주사 거리 부흥 운동'에서 찾을 수 있다. 오늘날 은사 운동은 전 세계 기독교에서 큰 힘을 발휘하고, 주류 기독교 교회 전반에 영향을 미치고 있다. 이 운동이 기독교인의 삶과 예배에서 성령의 역할을 강조하면서, 성령의 역할에 대한 신학적 성찰에 큰 관심이 일어났다. 비록 최근에 일어난 변화로 인해 성령의 중요성에 대한 관심이 높아지기는 했지만, 사실 기독교 신학자들은 언제나 성령의 중요성을 인식해 왔다. 이번 장에는 이 주제를 다룬 글들을 소개하는데, 이 분야를 가리켜 흔히 '성령론' pneumatology, 그리스어로 영을 뜻하는 '프뉴마/*pneuma*'에서 유래했다 이라고 부른다.

성령

3.3 ▸ 리옹의 이레나이우스: 삼위일체

3.7 ▸ 니사의 그레고리우스: 삼위일체에 대한 인간적 유비

3.8 ▸ 카이사레아의 바실리우스: 성령의 사역

3.10 ▸ 알렉산드리아의 아타나시우스: 성령과 삼위일체

3.15 ▸ 알렉산드리아의 키릴로스: 성령의 역할

3.16 ▸ 다마스쿠스의 요하네스: 성령

8.10 ▸ 다마스쿠스의 요하네스: 성령과 성만찬

5. 하나님의 '남성성'?

이 장에서 다루는 마지막 주제는 특히 최근에 이르러 중요한 쟁점으로 등장했다. 과거에 남성 신학자들이 여성을 있으나 마나 한 존재로 다루어 온 사태에 대한 깨달음이 늘면서, 하나님을 남성으로 생각하는 것이 마땅한가라는 문제에 관심이 증가했다. 이번 장에 포함된 몇몇 읽을거리에서는 이 논쟁도 다룬다. 이 쟁점은 예수 그리스도의 정체성과 의미를 다루는 논쟁에서도 중요하게 다루어지는데, 이에 대해서는 4장을 참조하라. 이 논쟁은 부분적으로 신학의 언어와 관련된 것이기도 하다. 즉, 남성적 역할 모델(예를 들어 '왕')을 사용하는 것이 하나님이 남성이라는 사실을 가리키는지의 문제다. 기독교의 신학과 영성의 전통에서 '아버지'라는 용어가 널리 사용되어 온 것은, 하나님의 정체성과 관련해서 이 용어가 무엇을 의미하는지의 문제를 제기한다.

하나님은 남성인가?

3.23 ▸ 노리치의 줄리안: 우리 어머니이신 하나님

3.38 ▸ 폴 주이트: 배타적 언어와 삼위일체

3.40 ▸ 엘리자베스 A. 존슨: 하나님의 남성 이미지와 여성 이미지

3.41 ▸ 앤 카: 페미니즘과 하나님의 남성성

아테네의 아테나고라스

: 기독교인의 하나님

아래에 인용한 본문은 2세기의 학자 아테네의 아테나고라스133-190가 177년경 로마 황제 마르쿠스 아우렐리우스 안토니우스와 루키우스 아우렐리우스 코모두스에게 그리스어로 써서 보낸 변증의 글이다. 이 글에서 아테나고라스는 이교도의 비판에 맞서 기독교 신앙을 옹호하고자 복음의 주요 특성들을 명쾌하고 논리 정연하게 설명한다. 초기 시대의 기독교인들은 황제 숭배를 거절한다는 이유로 무신론자로 고발당했다. 아테나고라스가 기독교인들이 하나님에 관해 믿는 내용을 설명하는 이 글에서, 훗날 등장하게 될 삼위일체적 사고를 보여주는 중요한 실마리를 발견할 수 있다. 이 저술은 『기독교인을 위한 탄원』*Supplication on Behalf of Christians*이나 『변증론』*Apology*, 이 책에서는 이 제목을 따른다과 같은 여러 가지 이름으로 알려졌다1.1, 1.2, 1.3, 1.4 참조.

본문

우리는 한 분 하나님, 곧 자존하시고, 영원하시며, 눈으로 볼 수 없으시고, 무정념하시고, 인간의 이해를 초월하시며, 무한하신 하나님을 인정한다는 점에서 무신론자들이 아닙니다. 하나님은 오직 지성과 정신에 의해서만 파악되며, 빛과 아름다움과 영과 이루 형언할 수 없는 힘에 감싸여 계십니다. 우주는 그분의 로고스를 통해 창조되어 질서를 이루었으며, 지금도 로고스를 통해 유지되고 있습니다.……또한 우리는 '하나님의 아들'을 인정합니다. 하나님께 아들이 있다는 말을 어리석다고 여기는 사람이 없어야 할 것입니다. 이교도 시인들은 자신이 꾸며 낸 이야기를 통해 신들을 인간과 다름없는 존재로 그려 낼지 모르나, 우리는 아버지 하나님과 아들 하나님에 대해 그들과 같은 방식으로 생각하지 않습니다. 하나님의 아들은 관념 속에서나 실제로나, 아버지 하나님의 로고스이기 때문입니다. 아버지와 아들은 하나이고, 그런 까닭에 세상 만물이 지음 받은 것은 아들의 본을 따라 아들의 행동을 통해 이루어졌습니다.……[아들은] 아버지께서 최초로 낳으신 분입니다. 이 말은 아들이 지음 받아 존재케 되었다는 뜻이 아닙니다. 영원한 이성*nous*이신 하나님은 영원토록 지혜로우신*logikos* 분으로서 태초부터 자기 안에 로고스를 지니셨기 때문입니다. 오히려 이 말은 아들이 모든 물질적인 것들을 움직이게 하는 힘과 모본으로 오셨다는 것을 뜻합니다.……우리는 예언자들 속에서 일했던 성령이 하나님의 유출로서 마치 태양빛처럼 하나님에게서 나와 하나님께로 돌아가는 분이라고 단언합니다.

논평

초기 기독교 저술가들은 세속의 황제 체제 아래서 비판자들에게 흔히 무신론자로 낙인찍혔다. 그들이 고전 로마의 만신전에 속한 신들을 부정하거나, 황제 숭배에 복종하기를 거부했기 때문이다. 황제 숭배는 특히 로마 제국의 동쪽 지역에서 든든히 자리 잡았다. 최초의 기독교 변증가들은 무신론자라는 비난에 맞서 반박하는 일도 맡았는데, 이 일은 흔히 기독교 신앙의 본질을 해명하는 일을 동반했다. 여기서 기억해야 할 사실은 당시 기독교는 여전히 억압당하는 처지에 있었고, 따라서 기독교인들은 대부분 비밀리에 모임을 가졌다는 점이다. 세상 사람들이 기독교인들이 믿는 것이 무엇인지 알 수 있는 길은 아테나고라스처럼 세속 문화에 진지하게 관심을 기울였던 기독교인들의 글을 읽는 것 외에는 다른 방법이 없었다.

생각해 볼 물음들

❶ 아테나고라스가 예수 그리스도를 가리키는 데 사용한 용어들에 주목하라. 그것들은 당시 기독교 진영 안에서 그리스도를 이해했던 방식을 이해하는 데 어떤 도움

을 주는가?

❷ 아테나고라스가 하나님의 본질에 관해 가르치는 내용의 특징은 무엇인가? 그는 무신론이라는 비난에 맞서 반박할 때, 그 내용을 어떻게 활용하는가?

❸ 이교도 시인들에 관한 아테나고라스의 주장에 주목하라. 그 주장의 배후에 놓인 근거는 무엇인가? 그는 그 주장을 어떻게 활용하는가?

리옹의 이레나이우스

: 악의 기원

2세기의 신학자 리옹의 이레나이우스약 130-202는 저서 『사도들의 설교에 대한 논증』*Demonstration of the Apostolic Preaching*에서, 죄의 기원이 인간의 연약함에 있다는 주장을 펼친다. 이 책은 원래 그리스어로 저술되었으나 지금은 아르메니아어 번역본으로만 알려져 있다. 하나님은 인간을 완전한 상태로 창조하신 것이 아니라, 성장해 가며 완전함을 성취할 수 있는 존재로 지으셨다. 그래서 인간은 처음의 연약함으로 인해 유혹에 넘어지게 되었다3.6, 3.13, 3.26, 3.43, 6.1 참조.

본문

하나님께서는 인간을 땅과 그 안에 있는 모든 것의 주인으로 지으셨다.……하지만 이 일은 인간이 성숙한 단계에 이르렀을 때 비로소 가능하다.……인간은 어리석은 아이에 불과할 뿐이다. 자라나 온전한 성숙에 이를 필요가 있다.……하나님께서는 이 세상보다 훨씬 좋은 장소를 인간을 위해 준비하셨다.……그곳은 '하나님의 말씀'이 항상 거니시며 인간과 이야기를 나누실 만큼 아름답고 좋은 낙원이었다. 또 그곳은 먼 미래에 하나님의 말씀이 인간과 함께 살고 이야기를 나누며 교제하고 그들에게 의로움을 가르치시게 될 때를 예시하는 곳이었다. 그러나 인간은 어린아이요 그 정신은 아직 완전히 성숙하지 못했다. 그래서 인간은 속이는 자에게 쉽게 넘어가 그릇된 길로 빠져들었다.

논평

훗날 아우구스티누스가 주장하는 개념들과 대조적으로 이레나이우스는 인간이 연약하고 무기력한 상태로 지음 받았고, 그래서 쉽게 그릇된 길로 빠져든다고 주장한다. 아우구스티누스가 '타락'을 말하는 곳에서 이레나이우스는 인간의 빗나감과 방향 상실을 강조하는 쪽으로 논지를 이끌어 간다.

생각해 볼 물음들

❶ 이레나이우스는 인간을 창조 안의 어떤 자리에 배치하는가?

❷ 인간이 연약하게 창조되었다는 사실은 하나님의 선하심이나 능력에 어떤 문제를 일으키는가?

❸ 이레나이우스는 악의 기원을 어떻게 설명하는가?

3.3

리옹의 이레나이우스

: 삼위일체

리옹의 이레나이우스약 130-202가 삼위일체론의 기본 요소들을 설명하는 이 중요한 글은 신조의 형식으로 구성되었는데, 그 이유는 독자들로 하여금 이 글을 그 당시 널리 사용되던 여느 신조들과 관련지어 볼 수 있게 하려는 데 있었던 것으로 보인다. 이 글이 중요한 이유는, 삼위일체의 각 위격에 독특한 기능을 부여하고는 세 위격을 하나로 연결해서, 기독교 특유의 하나님 본질 이해를 가르치는 '신앙의 규범'을 제시하는 방식으로 이루어졌기 때문이다 2.7, 3.9, 3.10, 3.11, 3.12, 3.15, 3.16, 3.19, 3.37, 3.42 참조.

본문

우리 신앙의 규범, 곧 건물의 토대이자 우리 행동을 떠받쳐 주는 규범은 다음과 같다. 창조되지 않으신 아버지 하나님, 그분은 제한되지 않으시고, 눈으로 볼 수 없는 한 분 하나님이시며, 우주의 창조자이시다. 이것이 우리 신앙의 첫째 조항이다.

둘째 조항은 다음과 같다. 하나님의 말씀이시고 하나님의 아들이신 우리 주 예수 그리스도, 그분은 아버지의 섭리를 따라, 예언자들에게 그들의 예언 방식에 맞추어 나타나셨다. 그분을 통해 만물이 창조되었다. 그분은 때가 무르익었을 때, 만물을 그분께로 모으기 위해 인간이 되셨고, 볼 수 있고 만질 수 있는 모습으로 사람들 한가운데로 오셨다. 그분은 죽음을 당하고 생명을 베푸셨으며, 하나님과 인간 사이에 교제를 회복하셨다.

셋째 조항은 다음과 같다. 성령, 그분을 통해 예언자들은 예언을 하고, 우리 선조들은 하나님을 알았으며, 의로운 사람들은 정의의 길로 인도받았다. 때가 되자 그분은 새로운 방식으로 우리의 인간 본성에 부어지셨다. 온 세상을 거두어, 하나님 보시기에 새롭게 만들기 위해 오셨다.

논평

본문에서 우리는 초기 기독교 시대의 삼위일체론적 신조 형식을 볼 수 있다. 이 글은 특히 영지주의의 주장들을 논박하려는 목적으로 기독교적 하나님 이해의 기본 개념을 명료하게 제시한다. '신앙의 규범'이라는 구절이 언급된 것이 특히 중요한데, 교육과 변론을 목적으로 기독교의 핵심적이고 규범적인 통찰들을 짧은 공식으로 압축하는 경향이 점차 증가하던 현상을 보여주기 때문이다.

생각해 볼 물음들

❶ 이레나이우스가 아버지와 아들과 성령께 부여하는 일반적인 역할은 무엇인가?

❷ 아들을 가리키는 데 사용된 독특한 용어들에 주목하라. 이레나이우스가 이해한 계시와 구속에 관해 이 용어들을 통해 알 수 있는 것은 무엇인가?

❸ 성령을 가리키는 독특한 용어들을 살펴보라. 이 용어들은 이레나이우스가 이해한 성령의 역할에 관해 무엇을 말해 주는가?

3.4 ▼

테르툴리아누스

: 선재하는 물질을 사용한 창조

이 글은 테르툴리아누스약 160-220가 그의 논적 헤르모게네스의 견해를 반박하기 위해 쓴 논쟁적 저술에서 인용한 것이다. 이 글에서 테르툴리아누스는 하나님이 선재하는 물질을 사용해 세상을 창조했다는 헤르모게네스의 개념을 다룬다. 헤르모게네스는 다스릴 수 있는 무언가—선재하는 물질 같은 것—가 언제나 존재하지 않았다면, 어떻게 하나님이 주님이 될 수 있겠는가라고 묻는다. 테르툴리아누스는 '하나님'이라는 말과 '주님'이라는 말을 구분해서 생각할 수 있다고 주장한다. 하나님은 언제나 '하나님'이시지만, 주님의 자격으로 다스릴 대상이 있을 때—달리 말해 피조물이 존재하게 되었을 때—비로소 '주님'이 되신다는 것이다3.5 참조.

[헤르모게네스는] 하나님께서 만물을 지으실 때 그분 자신을 이용했거나, 아니면 무로부터 지으셨거나, 아니면 다른 어떤 것을 재료로 삼으셨다고 주장한다. 그가 이렇게 말하는 의도는 세 가지 가능성 중 앞의 두 가지를 논박하고, 셋째 가능성, 곧 하나님께서 무언가를 사용해 창조하셨으며, 그 '무엇'이란 다름이 아니라 물질*materia*이라고 주장하려는 것이다. 이 주장에 따르면, 하나님께서 그분 자신을 이용해 만물을 창조한다는 것은 있을 수 없는데, 하나님이 지으신 것은 무엇이든 그 순간 하나님의 일부가 되기 때문이다. 하나님은 나뉠 수 없고 변하지 않는 분이시요 언제나 동일하신 주님이기에, 이런 식으로 여럿으로 분리될 수 없다. 더 나아가 하나님께서 자신을 이용해 만들어 낸 모든 것은 그분 자신의 일부가 된다. 그럴 때 하나님께서 창조하신 것이나 창조하시는 행위는 모두 불완전한 것으로 간주될 수밖에 없는데, 그것은 부분적인 피조물이고 또한 부분적인 창조행위에 불과하기 때문이다. 혹시 하나님이 완전한 피조물을 완전하게 창조했다고 해도, 그때 하나님은 완전한 동시에 불완전한 분일 수밖에 없다. 하나님께서 친히 지으셨기에 완전하고, 하나님이 그분 자신을 이용해 지으셨기에 불완전한 것이다. 그런데 이보다 훨씬 더 큰 난점이 있다. 만일 하나님께서 이미 존재하신다면, 창조되는 일은 있을 수 없고, 존재하지 않으신다면, 창조행위를 하실 수 없다. 다시 말해, 언제나 존재하시는 하나님은 존재하게 되는 일이 있을 수 없고, 영원히 존재하신다. 따라서 하나님께서는 그분 자신을 이용해 창조하실 수 없었는데, 이렇게 하는 것은 하나님의 본성과 모순되는 까닭이다. 이와 비슷하게 헤르모게네스는 하나님이 무로부터 세상을 창조할 수도 없다고 주장한다. 헤르모게네스의 정의에 따르면, 하나님은 선하시되 부족함이 없을 정도로 선하신 분이시요 그래서 당신께서 선하시듯 만물을 선하게 지으시기 원하시는 분이시다.……그런데 하나님께서 지으신 피조물 안에서 악이 발견된다면, 이것은 분명 하나님의 뜻에서 온 것이 아니다.……따라서 우리는 그 악이 무엇인가의 속에 들어 있었던 결함의 결과로 존재하게 되

었고, 그 '무엇'이란 다름이 아니라 물질이라고 보는 것이 마땅하다.

이에 더해 헤르모게네스는 하나님이 언제나 하나님이셨으며 언제나 주님이셨다고 주장한다. 그런데 무엇인가가 늘 하나님의 주권 아래 있어서 그분을 주님으로 드러내지 않았다면, 하나님이 언제나 주님이셨다고 말할 수 없다. 따라서 물질은 하나님이 늘 주님으로서 다스릴 수 있도록 언제나 존재했다.……이에 대해 우리는, 하나님이 언제나 하나님이라는 호칭을 지니셨다고는 주장하지만 언제나 주님이라는 호칭을 지니셨다고는 주장하지 않는다. 두 호칭은 본질상 서로 다르기 때문이다. 하나님이라는 호칭은 실체, 곧 신적 본질을 가리키는 것이며, 주님이라는 호칭은 능력을 가리키는 것이다.……주님의 능력으로 다스림을 받는 것들이 존재하는 그 순간부터 하나님은 주님이라는 호칭을 지니고, 주님이 되신다. 즉, 힘의 획득과 더불어 주님이라는 호칭과 지위가 확인된다. 하나님께서는 아버지시요 심판자이시다. 하지만 하나님께서 언제나 하나님이시라는 사실에서 하나님이 영원토록 아버지와 심판자가 되신다는 결론이 나오는 것은 아니다. 하나님께서 아들을 두시기 전에는 아버지일 수 없고, 죄가 나타나기 전에는 심판자이실 수 없다.

논평

논쟁적 성격이 두드러진 이 글에서 테르툴리아누스는 그릇된 방향에서 기독교의 온전한 신앙을 위협하는 개념들과 씨름한다. 쟁점은 하나님께서 선재하는 물질을 사용하여 세상을 창조—초기 기독교의 일부 저술가들에게 인기가 있었던 플라톤적 개념이다—하셨는지, 아니면 애초에 모든 것을 다 창조하셔야 했는지의 문제였다. 테르툴리아누스는 후자의 견해를 주장하며, 이것이 결국 기독교적 사고의 규범으로 자리 잡았다.

생각해 볼 물음들

❶ 본문에서 다루는 쟁점과 이에 대한 헤르모게네스의 주장을 요약해 보라.

❷ 헤르모게네스의 주장에 대한 테르툴리아누스의 응답을 여러분의 말로 설명해 보라. 여러분은 테르툴리아누스가 제시한 답이 어느 정도 설득력이 있다고 생각하는가?

❸ "하나님께서는 아버지시요 심판자이시다. 하지만 하나님께서 언제나 하나님이시라는 사실에서 하나님이 영원토록 아버지와 심판자가 되신다는 결론이 나오는 것은 아니다. 하나님께서 아들을 두시기 전에는 아버지일 수 없고, 죄가 나타나기 전에는 심판자이실 수 없다." 본문에서 이 구절의 위치를 확인하라. 이 구절에서 테르툴리아누스가 말하려는 바는 무엇인가? 이 주장은 헤르모게네스의 논점들에 대응하는 데 어떤 중요성을 지니는가?

3.5 ▼

오리게네스

: 선재하는 물질로 이루어진 창조

알렉산드리아의 신학자 오리게네스약 185-254는 3세기 전반에 쓴 이 글에서 플라톤 전통을 따라, 하나님은 선재하는 물질로 세상을 창조했다고 주장한다. 이 물질은 형태가 없는 것으로 여겨졌으며, 따라서 창조 행위는 이 물질을 적절한 형태로 다듬어 내는 일이 된다3.4 참조.

본문

이 물질은 하나님이 원하시는 대로 세상의 모든 물체를 창조하기에 충분한 양과 본성을 지니고 있으며, 따라서 창조주께서 모든 형태와 종을 원하시는 방식대로 만들고 거기에 원하시는 특성을 부여하는 일에 얼마든지 사용될 수 있다. 그런데도 그처럼 똑똑하다는 많은 사람들이 어떻게 물질은 창조된 게 아니라고, 다시 말해 세상의 창조자이신 하나님께 지음 받은 것이 아니라고 생각하는지, 또 물질의 본성과 행위는 우연의 결과일 뿐이라고 생각하는지 나로서는 이해할 수가 없다. 더 놀라운 일은, 이 사람들이 자기들도 물질은 창조된 것이 아니요*ingenitus* 창조되지 않은 하나님과 영원히 공존하는 것이라는 주장을 펴서 똑같이 불경스런 죄를 저지르면서도, 다른 사람들이 세상이라는 작품*opus*은 창조자나 그것을 지탱하는 존재가 없어도 지속된다는 근거를 내세워 하나님이 세상의 창조자요 지탱하는 분이라는 사실을 부정하는 것에 대해 비난하고 그 생각이 불경하다고 고발한다는 점이다. 그들의 논리대로라면, 하나님은 창조 작업을 시작할 수 있게 하는 물질이 전혀 없는 상태에서는 아무 할 일이 없으셨을 것이다. 그들은 하나님이 무로부터는 아무것도 만들 수 없었으며 물질은 하나님의 설계가 아니라 우연히 발생한 것이라고 주장하기 때문이다. 따라서 그들은 우연히 발생한 물질이 장엄한 창조 작업을 수행하기에 충분할 수 있었다고 믿는다.……내가 보기에 이런 생각은 불합리한 것으로, 창조되지 않은 본성의 능력과 지성을 전혀 모르는 사람들의 견해로 보인다. 그러면 여기서 문제가 되는 주장들을 깊이 살펴보기 위해, 물질은 존재하지 않았으며 하나님은 아무것도 없는 그때 자신이 원하는 모든 것을 존재하게 하셨다고 잠시 가정해 보자. 어떤 결론이 나오는가? 하나님께서 자신의 능력과 지혜로 창조하시고 존재를 부여하신 그 물질이 그들이 '창조되지 않은 것'이라고 부르는 것보다 더 낫거나 우월하거나 아니면 전혀 다른 것일 수 있을까? 아니면 그와 반대로, 더 나쁘거나 열등하든가, 혹은 유사하거나 동일한 것일 수 있을까? 내 생각으로는, 더 나은 물질이나 더 나쁜 물질로는 이 세상에 있는 형태와 종을 취할 수 없었을 것이 분명하다. 분명 그 물질은 실제로 형태와 종을 취한 물질과 같은 종류이어야 했을 것이다. 그러므로 어떤 물질이 하나님께서 창조하신 것이라고 믿어야 하는데도, '창조되지 않은' 것과 동일한 모양으로 보인다고 해서 그것을 창조되지 않은 것이라고 부르는 것은 불경스러운 일로 여겨야 마땅하다.

논평

이 본문은 하나님을 '세상의 창조자'라고 고백하는 신조들의 주장을 어떻게 이해해야 하는가의 문제를 둘러싸고 초기 기독교에서 벌어진 논쟁과 밀접한 관계가 있다. 오리게네스는 하나님이 선재하는 물질로 세상을 지었다고 믿은 초기 기독교 저술가 집단에 속한다. 따라서 그는 창조 과정을 세상에 질서를 부여하는 관점에서 이해한다. 오리게네스는 플라톤주의의 관념들에 크게 공감했으며, 이런 면모는 그가 플라톤의 창조 개념을 긍정적으로 평가하는 데서 분명하게 확인할 수 있다.

생각해 볼 물음들

❶ 오리게네스는 어떤 주장들이 자신의 견해와 상충한다고 여겼는가? 그 주장들에 대해 그는 어떻게 응답하는가?

❷ 창조는 하나님께서 형태 없는 물질에 질서를 부여하셔서 이루어진다고 본 오리게네스의 이론 배후에서 움직이는 힘은 무엇이라고 생각하는가?

❸ "내가 보기에 이런 생각은 불합리한 것으로, 창조되지 않은 본성의 능력과 지성을 전혀 모르는 사람들의 견해로 보인다." 본문에서 이 구절의 위치를 확인하라. 오리게네스가 불합리하다고 여기는 견해는 무엇인가? 또 이 견해를 이렇게 평가하면서 어떤 근거를 제시하는가?

3.6 ▼

오리게네스

: 하나님과 악의 관계

이 글에서는 하나님의 섭리에 따라 하나님의 목적을 이루어 가는 데 사용되는 '필요악'이라는 개념을 다룬다. 이 세상에 악이 존재하는 것은 하나님의 뜻이나 계획에 따른 것이 아니다. 하지만 악의 존재를 인정한다고 해도, 하나님께서는 그 악을 다스려 거기서 선한 것을 끌어내는 방식으로 일하실 수 있다. 오리게네스약 185-254는 유다의 배신이 어떻게 그리스도의 죽음을 통한 세상의 구원과 연결되는지를 보임으로써 이 논점을 설명한다 3.2, 3.12, 3.21, 3.26, 3.43 참조.

본문

하나님은 악을 창조하지 않으실 뿐만 아니라 사람들이 악을 행할 때 당신의 능력으로 충분히 막으실 수 있는데도 그렇게 하지 않으신다. 오히려 하나님께서는 악과 악을 행하는 사람들을 꼭 필요한 목적을 위해 이용하신다. 그분은 악한 의도를 품은 사람들을 이용해서, 영광스러운 덕을 위해 애쓰는 사람들을 시험하고 구별하시기 때문이다. 덕은, 그것에 저항하는 반대 세력에 부딪히지 않는다면, 빛을 발하지도 못하고 시험을 거쳐 훨씬 더 큰 영광을 드러내지도 못할 것이다. 덕은 시험을 겪고 검증되지 않으면 덕이 아니다.……만일 당신이 유다에게서 사악함을 제거하고 그의 배신을 없었던 일로 돌린다면, 그리스도의 십자가와 그분이 겪으신 고난도 함께 제거하는 셈이 된다. 십자가가 없었다면, 십자가로 통치자와 권력자들을 무너뜨리거나 이기는 일도 없었을 것이다. 그리스도의 죽음이 없었다면, 분명 부활도 없고 "죽은 사람들 가운데서 제일 먼저 살아나신 분"(골 1:18)도 없고, 따라서 부활에 대한 우리의 소망도 없을 것이다. 악마의 경우에도 이와 비슷한 논의를 적용해서, 악마에게서 죄짓는 일을 철저히 차단하거나 죄의 충동에 따라 악을 행할 의지를 제거해 버린다면, 그와 동시에 우리에게서도 악마의 계략에 맞서는 투쟁이 사라질 것이며, 그렇게 투쟁한 사람들을 위해 준비된 면류관도 없을 것이다.

논평

악을 어떻게 설명해야 하는지의 문제는 오리게네스를 포함해서 초기 기독교의 많은 저술가들을 괴롭혔다. 어떤 사람들은 악의 존재가 하나님의 선하심이나 능력(아니면 둘 다)에 문제를 일으킨다고 주장했다. 이 글에서 오리게네스는 우리가 언뜻 보기에 본질상 악한 것으로 여겨지는 일들이, 긴 안목으로 본다면 사실 선을 일으키는 도구가 될 수 있다는 논지를 편다.

생각해 볼 물음들

❶ 오리게네스의 주장에 따르면, 악은 어떤 유익을 줄 수 있는가?

❷ 가룟 유다가 그리스도를 배반한 일이 이 논점을 어떻게 밝혀 주는지 여러분의 말로 설명해 보라. 이 논점에 대한 오리게네스의 주장을 여러분은 어떻게 평가하겠는가?

❸ 오리게네스의 관점에서 볼 때, 만일 악이 없다면 그 결과는 어떻게 되겠는가?

3.7 ▼

니사의 그레고리우스

: 삼위일체에 대한 인간적 유비

삼위일체란 신이 셋이라는 의미인가? 기독교에서 신격godhead의 본질에 관해 점차 의견 일치를 이루어 가던 과정에 이러한 의문이 자주 제기되었다. 이런 문제 제기에 응답한 중요한 글 가운데 하나를 니사의 그레고리우스약 335-394가 동료인 아블라비우스의 질문에 답한 짧은 교리 논문에서 볼 수 있다. 세 사람을 놓고 생각할 때 그들은 분명 공통된 인간 본질을 공유하지만 그럼에도 그들은 여전히 세 명의 개인으로 존재한다. 이와 동일한 논리가 삼위일체에도 그대로 적용될 수 있는가? 세 위격은 공통된 신격을 공유한다. 그렇다면 모두가 신이 아닌가? 따라서 그리스도인들은 실제로 세 하나님을 믿는 것이 아닌가? 아래 글에서 그레고리우스는 이 문제에 답한다3.11, 3.12, 3.13, 3.16, 3.19, 3.42 참조.

귀하가 우리에게 물어 온 질문은 결코 하찮은 것이 아니요 적절하게 답하지 않으면 적지 않은 해를 끼칠 만한 것입니다. 그 질문은 언뜻 보기에 우리가 두 가지 그릇된 견해 가운데 하나를 받아들이지 않을 수 없게 만듭니다. "신이 셋이다"라고 말해서 신성을 모독하게 하거나, 아니면 성자와 성령의 신격을 부인해서 불경스럽고 부조리한 주장을 따르게 합니다.

귀하가 제기한 논증을 정리하면 다음과 같습니다. "베드로와 야고보와 요한은 공통된 인간 본질을 지니고 있지만 '세 사람들'이라고 불린다. 그런데 그들 가운데 두 사람만 있어도, 본질이 일치하는 그들을 가리켜 복수 형태로 부르는 것이 전혀 터무니없는 일은 아니다. 그런데 이 경우처럼 둘인 사람을 두 명이라고 부르고 둘보다 많은 사람을 셋이라고 부르는 것을 아무도 금지하지 않는 것이 관습인데, 우리가 믿음의 신비에 관해 말하는 경우 세 위격을 고백하고 삼위 하나님 사이에 본질의 차이가 전혀 없음을 인정하면서도, 성부와 성자와 성령의 한 신격이 있다고 말하는 한편 사람들에게는 '신이 셋이다'라고 말하지 못하게 해서 우리의 믿음을 흔드는 일을 어떻게 보아야 하는가?" 내가 앞서 말했듯이, 이 문제는 다루기가 매우 어렵습니다……

우선 지적할 수 있는 것은, 본질에서 차이가 없는 그 사람들을 공유하는 본질을 가리키는 실제 이름의 복수형으로 부르는(그들은 "여러 사람들"이라고 말하는) 관례는 언어를 관습적으로 잘못 사용한 것입니다. 이것은 그들을 가리켜 "여러 인간 본질들"이라고 말하는 것과 같습니다. 다음과 같은 사례에서 그것이 사실임을 알 수 있습니다. 우리는 어떤 사람에게 말을 걸 때 그의 본질을 가리키는 이름으로 부르지 않습니다. 그렇게 부른다면 모든 사람이 그 이름을 공유하는 까닭에 혼란이 빚어질 것입니다. 그 이름을 듣는 사람은 누구나 그렇게 불린 사람이 자신이라고 생각할 것입니다. 그것은 특정한 개인을 가리키는 고유명사가 아니라 그들의 본질을 가리키는 총칭이기 때문입니다. 그 특정한 사람을 전체 집단과 구분하기 위해서 우리는 그를 특정한 주체로 나타내 보이는, 바로 그 사람에게 해당하는 이름을 사용해야 합니다. 따라서 동일한 본질을 공유하는 많은 사람—예를 들어, 많은 제자들이나 사도들, 순교자들—이 있으나 그들 모두가 지닌 인간 본질은 동일합니다. 앞에서 말했듯이, '인간'이라는 용어는 어떤 특정한 개인이 아니라 여러 사람이 공유하는 공통된 본질을 가리킵니다. 그래서 누가는 인간이고 스데반도 인간입니다. 하지만 어떤 이가 인간이라고 해서 그것을 근거로 그 사람이 누가나 스데반이라는 결론에 도달하는 것은 아닙니다.……그러므로 우리의 그릇된 습관을 교정해서, 공통된 본질을 가리키는 이름을 집단으로 확대해 적용하지 않는 것이 훨씬 나을 것입니다. 그럴 때 우리는 이러한 습관의 힘으로 인해 하나님에 관해 사용하는 말에 대해 이러한 실수를 저지르는 일이 없게 될 것입니다.

하지만 이러한 습관을 교정하는 일은 거의 불가능해 보입니다. 어떻게 사람들에게 동일한 본질을 공유한 사람들을 가리켜 '많은 사람들'이라고 부르지 말라고 설득할 수 있겠습니까? 습관은 바꾸기가 참 어렵습니다! 어쨌든 저급한 본질을 대상으로 하는 경우에는 이런 습관을 따른다고 해서 크게 잘못되지는 않는데, 그 일이 심각한 오류를 야기하지는 않기 때문입니다. 하지만 하나님의 본질에 관해 말할 경우에, 이런 언어 습관은 더 이상 위험에서 자유로울 수 없습니다. 그것은 더 이상 사소한 문제가 아닙니다. 그러므로 신격의 이름을 성령까지 아우른 것으로 확대해 사용한다고 해도, 우리는 성경에서 "이스라엘아 들으라. 우리 하나님 여호와는 오직 유일한 여호와이시니"라고 증언하는 대로 한 분이신 하나님으로 고백해야 합니다.……

우리는 '신격'이라는 말이 특정 본질을 가리키는 것이 아니라 활동을 가리킨다는 사실을 살펴보았습니다. 이 사실을 놓고 볼 때, 우리는 왜 인간의 경우에는 동일한 관심사를 공유한 사람들을 복수형으로 열거하고 거론하는 데 반해, 신성의 경우에는—'신격'이라는 말이 뜻하는 것과 세 위격이 나뉘지 않는다고 할지라도—한 분 하나님이라는 단수 형태로 말해야 하는지 이해할 수 있을 것입니다. 사람들의 경우에는, 몇 사람이 같은 직업에 종사하는 경우라고 해도 각자 나뉘어 자기가 맡은 일에서 홀로 일을 하며, 같은 직업에 종사하는 다른 사람들과 개별적 행위를 공유하지 않습니다. 예를 들어, 웅변가들은 같은 직업을 가지며 그렇기에 각 사람이 같은 명칭으로 불립니다. 하지만 그들은 각자 웅변가로서 자기의 일을 하며, 이 사람은 자기만의 방식으로 주장을 펼치고 저 사람은 그만의 방법대로 일을 합니다. 따라서 인간의 수준에서 볼 때 같은 직업을 가진 개개인의 행동이 구별이 가능하기 때문에, 그들은 당연히 '여럿'이라고 불릴 수가 있습니다. 그들 각 사람은 자기가 속한 환경 안에서 자기 직업의 특별한 개성에 따라 다른 사람들과 구별되는 까닭입니다.

하지만 신적 본질의 경우, 우리는 성부가 성자의 참여 없이 홀로 무엇인가를 한다고 믿지 않습니다. 또 성자가 성령 없이 혼자 행한다고도 믿지 않습니다. 오히려 하나님께서 창조 작업에서 행하는 모든 활동은 그 활동을 이해하는 우리의 개념에 따라 이름 붙여지며, 그 일은 성부에게서 기원하여 성자를 통해 발현되고 성령 안에서 완성됩니다. 이러한 이유로, 그 활동에서 도출된 이름은 그 일을 행하는 위격의 수에 따라 나뉘지 않습니다. 왜냐하면, 어떤 일에서든 각 위격의 행위는 분리되어 개별적으로 이루어지는 것이 아니라, 우리를 향한 하나님의 섭리 행위와 관련된 것이든 우주의 통치 및 구성과 관련된 것이든 발생하는 모든 일은 세 위격의 행위로 일어나는 것이요, 그러면서도 발생한 것은 세 가지 일이 아니기 때문입니다. 한 가지 사례를 통해 이것의 의미를 파악할 수 있습니다. 우리는 은총을 공유하는 우리가 은사의 주요 원천이신 한 분에게서 우리 생명을 받았다고 말합니다. 이 좋은 은사가 어디에서 오느냐는 물음 앞에서 우리는 성경의 안내를 받아 그것이 성부와 성자와 성령에게서 온 것임을 깨닫습니다. 그런데 우리가 세 위격과 세 이름을 말한다고 해서, 우리에게 세 가지 삶이 부여되었고 각각의 위격에서 별도로 하나씩 받았다고는 생각하지 않습니다. 오히려 하나의 삶이 우리 안에서 성부에 의해 태어나며, 성자에 의해 예비되고, 성령의 뜻을 의존합니다.……그런데 삼위일체는 내가 말한 것과 비슷한 방식으로 모든 일을 행하십니다. 위격의 수대로 별도의 행위로 일하시는 것이 아니며, 아버지로부터 아들을 통해 성령에게로 전해지는 선한 뜻으로 이루어지는 하나의 운동과 방향이 있게 됩니다.……그러므로 우리는 우리와 모든 피조물을 향해, 개별적으로 또는 협력하여 이런 신적 통치 능력과 일을 행하시는 세 위격을 가리켜 세 하나님이라고 부를 수 없습니다.……

이와 동일하게, 사도 바울은 모든 사람, 특히 믿는 사람들의 구주를 가리켜 '하나님'(딤전 4:10)이라고 말합니다. 그렇다고 해서 이 구절이 성자는 믿는 사람들을 구원하지 않는다거나 구원이 성령의 개입 없이 믿는 사람들에게 허락된다는 의미라고 주장하는 사람은 아무도 없습니다. 그 의미는 만물 위에 높으신 하나님은 만인의 구주시며, 반면에 성자는 성령의 은총을 사용하여 구원을 행하신다는 것입니다. 하지만 이것은 성경에서 (구원이 삼위일체에게서 오는 것이라고 인정은 하지만) 구주가 셋이라고 가르친다는 의미는 아닙니다.

논평

그레고리우스의 논증은 중요한 만큼 복잡하기도 하다. 그의 논점을 이해하는 가장 손쉬운 길을 "우리는 '신격'이라는 말이 특정 본질을 가리키는 것이 아니라 활동을 가리킨다는 사실을 살펴보았습니다"라는 그의 주장에서 볼 수 있다. 우리는 제화공이라든가 농부, 웅변가들 개개인을 생각해 볼 수 있다. 각 사람들은 공통된 직업에 종사하지만, 그들이 독립적으로 일한다는 점에서는 개별적으로 정의된다. 하지만 삼위일체의 경우, 우리는 세 위격 모두가 공동으로 참여하는 단일 활동을 다룬다. 훗날 등장하는 "삼위일체의 외적 사역은 분리되지 않는다"*opera Trinitatis ad extra indivisa sunt*라는 구호를 떠올리게 한다. 따라서 삼위일체를 신이 셋이라는 의미로 생각할 수 없다.

생각해 볼 물음들

1. 그레고리우스의 응답을 기초로 삼아 아블라비우스가 제기한 것으로 추정되는 문제를 설명해 보라.

❷ 그레고리우스가 사람들을 총칭인 인간이 아니라 개체 이름으로 부르는 유비를 사용해서 밝히고자 하는 논점은 무엇인가? 이것은 그의 논증에서 어떤 역할을 담당하는가?

❸ 그레고리우스가 디모데전서 4:10의 "우리가 모든 사람 특히 믿는 사람의 구주이신 살아 계신 하나님께 소망을 두므로"라는 구절을 기초로 삼아 펼치는 논증을 살펴봄으로써, 핵심 논점을 파악할 수 있다. 그레고리우스는, 구주는 오직 한 분이지만 이 사실이 아버지와 아들과 성령이 전체 구원 사역에서 각각 고유한 역할을 담당하지 않는다는 의미는 아니라고 말한다. 그레고리우스가 펼치는 논증과 그가 도달하는 결론을 여러분의 말로 명료하게 설명해 보라.

3.8 ▼

카이사레아의 바실리우스

: 성령의 사역

카파도키아 교부 가운데 한 사람인 카이사레아의 바실리우스약 330-379는 성경에서 성령을 가리키는 용어들을 살피고 나서, 성령의 독특한 역할을 다룬다. 그는 우선 성화에서 성령이 맡는 역할을 논하고, 이어서 '하나님을 닮아가는 것' 및 '하나님이 되는 것'과 관련된 성령의 사역을 설명한다. 성령과 신화(神化)deification의 밀접한 연관성을 강조한 것이 그리스어를 사용했던 이 시대 동방교회 사상의 특징이다3.3, 3.10, 3.11, 3.15, 3.16, 3.17 참조.

본문

그분은 "하나님의 영"(마 12:28), "아버지께로부터 오시는 진리의 영"(요 15:26), "자발적인 영[마음]"(시 51:12), "주님의 영"(시편 51:11)으로 불린다. 그분께 고유하고 합당한 호칭은 "성령"이고, 이것은 물질을 초월하여 전혀 형태가 없고 나뉠 수 없는 그분의 특성을 가장 잘 나타내는 이름이다.

이런 까닭에, 주님께서는 하나님을 특정 지역에서 예배해야 할 대상으로 생각한 여인에게 물질을 초월하는 것은 제한할 수 없다고 가르치시면서, "하나님은 영이시다"(요 4:24)라고 말씀하셨다. 그래서 우리가 성령이라는 이름을 들을 때, 변화나 변동을 겪거나 어떤 피조물처럼 유한한 본질을 지니는 것으로 생각하는 것은 불가능하다. 그와 달리 우리는 지극히 높은 수준까지 우리의 사고를 끌어올려서, 지적이고 무한한 능력을 지니고 한없이 위대한 실체, 곧 시간이나 역사 속에 갇히지 않고 유익한 은사를 풍성히 베푸시는 실체를 생각해야 한다.

성화되기를 원하는 사람은 누구나 성령께로 나아가며, 덕을 따라 사는 사람은 모두 그분을 찾는다. 성령은 숨은 그들을 새롭게 하시며, 그들이 본래의 참된 목적을 추구할 때 그들을 도와주시기 때문이다. 다른 사람들을 완전하게 해주실 수 있는 성령에게는 부족한 것이 전혀 없다. 그분은 힘의 회복이 필요한 존재가 아니라, 생명을 공급해 주시는 존재이시다. 그분은 뭔가를 보태어 자라가는 존재가 아니라, 충만하고 온전하신 분이다. 그분은 홀로 자족하신 분이지만 어디나 계시기도 한다. 그분은 성화의 원천이요 정신에 공명하는 빛이시며, 이성의 힘으로 진리를 추구하는 모든 자에게 그분 자신의 빛을 비춰 주신다. 그분의 본성은 헤아리기 어려운 까닭에, 그분의 선하심을 통해서만 파악할 수 있다. 자기 능력을 만물에게 가득 부어 주시는 그분은 그분께 합당한 사람들에게만 자신을 알리시는데, 획일적인 기준을 따르지 않고 믿음에 비례하여 자기 힘을 베푸신다. 본질에서는 단순하고 기적에서는 다양하신 그분은 모든 사람에게와 모든 곳에 동시에 온전히 현존하신다. 그분은 자신을 내어주시되 아무런 영향도 받지 않으시고, 자신을 내어주어 나누게 하시면서도 언제나 온전한 상태에 계신다. 그것은 마치 따뜻한 햇볕을 쬐는 사람이 자기에게만 빛이 비추기나 하듯이 즐거워하지만, 사실 빛은 땅과 바다를 비추고 하늘을 가득 채우는 것과 같다.

이와 마찬가지로, 성령은 성령을 받을 자격이 있는 사람들에게 마치 그들에게만 부어지기나 하듯이 임재하시지만, 실상 모든 사람에게 충분하고 온전하게 은총을 부어 준다. 그래서 성령의 능력이 아니라 자신의 본성의 역량에 따라 성령에 참여하는 모든 사람이 성령을 누리게 된다. 성령이 내주해 빛을 비출 때 영혼들은 영적으로 변화하며, 그들이 누리는 은혜를 다른 사람들에게 나누어 준다. 이렇게 성령의 내주에서 오는 것으로는 미래를 꿰뚫는 예지, 신비한 것들을 아는 지식, 감춰진 것들을 헤아리는 이해, 은총의 선물을 누림, 천국의 시민권, 천사들의 노래로 둘러싸인 자리, 끝없는 기쁨, 하나님 안에 거함, 하나님을 닮아감이 있으며, 무엇보다도 가장 큰 일은 하나님이 되는 것이다.

논평

이 본문에서 제시하는 논증은 성령의 신성과 관련된 교부들의 논의 중에서 아주 중요하다. 기본적인 논증은, 오직 하나님만 하실 수 있는 일을 성령께서 하신다는 것이다. 맹인 디디무스Didymus the Blind, 약 313-398는 성령이 하나님의 피조물을 창조하고, 새롭게 하고, 성화하는 일을 맡았다고 주장한 많은 학자들 중 한 사람이었다. 그런데 한 피조물이 어떻게 다른 피조물을 새롭게 하거나 성화시킬 수 있겠는가? 성령이 하나님일 경우에만 이런 일들은 납득할 만하게 설명될 수 있다. 만일 성령이 하나님께만 속한 일들을 하신다면, 당연히 성령도 신적 본질을 공유한다고 결론지을 수 있다. 따라서 성령이 하나님이라는 존재론적 주장은 성령이 신성의 역할들을 수행하신다는 기능적 주장을 토대로 성립한다.

생각해 볼 물음들

❶ 이 본문에서 펼치는 주장의 개요를 설명해 보라. 바실리우스는 어떻게 성화의 사역과 성령의 본질을 연계시키는가?

❷ 바실리우스는 자기 논증을 펼치면서 어떤 유비들을 사용하는가? 이 유비들은 그의 논증을 어떻게 밝혀 주는가?

❸ "그와 달리 우리는 지극히 높은 수준까지 우리의 사고를 끌어올려서, 지적이고 무한한 능력을 지니고 한없이 위대한 실체, 곧 시간이나 역사 속에 갇히지 않고 유익한 은사를 풍성히 베푸시는 실체를 생각해야 한다." 본문에서 이 구절의 위치를 확인하라. 이 구절에서 바실리우스가 말하려는 바는 무엇인가? 그는 이러한 논증 전체에서 어떤 결론을 끌어내는가?

3.9

나지안주스의 그레고리우스

: 삼위일체의 점진적 계시

카파도키아파 저술가인 나지안주스의 그레고리우스329-389는 380년경에 저술한 『신학 논설』*Theological Orations*에서 기독교 신앙의 주요 면모를 밝힌다. 아래 인용한 글에서 그는 삼위일체론이 성경에 명료하게 언급되지 않는 이유를 설명한다. 그가 특히 이 교리가 교회 안에서 성령의 인도를 받아 점진적으로 계시되었다고 말하는 점에 주목하라. 전체 '논설들'과 그 논설의 일부로 실려 있는 '신학 논설들'을 구분하는 것에도 주목해 보라. '신학 논설 1'은 '논설 27'이며 '신학 논설 5'는 '논설 31'이라는 식으로 구성되어 있다3.3, 3.7, 3.11, 3.12, 3.15, 3.16, 3.19 참조.

본문

구약성경에서는 아버지 하나님에 대해서 분명하게 선포했지만, 아들에 대해서는 비교적 모호하게 언급했다. 신약성경에서는 아들을 계시했고, 성령의 신성에 대해서는 단지 희미하게만 보여주었다. 그러나 이제 성령은 우리 안에 거하시며, 훨씬 더 명료하게 계시되신다. 아버지의 신성이 아직 확정되지 않은 상태에서 아들을 터놓고 선포하는 일은 적절하지 않았다. 마찬가지로 아들[의 신성]을 인정하기 전에 성령을 받아들이는 것도 적절하지 않다.……

그와 달리 우리는 한 걸음씩 내딛는 점진적 발전을 통해 앞으로 나가고 명료성을 늘려감으로써, 삼위일체*Trias*가 환한 빛 가운데 나타나도록 해야 한다.

논평

신격의 본질에 대한 교부들의 사고가 발전한 과정을 분석해 보면, 삼위일체론은 다음과 같은 세 단계로 발전했음을 알 수 있다.

1단계: 예수 그리스도의 완전한 신성을 인정한다.
2단계: 성령의 완전한 신성을 인정한다.
3단계: 확고한 삼위일체론을 정립한다. 이 단계에서는 각 단계에서 밝힌 통찰을 명료하게 정리해서 포함하고, 그것들의 상호 관계를 확정한다.

위의 본문에서 그레고리우스는 이렇게 순차적으로 이루어진 발전을 설명하면서, 시간의 흐름에 따라 하나님의 계시에 관한 비밀이 점차 명료하게 파악되고 다듬어졌다고 주장한다. 그리스도의 신성을 둘러싼 쟁점이 해결되기 전까지 성령의 신성 문제를 다루는 것은 불가능했다는 것이 그의 주장이다. 교회의 사고는 이처럼 점진적으로 발전해야 했는데, 하나님의 자기 계시의 심오한 내용들을 온전히 탐구하는 데는 여러 세대에 걸친 노력이 필요했던 까닭이다. 그래서 긴 세월에 걸친 신중한 성찰과 분석 과정의 정점에 이르러서 삼위일체 교의가 인정받게 되었다. 그레고리우스는 인간이 삼위일체론을 하나님의 계시에 덧붙인 것이 아니라, 하나님의 계시 과정에서 드러난 실재를 인간이 분별해 낸 것이라고 강조한다.

생각해 볼 물음들

❶ 그레고리우스는 왜 이 문제가 중요하다고 보는가?

❷ 그레고리우스는 삼위일체론 분별이 어떤 단계로 이루어졌다고 말하는가?

❸ 여러분은 그레고리우스 논증을 성격상 "역사적인" 유형과 "신학적인" 유형 중 어느 쪽에 속하는 것으로 분류하겠는가?

3.10 ▼

알렉산드리아의 아타나시우스

: 성령과 삼위일체

알렉산드리아의 아타나시우스약 293-373는 359년에서 360년까지 트무이스의 세라피온에게 네 통의 편지를 써서 여러 가지 쟁점을 논했고, 특히 성령론을 집중적으로 다루었다. 이 편지들을 쓴 주요 동기 중 하나는 성령의 신성을 부인했던 '트로피키파Tropici'의 견해를 반박하는 데 있었다. 이 편지를 쓸 무렵에는, 아타나시우스가 추방된 결과로 아리우스파가 정치적으로 우위에 있었다. 아래 글은 첫째 편지에서 인용한 것이고, 이 글에서 아타나시우스는 논적들이 주장하는 '이위일체론'에 맞서 삼위일체 안에 계신 성령의 지위를 옹호한다3.7, 3.8, 3.9, 3.12, 3.17 참조.

본문

20. 삼위일체 안에서는 실체가 일치하며 등급이 동등하다. 그런 까닭에 누가 감히 아버지에게서 아들을 분리하거나, 아들과 아버지에게서 성령을 분리할 수 있겠는가? 누가 오만하게도 삼위일체는 자체 내에서 서로 다르고 다양한 본질을 지닌다고 말하거나, 아들은 실체에서 아버지와 이질적이고 성령은 아들과 이질적이라고 말할 수 있겠는가?……아들이 독생자인 것처럼, 아들에게서 보냄받아 부어지는 성령도 역시 여럿이 아니고 한 분이시다. 성령은 여럿으로 이루어진 분이 아니라, 오

직 한 분이신 성령이다. 살아 계신 말씀인 아들이 하나이기에, 성화하고 계몽하며 생명을 주는 아들의 선물Gift도 하나이고 완벽하고 온전해야 하기 때문이다. 이 선물은 아버지에게서 발현했다고 말해지는데, 그 이유는 성령이 말씀에게서 보냄받고, 말씀에서 나와 빛을 비추며, 말씀에 의해 부어지는데, 이 말씀은 아버지에게서 나온 것이 분명하기 때문이다……

22. 성령은 아버지에게서 왔다고 흔히 말한다.……우리는 "세상의 영을 받은 것이 아니라, 하나님에게서 오신 영을" 받았다(고전 2:11-12). 그런데 이 말씀에 따르면, 성령과 피조물 사이에는 어떤 관계가 있는가? 피조물은 처음부터 존재하지 않았지만 하나님은 처음부터 존재하시고, 성령은 하나님에게서 나왔다. 하나님에게서 온 것은 존재하지 않는 것에서 나온 것일 수 없다. 이 추론을 따르면 성령이 나온 바탕이 되는 그분을 피조물이라고 잘못 생각하지 않고는 성령을 피조물이라고 말할 수 없다……

28. 또 한 가지 중요한 것으로, 가톨릭교회가 처음부터 지녀온 전통과 가르침과 신앙을 살펴보자. 이것들은 주님께서 주시고 사도들이 선포하고 교부들이 보존해 온 것으로, 그 위에 교회가 세워졌다. 그런데 어떤 사람이 여기서 이탈한다면, 그는 더 이상 그리스도인이 아니고 그리스도인으로 불러서도 안 된다. 거룩하고 완전한 삼위일체가 계시고, 그분은 아버지와 아들과 성령으로 계시는 하나님으로 인정되며, 이질적이거나 외적인 그 어떤 것도 그분과 섞이지 않았다.……삼위일체는 위격 안에서 변함이 없으시고, 본질상 보이지 않으시며, 그분의 행위는 하나이다. 아버지께서는 성령 안에서 말씀을 통해 모든 일을 하시며, 그렇게 해서 삼위일체의 단일성이 보존된다. 교회 안에서는 "모든 것 위에 계시고, 모든 것을 통하여 계시고, 모든 것 안에 계시는" 한 분 하나님을 선포한다. 하나님은 기원과 원천이신 아버지로서 "모든 것 위에" 계시고, 말씀으로서 "모든 것을 통하여" 계시며, 성령 안에서 "모든 것 안에" 계신다. 그분은 이름과 말의 형식에서만 아니라, 진실로 그리고 실

제로 삼위일체이시다.

논평

4세기에 기독교 특유의 하나님 이해를 명확하게 밝히면서 정리해 가는 과정은 모든 측면에 대한 엄밀한 검토 및 비판과 함께 서서히 진행했다. 이 중요한 글에서 아타나시우스는 성령을 아버지나 아들로부터 분리하거나 독립시킬 수 없다는 주장을 펼친다. 그의 주장에 따르면, 신약성경이 밝혀 주는 하나님의 행동 양식은 아버지와 아들과 성령의 행위를 구분하는 것이 불가능하다는 사실을 말해 준다. 삼위일체론은 그 행위들을 일관된 방식으로 하나로 묶는다. 성령의 신성을 부인하는 것은 하나님에 관한 이런 사고의 통일성과 정합성을 무너뜨리는 것이고, 신성 안에서 내적 모순을 일으킨다.

생각해 볼 물음들

❶ "아버지께서는 성령 안에서 말씀을 통해 모든 일을 하시며……." 이 공식은 아타나시우스가 삼위일체 각 위격의 독특한 본질을 명료한 표현으로 다듬는 데 어떤 도움을 주는가?

❷ "하나님도 한 분이십니다. 하나님은 모든 것의 아버지시요, 모든 것 위에 계시고 모든 것을 통하여 계시고, 모든 것 안에 계시는 분이십니다"(엡 4:6). 아타나시우스는 자신의 삼위일체론을 세우는 데 이 성경 본문을 어떻게 사용하는가?

푸아티에의 힐라리우스

3.11 ▼

: 삼위일체

푸아티에의 힐라리우스Hilary of Poitiers, 약 300-368는 360년경 라틴어로 저술한 삼위일체에 관한 논문에서, 기독교 신앙은 이성이 아니라 계시에 근거한다는 점을 강조한다. 이 글은 삼위일체 공식이 세례식에서 맡았던 역할을 밝혀 주고, 나아가 성령이 아버지와 아들과 맺는 관계를 보여주는 중요한 자료다. 이 글의 핵심적인 부분에서는, 성령이 아버지와 아들과 맺는 관계를 성령은 "아버지에게서" 그리고 "아들을 통해" 오신다는 말로 설명한다 3.3, 3.10, 3.12, 3.13, 3.15, 3.19 참조.

본문

오, 거룩하신 아버지, 전능하신 하나님, 당신께서 영으로 내게 주신 생명을 누리는 날까지, 나 당신을 영원하신 하나님, 영원하신 아버지로 선포하겠습니다. 어리석고 불경하게도 나를 높여서 당신의 전능하심과 비밀들을 판단하지 않으며, 내 허약하기 짝이 없는 지성을 치켜세워 무한하고 영원하신 당신에 대한 참 지식과 믿음을 가벼이 여기지도 않겠습니다. 당신의 지혜이며 덕이요 말씀이신 분, 곧 독생하신 하나님이신 주 예수 그리스도 없이도 당신께서 존재할 수 있었다고는 결코 단정하지 않겠습니다.……

주님께 청하오니, 내 믿음이 오염되지 않고 경건하도록 지켜 주시고, 내가 사는 끝날까지 이 지식을 잊지 않도록 채워 주셔서, 내가 지닌 것, 곧 아버지와 아들과 성령의 이름으로 세례 받을 때 거듭남의 신조를 따라 내가 고백했던 것을 굳게 붙잡게 하소서. 나로 하여금 우리 아버지이신 당신과 또 아버지와 함께하시는 아들을 경배하게 하시고, 당신의 독생자를 통해 당신에게서 오신 성령님*sanctum Spiritum tuum qui ex te per unigenitum tuum est*께 기쁨이 되게 하소서. 아들께서는 "나의 것은 모두 아버지의 것이고, 아버지의 것은 모두 나의 것입니다"라고 말씀하셔서 내 신앙을 확증해 주십니다. 영원토록 당신 안에 하나님으로 계시고, 당신에게서 오시며, 당신과 함께하시는 나의 주 예수 그리스도는 영원토록 복되십니다. 아멘.

논평

신학의 주제를 성찰하는 이 글은 논리적이고 신학적인 분석이 아니라, 명상과 기도의 형식을 취한다는 점에 주목하라. 힐라리우스는 자신의 통찰을 송영의 틀에 담아 펼치는데, 여기서 기도와 경배가 중요한 신학적 역할을 맡는다. 이 글에서 가장 흥미로운 내용은 아버지와 아들과 성령의 관계를 다루는 부분으로, 여기서 힐라리우스는 성령이 아들을 통해 아버지에게서 온다고 분명하게 밝힌다. 이 견해는 일찍이 서방의 고전 기독교 시대에 성령을 이해했던 중요한 진술로서 '필리오케'*filioque*라는 말로 요약되는데, 시간이 지나면서 동방교회에 들어와 큰 문제를 야기했다("신학용어 해설" 참조).

생각해 볼 물음들

❶ 어떤 학자들은 이 본문 속에 예전 자료나 신조 자료가 통합되었다고 주장한다. 이 주장에 대한 동의 여부와는 별개로, 여러분은 본문에서 그런 자료에 해당하는 것으로 볼 수 있는 구절을 찾을 수 있는가?

❷ "나 당신을 영원하신 하나님, 영원하신 아버지로 선포하겠습니다." 본문에서 이 구절의 위치를 확인하라. 힐라리우스가 "하나님"과 "아버지"를 구분하는 의미는 무엇인가?

❸ 본문에서는 성령에 어떤 역할을 부여하는가?

3.12 ▼

히포의 아우구스티누스

: 삼위일체

히포의 아우구스티누스354-430는 400-416년에 걸쳐 『삼위일체론』을 라틴어로 저술했다. 이 책에서 그가 제시한 독특한 삼위일체 이론은 이후 서방 교회의 삼위일체 사상에 커다란 영향을 끼쳤다. 아래 인용한 본문에서는 '사랑'이라는 개념을 세밀하게 분석하면서, 이 개념이 사랑하는 사람, 사랑받는 사람, 그리고 그 둘 사이의 사랑을 함축한다고 주장한다. 아우구스티누스는 이러한 심리학적 유비를 토대로 삼아 신격을 아버지와 아들과 성령이라는 삼중적인 면으로 이해해야 한다고 설명한다 3.3, 3.9, 3.10, 3.11, 3.15, 3.17 참조.

본문

우리는 성부와 성자와 성령이 한 분 하나님이시고 만물의 창조주요 통치자이심을 믿으며, 또 성부는 성자가 아니고 성령은 성부나 성자가 아님을 믿는다. 하지만 하나님은 서로 연결된 위격의 삼위일체이며 동등한 본질을 지닌 일체이심을 믿는다. 그러니 우리가 알고자 하는 그분께서 우리를 도와주시기를 구하면서, 이러한 진리를 이해하기 위해 노력하자. 그래서 그렇게 이해한 것들 가운데 헛된 것은 아무것도 말하지 않도록 (비록 이것과 저것을 혼동해서 말할 때가 종종 있다고 해도) 신중하고 경외하는 마음으로 설명하도록 하자. 예를 들어 우리가 성부에 관하여 무엇인가를 말하는데, 그것이 성부에게는 적합하지 않더라도 성자나 성령 또는 삼위일체 전체에게는 적합한 것일 수가 있으며, 또 성자에 관해 뭔가를 말하는데 그것이 정확히 성자에게 해당되지 않는다 해도, 적어도 성부나 성령에게나 아니면 삼위일체 전체에게는 적용될 수 있을 것이며, 또 성령에 관해 뭔가를 말하는데 그것이 성령에게 딱 맞아들지 않을지라도 성부나 성자 또는 삼위일체이신 한 분 하나님에게는 어울릴 수 있다. 여기서 우리는 가장 탁월한 선물인 사랑이 과연 성령이신지에 관해 살펴보려고 한다. 만일 그렇지 않다면 성부께서 사랑이든지 아니면 성자나 삼위일체 전체가 사랑일 것이다(우리는 신앙의 확실성과 "하나님은 사랑이시다"라고 말하는 성경의 정당한 권위에 맞설 수 없기 때문이다. 요일 4:8, 16). 하지만 우리는 창조주가 아니라 피조물과 관련된 것이나 억측으로 지어낸 것을 그릇되게 삼위일체에게 적용하는 오류를 범해서는 안 된다.

이 모든 것을 염두에 두고서, 우리가 좀 더 자세히 이해하려는 것 세 가지를 살펴보자. 여기서는 하늘에 속한 것들이나 성부, 성자, 성령 하나님에 관해서는 다루지 않고, 우리의 지성으로 연구하기에 비교적 쉽고 더 친숙한 대상인 결함을 지닌 형상(그렇더라도 어쨌든 형상이다), 곧 인간에 관해 살펴본다.

그런데 이 문제를 생각하고 있는 내가 무엇인가를 사랑한다고 할 때, 거기에는 나 자신, 내가 사랑하는 대상, 그리고 사랑 자체라는 세 가지가 현존한다. 나는 사랑의 대상을 사랑하지 않고서는 사랑을 사랑할 수가 없다 *non enim amo amorem nisi amantem*. 사랑받는 것이 없을 때 사랑은 없기 때문이다. 따라서 사랑하는 사람, 사랑받는 대상, 사랑 *amans et quod amatur et amor*, 세 가지가 있다. 하지만 내가 사랑하는 대상이 나 자신이라면, 셋은 둘, 곧 사랑의 대상과 사랑이 된다. 사랑하는 사람이 자기 자신을 사랑할 때면 주체와 대상이 같기 때문이다. 마치 사랑하는 일과 사랑받는 일이 자기 사랑 안에서는 동일한 것과 같다. 그래서 '그는 자기를 사랑한다'는 말과 '그는 자기에게 사랑받는다'는 말에는 아무런 차이가 없게 된다. 이 경우, 사랑하는 사람과 사랑받는 사람이 다르지 않은 것과 마찬가지로 '사랑하는 것'과 '사랑받는 것'도 별개의 둘이 아니다. 하지만 사랑과 사랑받는 대상은 여전히 둘로 남는다. 왜냐하면 사랑 자체가 사랑받는 대상일 경우에만 자기 자신을 사랑하는 사람은 사랑과 동일한 것일 수 있기 때문이다. 자신을 사랑하는 것과 자기의 사랑을 사랑하는 것은 별개의 일인데, 사랑받는 것이 없으면 사랑은 없는 것이기에 사랑받는 사랑은 무엇인가를 사랑해야 하기 때문이다. 그러므로 누군가 자기 자신을 사랑할 때는, 두 가지 곧 사랑과 사랑받는 대상이 있게 된다(사랑하는 이와 사랑받는 이가 동일하다). 이 사실로부터, 사랑이 있는 곳에는 반드시 세 가지가 있어야 한다는 결론이 나오는 것은 아니라고 볼 수 있다.

우리가 찾는 것을 가능한 한 명료한 형태로 밝히기 위해, 인간 본성을 구성하는 다른 모든 것들은 논의에서 제거하고 정신mind만을 다루도록 하자. 정신이 자기를 사랑하는 곳에서는 정신과 사랑, 두 가지를 볼 수 있다. 그런데 자기 사랑이란 자기 향유를 위해 자기 맘대로 하려는 의지가 아니고 무엇이겠는가? 만일 정신이 있는 그대로의 자기 모습으로 존재하려는 의지를 품는다면, '의지'는 '정신'과 일치하고 '사랑'은 '사랑하는 이'와 일치한다. 만일 사랑이 일종의 실체라면, 정신이 몸이 아니라 영혼이듯 사랑도 몸이 아니라 영혼이다. 하지만 정신과 정신의 사랑은 두 개의 영혼이 아니라 하나의 영혼이며, 두 개의 본질이 아니라 하나의 본질이다. 달리 말해, 둘은 하나로서, '사랑하는 이'와 '사랑'이요, (여러분이 좋아하는 말로 하면) '사랑'과 '사랑받는 대상'이다. 또 이 둘은 상호 관련되는 개념들로서, '사랑'과 관련된 '사랑하는 이'와 '사랑하는 이'와 관련된 '사랑'이다. 사랑하는 이는 특별한 '사랑'으로 사랑하며, 사랑은 특별한 '사랑하는 이'의 행위이기 때문이다. 다른 한편, 정신과 영혼은 관계를 나타내는 개념이 아니라 본질 자체를 가리키는 개념이다. 정신과 영혼이 특별한 인간에게 속한다는 사실 때문에 정신과 영혼으로 결정되는 것은 아니다. 정신에 더해져서 인간을 구성하는 것(예를 들어, 몸)을 제거해 보라. 그래도 정신과 영혼은 그대로 남아 있게 된다. 하지만 사랑하는 사람을 제거하면 사랑은 존재하지 않게 되고, 사랑을 제거하면 사랑하는 사람은 없게 된다. 따라서 이 두 용어는 서로 관련된다. 다시 말해, 그들 자체 내에서 각각이 영혼이며 둘이 합쳐져 하나의 영혼이고, 각각이 정신이고 둘이 합쳐져 하나의 정신이다. 그러면 삼위일체는 어디에 있는가? 할 수 있는 한 최선을 다해 이 문제를 살피면서, 영원하신 빛께서 우리의 어둠을 밝혀 주셔서 우리 안에 있는 하나님의 형상을 뵈올 수 있기를 구하도록 하자.

정신은 자기 자신을 알지 못하면 자기를 사랑할 수 없다. 어떻게 정신이 자기가 모르는 것을 사랑할 수 있겠는가? 정신이 다른 정신들에 대한 경험을 통해서, 일반적이거나 특수한 인식*notitia*을 형성한다거나 그들과 동일한 수준의 존재에 속한다고 믿고 그것을 토대로 자신을 사랑한다고 주장하는 일은 불합리한 것으로 보아야 한다. 정신이 자기 자신을 알지 못하는데 어떻게 다른 정신을 알 수 있겠는가?……그래서 우리는, 정신은 육체적 감각을 사용해 물리적인 것들에 대한 지식을 얻고, 물질이 아닌 것들에 대한 지식은 물질이 아닌 자신을 통해서 얻는다고 말할 수 있다. 정신은 스스로 자신을 알아야 한다. 정신이 자신을 알지 못하면 자신을 사랑할 수가 없다.

그런데 정신이 자기 자신을 사랑할 때 두 가지(정신과 정신에 대한 사랑)가 따르듯이, 정신이 자기 자신을 인식할 때도 두 가지, 곧 정신과 정신에 대한 인식이 따른다. 그래서 세 가지, 곧 정신과 정신에 대한 사랑, 정신에 대한 인식*mens et amor et notitia eius*이 존재한다. 이 셋은 하나이며, 완전함에서 동등하다. 만일 정신이 마땅히 사랑해야 하는 분량보다 적게 자신을 사랑한다면—예를 들어, 인간의 몸보다 훨씬 큰 인간 정신이 인간의 몸에 합당한 사랑으로만 자신을 사랑한다면—그것은 죄를 짓는 일이며 그 사랑은 완전하지 않은 것이다. 또 정신이 합당한 수준 이상으로 자기를 사랑한다면—예를 들어, 하나님에 비해 비교할 수 없을 정도 열등한 인간 정신이, 하나님께 드려야 할 사랑으로 자기 자신을 사랑한다면—그것도 역시 크게 죄를 짓는 것이요 그 사랑은 완전한 것이 아니다. 정신이 하나님께 드려야 할 사랑으로 몸을 사랑할 경우, 정신은 심하게 뒤틀리고 부당한 죄를 짓게 된다. 이와 유사하게, 완전한 인식이 가능한데도 자기 대상을 파악하지 못하는 인식은 완전하지 않다. 인식 대상보다 훨씬 더 큰 인식은, 인식 주체의 본질이 인식되는 대상의 본질보다 탁월하다는 것을 의미한다. 즉 몸에 대한 인식은 인식의 대상인 몸보다 훨씬 크다. 인식은 인식하는 정신 안에 있는 생명의 양태이며, 반면에 몸은 생명이 아니기 때문이다. 모든 생명은 정도에서가 아니라 그 힘에서 모든 몸보다 더 크다. 하지만 정신이 자기 자신을 알 때 그 인식은 자아를 능가하지 못하는데, 그 이유는 자아는 인식의 주체이자 대상이기 때문이다. 만일 정신이 외부로부터 그 어떤 것도 보태지 않고서 자신의 전체를 안다면, 그 인식은 정신과 일치하게 된다. 이러한 자기 자신에 대한 인식에서 아는 일은 어떤 다른 원천에 근거하지 않는 것이 분명하기 때문이다. 그리고 이 인식이 자아 전체를 파악하고 그 외에는 아무것도 파악하지 않는다면, 이 인식은 자아보다 더 크지도 작지도 않다. 따라서 이 세 가지 요소가 각각 완전할 때, 셋 모두가 동등하다는 결론을 내리는 것이 옳다.

이제 우리는 이 [세 가지] 것들이 어떻게 마음속에 현존하는지 살펴보아야 한다.……정신은 자기 자신뿐만 아니라 다른 많은 것들도 안다. 그러므로 사랑과 인식*cognitio*은 단지 그 주체의 속성들로서 정신 안에 현존하는 게 아니다. 다시 말해, 그것들의 실존은 정신 자체의 실존만큼이나 실체적이다. 그 둘은 각각 구분되는 실체이면서 동시에 서로 연결된 것들로 보아야 한다. 그것들이 서로 연결된다는 것을 '색'과 '색이 칠해진 것'*color et coloratum*에 비교할 수는 없다. 색은 자기 자신에 고유한 실체를 전혀 지니지 못하며, 색이 칠해진 몸이 실체이고 색은 그 실체 안에 있기 때문이다. 오히려 그 연결은 둘 다 사람이며 따라서 실체이기도 한 두 친구와 같다. '사람들'은 관계적인 개념이 아니며 반면에 '친구들'은 관계적인 개념이다.

'사랑하는 사람'과 '인식하는 사람', '사랑'과 '인식'은 모두 실체이다. 하지만 '사랑하는 사람'과 '사랑', '인식하는 사람'과 '인식'은—'친구들'처럼—관계적인 개념이며, 이에 반해 '정신'과 '영혼'은—'사람들'처럼—관계적인 개념이 아니다. 그런데 친구인 사람들은 서로에게서 떨어져 실존할 수 있다. 하지만 '사랑하는 사람'과 '사랑', '인식하는 사람'과 '인식'의 경우에는 그럴 수 없다. 친구들은 몸으로만 분리되고 마음으로는 그렇지 않을 것처럼 보인다. 하지만 한 친구가 자기 친구를 미워하기 시작하고 그래서 그의 친구이기를 포기했는데, 그런데도 다른 친구는 그 사실을 알지 못해 그를 계속 사랑하는 일이 가능하다. 다른 한편, 정신이 자기 자신을 사랑하는 그 사랑이 더 이상 존재하지 않는다면, 정신도 역시 더 이상 사랑하는 자일 수 없다. 이와 비슷하게 정신이 자기 자신을 아는 인식이 더 이상 존재하지 않게 된다면, 정신이 자기 자신을 아는 것도 멈추게 될 것이다.……

정신이 자기 자신을 알고 사랑하는 일에서 작용하는 세 가지는 정신, 사랑, 인식의 삼위일체로 존재한다*manet trinitas, mens, amor, notitia*. 여기서는 정체성이 혼동되거나 사라져 버리지 않는다.……정신은 인식과 관련해서는 '인식함'이나 '인식됨', '인식할 수 있는'이라고 불리며 또 자기 자신을 사랑하는 사랑과 관련해서는 '사랑하는' 이나 '사랑받는', '사랑할 수 있는' 이라고 불리기는 하지만, 정신 자체로서 구별되며 그 자체로 '정신'이라고 불린다. 인식은 인식하거나 인식되는 정신과 관련되지만 그 자체로도 역시 '인식되는'과 '인식하는'이라고 불리는데, 정신이 자기 자신을 아는 그 인식 작용은 인식 그 자체에 알려지지 않고서는 일어나지 않기 때문이다. 이와 유사하게 사랑도 자기가 속한 사랑하는 정신에 관련되지만 여전히 그 자체로 구별되고 독특한 것으로 남는데, 사랑은 사랑을 받으며 이 일은 오직 사랑 자체에 의해서 가능하기 때문이다. 이 사실은 그 세 가지 각각이 그것들 자체로 독특하다는 것을 보여준다. 그리고 이 세 가지는 번갈아가며 서로 상대 안에 존재한다. 다시 말해, 사랑하는 정신은 사랑 안에 존재하고, 사랑은 사랑하는 사람의 인식 안에 존재하며, 인식은 인식하는 정신 안에 존재한다.……놀라운 방식으로 이 셋은 서로에게서 분리되지 않으면서도 각각 별개의 실체로 존재하며, 또 셋이 서로 연관되는 것으로 말해지면서도 전체가 하나의 실체 곧 본질을 이룬다.

논평

아주 중요한 이 본문은 서구 기독교의 삼위일체 사상에 막대한 영향을 끼쳤다. 아우구스티누스의 삼위일체론에서 가장 두드러진 특징 하나는, 그가 고안한 '심리학적 유비'다. 아우구스티누스의 주장에 따르면, 하나님께서는 세상을 창조하실 때 피조물에게 독특한 흔적*vestigium*을 남겨 놓았다. 인간이 하나님의 피조물 중 최고이기에, 우리가 하나님의 형상을 찾고자 한다면 인간을 살펴보아야 한다고 아우구스티누스는 주장한다. 그는 신플라톤주의 세계관에 기초해서 인간 정신을 인간의 정점으로 보아야 한다고 주장한다. 그러므로 신학자들이 피조물 안에서 '삼위일체의 흔적'*vestigia Trinitatis*을 찾으려면, 인간 개인의 정신을 살펴보아야 한다는 것이다. 이 이론은 명백한 주지주의에 더해 극단적 개인주의의 특성을 지니는데, 그 까닭은 아우구스티누스가 인격적 관계(생 빅토르의 리카르두스와 같은 중세 신학자들이 선호했던 견해 3.19 참조)가 아니라, 개인의 내적 정신세계를 근거로 삼아 삼위일체를 설명했기 때문이다.

아우구스티누스는 인간의 사고에서 삼중구조를 찾아내고, 그 사고 구조가 하나님의 존재 안에 근거한 것이라고 주장한다. 그러한 삼중구조 가운데 기억·이해·의지*memoria, intelligentia,* and *voluntas*의 삼중구조도 적잖이 중요하지만, 아우구스티누스 자신은 정신·인식·사랑*mens, notitia,* and *amor*의 삼중구조가 가장 중요하다고 생각한다. 인간 정신은 비록 완벽하지는 못해도, 어쨌든 하나님을 나타내는 이미지다. 인간의 정신 속에 완전히 별개의 실체가 아닌 세 가지 기능이 존재하듯이, 하나님 안에도 세 개의 '위격들'이 존재할 수 있다.

생각해 볼 물음들

❶ 아우구스티누스가 분석한 사랑의 개념을 여러분의 말로 설명해 보라. 그 분석은 그의 삼위일체론에 어떻게 반영되었는가? 특히 아우구스티누스가 사랑하는 사람, 사랑받는 대상, 사랑 그 자체라는 세 가지 실체에 부여하는 역할에 대해 살펴보라.

❷ 아우구스티누스가 자신의 삼위일체 이해를 밝히기 위해 인간 정신의 내적 작용들을 분석하는 방법을 여러분의 말로 설명해 보라. 여러분이 보기에 이 방법은 얼마나 설득력이 있는가?

❸ "우리가 성부에 관하여 무엇인가를 말하는데, 그것이 성부에게는 적합하지 않더라도 성자나 성령 또는 삼위일체 전체에게는 적합한 것일 수가 있으며……." 본문에서 이 구절의 위치를 확인하라. 이 구절에서 아우구스티누스가 의미하는 것은 무엇인가? 그는 이런 생각을 어떻게 전개하는가? 이 생각은 삼위일체론에 어떻게 적용되는가?

히포의 아우구스티누스

: 하나님과 악의 관계

아우구스티누스354-430는 젊은 시절 마니교에 끌렸는데, 그 한 가지 이유는 마니교에서 악의 기원을 간단명료하게 설명했기 때문이다. 마니교의 주장에 따르면, 악은 참되고 의로우신 하나님과 맞서는 악하고 결함 있는 신에게서 유래한다. 아우구스티누스는 그리스도인이 되면서 이러한 이원론을 버렸고, 따라서 악의 기원에 대해 대안적인 설명을 제시할 필요를 느꼈다. 이 글은 388년에서 395년 사이에 라틴어로 저술한 『자유의지에 관하여』라는 논문에서 인용한 것이다. 여기서 아우구스티누스는 악이란 그 자체로 확실한 실체가 아니라, 하나님에게서 제멋대로 이탈하는 것이라고 주장한다. 하지만 왜 사람들이 그렇게 하나님에게서 이탈하려고 하는지에 대해서는 납득할 만한 설명을 제시하지 못한다3.2, 3.4, 3.5, 3.22, 3.43 참조.

본문

인간의 의지에는 주 하나님에게서 이탈하려는*aversio* 성향이 있네. 이것이 죄가 분명하다면, 우리는 하나님이 죄의 창시자라고 말할 수 있을까? 하지만 하나님께서는 그런 성향의 원인이 아닐세. 그렇다면 무엇이 그 원인이겠는가? 그대가 이렇게 물어온다면, 나로서는 모른다고 대답할 수밖에 없네. 이 대답이 자네를 섭섭하게 하겠지만, 그게 진실한 대답인 걸 어쩌겠나. 아무것도 아닌 것은 알 수가 없는 법이기 때문이지. 다만 자네가 경험하는 좋은 것들, 다시 말해 자네의 감각이나 지성이나 사고방식에 나타나는 좋은 일치고 하나님께로부터 오지 않은 것이 없다는 신실한 생각을 굳게 지키게나. 그 어떤 것이든 하나님에게서 유래하지 않고서는 일어날 수 없다네.……선은 어떤 것이든 하나님에게서 나오기 때문이지. 그래서 하나님에게서 나오지 않은 본성은 없다네. 우리가 죄라고 말하는 성향, 그 이탈하려는 성향은 결함 있는 성향일 뿐이고, 모든 결함은 무로부터 오는 것이라네. 자네가 그 결함이 어디에 속하는지 이해하기만 한다면, 그것이 결코 하나님께 속한 것이 아님을 의심치 않을 걸세. 그 결함 있는 성향은 사람의 마음에 좌우되는 것이고, 그런 까닭에 우리의 능력에 속하네. 자네가 그것을 두려워한다면, 자네가 해야 할 일은 그것을 마음에 품지 않는 것뿐이라네. 자네가 그것을 마음에 품지 않는다면, 그것은 존재하지 않을 걸세. 자네가 마음에 품지 않아 그런 일이 전혀 일어나지 않는 삶을 사는 것만큼 안전한 삶이 어디에 있겠는가? 하지만 우리가 자유의지로 인해 스스로 넘어지게 되면, 우리의 자유의지만으로는 다시 일어설 수 없다네. 그러니 위로부터 우리에게 내미시는 하나님의 오른손을 굳게 붙잡고, 우리 주 예수 그리스도를 믿음으로 우리가 갈망하는 확고한 희망과 사랑을 누리게 되기를 구하도록 하세.

논평

아우구스티누스는 자신이 받아들인 기독교 신앙을 근거로 삼아, 단순히 이원론적으로 악의 문제에 답하는 이론을 거부했다. 마니교 사람들은 좋은 신과 악한 신이 있고, 악한 신이 세상에서 모든 문제를 일으킨다고 주장했다. 하지만 아우구스티누스는 이 주장을 배척하고, 오직 한 분 하나님이 계시며 그 하나님께서 홀로 세상을 지으셨다고 강하게 주장했다. 그에 따라 아우구스티누스는 자기 나름대로 하나님의 완전성을 지켜 내는 이론을 다듬어 냈는데, 이렇게 제시한 답이 모든 사람을 만족시켜 주지는 못한다는 사실을 그 자신도 알고 있었다.

생각해 볼 물음들

❶ 악은 근본적으로 결함일 뿐이라고 말하는 주장이 의미하는 것은 무엇인가?

❷ 아우구스티누스는 인간 자신이 악의 원인이라고 생각한다. 본문에서 이러한 의미가

함축된 부분을 확인하라. 인간에게 죄의 원인이 있다는 주장은 무엇을 의미하는가?

❸ "우리가 자유의지로 인해 스스로 넘어지게 되면, 우리의 자유의지만으로는 다시 일어설 수 없다네. 그러니 위로부터 우리에게 내미시는 하나님의 오른손을 굳게 붙잡고……." 아우구스티누스는 인간이 하나님께서 주신 목적을 성취하기 위해 하나님의 은총이 필요하다고 분명히 말한다. 은총이 필요하다는 사실이 인간 본성의 능력과 관련해서 무엇을 의미하는가? 악의 기원과 관련해서는 무엇을 의미하는가?

3.14 ▼

콘스탄티아의 에피파니우스

: 사벨리우스주의

콘스탄티아의 에피파니우스Epiphanius of Constantia, 약 315-403는 4세기 말에 그리스어로 저술한 『약상자』*Medicine Chest*에서, 그 당시에 등장한 모든 이단에 맞서 기독교 정통 신앙을 열렬히 옹호했다. 이렇게 조사하고 해설하는 과정에서 그는 사벨리우스주의의 기원과 본질에 대해 다루었다3.3, 3.9, 3.10, 3.11, 3.12, 3.13, 3.15 참조.

본문

얼마 전에(사실 최근의 일이다) 사벨리우스라는 사람이 나타났다. 사벨리우스파라는 이름이 이 사람에게서 유래했다. 그의 견해는 몇 가지 하찮은 것만 빼고는 노에투스파의 주장과 같은데, 그를 추종하는 사람들은 대부분 메소포타미아와 로마 지역에서 활동했다……

그들이 가르치는 교리에 따르면 아버지와 아들과 성령은 하나의 동일한 존재이며, 이 세 이름은 하나의 실체*hypostasis*를 가리킨다. 이것은 인간이 지닌 몸과 혼과 영의 관계와 같다. 이를테면 아버지는 몸이고, 아들은 혼이며, 성령은 신성에 대해 인간의 영과 몸의 관계와 같은 위치에 있다.

또 그것은 태양이 빛과 열과 태양 자체로 이루어지는 것처럼 하나의 실체*hypostasis*로 존재하지만, 세 개의 형태*energia*를 지닌다. 열은……성령과 유사하고 빛은 아들과 유사하며, 이에 반해 아버지는 각 실체의 본질을 통해 자신을 드러낸다. 아들은 광선처럼 한때 방사되어 세상 속에서 복음 전파와 인간 구원에 관련된 모든 일을 완수하고 나서, 마치 태양에서 방사된 빛이 태양 속으로 되돌아가듯이 하늘로 돌아갔다. 성령은 지금도 이 세상과 성령을 받을 자격이 있는 개인들 속으로 들어오고 있다.

논평

이 글은 사벨리우스주의의 본질을 보여주는 중요한 역사적 자료다. 사벨리우스는 삼위일체론이 일종의 삼신론으로 변질될 것을 염려해서 신격의 단일성을 옹호하는 일에 관심을 기울였다. 하지만 하나님의 절대적 단일성을 강하게 옹호하는 중에, 그는 한 분 하나님의 자기 계시가 다른 시대에 각기 다른 방식으로 나타났다고 주장하게 되었다. 그리스도와 성령의 신성은 하나님의 자기 계시가 세 가지 다른 방식, 곧 세 가지 양태mode로 나타난 것이라는 논리로 설명되었다(그래서 사벨리우스주의를 '양태론'이라고 부른다). 삼위일체의 순서는 아래와 같이 설명된다.

❶ 한 분 하나님이 창조자와 율법 수여자의 모습으로 계시된다. 하나님의 이 면모를 가리켜 '아버지'라고 부른다.

❷ 동일하신 하나님이 예수 그리스도의 인격 안에서 구주의 모습으로 계시된다. 하나님의 이 면모를 가리켜 '아들'이라고 부른다.

❸ 동일하신 하나님이 거룩하게 하고 영원한 생명을 주시는 분의 모습으로 계시된다. 하나님의 이 면모를 가리켜 '성령'이라고 부른다.

따라서 세 가지 실체 사이에는 외양과 시대적 구분 외에 아무런 차이가 없다.

생각해 볼 물음들

❶ 사벨리우스는 태양의 유비를 사용하여 자신의 양태론적 삼위일체론을 설명한다. 이 유비가 어떤 식으로 해석되는지 여러분의 말로 설명해 보라.

❷ 이 본문에서 사벨리우스가 삼위일체의 각 위격의 역할을 어떻게 이해했는지 설명해 보라.

❸ "아버지와 아들과 성령은 하나의 동일한 존재이며, 이 세 이름은 하나의 실체 *hypostasis*를 가리킨다." 본문에서 이 중요한 구절이 들어 있는 자리를 확인하라. 사벨리우스가 이 말로 의미하는 것은 무엇인가?

3.15 ▼

알렉산드리아의 키릴로스

: 성령의 역할

알렉산드리아의 키릴로스약 378-444는 5세기 초에 그리스어로 저술한 요한복음 주석에서, 성령의 역할은 교회 안의 일치를 이루는 데 있다고 강조한다. 교회 안에서 일치를 이루는 성령의 역할이 그리스도의 성육신에서 몸이 감당하는 역할과 어떻게 비슷하게 연결되는지에 주목해 보라. 그리스도의 인간성이 그리스도와 믿는 사람들을 하나로 연결하듯이, 성령은 신자들을 하나로 묶어 준다3.8, 3.10, 3.11, 3.16, 3.17 참조.

본문

성령 곧 하나의 동일한 영을 받은 우리 모두는 서로 연합하고 하나님과도 연합한 의식을 지니게 된다. 아버지 및 아버지의 영과 하나가 되신 그리스도께서 우리 각 사람 안에 거하신다면, 우리의 수가 제아무리 많더라도, 성령도 하나이고 나뉘지 않는다는 결론에 이르기 때문이다. 성령은 우리 모두의 영을 하나로 결합하여……우리가 그 안에서 하나를 이루도록 이끄신다. 그리스도의 거룩한 몸의 능력이 그분을 의지해 한 몸 안에 거하게 된 사람들을 일치시켰듯이, 우리 모두 안에 거하시고 하나이면서 나뉘지 않는 하나님의 영은 우리 모두를 영적 일치로 이끄시기 때문이다.

논평

이 짧은 글에서 키릴로스는 아우구스티누스와 마찬가지로, 성령이 믿는 사람들을 하나로 일치시키는 중요한 역할을 한다고 주장한다. 하지만 두 사람이 성령에 이런 역할을 부여하는 데 사용하는 근거는 매우 다르다.

생각해 볼 물음들

❶ 이 본문에서 키릴로스가 성령께 부여하는 역할을 여러분의 말로 설명해 보라.

❷ "그리스도의 거룩한 몸의 능력이 그분을 의지해 한 몸 안에 거하게 된 사람들을 일치시켰듯이, 우리 모두 안에 거하시고 하나이면서 나뉘지 않는 하나님의 영은 우리 모두를 영적 일치로 이끄시기 때문이다" 이 구절에서 키릴로스가 말하려는 것은 무엇인가? 이 구절은 아들과 성령의 독특하면서도 서로 보완하는 역할을 어떤 식으로 설명하는가?

3.16

다마스쿠스의 요하네스

: 성령

교부 시대에 성령의 지위와 관련해서 격렬한 논쟁이 벌어졌다. 이 시대 초기에 활동한 몇몇 저술가들은 성경에서 성령의 신성을 명확하게 언급하지 않는다는 사실에 주목하고, 성령에 관해 말할 때 신성을 암시하는 용어들을 사용하지 않으려고 했다. 하지만 4세기에 이르러서는 성령의 신성을 옹호하는 주장들이 우위를 차지하기 시작했다. 이 시기에 다마스쿠스의 요하네스약 676-749는 자신의 고전적인 저작인 『정통신앙에 관하여』*On the Orthodox Faith*에서 성령의 신성을 온전히 인정했는데, 아래 인용한 글에서 그 사실을 분명히 확인할 수 있다3.8, 3.10, 3.11, 3.15, 3.17 참조.

본문

이와 마찬가지로 우리는 성령을 믿는다. 주님이시며 생명을 주시는 성령은 아버지에게서 나와 아들 안에 계신다. 성령은 아버지와 아들과 동일한 실체이시고 똑같이 영원하신 분으로서, 두 분과 함께 경배와 영광을 받으신다. 성령은 참되고 권위 있는 하나님의 영이시고, 지혜와 생명과 성화의 근원이시다. 성령은 아버지와 아들과 함께 하나님이시며, 그렇게 선포되신다. 성령은 창조되지 않으셨으며, 완전하고 창조적이며 전능하고 모든 일을 이루시며, 능력에서 무한하시다. 성령은 모든 피조물을 다스리시나 다스림을 받지 않으시고, 신성하게 하시지만 신성하게 될 필요가 없으시고, 채우시나 채움받을 필요가 없으시고, 나눠 주시지만 나눠 받으실 필요는 없으시며, 성화시키시나 성화될 필요는 없으시다. 성령은 모든 자의 간구를 받으시는 중보자이시고, 아버지와 아들처럼 만물 안에 계신다. 성령은 아버지에게서 나와 아들을 통해 전달되고, 모든 피조물 안에 스며드신다. 성령은 자신을 통해 모든 만물을 창조하고 그들에게 실체를 부여하시며, 그들을 거룩하게 하고 보존하신다. 성령은 고유한 방식으로 실재하시며, 그 위격에서는 아버지 및 아들과 나뉘거나 분리되지 않고 존재하신다. 성령은 출생하지 않았다는 점(아버지)과 출생했다는 사실(아들)을 빼고는 아버지와 아들이 소유하는 모든 것을 소유하신다. 아버지는 그 어떤 것에서도 나오지 않고 스스로 존재하시고, 소유하신 모든 것을 다른 무엇으로부터 얻지 않으시며, 그런 까닭에 원인이 없고 출생하지 않으셨다. 오히려 아버지 자신은 본질상 만물을 본래 모습대로 존재하게 하는 원리와 원인이 되신다. 아들은 아버지에게서 출생했고, 성령도 역시—출생이 아니라 발현으로—아버지에게서 나왔다. 그런데 우리는 출생과 발현 사이에 차이가 있다는 것을 배웠지만, 그 차이가 어떤 방식인지에 대해서는 배우지 않았다. 그렇기는 해도 아버지로부터 나오는 아들의 출생과 성령의 발현은 동시에 일어나는 일이다.

논평

다마스쿠스('다마스케누스'로도 불린다)의 요하네스는 이 글에서 성령의 신성을 폭넓게 주장하면서, 성령의 신적 정체성과 신적 기능 모두를 강조한다. 요하네스는 성부와 성자와 성령의 일치를 강조하면서도 동시에 삼위가 구원의 경륜 속에서 독특한 역할을 담당한다고 주장한다. 요하네스가 이 논문을 저술할 당시, 다마스쿠스 지역은 이슬람의 지배를 받고 있었고, 삼위일체론과 관련된 여러 가지 어려운 문제가 있었다는 사실을 기억할 필요가 있다(이슬람교는 삼위일체론이 하나님의 절대적 단일성을 무너뜨리는 것으로 보았다).

생각해 볼 물음들

❶ 위의 본문을 주의 깊게 읽고, 요하네스가 성령에 관해 말한 내용을 다음과 같은 세 가지 범주로 정리해 보라. 1)성령에게 일어나는 일은 무엇인가? 2)성령은 어떤 분이신가? 3)성령은 어떤 일을 하시는가? 이 사실로부터 성령에 대한 이해를 종합한다면, 어떻게 정리할 수 있는가?

❷ 본문에서는 성령을 가리켜 "신성하게 하지만 신성하게 될 필요가 없으시고"라고 말한다. 요하네스가 이 말을 중요하게 여기는 이유는 무엇인가?

❸ 요하네스에 따르면, 성령이 담당하는 독특한 역할은 무엇인가? 이것은 성령의 사

역과 성자의 사역을 훨씬 더 밀접하게 연결하는 아우구스티누스의 삼위일체 이해와 어떻게 비교될 수 있는가?

제11차 톨레도 공의회

:삼위일체

삼위일체 교리와 관련해 교부시대에 나온 설명 가운데서 가장 명료한 것으로는 제11차 톨레도 공의회[675]의 견해를 들 수 있다. 스페인의 도시 톨레도에서 개최되어 겨우 11명의 주교가 참석했던 이 공의회는 서방의 삼위일체 견해를 매우 명쾌하게 제시한 것으로 널리 인정받았으며, 그 견해는 중세 후기에 삼위일체론을 논의하는 데서 자주 인용되었다. 아래 인용한 글에서 톨레도 공의회는 '삼위일체'라는 말과 '하나님'이라는 말의 관계를 설명하고, 신격 안에서 이루어지는 관계들의 중요성을 강조하면서 특히 성령이 아버지와 아들과 맺는 관계를 집중적으로 다룬다3.3, 3.7, 3.9, 3.10, 3.11, 3.12, 3.25, 3.42 참조.

본문

우리는 삼위일체의 세 번째 위격인 성령이 하나님이시며, 성부 하나님 및 성자 하나님과 등등하시어 하나의 실체와 하나의 본성을 지니셨고, 출생하거나 창조된 것이 아니라 그 두 분으로부터 발현proceed하셨으며, 그 두 분의 영이시라는 것을 믿는다. 우리는 성령이 출생하신 것도 아니고 출생하지 않으신 것도 아니라고 믿는다. 그 까닭은 그분을 '출생하지 않은' 분이라고 말하면 아버지가 둘이라고 주장하는 셈이 되고, 또 '출생하신' 분이라고 부른다면 아들이 두 분이라고 말하는 셈이 되기 때문이다. 그러나 그분은 아버지만의 영 또는 아들만의 영으로 불리지 않고, 아버지와 아들의 영으로 불리신다. 왜냐하면 그분은 아버지로부터 발현하여 아들에게 보내진 것도 아니고, 아들로부터 발현하여 피조물을 거룩하게 하도록 보내진 것도 아니며, 오히려 아버지와 아들 두 분으로부터 동시에 발현하신 분이기 때문이다. 그분이 아버지와 아들 두 분의 사랑이나 거룩함으로 알려지는 데서 그 사실을 알 수 있다. 따라서 우리는 아들이 아버지의 보내심을 받은 것처럼, 성령은 두 분의 보내심을 받은 것이라고 믿는다. 그러나 성령은 아버지와 아들보다 열등한 분이 아니시다.

우리에게 전해져 온 바 거룩한 삼위일체에 관해 말하는 방식을 따르면, 그것을 '삼중적'*triplex* 이라고 말하거나 그렇게 믿어서는 안 되고, '삼위일체'라고 말해야 한다. 또 한 분 하나님 안에 삼위일체가 존재한다고 말해서도 안 된다. 그와는 달리, 한 분 하나님께서 삼위일체라고 말해야 옳다. 위격들의 이름이 관련되는 방식을 보면, 아버지는 아들과 관계를 맺고, 아들은 아버지와 관계를 맺으며, 성령은 아버지와 아들 모두와 관계를 맺는다. 이 관계를 보고서 세 분을 위격으로 부르기는 하지만, 우리가 믿는 것은 하나의 본성 곧 하나의 실체다. 우리가 세 위격을 믿는다고 고백하지만, 세 실체를 믿는 것이 아니라 하나의 실체와 세 위격을 믿는 것이다. 아버지는 자기 자신이 아니라 아들과의 관계에서 아버지이며, 아들은 자기 자신이 아니라 아버지와의 관계에서 아들이고, 이와 마찬가지로 성령은 아버지와 아들의 영으로 불리듯이 자기 자신이 아니라 아버지와 아들과의 관계에서 성령이다. 그러므로 우리가 '하나님'이라는 말을 사용할 때, 이 말은 아버지가 아들과, 또는 아들이 아버지와, 또는 성령이 아버지 및 아들과 맺는 관계처럼 다른 쪽과의 관계를 표현하는 것이 아니다. '하나님'이라는 말은 오직 그분 자신을 가리킨다*sed ad se specialiter dicitur*.

논평

이 중요한 본문은 서방교회에서 형성된 삼위일체 이해의 기본적인 특징들을 보여준다. 이 글은 몇 가지 점에서 특히 중요하다. 본문은 신격 내부 관계들의 중요성을 강조하고, '하나님'이라는 단어와 '삼위일체'라는 용어의 관계를 분명히 밝힌다. 본문은 성령이 '성부와 성자'로부터 나온다는 서방의 견해, 곧 성령의 신적 원천이 둘이라는 견해에서 생길 수 있는 심각한 오해를 분명히 피하고 있다. 본문에서는 성령의 원천이 오직 하나라는 점을 명확하게 밝힌다.

생각해 볼 물음들

❶ 이 본문에 따르면 '하나님'과 '삼위일체'라는 말은 언제—어떤 맥락에서—사용되어야 하는가?

❷ "그러나 그분은 아버지만의 영 또는 아들만의 영으로 불리지 않고, 아버지와 아들의 영이라고 불리신다." 본문에서 이 구절의 위치를 확인하라. 이 구절의 의미는 무엇인가? 이 구절은 어떻게 정당화될 수 있는가? 성령의 기원을 밝히는 일에서 이 구절이 지니는 중요성은 무엇인가?

3.18 ▼

캔터베리의 안셀무스
: 하나님의 동정심

11세기의 저술가인 캔터베리의 안셀무스는 『프로슬로기온』*Proslogion*에서, 하나님은 우리를 향한 그분의 행위라는 차원에서는 동정심을 느끼지만, 하나님의 경험 자체에서는 그렇지 않다고 주장한다. 하나님은 고난에 대해 적극적으로 반응하시지만, 실제로 그 고난을 경험하지는 않으신다. 안셀무스는 하나님이 어떤 식으로든 인간의 고난에 영향을 받지 않는다는 사실을 공리와도 같이 여긴다3.7, 3.8, 3.21, 3.23, 3.30, 3.34, 3.35 참조.

본문

하지만 당신께서는 어떻게 자비로우시면서 동시에 무감정*impassibilis* 하십니까? 당신이 무감정하신다면 연민을 느끼실 수 없을 테니 말입니다. 당신이 연민을 느끼실 수 없다면, 불행한 사람들에게 느끼는 연민 때문에 당신의 마음이 불행해지는 일도 없을 것입니다. 하지만 이렇게 연민을 느끼는 것이 동정심의 본모습입니다. 그런데 당신께 동정심이 없다면, 불행한 사람들이 얻는 그 큰 위로는 어디서 오는 것입니까?

오, 주님, 당신은 동정적이시면서 동시에 동정적이지 않으신 분이신데, 그 이유는 우리의 경험에 비추어 보면 당신은 동정적이시고 당신의 본질에서는*secundum te* 동정적이지 않으시다는 사실로만 설명할 수 있습니다. 우리의 경험에서 보면, 당신은 진정 동정적인 분이십니다. 그러나 당신 스스로는 결코 그렇지 않습니다. 당신께서 고통당하는 우리를 돌아보실 때 우리는 동정의 힘을 경험하게 되지만 당신 자신은 이런 감정을 경험하지 않으시기*non sentis affectum* 때문입니다. 따라서 불행한 사람들을 구원하시고 당신께 죄지은 이들을 용서하신다는 점에서 당신은 동정적이십니다. 그리고 불행한 일에 연민을 느끼면서도 어떠한 영향도 받지 않으신다는 점에서 당신은 동정적이지 않으십니다.

논평

안셀무스는 인간이 고난당하는 형편을 하나님께서 아신다는 점과, 하나님께서 곤경에 처한 인간에게 동정심을 느끼신다는 사실을 분명하게 주장한다. 하지만 그는 하나님께서 우리와 함께 고난을 당하신다거나, 어떤 의미로는 고난을 '경험하신다'라고 단언하는 데까지 밀고 나갈 수 없었다. 안셀무스는 우리가 고난당하듯이 하나님께서 '고난을 겪으신다'라고 단언하는 것은 어리석은 짓이요, 하나님을 인간 수준으로 끌어내리는 일이라고 믿었던 것이 분명하다. 고난당하는 인간을 향한 하나님의 자비와 은혜를 문제로 삼는 것이 아니라는 점에 주목하라. 쟁점은 그런 동정심이 어떤 방식으로 표현되는가와 관계가 있다.

생각해 볼 물음들

❶ 실제로 안셀무스가 주장하는 논점은, 하나님이 고난에 '관해서는 아시지만' 고난 자체를 '아시는 것'은 아니라는 말이다. 여러분은 안셀무스의 견해에 모순이 있다고 생각하는가?

❷ 안셀무스는 하나님의 동정심을 어떻게 이해하는가?

❸ 여러분은 안셀무스가 하나님께서 고난을 겪으신다는 것을 인정하기를 주저하는 이유가 무엇이라고 생각하는가?

생 빅토르의 리카르두스

: 삼위일체 안의 사랑

3.19 ▼

생 빅토르의 리카르두스1173 사망가 12세기 후반에 쓴 삼위일체에 관한 논문에서 인용한 이 글에서는, 신격 안에 있는 사랑의 본질에 대해 분석한다. 여기서 리카르두스는 '사랑을 나눈다'라는 개념이 신격 안에 세 위격이 존재하는 경우에만 유지될 수 있다고 주장한다3.3, 3.10, 3.11, 3.12, 3.13, 3.20 참조.

본문

우리가 만일, 참 신성 안에 존재하는 한 위격이 참으로 크게 자비로워서 부요함이나 기쁨을 남김없이 다른 이들과 나누기 원한다는 점을 인정한다면, 또 그 위격은 참으로 큰 능력을 지녀서 하지 못할 일이 없는 데다 참으로 크게 행복하기에 어려운 일이 전혀 없다는 점을 인정한다면, 신성한 위격들의 삼위일체가 반드시 존재한다는 사실을 인정할 수밖에 없다. 이에 대한 근거를 밝히기 위해 모든 논의를 동원해 문제를 살펴보자.

만일 신성 안에 오직 하나의 위격만 존재한다면, 당연히 그 위격은 차고 넘치는 부요함을 함께 나눌 이를 갖지 못할 것이다. 게다가 친밀한 사랑을 나눔으로 그에게 증가할 수 있었던 풍성한 기쁨과 즐거움은 영원한 차원을 완전히 결여하게 될 것이다. 하지만 지극히 선하신 그분은 넘치는 선으로 인해 그러한 부요함을 자신에게만 가두어 놓을 수 없으며, 또 그 충만한 복으로 인해 자신에게서 그 풍성한 기쁨과 즐거움이 결여되는 일을 용납할 수가 없으시다. 또 그분은 큰 영광을 지니신 분으로서 그 풍성한 기쁨과 즐거움을 누리기를 즐겨하시는 것 못지않게 자기의 부요함을 함께 나누기를 기뻐하신다.

이 사실을 놓고 볼 때, 신성 안의 한 위격에게 연합을 이루는 친교가 결여되는 일은 결코 있을 수 없다. 만일 그분이 오직 하나의 상대만 갖고 있다면, 그분은 자신의 부요함을 함께 나눌 이는 가질 수 있을지 모른다. 하지만 사랑의 기쁨을 함께 나눌 수 있는 대상은 갖지 못할 것이다. 사랑의 즐거움보다 영혼을 더 기쁘게 하거나 더 큰 즐거움을 주는 것은 아무것도 없다. 하나의 상대가 있고, 그에 더해 사랑을 받아서 그 사랑을 되돌려 보여줄 이가 있는 사람만이 그런 기쁨의 즐거움을 누릴 수 있다.

따라서 그렇게 사랑을 나누는 일은 세 위격보다 적은 위격 사이에서는 이루어질 수 없다는 결론이 나온다. 앞서 말했듯이, 유용하고 즐거운 일은 무엇이든 그것을 함께 나누는 일보다 더 영광스럽고 숭고한 일은 아무것도 없다. 지극히 지혜로운 정신이 이 사실을 모를 리 없고, 지극히 자비로운 마음이 이 일을 즐거워하지 않을 리 없다. 지극히 능력이 크신 분께서 행복해하실 때 그분을 기쁘게 하는 일들에서 부족함이 없는 것처럼, 신성 안에서 두 위격이 세 번째 위격과 연합하지 않는 일도 있을 수 없다.

생 빅토르의 리카르두스는 중세 시대에 삼위일체론을 다룬 중요한 사상가 가운데 한 사람이다. 위에서 살펴본 그의 삼위일체 이론에서는 삼위일체 안의 사회적 관계라는 개념을 중요하게 여긴다. 특히 '함께 나누는 일'을 강조하고, 그 일에 상대가 필요하다고 말하는 점에 주목하라. 이 견해는 아우구스티누스에게서 볼 수 있는 개인주의적 특성이 강한 삼위일체 이론특히 3.13, 3.12 참조과 뚜렷이 대비된다. 이 견해는 인간관계에서 삼위일체의 모형을 발굴하는 '사회적 삼위일체' 모델의 중요한 예인데, 아우구스티누스의 경우에는 개인 정신 안에서 일어나는 작용들을 삼위일체 분석을 위한 자료로 사용한다. 하지만 두 사람 모두 적어도 부분적으로는 '사랑' 개념을 토대로 삼고 있고, 그에 기초해서 각기 다른 방식으로 자기 이론을 제시한다.

생각해 볼 물음들

❶ 리카르두스가 "신성한 위격들의 삼위일체가 반드시 존재한다"는 사실을 보이기 위해 사용하는 논증과 사고를 여러분의 말로 설명해 보라. 핵심적인 견해를 밝히고, 여러분에게 그의 이론이 얼마나 설득력이 있는지 평가해 보라.

❷ 하나님의 창조의 결과로 인간의 정신 속에 담긴 삼위일체의 "흔적"*vestigium*에 대해 아우구스티누스가 분석한 글을 읽으라3.12. 두 이론의 주된 차이점은 무엇인가? 두 이론은 상호 보완적인가, 아니면 상충하는가? 여러분은 어떤 쪽이 마음에 드는가?

❸ "사랑의 즐거움보다 영혼을 더 기쁘게 하거나 더 큰 즐거움을 주는 것은 아무것도 없다." 본문에서 이 구절의 위치를 찾으라. 이 구절에서 리카르두스가 의미하는 것은 무엇인가? 이 결론은 그의 논증에서 어떤 기능을 하는가?

헤일스의 알렉산더

: 그리스도 안에서 하나님이 겪으신 고난

13세기 영국의 프란치스코회 신학자인 헤일스의 알렉산더Alexander of Hales, 약 1186-1245는 자신의 저술 『신학대전』*Summa theologiae*에서, 하나님께서는 고난받으실 의무가 없었으나, 그리스도 안에서 고난당하기로 선택하셨다고 주장한다. 이 저술에서는 하나님께서 직접적이고 인격적으로 고난을 당하셨다는 식의 노골적인 표현은 애써 피한다. 학자들 중에는 문제의 이 본문을 알렉산더 자신의 말로 보는 것이 아니라, 알렉산더가 1245년 세상을 떠난 이후 이 저술을 완성한 멜리토나의 윌리엄William of Melitona이 편집한 것으로 보는 경우도 있다3.7, 3.8, 3.18, 3.21, 3.30, 3.34, 3.37 참조.

본문

우리 인간의 경우에는, [고난당할] 가능성은 고난의 필연성 및 고난당하지 않으려는 의지와 관계가 있다(하지만 의지가 고난의 발생을 막지는 못한다). 아담의 경우에는, 고난을 향한 성향이나 필연성도 없고, 자기 뜻대로 고난을 당하거나 당하지 않으려는 의지도 없이, 순전한 상태에 있었다고 볼 수 있다. 그러나 주님의 경우에는, 고난당할 가능성(아담의 경우처럼 먼 일이 아니었다)은 우리의 경우처럼 고난의 필연성과 연결되지 않는다. 오히려 그것은 고난을 감당하려는 성향 및 그 고난을 막을 힘을 지녔던 의지와 관련된다.

논평

이 글은 하나님의 동정심에 관한 캔터베리의 안셀무스의 글3.18에서 살펴보았던 쟁점을 다시 다룬다. 즉, 하나님께서 고난을 당하신다는 주장을 피하면서도 하나님은 자비롭고 동정심을 느끼는 분이심을 긍정하는 길을 찾는다. 이 글에서 알렉산더는 다음과 같은 문제들을 다룬다. 그리스도는 실제로 고난을 당하지 않으셨는가? 따라서 신이면서 인간이신 그리스도의 '이중적 본성'은 하나님께서 그리스도 안에서 고난을 겪으셨다는 것을 의미하지 않는가? 얼핏 보면 하나님께서 정말 그리스도 안에서 고난을 당하셨으며, 따라서 하나님이 고난당하신다고 말하는 것이 타당하다는 답이 나올 것처럼 보인다. 하지만 알렉산더는 이 주장을 피하는 구분을 제시한다.

왜 알렉산더(그리고 그보다 앞서서 안셀무스)는 하나님이 고난당하셨다는 함의를 피하고자 그렇게도 애쓰는가? 이에 대한 답 가운데 하나는, 그 견해가 신학적으로 의심스럽게 여겨졌다는 사실이다. '신수난설'theopaschitism이라는 이론이 6세기에 등장했지만, 오랫동안 이단으로 거부되어 왔다. 이 운동이 내세운 기본 구호는 "삼위일체 가운데 한 분이 십자가에 달렸다"는 것이다. 이 공식은 얼마든지 정통적인 의미로 해석할 수 있으며, 요한 막센티우스John Maxentius와 비잔티움의 레온티우스Leontius of Byzantium 같은 사람들의 지지를 받았다. 그러나 교황 호르미스다스Hormisdas, 450-523와 같은 신중한 저술가들은 이 이론이 혼란을 낳고 잘못된 길로 이끌 가능성이 있다고 보았으며, 그래서 점차 사용되지 않게 되었다. 이 용어가 지닌 미심쩍은 의미가 확인되면서, 중세의 많은 사상가들은 '고난당하는 하나님'이라는 개념을 완전히 멀리하게 되었다.

생각해 볼 물음들

❶ 이 글에서 알렉산더는 아담과 그리스도를 비교한다. 비교하는 목적은 무엇인가? 여기서 알렉산더는 어떤 결론을 이끌어내는가?

❷ 알렉산더는 고난의 '가능성'과 '필연성'을 구분한다. 그가 이렇게 구분해서 말하려고 하는 것은 무엇인가?

3.21

토마스 아퀴나스

: 하나님의 전능

위대한 스콜라주의 신학자 토마스 아퀴나스약 1225-1274는 하나님의 전능이라는 개념에 대하여 매우 영향력 있는 설명을 제시했다. 그 설명에는 '하나님이 죄를 지을 수 있는가?'라는 문제를 다루는 중요한 논의가 포함되어 있다. 얼핏 보기에 '하나님은 죄를 지을 수 없다'라는 주장은 하나님의 전능성을 부인하는 것처럼 보인다. 하지만 아퀴나스의 주장에 따르면, 죄는 결함이고 따라서 완전한 존재인 하나님의 개념에 부합하지 않는다. 결함을 지닌다는 것은 하나님의 본성에 속하지 않고, 그런 까닭에 하나님은 죄를 지을 수 없으시다. 아퀴나스가 1265년 라틴어로 쓰기 시작해서 그가 세상을 떠날 때까지 완성하지 못한 『신학대전』*Summa theologiae*은 중세 신학의 가장 위대한 작품으로 널리 인정받고 있다3.25, 3.26, 3.27, 3.43 참조.

본문

흔히 하나님은 전능하시다고 말한다. 그러나 이 말을 올바로 이해하는 것은 어렵게 느껴진다. "하나님께서 '모든 것'을 하실 수 있다"라고 말할 때, 그 뜻하는 바가 무엇인지 확실하지 않기 때문이다.……만일 하나님이 자신의 능력이 미치는 모든 것을 하실 수 있기 때문에 전능하시다고 말한다면, 그런 전능 이해는 순환론적이다. 그것은 하나님께서 자기가 원하는 모든 것을 하실 수 있기 때문에 전능하다고 말하는 것에 지나지 않는다.……죄를 짓는 것은 완전한 행위에 속하지 못한다. 따라서 죄를 지을 능력이 있다는 것은 그 행위에서 불완전할 수 있다는 말이며, 이것은 전능과 일치하지 않는다. 하나님이 죄를 지을 수 없는 것은 하나님이 전능하시기 때문이다.……모순을 함축하는 것은 그 어떤 것이든, 하나님의 전능성과 관계가 없다. 존재한 적이 없는 과거라는 것은 모순을 함축한다. 따라서 소크라테스가 앉아 있는 동시에 앉아 있지 않다고 말하는 것은 모순이며, 그처럼 소크라테스가 앉아 있었던 동시에 앉아 있지 않았다고 말하는 것은 모순이다. 그가 앉아 있었다고 긍정하는 것은 과거 사건을 긍정하는 것이며, 따라서 그가 앉아 있지 않았다는 사실을 긍정하는 것은 있지 않았던 일을 긍정하는 것이다.

논평

이 글에서 아퀴나스는 하나님의 전능성과 관련된 여러 가지 쟁점을 탐구한다. 그중 하나는 비모순율인데, 흔히 '하나님은 네모난 삼각형을 만들 수 있는가?'라는 물음으로 표현된다. 그런 일은 제안 자체의 논리적 모순 때문에 일어날 수 없다. 아퀴나스는 앉아 있는 동시에 앉아 있지 않은 사람을 예로 들어 이 쟁점을 탐구한다. 더 중요한 것으로 아퀴나스는 '하나님이 죄를 지을 수 있으신가?'라는 문제를 다룬다. 언뜻 보기에 이 질문은 긍정으로 답해야만 할 것처럼 보인다. 반대로 답하는 것은 하나님께 하실 수 없는 일이 있다는 뜻으로 비춰질 수 있기 때문이다. 하지만 면밀히 살펴보면, 그런 답은 부당한 것으로 판명된다. 이 본문에서 아퀴나스는 독자들에게 이 논점을 설명한다.

생각해 볼 물음들

❶ 왜 아퀴나스는 하나님이 죄를 지을 수 없다고 믿었는지를 여러분의 말로 정리해 보라.

❷ 죄의 본질 중 어떤 면이 아퀴나스로 하여금 이런 결론에 이르게 했는가?

❸ 이 본문에서 탐구하는 쟁점을 토대로 삼아 '하나님은 하나님도 들 수 없을 만큼 무거운 추를 만드실 수 있는가?'라는 물음에 대답해 보라.

바뇨레조의 보나벤투라

: 악의 기원

죄와 악의 본질 및 기원에 관한 문제는 기독교 신학에서 주요 문제로 다루어져 왔다. 악의 문제에 관한 고전적인 응답 가운데 하나는 히포의 아우구스티누스에게로 거슬러 올라간다. 그의 견해에 따르면, 악은 그 자체로 존재하는 적극적 실체가 아니다. 오히려 악은 선의 결핍—선의 결여나 상실—으로 보아야 한다. 이 견해는 13세기의 중요한 프란치스코 수도회 신학자인 바뇨레조의 보나벤투라1221-1274의 저술에서 특히 선명하게 제시된다. 여기에 인용한 글은 1257년경 라틴어로 저술된 『교리 요약』*Breviloquium*에서 발췌한 것이다. 보나벤투라는 이 저술을 "참된 신학의 간략한 요약"이라고 말했다. 이 저술은 서언과 7장으로 이루어졌고, 셋째 장에서 "죄의 타락"을 다룬다3.2, 3.6, 3.13, 3.43 참조.

본문

하나님의 삼위일체와 세상의 창조에 관한 몇 가지 진리를 밝혔으므로, 이어서 죄로 인한 타락에 대하여 간략하게 살펴본다. 이 주제와 관련해서, 우리는 죄란 어떤 종류의 본질이 아니라 창조된 의지의 양태mode와 종species과 질서order를 타락하게 만드는 결함과 부패*non est essentia aliqua sed defectus et corruptela*라고 단언한다. 그러므로 죄의 타락은 선 그 자체와 대립한다. 그것은 선 안에서가 아니고는 존재하지 않는다. 죄의 타락은 의지의 자유로운 선택인 선 외에 다른 어떤 근원도 갖지 않는데, 의지는 완전히 악하지도 않고(의지는 선을 원할 수 있기 때문이다), 완전히 선하지도 않다(악으로 추락할 수 있기 때문이다).

이 사실은 다음과 같이 설명할 수 있다. 제1원리는 다른 것에 의지하지 않고 스스로 존재하기에*sum sit ens a se ipso non ab alio*, 당연히 자존하는 존재요 따라서 아무런 결함이 없는 완벽한 선이어야 한다. 그러므로 제1의 완벽한 악이라는 것은 존재하지 않고 존재할 수도 없는데, 그 까닭은 제1원리는 가장 완전하다는 것을 의미하고, 가장 큰 악은 가장 큰 결함을 의미하기 때문이다. 가장 크고 가장 완전한 존재인 제1원리는 본질이나 작용에서 결함이 있을 수 없기 때문에, 악은 절대적인 것이든 일정 수준의 것이든 존재할 수가 없으며, 또 어떤 식으로든 악이 지배하는 일은 있을 수 없다. 제1원리는 전능하기에, 기존의 어떤 물질이 없이도 무로부터 선을 존재하게 할 수 있다. 제1원리가 피조물을 짓고, 그것에다 존재, 생명, 지성, 의지를 부여했을 때, 바로 그 일을 행한 것이다. 피조물은 이러한 삼중 원인에 따라 존재하기 때문에, 그 실체와 의지 안에 당연히 양태와 종과 질서를 가지게 된다. 피조물은 하나님으로부터, 하나님을 따라, 하나님 때문에, 각기 자신의 일을 하도록 지음 받았고, 자신 안에 심겨진 양태와 종과 질서를 따라 그 일을 행하게 된다.

피조물은 무로부터 나오고 결함을 지닌 존재다. 그 까닭에 피조물은 하나님께서 지시하시는 행동을 하지 않고 도망칠 수 있고, 그 결과 하나님을 위해서가 아니라 자기 자신을 위해 일하게 될 수 있다. 그때 그가 하는 어떤 일은 하나님으로부터, 하나님을 따라, 하나님 때문에 하는 일이 아니다. 이것이 바로 죄이고, 양태와 종과 질서의 타락이다. 죄는 결함이며, 그런 까닭에 동력인을 가지지 못한다. 오히려 죄는 결함 있는 원인, 곧 창조된 의지의 결함*defectum voluntatis creatae*이라고 말할 수 있다.

논평

보나벤투라는 인간이 자신을 지으시고 보호해 주시는 하나님께 초점을 맞추지 않고, 인간 자신에게 초점을 맞추려는 성향에서 죄의 기원을 찾는다. 악은 선의 결핍인 까닭에, 악 자체가 본질을 지닌다고 말할 수 없다. 그 자체로 근본 원리로 작용하는 "가장 큰 악"이라는 것도 있을 수가 없는데, 그런 "가장 큰 악"이라는 것이 아예 존재하지 않기 때문이다. 따라서 "제1원리"에 상당하는 악이 존재하겠는가라는 문제는 성립할 수 없다. 악은 그 자체가 실재가 아니라 선의 결여다. 악은 마치 종이에 뚫린 구멍과 같다. 있음이 아니라 없음으로 인해 문제가 되는 것이다. 보나벤투라가 『교리 요약』*Breviloquium* 전체에 걸쳐 하나님을 가리킬 때, "제1원리"라는 용어를 사용하는 것에 주목하라.

생각해 볼 물음들

❶ 하나님이 선하신데도 하나님의 피조물 안에 악이 존재한다는 사실에 대해 보나벤투라는 어떻게 설명하는가?

❷ 보나벤투라의 생각이 옳다면, 사탄은 존재하는가? 사탄을 어떻게 이해하는 것이 그의 이론에 어울리겠는가?

❸ 보나벤투라는 양태와 종과 질서를 따라 피조물의 "삼중 원인"에 관해 말한다. 여러분은 그가 이 개념들로 무엇을 뜻한다고 생각하는가?

3.23 ▼

노리치의 줄리안

: 우리 어머니이신 하나님

영국의 은수자였던 노리치의 줄리안Julian of Norwich, 약 1342-1416은 1373년 5월에 경험한 열여섯 환상을 『하나님 사랑의 계시』*Revelation of Divine Love*라는 책으로 펴냈다. 이 환상들은 가장 비참한 죄인들까지 품으시는 하나님의 사랑과 온유하심을 일관되게 강조한다는 점에서 주목할 만하다. 아래 인용한 글은 모두 14번째 계시에서 인용한 것인데, 줄리안이 대체로 교회를 가리켜 '어머니'라는 말을 쓰는 것과 비슷하게 하나님과 예수를 모두 모성적 용어로 부르는 특징을 잘 보여준다1.31, 3.40, 3.41 참조.

내가 환상 중에 보니, 하나님께서는 우리의 아버지 되심을 기뻐하십니다. 또한 우리의 어머니 되심을 기뻐하십니다. 나아가 주님은 우리의 참 남편이 되셔서, 우리 영혼을 당신께서 사랑하시는 신부로 맞으심을 기뻐하십니다. 이에 더해 그리스도께서는 우리의 형제 되시고 구주 되심을 기뻐하십니다.……

[하나님의] 사랑은 우리가 게으르게 뒤처지도록 내버려 두지 않습니다. 이 모든 것은 본래 하나님의 선하심에서 나오고, 그분의 은총의 작용으로 우리에게 이릅니다. 하나님께서 온유하신 까닭은 그분의 본성이 원래 그렇기 때문입니다. 본성이 선하시다는 것은 하나님을 가리키는 것입니다. 하나님은 근원이고 실체이시며, 본원적인 존재 그 자체이십니다. 주님은 본래 존재하는 것들의 참 아버지이며 어머니이십니다. 하나님께서 당신의 목적을 이루시기 위해 당신에게서 흘러나오게 하신 온갖 '본성'은 우리가 은총의 역사로 구원받게 될 때, 다시 그분께로 돌아가 회복될 것입니다.……

우리는 이것을 두려워할 필요가 없는데, 이것은 우리를 옭아매는 두려움이 아니기 때문입니다. 오히려 우리는 사랑이신 어머니께 겸손히 우리의 아픔을 아뢸 수 있고, 그러면 그분은 당신의 고귀한 피를 우리에게 부어 주시고, 우리 영혼을 부드럽고 온유하게 다듬으시며, 시간이 흘러 우리를 온전한 아름다움으로 회복시켜 주십니다.……이처럼 우리의 생명은 예수의 창조되지 않은 예지와 아버지의 전능하신 능력과 성령의 지극히 높고 탁월한 선하심을 통해 우리의 참 어머니이신 예수 안에 세워졌습니다.…… 우리 영혼들이 볼 때 하늘에 계신 우리 어머니는 아름답고 다정하시고, 또 하늘에 계신 우리 어머니께서 보실 때 은혜 입은 자녀들은 귀하고 사랑스러우며, 자녀로서 마땅히 지녀야 할 온갖 좋은 성품을 갖춰 온유하고 겸손합니다. 참된 자녀는 자기 어머니의 사랑을 단념하지 않고 바라봅니다.……은혜로우신 어머니께서 우리를 이끌어 아버지의 지극한 복에 이르게 하실 때까지 우리는 능력과 지성에서 온전치 못한 상태로 살아갑니다. 그러니 이 세상에서 자녀의 신분으로 사는 것만큼 고귀한 일은 없습니다.

논평

중세에 활동한 중요한 영성 저술가였던 줄리안은 신학적으로 성찰한 많은 내용을 자신의 영성과 통합했다. 위의 본문은 그녀가 뚜렷하게 남성 언어와 여성 언어를 사용하여 하나님을 묘사한다는 점에서 주목할 만하다. 성경을 보면, 이스라엘과 교회를 향한 하나님의 사랑을 나타내기 위해 여러 곳에서 모성적 언어를 사용한다. 다음의 두 본문을 예로 삼아 논점을 살펴볼 수 있다.

❶ "어머니가 그 자식을 위로하듯이, 내가 너희를 위로할 것이니, 너희가 예루살렘에서 위로를 받을 것이다"(사 66:13).

❷ "어머니가 어찌 제 젖먹이를 잊겠으며, 제 태에서 낳은 아들을 어찌 긍휼히 여기지 않겠느냐! 비록 어머니가 자식을 잊는다 하여도, 나는 절대로 너를 잊지 않겠다"(사 49:15).

둘째 본문은 이스라엘을 향한 하나님의 사랑을 어머니가 자식을 품는 천성적인 사랑에 비교한다는 점에서 참으로 놀랍다. 줄리안은 하나님의 본성에 관해 성찰하면서, 하나님을 가리키는 말로 부성적이고 모성적인 언어와 이미지를 모두 사용한다.

생각해 볼 물음들

❶ 위의 글을 읽고 줄리안이 하나님께 대해 어떤 이미지를 사용하는지 확인하라. 그녀는 이 이미지를 어떤 방식으로 사용하는가?

❷ 이 저술 전반에 걸쳐 '하나님의 선하심'이라는 개념이 크게 강조된다. 왜 그럴까? 줄리안은 이렇게 강조함으로써 어떤 논점을 제시하는가?

❸ "참된 자녀는 자기 어머니의 사랑을 단념하지 않고 바라봅니다." 본문에서 이 구절의 위치를 확인하라. 이 말로 줄리안의 뜻하는 것은 무엇인가? 이것은 위의 "논평"에서 언급한 두 개의 성경구절과 어떤 관계가 있는가? 줄리안은 이 개념을 어떻게 설명하는가?

3.24

오캄의 윌리엄
: 하나님의 두 가지 능력

오캄의 윌리엄약 1285-1347 의 『신학의 쟁점들』*Quodlibetal Questions*—여러 가지 신학 논쟁에 대한 응답을 모은 글에서 인용한 아래 본문은, 난해하지만 매우 중요하다. 본문에서 오캄은 하나님의 행위를 두 가지 형태로 구분한다. 원래 하나님은 모순을 포함하지만 않는다면 어떤 방식으로도 행할 수 있으시다. 이것을 가리켜 오캄은 '하나님의 절대적 능력'이라고 부른다. 그런데 하나님은 자기 마음대로 행하실 수 있는 자유를 제한하시고, 그에 맞게 신뢰할 만한 방식으로 행동하기를 선택하셨다고 오캄은 주장한다. 이것을 그는 하나님의 '규정된 능력'이라고 부른다3.21 참조.

본문

첫째 논점의 경우, 하나님께서 규정된 능력*de potentia ordinata* 으로 하실 수 있는 어떤 일이 있고, 절대적 능력*de potentia absoluta* 으로 하실 수 있는 다른 일들이 있다고 말하는 것이 확실하다. 그러나 이 구분을 하나님 안에 실제로 두 가지 능력, 곧 '규정된' 능력과 '절대적' 능력이 있다는 의미로 이해해서는 안 된다. 하나님께는 외적 세계를 향해서는 오직 하나의 능력만 있고, 그 능력의 행사는 모든 면에서 하나님 자신의 일이기 때문이다. 또 이렇게 구분하는 것을, 하나님께서 규정된 능력으로 하실 수 있는 일들이 있는가 하면 규정되지 않은 절대적 능력으로 하실 수 있는 다른 일이 있다는 의미로 이해해서는 안 된다. 하나님께서는 먼저 절대적 능력을 규정하지 않고서는 아무 일도 하지 않으시기 때문이다. 오히려 다음과 같은 의미로 이해해야 한다. 하나님은 당신 자신이 규정하여 세운 법칙들에 합치하는 방식으로만 어떤 일을 하실 수 있다. 이런 점에서, 하나님은 자기 자신에게 있는 규정된 능력을 따라 일하신다.

논평

오캄은 "나는 전능하신 아버지 하나님을 믿습니다"라는 사도신경의 첫 구절에 대한 논의에서 "전능하신"*omnipotens*의 뜻이 정확하게 어떤 것인지 묻고 있다. 그의 주장에 따르면, 이 말은 하나님이 현재 모든 것을 다 하실 수 있다는 의미가 아니다. 하나님은 한때는 어떤 방식으로든 자유롭게 행하실 수 있었다. 하지만 그때 그렇게 행함으로써 하나님은 이제 하나님의 사랑과 공의로운 뜻이 반영된 사물의 질서를 세우셨으며, 한 번 세워진 그 질서는 마지막 때까지 지속할 것이다. 오캄은 이처럼 상이한 대안을 설명하기 위해, 두 가지 중요한 용어를 사용한다. '하나님의 절대적 능력'*potentia absoluta*은 하나님이 어떤 행동 과정이나 세계 질서를 세우기로 결정하시기 전에 존재했던 대안들을 가리킨다. '하나님의 규정된 능력'*potentia ordinata*은 지금 사물들이 창조자 하나님께서 정하신 질서에 따라 존재하는 방식을 가리킨다. 오캄의 논점은 이렇다. 하나님께서는 어떤 대안을 실현하기로 선택하심으로써, 다른 것들은 실현하지 않기로 선택하셔야 한다. 어떤 일을 행하기로 선택하는 것은 그 밖의 것들은 하지 않기로 선택한다는 의미다. 하나님께서 세상을 창조하기로 선택하신 이상, 세상을 창조하지 않는 대안은 배제된다. 이 논의가 뜻하는 바는, 하나님께서 한때는 하실 수 있었으나 이제는 더 이상 하실 수 없는 일들이 있다는 것이다. 하나님께서 세상을 창조하지 않는 쪽으로 결정하실 수 있었음에도, 의도적으로 그 가능성을 포기하셨다는 것이다. 그렇게 포기하셨다는 것은, 그 가능성이 이제 더는 열려 있지 않다는 의미다.

얼핏 보기에도 이 논의는 우리를 역설적인 상황으로 이끌어 간다. 신적 전능으로 말미암아 하나님께서는 이제 모든 것을 다 하실 수가 없다. 하나님은 신적 능력을 발휘함으로써, 선택 가능한 대안들을 제한했다. 오캄이 볼 때, 이제 하나님은 모든 것을 다 하실 수는 없다. 이것이 모순일까? 그렇지 않다. 만일 하나님이 정말 무엇이든 다 하실 수 있다면, 당연히 특정 행동에 매일 수도 있으셔야 하고, 그 상태를 지속할 수 있으셔야 한다. 하나님께서는 신적 전능을 발휘함으로써, 실현 가능한 대안들의 규모를 제한하기로 선택하셨다.

생각해 볼 물음들

❶ 오캄이 '하나님의 두 가지 능력'으로 말하려고 하는 것은 무엇인가? 오캄의 표현을 사용하지 말고 그의 생각을 풀어 설명해 보라.

❷ 여러분은 오캄이 말하고자 하는 것을 보여줄 만한 사례를 제시할 수 있는가?

❸ "하나님은 어떤 일들은 하지 않기로 선택하셨다." 이 말은 하나님께서 그런 일들을 하실 수 없다는 의미인가? 이 물음에 대해 여러분은 '하나님이 전능하신가'라는 문제와 연관시켜 어떻게 답하겠는가?

3.25 ▼

토마스 아 켐피스

: 삼위일체 사변의 한계

중세 말에 활동한 저명한 영성가인 토마스 아 켐피스약 1379-1471는 영적 저작인 『그리스도를 본받아』에서 기독교 신앙을 사변적으로 이해하는 태도를 강하게 반대한다. 그는 허황된 지적 욕구에 휘둘리는 대신, 그리스도께 순종하기를 배우라고 강조한다. 토마스는 그처럼 헛된 활동의 한 가지 예로 삼위일체를 둘러싼 사변을 들며, 독자들에게 그런 일에 빠지지 말라고 권면한다3.3, 3.10, 3.11, 3.12, 3.17 참조.

본문

삼위일체에 관해 그럴듯하게 논한다고 해도, 겸손한 마음을 잃어 삼위일체 하나님을 기쁘시게 해드리지 못하면, 당신에게 무슨 유익이 있겠는가? 당신이 하나님 앞에서 의롭거나 거룩하거나 소중한 사람으로 서게 해주는 것은 그럴듯한 말이 아니라, 덕스러운 삶이다. 나는 통회*compunctio*를 멋지게 정의하는 것보다, 직접 경험하기를 더 간절히 원한다. 만일 당신이 철학자들의 모든 논리에 더해 성경 전체까지 깊이 안다고 해도, 은총과 사랑이 없다면 무슨 유익이 있겠는가? 하나님만 사랑하고 섬기는 일 외에는 "헛되고 헛되다. 모든 것이 헛되다"(전 1:2). 세상에 등을 돌리고 하늘나라로 더 가까이 나가는 일, 그것이야말로 최고 지혜인 까닭이다.……

사람이라면 누구나 당연히 지식을 원한다. 하지만 하나님을 두려워하는 마음이 없다면, 그 지식이 무슨 소용이 있겠는가? 천체 운행을 살피느라 자기 영혼을 돌보지 않는 오만한 학자*superbus philosophus*보다 하나님을 섬기는 초라한 농부가 하나님을 더 기쁘시게 한다.……내가 세상의 모든 지식을 알더라도 사랑이 없으면, 내 행실로 나를 심판하시는 하나님 앞에서 무슨 유익이 되겠는가? 그러니 너무 과도하게 지식을 구하지 말라. 그런 지식은 심각한 불안과 기만에 빠지게 한다. 배웠다는 사람들은 늘 자기 지혜를 내세워 인정받고 칭송받기를 바란다. 하지만 안다고 해도 영혼에는 유익이 별로 없거나 전혀 도움이 안 되는 일들이 많다. 구원에 연결되는 일들은 제쳐놓고, 다른 일에 몰두하는 사람만큼 어리석은 사람은 없다.

논평

토마스는 많은 신학 지식이 무의미한 사변에 그치는 것을 보고, 커다란 염증을 느꼈다. 논리적인 난제들과 씨름하는 일이 하나님을 인격적으로 사랑하고 알아가기 위해 힘쓰는 일을 대신한 것처럼 보였다. 로테르담의 에라스무스도 1490년대에 잠시 파리 대학교에서 공부할 때, 이와 비슷하게 느꼈다. 하나님이 밭의 오이로 성육신하실 수 있는지, 또는 매춘부를 동정녀로 만드실 수 있는지와 같은 하찮은 문제가 주요 신학 쟁점으로 다루어졌다. 물론 진지한 쟁점들도 있었으나, 논쟁은 무의미하고 비현실적인 양상으로 기울어졌다. 이 글에서 토마스 아 켐피스는 좀 더 신실한 태도로 신학을 다루고, 지적인 공상에 빠지는 일을 피하라고 권면한다. 그는 이렇게 지적인 공상에 휘둘리는 일이 특히 삼위일체에 관한 신학 논쟁에서 두드러지게 나타난다고 보았다.

생각해 볼 물음들

❶ "나는 통회를 멋지게 정의하는 것보다, 직접 경험하기를 더 간절히 원한다." 본문에서 이 구절의 위치를 확인하라. 이 구절에서 토마스가 말하려는 것은 무엇인가? 이 구절의 배후에 놓인 근본 관심사는 무엇인가?

❷ 본문의 내용에 따르면, 토마스가 인간 지식과 관련해서 제기하는 근본 문제는 무엇인가? 지식은 그 자체로 나쁜 것인가? 아니면 지식이 너무 쉽게 오용된다는 것이 그의 주장인가?

❸ 토마스에 따르면, 참된 지식은 우리에게 어떤 유익을 주는가? 그 지식은 어떤 특성을 지니는가?

3.26 ▼

장 칼뱅

: 하나님의 섭리

제네바의 프로테스탄트 신학자인 장 칼뱅1509-1564은 창조 질서를 다스리는 하나님의 통치권을 크게 강조하면서, 그것이 섭리 교리의 근간을 이룬다고 보았다. 『기독교강요』에서 칼뱅은 섭리 개념을 창조론에 속한 하나의 측면으로 제시한다. 하나님은 우리의 통치자요 보호자이시며, 무생물과 생물을 포함해 만물을 지탱하는 분이시다. 세상 속 그 어떤 것도 하나님과 떨어져 활동할 수 없는데, 자연계 안의 모든 물리적 사건의 배후에서 하나님이 다스리시기 때문이다. 아래 본문에서 칼뱅은 이런 개념들을 탐구하고, 그 실존적 의미를 설명한다3.24 참조.

본문

생명이 없는 물체들이 제 나름의 고유한 속성을 지닌다고 해도, 그 모두는 하나님께서 직접 손길로 이끌어 주실 때에야 비로소 힘을 발휘하게 된다는 사실을 다시 한번 강조할 필요가 있다. 따라서 그것들은 도구에 불과하며, 하나님께서는 그분이 보시기에 합당하다고 여겨지는 힘을 그것들에 부어 주시고, 그분이 기뻐하시는 목적을 향해 그것들을 변화시키고 이끌어 가신다.……

오직 이런 방식으로만 우리는 우리가 마주치는 위험한 일들에서 겪게 되는 과도하고 미신적인 두려움을 진정시키고 극복할 수 있다. 내가 '미신적인' 두려움이라고 말하는 까닭은 그것이 두려움의 참모습이기 때문이다. 창조된 사물들이 일으키는 위험들이 우리를 공포심으로 휘어잡아서는 마치 그것들 자체가 우리를 해칠 힘을 지니기나 한 것처럼 또는 예상치 못하게 마구잡이로 우리를 곤경에 빠뜨리기나 할 것처럼, 아니면 하나님께 피해서도 그것들을 막아낼 도움을 얻을 수 없기나 한 것처럼, 우리를 두려워

떨게 만들 때가 얼마나 많은지 모른다. 예를 들어, 예레미야는 하나님의 자녀들을 향해 "이방 사람이 하늘의 온갖 징조를 보고 두려워하더라도, 너희는 그런 것들을 두려워하지 말아라"(렘 10:2)라고 권고한다. 사실 하나님께서는 모든 종류의 두려움을 다 책망하지는 않으신다. 하지만 불신자들이 세상을 다스리는 권세를 하나님이 아니라 별들에게 돌리고, 행복이나 불행이 하나님의 뜻이 아니라 그 별들의 법칙이나 힘으로 일어나는 것이라고 생각할 때, 그 결과는 오직 하나님께만 돌려야 할 두려움을 별과 혜성들에게 돌리는 일로 나타난다. 그러므로 이러한 불신앙을 마땅히 경계해야 할 사람들이 명심해야 할 사실이 있다. 하나님의 피조물 안에는 제멋대로 행하는 권세나 힘, 운동 같은 것이 없으며, 또 그 피조물들은 하나님의 비밀스런 계획이 지배하고 있는 까닭에 하나님께서 헤아려 원하시는 대로 명령하신 일 외에는 아무 일도 일어나지 않는다는 점이다.……

우리는 스토아학파 사람들처럼 자연 속에 무한히 복잡하게 얽혀 있는 원인들로 이루어지는 필연성이 있다고 주장하지 않고, 오히려 하나님께서 만물을 이끌고 다스리시는 분이라고 주장한다. 하나님께서는 영원 전부터 당신의 지혜로 하실 일들을 작정하셨으며, 이제 당신의 능력으로 그 작정하신 일들을 실행하신다. 이런 이유로 우리는 하늘과 땅과 생명 없는 사물들뿐만 아니라 인간의 계획과 의지까지도 하나님의 섭리에 의해, 그리고 하나님께서 정하신 과정 안에서, 어긋남 없이 정확하게 움직이도록 다스림을 받는다고 주장한다.

논평

하나님의 섭리를 깊이 있게 논의하는 이 글에서 장 칼뱅은, 온 세상에 미치는 하나님의 통치라는 개념을 여러 유형의 운명론과 구분하여 설명한다. 본문에서는 기독교적인 하나님의 섭리 개념과 스토아철학의 운명(필연성) 개념을 신중하게 구분한다. 그에 더해 칼뱅은 그의 독자들이 인간은 별이나 행성에서 나오는 불길한 기운에 영향을 받는다는 그릇된 생각에서 벗어나게 하는 데도 관심을 기울였다. 만일 하나님께서 다스리신다면, 창조 세계 안에 있는 그 어떤 것도 두려워할 필요가 없다고 칼뱅은 주장한다.

생각해 볼 물음들

❶ "하나님께서 헤아려 원하시는 대로 명령하신 일 외에는 아무 일도 일어나지 않는다." 본문에서 이 구절의 위치를 확인하라. 여러분은 칼뱅이 옳다고 생각하는가? 옳다고 가정한다면, 그의 생각은 어떤 점에서 위로가 될 수 있는가?

❷ 본문에 따르면, 칼뱅은 모든 생명 없는 사물들도 "하나님의 손"에 이끌린다고 본다. 이런 생각은 "자연법칙"이라는 개념과 어떻게 어울릴 수 있겠는가?

❸ 칼뱅이 스토아철학의 운명(필연성) 개념과 하나님의 섭리 개념을 구분한 것을 여러분의 말로 설명해 보라.

3.27 ▼

베네딕트 스피노자
: 하나님의 무정념성

유대인 철학자 베네딕트(또는 바뤼흐) 스피노자1632-1677는 철학과 신학 양쪽에서 합리적 토대와 관련된 문제에 크게 기여했다. 그의 주장에 따르면, 철학은 기하학과 같다. 스피노자는 몇 가지 근본적 공리들을 세우고, 그 기초 위에서 철학적, 윤리적, 신학적인 전체 체계를 발전시키는 것이 가능하다고 보았다. 아래의 중요한 본문에서 우리의 관심을 끄는 것은, 하나님이 '고난을 당한다'거나 '사랑한다'고 말할 수 있겠는가 하는 스피노자의 질문과 관계가 있다. 제시된 답은 계몽주의 시대에 이러한 쟁점들을 두고 벌어졌던 논의에 중요한 영향을 끼쳤다3.7, 3.21, 3.34, 3.35 참조.

본문

정리 17: 신은 정념이 없으며, 기쁨이나 슬픔 같은 일체의 경험에 의해 영향을 받지 않는다.

증명: 모든 관념은 신과 관련되는 한에서 참이다. 다시 말해, 그것들은 타당하다. 그러므로 신은 정념이 없다. 즉 신은 더 큰 완전성으로나 더 낮은 완전성으로 변할 수 없다. 따라서 신은 기쁨이나 슬픔 같은 어떤 감정에 의해서도 영향을 받지 않는다. 증명 끝Q.E.D.

결론: 엄밀히 말해 신은 아무도 사랑하지 않으며 아무도 미워하지 않는다. 왜냐하면 신은 기쁨이나 슬픔 같은 어떤 감정에 의해서도 영향을 받지 않으며, 따라서 그 누구도 사랑하거나 미워하지 않기 때문이다.

논평

18세기 기독교 신학에 커다란 영향을 끼친 이 중요한 철학적 논의에서 스피노자는 하나님 편에서 품는 정념이 그의 존재에 변화를 일으킨다고 주장한다. 그렇다면 하나님은 더 큰 완전성으로 나아가든지, 아니면 더 열등한 완전성으로 나아가게 된다. 어느 쪽이든, 하나님의 완전성이 손상을 입는다. 하나님은 더 완전하게 되든가(이 경우에 하나님은 처음에는 완전하지 않은 것이다), 덜 완전하게 되든가(이 경우에 하나님은 고난으로 인해 더 이상 완전하지 않게 된다), 둘 중 하나이기 때문이다. 그래서 하나님이 누군가를 사랑한다고 말하는 것은 불가능한데, 그 사랑은 완전한 하나님이라는 개념과 모순되기 때문이라고 스피노자는 주장한다. 스피노자가 저술한 원본은 앞부분이 상호 참조한 내용들로 복잡하게 얽혀 있어, 논증의 핵심을 따라잡기가 상당히 어렵다는 점에 주목하라. 위에 인용한 글에서는 읽기 쉽도록 상호 참조한 내용들을 생략했다. 그러나 논증의 의미는 그 생략으로 변경되거나 왜곡되지 않았다.

"Q. E. D"는 기하학의 문제를 다룰 때 흔히 사용하는 표준 약어로, 라틴어로 *quod erat demonstrandum*이라고 표기하며, 기본적으로 '이것이 내가 증명하려는 것이었다'라는 뜻이다.

생각해 볼 물음들

❶ 스피노자의 주장에 따르면, 하나님이 누군가를 사랑하거나 미워하는 것이 가능한가? 이 물음에 대한 답은 무엇이며, 그렇게 답할 수 있는 근거는 무엇인가?

❷ "신은 더 큰 완전성으로나 더 낮은 완전성으로 변할 수 없다." 이 구절의 위치를 확인하라. 이 말로 스피노자가 의미하는 것은 무엇인가? 스피노자가 "하나님의 완전성"을 그렇게 강조하는 이유는 무엇인가? 그는 "완전성"이라는 특별한 개념을 어떻게 이해하고 있는가?

3.28

프리드리히 슐라이어마허
: 삼위일체

독일의 신학자 프리드리히 슐라이어마허Friedrich D. E. Schleiermacher, 1768-1834는 19세기 독일의 자유주의 개신교 신학의 주요 개념들을 도입한 사람으로 널리 인정받는다. 슐라이어마허의 삼위일체론 논의는 그의 대표적 신학 저술인 『기독교 신앙』의 끝부분에 위치하는데, 이것은 신론을 다루는 신학에서 삼위일체론이 '맺는말'이 된다는 것을 뜻한다. 아래 본문에서 슐라이어마허는 기독교 신학의 '머릿돌'이라는 말로 삼위일체 교리의 독특한 위치와 기능을 이해한다3.3, 3.10, 3.11, 3.12, 3.17, 3.37, 3.39 참조.

본문

우리가 제시한 설명에서 본질적인 요소는……그리스도의 인격 및 교회의 공동의 영, 양쪽에서 이루어지는 하나님의 본질과 인간 본성의 연합에 관한 교리였다. 교회에서 가르치는 기독교의 모든 견해의 존폐가 바로 이 교리에 달려 있다. 그리스도 안에 계신 하나님의 존재를 가정하지 않는다면, 구속의 개념은 그리스도의 인격에 집중될 수 없기 때문이다. 또 교회의 공동의 영 안에서 그런 연합이 이루어지지 않는다면, 교회는 그리스도를 통해 성취되는 구원의 담지자와 전달자가 될 수 없기 때문이다. 바로 이것이 삼위일체론을 이루는 핵심 요소들이다. 그런데 삼위일체론이 생겨난 이유는 다음과 같은 견해를 방어하기 위한 것이 분명하다. 그리스도 안에는 하나님의 본질이 현존하며 바로 이 하나님의 본질이 또한 교회의 공동의 영으로서 기독교 교회 안에도 현존한다는 점, 또 우리가 이렇게 말하는 것은 결코 추리하거나 가정해서 말하는 게 아니며, 그리스도와 성령 안에는 어떤 특별하고 큰 본질, (이를테면) 하위의 신격들이 현존하는 것이 아니라는 점이다. 이 사실 외에 그 어느 것으로도 삼위일체론의 기원을 설명할 수 없다. 그리고 애초에 삼위일체론은 이처럼 인간 본성과 연합된 형태로 파악된 하나님의 본질이 하나님의 본질 그 자체와 동일한 것이라는 사실을 힘닿는 데까지 명확하게 제시하는 것을 목표로 삼았다. 구속의 교리를 다르게 해석하는 기독교 종파들은 필연적으로 삼위일체론도 가지지 못하는 것이 확실한데—그런 종파들은 삼위일체론과 접촉할 수 있는 믿음의 요소가 없기 때문이다—가톨릭 교리의 경우는 적어도 그러한 접촉이 이루어질 수 있는 별개의 요소들이 존재하기에 이 경우에 해당하지 않는 것으로 볼 수 있다. 또 이 사실로부터, 주로 삼위일체론을 부정한 일로 구분되는 여러 종파들이 왜—삼위일체론이 지고의 존재의 본성에 관한 특별한 견해에 근거를 둔 경우에 그런 것처럼—신과 신의 속성에 관한 이론에서도 다른 견해를 주장하는 쪽으로 밀고 나가지 않았는지 그 이유가 분명해진다. 그러나 다른 한편 그 종파들은 그리스도의 인격에 관해서는 다른 이론을 세울 수밖에 없었으며, 그 결과 인간의 구속 필요성과 구속의 가치에 대해서도 다른 견해를 주장하게 되었다. 이러한 맥락에 비추어 볼 때, 우리는 앞서 말한 요소들로 이루어진 삼위일체론을 기독교 교리의 머릿돌*als den Schlußstein der* *christlichen Lehre*로 간주한다. 그리고 이 두 연합 안에서 이루어지는 신성의 두 가지 현존을 동일한 것으로 간주하고, 또 이 두 현존이 하나님의 본성 자체와도 동일한 것이라고 여긴다. 바로 이것이 삼위일체론의 본질을 이룬다.

논평

칼 바르트가 자유주의 개신교 전통에 퍼부었던 격한 비판과 반대는 주로 슐라이어마허에게 집중되었다. 바르트는 슐라이어마허를 자유주의 전통의 창시자요 대표적인 인물로 보았다. 바르트가 삼위일체의 중요성을 강조하고 삼위일체론과 계시의 현실성을 밀접하게 연결했던 사실에 비추어 볼 때 2.37, 슐라이어마허가 삼위일체 교리를 이렇게 다룬 것에 대해 바르트가 비판적 입장을 취한 것은 놀라운 일이 아니다. 바르트가 이 교리를 기독교 교의학의 시작 부분에 배치하고 강조했던 데 반해 슐라이어마허는 이 교리를 부록으로 끌어내렸다.

생각해 볼 물음들

❶ 슐라이어마허는 삼위일체론을 기독교 교리의 '머릿돌'이라고 말한다. 그 의미는 무엇인가? 위에서 언급했듯이 바르트는 이 문제와 관련해서 슐라이어마허를 비판하는데, 그 이유는 무엇인가?

❷ 슐라이어마허는 삼위일체론의 기원을 어떻게 설명하는가?

❸ 슐라이어마허는 어떻게 삼위일체론을 그리스도의 인격과 관련시키는가?

칼 바르트
: 하나님의 '타자성'

칼 바르트1886-1968의 『로마서』가 1919년 독일어로 처음 출간되었을 때, 하나님과 인간 사이를 변증법으로 보는 시각으로 인해 엄청난 반향을 불러일으켰다. 바르트는 하나님과 세상 사이에 깊은 구덩이가 있고, 인간 편에서는 그 사이에 다리를 놓을 수 없다고 주장했다. 우리가 하나님에 관해 무엇인가를 안다는 사실은 그 자체가 하나님의 자기 계시의 결과이지, 인간적 행위나 통찰의 결과가 아니다. 하나님께서는 인간의 사상이나 문명과 완전히 분리되어 계신다. 바르트는 하나님과 인간 사이의 "완전한 질적 차이"를 이토록 끈질기게 강조함으로써, 제1차 세계대전 직후에 그 시대 신학계에서 급진적인 인물로 자리 잡게 되었다9.4 참조.

본문

바울은 오로지 하나님의 권위에만 호소한다. 이것이 그의 권위의 근거이고, 다른 근거는 없다.

바울은 하나님의 복음을 전하는 권위를 부여받았다. 그는 사람들에게 이전에 없었던 완전히 새 것, 기쁘고 좋은 것—하나님의 진리—을 전하는 권한을 위임받았다. 그렇다. 바로 하나님의 진리다! 복음은 인간에게 자신의 신성을 깨우쳐 주거나 인간이 어떻게 신성하게 될 수 있는지를 알려 주는 종교적 메시지가 아니다. 복음은 인간과 완전히 구별되는 하나님을 선포한다. 구원은 하나님으로부터 인간들에게로 이르며, 그들은 인간으로서 하나님을 알 수 없기에 하나님께 속한 어떤 것도 자기 것으로 주장할 권리가 없다. 복음은 직접 파악해서 이해할 수 있는 여러 가지 일들 가운데 하나가 아니다. 복음은 만물의 원초적 근원이신 분의 말씀이요, 늘 새롭기에 언제나 새로운 두려움과 떨림으로 받아야 하는 말씀이다.……

우리 주 예수 그리스도. 이것이 복음이고 역사의 의미다. 이 이름 안에서 두 세계가 만나고 갈라지며 두 개의 영역이 교차하는데, 하나는 알려진 것이며 다른 하나는 알려지지 않은 것이다. 알려진 영역은 하나님의 피조물로서 하나님과 연합된 상태에서 떨어져 나왔기에, 구속될 필요가 있는 '육체'의 세상이다. 인간과 시간과 물질로 이루어진 세상, 곧 우리가 사는 세상이다. 이 알려진 세상은 알려지지 않은 다른 영역과 교차한다. 그 영역은 아버지의 세상이요 시원적 창조와 최종적 구속의 세상이다. 우리와 하나님의 관계, 이 세상과 그분의 세상 사이의 관계를 인식하는 것이 꼭 필요한데, 그 교차하는 선이 분명하지가 않다. 그렇게 교차하는 선 위에서, 관계가 드러나고 인식될 수 있는 지점이 바로 예수, 역사적 예수인 나사렛 예수다.

논평

이 본문은 바르트가 처음으로 세간의 주목을 받게 된 저술인 『로마서』에서 인용했다. 현대 신학에서 이루어진 거대한 전환점이 이 책에서 시작했다는 데는 널리 의견이 일치한다. 어쩌면 이 저술은 새로운 신학적 흐름의 원인이었다기보다, 산파로 보는 편이 옳을 듯싶다. 1914년에서 1919년 사이에 자유주의 신학에 대한 커다란 불만이 누적되었다는 사실은 충분한 증거로 확인할 수 있고, 바르트의 저술은 단지 자유주의에 맞선 반동이 터져 나오는 방아쇠를 당겼던 것으로 보인다. 1919년 처음 출간된 『로마서』는 흔히 신학이라기보다 예언자적 저술로 여겨진다. 이 저술의 본격적인 영향은 크게 개작된 2판이 출간되면서[1922] 나타나기는 했으나, 첫 판도 잔잔한 돌풍을 일으켰다. 쇠렌 키르케고르가 자유주의 개신교의 명제들에 제기한 강력한 비판이 처음으로 독일 신학의 사고 속으로 흘러든 것도 바로 이 저술을 통해 일어났다. 이 저술에서 바르트는 하나님과 인간 사이의 '무한한 질적 차이'*unendliche qualitative Unterschied*라는 개념을 거듭 꺼내 강조한다.

바르트가 『로마서』의 다른 부분에서 말하듯이, 하나님은 "무한한 질적 차이로 인간 및 인간에게 속한 모든 것과 대립하시며, 우리가 하나님이라고 부르고 체험하고 파악하고 예배하는 그 어떤 것과도 결코 같지 않다." 하나님을 마치 인간의 문화, 이성, 감정이 특정한 형태로 투사된 것처럼 여겨 인간의 말로 해명하거나 이해하는 일은 불가능하며, 그렇게 하려고 해서도 안 된다. 바르트는 하나님과 인간 사이에 가로놓인 심연이 거대하다는 점과, 우리 편에서 그 심연에 결코 다리를 놓을 수 없다는 사실을 계속 강조한다. 바르트는 고트홀트 에프라임 레싱이 말한 역사의 "거대하고 험한 구덩이" 4.22 참조 대신에, 시간과 영원 사이의 "빙하 계곡"이라고 말한다. 하나님은 절대 타자*totaliter aliter*이시고, 우리와 모든 면에서 완전히 다른 분이시다. 이러한 주제들이 『로마서』의 중심을 이루고, 그 책에서 발췌한 위의 본문에서도 분명하게 제시된다.

생각해 볼 물음들

❶ 바르트는 복음을 어떻게 설명하는가? 그는 그것이 인간의 자연적인 종교 성향과 어떤 관계에 있다고 이해하는가?

❷ 바르트는 인간이 하나님의 계시를 분별하고 수용하는 능력을 어떻게 평가하는가?

❸ "그렇게 교차하는 선 위에서, 관계가 드러나고 인식될 수 있는 지점이 바로 예수, 역사적 예수인 나사렛 예수다." 본문에서 이 구절의 위치를 확인하라. 이 구절에서 바르트가 말하려는 바는 무엇인가? 그가 말하는 "교차"란 무엇을 가리키는가? 그리고 이것은 예수와 어떤 관계가 있는가?

3.30 ▼

위르겐 몰트만
: 하나님의 고난

위르겐 몰트만1926 출생은 '십자가의 신학'을 대표하는 가장 중요한 현대 신학자 가운데 한 사람으로 인정된다. 십자가의 신학은 그의 주저 『십자가에 달리신 하나님』에서 특히 분명히 나타나는데, 그 책에서는 그리스도의 십자가를 토대로 삼아 기독교의 하나님 이해를 제시하는 신론을 펼친다. 몰트만이 발표한 논문에서 인용한 아래 글은 그 책에서 다루는 주제를 명확하게 압축해 개괄적으로 보여준다. 특히 십자가를 철저히 강조하면서, 교부시대에 등장한 철학적 신 개념들을 비판하는 점에 주목하라. 몰트만이 자기 견해를 성부수난설 및 신수난설과 구분하는 방법이라든가, 자기 이론을 토대로 삼위일체론을 이해하는 방식을 주의 깊게 살펴보라 1.12, 3.18, 3.20, 3.34, 3.43, 5.36, 5.37 참조.

본문

만일 하나님이 실제로 고난을 당하실 수 없다면, 아리스토텔레스가 설파한 신과 마찬가지로 사랑하는 일도 불가능할 것이다. 아리스토텔레스의 신은 모두에게 사랑을 받기만 할 뿐, 아무도 사랑할 줄 모른다. 사랑할 줄 아는 사람이라면 누구나 고난도 당할 줄 안다. 그런 사람은 사랑으로 인한 고난을 극복할 능력이 있음에도, 사랑에 수반되는 고난을 끌어안기 때문이다. 하나님께서 고난당하시는 것은 그분의 피조물처럼 그 존재가 불완전하기 때문이 아니다. 하나님께서는 자기 존재의 충만함으로부터 사랑하시며, 그분의 충만하고 자유로운 사랑 때문에 고난을 당하신다.……

그리스도인들은 예수께서 십자가에서 하나님께 버림받은 일과 마주서서 하나님에 관해 말해야 한다. 십자가만이 그리스도인의 신학에 온전한 정당성을 부여할 수 있다. 십자가는 모든 기독교 신학의 종착지 또는, 기독교 신학 특유의 출발점이다. 신학자들이 그리스도의 십자가 위에 계신 하나님에 관해 말할 때, 이것은 필연적으로 '하나님의 이야기'를 다루는 삼위일체론 논의로 이어지며, 이 지점에서 신학은 일체의 유일신론, 다신론, 범신론과는 차별화된다. 이렇게 십자가에 못 박힌 그리스도가 차지하는 중심적 지위는 세계사 속에서 기독교의 독특성을 드러내 보이는 요소이며, 또 삼위일체론은 신론 속에서 기독교의 독특성을 드러내는 요소다. 이 두 요소는 매우 밀접하게 연결되어 있다. 기독교의 삼위일체 신앙을 떠받치는 기초는 신약성경에 실린 몇 안 되는 삼위일체 구절들이 아니라, 지속적으로 이루어지는 십자가에 대한 증언들이다. 삼위일체를 가장 간단히 표현하면 십자가 위에서 이루어진 하나님의 행위라고 말할 수 있다. 이 십자가에서 하나님은 성령을 통해 아들이 자신을 희생하도록 허락하셨다.……

바울은 예수께서 하나님께 버림받은 일을 예수의 삶이라는 역사적 맥락이 아니라 종말론적 신앙의 맥락에서 설명하면서, 파레도켄*paredoken*, 내어주다이라는 말에 새로운 의미를 더했다. "자기 아들을 아끼지 않으시고, 우리 모두를 위하여 내주신 분이, 어찌 그 아들과 함께 모든 것을 우리에게 선물로 거저 주지 않으시겠습니까?"(롬 8:32) 십자가에 못 박히신 그리스도께서 아버지께 버림받은 역사적 사건 속에서, 바울은 하나님을 저버리고 하나님께 버림받은 '악한' 자들을 위해 아버지께서 아들을 '포기하시는' 종말론적인 포기를 간파했다. 바울은 아버지께서 "자기 아들"을 포기하셨다는 점을 강조하면서, 비록 성부수난설을 주장하는 이단과 똑같은 방식은 아니지만, 아들의 버림받음을 아버지에게까지 확장하고, 아들이 당한 고난을 아버지의 고난으로 볼 수 있다고 주장한다. 바울이 볼 때, 예수께서는 하나님께 버림받아 죽음을 당하셨다. 다른 한편으로 아버지께서도 사랑의 고통 가운데 자기 아들의 죽음을 겪으셨다. 아들은 아버지에게 '포기'당했고, 아버지께서는 아들에게서 자신이 버림받음을 겪으셨다. 기타모리 가조는 이것을 가리켜 '하나님의 아픔'이라고 불렀다.

아들의 죽음은 이러한 아버지 '하나님의 아픔'과는 다른 것이며, 따라서 신수난론자들Theopaschites의 주장처럼 '하나님의 죽음'이라고 부를 수는 없다. 예수께서 아버지께 버림받아 죽음 당하신 이야기를 아버지와 아들 사이에서 일어난 사건으로 이해하려 한다면, 우리는 적어도 시작 부분에서라도 삼위일체의 관점에서 말해야 하며, 하나님에 관한 보편적 개념은 제쳐놓아야 한다. 갈라디아서 2:20에서는 주어로 사용된 그리스도라는 말과 함께 파레도케인paredokein, 내어주다이라는 표현이 나온다. "나를 사랑하셔서 나를 위하여 자기 몸을 내어주신 하나님의 아들……." 이 구절에 따르면, 아버지께서 아들을 포기하셨을 뿐만 아니라, 아들은 자기 자신을 포기하신다. 이것은 예수께서 십자가에서 버림받고 아버지와 아들이 완전히 갈라지던 그 때, 예수의 뜻과 아버지의 뜻이 똑같았다는 사실을 보여준다. 바울은 그리스도께서 아버지께 버림받은 일을 사랑이라고 해석했는데, 요한에게서도 동일한 해석을 볼 수 있다(요 3:16). 요한1서의 저자는 십자가 위에서 일어난 사랑의 사건을 하나님 자신의 참 실존으로 본다. "하나님은 사랑이십니다"(요일 4:16). 바로 이것이 후대에 와서 십자가에 대해 언급하면서, 아버지와 아들이 하나의 본질을 지닌다고 보는 '동일본질'*homoousia*을 말할 수 있었던 이유다. 십자가에서 아들이 아버지로부터 버림받음으로써 예수와 하나님께서는 진정 깊은 의미에서 갈라졌지만, 그와 동시에 예수와 하나님께서는 그렇게 버림받음 곧 '포기'에서 가장 친밀한 의미에서 하나가 되셨다. 그 까닭은 이 '포기'가 버리는 아버지와 버림받는 아들 사이에서 일어나는 십자가 사건에서 나온 것이기 때문이다. 이 '포기'는 다름 아니라 바로 성령이다.

논평

이 본문에서 제시하고, 『십자가에 달리신 하나님』에서 더욱 자세히 다듬어진 개념들은 매우 커다란 영향을 끼쳤다. 몰트만은 신뢰할 수 없는 두 가지 신학적 견해—성부수난설과 신수난설—의 어느 쪽으로 빠지지 않으면서도, 고난당하신 하나님이라는 개념을 주장할 수 있었다. 몰트만에 따르면 아버지와 아들은 똑같이 고난당하시지만, 그 고난을 서로 다른 방식으로 경험하신다. 아들은 십자가의 고통과 죽음을 당하시고, 아버지는 아들을 포기하고 잃는 고통을 겪으신다. 아버지와 아들이 모두 십자가에 참여하시지만, 두 분이 참여하시는 방식은 같지 않고(같다면 성부수난설의 견해가 된다), 서로 구별된다. 몰트만이 『십자가에 달리신 하나님』에서 말하는 것처럼, "아들의 수난에서는 아버지 자신이 버림의 고통을 겪으신다. 아들의 죽음에서는, 죽음이 하나님 자신에게 덮치며 아버지는 버림받은 사람들을 향한 사랑으로 자기 아들의 죽음을 겪는다."

'사랑'을 강조한다는 점도 역시 중요하다. 몰트만의 논증에서 중심은 사랑의 관념이 고난을 함축한다는 것이다. 하나님께서 '고난을 당하신다'라는 말을 빼놓고 '사랑하신다'라고 말하는 것이 가능할까? 위에서 살펴본 본문에서 분명히 알 수 있듯이, 몰트만은 단호히 그렇지 않다고 답한다.

생각해 볼 물음들

❶ 몰트만은 고전 철학자인 아리스토텔레스와 같은 사람들이 하나님을 고난과는 무관한 존재로 설명하는 철학적 신 관념에 대해 어떤 우려를 나타내는가?

❷ "사랑할 줄 아는 사람이라면 누구나, 고난도 당할 줄 안다." 본문에서 이 구절의 위치를 확인하라. 이 구절에서 몰트만이 의미하는 것은 무엇인가? 이것은 그의 논증과 어떤 관계가 있는가?

❸ 본문의 뒷부분에서 몰트만은 '이야기'라는 개념을 사용한다. 이것은 몰트만이 역사 속에 특히 십자가 사건 속에 나타난 하나님의 계시 및 현존을 강조하는 것과 어떻게 연결되는가?

한스 우르스 폰 발타자르

: 하나님의 영광

3.31 ▼

20세기 스위스 가톨릭 신학자인 한스 우르스 폰 발타자르Hans Urs von Balthasar, 1905-1988는 하나님의 영광이라는 주제를 깊이 탐구했다. 많은 저술을 펴낸 발타자르는 공식적으로 대학에서 가르치지는 않았다. 『주님의 영광』*Glory of the Lord: A Theological Aesthetics*, 1961-1969은 그의 대표적인 저술로 인정받고 있으며, 영역본으로는 일곱 권으로 이루어져 있다. 아래 글은 이 저술에서 인용한 것으로, 하나님의 영광의 본질을 탐구한다2.37, 3.8, 3.37 참조.

본문

성경의 하나님은 두려움*tremendum*이나 황홀*fascinosum*의 대상이 아니라 무엇보다도 먼저 경배*adorandum*의 대상이시다. 언제나 하나님은 존재하는 모든 것의 형언 불가능한 첫째 원천이시고, 선하고 은총으로 충만한 모든 것이 그분으로부터 생성된다. 즉 그분은 좋은 선물만 주시는 아버지이시다(눅 11:13). 하지만 살아 계시며 자유로운 분이신 하나님은 당신의 피조물에게 자유로운 공간을 허락하시기 위해 그들에게서 거리를 두는 방식으로 피조물 속에 현존하시며, 스스로 선물이 되신다. 그렇게 해서 그분의 능력과 신성과 지혜와 찬란한 주권이 온 우주에 충만하게 되고, 지적 존재들은 그분을 파악할 수 있는 것이다(롬 1:19, 20, 23, 고전 1:21). 하지만 그와 동시에 그런 속성들은 하나님의 주권적 자유를 인정하거나 인정하지 않을 수 있는 자유를 인간에게 허용한다(롬 1:21). 하나님은 '거룩하신 분'으로서 이 세상과 구별되는 초세상적인 특성을 통해 당신의 신성을 나타내 보이신다. 하나님은 '영광스러우신 분'으로서 당신이 세상 속에 '현존하심'을 알려주시며, 이와 연계된 특성으로 당신이 세상보다 지극히 우월하심을 알려주신다. 하나님은 세상 만물 속에 능력과 지혜로 내재하신다는 사실과, 또한 하나님은 (언제나 자유를 누리는 자유로운 창조자로서) 피조물에게 존재와 자유를 위한 공간을 허용하기 위해 그 피조물들을 초월해 계신다는 사실, 이 두 가지의 상호작용이 바로 성경적인 영광*doxa*의 토대다. 하나님은 이렇게 신이 아닌 것들 위로 자유롭게 높아지심으로, 다시 한번 그분의 자유로운 신성 안에서 자신을 인격적으로—'말씀'을 통해—신이 아닌 것들에게 계시할 자유를 지니시게 된다. 따라서 여기서 제시하는 구분은 근거와 그 근거 위에 세워지는 것 사이의 구분(어떤 근거는 그 근거 위에 세워지는 것을 통해 완벽하게 자기를 표현할 수 있다)이 아니라, 자유로운 창조(하나님 아닌 다른 존재를 자유롭게 하는 일)와 자유로운 피조물에게 베푸는 하나님(그 존재의 토대가 되시는 이)의 자유로운 선물 사이의 구분이다. 신학에서는 이것을 '자연'과 '초자연'으로 구분하여 불러 왔는데, 이 구분은 결코 깨어질 수 없다.

위에서 언급했듯이, 하나님의 신성이 세계 속에 내재하는 것을 가리켜 그분의 '통치권' sovereignty 이나 '주권' majesty 이라고 부르고, 하나님이 세상 위로 영원하고 자유롭게 높아지는 일을 가리켜 "영예"와 경배를 받아 마땅한 그분의 '존엄 sublimity 또는 '위엄' dignity 이라고 부르며, 마지막으로 하나님의 인격적 신성을 자유롭게 피조물에게 드러내 보이는 것을 가리켜 엄밀한 의미에서 그분의 '영광'이라고 부를 수 있다. 이 영광은 구원의 섭리 안에서 상승하는 단계들을 취할 수 있는데, 그분 안에서 언제나 창조적으로 활동하는 하나님의 말씀말씀과 행위인 다바르 *dabar* 에서부터, 창조 질서 안에 뿌리내린 그분의 형상에이콘(이콘) *eikon*, 호모이오마 *homoioma* 의 창조를 거쳐, 그분의 비가시적인 '얼굴'파님 *panim* 이 그리스도의 가시적인 얼굴로 명확하게 표현 *charakter* 되는 단계에 이른다.

피조물의 무리 안에 나타나는 창조자의 주권과, 하나님이 피조물에게 자기 자신을 완전히 자유롭게 표명할 수 있을 만큼 피조물 위로 높아지는 그분의 존엄 사이에는 여러 가지 변형된 형태들이 존재한다. 이것이 영광 *doxa* 이라는 동일한 암호 아래 모든 것을 포괄할 수 있게 해준다. 이에 더해, 매 단계마다 하나님의 다양한 측면들, 곧 '속성들'의 상호침투 *circumincessio* 가 이루어지는데, 이 속성들은 서로 나뉠 수 없으나 명확한 구분은 가능하고, 마땅히 그렇게 구분되어야 한다. 우리는 하나님의 거룩성이 어떻게 그분의 영광과 구분되는지 이미 살펴보았는데, 물론 이 사실은 하나님께서 (그분의 자유로운 '존엄'으로 인해) 창조된 세상과 섞이는 것이 불가능하다는 점을 가리키기도 한다. 영광과 능력은 서로 밀접하게 연관된다. 우선 영광은 유한하여 부패할 수밖에 없는 피조물 속에서 모습을 드러내는 '영원하신 능력'(롬 1:20)과 연관되며, 더 나아가 세상을 향한 초자연적인 '말씀'의 계시를 통해 자기 존재의 완전한 타자 됨 otherness 을 이해가능하고 적합하게 표현하는 하나님의 크고 놀라운 능력과도—훨씬 더 밀접하게—연관된다. 이 말이 의미하는 것은, 하나님은 계속해서 불가해한 분으로 남아 계시면서도, 인간이 "하나님을 더듬어 찾기만 하면 만날 수"(행 17:27)있으리라는 희망을 품고 애쓰는 하나님 '탐구'의 울타리를 뚫고 들어와 당신 자신에 관해 타당하고도 확정적인 말씀을 들려주실 수 있다는 것이다. 이처럼 영광 안에 거하는 능력을 가장 선명하게 확인할 수 있는 자리는, 하나님의 계시가 임하여 모든 죄인을 "하나님의 영광에 못 미치는"(롬 3:23) 형편에 처하게 만든 인간의 사악한 배신을 헤아리고 정복하는 곳이다. 하나님은 이 일을 당신의 은총의 탁월한 능력으로(롬 5:15, 17, 20 이하) 행하시지만, 그 은총의 능력은 죄에 대한 심판의 최고 정점인 십자가 사건을 통해서 구체적으로 나타난다.

논평

하나님의 '영광'그리스어. *doxa*에 관해 말한다는 것은 무슨 의미일까? 자연을 하나님의 피조물이라고 볼 때, 하나님의 영광은 자연 속에서 어떤 식으로 나타나는가? 구약성경의 친숙한 본문인 "하늘은 하나님의 영광을 드러내고"(시 19:1)라는 구절에서 말하는 것이 이 주제다. 이 구절은 흔히 자연신학의 기초로 여겨져, 하나님의 영광이 어떻게 자연 질서를 통해 인간에게 드러나는지를 설명하고 옹호하는 근거로 사용되었다.

'영광'이라는 개념은 설명하기가 쉽지 않다. 영광을 가리키는 히브리어 단어(카보드)는 문자적으로 '무거움'을 뜻한다. 이 단어는 하나님이 창조 질서와는 전혀 다른 분이요, 자연과 철저히 구별되는 특성을 지녔다는 점을 말해 준다. 이 주제를 다룬 가장 유명한 논의는 루돌프 오토의 저술들, 그중에서 특히 대표작인 『성스러운 것』*The Holy*, 1917에서 볼 수 있다. 오토는 인간과 하나님의 만남의 특성을 밝히기 위해 라틴어 *mysterium tremendum*두려워 떨게 하는 신비라는 구절을 사용하고, 이러한 만남의 경험은 두려움awefulness, 큰 불안감에 휩싸인 경외심을 불러일으킴과 압도overpoweringness, 겸허한 감정을 불러일으킴, 활력energy, 활력으로 충만한 정서를 불러일으킴의 세 가지 요소로 이루어진다고 주장한다.

발타자르는 이 인용문의 시작 부분에서 루돌프 오토의 개념을 살피고, 이어서 성경적이고 신학적인 관점에서 거룩이라는 개념을 다룬다. 발타자르가 볼 때, 하나님은 경배의 대상*adorandum*, 예배하거나 경배하여야 할 어떤 대상이나 인물이다. 그는 이런 통찰을 통해 하나님의 영광을 적합한 관점에서 논의하는 길을 제시한다.

생각해 볼 물음들

❶ 이 글은 하나님의 형언할 수 없는 영광이 자연 질서를 통해 드러난다는 핵심 주제를 다룬다. 발타자르는 어느 부분에서 이 논점을 제시하는가? 이 논점이 중요한 이유는 무엇인가?

❷ 본문에서 발타자르가 언급한 바울의 아레오바고 설교(행 17:22-31)를 성경에서 찾아 읽으라. 전통적으로 이 설교는 고전 문화의 여러 주제들과 기독교 복음의 요소들을 상호 연관시키려 했던 초기 시대의 노력을 보여주는 것으로 생각되어 왔다. 발타자르는 이 설교를 어떻게 사용하는가?

❸ 죄를 "영광에 못 미치는" 상태로 보는 것이 도움이 되는가?

3.32 ▼

레오나르도 보프

: 가난한 자들을 위한 기쁜 소식인 삼위일체

라틴 아메리카 해방신학의 탁월한 대변자 가운데 한 사람인 브라질 신학자 레오나르도 보프Leonardo Boff, 1938 출생는 『삼위일체와 사회』*Trinity and Society*에서 삼위일체론이 어떻게 사회적인 태도를 형성하는가에 관한 논의를 펼친다. 아래 인용한 글에서 보프는 삼위일체 자체가 사회생활을 위한 모델을 제공해 주는 방식을 탐구하며, 아버지와 아들과 성령의 상호 관계가 기독교 사회 이론과 실천을 위한 기초로 작동한다고 주장한다 1.31, 3.30, 3.33, 3.42, 7.28 참조.

본문

어떤 의미에서 삼위일체가 사람들, 그중에서도 특히 가난하고 억압당하는 사람들에게 '복음' 곧 기쁜 소식이 된다고 말할 수 있을까? 많은 그리스도인들에게 삼위일체는 논리상의 신비일 뿐이다. 한 분 하나님이 어떻게 세 위격으로 존재할 수 있는가? 여러 위격으로 이루어진 삼위일체가 어떻게 한 분 하나님이라는 단일성을 이룰 수 있는가? 삼위일체에 관한 논쟁을 처음 접하는 그리스도인이더라도 다음과 같은 사실을 눈치챌 것이다. 기독교 신앙은 고대 그리스 세계 안에서 지적으로 발전했으며, 그리스도인들은 자신들의 신앙의 진리를 주장하기 위하여 그들의 송영을 당시 세계에 적합한 신학으로 번역해야 했다. 그래서 그들은 당시의 비판적인 사고와 대화하기 위해 실체substance, 인격person, 관계relation, 상호내주perichoresis, 발현procession과 같은 용어들을 사용했다. 이것은 따르기가 매우 어려운 방식이었는데……오늘날 신비가 인간의 모든 범주를 무력하게 만들면서 성경 계시와 주류 문화의 만남에서 생겨나는 새로운 접근법을 요청하는 상황에서도 여전히 그 흔적을 발견할 수 있다. 우리는 신약성경이 '위격들의 삼위일체'와 '본성의 일치'라는 표현을 전혀 사용하지 않는다는 사실을 잊어서는 안 된다. 하나님이 성부와 성자와 성령이라고 말하는 것은 계시이고, 하나님이 '하나의 실체와 세 위격'이라고 말하는 것은 신학, 곧 하나님의 계시를 이성의 한계 안에 적합하게 만들려는 인간의 노력이다.

그리스도인들이 교도권*magisterium*의 선언문들을 읽을 때도 이와 동일한 일이 일어난다. 이 선언문들은 아주 명료하고 논리적 일관성을 지닌 진술들로, 신학자들의 사변적 과잉을 통제하려는 의도로 마련된 것이다. 교의의 진보는 사실 플로렌스 공의회1439-1445에서 끝났다. 그때부터 현재까지 신학 작업은 이미 정의된 용어들을 주해하고, 앞서 완성된 체계의 세부적 사항 및 그와 관련된 역사적 문제를 연구하는 일에 한정되었다(물론 앞에서 언급한 대로 몇 가지 중요한 예외는 있다).

삼위일체의 '논리적인 신비'와 씨름하는 그리스도인들에게 삼위일체 *Trias*와 *Trinitas*, 이 용어들은 2세기 말에 안티오키아의 테오필루스와 테르툴리아누스가 사용했다에서 '셋'이라는 숫자는 셀 수 있는 수를 의미하는 것이 아니고, 더하고 빼는 산술과 아무런 관계도 없다는 것은 설명하기가 쉽지 않다. 성경에서는 하나님을 숫자로 세지 않고, 오직 한 가지 신성한 수만을 가르친다. 한 분 하나님, 한 분 주님, 한 분 성령과 같이 '하나'의 수로 말한다. 이 '하나'는 숫자가 아니고, 순서에서 첫째라는 의미의 '하나'도 아니다. 오히려 이 말은 모든 숫자의 부정이고, 간단히 말해 '유일한 것'을 뜻한다. 아버지는 아들과 성령이 그렇듯이 '유일하신 분'이고, 이렇게 '유일한 것들'은 하나로 합할 수 없다.……이처럼 유일하신 분들 사이에 이루어지는 영원한 친교가 생명과 사랑(신적 본성)의 능력 안에서 신성한 단일성을 형성한다. 그런데, 아버지와 아들과 성령이 이루는 교제와 관계가 우리에게 계시되면서 하나님의 이름에 순서가 정해진다. 각 위격은 다른 위격들과 똑같이 영원하며, 따라서 어떤 위격도 다른 위격들보다 먼저 존재할 수 없지만, 우리는 논리상 낳으시는 아버지가 출생하는 아들보다 '먼저' 존재하고, 이와 마찬가지로 아들은 성령보다 '먼저' 존재하며, 성령은 아들과 함께 아들을 통해 아버지로부터 발현한다고 말할 수밖에 없다. 이것이 하나님의 이름들의 순서에 대한 설명이며, 여기서부터 세 '위격들'에 관해 말하는 인간적 규정이 생겨난다. 하지만 뒤이어 계속되는 논쟁들에서 알 수 있듯이, 신학은 '세 위격'이라는 용어에 결코 만족하지 않았다.

우리는 삼위일체를 논리적 신비로 보는 생각을 뛰어넘어, 구원의 신비로 이해할 필요가 있다. 삼위일체는 우리 각자의 삶과 일상의 경험, 양심을 지키려는 몸부림, 사랑과 기쁨, 세상의 고통과 인간 실존의 비극에 관한 경험과 관계가 있다. 또 삼위일체는 사회 불의에 맞서 싸우고 좀 더 인간적인 사회를 이루고자 애쓰며, 그렇게 노력하는 데 흔히 따르는 희생과 순교를 감내하는 일과 관계가 있다. 우리가 삼위일체를 우리의 개인적이고 사회적인 여정에 포함시키지 못한다면, 구원의 신비를 증언하는 데 실패하고 복음을 전하는 일도 성공하지 못할 것이다. 억압당하는 신앙인들이 생명과 자유를 위해 헌신하는 자신들의 투쟁이, 영광과 영원한 생명으로 가득한 하나님 나라를 위해 일하시는 아버지와 아들과 성령의 투쟁이기도 하다는 사실을 인식한다면, 그들은 투쟁과 저항을 위한 훨씬 강력한 동기를 얻게 될 것이다. 그들의 투쟁의 의미는 역사의 제한된 틀을 깨뜨리고 솟구쳐 영원 속에, 절대적 신비의 한가운데 새겨질 것이다. 우리는 서로 단절되어 홀로 살도록 운명 지어진 것이 아니라, 함께 어울려 살면서 삼위일체의 교제 속에 참여하도록 부름 받았다. 궁극적으로 사회는 불의하고 불평등한 관계로 세워지는 것이 아니라, 진보하는 사회와 역사의 목표인 삼위일체의 교제 안에서 성취될 개방적이고 평등한 관계들에 비추어 자신을 개혁하도록 부름 받았다. 삼위일체가 기쁜 소식이라면, 무엇보다도 특히 억압당하는 사람들과 버림받아 외로운 사람들에게 기쁜 소식이다.

논평

레오나르도 보프는 신학 이론의 차원에서 해방신학을 가장 선명하게 대변하는 인물에 속한다. 보프는 원래 아주 보수적인 가톨릭 신학자로서, 그가 급진적이라는 평판을 얻게 된 것은 그가 교회의 전통적인 가르침을 적용하는 방식에서 기인했다는 사실을 알 필요가 있다. 이러한 면모는 특히 『삼위일체와 사회』에서 그가 펼치는 삼위일체론 연구에서 명료하게 드러난다. 그 책에서 보프는 삼위일체 교리의 성경적 기초와 역사적 발전을 철저히 전통에 근거해서 설명하며, 이어서 그 교리를 그가 살던 시대의 사회적 상황에 적용한다.

❶ 보프의 논의에 따르면, 삼위일체론이 지니는 사회적 함의는 무엇인가? 이 함의들을 여러분의 말로 기술해 보라.

❷ 생 빅토르의 리카르두스3.19는 사회적 관계를 이용해서 삼위일체의 관계를 설명한다. 보프는 이 순서를 뒤집어 설명한다. 이 변화에 함축된 의미는 무엇인가?

❸ "우리는 삼위일체를 논리적 신비로 보는 생각을 뛰어넘어, 구원의 신비로 이해할 필요가 있다." 본문에서 이 구절의 위치를 확인하라. 이 구절에서 보프가 말하려는 바는 무엇인가? 이 구절은 그의 목적과 관심사를 어떻게 밝혀 주는가?

3.33 ▼

로버트 젠슨

: 삼위일체

미국의 루터교 신학자인 로버트 젠슨Robert Jenson, 1930 출생은 "삼위일체 하나님"이라는 짧은 논문에서 삼위일체는 기독교에서 하나님을 호명하거나 그분의 신분을 밝히는 독특한 수단이라고 주장한다. 이 글에서 젠슨은 앞서 출간한 『삼위일체의 본질』*The Triune Identity*, 1982에서 처음으로 제시했던 개념들을 발전시킨다. 삼위일체는 기독교의 하나님을 가리키는 고유명이라고 볼 수 있다. 이 고유명은 역사 속에 나타난 하나님의 구속 행위를 밝히고 확인한 것을 기초로 삼아 하나님의 정체성을 규명한다3.3, 3.10, 3.11, 3.12, 3.15, 3.19, 3.20 참조.

본문

이스라엘 최초의 신학자들은 성경적 신앙의 토대인 출애굽에 관해 숙고하는 중에, 모세의 결정적인 질문을 이렇게 정리했다. "제가 이스라엘 자손에게 가서 '너희 조상의 하나님께서 나를 너희에게 보내셨다' 하고 말하면, 그들이 저에게 '그의 이름이 무엇이냐?' 하고 물을 것인데 제가 그들에게 무엇이라고 대답해야 합니까?" 만일 이스라엘 사람들이 하나님께서 주시는 미래에 소망을 두고, 이집트에서 누려 온 안정된 비존재를 버리고 하나님의 약속에 따라 모험의 길로 나서려고 한다면, 그들은 무엇보다도 먼저 그 미래가 어떤 것인지를 알아야만 했다. 하나님께서는 이렇게 답하셨다. "너는 이스라엘 자손에게 이르기를 '여호와, 너희 조상의 하나님' 곧 아브라함의 하나님, 이삭의 하나님, 야곱의 하나님이 나를 너희에게 보내셨다' 하여라. 이것이 영원한 나의 이름이며, 이것이 바로 너희가 대대로 기억할 나의 이름이다."(출 3:13-15).

이 대답은 '여호와'라는 고유명을 제시한다. 이것은 오늘날 논리학자들이 신분 확인 설명identifying description이라고 부르는 것, 곧 개체 사물의 정체성을 정확하게 밝혀 주는 설명구나 절 또는 둘의 조합과 같은 것이다. 이 본문에서 설명 부분은 "아브라함과 이삭과 야곱이 예배한 하나님"이다. 좀 더 일반적인 설명은 얼마쯤 뒤에 이어지는 장들에 나오는 평행 구절에서 볼 수 있다. "너는 이스라엘 자손에게 말하여라. '나는 주(여호와)다. 나는 이집트 사람들이 너희를 강제로 부리지 못하도록 거기에서 너희를 이끌어 내고……그러면 너희는 내가 주(여호와) 곧 너희를 이집트 사람의 강제노동에서 이끌어 낸 너희의 하나님임을 알게 될 것이다"(출 6:2-7).

일반적으로 고유명은 그러한 신분 확인 설명을 가까이 둘 때, 비로소 효과를 발휘한다. 우리가 "마리아가 저녁 식사에 함께할 거야"라고 말하면, 곧바로 "마리아가 누구야?"라는 질문이 돌아온다. 그러면 우리는 "마리아는 아파트 2동 3호에 사는 사람인데, 성격이 늘 활달하고 또……"라고 말하기 시작해서 질문자가 "아, 그 사람!"이라고 말할 때까지 계속 설명한다. 우리가 "여호와는 언제나 용서하신다"라고 말하면, "그거 '내적 자아'라는 것을 말하는 거지?"라는 질문이 돌아오게 된다. 그러면 우리는 "아니, 그분은 이스라엘을 이집트에서 구원하신 분이고 또……"라고 말하게 된다.……

삼위일체론 논의는 우리에게 다가오신 하나님의 신분을 밝히려는 기독교의 노력이다. 삼위일체론에서는 문법상 몇 가지 변형된 형태로 나타나는 '아버지와 아들과 성령'이라는 고유명과 더불어, 그에 상응하는 신분 확인 설명을 신중하게 밝히고 분석하는 일을 한다.……

신약성경의 복음은 [이스라엘의 하나님이신] 그 하나님에 대해 새로운 신분 확인 설명을 제시한다. 신약성경 전체의 핵심이 되는 그 사건에 대한 증언은 이러한 새로운 신분 확인 설명이 구체적으로 적용되어 나타난 것이다. 복음서에 따르면, 하나님은 "예수를 죽은 사람들 가운데서 살리신 분"이다. 부활에 근거한 하나님의 신분 확인이 출애굽에 의한 신분 확인을 대체한 것은 아니다. 예수를 다시 살리신 하나님과 관련해 본질적인 내용은 그 하나님이 바로 이스라엘을 해방하신 분이라는 점이다. 하지만 복음의 내용을 이루는 새 일은 하나님께서 이제 그분 자신을 "우리 주 예수를 죽은 사람들 가운데서 살리신 분"(롬 4:24)으로 밝히셨다는 사실이다. 이런 구절들이 신약성경에서 하나님에 관해 말하는 표준 방식으로 자리 잡았다.

이러한 새 신분 확인 설명과 함께 살펴봐야 할 것은 새로운 이름들이 아니라 새로운 종류의 이름 짓기다. '여호와'가 이름으로서는 다시 등장하지 않는다. 그 대신 '주님'이라고 부르는 관례가 생겨나서, 여호와를 그 보통명사 속으로 완전히 흡수했다. 하지만 교회가 선교활동에 힘쓰게 되면서 다양한 형편에서 고유명을 사용해 하나님에 관해 말할 필요가 생겨났다. 그러한 광범위한 목적을 위해 등장한 것이 바로 예수라는 호칭이다. 귀신 축출이나 치유, 선한 행위들이 대체로 '예수의 이름으로' 이루어졌다(예를 들어 막 9:37 이하를 보라). 교회의 규율과 그에 버금가는 규칙들이 예수의 이름으로 공표된 지시에 따라 시행되었으며(고전 1:10), 죄의 용서도 예수의 이름으로 선언되었다(요일 2:12). 세례도 실제로 이런 공식을 따라 실행했는지는 확실치 않으나, 예수의 이름으로 행하는 것으로 기록되었다(행 2:38). 이렇게 예수의 이름으로 세례 받는 일은 '여호와'의 이름을 부르는 것과 동일하게 여겨졌는데, 요엘 2:32을 보면, 이스라엘은 여호와의 이름을 부름으로써 구원받게 된다(행 2:21, 38). 무엇보다도 기도가 '예수의 이름으로'(요 14:13-14) 드려진 것으로 보이며, 그 결과 예수의 이름이 신앙의 대상으로 자리 잡게 되었다(요 1:12). 신자는 "우리 주 예수 그리스도의 이름을 부르는" 사람들이다(행 9:14).

사도 시대에 교회의 신앙생활에서 '예수'라는 이름이 매우 중요하게 사용되면서 선교를, "그의 이름으로" 전도하고(눅 24:47) "하나님 나라와 예수 그리스도의 이름에 관한 기쁜 소식"을 전하며(행 8:12) 사람들에게 예수의 이름을 "가지고 가는" 일(행 9:15)이라고 설명하게 되었다. 회중의 모임은 "우리 주 예수 그리스도의 이름으로……감사를 드리"는 일(엡 5:20), 간단히 말해 그의 이름으로 모이는 일(마 18:20)이라고 말하게 되었다. 적대적인 사회에 맞서 신앙을 고백하는 일은 곧 "그 이름을 고백하는 것"이었다(막 13:13). 하나님께서 이루시는 종말론적 승리를 온 우주가 '예수'의 이름에 순종하는 것으로 묘사하는 빌립보서의 찬양(빌 1:10)이나, 예수의 이름을 구원의 통로로 제시하는 사도행전의 공식(행 4:12)과 같은 곳에서 신학적인 결론에 이르게 된다. 초기 교회의 집단들이 예수와 하나님의 관계를 이해하는 방식은 서로 달랐지만, 그들이 하나님을 부르는 방식은 하나같이 '예수'였다.

신약성경에는 새로운 호칭이 하나 더 등장하는데, "아버지와 아들과 성령"이라는 삼위일체 이름이다. 이 이름이 나타나게 된 것은 방금 살펴보았듯이 예수라는 호칭으로 하나님을 부르게 된 일에 근거한 것이 분명하지만, 지금은 더 이상 그 인과관계를 확인하기가 어렵다. 물론 우리는 이 이름에 이르기까지 차근차근 논의를 펼쳐 왔다. 우리는 성경의 하나님이 고유명을 가져야 한다는 점을 히브리 성경을 통해 살펴보았다. 초기 교회의 삶에서 하나님은 예수의 이름을 사용해 호명되었다. "아버지와 아들과 성령"은 이러한 역사 과정을 거치면서 우위를 차지하게 된 호칭이다.

교회 안에서 "아버지와 아들과 성령"이라는 이름이 이스라엘에서 '여호와'라는 이름이나 나중에 '주님'이라는 이름이 차지했던 자리에 위치한다는 사실은 교회의 삶을 대충 살펴보기만 해도 알 수 있다.……우리의 예배는 "아버지와 아들과 성령의 이름으로"라는 말로 시작하고, 중간에 거듭 그 구절을 반복한다. 우리는 기도를 마무리 지으면서 "아버지와 성령과 함께하시는 예수의 이름으로……"라고 고백한다. 특히 사람들을 하나님과 교제하고 나아가 이웃 신자들과 교제할 수 있도록 이끄는 일은 "'아버지와 아들과 성령'의 이름에" 참여하게 하는 일이라고 여겨졌다.

삼위일체의 이름을 부르는 관례는 교회의 삶 전반에 걸쳐 일반화되었다. 그러한 관례가 과거 어느 때까지 거슬러 올라가는지는 우리로서는 확인할 수 없다. 삼위일체에 관해 성찰한 희미한 흔적이 발견되는 시기보다 훨씬 더 이전으로 거슬러 올라가는 것이 확실하며, 하나님에 대한 신자들의 경험을 직접적으로 표현했던 일에서 시작되었던 것으로 보인다. 예전liturgy에서는 하나님에 관해 말하는 것이 아니라 그분을 향해 그분께 말하게 되는데, 바로 그 예전이 우리가 하나님의 이름을 사용하고 필요로 하는 자리이며, 초기 시대나 오늘이나 삼위일체의 공식이 등장하는 자리다. 뒤이어 등장한 속사도 시대의 문헌들을 보면, 삼위일체 공식을 신학의 한 부분으로 다루거나 앞서 발전한 신학의 결과 위에서 논하는 경우를 거의 볼 수 없으며, 그저 그 공식으로만 존재했다. 삼위일체 공식의 발원지는 예전, 곧 세례와 성찬례다. 예전에서 삼위일체 공식은 모든 것의 중심으로 사용되었던 것을 볼 수 있다.

논평

젠슨은 '아버지와 아들과 성령'이라는 구절이, 기독교인들이 예수 그리스도 안에서 예수 그리스도를 통해 알게 되는 하나님을 가리키는 고유명이라고 주장한다. 그는 하나님이 고유명을 가져야 하는 것은 당연하다고 주장한다. 삼위일체론 논의는 자신들의 하나님의 신분을 밝히려는 기독교의 노력이다. 삼위일체론에서는 '아버지와 아들과 성령'이라는 고유명과 더불어……그에 상응하는 신분 확인 설명을 신중하게 분석하여 발전시키는 일을 한다. 젠슨은 고대 이스라엘이 다신론적 환경에 속했고, 그런 상황에서 '신'이라는 말은 상대적으로 빈약한 정보만을 담고 있었다고 말한다. 그래서 그들 앞에 있는 신의 신분을 밝히고 이름 붙이는 일이 필요했다. 신약성경의 저자들도 비슷한 처지에 있어서, 자신이 섬기는 하나님의 정체를 밝히고 그 하나님을 그 지역, 특히 소아시아에서 섬기고 인정하는 다른 많은 신들과 구별할 필요가 있었다. 따라서 삼위일체론은 기독교에서 믿는 하나님의 신분을 밝히고 이름을 붙인다. 그러나 어디까지나 성경의 증언과 일치하는 방식으로 그렇게 한다. 그 이름은 우리가 선택한 이름이 아니다. 그것은 우리를 위해 선택된 이름이며, 우리가 사용하도록 위임받은 이름이다. 이렇게 해서 젠슨은 인간이 하나님 개념을 세우는 것에 맞서, 하나님의 자기 계시가 우선한다는 점을 옹호한다.

생각해 볼 물음들

❶ "삼위일체론 논의는 우리에게 다가오신 하나님의 신분을 밝히려는 기독교의 노력이다." 본문에서 이 진술의 위치를 확인하라. 젠슨의 주장에 따르면, 우리가 하나님께 "이름을 붙여야" 하는 이유는 무엇인가? '하나님'이라는 단어만으로도 우리가 의미하는 것을 담아내기에 충분하지 않은가?

❷ 젠슨에 따르면, 구약성경의 저자들은 하나님의 이름을 밝히는 일의 중요성을 알고 있었다. 그러나 그들은 '아버지와 아들과 성령'이라는 이름을 사용하지 않았다. 이 이름은 신약성경에 와서 하나님에 관해 말하는 특이한 방법이다. 이 지적에 대해 젠슨은 어떻게 답하겠는가?

❸ 젠슨이 자기주장을 내세우면서, 교회의 예전이나 송영 전통에 어떻게 호소하는지를 주의 깊게 살펴보라. 신학과 송영을 상호 관련시키는 이 원리는 얼마나 중요한가? 여러분은 이 주제를 쟁점으로 다룬 신학 논쟁들에 어떤 것이 있는지 생각해 낼 수 있는가?

한스 큉

: 하나님의 불변성

하나님께서 고난을 당하시는가의 문제는 역사와 철학 양쪽에서 하나님의 불변성이라는 쟁점과 밀접한 관계가 있다. 스위스의 가톨릭 신학자 한스 큉 Hans Küng, 1928-2021 은 『하나님의 성육신』에서, 하나님이 '변한다'거나 '고난을 당한다'고 말할 수 있겠는가라는 문제에 관해 여러 가지 중요한 논의를 제시한다. 여기 인용한 글에서 큉은 이 논쟁과 관련된 몇 가지 쟁점을 다룬다3.7, 3.27, 3.30, 3.35 참조.

본문

초기 교회의 신학과 마찬가지로 중세 신학도 그리스 고전 철학에 의존한 결과, 생성 becoming 의 형이상학보다는 존재 being 의 형이상학 쪽으로 많이 기울었다. 그리스 형이상학에서 들여온 하나님의 불변성 *Deus incommutabilis* 개념은, 변증론자들과 후기 교부들(특히 오리게네스와 아우구스티누스)이 스토아학파의 범신론 및 영지주의와 마니교의 이원론과 맞서 싸우면서 하나님의 영원성과 항구성을 강조하는 데 크게 도움을 주었으며, 그와 마찬가지로 중세 때도 온갖 종류의 범신론과 맞서 싸우는 데 큰 힘이 되었다. 그 예로, 제4차 라테란 공의회에서 하나님의 불변성을 주장한 것과, 근대에 들어와 제1차 바티칸 공의회에서 하나님을 가리켜 전적으로 단순하시며 불변적인 영적 실체 *simplex omnino et incommutabilis substantia spiritualis* 라고 정의한 것을 들 수 있다. 그러나……이 개념은 변증론자들과 후기 교부들이 그리스도론을 세울 때 몇 가지 어려운 문제를 일으켰고, 스콜라학자들이 그리스도론 문제를 성찰하는 데서도 같은 어려움을 제기했다. 수 세기의 시간이 흐르면서 그리스도 사건을 설명하는 다른 개념들, 그중에서도 특히 인간 본성을 '취함' assumption 이라는 개념을 선호하게 되면서 요한의 '인간이 되심' 개념과 바울의 '자기 비움'이라는 개념(이 두 개념은 아주 이른 시기부터 존재론적으로 이해되었다)이 확연하게 배후로 물러나게 된 것도 바로 이런 이유 때문이었다.

하지만 '취함'이라는 개념은, 옷가지를 걸치듯이 인간성을 입어서 표면에서만 효력을 나타내고 내면의 인격에는 전혀 영향을 끼치지 못한다는 의미로 받아들여질 수 있다. 로고스는 인간이 되거나 자기를 비울 필요가 없다. 이것이 초기 교회 때 '분리 그리스도론'disjunction Christology을 주장했던 사람들이 인간 본성의 '취함' 개념을 이해하고, 여러 가지 변형된 형태로 계속 적용했던 방식이었다. 중세에도 이 용어는 비슷한 의미로 사용되었고, 특히 '착의(着衣) 이론'*habitus* theory을 옹호했던 사람들에 의해 초기 스콜라주의 안에 널리 퍼졌으며, 나중에 와서 '하나님은 인간이다'라는 그리스도론 진술을 비유 혹은 은유의 표현으로 보았던 아벨라르두스에게 되돌아가면서 정죄당했다. 중기 스콜라주의 시대까지 줄곧 유지되어 온 '취함 이론'*assumptus* theory은 하나님께서 인간이 되시는 것보다는 인간이 하나님 되는 것을 주장했다. 이러한 난점들은 하나님의 불변성 개념을 특이하게 형이상학적으로 해석하는 데서 생겨났다.

아퀴나스는 '착의 이론'을 부정했을 뿐만 아니라, 최초로 '취함 이론'을 단호히 정죄하며 그 이론이 네스토리우스에게 속한 것이라고 주장했다. 아퀴나스는 자신의 창조론에서, 아리스토텔레스 원리들에 비춰 아리스토텔레스의 '부동의 동자' 개념이 지니는 일방적인 초월성을 수정하는 어려운 과제를 성공적으로 해결했다. 그는 그리스도론에서 훨씬 더 심각한 난제들에 직면했다. 아리스토텔레스의 형이상학에 비춰 그리스도 사건을 '인간이 되심'으로 이해하려고 애쓰면서 어떻게 그리스 형이상학에서 말하는 이러한 부동의 초월적 하나님이 인간이 될 수 있겠는가 하는 문제가 생겨났다. 아퀴나스는 여기서도 아우구스티누스를 근거로 삼아 기발한 해결책을 제시했는데, 그것은 그가 창조론을 연구하는 중에 착안한 것으로 관념적 관계*relatio rationis*, 논리적 사고의 관계라는 개념을 사용한 방법이었다. 성육신에서 하나님의 로고스는 변하지 않은 채 그대로 남아 있으며, 변하는 것은 인간 본성이고 인간 본성이 하나님의 인격 속으로 취해진다고 보았다. 인간 본성은 로고스에 대해 실재적 관계*relatio realis*를 갖는다. 다른 한편, 로고스는 인간 본성에 대해 관념적 관계만을 갖는다. 아퀴나스는 어떤 사람이 처음에는 나의 왼쪽에 앉았다가 그다음에 자리를 옮겨 오른쪽에 앉는 경우를 예로 들어 설명한다. 그 결과 이제 나는 그 사람의 왼쪽에 앉아 있다. 하지만 나는 내 위치를 바꾸지 않았으며, 움직인 것은 그 사람이다. 나는 어떤 새로운 실재를 손에 넣은 것이 아니고, 다만 새로운 관념적 관계만을 얻었다. 따라서 아퀴나스에 따르면, 성육신에서 인간의 본성(당연히 시간 속에 선재하는 것이 아니다)은 하나님의 본성 속으로 완전히 취해짐으로써 변하게 된다. 하지만 하나님의 로고스는 성육신에서 전혀 변하지 않고, 그대로 남는다.

이러한 '관념적 관계' 이론의 의도는 로고스가 인간이 된다는 것에 의혹을 제기하려는 것이 아니라, 하나님을 생성이라는 과정으로 축소시키는 위험을 피하려는 것이다. 이 이론은, 하나님께서는 인간이 되시는 과정에서 그 어떤 것도 잃지 않으시고(인간이 되시는 일이 하나님께 아무런 손실도 끼치지 않는다는 의미) 그 어떤 것도 획득하지 않으신다(인간이 되는 일이 하나님에게 아무런 이득도 없다는 의미)는 사실과, 인간이 되시는 일이 인간과 세상에 속하는 것이 결코 아니라는 사실을 분명히 밝히는 중요한 결과를 낳았다. 아리스토텔레스의 의미에서 볼 때, 하나님 안에는 운동이 없다. 다시 말해, 그때까지 불완전했던 것 곧 가능태로*in potentia* 있었던 것이 완성되는 일은 없으며, 순수 가능성에서 실재로의 이전이라는 의미에서 현실화도 없다. 이러한 결론을 무시해 버릴 수 있을까? 하나님께서 인간이 되시기 이전이나 이후에, 하나님의 온전한 완전성을 문제 삼아 이 문제를 깊이 탐구한다는 것은 불가능하다.

만일 하나님 안에 완전해져야 할 불완전성이 있고 현실화되어야 할 가능성이 있다면, 그런 하나님이 참 하나님일 수 있을까? 하지만 아리스토텔레스-스콜라주의 신론의 관점에서는 이 문제를 정반대 방식으로 제기할 수도 있다. 이 이론을 따라 하나님은 순수 현실태*actus purus*요 능동적 에네르기아*active energeia*이며, 그의 존재는 작용이고 그의 본질은 행위라고 본다면, 하나님을 가장 활력이 넘치는 상태의 생명으로 이해해서는 안 되는가? 이 신적 생명을 가능태의 빛에서가 아니라 최고의 현실태의 빛에서 보아, 유비적 의미의 '되어감'으로 이해할 수는 없는 것일까? 그래서 신적 로고스 편에서 실제로 인간이 되는 것으로 이해할 수는 없는 것일까? 고전 그리스도론에서는 언제나 하나님의 로고스 자체가 인간이 되었다고 강하게 주장해 왔기 때문이다. 이러한 결정적 요점에서 보면, 이제까지 좀처럼 설교되지 않았고 성탄절에는 전혀 설교되지 않았던 관념적 관계 이론, 곧 로고스가 부동의 상태로 지속된다고 여기는 이론은 적합하지 않은 것으로 보인다. 왜냐하면 이 이론은 하나님의 말씀이 인간이 되실 때도 완전히 이전과 같은 모습으로—곧 하나님으로서—유지된다는 점은 설명할 수 있지만, 말씀 자체가 인간이 되셨다는 사실은 납득할 만하게 설명할 수 없기 때문이다. 하나님의 말씀은 로고스가 된 육신이 아니라, 육신이 되신 로고스다. 이것은 로고스의 자기 비움의 문제, 곧 육신의 신격화가 아니라 로고스의 성육신*ensarkōsis*이라는 문제다. (이러한 스콜라주의의 이해에 따르면) 인간 본성은 그 스스로 변할 수 없지만, 그런데도 인간 본성이 변할 수 있다면 그것은 로고스 자신의 본성이다. 인간 본성의 역사는 로고스의 역사이고, 인간 본성의 시간은 로고스의 시간이며, 인간 본성의 죽음은 로고스의 죽음이다. 스콜라주의 이론을 따르면, 로고스 자신이 인간 본성을 취했으며, 이런 방식으로 자기를 비워 인간 본성 속으로 들어왔다. 만일 말씀이 스스로 육신이 되지 않았다거나 육신이 되시는 일이 말씀 자신에게 영향을 미치지 않았다면, 말씀이 그 어떤 것이 되는 일은 없었을 것이다. 그래서 그는 인간이 되지도 않았을 것이다. '불변하는 로고스'라는 이론이 어떻게 다음과 같은 신약성경의 진술들과 조화를 이룰 수 있겠는가? 로고스 자신이 육신이 되셨고(요 1:14), 자기를 비워 낮추셨고(빌 2:7-8), 자신을 버리셨고(갈 1:4, 딤전 2:6), 자기 자신을 내어주셨고(갈 2:20, 엡 5:2), 자신을 제물로 바치셨으며(히 7:27, 9:14), 하나님의 아들이신 분이 순종하셨다(빌 2:8, 히 5:8).

이러한 딜레마는 무시할 수 없으며 또 단순히 '신비'라는 말로 덮어버릴 수도 없다. 신비란, 형이상학자들이 불완전성에 대한 두려움 때문에 삶과 되어감의 속성을 지닌 것으로 인정하기를 거부했던 바로 그 하나님께서, 완전성 안에서 완전성으로부터 살아 계시고 행동하시며 되어 가신다는 사실에서 찾아야 하는 것이다. 하지만 이 사실을 받아들이려면, 파르메니데스의 정적인 신 이해를 수정해야 한다. 이 일은 단순히 존재의 철학과 대립하는 생성의 철학을 인정하는 것만을 뜻하지 않는다. 이것은 하나님께서 전적 타자이며 또 그분 안에서는 존재와 생성, 자신 안에 머무는 일과 자신에게서 나가는 일, 초월과 내재가 서로 배타적이지 않다는 사실을 진지하게 인정하는 것을 의미한다.

논평

이 글에서 큉은 고전 철학의 몇 가지 주제가 계속해서 기독교의 하나님 논의에 끼친 영향과, 하나님과 세상의 관계, 그중에서도 특히 하나님과 고난당하는 인간의 관계를 이해하는 방식에 끼친 영향에 대해 살핀다. 그는 그런 쟁점들을 명료화하는 작업에서 특히 성육신 이론이 중요하다고 주장한다. 만일 하나님이 변하실 수 없다면 어떻게 인간의 몸을 입으실 수 있겠는가? 어떻게 하나님께서 변하지 않고서도 인간의 본성을 '취하신다'라고 말할 수 있겠는가? 이 글에서 큉은 이러한 논의를 꼬이게 만든 혼란스런 문제들을 명료하게 다듬으려고 애쓰면서, 그런 문제들의 성찰에 도움이 되는 지침을 제시한다.

생각해 볼 물음들

❶ 큉의 논의에 따르면, 철학적 개념들은 하나님의 본성에 관한 기독교 신학의 성찰에 어떤 식으로 영향을 끼쳤는가?

❷ 큉은 '관념적 관계'*relatio rationis*와 '실재적 관계'*relatio realis*를 명확하게 구분한다.

그가 이 방식을 사용해 주장하는 논점을 설명하고, 이 논점이 이 글의 논의에서 지니는 중요성을 평가해 보라.

❸ "신비란, 형이상학자들이 불완전성에 대한 두려움 때문에 삶과 되어감의 속성을 지닌 것으로 인정하기를 거부했던 바로 그 하나님께서, 완전성 안에서 완전성으로부터 살아 계시고 행동하시며 되어 가신다는 사실에서 찾아야 하는 것이다." 본문에서 이 구절의 위치를 확인하라. 이 말에서 큉이 의미하는 것은 무엇인가? 이러한 사고는 스피노자가 제기한 쟁점3.27과 어떤 관계가 있는가?

3.35 ▼

에버하르트 융엘

: 십자가에 달리신 하나님

독일의 개신교 신학자 에버하르트 융엘Eberhard Jungel, 1934 출생은 형이상학적 가정들이 하나님의 본성 문제와 관련해 기독교 신학을 어느 정도까지 구속하고 왜곡했는지를 밝히고자 애쓴 일로 크게 주목을 받았다. 융엘은 특히 데카르트의 개념들이 은연중에 신론, 그중에서도 특히 '완전' 개념에 끼친 영향을 밝히는 데 관심을 쏟았다. 중요하고도 난해한 저술인 『세상의 신비이신 하나님』*God as the Mystery of the World*, 1977에서 융엘은 신학이 철학에 뿌리를 둔 신 개념들에 의존할 것이 아니라, 하나님께서 계시하신 그대로의 하나님에게 다가가는 것이 중요하다고 강조했다1.12, 1.16, 1.17, 1.26, 3.30, 3.37 참조.

본문

기독교 신학에서는 하나님 자신을 말씀이라고 이해한다. 다시 말해 예수를 위해 말씀하시는 분이라는 의미에서 말씀이라고 이해한다. 그런 까닭에 신학은 '하나님'이라는 말에다 하나님 자신을 알리는—물론 하나님의 말씀만을 근거로 삼아 알리는—기능을 부여한다. 말씀에 관한 기독교 언어 전통*die christliche Sprachüberlieferung*에 따르면, 우리는 '하나님'이라는 말의 의미를 어떻게 이해해야 하는지에 대해 배울 필요가 있다. 여기서 전제가 되는 사실은, 궁극적으로 말씀하시는 하나님만이 '하나님'이라는 말을 어떻게 이해해야 하는지 우리에게 알려 줄 수 있다는 점이다. 신학에서는 이 주제 전체가 계시의 범주에 포함된다.

우리는 하나님을 말씀하시는 분이시요, 예수에 대한 믿음과 뗄 수 없을 정도로 결속된 주장을 통해 자기 자신을 드러내 보이시는 분이라고 생각해 왔다. 로마서 1:2과 마찬가지로 히브리서는 구약성경에 나오는 하나님에 관한 말(예언자들을 통해 말씀하시는 하나님)을 예수와 연관시킨다. 이 사실은 말씀하시는 하나님의 모든 것이 예수라는 인격을 통해 계시되었다는 것을 의미한다. 신약성경의 가르침에 따르면, 이 인물의 인간 됨은 '하나님'라는 말이 의미하는 내용을 가장 적절하게 보여준다. 이것은 이 인물의 삶뿐만 아니라, 특히 죽음에서도 참이다. 그러므로 우리가 하나님을 예수라는 인격을 통해 자신을 표현하고 전달하시는 분으로 이해할 때, 이 사람이 실제로 십자가에 처형되고 하나님의 율법의 이름으로 죽임당했다는 사실을 기억해야 한다. 기독교에서 '하나님'이라는 말을 책임 있게 사용하는 방식에 대해 말하자면, 바로 십자가에 못 박히신 분이 '하나님'이라는 말이 의미는 바를 가장 실질적으로 정의한 것이라고 할 수 있다. 따라서 기독교는 본질상 '십자가에 못 박히신 분에 관한 신학'*Theologie der Gekreuzigten*이다.

논평

에버하르트 융엘은 오늘날 '십자가의 신학'—기독교의 신 이해는 그리스도의 십자가에 의해 토대가 정해지고 분명하게 틀이 잡힌다고 주장하는 신학—을 가장 명확하게 제시하는 대표적인 인물로 인정받는다. 이 이론은 마틴 루터에게까지 거슬러 올라가고, 특히 루터가 1518년 펴낸 '하이델베르크 논쟁'에서 전개한 개념들에서 찾아볼 수 있다. 융엘은 계몽주의 신학이 데카르트의 가정들에 크게 좌우되었고, '십자가 신학'으로 돌아가는 것이 이러한 데카르트의 틀에서 벗어나는 길이라고 주장한다. 이 짧은 인용문에서 융엘은 하나님께서 무엇과 비슷한지 논구해야 할 필요성을 강조하고, 이러한 논의의 자리와 중심이 되는 것이 그리스도의 십자가라고 주장한다.

생각해 볼 물음들

❶ 융엘은 '하나님'이라는 말을 어떻게 이해해야 한다고 생각하는가?

❷ 스피노자가 제시한 개념들3.27은 철학이 기독교 신론에 끼친 영향에 대해 융엘이 지적한 문제를 어느 정도까지 밝혀 주는가?

❸ "기독교에서 '하나님'이라는 말을 책임 있게 사용하는 방식에 대해 말하자면, 바로 십자가에 못 박히신 분이 '하나님'이라는 말이 의미하는 바를 가장 실질적으로 정의한 것이라고 할 수 있다." 이 구절에서 융엘이 말하려는 바는 무엇인가? 이것은 마틴 루터가 '하이델베르크 논쟁'1.21에서 제안한 견해와 어떤 관계가 있는가?

3.36 ▼

자크 엘륄
: 이콘의 신학

프랑스의 개신교 신학자이자 사회학자인 자크 엘륄Jacques Ellul, 1912-1994은 성상icon 사용을 비판하는 아래 글에서, 이미지에 근거하기보다 일차적으로 하나님의 말씀에 기초해서 하나님의 본성을 이해할 필요가 있다고 주장한다. 이 비판에서는 하나님 인식의 본질과 기원에 관해, 특히 그리스도를 통해 얻는 하나님 인식의 유형에 관해 개혁주의 특유의 관점을 제시한다. 이 글에서 엘륄은 저명한 정교회 신학자이자 1970년에 나온 『성상의 예술』로도 잘 알려진 파울 에브도키모프Paul Evdokimov, 1901-1970의 견해를 다룬다1.14,

2.16, 4.16 참조.

본문

물론 성상은 그 자체가 예배의 대상이 아니며, 그 자체로는 아무런 가치도 없고 예술 작품도 아니다.……성상은 숭배를 받는 대상이 아니며, 유사성을 매개 삼아 신비로운 방식으로 아름다움을 전달한다. 성상은 '신성한 아름다움이 지닌 이루 말할 수 없는 광채들'을 쏟아낸다. 이미지는 분명 말보다 훨씬 탁월하다. 다시 말해 '이미지는 말이 전달하는 것을 밝히 드러내 보여준다.'……말로는 충분하지 않다. 성상은 상징이지만 자신을 넘어설 필요가 있다. 성상은 그 자체로는 아무것도 아니지만, 신비적 관상에는 꼭 필요한 것이다. 성상은 초월적 합일을 가능하게 해주는 일종의 성사로서 그 자체가 초월적이다. 오직 성상을 통해 인간은 형언할 수없는 것에 참여할 수 있게 된다.……

이 모든 것은 '물질의 성화와 몸의 변용'이라고 이해되는 성육신의 신학과 밀접한 관계가 있다. 성육신에서 우리는 그리스도에 의해 변화된 영적인 몸과 본성 모두를 볼 수 있다. 달리 말해, 예수의 성육신은 인류와 본질 전체를 변화시켰다. 이것은 완전히 성취된 일로서, 이렇게 변화된 본질로 말미암아 우리는 '간접적 사고'를 통해 신적인 것을 관상할 수 있게 된다. 인간은 (이미) 신화(神化)되었다.

이러한 상징적 인식은 물적 매개체를 필요로 한다. 하지만 상징에서 출발하여, 발상의 힘을 발휘하는 상상력과 관조를 통해 이루어지는 인식은 상징적인 현존을 초월자의 현현으로 간파해 낸다. 이 현존은 상징화되었으나 매우 실제적이다. 성상은 우리의 눈길을 이끌어 지극히 높으신 분—최상의 존재이자 유일의 필연성—을 향하게 한다.……

물론 그리스도의 성상은 분명 그리스도가 아니다. 그것은 원형이 아니라 이미지일 뿐이다. 하지만 성상은 아주 명확한 현존을 증언하며, 기도를 통한 합일(이것은 그리스도의 인격과의 합일을 가능하게 해주며, 그런 까닭에 성찬적인 합일이 아니다)을 가능하게 해준다. "성상의 현존이란, 그 성상 안에 중심을 두고 있지만 그 둘레는 전혀 존재하지 않는 원이다. 세상 속에 있는 물적 지점인 성상은 초월자가 쏟아져 들어오는 틈을 연다."……다시 성육신으로 돌아와, 에브도키모프는 결론으로 다음과 같이 말한다. "두 본성으로 이루어진 위격hypostasis은 가시적이고 비가시적인 두 유형으로 이루어진 이미지를 가리킨다. 신적인 것은 비가시적이지만 인간의 가시적인 대상에 반영되어 드러난다. 그리스도의 성상은 가능하며 참이고 실제적인데, 인간적 유형에 담긴 그의 이미지가 신적 유형에 속하는 비가시적인 이미지와 동일하기 때문이다."

성상은 본질상 상징적인 것이며, 그런 까닭에 성상의 신학은 우선 기호에서 상징으로의 전환을 수반한다. 다음으로 성상이 전체 예전 속으로 삽입된다. 성상은 영적인 영역과 신적인 빛의 구체적 현존에 관한 신학을 수반하는데, 이러한 현존은 영광 자체에 대한 이미지로서 상징적인 것으로 바꾸어 쓸 수가 있다.……

[이러한 성상의 신학은] 성육신에서 성취되지 않은 측면, 곧 기다림과 희망을 전혀 고려하지 않는 성육신 개념에 근거한다. "말씀은 퇴색한 이미지를 이전 상태의 존귀함으로 복원한 후에, 그 이미지를 신적인 아름다움과 통합한다." 모든 것이 이미 성취되었다.

더 나아가 성상의 신학은 피조물 안에 담긴 하나님의 형상이라는 개념에 근거하는데, 피조물은 그 형상과 구체적인 유사성을 지닌다. 다시 말해 '하나님의 형상'은 인간의 가시적이고 물적인 특성이다. 이 개념은 인간을 변화산인 다볼산 위에 영구히 배치하려고 노력한다……이 사실은 예수님과 함께한 제자들이 그 영광스런 변화 속에 영원히 머물기 원해 초막을 지으려고 했던 오류와 정확히 일치한다.

우리는 하나님께서 인간을 신이 되게 하려고 인간이 되기나 하신 것처럼 여겨, 하나님의 인간화에서 인간의 신화(神化)를 찾으려고 노력해서는 안 된다. 이 경우에 인간은 소우주microcosm의 상태에서 작은 신micro-theos의 상태로 나가게 된다. 이 점은 아주 구체적으로, 물질적이고 육체적이며 가시적인 인간에게 해당된다. 우리가 아는 대로, 인간 자신은 하나님의 얼굴이다. 그래서 사람들은 왜 복음서들에서 예수를 가리켜 "보시오, 이 사람이오"라고 말하는 것이 필요한지 의아하게 여긴다. 예수는 인간이 하나님의 형상임을 보여주는 하나밖에 없는 독특한 사례다. 하지만 예수는 정확히 말해 정죄당해 벌을 받은 개인이라는 가시적 이미지로 나타난 하나님의 형상이다.……

정교회 전통에서 일어난 성상 파괴 논쟁에 대해 살펴보는 일을 마무리 짓기 전에 한 가지 문제를 더 살펴본다. 제7차 세계 공의회에서 정죄당한 성상 파괴론자들은 성상의 상징적 특성을 인정하기를 거부했다. 그 결과 그들은 '이미지로 나타나는 모델의 신비한 현존'을 믿지 않았다. "그들은 가시적인 실재를 가시적으로 표현하는 일(초상화) 외에, 비가시적인 것을 이미지를 통해 가시적인 것으로 표현하는 전혀 다른 예술이 존재한다는 점을 이해하지 못하는 듯했다." 사실 이것은 '이해'의 문제가 아니었다. 성상 파괴론자들은 이 이론을 전혀 믿지 않았다! 그들은 성상에다 성스러운 특성을 부여하기를 거절했으며, 그 때문에 가현론자라고 공격당하고, 미술을 순전히 사실주의적 시각으로만 본다고 비난을 받았다. 그들은 그리스도나 동정녀 마리아의 초상이 초상을 넘어서는 것일 수 있다는 점을 인정하지 않았다. 또 그들은 성상이 상징적으로라도 성례전적 가치를 지닐 수 있다는 점을 부정했다.

그러나 성상 파괴론자들을 반격하는 이 주장은 완전히 그릇된 것이다. 즉 우상이란 존재하지 않는 것—허구, 환영, 무—을 표현한 것이며, 그런 까닭에 성상에 대해 우상숭배적인 태도를 취할 수 있다는 사실이 인정되지 않는다.……그 주장이 그릇된 까닭은, 성경에서 정죄하는 많은 종교들에서 우상이란 비가시적인 종교적 실재를 가시적으로 표현한 것이기 때문이다.……성상 파괴론자들이 성육신의 실재를 부정하는 가현론자들이었다는 주장에 대해 살펴보면, 이 주장이 실현된 성육신이라는 우주적 개념을 근거로 삼는다는 것을 알 수 있다. 이 개념에서는 십자가에 처형된 예수가 이미 완전히 영화로운 그리스도가 되었다고 생각하기 때문에 약속된 기간과 역사 자체를 모두 부정한다. 이 '이단'은 진짜 가현설 이단(성상 파괴론자들은 이 이단에 속한다고 그릇되게 비난받았다)과 정확히 짝을 이루지만, 더 나을 게 아무것도 없다.

논평

자크 엘륄은 20세기의 가장 중요한 프랑스 개혁주의 신학자이자 사회 평론가로 널리 인정받는다. 개혁주의 전통은 예배나 개인적 신앙생활에서 어떤 형태로든 이미지를 사용하는 것에 늘 강하게 반대해 왔다. 예를 들어 『하이델베르크 교리문답』1.14에서 이 문제를 다룬 내용을 보라. 본문에서 엘륄은 성상 사용과 관련해 자신의 몇 가지 관심사를 표명하며, 특히 '말씀'보다 '이미지'를 강조하는 것이 기독교 신앙의 신학적 온전성을 약화시키는 것이 아닌가 하는 의혹을 제기한다. 주목할 만한 사항은 정교회 쪽에서 엘륄을 비판하는 사람들의 지적이다. 그 사람들은 엘륄이 여러 가지 면에서 에브도키모프를 오해했으며, 또 에브도키모프가 성상 자체를 신성한 것으로 여기질 않고 '신성을 향해 열린 창문'이라고 주장한 점을 제대로 이해하지 못했다고 주장한다.

생각해 볼 물음들

❶ 개혁주의 전통에서는 예배 중에 이미지를 사용하는 일에 대해 정확하게 어떤 반론을 제기하는가? 이 문제와 관련해 『하이델베르크 교리문답』1.14의 주장을 살펴보고 그 반론을 여러분의 말로 정리해 보라. 엘륄의 주장에는 그 견해들이 어떻게 반영되었는가?

❷ "성경에서 정죄하는 많은 종교들에서 우상이란 비가시적인 종교적 실재를 가시적으로 표현한 것"이다. 본문에서 이 구절의 위치를 확인하라. 엘륄이 제기하는 논점은 무엇인가? 여러분은 본문에서 엘륄이 에브도키모프의 견해를 공정하게 다루었다고 생각하는가?

❸ "말로는 충분하지 않다." 본문에서 이 구절의 위치를 확인하라. 이 구절은 개신교 신학의 전반적인 흐름을 다룬 엘룰의 견해와 관련해 무엇을 말하는가? 이 구절은 특히 성상의 문제와 관련해 무엇을 말하는가?

3.37 ▼

발터 카스퍼

: 삼위일체의 합리성

삼위일체론이 '합리적'일 수 있겠는가라는 문제를 둘러싸고 많은 논쟁이 벌어졌다. 이 문제에 관해 완전한 일치를 이룬 답은 없으나 기독교 신학 내에서 이루어 낸 일반적인 합의에 따르면, 이 교리를 순수 이성을 도구로 삼아 입증하거나 체계화할 수는 없더라도 계시를 성찰하여 확립하기만 하면 얼마든지 타당한 것으로 제시할 수 있다는 것이다. 20세기 후반의 대표적인 가톨릭 저술가에 속하는 발터 카스퍼Walter Kasper, 1933 출생는 그의 탁월한 저술인 『예수 그리스도의 하나님』*The God of Jesus Christ*에서 이러한 전통적 견해를 명료하게 정리하여 설명한다. 아래 본문은 이 책에서 인용한 것이다1.21, 3.9, 3.12, 3.34 참조.

본문

신학자들이 근대철학, 그중에서 특히 헤겔에게서 배울 것이 많겠지만, 결정적인 문제에서는 단호히 아니라고 말할 수 있어야 한다. 이성은 절대 정신의 개념이나 사랑의 개념을 근거로 삼아서는 삼위일체의 필연성을 증명할 수 없다. 삼위일체는 엄밀한 의미에서 신비다. 성경은 이와 관련해서 이렇게 말한다. "아버지 밖에는 아들을 아는 이가 없으며, 아들과 또 아들이 계시하여 주려고 하는 사람 밖에는 아버지를 아는 이가 없습니다"(마 11:27, 또한 요 1:18 참조). 하나님의 영이 아니고서는 어느 누구도 하나님을 알지 못한다(고전 2:11). 삼위일체를 엄밀한 의미에서 신비라고 보는 명제는 이성으로 삼위일체론을 증명하려는 합리주의와 근본적으로 상충할 수밖에 없는데, 합리주의는 종교들의 역사를 살펴서 이른바 성경 밖의 평행 현상을 근거로 삼위일체론을 증명하거나, 신성의 본질이나 인간 의식의 본질로부터 추론해서 삼위일체론을 증명하려고 하기 때문이다. 이 명제는 또 신앙의 신비들이 계시되기 전에는 그것들을 추론하는 것이 불가능하다는 점은 인정하면서도 계시되기만 하면 이해하는 것이 가능하다고 주장하는 이른바 준합리주의semi-rationalism와도 상충한다. 물론 전통 신학에서 삼위일체 신앙에 대한 합리적 논증을 제시해 온 것은 사실이다. 하지만 아우구스티누스의 논의에서 시작된, 인간의 정신 활동을 토대로 한 유비들은 삼위일체의 진리를 설명하는 데는 효과가 있었으나 결코 증명하지는 못했다. 중세의 몇몇 스콜라신학자(특히 생 빅토르의 리카르두스와 캔터베리의 안셀무스)는 삼위일체 신앙에 대한 필연적 근거*rationes necessariae*를 제시하려고 애썼다. 하지만 그들이 제시하는 그럴듯한 논증들이 사실은 적합성의 논증arguments of suitability에 불과한 것은 아닌지, 또 삼위일체 신앙을 전제로 삼고 거기에 비추어 논증하고 있는 것은 아닌지 따져볼 필요가 있다. 마그누스 알베르투스와 토마스 아퀴나스만이 신앙과 지식을 확실히 구분했을 뿐, 근대에 이르기까지 신앙과 지식은 분리되지 않았다. 따라서 내가 지금까지 살펴본 중세 신학자들에게서 과도한 지적 낙관주의를 만날 수는 있어도, 그들을 현대적 의미에서 합리주의자였다고 보기는 거의 불가능하다.

삼위일체가 하나님의 계시 이후에도 여전히 이해하기가 불가능한 결정적인 이유는, 구원의 경륜 안에서조차 하나님께서는 역사 및 인간의 말과 행동을 매개로 해서만, 달리 말해 유한한 형태들을 통해서만 우리에게 계시되기 때문이다. 우리가 얼굴을 마주하여 보는 것이 아니라 거울로 보듯 희미하게 본다(고전 13:12)는 바울의 말이 이 점을 함축한다. 토마스 아퀴나스의 말로 하면, 구원의 경륜 속에서도 우리는 하나님의 활동의 결과들을 보고 간접적으로만 하나님을 알 수 있다. 그 결과들은 창조보다는 구원의 역사에서 훨씬 더 두드러지고 명료하게 드러난다. 그렇다 해도 그 결과들은 하나님이 존재하시고 삼위일체가 되신다는 사실만을 알게 해줄 뿐, 하나님의 본질*quid est*을 내부로부터 이해할 수 있게 해주지는 않는다. 따라서 우리는 알 수 없는 분이신*quasi ignoto* 하나님과 연합한다. 현대적 언어로 표현하자면, 우리는 삼위일체 하나님을 역사 안에 나타난 그분의 말씀과 행위들을 통해서만 알 수 있고, 그 말씀과 행위들은 우리에게 자유롭게 나눠 주시는 그분의 사랑을 가리키는 실질적 상징들이다. 만일 값없는 자기 소통의 형태로 나타난 하나님의 자유로운 사랑을 이성을 도구로 삼아 필연적인 것으로 증명해 낼 수가 있다면, 사실상 하나님의 자유로운 사랑을 무효화해 버리는 일이 될 것이다. 그러므로 구원의 역사 속에 나타난 계시는 하나님의 신비를 우리에게 설명해 주는 것이 아니라, 우리를 그 신비 속으로 더 깊숙이 이끌어간다. 이 역사 속에서 하나님의 신비는 우리에게 신비로서 계시된다.

우리의 지성으로 파악할 수 없고 헤아릴 수도 없는 특별한 논점이 세 가지 있다. 1) 하나님은 위격들로 구분되면서도 절대적 단일성을 지닌다. 2) 둘째 위격은 첫째 위격에 의존하고 셋째 위격은 첫째와 둘째 위격에 의존하면서도, 위격들은 절대적인 동등성을 지닌다. 3) 아버지와 아들과 성령은 출생과 발현이라는 행위로 설명되면서도 각각 하나님으로서 영원성을 지닌다. 그렇다면 우리는 하나님의 다양하고 차이가 있는 속성들과는 상관없이 하나님의 절대적 단순성을 이해할 수 있는가? 더 나아가 하나님이 역사에 개입하여 일하시는 다양한 행위들과는 상관없이 하나님의 절대적 불변성과 영원성을 이해할 수 있는가? 그렇지 않다. 하나님은 내적인 위격의 관계들에서만이 아니라, 그 존재의 모든 면에서 알 수 없는 분이시다. 삼위일체 하나님의 본성은 물론이요, 그 실체(내적인 본질)와 실체의 구조도 우리의 유한한 지식으로는 온전히 파악할 수가 없다.

논평

이 글은 삼위일체론을 이성으로 증명할 수 있겠는가라는 물음에서 시작하고, 이어서 부정적인 답을 제시한다. 카스퍼는, 중세의 몇몇 사상가들이 상당히 긍정적인 답을 제시한 것처럼 보이기도 하지만 엄밀한 의미에서 그들의 논증은 그 교리에 대한 증명이 아니라는 점을 지적한다. 그 사상가들은 삼위일체론을 전제로 삼고 거기서부터 그 교리의 타당성, 곧 '적합성'을 입증한 것이다. 카스퍼는 하나님의 궁극적 신비를 주장하는데, 이것은 하나님이 '비합리적'이라는 말이 아니라 인간 정신으로는 신적 실재를 완벽하게 이해하거나 설명해 낼 수 없다는 의미다.

생각해 볼 물음들

❶ "만일 당신이 하나님을 이해할 수 있다면, 그는 하나님이 아니다"(히포의 아우구스티누스). 이 말에 카스퍼는 동의하는가?

❷ 신약성경의 고린도전서 13:12을 보라. 이 구절에서 바울이 말하려는 바는 무엇인가? 카스퍼는 이 구절을 삼위일체론에 어떻게 적용하는가?

❸ 카스퍼가 합리적으로 증명할 수 없는 것이라고 보았던, 삼위일체론의 세 가지 측면을 여러분의 말로 요약하라.

3.38 ▼

폴 주이트

: 배타적 언어와 삼위일체

최근에 들어와 하나님을 반드시 남성적 언어를 사용해서 불러야 하는가라는 문제가 중요한 쟁점으로 등장했다. 이 문제는 삼위일체론과 밀접한 관계가 있는데, 삼위일체론에서는 '아버지와 아들과 성령'이라는 전통적인 언어를 사용해 남성적 특성이 두드러진 두 실체를 가리킨다. 그렇다면 여기서 어떤 대안을 제시할 수 있는가? 여성 고유의 민감성을 인정하고 수용하면서도 동시에 기독교의 온전성을 유지할 수 있는 방법은 무엇인가? 미국의 복음주의 신학자 폴 주이트Paul Jewett, 1919-1991가 1991년에 펴낸 『하나님, 창조, 계시』*God, Creation, and Revelation*에서 인용한 아래 글에서 저자는 이러한 쟁점들에 답을 찾고자 몇 가지 방법을 탐구한다3.40, 3.41 참조.

본문

앞에서 우리는 '아버지와 아들과 성령'이라는 삼위일체 이름에 사용된 언어를 포함해서 신학 언어의 유비적 특성에 관한 문제를 다루었다. 이제 하나님의 본질에 대한 논의를 마치고 신적 속성들과 관련된 문제로 넘어가면서, 전통적으로 하나님에 관해 사용해 온 말이 많은 사람이 보기에 성차별적 언어를 반영하고 있기에 그에 관해 추가로 몇 가지 논평을 덧붙이는 것이 적합하겠다. 그렇게 하는 것이 적합하다고 말하는 까닭은, 이 단계에서 하나님의 본질이라는 주제에서 신적 속성들로 넘어갈 뿐만 아니라, 전통적으로 하나님에 관해 사용해 온 남성적 언어로부터 여성적 언어 사용의 문제로 넘어가기 때문이다. 신적 속성들을 다루면서, 하나님을 아버지(시 103:3)가 아니라 어머니(사 66:13)에 비유하여 살펴본다.

유비적 언어가 의미가 있기 위해서는 당연히 그 언어를 끌어낸 인간의 실재와 그 언어가 가리키는 신적 실재 사이에 있는 일의적인 요소를 근거로 삼아야 한다. 우리는 삼위일체론을 살펴보면서 하나님의 이름—아버지와 아들과 성령—과 관련해, 기원들을 다루는 개념에서 일의적인 요소를 확인했다. 신격 안의 둘째 위격과 셋째 위격은 첫째 위격으로부터 위격들로 나오며, 그래서 첫째 위격은 아버지라고 불린다. 아버지는 아들을 '낳고' 성령을 '발현한다'spirates. 하지만 신격의 둘째와 셋째 위격이 어떻게 첫째 위격에서 나오는지를 설명하기 위해 '낳다'와 '발현하다'라는 용어를 사용할 때 우리는 분명 일의적으로 말하는 것이 아니라 유비적으로 말하는 것이다. 그런 까닭에 우리가 하나님에 관해 생각하는 내용을 바꾸지 않고서도 얼마든지 여성적인 표상들을 사용할 수가 있다. 만일 여성이 남성과 마찬가지로 하나님의 형상으로 창조되었으며(창 1:27) 그 결과 남성 못지않게 하나님을 닮았다면, 여성적 이미지도 남성적 이미지 못지않게 하나님께서 거룩한 사랑의 삼위일체적 교제라는 진리를 담아낼 수가 있다. 어쨌든, 인간의 수준에서 보아—우리의 본질적 인간성이 정자가 자궁에 착상됨으로써 여러 세대를 이어서 전달된다는 신뢰할 수 없는 생물학 이론에 매달리지 않는 한—여성들은 남성들 못지않게 기원들과 깊은 관계가 있다.

만일 우리가 신격의 첫째 위격과 둘째 위격의 관계를 유비적으로 '낳다' begetting 와 '출생하다' being begotten 라는 말로 설명할 수 있다면, 마찬가지로 그 관계를 유비적으로 '출산하다' bearing 와 '태어나다' being born 라는 말로는 설명할 수 없는 것일까? 하나님은 남성 못지않게 여성과도 비슷한 까닭에, 하나님을 영원토록 아들을 낳는 아버지만이 아니라 영원토록 딸을 출산하는 어머니에 비유해서도 말할 수 있지 않을까? 또 아버지만이 아니라 어머니도 성령을 발현 breathe 할 수 있지 않을까? 여자들도 남자들과 마찬가지로 숨을 쉬지 breath 않는가? 여자들도 살아 움직이지 않는가? 물론 이렇게 말하는 것은 생각 속의 가정일 뿐인데, 실제로 하나님은 성육신에서 남자 인간을 취했기 때문이다. 하지만 하나님 개념이나 성육신 개념 어느 쪽을 보더라도 논리적 의미에서 남성성으로 귀결되는 것은 전혀 찾아볼 수 없다. 이스라엘이 가부장제 사회였던 까닭에 하나님에 관한 계시는 자연스럽게 가부장제 형태를 띠게 되었다. (여기서 '필연적으로'라고 말하지 않고 '자연스럽게'라고 말하는 이유는 가부장제 문화에서도 여신이 존재했고 숭배되었기 때문이다) 따라서 하나님이 자신을 이스라엘에게 '그의' his 백성의 '아버지'로 계시하는 것은 놀랄 일이 아니다. 하나님이 이스라엘의 아버지가 되시는 까닭에 하나님이 보낸 이를 자연스럽게 남성적 인간성을 취한 '아들'로 부르는 것도 역시 당연하다. 여기서 필연성이라는 요소가 강조되지만 그것은 이차적 성격의 필연성이다. 그 필연성은 하나님이 지닌 고유한 남성적 본질에 기인하는 것이 아니라, 창조주가 우리에게 인간성을 부여하는 데 따르는 성적 양극성에 기인한다. 우리가 개체 인간성을 부여받는 방식의 결과로 인해, 우리는 우리 자신을 유비가 아니라 문자적으로 남성이나 여성이라고 부른다. 바로 이 사실로 인해, 하나님은 우리와 함께하시는 분이 되면서 필연적으로 남성이나 여성이 될 수밖에 없다. 하지만 복음서들이나 칼케돈 공의회의 그리스도론을 살펴보면, 예수의 남성성을 전혀 강조하지 않는다. 참 하나님*vere Dei*이신 그분은 성육신에서 참 남성*vere masculus*이 아니라 참 인간*vere homo*이 된다. 물론 "비할 데 없이 놀라운 일을 마음에 품어 도전하고 행하여 성취하셨기에"(크리스토퍼 스마트) 하나님의 자기 계시의 형태 안에는 궁극적인 것은 아니라 해도, 교회의 규범이 될 만한 결정적인 특성이 있게 된다. 예수 그리스도는 하나님과 인간 사이의 한 분뿐인 중보자(딤전 2:5)이며, 이 예수 그리스도는 인간 예수 그리스도다.

그렇다고 해도, 하나님을 가리켜 딸을 통해 우리에게 자신을 드러내 보이는 어머니라고 말하는 것이 가정적인 주장일지는 몰라도 이단적인 주장이 되지는 않는다. 구원 역사의 사실들을 놓고 볼 때, 우리는 이렇게 말하는 방식이 가정적인 견해를 벗어나기 힘들다는 점을 인정한다. 앞에서 살펴보았듯이 창조자 하나님은 우리에게 성적 양극성을 지닌 인간성을 부여하셨으며, 또 구원자 하나님은 여성이 아니라 남성인 인간성을 취하셨다. 하지만 여성들은 하나님에 관한 전통적 언어를 해석해 온 전통적 방식이 여성들을 인류 공동체 안에서나 하나님의 백성 안에서 2급 시민으로 만들어 버렸다고 항의하고 있으며, 이런 항의가 정당하므로 이렇게 가정해서 논의하는 일이 필요하다.

논평

폴 주이트는 캘리포니아 패서디나 소재 풀러 신학교에서 여러 해 동안 가르친 복음주의 신학자다. 이 글은 20세기의 마지막 10년 사이에 하나님을 한쪽 성에 치우친 언어로 인식하는 문제가 어떻게 여성신학의 울타리를 넘어 주류 기독교신학의 문제가 되었는지 보여준다는 점에서 흥미롭다. 곧 이어서 살펴보게 될 엘리자베스 A. 존슨3.40과 앤 카3.41의 글에서 분명히 알 수 있듯이, 이 문제는 여성신학에서 여전히 매우 중요한 쟁점이 되고 있다.

❶ 이 글에서 주이트는 신학 언어의 '유비적' 본성을 주장한다. 주이트는 어떤 목적으로 그렇게 주장하는가? 그 주장으로 그는 어떤 논점들을 제시하는가? 그는 얼마나 성공을 거두었는가?

❷ "만일 여성이 남성과 마찬가지로 하나님의 형상으로 창조되었으며(창 1:27) 그 결과 남성 못지않게 하나님을 닮았다면, 여성적 이미지도 남성적 이미지 못지않게 하나님께서 거룩한 사랑의 삼위일체적 교제라는 진리를 담아낼 수가 있다." 본문에서 이 구절의 위치를 확인하라. 여기서 어떤 논점이 제기되는가? 창세기에서 인용한 본문은 얼마나 중요한가?

❸ "이스라엘이 가부장제 사회였던 까닭에 하나님에 관한 계시는 자연스럽게 가부장제 형태를 띠게 되었다." 본문에서 이 구절의 위치를 확인하라. 주이트는 하나님의 계시의 양식에 대한 어떤 이해를 전제하고 있는가? 칼뱅주의의 '조정' 개념—여기서 주이트는 미처 이 개념을 생각하지 못해 언급하지 않는다—은 이 점에서 어떤 도움을 줄 수 있는가? 1.32를 참조하면, 이 문제에 답하는 데 도움을 얻을 수 있다.

3.39 ▼

존 밀뱅크

: 포스트모던 시대의 삼위일체

존 밀뱅크John Milbank, 1952 출생는 현대 철학과 신학의 약점에 대해 문제를 제기할 역량을 지닌 신학자다. 그는 '포스트모던 시대의 비판적 아우구스티누스주의'를 다시 세우려고 애쓰는 '급진 정통주의' 운동의 주창자 가운데 한 사람이다. 아래 본문은 이러한 신학 운동을 대변하는 선언문 격의 글에서 인용한 것이며, 이 운동의 중심 주제들과 더불어 그것을 정당화하는 몇 가지 논점들을 제시한다. 이 인용문은 밀뱅크가 이해한 삼위일체론과 성육신론의 관계에 대해 간략하게 설명하고, 그와 동시에 그 교리들이 지닌 중요한 신학적 전망을 밝힌다1.9, 1.16, 1.17, 1.22, 1.36, 3.12, 3.37 참조.

본문

29. 하나님은 이 세상 속에서 경험하는 삶의 관점에서 우리 삶과 상당히 유사한 존재로 인식되지만, 우리가 그분을 다른 모든 삶을 판단하는 자로 여기는 까닭에, 완전히 '다른' 존재로 인식되기도 한다.

30. 성육신 교리—예수가 신적 로고스와 '동일성'을 지닌다는 교리—는 교회가 예수와 맺는 이런 실제 관계를 확실하게 해주면서도, 다른 한편으로는 위에서 언급한 방식으로 그 관계를 넘어서고 강화시켜 주기도 한다. 성육신 교리는 우리로 하여금 평화롭고 완전히 자비로우신 하나님, 곧 우리를 억압하지 않으면서도 그냥 버려두지 않으시는 하나님을 생각할 수 있게 해주는 데서 진정한 정당성을 확보할 수 있다. 성육신 교리는 우리를 그 이야기로 돌아가게 하고 우연성에 얽어맴으로써, 하나님의 선하심은 일반적인 의도가 아니라 언제나 매우 특정한 '형태'를 취한다는 사실을 보여주고, 하나님의 선하심은 미적 조화와 분리될 수 없다는 사실도 말해 준다.

31. 하지만 우리는 그리스도를 기억하는 가운데 구원의 언어를 제공받는 것이지, 이 언어를 사용하는 방법에 관한 공식을 얻는 것이 아니다. 그 언어를 보편적으로 제공하기 위해 교회는 그리스도에 대해 창조적으로 응답해야 한다. 바로 그 이유로, 비록 그 응답 자체가 신격 안에서 완전하고 무한하게 성취된다고 해도, 그리스도의 사역과 구별되는 성령의 사역이 필요하다.

32. 공동체에서 그리스도의 삶과 그를 따르는 사람들이 이루는 완전한 조화 안에서 그리고 우리가 기억하는 이 공동체의 언어 안에서, 참으로 악이 극복되지만, 이 일은 우리가 암송하거나 마술적으로 불러내야 하는 정형화된 기존의 지혜, 곧 영적 지식*gnosis*의 소유를 뜻하지 않는다. 오히려 이 언어는, 모든 차이와 새 일들을 철저히 기존 범주 아래 흡수

해 버리는 인간적 담화의 지배적 영향으로부터 우리가 벗어날 수 있게 해준다. 속죄란 이 물결이 다시 흐를 수 있게 되는 것, 다시 말해 언제나 다른 식으로 이루어지는 우리의 응답 안에서 오직 로고스만이 그의 참된 의도를 말할 수 있다는 것을 뜻한다. 성령은 이러한 다양한 응답과 연관된다. 그리고 이 응답 전체가 그리스도의 몸의 지속적 단일성을 이룬다.

33. 삼위일체론이란, 하나님은 "스스로" 계신 분인 동시에 역사와 연관되신 분, 곧 우리가 인간 역사와 연관시켜 그려 온 바로 그런 분이라는 믿음의 진술이다. 여기서 우리는 하나님을 다른 모든 말을 통합하는 말로서 말씀하시는 분, 계속해서 그 한 말씀에 대한 다양한 응답을 다듬어 다른 모든 말의 궁극적인 통일을 성취하시는 분이라고 생각한다. 그러므로 하나님은 내용을 다듬어 낸 표현(내용에서 분리될 수 없다)이라는 첫 번째 차이뿐만 아니라, 표현의 해석(표현에서 분리될 수 없고 표현을 언제나 대화로 만든다)이라는 두 번째 차이를 수반한다. 이러한 두 번째 차이가 없다면, 우리는 그 표현이 우리를 앞서 형성된 내용으로 되돌아가도록 이끌 뿐이라는 생각에 빠지게 되거나, 아니면 하나님은 단일한 오성(悪性)*ratio*에 불과할 뿐이고, 그래서 하나님을 단일한 인격으로 여기는 것보다 나을 것이 별로 없다는 생각으로 기울게 된다. 두 번째 차이로 인해 우리는 진정 하나님 안에 있는 표현에 응답하는 순간을 맞게 되는데, 이 응답은 그 표현을 넘어서며 '넘치게' 된다. 그래서 성부와 성자 사이에 존재하는 사랑은 늘 넘쳐나 더 큰 차이로 전달된다. 스타니슬라스 브르통Stanislas Breton의 말로 하면, '무한한 관계'로 전달된다……

34. 그러므로 삼위일체 하나님은 그 자체가 공동체이고, 더 나아가 '완전한 현실성'과 '완전한 가능성' 사이에서 생각할 수 있는 모든 대립을 넘어 무한히 현실화되어가는 '과정 속에 있는 공동체'다. 따라서 삼위일체 존재론은 아리스토텔레스의 순수 현실태*actus purus*를 능가하는 전혀 다른 존재론일 수 있다.

35. '삼위일체의 형상으로'라는 말은 '인간'이 시간 과정 속에서 특히 강력하고 적응력 있는 '회상'의 순간들이라는 것을 뜻한다. 물론 그런 회상은 시간의 과정 자체를 형성하기도 한다. 현재 순간은 과거를 반복적으로 포착함으로써 '존재'하지만, 이렇게 '기억하는' 중에 현재는 특정 단계에서 시간적 연속성을 벗어나, 적응과 확장을 이룰 수 있는 자유로운 능력을 지닌 '의미'로서 등장한다.……

36. 인간 정신은 실재에 '상응'하는 것이 아니라, 오히려 '의미의 결과들'을 산출하는 과정 속에서 생겨난다. 인간 정신은 그런 결과들로 짜인 특별히 강력한 네트워크다. 우리의 육체적인 힘과 욕구(아우구스티누스가 『하나님의 도성』에서 말한, 하나님 아버지의 능력을 비춰 내는 기질*ingenium*)는 언어적 '의미'의 발생을 통해 다듬어지고 '현재적인' 것이 되는데(홀로 제정되고 유지된다), 언어적 의미의 발생 역시 '상응'하는 것을 통해 확인할 수 없는 '진리'의 사건이다. 아우구스티누스에 있어 이 두 번째 순간은 예술가 기질*ingenium*의 문화적 연단을 의미한다. 이 순간은 또한 적극적인 기억이며, 우리는 그 기억을 사용해 우리의 개인적이고 집단적인 전기들을 반복함으로써 계속 배우게 된다. 지식은 학습 과정으로서 '표면화'되며, 이 과정은 하나님에 의해 '계몽될 때' 참이 된다. 이것은 그 과정의 외부에 있는 대상에 대한 지식이 아니다(하나님은 그 과정 자체이고, 그 과정의 무한한 풍요 속에 존재한다).

논평

밀뱅크는 이해하기가 쉽지 않은 학자다. 여러분은 이 난해한 글을 이해하기 위해 여러 차례 읽을 필요가 있다고 느꼈을 것이다. 이 글을 죽 읽고 나서, 포스트모더니즘이 기독교 신학에 끼치는 잠재적인 영향을 요약한 케빈 밴후저의 글1.36을 읽도록 권한다. 그다음에 다시 밀뱅크의 이 글을 읽고, 밀뱅크가 성육신론과 삼위일체론에 관해 펼치는 주장이 어떻게 이 두 이론을 포스트모던의 관심사와 관련시키는지, 그와 동시에 이 두 교리를 다루는 전통적인 논의들에 대해 포스트모더니즘이 제기하는 몇 가지 중요한 비판을 어떻게 방어하고 있는지 살펴보라.

생각해 볼 물음들

❶ 첫째 논제(29번)에서는 나사렛 예수의 삶이 지니는 의미에 대해 성찰하고 있다. 여기서 밀뱅크가 주장하는 논점은 무엇인가? 그는 뒤이은 두 개의 논제를 통해 이 점을 보다 더 깊이 발전시킨다. 밀뱅크는 성육신론이 어떤 일을 한다고 생각하는가?

❷ 33번과 34번 논제에서 밀뱅크는 삼위일체론의 토대와 함의에 대해 상당히 치밀하게 설명한다. 그가 주장하는 근본 논점은 무엇인가? 밀뱅크는 자신의 하나님 개념을 통해 어떻게 포스트모더니즘의 관심사를 다루는가?

❸ 밴후저가 포스트모더니즘의 관심사, 그중에서도 특히 '자아'에 대해 다룬 글1.36에 비추어 36번 논제를 읽어 보라. 밀뱅크가 이 논제에서 주장하는 의미는 무엇인가? 이 논제의 논의는 신학 연구에 어떤 적합성을 지니는가?

3.40 ▼

엘리자베스 A. 존슨

: 하나님의 남성 이미지와 여성 이미지

뉴욕 포드햄 대학교의 조직신학 교수인 엘리자베스 존슨Elizabeth Johnson, 1941 출생은 신학에서 어떻게 모델을 이용하여 하나님을 설명할 수 있는지에 관한 논의에 크게 기여했다. 뛰어난 저술인 『그녀이신 분』*She Who Is*, 1992에서 존슨은, 하나님의 신비가 궁극적으로는 인간의 모든 이미지를 초월할지라도 남성적이거나 여성적인 유비들을 동등하게 사용해 그 신비에 관해 말할 수 있다는 견해를 주장한다1.31, 3.23, 3.41, 4.33, 4.36 참조.

성경과 초기 시대 신학과 중세의 신비주의 전통들은 남성적 이미지의 창고로부터 자원을 공급받아 하나님에 관한 중요한 논의를 펼치면서도, 다른 한편으로는 아무 설명도 없이 마치 당연하다는 듯이 하나님에 대해 여성적 이미지를 사용하기도 한다. 이런 이미지와 의인화 개념들은 남성적 관점 및 특성들과 이중적인 충돌을 거치면서 해석해야 할 여성적 면모나 특성들로 여겨지지 않고, 오히려 세상을 창조하고 구속하며 종말론적 샬롬으로 부르시는 하나님을 완전하게 나타내 보이는 표상들로 받아들여진다.

남성적 상징과 여성적 상징을 골고루 사용해 신에 대해 말했던 고대 종교들도 이 세 번째 이론을 명료하게 밝히는 데 도움이 된다. 찬송과 기도들에서 증거를 확인할 수 있듯이, 남성 신과 여성 신들은 후대에 이르러 남성과 여성의 고유한 특성들로 규정된 개념에 맞춰 정형화되지 않았으며, 오히려 제각각 신의 다양한 행위와 속성들을 대변했다. 그 신들을 보면, "아직은 성의 구분이 인간 실존의 변증법을 표상하는 중심 은유로 사용되지 않고 있으며", 또 고대 신화에서는 성 상보성gender complementarity이라는 개념도 찾아볼 수 없다. 오히려 남성과 여성이 광범위하게 대등한 힘을 지닌다. 예를 들어, 이슈타르 같은 여신은 그 추종자들에게 신적 능력과 주권의 원천으로서 그런 특성들을 여성적 형태로 구현한 존재로 인정받는다. 하늘과 땅을 나누고 포로 된 자를 풀어 주며 전쟁을 수행하고 평화를 이루며 정의를 펼치고 심판을 행하고 인간을 진리로 계몽하면서 출생을 주관하고 병든 자를 치유하며 어린아이들을 양육하는 등 신성한 일을 행하는 신으로 찬양받는다. 호쿠스Hocus와 같은 신도 그와 비슷한 일을 하는 것으로 여겨진다. 남성 신과 여성 신이 사적 영역과 공적 영역에서 동등하게 강력한 힘을 행사한다.

우리가 강조하는 요점은, 여성 신은 신성의 여성적 측면을 표현해 낸 존재가 아니라 신적 능력과 보살핌 전체를 여성적 이미지로 그려 낸 존재라는 사실이다. 이와 동일한 인식을 보여주는 대표적인 사례가, 누가복음에 나오는 잃은 양을 찾는 목자와 잃어버린 동전을 찾는 주부라는 비유들이다(눅 15:4-10). 두 비유가 똑같이, 잃어버린 것을 열심히 찾고 그것을 찾았을 때 다른 사람들과 함께 기쁨을 나누는 사람의 이야기를 담고 있다. 두 이야기는 모두 하나님에 관해 같은 내용을 들려준다. 전통적으로 남성과 여성들이 맡았던 일을 소재로 삼은 두 비유는 남성과 여성을 대등하게 보는 이미지를 사용해 하나님의 구속 행위를 독자들에게 소개한다. 동전을 찾는 여성 이미지는 전승 과정을 주도한 남성 중심적인 특성으로 인해 기독교 미술에서 자주 다루어지지 않았지만, 본질상 양 떼를 치는 목자에 못지않게 하나님을 가리키는 데 적합하다. 역으로, 이런 식으로 묘사된 하나님은, 세상의 구속 사역이 여성을 배제하거나 소외시킨 채 주로 남성들에 의해 이루어진다는 식으로 고착화된 역할을 정당화하는 데 사용될 수 없다.

하나님의 신비는 모든 이미지들을 초월하지만, 남성이나 여성의 현실에서 끌어낸 개념들을 이용하여 부족하나마 얼마든지 논의할 수가 있다. 여기서 옹호하는 이론으로부터 다음과 같은 통찰에 이르게 된다. 하나님을 그런 식으로 이름 지어 부를 때만, 다시 말해 남성뿐만 아니라 여성들의 온전한 현실도 자연세계에서 얻은 상징들과 나란히 하나님의 상징체계에 포함될 때만, 어떤 한 이미지에 집착하여 우상 숭배에 빠지는 일을 막아 낼 수 있으며, 또 인류와 지구 전체의 해방과 더불어 하나님의 신비에 담긴 진리도 우리 시대 앞에 분명히 드러낼 수 있다.

대안들

이 연구를 진행하는 데 적합하고 필요하다는 판단에 따라 언어적 대안들을 선택했다. 이 대안들은 하나님의 신비 전체를 가리키는 여성적 은유들을 사용하여 하나님에 관해 논하는 일에 집중적으로 적용된다. 원칙적으로 나는 우주적이고 형이상학적인 상징들을 사용하는 일 못지않게, 하나님에 관해 남성적 용어와 여성적 용어를 대등하게 사용하는 언어라는 이상을 지지한다. 하지만 현실에서는 남성과 여성의 이미지들이 전혀 대등하지 않았으며, 지금도 역시 그렇다. 기독교의 언어와 실천 영역을 살펴보면, 많은 부분을 여성적인 하나님 이미지를 사용해 여성적 특징을 지닌 모습으로 세워 가는 일이 계속되고 있지만, 신성을 가리키는 여성적 종교 상징들은 충분히 개발되지 못했으며 또 지엽적이고 이차적인 것으로 대접받고 있다. 내 판단으로는, 이런 새 포도주를 듬뿍 마시는 일, 곧 이처럼 폭넓게 여성적 이미지로 하나님에 관해 신학적으로 논의하는 일은 종교적 담론에서 하나님을 대등한 이미지로 그려 내는 작업을 가능하게 하는 조건이 된다. 분명히 말하건대, 이 책에서 주로 하나님에 대한 여성적 상징을 사용하기로 선택한 것은 뺄셈의 전략으로 의도한 것이 아니며, 반전의 전략으로 의도된 것은 더더욱 아니다. 오히려 이 일은 억압된 세상을 탐구하여 궁극적으로 새로운 전체라는 미래를 지향하게 하려는 데 목적이 있다. 이런 유형의 논의는 그 자체가 목적이 되어서는 안 되며, 불의하고 종교적으로도 불완전한 상황에 새 질서를 부여하는 일에서 본질적인 요소로 사용되어야 한다. 저평가된 여성적 상징론에 대한 철저한 평가가 이루어져 쉽게 사용될 수 있을 때까지는, 내가 주장해 왔고 여전히 목표로 삼고 있는 작업, 곧 하나님을 남성과 여성의 동등한 이미지로 설명하는 작업은, 이상적이면서도 해도 현실 생활에서는 실현 불가능한 추상적 생각에 머물 수밖에 없을 것이다.

논평

존슨의 분석은 첫째 단락의 끝부분에서 '종말론적 샬롬'이라는 용어를 사용한 것 외에는 대체로 이해하기가 쉽다. '샬롬'은 '평화'를 뜻하는 히브리어 단어다. '종말론적'이라는 말은 기독교적 희망을 이루는 기본적인 주제들, 그중에서 특히 마지막 때에 이루어질 만물의 회복을 가리킨다. 따라서 종말론적 샬롬이라는 말은 만물이 하나님께서 정하신 모습대로 회복되어 피조물이 최종적으로 구속된 상태—만물이 그들의 본래 정해진 모습대로 다시 존재하게 되는 일—를 뜻한다.

생각해 볼 물음들

❶ 본문에서 다음 구절의 위치를 확인하라. "하나님의 신비는 모든 이미지들을 초월하지만 남성이나 여성의 현실에서 끌어낸 개념들을 이용하여 부족하나마 얼마든지 논의할 수가 있다." 이 구절에서 존슨이 의미하는 것은 무엇인가? 여러분은 그의 견해에 동의하는가?

❷ 존슨이 누가복음 15장에 나오는 두 가지 비유의 상보성을 들어 제기하는 논점은 무엇인가? (그녀가 근거로 삼은 눅 15:4-10을 읽으면 도움이 될 것이다)

❸ 존슨이 기독교 신학에 사용할 수 있는 대안들을 제시하시면서, 특히 하나님에 대한 여성적 이미지를 확대해서 사용하자고 제안하는 데 대해 여러분은 어떻게 평가하겠는가?

3.41 ▼

앤 카

: 페미니즘과 하나님의 남성성

기독교 전통에서 하나님을 가리키는 말로 주로 남성 언어가 사용되어 온 것이 많은 페미니스트 저술가들의 관심사가 되고 있다. 미국의 페미니스트 신학자인 앤 카Anne Carr, 1934-2008는 이러한 상황에 대응하는 여러 이론을 다룬 이 글에서 샐리 맥페이그와 로즈메리 래드포드 류터, 주디스 플라스코의 공헌에 대해 살핀다. 그녀는 특히 남성적인 하나님 이미지에 대한 '은유적' 접근법1.31과 '친구이신 하나님'과 같은 은유들의 발전을 중요하게 다룬다1.31, 3.23, 3.41, 4.33, 4.36 참조.

본문

기독교의 전통적인 사고와 기도를 구성하는 이미지와 상징체계, 개념들은 하나님의 남성성이 주도해 왔는데, 이에 대해 페미니즘에서 근본적인 문제를 제기하면서 신론에 관한 새로운 성찰이 이루어지고 있다. 신학적으로는 하나님의 성별(또는 일체의 물질성)을 부인한다고 하면서도, 하나님에 대해 끈질기게 남성형 대명사를 사용하고, 많은 그리스도인이 하나님을 '그녀'로 부르는 데 반발하는 현상은 하나님의 속성으로 부여된 '남성성'에 대한 지지로 보인다. 하지만 논리적으로 따져 보아도 '그녀'라는 말은 '그'라는 말에 못지않게 타당하다. 그뿐 아니라 기독교의 상상력이 배타적일 정도로 남성 중심적인 '하나님-언어'의 우상숭배적 함의에서 벗어나고 교회와 기독교 실천을 지배하는 아버지 이미지의 영향력에서 풀려나서 새로운 방향을 찾기 위해서는 '그녀'라는 말이 필수적이라고 할 수 있다. 페미니즘의 관점에서 신론을 논하게 되면서, 종교 언어의 철저히 은유적인 특성을 다루는 새 이론이 등장했다. 이 이론에 따르면, 전통적인 유비 이론은 인간의 개념과 하나님 사이의 유사성을 강조하는 경향을 지녔던 데 반해, 은유적인 신학은 신-인 관계에 초점을 맞추고는 하나님을 가리키는 모든 종교적 언어 사이의 상이점을—물론 일정 부분 유사성을 인정하면서—강조한다(샐리 맥페이그, 1982).

하나님을 '어버이'나 '아버지와 어머니'로 부르자는 제안도 나오고, 히브리어에서 성령을 가리키는 단어가 문법적으로 여성이기에 형평성 있게 성령을 여성적 언어로 부르자는 주장도 있었다. 다른 한편, 일부 페미니스트 학자들은 부모 이미지들이 성인보다는 어린이의 종교적 의존성을 뜻한다는 이유를 내세워 그런 이미지들을 완전히 버리자고 주장하기도 했다. 부모 이미지들은 동정심이나 용납, 인도, 훈육을 나타내기는 하지만, 현대 사회의 개인과 정치 활동에서 요구되는 상호 관계나 성숙함, 협력, 책임, 호혜성을 표현해 주지는 못한다. 다른 페미니스트 신학자는 하나님과 관련해서 전통적인 기독교 사고가 보여준 심각한 편견을 고려할 때, 오늘날 하나님을 가리키는 적합한 명칭은 없다고 주장하고, 모든 생명의 모태와 원천을 가리키는 말로 '신/여신'God/ess이라는 이름을 사용하자고 제안한다 (래드포드 류터, 1983).

또 다른 페미니스트 신학자들은 하나님 및 신-인 관계에 대해 다수의 은유와 모델을 사용할 것을 요청하는데, 어느 하나만으로는 적합하지 않기 때문이라고 한다. 성경에서는 인간적이고 우주적인 다양한 명칭을 사용하는 반면, 실제로 기독교 사상과 실천에서는 오로지 하나의 은유(아버지)가 주도적인 모델이 되었다. 그래서 제안된 한 가지는 하나님을 '친구'라고 보는 은유다(맥페이그, 1982, 1987). 이를 지지하는 성경적 근거로는 친구를 위하여 자기 목숨을 내놓는 일(요 15:13)과 사람의 아들을 세리와 죄인의 친구라고 부르는 예수의 말씀(마 11:19)이 거론된다. 예수 자신이 곧 하나님께서 사람들과 나누는 우정을 나타내 보이는 비유다. 이 우정은 예수께서 말씀으로 가르친 비유인 잃어버린 양, 탕자, 착한 사마리아 사람 이야기와, '행위로 가르친 비유'라고 할 수 있는 예수의 포용적인 식탁 교제에서 볼 수 있다. 복음서들에 따르면, 예수께서는 당신이 세우신 새 공동체의 포용적 의의를 인정하지 않은 채 가족적 결속만을 주장하는 생각에 대해 비판하셨다. 복음서들은 예수께서 함께하심으로 그 친구들의 삶이 변했다고 묘사한다. 개인이나 나라, 문화를 가리지 않고 낯선 이들과 맺는 우정은 "갈수록 더 작아지고 곤경으로 내몰리고 있기때문에, 사람들이 친구가 되지 않으면 살아남을 수 없는 우리 행성"을 근거로 삼은 모델이다(맥페이그, 1982).

하나님을 친구로 보는 은유는 '공동체적 인간성'communal personhood이라는 페미니즘의 이상과도 일치한다. 여기서 공동체적 인간성이란, 개인과 집단들이 이원성과 계급체제보다는 상호 관계와 호혜를 특징으로 하는 비경쟁적인 관계로 맺어진다고 보는 개념이다. 이 은유는 새로운 신-인 관계를 제시해서, 그동안 여성들의 경험을 낮은 자존감, 수동성, 무책임성이라는 틀로 묶어 온 종교적 자기 부정의 이미지들을 깨뜨리려는 페미니스트의 관심사와도 일치한다. 또 이 은유는 상호 관계, 공동체 안에서의 자기 창조, 온 세상 사람들과 함께 이루는 폭넓은 공동체의 창조라는 개념들을 제시한다(플라스코, 1980). 하나님의 우정이라는 주제는 예수의 삶과 죽음에서도 크게 두드러진다. 예수께서는 하나님을 사람들 속에서 그들과 함께,

그들을 위해 고난당하는 분으로 계시하며, 사람들을 초청하여 하나님과 다른 사람들을 위해 고난당하는 공동체에 참여하도록 이끈다(몰트만, [1980] 1981). 이 주제는 신학과 페미니즘의 영성을 하나로 통합하는데, 페미니즘 영성에서는 여성들의 우정과 상호 의존성이 피조물 전체의 상호 의존성과 밀접하게 관련되어 있다고 강조한다. 모든 은유가 다 그렇듯이 하나님을 친구로 보는 은유에도 한계가 있으며, 이러한 한계들은 신-인 관계의 불가해한 특성을 밝히기 위해서는 여러 가지 다른 은유들을 사용하는 것이 중요하다는 사실을 말해 준다.

참고 문헌

McFague, Sallie 1982. *Metaphorical Theology: Models of God in Religious Language* (Philadelphia: Fortress Press). (『은유신학: 종교 언어와 하느님 모델』, 다산글방, 2003)

McFague, Sallie 1987. *Models of God: Theology for an Ecological, Nuclear Age*(Philadelphia: Fortress Press). (『어머니, 연인, 친구: 생태학적 핵 시대와 하나님의 세 모델』, 뜰밖, 2006)

Moltmann, Jürgen [1980] 1981. *The Trinity and the Kingdom*, trans. Margaret Kohl(San Francisco: Harper & Row). (『삼위일체와 하나님의 나라』, 대한기독교서회, 2017)

Plaskow, Judith 1980. *Sex, Sin and Grace: Women's Experience and the Theologies of Reinhold Niebuhr and Paul Tillich*(Washington, DC: University Press of America).

Radford Ruether, Rosemary 1983. *Sexism and God-Talk: Toward a Feminist Theology*(Boston: Beacon Press). (『성차별과 신학』, 대한기독교출판사, 1995)

논평

시카고 신학대학원에서 활동한 앤 카는 이 글에서 하나님의 '남성성'이 낳은 쟁점들에 대응한 현대 페미니스트 신학자들의 견해를 개괄적으로 살핀다. 이 글이 들어 있는 원래의 논문은 문제 해결을 위한 제안이 아니라, 문제 자체에 대해 개괄적으로 설명하는 글이다. 앤 카는 신중하고 균형 잡힌 관점을 취해 문제의 다양한 측면들을 살펴보고, 이 논의에 크게 기여한 몇 가지 견해를 소개하고 평가한다. 앤 카는 중요한 페미니스트 저술가로 주디스 플라스코와 로즈메리 래드포드 류터를 다룬다. 이에 더해 샐리 맥페이그도 '아버지 하나님'이라는 은유를 포함해서 신학에서 사용되는 은유들의 탐구에 기여한 사람으로 언급된다.

생각해 볼 물음들

❶ 샐리 맥페이그가 '아버지 하나님'이라는 은유에 관해 논한 것은 본문의 논의에 어떤 점에서 적합한가? 이 질문에 답하기에 앞서 1.31을 읽으면 도움이 될 것이다. "친구이신 하나님"이라는 맥페이그의 은유는 논제에 어떤 빛을 비추어 주는가?

❷ 전통적인 기독교는 하나님을 가리키는 용어로 여성형 대명사를 사용하는 것에 불안을 느끼고 있다. 앤 카의 논의에 따르면, 이에 대해 어떻게 답할 수 있는가?

❸ 성 편향적 언어나 이미지를 피하면서 하나님을 가리키는 방법이 있을까? 이 물음에 답하기 위해, 엘리자베스 존슨의 논의3.40를 살펴보는 것이 도움이 된다.

3.42 ▼

새라 코클리

: 사회적 삼위일체 모델

케임브리지 대학교의 신학자인 새라 코클리Sarah Coakley, 1951 출생는 2002년 사회적 삼위일체 이론을 다룬 이 글에서, 니사의 그레고리우스의 삼위일체 신학이 어떻게 오늘날의 삼위일체 이론, 특히 '사회적인' 모델에 빛을 비추고 영향을 끼쳤는지 탐구한다. 이 논문의 시작 부분에서는 현대 삼위일체 신학의 몇 가지 경향을 비판적으로 살펴본다3.7, 3.12, 3.19, 3.30, 3.37 참조.

오늘날 삼위일체 논쟁이 벌어지고 있는 맥락과 관련해 몇 가지 흥미로운 특징을 살펴보는 것으로 이 글을 시작하려고 한다. 삼위일체론에 관한 글이 엄청나게 쏟아져 나오는 최근의 상황에서 흥미로운 이중적 역설을 간파할 수 있다는 것이 내 생각이다. 우선 종교분석철학자들 가운데서 치밀한 논리학자들은 '라틴 교회'(또는 '통일성') 삼위일체론 모델의 일관성 문제를 공격하면서 이른바 '사회적'(또는 '복수성') 삼위일체론을 옹호하는 데 많은 힘을 쏟았다. 하지만 그렇게 하면서 그들은 신격 속에 있는 '셋'을 헤아릴 때 '위격'이라고 부르는 실체의 유형에는 상대적으로 적은 관심을 기울였다. 한두 가지 중요한 예외가 있는데, 이에 대해서는 아래에서 살펴본다. 사실, 의심의 해석학을 도구로 삼아 조금만 파고들어도, 현대의 '인격'(또는 '개인') 개념이 이 논쟁에 스며들어서, 권위를 인정받는 교부 문헌들 속으로 거꾸로 반영되어 읽혀진 독특한 흔적을 간파할 수 있다.

이와 동시에 조직신학자들은 '현대의' 개인주의 개념들이 계몽주의 이후의 기독교 인간학을 왜곡시키고 삼위일체의 개념체계를 완전히 무너뜨렸다고 생각하면서, 그런 개념들을 폭로하는 일에 힘쓰고 있다. 그들에게는 '인격'을 '관계'(이 말의 정확한 의미와는 상관없이)로 이해하는 것이 신학적 좌우명이 되었다. 불행하게도 이 두 학자 진영은 삼위일체 신학을 복원하는 일에 똑같이 애썼음에도 불구하고, 서로 상대방의 작업에 대해 존중하는 마음을 전혀 보여주지 않았다.

의도 및 출발점과 관련된 이러한 역설은 페미니즘 내부에서 일어나는 삼위일체 논쟁에서도 훨씬 더 기이한 방식으로 반복되고 있다. 이 사실은 지금껏 언급된 적이 거의 없지만, 바로 그런 이유로 해서 나는 '이중적 역설'이라고 부른다. 우선 우리는 급진적 페미니스트 운동 쪽에서 삼위일체론을 가리켜 이른바 '남성 협회'(메리 데일리)라고 꼬집은 일을 알고 있다. 데일리가 볼 때 이 말은 고유한 '여성적' 원리를 자기네 울타리 안에 마지못해 명목상으로 받아들이는 남성 전용 클럽을, 상징을 통해 노골적으로 폭로하는 것이다("어쨌든 당신[여성]들도 성령 안에 속한다. 성령을 가리키는 단어가 여성형이니까"). 여기서 데일리가 '비아냥조로' 퍼붓는 비난의 바탕에는, 현대의 가부장적 사고에서 자기네 시각으로 다듬어 낸 삼위일체론은 남성들의 협회에 불과한 것이라는 의혹—전혀 근거가 없지는 않다—이 깔려있다. 데일리가 삼위일체론을 경멸적으로 거부한 것과는 대조적으로 엘리자베스 존슨은 한결같이 평화를 추구하는 자세로 삼위일체를 다룬다. 존슨은 삼위일체에서 두드러지는 '상호성'과 '관계'에 초점을 맞춤으로써, 페미니즘에서 삼위일체가 지니는 의의를 다시 밝히려고 노력한다. 이렇게 해서 종교분석철학자들과 신학자들이 삼위일체론에서 보이는 견해 차이가 페미니스트 진영 내에서 다른 형태로 반복된다. 데일리는 이 교리에서 삼중적인 '개인주의'를 밝혀내는 데(그리고 거부하는 데) 반해, 존슨은 '위격들'을 '관계'라는 측면에서 해석하는 쪽으로 밀고 나간다.

기이하게 평행선을 이루며 상충하는 이 견해들 가운데서, 어느 쪽도 4세기 후반에 꽃피운 삼위일체 체계의 복잡성과 미묘함을 온전히 파악하지 못했다는 것이 이 논문에서 다루는 핵심 논제다. 이에 더해 끝 부분에서는, 현대의 논쟁자들이 성급하게 (각자 자기 방식대로) '인격성' 개념에 매달린 일이 결국에는 해결할 수 없는 난제들을 낳게 되었다는 점을 살펴 볼 것이다. 이렇게 논하는 가운데, 나는 니사의 그레고리우스를 예로 들어 집중적으로 살펴볼 것이다. 그레고리우스가 삼위일체론에서 이룬 공헌은 흔히 다른 '카파도키아파 사람들'의 공헌과 쉽사리 하나로 뭉뚱그려졌으나, 그가 지닌 두드러지게 부정신학적인 감각으로 인해 그의 삼위일체 언어의 지위를 평가하는 일이 꽤 다루기 어려운 문제가 되었다. 내 논증이 도달하게 될 특히 놀라운 결론들 가운데 하나는, 그레고리우스의 삼위일체 이해가 오늘날 흔히 사용하는 의미에서의 '사회적'이 아니라는 점이다. 그의 이론은 셋에서 '시작해' 하나로 나가지 않는다. 또 그의 이론은 세 명의 개별적 인간이라는 유비에 의거해 신적 위격의 의미를 '고정'하려고 하지도 않는다. 이 문제를 다룬 분석적 논의들은, 주로 그레고리우스의 『아블라비우스에게』*Ad Ablabium*만 살펴보고 그 본문의 미묘한 의미는 충분히 헤아려 읽지 않은 까닭에 잘못된 결론에 도달했다. 그레고리우스 저술들을 폭넓게 살펴본다면 (특히 그가 논쟁이나 변증에만 한정하질 않고 폭넓은 맥락에서 사용한 풍부한 삼위일체 이미지들을 살펴본다면) 그의 삼위일체 신학에 대해 훨씬 다른 인식에 도달하게 된다. 다시 말해, 그의 신학은 확실히 행위로 나타난 하나님의 의지의 단일성을 다루기는 하지만, 신중하게 설정된 한계를 넘어 하나님 자신 안의 신적 본질의 세부사항들을 탐구하는 일에서 아주 신중하다. 그런 신중한 태도가 종교분석철학파 사람들에게는 본질적으로 만족스럽지 않게 보일 것이다. 하지만 그런 신중함이 부정신학과 관련해 제기하는 문제들은, 적어도—내 판단으로는—좀 더 커다란 분석적 관심을 쏟을 가치가 있는 것들이며, 우리가 삼위일체 주장들의 언어적 지위를 이해하는 일에서도 중요한 의미를 지니는 것들이다.

만일 페미니스트 논쟁들에서 제기하는 성적 관심사들이 오늘날 이루어지는 분석적 논의에 부적합해 보인다면, 그레고리우스의 사례도 역시 거리를 두고 생각해야 할 것이다. 그레고리우스의 삼위일체 논의의 전반적인 특징을 이루는 성적 연관성의 복잡한 유동성은, 그러한 오염들로부터 이 주제를 깨끗게 하려는 시도들이 그릇된 것임을 보여준다. 우리가 입증하려고 하는 바와 같이 그레고리우스의 이론은, 삼위일체가 우리의 삶과 교차하는 지점인 인간의 변화라는 기반으로부터 삼위일체 논의를 분리시키는 일이 얼마나 현명하지 못한지를 보여준다. 게다가 만일 그레고리우스가 옳다면, 그러한 변화는 우리의 성 인식에서 크고 놀라울 정도의 전환이 이루어지지 않으면, 다시 말해 우리 자신에 대한 이해 못지않게 하나님에 관한 우리의 사고에서 경종을 울릴 정도의 전환이 이루어지지 않으면 생각조차 할 수 없는 것이다.

논평

현재의 상황을 분석하는 이 글에서 새라 코클리는 삼위일체론과 관련해 최근에 이루어지는 기독교 논의의 흐름을 탐색하며, 특히 계몽주의에 의해 촉발된 개인주의적인 삼위일체론(여기서 코클리는 콜린 건튼을 비롯해 몇 명의 학자를 염두에 둔다)에 제기되는 비판을 다룬다. 이와 나란히 그녀는 전통적인 삼위일체론에 대응하는 페미니스트 이론을 살피면서, 매우 비판적인 책인 메리 데일리의 『여성 생태학』*Gyn/Ecology*, Boston: Beacon Press, 1978 과 비교적 건설적인 책인 엘리자베스 존슨의 『그녀이신 분』*She Who Is*, New York: Crossroads, 1992 을 다룬다. 현대에 이루어지는 이런 논쟁들을 살핀 후, 코클리는 니사의 그레고리우스의 글을 세밀한 부분까지 제대로 이해하는 것이 그 논쟁을 밝히고 발전시키는 데 중요한 역할을 한다고 제안한다.

생각해 볼 물음들

❶ 개인주의의 등장은 삼위일체 신학에 어떤 영향을 끼쳤는가?

❷ 코클리는 메리 데일리와 엘리자베스 존슨의 이론이 어떤 차이를 보인다고 설명하는가?

❸ 이 책의 앞부분에 나오는, 니사의 그레고리우스가 아블라비우스에게 보낸 논문3.7을 읽으라. 그 논문에서 다룬 주제는 코클리가 주장하는 쟁점과 어떤 관계가 있는가?

3.43 ▼

데이비드 벤틀리 하트
: 하나님과 악

2004년 12월 인도양에서 발생하여 동남아시아의 많은 해안 지역을 황폐화시키고 숱한 생명을 앗아간 쓰나미는, 하나님께서 어떻게 이 세상 속에서 일하시는가라는 근본 문제, 특히 하나님이 자연 재해와 어떻게 관련되는가라는 문제를 제기했다. 동방정교회 신학자인 데이비드 벤틀리 하트

David Bentley Hart, 1965 출생는 『바다의 문들』*The Doors of the Sea*, 2005에서 이 주제를 다루었다. 아래 글은 그 무렵에 쓴 논문에서 인용한 것이며, 그가 연구하는 기본 주제들을 간략하고 알기 쉽게 제시한다3.2, 3.6, 3.13, 3.22 참조.

본문

그리스도인들은 흔히 신약성경의 영적인 언어를 받아들이기 어렵다고 느낀다. 예를 들어, 선과 악 사이의 우주적 투쟁, 세상 통치자들에 대한 그리스도의 승리, 지옥의 정벌과 같은 개념들을 어려워한다. 물론 그리스도인이라면 누구나, 우리가 구원받은 것은 하나님께서 십자가 위에서 자신을 내어놓으셨기 때문이요, 우리는 은총에 의해 그리스도의 고난에 참여할 수 있다는 사실을 안다. 그렇다고 해서 부활절에 계시된 다른 진리를 놓치는 일이 있어서는 안 된다. 그 진리란 다름 아니라, 하나님께서 인간의 몸을 입고 '이 우주'로 들어오신 까닭은 우주의 내재적 합리성을 드러내기 위해서일 뿐만 아니라 타락한 본성의 울타리들을 산산이 깨뜨리고, 나아가 창조세계를 그 원래의 아름다움을 따라 다시 짓기 위해서—그곳에 죄나 죽음이 더 이상 자리 잡지 못하게 하기 위해서—였다는 것이다. 전통적으로 기독교 사상은, 필연적으로 악을 선의 결핍이요 그 자체로 어떤 실체나 본질을 지니지 못한 것으로 여기고, 완전히 부패하여 기생하는 특성을 지닌 실재라고 규정해 왔다. 그러므로 하나님께서 자신이나 피조물의 목적과 관련된 결정을 내리시는 일에서 악은 결코 적극적인 역할을 맡을 수 없다(물론 하나님께서 섭리에 의해 악으로부터 선을 끌어내실 수는 있다). 악은 하나님의 선이나 피조물의 선에 어떤 모양으로든 결핍을 끌어들일 수 없다. 그 자체로 한없이 풍요로우신 하나님께서 피조물 속에 그분의 영광을 나타내기 위해서, 피조물들을 온전히 그분 안에 품기 위해 죄와 죽음을 통과하실 필요가 없으시다. 바로 이 사실로 미루어 판단할 때, 타락과 구속의 드라마가 다른 어떤 일보다도 만물의 최종 상태를 훨씬 더 영광스럽게 해줄 것이라고 말하는 것은 (마음의 큰 위로는 될지 몰라도) 잘못된 것이다. 형이상학인 면에서 이에 못지않게 모순된—실제로는 이루 헤아릴 수 없을 정도로 나쁜—것은 하나님께서 그분 자신의 어떤 속성들(변덕스러운 잔인성, 병적 무관심, 아니면 뒤틀린 유머 감각?)을 계시하기 위해 고난과 죽음이 필요하다는 주장이다. 우리로 하여금 하나님의 참 본질을 보지 못하도록 가로 막는 것이 바로 죄와 고난과 죽음이다.

물론 아퀴나스가 제2원인이라고 부르는 것의 수준에서—자연이나 역사 속에서—발생하는 모든 일이 초월적 섭리뿐만 아니라 보편적 목적론에 의해서도 제어된다는 것을 생각하면 위안이 되기도 한다. 보편적 목적론에서는 고통과 상실의 모든 사건이 거대한 계획에 속한 불가피한 요소이고, 그 계획의 최종적인 종합에서 모든 일이 정당화된다고 본다. 하지만 그러한 위안을 얻는 데 들어가는 비용을 생각해 보라. 그 위안을 얻기 위해서 우리는 지금까지 세상에서 저질러진 모든 잔혹한 일과 뜻밖의 고난, 재앙, 배신, 죄악에도 불구하고—심지어는 그런 일들을 도구로 삼아—당신 자신의 선한 목적들을 이루어가는 하나님을 믿고 사랑해야만 한다. 그런 위안을 손에 넣기 위해 우리는 디프테리아에 걸려 고통스럽게 죽어가는 어린아이, 암으로 삶이 황폐해진 젊은 어머니, 한순간에 바닷물에 휩쓸려 버린 아시아의 수많은 사람들, 죽음의 수용소와 강제 노동수용소에서 살해당하거나 폭력적 굶주림으로 죽어간 수많은 사람들이 겪은 일을 영원한 영적 필연성을 지닌 것이라고 믿어야만 한다. 도덕적으로 납득할 수 있는 우주 안에서 평안을 얻기 위해 하나님을 도덕적으로 혐오스럽게 만드는 값을 치른다는 것은 참으로 기이하게 보인다. 내게는 고대 영지주의자들의 견해가 훨씬 더 나아 보인다. 그들은 비록 터무니없는 내용을 믿기는 했어도, 적어도 고난과 죽음이 창조주의 계획에서 핵심적인 요소라는 결론에 마주쳐서는 좀 더 고상한 신을 찾으려 했을 만큼 제대로 된 의식을 지녔었다.

나는 우리 그리스도인들이 인도양 해안지역을 휩쓴 재앙을 방관하거나, 그 비극이 세상에서 하나님이 선하신 뜻으로 이루어가는 신비한 과정에 속한다고 보는 얼빠진 주장으로 만족하거나, 아니면 그러한 엄청난 재앙 속에는 궁극적인 의미나 목적이 숨겨져 있다고, 다른 사람들을 설득해야 한다고는 생각지 않는다. 간단히 말해 우리 종교는 구원의 종교이고, 우리 신앙은 피조물을 죄의 부조리와 죽음이라는 공허함에서 구하기 위해 오신 하나님을 믿는 신앙이기에, 우리는 그러한 일들은 철저히 미워하고 거부해야 한다. 그리스도께서 자기 백성이 당하는 고난을 자기 몫으로 취하신 이유는, 그분 자신이나 그 사람들이 고난당할 필요가 있었기 때문이 아니라 자기 사람들을 죽음에 내버려 둘 수 없으셨기 때문이다. 우리는 악과 죽음을 깨뜨린 승리가 이루어졌음을 알지만, 그것은 아직 완성되지 않은 승리이고, 따라서 피조물은 바울이 말한 대로 장차 드러날 영광을 바라보면서 신음하고 있다는 사실도 안다. 그때까지 이 세상은 빛과 어둠, 진리와 거짓, 생명과 죽음 사이의 투쟁이 계속되는 자리가 될 것이고, 그런 세상에서 우리가 치켜든 무기는 사랑이다……

우리에게 필요한 위안에 대해 말하자면, 나로서는 죽어가는 어린아이를 볼 때 거기서 하나님의 얼굴이 아니라 그분의 원수의 얼굴을 보게 되는 것보다 더 큰 위로가 되는 일을 생각할 수가 없다. 이것은 이반 카라마조프를 충분히 만족시켜 줄 만한 신앙이 아니고, 그의 주장을 반박해서 깨뜨릴 수 있는 신앙도 아니다. 이 믿음은 우리를 낙관론에서 풀어 내고, 그 대신 우리에게 희망을 가르치기 때문이다. 우리가 참으로 기뻐할 수 있는 까닭은 우리가 역사와 자연에 속한 수단으로 구원받은 것이 아니라, 은총으로 구원받았기 때문이다. 하나님께서는 역사의 수많은 가닥들을 엮어 거대한 종합을 이루시는 것이 아니라, 그릇되고 저주받아 마땅한 역사를 심판하실 것이기 때문이다. 하나님께서는 타락한 본성의 교묘한 논리를 폭로하실 뿐만 아니라 피조물을 고통스럽게 옭아맨 족쇄를 깨뜨리실 것이고, 더 나아가 어린 소녀가 어둠 속에서 고통당하며 흘리는 눈물이 어떻게 하나님의 나라를 세우는 데 필요한 일인지 가르치실 뿐만 아니라, 그 아이를 일으켜 세워 눈에서 모든 눈물을 닦아 주실 것이기 때문이다. 그리고 이전 것들이 다 사라지고 보좌에 앉으신 분께서 "보아라, 내가 모든 것을 새롭게 한다"라고 말씀하실 때, 다시는 죽음이 없고, 슬픔도 울부짖음도 고통도 없을 것이다.

논평

자연 재해는 하나님에 관한 중요한 의문을 제기한다. 1755년 11월에 발생한 리스본 대지진은, 설교와 공적 논쟁을 통해 널리 논의되었다. 소설 『캉디드』1759에서 볼테르는, 이 세상 곧 "가능한 세상 가운데서 최고의 세상"에서 만물은 최선의 상태로 굴러간다고 보았던 라이프니츠의 개념을 강하게 비판했으며, 리스본 대지진을 근거로 삼아 자기 논점을 펼쳤다. 2004년 12월 26일 인도네시아 수마트라의 서쪽 바다에서 발생한 쓰나미는 그 주변 지역 전체에 엄청난 피해와 인명 손실을 일으켰다. 그렇다면 그 사건의 신학적 함의는 무엇인가?

이 자연 재앙에 대한 하트의 응답은 전통적인 종교들이 그런 재앙에 답했던 방식—자연 재앙이란 하나님께서 인간의 불멸이나 불신앙을 심판하시는 것이라고 보는 견해—을 넘어선다. 하트가 제시하는 답은, 복잡한 세상에 대해 지나치게 단순한 판단을 내려서는 안 된다는 원칙적 태도와 궁극적 변화를 소망하는 굳건한 확신이 어우러져 있다. 이러한 궁극적 변화에 대한 소망은 위에 인용한 글의 마지막 항에 특히 잘 드러나 있다.

생각해 볼 물음들

❶ 하트가 이러한 자연 재앙을 해명하기 위해, 몸을 입은 하나님이신 예수 그리스도의 죽음을 어떻게 이해하는지 여러분의 말로 설명해 보라.

❷ 하트는 우리가 완전한 답을 얻을 수 없는 문제들을 안고 살아가는 법을 배울 필요가 있다고 말한다. 여러분은 그가 옳다고 생각하는가?

❸ 하트의 견해를 장 칼뱅이 제시한 이론3.26과 비교하라. 여러분이 보기에 어느 것이 더 도움이 되는가? 그 이유는 무엇인가?

추가 독서 자료

— Lewis Ayres, Nicea and Its Legacy: *An Approach to Fourth-Century Trinitarian Theology*(Oxford: Oxford University Press, 2005).

— Paul Blowers, *Drama of the Divine Economy: Creator and Creation in Early Christian Theology and Piety*(Oxford: Oxford University Press, 2012).

— Vincent Brümmer, *Speaking of a Personal God: An Essay in Philosophical Theology*(Cambridge: Cambridge University Press, 1992).

— Martin Buber, *I and Thou*(New York: Scribners, 1970). (『나와 너』 김천배 역, 대한기독교서회, 2020)

— Stephen T. Davis, Daniel Kendall, and Gerald O'Collins(eds), *The Trinity: An Interdisciplinary Symposium on the Trinity*(Oxford: Oxford University Press, 2002).

— Langdon Gilkey, "God"; in P. Hodgson and R. King(eds), *Christian Theology*(Philadelphia: Fortress Press, 1982), pp. 62-87. (『현대 기독교 조직신학: 기독교 신학의 전통과 과제에 대한 개론』 윤철호 역, 한국장로교출판사, 1999)

— Stanley M. Grenz, *Rediscovering the Triune God: The Trinity in Contemporary Theology*(Minneapolis, MN: Augsburg Fortress Press, 2004).

— Colin E. Gunton, *The Promise of Trinitarian Theology*(Edinburgh: T&T Clark, 1991).

— Joshua Hoffman and Gary S. Rosenkrantz, *The Divine Attributes*(Oxford: Blackwell, 2002).

— Veli-Matti Kärkkäinen, *The Doctrine of God: A Global Introduction*(Grand Rapids, MI: Baker Academic, 2004).

— Gerhard May, *Creatio ex nihilo: The Doctrine of "Creation out of Nothing" in Early Christian Thought*(Edinburgh: T&T Clark, 1995).

— Sallie McFague, *Models of God*(Philadelphia: Fortress Press, 1987), pp. 91-180. (『어머니, 연인, 친구: 생태학적 핵 시대와 하나님의 세 모델』, 정애성 역, 뜰밖, 2006)

— Ronald H. Nash, *The Concept of God*(Grand Rapids, MI: Zondervan, 1983).

— Anthony B. Pinn, *Why, Lord? Suffering and Evil in Black Theology*(New York: Continuum, 1995).

— Samuel M. Powell, *Participating in God: Creation and Trinity*(Minneapolis, MN: Augsburg Fortress Press, 2003).

— Kathleen Mullen Sands, *Escape from Paradise: Evil and Tragedy in Feminist Theology*(Minneapolis, MN: Fortress Press, 1994).

— Robert Sherman, *The Shift to Modernity: Christ and the Doctrine of Creation in the Theologies of Schleiermacher and Barth*(London: T&T Clark, 2005).

— Thomas F. Torrance, *The Christian Doctrine of God: One Being, Three Persons*(Edinburgh: T&T Clark, 1996).

— A. W. Wainwright, *The Trinity in the New Testament*(London: SPCK, 1969).

4장 그리스도의 인격

서론

기독교 신학의 기본 과제 가운데 하나는 기독교 신앙의 중심인물인 예수 그리스도의 정체성과 의미를 명료하게 밝히는 일이다. 예수께는 무언가 특별하고 질적으로 다른 것이 있으며, 그것 때문에 예수는 다른 종교의 스승이나 사상가들과 구별된다고 기독교인들은 늘 주장해 왔다. 그렇다면 예수에게서 발견되는 특별한 점은 정확히 무엇인가? 이 물음은 전통적으로 그리스도론으로 알려진 기독교 신학 분과에서 다룬다. 신학을 '하나님을 이해하려는 노력'이라고 말한다면, 그리스도론은 '그리스도를 이해하려는 노력'이라고 말할 수 있다.

오랜 세월 동안 그리스도론은 하나님에 관한 기독교 특유의 사고에서 극히 중요한 자리를 차지하고, 일반적 관점에서 하나님을 논하는 유신론의 포괄적 개념과 기독교의 하나님 이해를 구분해 주는 역할을 해왔다. 처음부터 기독교 신학은 나사렛 예수를 개념적 지도 위에서 어느 자리에 배치해야 하는지의 문제를 긴급하게 여겼다. 예수는 신성과 인성의 좌표에서 어디에 배치해야 하는가? 또 시간과 영원의 좌표에서는 어떤가? 예수는 하나님에 관한 우리의 사고와 어떤 관계가 있는가? 그리고 인간의 본성 및 운명과는 어떤 연관성이 있는가?

기독교 신학의 과제 가운데 하나는, 예수의 정체성과 의미를 밝혀 주는 성경의 여러 가지 증언들을 하나로 묶는 일이다. 그렇게 통합할 필요가 있는 성경 주제들은 다음과 같은 것이 있다.

❶ 신약성경에서 예수를 가리키는 데 사용하는 용어들.

❷ 예수가 성취한 것으로 여겨지는 일들. 이것은 예수의 정체성과 직

접 관련된 것으로 받아들여진다. 기독교에서 이해하는 그리스도의 인격과 사역 사이에는 밀접한 연관성이 있다. 달리 말해 그리스도의 정체성 논의는 그리스도의 업적에 관한 논의와 맞물려 있다. 이번 장에 포함된 몇 편의 글에서 그리스도론과 구원론 사이의 밀접한 관계를 살펴볼 것이다.

❸ 예수가 자신의 사역—예를 들어, 병을 치유한 일—을 통해 사람들에게 끼쳤던 영향.

❹ 부활. 신약의 저자들은 그리스도가 하나님의 자리까지 높임받은 상태를 보증하고 확인해 주는 것이 부활이라고 생각한다. 부활은 기독교 신학의 전통 안에서 다양한 방향으로 이해되고 발전했다.

이 주제들을 하나로 엮어 일관된 전체로 묶어 내는 한 가지 방법이 기독교 신학에서 폭넓은 지지를 받기에 이르렀는데, '성육신' 이론, 곧 그리스도의 '두 본성' 이론이 그것이다. 이 개념을 해명하고 그 의미를 밝히는 최선의 방법이 무엇인지의 문제로 논쟁이 벌어지기는 했으나, 결국은 이런 식으로 예수 그리스도의 정체성과 의미를 이해하는 방식이 기독교적 믿음과 영성의 핵심을 이루는 것으로 널리 인정받게 되었다. 이 개념은 많은 주제와 연결되는데, 하나님을 계시할 수 있는 그리스도의 능력, 하나님과 인간의 중보자인 그리스도, 인간 구원의 기초이고 신앙적 삶의 탁월한 모범이신 그리스도라는 주제를 예로 들 수 있다.

하나님께서 나사렛 예수를 통해 인간의 역사 속으로 들어오셨다는 기독교의 주장은 당연히 신앙과 역사의 관계에 관한 문제를 불러일으켰다. 이 쟁점은 역사주의의 흐름이 두각을 나타내고 역사의 균일성을 주장하게 된 계몽주의 시대에 들어와 더 중요하게 되었다. 그 결과로 나타난 '역사적 예수' 연구는 그리스도를 그분의 종교적 인격이나 윤리적 가르침에 비추어 해석하려는 '축소된 그리스도론'으로 이어졌다. 계몽주의가 시들면서, 신앙과 역사의 문제를 보다 더 건설적으로 이해하는 견해가 나타났다.

페미니즘이 등장하면서 기독교의 신론에서 광범위하게 사용되는 남성적 언어와 역할 모델을 면밀히 검토하게 되었던 것처럼, 최근 몇십 년 사이에 예수 그리스도의 남성성의 역사적, 신학적, 영적 측면에 대해 광범위한 성찰이 이루어지고 있다. 이 주제들은 이번 장에 실은 비교적 최근 자료인 몇 편의 글에서 다루어진다.

이번 장의 글을 통해 독자들은 여러 가지 쟁점들을 보다 더 깊이 있게 연구할 수 있을 것이다.

1. 그리스도의 정체성에 관한 교부시대의 논쟁들

이번 장에서는 교부시대에 그리스도론을 둘러싸고 일어났던 고전적 논쟁들과 직접 연관된 본문들을 다루면서, 가현설과 영지주의, 아리우스주의, 아폴리나리우스주의, 네스토리우스주의, 성부수난설, 단성론 논쟁 등을 살펴본다. 이 본문들을 통해 독자들은, 그리스도의 정체성에 관한 기독교의 견해들이 형성되던 초기 시대에 두드러졌던 쟁점들과, 이 개념들을 표현하는 가장 적합한 방법들에 대해 더 깊이 이해할 수 있을 것이다.

교부시대의 그리스도론 논쟁들

4.1 ▸ 안티오키아의 이그나티우스: 가현설

4.2 ▸ 리옹의 이레나이우스: 영지주의 그리스도론

4.3 ▸ 테르툴리아누스: 성부수난설

4.4 ▸ 테르툴리아누스: 성육신

4.5 ▸ 노바티아누스: 그리스도의 신성

4.6 ▸ 오리게네스: 그리스도의 두 본성

4.7 ▸ 아리우스: 그리스도의 지위

4.8 ▸ 알렉산드리아의 아타나시우스: 그리스도의 두 본성

4.9 ▸ 라오디케아의 아폴리나리우스: 그리스도의 인격

4.10 ▸ 나지안주스의 그레고리우스: 아폴리나리우스주의

4.11 ▸ 몹수에스티아의 테오도루스: 기뻐하시는 뜻에 따른 연합

4.12 ▸ 네스토리우스: 테오토코스라는 용어

4.13 ▸ 알렉산드리아의 키릴로스: 성육신

4.14 ▸ 교황 레오 1세: 그리스도의 두 본성

4.15 ▸ 칼케돈 공의회: 기독교 신앙의 규정

4.16 ▸ 다마스쿠스의 요하네스: 성육신과 이콘

2. 신앙과 역사: '역사적 예수' 연구

앞에서 언급했듯이, 그리스도론 논쟁은 교부시대가 막을 내리고도 끝나지 않았다. 종교개혁 시대에 벌어진 논쟁에서는 그리스도론이 근본적으로 중요하지 않았지만, 계몽주의 시대가 열리면서 다시 큰 중요성을 띠게 되었다. 근대의 그리스도론에서는 이 문제의 역사적 측면을 둘러싸고, 그중에서도 특히 '신앙과 역사'라는 쟁점을 두고 중요한 논쟁이 일어나기도 했다. 일부 사람의 주장처럼, 나사렛 예수라는 역사적 인물과 교회가 그에게 덧입힌 해석 사이에는 커다란 심연이 존재하는가? 이 논쟁은 빛을 비춘 것 못지않게 많은 열기도 쏟아냈지만, 기독교 신앙의 역사적 뿌리와 예수가 교회에서 차지하는 중심적 위치를 분명히 드러내 주기도 했다.

신앙과 역사

4.22 ▸ 고트홀트 에프라임 레싱: 역사의 구덩이

4.24 ▸ 마틴 켈러: 역사적 예수

4.25 ▸ 조지 티렐: 자유주의 개신교의 그리스도

4.26 ▸ 알버트 슈바이처: '역사적 예수 연구'의 실패

4.30 ▸ 폴 틸리히: 없어도 되는 역사적 예수

4.31 ▸ 볼프하르트 판넨베르크: 꼭 필요한 역사적 예수

4.35 ▸ N. T. 라이트: 역사와 그리스도론

3. 성육신 개념

예수 그리스도의 인격과 관련된 주요 신학 쟁점은 '성육신' 개념, 곧 하나님께서 신성을 포기하지 않으신 채 인간이 되어 역사 속으로 들어오셨다는 사상이다. 이것은 그리스도는 참 하나님이시며 참 인간이시라는 칼케돈 공식으로 흔히 표현된다. 아래에 제시한 글들을 통해, 이 개념의 토대와 의미를 자세히 살펴볼 수 있다.

'성육신' 개념

4.4 ▸ 테르툴리아누스: 성육신

4.5 ▸ 노바티아누스: 그리스도의 신성

4.6 ▸ 오리게네스: 그리스도의 두 본성

4.7 ▸ 아리우스: 그리스도의 지위

4.8 ▸ 알렉산드리아의 아타나시우스: 그리스도의 두 본성

4.9 ▸ 라오디케아의 아폴리나리우스: 그리스도의 인성

4.10 ▸ 나지안주스의 그레고리우스: 아폴리나리우스주의

4.11 ▸ 몹수에스티아의 테오도루스: 기뻐하시는 뜻에 따른 연합

4.13 ▸ 알렉산드리아의 키릴로스: 성육신

4.14 ▸ 교황 레오 1세: 그리스도의 두 본성

4.15 ▸ 칼케돈 공의회: 기독교 신앙의 규정

4.17 ▸ 오툉의 호노리우스: 성육신의 원인

4.18 ▸ 토마스 아퀴나스: 성육신의 필연성

4.19 ▸ 그레고리우스 팔라마스: 하나님의 겸허와 성육신

4.27 ▸ G. K. 체스터턴: 성육신과 신화와 이성

4.28 ▸ P. T. 포사이스: 그리스도의 인격

4.29 ▸ 도로시 세이어즈: 그리스도론과 교의

4.32 ▸ 토머스 토런스: 성육신과 구원론

4.34 ▸ 모르나 후커: 칼케돈 공의회와 신약성경

안티오키아의 이그나티우스
: 가현설

안티오키아의 이그나티우스약 35-110는 기독교 교리가 형성되던 시기에 활동하면서 여러 교리 논쟁을 목격했던 주요 인물이다. 이 본문은 110년 무렵 이그나티우스가 순교당하기 전에 쓴 두 편의 서신에서 인용한 것이고, 가현설 이단의 초기 형태를 다룬다. 이 이단은 그리스도가 실제로 고난을 겪은 것이 아니라 외관상으로만 고난을 당했다고 보았고, 따라서 그는 참 인간이 아니라고 주장했다4.2, 4.12 참조.

본문

그러므로 어떤 사람이 당신에게 예수 그리스도에게서 벗어난*choris* 이야기를 하면, 귀를 닫아 버리기 바랍니다. 예수 그리스도는 다윗의 가문에 속하고, 마리아의 아들이시며, 실제로 태어나 먹고 마셨고, 참으로 본디오 빌라도에게 박해를 당하셨으며, 하늘과 땅과 지옥이 지켜보는 가운데 실제로 십자가에 달리셨고, 참으로 죽으셨으며, 죽은 자들 가운데 다시 살아나셨습니다. 그분을 다시 살리신 분은 그분의 아버지시며, 아버지께서는 예수 그리스도 안에서 우리도 역시 살리실 것입니다. 우리는 예수 그리스도를 믿는데, 그분을 떠나서는 결코 참 생명을 얻을 수 없습니다. 그런데 만일 어떤 무신론자들*atheoi*, 곧 믿지 않는 자들이 주장하는 것처럼 그분이 겪으신 고난이 거짓이라면*to dokein peponthenai* —진짜 가짜는 바로 그들입니다—무슨 이유로 내가 이렇게 갇혀 있겠습니까?

[예수 그리스도께서는] 우리를 위해 이 모든 고난을 겪으셨고, 그래서 우리는 구원을 얻었습니다. 그분은 실제로 다시 살아나신 것처럼, 실제로 고난을 당하셨습니다. 그분의 수난은 어떤 회의주의자들의 주장처럼 꾸며낸 환상이 결코 아닙니다. 환상에 빠진 것은 오히려 그 사람들입니다. 그 비

참한 사람들의 운명은 언젠가 그들이 믿는 대로 결판이 날 것이고, 그때 그들은 실체 없는 허깨비로 굴러떨어질 것입니다. 진심으로 말하지만, 나는 그분이 실제 인간의 몸으로 사셨고, 부활 후에도 그렇게 존재하셨다고 알고 확신합니다. 그분은 베드로와 다른 제자들에게 나타나셨을 때, 이렇게 말씀하셨습니다. "내게 손을 대서 만져 보라. 그래서 내가 몸 없는 유령이 아니라는 것을 확인하여라." 그들은 즉시 그분께 손을 댔으며, 그분의 실제 몸을 만져 보고 믿게 되었습니다.

논평

가현설은 2세기 말에 이르러 완전한 형태를 갖추었다고 볼 수 있지만, 그 등장한 시기는 매우 이르다. 여기 인용한 글에서 우리는 가현설이라고 볼 수 있는 진술 또는 그 이단의 초기 형태라고 부를 만한 주장을 만난다. '가현설'Docetism이라는 용어는 그리스어로 '나타나다', '보이다'를 뜻하는 동사 *dokein*에서 온 말이며, 그리스도는 실제 인간이 아니었고 단지 고난을 받는 것처럼 '보였을 뿐'이라고 믿는 가현설 신봉자들의 견해를 가리킨다.

생각해 볼 물음들

❶ 이그나티우스가 예수의 인성과 역사적으로 실재한 그분의 현존을 어떤 식으로 강조하는지에 주목해 보라. 그 이유는 무엇인가? 당시 그가 이렇게 주장하고 나선 의도는 무엇인가?

❷ 이그나티우스가 이 글을 통해 반박하는 특이한 믿음은 무엇인가?

❸ 이그나티우스는 그리스도의 고난과 인간의 구원을 어떤 방식으로 연결하는가? 여러분이 보기에 이것은 얼마나 중요한가?

리옹의 이레나이우스

: 영지주의 그리스도론

4.2 ▼

리옹의 이레나이우스약 130-202가 2세기 후반에 쓴 이 글에서는 영지주의의 영향을 받아 등장한 여러 가지 이단적 그리스도론들을 다룬다. 여기서 그가 특히 중요하게 다루는 것은, 그리스도가 오직 외관상으로만 육체를 취했다고 주장한 가현설이다4.1, 4.3 참조.

본문

이 사람들 가운데 사투르니누스는 안티오키아 출신인데……메난드로스처럼 사투르니누스도 알려지지 않은 한 아버지*unum patrem incognitum*가 있다고 가르치면서, 그가 천사angels와 대천사archangels와 능품천사virtures와 역품천사power를 지었고, 이 세상과 그 안에 있는 모든 것은 일곱 천사가 창조했으며, 인간도 그 천사들이 만들었다고 주장했다……

사투르니누스는 구주는 출생하지 않았고 몸이 없고 형태도 없다고 단언하면서, 오직 외관상으로만 인간처럼 보였다*putative autem visum hominem*고 주장했다. 그의 주장에 따르면, 유대인의 신은 천사 가운데 하나였으며, 아버지가 모든 통치자들*principes*을 멸하기 원하셨기에 그리스도가 와서 유대인의 신을 멸하고 자기를 믿는 모든 사람은 구원했는데, 이 사람들은 생명의 불꽃을 지닌 사람들*scintillam vitae eius*이라고 불렸다. 사투르니누스는 천사가 두 종류의 인간을 지었다고 주장한 최초의 인물로, 한 부류의 사람들은 착하고 다른 부류의 사람들은 악하다고 보았다. 또 악마들이 악한 사람들을 조력했기에, 구주가 악한 사람들과 악마들을 멸하고 선한 사람들을 구원하러 왔다고 주장했다. 사투르니누스를 따르는 사람들은 결혼과 출산이 사탄에게 속한 일이라고 주장했다. 그들은 대부분 육식을 멀리하면서, 이처럼 그릇된 절제를 통해 많은 사람을 넘어지게 만들었다. 또 그들은 예언 가운데 일부는 세상을 지은 천사들에게서 왔고, 다른 일부는 사탄에게서 왔다고 주장했다. 사투르니누스의 주장에 의하면 사탄도 천사는 천사지만, 세상의 창조자들, 특히 유대인의 신에 맞서는 천사다.

논평

이레나이우스는 자신의 중요한 저작 『이단 반박』*Against Heresies*에서 영지주의자들이 기독교에 맞서 가르친 내용과 더불어, 그러한 이단적 가르침에 대한 바른 응답을 독자들에게 제시한다. 여기서 인용한 본문에서는 가현설 개념을 다양한 모습으로 보여주는 사투르니누스의 견해를 집중적으로 다룬다. 세상에 존재하는 선악의 원인이 되는 선한 천사와 악한 천사라는 개념을 포함해서 이원론적인 성격이 두드러진 여러 개념들을 확인할 수 있다.

생각해 볼 물음들

❶ 이레나이우스의 설명을 토대로 사투르니누스의 주요 견해를 정리하라.

❷ 이러한 영지주의 개념이 사람들의 마음을 끌 수 있었던 이유가 무엇인지 파악하는 것이 중요하다. 아우구스티누스가 이원론적 전제들을 배제하고 악의 기원을 설명하는 것3.13을 살펴보라. 사투르니누스와 아우구스티누스의 견해 가운데 어떤 것이 더 이해하기 쉬운가?

❸ 영지주의자들은 일반적으로 신약과 구약이 각기 다른 신들을 가르친다고 주장한다. 구약의 신은 창조자 신이며, 신약의 신은 구속자 신이다. 여러분은 위의 본문에서 그런 이론을 확인할 수 있는가?

테르툴리아누스

: 성부수난설

4.3 ▼

성부수난설patripassianism은 3세기에 등장한 신학적 이단으로 노에투스, 프락세아스, 사벨리우스 같은 사상가들과 관련이 있고, 아버지가 아들로서 고난을 겪으셨다는 믿음을 강조한다. 달리 말해, 그리스도가 십자가에서 당한 고난을 아버지가 당한 고난으로 보아야 한다는 것이다. 프락세아스를 논박하는 이 글에서 테르툴리아누스약 160-220는 이 견해의 주요 특징을 규명하고 비판한다3.30 참조.

본문

악마는 여러 가지 방식으로 진리에 대적한다. 때로 악마는 진리를 옹호하는 방식까지 사용해 진리를 무너뜨리려고 애쓴다. 악마는 유일하신 한 분 하나님, 세상을 지으신 전능하신 창조자가 존재한다고 주장하기도 하는데, 그 의도는 그러한 유일성에서 이단적 사상을 이끌어내려는 것이다. 악마는 성부 자신이 처녀의 몸속으로 내려왔고, 그녀를 통해 태어났으며, 친히 고난을 당하셨다고 가르친다. 더 나아가 사실 성부 자신이 예수 그리스도였다고 주장한다.……어떤 경망스러운 이방인[프락세아스]이 나타나 이런 기괴한 가르침을 최초로 아시아에서 로마로 들여왔는데……그 사람은 성령을 쫓아내고, 성부를 십자가에 못 박았다.

논평

성부수난설의 핵심은 아버지가 아들로서 고난당했다는 믿음이다. 노에투스, 프락세아스, 사벨리우스 등의 사상가에 의하면, 신성의 구분은 단지 양태 또는 외적 작용에 따른 것이다. 달리 말해 성부와 성자와 성령은 하나의 동일한 신적 실체가 서로 다르게 표현된 것, 곧 서로 다른 존재 양태일 뿐이다. 흔히 사벨리우스주의Sabellianism로 알려진 이 양태론에 대해서는 삼위일체론을 다루는 곳에서 좀 더 자세히 살펴볼 수 있다3.14 참조.

생각해 볼 물음들

❶ 테르툴리아누스에 의하면, 오직 한 분 하나님에 대한 믿음이 어떻게 이단으로 빠질 수 있는가? 이 물음에 답하기 전에 4.4를 읽으면 도움이 될 것이다. 그 글에서는 하나님의 '군주 통치'*monarchia*, **단독 통치**가 그릇 사용된 경우를 자세히 설명한다.

❷ 테르툴리아누스는 프락세아스가 "아버지를 십자가에 못 박았다"라고 단언하는데, 이 말의 의미는 무엇인가?

4.4

테르툴리아누스

: 성육신

아래 글은 테르툴리아누스약 160-220가 프락세아스의 교설을 반박하는 논쟁적인 글이다. 여기서 테르툴리아누스는 그리스도의 인성과 신성이 지니는 고유한 기능을 구분하면서도 그리스도의 인격의 단일성을 주장한다. 두 가지 금속이 각각 고유한 특성을 잃어버리고 하나로 융합되는 '합금'과 같은 식으로 이해한 성육신 모델을 테르툴리아누스가 거부한다는 점에 특히 주목하라. 이 글에서 언급하는 '호박금'은 자연에서 발견되는 금과 은의 혼합물이다4.8, 4.10, 4.14, 4.15, 4.16 참조.

본문

어떤 사람들은 한 인격 안의 두 존재인 아버지와 아들을 구분하려고 하면서, 아들은 육신 곧 예수인 인간이고, 아버지는 영 곧 그리스도이신 하나님이라고 말한다. 그래서 아버지와 아들의 동일성을 입증하려는 사람들이 둘을 하나로 일치시키기보다, 갈라놓는 결과에 이르는 것으로 보인다.…… 아마도 그들은 예수와 그리스도를 구분하는 이런 유형의 '군주 통치' *talem monarchiam*, 단독 통치를 발렌티우스에게서 배웠을 것이다. 하지만……그들은 '아버지'를 하나님의 말씀이자 하나님의 영으로 묘사한다.……그러면 육으로 나신 하나님은 누구신가? 말씀과 영으로서 하나님의 뜻에 따라 말씀과 함께 나신 분이다. 그러므로 말씀은 육 안에 계셨다. 하지만 우리는 말씀이 어떻게 '육이 되었는지', 즉 육으로 변화한 것인지 아니면 육을 입은 것인지를 물어야 한다. 분명 후자가 사실이다. 우리는 하나님의 영원한 본성이 변화나 변형을 겪지 않는다는 사실을 믿어야 한다. 변형은 원래 존재했던 것의 파괴를 수반한다. 다시 말해 변형되는 것은 앞서 존재했던 그대로 존재하기를 멈추고, 다른 무언가로 존재하기 시작한다. 하지만 하나님은 본래 모습대로 존재하기를 멈추거나 다른 것으로 존재하실 수 없다. 다시 말해 말씀은 하나님이시고, '주님의 말씀은 영원히 있다'는 말대로 말씀은 언제나 같은 형태로 계신다.……따라서 말씀의 성육신은 그가 육으로 존재하게 되셨고, 육을 통해 계시되고 드러나고 만질 수 있게 되셨다는 것을 뜻한다. 이러한 해석은 다른 면에서도 입증할 수 있다. 말씀이 만일 변형과 실체의 변화를 통해 성육신하셨다면, 그분은 호박금이 금과 은의 합금인 것처럼 육과 영 두 부분으로 이루어진 하나의 실체, 곧 일종의 혼합체였을 것이다. 그러므로 한 성분이 다른 성분에 의해 변화되어 제3의 성분이 생성되는 까닭에, 그는 금(즉, 영)도 될 수 없고 은(즉, 육)도 될 수가 없을 것이다. 그러면 예수는 더는 말씀, 곧 육이 된 말씀이 아니기에, 하나님이실 수 없다. 그리고 예수는 육신, 곧 인간이실 수도 없다. 말씀이었던 것은 진정한 의미에서 육신이 아니기 때문이다. 이 둘로부터 이것도 아니고 저것도 아닌 제3의 것, 곧 둘과는 완전히 다른 것이 생겨난다.……우리는 하나의 인격, 곧 하나님이시며 인간이신 예수 안에서 혼합되지 않고 연합한 존재의 두 가지 양태를 본다.……그리고 각 실체의 고유한 특성은 전혀 변함없이 유지되므로, 영은 그 안에서 자기 권한인 권세와 사역과 표적들을 행하는 반면, 육신은 그것에 적합한 경험들을 겪는다. 마귀를 만나서는 굶주림을 겪으셨고, 사마리아 여인을 만나서는 목마름을 느끼셨고, 나사로 앞에서는 눈물을 흘리셨고, 죽음 앞에서는 괴로워하셨으며, 마지막으로 육신은 죽임을 당하셨다.

논평

교부시대의 가장 중요한 업적 가운데 하나는 성육신의 본질을 명료하게 다듬은 일이다. 예수의 인성과 신성은 서로 어떻게 관련되는가? 교부시대에 이 문제를 둘러싸고 벌어진 논의는 그리스도 안에서 신성과 인성의 일치를 말하면서, 두 본성의 일치와 특성을 모두 지켜낼 수 있는 여러 가지 모델을 탐구했다. 이 글은 한 가지 독특한 모델을 찾아 분석한다는 점에서 흥미롭다. 테르툴리아누스는 이 모델을 배척하는데, 그 바탕에 놓인 기원과 의제를 고려한다면 놀라운 일이 아니다. 그러나 테르툴리아누스가 이러한 판단에 도달하는 데 사용하는 원리 자체는 매우 흥미롭다.

생각해 볼 물음들

❶ 테르툴리아누스는 성육신을 설명하는 '호박금' 모델을 어떻게 반박하는가?

❷ 테르툴리아누스는 예수 그리스도의 어떤 행동을 신성에 속하는 것으로 보는가? 또한 어떤 행동들을 그의 인성에 속하는 것으로 말하는가?

❸ "그러므로 말씀은 육 안에 계셨다. 하지만 우리는 말씀이 어떻게 '육이 되었는지', 즉 육으로 변화한 것인지 아니면 육을 입은 것인지를 물어야 한다. 분명 후자가 사실이다." 본문에서 이 구절의 위치를 확인하라. 이 구절에서 테르툴리아누스는 무엇을 말하려 하는가? 그는 이 구절에서 어떤 결론을 끌어내는가?

노바티아누스
: 그리스도의 신성

노바티아누스약 200-258는 235년경 라틴어로 쓴 삼위일체에 관한 논문에서 삼위일체론의 바탕을 이루는 기본적 논의를 서술하고, 삼위일체론을 어떻게 이해해야 하는지를 밝힌다. 그는 삼위일체론의 토대를 다지는 가운데, 그리스도의 신성을 다룬다. 만일 그리스도가 하나님이라면, 우리는 하나님에 관한 생각을 새롭게 구성해야 한다. 노바티아누스는 특히 요한복음을 근거로 삼아, 자신이 보기에 그리스도의 신성을 지지하는 몇 가지 논증을 제시한다4.4, 4.8, 4.10, 4.14, 4.15 참조.

본문

만일 그리스도께서 인간에 불과하다면, 그분은 왜 "영생은 오직 한 분이신 참 하나님을 알고, 또 아버지께서 보내신 예수 그리스도를 아는 것입니다"(요 17:3)라는 말씀으로 우리를 위한 신앙의 규칙을 정하셨는가? 만일 그리스도께서 우리가 그분을 하나님으로 인정하고 믿기를 바라지 않으셨다면, 왜 "또 아버지께서 보내신 예수 그리스도"라는 구절을 덧붙여 말씀하셨는가? 그분이 하나님으로 인정받기를 원하셨다는 것 외에 무슨 이유가 있겠는가? 그리스도께서 하나님으로 여겨지기를 원치 않으셨다면 "아버지께서 보내신 인간 예수 그리스도"라고 덧붙였을 것이다. 그러나 그분은 그렇게 말씀하지 않으셨고, 우리에게 그분 자신을 인간으로만 알리지 않으시고 오히려 자신을 하나님과 하나라고 밝히셨다. 밀접한 관계를 밝힘으로써 실제와 같이 자신이 하나님으로 받아들여지기를 원하셨던 것이다. 그러므로 우리는 앞서 정한 원칙대로 주님, 곧 한 분이신 참 하나님을 믿고 또 아버지께서 보내신 분이신 예수 그리스도를 믿어야 한다. 그분은 앞서 말한 대로 하나님으로 여겨지기를 원치 않으셨다면, 결코 그분 자신을 아버지와 밀접한 관계로 묶어 말씀하지 않으셨을 것이다. 하나님으로 받아들여지기를 원하지 않으셨다면, 당연히 자신을 아버지에게서 분리시키셨을 것이기 때문이다.

논평

그 당시 많은 저술가들에게서도 노바티아누스의 논쟁과 비슷한 내용을 확인할 수 있다. 기본적인 논점은, 요한복음에는 아버지와 아들 사이의 행위의 동일성을 가리키거나, 심지어 존재의 동일성을 가리키는 중요한 구절이 많이 들어있다는 것이다. 훗날 아리우스가 그 구절들은 존경을 표하는 말로 여기거나 비문자적으로 이해해야 한다고 주장했지만, 노바티우스는 그 구절들을 글자 그대로 인정하고, 거기에 담긴 그리스도론적인 함의를 받아들여야 한다고 주장했다.

생각해 볼 물음들

❶ 노바티아누스가 인용한 요한복음의 본문을 찾아 그 구절이 어떤 의미를 지니는지 생각해 보라. 요한복음에 이와 비슷한 주장을 제기할 만한 다른 구절들이 있는가?

❷ 노바티아누스의 주장을 요약해 보라. 여러분은 그의 주장이 얼마나 설득력이 있다고 생각하는가?

❸ 왜 노바티아누스는 예수께서 아버지로부터 보내심을 받은 일을 크게 강조하는가?

4.6 오리게네스

: 그리스도의 두 본성

이 글에서 오리게네스약 185-254는 하나님과 인간 사이에 중보자가 필요하다고 주장하고, 그리스도의 신성과 인성이 각각 중보 사역과 관련해서 지니는 중요성을 밝힌다. 오리게네스가 그리스어로 쓴 대부분의 글이 아래 인용문처럼 라틴어 번역본으로만 남아 있다는 점에 유의하라4.4, 4.8, 4.15 참조.

본문

하나님의 본성은 중보자 없이 육체와 결합할 수 없으므로 이 영혼이 하나님과 육체 사이에서 중보자 역할을 함으로써 신인(神人)*deus-homo*이 태어났다. 바로 이 신인의 '실체'*substantia*가 자기 본성을 부정하지 않고서도 몸을 취할 수 있는 연결고리가 된다.……만물을 창조하신 하나님의 아들은 사람의 아들, 곧 예수 그리스도라고 불린다. 하나님의 아들이 죽으셨다고 말하는 것은 그분의 본성이 분명 죽음을 겪을 수 있기 때문이다. 또 그분은 사람의 아들이라고 불리며, 장차 "자기 아버지의 영광에 둘러싸여, 자기 천사들을 거느리고 올" 것이라고 선포된다. 이런 까닭에 성경 전체에서 신성은 인간에 관한 용어들로 서술되고, 동시에 인성은 신성에 적용될 수 있는 독특한 칭호들로 묘사된다. 이것을 가리켜 우리는 성경에 기록된 대로 "그들은 이제 둘이 아니라 한 몸이다"(마 19:6)라고 말할 수 있다.

논평

오리게네스는 그리스도론의 발전에 크고 중요한 기여를 했다. 그러나 그중 몇 가지는 미심쩍게 여겨졌는데, 그가 중요한 문제에서 지나치게 플라톤적 개념에 의존한다고 비판하는 사람들이 있었기 때문이다. 위에 인용한 본문에서는 하나님과 인간 사이를 중보하는 사역이 만족스럽게 이뤄지기 위해서는 중개자가 어떤 특질과 능력을 지녀야 하는지의 문제를 다룬다. 이 점에서 오리게네스의 논의는 다음 성경 구절을 근거로 다듬어진 것이 분명하다. "하나님은 한 분이시요, 하나님과 사람 사이의 중보자도 한 분이시니, 곧 사람이신 그리스도 예수이십니다. 그분은 모든 사람을 위해서 자기를 대속물로 내주셨습니다"(딤전 2:5-6).

생각해 볼 물음들

❶ 오리게네스가 "중보자" 개념을 펼치는 방식을 여러분의 말로 설명해 보라. 그는 어떤 결론을 이끌어 내는가?

❷ 오리게네스가 성경에 나오는 그리스도 칭호인 "하나님의 아들"과 "사람의 아들"을 나란히 제시하는 방식에 주의해 보라. 여러분이 보기에, 그는 이런 방식으로 무엇을 이끌어 내고 있는가?

❸ 여러분은 오리게네스가 성육신을 논하기 위해 마태복음 19:6을 인용하는 것에 대해 어떻게 평가하겠는가? 이것은 그 성경 본문을 적합하게 사용한 것이라고 할 수 있는가?

4.7

아리우스
: 그리스도의 지위

321년 무렵, 그리스어로 쓴 이 편지는 아리우스[약 260-336]가 그리스도론과 관련해서 저술한 것으로 알려진 몇 안 되는 문서 중 하나다. 아리우스의 견해는 주로 아타나시우스와 같이 그를 반대했던 사람들의 저술 속에서 발견된다. 아타나우스가 인용한 아리우스의 글들은 정확성이 떨어지거나 문맥에서 벗어난 것으로 보인다. 아리우스가 특히 강조하는 요점은, 아들에게는 존재하기 시작한 시점이 있다는 것, 달리 말해 아들은 영원하지 않다는 것이다. 아리우스의 이런 믿음과 그가 하나님의 불변성을 확고히 주장한 점을 연결해서 살펴보라. 아리우스가 볼 때, 하나님이 변하실 수 없다는 사실은 그 자체가 성육신을 반박하는 강력한 논증이 된다1.5, 4.4, 4.6, 4.8, 4.15 참조.

저의 아버지 암모니우스가 니코메디아로 가시게 되어 그 편에 주교님께 문안을 드리고, 이곳 사정을 아뢰는 게 좋다고 생각했습니다.……이곳 주교가 얼마나 혹독하게 우리를 공격하고 핍박하고 몰아대는지 모릅니다. 우리가 무신론자나 되는 양, 도시에서 쫓아내려고 합니다. 그가 떠들어대는 설교에 우리가 동의하지 않기 때문입니다. 그는 이렇게 설교합니다. "하나님은 언제나 계시고, 아들도 언제나 계신다. 아버지가 계실 때 아들도 역시 계셨고, 아들은 출생하지 않고서 하나님과 함께 계시며, 그는 출생으로 나신 것이 아니라 항상 나신다. 생각에서나 시간으로나 하나님은 아들보다 앞서지 않으시며, 하나님은 언제나 계시고 아들도 언제나 계시는데, 아들은 하나님으로부터 존재하신다." 그리고 주교님의 형제인 카이사레아의 주교 에우세비우스, 테오도투스, 파울리누스, 아타나시우스, 그레고리우스, 아에티우스 및 동방의 다른 주교들도 하나같이 하나님께는 시작이 없고 하나님이 아들보다 먼저 존재하셨다고 주장한다는 이유로 정죄당했습니다. 그러나 필로고니우스, 헬라니쿠스, 마카리우스, 그리고 신앙에 대해 잘 알지도 못하고 이단적인 사람들은 화를 면했습니다. 이 사람들 가운데 어떤 이들은 아들의 출생을 가리켜 유출(流出)이라고, 다른 이들은 투영이라고 말하고, 또 다른 이들은 아들이 아버지와 똑같이 출생하지 않았다고 주장합니다. 우리는 저 이단자들이 혹독한 죽음으로 위협을 가해 온다고 해도, 이런 불신앙적인 주장들에 흔들리지 않습니다. 오히려 우리는 우리가 말하고 믿는 대로 가르쳐 왔고, 앞으로도 그렇게 가르칠 것입니다. 우리가 가르치는 것은 아들은 출생하지 않은 분이 아니고, 어떤 식으로든 출생하지 않은 존재의 일부도 아니고, 어떤 실체로부터 나온 것도 아니며, 오히려 아들은 자신의 뜻과 의지로 시간과 시대가 있기 전에 온전히 하나님으로서, 곧 독생하고 불변하는 이로서 존재했다는 사실입니다. 아들은 출생하거나 창조되거나 지명되거나 세움 받기 전에는 존재하지 않았습니다. 아들은 출생하지 않은 분이 아니기 때문입니다. 우리는 "하나님은 시작이 없지만, 아들에게는 시작이 있다"라고 말한다는 이유로 핍박을 당합니다. 그 이유에 더해 우리는 그분이 존재하지 않는 것에서 나온다고 말한다고 해서 핍박을 당합니다. 그런데 우리가 이렇게 말하는 이유는 그분이 하나님의 일부도 아니고, 어떤 실체로부터 나오지도 않기 때문입니다. 이런 연유로 우리가 핍박을 당하고 있고, 나머지 일은 주교님이 잘 아십니다.

논평

아리우스의 견해는 대부분 그를 반대했던 사람들의 저술을 통해 알려졌다. 따라서 그의 견해들이 논쟁 과정에서 왜곡되었거나, 아니면 그의 저술에서 본래의 문맥과 상관없이 인용된 글들이 그가 실제로 말했던 것을 오해하게 만들었을 위험이 있다. 여기 인용한 글은 아리우스가 예수 그리스도의 정체성과 관련해서 자신의 견해를 직접 제시한다는 점에서 매우 흥미롭다.

아리우스에게 가장 근본적인 신념은, 예수 그리스도가 진정한 의미에서 하나님이 아니었다는 점이다. 예수 그리스도는 '피조물 가운데 첫째'—곧 등급에서는 우월하지만 신이 아니라 피조물임이 확실한 존재—였다. 아버지는 아들이 있기 전에 존재하신 것으로 생각되었다. "아들이 존재하지 않았던 때가 있었다." 이 말은 아버지와 아들을 서로 다른 단계에 배치하며, 아들이 피조물이라고 강하게 주장한 아리우스의 견해와도 일치한다. 아버지만 "출생하지 않았고" 아들은 다른 모든 피조물과 마찬가지로 그 단일하신 존재의 근원에서 나왔다. 하지만 앞서 언급했듯이, 아리우스는 아들이 다른 모든 피조물과 동일한 것은 아니라고 조심스럽게 강조했다. 인간을 포함한 다른 피조물과 아들 사이에는 등급의 차이가 있다. 이 차이의 정확한 성격이 무엇인지 밝히는 데서 아리우스는 꽤 어려움을 겪었다. 이 서신의 다른 곳에서 아리우스는 이렇게 주장했다. 아들은 "전적인 피조물이지만 여타 피조물 가운데 하나가 아니고, 출생한 존재이기는 하나 여타 출생한 존재들과는 전혀 다르다." 이 말은 아들이 다른 피조물들과 마찬가지로 창조되고 출생한 본질을 지니면서도, 다른 피조물들을 훨씬 능가하는 지위에 있다는 의미로 받아들일 수 있다. 이 견해에 대해 당시 많은 사람이 비판했는데, 대표적인 인물은 아타나시우스였다4.8 참조.

생각해 볼 물음들

❶ "아들은 출생하지 않은 분이 아니고, 어떤 식으로든 출생하지 않은 존재의 일부도 아니고……." 본문에서 이 문구의 위치를 확인하라. 아리우스가 의미하는 것은 무엇인가?

❷ "아들은 출생하거나 창조되거나 지명되거나 세움 받기 전에는 존재하지 않았습니다." 본문에서 이 구절의 위치를 확인하라. 여기서 아리우스가 말하려는 바는 무엇인가?

❸ "하나님은 시작이 없지만, 아들에게는 시작이 있다." 본문에서 이 구절의 위치를 확인하라. 아리우스가 의미하는 것은 무엇인가?

4.8 알렉산드리아의 아타나시우스

: 그리스도의 두 본성

350년경 그리스어로 쓴 이 편지에서 알렉산드리아의 아타나시우스약 293-373는 그리스도의 완전한 인성을 주장하는 동시에, 구원론의 토대 위에서 그리스도의 신성을 설명한다1.5, 4.4, 4.5, 4.13, 4.15, 4.17, 5.4, 5.5, 5.31 참조.

본문

하나님이신 그리스도께서 인간이 되셨다. 그래서 그리스도께서는 하나님으로서 죽은 자들을 다시 살리시고, 말씀으로 모든 사람을 치유하시며, 물을 포도주로 바꾸셨다. 이 일들은 인간에게 속한 행위가 아니었다. 하지만 그분은 또한 인간으로서 갈증과 피곤을 느끼고, 고통도 겪으셨다. 이 경험들은 신성에는 합당하지 않은 일들이었다. 그분은 하나님으로서 "내가 아버지 안에 있고 아버지께서 내 안에 계시다"라고 말씀했으며, 인간으로서는 유대인들을 향해 "지금 너희는, 너희에게 하나님에게서 들은 진리를 말해 준 사람인 나를 죽이려고 한다"고 논박하셨다. 하지만 이런 일들은 각각 특성에 따라 구별되고 아무런 연관성도 없이 행해진 것이 아니고, 한편의 일들이 신성과는 무관하게 몸에 할당된다거나, 다른 한편의 일들이 몸과는 무관하게 신성에 할당되는 것은 아니다. 그 행위들은 모두 하나로 연결된 방식으로 일어났으며, 그래서 모든 일이 한 분이신 주님께서 은총으로 기적을 행하여 이루신 일들이다. 그분은 인간의 방식대로 침을 뱉어 사용했지만, 그분의 침에는 신성한 능력이 담겨 있어 날 때부터 눈먼 사람의 시력을 회복시켜 줄 수 있었다. 그분이 자신이 하나님이라는 사실을 밝히려 하실 때는 자신에게 있는 인간의 혀를 사용하여 "나와 아버지는 하나다"라고 말씀하셨다. 그분은 마음에 품은 뜻만으로 치유를 베푸셨다. 하지만 열병으로 앓아누운 베드로의 장모를 고치고 회당장의 죽은 딸을 다시 살리실 때는, 그분 자신에게 있는 인간의 손을 내밀어 그 일을 행하셨다.

논평

이 글에서 아타나시우스는 아리우스가 가르친 그리스도의 정체성을 암묵적으로 비판하고, 특히 아리우스가 그리스도의 신성을 부정하는 문제를 집중적으로 다룬다. 아타나시우스는 만일 아리우스가 이처럼 부정한 것이 옳다면 어떤 결론에 이르겠냐고 묻는다. 그런 존재론적 판단은 구원론에 어떤 영향을 끼치는가? 아타나시우스는 구원하실 수 있는 분은 오직 하나님뿐이라고 주장한다. 오직 하나님만이 죄의 권세를 깨뜨리고, 우리에게 영원한 생명을 주실 수 있다. 피조물이 지니는 근본 특성은 구원이 필요하다는 점이다. 그런데 어떤 피조물도 다른 피조물을 구원할 수 없다. 오직 창조주만

이 피조물을 구원하실 수 있다. 아타나시우스는 이 점을 강조한 후, 아리우스주의자들이 반박하기 어려웠던 논리적 주장을 편다. 신약성경과 기독교의 예전 전통은 모두 예수 그리스도를 구주로 인정한다. 하지만 아타나시우스가 강조하듯이, 오직 하나님만이 구원하실 수 있다. 그렇다면 우리는 이 점을 어떻게 이해해야 하는가? 아타나시우스의 주장에 따르면, 생각할 수 있는 유일한 해결책은 예수께서 성육신하신 하나님이라는 사실을 받아들이는 것이다. 위에서 살펴본 본문의 배후에는 분명 이런 논리가—비록 쟁점을 명확하게 표현하고 있지는 않지만—확실하게 자리 잡고 있다.

생각해 볼 물음들

❶ 아타나시우스는 그리스도의 인성과 신성을 굳게 옹호한 사람이다. 그는 그리스도의 인성과 신성에 각각 어떤 역할을 부여하는가?

❷ 만일 아리우스가 주장하는 예수의 정체성이 옳다면, 아타나시우스가 이해한 그리스도의 사역에서 어떤 측면들이 위태롭게 되는가?

❸ "하나님이신 그리스도께서 인간이 되셨다. 그래서 그리스도께서는 하나님으로서 죽은 자들을 다시 살리시고……." 본문에서 이 구절의 위치를 확인하라. 이 주장이 아타나시우스에게 왜 그렇게도 중요한가?

라오디케아의 아폴리나리우스

4.9 ▼

: 그리스도의 인격

라오디케아의 아폴리나리우스Apollinarius of Laodicea, 약 310-390가 디오카이사레아의 주교들에게 쓴 편지에서 인용한 이 글은, 그가 펼친 그리스도론의 주요 특성들을 보여준다. 성육신에서 말씀은 "변하기 쉬운" 인간 정신을 취하지 않았는데, 그런 인간의 정신을 취하게 되면 말씀이 인간의 죄에 갇혀 버리게 된다고 단호하게 주장한 데서 그의 견해의 가장 중요한 면모를 확인할 수 있다. 그와 달리 말씀은 "변하지 않고 하늘에 속하는 신적 정신"을 취했다. 따라서 아폴리나리우스는 그리스도를 완전한 인간이라고 말할 수 없다고 주장한다4.1, 4.4, 4.5, 4.10, 4.13, 4.14, 4.15 참조.

우리는 하나님의 말씀이 옛적에 예언자들에게 나타났던 방식대로 거룩한 사람을 택하여 그에게 내려온 것이 아니라고 믿습니다. 오히려 말씀은 인간의 정신—더러운 사고에 갇혀 있고 변하기 쉬운 정신—을 취하지 않고, 하늘에 속한 신성하고 불변하는 정신을 그대로 지니신 채 친히 육신이 되셨습니다.

논평

라오디케아의 아폴리나리우스는, 로고스가 인간 본성 전체를 온전히 취했다는 믿음이 점차 널리 퍼지는 현상에 대해 우려했다. 그에게 이런 믿음은 로고스가 인간 본성의 연약함에 오염된다는 것을 의미했다. 그가 보기에, 그리스도가 인간의 정신을 그대로 지니게 된다면 그리스도의 '죄 없음'이 위협 당하게 된다. 인간의 정신은 하나님께 맞서는 반역과 죄의 뿌리이지 않은가? 거룩하게 작용하고 이끄는 힘이 인간의 정신을 대신할 때에야 그리스도는 죄 없는 상태를 유지할 수 있다. 이러한 이유에서 아폴리나리우스는 그리스도 안에서 순전한 인간의 정신과 영혼이 하나님의 정신과 영혼으로 대체되었다고 주장했다. 이 견해는 나지안주스의 그레고리우스에게 크게 비판받았는데, 이에 대해서는 4.10에서 살펴본다. 아폴리나리우스는 '라오디케아의 아폴리나리스'Apollinaris of Laodicea로도 알려졌다는 점에 주의하라. 문헌에 따라 이름을 이렇게 다른 식으로 표기한다.

생각해 볼 물음들

❶ 여러분은 아폴리나리우스가 이 글에서 주장하는 개념의 배후에 어떤 관심사가 놓여 있다고 생각하는가?

❷ "말씀은 인간의 정신을 취하지 않고……친히 육신이 되셨습니다." 이 구절에서 아폴리나리우스가 말하려는 바는 무엇인가? 이 구절은 어떤 결과를 낳게 되는가?

4.10 ▼

나지안주스의 그레고리우스

: 아폴리나리우스주의

380-381년 사이에 그리스어로 기록된 이 편지에서 나지안주스의 그레고리우스329-389는 아폴리나리우스주의의 핵심 논제, 곧 그리스도는 인간 정신이 아니라 "변하지 않는 하늘의 신성한 정신"을 지니는 까닭에 완전한 인간이 아니라는 주장에 대해 가차 없이 공격을 퍼붓는다. 그레고리우스가 볼 때, 이런 주장은 구속의 가능성을 부정하는 것이었다. 말씀이 성육신을 통해 취하신 것만이 구속받을 수 있다. 만일 그리스도가 인간 정신을 지니지 않았다면, 인간은 구속받지 못한다. 그리스어 단어 테오토코스*theotokos*, '하나님을 낳은 이'로 옮기는 게 가장 옳다가 마리아를 가리키는 칭호로 사용되는 것에 주목하라4.8, 4.9, 4.11, 4.12, 4.13, 4.14, 4.15, 4.16 참조.

본문

사람들이 '우리 주님이시고 하나님'이신 분을 부르는 호칭인 '주님이신 사람'이 인간 정신을 지니지 않는다고 주장함으로써, 스스로를 속이거나 다른 사람을 속이는 일이 없도록 하십시오. 우리는 신성과 인성을 분리하지 않습니다. 사실 우리는 인격의 일치와 단일성 교리를 주장합니다. 그는 이전에 사람이 아니라 하나님이셨고, 모든 세대 이전에 홀로 나신 아들이었으며, 마지막 때 우리의 구원을 위해 인간의 본성을 취하셨습니다. 그는 인성으로는 감정을 느끼시지만 신성으로는 감정에 얽매이지 않으시며impassible, 몸으로는 한계에 예속되지만 영으로는 제한당하지 않으시며, 이 땅에 속하면서 동시에 하늘에 속하시고, 만질 수 있으면서 만질 수 없으시고, 이해할 수 있으면서도 이해할 수는 없는 분으로서, 완전한 인간이면서 완전한 하나님이신 그 한 인격에 의해 죄를 지어 타락한 인류 전체가 새롭게 지음 받게 됩니다.

만일 거룩한 마리아가 테오토코스*theotokos*라는 사실을 믿지 않는 사람들이 있다면, 그들은 신성에서 떨어져 나갈 것입니다.……만일 인성이 창조되고 그후에 신성이 덧입혀졌다고 주장하는 사람들이 있다면, 그들도 정죄당해 마땅합니다.……만일 두 아들, 곧 아버지 하나님의 한 아들과 어머니의 다른 아들이라는 관념을 끌어들이는 사람들이 있다면, 그들은 양자가 된 자격을 상실하게 됩니다.……신성과 인성은 영혼과 몸이 그런 것처럼 두 본성이지만, 두 아들이나 두 신이 있는 것이 아닙니다.……두 본성은 결합되어 하나인 까닭에, 육화된 신성이든 신화된 인성이든, 양쪽 모두 올바른 표현입니다.……만일 그리스도를 인간의 정신이 없는 사람이라고 믿는 사람들이 있다면, 그들은 정신 나간 사람들이요 구원받을 자격도 없습니다. 그리스도가 취하지 않은 것은 치유받을 수가 없으며, 그의 신성과 연합된 것만이 구원을 받기 때문입니다.……그런 사람들이 우리의 완전한 구원을 방해하거나, 구주에게 인간의 뼈와 힘줄과 외모[*zographia*]만을 덧입히지 못하도록 해야 합니다.

논평

이 글에서 그레고리우스는 아폴리나리우스의 견해에 대해 깊은 우려를 나타낸다. 구원론의 기본 원리는, 그리스도께서 타락한 인간 본성을 치유하고 새롭게 하여 구속하기 위해서는 그런 인간 본성을 취하여 받아들여야 한다는 것이다. 만일 그리스도가 인간 본성을 불완전하게 취하셨다면, 인간 본성은 구속에 이르지 못한다. 바로 이 견해가 "그리스도가 취하지 않은 것은 치유받을 수 없으며, 그의 신성과 연합된 것만이 구원을 받기 때문입니다"라고 말하는 중요한 진술의 바탕에 깔려 있다.

생각해 볼 물음들

❶ 그레고리우스는 하나님이 고난을 당하실 수 있다고 믿는가? 그의 견해는 이 주제를 다룬 다른 교부 저술가들과 어떻게 비교되는가?

❷ "완전한 인간이면서 완전한 하나님이신 그 한 인격에 의해 죄를 지어 타락한 인류 전체가 새롭게 지음 받게 됩니다." 이 구절에서 그레고리우스가 의미하는 것은 무엇인가? 이 구절은 그의 유명한 말 "그리스도가 취하지 않은 것은 치유받을 수 없으며, 그의 신성과 연합된 것만이 구원을 받기 때문입니다"라는 구절과 어떤 관계가 있는가?

❸ 그레고리우스가 테오토코스—마리아 곧 '하나님을 낳은 이'—라는 개념을 크게 강조하는 이유는 무엇인가? 이에 대해 어떤 근거를 제시할 수 있는가? 이 문제와 관련해서 그레고리우스의 견해와 뒤에서 곧 살펴볼 네스토리우스의 견해4.12를 비교해 보면 도움이 된다.

4.11 ▼

몹수에스티아의 테오도루스

: 기뻐하시는 뜻에 따른 연합

몹수에스티아의 테오도루스Theodore of Mopsuestia, 약 350-428는 신조와 주기도문을 다룬 『교리 교육론』*Catechetical Orations*과 『세례와 성찬의 성례』*Sacraments of Baptism and the Eucharist*를 시리아어로 저술했다. 그 후 사라졌던 이 두 책을 1932-1933년에 교부학 연구자인 알폰세 밍가나가 새롭게 발굴하여 출간했다. 이 문헌들은 성육신에 관한 테오도루스의 견해를 잘 보여주고, 그가 신성과 인성의 관계를 엄격한 의미의 '연합' union 이라기보다는 '결합' conjunction 으로 생각하는 경향이 있었음을 알려 준다. 『교리 교육론』의 여덟 번째 논제에서 인용한 아래 본문은 성육신 사건에서 두 본성의 관계를 다루며, 성육신의 본질과 관련해 4세기에 벌어졌던 논쟁들에 빛을 비춰 준다4.4, 4.5, 4.8, 4.9, 4.10, 4.14, 4.15 참조.

본문

두 본성을 구분한다고 해서 견고한 결합을 깨뜨리는 것이 아니며, 견고한 결합이 두 본성 사이의 차이를 허물어뜨리는 것도 아니다. 오히려 취함을 당한 이는 그를 취하신 이의 뜻에 따라 영예와 영광 가운데서 취하신 이와 연합하기 때문에, 두 본성은 분리되어 각각 자기 존재를 그대로 유지하면서도 그 결합은 튼튼히 유지된다.……남편과 아내가 '한 몸'이 된다는 것이 그들이 둘이라는 사실을 부정하지 않는다. 그들은 진정 둘인 까닭에 둘로 남아 있지만, 또한 그들은 하나이며 둘이 아닌 까닭에 하나이기도 하다. 여기서도[곧 성육신에서도] 이와 똑같이 둘은 본성에서는 둘이고, 결합에 의해서는 하나다. 본성에서 둘인 까닭은 두 본성 사이에 커다란 차이가 있기 때문이며, 결합에 의해 하나인 까닭은 취함을 당한 이가 받게 되는 경배가 그를 취하신 이가 받는 경배와 다른 것이 아니기 때문이다. 그[취함을 당한 이]는 성전이며, 그 안에 거하시는 이를 그 성전에서 분리하는 것은 불가능하다.

논평

이 글에서 테오도루스는, 그리스도의 정체성과 관련해서 교회 안에서 점차 합의를 이루어가던 견해를 옹호하고 있다. 하지만 그가 자기 생각을 펼쳤던 방식은 알렉산드리아의 키릴로스 같은 사상가들의 관심을 불러일으켰다. 그리스도 안에서 이루어지는 신성과 인성의 연합은 '본성의 연합'이 아니라, 관련된 당사자들의 뜻에 따른 '결합'으로 설명된다. "기뻐하시는 뜻에 따른 연합"*henosis kat' eudokian*이라는 이 개념은, 두 본성의 진정한 연합이라기보다는 인간의 결혼에서 볼 수 있듯이 계약상 합의로 이루어지는 결합으로 이해된다. 이 논점은 테오도루스가 사용한 결혼 유비를 통해 특히 분명히 드러나는데, 이 결혼 유비에서 그는 부부의 육체적 결합보다는 둘이 공유하는 영예와 존엄성을 더 중요하게 여긴다.

생각해 볼 물음들

❶ 본문에서 테오도루스가 사용하는 유비들을 찾아보라. 그는 그 유비들을 기초로 삼아 어떤 성격의 연합을 주장하는가?

❷ 테오도루스는 성육신이 인간의 결혼과 유사하며, 그 안에서 그리스도의 신성과 인성은 "본성에서는 둘이요 결합에 의해서는 하나"라고 주장한다. 여기서 그가 말하려는 바는 무엇인가? 이 말은 어떤 성육신 개념을 함축하는가?

❸ 네스토리우스의 저술들에서 발견되는 비슷한 개념들에 맞서 알렉산드리아의 키릴로스가 말한 "영예의 동등함이 본성들을 하나로 묶지 않는다"라는 논평을 생각해 보라. 키릴로스가 주장하는 논점은 무엇인가? 그의 주장이 여기서 테오도루스의 견해가 지닌 문제를 밝히는 데도 타당한가? 4.13을 참조하라.

4.12 ▼

네스토리우스

: 테오토코스라는 용어

한때 콘스탄티노플의 총대주교를 지낸 네스토리우스약 386-451의 저술은 상대적으로 적은 숫자만이 우리에게 전해졌다. 아래서 살펴볼 글은 5세기에 '스콜라스티쿠스'라고도 불린 소크라테스가 편찬한 교회사에서 인용했다. 네스토리우스의 행동과 말이라고 기록된 내용에 상당한 편견이 섞여 있는 것으로 보이지만, 이 글에서 발견하는 내용은 지금까지 알려진 그 시대 상황과 잘 맞아떨어진다. 예수 그리스도의 어머니 마리아를 테오토코스 *theotokos*, 하나님을 낳은 이라고 부르는 것이 타당한지의 문제에 논쟁이 집중된다는 점에 주목하라. 이 글에서 네스토리우스는 테오토코스라는 말을 사용해야 하는지 말아야 하는지의 문제로 혼란스러워하는 것으로 그려진다. 그는 이 용어의 사용이 무엇을 주장하는 것인지 확신하지 못하면서도 그것을 부정할 경우에 야기될 수 있는 결과에 대해 염려하고 있다 4.8, 4.10, 4.11, 4.13, 4.14, 4.15, 4.20 참조.

본문

그런데 [네스토리우스에게는] 안티오키아에서 데려온 아나스타시우스 장로라는 동료가 있었다. 네스토리우스는 그 사람을 매우 존경했고, 그와 많은 문제를 상의했다. 어느 날 아나스타시우스가 교회에서 설교하면서 "어느 누구도 마리아를 하나님의 어머니[테오토코스, *theotokos*]라고 부르지 마십시오. 마리아는 인간에 불과하고, 하나님이 인간에게서 태어나는 일은 불가능하기 때문입니다"라고 말했다. 이 말은 커다란 물의를 일으켰고, 성직자와 평신도 모두를 곤란하게 만들었다. 그때까지 사람들은 그리스도를 하나님으로 받아들이고, [구원의] 경륜에 따라 그의 인성을 신성과 분리해서는 안 된다고 배워 왔기 때문이었다.……이런 주장이 제기된 데 대해 교회 안에서 엄청난 비난이 퍼부어졌지만, 그에 맞서 아나스타시우스의 진술을 확고히 세우고자 애썼던 네스토리우스는—자기가 크게 존경하는 인물이 신성모독죄에 걸리기를 원하지 않았기에—계속해서 교회 안에서 이 주제에 대해 가르치는 일을 이어갔다. 그는 논쟁적인 태도를 고수하면서 테오토코스라는 용어를 철저히 배격했다. 이 문제를 둘러싼 논쟁은 각 사람에 따라 각양각색의 방식으로 전개되었고, 그 결과 계속되는 다툼으로 교회가 분열되었으며, 모든 사람이 어둠 속에서 제각기 극히 혼란스럽고 모순된 주장을 내세워 다투는 것과 같은 상황이 펼쳐졌다. 네스토리우스는 주님이 인간에 불과하다고 주장하면서, 사모사타의 바울과 포티누스의 가르침을 교회에 도입한 일로 대중적 명성을 얻었다. 그 결과 큰 소동이 벌어졌고, 논쟁거리가 된 그 문제를 치리하기 위해 보편 공의회를 소집해야 한다는 생각이 널리 퍼지게 되었다. 나도 네스토리우스의 저술들을 연구한 결과 그가 제대로 배우지 못한 사람이라는 사실을 알게 되었기에, 그에 관한 내 견해를 솔직하게 말하고자 한다.……나로서는 그가 사모사타의 바울이나 포티누스의 추종자였다거나, 주님은 인간에 불과하다고 말했다는 주장을 받아들일 수 없다. 하지만 그는 테오토코스라는 용어를 마치 끔찍한 유령이나 되는 양 두려워했던 것 같다. 사실 그가 이 주제에 대해 보인 불안감은 근거가 없는 것이고, 그의 심각한 무지를 드러낼 뿐이다. 그가 설교자로서 타고난 능력을 지닌 까닭에 지식도 뛰어난 사람으로 여겨졌지만, 사실 그는 수치스러울 정도로 무지한 사람이다. 실제로 그는 고대 주석가들을 면밀하게 살펴 깊이 연구하는 일을 가볍게 여겼고, 자기 말재주만 믿고 오만해진 결과, 고대 학자들에게 관심을 기울이는 대신 자기가 그들보다 우월하다고 생각했다.

논평

네스토리우스가 활동하던 당시에 마리아의 호칭으로 테오토코스(문자적으로 '하나님을 낳은 이')라는 그리스어 단어를 사용하는 것이 일반인들의 신앙과 학구적 신학 양쪽에서 널리 받아들여지고 있었다. 이미 우리는 나지안주스의 그레고리우스가 아폴리나리우스에 대해 반박한 글에서 그 말이 사용된 예를 보았다4.10. 하지만 네스토리우스는 그 용어를 사용할 경우 나타나는 결과에 대해 염려했다. 그 용어는 그리스도의 인간성을 부인하는 것처럼 보였다. 왜 마리아를 안트로포토코스*anthropotokos*, '인간을 낳은 이'라든가 크리스토토코스*Christotokos*, '그리스도를 낳은 이'라고 부르지 않는가? 그때까지 테오토코스라는 용어와 관련해 엄청난 신학적 투자가 이루어져 광범위하게 사용되었기 때문에, 네스토리우스의 주장은 커다란 분노와 반발에 부딪히게 되었다.

생각해 볼 물음들

❶ 소크라테스는 네스토리우스가 테오토코스라는 용어를 비판하게 된 한 가지 동기가 안티오키아의 아나스타시우스에 대한 개인적 존경심 때문이라고 말한다. 이것이 이 사건들에 대한 설득력 있는 설명으로 보이는가?

❷ "네스토리우스는 주님이 인간에 불과하다고 주장……한 일로 대중적 명성을 얻었다." 본문에서 이 구절의 위치를 확인하라. 이 구절에서 소크라테스가 말하려는 바는 무엇인가? 소크라테스는 이 문제에 관해 네스토리우스가 실제로 생각했던 견해가 대중들이 그의 견해라고 여겼던 내용과 다를 수 있다고 보는가?

4.13 ▼

알렉산드리아의 키릴로스

: 성육신

알렉산드리아의 키릴로스약 378-444는 430년에 쓴 이 편지에서, 성육신의 구성 원리에 대한 자신의 생각을 제시한다. 키릴로스가 그리스도의 신성과 인성의 온전한 연합을 강조하면서도 그 결과로 신성 내에 아무런 변화도 발생하지 않는다는 이론을 주장하고 있는 점에 주목하라. 키릴로스가 몹수에스티아의 테오도루스와 같은 안티오키아 신학자들과 관계가 있는 '기뻐하시는 뜻에 따른 연합'이라는 개념을 거부한다는 점도 주목하라. 테오도루스는 신성과 인성이 실제로 하나로 연합하는 것이 아니라, 단지 뜻을 모아 특별한 방식으로 공존하게 된 것이라고 주장했다. 키릴로스는 실제로 연합이 이루어졌다고 보았다4.8, 4.9, 4.10, 4.11, 4.12, 4.14, 4.15 참조.

본문

말씀이 '인간의 몸을 입었다'거나 '인간이 되었다'라고 선언할 때, 우리는 말씀이 육신이 되면서 말씀의 본질에 어떤 변화가 일어났다거나 말씀이 영혼과 몸으로 이루어진 완전한 인간으로 변했다고 주장하는 것이 아니다. 오히려 우리가 말하는 것은, 형언할 수 없고 이해할 수 없는 방식으로 말씀이 합리적 영혼을 지닌 몸을 자기 자신과 인격적으로 연합시켰으며, 그렇게 해서 인간이 되시고 사람의 아들이라고 불리게 되었다는 것이다. 그런데 이 일은 단지 의지나 호의의 행동으로 이루어진 것이 아니며, 단순히 어떤 역할을 맡거나 스스로 인격을 취한 것도 아니었다. 하나로 묶여 참된 일치를 이루게 된 두 본질은 서로 다른 것이지만, 그 두 본질로부터 한 그리스도와 한 아들이 존재하신다. 우리는 이 본질들의 차이가 이러한 연합에 의해 폐기된다고 생각하지 않는다. 오히려 신성과 인성은 형언 불가능하고 이해 불가능한 방식으로 일치를 이룸으로써, 한 주님과 한 아들이신 예수 그리스도로 우리에게 나타나셨다. 그리스도께서 만세 전에 아버지에게서 출생하여 존재하셨지만, 육을 따라 한 여인에게서 태어나셨다고 말하는 것은 바로 이런 의미다.……평범한 한 인간이 처음에 거룩한 처녀에게서 태어났고, 그다음에 말씀이 그 사람 위로 내려온 것이 아니다. 그분은 모태에서 육신과 하나가 되셨으며, 그렇게 스스로 자기 몸을 지니고 태어나셨다는 점에서 육을 따라 태어났다고 말해진다.

이와 동일한 방식으로 우리는 그분이 '고난을 당하고 다시 살아나셨다'라고 말한다. 이 말은 말씀이신 하나님이 그분 자신의 본성으로서 채찍질을 당하거나 못 박히거나 상처를 입었다는 뜻이 아니다. 신성은 육신이 아니기에, 고난을 당할 수 없기 때문이다. 그러나 자신의 몸을 입어 태어난 육신으로서는 이러한 고난들을 당하셨기에, 우리는 그분이 친히 우리를 위해 그 고난을 당하셨다고 말한다. 고난을 당할 수 없으신 분이 고난을 겪은 몸 안에 계셨다.

논평

네스토리우스는 그리스도가 '쉬나페이아' *synapheia*, '결합', '조합', '연결'로 번역할 수 있는 그리스어에 의해 하나라고 가르쳤다. 이 온건한 용어는 '헤노시스'*henosis*, '연합'이나 '단일화'라는 훨씬 더 강한 용어를 선호하는 많은 신학자들을 곤란하게 만들었다. 그리스도의 인간적 본질과 신적 본질은 한 실체*hypostasis*의 위격이 지닌 본질들이고, 그런 까닭에 그리스도는 한 분one이시라고 말하는 견해가 일반화되어 가던 시대에 네스토리우스는 '기뻐하시는 뜻에 따른'*kat' eudokian* 연합(몹수에스티아의 테오도루스에게서도 볼 수 있는 개념4.11 참조)을 주장했다. 많은 사람들은 네스토리우스가 예수는 신적 로고스와 마리아의 아들인 인간이라는 두 본성으로 이루어졌고, 의지와 행위와 선택의 연합에 의해 '도덕적인' 일치를 이루었을 뿐이라고 가르쳤다고 보았다. 이러한 네스토리우스의 견해를 키릴로스는 강하게 공격했다.

교부시대에는 성육신에서 신성과 인성 사이의 연합의 본질을 전혀 다르게 이해하는 방식이 발전했다. 하나는 안티오키아학파와 관련이 있고, 다른 하나는 알렉산드리아학파와 관련이 있다. 4세기에 들어와 정치적인 고려가 점차 중요해지면서, 순수하게 신학적인 이 문제가 알렉산드리아 주교좌의 역할을 두고 벌어진 교회 정치적 논쟁에 휘말려 들게 되었다. 알렉산드리아 쪽에서는 두 본성의 실재적인 상호침투를 주장하는 '본성의 연합'*henosis kata physin* 모델로 기울었다. 안티오키아 쪽에서는 두 본성이 원만하게 공존하지만 상호작용이나 상호침투가 없는 '기뻐하시는 뜻에 따른 연합'*henosis kat' eudokian* 모델을 선호했다. 사실 이 뒤쪽 모델은 그리스도 안에 두 개의 구분된 영역을 정하고, 두 영역이 실제로 존재하지만 서로에게 영향을 미치지 않는다고 보았다. 키릴로스는 이 모델을 강하게 비판했는데, 그 이유는 위의 본문에서 분명하게 제시되고 있다.

생각해 볼 물음들

❶ 키릴로스는 그리스도가 태어난 후에 하나님의 아들이 되었다는 주장—이 견해를 흔히 '양자론'이라고 부른다—을 어떻게 다루는가?

❷ "그런데 이 일은 단지 의지나 호의의 행동으로 이루어진 것이 아니며……." 본문에서 이 구절의 위치를 확인하라. 키릴로스가 이 구절에서 가리키는 것은 무엇인가? 그가 이 견해를 거부하는 이유는 무엇인가?

❸ "이 말은 말씀이신 하나님이 그분 자신의 본성으로서 채찍질을 당하거나 못 박히거나 상처를 입었다는 것이 아니다. 신성은 육신이 아니기에 고난을 당할 수 없기 때문이다. 그러나 자신의 몸을 입어 태어난 육신으로서는 이러한 고난들을 당하셨기에 우리는 그가 친히 우리를 위해 그런 고난을 당하셨다고 말한다. 고난을 당할 수 없으신 분이 고난을 겪은 몸 안에 계셨다." 본문에서 이 구절의 위치를 확인하라. 이 구절이 "하나님은 그리스도 안에서 고난을 당했다"는 개념과 관련해서 의미하는 것은 무언인가? 키릴로스가 이런 진술을 피하려고 애쓴 이유는 무엇인가?

4.14

교황 레오 1세
: 그리스도의 두 본성

교황 레오 1세약 400-461가 449년 6월 13일에 콘스탄티노플의 총대주교인 플라비우스에게 라틴어로 쓴 이 편지는 흔히 '레오의 책'Tome of Leo으로 불린다. 이 편지에서 레오는 라틴 교회 안에서 그리스도론과 관련해 널리 의견 일치를 이룬 견해를 소개한다. 나중에 칼케돈 공의회451에서는 이 편지를 권위 있는 문서로 받아들이고, 그리스도론의 정통 이론을 제시하는 고전적 진술로 인정했다. 이 편지는 주로 유티케스의 견해, 그중에서도 특히 그리스도의 참 인간성을 부정하는 주장에 대해 비판한다. 레오는 "그분 자신의 속성에서 완벽하고 우리의 속성에서도 완벽하게" *totus in suis, totus in nostris*라는 공식이 이 문제에 대한 올바른 견해를 요약해 제시한다고 말한다4.4, 4.5, 4.8, 4.9, 4.10, 4.11, 4.12, 4.13, 4.15 참조.

[유티케스는] 하나님의 말씀의 성육신과 관련하여 무엇을 믿어야 하는지 알지 못했고, 또 성경 전체를 신중하게 연구하여 밝은 이해를 얻기를 원하지도 않았습니다. 하지만 적어도 그는 신중하게 주의를 기울여 전체 신자들이 믿는 "전능하신 아버지 하나님과 동정녀 마리아와 성령에게서 태어나신 하나님의 독생자요 우리의 주님이신 예수 그리스도"에 대한 공통적이고 보편적인 신앙고백을 받아들일 수는 있었을 것입니다. 이 세 조항을 의지해 거의 모든 이단의 전략을 무너뜨릴 수 있습니다. 우리는 하나님을 전능하신 아버지로 믿으며, 나아가 아들도 어떤 면에서도 아버지와 다르지 않기에 하나님과 똑같이 영원하신 분이라고 믿습니다. 그리스도는 하나님에게서 나신 하나님이시고, 전능하신 분에게서 나신 전능하신 분이며, 영원하신 분에게서 나셔서 똑같이 영원하신 분이기 때문입니다. 또 그분은 시간으로 따져 뒤에 오시는 분이 아니시며, 능력에서 열등하지 않으시고, 영광에서 차이가 없으시며, 본질에서 나뉘지 않는 분이기 때문입니다. 영원하신 아버지에게서 독생자로 나신 영원한 그들이 성령으로 동정녀 마리아에게서 태어나셨습니다. 하지만 시간 속에서 이루어진 이 탄생은 영원하고 신적인 출생에서 아무것도 빼거나 더하지 않고, 오히려 타락하여 넘어진 인간을 회복하는 일에 그 자신을 온전히 내 줍니다. 그렇게 해서 죽음을 물리치고, 사망 권세를 쥔 악마를 능력으로 깨뜨릴 수 있게 됩니다. 만일 그분께서 우리 본성을 취하여 죄에 오염되지 않고 죽음에 얽매이지 않는 당신의 것으로 삼지 않았다면, 우리는 죄와 죽음의 창시자를 이길 수 없을 것입니다. 이 일은 그분이 성령으로 동정녀인 어머니의 태 안에 잉태됨으로 이루어졌는데, 어머니의 동정성은 아들이 잉태될 때와 마찬가지로 출산에서도 온전하게 유지되었습니다……

기묘하고 유례가 없는 이 탄생이 새로운 형태의 창조를 통해 인간의 독특한 속성들을 제거하는 방식으로 이루어진 것이라고 이해해서는 안 됩니다. 왜냐하면 성령께서 동정녀에게 잉태되는 일을 가능하게 했지만, 아들의 몸의 실체는 동정녀의 몸에서 취한 것이 사실이기 때문입니다.……

그러므로 두 본성과 실체의 속성들은 온전한 모습 그대로 유지되면서, 하나로 합하여 한 인격을 이루게 되었습니다. 존귀함이 비천함을 취하고, 강함이 약함을 취하고, 영원이 유한을 취했으며, 우리가 저지른 죗값을 치르기 위해 신성한 본성이 고난당할 수 있는 본성과 연합했습니다. 그래서 하나님과 인간 사이의 한 분 중보자이신 인간 예수 그리스도께서는 우리를 치유하는 데 필요한 조건들을 충족시키기 위해 뒤쪽 특성들을 지닌 분으로서 죽을 수 있었으나, 앞쪽 특성들의 측면에서는 죽으실 수 없었습니다. 그러므로 참 하나님께서 참 인간의 온전하고 완벽한 본성을 지니시고, 다시 말해 그분 자신의 속성에서도 완벽하며 우리의 속성에서도 완벽하게*totus in suis, totus in nostris* 태어나셨습니다. 여기서 '우리의 속성'이라는 말은 창조주께서 처음에 우리 안에 지어놓으신 것들로서, 그분께서 회복시키고자 취하신 것들을 뜻합니다. 구주 안에는, 유혹자가 집어넣고 유혹에 넘어간 인간이 받아들인 속성들이 전혀 없었기 때문입니다. 그리스도께서 우리와 똑같이 인간의 연약한 문제들을 짊어지셨다고 해서 인간처럼 죄에 매인 자가 되신 것은 아닙니다. 그분은 죄로 더러워지지 않은 채로 종의 모습을 취하셔서 인간의 속성들을 크게 키워 주셨으나 그분의 신성은 전혀 줄어들지 않았습니다. 왜냐하면 보이지 않는 하나님께서 자기를 드러내 보이기 위해 선택하신 '자기 비움', 만물의 창조주인 주님께서 유한한 존재가 되고자 사용하신 그 '자기 비움'은 능력의 상실을 뜻하는 것이 아니라 연민의 마음으로 내려오신 것*inclinatio fuit miserationis, non defectio potestatis*이기 때문입니다.

따라서 인간을 창조하신 분께서 하나님의 본체를 유지하면서도 종의 형체로 인간이 되셨습니다. 두 본성은 각각의 특성을 줄어들게 하는 일 없이 그대로 유지하고, 따라서 종의 형체가 하나님의 본체를 손상시키지 않습니다. 악마는 자기가 교묘한 술수로 인간을 속여 하나님께서 주신 선물을 잃게 했고, 불멸의 능력을 상실하여 혹독한 죽음의 심판에 처하게 했다고 큰소리로 떠들어 댔습니다. 악마는 또 인간을 곤경에 빠뜨려 죄 가운데서 친구를 사귀는 일로 위로를 삼게 만들었노라고 자랑하고, 공의의 원칙에 따라 하나님은 영예롭게 창조한 인간에게 두셨던 당신의 계획을 바꾸었다고 떠들어 댔습니다. 그래서 하나님께서 섭리로 당신의 숨겨진 계획을 이루시는 일이 필요하게 되었습니다. 그 계획이란 변함없이 자비로우신 하나님께서 우리를 사랑하셔서 세우셨던 첫 계획을 더욱 비밀스럽고 신비로운 방식으로 이루시는 것이요, 악마의 간교함에 속아 죄에 빠진 인간이 하나님의 목적에서 이탈하여 멸망하지 않게 하는 것이었습니다.

그래서 하나님의 아들이 아버지의 영광을 그대로 지니고서 하늘에 있는 보좌에서 내려와 이 세상으로 들어오셨고, 새로운 질서에 따라 새로운 모양의 출생으로 태어나셨습니다. 그분은 그 자신의 본성에서는 사람들 눈에 보이지 않으므로, 새로운 질서를 따라 우리의 본성을 지녀 눈에 보이게 되셨습니다.……주님은 그분의 어머니에게서 죄가 아니라 본성을 취하셨습니다. 예수 그리스도는 기적적인 출생으로 동정녀의 태에서 태어나셨습니다. 바로 그 때문에 그분의 본성은 우리의 본성과 다릅니다. 참 하나님이신 그분은 참 인간이시기도 합니다. 이러한 일치 안에는 인성의 비천함과 신성의 존귀함이 서로 얽혀 있는 까닭에, 어떤 비현실성도 있을 수 없습니다. 신성이 그분이 지닌 자비심으로 인해 변하지 않는 것처럼, 인성이 존귀함에 흡수되지도 않습니다. 각 본성은 다른 본성과 교류하면서, 각기 고유한 기능을 수행합니다. 말씀은 말씀에 속하는 일을 수행하고, 육은 육에 속하는 일을 행합니다. 말씀은 기적들로 환하게 빛나고, 육은 모욕을 당하여 무너집니다. 말씀은 아버지와 동등하게 지니는 영광을 빼앗기지 않고, 육은 우리와 동일한 본성을 버리지 않습니다.

논평

동방교회와 달리 서방교회는 복잡하고 난해한 그리스도론 논쟁들에 휘말리지 않았다. 서방교회에서 일어난 커다란 논쟁들은 그리스도의 인격이 아니라, 교회와 은총의 본질과 관계가 있었다. '레오의 책'은 화해의 길을 찾으려 했다는 점과, 정통적 그리스도론에 필수 요소는 무엇이고 토론과 절충의 대상으로 삼을 수 있는 것은 무엇인지 밝히는 일을 분명한 목적으로 삼았다는 점에서 중요하다. 이 문서는 널리 환영받았고, 논쟁적인 저술과 연구들이 주류를 이루었던 시대에 신학적으로 긍정적인 종합을 이루어 낸 대표적인 저술로 인정받는다.

생각해 볼 물음들

❶ 레오는 성육신에 대해 어떤 근거들을 제시하는가? 하나님이 인간이 되신 이유는 무엇인가?

❷ "두 본성과 실체의 속성들은 온전한 모습 그대로 유지되면서……." 본문에서 이 구절의 위치를 확인하라. 이 구절에서 레오가 말하려는 바는 무엇인가? 그의 이러한 주장이 매우 중요한 이유는 무엇인가?

❸ "그리스도께서 우리와 똑같이 인간의 연약한 문제들을 짊어지셨다고 해서 인간처럼 죄에 매인 자가 되신 것은 아닙니다." 본문에서 이 구절의 위치를 확인하라. 레오가 이 논점을 분명히 주장하는 이유는 무엇인가? 만일 이것이 사실이 아니라면, 그 함의는 무엇이겠는가? 레오는 그 뒤에 나오는 글에서 이 진술을 어떻게 사용하는가?

칼케돈 공의회

: 기독교 신앙의 규정

4.15 ▼

칼케돈 공의회[451]는 예수 그리스도의 신성과 인성 사이의 관계에 대한 이해를 확정했고, 이 이해가 동방과 서방의 기독교 교회 모두에 규범으로 자리 잡았다. 칼케돈 공의회가 그리스도의 신성과 인성을 어떻게 이해해야 하는지 명확하게 규명하지도 않은 채, 그리스도는 참 하나님이시며 참 인간이시라는 사실을 받아들여야 한다고 완강하게 주장했던 점에 주목하라.

달리 말해 많은 그리스도론 모델이 이 핵심적 견해를 지지하기만 하면 합당한 것으로 인정받게 되었다 1.5, 2.34, 4.8, 4.9, 4.10, 4.11, 4.12, 4.13, 4.14, 4.20 참조.

본문

거룩한 교부들을 본받아 우리는 모두 한목소리로 우리 주 예수 그리스도를 한 분이신 아들로 고백한다. 그분은 신성과 인성에서 완전하시고, 참 하나님이시며 참 인간으로서 이성적 영혼과 몸을 지니시며, 신성을 따라서 아버지와 같은 실체이시고 인성을 따라서 우리 인간과 같은 실체이시며, 모든 점에서 우리와 같으시나 죄는 없으시다(히 4:15). 그분은 신성을 따라서 시간이 시작되기 전에 아버지에게서 나셨으며, 최근에 와서 우리와 우리의 구원을 위해 '테오토코스' *theotokos*, 하나님을 낳은 이 이신 동정녀 마리아에게서 태어나셨다. 그분은 인성을 따라서 한 분이신 그리스도, 아들, 주님, 독생자이시며, 이 두 본성을 혼합 confusion 없이, 변화 change 없이, 분할 division 없이, 분리 seperation 없이 지니시는 분으로 이해해야 한다. 이렇게 두 본성으로 구분하는 것이 이러한 연합으로 폐기되지는 않으며, 오히려 두 본성의 각 속성이 그대로 유지되는 가운데 하나의 인격과 하나의 실체로 결합된다. 그리스도는 두 인격으로 나뉘거나 분열되는 것이 아니라, 계속해서 한 분이신 아들, 독생자, 말씀, 주님, 예수 그리스도로서 존재하신다. 이 사실을 처음부터 예언자들이 선포했고, 우리 주 예수 그리스도께서 가르치셨으며, 교부들이 여러 신조를 통해 우리에게 전해 주었다.

논평

공의회들이 신학적으로 중요한 결정을 내리는 과정에는 흔히 온갖 정치적 요인들이 영향을 끼쳤다. 이 사실을 아는 것은 중요하다. 381년 개최된 콘스탄티노플 공의회에서도 이 사실을 분명히 확인할 수 있다. 에페수스 공의회에서 네스토리우스를 정죄한 후, 콘스탄티노플 공의회에서 유티케스라는 인물이 네스토리우스의 교설을 강하게 공격했다. 그때 유티케스는 알렉산드리아의 키릴로스가 앞서 사용했던 몇몇 구절을 그대로 사용했다. 불행하게도 유티케스는 자신의 사상을 꽤 혼란스러운 방식으로 표현했고, 그리스도가 참 인간이시라는 점을 부정하는 듯한 인상을 심어 주었다. 그의 견해에 반대하는 주장들이 점차 증가했다. 448년 11월 네스토리우스주의에 반대하는 운동을 이끌었던 도릴레움의 유세비우스Eusebius of Dorylaeum가 유티케스를 이단으로 고발했다. 유티케스는 콘스탄티노플 주교인 플라비우스에 의해 상설 공의회에 소환되어 파문당했고, 이에 교황 레오 1세에게 호소했다.

알렉산드리아의 대립교황(對立敎皇)antipope 디오스코루스가 이 사안에 관심을 가졌고, 결국 유티케스의 재심을 명령했다. 그래서 449년 제2차 에페수스 공의회가 소집되었다. 레오 교황의 특사들이 플라비우스에게 보내는 교황의 서신*Tome* 4.14 참조을 가지고 에페수스에 도착했지만, 이 서신을 발표할 기회를 얻지는 못했다. 회의 진행은 디오스코루스 교황과 황제의 군대, 몽둥이로 무장한 이집트인 수도승들이 주도했다. 레오 교황이 에페수스의 '강도 공의회'Latrocinium라고 이름 붙인 이 공의회는 유티케스를 무죄로 판정하여 복권시키는 한편 플라비우스를 해임했는데, 그는 매우 폭력적인 대접을 받았고 결국 그때 입은 상처로 사망했다.

이것으로 문제가 끝나지 않았다. 451년 마르키아누스 황제가 칼케돈에서 다른 공의회를 소집했고, 이 회의에서 네스토리우스와 유티케스를 파문했다. 이 공의회는 또한 디오스코루스도 해임하고 파문했는데, 그는 강그라로 추방당해 그곳에서 454년에 사망했다. 어떤 사람들은 칼케돈 공의회가 유티케스를 정죄했을 뿐만 아니라, 더 나아가 알렉산드리아의 키릴로스까지도, 비록 말은 온건하게 했으나, 정죄한 것이라고 보았다. 그래서 키릴로스의 신학을 따랐던 많은 사람들이 칼케돈 공의회를 거부했다. 이러한 분열을 치유하려는 거듭되는 노력에도 불구하고 칼케돈 공의회 이후 동방 기독교는 두 개의 정교회로 나뉘어, 칼케돈 공의회를 전체 교회에게 권위가 있는 것으로 인정하는 전통과 부정하는 전통으로 이어지게 되었다. 이 두 번째 전통에 해당하는 것이 오리엔트 정교회 Oriental Orthodox 로, 흔히 '그리스도 단성론자'라는 이름으로 불린다.

생각해 볼 물음들

❶ 칼케돈 공의회에서 사용한 신학적 호칭들을 살펴보라. 그 용어들의 의미는 무엇인가? 특히 테오토코스라는 용어를 자세히 살펴보라.

❷ 이 본문에서 1)아리우스 2)라오디케아의 아폴리나리우스 3)네스토리우스를 비판하는 것으로 보이는 부분들을 찾아보라.

❸ "이렇게 두 본성으로 구분하는 것이 이러한 연합으로 폐기되지는 않으며……." 본문에서 이 구절의 위치를 확인하라. 이 구절이 뜻하는 것은 무엇인가? 이 구절이 비판하는 대상은 누구인가?

4.16 ▼

다마스쿠스의 요하네스

: 성육신과 이콘

이 본문은 다마스쿠스의 요하네스 John of Damascus, 약 676-749 가 성상 icons 사용을 거부하는 사람들을 반박할 목적으로 8세기 전반에 그리스어로 저술한 세 권의 논문 중 첫 편에서 인용했다. 여기서 요하네스는 그리스도의 성육신이라는 신학적 사실이 신앙생활에서 성상 icon, '이미지'를 뜻하는 그리스어 *eikon*에서 유래했다 사용을 지지하는 견고한 토대가 된다고 주장한다. 이콘(성상)이란 예배자로 하여금 다른 수단에 비해 훨씬 더 가까이서 신성한 것을 포착할 수 있게 해주는 창문과 같은 기능을 하는 종교적 그림이나 화상을 말한다. 요하네스는 예배나 찬양에서 성상과 같은 물적 도구를 사용하는 일을 옹호하기 위해 성육신 이론을 동원한다 1.14, 3.36, 4.8, 4.9, 4.13, 4.14, 4.15 참조.

본문

전에는 몸도 얼굴도 없으신 하나님을 형상을 통해 표현할 방법이 전혀 없었다. 그러나 이제는 하나님께서 몸을 입어 자신을 나타내 보이시고 사람들과 어울려 사셨기 때문에, 우리가 하나님에 관해 본 것을 형상으로 표현할 수 있다. 나는 물질을 경배하는 것이 아니라, 그 물질을 지으신 창조주를 경배한다. 그분은 나를 위해 물질이 되셨으며, 물질을 통해 나의 구원을 이루셨다. 나는 나의 구원을 이루는 데 사용된 물질을 기꺼이 존중하지만, 물질을 마치 하나님처럼 여겨 그렇게 존중하는 것이 아니다. 혼자 힘으로는 존재하지 못하는 물질에서 어떻게 하나님이 나오신다고 말할 수 있겠는가? 하나님의 몸은 신성한데, 그 까닭은 그 몸이 결코 깨지지 않는 연합으로 그분의 인격과 결합되어 있기 때문이다. 신적 본성은 동일하게 유지되고, 시간 속에 창조된 육은 이성적 영혼에 의해 생명을 부여받는다. 이런 이유에서 나는 우리에게 있는 모든 물질을 존중한다. 하나님께서 그 물질에 그분의 은총과 능력을 채워 주셨고, 그 물질을 통해 구원이 내게 이르렀기 때문이다. 십자가에 사용된 세 곱절로 복된 나무는 물질이 아니었는가? 거룩하고 고결한 갈보리 언덕은 물질이 아니었는가? 생명을 담은 바위, 우리 부활의 원천인 거룩하고 생명을 주는 무덤도 역시 물질이 아니었는가? 지극히 거룩한 복음서를 기록한 잉크는 물질이 아닌가? 우리가 받는 생명의 빵을 담은 생명의 제단은 물질로 만들어진 것이 아닌가? 금과 은도 물질이 아닌가? 우리는 그것들로 십자가와 성반과 성배를 만든다. 이 모든 것보다 훨씬 더 중요한 우리 주님의 몸과 피는 물질이 아닌가? 이런 것들을 존중하고 공경하는 일을 막지 말고, 교회의 전통을 따라 형상을 공경하는 일을 인정하라.

논평

초기 기독교 때 성상 사용 문제로 논란이 일어났고, 동방교회에서는 그 유명한 '성상 파괴'iconoclastic, '형상을 깨뜨리다'를 뜻하는 그리스어에서 왔다 논쟁으로 이어졌다. 성상 파괴주의자들은 성상을 우상으로 사용하는 사람들을 비난했고, 형상을 만들어 그것에 예배하는 일을 성경에서 금한다고 주장했다. 이에 맞선 사람들은 그들의 고발을 거부하면서 구약성경을 보면, 하나님께서 형상들(예를 들어, 속죄소 덮개 위에 세운 그룹들, 출 25:19)을 만들라고 명령하셨다는 근거를 내세웠다. 하지만 이 논쟁이 끝나고 나서도 성상의 합당한 대상과 관련된 다툼은 멈추지 않았다. 트룰로 공의회692에서는 옛날부터 오랫동안 널리 사용되어 온 대로 그리스도를 어린 양으로 묘사하는 일을 금지하고, 그리스도를 온전한 인간의 모습으로 보여주어야 한다고 주장했다. 형상은 우리로 하여금 "그분이 육신으로 사신 삶과 겪으신 고난, 구원하시는 죽음, 이 세상을 위해 이루신 구속"을 기억하도록 이끌어 주어야 한다는 것이 그 이유였다. 모스크바 공의회1666-1667에서는 아버지 하나님을 인간으로 묘사하는 것을 금지시켰고, 인간으로 나신 분은 아버지가 아니라 아들이시기에 아버지를 인간의 모습으로 그리는 것은 커다란 오류에 빠지게 한다고 주장했다.

위에서 인용한 본문은 여러 가지 면에서 중요하다. 첫째, 이 본문은 성상의 사용에 반대하는 사람들에 맞서 그 사용이 옳다고 옹호한다. 둘째, 훨씬 더 중요한 것은 성상이나 기타 여러 가지 사물을 신앙의 보조 수단으로 사용하는 관례를 신학적으로 정당화하기 위해 하나님의 성육신을 내세운다는 점이다.

생각해 볼 물음들

❶ 다마스쿠스의 요하네스에 따르면, 성육신 사건보다 형상을 앞세워 신앙의 도구로 사용할 수 없는 이유는 무엇인가? 신앙생활에서 물적 대상을 보조 도구로 사용하는 일과 관련하여 성육신은 어떤 새로운 원리를 제시하는가?

❷ "그 어떤 인간도 주님의 온전한 영광을 감당할 수 없다." 이러한 일반적인 기독교 통찰을 해결하기 위해 요하네스는 어떻게 성상의 신학을 펼치는가?

❸ “이제는 하나님께서 몸을 입어 자신을 나타내 보이시고 사람들과 어울려 사셨기 때문에, 우리가 하나님에 관해 본 것을 형상으로 표현할 수 있다.” 요하네스가 이 구절에서 말하려는 바는 무엇인가?

4.17 ▼

오툉의 호노리우스

: 성육신의 원인

12세기의 영향력 있고 대중적인 신학자로서 1106-1135년 사이에 활동한 오툉의 호노리우스Honorius of Autun에 관해서는 알려진 사실이 거의 없다. 기독교 신학자들 대부분이 성육신을 인간의 타락으로 인해 빚어진 결과라고 보았던 데 반해, 호노리우스는 그리스도께서 인간의 죄와 상관없이도 인간의 몸을 입고 오셨을 것이라고 주장했다. 아래 글은 그의 『천사와 인간에 관한 여덟 가지 질문들』*Libellus octo quaestionum de angelis et homine*에서 인용한 것인데, 이 책 전체는 학생과 스승이 나눈 대화 형식으로 구성되어 있다 4.18, 5.16 참조.

본문

학생: 인간이 낙원에 그대로 머물러 있었더라도, 그리스도께서 인간의 몸을 입으셨을까요? 성경 전체가 그리스도는 인간을 구속하기 위해 몸을 입으셨다고 말하니까요. 인간이 죄를 짓지 않아 구속될 필요가 없었다면, 그리스도께서 인간의 몸을 입지 않으셨을 것입니다. 이렇게 본다면, 인간의 죄가 그리스도께서 성육신하시게 된 원인이었다고 생각됩니다. 이게 사실이라면, 죄는 악을 낳는 것이 아니라 커다란 선을 낳는 셈이 되지요. 죄로 인해 하나님께서 인간이 되시고, 그 결과로 인간이 하나님이 되었으니까요.

스승: 인간의 죄는 선한 것이 아니라, 악 중에서도 가장 큰 악이다. 온 세상이 죄의 비참함에 대해 증거하고 있지 않느냐? 인간의 죄를 통해 죽음이 침입하지 않았다면, 죽음과 그 죽음이 초래한 모든 파멸이 이 세상에 가득한 이유가 무엇이겠느냐? 따라서 첫 인간이 지은 죄는 그리스도께서 성육신하게 된 원인이 아니다. 오히려 인간의 죄는 죽음과 저주의 원인이 되었다. 그리스도께서 성육신하시게 된 이유는 인간이 신화(神化)되도록 예정되었다는 사실에서 찾아야 한다 *causa autem Christi incarnationis fuit praedestinatio humanae deificationis*. 하나님께서는 영원 전부터 인간이 신화(神化)하도록 예정하셨다. 주님께서 "창세 전부터 아버지께서 그들을 사랑하셔서"(요 17:24)라고 말씀하시면서, 그들이 "나를 통해" 신성하게 되었다고 말씀하시지 않았느냐?……그러므로 인간이 신화되기 위해서는 그분이 인간의 몸을 입는 것이 반드시 필요했고, 따라서 죄가 성육신의 이유가 된다는 결론이 나오는 것이 아니다. 오히려 죄는 인간을 신성하게 하고자 하나님께서 정하신 계획을 바꿀 수 없다는 결론에 이르는 것이 논리적으로 훨씬 더 옳다. 사실 인간이 전혀 죄를 짓지 않았더라도 하나님께서 인간의 몸을 입으셨을 것이라는 점은 권위 있는 성경과 명확한 이성이 함께 확증해 주는 것이다.

논평

많은 기독교 저술가들은 '만일 아담이 죄를 짓지 않았더라면, 사태는 어떻게 되었을까?'라는 문제에 관해 논의하는 일이 무의미하다고 생각했다. 예를 들어 토마스 아퀴나스는 타락의 결과로 그리스도께서 오시게 되었다고 단정했고, 다른 대안을 고려한다고 해도 얻을 것이 없다고 주장했다 4.18 참조. 오툉의 호노리우스와 그와 동시대 인물인 도이츠의 루페르트 Rupert of Deutz 5.16 참조는 의미심장한 소수 의견을 대변했는데, 이들에 따르면 성육신은 하나님의 창조의 절정이었고, 하나님의 궁극적 목적인 인간의 신화(神

化)로 이어진다. 이 개념은 고백자 막시무스의 저술과 같은 그리스 신학 전통에서도 발견된다. 본문은 요한복음 17:24을 인용하는데, "창세 전부터 아버지께서 그들을 사랑하셔서"의 구절에 오류가 있음에 주의하라. "그들을"이 아니라 "나를"이라고 이해하는 것이 옳다.

생각해 볼 물음들

❶ 본문에서 스승이 펼치는 논증을 설명해 보라. 그가 제시하는 성육신의 이유는 무엇인가? 그 이유는 인간의 구원과 어떤 관계가 있는가?

❷ 호노리우스의 주장에 따르면, 죄는 구원의 경륜 속에서 어떤 역할을 하는가?

❸ 이 견해를 토마스 아퀴나스의 견해4.18와 비교하라. 여러분이 보기에 누구의 주장이 더 나은가?

4.18 ▼

토마스 아퀴나스

: 성육신의 필연성

앞서 살펴본 인용문4.17에서 분명하게 드러났듯이, 중세 신학자들은 성육신을 납득할 수 있게 설명하는 여러 가지 방법에 대해 탐구했다. 탁월한 도미니크회 신학자인 토마스 아퀴나스약 1225-1274는 이 문제와 관련하여 폭넓은 합의에 이른 것으로 보이는 해결 방식을 제시했다. 그의 주장에 따르면, 성육신에는 여러 가지 원인이 있을 수 있고, '만일 타락이 없었더라면 어떻게 되었을까?'라는 문제와 씨름하는 것에서는 얻을 것이 없다. 타락은 발생했고, 그 결과 성육신 사건이 일어났다. 이 사실 이상으로 깊이 파고드는 것은 무의미한 일이다4.17, 5.16, 5.17 참조.

본문

인간이 죄를 짓지 않았더라도 하나님은 인간의 몸을 입고 오셨을 것이라고 주장하는 사람들이 있다. 원인이 그대로 유지되면, 결과도 역시 그렇기 때문이다. 아우구스티누스의 말대로 "그리스도의 성육신과 관련해서 고려해야 할 일이 죄의 용서 외에도 많이 있다."……따라서 인간이 죄를 짓지 않았더라도, 하나님은 인간의 몸을 입으셨을 것으로 여겨진다.……그런데 이와 반대로 아우구스티누스는 "인자는 잃은 것을 찾아 구원하러 왔다"라고 말하는 누가복음 19:10을 설명하면서, "만일 인간이 죄를 짓지 않았다면, 사람의 아들은 오지 않았을 것이다"라고도 말했다.……

나의 대답은 이 문제와 관련해서 서로 다른 의견들이 있을 수 있다는 것이다. 어떤 사람들은 인간이 죄를 짓지 않았더라도, 하나님의 아들이 인간의 몸을 입고 오셨을 것이라고 말한다. 다른 사람들은 정반대의 주장을 펼치는데, 우리는 아무래도 이 의견에 동의해야 할 것 같다. 하나님의 뜻에 속하고 피조물의 한계를 넘어서는 일들은 하나님의 뜻을 우리에게 계시하는 성경을 통해서만 알 수 있기 때문이다. 그래서 성경을 두루 살펴보면, 첫 인간의 죄를 성육신의 원인으로 설명한다는 점에서 성육신은 죄를 치유하기 위한 사역으로 정해진 것임을 알 수 있고, 따라서 죄가 존재하지 않았다면 성육신도 일어나지 않았을 것이라고 보는 편이 합당하다. 그러나 하나님의 능력은 이런 식으로 제한되지 않는다. 비록 죄가 존재하지 않았더라도, 하나님은 얼마든지 성육신하실 수 있으시다.

논평

아퀴나스는 늘 하던 방식대로 신학 문헌에 나오는 다양한 의견들을 언급하면서 글을 시작하고, 이어서 문제에 대한 자신의 답을 제시한다. 이 글에서 아퀴나스는 아우구스티누스의 저술에서 서로 상충하기에 해결될 필요가 있는 문제를 제시한다. 아퀴나스는 상대방의 견해를 단호하게 배척하지 않고, 단지 자신의 견해가 증거에 "좀 더 합치한다"라고 주장한다. 이런 점에서 그의 문제 해결 방식은 신학적이라기보다 외교적이라고 할 수 있다.

생각해 볼 물음들

❶ 오툉의 호노리우스가 이와 동일한 문제에 대해 논한 내용4.17을 읽어 보라. 아퀴나스는 그의 견해에 대해 어떻게 평가하겠는가?

❷ 아퀴나스가 이 문제에 대한 답으로 제시한 견해를 요약해 보라. 여러분은 그의 견해에 대해 얼마나 확신하는가?

❸ 아퀴나스가 이러한 결론에 이르도록 이끈 주된 요인은 무엇인가?

4.19 ▼

그레고리우스 팔라마스

: 하나님의 겸허와 성육신

저명한 비잔틴 신학자 그레고리우스 팔라마스Gregory Palamas, 약 1296-1357는 마태복음 16:28의 "여기에 서 있는 사람들 가운데는, 죽음을 맛보지 않고 살아서, 인자가 자기 왕권을 차지하고 오는 것을 볼 사람들도 있다"라는 본문을 주석하면서, 하나님께서 그리스도를 통해 인간에게 내려오는 방식에 관해 논의한다. 1335년경 그리스어로 기록된 이 글에서는 하나님께서 인간에게 내려오심*katabasis*, 비하과, 그 결과 인간이 하나님께로 올라감*anabasis*, 승귀의 중요성을 강조한다4.8, 5.5, 5.11, 5.26 참조.

본문

온 백성의 왕은 어디나 계시고, 그분의 나라는 세상 모든 곳에 있습니다. 이 말은 하나님 나라가 이곳에서 저곳으로 옮겨지는 식으로 임한다는 것이 아니라, 하나님의 영의 능력으로 그 나라가 드러나게 된다는 뜻입니다. [그리스도께서] "능력으로 임한다"라고 말하는 이유가 바로 이것입니다. 그런데 이 능력은 모든 사람에게 허락되는 것이 아니라, "주와 함께한 사람들" 곧 베드로와 야고보와 요한처럼 믿음에 굳게 선 사람들에게 허락됩니다. 이 사람들은 말씀을 따라 처음으로 저 높은 산 위에 올랐던 사람들이고, 자신들의 미천한 본성 위로 우뚝 일어설 수 있는 사람들의 상징입니다. 그러므로 성경은 하나님께서 지극히 높은 곳에서 내려오셔서 우리를 산 위에 있는 미천한 처지로부터 이끌어 올리시며, 이 일을 위해 무한하신 분께서 창조된 본성이라는 제약 안에 갇히셨다는 사실을 보여줍니다.

논평

동방 기독교 사상가들의 근본적 통찰 가운데 하나는, 인간이 하나님께로 올라갈 수 있도록 하나님께서 인간에게로 내려오셨다는 것이다. 중심이 되는 주제는 성육신이다. 인간의 몸을 입으신 하나님은 하나님의 내려오심과 인간의 올라감 모두를 보여준다. 하나님은 우리를 하나님께서 계신 곳으로 끌어올리기 위해 우리가 있는 곳으로 내려오신다. 성육신은 하나님께서 인간 본성에 이처럼 놀라운 변화를 허락하시는 수단이다. 그래서 동방 기독교에서는 성육신이 구원의 본질과 수단에 관한 사고에서 핵심적 중요성을 지닌다. 동방 기독교 사상가들은 구원을 주로 테오시스*theosis*, 신화나 테오포이시스*theopoiesis*, 신이 되는 것라는 관점에서 생각했다.

생각해 볼 물음들

❶ "성경은 하나님께서 지극히 높은 곳에서 내려오셔서 우리를 산 위에 있는 미천한 처지로부터 이끌어 올리신다는 사실을 보여줍니다." 본문에서 이 구절의 위치를 확인하라. 산의 이미지가 성육신의 설명에 어떻게 사용되는가?

❷ 그레고리우스는 어떤 방식으로 신자들이 "자신들의 미천한 본성 위로" 올라갈 수 있다고 생각하는가?

4.20 ▼

마틴 루터

: 네스토리우스주의 비판

종교개혁 시대에 그리스도론은 주요 논쟁거리로 다루어지지는 않았어도, 그 시대를 대표하는 인물들이 깊은 관심을 기울였던 분야였다. 이 중요한 본문은 독일 프로테스탄트 신학자 마틴 루터1483-1546가 1539년에 펴낸 한 논문에서 인용한 글이며, 여기서 루터는 공의회들의 역사와 권위 문제를 분석하는 데서 더 나아가 네스토리우스의 그리스도론을 집중적으로 다룬다. 루터는 자신으로서는 네스토리우스의 오류가 실제로 무엇이었는지 파악할 수 없다는 점을 인정하고서, 네스토리우스의 반대자들이 그를 왜곡했을 수도 있다고 주장한다. 이어서 루터는 하나님의 고유한 속성들(본문 전체에 걸쳐 반복적으로 등장하는 전문 용어로 *idiomata*)과 그리스도의 인성의 관계에 관해 자신의 독특한 견해를 펼친다. 루터에게 성육신이란 하나님에 관해 말할 수 있는 모든 것을 그리스도의 인성이라는 특정한 경우에도 그대로 적용할 수 있다는 것을 의미한다. 이 사실로부터 루터는 놀라운 결론을 이끌어내는데, 예수께서 십자가에 달려 고난당하고 죽으셨으므로, 당연히 하나님께서도 십자가에 달려 고난당하고 죽으셨다는 것이다4.8, 4.9, 4.10, 4.11, 4.12, 4.13, 4.14, 4.15 참조.

본문

그러므로 네스토리우스의 오류는 그리스도를 단순한 인간이라고 믿었다거나 그리스도를 두 인격person으로 만들었다는 것이 아니다. 그와는 반대로,

그는 한 인격 안에 두 본성, 곧 하나님과 인간이 있다고 인정한다. 하지만 그는 속성의 교류*communicatio idiomatum*를 인정하지 않는다. 그런데 나로서는 이 용어를 한마디로 설명하기가 어렵다. *idioma*란 본성 안에 내재하는 것이나 그 속성에 해당하는 것이고, 이를테면 죽고 고통당하고 울고 말하고 웃고 먹고 마시고 잠자고 슬퍼하고 행복을 느끼고 태어나는 일……[루터는 여기서 긴 목록을 열거한다]이나 그와 유사한 일들을 가리킨다. 이런 것들을 *idiomata naturae humanae* 곧 인간 본성에 속하는 속성이라고 부르는데, 인간이 할 수 있고 해야 하거나 경험해 온 것을 가리킨다.……그런데 *idioma deitatis* 곧 하나님의 속성은 불멸하며 전능하고 무한한 것으로, 출생하지 않았으며, 먹거나 마시거나 잠자거나 서거나 걷지 않으며, 슬퍼하거나 울지 않는 것을 말한다. 무엇을 더 말할 수 있을까? 하나님의 존재는 인간과는 완전히 다른 것이다. 그래서 이 두 본성의 속성들*idiomata*은 결코 일치할 수 없다. 여기까지가 바로 네스토리우스의 견해다.

그런데 내가 다음과 같이 설교한다고 가정해 보자. "나사렛의 목수인 예수(복음서에서 예수를 이렇게 부른다)께서 길 저편에서 걸어오셔서 물 한 동이와 약간의 빵을 어머니에게 내어드리고, 어머니와 더불어 먹고 마셨습니다. 바로 이 목수 예수님이 한 품격을 지니신 하나님의 참 아들이십니다." 그러면 네스토리우스는 이 설교에 동의하고 옳다고 말했을 것이다. 그러면 이제 내가 이렇게 말했다고 가정해 보자. "하나님께서 길 저편에서 걸어오셔서 물과 빵을 어머니에게 내어드리고, 어머니와 더불어 먹고 마셨습니다." 네스토리우스는 내 말에 동의하지 않고 이렇게 말할 것이다. "물을 긷고 빵을 사고, 어머니가 있고 어머니와 함께 먹고 마시는 일은 인간 본성에 속한 속성이지, 하나님의 속성이 아니다." 또 내가 "목수이신 예수께서 유대인들에 의해 십자가에 처형되었습니다. 바로 이 예수는 참 하나님이십니다"라고 말한다면, 네스토리우스는 그 말이 옳다고 말할 것입니다. 그러나 내가 "하나님께서 유대인들에 의해 십자가에 처형되셨습니다"라고 말한다면, 그는 "그렇지 않습니다. 십자가의 고난을 겪고 죽는 것은 인간의 속성이지, 하나님의 속성이 아니기 때문입니다"라고 말할 것이다.……

그러므로 우리 그리스도인들은 그리스도의 두 본성, 곧 두 인격의 속성들을 완전히 동등한 것으로 인정해야 한다. 그리스도는 한 인격 안에 계시는 하나님이며 인간이시다. 인간이신 그분에 관해 말하는 것은 무엇이든 하나님이신 그분에 관해서도 말해야 하기 때문이다. 다시 말해 "그리스도께서 죽으셨고" 또 그리스도는 하나님이시기 때문에, "하나님께서 죽으셨다"는 결론에 이른다. 곧 하나님 홀로*der abgesonderte Gott* 죽으신 것이 아니라, 인간과 연합한 하나님께서 죽으신 것이다. "그리스도는 하나님이시다"와 "하나님이 죽으셨다"는 말은 하나만 따로 놓고 생각할 때는 어느 것도 참일 수 없기 때문이다. 그럴 경우 하나님은 인간이 아니시기 때문에, 두 명제는 모두 그릇된 것이다. 만일 네스토리우스에게 하나님께서 죽으셔야 했다는 사실이 기이하게 보인다면, 그는 하나님께서 인간이 되신다는 사실도 똑같이 기이하게 생각해야 할 것이다. 하나님께서 인간이 되신다는 것은 불멸의 하나님이 죽음과 고난을 겪을 수밖에 없는 존재가 되시며, 인간의 모든 속성을 소유하심을 의미하기 때문이다. 만일 그렇지 않을 경우, 하나님께서 연합을 이루신 인간은 실상 인간의 속성들을 지니지 않았을 것인데, 그런 인간은 과연 어떤 종류이겠는가? 그것은 이전에 마니교도들이 가르친 것과 같은 유령*gespenst*일 것이다. 다른 한편으로, 하나님에 관해 말하는 것은 무엇이든 인간에게도 적용되어야 한다. 그래서 "하나님은 세상을 창조하셨으며 전능하신 분"이시고 또 인간 그리스도가 하나님이시라면, 인간 그리스도가 세상을 창조하셨고 전능하시다는 결론에 이르게 된다. 이렇게 말하는 근거는 하나님과 인간이 한 인격이 되었으며, 그 결과 두 본성의 속성들*idiomata*을 지니시기 때문이다.

논평

이 글에서는 대중적 신학자인 루터가 일상의 독일어로 글을 쓰고 있는 것을 볼 수 있다. 그가 사용한 표현법은 평범한 사람들이 쉽게 따라올 수 있는 개념들을 제시한다. 이 글은 루터의 '십자가 신학' 1.12을 신학적으로 뒷받침하여 하나님께서 십자가 위에서 고난을 당하셨다고 말할 수 있는 길을 연다는 점에서 특히 중요하다. '십자가에 달리신 하나님'이라는 용어는 루터가 1519년 무렵에 고안했고, 그가 사용한 가장 힘 있는 구절 가운데 하나로 남아 있다. 이 용어는 새로운 신학 원리를 담고 있지는 않아도, '속성의 교류'라는 개념은 널리 알려져 있었다. 루터가 이 용어를 최초로 사용한 것은 아니지만, 강조하여 밀어붙인 정도에서는 혁신적이었다. 루터는 전혀 주저하지 않고 다음과 같이 주장했다.

❶ 예수 그리스도는 십자가에 달리셨다.
❷ 예수 그리스도는 하나님이시다.
❸ 따라서 하나님은 십자가에 달리셨다.

이 주장을 다음과 같이 바꿔 표현할 수 있다.

❶ 예수 그리스도는 고난당하여 죽으셨다.
❷ 예수 그리스도는 하나님이시다.
❸ 따라서 하나님은 고난당하여 죽으셨다.

따라서 루터 특유의 '십자가 신학'은 그때까지 지켜 왔던 제약들을 깨뜨리고 '속성의 교류' 개념을 혁신적으로 적용한 것이라고 볼 수 있다.

생각해 볼 물음들

❶ 루터가 이해한 '속성의 교류'를 여러분 자신의 말로 설명해 보라. 루터는 어떤 속성들이 하나님께 고유한 것이라고 보았는가? 인간적 본성에 고유한 속성들은 무엇인가?

❷ 루터는 네스토리우스의 견해를 어떻게 설명하는가? 이것은 네스토리우스가 가르친 것에 대해 몇몇 교부들이 설명한 것과 어떻게 다른가? 루터는 사실상 네스토

리우스의 견해에 동의하고 있는가?

❸ "만일 네스토리우스에게 하나님께서 죽으셔야 했다는 사실이 기이하게 보인다면, 그는 하나님께서 인간이 되신다는 사실도 똑같이 기이하게 생각해야 할 것이다." 본문에서 이 구절의 위치를 확인하라. 이 구절에서 루터가 말하려는 바는 무엇인가? 그는 자신이 속성의 교류를 철저하게 적용하는 것을 정당화하기 위해, 이 구절을 어떻게 이용하는가?

4.21 ▼

프랑수아 투레티니

: 그리스도의 삼중 직무

장 칼뱅의 저술과 그중에서 특히 『기독교 강요』1559는 개혁주의 그리스도론에서 널리 사용되는 뼈대를 세웠다. 그는 그리스도를 예언자, 제사장, 왕으로 설명하는 '삼중 직무'라는 모형을 사용해서 그리스도의 의미를 탐구했다. 그리스도는 예언자로서 하나님의 뜻을 선포하고, 제사장으로서 죄에 대한 값을 치르며, 왕으로서 자기 백성을 다스린다. 17세기 프로테스탄트 신학자로서 제네바에서 개혁주의 전통을 대변했던 저명한 인물인 프랑수아 투레티니Francois Turrettini, 1623-1687는 1679년 라틴어로 출간한 이 글에서 칼뱅의 그러한 견해를 자세히 제시한다5.17, 5.19 참조.

본문

그리스도의 직무는 하나님과 인간 사이를 중보하는 일이다. 그리스도는 그 일을 수행하기 위해 아버지에게서 세상으로 보내심을 받았고, 성령의 기름 부음을 받았다. 이 중보 사역에는 그리스도가 부르심을 받고 사명을 수행하는 동안, 침해당하신 하나님과 침해하는 인간의 문제와 관련해서 *erga Deus offensum et homines offendentes* 성취해야 하고, 그렇게 해서 양쪽을 서로 화해시키고 하나 되게 하기 위해 감당해야 하는 모든 일이 포함된다.……이러한 그리스도의 중보 사역은 예언자, 제사장, 왕이라는 세 가지 직무를 통해 수행된다. 그리스도는 이 직무들을 별개로 나누지 않고 하나로 묶어 수행했으며, 오직 그분만이 그렇게 할 수 있었다. 다른 사람의 경우라면 연약함 때문에 나눠 감당해야 했을 일들이(그 직무들은 유한한 인간이 혼자 힘으로 감당할 수 없을 만큼 존귀하고 책임이 무겁다) 그리스도 안에서는 그분의 지고한 완전성으로 말미암아 하나로 결합하기 때문이다. 왕이면서 제사장인 경우(멜기세덱)나 왕이면서 예언자인 경우(다윗), 제사장이면서 예언자인 경우(일부 대제사장들)는 있을지 모르나 세 직무 모두를 완벽하게 성취할 수 있는 사람은 없다. 이 일은 오직 그리스도께만 맡겨졌는데, 세 가지 직무 유형이 구현하는 진리를 그분만이 온전히 감당할 수 있기 때문이다.……죄에 뿌리를 두고 있는 인간의 삼중 비극(무지, 죄책, 죄의 억압과 굴레)은 이러한 삼중 직무를 필요로 한다. 무지는 예언자 직무를 통해 치유되고, 죄책은 제사장 직무를 통해, 죄의 억압과 굴레는 왕의 직무를 통해 치유된다. 예언자의 빛은 오류의 어둠을 몰아내고, 제사장의 공로는 우리 죄책을 제거하여 화해의 길을 열어 주며, 왕의 권세는 죄와 죽음의 굴레를 벗겨 버린다. 예언자는 우리에게 하나님을 보여주고, 제사장은 우리를 하나님께로 인도하며, 왕은 우리를 하나님과 하나 되게 하여 그분의 영광에 참여하게 해준다. 예언자는 계몽의 영으로 정신을 밝혀 주고, 제사장은 위로의 영으로 마음과 양심을 어루만져 주며, 왕은 성화의 영으로 반역적인 기질을 다스려 준다.

논평

그리스도의 '삼중 직무'라는 개념의 뿌리는 교부 시대까지 거슬러 올라가 찾을 수 있다. 이 개념은 종교개혁 시대에 더욱 체계적으로 발전했는데, 평범한 회중을 대상으로 한 설교에서 예수의 의미를 설명하는 데, 이 개념이 편리했기 때문이다. 이러한 삼중적 틀을 사용해서 죄와 구속의 복잡한 본질을 설명하고, 그리스도의 인격과 관련된 몇 가지 기본적인 오해들—특히 그리스도의 정체성에서 중요한 측면들을 무시한 환원주의적 이론이 야기한 오해들—을 다룰 수 있었다.

생각해 볼 물음들

❶ 투레티니가 그리스도를 예언자, 제사장, 왕으로 묘사해서 말하려고 하는 것이 무엇인지 정확하게 설명해 보라.

❷ 투레티니는 1)죄의 본질과 2)인간의 곤경을 밝히는 일에 그리스도론의 삼중적인 틀을 어떻게 사용하는가?

❸ 투레티니의 설명에 따르면, 그리스도는 어떻게 세 가지 직무 전체를 자신의 인격 속에 통합할 수 있는가?

4.22

고트홀트 에프라임 레싱

: 역사의 구덩이

독일의 개신교 신학자인 고트홀트 에프라임 레싱1729-1781은 1777년 독일어로 출간한 「영과 능력에 따른 증명에 관하여」라는 글에서 '역사의 우연적 진리'와 '이성의 필연적 진리' 사이에는 아무런 연관성이 없다고 주장했다. 그 결과 나사렛 예수의 전체 역사—그의 부활까지 포함한다—는 아무런 형이상학적 의미를 지닐 수 없게 된다. 이 역사가 엄밀하고 확실하고 온전한 것으로 밝혀진다고 해도(이에 대해서도 레싱은 의혹을 품는다), 철학적 또는 신학적 체계의 토대로 사용될 수는 없다. 이 저술에 달린 기이한 제목은 레싱이 오리게네스의 저술에 나오는 구절을 가져와 쟁점으로 삼은 것이다4.24, 4.25, 4.26, 4.30, 4.31, 4.35 참조.

그리스도인의 종교는 영과 능력을 지니고 있어서 그리스의 변증법이 제공했던 그 어떤 것보다 훨씬 더 신성한 증거를 제시할 수 있었다는 오리게네스의 주장은 아주 옳았다. 오리게네스가 활동하던 시기에는 그리스도의 교훈을 따라 사는 사람들 사이에 여전히 기적을 행하는 능력이 계속되고 있었기 때문이다.……하지만 내가 살고 있는 지금의 상황은 더 이상 오리게네스 때와 같지 않다. 나는 18세기에 살고 있고, 이 시기에는 더 이상 기적이 일어나지 않는다.……문제는 이러한 '영과 능력'의 증거가 더는 어떤 영이나 능력을 지니지 못하게 되었고, 오히려 영과 능력에 대한 인간의 보고들로 퇴보했다는 것이다.……

역사적 진리가 입증이 불가능한 것이라면 그러한 역사적 진리를 도구로 삼아서는 아무것도 증명을 할 수 없다. 다시 말해 역사의 우연적 진리들은 결코 이성의 필연적 진리들의 증거가 될 수 없다.……만일 내가 "그리스도가 죽은 사람을 살렸다"라는 진술을 역사적 근거 위에서 반박하지 못한다고 해서, "하나님은 자기와 동일한 실체를 지닌 아들을 두셨다"라는 말을 참된 것으로 받아들여야만 할까? 앞의 진술에 어떤 반론도 제기하지 못하는 것과 내 이성에 완전히 반하는 어떤 것을 믿어야 하는 일 사이에 무슨 연관성이 있는가?……나는 그리스도가 자신을 하나님의 아들이라고 주장했다는 사실(그의 부활에 대해 나는 역사적으로 유의미한 어떤 반론도 제기할 수 없다)과 그의 제자들이 이렇게 주장한 그를 믿었다는 사실을 진심으로 기꺼이 믿는다. 하나의 동등한 등급에 속하는 이 진리들은 서로에게서 자연스럽게 도출되기 때문이다. 하지만 그런 역사적 진리에서 전혀 다른 등급에 속하는 진리로 넘어간다거나, 내게 그런 역사적 진리를 토대로 형이상학적이고 도덕적인 개념들을 세우라고 요청한다거나, 또는 내가 그리스도의 부활을 반박하는 신뢰할 만한 논증을 제기할 수 없다고 해서 내가 지닌 하나님에 관한 기본 개념들을 모두 바꾸어야 한다고 요구하는 일 따위는 이른바 "다른 영역으로의 비약"*metabasis eis allo genos*에 해당할 것이다. 그렇지 않다면 내가 아리스토텔레스가 한 말의 의미를 모르고 있다는 셈이 된다.

따라서 그것들은, 내가 그토록 빈번히 그리고 열심히 뛰어넘으려 애썼는데도 결코 건널 수 없는 거대하고 험한 구덩이*der garstige breite Graben*다. 내가 건너도록 도와줄 수 있는 사람이 있다면, 제발 좀 그렇게 해달라고 간청하고 싶다. 그래서 앞에서 한 말을 다시 한다. 나는 그리스도가 기적을 행했다는 사실을 결코 부인하지 않는다. 하지만 그런 기적들이 참되다는 것을 오늘날에 일어나는 기적들을 통해 입증하는 것이 완전히 불가능하기 때문에, 그것들은 기적에 대한 보고에 불과한 것이다.……그런 기적들로는 내게 예수의 다른 교훈들을 조금이라도 믿어야 한다거나, 믿을 수 있다고 강요할 수는 없다.

그러면 나를 사로잡은 것은 무엇인가? 그런 교훈들 외에는 아무것도 없다. 1800년 전에 그 교훈들은 당시에 널리 인정받던 진리 체계에 매우 새롭고 낯설고 기이한 것들이었고, 그래서 사람들이 그 교훈들을 진지하게 받아들이도록 하기 위해서는 기적과 성취된 예언들이 필요했을 것이다.……그런데 이 이야기*Sage*가 거짓이냐 참이냐가 내게 무슨 문제가 되겠는가? 그 열매들이 아주 훌륭하지 않은가?

논평

이 글에서 레싱은 흔히 '신앙과 역사'로 알려진 일반적인 문제를 다룬다. 이 쟁점은 여러 가지 면모로 이루어지는데, 이 글에서 레싱은 그런 면모들을 개괄적으로 살핀다. 우선 복음서에 나오는 예수 그리스도에 관한 기록들은 그를 철저히 과거 속의 인물로 다룬다. 우리는 그 기록들을 검증할 수 없고, 예수에 관해 알기 위해서는 복음서들의 바탕에 놓인 목격자들의 보고에 의지할 수밖에 없다. 하지만 레싱은 그 진술들을 어떻게 신뢰할 수 있느냐고 묻는다. 과거에 나온 보고들을 지금 검증하는 것이 불가능한데, 왜 그런 보고들을 신뢰해야 하는가? 하지만 레싱은 그보다 더 깊은 문제가 있다고 주장한다. 우리가 비록 과거에 관해 확신할 수 있다고 해도 다른 새로운 난점이 생기는데, 역사적인 지식이 어떤 가치를 지닐 수 있는지의 문제다. 계몽주의—레싱은 이 운동을 대표하는 주요 인물이다—는 신뢰할 만한 지식을 이성으로부터만 얻을 수 있다고 주장했다. 그렇다면 역사적인 사건이 어떻게 신뢰할 만하고 보편타당한 개념들을 제공해 줄 수 있는가? 어떻게 역사(레싱은 역사를 우연적이고 불확정적인 진리들의 모음으로 본다)로부터 이성(이성은 필연적이고 보편적인 진리들과 관련된다)으로 나갈 수 있겠는가? 그래서 레싱은 역사적 진리와 합리적 진리 사이에 메울 수 없는 간극—좀 더 정확히 말해 "거대하고 험한 구덩이"—이 존재한다고 주장한다. 마지막으로 레싱은 실존적인 성격을 띠는 일련의 문제들을 제기한다. 그처럼 시대에 뒤지고 폐물이 된 메시지가 현대 세계에 어떤 적합성을 지닐 수 있느냐고 그는 묻는다.

그리스어 구절 *metabasis eis allo genos*(다른 영역으로의 비약)은 레싱이 아리스토텔레스에게서 빌려 온 것이고, 문자적으로 '다른 종으로의 변화'를 의미하며, 설명에서 일어나는 범주 오류를 가리킨다.

생각해 볼 물음들

❶ 레싱은 예수의 인격이 기독교 신앙의 토대가 된다는 전통적 기독교의 주장에서 생기는 난점들을 제시한다. 이것을 여러분의 말로 요약해 보라.

❷ "역사의 우연적 진리들은 결코 이성의 필연적 진리들의 증거가 될 수 없다." 본문에서 이 구절의 위치를 확인하라. 이 구절에서 레싱이 의미하는 것은 무엇인가? 여러분은 레싱이 지닌 계몽주의 신념이 이 논점에서 그에게 어떤 영향을 끼쳤다고 생각하는가? 이 진술이 역사의 형이상학적 지위에 대해 지니는 함의는 무엇인가?

❸ "따라서 그것들은 내가 그토록 빈번히 그리고 열심히 뛰어넘으려 애썼는데도 결코 건널 수 없는 거대하고 험한 구덩이다." 본문에서 이 구절의 위치를 확인하라. 여기서 말하는 "구덩이"란 무엇인가? 그것은 어떻게 생겨나는가? '신앙과 역사'의 문제들에 대한 그것의 함의는 무엇인가?

❹ 결론 부분에서 레싱이 예수 이야기의 "열매"에 관해 말한 것은 무엇을 의미하는가?

프리드리히 슐라이어마허

: 기독교의 '자생적 이단들'

독일의 자유주의 개신교 신학자인 프리드리히 슐라이어마허1768-1834는 '기독교의 네 가지 자생적 이단들'—그리스도론과 관련해서는 가현설과 에비온주의, 구원론과 관련해서는 펠라기우스주의와 마니교—은 그리스도의 인격과 사역을 올바로 이해하지 못한 데서 생겨난 것이라고 주장한다. 아래에 인용한 글에서 슐라이어마허는 그리스도와 신자들 사이의 근본적 차이를 인정하면서도, 동시에 최고 수준의 공통점이 존재한다는 사실을 긍정하는 것이 중요하다고 주장한다. 이러한 두 유형의 이단들이 역사에 나타난 구체적인 형태는 슐라이어마허의 설명과 다르기는 하지만, 그의 주장의 기본 요지는 널리 인정받았다4.1, 4.7, 4.12, 5.26 참조.

본문

기독교 안에서 경험하는 모든 종교적 감정이 예수가 이룬 구속과 관련된다는 것이 기독교의 독특한 본질이라고 할 때, 이단이 발생하는 방식을 두 가지로 말할 수 있을 것이다. 다시 말하자면 이렇다. 이 근본 공식이야 대체로 유지되겠지만(그렇지 않을 경우에는 모순이 드러나 극대화되고, 그 결과 기독교 교제에 참여하는 일이 바람직하지 않은 것이 되어 버릴 수 있다) 엄밀한 의미의 구속이 성취되는 것이 불가능하도록 인간 본성을 정의하거나, 아니면 구속자가 구속을 이룰 수 없는 방식으로 구속자를 정의하게 된다.

하지만 이 두 가지 경우도 각각 두 가지 다른 방식으로 발생할 수 있다. 전자의 경우, 만일 사람들이 구속받을 수 있으려면, 그들이 구속을 필요로 하고 동시에 구속을 받아들일 수 있어야만 한다. 이 두 조건 가운데서 하나는 분명하게 인정되지만 다른 것이 암묵적으로 부인된다면, 그 순간 모순이 근본 공식 자체를 흔들게 되는데, 이 일은 겉으로 분명하게 드러나지 않을 뿐이다. 그런데 첫째, 인간 본성의 구속 필요성—인간 본성으로는 자기의 전체 의식 상태 속으로 절대 의존의 감정을 끌어들일 수 없는 형편—을 절대화함으로써 구속하는 힘을 받아들이는 능력이 현실적으로 사라지게 만들고, 그 결과 인간 본성이 구속을 필요로 하지도 않고 받을 수도 없게 되며 단지 완전히 변화된 후에야 구속을 받아들일 수 있게 된다면, 이것은 우리의 근본 공식을 폐기하는 것과 같은 일이 된다. 만일 우리가 악 자체를 본래적인 것이요 하나님께 대적하는 것이라고 여기고, 인간 본성은 이 본래적인 악의 지배를 받아 무기력하게 고통당하는 것이라고 생각한다면, 이런 일이 필연적으로 나타나게 된다. 그래서 우리는 이런 일탈을 가리켜 마니교라고 부른다.

다른 한편, 구속을 받아들이는 능력을 절대적인 것으로 가정하고 그에 따라 하나님 의식이 들어오는 통로의 문을 최저로 낮춰, 그 결과 각 개인이 처한 특별한 순간에 구속을 받아들이는 능력을 극히 작은 힘만으로도 충분히 발휘되게 할 수 있다고 가정해 보자. 그러면 구속의 필요성은 완전히 사라져 버리게 된다. 이것은, 한 분이신 절대적 구속자가 더 이상 필요 없으며, 오히려 각 사람이 연약한 순간을 맞을 때—오직 그 순간만을 위해—신-의식을 끌어내는 일에서 좀 더 힘 있는 다른 개인의 도움을 필요로 할 뿐이라는 의미다. 따라서 구속은 특별한 한 인물의 사역일 필요가 없게 된다. 오히려 구속은 모든 사람이 모두를 위해 수행하는 공동의 사역이 되며, 이 사역에서는 기껏해야 어떤 사람이 다른 사람에 비해 좀 더 나은 역할을 맡을 뿐이다. 이러한 일탈을 가리켜 우리는 위와 같은 방식으로 펠라기우스주의라고 부른다.

이제 다른 종류의 이단을 살펴본다. 만일 그리스도가 구속자, 곧 하나님 의식을 지속적이고 생생하고 무제약적으로 불러일으키는 참 근원이고, 그래서 사람들이 하나님 의식에 참여하는 일은 오직 그분을 매개로 해서만 가능하다면, 한편으로 그리스도가 다른 모든 이들보다 특별하고 배타적인 우월성을 누려야 하는 것이 필연적이며, 다른 한편으로 그리스도와 모든 사람들 사이에는 본질적 유사성이 있어야 한다. 그렇지 않으면 그가 나누어 주는 것이 사람들이 필요로 하는 것과 동일한 것일 수 없기 때문이다. 따라서 이 측면에서도 일반 공식은 두 가지 방식으로 부정될 수 있다. 이 두 가지 필수적인 요소 가운데 어느 하나가 무제한적인 것으로 여겨지고, 그 결과 다른 쪽이 더 이상 공존하지 못하고 사라져 버릴 수 있기 때문이다. 만일 그리스도와 구속을 필요로 하는 사람들의 차이가 극히 무한하게 벌어져 둘 사이에 본질적 유사성이 존재할 수 없게 된다면, 그리스도가 인간 본성에 참여하는 일은 단순히 겉모양으로 끝나 버리고, 그 결과 본질상 다른 것인 우리의 하나님-의식은 그리스도의 의식에서 도출될 수 없으며 나아가 구속도 역시 외양에 불과한 것이 되어 버린다. 그런데 이른바 가현설을 주장하는 사람들이 그리스도의 몸의 실재만을 부정한다고 하지만, 사실 이것은 그리스도의 인격 속에 있는 인간적 본성의 실재를 배제하는 것이기도 하다. 우리는 결코 몸과 영혼을 서로 분리되어 존재하는 것으로 보지 않기 때문이다. 따라서 우리는 이러한 일탈을 가리켜 당연히 가현설이라고 불러야 한다. 마지막으로, 만일 구속자와 구속받아야 할 사람들 사이에 절대적 유사성이 존재한다고 여겨서 구속자의 존재를 구성하는 고유한 우월성이 남아 있을 여지가 사라져 버리고 구속자의 존재가 나머지 다른 모든 사람들의 존재와 동일한 형태로 파악되어야 한다면, 본질상 구속자 안에도 극히 작으나마 구속의 필요성이 있게 되고 그와 마찬가지로 근본적인 관계도 온전히 폐기되어 버린다. 이러한 일탈을 가리켜 우리는, 최초로 예수를 완전히 평범한 인간으로 간주했던 사람들에게 붙여진 이름을 따서 나사렛파 혹은 에비온주의자라고 부른다.

논평

본문에서 슐라이어마허는 이단을 가리켜 기독교의 겉모양은 갖추고 있으나 그 본질에서는 모순된 것이라고 주장한다. 슐라이어마허가 말한 대로, 하나님은 예수 그리스도를 통해 우리를 구속한 것이지 그 외의 다른 인물이나 방법으로 구속하지 않았다는 사실이 기독교의 고유한 핵심 개념이라면, 기독교에서 주장하는 하나님과 예수 그리스도와 인간 본성에 대한 이론은 이러한 구속론과 일치해야 한다는 결론에 이르게 된다. 따라서 기독교의 하나님 본성 이해는 하나님이 그리스도를 통해 인간의 구속을 이룰 수 있다는 점을 분명하게 보여줄 수 있는 것이어야 하고, 그리스도의 정체성에 대한 기독교의 이해는 오직 그리스도를 통해서만 하나님은 우리를 구속할 수 있다는 점을 분명하게 제시하여야 하며, 또 기독교의 인간 이해는 구속이 가능하며 또 진정한 것이라는 사실을 명확하게 밝혀줄 수 있어야 한다. 달리 말해 하나님과 그리스도와 인간에 관한 기독교의 이해는 그리스도를 통해서만 이루어지는 구속이라는 원리와 일치해야 한다는 것이 핵심 내용이다.

슐라이어마허에 의하면, 하나님이 예수 그리스도를 통해 우리를 구속하셨다는 원리를 부정하거나 배척하는 것은 곧 기독교 자체를 부정하는 것이다. 달리 말해, 하나님이 예수 그리스도를 통해 우리를 구속하셨다는 사실을 부인하는 것은 기독교가 주장하는 가장 근본적인 진리를 거부하는 것이다. 이 원리의 수용 여부에 따라 기독교에 속하느냐 아니냐로 갈라진다. 그러나 무엇이 정통이고 이단인지 구분하는 일은 이렇게 인정하고 받아들인 원리를 어떻게 이해하는가에 따라 달라진다. 달리 말해, 이단이란 불신앙에 속한 견해가 아니라, 신앙의 테두리 안에서 발생하는 것이다. 슐라이어마허에게 이단은 근본적으로 기독교 신앙의 부적합한 형태 또는 온전치 못한 형태다.

따라서 이단은 기독교 신앙의 기본 원리들을 받아들이기는 하지만, 그 용어들을 내적 모순에 빠지게 하는 방식으로 해석하는 데서 생겨난다. 달리 말해 원리는 인정하지만, 그것을 부적절하게 이해한 것이다. 그들은 받아들인 원리를 다음과 같은 식으로 해석한다.

❶ 그리스도가 인간의 구속을 이룰 수 없거나,

❷ 아니면 그리스도의 구속 사역의 대상인 인간이 말 그대로 구속받을 수 없다.

위에 인용한 본문에서는 기독교 신앙의 네 가지 '자생적' 이단을 예로 들어 이 논점을 설명한다.

생각해 볼 물음들

❶ 슐라이어마허가 이해한 이단의 본질을 여러분의 말로 설명해 보라. 이단이 어떻게 불신앙과 구분되는지 살펴보라.

❷ 슐라이어마허가 에비온주의 이단의 문제라고 생각한 것은 무엇인가?

❸ "만일 그리스도와 구속을 필요로 하는 사람들의 차이가 극히 무한하게 벌어져 둘 사이에 본질적 유사성이 존재할 수 없게 된다면, 그리스도가 인간 본성에 참여하는 일은 단순히 겉모양으로 끝나버리고……." 본문에서 이 구절의 위치를 확인하라. 슐라이어마허가 주장하는 논점은 무엇인가? 그는 이 논점으로 '네 가지 자생적 이단들' 가운데서 어떤 이단을 설명하는가?

4.24

마틴 켈러

: 역사적 예수

마틴 켈러Martin Kähler, 1835-1912의 대표적 저술인 『소위 역사적 예수와 성경적 역사의 그리스도』*Der sogenannte historische Jesus und der geschichtliche, biblische Christus*는 1892년에 출간되었다. 45쪽 분량에 불과한 이 책은 1892년에 처음 행한 강연을 확대한 판이다. 이 책에서 켈러는 기독교 신앙에 결정적으로 중요한 것은 '역사적 예수'가 아니라, '선포된 그리스도'라고 주장했다. 그렇게 해서 그는 '예수의 생애 운동'에 대한 신학적 비판을 촉발했고, 바르트와 불트만 같은 저자들에게 커다란 영향을 끼쳤다4.22, 4.25, 4.26, 4.30, 4.31, 4.35 참조.

본문

'그리스도는 주님이시다.' 육과 피로는 이러한 확신을 얻거나 유지하거나 전달할 수 없다. 예수께서는 베드로가 믿음을 고백한 후에 그에게 이 사실을 밝히셨고(마 16:17), 믿지 않는 유대인들을 책망하시면서 그들에게도 이 사실을 말씀하셨다(요 6:43-44). 이것은 대제사장의 집 뜰에서 베드로가 부인한 일을 통해 확증되었고, 나중에 바울은 자기 회중이 온전히 믿기를 바라면서 이 사실을 말했다(고전 12:3). 그런데 이러한 확신이 생겨나고 영향을 끼치는 모든 곳에서 이 확신은 다른 신념, 곧 예수는 십자가에 못 박혀 죽으시고 부활하신 살아 계신 주님이시라는 신념과 확고하게 연결되었다. 그런데 역사가들이 그들의 논의 가운데 어느 지점에서 이러한 확신을 다루는지를 살펴보면, 그들은 복음서 저자들이 제공하는 이야기 곧 큰 논쟁거리가 되고 서로 일치하지 않는 마지막 이야기에서 시작하지 않고, 바울의 경험에서 시작한다는 것을 알 수 있다. 역사가들은 초기의 목격자들이 남긴 증언과 흔적들을 토대로 삼아, 할 수 있는 한 최선을 다해 초기 교회의 확고한 신앙을 확정짓는다. 부활하신 주님은 복음서들의 배후에 있는 역사적 예수가 아니라, 사도들이 선포한 신약성경 전체의 그리스도이다. 그런데 이 주님을 '그리스도'(메시아)라고 부른다면, 그것은 그분의 역사적인 사명을 고백하는 것이거나, 아니면 오늘날 사람들이 말하듯이 그분의 소명을 고백하는 것이거나, 우리 선조들이 말한 의미에서 그분의 '삼중 직무'를 고백하는 것이다. 다시 말해 그분이 인류 전체에 대해 지니는 유일하고 초역사적인 의미 *das Bekenntnis zu seiner einzigarten, übergeschichtlichen Bedeuting für die ganze Menschheit* 를 고백하는 것이다. 그리스도인들은 일반인들의 생각과 달리, 예수께서 메시아 개념(메시아를 이해하는 방식과 사람들이 그에게 기대하는 것)과 관련해서 뿐만 아니라, 그분의 인격과 관련해서도 메시아 곧 그리스도였다고 확신하게 되었다. 이 점은 오늘날과 마찬가지로 그때도 사실이었다. 그리스도인들이 설교를 통해, 더 나아가 서신서와 복음서를 통해 예수의 메시아 자격을 신뢰할 만한 것으로 제시하려고 노력했을 때, 그들은 언제나 두 가지 종류의 증거를 사용했다. 경험을 근거로 하는 예수 부활에 대한 인격적인 증언과 구약성경의 증언이 그것이다. 살아 계신 주님이신 예수는 그들에게 옛 언약의 메시아였다.

그래서 우리는 성경적 역사의 그리스도에 관해*von dem geschichtlichen Christus der Bibel* 말한다. 이 세상에서 예수께서 행하셨던 사역을 근거로 파악된 역사적 예수*historische Jesus*는 그의 제자들에게서 그에 대해 증언할 만한 신앙을 끌어내지 못했고, 단지 두려움과 배신으로 변질되기 쉬운 허약한 충성심만 끌어냈다. 제자들은 베드로처럼 무덤에서 일어난 예수의 부활을 보고서야 다시 살아 있는 희망을 가지게 되었고(벧전 1:3), 예수께서 말씀하신 것을 "생각나게 하실" 성령의 은사를 받고 나서야 예수께서 그들에게 남긴 것을 이해하고, 전에는 감당하지 못했던 것을 받아들일 수 있었던 것이 분명하다(요 14:26, 16:12-13). 그 후에 제자들이 세상으로 나갔던 것은 예수의 가르침을 선전하여 예수를 하나의 "학파"의 우두머리로 세우기 위해서가 아니라, 모든 사람에게 그분의 인격과 그분이 지닌 영원한 의미를 증언하기 위해서였다. 이렇게 처음 제자들이 예수의 인격과 사명, 행동과 말을 하나님의 은총과 신실하심이 나타난 것이라고 이해할 수 있었던 것은 예수께서 그들에게 온전한 모습을 드러내신 후에 가능했다. 이렇게 모습을 드러낸 예수는 바로 자기 사역의 보편적이고 영구한 의미를 성취한 인물이자 영원한 전달자였다. (정확하게 말해) 그분의 사역에서 가장 힘겹고 결정적인 부분은 역사적 예수의 끝에서 드러났다. 우리가 전에는 육신의 잣대로 메시아를 알았으나, 이제는 그런 식으로 알지 않는다(고후 5:16).

예수의 영향력은 우선 제자들에게서 신앙을 이끌어냈다는 특성을 지닌다. 두 번째이자 계속 이어지는 특성은 그 신앙이 고백되었다는 것이다. 우리의 신앙 결단*Entscheidung*이나 기독교 역사에서 볼 수 있듯이, 예수의 약속은 이러한 신앙고백 위에 세워진다(롬 10:9-10). 진정한 그리스도, 다시 말해 예수와의 관계를 지키고자 투쟁하고 쟁취하고 승리하며 선포했던 많은 증인들과 더불어 역사 속에서 수없이 많은 사람이 어린아이와 같은 믿음으로 따랐던 힘 있는 그리스도는 바로 선포된 그리스도시다*Der wirkliche Christus ist der gepredigte Christus*. 하지만 선포된 그리스도는 정확히 말해 믿어야 하는 그리스도시다. 그분은 그분이 내딛는 모든 발걸음과 들려주는 모든 말씀 속에서 우리가 신앙의 눈으로 찾아야 하는 예수, 곧 우리가 그분과 나누는 교제로 말미암아 우리 마음속 깊은 곳에, 하늘에 오르시어 살아 계신 분으로 각인된 예수시다. 살아 계신 우리 구주의 인격, 곧 성육신하신 말씀이며 계시된 하나님이신 인격*die Person unseres lebendigen Heilandes an, die Person des fleischgewordenen Wortes, des offenbaren Gottes*은, 당신을 따르는 사람들의 기억 속에 깊이 새겨진 이러한 초상의 특성들을 통해 우리에게로 다가오신다.

논평

이 책에서 켈러는 자신의 목적을 두 가지로 말한다. 첫째, '예수의 생애' 운동의 오류를 비판하고 거부하는 것이고, 둘째, 타당성을 지닌 대체 이론을 세우는 것이다. 첫째보다 두 번째가 훨씬 더 중요하다. 이 저술은 부분적으로 G. E. 레싱의 신앙과 역사에 관한 글4.22에 의해 촉발된 쟁점을 토대로 삼아, 19세기 마지막 10년 동안 형성된 위기의 한가운데서 신앙을 위한 견고한 기초를 세우려고 했던 시도라고 볼 수 있다. 켈러는 학문적인 역사학자가 밝혀 낸 잠정적 가설의 예수는 신앙의 대상이 될 수 없다고 정확하게 지적했다. 하지만 역사학이 역사적 예수에 관한 확실한 지식을 확립하는 게 불가능하다면, 어떻게 예수 그리스도는 기독교 신앙의 진정한 기초와 내용이 될 수 있겠는가? 어떻게 신앙이 역사적 상대주의의 공격에 무너지지 않으면서도 역사적 사건에 기초할 수 있겠는가? 이러한 질문들이 바로 켈러가 이 유명한 저술에서 씨름했던 문제들이다.

켈러는 '역사적'이라는 말을 두 가지 의미로 구분한다. 이 구분은 중요하고 큰 영향을 미쳤지만, 영어로 설명하기가 쉽지 않다. 독일어 *historisch*는 역사비평적 연구의 대상인 예수를 가리키는 데 사용되며, 반면에 *geschichtlich*는 신앙의 대상인 예수를 가리키는 말로 사용된다. *historisch-geschichtlich*라는 한 쌍의 용어에 합당하다고 제안된 영어 표현 가운데 다음과 같은 두 가지가 주목할 만하다.

❶ *historisch*는 '객관적 역사의'objective-historical라고, *geschichtlich*

는 '실존적 역사의'existential-historical라고 번역할 수 있다. 이 번역은 역사의 객관적이고 경험적인 사실들과 그 사실들에서 개인들이 파악한 의미로 나누어 구분한다.

❷ 아니면 *historisch*는 '역사적인'historical으로, *geschichtlich*는 '역사적으로 중요한'historic으로 번역할 수 있다. 이 번역은 과거 역사에 속한 객관적 사건과 역사를 이루는 사건으로 나누어 구분한다.

생각해 볼 물음들

❶ 켈러의 주장에 따르면, 신앙을 예수라는 역사적 인물 위에 세우는 것이 가능한가? 이 문제에 답을 찾을 때, 여러분은 '역사적'이라는 단어가 지니는 여러 가지 의미를 살펴볼 필요가 있다.

❷ "부활하신 주님은 복음서들의 배후에 있는 역사적 예수가 아니라, 사도들이 선포한 신약성경 전체의 그리스도시다." 본문에서 이 구절의 위치를 확인하라. 이 구절에서 켈러가 말하려는 바는 무엇인가? "선포된 그리스도"는 어떤 의미에서 진정한 그리스도인가?

❸ 켈러가 역사적 예수의 "끝"이라고 말할 때 그 의미는 무엇인가?

4.25 ▼

조지 티렐

: 자유주의 개신교의 그리스도

로마가톨릭의 근대주의 저술가인 조지 티렐George Tyrrell, 1861-1909은 이 글에서 자유주의 개신교의 '역사적 예수' 이론이 무익하다고 주장하고, 역사적 예수 이론은 예수를 시대에 뒤진 역사적 인물로 만든 후에 근대 학자들의 생각과 가치를 투사한 것에 지나지 않는다고 말한다. 특히 아돌프 폰 하르나크와 "깊은 우물"에 관한 그의 논평은 널리 알려져 있다2.34, 4.24, 4.26, 4.30, 4.31, 4.35 참조.

본문

요즈음 하르나크와 부세트가 대표하는 비평학파에서는 예수를 하나님의 영과 의로움으로 충만하다는 의미에서 신적 인간Divine Man으로 불렀다. 예수는, 유대인들 사이에서 원수를 물리치고 이 땅 위에 기적적이고 물질적인 나라를 건설할 메시아가 오리라는 묵시적 기대가 무르익었을 때, 세상으로 왔다(이것은 증명된 것이라기보다는 추정된 것이었다). 예수는 이 기대를 물질적 용어에서 윤리적 용어로 바꾸어 영적인 형태로 마음에 품었던 것으로 보인다. 예수는 하나님께서 왕으로 인간의 마음과 양심을 다스리는 의의 나라를 세우라는 신적 소명을 자신의 운명으로 받아들였으며, 자신이 영적 메시아요 따라서 진정한 메시아라고 생각했다. 그는 자신을 따르는 소수의 사람들을 어렵게 훈련시켜, 이러한 하나님 나라와 그리스도라는 개념을 심어 주었다. 그는 선한 일을 행하고(기적적인 일로 여겨지는 치유도 행하면서), 선에 대해 가르치기 시작했다. 그가 전한 복음의 핵심은 하나님의 아버지 되심과 인간의 형제 됨, 하나님 사랑과 이웃 사랑이라는 두 가지 큰 율법의 명령, 그리고 우리 가운데 임한 하나님 나라였다. 이것들은 당시 유대인의 신앙이나 더 나아가 이교도의 철학에서 보면, 참으로 진부한 것들이었다. 하지만 예수는 힘이 넘치는 인격적 모범과 탁월한 성품으로, 특히 자기 친구들의 유익과 그런 윤리적 원칙들을 위해 목숨을 바침으로써, 그 이상들을 사람의 마음속 깊이 심어 주었다. 물론 예수도 여러 가지 면에서 그 시대에 속한 사람이었다. 그는 기적과 귀신 들림을 믿었고, 무엇보다도 임박한 세상의 종말을 믿었다. 이러한 믿음에 영향을 받은 그의 윤리는 상당부분 위기의 윤리였다. 하지만 이것들은 예수가 품었던 중심 사상과 관심사의 부차적 요소에 불과했다. 예수의 중심 사상과 관심사를 미루어볼 때 우리는 그가 진정 근대적인 인물이었다고 말할 수 있는데, 우리가 새롭게 확인한 "종교는 곧 의로움이다"라는 등식이 비록 서구적이거나 게르만적인 것은 아니어도 분명 근대적인 성격을 지닌 것이었다는 점에서 그렇다.

1세기는 이 기적과 같은 근대성을 맞을 준비가 되어 있지 않았다. 세상의 빛이 떠오르자마자 말 아래 덮어 버렸다. 값진 진주가 가톨릭주의라는 쓰레기 더미로 버려졌으며, 섭리의 사려 깊은 손길이 독일에서 그것을 다시 찾아내, 그것에 붙어 있던 쓸모는 있으나 개탄스러운 잡동사니를 떼어 내는 날까지 잊힌 채 보존되어 왔다. 그래서 그리스도와 초기 가톨릭교회 사이에는 다리가 사라진 깊은 골짜기만 가로놓여 있었다. 기독교는 골짜기를 건너지 못하고, 아래로 굴러 떨어져 19세기 동안이나 그곳에 꼼짝 못하고 놓여 있었다. 이처럼 급작스럽게 곤두박질친 일—가톨릭교회를 사도 시대의 문턱까지 되돌려 버렸기에 더욱 급작스러웠다—을 해명하는 것이 자유주의 개신교 비평가들의 가장 중요한 과제였다.……

자유주의 개신교 비평가들이 변증적 관심에 따라 그렇게 적극적으로 씨름했던 일은, 비록 그들의 학문적 중립성에는 해가 되었지만, 마음속으로는 그들의 큰 자랑거리였다. 그들은 예수에게서 중세의 옷을 벗겨 내기 원했고, 초자연적 사건에 대한 믿음을 상실한 세대, 곧 현세적인 삶을 보완하거나 재가하거나 정당화하는 차원을 훌쩍 넘어서는 저 세상의 삶에 대한 신념을 잃어버린 세대에게 예수를 믿을 만한 인물로 제시할 수 있기를 원했다. 그들은 19세기를 사는 사람들에게 예수를 그 시대가 이상으로 여긴 신성한 의로움의 화신으로, 곧 문명의 건강한 진보를 보장해 주는 최고 원리와 열망의 화신으로 소개하기를 원했다. 그들은 예수에게서 배타적이고 세상을 경멸하는 탈세상성의 혐의를 벗겨 내기를 원했다. 이러한 탈세상성은 사람들로 하여금 예수의 종교를 진보와 활력의 적으로 여기게 만들었는데, 이런 현상은 예수의 복음의 본질적 실체와 부차적인 형태를 혼동한 데서 비롯된 것이었다. 그렇게 편향된 시각으로 말미암아 그들은 유대인에게서 독일인을 찾아내고, 환상가에게서 도덕주의자를, 예언자에게서 교수를, 1세기에서 19세기를, 초자연적인 것에서 자연적인 것을 찾아냈을 뿐이다. 그리스도는 이상적 인간이요, 하늘나라는 이상적 인류를 뜻했다. 합리주의적 전제가 복음의 기적적 요소들을 거짓된 것으로 걸러 냈던 것처럼, 도덕주의적 전제는 현대의 도덕성 외에 모든 것을 걸러 냈다. 도덕성만이 기독교의 실체요 본질*das Wesen des Christentums*이었다. 하나님이 남아 있더라도 그것은 도덕주의와 합리주의의 하나님—인류의 형제 됨과 상관된 개념—일 뿐이고, 모세의 하나님, 아브라함과 이삭과 야곱의 하나님, 다윗과 예언자들의 하나님은 아니었다.……

그런데 여기서 자유주의 개신교 비평가들은 적극적으로 기독교에 반대했던 비평가들 못지않게 실패하고 말았다. 그들이 내세운 가설은 신앙의 조항이었지, 연구 수단이 아니었다. 그들이 이 분야에서 패배했다면, 우리는 그 이유를 그들을 논리적으로 정복한 사람들의 철저한 객관성이 아니라, 그들이 비평적 방법을 지나치게 엄격하게 적용했다는 점에서 찾아야 할 것이다.

바로 그 방법 때문에 요하네스 바이스와 그의 제자들은 대부분 어쩔 수 없이 복음의 묵시적·종말론적 해석으로 되돌아갈 수밖에 없었다. 그 방법이 기독교와 현시대 사이의 마찰을 부드럽게 하고자 하는 희망을 무너뜨리기 때문이요, 복음과 초기 가톨릭교회 사이의 골을 메우는 일을 하다가 그리스도의 참 기독교를 모든 본질적인 면에서 가톨릭주의의 기독교만큼이나 받아들이기 어려운 것으로 만들어 버렸기 때문이다. 이러한 사태를 맞아 루아지Loisy는 재빠르게 하르나크의 『기독교의 본질』*Wesen des Christentums*이 제시하는 자유주의 개신교에 맞서 『복음과 교회』*L'evangile et l'eglise*를 펴내 대응했다. 하르나크가 천구백 년이라는 긴 세월에 걸쳐 드리운 가톨릭주의의 어둠을 거슬러 올라가 찾아낸 그리스도는 깊은 우물의 수면에 반사된, 자유주의 개신교의 희미한 얼굴에 불과했다.

논평

'역사적 예수 연구'의 발전에 관해 논하는 이 중요한 글은 이 운동의 바탕에 놓인 상당히 염려스러운 가정들을 밝혀 주고, 특히 이 운동의 개념들이 초기 교회가 지녔던 '원초적 복음'primitive gospel이 변질된 것이라고 주장한다. 아돌프 폰 하르나크는 예수의 단순한 복음이 초기 교회의 헬라주의적 가정들을 통해 복잡해지고 뒤틀렸다고 주장했지만, 티렐은 하르나크가 '역사적 예수'를 재구성하려는 노력을 통해 그와 마찬가지로 왜곡되고 혼란스러운 많은 내용을 끌어들였다고 주장한다.

생각해 볼 물음들

❶ 티렐이 자유주의 개신교의 역사적 예수 연구에 대해 제기하는 가장 근본적인 비판은 무엇인가?

❷ "값진 진주가 가톨릭주의라는 쓰레기 더미로 버려졌으며, 섭리의 사려 깊은 손길이 독일에서 그것을 다시 찾아내, 그것에 붙어 있던 쓸모는 있으나 개탄스러운 잡동사니를 떼어 내는 날까지 잊힌 채 보존되어 왔다." 본문에서 이 구절의 위치를 확인하라. 여기서 주장하는 논점은 무엇인가? 티렐은 어떤 사람을 염두에 두고 이렇게 날카롭게 비판하는가?

❸ "하르나크가 천구백 년이라는 긴 세월에 걸쳐 드리운 가톨릭주의의 어둠을 거슬러 올라가 찾아낸 그리스도는 깊은 우물의 수면에 반사된, 자유주의 개신교의 희미한 얼굴에 불과했다." 본문에서 이 유명한 구절의 위치를 확인하라. 이 구절에서 티렐이 말하려는 바는 무엇인가? 그는 어떻게 이 결론에 도달하는가?

알버트 슈바이처

: '역사적 예수' 연구의 실패

4.26 ▼

독일의 신약학자인 알버트 슈바이처1875-1965는 『역사적 예수 연구』*The Quest of the Historical Jesus*에서 '역사의 예수' 운동은 실패했다고 주장한다. 슈바이처의 주장에 따르면, 19세기의 방법론과 이론들을 기초로 삼아서는 예수의 기본적인 특성을 재구성할 수 없으며, 따라서 예수는 부분적으로만 파악 가능하고 멀리 떨어진 낯선 인물로 남게 된다4.22, 4.24, 4.25, 4.30, 4.31, 4.35 참조.

본문

부정적 신학에 관해 논하려는 사람이라면 여기서 그 일이 그리 어려운 것이 아니라는 사실을 알 수 있을 것이다. '예수의 생애 연구'*Leben-Jesu-Forschung*의 결과보다 더 부정적인 것은 없기 때문이다. 메시아로 출현해서 하나님 나라의 윤리를 선포하고, 이 땅 위에 하늘나라를 세우고, 죽음을 통해 자기 사역에 존엄성을 부여했던 나사렛 예수는 결코 실존한 적이 없었다. 그는 합리주의가 불러 내고 자유주의가 생기를 불어넣은 후, 근대 신학이 역사적인 방법으로 치장했던 인물일 뿐이다.

이러한 예수 상(像)을 파괴한 것은 외부로부터 오는 힘이 아니었다. 그것은 내부에서 산산조각 났는데, 계속해서 등장한 실제적이고 역사적인 문제들로 인해 해체되고 흩어졌다. 그 역사적인 문제들은, 온갖 창의력과 기술, 영감, 힘을 적용했음에도 불구하고 지난 130년 동안 신학에서 예수를 세워오는 데 토대로 사용되어 온 양식에 딱 들어맞지 않았다. 문제들은 묻히는가 싶으면 다시 새로운 모습으로 등장했다. 철저한 회의론과 철저한 종말론*Der konsequente Skeptizismus und die konzequente Eschatologie*이 그 문제들을 하나로 연결해서 이 파괴 작업을 마무리 지었고, 그 결과 그 문제들은 하나의 체계를 형성해서 근대 신학의 '분할하여 통치하기', 곧 문제들을 별개로 분리해 비교적 어렵지 않은 형태로 나누어 해결하는 방식을 끝장내기에 이르렀다. 그 후로는 여러 문제들 가운데서 하나를 선택하여 독립적으로 처리하는 방식은 더 이상 용납되지 않았다. 전체의 중요성이 각각의 개별 문제와 연결되어 있었기 때문이다.

이에 대한 결정적 해결책이 어떤 것이든, 다음과 같은 사실을 지적할 수 있다. 미래의 비평학은 지금까지 확인되고 인정된 문제들을 출발점으로 삼게 될 것인데, 그 비평학에서 초상으로 그려 낼 역사적 예수*historische*

*Jesus*는 근대 신학이 자기네 관점에서 반은 역사적이고 반은 근대적인 예수를 주장하는 데 아무런 도움도 주지 못할 것이다. 최초의 복음서 저자의 허구적인 문헌을 근거로 삼든 순전한 종말론적-메시아 개념을 근거로 삼든, 그는 메시아요 또 그런 삶을 살았던 예수일 것이다.

어느 경우든 그는 현대 종교가 자기네 방식대로 예수를 만들었듯이 자기네 관습과 사고와 개념에 끼워 맞춰 납득할 수 있는 방식으로 다룰 수 있는 예수 그리스도는 아닐 것이다. 그는 또 역사적인 논의를 통해 일반 사람들이 공감하고 보편적으로 알 수 있도록 창조될 수 있는 인물도 아니다. 역사적 예수는 우리 시대에 낯설고 수수께끼 같은 인물일 뿐이다.

'예수의 생애 운동'은 특별한 역사를 지니고 있다. 이 운동은 역사적 예수를 찾기만 하면 그를 곧바로 우리 시대를 향해 스승이자 구주로 제시할 수 있다는 믿음을 품고 역사적 예수를 찾아 나섰다. 이 운동은 수 세기 동안 교회의 교리라는 바위에 묶여 있던 예수를 풀어 놓았으며, 그 인물에게 생명과 활기가 회복되어 역사적 예수가 일어나 자신들에게 나오는 것을 보고 기뻐했다. 하지만 예수는 거기에 머물지 않고, 우리 시대를 지나쳐 자기 시대로 되돌아갔다. 지난 40년 동안 신학을 놀라게 하고 낙담시킨 것은, 그렇게 힘들인 모든 독단적 해석에도 불구하고 예수를 우리 시대에 잡아두지 못하고 떠나보낼 수밖에 없었다는 사실이다. 그는 자기 시대로 돌아갔다. 그 일은 어떤 역사적 재간이 이루어낸 것이 아니라, 시계추를 풀어 놓으면 제자리로 돌아가는 것과 같이 필연적 이치에 따른 것이었다.

논평

슈바이처의 『역사적 예수 연구』*Geschichte der Leben-Jesu-Forschung*는 앞서 이루어진 어떤 논의보다 더 철저하게 '예수 생애' 운동의 약점을 밝혀 내는데 성공했다. 슈바이처는 예수의 생애에 대한 비판적 연구 결과들을 하나로 엮어 '예수 생애' 운동의 기념비를 세웠는데, 그것이 실제로는 그 운동의 묘비석이 되고 말았다. 그 운동을 반박하는 확고하고 일관성 있는 증거가 분명히 드러났기 때문이다. 사실 슈바이처는 자신이 그토록 신중하게 기록한 그 역사에 아무것도 보태지 않았다. 오히려 그는 내부의 갈등과 모순점들을 밝혀 냄으로써, 그 역사를 끝장냈다. 슈바이처는 자기 결론을 이끌어 내는 데 강력한 교의학적 논증들(예를 들어, 마틴 켈러의 논증 같은 것4.24 참조)을 채택할 필요가 없었다. 단지 '예수의 생애 연구'*Leben-Jesu-Forschung*의 역사를 토대로 삼아 논의를 펼쳤는데, 이러한 연구들은 그 저자들이 세운 가정을 바탕으로 '역사적 예수'를 재구성해 낸 것에 불과하다는 사실이 확인되었다. 신약학자가 찾아낸 예수의 초상들은 놀라울 정도로 그들의 자화상과 닮은꼴이었다.

생각해 볼 물음들

❶ 슈바이처는 예수의 역사적인 실상을 재구성해 낼 가능성에 대해 철저히 회의적이었다. 본문의 어느 부분에서 그런 회의적 태도가 분명히 드러나는가?

❷ 슈바이처가 다룬 주제 가운데 하나는 예수가 현대 세계에 낯설게 보이는 인물이었다는 점이다. 본문에서 이 특성을 밝히는 부분을 찾아 보라. 이 논의를 통해 슈바이처가 주장하는 논점은 무엇인가?

❸ "그는 현대 종교가……납득할 수 있는 방식으로 다룰 수 있는 예수 그리스도는 아닐 것이다." 본문에서 이 구절의 위치를 확인하라. 슈바이처는 왜 '역사적 예수'가 종교적인 면에서 문제가 된다고 생각하는가?

4.27

G. K. 체스터턴

: 성육신과 신화와 이성

영국의 언론인이었던 길버트 키스 체스터턴Gilbert Keith Chesterton, 1874-1936은

성인이 되고서 기독교 신앙을 되찾았으며, 오늘날 신학과 변증학의 고전으로 인정받는 여러 작품을 썼다. 그의 저술 중 최고에 속하는 『영원한 사람』 *The Everlasting Man*, 1925은 역사와 관련된 기독교의 읽을거리들을 제공하고, 예수 그리스도의 의의와, 성육신이 지닌 상상적이고 개념적인 의미에 관한 방대한 논의를 담고 있다. 여기에 인용한 글은 예수를 찾아온 목자와 동방박사들(현자들)을 둘러싼 성탄절 이야기를 다루며, 이 일화들이 지닌 신학적이고 문화적인 의미를 깊이 성찰한다2.41, 4.29, 4.35, 9.5 참조.

본문

목자들은 마침내 자신들의 참 목자를 발견했다. 그들이 지금까지 찾아 헤맸던 바로 그분을 만난 것이다. 민중은 틀릴 때가 많았지만, 거룩한 존재도 이 땅을 거처로 삼을 수 있고, 신성 역시 시간과 공간이라는 제약에 갇힐 수 있다는 사실을 믿는 일에서는 실수하지 않았다. 야만인들은 누군가 태양을 훔쳐 가서 상자 안에 숨겨둔다는 미숙한 공상을 하거나, 돌멩이로 신을 구하고 적을 속일 수 있다는 터무니없는 신화를 지어냈다. 하지만 이런 야만인들이야말로, 지중해 주변 도시에 살면서 냉철한 관념과 보편적 일반화로 만족을 누리며 살던 사람들이나, 플라톤의 초월주의와 피타고라스의 동양풍사상에서 나온 사고의 가닥을 한없이 가늘게 자아내던 사람들보다 그 동굴의 비밀에 더 가까이 있었으며 세상의 위기에 대해 더 많이 알고 있었다.……목자들이 찾아낸 장소는 학문의 전당도 아니고 추상적인 공화국도 아니었다. 그곳은 신화가 알레고리로 풀이되거나, 분해되거나, 설명되거나, 해명되는 장소가 아니었다. 그곳은 꿈이 실현되는 장소였다.……

철학자들 또한 이미 그 소식을 들었다. 임금의 장엄한 왕관을 쓰고 마법사의 신비로운 옷을 입은 동방박사들이 어떻게 동방으로부터 오게 되었을까. 오래되었음에도 여전히 낯선 이야기다. 지혜롭게도 전승에서는 그들을 기억하되 그 수를 정확히 밝히지 않았으며, 다만, 멜키오르, 카스파르, 발타자르라는 신비롭고 음악적인 이름만큼 신비로운 미지의 인물들로 기억해 왔다. 그러나 그들과 더불어 온 것은, 칼데아에서 별들을 바라보고 페르시아에서 태양을 바라보았던 지혜의 세계 전체였다. 그들이 오게 된 것은 모든 현자들을 행동하게 하는 그런 호기심때문이었다고 생각해도 틀리지 않을 것이다. 그들의 이름이 정말로 공자, 피타고라스, 플라톤이었다 해도 그들은 여전히 동일한 인간적 이상을 대표할 것이다. 그들은 이야기가 아니라 만물의 진리를 찾는 사람들이었고, 진리를 향한 그들의 목마름은 그 자체가 하나님을 향한 목마름이었으므로, 그들 또한 보상을 받았다……그런데 그들이 받은 보상이 어떤 것이었는지 이해하려면, 신화 못지않게 철학에서도 보상은 불완전한 것이 완성되는 것이었다는 사실을 알 필요가 있다……

신비주의와 철학을 상징하는 동방박사들은 뭔가 새로운 것을 찾으며, 예상하지 못한 것을 추구하는 사람으로 여겨진다. 성탄 이야기나 성탄을 축하하는 행사 때마다 계속해서 감도는 그 긴장된 분위기는 탐구와 발견이라는 개념을 두드러지게 한다. 이 기적 이야기에 등장하는 다른 신비로운 인물들인 천사, 성모, 목자들, 헤롯 병사들에게서는 더욱 단순하면서 동시에 더욱 초자연적이고 근원적이며 감상적인 특성을 볼 수 있다. 하지만 그 현자들은 지혜를 찾아왔으며, 그런 그들에게 빛은 지성 속에서 환하게 타올랐다. 그 빛이란 바로 이것이다. 가톨릭의 신경은 말 그대로 보편적이고, 그 외의 모든 것은 보편적이지 않다는 사실이다. 교회의 철학은 보편적이고, 철학자들의 철학은 보편적이지 않다. 플라톤과 피타고라스와 아리스토텔레스가 그 작은 동굴에서 솟는 빛 가운데 잠시라도 섰더라면, 그들 자신의 빛이 보편적이지 않다는 사실을 깨달았을 것이다. 솔직히 말해, 그들이 그 사실을 몰랐다고 장담할 수는 없다. 철학 또한 신화와 마찬가지로 강한 탐구의 기풍을 지니고 있었기 때문이다. 바로 이러한 진리에 대한 깨달음으로 인해 동방박사라 불린 세 인물은 전래의 위엄과 신비를 덧입게 되었다. 종교는 철학보다 훨씬 폭이 넓고, 종교 가운데 가장 폭넓은 이 종교가 이처럼 좁은 동굴 속에 담겼다는 깨달음이다.

논평

체스터턴은 20세기의 탁월한 평신도 신학자 중 한 사람으로 인정받고 있다. 그가 언론인으로서 받은 훈련은 기독교 신앙의 기본 원리들을 매력적이고 우아하게 탐구할 수 있게 해준 원동력이었다. 이 유명한 글에서 체스터턴은 성육신에 대한 몇 가지 주제들을 다루면서, 그리스도의 강림이 어떻게 인간적 열망을 완성시키고 하나님을 향한 우리의 비전을 확장시켜 주었는지를 밝힌다.

생각해 볼 물음들

❶ "거룩한 존재도 이 땅을 거처로 삼을 수 있고, 신성 역시 시간과 공간이라는 제약에 갇힐 수 있다." 본문 앞쪽에서 체스터턴이 말한 이 구절은 성육신의 의미를 밝히는 데 얼마나 도움이 되는가?

❷ 체스터턴은 이 인용문이 들어 있는 장의 제목을 "동굴 속의 하나님"이라고 지었다. 이 제목으로 그가 말하려는 바는 무엇인가? 이 제목은 예수 그리스도의 의미에 관해 생각하는 데 어떻게 도움이 되는가?

❸ "철학자들의 철학은 보편적이지 않다." 본문에서 이 구절을 확인하라. 체스터턴이 이 구절에서 말하려는 바는 무엇인가? 그가 기독교는 참으로 '보편적인' 철학이라고 주장하는 이유는 무엇인가?

4.28 ▼

P. T. 포사이스

: 그리스도의 인격

자유주의 개신교의 그리스도론에서는 예수의 인성을 중요하게 여겨 강조했으며, 이렇게 강조한 것을 그리스도를 믿는다는 말이 아니라 흔히 예수의 신앙을 공유한다는 말로 표현했다. 그리스도인들은 나사렛 예수의 신앙을 본받고 그의 개인적인 종교를 공유하라고 초청받았다. 이러한 흐름을 비판했던 스코틀랜드의 회중교회 신학자 피터 테일러 포사이스Peter Taylor Forsyth, 1848-1921는, 이 견해가 역사적으로 합당한 토대나 타당성을 지니지 못하며, 신학적으로도 옹호할 수 없는 것이라고 주장한다4.22, 4.24, 4.31, 4.35 참조.

본문

복음주의 신앙을 폐기하려는 사람들이 가장 빈번히 하는 말은 이제 학문이 우리에게 가르쳐 주는 것만 행하고 예수의 종교로 되돌아가야 한다는 것이다. 다시 말해, 우리는 예수 자신의 개인적인 종교를 실천하는 데로 돌아가야 하는데, 그 종교는 예수 그리스도에 관한 복음과는 다른 것이며, 그를 신앙의 주체나 설립자나 모범이 아니라 대상으로 여기는 복음과도 구별되는 것이다. 그들은 우리가 그리스도를 믿는 것이 아니라, 그리스도와 함께 믿기를 배워야 한다고 주장한다……

기독교의 기원에 관한 가장 최근의 이론들이 이 논점, 곧 기독교의 가장 초기 형태는 예수의 종교였다는 주장에 어떤 영향을 끼쳤는지 살펴보자. 먼저 독일의 새 종교사학파를 살펴보자.……이 학파가 이룬 큰 공헌이 하나 있다. 이 학파는 초기 교회 시대에 그리스도의 복음과 구분되는 예수의 종교를 강조하던 시절이 있었다고 주장하는 19세기 가설을 무너뜨렸다. 물론 이 학파도 그런 예수의 종교를—비판 과정을 거쳐 복음서에서 분리시킨 후에—사도의 영향에서 벗어난 단순한 믿음을 갈망하는 세상에 설교할 수 있을 것이라고 믿었을 수 있다. 그것은 별개의 문제이므로 여기서는 논하지 않겠다. 하지만 이 학파는—복음서를 비판적으로 자세히 다루는 일은 별개로 하고—우리에게 남아있는 기록들이 액면 그대로 통용되는 한, 그런 식으로 예수의 신앙을 본받는 일이 초기 시대 교회에는 결코 존재하지 않았다는 사실을 밝혀냈다는 점에서 큰 공헌을 했다. 그들은 다음과 같은 사실도 밝혀냈다. 연원을 거슬러 올라가면, 우리는 그 지점에서 부활하셔서 구속을 베푸시고 영화롭게 되신 그리스도에 대한 믿음과 예배만 발견할 수 있을 뿐이다. 그 당시 사람들은 그분을 온전히 신뢰했으나 본받는 일에는 매우 형편없었다. 그리스도가 하나님과 맺는 관계를 본받는 일은 전혀 실천하지 못했다는 사실이다.

논평

영국의 신학자인 포사이스는 독일어권 신학에 각별한 관심을 기울였고, 마틴 켈러가 창안한 개념들을 진지하게 고려해야 한다고 믿었다. 본문에서 우리는 '역사적 예수 연구'의 가정들에 제기된 주요 비판과 더불어, 예수의 정체성에 관한 몇 가지 간명한 논평들을 만난다. 포사이스는 특히 '예수의 종교'를 다시 세우려는 사람들에 대해 비판적이었다. 예수의 종교란 예수에 관한 종교—달리 말해 기독교—가 아니라 예수의 개인적인 하나님 신앙을 뜻한다. 포사이스는 종종 '바르트 이전의 바르트주의자'라고 그릇되게 불리기도 했다. 이것은 꽤 문제가 있을 수 있다. 포사이스는 여러 가지 면에서 켈러의 견해를 따른 것이 분명하고, 켈러는 바르트의 중요한 개념들을 앞서 제시한 사람이라고 볼 수 있다.

생각해 볼 물음들

❶ '예수의 종교'를 되찾아 복구하는 일이 필요할 뿐만 아니라 실제로 가능하다고 믿은 사람들에 대해 포사이스는 어떻게 평가하는가?

❷ 포사이스는 역사를 근거로 삼아야 한다고 주장하면서, 기독교의 초기 역사에서 "우리는 그 지점에서 부활하셔서 구속을 베푸시고 영화롭게 되신 그리스도에 대한 믿음과 예배만 발견할 수 있을 뿐이다."라고 주장한다. 본문에서 이 구절의 위치를 확인하라. 여기서 포사이스가 말하려는 바는 무엇인가? 그렇게 해서 그가 주장하는 논점은 무엇인가?

❸ 포사이스는 그리스도에 관해 말하면서 "(사람들이) 그리스도가 하나님과 맺는 관계를 본받는 일은 전혀 실천하지 못했다"고 평가한다. 이 구절의 위치를 확인하라. 이 구절에서 포사이스가 말하려는 바는 무엇인가? 이것이 기독교 신앙의 본질과 예수 자신의 인격에 대한 포사이스의 이해와 관련해서 중요한 이유는 무엇인가?

4.29

도로시 세이어즈

: 그리스도론과 교의

그리스도의 신성과 인성의 관계를 분석하는 이 글은, 영국의 소설가이자 종교작가인 도로시 세이어즈Dorothy L. Sayers, 1893-1957가 1940년 영국에서 행한 강연이다. 이 글에서 저자는 우리의 하나님 지식에서 예수의 신성과 인성의 상호 연관성을 아는 것이 중요하다고 주장한다. 세이어즈는 아돌프 히틀러 치하의 독일에서 나치주의가 등장한 일을 예로 들며, 도덕적·문화적 권위를 내세우려면, 본래 그리스도의 인격에 속한 것을 바탕으로 삼아야 한다고 말한다. 그렇지 않으면 그리스도가 문화나 도덕의 기초로 작용할 수 없고, 오히려 도덕적·문화적 원리들이 그리스도를 판단하게 된다는 것이다1.5, 4.8, 4.14, 5.26 참조.

본문

그리스도 없이는 기독교의 원리들을 세울 수 없다는 사실이 점차 분명해지는데, 이것은 그 원리 자체의 타당성이 그리스도의 권위에 달려 있기 때문이다. 우리가 잘 알다시피 전체주의 국가들이 더 이상 그리스도의 권위를 믿지 않게 되면서, 기독교의 원리들을 부정하는 일이 논리적으로 철저히 정당화되었다. 만약 어떤 '평범한 사람'에게 '그리스도를 믿고' 또 '기독교의 원리들'에 대한 그리스도의 권위를 인정하라고 말한다면, 그는 그리스도가 어떤 사람이며 왜 그의 권위를 인정해야 하는지 물을 것이 당연하다. 그런데 "당신은 그리스도를 어떻게 생각하는가?"라는 질문은 그런 평범한 사람을 곧바로 매우 복잡한 교의적인 난제와 얽히게 한다. 그리스도가 어떤 존재이고, 그가 어떤 일을 하셨는지, 그가 어떤 권위로 그런 일을 하셨는지는 별로 중요하지 않다고 말하거나, 또는 그가 인간에 불과하더라도 매우 훌륭한 사람이며, 그러므로 우리는 그가 가르친 원리들을 따라 살아야 한다고 말하는 것은 아무짝에도 쓸모가 없다. 이런 말은 인본주의에 불과할 뿐이고, 만일 그 '평범한 사람'이 독일인이어서 히틀러가 더 훌륭한 사람이고 훨씬 더 매력적인 원리들을 가지고 있다는 식으로 주장하고 나선다고 해도, 인본주의 그리스도인으로서는 그 말에 답할 길이 없기 때문이다.

교의가 평범한 사람의 삶이나 사고와는 '전혀 상관이 없다'는 식으로 주장하는 것은 결코 옳지 않다. 솔직히 말하자면, 그런 식의 주장을 남발해서 그들로 하여금 마치 그것이 사실인 양 받아들이게 한 장본인은 기독교 목사들이다. 그들의 그릇된 교의 설명으로 이 지경에 이르게 된 것이다. 성육신에 대한 핵심 교의는 상관성relevance을 좌우하는 기준이 된다. 만일 그리스도가 인간에 불과하다면, 그는 하나님에 관한 모든 사상과 전혀 상관없는 존재가 된다. 반면 그리스도가 하나님이시기만 하다면, 그는 인간의 삶에 속하는 모든 경험과 상관없는 존재가 되어 버린다. 엄밀히 말해, 구원이 상관성을 지니려면 우리 주 예수 그리스도의 성육신을 바르게 믿는 일이 반드시 필요하다. 바르게 믿지 않는다면, 왜 믿어야 하는지에 대한 근거도 희미해져 버린다. 그럴 경우 '기독교의 원리들'에 관해 떠들어대는 일도 완전히 상관없는 일이 되어 버린다.……

만일 '평범한 사람'이 그리스도에 대해 조금이라도 관심을 갖게 된다면, 교의가 그런 관심을 북돋워 줄 수 있을 것이다. 문제는 그 사람에게 십중팔구 교의가 제시된 적이 없다는 것이다. 그에게 주어진 것이라고는 일상의 삶과 밀접한 언어로 번역하려는 시도조차 없었던 전문적인 신학용어들뿐이다.……내가 보기에는, 교의라는 것이 한바탕 논쟁적인 다툼을 즐기는 신학자 집단이 선험적으로*a priori* 고안해 낸 독단적인 규정이 결코 아니라는 사실을, 교사와 설교자들이 분명히 알려 주지 못하는 것 같다. 사실 교의의 대부분은 이단에 응전해야 하는 긴급하고 실질적인 필요에 따라 공들여 다듬어 낸 결과물이다.

논평

도로시 세이어즈는 피터 윔지 경이라는 귀족이 아마추어 탐정으로 활약하는 추리소설을 통해 유명세를 탔다. 그녀는 기독교 신학에도 큰 관심을 쏟았는데, 이 강연이 그런 면모를 잘 보여준다. 이 강연은 제2차 세계대전 중에 개최되었고, 그런 점에서 전체주의를 언급한 내용은 청중들에게 큰 공감을 불러일으켰을 것이다. 기본적인 논점은, 아무리 예수가 훌륭한 이상들을 지녔다고 주장한다고 해도 오늘날 우리로 하여금 그 이상들을 철저히 따를 수 있게 해주는 독특한 무언가가 예수에게 있다는 점을 충분한 근거를 들어 제시하지 못한다면, 그런 주장은 전혀 쓸모가 없다는 것이다. 그러므로 불가피하게 그리스도론과 관련된 중대한 문제들이 제기될 수밖에 없으며, 그 문제들은 반드시 해결되어야 한다고 세이어즈는 주장한다.

생각해 볼 물음들

❶ 첫째 단락에서 세이어즈가 제시하는 논점은 무엇인가? 그녀가 '기독교 인본주의'에 제기하는 근본적인 비판은 무엇인가?

❷ 세이어즈는 전통적인 그리스도론의 주장들을 어떻게 정당화하는가?

❸ "만일 그리스도가 인간에 불과하다면, 그는 하나님에 관한 모든 사상과 전혀 상관없는 존재가 된다. 반면 그리스도가 하나님이시기만 하다면, 그는 인간의 삶에 속하는 모든 경험과 상관없는 존재가 되어 버린다." 본문에서 이 구절의 위치를 확인하라. 세이어즈는 어떻게 이 결론에 이르게 되었는가? 그녀는 이 구절이 담고 있는 개념들을 어떻게 더 깊이 발전시키는가?

폴 틸리히

: 없어도 되는 역사적 예수

4.30 ▼

폴 틸리히1886-1965는 실존주의 방법으로 신학을 이해한 것으로 유명한데, 이런 특성으로 인해 그는 기독교 신앙 특유의 역사적 측면들이 결정적인 중요성을 지니지 않는다고 주장한다. 기독교는 보편적인 실존 가능성들과 관련된 것으로, 틸리히는 이 개념을 구체적으로 '새로운 존재'New Being라는 용어로 설명한다. 그런데 '새로운 존재'는 예수 그리스도와 어떻게 관련되는가? 그의 『조직신학』에서 인용한 이 글에서 틸리히는 예수의 역사적 실존이 신앙에 결정적인 중요성을 지니지 않는다는 자신의 견해를 제시한다

4.22, 4.24, 4.26, 4.31, 4.35 참조.

본문

성경 기록들을 역사적으로 연구하는 방법에 대한 지금까지의 평가는 부정적인 주장과 긍정적인 주장으로 나뉜다. 부정적인 주장에 따르면, 역사적 연구로는 기독교 신앙의 토대를 제공하거나 제거할 수 없다. 긍정적인 주장에서는 역사적 연구가 기독교 신학에 다음과 같은 세 가지 방식으로 영향을 끼쳐 왔으며 또 그런 영향을 끼치는 것이 당연하다고 본다. 첫째, 성경 문헌(모든 시대의 기독교 선포들도 역시)의 세 가지 의미론적 차원들을 분석하고, 둘째, 그리스도론의 상징들(그 외에 조직신학적으로 중요한 상징들도)이 다양한 모습으로 발전한 단계를 밝혀 주며, 마지막으로, 제반 역사 연구에서 발전한 최선의 방법들을 이용해 성경 문헌을 언어학적이고 역사적으로 엄밀하게 이해할 수 있게 해주었다.

그런데 심각한 종교적 우려 때문에 계속해서 제기되어 온 한 가지 문제를 조직신학적인 면에서 한 번 더 살펴볼 필요가 있다. 기독교 신앙의 원천 문헌들을 다루는 데 역사적인 방법을 적용하는 일은 교회와 기독교인

개개인의 사고와 삶에 위협적인 불안 요소를 끌어들이는 것이 아닌가? 역사적인 연구는 성경 기록들에 대해 심각한 회의론을 낳게 되는 것이 아닌가? 역사비평은 인간 나사렛 예수가 결코 존재하지 않았다는 판단에 이르게 만드는 것이 아닌가? 비록 소수이고 그리 비중이 크지 않은 사람들이라고 해도 일부 학자들이 그런 주장을 하고 있는 것이 사실이지 않은가? 또 그런 주장이 결코 확실성을 지니지 못한다 해도, 예수가 실존하지 않았다는 것이 조금이라도 개연적인 것으로 주장된다면, 그 개연성의 정도가 아무리 낮다고 해도 기독교 신앙에 대해 파괴적인 영향을 끼치는 것이 아닌가? 이 문제에 답하면서 우선 불충분하고 오해의 소지가 있는 답들은 배제하도록 하자. 역사적 연구가 그런 회의론을 지지할 만한 증거를 아직 제공하지 못했다고 말하는 것으로는 충분하지 않다. 분명 아직까지는 없다! 하지만 언젠가는 상황이 달라질지 모른다는 것이 여전히 불안한 문제가 된다! 신앙은 그렇게 불확실한 토대 위에 설 수 없다. 회의적인 증거가 '아직까지는 없다'는 식의 대답으로는 충분하지 않다. 또 한 가지 생각해 볼 수 있는 답이 있는데, 그 답은 그릇된 것은 아니라고 해도 오해의 소지가 있다. 기독교의 역사적인 토대는 기독교 신앙 자체의 본질적 요소이며 이 신앙은 그 자체의 힘으로 역사적 비평이 지니는 회의적인 가능성들을 극복할 수 있다는 것이 그 답이다. 그 주장에 따르면, 이런 신앙이 나사렛 예수의 실존과 더불어 최소한 성경 기록이 지닌 본질적인 요소들을 보증해 준다. 하지만 이 대답은 모호하며, 따라서 신중하게 살펴볼 필요가 있다. 문제가 되는 것은, 신앙이 보증해 줄 수 있는 것이 정확히 무엇이냐다. 이에 대한 불가피한 대답은, 신앙은 자기 자신의 토대, 즉 신앙을 산출한 그 실재의 출현만을 보증해 줄 수 있다는 것이다. 이 실재는 바로 실존적인 소외를 정복하고 그렇게 해서 신앙을 가능하게 해주는 새로운 존재^New Being^다. 신앙은 오직 이것만을 보증해 줄 수 있는데, 그 까닭은 신앙 자체의 실존이 새로운 존재의 현존과 동일하기 때문이다. 신앙 자체가 실존의 조건들 안과 아래에 있는 새로운 존재에 대한 직접적인(결론에 의해 매개되지 않는) 증거다. 정확히 말해, 그 증거는 기독교 신앙의 참 본질이 보증해 준다. 자신이 신앙의 상태로 변화되었음을 아는 사람들의 직접적 인식은 어떤 역사 비평으로도 문제 삼을 수 없다. 여기서 우리는 철저한 회의론에 대한 아우구스티누스-데카르트식의 논박을 떠올리게 된다. 이 철학 전통에서는 존재에 참여함으로써 자신을 보증하는 자기의식의 직접성을 주장했다. 이와 유사하게 우리는 역사적인 논증이 아니라 참여가 기독교의 토대가 되는 사건의 실재를 보증해 준다고 말해야 한다. 이러한 참여가, 새로운 존재가 옛 존재를 정복하는 인격적 삶을 보장해 준다. 하지만 이 참여가 그 새로운 존재의 이름이 나사렛 예수라는 것을 보증해 주지는 않는다. 이 이름으로 불렸던 인물의 실존과 삶에 대한 역사적인 회의는 극복될 수 없다. 그는 다른 이름으로 불렸을 수도 있다. (이것은 역사적인 방법에서 역사적으로는 불합리하지만 논리적으로는 필연적인 결과다) 이름이 무엇이었든, 이 사람 속에는 새로운 존재가 실재했으며 지금도 실재한다.

논평

틸리히의 신학을 흔히 '실존론적'이라고 부르는데, 그 의미는 인간 실존의 근본 문제들을 파고들어 씨름한다는 것이다. 틸리히는 기독교가 새로운 형태의 인간 실존을 선포하고, 그 존재를 가능하게 해준다고 주장한다. 그런데 이러한 새로운 가능성이 나사렛 예수와 어떤 관계가 있는가? 틸리히가 볼 때, 기독교가 토대로 삼은 사건은 두 가지 측면으로 이루어진다. 하나는 '나사렛 예수'라고 불리는 역사적 사실이고, 다른 하나는 예수를 그리스도로 인정한 사람들이 이 사실을 받아들인 것이다. 사실적인 예수 곧 객관적이고 역사적인 예수는, 그를 그리스도로 인정하지 않는다면 결코 신앙의 토대가 될 수 없다. 여기서 마틴 켈러4.24 참조의 영향을 어렵지 않게 확인할 수 있다. 사실 틸리히는 나사렛 예수라는 역사적인 인물에는 전혀 관심이 없다. 틸리히가 (신앙의 토대와 관련된 한에서) 예수에 관해 주장하고자 했던 것은, 성경에서 묘사하는 것과 유사한 '인격적인 삶'이 그 토대가 된다는 점과, 또한 그는 얼마든지 '예수'가 아닌 다른 이름을 가질 수 있었다는 점이다. "이름이 무엇이었든, 이 사람 속에는 새로운 존재가 실재했으며 지금도 실재한다." 틸리히는 만일 역사 비평에서 나사렛 예수라는 사람이 전혀 존재하지 않았다는 사실을 입증한다 하더라도, 자신의 신학은 그 결과에 영향을 받지 않을 것이라고 주장한다.

생각해 볼 물음들

❶ 틸리히는 역사가 어떤 목적에 유용하게 쓰일 수 있다고 생각하는가? 틸리히는 흔히 '역사에서 도망친다'는 비난을 받는다. 위의 본문은 그런 비난을 지지하는가?

❷ 본문에서 '회의론'이라는 개념이 얼마나 중요한 역할을 하는지에 대해 살펴보라. 회의론의 원인 및 결과와 관련해서 틸리히는 어떤 논점을 제시하는가? 이것은 그가 지닌 역사에 대한 태도와 어떻게 연관되는가?

❸ "이러한 참여가, 새로운 존재가 옛 존재를 정복하는 인격적 삶을 보장해 준다. 하지만 이 참여가 그 새로운 존재의 이름이 나사렛 예수라는 것을 보증해 주지는 않는다." 본문에서 이 구절의 위치를 확인하라. 이 구절에서 틸리히가 말하려는 바는 무엇인가? 그는 어떻게 이 결론에 도달하는가? 이 진술의 함의는 무엇인가?

4.31 ▼

볼프하르트 판넨베르크

: 꼭 필요한 역사적 예수

독일의 루터교 신학자인 볼프하르트 판넨베르크Wolfhart Pannenberg, 1928-2014는 『예수, 신과 인간』*Jesus-God and Man*, 독일어판 제목은 '그리스도론의 토대'이라는 중요한 저술에서 역사적 예수와 씨름하는 일이 불가피하다고 주장한다. 그는 자신이 보기에 역사를 무시하는 사람들을 강하게 비판했는데, 그 대상에는 루돌프 불트만과 폴 틸리히가 포함된다. 이 글에서 판넨베르크는 예수라는 역사적 인물과 씨름하는 일이 중요하다는 점을 밝히기 위해, 몇 가지 논점을 제시한다4.22, 4.24, 4.26, 4.30, 4.32, 4.35 참조.

본문

신학에서 예수 그리스도를 다룰 경우, 그의 공동체의 선포를 출발점으로 삼아야 한다는 생각은 마틴 켈러 이후로 커다란 영향력을 끼쳐 왔다. 이것은 켈러만의 독창적인 생각이 아니었다. 알브레히트 리츨이 이미 예수를 이해하는 일과 관련해서 다음과 같이 말했다. '우리는 기독교 공동체가 예수에 대해 지녔던 믿음으로부터만 그의 역사적 실체를 온전히 파악할 수 있다.' 이러한 견해는 일찍이 슐라이어마허와 에를랑겐 신학파가 제시했다. 켈러는 특히 그의 유명한 책 『이른바 역사적 예수와 성경적 역사의 그리스도』*The So-Called Historical Jesus and the Historic, Biblical Christ*, 1892에서 이 개념을 옹호했다. 이 책에서 켈러는 당시 번창하던 역사적 예수 연구에서 내세운 신학적 주장들을 공격했다. 역사적 예수 연구에서는 나중에 형성되어 신약성경 문헌들 속에 포함된 기독교 공동체의 신앙 및 그리스도론과, 인간 예수 및 그의 메시지 사이를 구분하려고 애썼다. 예수의 삶과 그의 종교는 현대 기독교인들에게 직접적이고 모범적인 의미를 제시할 필요가 있다. 예수는 바울과 상충하는 인물로 주장되었는데, 하르나크에 의하면 바울은 기이한 그리스도론을 내세워 예수의 단순한 인간됨을 덮어 버렸다.……

켈러의 이러한 주장들은, 예수의 인물됨과 메시지가 사도 바울의 설교와 상충하는 것으로 보고 두 사람 사이에 어떤 연속성도 존재하지 않는다고 주장하는 견해에 켈러가 반대했다는 점에서는 옳다. 하지만 켈러가 이렇게 그릇된 대립을 거부했다는 사실에서 1) 인간 예수의 영향은 사도 바울의 설교 속에서만 발견된다거나 2) 예수와 관련해 '참으로 역사적인' 사실은 그의 '인격적인 영향'뿐이라는 결론이 도출되는 것은 아니다. 이러한 영향은 초기 기독교 시대에 이미 밖으로 확산되어 다양한 역사 상황들 속으로 퍼져 나갔다. 그러므로 각 목격자들이 처한 특별한 지적 상황이라든가, 그 시대를 흔들어 놓았기에 그들이 그리스도에 대한 신앙고백으로 응답해야 했던 문제들 가운데 상당수가 언제나 신약성경에 나오는 예수에 관한 진술과 밀접하게 얽혀 있었다. 이런 사실로 인해 신약성경에 나오는 예수에 대한 증언은 다양성을 지니게 되었는데, 이 점을 간과해서는 안 된다. 그리스도에 대한 신약성경의 증언에는 그 증인들이 살았던 시대의 특별한 문제의식이 분명한 흔적으로 담겨 있기때문에, 우리는 예수를 단순히 사도들이 그에 대해 증언한 내용(켈러는 '온전한 성경적 그리스도'라는 공식으로 표명한다)과 동일시할 수 없다.

그렇게 동일시하는 관점에서 실제 그리스도는 선포된 그리스도라고 말하는 것은 잘못이다. 우리는 신약성경 본문과 그 본문이 속한 각 상황의 관계를 확인하고 고려함으로써, 사도들의 증언에서 예수 자신에게로 돌아갈 수 있고 돌아가야 마땅하다. 예수가 전한 메시지의 개요뿐만 아니라, 예수 자신의 인물됨도 그것을 전달했던 신약성경 증인들의 특별한 관점에서 구분해 내는 것이 분명 가능하다. 양식비평적인 복음서 연구의 통찰에 따르면, 복음서에 나오는 나열 순서를 예수의 삶과 사역의 연대기로 사용하려는 시도는 더 이상 '가능하지' 않다. 사복음서 전체에 나오는 나열 순서는 특별한 구성적 의도에 따라 결정된 것으로 입증되었기 때문이다. 하지만 이 사실이, 예수의 역사 일반의 문제와 함께, 예수의 생애 연대기와 관련해서 복음서에 나오는 증거들의 문제까지 완전히 해결되었다는 것을 뜻하지는 않는다. 결론적으로, 켈러는 오직 한 가지 점에서만 옳다. 예수의 파멸에서 어떻게 초기 기독교의 그리스도 선포가 나올 수 있었는지 설명하기 위해서는, 예수의 인물됨과 선포를 역사적으로 재구성하는 일이 반드시 필요하다고 주장했다는 점이다. 예수와 그에 관한 원시 기독교의 케리그마가 대립한다는 주장은 역사학적 관점에서도 해결되지 않은 문제로 남아 있다. 둘 사이의 연속성은 납득할 수 있게 설명될 필요가 있다.

그러므로 사도들의 케리그마의 배후로 들어가 역사적인 예수에게 돌아가는 것은 가능하며, 필요한 일이기도 하다.

논평

이 본문에서는 기독교 신학에서 예수라는 인물의 역사적인 위치와 관련해서 지속되어 온 논의를 다룬다. 기독교에서 역사와 관련된 문제들, 그중에서도 특히 역사 철학에 관심을 두고 씨름한 일은 1960년대에 이르러 절정에 도달했다. 이렇게 된 것은 부분적으로 마르크스주의에 대응해야 할 필요 때문이었다. 마르크스주의는 역사 사건들과 전체 역사 과정을 일관된 관점에서 보는 길을 제시하는 것처럼 보였다. 이러한 도전에 응답하고 나선 이들 가운데 하나가 판넨베르크인데, 그는 '역사로서의 계시'라는 이론을 주장했다. 따라서 판넨베르크가 그리스도론의 문제들과 관련해 역사의 중요성을 강조한 것은 아주 자연스러운 일이다. 판넨베르크의 논증은 이해하기가 쉽고 명료해서 서언이나 논평으로 덧붙일 내용이 별로 없다.

생각해 볼 물음들

❶ 판넨베르크가 "신약성경 본문의 배후로 들어가 예수 자신에게로" 나아가는 일을 강조한 이유에 대해 설명하라.

❷ 이 본문에서 판넨베르크는 마틴 켈러의 견해를 집중적으로 다룬다. 판넨베르크가 켈러의 견해에 동의하는 점과 의견을 달리하는 점을 여러분의 말로 설명해 보라. 이 문제에 답하기에 앞서 켈러의 견해4.24를 읽는 것이 도움이 될 것이다.

❸ "예수와 그에 관한 원시 기독교의 케리그마가 대립한다는 주장은 역사학적 관점에서도 해결되지 않은 문제로 남아 있다. 둘 사이의 연속성은 납득할 수 있게 설명될 필요가 있다." 본문에서 이 구절의 위치를 확인하라. 이 구절에서 판넨베르크가 말하려는 바는 무엇인가? 마틴 켈러는 이에 동의하는가?

4.32 ▼

토머스 F. 토런스

: 성육신과 구원론

스코틀랜드의 저명한 장로교 신학자인 토머스 토런스Thomas F. Torrance, 1913-2007는 후기에 펴낸 여러 편의 저술에서, 그리스도론과 삼위일체론에 관한 문제들을 다루면서 특히 그리스 교부 전통에서 이 주제에 관해 성찰한 내용에 비추어 탐구했다. 그의 주저인 『삼위일체 신앙』*The Trinitarian Faith*, 1988에서 인용한 아래 글에서 토런스는 성육신론과 구원론 문제들 사이의 관계를 살핀다4.8, 4.13, 5.25, 5.26 참조.

본문

성육신이란 아들 하나님이 육체 안에 가현적으로 나타난 일을 가리키는 것이 아니라, 시공간에 속한 피조물인 인간의 온전한 실재성reality 및 통전성integrity과 관련된 것이다. 여기서 중점적으로 다루는 것은 실제적이고 역사적인 인간 실존의 본질적 조건 내에서 성육신한 아들의 인간적인 행위human agency이다. 다시 말해 동정녀 마리아에게서 태어나, 본디오 빌라도에게 고난을 받고, 십자가에 못 박혀 장사되었다가, 죽은 자들 가운데서 다시 부활한 역사적 예수 그리스도의 확고한 사실성에 집중하고 있다는 것이다.

성육신한 아들의 존재와 행위 및 인간적 본성의 총체성wholeness과 실재성reality을 강조하는 데 대해 문제가 제기되고, 이단의 이원론적 개념들이 슬그머니 파고들기 시작하던 바로 그때, 아타나시우스는 코린트의 에픽테투스에게 아주 중요한 편지를 썼다. 그 편지에서 아타나시우스는 예수가 다윗의 씨에서 태어난 후손이라는 사실을 옹호하는 한편, 예수는 육으로는physically 이 땅에 마리아로부터 태어났지만 육체로 변한 것은 아니라는 근거를 내세워 역사적 예수가 영원한 아들과 뗄 수 없는 관계에 있음을 옹호했다. 예수가 인간 아버지 없이 동정녀 마리아에게 수태되고 태어난 일은 예수의 출생이 다른 모든 인간의 출생과 마찬가지로 참으로 육체로 이루어졌다는 사실에 아무런 영향을 끼칠 수 없었다.

다른 한편, 라오디케아의 아폴리나리우스가 제기한 문제들로 인해 교회가 수십 년 동안 혼란에 휩싸이게 되었다. 아폴리나리우스는 하나님의 아들 곧 말씀이 인간이 되는 방식에 대해 "그리스도 안에 있는 하늘의 정신이 우리 안에 있는 내적 인간을 대신했으며……그리스도는 정신을 지니지 않은 것을 취하여 그 안에서 자기 자신이 정신이 되셨다"고 주장했다.

니케아 신학자들이 그리스도가 지닌 역사적 인간성의 완전한 실재성과 통전성을 옹호한 일은, 주로 구원론적 토대 위에서 이루어졌다는 사실을 기억할 필요가 있다. 하나님의 아들이 친히 인간이 되고 또 우리에게서 취한 참 인간성 안에서 그 인간성을 통해 우리의 구원에 영향을 끼친 까닭은 바로 총체적 인간을 구속하기 위해서였다. 만일 그리스도의 인간성이 어떤 모양으로든 결함을 지녔다면, 그가 '우리를 위해', '우리를 대표해', '우리를 대신해' 자기 자신을 희생제물로 드려 행했다고 말하는 모든 것이 완전히 무의미하게 된다. 아타나시우스가 에픽테투스에게 쓴 대로, "구주가 참으로 인간이 되신 까닭에 총체적 인간의 구원이 이루어졌다.……우리의 구원은 결코 신화가 아니며, 또 오로지 몸에만 적용되는 것도 아니다. 총체적 인간, 곧 몸과 영혼이 모두 말씀 안에서 참으로 구원을 받는다." 아타나시우스는 안티오키아 사람들에게도 비슷한 말로 이렇게 썼다. "구주께서 지닌 몸은 영혼이나 감각이나 정신을 결여하지 않았다. 주님께서 인간이 되실 때 그 몸이 정신을 지니지 않는다는 것은 있을 수 없는 일이기 때문이며, 또 말씀 자신 안에서 이루어지는 구원은 몸뿐만 아니라 영혼과도 관련되기 때문이다." 따라서 그리스도의 삶 전체가 나뉘지 않고 대속적 희생제물과 봉헌물이 되는 것이라고 볼 수 있다. 그가 우리에게서 취한 모든 것이 구주와 중보자인 그의 한 인격과 사역 안에서 유기적으로 하나를 이루기 때문이다. 니케아 공의회 이후에 등장한 심각한 문제들에 맞서 그 글에서 제시한 가르침은 사실 그가 아리우스주의자들과 벌인 논쟁뿐만 아니라 초기 저술인 『말씀의 성육신』*On the incarnation of the Word*에서 처음으로 주장했던 것을 확대한 것일 뿐이다. 성육신을 통한 총체적 인간의 구속, 그리스도가 인간의 몸을 입고, 죄를 대신 지고 희생하여, 죽음과 부활로 타락과 죽음을 물리치고 이루어 낸 총체적 인간의 구속이 바로 그것이다.

하나님의 아들은 성육신을 통해 인간의 모습뿐만 아니라 종의 모습도 취하셨다. 성육신이란 그리스도가 우리의 실제적 실존 안에서 우리를 위해, 우리를 대신해서 행하시기 위해, 우리의 비참하고 치욕적인 조건과 죄의 노예가 된 상태를 취한, 철저한 자기 비하와 굴욕의 행위였기 때문이다. 하지만 여기서 유의해야 할 점이 있다. 바실리우스가 주장한 대로 '종의 모습'이라는 바울의 표현은 그리스도가 성육신을 통해 어떤 '유사성'이나 '닮은 모습'을 지니게 되었다는 의미가 아니라, 그리스도가 '아담의 열매'에서 물려받은 실존의 실제적 모습을 가리키는 것으로 이해해야 하며, 바로 이것이 '참된 성육신'이라는 것이다. 니케아 공의회의 신학자들은 성육신이라는 냉혹한 실재에서 믿을 수 없을 정도로 겸비한 하나님의 행위를 발견하고는 엄청난 놀라움을 억누를 수 없었다. 그래서 니사의 그레고리우스는 이렇게 외쳤다. "왜 신성하신 분이 그토록 미천한 데까지 내려오셔야 했는가? 무한하고 헤아릴 수 없고 형언할 수 없는 실재이시며 모든 영광과 위엄을 초월하는 분이신 하나님께서 인간의 더러운 본성을 입으셨으며 그 결과 그분의 숭고한 행위들이 그토록 미천한 것들과 하나가 됨으로써 저급하게 되었다는 것을 생각하면 우리의 신앙이 흔들린다." 바울의 케노시스*kenosis* 개념은 형이상학적인 수준에서 하나님의 무한한 존재의 위축이나 축소, 자기 제한을 뜻하는 것으로 해석되지 않고, 오히려 타페이노시스*tapeinosis* 곧 낮아짐이나 비하라는 형언할 수 없는 신비로 나타나는 하나님의 자기-포기의 사랑이라는 측면에서 해석되었다. 하나님은 기꺼이 낮아짐을 취하셨고, 그렇게 해서 그리스도 안에서 온전히 우리를 위해 일하셨다.

니케아 공의회 전후로 아리우스파 사람들은 성경을 뒤져서 그리스도의 피조성과 인간적인 약점, 유한성, 종속적이고 미천한 조건을 입증할 수 있는 구절이나 본문을 찾아내려고 애썼으며, 그것으로 성부의 초월적인 신성과 대비되는 점을 강조하려고 했다. 하지만 아타나시우스는 이러한 구절들을 거부하지 않고 적극적으로 받아들여서는, 영원하신 아들이 우리의 구주가 되기 위하여 우리 가운데 와서, 우리와 같은 사람이 되어, 우리와 함께하신 일은 바로 이러한 비천한 조건을 기꺼이 받아들인 것이라는 사실을 입증하는 데 사용했다. 여기서 우리는 종이라는 개념과 제사장이라는 개념이 서로 밀접하게 결합되고 통합되는 것을 보게 된다. 즉 사도 바울의 가르침과 히브리서(이 서신은 바울의 저술로 여겨졌다)의 가르침이 하나로 통합되었다. 그리스도의 종의 모습은 그가 제사장으로서 우리와 하나가 되는 일에 필수적인 요소로 여겨졌으며, 이로써 그리스도는 하나님 앞에서 우리를 위해, 우리를 대표해, 우리를 대신해 일할 수 있게 되었다. 뒤에서 살펴보겠지만, 이것은 그의 인격과 행위, 곧 그가 누구인가와 그가 행한 일은 무엇인가를 완벽하게 하나로 통합한 그리스도 이해와 관련된다. 그리스도 자신이 인간을 위해 희생제물을 드리는 분이면서 동시에 희생제물로 드려진 분이기 때문이다. 그리스도의 인격과 사역을 중보적이며 사제적인 본질로 이해하는 견해, 다시 말해 그리스도의 신적 행위와 인간적 행위가 일치를 이루며, 이로써 "그가 우리를 향한 하나님의 일과 하나님을 향한 우리의 일을 담당할 수 있다"고 보는 견해는 우리의 구속을 이루는 사건 전체를 예배의 맥락에서 적절하게 이해할 수 있는 사건으로 만들어 주는 효과가 있다. 그러므로 니케아 공의회와 그 이후의 교부들이 구속에서 핵심을 이루는 요소는, "그릇된 예배"에서 구속받는 일이라고 보았던 것도 그리 놀랄 일만은 아니다.

논평

이 본문은 서구의 중요한 신학자가, 그리스 교부 시대에 거의 의견의 합치를 이루었던 기독론 논의를 평가하여 수용하려고 애썼던 노력을 보여준다. 이 글에서는 그 시대에 논의했던 쟁점들이 영구적인 중요성을 지닌다고 평가하고, 모든 시대의 신학이 그것에 관심을 기울일 필요가 있다고 주장한다. 본문은 두 가지 방향으로 읽을 수 있다. 첫째, 그리스 교부 시대의 그리스도론 전통을 개략적으로 살피고 종합하는 것이고, 둘째, 과거의 신학 유산을 현대적 관점에서 받아들이는 것이다.

생각해 볼 물음들

❶ 토런스는 그리스 교부 시대에 이루어진 논쟁들이 지속적인 중요성을 지닌다고 본다. 본문을 살펴서, 그렇게 판단하는 근거가 무엇인지 제시하라. 여러분은 그런 견해가 지닌 장점과 단점이 무엇이라고 생각하는가?

❷ 토런스가 성육신과 구원을 연결하는 고리라고 밝히는 것이 무엇인지 여러분의 말로 간략하게 설명해 보라.

❸ 나지안주스의 그레고리우스가 라오디케아의 아폴리나리우스에 맞서 제기한 신학적 비판은 토런스의 분석에서 어떤 모습으로 그려지는가? 이 질문에 답하기 전에 4.9와 4.10을 읽으면 도움을 얻을 수 있다.

4.33 ▼

로즈메리 래드포드 류터

: 그리스도의 남성성

로즈메리 래드포드 류터는 『성차별과 신학』*Sexism and God-Talk*, 1983을 출간하여 중요한 여성신학자 가운데 한 사람으로 인정받게 되었다. 방대한 내용을 담은 이 책에서 류터1936 출생는 남성 구원자가 여성을 구원할 수 있는지의 문제를 탐구한다. 교회 내의 주도적인 흐름이 '남성중심' 그리스도론들을 발전시켜 왔다고 주장하는 류터는, '양성론적 그리스도론'androgynous Christology과 '영 그리스도론'spirit Christology이라는 두 가지 대안적 전통을 살핀다. 아래 인용한 본문에서는 둘 가운데 첫 번째 이론—'남성성과 여성성의 분열은 구속받은 인간의 영적 차원에서 극복된다'고 보는 이론—을 다룬다('androgyne'이라는 단어가 남자와 여자의 특징을 모두 갖춘 사람을 가리키듯이 'androgynous'는 '두 가지 특성 모두를 지닌' 것을 뜻한다) 2.45, 3.23, 3.42, 4.36 참조.

본문

양성론적 인류학뿐만 아니라, 양성론적 그리스도론androgynous Christology의 배후에는 흔히 원초적인 양성동체 신화가 자리 잡고 있다. 이 신화에서 아담은 원래 남성과 여성 모두를 포함했다. 아담의 남성적인 면에서 여성이 분리된 일은 인간의 몰락 및 성과 죄의 출현을 상징한다. 새로운 양성동체 아담인 그리스도는 구속받은 사람들이 남성과 여성의 구분을 초월해 영적 인간성을 회복할 수 있게 해준다. 많은 영지주의 복음서들이 이러한 개념을 담고 있다. 클레멘스의 두 번째 편지(12:2)는 다음과 같이 말한다.

> 어떤 사람이 '주님의 나라가 언제 임하겠습니까?'라고 묻자, 주님께서 이렇게 답하셨다. 둘이 하나가 되고, 밖이 안이 되며, 남자와 여자가 합하여 남자도 아니고 여자도 아니게 될 때, 그 나라가 올 것이다.

여성들은 여성과 어머니라는 자기 정체성을 넘어설 때, 이러한 영적 인간성에 대한 동등한 참여자로 인정받게 된다. 이집트인 복음서를 보면 예수는 '나는 여자들의 일을 파괴하러 왔다', 다시 말해 성적 욕구와 생식을 없애려 왔다고 선언한다(9:63). 반면에 도마복음에서는 예수께서 '보라, 내가 그 여자를 이끌어 남자로 만들어 너희 남자들을 닮은 살아 있는 영이 되게 할 것이다. 자신을 남자로 만드는 여인이라야 하늘나라에 들어갈 것이기 때문이다'(114항)라는 말씀을 기록하여 여성들이 구원 공동체에 속하는 일을 옹호한다. 야콥 뵈메와 에마누엘 스베덴보리와 같은 근세 초기의 신비주의자들에게서도 이와 비슷한 개념이 다시 나타났다. 특히 뵈메는 19세기에 미국으로 이주한 독일 라파이트파와 같은 신비주의적 유토피아 종파에 커다란 영향을 끼쳤다. 이런 운동에서는 양성동체 신 또는 원초적인 양성동체 인간, 구속받은 사람에게 회복되는 영적 양성성과 같은 개념들이 자주 등장한다.

그리스도상은 이러한 양성동체 개념의 남성 중심적 성향을 강화한다. 그리스도는 표준적 인간인 남성을 대표한다. 여성성은 '남성'의 본능적이고 육체적인 저급한 면을 나타내는데, 이 부분은 원래 영적인 전체성 안에 통합되어 있었다. 여성이 아담에게서 분리된 일은 본래의 전체성이 해체되고 '남자'의 고차적 측면에 맞서 저차적 측면이 저항한 것을 가리킨다. 여성이 개별적 성으로 존재하는 것 자체가 '남자'의 타락을 의미한다. 여성성은 여전히 인간 본성의 저급한 면과 결부되어 있으며, 이는 천국에서야 해소될 것이다.

중세의 예수 신비주의에서는 다소 다른 전통이 발전했는데, 특히 노리치의 줄리안에게서 두드러졌다. 이 전통에서는 예수를 어머니와 아버지로 선포했다. 예수께서는 어머니처럼 자신의 몸으로 우리를 보살피신다. 예수께서는 갓 태어난 아기에게 하듯이 우리에게 젖을 먹이신다. 이러한 모성적 예수 이미지들은 특히 성찬례와 관련된 신앙에서 두드러지게 나타난다. 하지만 가톨릭 사고에서는 예수의 인격과 신격 모두를 남성으로 보고 있는 까닭에, 남성인 예수에게 "모성적" 속성들을 부여한다. 그리스도 안에서 남성은 양성동체의 모델, 곧 명령하기도 하고 보살피기도 하는 인격의 모델로 세워진다. 이 여성 신비주의자는 온유하고 모성적인 인격과의 관계로 만족감을 얻었지만, 그녀 자신이 동등한 양성성을 획득하지는 못했다. 교회는 그녀에게 사제나 교사가 되어 그리스도의 '남성적' 권위를 대리하는 일을 허용하지 않았다.

19세기 낭만주의에 이르러 이러한 남성성과 여성성의 기호 가치가 역전되기 시작한다. 사회의 세속화와 종교의 사사화(私事化) 현상에 따라, 기독교는 중류층 여성의 위축되는 영역과 동일시되기에 이른다. 여성들은 영적이고 경건하고 이타적인 감정들과 동일시되고, 여성들의 순수함은 남성적인 물질주의와 힘이 지배하는 공적 영역과 완전히 격리됨으로써만 보존될 수 있었다. 많은 저술가들이 본성상 여성이 보다 더 '그리스도와 닮은' 형태라고 규정하기에 이르렀다. 이와 함께 온유하고 연약한 여성성이 예수의 경건한 이미지의 특성으로 자리 잡았다. 하지만 이러한 그리스도의 여성화는 여성들을 영적인 면에서 극단으로 밀어붙이기만 할 뿐, 여성들을 해방시켜 사회나 교회에서 공적 영향력을 발휘하게 해주지는 못했다.

호러스 부쉬넬은 '여성의 참정권'Women's Suffrage: The Reform Against Nature, 1869이라는 논문에서, 남성의 본성은 율법을 대변하는 데 반해 여성의 본성은 복음을 대변한다고 주장한다. 복음은 은총과 용서와 이타적 사랑을 보이는 고차원적인 계시다. 여성들은 이러한 고차원적인 영적 특성에 본능적으로 친숙하다. 하지만 복음은 공적 사회에서 지도력의 원리를 제시하는 일에는 비실제적이고 무능하다. 이러한 이유에서 율법을 대변하는 남성들이 교회와 사회라는 공적 영역을 여전히 지배할 수밖에 없다. 그래서 부쉬넬은 기독교의 고전적·인간학적 추론을 특이한 방식으로 뒤집음으로써, 여성들은 그리스도를 닮은 본성으로 인해 안수받은 목회에 적합하지 않다고 주장한다. 여성성과 그리스도를 닮은 모습은 이타적이고 내세 지향적인 사적 영역에만 한정되고, 이런 특성들은 구속에는 적합할지 몰라도 교회 안에서조차 공적 권력을 행사하는 데는 부적합하다는 것이다.

개혁주의 페미니스트들은 여성이 본성상 그리스도를 더 많이 닮았다는 명제에서 다른 결론들을 끌어낸다. 그들은 이 명제가 여성의 참정권을 보장하는 구원론적 의미를 제시한다고 본다. 여성이 평화와 순결과 화해와 같은 고차적인 인간 특성들을 대변한다고 볼 때, 이런 특성들은 너무나 좋은 것이기에 가정 안에만 묶어 둘 수 없다. 이런 특성들은 오늘날 사회를 위협하는 다양한 악으로부터 세상을 구원하기 위해 꼭 필요한 것이다. 여성이 지닌 고차적인 본성과 가정은 사회를 여성적인 선의 표준까지 끌어올리는 개혁운동을 사회 속으로 쏘아 보내는 발사대가 된다.

이 모든 양성동체 개념은 여성을 저차원적인 물적 본성과 동일시하여 유한성이나 죄성과 관련시키는 것이든, 아니면 이타적 사랑에 관한 고차원적 영적 특성을 지녔다고 보는 것이든, 여성으로 하여금 온전한 인간적 잠재력을 발휘할 수 있게 해주지는 못한다. 양성동체 개념 자체가 남성과 여성이 각각 인간적 역량 가운데 절반과 관련된다고 보는 정신이원론을 전제로 하고 있다. 그리스도를 표준적인 남성이라고 계속해서 고집하는 이상, 양성론적 그리스도론은 남성중심적인 편향성을 지닐 수밖에 없다. 남성은 자신의 '여성적인 면'을 보완하겠지만, 여성은 전체를 위해 기여하는 일에서 '여성적인 것'을 구현하는 데 그친다. 이것은 여성이 남성성과 밀접하게 연관된 권력과 지도력을 행사하는 역할에서는 배제된다는 것을 뜻한다.

논평

류터가 이 본문이 들어 있는 항에서 중점적으로 다루는 문제는, 전통적인 기독교 집단들은 오로지 남성만이—예를 들어 사제직에서—그리스도를 대변할 수 있다는 개념을 옹호하기 위해 그리스도의 남성성을 이용해 왔다는 점이다. 류터는 예수의 남성성은 남성과 여성 사이의 억압적인 사회적 관계를 영속화하려는 의도로 사용되어 왔다고 주장한다. 그래서 그녀는 그리스도 특유의 정체성을 밝히는 대안적 방식들을 탐구하는데, 그중 하나가 영지주의와 중세의 신비가들에게서 볼 수 있는 '양성동체' 이론이다. 그러나 본문에서도 분명하게 드러나듯이, 그녀는 이 접근법이 만족스럽지 않다고 여긴다. 이러한 그리스도론들이 담고 있는 암묵적 이원론은 여성성을 해방하기보다는 오히려 계속해서 낮잡아 보아 부차적인 것으로 여긴다는 것이다.

생각해 볼 물음들

❶ 양성동체 이론에 대한 류터의 평가를 요약해 보라. 이 이론의 장점은 무엇인가? 본문을 근거로 삼을 때, 이 이론의 약점은 무엇인가?

❷ 류터는 이 그리스도론이 여성에게 어떤 영향을 끼친다고 보는가?

❸ 류터가 호레이스 부쉬넬을 비판하며 제기하는 논점은 정확하게 무엇인가?

모르나 후커

: 칼케돈 공의회와 신약성경

4.34 ▼

지난 두 세기 동안 칼케돈 공의회[451]에서 크게 발전한 그리스도론 개념과 신약성경에 나오는 훨씬 더 제한적인 진술의 관계가 논의의 주제로 자주 다루어져 왔다. 케임브리지 대학교의 레이디 마가렛 명예 신학교수인 모르나 후커Morna Hooker, 1931 출생는 이 글에서, 자신이 신약성경과 칼케돈 공의회의 "사상 세계 사이의 거대한 간극"이라고 부른 것에 대해 알기 쉽고 자세하게 논한다. 그녀는 칼케돈의 언어가 신약성경의 언어와 왜 그렇게 다른지에 대해 세 가지 이유를 들어 설명하면서, 칼케돈 공의회에서 그리스도의 정체성에 관해 다듬어 낸 개념이 '불가피한 발전'이었다고 주장한다2.34, 4.8, 4.15, 4.29, 4.32 참조.

본문

가장 먼저, 칼케돈 공의회는 이단에 맞서는 보루로 고안되었다. 어떤 이단 이론을 배척해야 하는지 명확히 하려면 정의 내리는 작업이 필요했다. 한편 신약 시대에는 기독교 자체가 이단이었다. 이 사실은 주석가들이 흔히 잊어버리는 것으로, 주석가들은 후대의 상황을 신약성경에 대입해 읽어내며, 성경 저자들이 이런저런 이단에 맞서 기독교 복음을 옹호했다고 가정하는 경향이 있다. 하지만 그 시기 대부분의 신약 저자들은 그런 일을 하지 않았으며, 그 자체로 이단적인 메시지를 선포하면서 여전히 그 의미를 규명해 가는 과정을 거치고 있었다. 유대교가 정통이었으며, 기독교 분파는 그 모체인 유대교에 맞서 자신의 지위를 확보하고자 애쓰면서, 예수가 하나님의 메시아라는 믿음과 하나님은 과거에 자기 백성에게 자신을 계시하신 하나님이라는 신념을 조화시키려고 노력했다. 신약 저자들이 그리스도에 관해 말하는 것은 바로 이러한 맥락에서 이해할 필요가 있다. 전에 이단이었던 주장들이 칼케돈 공의회에서 정통이 되었고, 따라서 완전히 다른 방식으로 다루어졌다.

둘째, 신약 저자들은 주로 하나님의 행위에 관해, 즉 하나님께서 행동하시고 당신의 백성을 구속하셨다는 사실에 관해 서술하는 데 관심을 쏟았다. 그들은 이러한 하나님의 행위를 서술하기 위해 굉장히 다양한 이미지들을—그들이 손에 넣을 수 있는 모든 것을 가리지 않고—사용했고, 자연스럽게 이야기 화법과 은유를 받아들였다. 그들의 관심사는 하나님의 존재나 그리스도의 존재를 정의하는 데 있지 않았다. 하나님의 본성은 그분이 하시는 일을 통해 알려졌다. 다시 말해, 신약성경에 나오는 중요한 그리스도론 구절 가운데 많은 것이 하나님께서 그리스도를 통해 행하신 일을 두고 하나님을 높이는 찬양이다. 바로 이러한 이유에서 신약의 그리스도론을 가리켜 '존재론적'이라기보다 '기능론적'이라고 부르는데, 내가 보기에도 이것은 타당한 구분이다. 이것은 신약 저자들 편에서 보아도 정도에서 벗어난 것이 아니다. 다시 말해 이것은 성경적 전통에 속하는 것이다. 구약성경 어디에서도 하나님이 순수하게 존재적 관점에서 언급되는 경우는 찾아볼 수 없다. 예를 들어, 하나님을 지극히 장엄하신 분으로 묘사하는 제2이사야서에도 하나님을 행동하시는 분으로 찬양한다. 그분은 자기 백성에게 자신을 계시하시고 그들을 위해 일하는 하나님이시며, "아브라함의 하나님, 이삭의 하나님, 야곱의 하나님"이요 "너희를 이집트 땅 종살이하던 집에서 이끌어 낸 주 너희의 하나님"(출 3:6, 20:2)이시다. 그런데 칼케돈 공의회에서 형편이 완전히 바뀌었다. 사백 년에 걸쳐 기독교인들이 점차 아버지와 아들이라는 개념에 익숙해지고 그 둘을 대등한 존재로 이해하게 된 후에, 교회 교부들은 그리스도론의 문제를 매우 다양한 방식으로 연구하게 되었다. 신약 저자들이 하나님에 대한 경험을 설명하기 위해 사용했던 이미지가 이제 교리가 되었으며, 그 자체로 정의와 분석이 필요하게 되었다.

셋째, 더 나아가 신약 저자들은 그리스 철학이 아니라 유대교라는 맥락에서 글을 쓴다. 요즘 사람들은 그리스어와 히브리어를 대조하는 것을 꺼려하는데, 간략하게 대조하는 데 따르는 위험이 있기는 하지만, 둘 사이에는 여러 가지 견해 차이가 있다고 밝히는 것이 옳다. 예를 들어 바울은 그리스도를 가리켜 결코 '이성적인 영혼과 몸으로 이루어졌다'고 말하지 않았다. 그는 인간을 가리켜 자연적인 몸*sōma psuchikon*이라고 말했고, 하나님과 인간이 아니라 영과 몸을 대조했다. 칼케돈 공의회에서 벌어진 논쟁은 유대인의 용어로 사고하는 데 익숙한 사람에게는 이해할 수 없는 것이었다. 무엇보다 중요한 것은 쟁점이 전혀 달랐다는 점이다. 신약 저자들은 '그리스도에 관한 새 믿음은 우리가 하나님에 관해—그리고 세상의 창조에 관해, 하나님께서 이스라엘을 선택하시고 그들에게 주신 약속에 관해—늘 믿어 온 것과 어떤 관계가 있는가'라는 물음과 씨름했다. 그들의 관심은 지금 그리스도 안에서 행하시는 하나님이 과거에 일해오신 하나님과 동일한 분이라는 사실, 그리스도 안에서 하나님이 행하시는 새 일은 앞서 일어난 모든 것의 성취라는 사실을 입증하는 데 있었고, 따라서 그리스도가 모세보다 훨씬 뛰어남을 증명하는 것이 중요했다.

유대인의 사고에서 보면 성육신하신 하나님이라는 개념은 낯선 것이었다. 솔로몬이 "하나님, 하나님께서 땅 위에 계시기를, 우리가 어찌 바라겠습니까? 저 하늘, 저 하늘 위의 하늘이라도 주님을 모시기에 부족할 터인데"(왕상 8:27)라고 기도한 것을 생각해 보라. 쉐키나*Shekinah*는 이 땅 위에 임하는 것이 분명하다. 하지만 쉐키나는 우주에 임재하시는 하나님의 특별한 현현이었고, 다른 현현(천사, 지혜, 성령, 말씀)과 마찬가지로 하나님의 자기 계시에 관해 말하는 방식의 하나였다. 또한 각 개인도 하나님의 영광을 나누어 받았다. 필로는 출애굽기 7:1을 해설하면서 특별히 모세가 신과 왕이라는 이름을 받았다고 말한다(『모세의 일생』*De Vita Mosis* i.158, 『꿈들에 관하여』*De somniis* 2.189 참조). 비극작가 에스겔Ezekiel the Tragedian은 모세가 하나님께 이끌려 왕좌에 서고 통치의 깃발—그가 장차 사람들 위에 누릴 권위의 상징—을 받는 꿈에 대해 이야기한다(68-89). 이 구절은 에녹 1서 45장을 상기시키는 것으로, 거기에 보면 선택받은 자(사람의 아들)가 하나님의 영광스런 보좌에 앉게 된다고 말한다. 이 구절을 비롯해 여러 구절에서 다섯 사람이 신적인 권위를 받고, 그렇게 해서 신적인 영광을 누리는 것으로 말한다. 하지만 이 사실은 그들이 '신성한' 존재라는 것을 의미하지 않는다. 오히려 그들의 권위와 영광은 하나님께서 그들을 통해 권능과 목적을 계시하신다는 사실을 보여주는 것들이다.

논평

이 글에서 후커는 신약성경이 예수 그리스도를 말하는 방식에서부터, 그리스 철학의 영향으로 보다 더 복잡하게 다듬어진 칼케돈 공의회의 견해로 넘어가기까지의 과정을 파악하는 데 관심을 쏟는다. 어떤 학자들은 이 사실을 근거로 칼케돈 공의회가 신약성경을 왜곡했다고 주장했다. 하지만 후커는 그런 주장을 거부하고, 그 변화는 강조점과 맥락에서 일어난 변화일 뿐이라고 보았다. 그녀는 특히 성경이 하나님의 행위를 강조한다는 점을 지적하는데, 이 강조점은 시간이 흘러 교회가 유대적 환경에서 그리스적 환경으로 옮겨가면서 그리스도의 정체성을 강조하는 것으로 바뀌었다. 바울이 고린도전서 15:44에서 사용하는 그리스어 구절 *sōma psuchikon*이 "영적인 몸"을 의미한다는 점에 주목하라.

생각해 볼 물음들

❶ 후커가 제시하는 세 가지 논점을 여러분의 말로 요약하라. 여러분은 그녀의 주장을 어떻게 평가하는가?

❷ 그리스도론의 '기능적인' 이해와 '존재론적인' 이해라는 후커의 표현이 의미하는 것은 무엇인가? 이것은 강조점이 행위에서 존재로 바뀌었다고 보는 그녀의 주장과 어떤 관계가 있는가?

❸ 후커는 성육신 개념이 유대인의 사고에 낯선 것이었다고 주장한다. 이 사실은 교회에서 성육신 개념을 예수 그리스도의 의미를 설명하는 최상의 방법으로 확인하기까지 300년이라는 오랜 세월이 걸렸다는 사실을 이해하는 데 어떤 도움을 주는가?

N. T. 라이트

: 역사와 그리스도론

영국의 신약학자인 N. T. 라이트1948 출생는 최근에 '역사적 예수'의 쟁점을 포함해서 기독교의 기원 문제와 관련한 방대한 저술을 출판함으로써, 신약학 및 다른 신학 영역들에서 커다란 논쟁을 일으켰다. 라이트는 이 문제의 역사적 측면과 신학적 측면을 세밀하게 살피면서, 오늘날 신약성경 연구와 그리스도론의 논의에서 역사적 연구가 맡는 역할을 깊이 성찰한다. 아래 본문에서 라이트는 그러한 역사적 논의가 왜 중요한지에 대해 설명한다

2.39, 4.26, 4.30, 4.31, 4.34 참조.

본문

거의 본능적이면서도 충분히 납득할 만한 이 신중한 태도는 훨씬 더 미묘한 다른 동기들로 인해 크게 강화되었다. 알버트 슈바이처는 '예수에게서 후광을 제거하여 감상적인 인물로 끌어내린' 르낭이나 쇼펜하우어 같은 학자들에 맞서 예수의 '탁월한 역사적 위대성'이라는 개념을 되살리는 데 큰 관심을 쏟았다. 슈바이처는 교실 벽에 걸린 군주의 초상화를 새 지도자의 초상화로 갈아치우는 혁명가처럼 감상적인 예수 상들을 찢어버리고, 그 대신 날카롭고 충격적인 예수 상을 내걸었다. 이 예수는 '현대인'과 전혀 다르지만, 기이하게도 현대인을 향해 하나님 나라를 여는 숭고한 길로 나서라고 부르는 인물, 곧 강력한 예언자적 천재이자 불가사의한 영웅적 인물로 그려진다. 80년 전에 블레이크가 이와 비슷한 우상파괴적인 주장을 펼쳤다. 하지만 지금은 학문적 신학의 본거지에서 학식이 깊고 크게 존경받는 선생이 그렇게 주장하고 나선 것이다.

불트만은 제1차 세계대전 이후 독일신학이 드러낸 여러 가지 모호성과 격렬하게 씨름했다. 그 투쟁의 후유증으로 그의 신학이 타격을 입기는

했지만, 그럼에도 그는 주석가의 왕자 자리에 올라섰다. 불트만과 그의 추종자들, 그리고 바르트까지도 이런 예수는 시간상 너무 동떨어지고 실제로도 길을 잘못 든 영웅(결코 도래하지 않을 하나님 나라를 소망했기 때문이다)이라고 보았다. 그래서 그들은 예수도 자기 시대에 속한 인물로서 자신의 실제 메시지에 덧입힐 수밖에 없었던 물감 층을 벗겨 내고, 원래 그림을 찾아내기로 마음먹었다. 그렇게 해서 드러난 원래 그림은, 겉으로는 누렇게 빛바랜 내용을 담고 있으나 그 안에는 영원을 포함한 메시지, 곧 신앙과 순종으로 미래를 향해 열린 마음으로 살라는 창조자의 초청이었다. 이에 더해 복음서의 기록 대부분은, 우리로서는 흉내 낼 수도 없고 흉내 내서도 안 되는 예수에 관한 이야기로 자신의 신앙을 표현하려 했던 초기 교회나 복음서 기자의 견해를 지지하는 데나 적합한 것으로 판단되었으므로 단호하게 한쪽으로 제쳐 놓을 수 있었다. 바르트와 불트만의 힘 있는 신학 체계들은 역사를 지나치게 깊이 파고들 경우에 정통 기독교에 어떤 일이 발생할지 모른다고 생각한 일반 사람들의 두려움과 공감대를 이루었다. 일반 대중과 학문의 영역 양편에서 성상icon과 반면영상(半面影像)silhouette이 득세하여 강하게 지배했다.

슈바이처와 불트만은 현대의 신약성경 연구에서 비록 부정적인 방향이기는 해도 결정적 중요성을 지닌다. 그 까닭은 그들이 끼친 직접적 영향력 때문만은 아니다. 사실 슈바이처는 제자들을 거느린 '학파'를 세우지 않았다. 그런데 어떤 사람은 슈바이처가 불트만보다 더 위대하다고 말하기도 한다. 불트만의 후예들은 지금도 우리 곁에 남아 있어서, 자신들의 이야기(흔히 그릇되게도 '현대 신약학의 역사'와 같은 이름으로 부른다)를 마치 유일한 가문의 이야기나 되는 양 계속해서 떠들어 대거나, 아니면 그들이 업신여길 수 없는 유대 묵시문학 저작들의 방식을 따라, 자신들의 학파가 설립된 때부터 거창한 세미나나 학회에서 최종 계시가 막 떠오르는 것 같아 보이는 현재에 이르기까지, 위대한 사건들의 계보를 추적하면서 자기네 선조의 유산을 다시 강화하고 있다. 그게 아니다. 슈바이처와 불트만이 중요한 이유는, 그들이 신약성경이라는 조각 그림 맞추기의 근본적인 형태와 그것을 하나로 맞추려는 노력에 수반되는 문제의 본질을 금세기의 어느 누구보다도 명료하게 간파했기 때문이다. 그렇게 해서 그들은 불확실한 형편에서 분석하고 다듬고 수정해 나가야 할 근본 가설들을 세웠다. 두 사람은 학술 논문, 세미나 원고, 변형된 본문들로 이루어진 협소한 세상 위로 우뚝 솟아 있는 거인이요 거대한 조각상이다.

그들이 간파한 조각 그림 맞추기는 무엇보다도 역사적인 것이었다. 이 특별난 퍼즐은 조각들의 형태를 가늠하기가 쉽지 않은 독특한 특성을 지녔다. 다시 말해 각각의 조각은 다른 조각들과 맞추기 위해 자르고 다듬어야 하며, 그 과정에서 면제될 조각은 하나도 없다. 그 바깥쪽 경계들—이것들 자체도 격렬한 논쟁의 주제다—은 기독교 이전의 유대교와 2세기의 교회다. 그리고 이 퍼즐은 역사적 순서를 분명하게 밝히기 위해 한가운데 있는 조각들을 짜 맞추는 일로 이루어진다. 기독교라는 새로운 운동은 어떻게 일어났으며, 또 이런 방식으로 발생한 이유는 무엇인가? 물론 가운데 조각들은 세례 요한(그는 기독교 이전의 유대교에 속하는가)과 예수, 초기 교회, 바울, 바울과 여러 사람이 세운 교회, 신약성경의 저자들과 특히 요한이다(이들 가운데 일부는 2세기 교회와 관계가 있다고 보아야 하는가). 우리가 이 퍼즐 가운데 어느 한 조각의 형태를 결정하는 방식은 다른 조각들의 모양을 결정짓는 일을 좌우하게 되며, 그리고/또는 그 반대의 경우가 되기도 한다. 따라서 우리가 예수에 관해 말하는 것은 1세기 전체에 관해 말하는 것과 뗄 수 없게 얽혀 있다. 이런 이유로 나는 『신약성서와 하나님의 백성』의 3장과 4장에서 1세기에 대해 상당히 자세히 다루었다.

20세기의 학계는 이전 학자들에 비해 적어도 한 가지의 커다란 이점을 누린다. 20세기 초에 활동한 바이스와 슈바이처 이래로 예수는 그가 속한 유대교 맥락에 비추어 이해되어야 한다는 점이 인정되어 왔다. 19세기의 옛 '연구'가 실제로 이 일을 시도했었는데, 그 결과는 첨예한 대비를 밝혀냈다는 점에서만 의미를 찾을 수 있다. 유대인들은 그릇된 종교관을 가지고 있었고, 예수가 와서 바른 종교를 열었다는 것이다. 그래서 제시된 과제가 '예수' 상 가운데 지나치게 유대적이고 인종적으로 편향된 조각 그림은 제거하고, 위대하고 보편적인 '영적' 종교의 창시자인 영웅을 찾는 일이었다. 바로 이것이 최근에 적어도 칸트와 헤겔 이후의 개신교에서 숭고한 모습으로 되살려 낸 예수 상이었다. 이렇게 해서 퍼즐의 다른 조각들이 제자리를 잡게 되었다. 하지만 바이스와 슈바이처는 역사적인 조각 그림 맞추기에서 예수는 신뢰할 만하고 납득할 만한 1세기 유대인으로 묘사되어야 하고, 말과 행동이라는 면에서 1세기를 살았던 다른 유대인들과 분명하게 연관시켜 다루어져야 한다고 바르게 주장했다. 역사를 살펴 문제를 해결하는 이론이라면, 결코 이 기본적인 원리를 무시할 수 없다.

하지만 이 원리가 함축하는 것은 무엇인가? 이 문제에 대해서는 아직까지 일치된 의견이 없다. 아래에서 우리는 예수를 역사적으로 이해하려 할 때 직면하는 첫 번째 문제가 예수와 그가 속한 유대적 배경 사이의 관계라는 점을 살펴보려 한다. 여기서 나는, 지금까지 충분히 검토되지 않은 가능성들이 있으며, 그 가능성들은 조각 그림 맞추기의 중심 조각에 좀 더 엄밀한 역사적 형태를 제공하고 궁극적으로는 퍼즐 전체에 새롭고도 좀 더 만족스러운 해결책을 제시할 수 있다는 점을 말하고 싶다.

우리에게 이 퍼즐을 던져 주고는 그에 대해 매우 신중하고도 부정적인 답들을 제안했던 거장들은 단지 자기 편의를 위해 역사에는 관심을 기울이지 않았다. 일부 학자들은 '순수한 역사학자'로서 글을 쓴다고 주장했지만, 『신약성서와 하나님의 백성』에서 보듯이 '순수한 역사' 같은 것은 아예 존재하지 않는다. 슈바이처와 불트만 모두 현대 기독교인의 신앙과 삶에 의미를 제공해 줄 수 있는 1세기 기독교의 기원을 재구성하는 것을 목표로 삼았다. 슈바이처의 예수는, 비록 광적인 사람처럼 보이긴 했어도, 하나님 나라의 대의에 헌신하려는 모든 사람(슈바이처 자신과 같은 사람)에게 모범으로 제시되었다. 슈바이처는 역사 속에서 예수의 메시지는 분명 실패했고, 따라서 우리는 이렇게 비역사적인 단계를 밟아 적극적으로 재해석해야 한다고 주장한다. 그래서 슈바이처는 불트만의 유명한 '비신화화' 작업에 속하는 한 가지 핵심 요소, 곧 '진짜' 메시지를 감싸고 있는 역사적인 껍질을 찾아 벗겨 내는 일을 수십 년 앞서 제안했다. 하지만 슈바이처에게 예수는 '알 수 없는 인물'인 데 반해, 불트만에게는 훨씬 더 이해하기 힘든 인물이었다고 할 수 있다. 다시 말해, 슈바이처는 예수의 '인격'을 예상 밖의 충격적인 모습으로 파악한 데 반해, 불트만에게 예수는 그의 '인격'을 전혀 알 수 없다는 의미에서 '미지의' 존재였다. 슈바이처는 자기보다 앞선 학자들이 예수의 초상을 잘못 그려 냈다고 주장했고, 불트만은 아예 초상을 그려 내는 것이 불가능하다고 주장했다. 그래서 불트만은 예수를 반면영상(半面映像)으로 그려 냈다. 다시 말해 예수는, (불트만 자신처럼) 사회적인 혼돈 가운데 살면서, 현실의 어둠 한가운데서 장차 무슨 일이 일어날지 알지 못한 채 하루하루 자신의 신을 신뢰하고 따라야 하는 모든 사람을 향해 실존적 결단을 외친 설교자였다. 슈바이처와 불트만 모두 자신의 체계를 완성하기 위해, 예수가 남겨 놓은 형태의 기독교(이에 대해 두 사람은 의견을 달리했다)를 바울이 어떤 식으로 받아들이고 이방 세계에 적용했는지 설명할 필요가 있었다.

이러한 해결책들이 전혀 호응을 얻지 못하는 상황인데도 예수를 다룬 거의 모든 책들은 예수의 '진짜' 모습을 발견하기만 하면 아주 값비싼 진주, 곧 우리를 생명으로 이끌어 주는 숨겨진 보물을 얻게 될 것이라는 암묵적인 전제를 따르고 있었다. 하지만 모습을 드러낸 그 보물은 예수가 극히 평범하고 특별한 것이 없는 인물이라는 사실을 보여주었고, 그렇게 해서 우리는 예수를 에워쌌던 교회의 오만한 주장에서 벗어나게 되었다. 역사, 그중에도 특히 이 문제에 관련된 역사는 결코 진공 속에서 이루어질 수 없다. 그래서 첫 번째 조각 그림 맞추기와 여러 가지 형태로 연계된 두 번째 조각 그림 맞추기가 나온다. 이 조각 그림 맞추기는 기독교인뿐만 아니라, 예수라는 매우 매력적인 인물까지 포함한 세계관을 추구하는 사람들이 제기하는 질문들, 곧 현대 세계 속에서 우리는 무엇을 믿어야 하며 어떻게 행동해야 하는가라는 질문들로 이루어진다. 나는 이런 질문들을 회피할 생각도 없고 그에 대해 무관심한 척할 마음도 없다. 적절한 때에 그 문제들을 다루려 한다. 하지만 우리는 이 질문들이 첫 번째 질문들과 필연적인 연관성을 지니기는 해도, 그 질문들과 동일한 문제는 아니라는 사실을 인정해야 한다.

그런데 이 거장들이 남긴 유산은 이러한 두 가지 조각 그림 맞추기('예수는 누구였는가?'와 '그래서 어떻다는 말인가?')의 관계를 매우 느슨한 것으로 보게 만들었다. 분명 우리는 그 둘을 연결지어야 한다(내가 아는 한 그 주제를 다룬 모든 저자는 예외 없이 그렇게 한다). 하지만 어떻게 우리가 그 일을 할 수 있는지는 분명하지 않다. 그런 이유로 예수를 다루는 많은 글에서 이 두 가지 차원이 서로 어긋나는 모습으로 등장했다. 에드바르트 스힐레벡스의 방대한 저서가 좋은 사례다. 그는 수백 쪽을 할애하여 인간 예수에 관해 집중적으로 연구했으나, 마지막에 이르러 앞의 논증과 무관하게 예수는 하나님의 아들이시라는 신앙고백으로 마친다. 극단적 정통주의에서 극단적 급진주의에 이르기까지 다양한 견해를 주장하는 저술가들이 특히 예수에 관한 논의에서 역사와 신학의 통합은 불가능하지는 않더라도 참으로 어렵다고 은연중에 주장하는데, 이 사실은 역사와 신학의 균열이 최근 서구 기독교 사상을 어느 정도까지 강하게 지배하는지 잘 보여준다. 우리는 예수가 '신이다'(대체로 이 술어의 참 뜻을 이미 알고 있다고 전제한다)라는 사실을 익히 "알고 있으며", 그래서 예수의 삶에 대한 역사를 기술할 때면, 예수의 초상이 신앙생활에는 도움이 될지 모르나 원래 인물과는 전혀 다른 성상이 되어 버린다는 사실이 '반드시' 반영될 수밖에 없다. 그도 아니면, 철저하게 역사를 파고들어 연구함으로써 정통 신학이 '오류임을 입증'하거나 최소한 그 기초를 크게 흔들 수 있다. 이 두 가지 대안이 마음에 들지 않으면, 우리 신앙을 양보하거나 위태롭게 하는 일이 없도록 반면영상으로 만족하거나, 그도 아니면 아무런 설명도 없이 한쪽에서 다른 쪽으로 건너뛰면 된다.……(역사와 신학의) 이런 균열은 근거가 없는 것이다. 다시 말해 엄밀한 역사(1세기 팔레스타인에서 일어난 실제 사건들에 대한 제약 없는 조사)와 엄밀한 신학('신'이라는 말과 그에 따르는 형용사 '신성한'이라는 말이 실제로 가리키는 것이 무엇인가에 관한 제약 없는 조사)은 하나로 묶여 있으며, 예수에 관해 논의하는 일에서는 더욱 그렇다. 이것이 뜻하는 바가 결국 우리에게 새로운 형이상학이 필요하다는 것이라면, 마땅히 그렇게 해야 한다. 이번 한 번만이라도 역사가와 신학자들이 지금까지와는 반대로 철학자들에게 해결할 의제를 제시할 수 있다면, 그만큼 기분 좋은 일도 없을 것이다.

논평

이 인용문은 라이트가 다섯 권으로 기획하여 '기독교의 기원과 하나님의 문제'를 다루는 연작의 두 번째 책인 『예수와 하나님의 승리』1996에서 인용한 글이다. 본문에서는 이 시리즈의 첫째 책인 『신약성서와 하나님의 백성』1992이 여러 차례 언급된다. 이 글에서 라이트는 신약성경 연구의 여러 경향을 특히 역사적 예수 문제와 관련해서 비판적으로 살피며 그 주요 쟁점들을 다룬다. 본문의 내용은 매우 명료하며 따라서 특별한 논평이 필요 없다.

생각해 볼 물음들

❶ 왜 라이트는 역사적 문제와 씨름하는 것이 본질적인 작업이라고 믿는가? 여러분이 보기에 본문에서 이 논점을 가장 분명하게 제시하는 구절을 찾아 적으라.

❷ 라이트가 자기 연구에 특히 중요한 것으로 루돌프 불트만과 알버트 슈바이처의 글들을 지목한 이유는 무엇인가?

❸ 본문에서 라이트는 두 가지 '조각그림 맞추기'라는 이미지를 제시한다. 그 두 가지는 무엇인가? 그것들은 서로 어떤 관계가 있는가? 이 문제와 관련해서 4.31과 10.19를 참조하라.

재닛 마틴 소스키스

: 여성들이 보는 그리스도의 의미

4.36 ▼

케임브리지 대학교의 철학적 신학 교수인 재닛 마틴 소스키스Janet Martin

Soskice, 1951 출생는 종교 언어철학 분야에서 의미 있는 공헌을 이루었다. 그녀는 나사렛 예수의 정체성과 의미를 다룬 최근 논의에서 예수의 남성성이 지니는 신학적 의의라는 문제와 씨름했다. 2001년에 나온 이 논문은 그런 관심사들을 이해하기 쉽고 흥미롭게 성찰한 글로, 그 주제에 제기된 정당한 우려와 함께 문제의 소지가 있는 가정들을 다룬다4.33 참조.

본문

이른바 여성들의 쟁점이 오늘날 그리스도론에 새로운 문제들을 제기하는가? 결코 그렇지 않다. 남성 구주가 여성들을 구원할 수 있다는 사실에 의심의 여지가 있는가? 전혀 그렇지 않다. 어떤 의미로든 문제가 없다. 다시 말해 기독교의 구원 메시지는 만인을 위한 것이다. 당연히 여성들도 자기들이 완전한 인간인 그리스도 안에 속한다고 생각해 왔다. 기독교인들은 니케아 신조에 나오는 "우리를 위해for us men 우리의 구원을 위해"라는 구절을 암송하면서 라틴어를 알지 못해도 그 말이 남자*vir*가 아니라 사람*homo*을 가리킨다는 것을 안다. 나사렛 예수는 당연히 남성이었지만, 그리스도의 인성이 어떤 의미에서 여성성까지 포괄하지 않는다고 생각하는 것은 그리스도가 여성들의 구주였다는 사실은 물론, 더 나아가 그가 진정 모든 사람의 구주였다는 사실도 부정하는 일이 될 것이다. 이런 주장들은 전혀 새로운 것이 아니다. 아타나시우스의 다음과 같은 주장을 살펴보자(나는 번역자의 표현을 그대로 따른다). "하나님의 불멸하는 아들이 인간들의 몸과 유사한 자기 몸으로 모든 인간과 연합하셨고, 그 결과 모든 사람에게 부활에 관한 약속으로 불멸을 부어 주셨다. 말씀이 이처럼 인간의 몸과 하나가 된 몸을 통해 그들 가운데 거하시는 까닭에, 이제는 사망에 따르는 타락이 더 이상 그들을 지배하지 못한다."

이러한 고전적 그리스도론의 주장은, 만일 성육신한 말씀의 몸의 남성성을 과도하게 강조한다면, 터무니없는 것이 되어 버린다. "인간들의 몸과 유사한 몸"이라는 말은 인간의 몸을 가리킬 뿐이다. 더 심각한 일로, 만일 우리가 그리스도의 의미를 지나칠 정도로 예수의 남성성과 묶어 버린다면 그리스도론이 중대한 위험에 빠지게 된다. 우연히라도 남성들은 그리스도를 완전히 대변할 수 있고 여성들은 '하나님의 친한 벗'만 될 수 있다고 보는 이중적 구원론을 주장하는 것은 이러한 그리스도론의 관점에서 볼 때 신학적으로 전혀 옹호할 수 없다.……

오늘날 그리스도가 여성들에게 지니는 의미라는 문제는 얼핏 보기에 쉽게 해결할 수 있을 듯하지만, 자세히 살펴보면 현대인의 감수성에 적합하도록 재작업하기가 그리 쉽지만은 않은 복잡한 상징적 관념들로 얽혀 있다. 그래서 많은 페미니스트들은 로즈메리 래드포드 류터의 주장에 공감하여, 그리스도론이 그 의도에서는 우리 희망에 대한 가장 포괄적인 진술, 곧 "본래적인 인간성을 포용하고 모든 사람의 희망을 성취한" 교리이면서도 오히려 "여성들이 그리스도의 교회에 온전히 참여하는 일을 철저히 차단하는 데 이용되어 왔다"고 생각한다. 예수의 남성성은 결코 문제가 아니다. 내가 보기에 남성인 그리스도가 여성들을 위한 '역할 모델'이 될 수는 없다고 보는 문자주의적 견해를 따를 사람은 거의 없다. (예수가 남성들을 위한 역할 모델이 된다는 말은 정확하게 무엇을 뜻할까) 오히려 엘리자베스 존슨의 말처럼, 그리스도론에서는 이야기와 상징과 이론이 가부장적 세계관과 밀접하게 얽혀 있는 까닭에, 참으로 큰 어려움을 겪고 나서야 '실마리를 풀어'낼 수 있다.

신약의 메시지를 다른 방식으로, 곧 예수의 남성성을 곁자리로 밀어 놓거나 완전히 배제하는 방식으로 전달하려는 시도들이 많이 이루어졌다. 존슨은 '예수-소피아'Jesus-Sophia 그리스도론을 주장하고, 그것을 '성령-소피아'와 '어머니-소피아'라는 설명으로 보완한다. 로즈메리 류터와 엘리자베스 쉬슬러 피오렌자는 아래로부터의 그리스도론을 받아들여, 예수를 가난한 자와 변두리로 밀려난 사람들, 그중에서도 특히 여성들의 편에 선 예언자와 해방자로 이해한다. 리타 나카시마 브록Rita Nakashima Brock은 예수라는 역사적 인물을 완벽할 정도로 차단하고, 그 대신 '크리스타 공동체'Christa community를 중심에 놓는다. '그리스도교 후기 페미니스트'를 자처하는 다프네 햄슨Daphne Hampson은 여성들에게 '좋은' 그리스도론 같은 것이 있다고는 생각하지 않는다. 그녀에 따르면 기독교의 핵심은 "최소한 페미니즘과 양립 가능한 것으로 볼 수 있는 그리스도론을 발견하는 것이 가능하겠는가"(여기서 그녀는 페미니즘을 가장 협소한 의미로 보아 남성과 여성의 확고한 동일성이라고 정의한다)의 문제와 관계된다. 그런 것은 불가능하다는 것이 그녀의 생각이다.

나는 다프네 햄슨의 견해에 동의하지는 않지만, 내가 보기에 그녀의 견해는 다른 데서는 보기 힘들 정도로 정직하고 현실적이다. 그녀의 견해는 초기의 일부 페미니스트 신학에서 내세운 "네 눈이 너를 걸려 넘어지게 하거든 빼어 버려라"(곧 하나님을 '아버지'라고 부르는 것이 여성들을 걸려 넘어지게 하거든 하나님을 '어머니'라고 부르라)는 전략들보다 더 낫다. 다시 말해 종교 언어의 상징적 복합성을 무시하면서 동시에 실제적인 종교적 변화에 수반되는 일에 대해 어리숙한 태도를 보이는 전략들보다는 훨씬 낫다.

페미니스트의 관점에서 개작된 많은 예수 이야기들이 안고 있는 난점은 참으로 보잘것없는 양식을 우리에게 남겨 놓았다는 것이다. 성차별적이고 폭력적이며 계급적인 것이 모두 사라져야 한다면, 아버지, 왕, 군주, 혈통에 관한 이야기도 역시 사라져 버리게 된다. 우리가 남겨 놓은 것은 역사적인 특수성을 완전히 잃어버릴 처지에 놓인 성 구분이 없는 선한 인물genderless Good Figure이거나, 우왕좌왕하면서 도덕을 내세우고 가난한 사람을 사랑하면서도 자기 삶의 주변을 가부장적인 이야기들로 치장한 예언자가 전부다. 그토록 빈번하게 특수성과 구체성을 강조하는 페미니스트 신학들이 마지막에 이르러서는 흔히 특색 없고 구체성이 없는 그리스도—모든 역사적인 세부사항을 강탈당한 '성 구분이 없는 선한 인물'—로 끝난다는 사실이 참으로 얄궂다.

논평

역사적으로 나사렛 예수는 남성이며 유대인이었다. 예수가 지니는 폭넓은 의의에 비추어 볼 때, 이런 문화적 특성들은 어느 정도까지 중요할까? 한 가지 방법은 예수의 보편적 매력과 타당성을 지켜내기 위해 이런 문화적 특성들을 제거하거나 최소한으로 낮게 평가하는 것이다. 케임브리지의 신학자이며 철학자인 재닛 마틴 소스키스는 2001년에 출간된 위의 글에서 이러한 방식이 안고 있는 문제들을 지적하고, 이런 견해는 너무나도 쉽게 "특색 없고 구체성이 없는 그리스도"로 끝나버리게 된다고 주장한다.

소스키스가 사용한 라틴어 *homo*와 *vir*는 더 자세한 설명이 필요하다. *homo*는 '남자'로 번역할 수도 있지만, 실제로는 남성이나 여성을 구분하지 않고 '인간'을 의미한다. *Vir*는 (영어의 'virile'에서 볼 수 있듯이) 남자를 의미한다. 나사렛 예수의 의의는 그의 남성성이 아니라, 인성에서 찾아야 한다는 것이 소스키스의 논점이다.

생각해 볼 물음들

❶ 소스키스가 아타나시우스의 글을 길게 인용하여 제시하는 논점은 무엇인가?

❷ 소스키스는 어떤 그리스도론들은 우리에게 "성 구분이 없는 선한 인물"을 남겨준다고 말한다. 그녀가 이 이론을 우려스러운 것으로 여기는 이유는 무엇인가?

❸ "예수의 남성성은 결코 문제가 아니다." 이 구절에서 소스키스가 말하려는 바는 무엇인가? 여러분은 그녀의 이런 주장이 옳다고 생각하는가?

— Marilyn McCord Adams, *Christ and Horrors: The Coherence of Christology* (Cambridge: Cambridge University Press, 2006).

— Raymond E. Brown, *An Introduction to New Testament Christology*(New York: Paulist Press, 1994).

— Richard Cross, *The Metaphysics of the Incarnation: Thomas Aquinas to Duns Scotus*(Oxford: Oxford University Press, 2005).

— Stephen T. Davis, Daniel Kendall, and Gerald O'Collins(eds), *The Incarnation: An Interdisciplinary Symposium on the Incarnation of the Son of God* (Oxford: Oxford University Press, 2004).

— Gregory W. Dawes, *The Historical Jesus Quest: Landmarks in the Search for the Jesus of History*(Louisville, KY: Westminster John Knox Press, 2000).

— J. D. G. Dunn, *Christology in the Making*(London: SCM Press, 1980).

— J. D. G. Dunn, *A New Perspective on Jesus: What the Quest for the Historical Jesus Missed*(London: SPCK, 2005).

— C. Stephen Evans, *The Historical Christ and the Jesus of Faith: The Incarnational Narrative as History*(Oxford: Clarendon Press, 1996).

— Aloys Grillmeier, *Christ in Christian Tradition, 2nd edn*(London: Mowbrays, 1975).

— R. P. C. Hanson, *The Search for the Christian Doctrine of God: the Arian Controversy*, 318-381(Edinburgh: T&T Clark, 2000).

— Larry W. Hurtado, *Lord Jesus Christ: Devotion to Jesus in Earliest Christianity* (Grand Rapids, MI: Eerdmans, 2003). (『주 예수 그리스도: 초기 기독교의 예수 신앙에 대한 역사적 탐구』 박규태 역, 새물결플러스, 2010)

— Luke Timothy Johnson, *The Real Jesus: The Misguided Quest for the Historical Jesus and the Truth of the Traditional Gospels*(San Francisco: HarperSanFrancisco,

1996).

—— Roch A. Kereszty, *Jesus Christ: Fundamentals of Christology*(New York: Alba House, 2002).

—— Neil MacGregor and Erika Langmuir, *Seeing Salvation: Images of Christ in Art*(New Haven: Yale University Press, 2000).

—— John Macquarrie, *Jesus Christ in Modern Thought*(London: SCM Press; Philadelphia: Trinity Press International, 1990).

—— Thomas V. Morris. *The Logic of God Incarnate*(Ithaca, NY: Cornell University Press, 1986).

—— C. F. D. Moule, *The Origin of Christology*(Cambridge: Cambridge University Press, 1977).

—— Gerald O'Collins, *Christology: A Biblical, Historical and Systematic Study of Jesus*(Oxford: Oxford University Press, 1995).

—— Richard Swinburne, *The Resurrection of God Incarnate*(Oxford: Clarendon Press, 2003).

—— Rowan Williams, *Arius: Heresy and Tradition*(London: Darton, Longman and Todd, 1987).

5장 그리스도 안의 구원

서론

구원론—구원그리스어 *soteria*은 무엇이고 어떻게 얻는지의 문제를 다루는 기독교 신학 분야—은 기독교 사상에서, 그중에서도 특히 복음전도와 선교와 관련해서 늘 핵심을 이루는 중요한 분야였다. 이번 장에 포함된 읽을거리들은 구원을 이해하는 방법을 탐구하고, 구체적으로는 구원이 예수 그리스도의 죽음 및 부활과 연결되는 방식을 다룬다.

기독교 신학에서는 전통적으로 이 분야를 '속죄론'으로 불러 왔다. '속죄'atonement라는 말의 기원은 영국의 작가 윌리엄 틴들약 1494-1536이 신약성경을 영어로 옮기는 과제와 씨름하던 1526년까지 거슬러 올라간다. 당시에는 '화해'를 의미하는 영어 단어가 없었다. 그래서 틴들은 'at-one-ment'라는 단어를 고안할 수밖에 없었다. 이 단어는 곧바로 '예수 그리스도가 자신의 십자가 죽음을 통해 신자들에게 베푸는 은택'이라는 의미를 지니게 되었다. 이 생소한 말은 현대 영어에서 좀처럼 사용되지 않으며, 또한 매우 구식으로 여겨진다. 오늘날 신학자들은 기독교 사상이 완전히 시대에 뒤떨어진 것이라는 인상을 풍기는 것을 피하려고, 대체로 이 분야를 '그리스도의 사역론'이라고 부르기를 좋아한다.

기독교 신학의 역사를 살펴보면, 그리스도의 죽음을 해석하는 네 가지 주요한 이론을 볼 수 있다. 이 이론들은 그리스도의 죽음을 특정한 자리에 배치해 그 의미를 이해할 수 있게 해주는 지적인 틀이라고 보는 것이 가장 좋다.

❶ 구약의 제의예식, 그중에서도 특히 희생제사가 사람들을 하나님의 임재 안으로 들어가게 해주는 길이라고 보는 견해에 기초한 이론

들. 흔히 그리스도는 부정한 것들을 깨끗게 하여 사람들이 하나님께로 가까이 갈 수 있게 해주는 죄 없는 대제사장과 완전한 희생제물로 해석된다.

❷ 그리스도의 죽음을 '배상'satisfaction 으로 이해하며, 그것을 통해 그리스도가 죄에 대한 벌금을 치렀다고 보는 속죄 모델들.

❸ 그리스도의 죽음과 부활은 죄와 죽음과 사탄에 대한 승리로서, 신자들을 그들의 지배와 영향력에서 해방시켜 준다고 해석하는 이론들.

❹ 사랑이라는 주제를 전면에 내세우면서, 성육신과 속죄가 인간에 대한 하나님의 은혜를 입증해 보인다고 해석하는 속죄 모델들.

이러한 네 가지 접근법은 서로 모순되지 않고 그리스도의 죽음의 의미를 밝혀 주는 부분적인 설명들이므로, 온전한 이해에 이르기 위해서는 서로 보완될 필요가 있다.

1. 그리스도론과 구원론의 관계

그리스도론과 구원론의 관계는 기독교 전통에서 끊임없는 논쟁의 주제가 되었다. 그리스도의 정체성과 의미, 인격과 사역이 밀접하게 연결되어 있다는 것은 분명하다. 문제는 이 사실을 어떻게 이해해야 하는가라는 것이다. 아타나시우스, 슐라이어마허, 찰스 고어, 볼프하르트 판넨베르크가 제시한 견해들을 통해 이 주제가 지니는 중요성과 더불어 이 쟁점을 논하는 다양한 이론들을 확인할 수 있다.

그리스도론과 구원론의 관계

4.32 ▸ 토머스 F. 토런스: 성육신과 구원론
5.5 ▸ 알렉산드리아의 아타나시우스: 그리스도론과 구원론의 관계
5.25 ▸ 프리드리히 슐라이어마허: 그리스도론과 구원론
5.26 ▸ 찰스 고어: 그리스도론과 구원론의 관계

5.31 ▸ 볼프하르트 판넨베르크: 그리스도론의 구원론적 이해

2. 속죄의 모델들

앞서 언급했듯이, 기독교 신학에서는 많은 '속죄 이론들'—더 정확히 말해 '속죄 모델들'—이 널리 사용되어 왔다. 초기 교회에서는 그리스도가 죽음과 부활을 통해 죄와 죽음과 사탄에 대해 우주적 승리를 거두었다는 사상이 매우 큰 힘을 발휘했다. 이 주제는 20세기에 들어와 특히 구스타프 아울렌의 저술을 통해 새롭게 중요성을 인정받았다. 하지만 다른 주제들 역시 중요하다. 그중에서 그리스도의 죽음이 '배상'을 지불하여 인간의 대속을 가능하게 해준다고 보는 견해에 특히 관심을 기울일 필요가 있다. 이 견해는 캔터베리의 안셀무스와 밀접한 관계가 있다. 다른 중요한 주제들로는 그리스 정교회와 밀접하게 연결된 것으로 구원을 신화(神化)deification로 보는 개념과, 그리스도의 죽음이 인간에 대한 하나님의 사랑을 드러낸다는 점에 초점을 맞춘 접근법이 있다. 이번 장에 포함된 읽을거리를 통해 이 접근법과 그 비판자들을 살펴본다.

속죄의 모델들

5.1 ▸ 리옹의 이레나이우스: 속죄의 '몸값' 이론

5.3 ▸ 알렉산드리아의 클레멘스: 사랑의 본보기인 그리스도의 죽음

5.4 ▸ 알렉산드리아의 아타나시우스: 그리스도의 죽음

5.7 ▸ 아퀼레이아의 루피누스: '낚싯바늘' 속죄 이론

5.9 ▸ 키루스의 테오도레투스: 그리스도의 죽음

5.10 ▸ 히포의 아우구스티누스: 그리스도 안의 구속

5.13 ▸ 캔터베리의 안셀무스: 속죄

5.14 ▸ 페트루스 아벨라르두스: 구속에 나타난 그리스도의 사랑

5.15 ▸ 생 빅토르의 위그: 그리스도의 죽음

5.16 ▸ 도이츠의 루페르트: 죄에 대한 하나님의 응답인 성육신

5.17 ▸ 토마스 아퀴나스: 그리스도의 배상

5.18 ▸ 니콜라스 카바실라스: 그리스도의 죽음

5.19 ▸ 장 칼뱅: 구속의 근거들

5.20 ▸ 소치누스주의: 배상 개념 비판

5.27 ▸ 헤이스팅스 래쉬달: 도덕적 모범인 그리스도

5.28 ▸ 구스타프 아울렌: 고전적 속죄 이론

5.32 ▸ 제임스 I. 패커: 형벌의 대리 이론

5.35 ▸ 『가톨릭교회 교리서』: 그리스도의 희생

3. 폭력과 속죄

최근 몇십 년 사이에 점차 중요하게 다루어진 쟁점 중 하나는, 속죄와 폭력 사이의 관계 문제다. 이 현상이 나타난 한 가지 이유는, 폭력을 주제로 삼아 많은 글을 썼던 프랑스 인류학자인 르네 지라르1923-2015의 저술들에서 찾을 수 있다. 오랫동안 스탠퍼드 대학교에서 가르쳤던 지라르는 폭력이 모든 문화와 인종의 성스러운 제의 행위에서 핵심 요소가 된다고 보는 인류학적 종교 이론을 펼쳤다. 지라르는 널리 알려진 책 『폭력과 성스러움』*Violence and the Sacred*, 1977에서 성스러운 것의 중심에는 파괴적 폭력이 존재한다는 논제를 펼치고, 희생제물(인간과 동물 모두), 신화, 제의를 인류학적인 관점에서 연구함으로써 그런 현상의 발전 과정을 규명했다. 지라르는 "희생제물은 공동체 내의 폭력으로부터 공동체 전체를 보호하는 역할을 하며, 전체 공동체로 하여금 자기 공동체 외부에서 희생제물을 선택하도록 부추긴다"라고 주장한다. 이런 주장은 속죄와 폭력의 관계를 둘러싼 논쟁으로 이어졌다. 십자가 위에서 그리스도가 당한 폭력적 죽음은 폭력을 정당화하는가, 아니면 폭력을 폐기하고 초월할 수 있는 토대를 놓는가? 예수를 대적하여 저질러진 것이 분명한 폭력은 십자가 처형 사건 속에서 어떤 위치에 놓인다고 볼 수 있는가?

폭력과 속죄

5.33 ▸ 도로테 죌레: 고난과 구속

5.36 ▸ 미로슬라브 볼프: 그리스도의 십자가와 인간의 폭력

5.37 ▸ 로즈메리 래드포드 류터: 고난과 구속

5.38 ▸ 데니 위버: 전통적 속죄 이론 속의 폭력

리옹의 이레나이우스
: 속죄의 "몸값" 이론

5.1

아래 본문은 2세기 후반 리옹의 이레나이우스약 130-202가 지은 『이단 반박』*Against the Heresie*에서 인용했다. 이 글에서 이레나이우스는 그리스도의 죽음을 사탄에게 사로잡힌 인간을 의롭게 해방하기 위해 하나님께서 치르시는 몸값ransom으로 보아야 한다고 주장한다. 이레나이우스는 인간의 구속이 강압적으로 이루어진다는 주장을 피해, 오직 설득만으로 이루어진다고 가르친다5.2, 5.4, 5.6, 5.7, 5.8 참조.

본문

능력의 말씀이시며 참 인간이신 그분은 이처럼 순리에 따라 당신의 피로 우리를 속량하시고, 포로로 잡혀 있는 사람들을 대신해 자신을 몸값으로 내어주셨다. 배교자는 우리에게 불법적 권세를 휘둘렀고, 우리는 본성상 전능하신 하나님의 소유인데도 우리의 참 본성에서 벗어나 배교자의 제자가 되었다. 공의로 충만한 전능하신 '하나님의 말씀'께서는 배교자와 담판 지을 때조차도 의롭게 행하셔서, 배교자에게서 원래 하나님의 소유였던 것들을 되찾으실 때—[악마가] 처음에 자기 소유가 아닌 것을 탐욕으로 강탈하여 우리를 지배했을 때와 같이 강압적으로 행하신 것이 아니라—몸값을 지불하셨다. 하나님께서 당신이 원하시는 것을 무력이 아니라 설득을 통해 획득하시고, 그렇게 해서 공의의 원리를 깨뜨리지도 않고 동시에 하나님의 원래의 창조가 파괴되지도 않도록 하신 것은 아주 합당한 일이었다. 그래서 주님께서는 당신의 피로 우리의 몸값을 치르셨고, 우리 생명을 위해 당신의 생명을 주셨으며, 우리 몸을 위해 당신의 몸을 주셨다. 주님께서는 아버지의 영을 부어 주셔서 하나님과 인간이 하나 되어 교제를 이루게 하셨고, 성령을 통해 하나님을 인간이 있는 곳까지 내리시고 동시에 당신의 성육신을 통해 인간을 하나님께로 높이셨으며, 그분이 오심으로, 우리가 그분과 교제를 이루게 하심으로 참으로 확실히 우리에게 영원한 생명을 주셨다.

논평

이 글에서 이레나이우스의 속죄론은 인간이 죄의 결과로 사탄의 지배 아래 있다고 가르치는 기존 전통을 유지하는 동시에, 공의도 보존하는 방식으로 전개된다. 여기서 *redimens*와 *redemptio*와 같은 라틴어들은 '구속'보다는 좀 더 전문적인 의미에서 '몸값'ransom, 속량을 뜻한다는 점에 유의하라. 이 점을 명료하게 드러내기 위해, 나도 그 용어들을 '몸값'으로 옮겼다.

생각해 볼 물음들

❶ 이레나이우스는 인간이 악마의 지배를 받게 된 일에 대해 어떻게 설명하는가?

❷ 구속의 사역에서 하나님의 공의는 어떤 방식으로 나타나는가?

❸ 이레나이우스는 구속 사역에 대한 동기를 무엇이라고 말하는가?

5.2 ▼ 리옹의 이레나이우스
: 그리스도 안의 '총괄갱신'

이 글에서 이레나이우스약 130-202는 '총괄갱신'recapitulation이라는 독특한 개념에 관하여 탐구한다. 이레나이우스는 이 용어가 '동일한 토대를 다시 반복하는' 일을 의미한다고 보았다. 그리스도는 아담이 실패했던 모든 일을 성공적으로 수행하여, 아담의 역사를 '총괄갱신'한다. 그러므로 아담의 불순종이 그리스도의 순종으로 대체된다. 따라서 아담에게서 잃어버렸던 인간의 구원이 그리스도 안에서 다시 회복된다5.1, 5.9, 5.29 참조.

본문

하나님의 말씀은 태초부터 하나님과 함께 계셨고, 만물이 그로 말미암아 지음 받았으며, 그 말씀은 언제나 인류 가운데 현존하셨다. 그 말씀이 하나님이 정하신 때에 따라 이 마지막 시대에 자기 소유의 피조물과 연합하여, 고난을 겪는 인간이 되셨다*passibilem hominem factum*는 사실이 이제 분명해졌다. 이렇게 해서 '만일 그리스도가 그때 태어났다면, 그전에는 그가 존재하지 않았다는 결론이 나온다'라고 말하는 사람들의 반론이 해결되었다. 왜냐하면 하나님의 아들은 언제나 아버지와 함께 존재했으므로, 그 시점에 존재하기 시작하신 것이 아니라는 사실을 우리가 입증해 보였기 때문이다. 하지만 그리스도가 성육신하여 인간이 되셨을 때, 그는 자기 안에서 인류의 긴 역사를 '총괄갱신'하여*in seipso recapitulavit* 우리를 위한 구원을 성취하셨고, 그 결과 우리는 아담 안에서 잃어버렸던 것, 곧 하나님의 형상과 모양*secundum imaginem et similitudinem esse Dei*을 예수 그리스도 안에서 되찾을 수 있게 되었다.

논평

여기서 이레나이우스는 아담이 실패했던 중요한 일들을 그리스도께서 구속 사역을 통해 다시 반복한다는 의미로 '총괄갱신'이라는 용어를 사용한다. 이 글에서는 이 개념을 자세히 다루지는 않지만, 아담과 그리스도의 유사점을 밝힌다. 예를 들어 에덴동산에서 아담이 불순종했던 일은 겟세마네 동산에서 그리스도께서 순종하신 것과 대비된다. 이 세상에 죄가 들어오기 이전 상황으로 인간을 회복시키는 일을 구속으로 이해하는 방식에 주목하라.

생각해 볼 물음들

❶ 이 본문에 따르면, 하나님이 성육신하신 이유는 무엇인가?

❷ 이레나이우스는 하나님의 아들이 성육신으로 비로소 존재하게 되었다는 공격에 대해 어떻게 대응하는가?

❸ 이레나이우스는 구속을 "아담 안에서 잃어버렸던 것……을 예수 그리스도 안에서" 되찾는다는 의미로 설명한다. 여기서 그가 의미하는 것은 무엇인가?

5.3

알렉산드리아의 클레멘스

: 사랑의 본보기인 그리스도의 죽음

알렉산드리아의 클레멘스약 150-215는 마가복음 10:17-31을 본문으로 삼아 널리 유명해진 주석을 저술했다. 이 주석에서 클레멘스는 본문을 확장해서 사도 요한이 '구원받기 원하는' 젊은이를 회심시키는 사건까지 서술한다. 3세기 초 어느 때 저술된 것으로 보이는 이 주석에서 클레멘스는 그리스도를 인간을 향한 하나님의 사랑에 대한 실증으로 이해하는 견해를 다룬다5.14, 5.21, 5.27 참조.

본문

사랑의 신비를 깊이 헤아려 보라. 그러면 독생하신 하나님께서만 선명하게 드러내 보이셨던 아버지의 품을 보게 된다. 하나님은 사랑이시며, 바로 그 사랑 때문에 하나님은 자신을 나타내 보이셨다. 하나님의 이루 형언할 수 없는 본성이 아버지로서 나타난다면, 우리와 공감하시는 하나님의 성품은 어머니로서 다가온다. 그분의 사랑 안에서 아버지는 여성에게서 우러나는 본성을 지니시는데, 이에 대한 강력한 증거가 바로 하나님께서 낳으신 아들이요 당신의 사랑으로 맺은 열매인 사랑이다. 이 일을 위해 그리스도가 내려오셔서 인간의 본성을 입으시고, 우리의 연약한 처지까지 낮아져 기꺼이 인간의 고난을 견디셨기에, 그분은 우리를 그분 자신의 능력의 자리까지 끌어올릴 수 있으셨다. 그분은 자신을 몸값으로 삼아 희생제물로 바치기 직전, 우리에게 새 언약을 남겨 놓으셨다. "내가 너희를 사랑한다"(요 13:34). 이 사랑의 본질은 무엇이고, 그 크기는 어느 정도인가? 우리 모두를 위해 그분은 자기 생명, 곧 온 우주와 맞먹는 생명을 내어놓으셨다. 이어서 우리에게도 그와 같이 서로 사랑하라고 요청하셨다.

논평

'그리스도의 은택'과 관련된 기독교의 사고에서 핵심 주제는 그분의 삶과 죽음이 모두 인간을 향한 하나님의 사랑을 드러내고 확증해 준다는 것이다. 클레멘스는 이 사랑이 부성적 요소와 모성적 요소로 이루어진다는 점을 잘 알았다. "하나님의 이루 형언할 수 없는 본성이 아버지로서 나타난다면, 우리와 공감하시는 하나님의 성품은 어머니로서 다가온다." 이것은 그리스도의 죽음의 의미를 밝히는 클레멘스의 논의에서 한 측면일 뿐이다. 하지만 이것이 클레멘스의 이론에서 매우 중요한 요소라는 점에는 의심의 여지가 없으며, 위의 본문은 이것이 그의 신학의 많은 측면에 빛을 비추어 준다는 사실을 분명하게 확인해 준다.

생각해 볼 물음들

❶ 본문에서 클레멘스는 하나님 사랑의 부성적 측면과 모성적 측면을 어떻게 하나로 결합하는가?

❷ "우리의 연약한 처지까지 낮아져 기꺼이 인간의 고난을 견디셨기에, 그분은 우리

를 그분 자신의 능력의 자리까지 끌어올릴 수 있으셨다." 본문에서 이 구절의 위치를 확인하라. 이 구절로 클레멘스가 말하려는 바는 무엇인가?

5.4

알렉산드리아의 아타나시우스

: 그리스도의 죽음

아타나시우스약 293-373는 4세기에 아리우스파 비판자들에 맞서 말씀의 성육신 교리를 강하게 옹호했다. 318년 이전의 어느 시기에 아직 젊었던 아타나시우스는 "말씀의 성육신에 관하여"를 썼는데, 이 저술은 오늘날 이 주제를 다룬 정통주의 견해의 고전으로 받아들여진다. 아래에 인용한 본문에서 아타나시우스는 인간의 구속이 성육신에 달려 있다고 주장한다. 하나님께서 타락한 인간 본성을 구원할 수 있었던 것은 죽을 수밖에 없는 인간의 실제 몸을 취하심으로써만 가능했다. 이 본문은 그리스도론과 구원론의 밀접한 관련성을 보여준다4.8, 4.32, 5.5, 5.25, 5.26, 5.31 참조.

본문

그러므로 모든 사람이 썩음으로corruption 죽음에 이를 수밖에 없었기에, 말씀은 우리와 같은 몸을 취하시고, 모든 인간을 대신해 그 몸을 죽음에 내맡기고 아버지께 바치셨다. 그는 인간을 향한 순수한 사랑의 행위로 그 몸을 아버지께 드렸고, 그 결과 모든 사람이 그분과 함께 죽음으로써 인간의 부패를 다스리는 율법이 폐기되었으며(율법의 권세가 주님의 몸 안에서 끝나고 이제 더는 주님을 닮은 인간들에게 힘을 미치지 못하게 되었기 때문이다), 그분은 썩을 상태로 떨어진 사람들을 썩지 않을incorruption 상태로 되돌리고, 자신의 죽음으로, 자기 것으로 취한 그 몸으로, 그분의 부활의 은총으로, 사람들을 생명으로 인도할 수 있으셨다……이렇게 말씀은 죽을 수밖에 없는 몸을 취하셨는데, 그 목적은 그 몸이 만물 위에 계시는 말씀에 참여함으로써 모든 인간을 대신해 죽을 만한 가치를 지니게 되고, 내주하는 말씀으로 썩지 않은 상태를 유지하며, 그렇게 해서 그분의 부활의 은총을 통해 부패를 끝장내려는 것이었다.……그분은 스스로 취한 몸을 제물로 드려, 자기와 닮은 모든 사람을 위해 죽음을 물리치셨다. 만물 위에 계시는 말씀은 성전과 그 기구인 자기 몸을 모든 사람을 위한 몸값으로 바치셨고, 자신의 죽음으로 사람들의 빚을 갚으셨다. 따라서 모든 사람과 같아져 그들과 하나가 되신 썩지 않을 하나님의 아들은 부활의 약속대로 모든 사람에게 썩지 않을 옷을 입혀 주었다.

논평

이 본문은 그리스도의 죽음에 대한 아타나시우스의 견해를 밝히 보여주는 중요한 글이다. 특히 속죄와 성육신을 사실상 동전의 양면으로 이해하는 방식에 주목하라. 성육신은 단순히 구원의 전제 조건에 불과한 것이 아니다. 성육신은 구원의 일부다.

생각해 볼 물음들

❶ "따라서 모든 사람과 같아져 그들과 하나가 되신 썩지 않을 하나님의 아들은…… 모든 사람에게 썩지 않을 옷을 입혀 주었다." 본문에서 이 구절의 위치를 확인하라. 이 구절에서 아타나시우스가 의미하는 것은 무엇인가? 그는 어떻게 이 결론에 도달하는가?

❷ 아타나시우스가 "썩음"과 "썩지 않음"이라는 개념을 다루고 사용하는 방법을 여러분의 말로 설명해 보라.

5.5

알렉산드리아의 아타나시우스

: 그리스도론과 구원론의 관계

아타나시우스약 293-373는 오직 하나님만이 인간을 구원하실 수 있다는 구원론의 논증을 포함하여 여러 가지 토대 위에서 그리스도의 성육신 교리를 옹호했다. 그에 의하면 그리스도가 하나님이 아니셨다면, 그리스도를 통한 인간의 구원은 불가능했을 것이다. 이 글에서 아타나시우스는 그리스도의 인격과 사역 사이의 밀접한 연관성을 강조하면서, 특히 성육신의 구원론적 특성들을 밝힌다. 테오토코스*theotokos*라는 개념을 그리스도의 신성을 지지하는 장치로 강조하는 점에도 주목하라5.4, 5.25, 5.26, 5.31 참조.

본문

만일 말씀의 신적 사역들이 몸을 통해 일어나지 않았다면, 인간은 신성하게 되지 못했을 것이다. 마찬가지로 육의 속성들이 그 말씀에 속하게 되지 않았더라면, 인간은 그 속성들에서 완전히 자유롭게 되지 못했을 것이다……그런데 말씀이 인간이 되셔서, 육의 속성들을 자기 것으로 취하셨다. 이렇게 인간 속에 오신 말씀으로 인해 이러한 속성들(죽음과 부패)은 더 이상 육에 힘을 쓰지 못하고, 말씀에 의해 육 안에서 소멸되었다. 그후 사람들은 더 이상 자신의 속성들에 따라 죄와 죽음에 얽매이지 않고, 말씀의 능력에 따라 부패하지 않고 영원을 누리게 되었다. 또 육체가 테오토코스*theotokos*, 하나님을 낳은 이인 마리아에게서 출생했다고 말하는 것처럼, 다른 모든 사람에게 생명을 주어 존재하게 하시는 분인 그분도 출생했다고 말한다. 이 출생의 목적은 그분이 우리의 출생을 자기 자신에게로 돌려, 우리가 더는 흙으로서 흙으로 돌아가지 않고, 오히려 하늘에서 온 말씀에 참여함으로써 그분과 함께 하늘로 올려지도록 하려는 데 있다.

논평

아타나시우스는 그리스도의 인격과 사역 사이에 밀접한 관계가 있다고 확신했다. 그리스도의 본질이 그의 기능을 규정한다. 달리 말해, 그리스도가 누구인가를 근거로 그리스도가 어떤 일을 하는지 알 수 있다. 따라서 성육신의 기능적인 측면들은 성육신의 존재론적인 토대들을 통해 결정된다4.8 참조.

생각해 볼 물음들

❶ 이 본문에서 아타나시우스가 주장하는 기본 개념을 여러분의 말로 설명해 보라.

❷ 아타나시우스는 구원을 어떻게 이해하는가? 이 이해는 성육신과 어떻게 연결되는가?

5.6 ▼

위僞 히폴리투스

: 십자가의 우주적 차원들

그리스도께서 십자가에서 죽으심으로 인류가 구원에 이르게 되었다는 주제는 초기 교부시대부터 깊이 있게 논의되었다. 4세기에 익명으로 발표되었으나 정확한 저술 시기를 특정하기 어려운 이 글은 우주적 배경에 비추어 십자가를 이해한다. 저자는 이 글에서 그리스도께서 성취하신 구원이 우주의 모든 면에 영향을 끼쳤다고 주장한다. 특히 십자가가 우주의 안녕에 핵심적 중요성을 지니는 것으로 이해하는 방식에 주목하라5.1, 5.7, 5.8, 5.9, 5.12 참조.

본문

이 나무는 내게 영원한 구원을 주는 나무입니다. 이 나무에서 나는 양식을 얻고 자양분을 공급받습니다. 그 뿌리를 딛고서 나는 굳건히 자라납니다. 그 가지들을 타고서 나는 널리 뻗어나가며, 그 향기는 내게 기쁨을 주고 그 정기는 훈풍처럼 내 기운을 돋궈줍니다. 나는 그 그늘 아래 천막을 치고, 더울 때면 그 나무에서 향기로운 쉼터를 얻습니다.……천국을 품고 있는 이 나무는 땅에서 솟구쳐 올라, 하늘까지 이어집니다. 영원토록 성장하는 이 나무는 하늘과 땅의 중간 지점에 자리를 잡고 있습니다. 만물을 지탱하는 이 나무는 우주의 버팀목이요, 사람 사는 온 세상의 토대이고, 지구의 중심축입니다. 성령의 보이지 않는 기둥들로 세워진 이 나무는 인간 본성의 다양한 측면들을 하나로 엮어 주고, 그렇게 해서 인간 본성은 하나님의 인도하심에 따라 다시는 하나님에게서 분리되지 않습니다. 꼭대기는 하늘 높은 곳에 가닿고, 밑바닥에서는 지구를 떠받치며, 그 풍성한 가지로 공중의 많은 정기를 품은 이 나무는, 만물 속과 모든 장소에 온전한 모습으로 존재합니다.

논평

짧은 설교 형태를 띠는 이 본문은 익명의 저자(전통적으로 히폴리투스라고 본다)가 발표한 글로서, 부활 사건을 다루면서 십자가가 기독교인의 삶과 사상에 대해 지니는 중요성을 강조한다. 십자가의 의미를 인간 개인에게만 영향을 주는 것으로 한정하지 않고, 우주 전체의 질서에 이르기까지 확장해서 이해하는 점에 주목하라. 이 본문은 그리스 교부 전통에서 늘 중요하게 다루어 왔던 관념—구원은 개인뿐만 아니라 우주 전체와 관련된다는 관념—을 제시한다.

생각해 볼 물음들

❶ 십자가를 자라는 나무로 보는 이 유비는 어떤 식으로 전개되는가?

❷ 본문에 따르면, 십자가는 어떻게 우주적 차원들을 포괄하게 되는가?

5.7 ▼

아퀼레이아의 루피누스

: '낚싯바늘' 속죄 이론

400년경 나온 이 글에서 아퀼레이아의 루피누스Rufinus of Aquileia, 약 340-410는 '낚싯바늘' 또는 '쥐덫'으로 설명된 고전적 속죄 이론을 제시한다. 이 이론에서는 그리스도의 십자가 죽음이 사탄을 잡기 위해 놓은 덫이라고 주장한다. 이에 따르면 사탄이 인간들을 아주 확고하게 사로잡아 버렸기에, 하나님은 적법한 수단으로는 그들을 해방하실 수 없었으며, 그래서 신적 기만술에 의존하실 수밖에 없었다. 그리스도의 인성은 미끼였고, 그의 신성은 낚싯바늘이었다. 사탄은 그리스도의 신성을 알아채지 못하고, 그의 인성에 홀려 덫에 걸려들고 말았다. 이 이론은 심각한 도덕성 문제로 인해 많은 중세 저술가들에게 커다란 비판의 대상이 되었다5.1, 5.9, 5.10 참조.

본문

[성육신의 목적은] 하나님의 아들의 신성을 인간의 몸이라는 형태 아래 감춘 낚싯바늘처럼 되게 한 후에……이 세상의 권세 잡은 자를 싸움으로 꾀어 내는 데 있었다. 그래서 하나님의 아들의 몸을 그 권세 잡은 자에게 미끼로 던지고, 그 몸 아래에 숨어 있는 신성이 그를 잽싸게 낚아채 잡으려는 것이었다.……그렇게 해서 미끼 꿴 바늘을 문 물고기가 미끼를 뱉어 내지

못해 물 밖으로 끌려 나와 사람의 음식이 되는 것처럼, 죽음의 권세를 쥔 그는 신성의 바늘이 숨겨져 있는 것을 알아채지 못한 채 예수의 죽은 몸을 덥석 물었다. 그리고 미끼를 무는 순간 잡혔다. 지옥의 문들이 부서지고, 잘 아는 바와 같이 그는 지옥 구덩이에서 끌어올려져 다른 이들의 음식이 되었다.

논평

이 글은 초기 시대에 속죄에 대해 설명했던 "낚싯바늘" 이론 가운데 하나로 여겨진다. 루피누스는, 그리스도의 인성은 미끼이요 그리스도의 신성은 낚싯바늘이며, 이 둘을 합하여 사탄을 포획한다는 개념을 분명하게 제시한다.

생각해 볼 물음들

❶ 이 본문에서 루피누스가 펼치는 논지를 여러분의 말로 설명해 보라.

❷ 루피누스의 논의에 따르면, 왜 사탄을 이런 식으로 포획해야 했는가?

5.8 ▼

고대의 예전

: 지옥으로 내려가신 그리스도

이 강론(또는 설교)은 4세기 말경 기록된 것으로 보인다. 이 글의 저자가 누구인지는 알 수 없는데, 어떤 전승에 따르면 콘스탄티아의 에피파니우스약 315-403가 저자라고 한다. 이 강론에서는 십자가의 우주적 차원들을 묘사하고, 특히 지옥에 죄인으로 갇혀 있는 사람들에게 그리스도가 끼친 영향을 다룬다. 죽어서 갇혀 있는 사람들이 해방되는 광경이 생생하고 현실감 있는 용어들로 묘사된다5.2, 5.7, 5.9, 5.10 참조.

본문

오늘, 엄청난 침묵이 온 땅을 덮고 있습니다. 참으로 무거운 침묵과 정적입니다. 왕께서 잠드셨기에 임한 깊은 침묵입니다. 땅이 흔들렸고, 이제 하나님께서 육신 가운데 깊이 잠드셨기에 정적이 깃듭니다. 그분은 세상이 시작한 이래로 깊이 잠들어 있던 모든 사람을 깨워 일으키셨습니다. 하나님께서 육신을 입고 오셨는데, 지옥이 그분을 삼켰습니다. 하나님께서는 잠시 동안 주무실 것이요, 그후에는 지옥에 있는 모든 사람을 일으키실 것입니다……그분은 우리의 첫 선조인 아담을 마치 잃은 양인 것처럼 찾아 나섰습니다. 죽음의 그늘과 어둠에 사는 사람들을 방문하기를 간절히 원하신 그분—그들의 하나님이면서 하와의 아들입니다—은 사로잡혀 있는 아담과 그와 함께 묶인 하와를 풀어 주고자 찾아 가셨습니다……"나는 네 하나님이다. 너를 위해 내가 네 아들이 되었다……잠자는 자여, 내가 명하노니 일어나라. 나는 너를 지옥에 갇힌 자로 짓지 않았다. 내가 죽은 자들의 생명이니, 죽은 자들 가운데서 일어나라! 일어나라, 나의 씨여! 일어나라, 내 형상*eikon*대로 지음 받은 나의 형체*morphe*여!"

논평

이 본문은 성(聖)토요일—그리스도의 십자가 처형(성금요일)과 부활(부활절)을 가르는 중간의 날—에 행하는 강론으로 준비된 설교문이다. 이 기간은 그리스도께서 지옥에 갇혀 있는 사람들을 구원하기 위해 그곳으로 내려가셨던 날이라고 널리 받아들여진다.

생각해 볼 물음들

❶ 이 본문에서는 "잠자는"이라는 이미지가 여러 군데 나온다. 이 이미지가 사용된 곳을 모두 확인해 보라. 이러한 이미지로 제시되는 논점은 무엇인가?

❷ 이 글에서 아담과 하와는 인간을 대표한다. 설교자는 이렇게 제시된 아담과 하와를 통해 우리가 어떤 결론에 이르기를 원하는가?

5.9

키루스의 테오도레투스

: 그리스도의 죽음

키루스의 테오도레투스약 393-457는 423년 시리아의 도시 키루스의 주교가 되었고, 성육신 이론의 열렬한 옹호자가 되어 명성을 쌓았다. 그의 성육신 해석은 안티오키아 학파의 이론을 기초로 삼은 것이었다. 그는 에페소 공의회의 여파로 디오스코루스와 충돌했으며, 449년에 에페소에서 열린 이른바 '강도 공의회'Robber Council 때 밀려나 멀리 쫓겨났다. 테오도레투스의 저술은 극히 소수만 남아 있는데, 그중 하나는 섭리에 관한 열 개의 연설로 구성된 논문이다. 아래에 인용된 글은 마지막 열 번째 연설에서 인용한 것이다5.7, 5.10 참조.

본문

그러므로 주님은 모든 인간에게 임한 저주를 친히 짊어지고 흠 없이 죽음을 당하심으로써 그 저주를 제거하셨습니다. 주님은 저주 아래 있지 않았으나……죄인들에게 돌아갈 죽음을 감당하셨습니다. 그는 우리 인간 본성의 사악한 원수와 다퉈 담판을 지으시고, 승리자가 되셔서 우리 본성의 옹호자가 되십니다. 그는 우리를 지배하는 거친 폭군에게 정당하게 말씀하십니다. "너 사악한 자여, 너는 네가 친 그물에 걸려들었도다.……너는 왜 내 몸을 십자가에 못 박고, 나를 죽음에게 넘겨 주었느냐? 내게서 어떤 죄를 발견했느냐? 법을 어긴 뭔가를 찾아냈느냐?……만일 내게서 아주 작은 잘못이라도 찾아낸다면, 나를 지배할 전권이 네게 있으리라. 죄인에게 합당한 벌은 죽음이기 때문이다. 하지만 내게서 하나님께서 금하신 일을 전혀 찾지 못하고, 나의 일이 전부 하나님께서 원하시는 일이라면, 네가 나를 그릇되게 휘어잡는 일을 결코 용납하지 않겠노라. 더 나아가 나는 다른 사람들을 가둔 죽음의 감옥도 열어 젖힐 것이요, 그곳에 너만 하나님의 법을 어긴 죄로 가둘 것이다.……그리고 네가 한 사람을 불법적으로 가두었으므로, 의로운 일로 네게 속박당하는 모든 사람을 빼앗기리라. 네가 삼켜서는 안 될 것들을 삼켰으므로, 네가 먹은 모든 것을 토해 내야 하리라.……내가 네게 빚을 갚았으니, 이제는 빚 때문에 갇혔던 사람들을 풀어 주어 예전처럼 자유를 누리게 하고, 고향으로 돌아가게 하는 것이 마땅하다." 이런 말씀과 함께 주님은 몸으로 부활하셨고, 인간 본성 안에 부활의 희망을 심어 놓으셨으며, 사람들에게 자신의 부활한 몸을 보증으로 내어주셨습니다. 아무도 이 이야기가 헛된 것이라고 생각하지 못하게 하십시오. 우리는 거룩한 복음서들과 사도들의 가르침에서 이것이 진정 사실이라는 점을 배웠습니다. 우리는 주님께서 이렇게 말씀하시는 것을 들었습니다. "이 세상의 통치자가 가까이 오고 있기 때문이다. 그는 나를 어떻게 할 아무런 권한이 없다"(요 14:30). 다른 곳에서는 이렇게 말씀하셨습니다. "지금은 이 세상이 심판을 받을 때이다. 이제는 이 세상의 통치자가 쫓겨날 것이다"(요 12:31).

논평

이 흥미로운 본문은 그리스도의 십자가를 통한 구속의 본질에 관해 깊이 성찰한다. 특히 이 본문이 속죄의 도덕적 측면과 법적 측면을 다루면서, 그리스도의 죽음이 어떻게 사탄의 지배에서 인간을 해방하는 근거가 될 수 있는지 설명하는 내용에 주목할 필요가 있다.

생각해 볼 물음들

❶ 이 본문의 전체 논증을 여러분의 말로 설명해 보라. 여러분이 보기에 저자의 주된

관심사는 무엇인가?

❷ 테오도레투스는 그리스도께서 다음과 같이 말씀하신 것으로 설명한다. "내가 네게 빚을 갚았으니, 이제는 빚 때문에 갇혔던 사람들을 풀어 주어 예전처럼 자유를 누리게 하고, 고향으로 돌아가게 하는 것이 마땅하다." 이 구절에서 테오도레투스가 말하려는 바는 무엇인가? 이 진술은 어떻게 몸값이라는 개념과 포로 상태에서 귀환이라는 개념을 하나로 통합하는가?

5.10 ▼

히포의 아우구스티누스
: 그리스도 안의 구속

아우구스티누스354-430는 그리스도의 죽음이 지닌 의의를 둘러싼 논쟁에 휘말린 적이 없었지만, 설교를 통해서는 자주 이 주제를 다루었다. 아래 글은 그의 후기 설교 중에서 인용한 것인데, 여기서 그는 그리스도의 죽음이 어떻게 인간의 구원을 성취하는지 설명한다5.6, 5.7, 5.9 참조.

본문

그리스도께서 죽음을 당하지 않으셨다면 죽음은 멸망하지 않았을 것입니다. 그리스도께서 쟁취하신 승리로 인해 악마는 정복당했습니다. 악마는 첫 사람을 유혹하여 죽음에 빠뜨렸을 때 기뻐 날뛰었습니다. 악마는 첫 사람을 유혹해 죽게 만들었으며, 마지막 사람을 죽여서는 자기 올무에 가두었던 첫 사람을 빼앗겨 버렸습니다. 우리 주 예수 그리스도께서 승리를 거두시어 죽음에서 다시 살아나시고 하늘로 오르셨습니다. 바로 이때, 오늘 여러분에게 읽어 드린 "유다 지파에서 난 사자……가 승리했으니"(계 5:5)라는 요한계시록의 말씀이 성취되었습니다. 어린 양으로 살해당하신 분이 이제 사자로 불립니다. 그 용기로는 사자이고 무죄함으로는 어린 양이며,

정복당하지 않으셨기에 사자이고, 온유함으로는 어린 양입니다. 살해당한 어린 양이 자신의 희생하는 죽음으로 "삼킬 자를 찾아 두루" 다니는 사자를 정복했습니다(벧전 5:8). 다른 한편으로 여기서는 악마도 사자라고 불리는데, 그 이유는 용기 때문이 아니라 그의 흉폭함 때문입니다.……악마는 그리스도가 죽었을 때 기뻐 날뛰었습니다. 그런데 그리스도의 그 죽음으로 인해 악마가 제압당했습니다. 말하자면, 악마는 쥐덫에 놓인 미끼를 물었던 것입니다. 악마는 그리스도의 죽음에 환호하며, 자기가 죽음의 지배자나 되는 양 착각했습니다. 하지만 그에게 기쁨을 준 것은 미끼였습니다. 주님의 십자가는 악마를 잡는 덫이었고, 악마를 꾄 미끼는 주님의 죽음이었습니다*muscipula diaboli, crux Domini; esca qua caperetur, mors Domini*.

논평

이 본문에서는 아퀼레이아의 루피누스의 글5.7에 나오는 '쥐덫' 속죄 이론을 발전시키고 있다. (라틴어 *muscipula*는 문자적으로 '파리잡이 풀'을 뜻하고, 아우구스티누스가 사용한 라틴어 번역 시편에 자주 등장한다. 이 히브리어를 좀 더 옳게 번역하면 '덫'이나 '올가미'로 옮길 수 있다) 아우구스티누스가 사용하는 이미지, 특히 그가 다룬 "유다의 사자"라는 주제가 흥미롭다. 이 글은 중세 시대에 사용된 찬송과 설교의 표준적인 특징을 보여준다.

생각해 볼 물음들

❶ 아우구스티누스는 사자라는 이미지를 사용해서 어떤 논점을 제시하는가?

❷ "주님의 십자가는 악마를 잡는 덫이었고……." 본문에서 이 구절의 위치를 확인하라. 이 구절에서 아우구스티누스가 의미하는 것은 무엇인가?

고백자 막시무스

: 구원의 경륜

고백자 막시무스Maximus the Confessor, 약 580-662, 콘스탄티노플의 막시무스라고도 부른다는 그리스 기독교 쪽에서 주요 저술가 중 한 사람으로 인정받는다. 그의 이론들은 현대 그리스와 러시아 정교회 신학에서 여전히 중요한 역할을 맡고 있다. 그는 흔히 최후의 기독교 신플라톤주의자로 여겨지며, 특히 성육신에 관한 저술들로 가치를 인정받는다. 막시무스의 저술들은 대체로 이해하기가 매우 어렵고, 그런 까닭에 연구에 합당한 짧은 구절을 찾기가 곤란하다. 그러나 그의 동료인 카이사레아의 탈라시우스가 제기한 많은 문제에 대해 그가 답으로 제시한 글들은 비교적 쉽다. 그 대답들 중에서 인용한 아래 본문은 역사 속에서 성육신의 위치 문제를 다룬다5.2, 5.6, 5.12, 5.29 참조.

본문

당신의 뜻을 이루시려는 독자적인 결정에 따라 보이거나 보이지 않는 모든 피조물을 지으셨으며, 모든 시대와 만물로 이루어진 모든 세계를 초월하시는 그분은 그 모든 것을 향해 지극히 선하신 뜻을 품으셨다. 그 뜻이란 그분이 자신은 전혀 변하지 않은 채, 존재의 참된 연합을 통해 인간 본성과 하나가 되시는 것이요, 그렇게 해서 그분이 익히 아시는 그 인간이 되시고 또 인간을 자신과 연합하게 하여 신이 되게 하시려는 것이었다. 그래서 그분은 지혜롭게 시대를 구분하여, 한 시대는 그분이 인간이 되시는 사역에 할당하고 다른 시대는 인간을 신이 되게 하는 사역에 할당하셨다.

그분이 인간이 되시는 사역에 할당된 시대 가운데 마지막 시기가 우리에게 임했고, 이 시기에 하나님의 계획은 성육신의 실현으로 성취되었는데, 거룩한 사도 바울이 연구한 것이 바로 이것이었다. 사도 바울은 하나님의 성육신과 말씀 속에서 이처럼 하나님께서 인간이 되시려는 신성한 목적이 성취된 것을 보았다. 그래서 사도 바울은 말세가 우리에게 이르렀다고 말한다(고전 10:11). 이 말이 의미하는 것은 전체 시대가 우리와 함께 끝났다는 것이 아니라, 전체 시대 가운데서 하나님께서 인간이 되시는 사역에 할당된 시기가 하나님의 계획대로 합당한 끝을 맺었다는 것이다.

이렇게 하나님께서 인간이 되시는 사역에 할당된 시대가 우리 안에서 완성되었고, 하나님께서 온전히 일하셔서 당신의 완전한 성육신을 이루셨으므로, 우리는 다가오는 시대가 신비롭고 이루 형언할 수 없는 인간의 신화(神化) 사역에 할당되었다는 사실을 받아들여야 한다. 그때가 되면, 하나님께서는 우리에게 자비로 베풀어 주신 은혜가 얼마나 풍성한 것인지 드러내 보이시고(엡 2:7) 우리를 그러한 신화(神化)에 합당하도록 만드시기 위해 온전히 일하실 것이다. 만일 그분께서 성육신의 신성한 사역을 완수하셨으며, 죄를 제외하고는 모든 면에서 우리와 똑같아지셨고, 죄의 노예가 된 인간이 쫓겨난 장소인 이 땅의 가장 낮은 자리까지 내려오셨다면, 인간의 신화를 이루는 그 놀라운 사역도 그분과 우리 사이의 본질적인 일치라는 한 가지만 제외하고는 남김없이 완수될 것이 확실하기 때문이다.

논평

이 본문은 성육신을 통해 인간을 구원하려고 준비하시는 하나님을 기본 주제로 다룬다. 막시무스는 그리스도의 성육신을 역사의 궁극적 목적으로 이해해야 한다고 주장한다. 성육신은 아담의 타락으로 파괴된, 하나님과 인간 사이의 근원적 균형을 회복하기 때문이다. 막시무스는 만일 그리스도께서 완전한 하나님과 완전한 인간이 아니라면, 구원이 불가능하다고 주장한다. 이 본문에서는, 때가 무르익어 성육신이 이루어지고 그 후에 성육신의 결과로 인간의 신화(神化)가 이루어지는 시대가 이어진다고 보는 구원의 경륜 이해를 제시한다.

생각해 볼 물음들

❶ 막시무스의 논증을 여러분의 말로 요약해 보라. 그가 주장하려는 핵심 논점은 무엇인가? 막시무스는 성육신과 구속의 관계를 어떻게 이해하는가?

❷ 신약에 나오는 "기한이 찼을 때에, 하나님께서는 자기 아들을 보내셔서, 여자에게서 나게 하시고"(갈 4:4)라는 구절을 생각해 보라. 막시무스는 바울의 이 생각을 어떻게 발전시키는가?

5.12 ▼

신 신학자 시메온

: 신화神化로서의 구원

신(新)신학자 시메온Simeon the New Theologian, 949-1022은 초기 비잔틴 시대의 중요한 신학자 가운데 한 사람으로, 그리스도를 통한 인간의 신화(神化)를 강조한 것으로 유명하다. 약 1000년경에 지은 아래 시에서 시메온은 신자와 그리스도가 하나가 된다는 의미를 깊이 탐구한다4.19, 5.5, 5.6, 5.29 참조.

본문

그러나 당신의 본질은 당신의 실체이고, 당신의 실체는 당신의 본질입니다.
그래서 당신의 몸과 연합함으로 나는 당신의 본질에 참여하며,
당신의 신성과 연합함으로 당신에게 속한 것들을 진정 내 것으로 누립니다.
나 그렇게 상속자 되었기에, 몸을 지니고도 몸 없는 것들보다 뛰어납니다.
당신께서 말씀하시기를 "나는 천사들을 위해서가 아니라
우리 곧 네가 신들이라 부른 우리를 위해
하나님의 아들이 되었노라"라고 하셨습니다.
나도 아뢰오니 "당신들은 신들이요, 모두 지극히 높으신 분의 아들들이십

니다."

당신의 온유하심과 섭리*oikonomia*로 인해 당신께 영광을 돌립니다.

그로써 당신은 인간이 되셨으며, 본질상 하나님이신 당신께서는

아무런 변화나 혼동도 없이 동일한 분으로 계십니다.

그로써 당신은 나로 신이 되게 하셨습니다.

내 본질로는 죽을 수밖에 없으나, 은총으로 신이 되게 하셨습니다.

이는 당신의 영의 능력이 상반된 것들을 하나로 묶어 신이 되게 한 것입니다.

논평

시메온은 현대 정교회 신학자들에게 각별히 사랑받는 그리스 교부 저술가 중 한 사람이다. 이 본문에서 그는 구원의 본질을 탐구하며, 구원을 '신화'(神化)로 보는 동방 기독교 특유의 견해를 다룬다.

생각해 볼 물음들

❶ "당신은 나로 신이 되게 하셨습니다. 내 본질로는 죽을 수밖에 없으나, 은총으로 신이 되게 하셨습니다." 본문에서 이 구절의 위치를 확인하라. 이 구절에서 시메온이 말하려는 바는 무엇인가?

❷ 하나님과의 연합이라는 개념이 시메온에게 매우 중요한 이유는 무엇인가?

캔터베리의 안셀무스

: 속죄

5.13 ▼

1098년 라틴어로 저술된 이 고전 문헌에서 캔터베리의 안셀무스약 1033-1109는 하나님께서 인간이 되신 이유에 대한 자신의 생각을 펼쳐 보인다.

아래의 본문은 그 저술의 여러 곳에서 발췌한 글을 합친 것으로, 그 저술의 핵심 주제를 요약해 보여준다. 이 글에서 강조하는 가장 중요한 논점은 죄를 지은 인간은 하나님께 무한한 배상을 드려야할 의무가 있는데, 이 배상은 오직 하나님만이 온전히 감당하실 수 있다는 것이다. 그런데 '신-인'God-man이라면 이 배상을 치를 능력(하나님으로서)과 의무(인간으로서)를 모두 지니게 되고, 따라서 죄의 용서를 성취할 수 있게 된다5.10, 5.16, 5.17, 5.19, 5.28, 5.30 참조.

본문

여기서 문제는 하나님께서 어떻게 인간의 죄를 용서하실 수 있느냐는 것입니다. 우리 생각을 명료하게 다듬기 위해 먼저 죄가 무엇인지 살펴보고, 그 다음에 죄를 배상한다는 것이 무엇인지 살펴보도록 합시다.……죄를 짓는다는 것은 하나님께 마땅히 돌려드려야 할 것을 드리지 않는 것입니다. 하나님께 마땅히 드려야 할 것이 무엇입니까? 정의, 곧 올곧은 의지입니다. 이러한 영예를 하나님께 돌리지 않는 사람은 하나님께 속한 것을 훔치는 것이요, 그 결과 하나님의 영예를 더럽히는 것입니다. 그러면 배상이란 무엇입니까? 훔친 것을 되돌리는 것만으로는 충분하지 않고, 가해진 모욕을 헤아려 훔친 것보다 더 많은 것을 되돌려드려야 합니다. 배상 없이 하나님께서 자비로만 죄를 용서하시는 일이 합당한지 살펴봅시다. 이런 방식으로 죄를 용서하는 것은 죄에 대해 벌을 내리지 않는 것과 마찬가지입니다. 죄에 대해 전혀 배상이 이루어지지 않을 경우에 그 죄를 해결하는 방식은 오로지 죄를 벌하는 것뿐이며, 그러므로 죄를 벌하지 않는 것은 죄를 해결하지 않은 채 그대로 두는 것입니다. 하지만 하나님께서는 당신의 나라 안에 그 어떤 것도 바르게 해결하지 않은 채 버려두실 수 없습니다. 게다가 죄를 벌하지 않고 그대로 두는 것은 죄인과 죄 없는 사람을 동일하게 대우하는 것과 같고, 이 일은 하나님의 본성에 어긋납니다. 이러한 모순된 처사는 불의한 일입니다. 따라서 실추된 영예를 보상하거나, 아니면 벌을 가하는 일이 꼭 필요합니다. 그렇지 않으면, 다음과 같은 두 가지 결과 중 하나에 이르게 됩니다. 하나님 자신이 자기 본성과 어긋나 있거나 아니면 하나님께서 무능력해서 마땅히 해야 할 일을 하지 못하는 처지에 놓이게 되는데, 이런 식으로 생각하는 것은 신성모독입니다. 죄에 비례하여 반드시 배상이 이루어져야 합니다.

그런데 당신은 아직 죄의 심각성을 제대로 깨닫지 못하고 있습니다. 당신이 하나님의 임재 안에 서있다고 가정하고 생각해 봅시다. 어떤 사람이 당신에게 "저쪽을 바라보라"라고 말합니다. 그런데 하나님께서는 "나는 네가 그쪽을 보는 것을 원치 않는다"라고 말씀하십니다. 이제 마음속으로 헤아려, 이 우주 안에 과연 하나님의 뜻에 맞서면서까지 당신이 바라볼 만한 것이 있겠는지 자문해 보시기 바랍니다. 당신은 하나님의 뜻에 어긋나게 행동해서는 안 됩니다. 그 일이 비록 창조 세계 전체를 멸망에서 지켜내는 일이더라도 결코 해서는 안 됩니다. 그런데도 그렇게 행동한다면, 무엇으로 그 죗값을 치를 수 있을까요? 창조 세계 전체보다 더 큰 것으로 값을 치르지 않고서는 그 죄에 대해 배상할 수 없습니다. 창조된 모든 것, 곧 하나님 이외의 모든 것을 다 합해도 그 죄를 상쇄할 수 없습니다.

하나님께서는 인간 본성과 관련해서 정하신 목적을 반드시 이루십니다. 그런데 이 일은 죄에 대해 완전한 배상이 이루어지지 않고서는 성취될 수 없고, 죄인으로서는 결코 이렇게 배상할 수도 없습니다. 인간의 죄에 대해 하나님께 값을 치를 수 있는 누군가가 없다면, 배상이 이루어질 수 없습니다. 이 값은 하나님을 제외한 모든 것보다 더 큰 것이어야 합니다.……그런데 하나님이 아닌 모든 것보다 더 큰 것은 하나님 외에 아무것도 없습니다. 따라서 하나님 외에는 이런 배상을 치를 수 있는 이가 없습니다. 게다가 그 배상을 치러야 할 이는 인간 자신 외에 그 누구도 아닙니다. 그런데 하늘나라는 인간이 들어감으로써 완성되도록 정해져 있는데, 먼저 죄에 대한 배상이 이루어지지 않으면 인간이 들어갈 수 없고 또 이 배상은 하나님만이 치를 수 있는 데다 오로지 인간이 책임져야 할 일이라면, 필연적으로 하나님이면서 동시에 인간인 누군가가 그 배상을 치러야 한다는 결론에 이르게 됩니다.

이 사람이 하나님께 드려야 할 것은 만물보다는 더 크고 하나님보다는 작은 것이어야 하며, 또 의무감이 아니라 자원하는 마음으로 드려야 하는 것입니다. 단순한 순종은 성격상 이런 봉헌물이 될 수 없는데, 이성을 지닌 피조물이라면 누구나 하나님께 순종할 의무가 있기 때문입니다. 하지만 그리스도께서는 죄를 짓지 않은 까닭에, 죽음을 당해야 할 의무가 전혀 없습니다. 그래서 죽음은 그리스도께서 빚이 아니라 그분의 자유로운 의지로 드릴 수 있는 희생제물입니다.

그런데 하나님께 그토록 큰 선물을 자유로이 드릴 수 있는 사람에게는 어떤 식으로든 보상이 따르는 것이 마땅합니다.……하지만 아무것도 필요하지 않은 사람, 곧 선물도 필요 없고 용서도 필요 없는 사람에게 무엇으로 보상할 수 있을까요?……만일 아들이 아버지에게서 받을 보상을 인간에게 양도하기로 마음을 정한다면, 아버지께서 아들에게 그렇게 하지 못하도록 막거나 아들이 원하는 것을 인간에게 내어주지 않으실 수 있을까요? 영원한 고통의 벌을 받고 스스로 구원할 수도 없는 죄인들을 향해 아버지 하나님께서는 "나의 외아들을 받아 너희 대신에 그를 바쳐라"라고 말씀하시고, 아들께서는 "나를 받아 너희 자신을 구원하라"라고 말씀하시는 것보다 더 큰 자비가 있을까요? 하나님께서 정해진 액수를 훨씬 넘어서는 변상—올바른 의도로 치러졌을 경우—을 받으시고 모든 빚을 면제해 주시는 일보다 더 정의로운 일이 있을까요?

논평

이 본문은 그리스도의 죽음의 의미를 다루는 안셀무스 이론의 기본 특성들, 그중에서 특히 '배상' 개념을 보여준다. 이 논증의 개요를 살펴보는 것이 도움이 되는데, 개요를 통해 본문의 여러 면모들이 분명하게 드러날 것이다. 그의 논증은 복잡하지만, 다음과 같이 요약할 수 있다.

❶ 하나님은 인간을 '원의'(原義)original righteousness의 상태로 창조하셨으며, 또 인간을 영원한 복의 상태로 인도하실 목적을 품으셨다.

❷ 영원한 복에 이르는 일은 인간이 하나님께 순종하느냐에 따라 좌우된다. 하지만 죄로 말미암아 인간은 꼭 필요한 순종을 할 수 없게 되었으며, 그 결과 하나님께서 인간을 창조하시며 정하신 목적이 좌절되었다.

❸ 하나님의 목적이 좌절되는 일은 있을 수 없고, 따라서 이 상황을 해결할 수 있는 수단이 필요하다. 하지만 이 상황은 죄에 대한 배상이 이루어져야만 회복될 수 있다. 달리 말해, 인간의 죄 때문에 빚어진 위법 행위를 해결하는 조치가 이루어져야 한다.

❹ 이 일에 필요한 배상을 인간이 치를 수 있는 방법은 없다. 인간에게는 필요한 자원이 없다. 반면에 하나님께서는 요구되는 배상을 치를 수 있는 자원을 가지고 계신다.

❺ '신-인'God-man이라면 요구되는 배상을 치를 능력(하나님으로서)과 치러야 할 의무(인간으로서)를 모두 가지게 된다. 따라서 요구되는 배상을 치르고 인간의 구속을 성취하기 위해 성육신이 이루어진다.

생각해 볼 물음들

❶ 안셀무스는 왜 죄를 그토록 심각하게 여겼는가? 여러분이 보기에 안셀무스는 초기 저술가들, 특히 '낚싯바늘'이나 '쥐덫' 이론5.7 참조으로 속죄를 설명한 저술가들의 공헌에 대해 어떻게 평가하겠는가?

❷ "훔친 것을 되돌리는 것만으로는 충분하지 않고, 가해진 모욕을 헤아려 훔친 것보다 더 많은 것을 되돌려 드려야 합니다." 이 구절에서 안셀무스가 말하려는 바는 무엇인가? 그는 이 사상을 어떻게 전개하는가?

❸ "따라서 하나님 외에는 이런 배상을 치를 수 있는 이가 없습니다. 게다가 그 배상을 치러야 할 이는 인간 자신 외에 누구도 아닙니다." 본문에서 이 구절의 위치를

확인하라. 안셀무스는 어떻게 이 논점에 이르게 되었는가? 그는 이 논점을 어떻게 발전시키는가?

5.14 ▼

페트루스 아벨라르두스

: 구속에 나타난 그리스도의 사랑

프랑스 신학자 페트루스 아벨라르두스Peter Abelard, 1079-1142, 'Abailard'로도 표기한다는 초기의 안셀무스 비판자들 가운데 한 사람이었다. 아벨라르두스는 12세기 초반에 저술한『로마서 주석』에서 그리스도의 죽음이 지닌 중요한 의미 가운데 하나는, 인간을 향한 하나님의 사랑을 입증해 보인 것이라고 주장했다. 우리는 그리스도에게 사랑으로 응답함으로써 그와 함께하고, 그가 당한 고난에서 유익을 얻는다5.3, 5.10, 5.13, 5.16, 5.17, 5.27 참조.

본문

사랑은 그리스도에 대한 우리의 믿음에 비례해 증가한다. 우리는 하나님께서 그리스도 안에서 우리의 인간 본성을 당신과 하나 되게 하셨으며, 또 그와 동일한 본성으로 고난을 당하심으로 그리스도가 "이보다 더 큰 사랑은 없나니"(요 15:13)라고 말씀한 바로 그 지극한 사랑을 우리에게 나타내 보이셨다는 사실을 믿기 때문이다. 그러므로 우리는 하나님의 은총을 힘입어 끊기지 않는 사랑의 끈으로 그분과 연합하며, 또 우리 이웃과 연합하게 된다.……모든 사람이 죄를 지은 것처럼, 또한 모든 사람이 하나님께서 우리에게 나타내신 이 지극한 은총을 힘입어 구별 없이*indifferenter* 의롭게 된다. 이에 대해 [바울은] 모든 사람이 죄를 지었기에, 모두가 다 하나님의 은총을 필요로 한다(롬 3:23)라고, 다시 말해 모든 사람이 하나님을 영화롭게 할 의무가 있다고 말한다.……우리는 그리스도의 피로 우리가 의롭게 되고 하나님과 화목하게 되었음을 안다. 다시 말해 우리 안에 나타난 이 각별한 은총의 행위(하나님의 아들은 우리의 본성을 취하시고 죽음에 이르는 순간까지 이 본성을 유지하면서 당신의 말씀과 모범으로 우리를 가르치셨다)를 통해 그리스도는 사랑의 끈으로 당신과 우리를 온전히 묶으셨다. 그 결과 우리 마음은 그런 하나님의 은총의 선물에 의해 뜨겁게 타오르고, 그분을 위해 고난당하는 일을 결코 두려워하지 않게 된다.……그러므로 그리스도의 고난을 통해 성취된 우리의 구속은 우리 안에 깊은 사랑으로 나타나며, 이 사랑이 우리를 죄의 노예 상태에서 해방할 뿐만 아니라, 하나님의 자녀의 참된 자유를 누릴 수 있게 해준다. 이는 우리가 무슨 일을 하든지 두려움 때문이 아니라 사랑의 동기에서, 곧 무한한 은총을 우리에게 나타내신 분을 사랑하는 마음으로 행하도록 하기 위해서다.

논평

이 본문은 아벨라르두스가 순전히 모범주의 속죄 이론을 주장하면서 그리스도의 죽음의 의미를 하나님의 사랑을 입증하는 데만 두었다는 점을 증명하는 근거로 흔히 인용되어 왔다. 그런데 사실은 이보다 훨씬 더 복잡하다. 아벨라르두스가 속죄의 주관적인 면들, 곧 그리스도가 하나님의 사랑을 인간에게 보이는 모범이 되기 위해 죽으셨다는 점을 크게 강조하는 것은 사실이지만, 그는 십자가의 희생 제의적 이해를 온전히 포괄하는 맥락에서 그렇게 강조한다. 이 본문은 아벨라르두스가 하나님의 사랑이 개인에게 미치는 내적 영향을 중요하게 여겼다는 사실을 보여준다는 점에서 특히 중요하다. 그렇다고 해서, 그가 다른 사상들을 부정했다는 의미로 받아들여서는 안 된다.

생각해 볼 물음들

❶ 본문에서 아벨라르두스가 '사랑'에 부여하는 역할이 무엇인지 살펴보라. 특히 하

나님의 사랑이 우리 인간의 응답을 끌어 내는 방식에 대해 아벨라르두스가 어떻게 설명하는지 살펴보라.

❷ 아벨라르두스의 이론은 안셀무스의 이론에서 발견되는 결함을 어떤 방식으로 보완하려고 노력하는가?

5.15 ▼

생 빅토르의 위그

: 그리스도의 죽음

12세기 초에 라틴어로 저술된 이 중요한 문헌은 안셀무스와 관련된 속죄 신학의 발전된 모습을 보여준다. 12세기에 파리 대학교에서 활동한 주요 신학자들 중 한 사람인 생 빅토르의 위그Hugh of St. Victor, 1096-1141는, 이 글에서 안셀무스의 사상을 다른 주제들, 예를 들어 희생제물의 특성을 강조하는 주제들과 혼합한다. 특히 하나님은 다른 방식으로 인간을 구속하실 수도 있었다고 분명히 주장하는 점에 주목하라5.9, 5.10, 5.13, 5.14, 5.16, 5.17, 5.28, 5.30 참조.

본문

하나님께서는 당신이 지으신 인간을 해방하셔서, 인간의 창조자뿐만 아니라 구속자도 되기 위해 인간이 되셨다.……그분은 우리 본성을 위해 바치는 제물을 우리의 본성에서 취하셨으므로, 드려진 온전한 번제물이 우리가 가진 것에서 나온 것일 수 있었다. 그분이 이렇게 행하신 것은 우리에게 속한 것으로 배상하셔서, 그 배상이 우리와 연결되도록 하기 위해서였다. 자신의 몸을 통해 우리와 교제를 이루신 구속자와 우리가 믿음으로 하나가 될 때, 우리는 진정 이 배상에 포함된 자가 된다. 그런데 인간 본성은 죄로 인해 타락했으며, 자기가 저지른 일에 대해 유죄 판결을 피할 수 없게 되었다. 하지만 하나님께서 은총을 베푸셔서, 인류 가운데 일부는 자비를 통해 구원에 이르도록 선택하셨으며, 다른 사람들은 공의를 따져 정죄당한 상태로 내버려 두셨다. 은총을 힘입어 자비로이 구원받은 사람들이라고 해서 공의를 무시하고서 구원받은 것은 아니다. 은총은 자체의 능력으로 이 일을 의롭게 행하기 때문이다. 게다가 은총이 그들을 구원하지 않는다고 하더라도, 은총은 여전히 의롭게 행하고 있는 것이다. 그 사람들의 공로를 따져볼 때, 은총이 이렇게 행한다고 해서 불의한 일이 되는 것이 아니기 때문이다……

그러나 하나님께서는 당신이 원하시면 얼마든지 다른 방식으로도 인간의 구속을 이루실 수 있으셨다. 하지만 우리의 연약함을 생각할 때, 하나님께서 인간이 되시고 인간의 죽을 운명을 친히 짊어지셔서 인간을 불멸의 소망으로 이끌어 주시는 것이 훨씬 더 적절했다. 하나님께서 이처럼 우리에게 내려오셔서 악을 감당하셨기에, 인간은 그분이 소유한 좋은 것들을 향해 올라갈 희망을 얻게 되었으며, 하나님 안에서 영화롭게 된 인간은 우리에게 영화를 증언하는 모범이 된다.

논평

이 글에서 생 빅토르의 위그는 그리스도의 죽음과 연관된 여러 가지 중요한 주제들을 하나로 묶는다. 특히 그가 그리스도께서 성취한 구속과 인간의 곤경을 연결 지어 설명하는 방식에 주목하라. 위그는 하나님께서 성육신이라는 방식을 통해 구속하시는 것이 적절했다고 강조하면서도, 다른 방식으로 구속하는 것도 얼마든지 가능했을 것이라고 인정한다.

생각해 볼 물음들

❶ "그분은 우리 본성을 위해 바치는 제물을 우리의 본성에서 취하셨으므로, 드려진 온전한 번제물이 우리가 가진 것에서 나온 것일 수 있었다." 본문에서 이 구절의

위치를 확인하라. 이 구절에서 위그가 말하려는 바는 무엇인가? 위그는 이러한 희생에서 그리스도가 인간의 '대리자'가 되는 일을 중요하게 여기는데, 그 이유는 무엇인가?

❷ 위그는 인간을 구속하기 위해 하나님께서 성육신하신 일을 가리켜 필연적이라기보다는 적절한 일이었다고 말한다. 구속을 이루는 데 성육신이 적절했다고 말하는 것은 어떤 의미인가?

5.16 ▼

도이츠의 루페르트

: 죄에 대한 하나님의 응답인 성육신

도이츠의 루페르트Rupert of Deutz, 약 1075-1130는 베네딕트회 수도사로서 리에주 교구에서 교육을 받고 생애 대부분을 그곳에서 지냈으며, 나중에 쾰른 근처에 있는 도이츠 수도원의 원장이 되었다. 그는 당대의 탁월한 성경 주석가 중 한 사람으로 인정받았고, 사무엘서와 열왕기, 욥기, 아가, 소예언서, 마태복음, 요한복음, 요한계시록에 관한 저술을 펴냈다. 신학의 주요 쟁점들에 대한 그의 논의는 흔히 성경 본문을 주해하는 맥락에서 이루어진다. 루페르트는 그리스도가 인간의 타락과는 상관없이 성육신하셨다는 견해를 옹호한 일로 잘 알려졌다. 아래 인용한 글은 마태복음 13장에 대한 그의 주석에서 발췌한 것이다4.17, 4.18, 5.17 참조.

본문

하나님의 아들에 관해 다루는 이 논의에서 우선 살펴보아야 할 쟁점은, 하나님의 아들이 모든 사람을 죽음에 이르게 한 죄의 문제와 상관없이도 인간의 몸을 입고 오셨겠는가 하는 것이다. 만일 죄가 생겨나 인간을 죽음에 이르게 만든 일이 없었다면, 하나님의 아들이 유한한 몸을 취해 죽음을 겪게 되지 않았으리라는 점은 분명하다. 이 사실을 모르는 사람은 신앙 없는 사람들뿐이다. 진짜 문제는 다음과 같다. 우리가 믿는 하나님, 곧 만유의 주이시며 왕이신 분이 인간의 몸을 입으신 일이 그런 경우에도 과연 일어났을까? 그 일은 인간을 위해 꼭 필요한 일이었는가? 이에 대한 답은 무엇일까?……성도들과 선택된 모든 사람의 경우, 죄가 있기 전에 하나님께서 "생육하고 번성하라"라는 말씀으로 그들을 복 주시면서 정해 놓으신 숫자에 이를 때까지 그들이 채워지게 되리라는 것은 의심할 바 없는 사실이요, 그 숫자를 채우기 위해 죄가 필요했다고 생각하는 것은 불합리하기에, 선택받은 모든 사람과 천사들의 머리이시며 왕이신 하나님께서 인간이 되어야 할 마땅한 이유를 찾자면, 하나님께서 사랑 안에서 "지으신 사람들을 내 기쁨으로 삼았다"(잠 8:31)는 사실 외에 다른 이유가 있을 수 없다.

논평

루페르트는 그와 거의 동시대에 활동했던 오툉의 호노리우스처럼 당대의 신학적인 주류의 흐름에 휩쓸리지 않았다. 당시 주류를 이룬 신학 이론에 따르면 인간의 죄가 그리스도가 오시게 된 원인이었다. 이 주제를 다룬 루페르트의 간략한 논의에 따르면, 하나님의 아들의 성육신은 하나님께서 당신의 백성과 함께하시기를 원하신 결과이고, 따라서 성육신은 인간의 죄에 대한 반응이 아니라 창조 사역의 절정이라고 보아야 마땅하다.

생각해 볼 물음들

❶ 성육신에 대한 루페르트의 주장을 여러분의 말로 설명해 보라. 그의 논증에서는 죄가 어떤 역할을 담당하는가?

❷ 오툉의 호노리우스도 성육신 논리와 관련해서 비슷한 결론에 도달한다4.17. 이 문제에 대한 두 사람의 논증을 비교하라. 그들의 결론은 비슷한데, 그 결론에 도달하는 논증의 경우는 어떠한가?

5.17 ▼

토마스 아퀴나스

: 그리스도의 배상

토마스 아퀴나스약 1225-1274가 1265년 라틴어로 저술을 시작해서 세상을 떠날 때까지 미완성으로 남았던 『신학대전』*Summa theologiae* 은 중세 신학의 최고 저술로 인정된다. 여기에 인용한 중요하고 영향력이 큰 글에서 아퀴나스는 안셀름이 주장한 '배상'이라는 주제를 분석하고, 그것에 제기된 여러 가지 반론을 다룬다. 특히 그리스도의 가치가 인간의 죄에 대한 하나님의 용서를 얻는 데 충분하지 않다고 본 비판에 대해 아퀴나스가 답한 내용을 주의 깊게 살펴보라4.17, 4.18, 5.10, 5.13, 5.14, 5.15, 5.16, 5.30 참조.

본문

1. 그리스도의 고난이 배상을 치러 우리의 구원을 성취한 것이 아니라고 볼 수 있다. 고해의 여러 면모에서 분명히 드러나듯이, 죄를 지은 사람이 회개하고 고백해야 마땅하다는 점에서 배상을 치르는 일은 죄지은 사람의 책임이기 때문이다. 하지만 그리스도는 죄를 짓지 않으셨다. "그는 죄를 지으신 일이 없고"라고 베드로는 말한다(벧전 2:22). 따라서 그리스도는 자신의 고난을 통해 배상하지 않았다.
2. 게다가 배상은 결코 더 큰 범죄를 통해 이루어질 수 없다. 그런데 그리스도께서 겪으신 고난에서는 가장 큰 죄가 저질러졌다. 그분을 죽인 사람들은 죄 중에서도 가장 통탄할 죄를 범했기 때문이다. 이런 이유에서 그리스도의 고난으로 하나님께 배상할 수는 없다.
3. 이에 더해 배상은 공의를 이루는 행위인 까닭에 과실과 대등한 것으로 이루어져야 한다. 하지만 그리스도의 고난은 인류가 지은 모든 죄와 대등하다고 볼 수 없다. 그리스도는 육에 따라 고난당한 것이지, 신성에 따라 고난당하신 것이 아니기 때문이다. "그리스도께서는 육신으로 고난

을 받으셨습니다"라고 베드로는 말한다(벧전 4:1).……따라서 그리스도는 자신이 당하신 고난으로 우리 죄를 배상하지 않으셨다.……

이러한 주장들에 대해, 나는 다음과 같이 답한다. 가해자가 위법행위의 피해자에게 그 일에서 입은 상처보다 더 큰 기쁨을 얻을 수 있는 것을 제공할 때, 적절한 배상은 이루어진다. 그런데 그리스도께서는 사랑과 순종으로 고난을 겪으심으로, 인간의 위법행위 전체를 보상하고 남을 만큼 큰 것을 하나님께 드렸다. 그 까닭은 첫째로 그분이 고난을 통해 보여준 사랑의 위대함 때문이고, 둘째로 그분이 배상으로 내어놓은 생명, 곧 인간의 생명이면서 동시에 하나님의 생명인 그 생명의 가치 때문이며, 셋째로 그분이 끌어안은 슬픔의 거대함과 수난의 포괄성 때문이다.……그러므로 그리스도의 고난은 인류가 지은 죄에 대해 충분한 정도가 아니라, 차고 넘치는 배상이 되었다. "그는 우리 죄를 위한 화목제물이시니, 우리 죄만 위한 것이 아니라 온 세상을 위한 것입니다"(요일 2:2)라고 요한은 말했다.

따라서 첫째 주장에 대한 답으로, 머리와 지체들은 사실상 하나의 신비한 인격체이며, 따라서 그리스도의 배상은 그의 지체들인 모든 신자들에게 속한다.……둘째 주장에 대한 답으로, 그리스도의 고난에 담긴 사랑은 그분을 십자가에 매단 사람들의 악보다 훨씬 더 크다.……셋째 주장에 대한 답으로, 그리스도의 몸의 가치는 몸의 본질뿐만 아니라*secundum carnis naturam*, 그 몸을 취하신 인격에 따라*secundum personam assumentem* 평가되어야 한다. 그것은 하나님의 몸이고, 거기서 무한한 가치가 나오기 때문이다.

논평

속죄 체계를 규명하는 사고에 '배상' 개념을 처음으로 도입한 사람은 안셀무스다5.13. 위에 인용한 중요한 논의에서 아퀴나스는 배상 개념에 제기되었던 여러 가지 비판적 쟁점들을 다룬다. 그중에서도 특히 그리스도의 어떤 면모가 그 '배상'을 매우 값지게 만들어 주는지의 문제를 다루고 있다.

생각해 볼 물음들

❶ 아퀴나스가 씨름하는 세 가지 주장을 여러분의 말로 설명해 보라. 문제가 되는 주장들뿐만 아니라, 그에 대해 아퀴나스가 제시하는 응답들도 정확하게 이해하여 요약해 보라.

❷ "그리스도의 몸의 가치는 몸의 본질뿐만 아니라, 그 몸을 취하신 인격에 따라 평가되어야 한다." 본문에서 이 구절의 위치를 확인하라. 이 구절에서 아퀴나스가 말하려는 바는 무엇인가? 그는 이 주장을 토대로 배상 개념이 안고 있는 잠재적 난점들을 어떻게 풀어 내는가?

5.18 ▼

니콜라스 카바실라스

: 그리스도의 죽음

14세기에 나온 이 글은 비잔틴 신학을 대표하는 몇 가지 주요 내용을 담고 있고, 그리스도가 죽으신 목적에 관해 다룬다. 이 글에서 니콜라스 카바실라스Nicholas Cabasilas, 약 1320-1390는, 그리스도의 죽음이 죄인인 인간이 불행에 빠지게 되는 세 가지 원인을 해결하는 길을 열었다고 주장한다5.4, 5.9, 5.29 참조.

본문

인간이 세 가지 측면에서—본성과 죄와 죽음으로—하나님에게서 단절되었다면, 구주는 인간이 전혀 막힘없이 하나님께 이를 수 있는 길을 열어 주셨다. 구주는 계속해서 자기 앞을 가로막는 모든 것을 제거하면서 이 일을 행하셨다. 첫째는 인간 본성에 참여하고, 둘째는 십자가 위에서 죽음을 당하시고, 마지막 셋째는 죽은 자들 가운데서 부활하셔서 막힌 담을 헐고, 우리 본성에서 죽음의 권세를 완전히 추방하셨다.

논평

아주 짧은 이 인용문은 논점이 명료하게 제시되어, 설명이 거의 필요 없다. 카바실라스는 죄의 본질을 분명히 밝히고, 죄와 구속이 어떻게 밀접하게 연결되는지 설명한다.

생각해 볼 물음들

❶ 인간이 하나님에게서 단절되는 '세 가지 측면'은 무엇인가?

❷ 그리스도의 독특한 구속 행위는 이 '세 가지 측면'과 어떻게 관계되는가?

5.19 ▼

장 칼뱅

: 구속의 근거들

이 편지에서 칼뱅1509-1564은 구속론에 관한 자신의 전반적인 생각을 간략하게 요약해서 제시한다. 좀 더 자세한 내용은 그의 『기독교강요』 2권 1-17장에서 볼 수 있다. 이 간략한 '권고 서신'*consilium*을 기록한 칼뱅의 문체는 『기독교강요』에서 볼 수 있는 문체와 비교해 훨씬 더 쉽고 단순하기 때문에 이 인용문을 읽고 이해하기가 쉽다5.13, 5.14, 5.15, 5.16, 5.17, 5.22, 5.28, 5.32 참조.

본문

하나님께서는 온 인류 가운데 첫 사람을 불멸의 영혼과 죽을 수밖에 없는 몸을 지닌 자로 창조하셨습니다. 하나님께서 그 사람을 당신의 모양*similitudo*대로 지으셨기에 그는 모든 악에서 자유로웠습니다. 또 하나님께서는 그에게 복된 동산에 있는 것들 가운데 생명을 감추고 있는 나무만 제외하고는 모든 것을 누리도록 허락하셨습니다. 하나님께서는 그가 이 나무에 손대지 않기를 바라셨고, 그가 그렇게 하는 순간 죽으리라고 말씀하셨습니다. 그런데도 그 사람은 그 열매에 손을 대고야 말았습니다. 그 결과 그는 죽었고, 더 이상 하나님의 모양을 지니지 못하게 되었습니다. 이렇게 해서 최초의 죽음이 시작되었습니다. 이 일이 사실임을 "그것을 먹는 날에는, 너는 반드시 죽는다"는 말씀이 증명합니다.……그래서 인간은 자기 후손들과 함께 쫓겨났고, 그 결과 '풍요의 보고'를 잃어버린 채 비참한 처지에서 온갖 일과 악을 겪으면서 먹을거리를 찾아 애쓰고 땀 흘리고 추위를 겪으며, 굶주림과 목마름에 시달리면서, 늘 불행 가운데 살았습니다. 마침내 하나님께서는 이 불운하고도 가련한 사람을 긍휼히 여기셨습니다. 하나님께서 인간에게 내린 선고가 마땅한 일이긴 했으나, 그럼에도 하나님은 당신의 사랑하는 독생자를 그 죄에 대한 희생제물로 내어주셨습니다. 이토록 놀랍고도 예상치 못한 자비심*admirabili et inusitata misericordiae ratione*으로 하나님께서는 우리를 향한 자기 사랑을 보이셨는데, 이 자비는 하나님께서 내리신 유죄 선고를 철회하는 일보다도 훨씬 더 큰 것입니다. 이렇게 해서 하나님의 아들이신 그리스도는 성령의 역사를 통해 동정녀에게 잉태되고 태어나셨습니다. 마침내 그리스도께서 십자가에 못 박히셨고, 자신의 죽음을 통해 인간을 영원한 죽음에서 구원하셨습니다.

논평

매우 압축된 이 글에서 칼뱅은 죄가 세상에 들어온 연유와 하나님께서 이 사태에 대응하고자 선택하신 방법에 대해 설명한다. 구속받은 삶의 질이 무죄한 삶의 질을 훨씬 능가한다고 본 칼뱅의 주장을 주의 깊게 살펴보라. 특히 인간에게 부과된 벌을 그저 면제해 주는 것보다 하나님께서 죄에 대한 벌을 감당하시는 것이, 인간을 향한 하나님의 사랑을 훨씬 더 효과적으로 입증해 보인다는 주장을 눈여겨보라.

생각해 볼 물음들

❶ 칼뱅에 의하면, 죄는 어떻게 이 세상에 들어왔고 어떤 결과를 낳았는가?

❷ 이 본문에서 여러분이 파악한 구원 개념을 요약해 보라.

5.20 ▼

소치누스주의

: 배상 개념 비판

소치누스주의Socianism는 16세기 후반 유럽의 여러 지역에서 힘을 발휘한 합리주의적 형태의 개신교 운동이다. 그리스도의 죽음을 배상satisfaction이라고 보는 개념에 대해 소치누스주의가 제기한 비판은, 그 개념의 타당성과 도덕적 기초를 합리적으로 따져 보려는 관심에서 나왔다. 1605년 폴란드의 라코우 시에서 발간된 『라코우 교리문답』*Racovian Catechism*에서는 하나님이 그리스도의 죽음 없이도 온전히 인간의 죄를 용서할 수 있다고 주장하면서, 어떤 모양으로든 배상이라는 의미로 그리스도의 죽음을 설명하려는 사상을 철저히 반대했다. 아래 글은 1818년에 런던에서 처음 발간된 토마스 리스의 영역본에서 인용했다5.10, 5.13, 5.17, 5.19, 5.27 참조.

본문

바르게 말해, 그리스도께서 우리의 구원을 이루기 위해서, 말 그대로 우리 죄에 대한 빚을 치르기 위해서 죽으신 것이 아닌가? 이것이 요즘 기독교인들이 일반적으로 믿고 있는 내용인데, 사실 이런 생각은 그릇되고 오류가 있으며 매우 해롭다. 사람들로 하여금 그리스도께서 우리 죄에 해당하는 벌을 받은 것이요 자신의 순종으로 우리의 불순종을 상쇄했다고 생각하게 만들기 때문이다. 하지만, 그리스도가 순종하여 하나님의 뜻을 온전히 이루어 드릴 만큼 하나님께 배상했으며, 또 순종함으로 하나님의 은총을 힘입어 그를 믿는 우리 모두를 위해 우리 죄의 용서와 영원한 구원을 이루었다는 사실은 의심의 여지가 없다.

이런 통념이 그릇되고 오류가 있다는 것을 당신은 어떻게 입증하는가?

성경이 그런 생각에 대해 아무런 언급도 하지 않을뿐더러 그런 생각은 성경 및 바른 이성과도 상충하기 때문이다.……이 견해를 주장하는 사람들은 그것을 증명할 수 있는 명확한 성경 본문들을 제시하지 못하며, 오히려 어떤 추론들을 묶어서 그것으로 자기들의 주장을 지탱하려고 애쓴다. 하지만 그 사람들 스스로 구원 사역 전체를 좌우하는 것이라고 인정하는 이 문제는 추론만이 아니라 성경의 명확한 증언을 통해 입증되어야 한다는 사실은 둘째 치고라도, 이런 추론들은 아무런 힘도 없다는 사실을 어렵지 않게 입증할 수 있다.……성경은 여러 곳에서 하나님께서는 사람들의 죄를 값없이 용서하시며, 특히 새 언약(고후 5:19, 롬 3:24-25, 마 18:23 등)에 따라 용서하신다고 증언한다. 하지만 그 사람들이 주장하는 배상, 곧 합당한 값을 지불하는 일은 값없이 허락되는 용서와 완전히 상충한다. 왜냐하면 채권자가 채무자나 채무자를 대리하는 사람에게서 배상을 받을 때, 채권자가 진심으로 빚을 값없이 사해 주었다고 말할 수 없기 때문이다.……인간이 자기 범죄로 인해 받아야 할 형벌은 영원한 죽음이며, 그런 까닭에 그리스도가 우리를 대신해 하나님께 배상했다면 그는 영원한 죽음에 떨어지게 되었다는 결론이 나온다. 물론 어떤 죽음이 비록 기간으로 따져 영원한 것이라고 해도, 그 죽음이 셀 수 없는 많은 사람의 영원한 죽음과 대등한 것일 수는 없다. 왜냐하면, 만일 여러분이 그리스도는 본질상 무한한 하나님이기 때문에 그의 죽음은 무한한 수의 인간이 겪는 무한한 죽음들과 대등한 것이라고 주장한다면—그리스도의 본성과 관련해 이런 견해를 내가 이미 논박했다는 점은 접어두고서—하나님의 무한한 본성 자체가 죽음을 당했다는 결론이 나오기 때문이다. 하지만 죽음이 결코 무한한 신적 본성에 포함될 수 없는 것처럼, 문자적으로 말해(실제의 보상과 지불을 다루는 여기서 반드시 따져보아야 할 문제로) 무한한 신적 본성도 결코 죽음에 속할 수 없다. 둘째로, 그리스도가 그런 고난과 끔찍한 죽음을 당해야 하는 필연성은 없으며, 또 냉정하게 말해 (그 사람들이 주장하는 것처럼) 그리스도의 피 한 방울로 만족하여 그리스도로 하여금 그토록 끔찍한 고통을 당하게 하는 하나님은 의롭지 못하다는 결론이 나온다. 마지막으로, 우리는 하나님보다는 그리스도에게 훨씬 더 큰 은혜를 입었고 그에게 더 많은 것을, 아니 모든 것을 빚졌다는 결론에 이르게 된다. 그리스도는 이러한 배상으로 우리에게 큰 친절을 베풀었는 데 반해, 자기 빚을 받아내고야 마는 하나님은 우리에게 아무런 친절도 베풀지 않았기 때문이다.……

그 사람들은 이런 주장을 펴기 위해 먼저 어떤 추론에 의존하고, 그다음에 성경의 권위를 따른다.……그들은 하나님 안에는 본질상 정의와 자비가 있다고 말한다. 다시 말해, 죄를 용서하는 것이 자비의 속성이듯 모든 죄를 가리지 않고 벌하는 것은 정의의 속성이라고 말한다. 하지만 하나님은 그 자비와 정의 모두가 충족되기를 원하셨기에, 먼저 그리스도가 우리를 대신해 죽음을 당해서 하나님께 죄를 지었던 인간 본성의 자격으로 하나님의 정의를 충족하게 하시고, 그와 동시에 죄를 용서함으로써 그분의 자비를 드러내기로 계획을 세우셨다.……이러한 추론은 겉으로는 그럴듯해 보이나 실상 그 안에 진리나 신뢰할 만한 것이 전혀 없으며, 자기모순을 내포할 뿐이다. 왜냐하면 우리가 하나님은 놀라울 정도로 자비롭고 공의로우시다고 고백하면서 크게 찬양한다고 할지라도, 사실 우리는 우리의 적들이 생각하듯이 하나님에게 자비와 정의가 있다는 것을 부인하는 셈이기 때문이다. 자비가 정의를 철저히 무기력하게 만들어 버린다. 그들의 주장에 따르면, 자비란 하나님이 어떤 죄도 벌하지 말아야 한다는 의미이며, 정의란 하나님께서 어떤 죄도 벌하지 않은 채 남겨두어서는 안 된다는 말이 되기 때문이다. 만일 어떤 죄도 벌하지 않는 것이 본래 하나님의 속성이라면 하나님은 자기 본성에 어긋나면서까지 죄를 벌할 수가 없으며, 이와 비슷하게, 어떤 죄도 벌하지 않은 채 내버려 두어서는 안 되는 것이 본래 하나님의 속성이라면 하나님은 더 이상 자기의 본성과 어긋나게 모든 죄에 대하여 모른 체할 수가 없게 된다. 하나님은 본성상 자기의 속성들과 모순되는 일은 어떤 것도 할 수 없기 때문이다. 예를 들어, 지혜는 본질적으로 하나님에게 속하기 때문에 하나님은 지혜와 상반되는 일은 어떤 것도 할 수 없으며, 오히려 그분이 행하는 모든 일을 지혜롭게 행한다. 하지만 하나님께서 자신이 적절하다고 여길 때마다 죄를 용서하기도 하며 벌하기도 하는 데서 분명히 드러나듯이, 용서하기를 명하는 자비와 파괴하기를 명하는 정의는 그분의 의지 및 그분의 본성인 지혜와 자비와 거룩함에 의해 적절하게 조정되어서 그분 안에 존재하는 것이 분명하다. 게다가 성경에서는, 자비와 상반되기도 하고 또 분노로 가한 형벌인 게 뻔한 정의를 가리켜 정의라는 말로 부르는 관례를 찾아 볼 수 없으며, 오히려 그런 정의를 가리켜 하나님의 엄하심과 **화**와 **진노**라고 칭한다.……

우리의 반대자들이 본질상 하나님에게 속하는 것이라고 주장하는 그 자비와 정의가 사실은 하나님에게 속하지 않는다는 사실을 내가 입증했으므로, 하나님이 그러한 자비와 정의를 충족시켜야 할 계획, 가령 담금질 같은 방식으로 자비와 정의를 서로 조화시켜야 할 계획 따위는 필요하지 않다. 오히려 어떤 담금질은 둘 가운데 어느 것도 충족시키지 못하고 모두를 파괴해 버린다. 죄 없는 사람을 벌하고 죄인을 용서하는 정의와 자비, 그런 게 무슨 정의이며 자비인가? 사실 나는 하나님 안에, 공평함이라고 불리고 사악함과는 반대되는 본래의 정의가 있다는 사실을 부정하지 않는다. 이러한 정의는 그분의 모든 피조물 속에서 빛나며, 그런 까닭에 그 모든 것은 의롭고 옳으며 완전하다. 게다가 그 정의는 하나님께서 우리의 죄를 벌할 때뿐만 아니라 죄를 용서하실 때도 밝게 빛난다.

논평

앞에서 우리는 캔터베리의 안셀무스가 '배상' 개념을 사용해서 처음으로 제기한 몇 가지 주제들을 토마스 아퀴나스가 어떻게 다루었지 살펴보았다 5.17. 지금 살펴보는 글에서는 합리주의적 관점에서 일관되고 강하게 그 개념을 비판한다. 이 글이 주장하는 기본 주제는 하나님께서는 죄를 용서하기 위해 다른 어떤 중보자가 필요없으시다는 것이다.

생각해 볼 물음들

❶ 본문에서는 우리가 하나님으로부터 죄를 용서받기 위해서는 그리스도의 죽음이 필요하다는 생각에 맞서 구체적으로 어떤 비판을 제기하는가? 여러분 자신의 말로 본문을 요약해 보는 것이 도움이 될 것이다.

❷ "그런 생각은 성경 및 바른 이성과도 상충하기 때문이다." 이 구절에서 라코우 교리문답이 지적하는 것은 무엇인가? 또 이 주장에 대해 어떤 근거를 제시하는가? 나아가 어떤 대안들을 제안하는가?

존 던

: 그리스도의 사역

5.21 ▼

존 던John Donne, 1572-1631은 영국의 세속 사회와 종교계를 통틀어 가장 뛰어난 시인들 가운데 한 사람으로 명성을 떨쳤다. 『홀리 소네트』Holy Sonnets로 불리는 모음집에서 인용한 아래의 시는, 영국 내전이 벌어지기 직전인 성공회 신학의 전성기 때 널리 퍼진 성육신과 속죄 이론을 보여준다. 초기 판본의 모음집에서 이 소네트는 전체 열두 편 가운데 11번째로 나오고, 후기 판본들에서는 전체 열아홉 편 가운데 15번째로 나온다. 원본의 맞춤법을 수정하지 않고 그대로 옮겼다5.10, 5.13, 5.14, 5.15, 5.16, 5.17, 5.19, 5.22 참조.

본문

하나님께서 그대를 사랑하시듯 그대 하나님을 사랑하려는가?

그렇다면 내 영혼아, 이 좋은 일을 마음속 깊이 품어 묵상하라.
천사들을 거느려 하늘에 계신 영이신 하나님께서
어떻게 그대 가슴속에 당신의 전을 세우시는지.
성부께서 지극히 복되신 아들을 낳으셨고
또 항상 낳으시는 중에 (그분께는 결코 시작이 없기에)
그대를 양자 삼아 공동상속자로 세우시고,
당신의 영광과 안식일의 무한한 쉼에 참여하게 하셨다.
강도당한 사람이 잃은 물건을 열심히 찾아다니다가
팔렸음을 알고는 포기하거나 되사야 하는 것처럼,
영광의 아들은 그가 지었으나 마귀가 훔쳐간 우리를 풀어주기 위해
우리 가운데 내려오시고 죽임을 당하셨다.
인간이 하나님 모양 따라 지음 받은 일이 전에는 참 놀라웠으나,
이제 하나님께서 인간의 모양으로 오시니 더욱더 놀랍도다.

논평

존 던의 시는 엘리자베스 시대에 영국의 신학적 담론을 이끌었던 가장 중요한 양식 가운데 하나로 인정받는다. 이 소네트는 하나님께서 인간을 구원하시게 된 동기와 거기서 우리가 발견하는 하나님의 사랑에 대해 다룬다. 특히 그리스도의 성육신과 죽음을 악마의 일에 맞세운 평형추로 제시하는 존 던의 주장에 주목하라. 사탄이 강탈해 간 것을 그리스도께서 정당하고 의롭게 되찾으신다.

생각해 볼 물음들

❶ 이 소네트는 인간을 향한 하나님의 사랑의 본질에 대한 탐구라고 말할 수 있다. 이런 점에서 존 던이 주장하는 핵심 논점은 무엇인가?

❷ 이 소네트의 결론부에 나오는 두 행을 다시 읽어 보라. 이 구절에서 존 던이 말하려는 바는 무엇인가?

5.22 ▼

조지 허버트

: 그리스도의 죽음과 구속

조지 허버트George Herbert, 1593-1633는 17세기의 유명한 성공회 시인이었고, 신학적으로 성찰한 내용을 시로 즐겨 표현했다. 1633년경 『성전』이라는 이름으로 출간된 시 모음집에서 인용한 아래 시에서 허버트는 '구속' 개념에 담긴 의미를 탐구한다5.13, 5.14, 5.15, 5.16, 5.17, 5.21, 5.28, 5.33 참조.

본문

오랜 세월 부유한 주님께 소작인으로 지냈으나
 번성하지 못하여, 나 담대하기로 마음을 먹고
 그분께 청원했네.
옛 땅을 물리고 새로 작은 땅 빌려 달라고.
하늘에 이르러 그의 궁정에서 그분을 찾았네.
 사람들이 말하기를 얼마 전에 그분이 떠났다고
예전에 이 땅에서 큰 값 치르고 사신 땅,
 이제 소유권을 되찾기 위해 가셨다고.
나 곧바로 돌아와 그분의 놀라운 탄생 소식을 들었고,
 그분을 찾아 화려한 휴양지를 뒤지고,
 도시와, 극장, 정원, 공원을 돌았네.
마침내 도적과 살인자들의 거친 소리와 웃음소리를 듣고는
 그곳에서 그분을 만났네.

그분은 즉시 네 청원이 수락되었노라고
말씀하고 돌아가셨네.

논평

허버트는 구약성경에 나오는 '땅을 속량하다'는 개념에 빗대어 그리스도의 죽음을 하나님께서 귀중한 땅에 대한 정당한 소유권을 획득하는 데 지불한 값으로 보는 개념을 발전시킨다. 허버트는 십자가의 수치와 비하라는 개념을 탐구하면서, 구속의 법적이고 금전적인 측면을 끌어 낸다. 특히 허버트가 큰 값을 치른 구속과 성육신에 나타난 하나님의 비하the humility of God라는 개념을 제시하는 방식에 주목하라.

생각해 볼 물음들

❶ 이 시의 기본적인 논의의 흐름을 평이한 산문체로 풀어 보라. 특히 허버트가 '구속'이라는 개념을 담아 내는 여러 가지 방식을 찾아보라.

❷ 아래의 구절에서 허버트가 말하려는 바는 무엇인가?

> 나 곧바로 돌아와 그분의 놀라운 탄생 소식을 들었고,
> 그분을 찾아 화려한 휴양지를 뒤지고,
> 도시와, 극장, 정원, 공원을 돌았네.

5.23 ▼

찰스 웨슬리

: 그리스도 안의 구원

찰스 웨슬리1707-1788는 1738년 5월 21일 모라비아 교도인 피터 뵐러의 사

역을 통해 깊은 회심을 체험했다. 그때로부터 1년 후에 쓴 이 찬송시에서, 웨슬리는 그리스도의 죽음이 기독교 신자들에게 지니는 의미를 시로 표현했다5.3, 5.4, 5.12, 5.13, 5.14, 5.15, 5.19, 5.21 참조.

본문

어찌 그럴 수 있을까!
 구주의 보혈로 나 은혜를 얻었네.
날 위해 그분이 죽으셨나? 그의 고통 누구 때문인가?
 나를 위해? 그분의 죽음 누구 때문인가?
놀라운 사랑! 주 나의 하나님께서
날 위해 죽으셨으니, 이 어찌된 일인가?

참 놀라운 신비, 영원하신 분이 죽으셨네.
그분의 기이한 섭리를 그 누가 헤아릴 수 있을까?
으뜸가는 스랍 천사, 그 깊은 사랑 밝히려 하나 헛되다.
온 땅이여 그 놀라운 자비 찬미하고,
천사들은 더 이상 궁구하지 말라.

높은 곳 아버지의 보좌를 떠나 그분께서 오셨네.
(그 은혜 한없이 고귀하고도 값없네!)
자신의 모든 것 비우고 사랑만 지니시고
가련한 아담의 후손 위해 피 흘리셨도다.
놀라운 자비, 한없이 고귀하고도 값없는 은혜로,
오, 나의 하나님께서 나를 품으셨도다.

내 영혼 죄에 얽히고 욕망의 밤에 갇혀서
 지내온 날이 오래였으나

주님 눈 열어 빛을 비추시니
나 깨어나고, 어둔 감옥은 빛으로 환히 밝았네.
나를 묶은 사슬이 끊어지고 내 마음은 자유를 얻었네.
나 일어나 달려 나가 그분을 따랐네.

내 마음속 깊은 곳에서 들리는 세미한 소리,
내 모든 죄가 사해졌노라고 속삭이네.
죄를 씻기는 피가 나를 에워싸 흐르며,
혹독한 하늘의 진노를 삭혔네.
그분의 상처가 내게 생명이 되었고,
내 구주께서 내 마음에 계심을 느끼네.

나 이제 어떤 심판도 두렵지 않아,
예수와 그의 모든 것이 내 것이기에.
살아 계신 나의 주님 그분 안에 내가 살며,
거룩한 의로 옷 입었기에.
나 이제 영원한 보좌로 나아가 담대히 외치리라.
그리스도로 말미암아 면류관이 내 것이라고.

논평

이 찬송시에서 해방이나 계몽과 같이 구원과 관련된 여러 이미지들을 하나로 묶는 방법에 주목하라. 원래 "값없는 은혜"라는 제목이 붙었던 이 찬송시는 그리스도의 자기비하를 크게 강조하면서 '구원의 경륜'을 축약해 보여준다. 하나님의 고난과 죽음에 관해서도 분명히 언급하는데, "영원하신 분이 죽으셨네"라는 구절에서 분명하게 드러난다. 여기 인용한 시는 원래의 영어 본문(후대에 나온 판본과는 많이 다르다)을 수정 없이 그대로 옮겼다. 신학적으로 중요한 다섯째 연은 구원의 주관적 확신과 기독교적 실존의 경험적 측면을 다루며, 현대의 판본에서는 생략되었다.

생각해 볼 물음들

❶ 여러분은 이 찬송시에서 죄와 구원에 관한 이미지들을 얼마나 확인할 수 있는가? 여러분은 웨슬리가 이 시에서 그토록 풍성한 시각적 이미지들을 사용하는 이유가 무엇이라고 생각하는가?

❷ 이 찬송시에 '고난당하시는 하나님' 개념을 담고 있는 부분이 있는가?

5.24 ▼

프리드리히 슐라이어마허
: 카리스마적 지도자인 그리스도

프리드리히 슐라이어마허1768-1834는 『기독교 신앙론』의 제2판에서 예수의 역할을 기독교 공동체의 설립자로 설명한다. 기독교에서 전통적으로 가르쳐 온 그리스도의 사역 이해에 대해 합리주의가 제기한 비판을 잘 알았던 슐라이어마허는 계몽주의에서 못마땅하게 여길 만한 개념과 가치들을 제거하고, 예수가 지닌 지극히 중요한 의미를 기독교 교회에 제시하고자 애썼다. 그렇게 해서 슐라이어마허가 예수의 의미를 설명하고자 찾아낸 것이, 그리스도를 카리스마적인 공동체 지도자로 보는 모델이었다4.23, 5.25 참조.

본문

이러한 관계와 유사한 현상을 널리 알려진 한 영역에서 찾아 볼 수 있다. 법이 존재하기 이전의 여러 형편과 대조해 볼 때, 특정 지역 내에 존재하는 시민 사회는 훨씬 더 고상하고 활기 넘치는 힘을 지닌다. 어떤 사람이 처음으로 자연적으로 결속된 한 집단을 시민 사회 속으로 통합한다고 가정해 보자(이런 사례는 전설 속에서 많이 발견된다). 다음과 같은 일이 일어난다. 먼저 그의 의식 속에 국가의 이념이 떠오르고, 그 이념이 그의 인격 속에 확고하게 자리 잡는다. 이어서 그는 나머지 사람들을 이끌어서 그 이념과 생생한 관계를 맺게 한다. 그는 효과적인 연설을 통해 그 사람들이 자기들의 현 상황에 대한 불만을 분명하게 깨닫게 함으로써 이 일을 수행한다. 자기 삶의 핵심 원리가 되는 그 이념을 사람들 속에 심어 주어 그들이 그러한 삶에 참여하도록 이끄는 창시자에게 권력이 돌아간다. 그 결과로 옛 공동체의 삶과는 완전히 대비되는 새 공동체의 삶이 그들 가운데서 시작될 뿐만 아니라 사람들 각자가 새로운 인격 곧 시민이 된다. 이렇게 해서 그런 이념을 지닌 공동체의 삶—시간의 흐름에 따라 다양한 형태로 발전하지만 본질적인 면에서는 언제나 동일하다—이 형성된다. 이 이념은 그 특정한 시점에 등장했지만 언제나 그 특별한 민족적 뿌리의 본성 안에 예정되어 있었다. 이런 유사성은 훨씬 더 넓은 영역에서도 찾아볼 수 있는데, 이에 대해서는 나중에 살펴본다. 하지만 여기서 이 유사성에 대해 살펴본 것만으로도 시민 국가에 대해 빈약하고 열등한 개념만 지닌 사람들에게는 신비롭게 보일 것이다.

그런데 이 문제에 대한 우리의 견해가 이런 의미에서 신비적이라고 불려야 한다는 것으로 만족하자. 이 주된 논점에서 도출되는 모든 것도 마찬가지로 신비적이라 불리게 된다. 하지만 이 신비적인 견해가 자기의 주장을 본래적인 견해라고 입증해 보일 수 있는 것과 마찬가지로, 이 견해는 다른 두 가지 견해, 곧 내가 마술적 이해라고 부르는 것과 경험적 이해라고 부르는 것 사이에서 참된 중간이 된다고 주장한다. 물론 마술적 이해는 그리스도의 행위가 구속적이라는 점은 인정하지만, 그의 완전함의 전달이 공동체의 설립에 의존한다는 점은 부인한다. 이 이해에 따르면, 그런 완전함의 전달은 그리스도가 개인들에게 직접 끼친 영향으로 이루어진다. 그리고 이 경우 기록된 말씀을 필수적인 수단으로 받아들이는 사람들이 있는가 하면 그렇지 않은 사람들도 있다. 경험적 이해는 훨씬 더 일관된 특성을 보여주기는 하지만, 이 견해가 공동체에서 비롯되는 모든 것에서 철저하게 분리되면 될수록 마술적 특성이 더욱 두드러지게 된다. 이 마술적 특성은 어떤 자연적인 것에 의해 매개되는 영향력이 아니라 한 인물에게 속한 영향력에 근거한다. 이 사실은 우리의 모든 논의에서 바탕을 이루는 근본 원리, 곧 하나님 나라의 시작은 초자연적인 것이었으나 그 모습을 드러내는 순간 자연적인 것이 된다는 원리와 완전히 불일치한다. 마술적 이해는 모든 중요한 순간을 초자연적인 것으로 만들어 버리기 때문이다. 게다가 이 마술적 이해는 완전히 분리주의적인 유형에 속한다. 이 이해는 공동체의 삶을 순전히 우연적인 일로 만들어 버리기 때문이다. 그래서 이 견해는 가현설과 매우 유사한 것이 된다. 만일 그리스도가 이와 같은 방식으로—한 인격으로서, 진정 인간적인 방식으로이기는 하나 이 땅에 현존함 없이 천상의 인간으로서만—영향력을 행사했다면, 그는 어느 때든 동일한 방식으로 사역하는 것이 가능했을 것이며, 따라서 그가 역사 속에 실제 인격적으로 나타나는 일은 불필요한 부가물에 불과했을 것이다. 하지만 이와 동일하게 직접적이고 인격적인 영향력을 행사하면서도 그 영향력을 말과 교제를 통해 매개하는 사람들은—개인들이 그 인격적 영향력을 받아들일 수 있게 해주는 분위기를 일으키는 능력을 이 말과 교제에 돌린다는 점에서만 보면—마술적인 특성이 훨씬 약하다. 만일 이런 자연적 요소들이 그리스도에게 그의 영향력을 행사할 힘을 부여한다면, 그 요소들은 훨씬 더 마술적인 특성을 지니게 된다. 그럴 경우 그것들의 효력은 정확히 마법 주문에 깃든 효력과 같은 것이기 때문이다. 사실, 이와 상반되는 경험적 견해도 역시 그리스도에게 구속적인 행위가 있음을 인정하지만, 그 구속적 행위는 우리 안에 완전을 증가시키는 일로만 이루어지는 것으로 여겨진다. 그리고 이렇게 완전을 증가시키는 일은 가르침과 모범 이외의 다른 방식으로는 제대로 일어날 수 없다. 이 가르침과 모범의 형태들은 일반적인 것으로서, 그 안에 독특한 것은 아무것도 없다. 그리스도가 그 가르침과 모범에서 보이는 순전한 완전성으로 인해, 우리를 향상시키는 일에 그와 동일한 방식으로 기여하는 다른 사람들과 구별된다는 점을 인정한다 해도, 만일 우리 안에 성취되는 모든 것이 불완전한 것이라면, 온전한 의미에서 구속의 개념—즉 죄의 제거로서의 구속—을 포기하는 결과에 이를 수밖에 없고, 또 우리의 성장해 가는 완전성 속에 여전히 죄의식이 남아 있는 까닭에, 하나님의 자비에 호소하여 우리 자신을 달래야 하는 일 외에는 아무것도 남지 않게 된다. 가르침과 모범은 그렇게 성장해 가는 완전성 외에는 아무것도 낳지 못하며, 또 이처럼 하나님의 자비에 호소하는 일은 그리스도와 상관없는 일로 일어난다. 따라서 어떤 특별한 일로 계획된 것이 분명한 그리스도의 출현은 그 경우에 헛된 것이 되어 버린다는 사실을 인정할 수밖에 없다. 기껏해야 그리스도는 자신의 가르침으로 사람들을 인도하여, 그들이 결여하고 있는 완전에 대한 대체물로 하나님을 제시하기 위해, 이전에 널리 행했던 노력을 포기하는 지점까지 이끌어 갔다고 말할 수 있을 것이다. 하지만 이러한 노력이 소용없다는 점은 입증이 가능하며, 따라서 우리는 이미 우리의 타고난 지성 안에서 이에 대해 확신을 지니고 있어 다른 어디서도 그것을 찾을 필요가 없다. 그런데 철학에서 자기를 신앙 위로 치켜세우고 신앙을 과도적인 단계에 불과한 것이라고 주장하고 나선 데 대한 주된 책임이 이런 견해에 있다고 볼 수 있다. 하지만 우리는 성장해 가는 완전성이라는 의식으로 만족해 주저앉아 있을 수 없다. 그렇게 하는 것은 은총의 의식 못지않게 죄의식에도 속하는 것이기 때문이며, 따라서 독특하게 기독교적인 것을 담을 수 없기 때문이다. 그러나 기독교인이 보기에, 그 어떤 것도 그 원인인 구속자에게 귀속되지 않는 한 결코 은총의 의식에 속할 수 없으며, 따라서 그리스도 안에 속한 일은 다른 사람들에게서 그 일이 일어나는 경우와는 전혀 다른 것일 수밖에 없다. 그 일은 전혀 다른 일, 곧 그리스도의 독특한 구속적 행위에 연결되기 때문이다.

논평

슐라이어마허는 나사렛 예수의 의미를 그가 교회 곧 '신앙 공동체'에게 끼친 영향이라는 측면에서 설명한다. 슐라이어마허는 계몽주의의 합리주의와 도덕주의에 맞서 종교적인 감정, 특히 하나님에 대한 '절대 의존 감정'의 중요성을 강조한다. 그는 이 감정이 예수 그리스도에 의해 일으켜진다고 주장한다. 그렇다면 어떤 방식으로 일어나는가? 본문에 따르면, 나사렛 예수는 카리스마적 지도자가 자기를 따르는 사람들과 관계 맺는 방식과 거의 동일한 방식으로 교회와 관계를 맺는다. 특히 공동체의 역할을 강조하고, '배상'이라는 전통적 개념(슐라이어마허는 이 개념을 '마술적'이라고 부른다)을 비판하고 있는 점에 주목하라.

생각해 볼 물음들

❶ 슐라이어마허는 자신이 '마술적'이라고 이름붙인 그리스도의 사역 이해에 어떤 문제가 있다고 주장하는가? 여러분은 이 책의 5장에 실린 사상가들 가운데 누가 이 마술적 범주에 속한다고 생각하는가?

❷ 슐라이어마허가 추천하려는 모델을 여러분의 말로 설명하라. 만일 이 모델이 의도한 지도력이 본성상 합리주의적인 것이었다면, 어떤 식으로 받아들여졌겠는가? 합리주의적인 세계관의 족쇄들이 제거된 오늘날에는 이 견해가 어떻게 받아들여지겠는가?

5.25 ▼

프리드리히 슐라이어마허

: 그리스도론과 구원론

그리스도론과 구원론의 관계를 살피는 매우 중요한 이 논의에서, 프리드리히 슐라이어마허1768-1834는 그리스도의 인격과 사역을 다루는 교리들은 서로 분리할 수 없는 것이라고 주장한다. 그리스도의 '행위'와 '존엄성'은 서로 얽혀 있는 개념들로, 따로 떼어내어 단독으로 논할 수가 없다. 이전에 교의학 교과서들은 이 두 가지 신학 분과를 독립된 것으로 여겼고, 슐라이어마허 이후부터는 대체로 두 분과를 하나로 묶어 논의해 왔다5.5, 5.24, 5.26, 5.31 참조.

구속자의 고유한 행위와 배타적인 존엄성은 서로를 함축하며, 신자들의 자기의식 속에서 뗄 수 없을 정도로 하나를 이룬다.

1. 우리가 그리스도를 구속자라고 부르든, 아니면 이 시점까지 잠정적 상태로만 존재해 온 인간 본성의 창조를 완전하게 해주는 이로 간주하든, 이 두 견해는 모두 우리가 그에게 고유한 행위를 돌리고 그 행위를 그의 인격의 독특하고 영적인 내용과 연관시켜 이해한다는 것을 의미할 뿐이다. 그리스도의 영향력이 성격상 다른 사람들의 영향력과 동일하며 다만 그의 영향력이 훨씬 더 완벽하고 포괄적인 것일 뿐이라면, 그 영향력의 결과인 인간의 구원도 역시 그리스도와 다른 사람들이 공통으로 행하는 사역이 되고, 단지 그가 맡은 몫이 훨씬 더 클 뿐이다. 또 구속받은 사람들에게 한 명의 구속자만 존재하는 것이 아니라 많은 구속자들이 있으며, 엇비슷한 그들 가운데서 한 사람이 첫째가 될 뿐이다. 그래서 인간의 창조는 그리스도를 통해 완성되는 것이 아니라 그 구속자들 전체를 통해 완성되며, 그 구속자들은 그들의 사역이 독특한 성격을 지닌다는 점에서만 나머지 인간과 구별된다. 이와 마찬가지로 그리스도의 행위는 그 자신에게 고유한 것이긴 하나, 이 고유성은 그의 내적 특성이 아니라 그가 위치한 고유한 지위에서 비롯된다. 그렇다면 인간의 창조가 그리스도 안에서 완성되었다는 두 번째 표현 형식은 전혀 의미 없는 것이 될 것이다. 왜냐하면 그리스도와 유사한 많은 구속자들이 있으며. 그들은 단지 동일한 지위를 차지하지 못했을 뿐이라고 가정하는 것이 훨씬 더 자연스럽기 때문이다. 그럴 경우, 실제로 그렇듯이 인간이 그리스도의 행위나 고난을 통해 구속받았다고 말할 수 있다고 해도 그는 결코 합당한 구속자일 수는 없을 것이다. 그 결과인 구원은 그에게서 오는 것일 수가 없으며(그는 자신에게 고유한 것을 아무것도 가지지 않았기 때문이다), 단지 그에 의해 매개되거나 촉발되는 것에 불과하기 때문이다.

이와 마찬가지로 만일 그리스도가 진정 배타적인 존엄성을 지녔더라도 그 존엄성 안에 수동적으로 머물러 있어서 그에 상응하는 영향을 전혀 끼치지 못했다면, 지복의 상태에 이르는 일도 그에게서 오는 것일 수가 없었을 것이다. 왜냐하면 (그리스도와 동시대 사람들이나 그 이후의 사람들이, 그리스도가 출현했던 당시의 모습을 보고서 어떻게 그러한 영향력을 그에게로 돌리게 되었는지 이해할 수 없다는 사실과는 별개로) 비록 그의 존엄성이 다른 사람에게 끼친 영향력과 전혀 이어지지 않았더라도, 그 지복이 이러한 존엄성을 목격한 사람들을 통해서 전달될 수 있었다고 가정한다면 그 목격자들 안에는 수용성을 넘어서는 뭔가가 분명히 있었기 때문이다. 그리스도의 출현은 그 사람들이 자연스럽게 표출해 낸 이런 관념을 보여주는 사건이라고 간주해야 할 것이다.

2. 따라서 비참한 상태에서 벗어나 지복 가까이로 이르는 일은, 이 두 요소 가운데 어느 한 요소만을 근거로 삼아, 예수를 통해 매개되는 사실로서 설명될 수는 없다. 따라서 그 요소들은 극히 밀접하게 연결되고 상호의 존적으로 결정되어야 한다는 결론이 나온다. 그래서 구속자에게 돌리기에 적합한 행위보다 더 높은 존귀함을 그에게 돌리는 것은 헛된 일이다. 이런 과잉의 존귀함으로는 아무것도 설명되지 않기 때문이다. 이와 마찬가지로, 사람들이 기꺼이 그에게 돌리는 존엄함에서 자연스럽게 도출되는 것보다 더 큰 행위를 그에게 돌리는 것도 헛되다. 이러한 과잉의 행위에서 결과하는 것이 무엇이든 그것은 다른 경우와 같은 의미에서 그에게서 나올 수 없기 때문이다. 그러므로 모든 그리스도론은 제각각의 형태를 지니며, 자체 내에서 이러한 (존엄성과 행위의) 동등성을 본질적인 것으로 여기지도 않는다. 그런 그리스도론들은, 사실상 행위들을 배제하면서도 그리스도를 크게 찬양함으로써 존엄성의 훼손을 감추려고 하거나, 아니면 역으로 그리스도를 크게 높이기는 하지만 아무런 결과도 낳지 못하는 방식으로, 그리스도의 영향력을 낮춰 잡은 것을 보완하려고 한다.

3. 만일 우리가 이 규칙을 굳게 따른다면, 우리는 그리스도론 전체를 그의 행위의 그리스도론으로서 다루든지—그럴 때 행위로부터 존엄성이 자

연스럽게 따라 나온다—아니면 그의 존엄성의 그리스도론으로서 다룰 수 있게 된다—그럴 때 행위는 그 자체로 결과한다. 위에서 살펴본 두 가지 일반 공식이 이 사실을 보여준다. 인간 본성의 창조가 그리스도의 인격 안에서 완성되었다는 것은 그 자체로 그의 존엄성에 대한 설명일 뿐이며, 앞의 조건과 뒤의 조건의 차이를 크게 또는 작게 간주함에 따라 그 존엄성은 크거나 작게 된다. 하지만 창조가 계속해서 이어진다면 행위는 저절로 따라 나온다. 다시 말해 그가 구속자라는 사실은 유사한 방식으로 그의 행위를 설명해 주지만, 존엄성은 그와 동일한 정도로 저절로 따라 나온다.

논평

그리스도의 '행위'와 '존엄성'은 서로 연계된 개념이므로 분리하여 단독으로 논의하기가 불가능하다고 주장한 슐라이어마허의 생각은 현대 신학에 널리 수용되었다. 본문에서 주목해야 할 가장 근본적인 진술은 "구속자의 고유한 행위와 배타적인 존엄성은 서로를 함축하며, 신자들의 자기의식 속에서 뗄 수 없을 정도로 하나를 이룬다"는 구절이다. 이 진술의 이중적인 근거를 주의해 살펴보라. 첫째, 행위와 존엄성은 그 내적인 본질과 상호 연관성으로 말미암아 밀접하게 연결된다. 둘째, 예수가 누구인가 하는 문제는, 예수가 어떤 일을 행한 이로 경험되는가 하는 문제와 분리될 수 없다는 점에서 행위와 존엄성은 신자들의 경험 속에서 서로 연결된다.

생각해 볼 물음들

❶ "예수 그리스도가 어떤 분인지는 그분의 구원 행위를 보고 알 수 있다"(필리프 멜란히톤). 이 진술에 슐라이어마허는 어떻게 응답하겠는가?

❷ 본문에서 슐라이어마허가 펼치는 논증의 흐름을 여러분의 말로 정리해 보라. 본

문이 대상으로 삼는 독자들이 합리주의에 공감하는 성향을 지녔을 것이라는 사실에 비추어, 슐라이어마허가 어떤 방식으로 그리스도의 '고유한 행위와 존엄성'에 대해 설명하는지 살펴보라.

5.26 ▼

찰스 고어

: 그리스도론과 구원론의 관계

영어로 된 그리스도론 저술들에서 발견되는 여러 가지 문제점에 대해 평가하는 이 글에서 찰스 고어1853-1932는, 인간 본성에 필요한 것과 예수 그리스도의 정체성이 어떻게 관련되는지에 관해 논한다. 고어는 그리스도의 인격을 도덕적으로 이해하는 데 따르는 약점을 분석한 후, "네스토리우스의 그리스도는 펠라기우스의 인간에게 딱 어울리는 구세주다"라는 유명한 말을 남겼다4.23, 5.5, 5.25 참조.

본문

그리스도의 인격에 대한 부적절한 개념들은 인간 본성이 필요로 하는 바를 그릇 이해한 개념들과 한패가 되어 움직인다. 네스토리우스의 그리스도 개념은……그리스도를 모범으로 제시한다. 그리스도는 인간이 할 수 있는 일이 무엇인지 보여주고, 인간이 충분히 거룩하기만 하면 어떻게 하나님과 놀라운 연합을 이룰 수 있을지를 보여주는 모범이다. 그러면서도 그리스도는 한 사람의 인격의 제약 안에 갇혀 있고, 오직 외부에서만 인간에게 영향을 끼치는 수많은 사람 가운데 하나일 뿐이다. 그리스도가 인간의 구속자가 될 수 있는 것은 외부에서 탁월한 모범을 제시해 인간을 구원할 수 있을 때뿐이지, 다른 방법으로는 불가능하다. 네스토리우스의 그리스도는 논리적으로 펠라기우스의 인간과 밀접하게 연결된다.……네스토리우스의 그리스도는 펠라기우스의 인간에게 딱 어울리는 구세주다.

논평

고어의 논증은 매우 명료하기에, 특별히 논평할 것이 없다. 하지만 고어가 활동하던 시대는 대체로 예수 그리스도의 인격을 그의 도덕적 모범을 중심으로 이해하는 견해가 '네스토리우스주의'와 같은 것으로 여겨진 때였음을 기억할 필요가 있다. 그 후에 네스토리우스의 몇 가지 저술이 발견되면서, 현대 학계에서는 이러한 견해가 수정되었다. 고어의 논점을 바르게 표현하자면, "모범주의에서 가르치는 그리스도는 펠라기우스의 인간에게 딱 어울리는 구세주다"라고 말할 수 있다.

생각해 볼 물음들

❶ "그리스도의 인격에 대한 부적절한 개념들은 인간 본성이 필요로 하는 바를 그릇 이해한 개념들과 한패가 되어 움직인다." 여기서 고어는 죄의 개념과 구원의 개념이 밀접하게 연계되어 있음을 암시한다. 여러분은 그의 생각이 옳다고 생각하는가?

❷ 고어가 모범주의 그리스도론의 약점에 관해 주장하는 기본 논점은 무엇인가?

5.27 ▼

헤이스팅스 래쉬달

: 도덕적 모범인 그리스도

영국의 저명한 근대주의 신학자인 헤이스팅스 래쉬달Hastings Rashdall, 1858-1924은 1892년 옥스퍼드에서 행한 이 설교에서, 영국에 형성된 새로운 지적 환경으로 인해 전통적인 기독교의 가르침을 새롭게 진술할 필요가 있다고 주장했다. 그가 이런 면에서 특별히 살펴보아야 할 신학 분야로 지목한 것은 속죄론, 구체적으로 말해 속죄론 가운데서도 비합리적인 주장과 논증을 내세우는 이론들이다. 래쉬달은 좀 더 바르게 십자가를 다루는 이론을 페트루스 아벨라르두스가 제시한 모범론에서 찾을 수 있다고 주장하고, 근대라는 관점에 그 이론의 유용성을 탐구한다. 래쉬달은 그리스도가 "많은 사람을 위하여 자기 목숨을 몸값으로" 주었다고 말하는 마태복음 20:28을 토대로 이 견해를 주장한다5.3, 5.13, 5.14, 5.20 참조.

본문

이 성경 본문[마태복음 20:28]을 해석해 온 역사는 은유를 사용해 체계를 세우려는 신학적 경향을 보여주는 우울한 사례입니다.……오리게네스나 특히 후기 교부들을 보면, 사탄이 하나님께 교묘하게 속아 넘어가는 것으로 설명합니다. 사탄은 자기가 그리스도를 죽음으로 몰아넣으면, 그의 영혼을 지배하게 되리라는 생각을 품게 됩니다. 그런데 결국 그는 자기 꾀에 걸려 넘어지고, 결코 하데스에 가둘 수 없는 영혼과 마주치게 됩니다. 승리를 보장해 줄 것 같았던 계책이 오히려 그 자신을 무너뜨리는 도구가 되었으며, 그에게 포로로 잡혔던 모든 사람이 그의 분노에서 벗어났습니다.

이렇게 간단하게 살펴본 것이 교부시대에 걸쳐 기독교 신학 전반을 지배한 속죄론이었습니다.……나는 기독교 세계가 이처럼 기이하고 불합리한 이론에서 벗어나는 데 큰 힘을 보탰던 위대한 인물들의 저술을 살펴보려고 합니다. 스콜라주의가 인간의 진보에 기여한 일 가운데 이보다 더 큰일은 없으며, 스콜라주의 시대가 여러 가지 면에서 교부시대를 지적으로 앞섰다는 증거를 이보다 더 확실하게 보여주는 것도 없습니다. 그러한 전통적 이론이 무너지는 데는 두 사람이 커다란 영향을 끼쳤는데……기존 신학에 대한 공격은 안셀무스에게서 시작했고, 결정적인 승리는 아벨라르두스에 의해 성취되었습니다.……

[여기서 래쉬달의 글은 로마서 2장에 관한 아벨라르두스의 주석을 인

용하고, 우리 안에 나타난 하나님의 사랑의 각성에 대해 언급한 후에 계속 이어진다.] 아벨라르두스의 이러한 속죄론에서는 세 가지 특징을 확인할 수 있습니다.

1. 거기서는 대리 형벌이라는 개념을 발견할 수 없으며, 또 대리적인 속죄나 배상이라든가, 대리 형벌 개념의 추한 부도덕성에서는 어느 정도 자유로울지 모르나 실제로는 별 차이가 없어 보이는, 객관적으로 정당한 희생이라는 개념도 거의 찾아 볼 수 없습니다.
2. 그리스도의 사역의 구속적 효력이 그의 죽음에서만 나오는 것으로 한정하지 않습니다…… 그리스도의 삶 전체와 그 삶을 통해 드러난 하나님에 관한 계시 전체가 사람들에게서 사랑과 감사의 마음을 불러일으키며, 하나님께서 그 사람을 어떻게 지으시려고 하는지를 보여주고, 인간으로 하여금 자기의 불완전한 방법으로 그리스도만이 완전하게 행하실 수 있는 것에 이를 수 있게 해주며, 그 결과 하나 됨at-one-ment에 이르게 하여 죄가 파괴한 하나님과 인간 사이의 일치를 회복시켜 줍니다.
3. 이러한 속죄 개념으로부터, 그리스도의 사역의 의롭게 하는 효과가 단순히 법률적인 가설에 불과한 것이 아니라 실제적인 효과라는 결론이 나옵니다. 그리스도의 사역은 사람들이 실제로 이전보다 나아지지 않았는데도 어떻게 선하다고 인정받거나 죄에 대한 벌을 면제받을 수 있는지에 대한 근거로 제시되는 것에서 그치지 않고, 실제로 사람들을 더 낫게 만들어 줍니다.……

아벨라르두스의 가르침 가운데, 내가 여기서 제시한 작은 사례만 보고도 여러분은 그의 논조가 지닌 근대적인 특성에 놀랄 것입니다. 12세기에 살았던 아벨라르두스가 19세기에 속한 F. D. 모리스와 찰스 킹슬리, 프레데릭 로버트슨에게 손을 내미는 것처럼 보입니다. 이 중간 시대에 나온 경건한 기독교 합리주의와 같은 정신을 케임브리지의 플라톤 학파 사람들 외에, 다른 어느 곳에서 발견할 수 있을지 나로서는 알 수가 없습니다.

논평

이 설교에서 래쉬달은 마태복음 20:28("인자는 섬김을 받으러 온 것이 아니라 섬기러 왔으며, 많은 사람을 위하여 자기 목숨을 몸값으로 치러 주려고 왔다")이 교부시대에 심히 그릇 이해되었다고 주장한다. 교부시대의 '승리자 그리스도'*Christus victor* 이론은 생생한 은유를 과도하게 개념화한 것에 불과하다. 래쉬달은 아벨라르두스의 저술에서 보다 더 적합한 견해를 찾아내는데, 사실 그는 아벨라르두스가 그리스도를 탁월한 도덕적 모범으로만 보는 모범주의 속죄론5.14을 가르쳤다고 오해했다. 래쉬달의 이 생각은 후기 저술인 『기독교 신학의 속죄 개념』*The Idea of Atonement in Christian Theology*, 1919에서 훨씬 더 깊이 다루어진다.

생각해 볼 물음들

❶ 래쉬달이 아벨라르두스의 속죄 이론을 받아들일 때 얻을 수 있다고 생각한 세 가지 이점을 여러분의 말로 설명해 보라.

❷ "아벨라르드의 가르침 가운데 내가 여기서 제시한 작은 사례만 보고도 여러분은 그의 논조가 지닌 근대적인 특성에 놀랄 것입니다." 이 지적에 대해 여러분은 어떻게 설명하겠는가?

5.28 ▼

구스타프 아울렌

: 고전적 속죄 이론

스웨덴의 루터교 신학자인 구스타프 아울렌Aulén Gustaf, 1879-1977은 1930년 독일 신학 저널에 논문으로 발표한 이 독창적이고 중요한 연구에서, 자신이 '고전적' 이론—또는 '승리자 그리스도'*Christus victor* 이론—이라고 이름

붙인 속죄론을 되살려 냈다. 그는 이 이론이 안셀무스와 아벨라르두스가 제시한 이론들의 약점을 극복했다고 주장한다. 아래 인용한 글에서 아울렌은 전통적인 속죄 이론들과 관련해 자신이 우려하는 문제점들을 밝히고 있다5.1, 5.4, 5.12, 5.13, 5.14, 5.15, 5.30 참조.

본문

나는 기독교 교리사를 연구하면서 속죄 개념의 역사를 다룬 전통적인 논의를 철저히 재검토할 필요가 있다는 확신을 굳히게 되었다. 사실 이 주제는 신학자들의 큰 관심을 받아 왔지만, 여러 가지 중요한 면에서 심각하게 잘못 해석되어 왔다. 이처럼 긴급히 요구되는 개정 작업에 내가 나름대로 기여할 수 있기를 바라면서 이 연구를 수행했다.

전통적인 견해

먼저 일반적으로 받아들여지는 견해에 따라 속죄 개념의 역사를 개략적으로 살펴보자. 초기 교회 때는 속죄론이라고 부를 수 있을 만큼 발전된 교리가 없었다고 평가된다. 교부 시대에 들어와 신학에서 일어난 성과는 다른 분야, 특히 그리스도론과 삼위일체론 쪽에서 이루어졌다. 속죄와 관련해서는 여러 갈래로 소극적인 노력이 있었을 뿐이고, 제시된 개념들은 대체로 환상적이고 신화적인 옷을 걸치고 있었다. 제대로 다듬어진 속죄론은 캔터베리의 안셀무스에게서 시작했는데, 이 일로 그는 교의의 역사에서 가장 중요한 지위를 차지하게 되었다. 그는 『왜 하나님은 인간이 되셨는가』*Cur Deus homo*에서 전개한 배상 이론을 근거로 삼아, 그리스도의 사역을 악마에 대한 승리로 보는 구식의 신화론적 견해를 완전히 극복하지는 못했어도 상당히 억제할 수 있었다. 그는 오래되고 '육체적' 성격이 강한 구원 개념 대신에 죄책에서 해방이라는 자기 견해를 펼쳤고, 특히 하나님은 그리스도의 구속 사역의 대상이 되시고 당신의 정의에 치러진 배상을 받아 화해를 이루신다고 보는 '객관적인' 속죄론을 분명히 가르쳤다. 안셀무스의 가르침이 완전히 독창적이라고 말하는 것은 아니다. 석재들은 언제든 사용할 수 있게 준비되어 있었고, 그는 그것들을 사용해 기념비적 건물을 세운 것이다.

지금까지 살펴본 견해를 잘 다듬어 낸 것이 리츨이 저술한 『칭의와 화해에 대한 기독교 교리』*The Christian Doctrine of Justification and Reconciliation*였다. 이 책에서 역사를 집중적으로 다루는 부분은 "그리스 교회의 구원론"의 여러 면모를 살피는 서론적인 장으로 시작한다. "구원"이라는 표현을 사용한 것은, 그가 보기에 엄밀한 의미의 속죄 교리의 역사가 아직 시작하지 않았다는 것을 의미한다. 이번 장 바로 다음에 "안셀무스와 아벨라르두스의 그리스도를 통한 속죄 개념"이라는 제목이 달린 장이 나온다.

안셀무스와 아벨라르두스의 이름이 나란히 사용된 것도 주목할 만하다. 흔히 이 두 사람은 각각 '객관적' 속죄론과 '주관적' 속죄론을 대표하는 저자들로 대비된다. 주관적 속죄론이라는 말은 속죄가 기본적으로 하나님 편에서 태도를 바꾸는 것이 아니라, 인간에게서 일어난 변화로 이루진다고 설명하는 교리를 가리키는 데 사용된다.

뒤이어 교리사를 다루는 부분을 보면, 안셀무스에서 중세 스콜라주의와 종교개혁을 거쳐 17세기의 프로테스탄트 정통주의까지 이어지는 연속된 흐름을 추적할 수 있다고 주장한다. 이 말은 안셀무스의 가르침이 단순히 되풀이되었다는 것을 뜻하지 않는다. 토마스 아퀴나스와 유명론자들의 견해가 서로 다르고, 종교개혁 이후의 교리 진술들은 그들 나름의 특징을 지니기 때문이다. 그럼에도 전통은 연속성을 지니며, 이런 연속성의 토대를 놓은 사람이 안셀무스다. 특히 주목할 부분은 이러한 개략적인 흐름에 종교개혁을 포함한다는 점과, 루터는 특별히 기여한 일이 없고 모든 면에서 안셀무스의 전통을 따랐을 뿐이라는 사실을 자명하게 여긴다는 점이다. 하지만 이러한 전통에 반대하는 학자들은, 루터의 개념 체계 안에는 루터가 바꾸지 않고 그대로 받아들인 중세 속죄론과 루터의 개혁 작업 및 이신칭의 이론에 영감을 불어넣은 종교적 시각 사이에서 서로 상충하는 내용이 해결되지 않은 채 존재한다고 인정한다.

마지막으로 전통적인 설명에 따르면, 지난 두 세기는 이러한 두 유형, 곧 '객관적인' 유형과 '주관적인' 유형이 공존하면서 두 유형 사이에 이루어진 논쟁으로 특징지워진다. 주관적인 유형은 아벨라르두스 및 여기저기서 일어난 소치누스주의 같은 몇몇 운동과 관계가 있으나, 그 이론이 힘을 얻게 된 것은 계몽주의 시대가 시작한 이후였다. 19세기에는 이 주관적 견해와 '객관적' 교리 유산 사이에서 다툼이 두드러졌으며 다양한 타협이 이루어졌다. 리츨은 계몽주의 시대를 '객관적' 교리가 붕괴된 시대로 여기고, 한 장의 제목을 "슐라이어마허와 그의 제자들이 이끈 아벨라르두스 교리의 부흥"이라고 달았다. 당연히 두 진영은 각기 자기 견해를 지지하는 근거를 신약성경에서 찾았다. 프로테스탄트 정통주의 전통을 수정하거나 수정하지 않은 채 옹호하려고 했던 사람들은 이 유형의 '속죄 이론'의 성경적 기초를 확보하기 위해 애썼다. 다른 쪽 사람들은 신약성경이 담고 있는 것으로는 '교회의 교리'라고 부를 수 있는 가르침을 다 설명할 수 없다는 점을 입증하고자 애썼다. 이러한 논쟁 한가운데서 성경 주석은 오랫동안 어려움을 겪었다. 여기까지 살펴본 것이 속죄론의 역사에 대한 일반적인 설명이다. 하지만 우리는 이 설명이 만족스러운 것인지 당연히 헤아려 보아야 할 것이다.

고전적인 속죄 개념

위에서 제시한 설명으로는 제대로 다룰 수 없거나 매우 공정치 못하게 다룰 수밖에 없는 형태의 속죄 개념이 있다. 만일 그 속죄 개념을 무시하면, 전체적 관점이 어긋나 버리고 심각하게 오해한 역사 이해를 낳게 된다. 이 유형의 견해를 임시로 '극적인'dramatic 이론이라고 부르도록 하자. 이 이론의 핵심 주제는 속죄를 하나님의 투쟁과 승리로 보는 개념이다. 그리스도—'승리자 그리스도'*Christus Victor*—는 세상의 악한 권세들, 곧 인간을 억압하고 고난에 빠뜨리는 '폭군들'과 맞서 싸워 승리를 거두며, 하나님께서는 그리스도 안에서 이 세상과 자신의 화해를 이루신다. 여기서는 특히 두 가지 점을 강조할 필요가 있다. 첫째, 이것은 완전하고 타당한 의미의 속죄론이라는 점이다. 둘째, 이 속죄 개념은 그 자체로 고유하고 명료한 특성을 지니며, 다른 두 이론과 완전히 구별된다는 점이다.

첫째, 후대에 발전한 속죄론의 경우는 그처럼 속죄론이라고 부르는 것이 적절한 데 반해 이 속죄 개념은 구원론으로만 불리는 것이 옳다고 보는 생각을 당연시해서는 안 된다. 분명 이 개념이 구원의 사역, 곧 구원의 드라마를 다루기는 하나, 여기서 구원은 동시에 온전한 의미의 속죄이기도 하다. 그 이유는 이 사역 안에서 하나님께서는 이 세상을 자기 자신과 화해시키시면서 동시에 하나님께서 화해를 받으시기 때문이다. 이 개념의 배경은 이원론적이다. 하나님께서는 그리스도 안에서 당신의 뜻에 저항하는 악의 권세들과 싸워 승리를 거두시는 분으로 그려진다. 이러한 승리를 통해 속죄가 성취되는데, 그 이유는 이 드라마는 우주적인 드라마이고, 적대적인 권세들을 물리친 승리는 하나님과 세상 사이에 화해를 이루는 새로운 관계를 낳기 때문이며, 그에 더해 적대적인 권세들은 어떤 면에서 만인의 심판자이신 하나님의 뜻을 받들어 하나님의 심판을 실행하는 자들로 간주되기 때문이다. 이런 면에서 볼 때, 대적하는 권세들에 대한 승리는 하나님 자신의 화해 행위로 간주된다. 하나님께서는 이 세상을 자신과 화해시키는 바로 그 행위를 통해 그분 자신도 화해를 받으신다.

둘째로, 이 '극적인' 속죄관은 다른 두 유형과는 완전히 구별되는 특별한 유형이라는 점을 인정해야 한다. 이 강연을 진행하다가 적당한 때, 그 특성을 자세히 설명하게 될 것이다. 지금은 임시로 간략하게 살펴본다.

'극적인' 유형과 소위 '객관적인' 유형의 가장 두드러진 차이점은 극적인 유형이 속죄나 화해 사역을 처음부터 끝까지 하나님 자신의 사역으로, 곧 연속된 하나님의 사역으로 설명하는 데 반해, 객관적 유형에 따르면 속죄의 행위는 분명 하나님의 뜻에 그 뿌리를 두고 있지만 그것이 이루어지는 과정에서 그리스도께서 인간의 자격으로 인간을 위해 하나님께 제물로 드려지고, 그 까닭에 불연속적인 하나님의 사역으로 불리게 된다는 사실에 있다.

다른 한편으로 '극적인' 유형이 '주관적인' 유형과 분명히 대립된다는 사실은 언급할 필요조차 없다. 극적인 유형은 인간 안에서 이루어지는 변화만을 주장하지 않는다. 이 유형은 상황에서 일어나는 완전한 변화, 하나님과 세상 사이의 관계 변화, 나아가 하나님 자신의 태도 변화까지도 가르친다. 정말이지 이 개념은 철저히 '객관적'이다. 이 객관성은 속죄가 주로 개인들에게만 영향을 끼치는 것이 아니라, 세상 구원의 드라마로서 제시된다는 사실로 말미암아 한층 더 강조된다.

그런데 '극적인' 유형이 분명하고 확고한 객관적 특성을 지닌다는 이유로, 통상적으로 이런 이름으로 불려온 유형을 '객관적 속죄'라고 부르는 것은 속죄 개념의 역사를 명확하게 이해하는 데 거의 도움이 되지 않는다. 그렇게 되면 분명하게 구분해야 할 두 가지 속죄 견해가 혼동되는 결과를 낳을 뿐이다. 그래서 나는 일반적으로 객관적이라고 불리는 유형의 견해를 '라틴' 유형이라고 부르려고 하는데, 그 개념이 서방의 라틴 토양에서 생겨나 발전했기 때문이다. 그리고 이원론적이고 극적인 이 견해는 '고전적' 속죄 개념이라고 부른다.

고전적 개념은 기독교 교리의 역사에서 사실상 그 중요성이 쉽게 흔들릴 수 없는 자리를 차지해 왔다. 그 개념은 다양한 형태로 등장했으며 그 모두가 똑같이 유용하지는 않았지만, 초기 교회 시대 전체에 걸쳐 주도적인 속죄 개념이었다는 사실에는 논쟁의 여지가 없다. 내가 입증하려는 대로 그 개념은 또한 신약의 주도적 개념이었다. 그 개념은 초기 교회 안에 돌연히 등장하거나 어떤 외부의 출처에서 수입된 것이 아니기 때문이다. 사실 그것은 기독교 역사의 초기 천 년 동안 지배적이었던 속죄 개념이었다. 중세에 들어와 그 개념은 교회의 신학적 가르침에서 점차 주변부로 밀려났지만, 교회의 신앙적인 언어나 예술 속에서는 여전히 살아남았다. 그 개념은 마틴 루터를 통해 이전보다 훨씬 더 강력하고 굳건한 모습으로 우리 앞에 다시 등장했으며, 루터의 기독교 신앙 논의에서 중요한 부분을 차지했다. 그러므로 그 개념은 기독교의 고전적 속죄 개념이라는 이름을 차지할 충분한 자격이 있다. 그런데 이것이 사실이라면, 이 유형의 견해를 제대로 고려하지 않는 교리사의 모든 논의는 심각한 오류에 빠질 수밖에 없다.

논평

아울렌이 1930년에 발표한 이 논문은 원래 독일어로 펴냈으나 별로 관심을 끌지 못했고, 이어서 영어로 번역되어 책으로 출간되었다. 이 책은 실제 가치 이상으로 커다란 영향을 끼쳤는데, 그 이유는 아울렌이 제시한 승리자 그리스도 모델이 안셀무스와 아벨라르두스가 주장한 대안적인 이론들에 대해 극히 비판적이면서도 여러 가지 면에서 엄밀하지 못한 설명으로 채워졌기 때문이다. 아울렌의 속죄 이론이 매우 매력적인 것으로 인정받은 한 가지 이유는, 그 당시까지 학문적 신학 논의를 주도해 온 자유주의 개신교에서 그 쟁점을 다룬 이론들에 대해 점차 회의가 늘어갔던 현상과 함께, 제1차 세계대전 이후 등장한 갈등이라는 문제에 새롭게 관심이 일었던 때문이다.

생각해 볼 물음들

❶ 아울렌이 '극적인', '객관적인', '주관적인' 견해라고 이름 붙인 속죄론들의 차이점을 여러분의 말로 간략하게 서술해 보라.

❷ 아울렌은 '극적인' 속죄 이론이 "상황에서 일어나는 완전한 변화, 하나님과 세상 사이의 관계 변화, 나아가 하나님 자신의 태도 변화까지도 가르친다"라고 말한다. 이에 대해 아울렌 자신은 어떻게 평가하는가? 아울렌은 이 이론과 '객관적인' 이론을 어떻게 구분하는가?

5.29 ▼

블라디미르 로스키

: 신화神化로서의 구속

망명 러시아인 신학자 블라디미르 로스키Vladimir Lossky, 1903-1958는 1953년에 원래 프랑스어로 출간된 이 글에서, 정교회 신학에서 신화(神化)라는 관념이 지니는 근본적 중요성을 설명하면서, 그 개념이 성육신 개념과 밀접하게 연결되어 있음을 강조한다 4.19, 5.4, 5.5, 5.8, 5.11, 5.12 참조.

본문

"하나님이 인간이 되신 까닭은, 인간으로 하나님 되게 하기 위해서였다." 이레나이우스에게서 처음 만나는 이 힘찬 구절은 아타나시우스와 나지안주스의 그레고리우스, 니사의 그레고리우스의 글에서 다시 만나게 된다. 교부들과 정교회 신학자들은 매 시대마다 이 말을 동일하게 강조하면서 되풀이 말했으며, 이 놀라운 문장에다 기독교의 본질을 요약해 담아내고자 했다. 다시 말해 하나님께서는 참으로 놀랍게도 우리 인간이 얽매인 타락한 조건의 궁극적 한계까지, 곧 죽음에 이르기까지 내려오셨으며, 이렇게 내려오신 하나님께서는 창조된 존재가 신성과 연합하게 되는 무한한 비전을 향해 올라갈 길을 인간에게 열어 주셨다.

그리스도의 신격 divine person 이 강림 *katabasis* 함으로써, 인간은 성령 안에서 상승 *anabasis* 이 가능하게 되었다. 하나님의 아들의 자발적인 비하, 곧 구속하는 자기 비움 *kenosis* 이 반드시 일어나야 하는 까닭은, 그 일을 통해 타락한 인간이 자신의 소명인 신화(神化) theosis, 곧 창조된 존재가 '창조되지 않은 은총'에 의해 신화되는 일을 이룰 수 있게 하려는 것이다. 따라서 그리스도의 구속 사역—일반적인 용어로는 말씀의 성육신—은 피조물의 궁극적 목적, 곧 하나님과의 연합을 아는 것과 직접 관계가 있다고 말할 수 있다. 만일 이 연합이 하나님으로서 인간이 되신 분, 곧 아들의 신격 안에서 성취되었다면, 이번에는 각 사람이 은총에 의지해 신이 되는 것, 곧 사도 베드로의 표현으로 "하나님의 성품에 참여하는 사람"(벧후 1:4)이 되어야 하는 것은 당연한 일이다.……

하나님의 아들이 하늘에서 내려오신 것은 우리를 구원하는 사역을 이루고, 악마의 포로가 된 상태에서 우리를 풀어 주며, 우리 본성을 지배하는 죄를 무너뜨리고, 죄의 삯인 죽음을 해결해 주시기 위해서였다. 따라서 그리스도께서 구속 사역을 이루기 위해 겪으신 고난과 죽음과 부활은 하나님께서 타락한 세상을 다스리는 섭리에서 핵심적 위치를 차지한다. 이 관점에서 볼 때, 교회의 신학적 사고에서 구속론이 왜 중요하게 다루어져야 하는지를 어렵지 않게 납득할 수 있다.

하지만 구속의 교의를 기독교의 가르침 전체 체계에서 분리시켜 고립된 것으로 다루게 되면, 그 교의를 구속자의 사역이라는 면에서만 해석함으로써 전통을 제한하게 되는 위험이 상존한다. 그럴 때 신학 성찰은 세 방향으로 발전한다. 원죄, 십자가에서 이루어지는 원죄의 배상, 그리스도의 사역으로 말미암은 구원의 결과들을 기독교인에게 전용하는 것이 그것이다. 이처럼 '구속 개념'의 지배를 받는 제한적인 신학의 관점에서 보면 "하나님이 인간이 되신 까닭은, 인간으로 하나님 되게 하기 위해서였다"라는 교부들의 명제는 낯설고 비정상적인 것처럼 여겨진다. 우리는 우리 자신의 구원에만 집착함으로써, 하나님과의 연합이라는 생각을 잊어버린다. 달리 말해 하나님과의 연합은 우리가 현재 처한 불행과 대비되어 하찮은 것으로 여겨진다.

논평

로스키는 하나님께서 성육신을 통해 구원의 사역을 행하시는 강림*katabasis*과, 그 결과 인간이 하나님의 본성을 공유하게 되어 하나님께로 나아가는 상승*anabasis*을 강조하는 정교회의 특성에 관해 설명한다. 로스키는 특히 구속을 신학을 통일시키는 주제로 보질 않고 단일 측면에 불과한 것으로 여기는 서방 신학의 경향을 비판하면서, 그런 경향의 뿌리를 캔터베리의 안셀무스에게서 찾는다.

생각해 볼 물음들

❶ 로스키가 "구속자의 사역이라는 측면에서만" 이해하는 속죄 이론을 강하게 비판하는 이유는 무엇인가?

❷ 로스키가 "자기 비움"*kenosis*, "상승"*anabasis*, "강림"*katabasis*이라는 신학 용어들을 통해 말하려는 것이 무엇인지 설명해 보라.

5.30 ▼

버나드 로너간

: 구속의 이해가능성

예수회 학자인 버나드 로너간Bernard J.F. Lonergan, 1904-1984은 20세기의 가장 탁월한 캐나다 신학자 가운데 한 사람이다. 로너간은 신학 방법에 관한 논의로 널리 알려졌고, 특히 『신학 방법』1973이라는 저술로 유명하다. 하지만 그의 관심은 훨씬 광범위한 영역까지 미친다. 여기에 옮긴 본문은 1958년에 몬트리올의 토머스 모어 연구소에서 '구속'이라는 일반적 주제로 강연했던 내용에서 뽑은 것이다. 이 강연에서 제시한 개념들은 그가 나중에 저술한 『몸을 입은 말씀』*De verbo incarnato*, 1960에서 훨씬 더 깊게 다루었다. 이 본문에서 로너간은 어떻게 우리가 구속을 '이해'한다고 말할 수 있는지의 문제를 다루고, 이 주제를 다섯 가지 논점에서 성찰한다5.10, 5.13, 5.16, 5.17, 5.28 참조.

본문

1. 필연성이 아니다

첫 번째로 살펴볼 논점은 구속을 필연성이 아니라, 이해가능성이라는 면에서 생각해야 한다는 것이다.

초기 프로테스탄트와 정통 루터교인, 정통 칼뱅주의자들처럼 첫 종교개혁자들을 계승했던 사상가들은, 공의로운 하나님은 그리스도께서 인간이 되어 고난당해 죽지 않고서는 인간의 죄를 용서할 수 없었을 것이라고 단호하게 주장했다. 칼뱅은 한 걸음 더 밀고 나갔다. 그는 그리스도께서 빌라도와 병사들에게 당한 고난으로 만족하지 않고, 사도신경에 나오는 '지옥으로 내려가'라는 구절이 그리스도께서 저주받은 자의 형벌을 겪으셨다는 사실을 뜻한다고 주장했다.

고난이 하나님의 선하심을 제한하는 필요조건이라는 교리—칼뱅의 이론이 아닌 교리—는 대체로 안셀무스에게서 비롯된 것이라고 볼 수 있다. 흔히 안셀무스는 그리스도의 고난과 죽음이 왜 필연적인가를 설명하는 이론을 제안한 것으로 여겨진다. 다른 한편으로 그는 자신이 필연적이라는 말로 의미하는 것이 무엇인지 정의하기도 한다. 그런데 안셀무스가 생각한 것이 정확히 무엇인지를 결정하는 것은 매우 세밀한 해석학적 노력이 필요하다. 사실 11세기 말경 그의 사고는, 철학과 신학을 구분하는 발전된 체계나 신학적 사고의 엄밀한 본질과 신학이 파악할 수 있는 이해가능성을 확정하려는 모든 체계적 시도보다 훨씬 앞섰다.

그리스도에 의한 구속의 필연성을 다룬 가톨릭 전통은 명료하고 한결같은 형태를 지닌다. 아우구스티누스는 하나님께서 인간을 구속하실 수 있는 방법은 그리스도의 고난과 죽음 외에도 많다고 단호하게 주장했다. 이와 동일한 견해가 페트루스 롬바르두스에게서도 반복되는데, 그의 『명제집』은 3세기나 4세기 무렵 신학의 기본 교재였다. 이 견해는 토마스 아퀴나스와 스코투스, 그리고 그 뒤를 잇는 모든 신학자들에 의해서 되풀이되었다. 그러므로 구속과 관련해서 이해해야 할 중요한 사항들이 있지만, 그렇게 이해하는 것은 필연성을 파악하는 일이 아니다. 이것은 2 더하기 2는 4라는 사실을 이해하는 것과는 다르다. 이 이해는 중력법칙을 이해하는 것과 비슷하다. 중력법칙은 등가속도이지만, 아무런 모순 없이 다른 수학공식으로도 표현할 수 있다. 그러므로 이해가능성은 필연성과 동일한 것이 아니다.

2. 역동적인 이해가능성

둘째, 이 이해가능성은 정적이지 않고 역동적이며, 연역적 사고가 아니라 변증법적 사고의 문제다. 이해가능성의 근본 요소는 역할들의 반전이다. 창세기에서 우리는 하나님께서 아담에게 그 나무의 열매를 먹지 말라고 금하면서 "그것을 먹는 날에는, 너는 반드시 죽는다"(창 2:17)라고 말씀하시는 것을 읽는다. 창세기와 지혜서에서는 죽음이 죄에 대한 벌이라고 말한다. 이와 동일하게 사도 바울도 로마서 5:12에서 "한 사람으로 말미암아 죄가 세상에 들어왔고, 또 그 죄로 말미암아 죽음이 들어온 것과 같이"라고 말한다. 로마서 6:23에서도 "죄의 삯은 죽음이요"라고 말한다. 하지만 죽음은 단지 죄의 삯에 불과한 것이 아니다. 우리가 구원을 얻는 것은 바로 그리스도의 죽음 때문이다. 그리스도의 죽음을 통한 우리의 구원은 신약성경 전체에 걸쳐 계속 언급된다. 고린도전서 15:21-22에서 사도 바울은 이렇게 말한다. "한 사람으로 말미암아 죽음이 들어왔으니, 또한 한 사람으로 말미암아 죽은 사람의 부활도 옵니다. 아담 안에서 모든 사람이 죽는 것과 같이, 그리스도 안에서 모든 사람이 살아나게 될 것입니다." 사도 바울은 죽음과 부활이라는 주제를 여러 가지 형태로 계속 언급한다. 그러한 반복을 통해 드러나는 의미는 죽음을 삼키고서 승리를 얻었다(고전 15:54 참조)는 것이요, 죄의 결과였던 것이 구원의 수단이 되었다는 것이다.……

3. 구체적인 이해가능성

구속을 다룰 때 생각해야 할 이해가능성은 추상적인 것이 아니라, 구체적인 이해가능성이다. 이해가능성은 몸과 정신, 육과 영혼 사이의 미묘한 모든 관계들을 다룬다. 십자가에 달린 그리스도는 무한한 의미를 가리켜 보이는 상징이며, 또 상징일 뿐만 아니라 실제적인 죽음이기도 하다. 이렇게 구체적인 것 속에서, 곧 그리스도 몸과 피와 죽음 안에서 형벌은 배상으로 바뀐다. 여러분이 잘 알고 있듯이, 형벌이라는 개념은 철학적으로 설명하기가 극히 어렵다. 그리스도의 배상이라는 개념은 그 모든 어려운 문제들과 그 문제들의 변형된 형태들을 담고 있다.……

4. 복잡한 이해가능성

또 구속은 단순하지 않고 복잡한 이해가능성이다. 그런데 나는 '복잡한'complex 이라는 말을 수학자들이 사용하는 '복소수'complex numbers 라는 의미로 사용한다. 수학자들은 유리수뿐만 아니라 무리수도 사용하고, 실수와 허수를 함께 사용한다. 그런데 수학자들이 이러한 수들을 혼동하지 않고 그 수들 모두를 동일한 의미와 방법으로 여기지만 않는다면 모든 것이 잘 돌아간다. 이와 유사하게 구속과 관련해서도 우리는 구속을 이해가능한 단일 양식으로 귀결하는 것이라고 생각하지 말아야 한다.……

따라서 구속에 관해 생각할 때, 우리는 어떤 설명이 우리가 생각할 수 있는 모든 것을 이해가능한 단일 양식으로 만들어 낸다고 여기려는 경향을 피하려고 노력해야 한다(이 일은 정말이지 노력을 필요로 한다). 우리가 고려하는 것이 이해가능한 것인 한에서만, 구속은 근거를 지니게 된다. 하지만 구속은 죄와 관련되며, 죄를 전제로 하고, 또 죄로 인해 빚어진 상황이 변화되는 것이다. 따라서 구속에 관해 고려할 때, 우리는 단순한 이해가능성이 아니라, 죄의 이해불가능성을 마주하시는 하나님의 초월적 이해가능성을 염두에 두어야 한다.

5. 다수의 이해가능성

구속을 다룰 때, 마지막으로 생각해야 할 이해가능성은 단일한 이해가능성이 아니라 다수의 이해가능성이다. 이해가능성은 어떤 단일한 공식, 어떤 간단한 근거에 꼭 들어맞게 되는 것은 아니다. 안셀무스의 『왜 하나님은 인간이 되셨는가』*Cur Deus homo* 는 모든 것을 단일 공식으로 축소하려는 경향을 보여준다. 그러나 그 저술이 나온 후 약 한 세기 반쯤 지난 13세기 초에 파리의 주교인 기욤 도베르뉴가 그다지 알려지지 않은 저술을 펴냈는데, 그 제목은 『왜 하나님은 인간이 되셨는가』가 아니라 『하나님이 인간이 되신 이유들에 관하여』*De causis cur Deus homo* 였다. 기욤이 주장하려 했던 것은, 구속은 어떤 단일한 근거가 아니라 많은 근거와 관련된 문제라는 것이었다.……

그런데 내가 보기에 위에서 살펴본 것들은, 우리가 구속에 대한 총체적인 견해를 찾고자 할 때 반드시 고려해야 하는 일반적 특성이요 조심해서 살펴야 할 조건들이다. 파악해야 할 이해가능성이 있지만, 그 이해가능성은 필연성이 아니다. 이해가능성이란 마땅히 그래야 하는 것이 아니라, 하나님께서 지혜롭게 여기고 좋다고 보시는 것을 이해할 수 있게 표현해 내는 것이다. 그것은 경험의 법칙과 같은 것이지 수학적 필연성은 아니다.

논평

이 중요한 글에서는 여러 가지 주요 문제들을 다룬다. 로너간은 우리가 당연히 구속을 '이해가능한' 것으로 말할 수 있다고 주장하면서도, 다른 한편으로 구속의 복잡성을 단일한 신학적 원리로 바꾸려는 시도에 대해 비판한다. 그는 특히 캔터베리의 안셀무스가 펼친 이론5.13에 대해 비판하는데, 그는 안셀무스의 이론이 속죄의 신비를 하나의 신학 공식으로 바꾸어 버린다고 여긴다. 그는 구속의 이해가능성을 긍정하면서도 그것을 수학적이거나 논리적인 진리와 같은 것이 아니라, 경험적 법칙으로 다루어야 한다고 주장한다.

생각해 볼 물음들

❶ 로너간이 주장하는 다섯 가지 논점을 여러분의 말로 요약해 보라. 여러분은 그 다섯 가지 논점에 대해 각각 어떻게 평가하겠는가?

❷ 로너간은 안셀무스의 이론을 어떤 논점에서 다루는가? 로너간이 제기한 쟁점은 무엇인가? 여러분은 그가 옳다고 생각하는가?

❸ 로너간이 구속에 대한 연역적 사고와 변증법적 사고를 대조함으로써 의도하는 것은 무엇인가?

볼프하르트 판넨베르크
: 그리스도론의 구원론적 이해

볼프하르트 판넨베르크1928-2014는 1964년에 그리스도론을 서술하는 방법론을 다룬 저서를 『그리스도론의 토대』*Grundzüge der Christologie*라는 제목으로 펴냈으며, 이 책이 영어로는 『예수: 신과 인간』*Jesus-God and Man*이라는 제목으로 출간되었다. 커다란 영향을 끼친 이 책에서 그는 그리스도론의 토대를 확립하기 위해 역사로 돌아가는 일을 옹호했다. 그는 구원론의 관점에서 그리스도론을 이해하는 방식, 달리 말해 예수의 구원 사역이 인간에게 끼치는 영향에 비추어 예수의 정체성을 규정하는 이론에 각별한 관심을 기울였다. 판넨베르크는 나사렛 예수의 역사를 토대로 삼아 예수의 정체성을 세워야 한다고 주장했다5.5, 5.25, 5.26, 9.2 참조.

본문

'하나님'과 '구원자'라는 두 개의 호칭은 1948년에 암스테르담에서 창립된 세계교회협의회의 기본 신앙고백의 내용을 이룬다. 예수의 신성은 우리의 구속자이자 해방자로서의 그의 의미와 떼려야 뗄 수 없을 정도로 밀접하게 연결되어 있다. 멜란히톤이 남긴, "예수 그리스도가 어떤 분인지는 그의 구원 행위를 보고 알 수 있다"라는 유명한 말이 이 점을 잘 설명해 준다. 그러나 예수의 신성이 그가 우리에게 주는 구원적 의의his saving significance에 근거하는 것은 아니다. 신성과 구원적 의의는 상호 연관되지만 별개의 것들이다. 예수의 신성은 그가 우리에게 구원적 의의를 지니기 위한 **전제 조건**으로 계속 이어지며, 역으로 그의 신성이 지닌 구원적 의의는 우리가 그의 신성 문제에 **관심**을 기울여야 하는 이유가 된다. 슐라이어마허 이후로 신학에서는 그리스도론과 구원론의 밀접한 결속을 일반적인 사실로 인정해 왔다. 즉 이러한 결속은 현대 그리스도론의 확연한 특성으로 자리 잡았다.

이제 사람들은 더 이상, 중세의 스콜라주의 신학이나 그 뒤를 이은 16-17세기의 개신교 정통주의 교의학에서 그랬던 것처럼 예수 그리스도의 신-인격을 그의 구속 사역과 갈라서 생각하지 않는다. 그와는 달리 슐라이어마허를 따라서, 그 둘을 한 가지 일의 두 측면으로 생각한다.……

그리스도론과 구원론을 분리하는 것은 불가능한데, 일반적으로 구원론적인 관심, 곧 구원 및 그리스도의 은택*beneficia Christi*에 대한 관심은 우리로 하여금 예수라는 인물에 관해 묻게 만들기 때문이다.……하지만 그와 동시에 이처럼 그리스도론과 구원론을 연결하는 데서 생겨나는 위험도 있다. 그런 방법으로 우리는 예수 자신에 대해 올바로 말해 왔는가? 혹시 그렇게 해서 인간이 지닌 구원과 신화(神化)에 대한 열망, 하나님과 비슷해지려는 인간의 갈망, 죄에 대해 배상해야 하는 인간의 의무, 실패와 자기 죄책에 사로잡혀 있는 인간 경험 등을 예수라는 인물에다 투사한 것은 아닌가? 더 분명하게 말해서, 신개신교주의를 따라 완전한 종교성이나 온전한 도덕성, 순수한 인격, 철저한 신뢰라는 개념을 예수라는 인물에 투사한 것은 아닌가? 인간의 갈망들이 예수라는 인물에 투사되고 그 안에서 인격화된 것에 불과한 것은 아닌가?……

그리스도론이 구원론적 관심사에 의해 휘둘릴 수 있는 위험성을 분명히 인식할 필요가 있다. 틸리히가 "그리스도론은 구원론의 한 기능이다"라고 말한 것만큼 이 점을 확실하게 보여주는 것도 없다. 하지만 이러한 경향은 이 책에서 살펴본 모든 유형의 그리스도론 사고 속에서 거의 의식적으로, 또 일정한 정도로 작동하고 있다. 멜란히톤과 나중에 와서 구원 경험에서 추론하여 자기 그리스도론을 세운 슐라이어마허에 의해 이런 경향이 체계화되고 강화되면서 그 위험성이 더 확연하게 드러났다.……

그러므로 티베리우스 황제 시대에 이 땅에 살았던 예수와 그의 인격에 관한 물음인 그리스도론은, 그리스도의 의의에 관한 물음을 다루는 모든 구원론보다 언제나 앞서야 한다. 그리스도론에서 구원론이 도출되어야 하며 그 역이 되어서는 안 된다. 그렇지 않으면 구원에 대한 믿음은 실제적인 토대를 완전히 상실하게 된다.

논평

이 글에서 판넨베르크가 그리스도론과 구원론을 밀접하게 연계시키고 있다는 사실을 알 수 있다. 그러면서도 그는 구원론에서 곧바로 그리스도론으로 나가는 방식에 대해서는 경고한다. 판넨베르크의 주요 논지에 따르면, 그리스도가 인간에게 끼친 영향에서 도출한 그리스도론은 역사와의 접촉점을 상실할 위험이 있으며, 결과적으로 인간이 느끼는 필요를 덧씌운 투사에 불과한 것이 되기 쉽다. 역사에 근거를 둘 때, 그리스도론은 실재에 굳건히 뿌리를 내리게 된다.

생각해 볼 물음들

❶ 판넨베르크는 필립 멜란히톤이 남긴 유명한 경구인 "예수 그리스도가 어떤 분인지는 그의 구원 행위를 보고 알 수 있다"라는 말을 긍정적으로 인용한다. 그러나 이와 관련해 "그리스도론은 구원론의 한 기능이다"라는 폴 틸리히의 진술에 대해서는 여러 가지로 우려를 표명한다. 이러한 사실들에 대해 여러분은 어떻게 설명할 수 있는가?

❷ 판넨베르크는 슐라이어마허의 신학 이론을 어떻게 비판하는가? 여러분은 포이어바흐의 종교 비판9.2이 이 글에 끼친 영향을 분별해 낼 수 있는가?

제임스 I. 패커

: 형벌의 대리 이론

5.32 ▼

20세기의 가장 영향력 있는 복음주의 신학자 중 한 사람인 제임스 I. 패커 James I. Packer, 1926 출생는 원래 1973년에 케임브리지 대학교 틴들 하우스에서 행했던 강연을 출판한 이 글에서, 그리스도의 죽음의 대리적인 특성을 크게 강조한 안셀무스의 속죄론을 옹호한다. 이 인용문에서는 주로 '대리'라는 말을 어떻게 이해해야 하는지에 대해 다룬다5.13, 5.14, 5.15, 5.16, 5.19, 5.28, 5.30 참조.

본문

형벌의 대리penal substitution 이론과 관련해 먼저 언급해야 할 내용은 이미 살펴보았다. 이 이론은 성경 주석을 기초로 삼고, 예수께서 우리를 하나님께로 이끌기 위해 갈보리에서 행한 일에 특별한 강조점으로 두어 다듬어 낸 기독교 신학의 모델이다. 형벌의 대리라는 '교리'에 관해 논하고자 한다면, 우리는 이 모델이 하나님의 행위를 극적이고 케리그마적으로 묘사하고 있다는 점과, 또 우리가 니케아의 삼위일체 '교리'라고 부르고 칼케돈의 그리스도 인격 '교리'라고 부르는 방어적인 공식-모델들defensive formula-models 보다는 아울렌이 제시한 하나님의 승리(아울렌은 결코 이렇게 생각하지 않았지만)라는 '고전적 개념'과 훨씬 더 유사하다는 점을 기억해야 한다. 논리적으로 형벌의 대리 모델은 두 단계에 걸쳐 완성된다. 첫째는, 그리스도의 죽음이 대리적인 것이었다고 선언한다. 다음으로, 형벌이라는 단어를 추가함으로써 대리의 특성을 밝히고 특별한 준거틀로 삼는다. 이 두 단계를 하나씩 살펴본다.

첫 단계는 그리스도의 죽음이 대리적인 것이라고 선언한다. 이 말은 무엇을 뜻하는가? 『옥스퍼드 영어사전』은 대리substitution 를 "어떤 사람이나 물건으로 다른 것을 대신하게 하는 일"이라고 정의한다. 현대 기독교의 담화에서 한 가지 기이한 점은, 예수의 죽음이 대신하고vicarious 대표하는 representative 것이었다고 주장하는 많은 사람들이 그 죽음이 대리적이었다는 점은 부정한다는 사실이다. 『옥스퍼드 영어사전』에서는 두 단어를 모두 대리적이라는 의미로 정의하기 때문이다! 대표한다는 말은 "어떤 일이나 사람의 이익을 위해서 그들의 권위나 힘을 위임받아 그들을 대신하거나 대변하는 행위, 또는 어떤 사람이나 일이 다른 것을 대리하는 일"이라는 의미로 사용된다. 그리고 대신한다는 말은 "다른 일이나 사람의 자리를 차지하거나 대행하는 것, 적합한 일이나 사람을 대리하여 맡는 것"이라고 정의된다. 이렇게 볼 때, 두 말의 차이는 없고 구분만 이루어지는 것이라고 볼 수 있다. 실제로 대리라는 말은, 어떤 사람이 다른 사람의 필요를 채워 주거나 짐을 덜어 주기 위해 행동하고, 따라서 그 사람은 더 이상 스스로 그 짐을 지지 않게 되는 경우에 적용되는 폭넓은 개념이다. 판넨베르크의 말대로, "사회생활에서 대리하는 일은 일반적인 현상이다.……직업의 구조, 노동의 부문까지도 대리적인 특성을 지닌다. 직업을 가진 사람은 자기가 봉사하는 사람들을 위해 이 직능을 수행한다." 모든 봉사는 특성상 그 봉사를 받는 사람에게 자기 스스로 해결할 일 외에도 감당할 일이 있음을 알고서 그 일을 대신하는 일이기 때문이다. 이러한 넓은 의미에서 볼 때, 바울을 본받아 "그리스도께서 우리를 위하여 죽으셨습니다"*huper*–우리를 위하여, 우리 유익을 위해, 또는 "그리스도께서 우리를 위하여 저주를 받은 사람이 되심으로, 우리를 율법의 저주에서 속량해 주셨습니다"여기서도 *huper*가 쓰인다(롬 5:8, 갈 3:13)라는 말이 참된 의미를 지닌다고 주장하고, 나아가 그리스도께서 "많은 사람을 위하여 자기 목숨을 몸값으로 치러 주려고 왔다"*anti*, 이 말은 정확히 '–를 대신하여', '대리하여'라는 뜻이다는 그의 약속을 받아들이는 사람들이라면 누구라도 주저하지 않고 그리스도의 죽음이 대리적인 것이었다고 말할 것이다. 정말이지 바울이 그리스도의 죽음을 가리켜 대신하는 일이라고 표현한다면, 실제로 그렇다고 말하는 것이다.……

[복음주의적인 형벌의 대리 모델은] 십자가와 관련해 인격적인 종교의 기본을 이루는 통찰들을 구체화하여 보여준다. 그래서 나는 이런 통찰들을 아래와 같이 인격적인 용어들로 제시한다.

1. 데니James Denney의 표현대로, 하나님께서는 "아무것도 묵과하지 않으시고" 모든 죄를 있는 그대로 심판하신다. 이 점이 옳다는 것을 성경이 확증하며 또 내 양심이 인정한다.
2. 나는 최고 형벌로 고통을 당하고 하나님 앞에서 쫓겨나도 마땅한 죄인

이며(이 역시 내 양심이 인정한다), 내가 이 일을 피하기 위해 할 수 있는 일은 아무것도 없다

3. 내가 책임을 져야 하는 죄에 대한 형벌은 어떤 것이든 하나님의 아들이신 예수 그리스도께서 십자가에 죽으심으로 나 대신 담당하셨다.
4. 그러므로 나는 그분에 대한 믿음을 통해 "그리스도 안에서 하나님의 의"가 되었다. 다시 말해 나는 의롭게 되었으며, 내게 용서와 용납과 아들됨이 허락되었다.
5. 그리스도께서 나를 위해 죽으신 일이 하나님 앞에서 내가 희망을 품을 수 있는 유일한 토대다. "그분이 의로움을 성취하지 않았다면 내가 의로움을 이루어야 하며, 그분이 진노를 감당하지 않았다면 내가 영원토록 그 진노를 감당해야 한다."
6. 그리스도를 믿는 내 신앙은 하나님께서 내게 주신 선물로, 그리스도께서 나를 위해 죽으셨기에 허락된 것이다. 다시 말해 십자가로 인해 허락된 것이다.
7. 그리스도께서 나를 위해 죽으신 일은 나를 보존하여 영광에 이르게 한다.
8. 그리스도께서 나를 위해 죽으신 일은 나를 향한 아버지와 아들의 사랑의 척도이며 약속이다.
9. 그리스도께서 나를 위해 죽으신 일은 나로 하여금 신뢰하고 예배하며 사랑하고 섬기는 일에 헌신하게 한다.

따라서 이 모델에서 우리는 십자가가 성취했고 지금도 성취하는 것이 무엇인지 알게 된다.

논평

이 강연은 형벌의 대리 교리를 다룬 고전적 논의로 여겨져 왔으며, 거기서 주장의 논리를 온전히 파악하기 위해서는 강연 내용 전체를 읽을 필요가 있다. 패커는 "십자가는 형벌의 대리라는 특성을 지녔으며, 바로 이 사실

때문에 십자가는 인간에게 구원이 되었다"라는 믿음을 옹호하는 자기 의도를 밝히는 것으로 강연을 시작한다. 여기에 실은 글은 그 강연의 뒷부분에 나오는 논증에서 인용했다. 패커가 언급하는 세 명의 신학자는 구스타프 아울렌, 제임스 데니, 볼프하르트 판넨베르크다. 패커는 이 교리가 논리적으로 일관성 있고, 신학적으로 타당하다고 주장한다.

생각해 볼 물음들

❶ 패커는 '형벌의 대리'를 교리로 보는가, 아니면 신학적 모델로 보는가?

❷ 여러분은 이 글의 후반부에 나오는 아홉 가지 진술 가운데 어떤 것이 패커의 이론에서 핵심적 중요성을 지닌다고 생각하는가?

5.33 ▼

도로테 죌레
: 고난과 구속

독일 신학자 도로테 죌레1929-2003, Dorothee Sölle, 성 Sölle는 영미권에서 Soelle로도 표기한다는 가장 흥미로운 20세기 신학자 가운데 한 사람으로 널리 인정받는다. 그녀는 모국인 독일과 미국 양쪽에 큰 영향을 끼쳤으며, 여성신학, 해방신학, 정치신학에 특별한 관심을 쏟았다. 『고난』*Suffering*, 1975에서 죌레는 타당하지도 않고 도움도 안 되는 기독교의 고난 이해들을 비판하면서, 그 대신 좀 더 적합한 다른 이론을 제안한다. 인간이 당하는 고난을 하나님의 능력을 입증하는 것으로 보거나 그리스도인의 소명이라고 여기는 것은 다음과 같은 두 가지 기본적인 질문에 적절한 답을 제시할 수 없다. "고난의 원인들은 무엇이며, 그러한 조건들은 어떻게 극복할 수 있는가?" 또 "고난의 의미는 무엇이며, 어떠한 형편에서 고난은 우리를 더욱 인간답게 해줄 수 있는가?" 여기서 살펴볼 본문에서는 고난의 상징인 십자가를 다루며, 나아가 십자가가 고난당하는 인간에게 지니는 함의를 다룬다3.20, 3.30, 3.32, 3.35, 5.25, 5.36, 5.37 참조.

본문

십자가는 노예들의 종교를 나타내는 상징으로, 노예들에게 배정된 징벌적 죽음을 뜻한다. 이처럼 고난과 실패와 죽음을 가리키는 상징이 반드시 기독교 한가운데 세워질 필요가 있는가? 신학과 경건생활에서 십자가를 과도하게 강조한 것이 사회 속에서 '고통을 합리화하는 하나님'을 예배해 오고 지금도 예배하는 현실을 초래한 것은 아닌가? 울리히 헤딩거Ulrich Hedinger는 '고대와 기독교의 동맹'을 강하게 비판했는데, 그 둘이 '지고의 섭리는 혹독한 운명을 좌우하고, 그런 운명을 수단으로 삼아 다스린다'는 근본 교리를 가지고 있었기 때문이다. 그는 또 순종을 높이 치켜세우는 일을 철저히 배척했다. 메시아 신앙의 관점에서 볼 때 신학은 고난을 제거하는 일을 하며, 그런 신학에서는 십자가가 결코 중심에 놓일 수 없다. 예수의 죽음은 한마디로 말해 종교 · 정치적인 살해이거나 정치적인 살해였으며, 사랑은 "비록 예수의 용서하는 사랑일지라도 그 진정성을 입증하기 위해 십자가의 살해를 끌어들일 수 없다." 이러한 맥락에서 헤딩거는 역설, 곧 고난 가득한 현실과는 철저히 모순되는 일을 신학의 중심 범주로 치켜세우는 신학적 사고에 대해 비판한다. "하나님이 절대적 의미에서 역설로 인정되는 곳에서, 그 하나님은 사랑과 고통의 구분을 모호하게 만든다."

하지만 사랑이 그 진정성을 입증하기 위해 십자가를 필요로 하는가의 문제는 내가 보기에 잘못 제기된 것이다. 이러한 문제가 제기되는 형편에서, 헤딩거는 십자가를 '징벌적 죽음의 형이상학'이라는 관점에서, 즉 고난을 예정해 놓고 마침내 아브라함의 희생제사를 완성시킬 기회를 잡은 하나님이라는 관점에서 이해하거나, 또는 사람들이 십자가로 고난당하고 죽어가면서 매달리는 '죽음을 위로하는 신비주의'라고 이해한다. 하지만 십자가는 하나님 아버지와 아들의 관계를 나타내는 상징이 아니며, 사랑을 확증하기 위해 고난을 감당해야 한다고 보는 마조히즘의 상징도 아니다. 십자가는 무엇보다도 현실을 가리키는 상징이다. 사랑은 십자가를 '필요'로 하는 것이 아니라, 실제로*de facto* 십자가에 오르는 것으로 끝난다. 실제로 나사렛 예수는 십자가에 처형되었다. 실제로 스파르타쿠스를 따라 봉기한 노예들의 십자가는 로마 제국의 거리를 장식했다. 십자가는 신학적인 고안물이 아니라, 자유를 향한 투쟁에 대해 세상이 수없이 반복해서 보인 응답이다. 바로 이러한 근거에서만 우리는 십자가 위에서 예수가 죽어간 일 속에서 우리 자신을 발견할 수 있다. 거기서 우리는 지배 질서를 지탱하는 통치자들의 이데올로기를 목격한다. 그 이데올로기에 발을 딛고서 명령을 실행하는 병사들의 잔인성과 사디즘을 본다. 우리는 친구들의 참 모습과 마주하게 된다. 이 모든 일은 우리도 역시 고난당하는 사람들 앞에서 취할 수 있는 태도다. 우리 자신이 고난을 당하게 된다면, 이 예수의 이야기에서 교훈을 배워야 할 수도 있다. 사랑이 그 자체의 실현을 위해 십자가를 필요로 하는가라는 문제는 사변적인 관심사에 불과할 뿐, 실존적인 관심사는 되지 못한다. 하나님의 영광*doxa* 곧 그분의 광채, 자기를 드러내시는 영광, 그분의 행복은 삶의 파괴와 훼손이라는 끔찍한 역설을 "필요"로 하지 않는다. 하지만 사랑은 실제로 십자가에 오르는 것으로 끝나고, 눈앞에 펼쳐지는 현실 속에서 하나님은 역설적 행동을 선택하신다.

논평

이 글에서 죌레는 고난의 의미를 탐구하면서 독일 학자 울리히 헤딩거의 견해를 다룬다. 죌레의 주장에 따르면, 고난에 특정한 이론적 해석 방법을 적용해 고난의 "비밀을 밝혀 내는" 것이 가능은 하겠지만, 십자가의 실존적인 의미와 비교해볼 때 이러한 '사변'은 제한적인 의미를 지닐 수밖에 없다. 십자가는 삶을 끌어안아 그 모든 차원과 조건들을 긍정하는 것을 의미한다. 그리스도가 성육신을 통해 신자와 이룬 연대로 인해 고난의 현실이 긍정되며, 그와 동시에 그 현실은 인간적인 일이 된다.

생각해 볼 물음들

❶ 죌레가 보기에, 고난을 부적절하게 이해하는 두 가지 견해는 무엇인가?

❷ "사랑은 십자가를 '필요'로 하는 것이 아니라, 실제로 십자가에 오르는 것으로 끝난다." 이 구절에서 죌레가 의미하는 것은 무엇인가?

5.34 ▼

콜린 건튼

: 속죄의 언어

영국의 신학자 콜린 건튼Colin Gunton, 1941-2003은 속죄를 다룬 이 중요한 글에서, 그리스도의 십자가와 관련해 사용하는 신학 언어의 지위를 제대로 파악하는 것이 십자가의 의미를 바르게 이해하는 데 중요하다고 주장한다. 그는 구스타프 아울렌이 제안한 승리자 그리스도*Christus victor* 이론의 몇 가지 측면을 살펴 이 주장을 예증한다1.30, 1.31, 5.28 참조.

본문

초기 몇 세기 사이에 기독교 전통이 모양을 갖추게 되면서 사탄과 악마의 영역을 이해하는 방식에 상당한 변화가 일어났다. 특히 악마를 십자가에 달린 그리스도에게 패배한 개별적 실체로 의인화하는 경향이 나타났다. 시간이 흐르면서 전반적으로 악마를 묘사하는 방식에서 제한이 크게 줄어들었다. 아울렌이 지적했듯이, 바울이 이 문제를 다루는 방식과 후기 저자들이 다루는 방식은 실질적인 대조를 이루었는데, 바울은 대부분의 교부들에 비해 악마에 대해 훨씬 적게 언급했다. 후기에 와서 이렇게 상대적으로 제한이 줄어든 일은 악마를 물리친 일을 일종의 속임수로 묘사하는 경향에서도 발견된다. 이러한 묘사에 따르면, 악마는 예수를 인간에 불과한 먹잇감이라고 여겨 덜컥 삼키지만 결국 숨겨진 신성이라는 낚싯바늘에 걸려들고 만다. 니사의 그레고리우스는 이런 개념을, 심각할 정도는 아니지만 꽤 불편하게 여겼던 것이 분명하다.……하지만 그레고리우스가 이 문제를 다루는 방식에서 문제가 드러나는데……그의 견해가 신화론적이라고 불리게 된 사고 쪽으로 기울었다는 점이다. 구체적인 신-인 관계들의 과정 밖에 있는 영역에서 투쟁이 이루어지는 것으로 여겨졌다. 여기서 우리는 앞서 언급한 복음서 이야기들의 두 가지 특징과 대조해 볼 수 있다. 즉 신학적인 면에서 유혹과 치유들은 모두 인간이 악마와 실제로 조우한 일로 이해되었다. 다른 한편, 그레고리우스에게서 은유적인 차원은 뒤로 물러나고, 승리는 지나치게 문자적으로 이해되었으며, 그 결과로 실제 일어난 일로 추정되는 것 이상으로 너무 많은 것들이 덧붙여졌다.

전통이 신화로 바뀌는 경향을 다루면서 우리는 아주 중요한 문제로 은유와 신화의 차이점을 살펴볼 필요가 있다. 악마가 속임수로 인간을 사로잡아 지배할 권리를 가지게 된 일을 지나치게 **문자적으로** 다루는 사람들은 사실 자신들이 사용하는 언어가 지닌 은유적인 본질을 제대로 파악하지 못했다. 그것은 마치 우리가 마가복음에서 예수는 많은 사람을 구원하기 위하여 치를 몸값으로 자기 목숨을 내어주려고 왔다고 말하는 구절을 읽으면서(막 10:45), 얼마나 많은 돈을 치렀고 누구에게 치렀는가를 따져 묻는 것과 같다. 여기서 우리는 어떤 사상가들이 은유를 지나치게 문자적으로 이해할 때 발생하게 되는 일이라고 주장한 것의 사례를 본다. 다시 말해, 은유가 신화가 된다.……

그렇다면 이런 유형의 언어를 사용하는 성경 및 기타 신학의 언어가 제시하는 것은 무엇인가? G. B. 케어드G. B. Caird, 1917-1984는 신약성경에 나오는 통치자와 권세자들에 관해 다음과 같이 말한다.

> 통치자와 권세자들은 그 이름이 뜻하는 바와 같이……바울이 무너져 버린 것으로 여겼던 옛 세상의 질서에 속한……정치와 사회, 경제, 종교의 권력 구조들을 가리킨다. 그러므로 바울이 그리스도는 십자가 위에서 권세자들을 무너뜨리고 승리했다고 주장하는 것은, 이 땅의 실재들에게 그리고 인간과 나라들의 집단적 삶에 십자가 처형이 가한 충격에 관해 말하는 것이다. 바울은 위대한 고대의 신비적 언어를 사용하면서 그 활력을 이어받아 십자가라는 역사 사건을 해석한다.

이 설명을 따라 우리는 바울이 신화적 언어를 비신화론적인 방식으로 사용한다는 것을 알 수 있다. 만일 케어드의 주장이 옳다면, 우리는 아울렌의 설명을 확증해 주는 또 한 가지 근거를 얻은 셈이 된다. 아울렌이 설명하는 것처럼, 승리란 우리 세상과 구별되는 초월적 세계에 살면서 그 밖으로부터 개입하는 권세자들을 물리쳐 이긴 일이 아니다. 바울은 "이 땅의 실재들과……인간과 나라들의 집단적 삶"에 관해 말한다. 하지만 그들은 일상의 경험적인 용어들로는 제대로 설명해 낼 수 있는 권세자들이 아니다. 그 권세자들은 사실상 이 세상의 사물들이 존재하는 방식에 영향을 끼치는데, 그것도 일부 측면들에 영향을 끼치는 것이 아니라 그 특성을 좌우한다는 점에서 '우주적'인 성격을 지닌다. 따라서 성경의 은유들은, 이런 신화적 언어를 사용해서 간접적으로만 설명할 수 있는 것들을 현실에 맞게 설명해 내는 방법이다. 하지만 간접적인 설명도 역시 실제로 존재하는 것들을 설명하는 방법이다.

논평

이 중요한 연구 논문에서는 전통적으로 속죄를 설명하는 데 사용해 온 언어의 지위 문제를 다룬다. 건튼은 실제로 존재하는 것을 설명하기 위해 은유적 언어를 사용할 수 있다는 점을 인정해야 한다고 주장한다. 다시 말해 비문자주의적인 언어 양식들을 사용한다고 해서 실재를 신뢰할 만하게 서술하지 못한다고 보아서는 안 된다. 건튼은 성경의 은유들이란 "이런 신화적 언어를 사용해서 간접적으로만 설명할 수 있는 것들을 현실에 맞게 설명해 내는 방법이다. 하지만 간접적인 설명도 역시 실제로 존재하는 것들을 설명하는 방법이다"라는 말로 이 논점을 강하게 주장한다. G. B. 케어드는 그 당시에 활동한 영국의 탁월한 신약학자로, 건튼은 옥스퍼드의 맨스필드 대학에서 공부할 때 그와 개인적인 친분을 나누었다.

생각해 볼 물음들

❶ 건튼은 교부시대의 일부 신학자들이 신학 언어를 신중하지 못하게 사용했다고 지적하면서, 그들이 신학 언어의 은유적 지위를 제대로 이해하지 못한 것이 그 원인이라고 추정한다. 건튼이 염두에 둔 신학자들은 누구인가? 그들은 어떤 이론을 주장했는가?

❷ 조지 케어드가 1980년 출간한 저술인 『성경의 언어와 표상』*The Language and Imagery of the Bible*에서 건튼이 인용해서 실은 부분을 주의해 살펴보라. 건튼은 케어드의 이론을 어떻게 이용하는가?

5.35 ▼

『가톨릭교회 교리서』
: 그리스도의 희생

1992년에 처음 출간된 『가톨릭교회 교리서』*Catechism of the Catholic Church*는 20세기에 출간된 가장 탁월한 교리문답 자료 가운데 하나로 인정받는다. 이 교리서는 신학적인 깊이가 있으면서도, 트리엔트 공의회 교령 같은 이전의 교회 문헌들과 성경을 토대로 삼아 개념들을 이해하기 쉽게 설명한다. 아래 인용한 교리서 본문에서는 그리스도께서 십자가 위에서 겪으신 죽음을 희생제사로 보는 전통적인 믿음의 핵심 주제들을 제시한다5.1, 5.9,

5.10, 5.28, 5.30 참조.

그리스도의 죽음은 유일하고 결정적인 희생제사다

613. 그리스도의 죽음은 "세상 죄를 지고 가는 하나님의 어린 양"(요 1:29)을 통해 인간의 결정적인 구속을 성취하는 유월절 희생제사이며, "죄를 사하여 주려고 많은 사람을 위하여 흘리는……언약의 피"(마 26:28)를 통해 인간과 하나님의 화해를 이루어 하나님과 교통할 수 있도록 회복시켜 주는 새 언약의 희생제사다.

614. 그리스도의 희생제사는 유일한 것으로, 다른 모든 희생제사를 능가하고 완성한다. 첫째, 이 희생제사는 아버지 하나님께서 주신 선물인데, 하나님께서 우리와 당신의 화해를 이루시기 위해 당신의 아들을 죄인들에게 내어주셨기 때문이다. 그와 동시에 이 희생제사의 제물은 인간이 되신 하나님의 아들로서, 그분은 성령을 통해 자기 생명을 우리의 불순종에 대한 보상으로 아버지께 자유로운 사랑으로 드리셨다.

예수는 불순종한 우리를 대신해 순종하셨다

615. "한 사람이 순종하지 않음으로 말미암아 많은 사람이 죄인으로 판정을 받았는데, 이제는 한 사람이 순종함으로 말미암아 많은 사람이 의인으로 판정을 받을 것입니다"(롬 5:19). 예수께서는 죽기까지 순종하셔서 고난받는 종의 역할을 완수하셨고, "많은 사람의 죄를" 지고 "자기의 생명을 속죄의 제물로" 내어놓으셨으며, "많은 사람의 잘못을 감당"하셔서 그들을 의롭게 세우셨다(사 53:10-12). 예수께서는 우리의 허물을 대속하시고, 아버지께 우리의 죄에 대해 배상하셨다.

예수께서는 십자가 위에서 당신의 희생제사를 완성하신다

616. 그리스도의 희생제사가 구속과 보상, 속죄와 배상의 가치를 지니는 까닭은 "끝까지"(요 13:1) 품으시는 그분의 사랑 때문이다. 그리스도는 우리 모두를 잘 아시고 사랑하셔서, 당신의 생명을 내어주셨다. "그리스도의 사랑이 우리를 휘어잡습니다. 우리가 확신하기로는 한 사람이 모든 사람을 위하여 죽으셨으니, 모든 사람이 죽은 셈입니다"(고후 5:14). 사람은 제아무리 거룩한 사람이라 해도, 모든 사람의 죄를 짊어지고 자기 생명을 그들을 위한 희생제물로 내어놓을 수 없다. 그리스도 안에 현존하는 성자의 신격은 모든 인간을 능가하고 포괄하며 인류 전체의 머리가 되시기에, 그의 구속하는 희생제사는 모든 사람을 위한 것이 된다.

617. 트리엔트 공의회는 그리스도의 희생제사의 독특한 성격을 강조해 "영원한 구원의 원천"이라고 정의하며, "그가 십자가 위에서 당한 지극히 거룩한 수난으로 우리가 의롭게 되는 은혜를 입었다"고 가르친다. 교회는 그분께서 지신 십자가를 기리며 "오, 복되도다. 우리의 유일한 소망인 십자가"라고 노래한다.

우리는 그리스도의 희생제사에 참여한다

618. 십자가는 "하나님과 사람 사이의 유일한 중보자"(딤전 2:5)이신 그리스도의 유일한 희생제사다. 그러나 그분은 인간의 몸을 입으신 신격 안에서 모든 사람을 당신과 하나 되게 하셨기에, "하나님께만 알려지는 방식으로 유월절 신비에서 참여하는 자가 될 가능성"을 모든 사람에게 열어 주신다. 그리스도께서는 제자들에게 "제 십자가를 지고 나를 따라 오너라"(마 16:24)라고 말씀하신다. "그리스도께서는 여러분을 위하여 고난을 당하심으로써, 여러분이 자기의 발자취를 따르게 하시려고 여러분에게 본을 남겨 놓으셨"기 때문이다"(벧전 2:21). 예

수께서는 그가 베푼 구속의 첫 수혜자가 된 사람들이 구속을 이루는 그 희생제사에 동참하기를 원하신다. 이러한 주님의 뜻은 그분의 구속적 고난의 신비에 그 누구보다 깊숙이 동참했던 예수의 어머니에게서 가장 온전하게 성취된다. 십자가 외에 우리를 천국으로 오르게 할 사다리는 없다.

논평

위의 본문은 『가톨릭교회 교리서』에서 "하나님의 구원 계획에 속한 그리스도의 구속적 죽음"이라는 제목으로 다루어진 폭넓은 논의에서 인용했다. 이 글에서는 몇 가지 성경적 주제를 헤아리고 하나로 묶어, 그리스도의 죽음이 지니는 희생제사적 의미를 풍부하게 묘사한다. 여기 인용한 글에서는 주로 이런 개념들을 집중적으로 탐구하며, 이스라엘의 예배에서 희생제사 개념의 제의적 맥락과 같은 연관된 문제들은 다루지 않는다.

생각해 볼 물음들

❶ 그리스도만이 인류 전체를 대표하고, 그들을 위한 희생제사가 될 수 있다고 주장하는 『가톨릭교회 교리서』의 논의를 여러분의 말로 정리해 보라.

❷ 이 본문에 따르면, 그리스도의 희생제사에서 핵심을 이루는 두 가지 요소는 무엇인가?

5.36 ▼ 미로슬라브 볼프

: 그리스도의 십자가와 인간의 폭력

미로슬라브 볼프Miroslav Volf, 1956 출생는 기독교 신학의 중심 주제들을 사회,

정치, 문화의 주요 쟁점들과 연계시키는 일에 각별한 관심을 기울인다. 그가 태어난 발칸 지역의 사회적 갈등에 대한 경험이 그로 하여금 기독교 전통에 속한 주제들을 어떻게 정치 신학으로 발전시킬 수 있는가 하는 문제와 씨름하게 만들었다. 특히 이 문제를 주제로 삼아 탐구한 저술이 『배제와 포용』1996인데, 이 책에서 그는 배제는 제거하고 포용은 촉진시킬 수 있는 신학적 자원과 동기들에 대해 고찰한다. 이렇게 분석하는 중에 볼프는, 어떻게 십자가가 인간 폭력의 악순환을 깨뜨릴 수 있는지에 관해서도 성찰한다5.33, 5.37, 5.38 참조.

본문

십자가에 달린 메시아는 다음과 같은 네 가지 방식으로 폭력에 맞섰다.

첫째, 십자가는 폭력의 악순환을 깨뜨린다. 예수는 십자가에 달리심으로써, 복수의 원리("눈은 눈으로, 이는 이로") 대신 무저항의 원리("누가 네 오른쪽 뺨을 치거든, 왼쪽 뺨마저 돌려 대어라", 마 5:38-42)를 따르라는 자신의 가르침에 대한 궁극적인 모범을 보이셨다. 그는 무고한 희생자가 되어 폭력을 견딤으로써 박해자들의 공격을 받아내셨다. 폭력을 끌어안아 흡수함으로써 폭력의 악순환을 깨뜨렸다. 그는 자동적으로 반복되는 복수의 수렁에 빨려들기를 거부하고 선을 행함으로—자기 목숨을 대가로 치르고라도—악을 극복하려고 애썼다. 예수가 대안으로 선택한 비폭력은 다른 사람이 마음대로 나를 다루도록 그들의 처분에 나를 완전히 맡겨 버리는 자기포기와는 아무런 관계가 없다. 그것은 원수들의 폭력 행동을 어리석게 반복하는 일에 휩쓸리지 않고 그들의 거울 이미지로 전락하지 않겠다는 자기주장의 성격이 훨씬 강했다. 십자가에 달린 메시아는 결코 테러 체제에 대한 암묵적인 정당화가 아니라, 오히려 철저한 비판이다. 희생자인 메시아를 신성시하는 것은 폭력을 최고의 자리로 높이는 것이 아니라 뒤집어엎는 것이다.

둘째, 십자가는 희생양 기제(機制)를 폭로한다. 예수의 죽음에 대한 기록들은 하나같이 그가 불의한 폭력으로 고난당했다고 말한다. 그를 핍박한 사람들은 자기들 명분이 고결하다고 믿었으나, 사실은 아무런 명분도 없이 증오를 퍼부었다. 예수는 희생양이었다. 하지만 예수가 아무런 근거도 없이 미움을 받았다고—그가 무고한 희생자였다고—말하는 것은, 희생양 이론을 제시한 르네 지라르의 주장처럼 그가 임의로 선택된 희생자였다고 말하는 것이 아니다. 기만과 억압의 세상에서 예수의 무죄함—진실함과 의로움—은 미움을 받기에 충분한 이유였다. 예수는 위협적인 인물이었다. 그의 위협적인 무죄함 때문에 그는 희생양이 되었다.……

셋째, 십자가는 하나님의 진리와 정의를 위한 예수의 투쟁의 일부다. 예수의 사명은 단순히 수동적으로 폭력을 받아들이는 데 있지 않았다. 부재하시는 하나님을 향한 고뇌의 울부짖음이 그의 유일한 외침이 아니었다. 처형장으로 가는 길에 무거운 십자가에 눌려 쓰러진 일이 그가 이룬 유일한 일은 아니었다. 만일 예수가 폭력을 겪는 일 외에는 아무 일도 하지 않았다면, 우리는 수많은 무고한 희생자들을 잊었듯이 그분을 기억 속에서 지웠을 것이다. 희생양 기제는 그의 고난으로도 폭로되지 않았을 것이고, 폭력도 그의 무저항으로 전혀 줄지 않았을 것이다. 비폭력이라는 소극적인 태도만으로는 아무런 결실도 얻지 못하는데, 그런 태도는 테러 체제가 지배하는 세상으로 '뚫고 들어가는 일'을 피하기 때문이다. 그런 소극적 태도는 잘해봤자 억압자들에게 간단히 무시당하게 되고, 최악의 경우 그들을 간접적으로 정당화하는 것으로 간주되기에 이른다. 중요한 사실은 비폭력이 테러 체제와 맞서 싸우는 커다란 전략의 일부여야 한다는 것이다.

하지만 '투쟁'과 '싸움'이라는 용어는 부적절하지 않을까? 그런 용어는 비폭력과 상충하지 않는가? 예수의 공적 사역—하나님의 진리와 정의가 다스리는 하나님 나라를 선포하고 실행한 일—이 다른 가수와 배우들이 떠나고 난 뒤 빈 무대에서 공연된 연극이 아니었다는 사실을 생각해 보라. 우리가 텅 빈 무대에 설 수 없듯이, 그분도 텅 빈 무대에 오르지 않았다. 텅 빈 무대는 창조의 여명이 밝아오기 전 태초에만 있었다. 아무것도 존재하지 않는 텅 빈 무대 위에서 하나님께서는 창조의 드라마를 공연하셨고, 그리하여 세계가 존재하게 되었다. 그 뒤를 잇는 드라마의 모든 부분은 무엇인가 존재하는 무대 위에서 공연되었으며, 모든 관객이 다 연기자였다. 특히 죄로 오염된 창조 세계 안에서 진리와 정의의 나라를 선포하고 실행하는 일은 단순히 빈자리를 채우는 행위가 아니라, 언제나 다른 사람들이 점유하고 있는 공간 속으로 침투하는 행위다. 따라서 사탄의 나라, 곧 기만과 억압의 나라에 적극적으로 저항하는 일은 하나님 나라를 선포하는 일과 결코 분리될 수 없다. 이렇게 저항한 일로 인해 예수는 십자가에 달리게 되었으며, 그의 비폭력에 의미를 부여하는 것도 바로 이런 저항이었다. 이처럼 기만과 억압에 맞서는 투쟁으로 말미암아 비폭력은 열매 없는 소극적 태도에서 창조적 가능성으로 바뀌고, 모래 수렁에서 새 세상의 견고한 토대로 변하게 된다.

넷째, 십자가는 기만적이고 불의한 사람들을 감싸 안는 하나님의 행위다. 존 밀뱅크가 『신학과 사회이론』*Theology and Social Theory*에서 주장한 대로, 악한 사람들을 포용하는 방법 가운데 하나는 "마치 그들에게 죄가 없는 것처럼 행동하는" 것이다. 그런 점에서 십자가에 달린 예수는 우리의 모범이 된다. 그분처럼 우리도 가해자들에 대해 "아버지, 저 사람들을 용서하여 주십시오. 저 사람들은 자기들이 무슨 일을 하는지를 알지 못합니다"(눅 23:34)라고 말하게 된다. 순전한 은총의 행위 속에서 정의와 진리는 유보되고 화해의 포용이 이루어지게 된다. 하지만 우리가 용서를 "마치 그들에게 죄가 없는 것처럼" 행동하는 것으로 잘못 이해한다면, 용서를 심각하게 오해하는 것이다. 더욱 중요한 것으로서 용서의 행위에서 진리와 정의를 유보하는 일은 새 세상의 창조를 돕기 위한 의도이지만, 사실 그러한 유보는 새 세상, 곧 기만과 불의가 없는 세상을 전제로 한다. 정의와 진리를 유보해 보라. 그러면 당신은 세상을 구속할 수 없을 것이고, 세상은 지금 모습 그대로 이어질 것이다. 죄의 면전에서 "마치 없는 것처럼" 행동하는 것은 밀뱅크의 주장대로 죄가 전혀 없는 천국을 기대하는 행위일 것이다. 하지만 그런 기대의 대가는 이 세상을 지옥의 어둠 속에 내버려두는 것이다. 세상은 영원토록 엉망인 채로 계속 이어질 것이다. 죄 없는 자들의 피는 영원토록 하늘을 향해 울부짖을 것이다. 세상에 관한 진리가 논의되고 정의가 실행되지 않고서는 구속은 있을 수 없다. 실제로 죄가 있는데도 마치 죄가 없는 것처럼 죄를 다루는 것은, 세상이 구속받지 못했는데도 마치 구속받은 것처럼 살아가는 것과 다름없다. 그럴 때 구속에 대한 주장은 공허하며, 심지어 위험하기 짝이 없는 이데올로기로 변질되어 버린다.

논평

이 글에서 볼프는 십자가 위에서 그리스도가 겪은 고난이 폭력, 죄, 용서와 어떤 관계인지를 탐구한다. 특히 그는 유명한 희생양 이론을 주장한 프랑스 사회과학자인 르네 지라르René Girard, 1923-2015 및 영국 신학자 존 밀뱅크1952 출생의 사상과 소통한다. 볼프의 논의에서 핵심 주제는, 그리스도가 십자가에서 당한 죽음을 하나님 나라의 특성인 진리 및 정의와 별개의 것으로 떼어 놓고서는 제대로 이해할 수 없다는 것이다. 어떤 의미에서 하나님 나라는 그리스도의 죽음으로 시작되었다고 볼 수 있다.

생각해 볼 물음들

❶ 볼프가 십자가의 의의라고 제시하는 네 가지 논점을 여러분의 말로 요약하라.

❷ 볼프의 주장에 따르면, 비폭력은 좀 더 폭넓은 틀 안에서 다루지 않으면 소극적인 개념에 불과할 뿐이다. 볼프는 그리스도가 십자가에서 당한 고난이 어떻게 비폭력을 "모래 수렁에서 새 세상의 견고한 토대"로 변화시킬 수 있다고 보는가?

5.37 ▼

로즈메리 래드포드 류터

: 고난과 구속

대표적인 페미니스트 신학자인 로즈메리 래드포드 류터Rosemary Radford

Ruether, 1936 출생는 『기독교 페미니즘과 구속』*Introducing Redemption in Christian Feminism*, 1998에서, 그리스도의 고난을 다루는 전통적인 이론이 어떻게 '죄책 때문에 마땅히 당해야 할 고난'이라는 개념과 '무고하게 당하는 고난을 통해 가해자에게 그리스도를 닮은 구속의 일꾼이 된다'는 신념을 하나로 묶었는지를 탐구하고, 이러한 견해가 기독교인들에게—특히 여성들에게—어떤 잠재적 함의를 지니는가에 대해 논한다5.34, 5.36, 5.38 참조.

본문

기독교에서 전통적으로 고난에 응답해 온 방식은, 전능하시면서도 자비로우신 구원자 하나님께서 역사에 개입하시고 '자기 아들'을 보내셔서 인간을 죄로부터 구원하기 위해 고난당해 죽게 하셨다는 견해와 인간의 자책을 복잡하게 종합한 것이었다. 고난이라는 문제에 직면해서, 하나님께서 몸소 인간의 고난을 당하시고 그 고난의 원인인 근본적인 죄에 값을 지불하셨다고 주장함으로써 하나님의 능력과 선하심 모두를 옹호해왔다. 이렇게 조합된 믿음을 내세워 고난의 문제에 답하는 동시에 문제를 잠재울 수 있는 강력한 틀을 세웠지만, 그 틀의 뼈대를 이루는 가닥들을 검증하게 되면 틀이 쉽게 무너져 버릴 위험에 처하게 된다.

기독교의 답은 다음과 같은 여러 가지 주장들을 결합한다. 첫째, 하나님은 피조물을 완전히 선하게 창조하셨으며, 인간을 고통 없는 조건에 살도록 계획하셨다. 하나님의 원래 계획 속에는 도덕적이거나 자연적인 악이 포함되지 않았다. 본래 인간은 죄를 짓거나 죽지 않도록 지음받았다. 하지만 여성에게서 시작되었으며, 그렇기에 여성이 일차적인 책임을 져야 하는 인간의 불순종으로 말미암아 이러한 원래의 계획이 파괴되었으며 인간 본성과 자연 세계 자체가 타락에 이르렀다. 그 결과 인간은 원래 지녔던 자유의지를 상실했으며, 그런 처지에서 죽음으로 끝나게 되는 육체적인 악에 얽매이면서 동시에 자기 힘으로는 벗어날 수 없는 도덕적인 악에 사로잡히게 되었다. 하나님은 도덕적이거나 '자연적'인 악에 대한 일체의 책임에서 자유롭게 되었으며, 그 책임은 전적으로 인간, 그중에서도 특히 여성의 어깨에 지워졌다.

둘째, 인간의 능력으로는 값을 치를 수 없는 이 악한 상황에 대한 무한한 죄책은 인간이 자초한 것이다. 인간은 하나님께 한없는 죄를 지었으며, 그 결과 하나님에게서 완전히 소외되어 스스로 문제를 해결할 어떤 수단도 갖지 못하게 되었다. 하지만 은혜로우신 하나님께서 이러한 소외를 해결하고 그 죄책에 대한 값을 치르기 위해 개입하셨다. 인간과 하나님 사이에 가로놓인 이 구덩이는 '인간'(당연히 죄가 없는 인간)이면서 동시에 하나님이신 분이 흘리신 피의 희생을 통해서만 다리를 놓을 수 있다. 죄가 없고 따라서 그에 대한 책임도 없는 예수는 자발적으로 고난을 겪고 십자가에서 죽음으로써 인간의 자격으로 인간의 죗값을 치렀으며, 하나님 자격으로는 인간의 죄책이 만들어 낸 구덩이, 곧 인간이 아니라 하나님만이 메울 수 있는 구덩이에 다리를 놓았다.

십자가를 통한 구속이라는 기쁜 소식은, 우리가 하나님과 화해했으며 이제 하나님께서는 우리의 죄에도 불구하고 우리를 사랑하시고 용납하신다는 것이다. 우리는 이제 하나님의 은총을 힘입어 도덕적으로 선하게 자라갈 가능성을 지니는데, 이 일은 우리의 현재 인간적 조건으로는 불가능하지만 하나님께서 우리에게 주시는 힘으로 말미암아 하나님께 순종할 수 있는 새 능력으로 얻는 가능성이다. 우리가 여전히 죄인인데도(또 계속해서 죄인일 터인데도) 용납되었다는 이 기쁜 소식을 받아들임으로써 우리는 죄로 인해 얽매인 죽음의 운명을 완전히 극복했으며, 죽은 후에도 하나님과 함께 복되게 살리라는 사실을 확신한다.

하지만 지금도 이 땅 위에 계속되는 고난에 대해서는 무엇이라고 말할 것인가? 무죄한 사람들을 혹독한 고난으로 몰아가는 불의한 일들에 대해 무엇이라고 말할 수 있는가? 안전한 삶을 가꾸려는 인간의 노력을 무너뜨리는 자연 재앙에 대해서는 뭐라고 말할 수 있는가? 일부 그리스도인들은 하나님의 종말론적인 개입이나 인간의 진보가 이 땅 위에 새로운 낙원을 일으킬 것이라는 희망을 표명하기도 하지만, 주류에 속하는 기독교에서는 그리스도의 십자가에 의해 성취된 구속의 결과로 이 땅 위의 상황이 도덕적으로나 물질적으로 더 나아질 것이라는 약속을 결코 제시하지 않는다. 신-인의 행위는 하나님으로부터의 소외를 하나님께서 받으시도록 변화시키는 수직적인 일이지, 인간 역사를 병들게 한 악을 변화시키는 수평적인 일이 아니다.

불의한 악에 의한 것이든 불가해한 '자연의' 재난과 피할 수 없는 죽음에 의한 것이든, 모든 고난은 그리스도의 십자가로도 바뀌지 않은 채 계속 이어진다. 이처럼 계속해서 세상을 지배하는 고난에 대해 기독교에서 제시하는 답은 두 가지 독특한 딜레마를 안고 있다. 첫째, 우리는 그처럼 지속되는 고난에 대한 죄책이 우리 자신에게 있다고 여기고, 죄책에 대해 더 열심히 회개해야 하며, 또 우리 힘으로 해결할 수 없는 죄책을 해결해 주신 일로 그리스도께 감사해야 한다. 우리 죄를 위해 그리스도께서 십자가에서 겪은 고난과 비교하면 다른 모든 고난들은 아무것도 아니라고 말할 수 있다. 그리스도가 고난당하게 된 원인을 제공한 것이 바로 우리다. 애초에 우리가 죄를 짓지 않았다면 그리스도께서 우리를 구원하기 위해 고난당할 필요도 없었을 것이다. 따라서 우리가 그리스도의 십자가를 묵상하는 일에는, 우리 죄과를 해결해 준 데 대한 감사에 더해, 이처럼 무한한 고난이 필요하도록 만든 그 끔찍한 범죄를 저지른 일에 대한 새 죄책감을 보태야 한다.

둘째, 우리에게 닥친 특정한 악을 일으킨 책임이 우리에게 있지 않다고 해도, 우리는 그 악을 견디고 그 불행을 감내해야 한다. 그렇게 해서 그리스도의 십자가를 본받을 수 있기 때문이다. 우리는 그리스도처럼 고난을 견딤으로, 죄가 없음에도 우리 죄를 위해 고난당한 그리스도를 닮아 간다. 사실 이러한 딜레마를 안고 있는 십자가의 메시지는 처음에 신약성경에서 노예들에게 노예의 처지뿐만 아니라 흔히 주인들이 그들에게 가하는 독단적인 매질까지 묵묵히 받아들이도록 권면하는 방법으로 생겨난 것이다.……죄책 때문에 마땅히 당해야 할 고난이라는 개념과 무고하게 당하는 고난을 통해, 가해자에게 그리스도를 닮은 구속의 일꾼이 된다는 신념으로 이루어진 이 딜레마는 매우 강력한 메시지였으며, 그런 이유들로 기독교 여성들은 감히 그것에 도전할 생각을 하지 못했다.

논평

기독교에서 전통적으로 가르치는 많은 속죄 이론에서는 하나님께서 세상의 죄를 공정하게 다루시는 수단으로 그리스도의 고난을 이용하신다고 주장한다. 이 본문에서는 그러한 이론을 어떻게 지지할 수 있는지의 문제와 씨름한다. 류터는 자기가 비판하는 사람들이 누구인지 명료하게 밝히지는 않지만, 캔터베리의 안셀무스가 주장한 이론5.13 참조과, 최근에 그 이론이 다시 거론되는 현상을 비판하고 있다는 것은 분명하다. 류터는 이러한 전통적인 견해는 불안정하며 다양한 비판에 쉽게 무너질 위험을 안고 있다고 보았다. 이에 더해 류터는 그리스도가 구속을 이루기 위해 고난을 당했는데도, 인간의 고난은 계속되고 있다는 점을 지적한다. 그녀는 바로 이 문제가 이런 유형에 속한 속죄 이론을 평가하는 데 고려해야 할 중요한 쟁점이라고 주장한다.

생각해 볼 물음들

❶ 이 글에서 류터는 어떤 논점과 관련해서 캔터베리의 안셀무스의 이론을 다루는가? 그리스도가 당한 고난의 의미를 논하는 이 글에서 류터가 관심을 가지고 다루는 논점을 여러분의 말로 요약해 보라.

❷ 류터는 고난에 대한 전통적 기독교의 응답은 '독특한 딜레마'를 안고 있다고 주장한다. 이 딜레마의 두 가지 요소는 무엇인가? 류터는 이것이 특히 여성들에게 어떤 의미를 지닌다고 보는가?

데니 위버
: 전통적 속죄 이론 속의 폭력

재세례파 신학 전통에서는, 개신교와 가톨릭의 전통적인 신학 이론들이 기독교 신앙과 정치 권력의 은밀한 관계를 용인하고, 특히 정치적 목적을 위해 폭력을 사용하는 일을 용납해 온 방식에 대해 자주 관심 있게 다루어 왔다. 이러한 관심은 최근에 주류 기독교의 속죄론들에 대한 재세례파의 비판을 통해 나타났다. 본문에서 데니 위버J. Denny Weaver, 1941 출생는 하나님의 죄 용서가 하나님의 벌이나 응보에 따라 좌우된다고 보는 속죄 이론들을 비판한다5.36, 5.37 참조.

본문

다양한 형태의 배상 속죄론satisfaction atonement은, 정의를 행하거나 잘못을 바로잡는 일이 응보retribution를 통해 이루어진다는 가정에 따라 작동한다. 죄는 불균형을 낳는다. 배상 속죄론에서는 죽음의 형벌이 그 불균형을 바로 세우거나 균형을 잡는다고 여긴다.……인과응보—정의를 행하는 일은 죄에 합당한 벌을 주는 것을 뜻한다—라는 가정이 북아메리카와 세상 많은 지역에서 거의 보편적인 것으로 받아들여지고 있다.

정의를 행하는 일은 벌을 주는 것이라는 가정이 배상 속죄론과 특히 형벌의 대리 속죄론penal substitutionary atonement이라는 개념의 바탕에 깔려 있다. 이 개념은 벌의 필연성을 강조하고, 죄 없는 예수가 우리 대신 벌을 받았다고 본다. 예수는 우리를 대리해 우리가 받아야 할 벌을 떠맡았다. 예수가 대리로 벌을 받는 대상이 된다고 보는 주제—응보의 원리를 따른다—는 특히 페미니스트와 여성운동가들이 매우 모욕적인 것으로 여기는 개념이다. 이 개념에서는 하나님을 응보를 행하는 분으로 묘사한다. 하나님은 자기 자녀들 가운데 하나를 택해 다른 자녀들을 대신해 벌을 주고 욕보인다. 이 주제에서는 예수가 죄가 없는데도 수동적으로 다른 사람을 위해 불의한 고난을 당하는 모델이 된다……

안셀무스가 주장한 배상 속죄론이 형벌의 대리 속죄론과 상당히 다르지만, 두 이론은 모두 그 나름의 응보 개념을 전제로 삼고 있다. 형벌의 대리 이론은 응보를 하나님의 율법에 의해 시행되는 벌이라는 측면에서 이해하는 데 반해, 안셀무스의 경우는 하나님의 침해당한 명예 때문에 죽음으로 치러야 하는 응보가 필요하다고 보았다.

안셀무스의 배상 속죄론은 형벌의 대리 개념과 분명히 구분된다. 형벌의 대리 개념에 따르면, 하나님은 죄인인 인간을 벌하지 않으시고 예수를 대리자로 삼아 벌하신다. 최근에 배상 속죄론을 옹호하고 나선 이론에서는 이 차이를 아주 중요하게 여긴다. 이렇게 옹호하는 이론의 첫째 논점은, 형벌의 대리 속죄론에서 제시하는 하나님과 예수의 이미지, 즉 죄 없는 아들을 벌하는 아버지 하나님과 자기 아버지의 학대를 수동적으로 받아들이는 예수라는 이미지는 억압적인 상황에서 학대당하는 사람들에게 해가 된다고 보는 페미니스트와 여성운동가들이 옳다고 인정해야 한다는 것이다. 둘째 논점은, 형벌의 대리 개념은 안셀무스가 다듬어 낸 것과 같은 진정한 배상 속죄론이 아니라는 주장이다. 그래서 배상 속죄론을 옹호하는 사람들은 초기 프로테스탄트 개혁자들이 건강하지 못한 개념들을 가르쳤다고 비난하면서 진정한 배상 주제를 찾아 중세의 안셀무스에게 호소하는데, 안셀무스에게서 우리는 화가 나서 벌을 주는 하나님이 아니라 하나님의 영예를 옹호하는 개념을 만나게 된다. 이 하나님은 자신의 일보다는, 인간의 죄로 인해 우주 안에 벌어진 무질서와 부조화를 해결하는 일에 더 관심을 쏟는 이로 묘사된다. 이 견해에서는 계속해서 예수의 죽음은 인간이 받아야 할 벌을 예수에게 짊어지우는 것이 아니라, 우주 안에 질서와 조화를 회복하는 일과 관계가 있다고 주장한다.

이 두 가지 유형의 배상 속죄론이 명백한 차이점을 보여주기는 하지만, 안셀무스가 가르친 속죄론일지라도 그 안에 폭력이 내재되어 있다는 사실을 부정할 수 없다. 이 논점을 설명하기 위해 하나님의 영예에 치러야 할 빚이라는 관점에서 속죄에 대해 생각해 보고, 이어서 앞서 제기된 질문들을 다시 살펴보자.

예수는 무엇을 위해 죽었는가? 대답은 하나님이 아니라, 하나님의 영예다. 하지만 하나님의 영예가 하나님과 별개로 존재하는 것이 가능한가? 나는 그렇지 않다고 생각한다. 그런데 이 개념이 예수의 죽음을 벌이라는 관점에서 설명하지 않는다고는 해도 어쨌든 예수의 죽음은 하나님께 드려지고, 마땅히 그럴 필요가 있다는 점은 분명하다. 만일 예수의 죽음이 하나님께 드려지지 않는다면, 구원과 관련된 일은 전혀 발생하지 않게 된다. 그렇다면 하나님께 드려지는 예수의 죽음 사건을 일으키고, 그렇게 해서 하나님의 영예에 진 빚을 갚는 각본은 누가 지휘하고 조정하는가? 악마는 이 질문의 답이 될 수가 없는데, 그 까닭은 안셀무스가 이 문제에서 아예 악마를 배제했기 때문이다. 어떤 식으로든 악마에게 책임을 지우게 되면 악마의 행위를 하나님의 뜻과 나란히 놓는 것이며, 이것은 논리상 불가능한 일이다. 게다가 죄인인 인간도 이 각본을 지휘할 수 없다. 만일 그렇게 되면, 인간이 자기 자신을 구원하는 셈이 된다. 따라서 남아 있는 유일한 답은 하나님의 영예를 되찾고 우주 질서를 회복하기 위해 예수의 죽음을 하나님께 드리도록 만드는 이 각본을 하나님께서 친히 지휘하셨다는 것이다. 이러한 여러 가지 답을 통해 우리는 하나님의 영예에 진 빚을 갚는다는 개념도 형벌의 대리 이론 못지않게 하나님을 예수의 죽음의 원인으로 만들어 버리는 각본이라는 사실을 분명히 확인할 수 있다. 하나님은 구원을 지휘할 수 있는 유일하신 분이고, 아들이 죽음으로 벌금을 치르게 해 죄인인 인간을 구원으로 인도하는 계획을 실행하신 분이다. 게다가 이런 속죄 주제를 떠받치는 가정은 정의를 이루거나 그릇된 것을 바로잡는 일이 형벌이라는 폭력에 의해 이루어진다는 것이다.

안셀무스가 비록 형벌의 대리 이론과는 다른 언어를 사용하지만, 예수의 죽음을 하나님의 영예에 대한 지불이라고 보는 그의 주제도 똑같이 응분의 폭력이라는 가정을 따르고 있으며, 배상 속죄를 형벌의 대리 이론으로 변형한 견해에서 볼 수 있듯이, 하나님이 예수를 죽였다는 함의를 지닌다. 안셀무스의 언어는 이러한 폭력을 감추고 있을 뿐이다. 안셀무스의 언어가 배상 속죄론에 내재된 폭력을 피하고 있다고 주장하는 것은, 사형이 사람들을 죽이는 일이 아니라 '정의를 행하는 일'이나 '법을 수호하는 일'이라고 주장하는 것과 같다. 결론적으로 배상 속죄를 주장하는 모든 이론은 그 외양과는 상관없이 응분의 폭력이나 형벌에 기초한 정의를 전제로 삼고 있고, 하나님에게서 유래하고 하나님에게 돌려지는 폭력에 의존하고 있다고 말할 수 있다.

배상 속죄론은 제3의 방식으로 폭력 문제를 처리한다. 이 이론은 비역사적이고 추상적인 법률 공식에 따라 인간과 하나님의 관계를 설정한다. 그러므로 이 이론은 인간의 역사 외부에서 이루어지는 관계에 관심을 쏟는다. 게다가 배상 속죄론은 예수의 탄생, 삶, 가르침, 죽음, 부활을 다루면서도 실제로는 예수의 죽음만 이용하거나 필요로 한다.……배상 속죄론의 비역사적이고 무윤리적인 차원과 관련된 이런 현상들이 지니는 특별한 의미는, 콘스탄티누스 황제로 인해 빚어진 교회의 변화를 배경으로 삼아 그 현상들을 살펴볼 때 분명하게 드러난다. 이 변화는 이미 2세기에 시작되었고, 몇 세기에 걸쳐 점진적으로 확대되었다. 이렇게 확대되어 온 변화의 결과로 교회는 더는 반체제적 소수자 집단으로 대접받지 않게 되었고 사회질서와 동일시되기에 이르렀으며, 사회의 여러 제도들을 이용해 자기를 구현하게 되는 단계에 이르렀다.……배상 속죄론은 평화주의 교회를 표방했던 초기 교회가 아니라 창검을 받아들인 콘스탄티누스 이후의 교회를 반영한다는 것이 내 생각이다. 배상 속죄론의 추상적이고 비역사적이고 무윤리적인 공식은, 예수의 구원 사역을 외치면서도 동시에 예수가 금지했던 창검을 휘두를 수 있게 해준다.

논평

위버는 미국의 재침례교회 전통에 속한 메노나이트파의 사상적 경향을 대표하는 인물로 볼 수 있다. 그는 비폭력적인 속죄와 관련된 사상들을 다

들어 많은 출판물로 발표했는데, 특히 중요한 저술이 『비폭력적 속죄』 *Nonviolent Atonement*, 2001다. 위의 본문은 비슷한 시기에 출간된 논문에서 인용한 것이며, '기독교 신학 안의 폭력'이라는 주제를 속죄론과 연관시켜 다룬다. 위버는 형벌의 대리 속죄론5.32 참조처럼 하나님의 응보와 분노, 형벌이라는 개념을 강조하면서 교회와 국가의 관계를 콘스탄티누스 방식으로 이해하는 모델과 연결된 속죄 이론들을 집중적으로 다룬다. 위버의 주장에 따르면, 이런 이론들에서는 하나님을 그리스도를 죽음에 이르게 하는 이로 묘사하는데, 이것은 정의와 공평 같은 인간의 본래적인 관념들과는 잘 어울리지도 않는 내밀한 윤리적 요구를 충족시키기 위함이다. 게다가 이런 이론들은 그리스도의 죽음만을 강조하고, 그의 삶과 부활의 의미는 가볍게 여긴다.

생각해 볼 물음들

❶ 위버가 캔터베리의 안셀무스의 속죄 이론5.13 참조에서 관심 있게 다루는 근본적인 문제는 무엇인가? 그는 안셀무스의 이론과 형벌의 대리 속죄론을 어떻게 구분하는가?

❷ 일부 전통적인 속죄 이론들은 "비역사적이고 추상적인 법률 공식에 따라 인간과 하나님의 관계를 설정한다." 이 구절에서 위버가 말하려는 바는 무엇인가? 그는 이것이 왜 문제가 된다고 보는가?

— D. M. Baillie, *God Was in Christ: An Essay in Incarnation and Atonement* (London: Faber & Faber, 1956). (『그리스도論』 대한기독교서회, 1962)

— Vincent Brümmer, *Atonement, Christology, and the Trinity: Making Sense of Christian Doctrine* (Aldershot, UK: Ashgate, 2005).

— F. W. Dillistone, *The Christian Understanding of Atonement* (London: SCM Press, 1984).

— Everett Ferguson, *Doctrines of Human Nature, Sin, and Salvation in the Early Church* (New York: Garland Publishing, 1993).

— R. S. Franks, *The Work of Christ: A Historical Study* (London/New York: Nelson, 1962).

— E. M. B. Green, *The Meaning of Salvation* (London: Hodder & Stoughton, 1965).

— L. W. Grensted, *A Short History of the Doctrine of the Atonement* (Manchester, UK: Manchester University Press, 1920).

— Colin E. Gunton, *The Actuality of Atonement: A Study of Metaphor, Rationality, and the Christian Tradition* (Grand Rapids, MI: Eerdmans, 1989).

— Charles E. Hill and Frank A. James, *The Glory of the Atonement: Biblical, Historical and Practical Perspectives* (Downers Grove, IL: InterVarsity, 2004).

— Lars Koen, *The Saving Passion: Incarnational and Soteriological Thought in Cyril of Alexandria's Commentary on the Gospel according to St. John* (Uppsala: Acta Universitatis Uppsaliensis, 1991).

— Frederick G. McLeod, *The Roles of Christ's Humanity in Salvation: Insights from Theodore of Mopsuestia* (Washington, DC: Catholic University of America Press, 2005).

— Leon Morris, *The Apostolic Preaching of the Cross* (Leicester, UK: InterVarsity Press, 1965).

— Philip Quinn, "Aquinas on Atonement"; in Ronald Feenstra and Cornelius Plantinga(eds), *Trinity, Incarnation, and Atonement*(Notre Dame, IN: University of Notre Dame Press, 1989), pp. 153-177.

— Peter Schmiechen, *Saving Power: Theories of Atonement and Forms of the Church*(Grand Rapids, MI: Eerdmans, 2005).

— S. W. Sykes(ed.), *Sacrifice and Redemption*(Cambridge: Cambridge University Press, 1991).

— Thomas F. Torrance, *Atonement: The Person and Work of Christ*(Downers Grove, IL: InterVarsity Press, 2009).

— Leanne Van Dyk, *The Desire of Divine Love: John McLeod Campbell's Doctrine of the Atonement*(New York: Peter Lang, 1995).

— Geoffrey Wainwright, *For Our Salvation: Two Approaches to the Work of Christ*(Grand Rapids, MI: William B. Eerdmans, 1997).

— Dietrich Wiederkehr, *Belief in Redemption: Concepts of Salvation from the New Testament to the Present Time*(London: SPCK, 1979).

6장 인간의 본성과 죄와 은총

서론

이번 장에서는 기독교의 인간 본성 이해 및 하나님과의 교제와 회복과 관련된 많은 자료를 다룬다. 기독교에서는 인간이 창조 질서의 한 부분이면서 동시에 그 질서와 구별되기도 한다는 사실을 늘 주장해 왔다. 이러한 생각은 흔히 '하나님의 형상' 개념을 사용하여 논의해 왔는데, 몇 개의 읽을거리를 통해 이에 대해 살펴본다. 하지만 기독교의 인간 본성 이해는 하나님의 형상대로 지음 받은 존재라는 개념을 넘어선다. 다시 말해 인간 본성이 죄로 인해 약해지거나 왜곡되고 흠투성이가 되었다고 이해한다. 여기서는 이러한 죄를 어떻게 이해해야 하며 또 그 함의는 무엇인지를 주요 주제로 삼아 탐구한다.

인간의 상황을 다루는 이런 논의들은 하나님의 본성에 관한 논의와 밀접하게 연계되어 다루어진다. 전통적으로 '은총' 개념은 인간을 향한 하나님의 자비하심을 가리키는 말로 사용되었으며, 때로는 그 자비하심을 구체화하거나 표현한 실재를 가리키는 말로도 사용되었다. 중세에는 은총을 흔히 인간 안에 심겨져서 인간의 치유와 영적 성장을 가능하게 해주는 신성한 것이라는 면에서 이해했다. 하지만 좀 더 인격적인 방식으로 하나님에 관해 말하기를 선호하는 사람들은 은총을 주로 인간을 향한 하나님의 태도라고 해석했다.

이런 쟁점들은 기독교 신학에서 늘 중요하게 다루어졌지만, 초기 교회에서 일어난 주요 사건인 '펠라기우스 논쟁'에서 특히 중요한 위치를 차지했다. 5세기에 히포의 아우구스티누스와 로마에서 활동하던 영국 신학자 펠라기우스 사이에 벌어진 이 논쟁은, 자연 및 은총과 관련된 여러 주제들을 중점적으로 다루었다. 이 쟁점들은 16세기 종교개혁 시대에 발생한 논쟁에서 다시 전면으로 등장했으며, 일반적으로 '이신칭의'라는 형태로 다루어졌다. 여기에 선별하여 실은 대표적인 읽을거리들을 통해 독자들은 그 시대에 등장한 이론과 쟁점들에 대해 선명한 감각을 얻을 수 있을 것이다.

1. "하나님의 형상"으로 창조됨

기독교의 인간 본성 이해에서 가장 중요한 성경 본문은 인간이 하나님의 형상과 모양대로 지어졌다고 말하는 창세기 1:27이다. 이 개념은 흔히 라틴어의 *imago Dei*라는 단어로 표현된다. 이 주장의 의미는 무엇인가? 기독교 신학자들은 대체로 이 본문이 창조주와 피조물의 정점인 인간의 밀접한 관계를 제시한다고 이해한다. 하나님은 인간을 피조물의 정점이요 하나님의 형상을 지닌 존재로 지으셨다. 다시 말해 인간은 하나님과 관계를 맺을 수 있는 존재로 지음을 받았다. 하나님의 형상에 따른 창조라는 교리는 구속론과도 밀접하게 관련된다고 여겨졌다. 구속redemption은 하나님의 형상을 온전한 상태로 이끌어서 하나님과의 완전한 관계에 이르고, 영원성을 성취하도록 해준다.

인간이 지닌 '하나님의 형상'

6.3 ▸ 오리게네스: 하나님의 형상
6.4 ▸ 락탄티우스: 하나님 형상의 정치적 특성
6.7 ▸ 니사의 그레고리우스: 하나님을 향한 인간의 갈망
6.14 ▸ 빙엔의 힐데가르트: 남자와 여자의 창조
6.18 ▸ 마그데부르크의 메히트힐트: 하나님을 향한 인간의 열망
6.40 ▸ 메리 헤이터: 인간의 성과 하나님의 형상
6.41 ▸ 베네딕트 16세 교황: 인간의 정체성

2. 죄의 기원과 본질

이번 장에서 다루는 두 번째 주제는 죄의 기원과 본질에 관한 신학적 논의

다. 이 문제는 은총론과 '하나님의 형상'을 따른 창조론 모두와 밀접한 관계가 있다. 초기 교회 시기에는 인간이 처음에 어떻게 죄에 빠지게 되었는지의 문제에 큰 관심이 모아졌다. 많은 교부 저술가들은 모든 인간이 어떻게든 아담의 불순종과 연루된다고 주장했다. 모든 인간이 그 나름대로 아담의 불순종으로 말미암아 상처를 입었다. 아담의 죄는 뭔가 설명할 수 없는 방식으로 그의 후손에게 유전되는 것으로 이해했다. 이 원리를 공식화한 이론 가운데 널리 알려진 것이 아우구스티누스의 '원죄' 개념이다. 죄의 본질을 둘러싸고 여러 가지 논쟁이 벌어졌는데, 남자와 여자를 같은 의미에서 '죄인'으로 볼 수 있는지의 문제가 그 한 가지 예다. 이번 장에서는 여러 편의 읽을거리들을 인용해 이런 쟁점들을 살펴본다.

죄의 기원과 본질

3. 펠라기우스 논쟁

5세기 초 로마의 펠라기우스와 히포의 아우구스티누스를 중심으로 펼쳐진 펠라기우스 논쟁은 은총과 죄의 문제를 집중적으로 다루었다. 이 논쟁은 5세기 초에 발생했지만 이후에도 한동안 이어졌고, 카르타고 공의회와 제2차 오랑주 공의회를 포함해 많은 공의회에서 논쟁의 주제가 되었다. 이 논쟁의 기본 주제들을 아래에 밝힌 여러 문헌을 통해 살펴본다.

펠라기우스 논쟁과 그 여파

6.8 ▸ 히포의 아우구스티누스: 예정의 본질

6.9 ▸ 히포의 아우구스티누스: 타락한 인간 본성

6.10 ▸ 펠라기우스: 인간의 책임

6.11 ▸ 펠라기우스: 인간의 자유

6.12 ▸ 카르타고 공의회: 은총

6.13 ▸ 제2차 오랑주 공의회: 은총과 자유

4. 종교개혁과 은총을 둘러싼 논쟁

16세기의 종교개혁도 은총이라는 쟁점을 중심 주제로 삼았지만, 특히 이신칭의 교리를 중요하게 다루었다. 가톨릭에서 트리엔트 공의회를 통해 종교개혁에 보인 명확한 응답뿐만 아니라 종교개혁 진영 내부에서 수용한 여러 가지 견해들을 이해하는 것이 중요하다. 펠라기우스 논쟁은 '은총에 의한 구원'이라는 개념을 중심으로 이루어졌지만 16세기에 벌어진 논쟁들은 '이신칭의'라는 개념을 쟁점으로 삼았으며, 흔히 '칭의'와 '신앙'이라는 용어들이 뜻하는 것이 무엇인지의 문제를 놓고 다투었다. 이 논쟁에 대해서는 아래의 자료들을 통해 살펴볼 수 있다.

은총을 둘러싼 종교개혁의 논쟁들

6.23 ▸ 마틴 루터: 의롭게 하는 신앙

6.24 ▸ 마틴 루터: 죄와 은총

6.25 ▸ 필리프 멜란히톤: 이신칭의

6.26 ▸ 장 칼뱅: 예정

6.27 ▸ 장 칼뱅: 칭의 개념

6.28 ▸ 트리엔트 공의회: 칭의

5. 예정에 관한 논쟁들

마지막으로 살펴볼 주제는, 오랫동안 논쟁거리가 되어 온 예정의 본질과 원인을 둘러싼 논쟁이다. 이 쟁점은 펠라기우스 논쟁이 벌어지던 때 이미 중요한 문제였으나, 그후 기독교 역사 전체에 걸쳐 신학자들의 마음을 계속 사로잡았던 문제다. 인간은 하나님께 자유롭게 응답할 수 있는가? 아니면 하나님께 응답하는 일도 어떤 의미에서 볼 때 하나님께서 예정하신 것인가?

예정에 관한 논쟁들

6.5 ▸ 암브로시우스: 공로와 무관한 구원의 특성

6.8 ▸ 히포의 아우구스티누스: 예정의 본질

6.20 ▸ 리미니의 그레고리우스: 예정

6.26 ▸ 장 칼뱅: 예정

6.29 ▸ 테오도르 베자: 예정의 원인들

6.31 ▸ 「웨스트민스터 신앙고백」: 예정

6.35 ▸ 칼 바르트: 그리스도 안의 선택

6.36 ▸ 에밀 브루너: 바르트의 선택론

리옹의 이레나이우스
: 인간의 진보

2세기 후반에 나온 이 글에서 리옹의 이레나이우스약 130-202는 인간이 완전에 이를 수 있는 잠재력을 지닌 존재로 창조되었다는 개념을 펼친다. 인간은 완전하게 창조되지 않았다. 그 완전은 도덕적이고 영적인 성장 과정을 거쳐서 성취해야 한다. 따라서 이레나이우스는 악의 기원을 하나님께 있는 어떤 결함에서 찾지 않고, 인간의 연약함과 결함에서 찾는다3.2 참조.

본문

여기서 어떤 사람은 '하나님께서 처음부터 인간을 완전하게 만드실 수는 없었는가?'라는 반론을 제기할 수 있을 것이다. 물론 우리는 언제나 동일하시고 지음 받지 않으신 하나님께는 모든 일이 가능하다는 사실을 인정해야 한다. 그러나 지음 받은 존재들, 곧 시간 속에서 존재하기 시작한 모든 것들은 그것들을 지으신 분에 비해 필연적으로 열등할 수밖에 없다. 나중에 존재하게 된 것들은 영원할 수가 없으며, 영원하지 못한 그것들은 바로 그 때문에 완전함에 미치지 못한다. 갓 창조된 그것들은 유치하고 미숙할 수밖에 없으며, 아직 어른다운 삶에 합당한 채비를 갖추지 못했다. 어머니는 어떤 음식이라도 줄 수 있으나 아기가 아직 자기 나이에 맞지 않은 음식을 먹을 수 없는 것처럼, 하나님께서는 처음부터 인간에게 완전함을 베푸실 수 있었으나 인간이 어린아이에 불과했기에 그것을 받을 능력이 없었다.

논평

이레나이우스는 하나님께서 왜 인간을 흠 없이 완전한 상태로 짓지 않으셨는가라는 문제와 씨름한다. 이레나이우스의 대답이 중요한데, 정리하면 다음과 같다. 인간이 완전함이라는 선물을 받아들이는 것이 불가능했기 때문이다. 완전함은 인격적 성숙을 거쳐 생겨나는 것이다.

생각해 볼 물음들

❶ 이레나이우스는 인간 본성의 수용 능력들을 어떻게 이해하는가? 이렇게 이해한 것을 어떻게 "완전함"이라는 개념과 연계시키는가?

❷ 이레나이우스는 자신이 이해한 인간 본성 개념을 어떻게 죄의 기원이라는 쟁점 3.2 참조과 연결하는가?

6.2 ▼

테르툴리아누스

:죄의 유전

이 글에서 테르툴리아누스약 160-220는 독자들에게 죄나 구속을 순전히 개인적인 의미로만 생각하는 일이 없도록 경고한다. 죄와 은총은 모두 인류 전체와 관련된다. 테르툴리아누스는 죄가 우리 선조들에게서 유전되고, 한 세대에서 다른 세대로 전해진다고 주장한다. 테르툴리아누스가 엄밀한 의미의 원죄 교리를 제시하지는 않았으나, 원죄 교리의 기초를 이루는 몇 가지 개념들을 이 본문에서 발견할 수 있다6.6, 6.9, 6.13 참조.

본문

그런데 선조들의 복이 아무 공로가 없는 후손들에게 전해지도록 정해졌다면, 선조들의 죄가 자손들에게 전해지고, 그 결과 은총과 마찬가지로 죄도 인류 전체에게로 퍼지게 되는 일이 있어서는 안 될 이유가 무엇이겠는가?

(여기서, 훗날에 나온 "아버지가 신포도를 먹었기 때문에, 자식들의 이가 시게 되었다"[렘 31:29]라고 말하지 말라는 규정—즉 아버지는 자식의 죄를 짊어지지 않고 아들도 아버지의 죄를 짊어지지 않으며, 각자 자기의 죄과를 짊어져야 한다는 규정—은 예외로 한다) 이 말이 뜻하는 것은 백성의 완악함과 율법의 완악함이 무너지고 나면, 그때 하나님의 공의는 전체 인류가 아니라 각 개인을 심판하게 된다는 것이다. 여러분이 진리의 복음을 받아들인다면, 아버지의 죄를 아들에게 돌린다는 그 말이 누구를 가리켜 한 말인지 깨닫게 될 것이다. 그 말은 "그 사람의 피를 우리와 우리 자손에게 돌리시오"(마 27:25)라는 말을 자발적으로 자기 자신에게 돌린 모든 사람에게 적용된다. 그러므로 이 말을 미리 들어 아셨던 하나님께서는 섭리로 그것[그 진리의 복음]을 그들에게 적용되도록 정하셨다.

논평

죄는 복합적인 관념인데, 이 글에서 테르툴리아누스는 죄의 다양한 면모들 가운데 몇 가지를 탐구한다. 가장 중요한 면모라면 죄의 공동적corporate 본질을 들 수 있겠다. 현대의 많은 독자들은 이러한 죄의 공동적 특성을 납득하기 어려워하는데, 그 이유는 지금도 서구 사상에서 강력한 영향력을 끼치는 계몽주의의 개인주의적 전제 때문이다.

생각해 볼 물음들

❶ 테르툴리아누스는 죄의 공동적 차원들을 어떻게 설명하는가? 그는 순전히 개인주의적인 사고방식을 어떻게 비판하는가? 그가 예상하는 난점들은 무엇인가?

❷ 테르툴리아누스가 자기 이론을 지지하기 위해 인용한 성경본문인 예레미야 31:29과 마태복음 27:25을 살펴보라. 이 본문들을 그 본래의 맥락에 비추어 살펴보라. 여러분은 테르툴리아누스가 그 본문들을 이용하는 방식에 대해 어떻게 평가하겠는가?

오리게네스

: 하나님의 형상

이 글에서 오리게네스약 185-254는 하나님의 '형상'과 '모양'을 구분하며, '형상'이라는 말은 인간의 상태를 가리키고 '모양'이라는 말은 부활 때 인류가 도달하게 될 최종적인 완전성을 가리킨다고 주장한다6.4, 6.7, 6.18, 6.40, 10.6 참조.

본문

"하나님이 말씀하시기를 '우리가 우리의 형상을 따라서, 우리의 모양대로 사람을 만들자'"(창 1:26)고 하셨다. 이어서 "하나님이 당신의 형상대로 사람을 창조"하셨으며(창 1:26)라는 말씀이 따르는데, 모양에 관해서는 아무 말도 나오지 않는다. 이 사실은 하나님의 첫 창조 때 인간은 존귀한 하나님의 형상을 받았지만, 모양을 완성하는 일은 최후의 완성 때로 미루어졌다는 것을 말한다. 다시 말해 인간은 하나님을 본받아 자신의 노력으로 그 모양을 성취해야 하는 것이다. 태초에 존귀한 형상을 따라 인간에게 가능성으로 허락된 완전은, 인간의 노력을 통해 마지막 때에 이르러 하나님의 모양이 온전히 성취되는 것으로 완성된다. 사도 요한은 이러한 상태를 명료하게 밝혀서 이렇게 말한다. "사랑하는 여러분, 이제 우리는 하나님의 자녀입니다. 앞으로 우리가 어떻게 될지는 아직 밝혀지지 않았습니다만, 그리스도께서 나타나시면, 우리도 그와 같이 될 것임을 압니다. 그 때에 우리가 그를 참 모습대로 뵙게 될 것이기 때문입니다"(요일 13:2).

논평

이 본문에서 "형상"과 "모양"(창 1:26)의 구분을 매우 중요하게 다룬다는 점을 다시 한번 살펴보라. 오리게네스는 이 두 개념의 관계를 종말론적 관점에서 이해하고, 처음 창조와 마지막 때 이루어질 인간의 완성을 하나로 묶어 설명한다.

생각해 볼 물음들

❶ 오리게네스가 "형상"과 "모양"의 차이점을 논하는 방식을 여러분의 말로 설명하라.

❷ 오리게네스는 이렇게 형상에서 모양으로 나가는 일에서 개개 인간이 어떤 역할을 해야 한다고 말하는가?

6.4

락탄티우스
: 하나님 형상의 정치적 특성

『거룩한 제도』*Divine Institutions*에서 발췌한 이 글에서 락탄티우스Lactantius, 약 250-325는 창조론의 정치적이고 윤리적인 측면들을 다룬다. 모든 인간이 한 분 하나님께 지음 받아 그분의 형상을 지니고, 나아가 하나의 원형 인간—아담을 가리킨다—으로부터 지음 받은 까닭에, 그들은 서로 존중하며 돌보아야 한다. 락탄티우스는 "형상"을 가리키는 말로, 관례적으로 사용해 온 *imago* 대신에 *simulacrum*이라는 라틴어를 사용한다. 이 용어는 흔히 우상이나 신들의 조각상을 가리키는 데 사용되는데, 형상과 그 대상 사이의 유사성을 강조한다6.3, 6.5, 6.39, 6.40 참조.

본문

지금까지 하나님에 관한 일을 말했으니 이제 다른 사람들에 관한 일을 말하려고 한다. 인간이 하나님의 형상*homo dei simulacrum est*인 까닭에, 사람에 관한 것은 그대로 하나님과 관련된 것이기도 하다. 정의가 하는 일은 첫째로 하나님과 관련된 것으로 우리를 하나님과 하나 되게 하는 것이며, 둘째로 인간에게 관심을 기울이는 것이다. 첫째의 이름은 종교이며, 둘째의 이름은 자비 또는 인간애다. 종교는 의로운 사람과 하나님께 경배하는 사람들의 특성이다. 그것만이 생명이다. 하나님께서는 우리에게 지혜를 가르치시기 위해 우리를 벌거벗기고 연약하게 만드셨다. 특히 하나님께서는 우리가 동료 인간들을 보호하고 사랑하고 돌보며, 그들을 모든 위험에서 지키고 도와줄 수 있도록 우리에게 신실한 사랑의 마음을 주셨다. 우리를 하나 되게 하는 가장 강한 끈은 인간애다. 이것을 파괴하는 사람은 누구든지 범죄자이며 존속 살해자다. 그런데 하나님께서는 한 인간을 통해 우리 모두를 창조하셨고, 따라서 우리는 모두 한 핏줄을 지녔다. 가장 큰 범죄는 인간을 미워하고 그들에게 해를 가하는 것이라는 결론에 이른다. 이 때문에 우리는 증오심을 키우거나 조장해서는 안 된다. 우리가 한 분 하나님의 작품이라면 형제자매가 아니고 무엇이겠는가? 그러므로 우리의 영혼을 하나 되게 하는 끈은 우리의 몸을 묶는 끈보다 훨씬 더 강하다. 이렇게 볼 때 루크레티우스의 다음과 같은 주장에는 잘못이 없다.

> 간단히 말해 우리는 모두 하늘의 씨앗에서 태어났다.
>
> 모두가 한 분 아버지를 모신다.

……그래서 우리는 인간이라는 이름값을 하려면 인간애를 입증해 보여야 한다. 그런데 인간애를 입증한다는 것은 우리의 형제 인간들을 사랑한다는 의미다. 우리가 그렇듯, 그들도 인간이기 때문이다.

논평

락탄티우스는 기독교 신학의 여러 가지 면모뿐만 아니라, 기독교 신앙이 공적인 삶에 대해 지니는 함의들에도 관심을 두어 탐구했다. 이 글에서는 모든 인간이 하나님의 형상대로 지음 받았기에 공통된 존엄성을 지닌다고 주장하고, 그에 대한 신학적 토대를 제시한다.

생각해 볼 물음들

❶ 인간이 연약하게 지음 받았다는 개념을 락탄티우스가 어떻게 설명하는지 주의해서 살펴보라. 그는 이 사실에서 어떤 결론을 도출하는가? 이것은 이 주제를 다룬 이레나이우스의 견해3.2, 6.1와 어떻게 연관되는가?

❷ 서로에 대한 증오심을 제거하기 위해 락탄티우스가 제시하는 신학적 토대는 무엇인가?

6.5 ▼

암브로시우스

: 공로와 무관한 구원의 특성

4세기에 밀라노의 암브로시우스Ambrose of Milan, 약 337-397는 주기도문의 시작 부분(마 6:9)을 주해한 이 글에서, 하나님께로 나아가 아뢸 수 있는 특권이 공로와 무관한 특성을 지닌다고 강조하면서 다음과 같이 말한다6.11, 6.12 참조.

본문

오, 여러분! 여러분은 감히 하늘을 향해 얼굴을 들지 못하고, 눈을 낮춰 땅을 향했습니다. 그때 홀연히 그리스도의 은총이 여러분에게 부어졌고, 모든 죄를 용서받았습니다! 여러분은 악한 종의 처지에서 착한 아들로 변했습니다! 그런데 이렇게 된 일이 여러분의 행위 때문이라고 생각하지 마십시오. 이 일은 그리스도의 은총으로 이루어진 것입니다.……그러니 눈을 들어 아들을 통해 여러분을 구속하신 아버지를 바라보고, '우리 아버지……'라고 아뢰십시오. 하지만 어떤 특권도 주장하지 마십시오. 그분은 특별히 그리스도께만 아버지이시고, 우리에게는 공통되게 모두의 아버지이십니다. 그분께서는 오직 그리스도만 낳으셨고, 우리 모두는 그분이 창조하신 것이기 때문입니다. 그러므로 여러분도 은총을 힘입어 '우리 아버지'라고 아뢰십시오. 그렇게 해서 여러분도 그분의 아들이 되는 자격을 얻게 됩니다.

논평

이 글에서 암브로시우스는 하나님을 '아버지'라고 부르는 것—주기도문이 그 예다—이 결코 우리가 타고난 권리로 내세울 수 있는 특권이 아니라고 주장한다. 하나님의 자비하심에 힘입어 우리는 이 말을 사용할 수 있다.

생각해 볼 물음들

❶ 암브로시우스가 기도할 때 취하는 자세를 토대로 삼아, 어떻게 자신의 논증을 펼치는지 헤아려 보라.

❷ 암브로시우스는 그리스도와 아버지 사이의 관계를 신자들과 아버지 사이의 관계와 비교함으로써, 어떤 논점을 주장하려고 하는가?

9.9

위僞 암브로시우스

: 원죄

이 글에서 위(僞) 암브로시우스Ambrosiaster가 사용하는 옛 라틴어 역본의 로마서 5:12은 바울이 사용한 그리스어를 오역하여, "그 안에서 모든 사람이 죄를 지어"라는 구절을 "그 사람[아담] 안에서 모든 사람이 죄를 지어"

라는 뜻으로 옮겼다. 이러한 오해에 기초해서 위(僞) 암브로시우스는 이 주제에 대한 아우구스티누스의 가르침에 심각한 타격을 가하는 원죄 개념을 발전시켰다. 4세기에 활동한 이 신학자는 그의 본명을 포함해 알려진 것이 거의 없다6.2, 6.3, 6.9, 6.37, 6.41 참조.

본문

"그 사람(곧 아담) 안에서……모든 사람이 죄를"(롬 5:12) 지었다. 바울이 여자에 관해 말하고 있는데도 남성형*in quo*을 사용한다는 점에 주의하라. 그 이유는 그가 말하는 것이 성이 아니라 인류이기 때문이다. 그래서 모든 사람이 아담 안에서 집단적으로*quasi in massa* 죄를 지은 것이 분명하다. 아담 자신이 죄를 지어 타락했고, 그 결과 태어나는 모든 사람이 죄 안에서 출생했다. 따라서 그로 말미암아 우리 모두가 죄인인데, 그에게서 우리 모두가 나왔기 때문이다.

논평

이 본문은 번역의 오류가 어떻게 신학적으로 중요한 결과를 낳는지를 보여준다는 점에서 중요하다. 라틴어 *in quo*(그 안에서)는 남성이나 중성으로 사용할 수 있다. 여기서 인용하는 그리스어로 된 바울의 로마서 본문은 중성으로 사용된 것이 분명하다. 따라서 "그 안에서 모든 사람이 죄를 지어"라는 의미를 지녔던 본문이 아담 "그 사람 안에서 모든 사람이 죄를 지어"를 뜻하는 것으로 잘못 해석된 것이 분명하다. 그 결과 위(僞) 암브로시우스는 이 본문을 모든 인간이 첫 사람인 아담의 인격 안에서 원초적이고 집단적으로 죄를 지었다는 의미로 잘못 해석하게 된 것이다. 원죄의 교리가 다른 본문들도 토대로 삼기는 하지만, 특히 이 잘못 이해된 구절이 그 교리를 지지하는 중요한 성경 근거로 널리 받아들여졌다.

생각해 볼 물음들

❶ 여기서 중요하게 다루어지는 번역 문제를 여러분의 말로 설명해 보라. 쟁점이 무엇인지 확실히 이해할 필요가 있다.

❷ 어떻게 해서 모든 사람이 "아담 안에서 집단적으로 죄를 지었다"라고 말할 수 있는가?

6.7 ▶

니사의 그레고리우스

: 하나님을 향한 인간의 갈망

니사의 그레고리우스Gregory of Nyssa, 약 335-394는 기독교 신앙을 설명하고 옹호하는 일에 플라톤의 개념들(예를 들어, '선'의 개념)을 폭넓게 이용했다. 그의 영적 저술들은 인간 정신이 하나님의 신비를 이해하거나 간파할 수 있는 능력이 없다는 점을 강조한다. 마태복음 5:4에 대한 주해 형태를 띠는 이 글에서 그레고리우스는, 인간이 자신의 진정한 선과 목표에서 소외된 결과로 지니게 된 하나님을 향한 갈망에 대해 탐구한다6.4, 6.5, 6.18, 6.41 참조.

본문

'선'이라는 것이 본성상 우리의 인식 한계를 넘어선다는 사실을 깊이 깨달을수록, 우리는 이 선으로부터 우리가 분리될 수밖에 없다는 사실에 더욱 애통함을 느끼게 된다. 선은 참으로 크고 바람직한 것인데도, 우리 정신으로는 온전히 파악할 수가 없다. 하지만 유한한 우리 인간도 한때는 우리의 파악 능력 밖에 있는 '선'을 소유했었다. 이 '선'—인간의 모든 사고를 능가하고 한때 우리가 소유했던—에 대해 말하자면, 인간 본성도 역시 어떤 형태로는 '선하다'고 볼 수가 있는데, 인간 본성이 그 원형의 형상을 따라 지극히 비슷한 모습으로 지어졌기 때문이다. 그때 인간은 우리가 여기서 성찰하는 모든 특성들—불멸성, 행복, 독립성, 자기결정, 신성한 일에 몰두하여 고뇌나 슬픔을 모르는 삶, 맑고 왜곡되지 않은 정신으로 '선'을 아는 일—을 소유했기 때문이다. 이것이 바로 인간은 하나님의 형상대로 지음 받았고, 낙원에 살면서 거기에 자라는 것들(그 나무들의 열매는 생명이며 지식이다)을 마음껏 누리게 되었다고 말하는 창조 이야기(창 1:27)가 간략하게 암시하는 것이다. 이처럼 우리가 한때 그러한 선물들을 소유했다면, 우리는 이전에 누렸던 행복과 현재의 비참한 처지를 비교하면서 우리의 서글픈 현실에 애통할 수밖에 없다. 존귀했던 것이 비천해졌으며, 천국의 형상대로 지음 받은 것이 땅으로 곤두박질쳤고, 땅을 다스리도록 세움 받은 자가 노예의 처지로 내몰렸으며, 불멸하도록 지음 받은 것이 죽음에 의해 무너졌으며, 낙원의 기쁨을 누리며 살던 사람들이 고난과 질병의 자리에 놓이게 되었다.……우리가 인간으로서 불가피하게 감당해야 할 육체적인 고통(내가 이 말로 뜻하는 것은 온갖 질병들이다)까지 다 열거하고, 원래 인간은 이 모든 고통에서 자유로웠다는 사실을 떠올리며, 이에 더해 우리가 전에 누렸던 기쁨을 현재의 비참함과 비교하면서 우리의 서글픈 상태를 그때의 좋았던 삶과 나란히 놓고 본다면, 더욱 애통하며 슬픔으로 눈물을 흘릴 수밖에 없을 것이다. 그래서 나는 우리 주님께서 "슬퍼하는 사람은 복이 있다"(마 5:4)라고 말씀하셨을 때, 그 말씀에 다음과 같은 교훈을 숨겨 놓으셨다고 믿는다. 영혼은 '진정한 선'에 시선을 고정시켜야 마땅하고, 미망에 사로잡힌 여기 이 땅의 삶에 매몰되어서는 안 된다.

논평

그레고리우스의 기본 논점은, 인간이 천국의 삶을 누렸으나 불순종으로 그 삶을 잃어버렸다는 것이다. 그래서 우리는 현재 우리가 놓인 처지를 천국에서 누리던 상황과 비교하면 슬픔과 비참함을 느끼게 되는 것이 당연하다고 그레고리우스는 주장한다. 하지만 팔복에서는 슬퍼하는 사람이 위로를 받을 것(마 5:4)이라고 말한다. 이것을 근거로 그레고리우스는 우리가 현재 겪는 슬픔에서 희망을 끌어낸다. 그레고리우스의 신학은 과거와 현재와 미래를 하나로 엮는 일반적 특성을 지니는데, 이 점을 분명히 기억할 필요가 있다. 과거는 낙원과 관련되고, 현재는 하나님의 직접적 현존뿐만 아니라 낙원의 모든 기쁨까지 상실한 일과 관련되며, 미래는 장차 하늘나라에서 낙원의 모든 기쁨이 회복되는 일과 관련된다. 그레고리우스는 이렇게 순수함과 기쁨을 잃어버린 상태가 장차 이를 세상에서 회복될 것을 우리 마음과 정신으로 굳게 확신할 수 있다고 주장한다. 그래서 그의 주장은 독자들로 하여금 에덴동산에서 죄로 잃어버린 것을 회복하게 될 미래를 꿈꾸도록 힘을 불어넣어 준다. (한 가지 덧붙이면, 그레고리우스의 구속론에서 중심을 이루는 한 가지 주제는 아담이 잃어버린 것을 그리스도께서 회복하셨다는 것이다)

생각해 볼 물음들

❶ 창세기 1:26-27을 읽어 보라. 이 구절은 인간이 하나님의 형상과 모양대로 지음 받았다고 말한다. 그레고리우스는 이 논점을 자신의 논의에서 어떻게 사용하는가? 이 통찰은 인간 본성과 운명에 대해 우리가 이해하는 것과 어떤 차이를 보이는가?

❷ 위의 본문에 따르면, 인간은 무엇 때문에 애통해하는가?

6.8

히포의 아우구스티누스

: 예정의 본질

이 글에서 히포의 아우구스티누스Augustine of Hippo, 354-430는 예정이란 하나님께서 당신의 뜻대로 구원 얻는 방도를 베풀거나 베풀지 않는 일과 관계가 있다는 주장을 편다. 아우구스티누스는 이런 식으로 구원을 받게 될 사람이 누구인지 결정하는 하나님의 판단은 인간의 이해력을 초월한다고 강조한다6.5, 6.9, 6.13, 6.20, 6.21, 6.26, 6.29 참조.

본문

성도의 예정이란 다름 아니라 하나님께서 예지하셔서 은택을 예비하시는 것을 말하는데, 구원받는 모든 사람이 이로써 가장 확실하게 구원에 이르게 된다. 하나님의 공의로운 심판에서 밀려난 사람들이 있을 곳이 두로와 시돈 사람들이 던져진 곳, 지옥이 아니라면 어디겠는가? 그런데 그 사람들도 그리스도의 이적 표징들을 보았더라면 믿었을 것이다. 하지만 그들에게는 그것을 믿도록 허락되지 않았고, 그 때문에 그들은 믿음에 이르는 길을 알 수 없었다*quoniam ut crederent, non erat eis datum, etiam unde crederent est negatum*. 이 사실에서 볼 때, 어떤 사람들은 태어나면서부터 이해력이라는 하나님의 은사를 정신 안에 지니고 있어서 그들의 정신을 울리는*si congrua suis mentibus* 말씀을 듣거나 표적을 보게 되면 믿음에 이르게 된다고 말할 수 있다. 그러나 인간을 초월하는 하나님의 결정에 의해 이 사람들이 은총으로 예정되지 않았거나 지옥의 무리에서 구별되지 않았다면, 그들이 아무리 듣거나 본다고 해도 믿음으로 이끌어 주는 하나님의 말씀이나 행위를 결코 만날 수 없다.

논평

아우구스티누스는 예정에 대해 정의를 내리는 것으로 이 글을 시작한다. 여기서 예정을 순전히 긍정적인 말로 정의하고 있다는 점에 주목하라. 예정은 구원과 관계가 있다. 하나님은 사람들을 정죄에 이르도록 예정하지는 않으셨고, 단지 모든 사람을 전부 구원에 이르도록 예정하지 않으신 것뿐이다. 칼뱅과 대조되는 면이 특히 흥미로운데6.26, 칼뱅의 견해에서 예정은 하나님께서 어떤 사람은 구원하고 다른 사람은 벌하시기로 정하신 것으로 정의된다. 구원은 '은총의 수단'에 의해 이루어지는데, 예정이란 그 '은총의 수단'을 선택받은 사람들에게만 허락하는 것이라고 말하는 아우구스티누스의 주장을 주의 깊게 살펴보라.

생각해 볼 물음들

❶ 아우구스티누스가 "믿음에 이르는 길"이라는 말로 의미하는 것은 무엇인가? 그는 이 개념을 어떻게 설명하는가? 이것에서 그는 어떤 결론을 끌어내는가?

❷ 아우구스티누스가 말하는 "인간을 초월하는 하나님의 결정"이란 무엇을 의미하는가?

6.9 ▼

히포의 아우구스티누스

: 타락한 인간 본성

타락한 인간 본성을 논하는 이 중요한 글은 원래 415년에 라틴어로 저술되었는데, 여기서 아우구스티누스는 타락이 인간 본성에 끼친 결과들에 대해 밝힌다. 원래 아무런 흠 없이 지음 받은 인간 본성이 죄로 오염되었고, 오직 은총을 통해서만 구속될 수 있다6.2, 6.3, 6.4, 6.6, 6.10, 6.11, 6.32, 6.39 참조.

본문

처음에 인간의 본성은 흠*vitium* 없이 깨끗하게 창조되었다. 그러나 우리 모두가 아담에게서 태어나면서 지니게 된 본성은 건강하지가 않은 까닭에 의사가 필요하다. 인간이 지음 받을 때 갖게 된 좋은 것들, 곧 생명과 감각과 정신은 인간의 창조자이며 조성자이신 하나님께서 주신 것이다. 그런데 그런 본성이 깨우침과 치료를 필요로 한다는 사실에서, 원래 좋았던 특성들을 더럽히고 무력하게 만든 약점들은 흠 없으신 창조자로부터 온 것이 아니라 자유의지*liberum arbitrium*로 범한 원죄로부터*ex originali peccato* 온 것임을 알 수 있다. 이 때문에 죄를 범한 인간 본성은 벌을 받아 마땅하다. 비록 우리가 지금은 그리스도 안에서 새 피조물이 되었다 해도 본성으로는 여전히 다른 모든 사람처럼 진노의 자녀이기 때문이다. 그러나 자비가 많으신 하나님께서는 우리를 사랑하는 그 크신 사랑 때문에 죄로 죽은 우리를 그리스도와 함께 살려 생명으로 이끄셨고, 우리는 그분의 은총으로 구원받게 되었다. 그러나 어린아이나 어른이나 가릴 것 없이 구원에 이르기 위해 꼭 필요한 그리스도의 은총은 공로에 대한 대가로 주시는 것이 아니라, 값없이*gratis* 주시는 것이다. 바로 이 사실 때문에 그것을 은총*gratia*이라고 부른다.……

그러므로 그리스도의 피로 자유를 얻지 못한 사람들(이 사람들은 들을 능력이 없었거나, 순종하지 않았거나, 아니면 너무 어려 구원에 이르기 위해 필요한 거듭남의 씻음을 듣고 받아들이지 못했기 때문에 그렇게 되었다)은 정죄를 받아 마땅하다. 그들은 태어날 때부터 지녔던 것이든, 자기들의 악한 행실로 얻은 것이든, 죄가 없다고는 말할 수 없기 때문이다. 모든 사람이 아담 안에서나 자기 의지로나 죄를 지어 하나님의 영광에 미치지 못하게 되었다(롬 3:23).

논평

본문에서 아우구스티누스는 아담 안에서 인간이 타락한 결과로 나타난 죄의 본성을 명료하게 밝힌다. 결함이나 흠이라는 개념, 죄책이 있거나 벌을 받아 마땅한 상태 등, 여러 가지 모양으로 죄를 정의하고 설명하는 방식에 주목하라. 아우구스티누스에게 죄는 여러 가지 측면을 포괄하는 복합적 개념이다. 본문은 아우구스티누스가 죄 자체와 그 죄를 치유하는 하나님의 방식에 대해 어떻게 이해하는지를 밝혀 준다.

생각해 볼 물음들

❶ "예수께서 그 말을 들으시고 그들에게 말씀하셨다. '건강한 사람에게는 의사가 필요하지 않으나 병든 사람에게는 필요하다. 나는 의인을 부르러 온 것이 아니라 죄인을 부르러 왔다'"(막 2:17). 이 성경구절이 위의 본문 앞부분에 나오는 아우구스티누스의 주해에 어떻게 반영되어 있는지 살펴보라.

❷ 아우구스티누스는 라틴어 그라티스*gratis*, '거저' 또는 '값없이'와 그라티아*gratia*, 은총, 선물가 밀접하게 관련된다고 본다. 여러분은 이 점을 어떻게 설명하겠는가?

6.10 ▼

펠라기우스

: 인간의 책임

이 글은 펠라기우스Pelagius, 약 354-420가, 로마의 상류층 사람으로서 나중에 수녀가 된 여자인 데메트리아스에게 보낸 편지다. 여기서 펠라기우스는 하나님의 명령이 기독교인들에게 무조건적 구속력을 지닌다고 주장한다. 하나님께서는 인간이 지닌 능력을 아시며, 하나님의 명령들은 창조 때 하나님께서 인간에게 부여하신 능력을 반영한다. 인간의 본성에는 하나님께서 인간에게 명령하신 일을 성취하지 못하도록 방해하는 결함이 없다6.9, 6.11, 6.12, 6.13 참조.

본문

[하나님의 명령을 은혜라고 생각하지 않고……] 우리는 하나님께 부르짖으며, "이 일이 너무 어렵습니다! 너무 어려워요! 우리로서는 그 일을 할 수 없습니다. 우리는 인간에 불과하고, 육신이 약해서 할 수가 없습니다!"라고 외칩니다. 이 얼마나 어처구니없는 바보짓인지 모릅니다. 얼마나 뻔뻔한 무례함인지 모릅니다. 이렇게 행할 때 우리는 하나님을 두 번이나 무지

하다고 비난하는 게 됩니다. 하나님께서 자신이 지으신 피조물을 모르고, 또 하나님께서 친히 내리신 명령도 모른다는 말이 됩니다. 그것은 마치 하나님께서, 당신이 직접 인간을 지으시고서도 우리가 약하다는 사실을 깜빡 잊고 감당이 불가능한 명령을 내린 것이라고 말하는 것과 같습니다. 그와 동시에 우리는 하나님께서 불가능한 일을 명령하셨다고 불평을 쏟아내고, 나아가 누군가는 자기들로서는 도저히 감당할 수 없는 일에 책임을 지고 하나님에게 정죄당하게 되었다고 생각함으로써, 의로우신 분을 의롭지 못하게 만들고 거룩하신 분을 잔인한 분으로 만듭니다(하나님, 우리를 용서하소서). 그렇게 해서 하나님을 우리의 구원자가 아니라 벌주시는 분으로 생각하게 됩니다(이게 바로 신성모독입니다).……우리의 능력이 어느 정도인지는 우리에게 그 능력을 주신 하나님보다 더 잘 아는 이가 없습니다.……하나님은 의로우시며, 그렇기에 불가능한 일은 어떤 것도 명하실 뜻이 없으셨습니다. 하나님은 거룩하시며, 그렇기에 사람들이 도저히 감당할 수 없었던 일에 책임을 물어 어느 누구도 정죄하지 않으십니다.

논평

펠라기우스가 주장하는 기본 논점은 다음과 같다. 하나님께서 인간을 만드셨고, 그렇기에 인간의 역량을 잘 아신다. 그래서 인간에게 어떤 일을 성취할 역량이 없는데도 하나님께서 그 일을 하라고 요구하신다는 주장은 터무니없는 것이다. 그러나 아우구스티누스가 볼 때, 계명은 하나님의 은총 없이는 하나님의 법을 지킬 수 없는 인간의 무능력을 드러낸다.

생각해 볼 물음들

❶ "우리의 능력이 어느 정도인지는 우리에게 그 능력을 주신 하나님보다 더 잘 아는 이가 없습니다." 본문에서 이 구절의 위치를 확인하라. 이 구절에서 펠라기우스가 말하려는 바는 무엇인가?

❷ 펠라기우스는 율법을 성취할 수 있는 인간의 역량에 대해 어떻게 평가하는가?

6.11

펠라기우스

: 인간의 자유

펠라기우스의 주장을 담고 있는 이 글은 아우구스티누스가 그의 견해를 비판하기 위해 인용했기 때문에 사라지지 않고 남게 된 자료에서 인용했다. 따라서 이 글은 완전히 신뢰할 만한 것으로 보기가 어렵다. 가령 이 글은 전후관계를 무시한 채 인용되었을 수도 있다. 아우구스티누스가 강한 반감을 품었던 펠라기우스의 사상은 인간이 죄 없이 존재할 수 있다는 개념이다. 그는 또 펠라기우스가 선한 일을 하려는 의지를 인간 본성에 속하는 것으로 보는 것에 대해서도 비판한다. 아우구스티누스가 볼 때 그러한 의지는 하나님의 선물로서만 가능한데, 타락한 인간 본성은 선보다 악을 행하는 쪽으로 기울기 때문이다6.13, 6.15, 6.22, 6.39 참조.

본문

우리는 이 세 가지를 구분해서 일정한 순서로 배열한다. 첫째 자리에는 '가능성'*posse*을 놓고, 둘째 자리에는 '의지'*velle*, 셋째 자리에는 '존재'*esse*를 둔다. 가능성은 본성에 배정하고, 의지는 인간의 의지에, 존재는 실제적인 현실화에 배정한다. 이 가운데 첫째인 가능성은 하나님께 돌리는 것이 합당한데, 하나님께서 피조물에게 그 능력을 부여하신 것이다. 반면에 나머지 둘, 곧 의지와 존재는 인간에게 돌려야 하는데, 그것들은 하나님의 의지에서 기원한다. 따라서 인간이 칭찬받을 만한 일은 선한 일에 대한 의지를 품고, 그것을 행한다는 데 있다. 정확하게 말하자면, 칭찬은 인간과 하나님 모두에게 돌려야 하는데, 하나님께서 의지하고 행동할 수 있는 가능성을 부어 주셨고, 은총의 도움을 베푸셔서*gratiae suae adiuvat semper auxilio* 이 가능성을 실행하도록 도우시기 때문이다. 어떤 사람이 선한 일에 대한 의지를 품고 행할 수 있는 이런 가능성을 지니는 것은 오직 하나님께만 기인한다.……

따라서 (당신들이 어리석기에 여러 번 반복해서 말하는데) 우리가 어떤 사람이 죄 없이 사는 게 가능하다고 말할 때면, 우리가 지닌 이 가능성을 선물로 받은 것이라고 인정함으로써 하나님을 찬양하는 것이다. 우리에게 그 가능성을 부여하신 분은 바로 하나님이시고, 그래서 하나님에 관해서만 논하는 이 자리에서는 인간을 찬양할 이유가 없다. 우리가 다루는 문제는 의지나 존재에 관한 것이 아니라, 가능한 것*potest esse*이 무엇인지에 관한 것이기 때문이다.

논평

이 글은 지금은 존재하지 않는 펠라기우스의 저술인 "자유의지를 옹호함"*pro libero arbitrio*에서 인용했다. 이 저술에서 펠라기우스는 하나님께서 인간에게 여러 가지 능력—예를 들어, 죄를 이길 수 있는 능력—을 주셨다고 주장한다. 그래서 어떤 사람이 죄를 이길 경우, 하나님께 찬양과 감사를 돌려 드려야 한다고 펠라기우스는 주장한다. 그 사람이 그런 능력을 고안하거나 얻어 낸 것이 아니라, 하나님께서 그 능력을 주셔서 실행할 수 있게 하셨기 때문이다. 우리가 지금 알고 있는 인간 본성은 하나님께서 처음 창조하셨을 때와 거의 동일하다고 보는 펠라기우스의 생각에 주목하라. 이 개념에 반대하는 아우구스티누스는, 타락이 인간의 원상태를 철저하게 왜곡하고 약화시켰다고 주장한다.

생각해 볼 물음들

❶ 이 글에서 펠라기우스는 세 가지 라틴어 동사 *posse, velle, esse*('할 수 있다', '원

하다', '있다')의 관계를 탐구한다. 세 가지 동사의 관계는 펠라기우스가 자기 논점을 펼치는 데 어떤 도움을 주는가?

❷ "칭찬은 인간과 하나님 모두에게 돌려야 하는데, 하나님께서 의지하고 행동할 수 있는 가능성을 부어 주셨고……." 본문에서 이 구절의 위치를 확인하라. 이 구절에서 펠라기우스가 말하려는 바는 무엇인가?

6.12 ▼

카르타고 공의회

: 은총

펠라기우스 논쟁은 카르타고 공의회418에서 공식적으로 종결되었다. 카르타고 공의회에서는 이 문제와 관련해서 가톨릭교회의 가르침이라고 정한 일련의 명제들을 작성했다. 공의회는 아래에 본문으로 제시한 여덟 가지 견해를 이단에 속하는 것으로 단호히 정죄했다. 공의회 원본 문서를 보면 이 진술들 각각 앞부분에 정죄하는 내용이 담겨 있는데, 그 형태는 대체로 "만일……라고 말하는 사람이 있다면, 그는 정죄받아 마땅하다"*anathema sit*로 되어 있다6.8, 6.9, 6.13, 6.17, 6.20 참조.

본문

1. 첫 인간인 아담은 죽을 운명으로 창조되었으며, 그런 까닭에 죄를 지었느냐 짓지 않았느냐와 상관없이 자연적인 원인 때문에 죽었을 것이고, 죗값으로 죽지는 않았을 것이다……
2. 갓 태어난 아이들은 세례를 받을 필요가 없으며, 혹시 그들이 죄 용서를 위한 세례를 받더라도 아담에게서 유래하여 거듭남의 씻음으로 깨끗하게 해야 할 원죄는 없다. 그러므로 아이들에게 "죄 용서를 위한"이라는 세례 형식을 사용할 경우, 그것은 참된 의미가 아니라 그릇된 의미로*non*

vera sed falsa intelligatur 받아들여야 한다.……

3. 주 예수 그리스도를 통하여 우리를 의롭게 하는 하나님의 은총은 이미 지은 죄를 용서하는 데만 효과가 있고, 죄를 짓지 않도록 돕는 데는 효과가 없다.……
4. 이 은총은……우리가 이처럼 죄에서 벗어나도록 도울 수 있을 뿐이다. 또 은총으로 말미암아 우리는 하나님의 명령을 계시에 의해 알게 되고, 그 결과 무엇을 바라고 무엇을 피해야 하는지 배우게 된다. 하지만 은총은 우리가 선한 일로 깨달은 것을 행할 수 있는 힘과 그렇게 행하는 데 따르는 기쁨까지 주지는 않는다.……
5. 칭의의 은총을 받음으로써, 우리는 자유의지로*per liberum arbitrium* 행하도록 명령받은 일을 은총을 힘입어 훨씬 더 쉽게 수행할 수 있다. 은총의 선물이 없다고 해도, 그리 쉽지는 않겠지만 어쨌든 그 명령들을 성취할 수 있다.……
6. 사도 요한이 말한 "우리가 죄가 없다고 말하면……"(요일 1:8)이라는 구절은, 우리에게 정말 죄가 있기 때문에 그렇게 말하는 것이 아니라 우리의 겸손을 표현한 것이라는 의미로 받아들여야 한다.……
7. 성도들은 주님의 기도에 나오는 "우리의 죄를 용서하여 주시고"라는 구절을 자신들을 위한 기도로 말하지 않는다. 그들에게는 이 기도가 필요 없고, 그들 백성 가운데 있는 죄인들에게 필요하기 때문이다.……
8. 성도들이 주님의 기도를 따라 "우리의 죄를 용서하여 주시고"라고 기도하는 것은, 그들이 진짜 죄인이기 때문이 아니라 겸손의 마음으로 기도하기 때문이다.

논평

카르타고 공의회—로마가 지배하는 북아프리카의 주요 도시에서 개최되었다—는 본문에서 살펴본 여덟 가지 사항을 확고한 죄로 규정해 펠라기우스 논쟁을 끝내고자 했다. 위의 여덟 가지 조항은 공의회가 지지한 것이 아니라 정죄했던 견해라는 점을 분명히 기억하라. 본문의 내용은 쉽게 이해할 수 있기에 특별한 논평은 필요 없다.

생각해 볼 물음들

❶ 카르타고 공의회는 은총과 인간의 자유의지의 관계를 어떻게 이해한 견해에 대해 정죄했는가?

❷ 원죄를 어떤 식으로 이해한 견해가 이렇게 정죄를 당하게 되었는가?

6.13 ▼

제2차 오랑주 공의회
: 은총과 자유

펠라기우스 논쟁으로 제기된 쟁점들을 처리하기 위해 529년 프랑스의 남부 도시 오랑주에서 지방 주교들의 회의가 열렸다. 이 공의회에서는 하나님의 은총의 우위성을 올바로 다루지 못하는 견해들을 정죄하고자 25개 규정을 정했다. 아래에서는 앞쪽에 나오는 일곱 가지 규정, 곧 '법규'canon를 살펴보는데, 이 규정들은 용인할 수 없는 이론들을 밝히고 정죄한다6.8, 6.9, 6.12, 6.20 참조.

본문

1. 아담의 죄로 말미암아 인간 전체—몸과 영혼이 모두—가 악하게 변하는 것은 아니라고 주장하고, 영혼의 자유는 손상되지 않은 채로 남고 육체만 부패하게 되는 것이라고 믿는 사람이 있다면, 그는 펠라기우스의 오류에 속아 넘어 간 것이며, 다음과 같은 성경의 가르침에 맞서는 것이

다. "죄를 지은 영혼 바로 그 사람이 죽을 것이며"(겔 18:20), "여러분이 아무에게나 자기를 종으로 내맡겨서 복종하게 하면, 여러분은 여러분이 복종하는 그 사람의 종이 되는 것임을 알지 못합니까?"(롬 6:16). "누구든지 진 사람은 이긴 사람의 종노릇을 하게 되는 것입니다"(벧후 2:19).

2. 아담의 죄가 그 자신에게만 해를 끼쳤을 뿐 그 후손들에게는 해를 끼치지 않는다고 주장하거나, 죄에 대한 벌은 육체의 죽음뿐이라고 단언하고 영혼의 죽음인 죄가 한 사람을 통해 전체 인류로 전해진 것이 아니라고 주장하는 사람이 있다면, 그는 하나님의 권위를 침해하는 것이요 다음과 같은 사도 바울의 가르침에 맞서는 것이다. "그러므로 한 사람으로 말미암아 죄가 세상에 들어왔고, 또 그 죄로 말미암아 죽음이 들어온 것과 같이, 모든 사람이 죄를 지었기 때문에 죽음이 모든 사람에게 이르게 되었습니다"(롬 5:12, 아우구스티누스 참조).
3. 하나님의 은총은 기도의 결과로 받을 수 있다고 말하면서도 우리가 하나님께 기도할 수 있게 해주는 것이 은총 자체가 아니라고 말하는 사람이 있다면, 그는 이사야 예언자나 그와 똑같이 말하는 사도 바울의 가르침에 어긋난다. "나를 찾지 않는 사람들을 내가 만나 주고, 나를 구하지 않는 사람들에게 내가 나타났다"(롬 10:20, 또한 사 65:1 참조).
4. 하나님께서 원하시는 것은 우리의 의지가 죄에서 깨끗해지는 것이라고 주장하면서도 깨끗하게 되고자 하는 우리의 의지가 성령의 사역과 개입을 통해 우리에게 나타난다는 사실을 인정하지 않는 사람이 있다면, 그는 솔로몬을 통해 다음과 같이 말씀하는 성령께 저항하는 것이다. "주님께서 의지를 준비시키신다"(잠 8:35, 칠십인역 성경). 또한 다음과 같은 사도 바울의 굳건한 말씀에도 저항하게 된다. "하나님은 여러분 안에서 활동하셔서, 여러분으로 하여금 하나님을 기쁘게 해 드릴 것을 염원하게 하시고 실천하게 하시는 분입니다"(빌 2:13).
5. 신앙으로 말미암아 우리는 죄인을 의롭다 하시고 거룩한 세례의 거듭남을 허락하시는 분을 믿게 되는데, 이 신앙의 성장뿐만 아니라 신앙을 시작하고 신앙에 대해 갈망하는 일까지도 우리의 본성에서 비롯되는 것이

지 은총의 선물을 통해 이루어지는 것이 아니라고 믿는 사람들이 있다면, 다시 말해 우리의 의지를 불신앙에서 신앙으로 바꾸고 불경에서 경건으로 변화시키는 일이 성령의 영감을 통해 이루어지는 것이 아니라고 주장하는 사람이 있다면, 그는 스스로 사도들의 가르침에 대적하고 있음을 증명하는 것이다. 복되신 바울이 다음과 같이 말하기 때문이다. "선한 일을 여러분 가운데서 시작하신 분께서 그리스도 예수의 날까지 그 일을 완성하시리라고, 나는 확신합니다"(빌 1:6). 또 "여러분은 믿음을 통하여 은혜로 구원을 얻었습니다. 이것은 여러분에게서 난 것이 아니요, 하나님의 선물입니다"(엡 2:8)라고도 말한다. 우리가 하나님을 믿게 되는 신앙이 본성에서 비롯된 것이라고 주장하는 사람들은 그리스도의 교회에서 떨어져 나간 사람들도 어떤 면에서 모두 신자라고 주장하는 셈이기 때문이다(아우구스티누스 참조).

6. 우리가 하나님의 은총과는 상관없이, 믿고 바라며 갈망하고, 애쓰고 수고하며 기도하고, 관찰하고 연구하며 추구하고, 묻고 두드린다면 하나님께서 우리에게 자비를 베풀어 주신다고 주장하면서도, 성령께서 우리 안에 개입하셔서 영감을 주실 때에야 우리가 믿음과 의지, 마땅히 해야 할 모든 일을 할 수 있는 힘을 얻을 수 있다는 사실을 인정하지 않는 사람이 있다면, 또 은총의 도우심은 인간의 겸손이나 순종에 근거하는 것이라고 말하면서도 우리가 은총의 선물을 통해 겸손하고 순종하게 된다는 사실에는 동의하지 않는 사람이 있다면, 그 사람은 사도 바울의 다음과 같은 말에 어긋나는 것이다. "그대가 가지고 있는 것 가운데서 받아서 가지지 않은 것이 무엇이 있습니까?"(고전 4:7) "그러나 나는 하나님의 은혜로 오늘의 내가 되었습니다"(고전 15:10, 아우구스티누스와 아키텐의 프로스퍼 참조).

7. 우리가 타고난 자신의 능력으로, 구원과 영생의 문제와 관련해 옳은 의견을 세우거나 바른 선택을 할 수 있다고 주장하는 사람들이나, 우리는 모든 사람이 진리를 믿고 그에 동의하게 만드시는 성령의 계몽과 영감 없이도 구원에 이를 수 있다고, 다시 말해 복음의 설교에 동의할 수 있

다고 주장하는 사람이 있다면, 그는 이단의 영에 사로잡혀 길을 잃은 것이요 복음서에서 다음과 같이 말씀하는 하나님의 말씀을 이해하지 못한 것이다. "너희는 나를 떠나서는 아무것도 할 수 없다"(요 15:5). 그리고 사도 바울도 "우리가 이런 일을 할 수 있는 자격이 우리에게서 났다고 생각하지 않습니다. 우리의 자격은 하나님에게서 납니다"(고후 3:5, 아우구스티누스 참조)라고 말한다.

논평

이 공의회에서 이루어진 결정들은 중세 때 알 수 없는 이유로 잊혀졌다가, 16세기 초에 이르러 완전한 형태로 다시 발견되었다. 이 공의회에서 여러 견해들에 대해 내린 유죄 판결은 명료하고 정확하며, 펠라기우스 논쟁으로 인해 서방 교부들 사이에서 은총론을 둘러싸고 일어났던 논쟁에 마침표를 찍은 것으로 널리 인정받는다.

생각해 볼 물음들

❶ 오랑주 공의회에서는 "아담의 죄가 그 자신에게만 해를 끼쳤을 뿐 그 후손들에게는 해를 끼치지 않는다"라고 가르치는 모든 사람을 정죄한다. 이러한 정죄에 대해 제시되는 근거는 무엇인가? 이 공의회는 이 주제에 대해 어떤 견해를 주장하는가?

❷ "여러분은 믿음을 통하여 은혜로 구원을 얻었습니다. 이것은 여러분에게서 난 것이 아니요, 하나님의 선물입니다"(엡 2:8). 오랑주 공의회에서는 이 구절을 어떻게 사용하는가?

6.14 ▼

빙엔의 힐데가르트

: 남자와 여자의 창조

빙엔의 힐데가르트Hildegard of Bingen, 1098-1179는 빙엔 근처에 있는 루페르츠베르크 수녀원의 원장이었다. 그녀는 신학과 영성에서 탁월한 독창성을 지닌 저술가로 명성을 쌓았고, 창조 영성에 각별한 관심을 쏟았다. 그녀의 가장 유명한 저술 가운데 하나가 1163-1173년에 걸쳐 라틴어로 저술한 『하나님의 작품들』*Book of Divine Works*이다. 이 책은 우주와 지구와 모든 피조물들에 대한 탐구로 이루어진다. 연구를 위해 여기에 인용한 글은 '넷째 비전'에서 뽑은 것으로, 인간의 몸을 다룬다6.4, 6.5, 6.39, 6.41 참조.

본문

하나님께서 그 남자를 보시고는 매우 기뻐하셨다. 하나님께서 당신의 형상과 모양대로 그를 지으시고는 하나님께서 이룬 기적 가운데 가장 큰 기적이라고 선언하신 까닭이다. 남자는 하나님의 완벽한 작품이다. 하나님께서 그를 통해 알려지시기 때문이며, 또 남자를 위해 모든 피조물을 지으시고 그에게 참 사랑과 탁월한 정신으로 하나님을 선포하고 찬양하는 일을 맡기셨기 때문이다. 하지만 남자는 그 '모양'에서 볼 때 돕는 이가 필요했다. 그래서 하나님께서는 그의 거울상*speculativa forma*을 따라 지으신 돕는 이—여자—를 그에게 주셨으며, 그 돕는 이 안에다 인류 전체를 숨겨 놓으셨다. 하나님께서 앞서 남자를 지으실 때와 마찬가지로 이 일은 하나님의 능력과 힘으로 이루어진 일이다. 남자와 여자는 서로를 보완해 주는데, 한 사람이 다른 편을 통해 일한다는 의미에서 그렇다. 남자는 여자가 없이는 '남자'라고 불리지 못하고, 이와 똑같이 여자도 남자가 없이는 여자로 불릴 수 없다. 그래서 여자는 남자의 일이요, 남자는 여자의 위로다. 둘 중 어느 누구도 상대편이 없이는 존재할 수 없다. 남자는 하나님의 아들의 신성을 나타내고,

마찬가지로 여자는 하나님의 아들의 인성을 상징한다.

논평

이 글에서 힐데가르트는 창세기의 두 번째 창조 이야기를 읽고 해석한 것을 토대로 남성과 여성의 관계를 설명한다. 여기서는 남성과 여성의 관계를 상호 보완적인 것으로 본다. 남성과 여성은 서로 도와, 자신들에게 주어진 목표를 향해 나가도록 이끌어 주어야 한다. 특히 힐데가르트가 여성을 남성의 "거울상"이라고 말하는 점에 주목하라.

생각해 볼 물음들

❶ "그래서 여자는 남자의 일이요, 남자는 여자의 위로다." 본문에서 이 구절의 위치를 확인하라. 이 구절에서 힐데가르트가 말하려는 바는 무엇인가?

❷ 힐데가르트는 남자와 여자의 본성에 대한 분석에서 어떻게 그리스도론적인 결론을 끌어내는가? 여러분이 보기에 그녀는 이 결론을 어떻게 정당화하는가?

6.15 ▼

릴의 알랭

: 은총의 원인인 참회

릴의 알랭Alan of Lille, 1202 사망은 어떤 사람이 참회할 경우, 그 참회는 그가 은총을 받는 수단이 된다고 주장했다. 하지만 참회 자체는 결코 은총의 원인이 될 수 없으며, 단지 은총을 받게 되는 근거나 수단일 뿐이다6.21, 6.23, 6.28 참조.

본문

참회는 [은총의] 필요원인necessary cause인데, 어떤 사람이 회개하지 않으면, 하나님께서 그의 죄를 사하지 않으신다는 점에서 그렇다. 그것은 마치 차양*fenestra*을 열 때, 태양이 집 안을 밝히는 것과 같다. 차양을 여는 일은 그렇게 해서 집 안을 빛으로 밝히는 일의 충분원인efficient cause이 아닌데, 태양 자체가 그 조명의 충분원인이기 때문이다. 그렇기는 하지만 차양을 여는 일은 빛으로 집 안을 채우는 일의 수단이 된다.

논평

릴의 알랭이 제기하는 논점은 다음과 같이 정리할 수 있다. 태양은 늘 빛을 발한다. 하지만 그 빛이 집 안으로 들어와 방을 밝히기 위해서는 차양을 열어놓아야 한다. 차양을 여는 일은 태양이 빛나게 하는 원인이 되지 못하는데, 태양은 이미 빛나고 있기 때문이다. 오히려 차양을 여는 일은 빛이 집 안으로 들어와 환하게 비추게 하는 수단이다. 그래서 빛을 막는 장애물을 제거하는 일은 어둔 방을 빛으로 채우는 일에서 실질적인 역할을 한다. 이와 마찬가지로 인간은 하나님의 은총을 막는 장애물을 제거할 수 있고, 그 결과 영적 삶의 발전과 진보를 이룰 수 있다. 이렇게 제거하는 행위는 하나님의 은총을 일으키는 원인이 아니라, 은총이 삶 속으로 들어오게 하는 근거나 수단이 된다.

생각해 볼 물음들

❶ 이 글에서 알랭은 원인들의 유형을 어떻게 구분하는가? 또 이렇게 구분한 것을 어떻게 사용하는가?

❷ 알랭이 차양을 열 때 방을 밝히는 태양의 유비를 사용해서 주장하려는 신학적 논점을 여러분의 말로 설명해 보라.

아시시의 프란치스코

: 창조 세계

아시시의 프란치스코Francis of Assisi, 1181-1226가 지은 「태양의 찬가」는 프란치스코 영성의 전형적 특징, 곧 창조 세계를 향한 긍정적인 태도를 분명히 보여주는 중요한 작품이다. 프란치스코는 아시시의 산 다미아노 교회에서 1224년에서 1225년으로 이어지는 겨울에 이 노래를 지은 것으로 보인다. 이 사랑받는 시를 영어로 옮긴 전통적 번역본들은 운율을 그대로 유지하는 일에 큰 노력을 쏟았다. 나는 원어인 이탈리아어에서 산문체로 옮기면서, 그 문제는 고려하지 않고 시의 기본 의미를 전달하는 데 중점을 두었다. 원작의 행들은 그대로 유지했다2.28, 2.29, 2.33 참조.

본문

태양 형제의 노래(또는 피조물의 찬미)

1. 지극히 높으시고 전능하시며 선하신 주님,
   찬미와 영광과 영예와 온갖 좋은 것들을 당신께 드려 마땅합니다.
2. 지극히 존귀하신 분, 당신만 그 모두를 받아 마땅하오며,
   인간은 누구라도 당신을 감히 입에 담을 수 없습니다.
3. 나의 주님, 당신 지으신 모든 피조물로 찬미 받으시되
   그중에서도 날마다 우리에게 빛을 비추는 태양 형제로 찬미 받으소서.
4. 그는 맑고 찬란한 빛으로 환하여,
   지극히 높으신 당신의 모양을 닮았습니다.
5. 나의 주님, 누이 달과 별들로 찬양 받으소서.
   당신께서 그들을 하늘에 두어 고귀하고 맑게 빛나게 하셨습니다.
6. 나의 주님, 형제 바람과 공기와 구름과 하늘과 모든 날씨로 찬양 받으소서.

그들을 통해 당신께서 모든 피조물에게 생명을 주십니다.

7. 나의 주님, 누이 물로 찬미 받으소서.
   그는 특히 유용하고 겸손하며 고귀하고 순결합니다.
8. 나의 주님, 형제 불로 찬양 받으소서.
   그의 도움으로 우리가 밤을 밝히니,
   그는 맑고 활기차고 확고하고 강인합니다.
9. 나의 주님, 우리 누이요 어미인 땅으로 찬미 받으소서.
   그는 우리를 지탱하고 다스리며,
   숱한 열매를 낳고 꽃과 식물에 색을 입힙니다.
10. 나의 주님, 당신의 사랑으로 용서받아
   질병과 고난을 견디는 이들로 찬양 받으소서.
11. 그 모든 일 평화로이 견디는 자들이 복되오니,
   지극히 높으신 당신께서 그들에게 면류관을 주실 것이기 때문입니다.
12. 나의 주님, 우리 누이 육체의 죽음*morte corporale* 으로 찬양 받으소서.
   살아있는 자 그 누구도 그에게서 벗어날 수 없습니다.
13. 죽어 마땅한 죄로 사망에 이른 자는 화를 입으나,
   주님의 거룩한 뜻 안에 든 자는 복됩니다.
   둘째 죽음*morte secunda*이 결코 그를 해하지 못하기 때문입니다.
14. 나의 주님, 나 진정 주님을 기리며 찬미하기 원합니다.
   나로 주님께 감사하며, 큰 겸손으로 주님을 섬기게 하소서.

논평

프란치스코는 동물 세계에 큰 관심을 쏟은 일로 유명했는데, 이 일은 그 당시 많은 사람에게 별난 것으로 여겨졌다. 이 유명한 시에서 프란치스코는 온 창조 세계가 창조자를 찬미한다는 생각을 펼친다. 특히 시의 바탕을 이루는 섭리 신학을 눈여겨보라. 여기서는 창조 세계의 각 요소들이 인간에게 베푸는 유익을 밝히고 있다. 이 찬가의 가장 유명한 특징은 창조 질서의 여

러 측면들을 가리키는 말로 "형제"와 "누이"라는 표현을 사용한다는 점이다.

생각해 볼 물음들

❶ 여러분은 프란치스코가 창조 세계의 다양한 요소들을 이런 식으로 인격화해서 표현한 이유가 무엇이라고 생각하는가?

❷ 프란치스코는 창조 세계를 구성하는 모든 것에서 적극적인 면을 찾아 묘사한다. 그 이유는 무엇인가? 이렇게 해서 그가 주장하는 논점은 무엇인가?

6.17 ▼

토마스 아퀴나스

: 은총의 본질

아퀴나스약 1225-1274가 1265년에 라틴어로 쓰기 시작해서 세상을 떠날 때까지 완성하지 못한 『신학대전』*Summa theologiae*은 중세 신학의 가장 위대한 작품으로 널리 인정받는다. 여기서 인용한 항에서 아퀴나스는 '은총'이라는 말을 이해하는 몇 가지 방식을 살피면서, 올바른 의미에서 은총은 하나님께서 인간의 영혼 속에 심어 놓으신 초자연적인 특질을 가리킨다고 주장한다6.12, 6.24, 6.28 참조.

본문

은총은 영혼 속에 있는 어떤 것을 가리키는가?

제1조항에서는 다음과 같이 논한다.

1. 은총은 영혼 속에 있는 어떤 것을 가리키지 않는 것으로 보인다. 어떤 사

람이 다른 사람의 은총*gratia*을 입었다고 말하는 경우가 있는데, 그와 같은 식으로 우리가 하나님의 은총을 입었다고 말할 수 있을 것이다. 그래서 창세기 39:1에서는 "여호와께서 요셉에게 은총을 베푸시어 간수장의 눈에 들게 하셨다"라고 말한다. 그런데 어떤 사람이 다른 사람의 은혜를 입었다고 말하는 것은 은혜를 입은 사람 안에 있는 어떤 것을 가리키는 것이 아니라, 은혜를 나눠 준 사람 쪽에서 받아들였다는 것을 가리킨다. 그러므로 어떤 사람이 하나님의 은총을 받았다고 말하는 것은 그 사람의 영혼 속에 있는 어떤 것을 가리키는 것이 아니라, 단지 하나님께서 그를 받으셨다는 사실을 주장하는 것이다.

2. 또 영혼이 몸에 생명을 주는 것과 동일한 방식으로 하나님께서는 영혼에 생명을 주신다. 그래서 "그는 네 생명이시요"(신 30:20)라고 말한다. 그런데 영혼은 몸에 직접 생명을 준다. 따라서 하나님과 영혼 사이에 매개 역할을 하는 것이 없다. 따라서 은총은 영혼 속에 창조된 어떤 것을 가리키는 것이 아니라는 결론이 나온다.

3. 로마서 1:7에 나오는 "은총과 평화가 여러분에게 있기를"이라는 구절에 대한 주석에서는 "은총이 곧 죄 사함이다"라고 말한다. 그런데 죄 사함이란 영혼 속에 있는 어떤 것을 가리키지 않는다. 죄 사함은 시편 32:2에서 "여호와께 정죄를 당하지 아니하는 자는 복이 있도다"라고 말하는 것처럼, 하나님께서 죄의 책임을 묻지 않는다는 것을 의미할 뿐이다. 따라서 은총은 영혼 속에 있는 어떤 것을 뜻하지 않는다.

이에 반해 다음과 같은 주장이 있다. 빛은 빛을 발하는 것 속에 있는 어떤 것을 가리키며, 은총은 영혼의 빛이다. 그래서 아우구스티누스는 "진리의 빛은 법을 무시하는 모든 사람을 저버리며, 이렇게 버림받은 사람은 모두 눈이 멀어 버린다"(『자연과 은총』 22)라고 말한다. 따라서 은총은 영혼 속에 있는 어떤 것을 가리킨다.

나는 이렇게 답한다. 일상 언어에서 쓰이는 '은총'이라는 말은 대체로 세 가지 의미를 지닌다. 첫째, 은총은 어떤 사람이 품은 사랑을 의미할 수 있는데, 예를 들어 어떤 병사가 왕의 은혜를 입었다거나 왕이 그에게 호의를 베풀었다고 말하는 경우에서 볼 수 있다. 둘째, 은총은 대가 없이 받는 선물을 뜻하는데, "내 호의이니 받아주세요"라고 말하는 데서 볼 수 있다. 셋째, 은총은 대가 없이 받은 선물에 대한 응답을 뜻하는데, 예를 들어 우리가 받은 자선에 감사를 표시하기 위해 하는 말에서 볼 수 있다. 그런데 어떤 사람이 다른 누군가를 사랑하기 때문에 그에게 조건 없이 선물을 베푸는 데서 볼 수 있듯이, 이 세 가지 가운데 두 번째 것은 첫 번째 것에 근거한다. 그리고 세 번째 것은 두 번째 것에 기초하는데, 감사하게 여기는 마음은 거저 받은 선물에 마땅히 따르는 것이기 때문이다.

그런데 만일 '은총'을 두 번째나 세 번째 의미로 이해한다면, 은총은 분명 그것을 받은 사람 속에 무언가를, 곧 값없이 받은 선물이든 그 선물에 대한 감사의 마음이든 남겨 놓게 된다. 그러나 만일 은총이 어떤 사람의 사랑을 의미할 경우, 우리는 하나님의 은총과 사람이 베푸는 은혜의 차이를 살펴보아야 한다. 피조물 안에 있는 선은 하나님의 의지에서 온 것이며, 따라서 피조물 안에 있는 어떤 선은 피조물이 선하기를 원하시는 하나님의 사랑에서 온 것이기 때문이다. 이에 반해 사람의 의지는 사물들 속에 이미 존재하는 선에 의해 작동하는 까닭에 사람의 사랑은 결코 사물 속에서 선을 불러일으키지 못하고, 오히려 부분적으로든 전체로든 그 선을 전제로 할 뿐이다. 그러므로 하나님의 사랑이 특정한 때 피조물 안에서 특정한 선을 어김없이 불러일으킨다는 것은 분명하다. 물론 그 선이 하나님의 영원한 사랑과 똑같이 영원한 것은 아니다.

그런데 이렇게 특별한 성격을 지니는 선으로 인해 피조물에 대한 하나님의 사랑은 두 가지 면모를 지닌다. 하나님께서 피조물들에게 본성적 존재를 허락하신다는 점에서 하나님의 사랑은 보편적이다. 지혜서 11장에서는 "주님은 세상 모든 것을 사랑하시며"라고 말한다. 또 하나님께서는 이성적 피조물을 그 본성적 상태 위로 끌어올려 신적인 선에 참여하도록 높여주신다는 점에서 하나님의 사랑은 특별하다. 하나님께서 누군가를 절대적으로 사랑하신다는 말은 이처럼 특별한 사랑의 의미로 말한 것이다.

하나님께서 피조물이 당신처럼 절대적으로 영원한 선을 지니기 원하시는 것은 바로 이러한 각별한 사랑 때문이다. 누군가가 하나님의 은총을 받았다고 말하는 것은 그 영혼 속에 초자연적인 것, 곧 하나님으로부터 온 것이 있다고 말하는 것이다*quiddam supernaturale in homine a Deo proveniens*.

논평

이 본문은 '은총'이라는 신학 용어의 의미를 명료하게 밝혀 주는 것에 더해, 일반 단어들의 일상적 의미와 특별한 종교적 의미 사이의 관계에 대해 아퀴나스가 숙고한 내용을 보여준다. 이 글은 창조주 하나님의 사역으로 인해 세상에 존재하는 사물들과 그들의 창조주이신 하나님 사이에 본래적 유사성이 존재한다고 주장하는 아퀴나스의 유비 이론을 담고 있다. 따라서 단어들이 이렇게 이중적인 역할을 행한다는 것은 놀랄 일은 아니다. 아퀴나스가 은총을 관계적인 측면이 아니라 존재론적으로 이해한다는 점에도 주목하라. "누군가가 하나님의 은총을 받았다고 말하는 것은 그 영혼 속에 초자연적인 것, 곧 하나님으로부터 온 것이 있다고 말하는 것이다." 이러한 견해는 은총을 '하나님의 호의'*favor Dei*라고 이해했던 종교개혁의 견해와 대비된다.

생각해 볼 물음들

❶ 일상에서 사용되는 '은총'이라는 말의 세 가지 중요한 의미를 여러분의 말로 설명해 보라. 아퀴나스는 이런 의미들을 신학에 어떻게 적용하는가? 전부 똑같이 도움이 되는가?

❷ 아퀴나스의 주장에 따르면 은총은 무엇인가?

마그데부르크의 메히트힐트

: 하나님을 향한 인간의 열망

마그데부르크의 메히트힐트Mechthild of Magdeburg, 약 1210-1282는 13세기의 가장 주요한 여성 영성 저술가의 한 사람으로 널리 인정받는다. 그녀의 저술 『넘치는 신성의 빛』*Light of My Divinity, Flowing into All Hearts that Live without Falsehood*은 그녀가 체험한 환상들과 더불어 충고와 비판의 서신들, 알레고리, 성찰, 기도를 담고 있다. 여기에 실은 글은 일곱 권으로 이루어진 그 책의 첫 권에서 뽑은 것으로서 1250년대에 저술된 것으로 보이며, 하나님과 신실한 영혼 사이의 대화 형식으로 되어 있다. 여기에 인용한 대화 부분에서는 하나님을 향한 인간의 열망을 다룬다6.7, 6.22, 6.39, 10.6, 10.14 참조.

본문

하나님: 내 고귀한 여인이여, 네가 사랑하는 이를 간절히 찾았구나. 내게 가져온 것이 무엇인지 말하라.

영혼: 주님, 내 보화를 주님께 가져왔습니다. 그것은 산보다 크고 세상보다 넓고 바다보다 깊으며, 구름보다 높고 태양보다 더 밝고 별들보다 많으며, 만물을 합한 것보다 더 무겁습니다.

하나님: 오, 내 인성으로 존귀케 되고 내 거룩한 영으로 치장한 너, 내 신성의 형상이여. 네 보화를 무엇이라 부르느냐?

영혼: 주님, 내 마음의 열망이라 부릅니다. 저는 그것을 세상에서 얻었고, 그 어떤 피조물에게도 내어주지 않고 내 안에 고이 간직해 왔습니다. 나 이제 더 이상 그것을 감당할 수 없습니다. 주님, 그것을 어디에 두어야 할까요?

하나님: 네 마음의 열망을 둘 곳이 내 신성한 마음, 내 인성의 가슴 외에 어디이겠느냐? 오직 그곳에서만 네가 내 영에 안겨 위로를 얻으리라.

논평

중세의 원대한 신비주의 전통은 기독교의 인간 본성 이해에서 중심을 이루는 주제를 토대로 삼는다. 그 주제란, 인간은 하나님을 사랑하도록 지음 받았으며 이 관계가 온전하지 못하면 불만족을 느끼게 된다는 것이다. 이런 생각은 히포의 아우구스티누스가 남긴 유명한 기도, 곧 "주님께서는 당신을 위해 우리를 지으셨으니, 우리 마음이 당신 안에서 안식하기까지는 결코 쉼을 누리지 못합니다"라는 구절에서 발견된다. 메히트힐트의 영적 성찰은 이러한 핵심 통찰에 근거하는 것으로, 아우구스티누스가 제시한 주제를 변형한 것이라고 볼 수 있다.

생각해 볼 물음들

❶ 메히트힐트에게 '마음의 열망'이라는 개념은 매우 중요하다. 그녀는 이 개념을 어떻게 사용하는가?

❷ 마틴 루터는 "당신의 온 마음을 쏟고 당신의 신뢰를 거는 것, 바로 그것이 당신의 신이다"라고 말했다. 메히트힐트의 글은 그녀가 사랑과 신뢰를 건 대상에 관해 무엇을 말해 주는가?

6.19 ▼

둔스 스코투스

: 마리아의 무흠수태

예수 그리스도의 어머니 마리아도 다른 사람들과 마찬가지로 구속받을 필요가 있는 죄인인가? 13세기까지는 이 문제에 대해 대체로 그렇다고 답해 왔다. 마리아는 통상적인 방식대로 임신을 했고, 그래서 원죄로 오염되었다고 여겨졌다. 전통적으로 '유흠수태' maculate conception, '결함'이나 '흠'을 뜻하는 라틴어

*macula*에서 왔다 라고 불린 이 견해는, 특히 토마스 아퀴나스가 강하게 옹호했다. 하지만 영국의 스콜라 신학자 둔스 스코투스 Duns Scotus, 1266-1308 는 전혀 다른 견해를 주장했다. 스코투스는 마리아가 원죄에서 보호받았고—현재 '무흠수태' immaculate conception 라고 알려진 견해—따라서 구속받을 필요가 없었다고 보았다. 스코투스는 1298-1299년 사이에 옥스퍼드 대학교에서 행한 강의에서 페트루스 롬바르두스의 표준 교과서인 『네 권의 명제집』 *The Four Books of the Sentences* 을 주석하면서 이 견해를 옹호했다 6.2, 6.3, 6.6, 6.34, 6.39 참조.

본문

그리스도는 가장 완전한 중보자다. 따라서 그는 다른 사람을 위해 최고 등급의 중재를 행했다. 그런데 이제 우리가 증명하려는 바와 같이, 그리스도가 만일 자기 어머니를 원죄에서 보호할 수 없었다면, 그는 가장 완전한 중보자도 아니고 죄의 결과를 가장 온전히 치유하지도 못했을 것이다. 따라서 그리스도는 자기 어머니의 인격과 관련해서 가장 완전한 중보자였던 까닭에 자기 어머니를 원죄로부터 보호할 수 있었다는 결론이 나온다.……어떤 사람이 죄에 빠지도록 내버려 두고서 그 사람의 죄를 사면해 주는 것보다는, 그 사람을 죄에 빠지지 않도록 보호하여 죄를 용서하는 것이 훨씬 더 고결하다 *obilius est remittere alicui culpam ipsum praeservando ne insit, quam permittere offensam inesse et eam postea remittere*.……나는 마리아가 원죄 안에서 수태하지 않는 일이 가능했을 것이라고 생각한다. 아니면 마리아가 생애 가운데 짧은 기간만 원죄의 상태에 있었고 나머지 기간에는 은총의 상태에 있었을 수도 있다. 마지막으로, 일정 기간 원죄의 상태에 있었고 그다음에 은총의 상태로 넘어갔던 것이라고 볼 수도 있다.

논평

스코투스는 마리아의 수태가 인간의 공통 조건인 원죄로부터 보호받는 방식으로 이루어졌다고 주장한다. 그의 주장에서 가장 중요한 점은 그리스도가 자기 어머니를 가장 적합한 방식으로 구속해야 하는 게 마땅하다는 논점이다. 다른 인간들은 죄를 지었기에 구속을 필요로 하는 데 반해, 마리아의 경우는 그리스도가 "훨씬 더 고결한" 방식으로 구속을 행했다고 스코투스는 주장한다. 다른 사람의 경우에는 반드시 구속받을 필요가 있는 그 죄로부터 마리아는 보호받는다. 하지만 이런 주장은 다른 문제들을 일으킨다. 마리아는 원죄 상태에서 수태했고, 이어서 곧바로 원죄로부터 깨끗하게 되었는가? 스코투스는 이 문제와 관련해 세 가지 가능한 견해를 언급하는데, 그중 첫 번째가 그 자신의 이론과 가장 합치한다.

생각해 볼 물음들

❶ 여러분은 스코투스가 "보호하다"라는 말로 말하려는 바가 무엇이라고 생각하는가? 스코투스는 마리아가 원죄 없이 수태했다고 말하는가? 아니면 원죄 안에서 수태했으나, 특정 방식으로 원죄의 결과로부터 보호받았다는 것인가?

❷ 여러분은 마리아의 구속이 독특한 방식으로 이루어졌다고 보는 스코투스의 주장이 얼마나 설득력이 있다고 생각하는가?

6.20 ▼

리미니의 그레고리우스
: 예정

리미니의 그레고리우스Gregory of Rimini, 약 1300-1358는 중세 후기의 가장 중요한 아우구스티누스파 신학자들 가운데 한 사람이었다. 그레고리우스는 당시 주요 신학들이 펠라기우스주의 쪽으로 기운 것을 보고 강하게 반발했고, 그 대신 아우구스티누스의 은총론을 다시 수용해야 한다고 주장했다. 여기에 실은 글은 그의 『명제집 주석』Commentary on the Sentences에서 인용했다6.8, 6.12, 6.26, 6.31, 6.35 참조.

본문

성경 본문과 성도들의 가르침에 비추어 볼 때, 다음과 같은 결론들을 참된 것으로 받아들여야 하며 또 그렇게 가르치고 설교해야 마땅하다. 첫째, 그 누구도 그가 자유의지를 옳게 사용하리라는 것을 하나님께서 미리 아시고 장점으로 인정해 주시기 때문에 예정되지는 않는다. 둘째, 그 누구도 그가 나중에 상존 은총habitual grace이나 조력 은총actual grace이 이르는 길에 아무런 장애물도 놓지 않으리라는 사실이 미리 알려지기 때문에 예정되지는 않는다. 셋째, 하나님께서 예정하시는 사람은 누구든지 은혜롭고 자비로운 방식으로 예정된다. 넷째, 그 누구도 그가 자유의지를 악하게 사용하리라는 것을 하나님께서 미리 아시기 때문에 정죄되지는 않는다. 다섯째, 그 누구도 그가 결국에는 은총의 통로에 장애물을 놓을 것이라는 사실이 미리 알려지기 때문에 정죄되지는 않는다.

논평

리미니의 그레고리우스는 흔히 '근대 아우구스티누스 학파'의 중요한 회원이라고 알려져 있다. 아우구스티누스 수도회와 관련된 것으로 보이는 중세 후기의 이 신학파는 14세기의 '근대' 철학적 가정들을 많이 받아들이면서도, 그 가정들을 아우구스티누스의 본질적인 은총론과 나란히 긍정해야 한다고 주장했다. 이 본문에서 우리는 예정론과 관련해 두드러지게 아우구스티누스적인 견해를 따르고 있는 것을 볼 수 있다.

생각해 볼 물음들

❶ 그레고리우스는 예정과 관련해서 다섯 가지 논의를 제시한다. 그것들을 여러분의

말로 각각 요약해 보라.

❷ 그레고리우스의 견해에서 '예정'은 '예지'와 동일한가?

6.21

가브리엘 비일

: 공로와 칭의

가브리엘 비일Gabriel Biel, 약 1420-1495은 15세기에 큰 영향을 끼친 스콜라 신학자들 가운데 한 사람이다. 그는 '공동생활 형제회'와 밀접한 관계를 맺었는데, 이 단체는 14세기 말 네덜란드에 설립된 종교 공동체로서, 명상과 내적인 삶의 중요성을 강조하고 사변적인 신학을 비판했다. 비일은 튀빙겐 대학교를 세우는 일에도 관여했고, 거기서 신학교수로 일했다. 비일은 칭의론을 연구하면서, 한편으로는 펠라기우스를 극복하고 다른 한편으로는 칭의 과정 속에 신자들을 포함시켜야 한다는 요구를 긍정적으로 다루는 이론을 발전시켰다. 여기에 실은 본문은 그의 『명제집 주석』Commentary on the Sentences에서 인용했다6.15, 6.17, 6.20 참조.

본문

영혼은 하나님을 향해 나가는 선한 운동 앞에 놓인 장애물을 자유의지로 제거함으로써, 첫 은총을 하나님의 재량으로*de congruo* 받을 수 있게 된다. 이것은 다음과 같이 입증할 수 있다. 하나님께서는 영혼이 '자기 능력 안에 있는 것'을 실천하는 행위*actum facientis quod in se est*를 받으셔서 첫째 은총에 이르도록 이끄시는데, 공의와 관련된 빚 때문이 아니라 하나님의 자비하심 때문에 그렇게 하신다. 영혼은 이러한 장애물을 제거함으로써 죄의 행위들과 죄를 따르는 일을 멈추고, 나아가 자신의 주요 목적이 되시는 하나님을 향해 나가는 선한 운동을 시작하며, 그렇게 해서 '자기 능력 안에 있는 것'*quod in se est*을 행한다. 하나님께서는 관대하심을 베풀어*ex sua liberalitate* 이처럼 장애물을 제거하는 행위와 하나님을 향해 나가는 선한 운동을 받으셔서, 은총을 부어 주시는 바탕으로 삼으신다.

논평

가브리엘 비일은 하나님의 관대하심*liberalitas*을 크게 강조하는 칭의 이론을 펼친다. 하나님께서는 우리에게 은총을 베푸시기에 앞서 매우 어려운 일을 성취해 내라고 요구하지 않으신다. 그와 달리 평범하기까지 한 몇 가지 조건—특히 죄에서 돌이켜 하나님께로 나가는 일—을 이루라고 요청하신다. 비일은 이 일을 가리켜 '자기 능력 안에 있는 것'을 행하는 것이라고 말한다. 이 일을 성취기만 하면, 하나님께서는 이 일에 더해 당신의 은총을 선물로 부어 주신다. 비일은 자신이 하나님의 관대하심을 강조한 것은 그가 이 문제에서 펠라기우스주의로 빠져드는 일을 피하려는 의도였다고 주장했다. 종교개혁자 마틴 루터는 그의 견해에 동의하지 않았고, 1517년에는 비일을 집중적으로 비판했다. 재량 공로*meritum de congruo*란 공로 개념을 약하게 말한 것으로, '받는 사람의 권리보다 주는 사람의 관대함이 강조된 선물'과 같은 것을 뜻한다는 사실에 주목하라. 일반적인 의미의 공로—스콜라 신학자들은 이것을 적정 공로*meritum de condigno*라고 불렀다—는 '받는 사람의 공로를 따라 베푸는 것'이라는 의미다.

생각해 볼 물음들

❶ 비일은 사람들이 은총을 받기 전에 해야 할 일로 무엇을 요구하는가?

❷ 인간의 영혼 속에서 은총으로 나가는 길을 막는 장애물은 무엇인가? 비일은 그 장애물들이 어떻게 제거될 수 있다고 보았는가?

6.22 조반니 피코 델라 미란돌라

: 인간의 본성

이탈리아 르네상스를 주도한 인물 가운데 한 사람인 조반니 피코 델라 미란돌라Giovanni Pico della Mirandola, 1463-1494는 24살 때인 1486년에 『인간의 존엄에 관하여』*Oration on the dignity of humanity*를 발표했다. '르네상스 선언문'이라고도 불리는 이 글은 매우 세련되고 우아한 라틴어 문체로 저술되었으며, 기독교의 전통적인 창조론이 크게 발전한 모습을 보여준다. 인간은 자신의 정체성을 고정된 형태로 받지 않았고, 스스로 정체성을 결정할 수 있는 역량을 지닌 피조물로 묘사된다. 피조물인 인간은 확정된 형상을 소유한 것이 아니라 하나님의 자극을 받아 자신의 완전성을 추구해 간다. 이 연설문이 담고 있는 개념들은 르네상스 후기에 커다란 영향을 끼쳤고, 계몽주의에서 주장하는 하나님 앞에서 인간의 자율성이라는 사상이 자라는 토양이 되었다고 볼 수 있다6.4, 6.5, 6.39, 6.41 참조.

본문

최고 건축가이신 아버지 하나님께서는 신비로운 지혜의 법칙을 따라 우리가 보는 이 우주를 당신의 신성이 거하는 지극히 존귀한 성전으로 세우셨습니다. 그분은 하늘 위에 있는 영역을 지성적 존재들로 꾸미시고, 천체에는 영원한 영혼들이 거주하게 하시며, 더럽고 추한 아래쪽 세상은 온갖 종류의 수많은 동물들로 채우셨습니다. 하지만 이 일을 끝내신 후, 창조주께서는 그토록 놀라운 사역을 보고 감탄하고 그 아름다움을 사랑하고 장엄함에 탄복할 사람을 그곳에 두기 원하셨습니다. 그래서 모든 일을 마치셨을 때 (모세와 티마이오스가 증언하듯이) 하나님께서는 마지막으로 사람을 창조하실 생각을 하셨습니다. 하지만 하나님께 있는 원형들 가운데는 새 피조물을 짓는 데 사용할 원형이 없었고, 그분의 보물창고 가운데는 새 아들에게 유산으로 나눠줄 것이 없었으며, 온 세상 안에는 그 아들이 거하며 우주를 관조할 만한 자리가 없었습니다. 그때 이미 모든 것이 완벽했고, 가장 높은 자리, 중간 자리, 가장 낮은 자리마다 만물로 가득 찼습니다.

하지만 아버지께서 지니신 능력의 본성에서 볼 때, 이 마지막 창조 작업이 실패하는 일은 있을 수 없었습니다. 그분의 지극히 크신 지혜의 본성에서 볼 때, 그토록 중대한 일을 이루는 데 묘략이 없어 주저하는 일은 있을 수 없었습니다. 마지막으로 아버지의 넘치는 사랑의 본성에서 볼 때, 그 피조물이 다른 모든 것 속에 깃든 하나님의 관대함은 찬미하면서도 자기 안에서는 그것이 결핍된 것을 보게 할 수는 없었습니다.

결국 최고의 장인은 자기에게 합당한 몫을 전혀 받지 못한 이 피조물에게 다른 모든 피조물에게 주신 특별난 몫을 공유하도록 결정하셨습니다. 그래서 하나님께서는 인간—확정되지 않은 형상을 지닌 피조물—을 취해 세상 한가운데 두고 이렇게 말씀하셨습니다. 아담아! 우리가 네게는 정해진 거주지도 주지 않았고, 너만의 형태도 부여하지 않았으며, 네게 고유한 어떤 역할도 주지 않았다. 그러니 네 바람과 판단에 따라 네가 원하는 거주지와 형태와 역할을 마음대로 골라 가지도록 하라. 다른 모든 존재들의 본성은 우리가 정한 법의 울타리 안에 갇혀 있다. 하지만 너는 어떤 제한 규정으로도 얽매지 않고 네 자유로운 의지에 맡겼으니, 네가 지닌 자유의지를 따라 스스로 네 본성의 한계를 정하도록 하라. 네가 세상 모든 것을 좀 더 쉽게 살필 수 있도록 너를 세상의 중심에 두었다. 네가 자유롭고 당당하게 네 자신의 존재를 원하는 모양대로 지을 수 있도록, 너를 하늘에 속한자로도 땅에 속한 자로도 짓지 않았고, 불멸의 존재로도 사멸할 존재로도 짓지 않았다. 네가 저 낮은 동물들의 수준으로 떨어지는 일이 네 손에 달렸고, 신성한 삶을 누리는 저 높은 곳으로 다시 올라가는 일도 네 손에 달렸다.

논평

우아하고 때로는 화려한 수사로 이루어진 이 연설문은 인간 본성에 대한 르네상스의 비전을 펼쳐 보인다. 이 글은 기독교적인 요소를 많이 포함하고 있는데, 그중에서 특히 인간은 피조물의 정점이고, 인간만이 창조질서 및 창조자를 찬미하고 이해하며 존중할 능력을 지닌다는 사상이 두드러진다. 하지만 이 연설문은 창조 질서 안에서 인간의 위치를 새롭게 생각할 수 있는 길도 열어 준다. 피코 델라 미란돌라는 인간이 창조 세계 속에서 특정한 자리나 특유의 역할에 고정되어 배치되지 않았다고 주장한다. 인간은 자유와 지성을 적절히 사용해 자신의 자리나 역할을 결정할 수 있는 특권과 책임을 지닌다. 그에 따라 인간은 동물 수준으로 추락하거나 하나님의 차원으로 올라갈 수 있다.

생각해 볼 물음들

❶ 이 연설문의 기본 주제는 인간이 스스로 자신의 정체성을 결정해야 한다는 것이다. 피코 델라 미란돌라는 어떻게 이런 주장의 토대를 다지는가?

❷ 피코 델라 미란돌라의 인간 본성 이해는 이 주제를 다룬 전통적인 기독교 견해와 어떤 식으로 갈등을 일으키겠는가?

6.23

마틴 루터

: 의롭게 하는 신앙

1520년 독일어로 출간된 이 글에서 마틴 루터1483-1546는, 결혼을 통해 신랑과 신부가 하나로 연합하듯이 신앙은 신자와 그리스도를 하나로 연합하게 한다는 개념을 펼친다. 따라서 영혼은 그리스도와 결혼함으로써, 자기를 속박하던 죄에서 "풀려나 자유롭게" 된다. 여기서 루터의 용어는 "그리스도와 연합하기" 위해 "죄와 이혼한다"는 이미지를 사용한다. 이러한 연합을 통해 그리스도는 신자들의 죄를 흡수해 버리며, 반면에 신자들은 그리스도의 모든 부요함을 누리게 된다. 이 본문을 통해, 루터가 신앙을 명제들에 대한 지적 동의를 훨씬 넘어서는 것으로 이해했다는 사실을 확인할 수 있다. 신앙은 그리스도와 신자들 사이에 생생하고 인격적인 관계를 세워 준다1.13, 6.24, 6.25, 6.27, 6.28 참조.

본문

열두 번째로, 신앙은 하나님의 말씀이 자유롭고 거룩하며 은총으로 충만하다는 사실을 영혼이 깨닫게 되는 것을 의미할 뿐만 아니라, 나아가 신부가 신랑과 하나가 되듯이 영혼이 그리스도와 연합하게 해준다*voreynigt auch die seele mit Christo*. 사도 바울의 말처럼(엡 5:31-32) 그러한 결혼을 통해 그리스도와 영혼은 한 몸이 되고, 그 결과 둘은 좋은 것이든 나쁜 것이든 모든 것을 공동으로 소유하게 된다. 이 말은 그리스도가 소유하는 것이 믿는 영혼에게 속하고, 영혼이 소유하는 것이 그리스도에게 속한다는 것을 뜻한다. 그런데 그리스도는 온갖 좋은 것과 거룩함을 소유하고 있고, 따라서 이것들이 이제 영혼에게 속하게 된다. 영혼은 수많은 악과 죄를 소유하고 있고, 이제 이것들이 그리스도께 속하게 된다. 여기서 우리는 복된 교환*froelich wechtzel*과 거래가 일어나는 것을 본다. 그리스도는 하나님이면서 인간인 분으로서 결코 죄를 짓지 않으셨고, 그분의 거룩함은 지극히 크고 영원하며 전능하다. 그래서 그리스도는 믿음이라는 결혼반지*braudtring*를 통해 믿는 영혼의 죄를 자기 것으로 취하고, 마치 자신이 그 죄를 저지른 것인 양 여기며, 그 결과 죄를 자기 안으로 흡수해 버린다. 그리스도의 견고한 의는 모든 죄를 감당할 만큼 강하고, 따라서 영혼은 자신의 지참금인 신앙으로 말미암아 모든 죄에서 풀려나 자유롭게*ledig und frei* 되어 신랑이신 그리스도의 영원한 의에 참여하게 된다. 이것이 바로 복된 가정*ein froehliche wirtschafft*이 아닌가? 부유하고 고귀하고 성결한 신랑인 그리스도는 이 가난하고 추하며 죄에 물든 창녀*das arm vorachte boetzes huerlein*를 신부로 맞아들이고, 모든 악한 것을 벗기고 그분이 소유한 모든 좋은 것으로 부어 주신다. 죄는 더 이상 그녀를 지배할 수 없다. 이제 그녀는 그리스도께 속하고 그에게 사로잡혔기에, 자기 신랑의 모든 의를 소유하기 때문이다.

논평

이 글에서 루터의 관심사는 어떻게 신앙이 신자들에게 큰 유익을 줄 수 있는지의 문제를 밝히는 데 있다. 루터는 그리스도와 신자들의 친밀한 관계를 세우는 일에서 신앙이 아주 중요한 역할을 한다는 사실을 강조한다(중세 신학자들이 '사랑'에 귀속시키려 했던 많은 특성을 루터는 '신앙'에 귀속시킨다). 인간의 결혼이 인격적 측면과 법적 측면으로 이루어지는 것과 마찬가지로 그리스도와 신자들의 관계도 이 두 가지 측면을 모두 지닌다. 어떤 것들을 참이라고 믿는 일과, 그리스도와의 친밀하고 인격적인 연합을 낳는 하나님께 대한 인격적 신뢰를 루터가 어떻게 구분하는지에 주목해 보라. 후기에 나온 한 저술에서 루터는 "보물인 예수 그리스도를 굳게 붙잡는" 행위인 "붙잡는 신앙"*fides apprehensiva*에 대해 말한다. 여기 인용한 글에서 그 개념이 예시되고 있다. 이 글은 16세기를 배경으로 삼는데, 남편의 지위가 결혼하는 순간 아내에게 자동적으로 넘겨진다고 보는 데서 그 점을 확인할 수 있다.

생각해 볼 물음들

❶ 이 글에서는 결혼이라는 이미지가 두드러지게 사용된다. 루터가 결혼 유비를 토대로 삼아 밝히려는 논점은 무엇인가?

❷ 우리가 사실은 죄인인데도 하나님께서는 마치 의로운 사람처럼 받아 주신다고 보았다는 점에서, 루터가 그리스도인의 삶을 '법적 의제'의 측면에서 이해했다고 주장하는 학자들이 있다. 결혼 유비는 이런 해석을 용인하는가, 아니면 그에 대해 문제를 제기하는가?

마틴 루터
: 죄와 은총

6.24 ▼

1515년에서 1516년에 걸친 학기 동안, 루터는 비텐베르크 대학교에서 바울의 로마서를 라틴어로 강의했다. 이 강의의 사본이 사라지지 않고 전해져서, 루터의 생애 가운데 초기 단계의 신학을 이해할 수 있는 길이 열렸다. 루터는 로마서 4:7을 분석하는 중에, 신자의 삶에서 죄와 은총의 관계에 관해 논한다. 그는 신자들의 실존 속에는 죄와 의로움이 공존한다고 보며, 그래서 신자들은 죄인이면서 동시에 의로운 사람이라는 기본 논증을 제시한다6.2, 6.9, 6.23 참조.

본문

성도들이 언제나 자기 죄를 알고 하나님의 자비하심에 의지해 그분께 의를 구하는 까닭에, 하나님께서는 늘 그들을 의롭다고 인정해 주신다*semper quoque iusti a Deo reputantur*. 그들은 자신들의 눈으로 볼 때도 그렇지만 실제로도 의롭지 못하다. 그러나 하나님께서는 그들이 죄를 고백하는 것을 들으시고, 그들을 의롭다고 여기신다. 사실 그들은 죄인이지만, 자비로운 하나님의 헤아림으로 인해 의로운 것이다*Re vera peccatores, sed reputatione miserentis Dei iusti*. 이 사실을 알지 못해 그들이 스스로 의로운 사람이라고 생각하지만, 알고 나면 의롭지 못한 사람이다. 그들은 실제로는 죄인이지만, 소망 가운데서 의인이다*peccatores in re, iusti autem in spe*.……

이것은 병에 걸린 사람의 경우와 비슷하다. 그 사람은 확실한 치유를 약속하는 의사를 신뢰하고, 약속된 그대로 회복되기를 바라며*in spe promissae sanitatis*, 의사가 지시한 것을 따르고 금지한 일들을 멀리하면서, 약속된 회복에 방해가 되는 것은 무엇이든 멀리한다.……그런데 이 환자가 건강한가? 사실 이 사람은 아프기도 하고 동시에 건강하기도 하다*immo aegrotus* *simul et sanus*. 그가 아픈 것이 사실이지만, 의사의 확실한 약속에 의하면 건강한 것이다. 그는 의사를 신뢰하며, 의사는 자기가 그 사람을 고칠 것을 확신하기에 그가 이미 건강하다고 여기기 때문이다. 의사는 그 사람을 치유하기 시작했고, 더 이상 그를 불치병 환자로 여기지 않는다. 이와 마찬가지로 우리의 사마리아 사람이신 그리스도는, 이렇게 아픈 사람을 치료하기 위해 여관으로 데려가서 그를 확실하게 고쳐 영원한 생명에 이르게 해 주겠노라고 약속하고 치료를 시작했다……그러면 이 사람이 완전히 의로운가? 그렇지 않다. 그는 죄인이면서 동시에 의로운 사람이다*simul iustus et peccator*. 그는 실제로 죄인이지만, 하나님께서 그를 완전히 치유하실 때까지 죄에서 자유롭게 지켜 주시겠다고 분명히 약속하셨고, 나아가 그렇게 여겨 주시므로 의로운 사람이다. 따라서 그는 소망 가운데서는 완전히 건강하지만, 실제로는 죄인이다*sanus perfecte est in spe, in re autem peccator*. 그는 의로운 삶을 시작했으며, 자신이 의롭지 못하다는 사실을 잊지 않으면서 계속해서 더 의롭게 되기를 추구한다.

논평

본문에서 다루는 쟁점은, 어떤 사람이 하나님께 용납되기 위해서는 먼저 그가 완전히 의롭게 되어야 하는가라는 문제다. 이 문제에 대해 루터는 아주 단호하게 그렇지 않다고 답한다. 다시 말해 죄인은 그리스도의 의로우심에 힘입어 의롭다고 받아들여진다는 것이다. 루터는 의사의 비유를 사용해서 신자들 속에 지속되는 죄, 신자들의 점진적인 변화, 장차 그 죄가 소멸될 것 등에 대해 설명한다. 하지만 완전히 의롭게 되는 것이 기독교인이 되는 데 필수적인 요소는 아니다. 죄는 불신앙이나 하나님 편에 서지 못하는 일을 가리키는 것이 아니라, 자신의 인격을 계속 하나님의 온유하신 돌보심에 맡겨야 하는 필요성을 가리킨다. 그래서 루터는 다음과 같은 유명한 말을 남긴다. 신자는 '의인인 동시에 죄인'*simul iustus et peccator*이다. 소망 가운데서는 의로우나 실제로는 죄인이며, 하나님의 약속 안에서 그리고 하나님 보시기에는 의로우나 현실에서는 죄인이다.

생각해 볼 물음들

❶ 루터가 의사와 환자의 비유를 사용해 제기하는 논점을 여러분의 말로 설명하라.

❷ "그들은 실제로는 죄인이지만, 소망 가운데서 의인이다." 이 말로 루터가 의미하는 것은 무엇인가?

6.25 ▼

필리프 멜란히톤

: 이신칭의

독일의 루터파 신학자 필리프 멜란히톤Philip Melanchthon, 1497-1560은 1521년 라틴어로 펴낸 책 『일반 원리』*Commonplaces*의 초판에서 이신칭의에 대한 자신의 생각을 제시한다. 이 글에서는 신앙과 행위의 관계를 중심 주제로 다루면서, 특히 멜란히톤에게 제기된 비판, 곧 그의 이론이 선행이 들어설 여지를 전혀 허용하지 않는다거나 기독교인의 삶에 대한 '보상'을 가르치는 신약의 내용을 폐기한다는 비판에 맞서 그가 제시한 응답을 담고 있다6.23, 6.24, 6.26, 6.27, 6.28 참조.

본문

칭의는 어떤 이유에서 믿음으로만 가능한가? 우리는 하나님의 자비에 의지해서만 의롭게 될 수 있는데, 믿음이란 바로 그 자비—자비를 어떤 약속으로 이해하느냐와는 별개로—를 인정하는 일이므로, 칭의는 믿음으로만 가능하다는 것이 나의 대답이다. 칭의가 믿음으로만 가능하다는 사실을 기이하게 여기는 사람이 있다면, 칭의가 인간의 공로가 아니라 하나님의 자비로만 가능하다는 사실도 기이하게 보이는지 생각해 보라. 하나님의 자비를 신뢰하는 것은 우리 자신이 행한 그 어떤 일도 신뢰하지 않는 것을 의미하기 때문이다. 성도들이 믿음으로 의롭게 된다는 사실을 부정하는 사람은 누구든 하나님의 자비를 모욕하는 것이다. 바울이 로마서 11장에서 분명하게 밝히듯이, 우리의 칭의는 우리 자신의 행위로 쌓은 공로가 아니라 하나님의 자비로만 가능한 일이며, 그런 까닭에 칭의는 당연히 신앙으로만 가능한 것이다. 다시 말해 믿음은 우리가 약속된 자비를 받는 유일한 통로다.

그렇다면 칭의에 앞서 이루어지는 행위, 곧 자유의지의 행위에 대해서는 어떻게 말할 수 있는가? 저주받은 나무에 달리는 것은 모두 저주받은 열매들이다. 비록 그 열매들이 사도 바울이 회심하기 전에 지녔던 의로움에 비견되는 지극히 고상한 미덕들이라고 할지라도, 그것들은 더러운 마음에 뿌리를 내리고 있으므로 속임수와 반역에 불과한 것이다. 앞서 살펴보았듯이, 마음의 더러움은 하나님을 두려워하지 않고 신뢰하지 않으며 찾지 않는, 하나님에 대한 무지로 이루어진다. 로마서 8:5에서 "육신을 따라 사는 사람은 육신에 속한 것을 생각하나"라고 말하듯이, 육신은 육신에 속한 것 외에는 아무것도 알지 못하기 때문이다.……철학자들은 선한 일의 목표에 대해 정의를 내리면서 그들 나름대로 여러 가지를 거론한다. 어떤 철학자는 '행복'을 말하고 다른 철학자는 '고통의 부재'를 주장한다. 인간은 본성적으로 신적인 일에 전혀 신경 쓰지 않는 게 분명하다. 그들은 하나님의 말씀을 두려워하지도 않고 믿음의 삶에 끌리는 법도 없다. 그런 나무에서 맺히는 열매가 죄 외에 무엇이겠는가?

그러나 칭의에 따라 나오는 행위들이 의롭게 된 사람들의 마음을 사로잡은 하나님의 영에 뿌리를 두고 있다고 해도, 그 사람들은 여전히 더러운 육신 안에서 행하므로 그들의 행위 자체도 더러울 수밖에 없다. 칭의가 시작되기는 했지만, 아직 그 종결 상태에 이르지 못했다. 우리는 성령의 첫 열매를 얻었을 뿐, 아직 전부 추수하지는 못했다. 로마서 8:23의 말씀처럼 우리는 여전히 속으로 신음하면서 우리 몸이 구속되기를 기다리고 있다.

그러므로 이런 행위들 속에 여전히 불결한 것이 남아 있기에 그 행위들은 의롭다고 불릴 자격이 없으며, 또 여러분이 의지하는 것이 칭의에 앞서는 행위이든 칭의에 따라 나오는 행위이든 그런 일에는 우리의 공로가 들어설 자리가 없다. 따라서 칭의는 하나님의 자비로만 이루어지는 행위여야 한다. 이것이 바로 바울이 갈라디아서 2:20에서 "내가 지금 육신 안에서 살고 있는 삶은, 나를 사랑하셔서 나를 위하여 자기 몸을 내어주신 하나님의 아들을 믿는 믿음 안에서 살아가는 것입니다"라고 말한 뜻이다. 그는 "내가 이제 나의 선행으로 산다"라고 말하지 않고, "하나님의 자비를 믿는 믿음으로써 산다"라고 말한다. 이에 더해 믿음은 칭의 다음에 이루어지는 행위들이 죄로 말미암은 것이 아닐 수 있는 근거가 되기도 한다. 이에 대해서는 잠시 후 살펴본다.

따라서 믿음으로 칭의가 이루어질 때, 칭의는 하나님의 자비에 의해 이루어지는 것이다. 칭의는 인간의 노력, 행위, 공로와는 별개의 것이다. 의로움의 시작과 성장은 하나님의 자비와 연결되어 있고, 따라서 삶 전체의 의로움은 믿음 외에 아무것도 아니다. 이런 이유에서 이사야 예언자는 그리스도의 나라를 자비의 나라라고 부른다. "인자함으로 왕위가 굳게 설 것이요"(사 16:5). 만일 우리가 우리의 행위로 의롭다고 인정받는다면, 그런 나라는 그리스도의 나라가 아니고 자비의 나라도 아니며, 우리의 나라—우리의 행위로 이루어지는 나라—일 것이다.……

여러분은 "그러면 우리는 공로로 아무것도 얻지 못하는가? 그렇다면 성경 여러 곳에서 '보상'이라는 말이 나오는 이유는 무엇인가?"라고 물을 수 있을 것이다. 이 물음에 대해 나는, 보상은 있으며, 보상은 우리의 공로 때문이 아니라 하나님께서 약속하셨기 때문에 주시는 것이요, 그래서 하나님은 스스로 의무를 지셨으며 아무런 자격이 없는 이들에게 스스로 채무자가 되신 것이라고 답하겠다.……바울은 로마서 6:23에서 "죄의 삯은 죽음이요, 하나님의 선물은……영원한 생명입니다"라고 말한다. 바울은 영원한 선물을 '빚'이 아니라 '선물'이라고 부른다. 하지만 사실은 아버지께서 그 선물을 약속하시고 믿음 안에서 보증하셨으므로, 그것이 빚인 것은 맞다.

논평

행위가 아니라 믿음으로 의롭게 된다는 마틴 루터의 주장에서 비롯된 쟁점 가운데 하나는 기독교인의 삶에서 선행의 역할과 관련된 문제다. 행위로 의롭게 된다는 오해를 피하려고 했던 루터의 바람은 흔히 그가 선행을 무가치한 것으로 주장하거나, 그런 쪽으로 암시했다는 식으로 잘못 받아들여졌다. 멜란히톤은 신중한 논의를 펴는 이 글에서 칭의가 선행으로 이루어진다는 일체의 암시를 피하면서 선행이 기독교인의 삶에서 차지하는 위치를 밝히려고 한다. 그와 동시에 선행이 기독교인의 삶에서 실질적이고도 중요한 역할을 담당한다는 점도 강조한다.

생각해 볼 물음들

❶ 칭의가 이루어지기 전과 후에 인간의 행위가 맡는 역할에 대한 멜란히톤의 이해를 여러분 자신의 말로 설명해 보라.

❷ "성도들이 믿음으로 의롭게 된다는 사실을 부정하는 사람은 누구든 하나님의 자비를 모욕하는 것이다." 본문에서 이 구절의 위치를 확인하라. 멜란히톤이 이 구절에서 말하려는 바는 무엇인가? 그는 어떻게 이 결론에 이르는가?

6.26 ▼

장 칼뱅

: 예정

예정론은 장 칼뱅의 저술에서 아주 중요하게 다루어진다. 칼뱅은 자신의 원숙한 견해를 제시하는 이 글에서, 어떤 사람들은 영원한 생명으로 예정되었고, 다른 사람들은 영원한 죽음으로 예정되었다고 주장한다. '이중 예정'으로 알려진 이 이론은 구원으로 선택된 사람들만이 실제로 구원을 받게 된다고 주장한다. 칼뱅이 어떻게 '예정'과 '예지'를 분명하게 구분하는지 주의해서 살펴보라6.8, 6.20, 6.21, 6.31, 6.35, 6.36 참조.

본문

생명의 언약은 모든 사람에게 동등하게 선포되지 않으며, 그것을 받는 사람들 편에서도 지속성이나 수준의 면에서 동일하게 수용되지 않는다. 이러한 다양성을 통해 하나님의 판단의 헤아릴 수 없는 깊이가 드러난다. 이 다양성은 하나님의 영원한 선택의 의지에 따라 정해지는 것이 확실하기 때문이다. 만일 하나님의 의지에 따라 어떤 사람에게는 구원이 값없이 허락되고 다른 사람들에게는 구원에 이르는 길이 막혀 버리는 것이 분명하다면, 이 사실은 몇 가지 중대하고 곤란한 문제를 낳는다. 이 문제들은 선택과 예정을 바르게 이해할 때에야 해명할 수 있다. 많은 사람들이 이 주제를 당혹스럽게 느끼는데, 한 울타리 안에 있는 사람들 가운데 어떤 사람은 구원으로 예정되고 다른 사람들은 멸망으로 예정되는 일만큼 불합리한 일이 없어 보이기 때문이다. 그러나 그렇게 혼란스러워할 필요가 없다는 점이 아래의 논의에서 분명히 밝혀질 것이다. 어쨌든 이 문제의 복잡성은 이 교리의 유용함과 더불어 이 교리가 낳는 매우 소중한 열매도 드러내 보여준다. 우리는 하나님의 영원한 선택을 알기 전까지는 우리 구원이 하나님의 값없는 자비로부터 온다는 사실을 온전히 확신할 수 없다. 영원한 선택이 하나님의 은총을 밝히 드러낸다는 사실은 다음과 같은 비교로 확인할 수 있다. 하나님께서는 모든 사람을 차별 없이 선택하여 구원의 희망을 주시는 것이 아니라, 어떤 사람들에게는 거절하신 것을 다른 사람들에게 주신다.……

경건하게 살고자 애쓰는 사람이라면 예정, 곧 하나님께서 어떤 사람들은 생명의 희망을 지니도록 선택하시고 다른 사람들은 영원한 죽음으로 선고하신다는 사실을 결코 부인하지 않는다. 그런데 온갖 종류의 변변찮은 반론으로 예정을 비판하면서 특히 예지가 예정의 원인이라고 주장하는 사람들이 참 많다. 물론 두 교리가 모두 하나님께 속한 것이지만, 어느 하나를 다른 것에 종속시키는 것은 어리석은 일이다. 예지를 하나님의 속성이라고 말하는 것은 만물이 언제나 하나님의 눈길 아래 있었고 앞으로도 영원히 그럴 것이며, 따라서 이런 지식 앞에서 미래나 과거의 일은 없고 모든 것이 현재의 일이 된다는 의미다. 여기서 현재의 일이 된다는 말은, 우리가 마음에 기억하는 일들을 우리 앞에 두고 보듯이 하나님께서 모든 것을 관념으로 아실 뿐만 아니라 당신 앞에 두고서 헤아리시고 살펴보신다는 것을 뜻한다. 예지는 온 우주에 퍼져 모든 피조물에 이른다. 예정이란 하나님의 영원한 작정으로, 하나님 자신이 각 사람에게 일어나기 원하시는 일을 결정하시는 것을 말한다. 모든 사람이 동등한 조건으로 창조되지 않았으며*non enim pari conditione creantur omnes*, 어떤 사람들은 영원한 생명에, 다른 사람들은 영원한 형벌에 이르도록 예정되었다. 모든 사람이 이러한 두 가지 결말 가운데 어느 한쪽에 이르도록 정해졌으므로*conditus*, 우리는 그 사람들을 가리켜 생명 혹은 죽음으로 예정되었다고 말한다.

논평

예정은 흔히 칼뱅 신학 체계의 중심 개념이라고 말한다. 이 주장을 지지하기가 쉽지 않은데, 그 까닭은 우선 칼뱅의 체계가 어떤 '중심'을 가지는 것으로 보이지 않고, 다른 한편으로는 다른 교리나 주제가 그의 관심을 훨씬 더 크게 사로잡은 것처럼 보이기 때문이다. 칼뱅이 예정에 각별한 관심을 쏟은 한 가지 이유는 제롬 볼섹Jerome Bolsec과 벌인 격렬한 논쟁 때문인데, 이 논쟁으로 인해 칼뱅 사상의 이 측면이 제네바 지역에서 그가 의도한 것 이상으로 큰 관심을 끌게 되었다. 칼뱅은 예정을 하나님께서 어떤 사람은 생명으로 선택하고, 다른 사람은 죽음으로 선택하기로 결정하셨다는 의미로 정의한다는 점을 주목하라. 이 주장은 아우구스티누스의 견해와 대조되는데, 아우구스티누스는 예정을 하나님께서 어떤 사람을 구원하기로 결정한 일에만 관련되는 것으로 이해한다6.8.

생각해 볼 물음들

❶ "생명의 언약은 모든 사람에게 동등하게 선포되지 않으며, 그것을 받는 사람들 편에서도 지속성이나 수준의 면에서 동일하게 수용되지 않는다." 본문을 시작하는 이 구절에서 칼뱅이 의미하는 것은 무엇인가? 여기서 그는 어떤 결론을 끌어내는가?

❷ "모든 사람이 동등한 조건으로 창조되지 않았으며, 어떤 사람들은 영원한 생명에, 다른 사람들은 영원한 형벌에 이르도록 예정되었다." 본문에서 이 구절의 위치를 확인하라. 이 구절에서 칼뱅이 말하려는 바는 무엇인가? 어떻게 그는 이 결론에 도달하는가? 그는 이 견해를 아우구스티누스가 이 주제에 대해 가르친 내용과 어떻게 관련시키는가?

6.27

장 칼뱅

: 칭의 개념

1500년 무렵까지 '칭의'라는 용어는 넓게 보아 '의롭게 된다'는 의미로 사용되었다. 아우구스티누스의 저술에서 시작한 이런 해석은 칭의를 사건인 동시에 과정으로 이해했다. 하지만 종교개혁 시대에는 칭의를 오직 법정적 관점에서만 정의할 수 있는 것으로 보았다. 다시 말해 죄인들이 하나님 앞에서 의롭다고 선포되는 사건으로 보았다. 그리고 칭의 다음으로 성화가 이어지는데, 이것은 신자들이 의롭게 되어가는 과정을 가리킨다. 『기독교 강요』1559에서 인용한 이 글에서 칼뱅은 이런 법정적 칭의 개념의 고전적 형태를 제시한다6.23, 6.28 참조.

본문

하나님 앞에서 의롭다고 인정받는 것은 하나님께서 판단하시고 의로운 사람으로 인정해 주시는 것이요, 바로 그러한 의에 근거해 죄인을 받아주시는 것이다.……믿음으로 의롭다고 인정받은 사람은 행함으로 얻는 의를 포기하고 믿음으로 그리스도의 의를 굳게 붙잡은 사람이며, 그 의를 입음으로써 하나님 앞에 죄인이 아니라 의인으로 서게 된 사람이다. 그러므로 간단히 말해 칭의란 하나님께서 우리를 의롭다고 여겨 당신의 은혜 안에 품어 주시는 것이라고 말할 수 있다. 우리는 칭의가 죄의 용서와 그리스도의 의의 전가로 이루어짐을 안다.……

우리가 그리스도의 의를 매개로 해서만 하나님 앞에서 의롭다고 인정받게 되는 것은 의심할 여지가 없다. 이것을 바꿔 말하면 다음과 같다. 신자들은 그들 스스로 의로운 것이 아니라, 그리스도의 의가 전가되어 그들에게 전해지기 때문에 의로운 것이다. 이 점은 신중하게 논할 필요가 있다.……우리의 의는 우리 안에 있는 것이 아니라 그리스도 안에 있다. 우리는 그 의를 오직 그리스도 안에 참여함으로써만 소유할 수 있다. 사실 그리스도와 함께함으로 우리는 그가 소유한 좋은 것을 모두 누리게 된다.

논평

이 글에서 칼뱅은 '법정적' 칭의 개념으로 볼 수 있는 견해를 제시한다. 칭의는 기독교인의 삶의 시작과 관련되는 것으로 정의되고, 칭의를 통해 신자들은 하나님과 올바른 관계 속으로 들어간다. 그다음에 기독교인의 삶은 성화의 단계로 나아가는데, 여기서 성화란 거룩함으로 성장하는 것을 뜻한다. 이와 달리 아우구스티누스에게서 '칭의'는 기독교인의 삶의 시작이면서 동시에 '의롭게 되어가는' 지속적 과정 모두를 의미한다. 이 견해를 트리엔트 공의회가 더욱 발전시켰다6.28.

생각해 볼 물음들

❶ "하나님 앞에서 의롭다 인정받는 것은 하나님께서 판단하시고 의로운 사람으로 인

정해 주시는 것이요……." 본문의 서두에 나오는 이 구절로 칼뱅이 말하는 것은 무엇인가? 이 글에 '의롭게 되어가는'이라는 표현이 나오지 않는다는 점에 주목하라.

❷ "신자들은 그들 스스로 의로운 것이 아니라, 그리스도의 의가 전가되어 그들에게 전해지기 때문에 의로운 것이다." 본문에서 이 구절의 위치를 확인하라. 이 구절로 칼뱅이 말하려는 바는 무엇인가? 이 구절을 트리엔트 공의회에서 이 주제에 관해 가르친 내용과 대조하며 살펴보라6.28.

트리엔트 공의회

: 칭의

6.28 ▼

트리엔트 공의회는 1547년 1월 13일에 종료된 제6차 회기 중에 로마 가톨릭교회에서 가르치는 칭의 개념을 명확하게 밝혔다. 특히 흥미로운 사실은 칭의를 사건과 과정이라는 두 가지 측면에서 정의하면서, 하나님께서 기독교인의 삶을 시작하게 하시는 행위와 신자들을 새롭게 하시는 과정 모두를 긍정한다는 점이다6.23, 6.24, 6.25, 6.27 참조.

본문

죄인의 칭의를 간략하게 정의하면, 인간이 첫 아담의 자녀로 태어난 상태에서 두 번째 아담인 우리 구주 예수 그리스도를 통해 하나님의 자녀가 되는 은총의 상태로 옮겨가는 것이라고 할 수 있다*translatio ab eo statu in quo homo nascitur filius primi Adae in statum gratiae et adoptionis filiorum Dei per secundum Adam Iesum Christum Salvatore, nostrum*. 복음서에 "누구든지 물과 성령으로 나지 아니하면, 하나님 나라에 들어갈 수 없다"(요 3:5)라고 기록되었듯이, 이러한 이전은 거듭남으로 깨끗해지지 않았거나 그렇게 되고자 갈망하는 마음 없이는 이루어지지 않는다.

트리엔트 공의회는 칭의의 본질에 대한 칼뱅의 이해6.27에 강하게 반대하고, 히포의 아우구스티누스와 연관된 칭의 개념을 적극적으로 옹호했다. 아우구스티누스의 개념에 따르면, 칭의는 인간 본성 안에서 이루어지는 거듭남과 갱신의 과정으로서, 죄인의 외적 상태와 내적 본성 모두에서 변화를 낳는다. 따라서 트리엔트 공의회의 관점에서 볼 때, 칭의에는 거듭남의 개념이 포함된다. 이렇게 간략하게 설명한 내용을 트리엔트 공의회의 "칭의에 관한 교령" 7장에서 자세히 다룬다. 교령에서는 칭의란 "죄의 용서일 뿐만 아니라, 은총과 선물을 기꺼이 받아들임으로써 인간 내면이 성화되고 갱신되는 것을 뜻하며, 이로써 불의한 사람이 의로운 사람으로 변화한다"라고 강조한다.

생각해 볼 물음들

❶ "이러한 이전은 거듭남으로 깨끗해지지 않으면……이루어지지 않는다."에서 트리엔트 공의회가 이 구절에서 의미하는 것은 무엇인가? 이 구절은, 이 주제에 대해 칼뱅 같은 종교개혁자들이 제시한 개념6.27과 다른 주장을 펴는 트리엔트 공의회의 견해를 어떻게 확증해 주는가?

❷ 멜란히톤과 칼뱅이 '칭의'와 '성화'라는 두 가지 용어를 사용해서 주장했던 개념을 트리엔트 공의회에서는 '칭의'라는 한 단어로 설명하는데, 이 사실은 칭의에 관한 논쟁에서 어떤 혼란을 일으키는가?

6.29 ▼

테오도르 베자

: 예정의 원인들

제네바에서 칼뱅과 함께 활동했던 사람들 가운데 하나인 테오도르 베자

Theodore Beza, 1519-1605는, 칼뱅주의 개념들을 주도적으로 제시한 인물로 명성을 쌓았다. 제네바에서 예정과 관련된 쟁점들을 두고 격렬한 논쟁이 벌어지던 때 칼뱅에게 보낸 이 편지에서, 베자는 예정의 궁극적인 근거를 하나님의 지고한 뜻 안에서 찾아야 한다고 주장하고 있다6.8, 6.20, 6.26, 6.31 참조.

본문

만일 누군가가 하나님께서 영원 전에 어떤 사람들은 선택하시고 다른 사람들은 저주하기로 결정하셔야 했던 원인이 무엇이냐고 묻는다면, 하나님의 크신 권능을 더욱 분명하게 나타내기 위해서 그렇게 하셨다고 답해야 마땅하다고 나는 생각합니다. 그런데 만일 사람들이 이러한 영원한 작정의 '질료인'material cause, 그들이 사용하는 용어대로에 관해 묻는다면, 내가 답으로 제시할 것은 '하나님의 뜻' 외에 아무것도 없습니다. 토기장이가 어떤 그릇은 귀하게 만들고 다른 그릇은 천하게 만들 자유가 있듯이, 하나님께서는 [피조물에 대해] 자유로우십니다. 만일 누군가가 왜 하나님께서는 다른 사람 대신에 어떤 사람을 구원이나 파멸로 예정하셔야 했는가 하고 묻는다면, 나는 다시 하나님의 뜻을 그에 대한 답으로 제시합니다. 똑같은 진흙덩어리로 어떤 그릇은 귀하게 만들고 다른 그릇은 추하게 만드는 일뿐만 아니라, 그렇게 구별하여 당신의 독특한 판단을 드러내시는 일도 하나님의 권한에 속합니다. 그래서 이런 질문들에 답하면서 나는 그리스도와 아담까지 포함하는 '제2원인들'secondary causes에 호소하지 않고, 오히려 이러한 하나님의 권위에 호소합니다. 문제는 선택이냐 유기냐의 등급에 관한 것이 아니라, 그 일들의 실행에 관한 것입니다. 하나님의 계획을 실행하기 위해 정해진 제2원인들이 있습니다. 우리가 왜 어떻게 선택받았는지에 관한 이유를 제시할 수 있습니다. 다시 말해 하나님께서는 당신의 한없는 사랑 때문에, 그리고 그리스도 안에서 우리를 보시는 까닭에(하나님께서는 영원 전부터 우리를 그리스도께 주기로 결정하셨습니다) 우리를 사랑하지 않으실 수가 없으셨고*non potuit nos non amare*, 그 결과 우리는 그리스도 안에서 의롭고 거룩하게 될 수 있었습니다. 그런데 하나님께서 어떤 사람들을 저주하신 원인이 무엇이냐고 묻는다면, 나는 그 원인은 바로 사람들 자신 안에 있다고 답하겠습니다. 사람들은 타락하고 죄에 깊이 빠져 헤어날 줄 모르고, 이 일은 하나님의 의로운 진노를 받아 마땅하기 때문입니다. 하나님께서는 당연히 그런 사람들을 거절하고 부인하십니다.……그래서 "세상 창조 전에 그리스도 안에서 우리를 택하시고"(엡 1:4)라는 말씀을 읽을 때, 나는 이 말씀이 다음과 같은 의미라고 생각합니다.……하나님께서는 영원 전에 우리를 선택하기로 예정하시면서, 그와 동시에 그리스도도 그 작정에 속하게 하셨으며*simul huic decreto substravisse Christum*, 그래서 하나님께서는 그리스도 안에서 우리를 선택하시고 또 선택받은 자를 부르셔서 의롭게 하시고 영화롭게 하실 수 있으셨습니다. 다른 한편으로 하나님께서 어떤 사람들을 멸망으로 예정하실 때는 그와 동시에 아담을 지명하셨고, 그래서 타락한 사람들을 아담 안에서 엄하게 대하셨으며, 그 결과 하나님께서는 그들 안에서 당신의 지고한 권능을 선포하실 수 있었습니다.

논평

이 글에서 베자는 칼뱅이 이 주제에 대해 말한 내용6.26의 전반적인 흐름을 그대로 따르면서, 하나님께서는 피조물을 다루는 일에서 자유로우시다는 점을 강조한다. 예정은 하나님의 통치권을 가장 확실히 보여주는 것으로, 피조물에 대한 하나님의 권리와 능력을 확고하게 인정한다. 예정은 하나님께서 자기 피조물이 은총을 어떻게 사용할지 미리 아시는 일에 따라 좌우되는 것이 아니라, 전적으로 무조건적인 하나님의 결정이다.

생각해 볼 물음들

❶ 베자의 주장에 의하면, 하나님께서 어떤 사람은 구속하고 다른 사람은 정죄하기로 한 결정의 배후에 놓인 동기는 무엇인가?

❷ 베자는 예정의 '원인들'이 무엇이라고 말하는가? 이 원인들은 예정의 근거에 대한 그의 논의에 어떤 영향을 끼치는가?

존 던

: 포로가 된 인간의 의지

존 던John Donne, 1572-1631은 17세기 초 영국에서 활동한 뛰어난 시인이자 설교자요 탁월한 '형이상학파' 시인으로 널리 인정받는다. 1633년에 출간된 이 시는 인간의 자유의지를 중심 주제로 다룬다. 아우구스티누스로부터 이어져 온 서방 기독교에서는 인간의 자유의지가 죄의 '포로가 되었다'—이 개념은 *liberum arbitrium captivatum*(포로가 된 자유의지)라는 라틴어 구호로 표현되었다—고 주장했다. 인간의 자유의지는 죄의 굴레에 얽매인 까닭에, 자유롭게 하나님께 응답할 수 없게 되었다. 따라서 참 자유를 회복하기 위해서는 하나님께서 인간의 거짓 자유를 깨뜨리는 일이 필요하다. 자유의지가 하나님께 등을 돌리고 죄로 기울었기 때문이다. 이 시에서 존 던은 이처럼 분명한 역설적 상황과 씨름하면서 "노략당해 파괴된 마을"이라는 이미지를 통해 자신의 논점을 제시한다6.9, 6.12, 6.13, 6.24 참조.

본문

내 가슴을 때려 주소서, 삼위일체이신 하나님.
주님께서, 이제껏 두드리고 숨을 불어 넣고 밝히며 고치려 애쓰셨으니,
나 일어나 굳게 서게 하시고 나를 쳐서 엎드리게 하시고
당신의 능력으로 나를 깨뜨리고 태워 새롭게 지으소서.
나, 노략당해 파괴된 마을처럼 다른 사람의 소유가 되었고
당신을 모시려고 애쓰나 오, 헛될 뿐입니다.

내게 허락하신 당신의 총독, 이성으로 나를 지켜야 하나
오히려 사로잡혔고, 허약하고 거짓될 뿐입니다.
나 진정 당신을 사랑하고 또 간절히 사랑받기를 원하나,
오히려 당신의 원수와 정혼했습니다.
나로 파혼케 하여 풀어 주시고 다시 결박을 끊어 내셔서,
당신께로 거두시고 굳게 묶어 주소서.
당신께서 거두지 않으시면, 나 결코 자유로울 수 없으며
당신께서 품지 않으시면, 나 결코 정숙할 수 없기 때문입니다.

논평

이 시에서 존 던은 아우구스티누스의 '포로가 된 자유의지'라는 개념이 지닌 역설적인 특성을 밝힌다. 인간이 하나님을 굳게 의지하도록 이끌어 주어야 할 자유의지가 죄에 굴복하고 뒤틀려 버렸다. 이처럼 자유의지는 최선의 가능성을 지니고 있음에도 불구하고, 하나님께 반역했다. 그 결과 하나님께서는 시인에게로 들어오시기 위해 문을 열도록 부드럽게 요청하시는 대신, 그의 가슴을 "때릴" 수밖에 없었다. 여기서 우리는 의학적인 성격을 띠는 아우구스티누스의 구원 이해를 존 던이 시적으로 다듬어 새로운 이미지로 표현하는 것을 본다. 아우구스티누스의 구원 이해는 타락한 인간 본성을 병에 감염된 것으로 설명하는데, 그 증상 가운데 하나가 치료받으려는 마음이 전혀 없는 태도다.

생각해 볼 물음들

❶ 인간의 이성을 가리켜 인간 안에 있는 하나님의 "총독"이라고 묘사한다. "총독"(문자적 의미는 '왕을 대신하여'다)은 군주에게서 권위를 위임받은 사람을 말한다. 여기서 존 던은 하나님의 목적 안에서 이성이 맡은 역할을 무엇이라고 주장하는가?

❷ 존 던은 11행에서 세 가지 연관된 이미지를 사용하여, 타락한 인간을 지배하는 죄의 권세를 깨뜨리는 일에 관해 말한다. 그 세 가지 이미지는 무엇인가? 또 그렇게 깨뜨리는 일은 누가 하는가? 마지막 연에서 하나님께서 품지 않으면 결코 정숙하게 될 수 없다는 구절로 존 던이 말하려는 바는 무엇인가?

6.31 ▼

「웨스트민스터 신앙고백」
: 예정

청교도의 공화정이 실시되던 1643년에 런던에서 작성된 이 중요한 개혁주의 신앙고백은 칼뱅과 베자가 힘주어 강조했던 예정론을 재차 긍정했다. 이 신앙고백에서는 예정이 전적으로 하나님의 뜻에 좌우되고, 인간 본성에 속한 것들에 의해서는 아무 영향을 받지 않는다고 주장한다6.8, 6.20, 6.26, 6.29 참조.

본문

하나님께서는 생명으로 예정하신 모든 사람, 오직 그들만을, 주님께서 정하고 허락하시는 때에 맞춰 주의 말씀과 성령으로 효력 있게 부르셔서, 본래 처했던 죄와 죽음에서 끌어내 은총과 예수 그리스도로 말미암는 구원으로 인도하시기를 기뻐하신다. 또 그들의 마음이 구원을 향하도록 영적으로 밝혀 주셔서 하나님의 일들을 이해하게 하시고, 그들의 돌 같은 마음을 제거하여 부드러운 마음을 주시며, 크신 능력으로 그들의 의지를 새롭게 다듬어 선한 일을 따르도록 마음먹게 하셔서, 그들을 효력 있게 예수 그리스도께로 이끄신다. 이에 더해 그들은 하나님의 은총을 힘입어 지극히 자유롭게 되어 자원하는 마음으로 나오게 된다.

이 효력 있는 부르심은 인간 안에 있는 것을 미리 아셔서 이루어지는 것이 아니라, 오직 하나님의 자유롭고 특별한 은총으로 이루어진다. 인간은 이 일에서 철저히 수동적인 처지에 있어서, 성령께서 깨우치고 새롭게 해주실 때에야 그 부르심에 응답하고 그 안에 담겨 있는 은총을 받아들일 수 있다.

논평

개혁주의 예정론의 고전적 형태인 이 신앙고백문은 칼뱅6.26과 베자6.29 두 사람의 견해를 토대로 만들어졌다. 이 본문은 아주 명료하게 서술되어 있어 논평이 거의 필요가 없다. 특히 '예정'이 어떻게 '예지'와 확실하게 구분되는지에 주목해 보라.

생각해 볼 물음들

❶ 이 글에서 말하는 "부르심"에서 예수 그리스도와 성령의 역할이 무엇인지 설명하라.

❷ "이 효력 있는 부르심은 인간 안에 있는 것을 미리 아셔서 이루어지는 것이 아니라, 오직 하나님의 자유롭고 특별한 은총으로 이루어진다. 인간은 이 일에서 철저히 수동적인 처지에 있어서," 이 구절을 통해 신앙고백문이 말하려는 것은 무엇인가? 그런데 이 수동적인 역할이 적극적인 역할로 바뀌는 지점은 어디이며, 그렇게 바뀌는 이유는 무엇인가?

6.32 ▼

조나단 에드워즈

: 원죄

18세기 미국의 저술가 조나단 에드워즈Jonathan Edwards, 1703-1758는 북아메리카 지역에서 청교도 사상을 대변한 주요 인물이었다. 그가 각별한 관심을 쏟았던 주제 가운데 하나는 원죄론이었고, 그는 원죄론이 계몽주의적 합리주의의 공격으로 위협받고 있다고 보았다. 아래 글은 1785년에 에드워즈가 세상을 떠난 직후 출간된 논문에서 인용한 것이다 6.2, 6.6, 6.9, 6.13, 6.20, 6.21, 6.34, 6.37, 6.38 참조.

본문

신학자들 사이에서 널리 사용되어 온 '원죄'라는 말은 죄로 인해 선천적으로 마음이 타락한 상태를 의미한다. 그러나 원죄 교리에 대해 말할 때는, 통상적으로 본성의 타락뿐만 아니라 아담이 최초로 지은 죄의 전가까지 포함하는 것으로 이해된다. 죄의 전가란 하나님의 심판에 의해 아담의 죄에 대한 벌을 그 후손이 물려받거나 감당해야 하는 일을 가리킨다. 내가 아는 한, 타락과 전가 가운데 어느 하나를 주장한 사람은 대부분 다른 것도 주장했고, 어느 하나를 반대한 사람들은 대체로 다른 것도 반대했다. 아래 논의에서 우리가 주로 살펴볼 테일러 박사는 원죄를 반박하는 그의 책에서 두 가지를 모두 반대했다. 나중에 이 주제를 다루면서 밝혀지겠지만 이 둘은 밀접하게 연결되어 있는데, 어느 하나를 증명하는 논증은 다른 것을 확증해 주거나 어느 하나를 인정하는 데 어려움이 없다면, 다른 것도 역시 별 어려움이 없다.

나는 먼저 이 원죄 교리를 본성의 부패와 관련시켜 자세히 살펴볼 것이다. 그 과정에서 그 부패와 연결되어 있는 죄의 전가도 자연스럽게 다루게 될 것이다. 도덕적인 모든 특성들, 선이나 악의 모든 원리들은 마음의 성향에 달려 있으므로, 나는 사람의 마음이 본래 부패하고 악한 성향을 지니는지에 대한 증거가 있는지 살펴볼 것이다. 원죄 교리에 반대하는 최근의 많은 저자들과 특히 테일러 박사가 이 사실을 완강하게 부정한다.……

여기서 나는 먼저 이 명제가 참인지를 살펴보고, 그다음에 이 명제에서 내가 도출한 결론들의 확실성을 입증할 것이다. 두 가지가 모두 분명하고 확실하게 증명된다면 본래적인 타락의 교리도 확실하며, 따라서 테일러 박사의 이론이 잘못된 것이라는 사실을 그 누구도 부인할 수 없을 것이라고 나는 확신한다. 테일러 박사는 『성경의 원죄 교리』*The Scripture Doctrine of*

*Original Sin, etc*에서 상당한 분량을 할애해 '선천적인 타락'의 교리를 반박한다. 그 책 107쪽에서 그는 부패하고 죄에 사로잡힌 본성이 아담의 후손들에게 유전된다는 개념은 원죄론을 주장하는 사람들이 증명해야 할 주요한 논점이라고 주장한다.

앞서 제시한 명제에서 주장하는 것을 입증하기 위해서는 다음과 같은 두 가지 사실을 명료하게 밝히기만 하면 된다. 첫째, 모든 인간이 필연적으로 이런 결과를 떠안은 상태, 곧 보편적으로 죄를 지은 상태로 이 세상 속에 태어난다는 사실이다. 다시 말해 세상 속에서 도덕적 행위자로 사는 모든 사람은 정도의 차이가 있지만, 모두 죄에 대해 책임을 져야한다는 사실이다. 둘째, 모든 죄는 하나님의 진노와 저주를 받아 철저하고 영원한 파멸을 당해야 마땅하고, 하나님께서 은총으로 개입하여 막아 주지 않으신다면 그런 운명으로 끝나고야 말 것이라는 사실이다. 두 가지 사실 모두가 하나님의 말씀과 테일러 박사의 이론에 합치하는 것으로 확실히 입증될 수 있다.

모든 인간이 최소한 도덕적 행위자로 행동할 능력을 지닌다는 점에서 죄에 대한 책임을 져야 한다(여기서는 인간이 죄를 진 채로 세상 속으로 들어왔다는 것을 당연하게 여기지 않는다)는 사실은 다음과 같은 성경 구절을 통해 아주 명료하고 확실하게 밝힐 수 있다. "죄를 짓지 아니하는 사람은 없습니다"(왕상 8:46). "좋은 일만 하고 잘못을 전혀 저지르지 않는 의인은 이 세상에 하나도 없다"(전 7:20). "그것이 사실이라는 것은 나도 잘 알고 있다(바로 앞에서 빌닷이 하나님은 온전한 사람을 물리치지 않는다고 주장한 것을 말한다). 그러나 사람이 어떻게 하나님 앞에서 의롭다고 주장할 수 있겠느냐? 사람이 하나님과 논쟁을 한다고 해도, 그분의 천 마디 말씀에 한 마디도 대답하지 못할 것이다"(욥 9:2-3). 비슷한 의미를 지니는 다음과 같은 구절들도 있다. "살아 있는 어느 누구도 주님 앞에서는 의롭지 못하니, 주님의 종을 심판하지 말아 주십시오"(시 143:2). 사도 바울은 이렇게 말한다(여기서 사도 바울은 앞의 시편 구절을 가리키는 것이 분명하다). "그것은 모든 입을 막고, 온 세상을 하나님 앞에서 유죄로 드러내려는 것입니다. 그러므로 율법의 행위로는 하나님 앞에서 의롭다고 인정받을 사람이 아무도 없습니다.

율법으로는 죄를 인식할 뿐입니다'(롬 3:19-20).……이외에 많은 다른 구절에서도 죄의 고백과 회개가 모든 사람의 당연한 의무라고 말하고, 또 하나님께 죄 용서를 구하는 기도와, 하나님의 용서하심을 바라며 우리에게 해를 끼친 사람들을 용서하는 일에 대해 말한다. 모든 사람이 예외 없이 죄에 대해 책임을 져야 한다는 사실은 옛날의 희생제사가 제정된 일과 그 정해진 용도와 목적을 통해서도 입증될 수 있고, 이스라엘 백성에 속한 모든 사람이 자기 영혼을 속량하기 위해 치르도록 정해진 몸값을 통해서도 입증될 수 있다.……모든 사람이 죄를 지었을 뿐만 아니라, 여러 가지 엄청난 불의를 행한 것으로 묘사된다.……

많은 성경 구절이 인간이 보편적으로 죄인이라는 사실을 단언하고, 모든 죄는 하나님의 진노와 저주를 받아 영원한 파멸을 당해 마땅하다고 선언하고 있으며, 그렇게 해서 앞에서 내가 제기한 두 가지 명제를 확증해 준다. 갈라디아서 3:10의 말씀이 이 취지에 딱 들어맞는다. "율법의 행위에 근거하여 살려고 하는 사람은 누구나 다 저주 아래에 있습니다. 기록된 바 '율법책에 기록된 모든 것을 계속하여 행하지 않는 사람은 다 저주 아래에 있다' 했습니다." 사도 바울의 이 말에는 분명 다음과 같은 의미가 담겨 있다. 율법책에 기록된 모든 일을 행하는 일에서 결코 실패하지 않는 사람은 없다. 따라서 스스로 율법을 이행하는 것에 의지하는 사람은 누구나 율법을 지키지 못하는 사람에게 선고되는 저주 아래 있다. 그래서 사도 바울은 그다음 절에서 율법으로는 하나님 앞에서 아무도 의롭게 되지 못한다고 주장한다.

논평

이 글에서는 에드워즈가 '테일러 박사'—존 테일러 John Taylor, 1694-1761 를 말한다—를 좋아하지 않는다는 것이 분명히 드러난다. 에드워즈는 테일러를 도덕주의자로 여겼고, 그의 도덕주의가 원죄를 완전히 부정하거나 심각하게 약화시키는 사고를 토대로 삼고 있다고 보았다. 테일러와 계몽주의 저술가들이 모두 원죄 개념을 부정했으나, 그 동기는 서로 달랐다. 테일러는 원죄 개념이 도덕적인 삶을 방해한다고 보았고, 계몽주의 사상가들—볼테르와 같은 사람—은 이 개념이 인간으로 하여금 전통에 종속되게 만들고, 독창적이고 비판적인 사고를 가로막는다고 보았다. 에드워즈의 관심사는 원죄 교리가 도전받고 폐기되는 시대를 향해 이 교리를 확고하게 주장하는 것이었다.

생각해 볼 물음들

❶ 에드워즈는 원죄를 강하게 주장하면서, 그에 대해 어떤 근거들을 제시하는가?

❷ 에드워즈는 철저히 성경을 토대로 원죄론을 옹호한다. 이 사실은 이 글의 독자들에 대해 무엇을 말해 주는가?

6.33 ▼

존 웨슬리

: 칭의

존 웨슬리1703-1791는 영국 교회 내부에서 메서디스트 운동을 일으켰고, 나중에 이 운동은 독자적 교파로 자라나 감리교회가 되었다. 자신에게 "구원에 이르는 유일한 길인 믿음이 없었다"고 확신했던 웨슬리는 1738년 5월 런던의 올더스게이트 거리에서 열린 집회에 참석했을 때 마음이 "이상하게 뜨거워지는" 체험을 하며 회심했으며, 이 일을 계기로 기독교인의 삶에서 '살아있는 신앙'의 필요성과 경험의 역할이 중요하다는 사실을 깨닫게 되었다. 웨슬리가 기독교 신앙의 경험적 측면을 강조한 일은 당시 영국의 무기력했던 이신론과 선명한 대조를 이루었고, 영국에서 커다란 종교 부흥을 이끌었다. 존 웨슬리의 칭의에 관한 설교는 1746년 처음으로 출간되었다. 이 중요한 설교에서는 '회심'과 '신생'의 개념을 크게 강조하는 경건주의의 관점에서 기독교인의 삶의 본질을 이해한다6.23, 6.25, 6.27, 6.28 참조.

본문

4. 칭의는 하나님께서 당신이 의롭다고 받아 주신 사람들에게 속으신다는 의미가 결코 아닙니다. 또 사람들이 실제로는 그렇지 않은데도 하나님께서 그렇다고 생각해 주시는 것도 아니며, 사람들을 있는 그대로의 모습과 다르게 보아 주시는 것도 아닙니다. 칭의는 하나님께서 우리를 실상과는 정반대로 판단하신다는 의미가 아니며, 우리를 실제 모습보다 더 낫게 평가하시거나 우리가 불의한데도 의롭다고 믿어 주시는 것을 뜻하지 않습니다. 결코 그렇지 않습니다. 지극히 지혜로우신 하나님의 판단은 언제나 진실에서 어긋남이 없습니다. 또 다른 사람이 그렇기 때문에 나도 죄가 없다고 생각하거나 의롭고 성결하다고 주장하는 것은 하나님의 빈틈없는 지혜 앞에서 결코 통할 수가 없습니다. 이렇게 하나님께서는 나를 다윗이나 아브라함과 혼동하실 수 없듯이, 나와 그리스도를 혼동하시지 않습니다. 하나님에게서 이해력을 받은 모든 사람에게 이 사실을 편견 없이 헤아려 보게 하십시오. 그러면 위와 같은 식의 칭의 개념은 이성이나 성경 중 어느 쪽과도 합치하지 않는다는 사실을 알 수 있습니다.
5. 성경에서 분명하게 말하는 칭의 개념은 용서, 곧 죄 사함입니다. 칭의란 아버지 하나님께서 아들의 피로 드린 화해의 제물을 보시고 "사람들이 이제까지 지은 죄를 너그럽게 보아주심으로써 자기의 의를 나타내시려는"(롬 3:25) 행위입니다. 이것이 사도 바울이 로마서 전체에 걸쳐서 가르치는 칭의에 대한 쉽고 자연스러운 설명입니다.

논평

존 웨슬리의 설교는 멜란히톤이나 칼뱅과 관계가 있는 '법정적 칭의'forensic

justification 개념을 강하게 비판한 것으로 유명하다. 웨슬리는 "그리스도의 전가된 의"라는 개념을 도덕적으로나 신학적으로 받아들일 수 없다고 보았다. 그 개념은 하나님께서 사람들을 의롭다고 인정하실 때 하나님께서 속고 계시다는 사실을 뜻하거나, 하나님께서 우리를 실제로 우리 아닌 다른 사람(곧 그리스도)이라고 여기신다는 것을 뜻한다. 웨슬리는 법정적 칭의 개념을 버리고, "용서와 죄 사함"이라는 좀 더 성경적인 칭의 개념을 따르라고 주장한다.

생각해 볼 물음들

❶ 칭의를 '법률상의 의제'와 연관 지어 설명하는 주장에 대해 웨슬리는 어떻게 응답하는가? 웨슬리의 견해는 루터가 제시한 이론6.23과 어떻게 비교되는가?

❷ "성경에서 분명하게 말하는 칭의 개념은 용서, 곧 죄 사함입니다." 이 구절의 위치를 본문에서 확인하라. 이러한 정의와 칼뱅이 제시한 정의6.27를 비교해 설명하라. '전가된 의'에 대한 언급이 나오지 않는 이유는 무엇인가? 이 개념에 대해 경건주의자는 어떤 반론을 제기하겠는가?

6.34 ▼

존 헨리 뉴먼

: 원죄

존 헨리 뉴먼John Henry Newman, 1801-1890은 1864년에 출간한 영적 자서전인 『자기 생애의 변론』*Apologia pro Vita Sua*에서 인간 본성에 대한 자신의 근심 어린 성찰을 제시했다. 뉴먼이 보기에 세상은 왜곡되고 무의미하며, 하나님의 현존에 대한 명확한 표징을 전혀 지니지 못한 것처럼 보였다. "이 분주하고 활기찬 세상을 들여다보았는데 거기서 세상을 지으신 분의 반영을 전혀 발견하지 못할 때……" 뉴먼은 이것이 원죄의 실재를 가리키는 징표라고 해석했다. 그는 오직 이것만이 인간이 '약속된 일과 현상황의 현저한 차이'를 견디지 못하고 당황하게 만드는 "가슴을 후벼 파고 이성을 마비시키는 일들"을 설명해 줄 수 있다고 주장한다6.2, 6.6, 6.9, 6.12, 6.13, 6.24 참조.

본문

이제 하나님의 존재를 마음에 품고(앞서 말했듯이 내게 하나님의 존재는 내 실존만큼이나 확실하나 그 확실성의 근거를 논리적 형태로 제시하는 일은 분위기나 수사학적인 면에서 내 마음에 딱 들게 밝히기가 어렵다), 나 자신을 벗어나 인간들이 사는 세상을 들여다볼 때, 거기서 목격하는 장면은 내 마음으로 하여금 이루 말할 수 없는 고뇌에 빠지게 한다. 내 존재를 그토록 가득 채우는 그 거대한 진리에 대해 세상은 거짓일 뿐이라고 말하는 듯하며, 그래서 나는 마치 나 자신이 실존한다는 사실을 부정하는 것만큼이나 혼란스러운 충격에 휩쓸려 버리고야 만다. 이 분주하고 활기찬 세상을 들여다보았는데, 거기서 세상을 지으신 분의 반영을 전혀 발견하지 못할 때 나를 휘감는 느낌은, 거울을 들여다보았는데 내 얼굴을 보지 못할 때의 기분과 같지 않을까 싶다. 내게 이 일은 방금 전 언급한 바 있는 절대적이고 근원적인 진리와 관련된 엄청난 난제들 가운데 하나다. 내 양심과 마음속에서 명료하게 속삭이는 그 목소리가 없었더라면, 나는 이 세상을 보면서 무신론자나 범신론자, 아니면 다신론자가 되어 버렸을 것이다. 솔직히 말해 나는 인간 사회의 일반적인 사실들과 역사 과정에서 끌어내어 하나님에 관해 증명하는 논증들이 지닌 실제적인 힘을 결코 부인하지는 않지만, 그것들은 나를 따뜻하게 해주거나 내 마음을 밝혀 주지는 못한다. 그것들은 내 황량함의 겨울을 거둬가지도 못하며, 내 안에서 싹이 트고 잎이 자라게도 못하고, 내 도덕심을 굳세게 해주지도 못한다. 세상의 모습은 '온갖 조가와 탄식과 재앙'으로 가득 채워진 예언자의 두루마리에 불과할 뿐이다.

이 세상의 길이와 넓이, 그 다양한 역사와 많은 민족들을 헤아려 보라.

그들의 행운, 부침, 상호 갈등, 불화, 생활 방식과 풍습, 정부, 예배 형식들, 또 그들의 사업과 목적 없는 과정, 우연에 휘둘리는 결과와 업적, 오랜 노력의 허무한 결과, 무참히 깨어지고 흩어진 계획, 능력과 진리로 가장한 맹목적 발전, 시작도 끝도 알 수 없는 물질의 진보, 인간의 위대함과 초라함, 원대한 목적과 허망한 결말, 불확실한 미래, 절망적인 삶, 무너지는 선과 번창하는 악, 육신의 고통과 정신적 고뇌, 편만하고 강력한 죄, 번창하는 우상숭배, 부패, 음울하고 절망적인 반종교 현상 등. 전체 인류가 처한 이런 형편을 가리켜 사도 바울은 매우 두렵지만 정확하게도 "세상에서 아무 소망이 없이, 하나님도 없이"라는 말로 증언한다. 이 모든 현상은 참으로 아찔하고 끔찍한 전망을 펼쳐 보이고, 인간으로서는 결코 풀 수 없는 불가사의한 짐을 지운다.

이처럼 가슴을 후벼 파고 이성을 마비시키는 일들에 대해 어떻게 말해야 할까? 내가 생각할 수 있는 답은 창조자가 존재하지 않든지, 아니면 이 활기찬 인간 사회가 철저히 하나님 앞에서 쫓겨난 것이든지, 둘 중 하나다. 만일 내가, 훌륭한 외모와 마음을 지니고 잘 다듬어진 성품의 표지를 지닌 어린 아이가 아무런 보호도 받지 못한 채 세상에 버려진 것을 발견했는데, 그 아이가 어디서 왔는지 태어난 곳이나 가족관계가 어떤지 확인할 수가 없다면, 나는 그 아이의 이력과 관련해 뭔가 비밀이 있고, 이러저러한 이유로 아이는 자기 부모에게 수치로 여겨진 것이라는 결론을 내릴 수밖에 없을 것이다. 그때 내가 할 수 있는 일이라곤 그 아이의 인생에 약속된 일과 현 상황의 현저한 차이를 설명하는 것이 전부다. 그런데 나는 이 세상에 대해서도 그렇게 생각한다. 만일 하나님이 존재한다면, 그렇게 하나님이 존재함으로 인해, 인류가 끔찍하고 원초적인 재앙에 책임이 있다는 사실이 드러나게 된다. 이렇게 된 것은 인류를 지으신 창조주의 목적에 어긋나는 일이다. 이 일은 사실이며, 인류가 존재한다는 것만큼이나 확실한 사실이다. 따라서 신학에서 원죄라고 부르는 교리는 내게, 세상이 존재하고 하나님이 존재한다는 사실만큼이나 확실하다.

이 글에서 뉴먼은 이 세상의 도덕적 모호성과 지적 모순에 관해 성찰한다. 하나님이 존재하지 않는다는 것이 그 모순에 대한 한 가지 설명이 될 수 있을 것이다. 하지만 뉴먼은 하나님이 존재하신다는 사실을 확신한다. 그렇다면 이 상황을 어떻게 해명할 수 있는가? 뉴먼은 "인류가 끔찍하고 원초적인 재앙에 책임이 있다"고 결론을 내리고, 이것이 원죄론의 근본적 통찰이라고 주장한다.

뉴먼의 『자기 생애의 변론』은 1864년판과 1865년판이 있다는 점에 주의하라. 여기 실은 글은 훨씬 좋은 판본으로 널리 인정받는 1865년판에서 인용했다. 그러나 여기서 다룬 본문만 본다면, 1864년판과 별 차이가 없다.

생각해 볼 물음들

❶ 뉴먼이 자기 결론을 이끌어내는 일에서 바탕으로 삼는 "인간 사회의 일반적인 사실들과 역사 과정"을 어떻게 설명하는지 요약해 보라.

❷ 뉴먼은 자신이 "무신론자나 범신론자, 아니면 다신론자"가 되지 않은 이유를 무엇이라고 설명하는가? 여러분은 그 이유가 얼마나 설득력이 있다고 생각하는가? 여러분은 뉴먼이 이 논점에 관한 자기 견해를 독자들에게 납득시키려 한다고 생각하는가?

6.35 ▼

칼 바르트

: 그리스도 안의 선택

『교회교의학』*Church Dogmatics*에서 인용한 아래 글에서 칼 바르트Karl Barth,

1886-1968는 고전적 개혁주의 예정론을 재해석한다. 바르트는 이 교리가 하나님께서 선언하는 '긍정'과 '부정'의 형태를 동시에 취한다고 말하고, 이 교리의 부정적 측면은 오로지 그리스도께만 해당한다고 주장한다. 그리스도께서 예정의 부정적 측면들을 스스로 짊어짐으로써, 예정을 전적으로 긍정적이고 적극적인 교리로 바꾸어 놓는다6.8, 6.20, 6.26, 6.31, 6.36 참조.

본문

따라서 예정의 교리를 가장 간단하고 포괄적인 형태로 정리하면, 하나님의 예정은 '예수 그리스도의 선택이다'라는 말로 정의할 수 있다. 그런데 선택 개념은 선택하는 자와 선택받는 자라는 두 가지를 가리킨다. 그러므로 예수 그리스도의 이름도 그 자체로 두 가지를 가리킨다. 곧 이 이름으로 불리는 분은 참 하나님이고 동시에 참 인간이다. 따라서 예정 교리의 가장 간단한 형태는 예수 그리스도는 선택하시는 하나님이신 동시에 선택받는 인간이라는 두 가지 명제로 나눌 수 있다.

예수 그리스도께서 선택하는 하나님이신 경우, 우리는 분명—무엇보다도 먼저—능동적인 선택의 결정이 그에게 속한 것으로 인정해야 한다. 이 말은 예수 그리스도께서 인간으로서 선택하지 않는다거나 믿음으로 하나님을 선택하지 않는다는 뜻이 아니다. 오히려 이 선택은 그가 앞서 행하는 선택에서만 나올 수 있고, 이 사실은 그 선택이 그의 존재의 기본적이고 합당한 결정인 신적 선택 행위에서 나온다는 것을 의미한다.

예수 그리스도께서 인간이신 경우, 수동적인 선택의 결정도 역시 필연적으로 그에게 적합하다. 그분은 하나님이시면서도 선택받았다는 것, 다시 말해 자기 아버지의 선택받은 자라는 것도 당연히 참이다. 하지만 아버지의 아들인 그는 어떤 특별한 선택을 필요로 하지 않기 때문에, 즉시 우리는 그분이 인간과 하나 됨 안에서, 또 하나님께서 인간과 맺은 언약의 성취 안에서 선택되신 하나님의 아들이라는 사실을 덧붙여야 한다. 그러므로 근본적으로 능동적인 선택함은 예수 그리스도의 존재에 관한 하나님의 결정이며, 수동적인 선택받음은 예수 그리스도의 존재에 관한 인간적인 결정이다.……

예수 그리스도의 선택 안에 나타난 하나님의 영원한 의지는 하나님께 지음 받고 그에게서 떨어져 나간 인간을 위해 자기 자신을 내어주시려는 하나님의 의지다. 성경에 따르면, 이 의지는 하나님의 아들의 성육신, 고난, 죽음, 죽음에서 일어난 부활로 성취되었다. 우리는 이 일을 하나님의 영원한 예정의 내용으로 보아야 한다. 만물이 시작할 때 이루어진 은혜로운 선택은 하나님의 영원한 목적 안에서 자기 자신을 내어주심이다. 하나님의 '자기-내어주심'이란 하나님께서—실제 사건으로뿐만 아니라 영원 전에 예정하신 일로서—당신의 외아들을 주신 것이다. 하나님께서 자신의 말씀을 내보내셨다. 그렇게 하시는 가운데 당신 자신을 주셨다. 당신 자신을 포기하셨고, 스스로 위험을 짊어지셨다. 하나님께서는 아무런 이유 없이 이 일을 하신 것이 아니라, 당신께서 지으시고 당신에게서 떨어져 나간 인간을 위해 이 일을 하셨다. 이것이 하나님의 영원한 의지다. 따라서 우리가 그 다음에 할 일은, 교리사에서 이해하고 설명한 바와 같이, 이 의지가 자체 내에 긍정과 부정을 모두 포함하는 이중적 의지라는 사실을 그 규모 면에서 철저히 이해하는 일이다. 영원한 예정이 어떻게 그리고 어느 정도나 이중 예정*praedestinatio gemina*의 특성을 지니는지 살펴보아야 한다.……

만일 하나님 자신이 바로 이러한 인간이 되셨다면, 이 사실이 뜻하는 바는 하나님께서 인간이 매여 있는 죄, 곧 하나님께 반항하는 죄에 대한 책임이 그분 자신에 있다고 스스로 선언하시는 것 외에 무엇이겠는가? 그렇게 반항하면 죽음과 파멸로 떨어지도록 규정한 창조의 법칙에 하나님께서 스스로 굴복하시는 것 외에 무엇이겠는가? 하나님께서 스스로 인간이 받아야 할 진노와 심판의 대상이 되신다는 것 외에 무엇이겠는가? 인간이 겪어야 할 버림받음을 하나님께서 친히 감당하신다는 것 외에 무엇이겠는가? 그리고 타락한 인간의 몫으로 돌아가야 할 저주와 죽음과 지옥을 하나님께서 스스로 떠맡으셨다는 것 외에 무엇이겠는가?……

하나님의 예정 가운데 부정적인 측면, 곧 인간의 연약함과 죄와 벌에 대한 심판을 하나님께서 자기 몫으로 선택하셨다고 말할 때, 우리는 암묵적으로 이러한 몫이 더 이상 인간의 몫이 아니라는 사실을 말하는 것이다. 따라서 예정에 '부정'이 포함된다고 하더라도, 그것은 인간에게 선언하는 부정이 아니다. 예정이 파멸과 죽음 쪽으로 정해지더라도, 그것은 인간의 파멸과 죽음으로 정해진 것이 아니다.……버림받음도 인간이 감당할 몫이나 짐이 되지 않는다. 하나님께서 악인의 십자가를 자신의 보좌로 선택하시고 사람의 아들이 감당해야 할 일을 하나님의 아들이 떠맡았던 교환, 곧 골고다에서 이루어진 교환은 하나님의 영원한 의지가 완전하게 성취된 일이고, 결코 되돌릴 수 없다. 예수 그리스도 안에 있는 사람들은 정죄를—말 그대로 전혀—받지 않는다. 따라서 하나님의 선택에 대한 믿음은 그 자체로 인간이 버림받지 않는다는 믿음이요, 인간의 버림받음을 인정하지 않는 믿음을 뜻한다. 인간은 버림받지 않았다. 하나님의 영원한 목적 안에서 하나님 자신이 당신의 아들을 통해 버림받으셨다. 하나님께서 자기 아들을 주시고 보내심으로 완성된 하나님의 '자기-내어주심'은 우리가 버림받지 않도록 하나님께서 버림받으셨다는 것을 뜻한다. 예정이란 영원 전부터 하나님께서 자신을 값으로 치러 인간의 무죄선고를 결정하셨다는 것을 의미한다.

논평

이 글에서 바르트는 개혁주의의 '이중 예정'*praedestinatio gemina*이라는 개념을 완전히 새롭게 다듬는다. 바르트에 의하면, 하나님께서는 우리가 당해야 할 하나님의 심판의 부정적 측면을 스스로 취하기로 선택하셨다. 하나님께서는 우리가 버림받지 않도록 하기 위해, 그리스도를 버리셨다. 바르트는, 죄인인 인간이 감당해야 마땅한 예정의 부정적 측면이 오히려 선택하는 하나님이며 동시에 선택받은 인간인 그리스도에게 돌려진다고 주장한다. 죄의 필연적 결과인 '버림받음과 정죄와 죽음'을 하나님께서 받으시기로 뜻을 정하셨다. 그래서 '버림받음도 인간이 감당할 몫이나 짐이 되지 않는다.' 그리스도는 인간이 마땅히 감당해야 할 것을 지셨는데, 인간이 다시는 그것을 감당하지 않아도 되게 하기 위해서였다. 따라서 바르트는 인간에게 해당하는 '정죄의 예정'이라는 개념을 완전히 제거해 버린다. 정죄로 예정된 사람은 '영원 전부터 우리를 위해 고난당하기로 뜻을 정하신' 예수 그리스도 한 분뿐이다. 이 이론의 결과들은 분명하다. 겉모양으로는 정반대로 보이더라도, 인간은 정죄될 수 없다. 결국은 은총이 승리를 거두고, 불신앙조차 이기게 될 것이다. 바르트의 예정론은 인간이 버림받을 가능성을 제거한다. 하나님께 버림받는 벌과 고통을 그리스도께서 담당하신 까닭에, 인간은 더 이상 그 일로 씨름하지 않게 되었다. 바르트의 예정론은 그가 특히 강조한 '은총의 승리'와 어울려, 인간의 우주적인 회복과 구원이라는 개념으로 이어진다. 많은 사람이 이 개념에 큰 비판을 제기했는데, 그들은 이 견해만 아니라면 바르트의 이론 전반에는 공감했을 사람들이었다.

생각해 볼 물음들

❶ "예정에 '부정'이 포함된다고 하더라도, 그것은 인간에게 선언하는 부정이 아니다." 이 구절의 위치를 본문에서 확인하라. 이 구절에서 바르트가 말하려는 바는 무엇인가?

❷ 바르트의 예정 해석은 칼뱅6.26, 베자6.29, 「웨스트민스터 신앙고백」6.31에서 제시하는 옛 개혁주의 전통의 예정 해석과 어떻게 대비되는가?

6.36

에밀 브루너

: 바르트의 선택론

이 글에서 에밀 브루너Emil Brunner, 1889-1966는 칼 바르트의 선택론을 비판하면서, 이 이론은 인간에게 저항할 수 없는 구원을 부과하는 것과 같다고 주장한다. 특히 브루너가 얕은 물에 빠진 사람들이라는 유비를 사용하는 것에 주목하라. 그 사람들은 자신들이 물에 빠져 죽을 위험에 처했다고 여길지 모르지만, 사실 아무런 위험도 없다6.8, 6.20, 6.26, 6.31, 6.35 참조.

본문

칼 바르트가 『교회 교의학』에서 탁월하게 다듬어 낸 예정론과 그중에서도 특히 선택 사상을 우리 관점에서 비판적으로 평가하는 것이 마땅한데, 그 이유 중 하나는 그의 이론이 현대 신학에서 그 주제를 다룬 가장 포괄적인 논의이기도 하지만, 무엇보다도 몇 가지 매우 새로운 개념들을 그 문제를 다루는 전반적인 논의 속으로 끌어들였다는 데서 찾을 수 있다.……

그의 교리에서 두 번째 핵심 조항은 '예수 그리스도는 유일하게 선택받은 인간이다'라는 말로 정리할 수 있다. 바르트는 이 명제를 좀 더 발전시키기 위해 다음과 같은 세 번째 명제를 제시할 수밖에 없었다. 예수는 '영원히 선택받은 인간'이고, '그 자신이 모든 선택의 영원한 토대가 되는 선재하는 신-인God-man'이다.

성경에서 그런 교리를 전혀 가르치지 않는다거나 이제까지 어떤 신학자도 이런 이론을 세운 적이 없다는 사실을 입증하기 위해, 어떤 특별한 증명이 필요하지는 않다. 만일 신-인의 영원한 선재가 사실이라면, 성육신은 더 이상 사건일 수가 없고 성탄절의 놀라운 기적일 수도 없다. 신약성경에서 새로운 것은 영원한 하나님의 아들이 인간이 되셨다는 사실이요, 그의 부활과 승천을 통해 인간이 그 안에서 하늘 영광에 참여하게 되었다는 것이다. 하지만 바르트의 주장을 따르면, 이 모든 것은 사실상 예견된 것이며, 역사의 영역 밖으로 끌려나와 시간 이전의 영역 속, 곧 로고스의 선재 안에 놓이게 된다.……

칼 바르트는 보편주의를 가르친다고 비난받아 왔다. 바르트는 그 주장을 받아들이지 않는데, 사실 그가 잘못된 것은 없다. 바르트는 기독교 역사에서 그런 만유회복설*Apokatastasis*을 주장해 온 별 신통치 않은 신학자들에 대해 잘 알고 있었기에, 자신이 그런 사람들과 한 무리로 엮이는 것을 인정할 수 없었다.……오히려 바르트는 훨씬 더 앞서 나아간다. 그 사람들 가운데서는, 신자든 불신자든 모든 사람이 예수 그리스도를 통해 하나님의 진노에서 구원받고 구속에 참여하게 된다는 점을 솔직히 주장하는 사람이 아무도 없기 때문이다. 오히려 바르트가 주장하는 바는 바로 이렇다.…… 지옥은 완전히 무너져 버리고, 정죄와 심판은 사라졌다. 이것은 내가 바르트의 진술에서 끌어낸 결론이 아니라, 그 자신이 말한 것이다.……

오늘날 많은 사람은 이런 가르침을 듣기 좋아하고, 신학자가 하나님의 최후 심판이라든가 마지막 때 '버림받는' 사람들이 있다는 개념을 쓰레기통에 던져버리는 것에 갈채를 보내리라는 데는 의심할 바가 없다. 하지만 그런 사람들이라도 다음과 같은 한 가지 점에 대해서는 반박할 수 없다. 바르트는 이런 논의를 펼치는 중에, 기독교 전통뿐만 아니라 훨씬 더 중요한 신약성경의 명백한 가르침에도 철저히 반대하고 있다는 사실이다.……

칼 바르트는 신앙으로 얻는 구원을 불신자들에게 제시하면서, 자기가 보기에 납득할 만한 논리적 결론을 끌어내기 위해 성경적 계시라는 토대로부터 벗어난다. 그 결과는 무엇인가? 우선 그 결과는 실질적인 결정이 주관적인 영역이 아니라, 객관적인 영역에서만 이루어진다는 것이다. 이 결정은 그리스도 안에서 이미 모든 인간을 위해 이루어졌다. 인간이 그것을 아느냐 모르느냐, 믿느냐 믿지 않느냐는 중요하지 않다. 그들은 요동치는 바다에 빠져 죽음을 두려워하는 사람들과 같다. 그러나 사실 그들이 빠진 곳은 모든 것을 삼키는 깊숙한 바다가 아니라, 몸 하나도 채 뒤덮지 못하는 얕은 물가다. 그들이 그 사실을 모르고 있을 뿐이다. 따라서 불신앙에서 신앙으로의 변화는 '버림받은 상태'에서 '구원받은 상태'로의 변화가 아니다. 버림받는 일은 아예 있을 수가 없고, 따라서 이런 변화는 일어날 수가 없다.

논평

바르트의 선택론에 대한 브루너의 비판은 많은 문헌에서 널리 인용되고,

이해하기 쉽다는 큰 이점을 지닌다. 브루너의 기본 논점은, 만일 바르트가 옳다면 그 누구도 구원받는 데서 실패할 수 없다는 것이다. 따라서 그 누구도 구원받는 일에서 제외될 수 없는 까닭에, '구원받는 일'에 관해 말하는 것이 전혀 의미가 없게 된다. 브루너는 바르트가 개혁주의 '이중 예정'*praedestinatio gemina* 개념을 재해석한 것을 다루고, 적절한 유비를 사용해서 자기 논점을 명확하게 제시한다. 브루너의 비판에 대해 살펴보기 전에, 이 쟁점을 다룬 바르트의 글6.35을 읽어 보라.

그리스 단어 아포카타스타시스*apokatastasis*, '갱신'이나 '회복'가 신학에서는 대체로 '전체의 회복'이나 '만인 구원'을 가리키는 말로 사용된다는 점에 주목하라.

생각해 볼 물음들

❶ 바르트의 견해에 대한 브루너의 비판을 여러분의 말로 요약해 보라. 바르트에 맞서 브루너가 제기하는 핵심 논점은 무엇인가?

❷ 브루너가 얕은 물에 빠진 사람들이라는 유비를 통해 제시하는 논점을 설명하라.

6.37 ▼

라인홀드 니버

: 원죄

라인홀드 니버Reinhold Niebuhr, 1892-1971는 1939년에 에든버러 대학교에서 행한 기포드 강연에서 '인간의 본성과 운명'에 관한 견해를 발표했다. 이 무렵에 니버는 죄의 현실성을 강하게 주장한 인물로 명성을 얻었다. 아래 인용한 글에서 니버는 원죄 개념에 대해 탐구하면서, 특히 어떻게 죄가 불가피하면서도 죄를 지은 개인이 책임져야 할 일이어야 하는지에 대해 집중적으로 다룬다6.2, 6.6, 6.9, 6.32, 6.34 참조.

본문

고전적 형태의 기독교 죄론에서는 인간이 숙명적 필연성에 따라 어쩔 수 없이 죄를 지으며, 그런데도 불가항력적인 운명에 이끌려 저지른 행위들에 대해 인간 자신이 책임을 져야 한다는 불합리해 보이는 견해를 주장하는데, 이런 견해가 합리주의자와 도덕론자들을 분개하게 만들었다. 이 교리의 확실한 성경적 근거는 바울의 가르침에서 나온다. 바울은 한편으로 인간이 자기를 영화롭게 하는 죄는 용서받을 수 없다고 주장하며……다른 한편으로 인간의 죄를 첫 사람의 죄에 연루되거나 그 죄를 물려받은 불가피한 결함이라고 본다……

그 불합리성을 다음과 같이 간략하게 정리할 수 있다. 원죄를 정의하자면, 유전된 부패 혹은 적어도 불가피한 부패라고 말할 수 있는데, 그럼에도 인간의 근본적 본성에 속하는 것으로 간주되지 않으며, 따라서 인간이 책임져야 할 영역에 포함된다. 죄를 인간이 타고난 것이라고 말하는 것은 죄가 필연적인 것이라는 의미가 아니라 보편적이라는 의미로 말하는 것이다. 칼뱅은 이 사실을 아주 신중하게 구분한다……

죄를 인간 본성의 필연적인 요소로 보아서는 안 되며, 그렇다고 해서 인간 의지의 변덕스러운 결과로 여겨서도 안 된다. 오히려 죄는 의지의 결함에서 생겨나며, 그런 까닭에 결코 의도적인 것이 아니다. 하지만 죄는 결함을 지닌 의지이고 의지는 자유를 전제로 하기 때문에, 그 결함은 인간의 본성 안에 있는 더러움에서 기인하는 것일 수 없다. 여기서 칼뱅은 다시 엄밀하게 따진다. "그러므로 플라톤이 모든 죄를 무지의 탓으로 돌린 데 대해 비난을 받아 마땅하듯이, 모든 죄가 고의적인 악의와 부패에서 나왔다고 주장하는 사람들의 견해를 배격해야 한다. 우리는 의도가 선한데도 불구하고 오류를 빠질 때가 얼마나 많은지 뼈저리게 경험하기 때문이다. 우리의 이성은 참으로 많은 유형의 기만에 휘둘린다." 원죄의 교리는 칼뱅의 이런 주장들이 안고 있는 논리적 모순들에서 결코 자유로울 수 없다. 칼뱅은 논리적인 용어를 빌려서 죄가 필연성이 아니라 '우발적인 속성이나 우연성'이라고 계속 주장한다. 이 말이 사실이라면, 죄는 칼뱅의 이론이 가정하고 있는 만큼 불가피한 것일 수는 없다. 키르케고르는 좀 더 옳게 보아 "죄는 필연성도 아니고 우연성도 아니다"라고 주장한다. 논리적인 면에서 보아 전혀 지지할 수 없어 보이는 이 견해는, 당연히 비기독교 철학자들뿐만 아니라 많은 기독교 신학자들에게도 조롱과 경멸은 받았다.

원죄 교리의 전반적인 난점은 그 바탕을 이루는 자유의지 개념이 불합리해 보인다는 사실에서 기인한다. 아우구스티누스와 종교개혁자들이 다듬어 낸 바울의 교리는, 한편으로 인간의 의지는 죄의 노예가 되었으며 하나님의 법을 성취할 능력이 없다고 주장한다. 아우구스티누스에 의하면, 인간의 의지는 본래 자유롭지만, 단지 선을 행하는 데서 자유롭지 못할 뿐이다.……하지만 다른 한편으로 아우구스티누스는 원죄 개념이 인간의 책임이라는 관념을 위협할 것 같으면 꼭 자유의지의 실재를 강조한다.……우리는 바울 전통을 따르는 신학자들의 사고에서, 한편으로 인간이 자기 죄에 대해 책임을 져야 한다는 점에서 의지가 자유롭다고 주장하고, 다른 한편으로 인간이 자기의 의지로는 악 외에는 아무것도 행할 수 없다는 점에서 의지는 자유롭지 않다는 주장을 펴기 위해 논리적 일관성을 희생하는 사례를 여럿 확인할 수 있다.……

원죄 교리의 타당성을 입증하는 심리학의 복잡한 사실들은, 우선 죄의 불가피성과 유혹의 관계라는 측면에서 분석되어야 한다. 이 분석은 죄에 대한 인간의 책임을 면제하지 않고서도, 왜 인간이 불가피하게 죄를 짓는가를 설명해 줄 수 있다. 앞에서 살펴본 대로, 죄에 대한 유혹은 인간의 상황 자체에 놓여 있다. 이 상황이란, 정신적 존재인 인간은 자신이 매여 있는 시간적이고 자연적인 과정을 초월하는 동시에 자기 자신도 초월한다는 것이다. 따라서 인간의 자유는 그의 창조성의 토대이지만 그의 유혹이기도 하다. 인간은 한편으로 자연 과정의 우연적인 것과 필연적인 것들에 매여 있으며, 다른 한편으로 그러한 특성들 외부에서 그것들의 변덕과 위험을 예지하기도 하는데, 그런 까닭에 불안을 느끼게 된다. 이런 불안 때문에 인간은 자기의 유한성을 무한성으로, 약함을 강함으로, 의존성을 독립성으로 바꾸려고 애쓴다. 다시 말해 인간은 자기 삶의 질적 발전이 아니라 양적 발전을 이루어서 유한성과 약함에서 벗어나려고 노력한다. 유한성에 양적으로 대립하는 것이 무한성이다. 인간의 삶의 질적인 가능성은 하나님의 뜻에 순종하여 복종하는 데 있다. 이 가능성은 다음과 같은 예수의 말씀에서 표현된다. "나를 위하여 자기 목숨을 잃는 사람은 목숨을 얻을 것이다"(마 10:39).

논평

니버는 특히 그 시대를 주도하던 자유주의 개신교 신학의 가정들을 철저히 비판했다는 점에서 북아메리카에서 칼 바르트에 상응하는 인물로 인정받는다. 니버의 경우, 특히 인간 본성에 대한 낙관적 견해에 대해 집중적으로 비판했다. 니버의 인간 본성 이해에서 가장 중요한 논의를 그의 주저인 『인간의 본성과 운명』*The Nature and Destiny of Man*, 1941에서 볼 수 있다. 이 책에서는 원죄 개념을 옹호하면서 새롭게 설명한다.

생각해 볼 물음들

❶ 니버는 많은 사람들이 원죄라는 개념으로 큰 어려움을 겪는다는 사실을 분명하게 인식한다. 그의 이러한 인식은 본문에 어떤 방식으로 반영되었는가?

❷ 니버의 주장에 의하면, '자유의지' 개념은 원죄에 관한 논의에서 어떤 중요한 역할을 담당하는가?

6.38 ▼

발레리 세이빙

: 페미니스트의 죄 이해

성 차이 gender differences 의 신학적 함의를 주제로 1960년 이뤄진 중요한 논의에서 발레리 세이빙 Valerie C. Saiving, 1921-1992 은, 라인홀드 니버의 저술에서 볼 수 있는 죄의 개념에 대한 고전적인 설명은 남성적·가부장적 세상에서 죄가 어떤 식으로 경험되어 왔는가를 보여준 것이라고 주장했다. 세이빙의 주장에 따르면, 기독교의 전통적인 죄 해석에서 교만을 강조했던 특성은 남성 특유의 경험이 반영된 것으로 여성들의 일반적인 경험과는 어울리지 않으며, 여성들은 오히려 '소심함, 산만함, 장황함' 같은 특성이 두드러지는 것으로 볼 수 있다. 그래서 현대 신학자들은 "생각하는 남성의 신학은 생각하는 여성에게도 똑같이 유익하다"라고 주장하는 실수를 저지른다고 세이빙은 말한다 2.45, 3.40, 6.37, 6.40, 6.41 참조.

본문

죄와 사랑을 다루는 현대 신학 이론들은 이러한 일반적인 배경에 비추어 볼 때 좀 더 현실적으로 평가하는 일이 가능하리라는 것이 내 생각이다. 오늘날 힘을 발휘하는 신학들은 극히 남성 중심적인 문화가 팽배한 상황에 속한 남성들에 의해 창안되었기 때문이다. 서양 문명에서 '근대'라는 말은 대략 르네상스와 종교개혁 시대부터 최근 시대까지 이르고, 18세기에서 20세기 사이에 등장한 자본주의, 산업혁명, 제국주의, 과학기술의 발전과 같은 여러 가지 현상들이 최고로 번창한 기간을 가리킨다. 근대는 인간 본성 가운데서 남성 특유의 면모들을 강조하고 조장하여 날개를 달아주었다는 점에서 '탁월한 남성 중심의 시대'라고 부를 수 있다. 이 시대는 외적인 성취, 물질과 의미 구조들의 창안, 자기분화 및 자연과 인간의 분리에 최고의 가치를 부여했다. 근대는 자유방임적인 경쟁과 경제적 불확실성, 과학과 지리적인 탐사, 가족 간 소외의 심화를 강조하는가 하면 사업과 정치로 이루어지는 공적인 삶을 강조했으며, 이런 현상들에 더해 많은 혁신들을 이룸으로써 인간에게 심각한 도전을 제기했다. 이러한 현상을 통해 자연스럽게 사람들의 불안과 염려가 증폭되었다. 근대는 또 여성과 어린이들의 역할과 생식 과정 전체를 평가 절하할 정도로 남성 위주의 시대였다. 이렇게 해서 이 시대는 여성들을 새로운 불안 속으로 내몰았다. 현대 신학에서 강조하는 특성들을 살펴보면, 인간의 상황을 불안과 소외 및 필연성과 자유의 갈등이라는 측면에서 정의하고, 죄를 교만과 권력에의 의지, 착취, 자기주장, 다른 사람을 인격이 아니라 사물로 취급하는 것이라고 규정하며, 구원을 인간이 근본적으로 결여한 것(희생적 사랑, 나-너의 관계, 인간의 우월성, 궁극적으로는 평화)을 회복시켜 주는 것이라고 보는 개념을 들 수 있다. 인간의 딜레마를 이렇게 분석한 것은 근대의 인간 실존이 처한 구체적인 현실에 대해 적절하고 깊이 있게 응답한 것이라고 볼 수 있다. 근대의 여성들도 역시 이 시대의 일반적인 가치들을 수용하고 또 남성 중심의 세상에 참여하는 데 따르는 도전과 기회, 모험과 위험을 받아들이게 되었다는 점에서 보면 이러한 신학적 분석은 여성들이 처한 형편에도 그대로 적용된다. 또한 근대 문화의 가장 두드러지는 특성들은 인간의 보편적 상황 가운데서 특정 측면만을 강조해 표현해 낸 것인 까닭에, 인간의 근본적인 곤경을 기술하는 이 신학이 적합한 것으로 인정받을 수 있었다. 하지만 이 신학은 사실 보편적인 인간 상황에 적합하지가 않다. 이러한 부적합성은 그 누구보다도 현대의 일부 여성들을 통해서 가장 분명하게 드러났다. 이 여성들은 개인적인 경험과 교육을 통해 여성 고유의 정체성이라는 울타리를 뛰어넘을 수 있었다. 지금 이 여성들은 과거에 대부분의 여성들이 누릴 수 있었던 것보다 훨씬 더 자연과 정신의 교차점에 가까이 서있다. 그들은 자기 분화와 도전과 모험의 가치를 믿으며, 남성들을 언제나 휘어잡았던 소위 '신성한 불만'divine discontent에 무지한 사람들도 아니다. 또한 이 여성들은 자신들의 여성성도 귀하게 여기며, 자신들의 성적 정체성을 포기하는 것이 아니라 오히려 그것을 좀 더 높은 수준에 통합하기를 원한다. 달리 말해 그들은 여성이면서 동시에 온전한 인간이기를 원한다.……

여성이 여성으로서 겪는 유혹은 남성이 남성으로서 겪는 유혹과 동일하지 않으며, 특히 여성적인 죄의 형태들—'여성적'이라고 부른 이유는 그런 죄들이 여성에게 한정된다거나 여성들이 다른 방식으로는 죄를 짓는 것이 불가능하기 때문이 아니라, 그런 죄들이 여성의 기본적인 성품 구조에서 나온 것이기 때문이다—은 결코 '교만'과 '권력에의 의지' 같은 용어들로 묶을 수 없는 특성을 지닌다. 여성적인 죄의 형태들은 소심함과 산만함, 장황함, 주의력 결핍, 의존적 자기인식, 원칙을 무시하는 아량, 사적 영역을 가볍게 여기는 태도, 감상성, 수다스러운 사교성, 이성을 신뢰하지 않는 기질과 같은 특성들—간단히 말해, 자아 부정이나 미성숙—로 더 바르게 설명할 수 있다.

논평

이 글은 기존의 원죄론들, 그중에서도 특히 라인홀드 니버의 책『인간의 본성과 운명』1941에서 주장하는 원죄론에 대해 일찍이 페미니스트의 관점에서 제기한 세이빙의 힘 있는 비판을 담고 있다. 세이빙의 이 견해는 페미니스트적 신학 성찰에 지대한 영향을 끼쳤다. 세이빙이 페미니스트 진영 밖에서는 많이 알려지지 않았지만, 최근 몇 십 년 사이 페미니스트 저술가들이 그녀의 개념들을 받아들여 발전시켜 왔다. 독자들은 이 본문을 다루기 전에 니버의 글6.37을 읽는 것이 좋겠다. 세이빙이 제기한 가장 근본적인 쟁점들 가운데 하나는, 니버라든가 안데르스 니그렌Anders Nygren 같은 (남성) 저술가들이 주장한 독특한 죄의 개념들(예를 들어 교만)이 남성들에게만 해당하는 것이 아니겠느냐는 문제다. 세이빙은 여성들이 남성과는 전혀 다른 방식으로 죄를 경험하며, 이런 특성이 이 쟁점을 둘러싼 신학 논의에 중요한 함의를 지닌다고 주장한다.

생각해 볼 물음들

❶ 세이빙은 기독교 신학이 근본적으로 남성 중심적인 세계 경험에 크게 영향을 받았다는 점을 어떤 방식으로 주장하는가?

❷ "여성이 여성으로서 겪는 유혹은 남성이 남성으로서 겪는 유혹과 동일하지 않으며……." 세이빙이 남성 특유의 죄라고 밝히는 것은 무엇인가? 그녀는 여성 특유의 죄를 어떻게 설명하는가?

6.39 ▼

제2차 바티칸 공의회

: 인간의 본성

제2차 바티칸 공의회에서 1965년 12월에 공포한 사목헌장「기쁨과 희망」*Gaudium et Spes*은, 인간의 본성과 존엄성을 신학적으로 성찰하는 일에서 공의회가 이룬 가장 중요한 공헌 가운데 하나다. 이 헌장은 가톨릭교회의 전통적인 인간 본성 이해를 제시하며, 특히 피조물 안에서 인간의 위치, 바르게 선택하고 선을 행하는 인간의 역량에 죄가 끼친 영향 등을 집중적으로 다룬다6.2, 6.4, 6.9, 6.13, 6.41 참조.

본문

12. 이 땅 위의 만물이 인간을 그 중심과 정점으로 삼아 인간과 관계를 맺는다는 사실에는 신자뿐만 아니라 불신자까지 포함해 거의 모든 사람들이 동의한다.

그러면 인간이란 무엇인가? 지금까지 인간은 자신에 관해 다양하고 심지어 모순되기까지 한 많은 견해들을 밝혀 왔으며 지금도 여전히 밝혀내고 있다. 이러한 견해들을 살펴보면, 인간은 흔히 자신을 만물의 절대적인 척도로 치켜세우거나 아니면 절망적일 정도로 깎아내리고 있다. 그 결과로 의혹과 불안에 빠지게 되었다. 교회는 이런 문제들을 확실하게 파악한다. 교회는 하나님에게서 빛을 받아 그 문제들의 해결책을 제시할 수 있으며, 그 결과로 인간의 참 상황과 문제를 밝히 해명하고 그와 동시에 인간의 존엄성과 숙명을 올바로 인식할 수 있다.

성경의 가르침에 따르면, 인간은 "하나님의 형상"으로 지음 받았기에 자신의 창조주를 알고 사랑할 수 있으며, 하나님에게서 세상 모든 피조물을 다스리는 자로 지명되어 만물을 정복하고 하나님의 영광을 위해 사용할 수 있다. "사람이 무엇이기에 주님께서 이렇게까지 생각하여 주시며, 사람의 아들이 무엇이기에 주님께서 이렇게까지 돌보아 주십니까? 주님께서는 그를 하나님보다 조금 못하게 하시고, 그에게 존귀하고 영화로운 왕관을 씌워 주셨습니다. 주님께서 손수 지으신 만물을 다스리게 하시고, 모든 것을 그의 발 아래에 두셨습니다."(시 8:4-6).

그러나 하나님께서는 인간을 홀로 창조하지 않으시고, 처음부터 "그들을 남자와 여자로 창조하셨다"(창 1:27). 이렇게 둘이 짝이 되어 인간이 어울려 이루는 최초의 공동체가 세워졌다. 인간은 핵심 본성에서 사회적 존재인 까닭에, 다른 사람과 관계를 맺지 않고서는 살 수도 없고 자신의 잠재력을 펼칠 수도 없다. 그래서 성경의 다른 곳에서는 하나님께서 "손수 만드신 모든 것을 보시니, 보시기에 참 좋았다"(창 1:31)라고 기록하고 있다.

13. 하나님께서 인간을 거룩하게 지으셨는데도, 역사의 시작부터 인간은 악마에게 농락당하여 자기 자유를 남용했다. 인간은 하나님께 반항하고, 하나님을 제쳐 두고 자기 목적을 이루고자 했다. 인간은 하나님을 알면서도, 하나님께 드려 마땅한 영광을 하나님께 돌리지 않았으며 오히려 어리석게도 마음이 어두워져서 창조주가 아니라 피조물을 섬겼다. 하나님께서 계시로 밝히신 이 사실은 우리의 경험과도 일치한다. 인간의 마음을 헤아려 보면, 자신이 악으로 기울어져 있으며 선하신 창

조주께서 원치 않는 수많은 죄에 빠져 있음을 알게 된다. 하나님을 자신의 근원으로 인정하지 않는 인간은 자신의 궁극적 목표와 맺어야 할 올바른 관계를 깨뜨렸을 뿐만 아니라, 자기 자신 및 다른 인간, 모든 피조물과 맺어야 할 온전한 관계까지 무너뜨렸다.

그래서 인간은 자기 안에서 분열되었다. 그 결과로 개인이든 집단이든 인간의 삶 전체는 선과 악, 빛과 어둠 사이의 극적인 투쟁이 되어 버렸다. 인간은 자기 힘으로는 악의 공격에 성공적으로 맞서 싸울 수 없음을 깨닫고서, 모든 사람이 사슬에 얽매여 있다고 여긴다. 그런데 주님께서 오셔서 인간을 해방하여 힘을 부어주 시고, 그 내면에서 새롭게 하시며, 그를 죄의 굴레에 묶어 놓은 "이 세상의 통치자"(요 12:31)를 물리치셨다. 죄가 인간을 넘어뜨리고 완전함으로 나가는 길을 막아 버렸기 때문이다. 인간이 경험하는 숭고한 소명과 깊은 절망은 이러한 계시의 빛 안에서 그 궁극적인 이유가 밝혀지게 된다.

14. 인간은 몸과 영혼으로 이루어졌으나 하나이다. 인간은 자기 몸의 조직을 통해 물질세계에 속한 요소들을 자기에게로 모아들인다. 이렇게 해서 그 요소들은 인간을 통해 최고의 영광에 이르게 되고 목소리를 높여 자유롭게 창조주를 찬양한다. 그러므로 인간은 자기의 육체적인 삶을 경멸해서는 안 되며, 오히려 자기 몸을 선하고 고귀한 것으로 여겨야 한다. 하나님께서 그 몸을 창조하셨으며, 마지막 날에 일으켜 세우실 것이기 때문이다. 그런데도 죄로 훼손된 인간은 자기 몸 안에서 반역적인 마음이 요동치는 것을 경험한다. 하지만 인간의 존엄성은 인간에게 자기 몸으로 하나님을 영화롭게 하고, 몸이 마음의 악한 성향에 굴복하는 일이 없도록 하라고 요구한다.

인간이 자기 자신을 육체적인 관심사들을 훨씬 능가하는 존재로 여기거나 자연의 작은 입자나 인간 사회의 이름 없는 구성원을 훨씬 뛰어넘는 존재로 여기는 일은 그릇된 것이 아니다. 인간은 그 내면적 특성들로 말미암아 단순한 사물들의 총합을 훨씬 능가하기 때문이다. 인간은 자기 마음속으로 발을 내디딜 때 실재의 심연 속으로 빨려들게 되고, 그곳에서 마음을 헤아리시며 그를 기다리시는 하나님을 뵙게 되며, 하나님의 눈길에 비추어 자신의 숙명을 깨닫게 된다. 이렇게 인간이 자기 내면의 영원하고 영적인 영혼을 분별하게 될 때, 그는 물질적이거나 사회적인 힘이 조작한 환상에 휘둘리지 않고 오히려 세상의 참된 진리를 포착하게 된다.

15. 인간은 신성한 정신의 빛을 나누어 받았으며, 그런 까닭에 지성으로 물질적 우주를 능가한다고 말할 수 있다. 인간은 긴 세월에 걸쳐 자기 재능을 적극적으로 활용하여 경험 과학과 기술과 인문 지식의 진보를 이루어 냈다. 현대에 이르러 특히 물질세계를 탐구하여 정복하는 일에서 최상의 승리를 거두었다. 인간은 여전히 수준 높은 진리들을 찾고 발견하는 일을 계속하고 있다. 인간 지성의 능력은 관찰 가능한 자료에만 미치는 것이 아니라, 실재 자체를 분명하게 간파해 이해할 수 있기 때문이다. 물론 이 경우 확실성은 죄의 결과로 인해 어느 정도 모호하고 약한 것일 수는 있다.

인간의 지성은 지혜를 통해 완전해지며 또 그렇게 완전해질 필요가 있다. 지혜는 인간 정신을 부드럽게 다듬어서 참되고 선한 것을 탐구하고 사랑하도록 이끌어주기 때문이다. 지혜로 다듬어진 인간은 눈에 보이는 실재들을 뚫고 나가 눈에 보이지 않는 실재들에 이른다.

우리 시대는, 인간이 성취한 발견들을 더욱 인간답게 만들기 위해서, 이전 어느 때보다도 그런 지혜를 더 필요로 한다. 지혜로운 사람들이 나서지 않으면 세상의 미래는 위험에 처하게 될 것이기 때문이다. 또 경제적으로 가난한 나라들이 지혜로는 아주 풍요로울 수 있으며, 그래서 다른 나라들에게 커다란 유익을 베풀 수 있다는 점도 인정할 필요가 있다.

마지막으로, 성령의 은혜를 의지하여 인간은 믿음으로 하나님의 계획을 숙고하고 이해할 수 있게 된다.

16. 인간은 자기 양심의 깊은 곳에서 법을 발견한다. 이 법은 인간이 자신에게 부여한 것이 아니라 그가 복종해야 할 법이다. 늘 인간에게 선을

사랑하고 악을 멀리하라고 속삭이는 양심의 목소리는, 필요에 따라 그의 마음에 이 일은 행하고 저 일은 피하라고 말한다. 인간의 마음속에는 하나님께서 새겨 넣으신 법이 있어서, 이 법을 따르는 것이 곧 인간의 존엄성이며, 또한 그 법에 따라 인간이 심판받게 된다. 양심은 인간의 가장 비밀스런 핵심이며 지성소다. 그곳에서 인간은 홀로 하나님 앞에 서며, 그때 하나님의 음성은 그의 내면을 가득 채운다. 양심은 하나님과 이웃 사랑으로 완성되는 그 법을 놀라운 방식으로 드러내 보여준다. 진심으로 양심을 따르는 그리스도인은 다른 사람들과 연합하여 진리를 추구하며, 사회관계에서 개인의 삶에 발생하는 많은 문제들에 대한 바른 해결책을 추구한다. 그러므로 올바른 양심이 힘을 발휘할수록 개인이나 집단은 맹목적인 선택에서 벗어나 객관적인 도덕규범들을 따르기 위해 더욱 힘써 노력하게 된다. 양심이 어쩔 수 없는 무지로 인해 잘못되는 경우도 종종 있지만 결코 그 존엄성을 잃어버리지는 않는다. 하지만 진리와 선에 대해 거의 무관심한 사람이나 습관적인 죄의 결과로 점점 눈이 멀어가는 사람의 양심에 대해서는 그렇게 말할 수 없다.

17. 인간은 오직 자유 안에서만 선을 향해 나갈 수 있다. 우리 현대인들은 이러한 자유를 소중히 여기며 열렬히 추구한다. 분명 옳은 일이다. 그런데 자유를, 자기 마음에 드는 것은 무엇이든 비록 악이라 해도 행할 수 있는 면허증과 같은 것으로 고집스럽게 주장하는 사람들이 있다. 하지만 진정한 자유는 인간 안에 깃든 하나님의 형상을 보이는 탁월한 표징이다. 하나님께서는 인간을 "그들 자신의 결정에 맡겨" 두셔서, 인간이 자발적으로 자기의 창조주를 찾고 자유롭게 주님께 순종함으로써 온전하고 더할 나위 없는 복에 이르게 하셨기 때문이다. 그러므로 존엄성을 지닌 인간은 내면의 맹목적인 충동이나 외부의 압력에 굴복해서 행동하는 것이 아니라 내면의 인격적인 깨달음과 동기에 의해 자유롭고 의식적인 선택에 따라 행동해야 마땅하다. 인간은 욕정에 사로잡힌 상태에서 벗어나 자발적으로 선한 것을 선택하여 자기 목표를 추구하

고, 이러한 목적에 적합한 수단들을 확보하여 효과적이고 성숙하게 행동할 때, 그 존엄성에 도달하게 된다. 인간의 자유는 죄로 인해 손상을 입었으므로, 인간은 하나님의 은총의 도움을 받아서만 하나님과의 그런 관계를 온전히 이룰 수 있다. 사람은 누구나 하나님의 심판 자리에서 선을 행했든 악을 행했든 자신의 삶에 대해 해명해야 한다.

논평

사목헌장은 구약과 신약에 깊이 뿌리내린 인간 본성 이해를 제시하고, 그 뒤를 잇는 오랜 신학 전통 속에서 이 주제에 관해 탐구해 온 내용을 다룬다. 히포의 아우구스티누스가 여러 가지 면에서 커다란 영향을 끼쳤다. 이 문헌에서는 인간을 하나님의 선하신 창조의 정점으로 그린다. 이 헌장은 인간 내면의 '분열'을 죄의 결과라고 말하고, 그로 인해 인간의 의지가 약화되었다고 말한다. 그와 동시에 하나님의 법이 인간의 마음속 양심에 기록되었다고 주장한다.

생각해 볼 물음들

❶ 이 사목헌장이 제시하는 인간 본성의 주요 특성들을 여러분의 말로 설명해 보라. 사목헌장은 인간 본성 안에서 일어나는 갈등들을 어떻게 기술하고 해명하는가? 이러한 인간 이해에 기초해서 우리는 인간이 선을 행하기를 갈망하면서도 오히려 악을 행하는 것을 어떻게 설명할 수 있는가?

❷ 이러한 인간 본성 이해와 조반니 피코 델라 미란돌라의 '르네상스 선언문'인 『인간의 존엄에 관하여』6.22에서 제시하는 인간 본성 이해를 비교하라. 여러분이 보기에 주요 차이점은 무엇인가?

메리 헤이터

: 인간의 성과 하나님의 형상

6.40

영국의 신학자이자 저술가인 메리 헤이터Mary Hayter, 1958 출생는 이 글에서 인간이 '하나님의 형상'으로 지음 받았다고 보는 성경적 인간론이 성 구별sexuality 및 성gender의 쟁점과 관련되는 방식에 대해 고찰한다. 특히 그녀는 창조론에 비추어 남성과 여성의 올바른 관계라는 쟁점을 다룬다3.41, 3.42, 6.4, 6.5, 6.37, 6.39, 6.41 참조.

본문

우리는 지금 하나님의 형상 안에서 남성과 여성의 관계를 다루는 특별한 쟁점을 검토하고 있다. 과거에는 창세기 구절에서 몇 가지 추론이 이루어졌는데, 내가 보기에 그것은 본문의 그릇된 해석에 기초한 것이었다. 그러므로 성경의 자료를 새롭게 평가함으로써 교회 안에서 여성의 역할에 관해 논의할 때 현대 교의학자들이 그 자료를 바르게 이용할 수 있게 해줄 필요가 있다.

첫째, 남성인 '온전한 인간'은 하나님의 형상에 속하는 데 반해 여성은 하나님의 형상*Imago Dei*에 들지 않는다고 주장하거나, 여성은 이차적인 의미에서만 하나님의 형상에 속한다고 주장하는 전통이 끈질기게 이어져왔다. 예를 들어 타르수스의 디오도루스는 창세기를 주석한 글에서, 여성은 하나님의 형상에 속하지 않고 남자의 지배 아래 있다고 말한다. 요하네스 크리소스토무스는 남자가 지닌 '하나님의 형상'이라는 말이 여자까지 포함해 나머지 피조물에 대한 아담의 주권을 뜻한다고 보았다.……창세기 1:26-27과 5:1-2을 공정하게 주석한 글에 따르면, 여성이 남성과는 다른 방식으로 하나님의 형상에 참여한다고 주장할 만한 근거가 전혀 없다.……남성만 하나님의 형상으로 지음 받았다고 말하는 것은 여성만이 하나님의 형상으로 지음 받았다고 주장하는 것만큼이나 그릇된 것이다.……

둘째, 원래 인간은 성이 없거나 중성이었다고 생각하거나 두 개의 성이 존재하는 것은 타락의 결과라고 여기는 주장이 이어져 왔다. 넓게 보아 성 구별과 구체적으로 여성성은 많은 그리스도인들에게 의혹과 두려움의 대상이었다. 이런 견해는 금욕적인 수도원 운동들의 배경을 이루는 특정한 동기라든가 인간을 성이 없고 천사와 같은 삶의 수준에 배치하려는 노력과 딱 맞아떨어졌다. 영지주의와 플라톤적 헬레니즘 신비주의의 파괴적인 영향을 받은 결과로, 초기 교회의 많은 영역에서 성적 요소는 저급하고 지성적인 사람에게는 무가치한 것이라는 사고가 큰 힘을 발휘하게 되었다. 에밀 브루너가 지적했듯이, 이런 사고가 "거의 무의식적이고 은밀하게……오늘날에 이르기까지 기독교 세계의 사상을 결정지었다."

인간의 성적 이원성이 타락한 본성의 표현이라고 보는 견해를 대변하는 20세기의 주요 인물이 베르자에프N. Berdyaev인데, 그는 플라톤의 『향연』*Symposium*에서 발견한 양성성의 이상을 옹호했다. 양성성의 이상을 지지하는 대부분의 사람들과 마찬가지로 베르자에프가 경멸하는 것은, 일반적으로 말하는 성 구별이 아니라 여성성이다. 예를 들어 "남자가 성의 포로가 되는 것은 하와의 이미지로부터 유래하는 여성적 요소의 포로가 되는 것이다"라는 논평은, 단순한 여성 혐오의 실마리를 훨씬 넘어서는 의미를 지닌다.

나는 창세기 1:26-28이 이런 견해들을 지지하는 증거를 제공해 주지 않는다고 생각한다. 이 본문에서 언급하는 대상인 "사람"*'adam*은 히브리어의 집합명사인 '인류'를 가리킨다. 창세기 5:2은 남자와 여자가 창조되었을 때, 그들이 함께 아담 곧 사람이라는 이름으로 불렸다는 사실을 확인해 준다.……창세기 5:3에서는 "아담"이 고유명사로 사용되지만, 이것은 창세기 1장이나 창세기 5:1-2의 사례와는 다르다. 따라서 최초의 창조 이야기와 고대 그리스의 양성존재 및 자웅동체 신화를 조화시키려는 시도는 지지받을 수 없다.……

이 사실은 두 가지 성의 일치와 구분을 모두 강조한다는 점에서 여성의 역할 및 창조 질서 내에서 남성에 대한 여성의 상대적 지위에 관한 우리의 논의에 중요한 함의를 지닌다. 첫째, 단수형 단어 아담'adam과 더불어 그것의 단수형 대명사인 "그"'oto, 창 1:27라는 말은 남성과 여성이 공유한 인간성으로 조화로운 공동체를 이루게 하고, 힘을 합쳐 하나님의 형상과 모양에 참여하게 하려는 하나님의 의도를 가리킨다. 둘째, 성 구별은 인간됨의 근본적인 요소이며, 출산은 하나님의 적극적인 명령이다(창 1:28). 성을 구별하는 것이나 출산의 수단이 된다는 것은 이상적인 양성성에서 추락하는 퇴보가 아니었다. 이런 것들은 구약성경의 다른 부분에서 결혼과 성적 사랑에 부여하는 적극적 가치와 조화를 이룬다. 히브리인들이 볼 때, 번식 및 그와 결부된 성생활은 살아있는 모든 피조물에게 허락된 특별한 선물이다. 셋째, 남자와 여자는 시간적으로나 존재론적으로 어느 쪽이 우월하다는 암시 없이 함께 지음 받았기 때문에, 성의 차이는 그들이 하나님 앞에서 그리고 서로에 대해 동등하게 서는 데 영향을 끼치는 것이라고 볼 수 없다. 성의 구분은 결코 계급 구조를 뜻하지 않는다. 이 본문에서는 출산 및 지배와 관련해 정형화된 성적 역할을 언급하지 않는다. 남성과 여성은 함께 복을 받고 함께 "땅에 충만하여라. 땅을 정복하여라"(창 1:28)라는 명령을 받는다. 어느 성도 다른 성을 지배할 수 없다. 만일 하나님의 형상과 지배 사이에서 어떤 관계를 찾는다면, 성경 기록은 하나님의 형상을 남성과 여성에게 차별 없이 부여한다는 점을 기억할 필요가 있다.

따라서 창세기 1:26-28은 성 구별이 죄성에서 유래한 것이라고 보는 어떤 견해도 인정하지 않는다. 게다가 이 본문은 남자와 여자가 모두 하나님의 형상대로 지음 받았다고 주장함으로써, 우리가 인류의 절반인 여성을 멸시해 열등하다고 여기거나 동물에 더 가깝다고 주장하거나, 아니면 여성적 본질을 남성적이거나 성과 무관한 "훨씬 더 고결한" 영성으로 변화시켜서 구속받게 할 필요가 있다고 주장할 여지를 차단해 버린다.

하나님의 형상의 관점에서 남성과 여성의 관계를 다루는 셋째 견해는, 한편으로는 성별에 대한 수준 낮은 견해와 신을 양성일체로 보는 이론들을 반박하면서, 다른 한편으로 창세기 자료에 대한 독특한 주석의 결과에 힘입어 인간의 성 구별은 하나님을 닮았다는 것이 무엇을 의미하는지에 대한 한 가지 답이 된다고 주장해 왔다. 그러므로 이제 인간이 두 가지 성별로 이루어진다는 사실이 신성과 관련해 우리에게 무엇을 말해 줄 수 있는지에 관해 물어야 한다.……어떤 사람들은 창세기 1장에서 신을 가리켜 복수형을 사용하고……이어서 인간을 남자와 여자로 창조한 일은 곧 신격 내에 성 구별이 존재한다는 사실을 가리키는 것이라고 주장했다. 가나안 족속이 성을 신성시했던 것처럼, 히브리 사람들은 인간의 번식 능력이 사람들이 신과 친밀감을 느끼고 신적 능력에 다가갈 수 있게 해주는 수단이라고 믿었다고 주장하는 사람들이 있었다. 구약의 저자들이 신을 복수형으로 표현한 것이 주석학자들을 끈질기게 괴롭힌 문제를 낳았다. 가능한 모든 해석들을 일일이 평가하는 것은 이 연구의 범위를 넘어서지만, 신과 인간의 성 구별이라는 주제와 직접 연관된 한 가지 해석은 여기서 살펴볼 필요가 있다. 신을 복수형으로 말한다고 해서 히브리인들이 신격의 성적 이원성을 믿었던 것으로 볼 수 있는가? 또 하나님의 형상이 인간의 성적 양극성으로 나타났다고 말하는 게 옳은가?

칼 바르트에 의하면, 하나님의 형상 교리의 근거는 남자와 여자의 관계, 그중에서도 특히 결혼 관계 속에서 찾을 수 있다. "인간이 하나님의 모양대로 지어졌다고 말하는 창세기 1:27-28을 근거로, 하나님이 사람을 창조하시되 하나님 자신이 홀로 존재하지 않고 관계 속에 존재하는 것처럼, 남자와 여자로 창조하셨다는 사실을 알 수 있다." 이 주장은 다른 학자들에게 많은 비판을 받았다.……그 학자들은 '형상'*Imago* 이라는 말을 사람이 다른 사람('다른 사람'이 남자냐 여자냐는 중요하지 않다)과 맺는 상호관계 속에서 자신의 실존적인 표현 형식을 발견하게 된다는 의미로 이해하는 것이 더 낫다고 보았다. 그렇게 보면 '형상'의 자리는 자기중심적 개인과 구별되는 '인격'이다.

그리고 바르트가 결혼을 중요한 것으로 보아 인간의 나와 너I-Thou 관계를 보여주는 "결정적 표현"이라고 강조한 것은, 구약성경을 객관적으로 주석하여 얻은 결과라기보다는 본문 속으로 자기의 생각을 투사해 읽어 낸 결과라고 말할 수 있다. 바르트의 의도에서 빗나가는 것일지 모르나, 그의 가설은 인간이 결혼을 통해서만, 아니면 적어도 성적 경험을 통해서 진정한 인간이 될 수 있다는 견해를 낳을 수도 있다. 바르트의 이론 체계에서는 결혼이 결정적인 것일지 모르나, 창세기 1장 자체는 일반적인 성 구별을 다루며, 결혼 제도를 중요하고 결정적인 것이라고 주장하지 않는다.

엘로힘'elohim이라는 용어처럼 하나님을 가리켜 신성한 복수형을 사용한 것은, 여호와 안에서 온전한 신성을 파악할 수 있다는 사실을 말하기 위해서였다고 보는 것이 옳을 것이다. 이러한 관행의 기원이 무엇이든, 구약성경의 이 용법은 다음과 같은 포괄적인 의미로 해석할 수 있다. 엘로힘인 여호와는 신의 당연한 속성으로 여겨지는 남성성이나 여성성의 모든 측면까지 포함해 신성의 전 영역을 포괄한다. 페미니즘의 용어인 신/여신God/Goddess에 더해 여호와에게 적용된 엘로힘이라는 용어는 이스라엘의 하나님이 남성성과 여성성을 초월하는 동시에 통합한다는 사실을 의미한다. 따라서 존 맥쿼리John Macquarrie의 주장을 따라, 만일 하나님의 형상이 남성과 여성에 의해 대변된다면, 다음과 같이 말할 수 있다.

> 이 사실은, 신성한 존재 안에는 비록 우리가 파악할 수 있는 것을 넘어서는 놀라운 방식이기는 하지만, 성 구별과 사회성에서 그리고 남성성과 여성성에서 긍정적인 무엇인가가 이미 존재한다는 점을 의미한다.……하나님은 성의 구분을 초월하지만, 철저히 배제하는 방식으로 초월하는 것이 아니라 구별된 성 안에 속한 뭔가 가치 있는 것을 훨씬 고차적인 수준에서 밝혀 보이는 방식으로 초월한다.

이렇게 섬세하고 신중하게 다듬어진 진술은, 창세기 1:26-27과 5:1-2을 근거로 삼아 하나님 안의 성 구별에 관해 추론하는 작업에서 우리가 나갈 수 있는 한계를 보여준다. 이와 대조적으로 프레이저Frazer가 우리는 창세기 1장에서 "인간의 특징을 이루는 성 구분은 하나님도 역시 공유하신다"라는 사실을 배운다고 단언할 때, 그는 인간의 남성성과 여성성을 하나님에게로 되쏘아 읽어 내는 것으로 보인다. 제임스 바James Barr가 상기시켜 주듯이, 창세기 1:26-28의 배후에 놓인 질문은 '하나님은 어떤 모습인가?' 라기보다 '인간은 어떤 모습인가?'이다. 제사장 계열에 속하는 이 저자는 "하나님을 닮은 모양이 인간이라고 말하는 것이 아니라, 인간은 그 닮은 모양으로 하나님과 관계를 맺는다고 말한다." 따라서 창세기에 나오는 형상 개념과 신성한 복수형 문자가 하나님 안에서 이루어지는 성적 구분을 증명한다고 대놓고 말하는 것은 옳지 않다.

논평

이 글에서 메리 헤이터는 인간이 "하나님의 형상대로" 창조되었다는 말이 무엇을 의미하는지를 지적으로 명쾌하게 설명한다. 이 글은 여러 가지 면에서 흥미롭다. 이 글은 창세기 1:26-28의 의미를 독창적으로 탐색하며, 그 의미를 오늘날 성 정체성과 관련해 벌어지는 신학 논쟁에 적용하려고 시도한다. 특히 성의 구분은 창조 질서에만 한정되지, 신격에까지 되돌려 읽어 낼 수 없다고 말하는 헤이터의 주장을 눈여겨보라. 이 본문은 하나님을 성 중립적인 방식으로 설명할 수 있겠느냐는 쟁점과 관련해서도 중요한 성찰을 제시한다. 이 본문은 아주 명료하게 쓰였으며, 추가 논평은 필요하지 않다.

생각해 볼 물음들

❶ "하나님의 형상" 개념에 대한 헤이터의 해석을 여러분의 말로 설명해 보라.

❷ 헤이터의 주장처럼 하나님을 가리키는 말로 '신/여신'이라는 용어를 사용해야만 하는가? 이 문제에 대한 그녀의 주장에 여러분이 찬성한다면, 그 이유는 무엇인가?

베네딕트 16세 교황

: 인간의 정체성

요제프 알로이스 라칭거 추기경1927 출생은 2005년 교황으로 선출되어 베네딕트 16세라는 이름을 얻었다. 그때까지 그는 전통적인 가톨릭 정통 신앙의 옹호자와 해석자로 국제적인 명성을 쌓아왔다. 창조론에 대해 성찰하는 일련의 글에서 인용한 아래 본문에서 베네딕트는 인간이 하나님의 형상대로 창조되었다는 개념의 의미를 고찰한다. 그는 인간이 흙으로 지음 받았다고 밝힌 후, 그 외 어떤 요소들이 인간의 신학적 정체성을 형성하는지 탐구한다6.4, 6.5, 6.39 참조.

본문

그러나 인간이 존재하기 위해서는 두 번째 요소도 있어야 한다. 기본 재료는 흙이다. 하나님께서 흙으로 몸을 지으시고 콧구멍으로 숨을 불어 넣은 후, 이 흙으로부터 인간이 존재하게 되었다. 이때 신적 실체가 안으로 들어온다. 앞에서 살펴보았던 첫 번째 창조 기사에서는 이 일을 훨씬 더 사려 깊은 다른 이미지를 사용해 묘사한다. 그 기사에서는 인간이 하나님의 형상과 모양을 따라 지음 받았다고 말한다(창 1:26-27 참조). 인간 안에서 하늘과 땅이 접촉한다. 인간 안에서 하나님이 당신의 창조 세계 속으로 들어오신다. 인간은 직접 하나님과 관계를 맺는다. 하나님께서 인간을 부르신다. 구약성경에서 하나님이 "내가 너를 지명하여 불렀으니, 너는 나의 것이다"라고 하신 말씀이 모든 개인에게 똑같이 적용된다. 하나님은 모든 사람을 아시며 사랑하신다. 사람은 누구나 하나님의 뜻 안에 있고, 하나님의 형상이다. 정확히 말해 인류의 깊고 원대한 일치는 이 사실에 근거한다. 다시 말해 우리 한 사람 한 사람은 모두 하나님께서 정하신 한 가지 계획을 실현한 존재이며, 또 하나님의 동일한 창조 목적에서 유래한다. 그러므로 성경에서는, 인간에게 악을 행하는 사람은 곧 하나님의 소유에 악을 행하는 것이라고 말한다(창 9:5을 보라). 인간의 생명은 하나님의 각별한 보호 아래 있다. 사람이라면 미천한 사람이든 높은 사람이든, 병든 사람이든 고난당하는 사람이든, 쓸모없는 사람이든 중요한 사람이든, 태어났든 아직 태어나지 않았든, 불치병에 걸렸든 건강하여 활기가 넘치든 누구나 자기 안에 하나님의 숨을 지니고 있는데, 모두가 다 하나님의 형상이기 때문이다. 이것이 바로 인간의 존엄성을 침해해서는 안 되는 결정적인 이유가 되고, 이 사실 위에 궁극적으로 모든 문명이 세워진다. 더 이상 인간을 하나님의 보호 아래 있고 하나님의 숨을 간직한 존재로 보지 않게 되면, 그 순간부터 인간은 실용주의 방식으로 다뤄지기 시작한다. 그럴 때 야만성이 등장해서 인간의 존엄성을 유린하게 된다. 그 반대의 경우도 사실이다. 인간의 존엄성이 인정받을 때면, 수준 높은 영성과 도덕성이 분명하게 꽃피게 된다……

이 점을 더 깊이 살펴보자. 형상의 본성은 그것이 무언가를 나타내 보인다는 사실에 있다. 예를 들어 내가 어떤 형상을 볼 때면, 나는 그것이 가리키는 인격이나 풍경, 아니면 그 무엇이든지 알아보게 된다. 형상은 그 자체를 넘어서는 무언가를 가리킨다. 따라서 형상의 내용은 단지 형상 그 자체를 구성하는 것—예를 들어 유화물감과 화폭과 액자—과는 다르다. 형상의 본질은 그 자체를 넘어서는 다른 무언가를 드러내 보인다는 사실과 관계가 있다. 그러므로 하나님의 형상이라는 말은 무엇보다도 인간이 자기 자신에게만 갇혀 있을 수 없다는 사실을 뜻한다. 자신에게만 갇혀있으려는 사람은 자기 자신을 부정하는 것이다. 하나님의 형상이 된다는 것은 관계성을 함축한다. 바로 이것이 인간으로 하여금 전적 타자이신 분을 향해 나아가게 하는 동력이다. 그래서 하나님의 형상이란 관계를 형성하는 역량을 뜻한다. 그것은 하나님을 향해 나가는 인간의 역량이다.

논평

아주 단순하고 명료하게 서술된 이 글은 창세기의 창조 이야기들을 따라 인간의 정체성에 관하여 성찰하는 형태를 띤다. 인간만이 하나님의 형상과 숨을 소유한다. 베네딕트는 이 사실이 의미하는 바를 탐구하면서, 특히 하나님의 형상이 인권과 관련해서 중요하다는 점을 지적하고, 이렇게 하나님을 향한 삶의 차원을 인정하지 못할 때 필연적으로 실용주의적 인간 본성 이해로 빠지게 된다고 주장한다. 끝으로 그는 이 주제들이 지닌 관계적 특성들을 밝힌다.

생각해 볼 물음들

❶ 베네딕트는 인간이 비록 흙에서 나오기는 했지만, 인간 본성과 정체성을 순전히 물질적으로 설명하는 것은 옳지 않다는 점을 긴 시간을 들여 규명한다. "하나님의 숨"과 "하나님 형상"이라는 개념들은 그의 논증에서 어떤 역할을 하는가? 또 그가 밝히는 윤리적 함의들은 무엇인가?

❷ "하나님의 형상이 된다는 것은 관계성을 함축한다." 본문에서 이 구절의 위치를 확인하라. 베네딕트는 어떤 방식으로 이 진술에 이르게 되는가? 또 그 진술을 토대로 삼아 어떤 결론을 도출하는가?

추가 독서 자료

— William O. Amy and James B. Recob, *Human Nature in the Christian Tradition* (Washington, DC: University Press of America, 1982).

— Ian G. Barbour, *Nature, Human Nature, and God* (Minneapolis, MN: Fortress Press, 2002).

— John Behr, *Asceticism and Anthropology in Irenaeus and Clement* (Oxford: Oxford University Press, 2000).

— Warren S. Brown, Nancey C. Murphy, and H. Newton Malony(eds), *Whatever Happened to the Soul? Scientific and Theological Portraits of Human Nature* (Minneapolis, MN: Fortress Press, 1998).

— José Comblin, *Retrieving the Human: A Christian Anthropology* (Maryknoll, NY: Orbis Books, 1990).

— Dennis R. Creswell, *St. Augustine's Dilemma: Grace and Eternal Law in the Major Works of Augustine of Hippo* (New York: Peter Lang, 1997).

— Stephen J. Duffy, *The Dynamics of Grace: Perspectives in Theological Anthropology* (Collegeville, MN: Liturgical Press, 1993).

— Julian N. Hartt, "Creation and Providence"; in P. Hodgson and R. King(eds), *Christian Theology* (Philadelphia: Fortress Press, 1982), pp. 115-140. (『현대 기독교 조직신학: 기독교 신학의 전통과 과제에 대한 개론』 윤철호 역, 한국장로교출판사, 1999)

— Philip J. Hefner, "Creation"; in C. E. Braaten and R. W. Jenson(eds), *Christian Dogmatics*, 2 vols.(Philadelphia: Fortress Press, 1984), vol. 1, pp. 269-357.

— David H. Kelsey, "Human Being"; in P. Hodgson and R. King(eds), *Christian Theology* (Philadelphia: Fortress Press, 1982), pp. 141-167. (『현대 기독교 조직신학: 기독교 신학의 전통과 과제에 대한 개론』 한국장로교출판사, 1999)

— Peter Langford, *Modern Philosophies of Human Nature: Their Emergence from Christian Thought* (Dordrecht: Kluwer Academic, 1986).

—— Alister E. McGrath, *Iustitia Dei: A History of the Christian Doctrine of Justification*, 3rd edn(Cambridge: Cambridge University Press, 2005). (『하나님의 칭의론』 한성진 역, CLC, 2015)

—— Donato Ogliari, *Gratia et Certamen: The Relationship between Grace and Free Will in the Discussion of Augustine with the So-Called "Semipelagians"* (Leuven: Peeters, 2003).

—— John Randall Sachs, *The Christian Vision of Humanity: Basic Christian Anthropology*(Collegeville, MN: Liturgical Press, 1991).

—— F. LeRon Shults, *Reforming Theological Anthropology: After the Philosophical Turn to Relationality*(Grand Rapids, MI: Eerdmans, 2003).

—— Paul R. Sponheim, "Sin and Evil"; in C. E. Braaten and R. W. Jenson(eds), *Christian Dogmatics*, 2 vols.(Philadelphia: Fortress Press, 1984), vol. 1, pp. 363-463.

—— Basil Studer, *The Grace of Christ and the Grace of God in Augustine of Hippo: Christocentrism or Theocentrism?*(Collegeville, MN: Liturgical Press, 1997).

—— Elsa Tamez, *The Amnesty of Grace: Justification by Faith from a Latin American Perspective*(Nashville, TN: Abingdon Press, 1993).

—— N. P. Williams, *The Ideas of the Fall and Original Sin*(London: Longmans, 1927).

—— R. R. Williams, "Sin and Evil"; in P. Hodgson and R. King(eds), *Christian Theology*(Philadelphia: Fortress Press, 1982), pp. 168-195.

—— Richard Worsley, *Human Freedom and the Logic of Evil: Prolegomenon to a Christian Theology of Evil*(New York: St. Martin's Press, 1996).

7장 교회

서론

교회론은 교회그리스어 *ekklesia*의 본질과 과업을 다루는 기독교 신학 분과다. 교부시대와 종교개혁시대에는 이 주제와 관련해 큰 논쟁이 있었고, 4세기에는 북아프리카 교회들을 중심으로 역사적 논쟁이 일어났다. 아우구스티누스와 그에게 맞선 도나투스주의자들이 모두 자신들이 카르타고의 순교자 키프리아누스가 물려준 유산의 수호자라고 주장했다. 하지만 그들은 제각기 그 유산의 다른 측면을 강조하고 나섰다. 아우구스티누스는 구속자인 그리스도께서 교회와 그 성직자들보다 우선한다는 점을 강조했고, 이에 반해 도나투스파 사람들은 교회 구성원과 성직자들의 인격적 순결이 필요하다는 점을 강조했다. 종교개혁 시대에 이르러, 이와 연관된 논쟁이 터져 나왔다. 하지만 종교개혁 때의 주요 논쟁은 교회의 정체성과 관련된 주제를 중심으로 이루어졌다.

교회론은 오늘날도 여전히 논란의 주제로 다루어지고 있고, 개체 지역 교회들의 역할과 과업이 특별히 중요한 관심 대상이 되고 있다. 이러한 논의는 흔히 교회의 네 가지 '표지', 곧 니케아 신조에서 제시한 "하나의 거룩하고 보편적이며 사도적인"이라는 표지를 둘러싸고 벌어졌다. 이번 장에서 우리는 이 네 가지 '표지'를 신학적으로 깊이 있게 살펴볼 것이다.

이번 장의 읽을거리들을 통해 다음과 같은 주요 주제들을 다루게 된다.

1. 교회가 '거룩하다'는 말은 무슨 의미인가?

'거룩하다'는 말은 흔히 '덕성'이나 '순결함'과 동일한 뜻으로 여겨진다. 하지만 신약성경에 나오는 '거룩함' 개념의 기초를 이루는 히브리어 카다드

*kadad*는 상당히 다른 의미를 지니는데, '하나님께서 구별하신 사람이나 사물'이라는 뜻으로 사용된다. 신약성경에서는 이 개념을 오로지 인간의 거룩함에 한정해서 사용한다. 신약성경은 이 개념을 개인들에게 적용하며, '거룩한 장소'라든가 '거룩한 물건'이라는 의미로는 사용하지 않는다. 신자들이 '거룩한' 까닭은 하나님께 바쳐졌고, 하나님의 부르심을 받아 세상에서 구별되었기 때문이다. 많은 신학자들은 '교회'(교회를 가리키는 그리스어는 '부르심 받은 사람들'이라는 의미다)라는 개념과 '거룩'(하나님의 부르심을 받아 세상에서 분리된 사람들을 가리킨다)이라는 개념 사이에 밀접한 관계가 있다고 주장한다. 또 어떤 신학자들은 교회가 거룩해야 한다는 말을 교인들의 거룩함을 키워 준다는 의미에서 이해해 왔다. 이 경우에 교인들이 충분히 거룩하지 못하면 제명하기도 한다. 여기서는 이런 주제와 논쟁에 관한 읽을거리들을 살펴본다.

교회가 '거룩하다'는 말은 무슨 의미인가?

7.5 ▸ 시르타의 페틸리아누스: 성직자들의 성결함

7.6 ▸ 히포의 아우구스티누스: 교회의 혼합된 본질

7.18 ▸ 리처드 후커: 교회의 순결

7.20 ▸ 로저 윌리엄스: 세상과 교회의 분리

7.25 ▸ 스티븐 찰스 니일: 교회의 거룩성과 선교

2. 교회가 '보편적'이라는 말은 무슨 의미인가?

현대 영어에서 '가톨릭'catholic, 보편적인이라는 말은 흔히 '로마가톨릭'Roman Catholic이라는 말과 혼동되는데, 종교 밖의 영역에서 특히 그런 현상이 두드러진다. 여기서 로마가톨릭이란 교황의 권위를 인정하고 사도 시대 교회와 현대 교회 사이의 역사적이고 제도적인 연속성을 크게 강조하는 기독교의 한 갈래를 말한다. 이처럼 혼동하는 게 이해가 되기는 하지만, 동방정교회Orthodox 신학자들만 신학에서 정통적orthodox이 아닌 것처럼 가톨릭교회Catholics만 '보편적'catholic인 것이 아니라는 점을 분명히 밝힐 필요가 있다. 많은 개신교 교회들이 신조들을 암송할 때 '가톨릭'이라는 용어가 나오는 것에 매우 당혹스러워했으며, 그래서 그것을 논란의 여지가 적은 '보편적'universal이라는 단어로 대체하고, "하나의 거룩하고 보편적이며universal 사도적인 교회"라고 믿는 것이 훨씬 더 이해하기에 쉽다고 주장했다.

'가톨릭'이라는 말은 그리스어 *kath'holou*('전체로 보아')에서 왔다. 이 그리스어 단어가 라틴어 *catholicus*로 번역되어 '보편적인' 또는 '일반적인'이라는 의미를 지니게 되었다. 그러면 이 말은 교회의 본질과 관련해 무엇을 뜻하며, 교회의 '표지'로서 어떤 의미를 지니는가?

교회가 '보편적'이라는 말은 무슨 의미인가?

7.4 ▸ 예루살렘의 키릴로스: 교회의 보편성

7.9 ▸ 토마스 아퀴나스: 교회의 보편성

7.14 ▸ 필리프 멜란히톤: 가톨릭성의 본질

7.28 ▸ 요한 지지울라스: 지역 교회와 보편 교회

7.29 ▸ 에이버리 덜레스: '가톨릭성'의 의미

3. 교회와 국가의 관계

교회사를 공부하다 보면, 때때로 교회와 국가의 관계가 큰 문제가 되었다는 사실을 확인할 수 있다. 이 문제는 중세기에 주요 쟁점이 되었고, 미국의 독립전쟁 기간에 다시 중요한 문제로 등장했다. 교회와 국가를 제도적으로 분리하는 문제로 길게 이어진 이 논쟁에는, 부분적으로 식민지 미국 교회를 이끌었던 주요 지도자들의 교회론적 신념이 반영되었다. 1930년대 발생한 '독일교회의 위기'는 기독교인들이 어떻게 국가와 관계를 맺어야 하는지의 문제로 독일 기독교 안에서 빚어졌던 분열상을 반영한다. 이 문제는 1933년 아돌프 히틀러가 권력을 잡은 후에 심각한 쟁점으로 떠올랐다. 이번 장에 포함한 몇 편의 글을 통해 그러한 다툼과 논의의 맥락을 이해하는 데 도움을 얻을 수 있을 것이다.

교회는 국가와 어떤 관계를 맺어야 하는가?

7.8 ▸ 인노켄티우스 3세 교황: 교회와 국가

7.10 ▸ 보니파시오 8세 교황: 교황의 수위권

7.20 ▸ 로저 윌리엄스: 세상과 교회의 분리

7.22 ▸ 제1차 바티칸 공의회: 교회와 교황의 수위권

7.24 ▸ 「바르멘 선언」: 교회의 정체성

7.27 ▸ 제2차 바티칸 공의회: 교회의 본질

4. 교회의 성직자와 평신도

마지막 쟁점은 교회를 구성하는 성직자와 평신도의 관계를 다룬다. 성직자와 평신도, 또는 제사장과 백성으로 구별하는 바탕에는 어떤 목회신학이 자리잡고 있는가? 그들은 교회 안에서 서로 다른 역할만을 담당할 뿐인가? 아니면 더 깊이 들어가 살펴볼 사안이 있는가?

교회의 성직자와 평신도

7.5 ▸ 시르타의 페틸리아누스: 성직자들의 성결함

7.6 ▸ 히포의 아우구스티누스: 교회의 혼합된 본질

7.7 ▸ 레오 1세 교황: 교회 안의 직무

7.13 ▸ 마틴 루터: 성직자와 평신도

7.21 ▸ 프리드리히 슐라이어마허: 신자들의 친교인 교회

7.26 ▸ 이브 콩가르: 교회의 계층체제

7.27 ▸ 제2차 바티칸 공의회: 교회의 본질

7.32 ▸ 요한 바오로 2세 교황: 평신도와 선교

리옹의 이레나이우스

: 교회의 기능

2세기 후반에 나온 이 글에서 리옹의 이레나이우스약 130-202는 교회를 기독교의 전통과 선포를 위임받은 살아있는 몸으로 보아 그 중요성을 강조한다. 교회의 역사적인 제도를 강조하면서, 교회를 올바른 성경 해석을 지켜내는 살아있는 몸으로 여기는 점에 주목하라2.2, 2.5 참조.

본문

참된 지식은 사도들의 가르침과 처음부터 전 세계에 두루 세워진 교회 제도, 그리스도의 몸의 독특한 특성에서 볼 수 있다. 이 특성은 각처에서 교회를 책임진 주교들의 계승을 통해 전달되어 오늘 우리 시대까지 이르렀는데, 거짓된 글을 보태지 않고 가장 완벽한 해설(곧 신조)로 보호하여 가감없이 전해졌다. 또 참된 지식은 왜곡 없이 이루어지는 성경 독해와, 신성모독과 거짓에 빠지지 않고 일관되고 신중하게 이루어지는 성경 주해에서 볼 수 있고, 무엇보다도 사랑이라는 특별한 은사에서 볼 수 있다. 사랑의 은사는 지식보다 귀하고 예언보다 영광스러운 것이며, 다른 모든 영적 은사들을 훨씬 능가한다.

논평

이 글에서 이레나이우스는 교회가 사도 전승의 전달자로서 맡는 역할을 강조한다. 이레나이우스가 볼 때, 복음은 교회 밖에 있는 사람들에 의해 변질되었고, 기독교 선포의 진실성을 확보하기 위해서는 교회가 사도적 설교를 신실하게 보존하고 선포해 왔다는 사실을 입증하는 일이 꼭 필요하다. 여기서 복음 설교와 교회 제도의 밀접한 관계를 강조한다는 점에 유의하라.

생각해 볼 물음들

❶ 이레나이우스가 교회 제도를 확증하는 역사적인 조건을 강조하는 이유는 무엇인가?

❷ 이 문제와 관련해 이레나이우스는 주교들에게 어떤 역할을 부여하는가? 이것은 테르툴리아누스가 주장한 견해2.5 참조와 어떻게 비교되는가?

7.2 ▼

오리게네스

: 교회와 구원

여호수아 2장에 나오는 창녀 라합 이야기를 주석하는 이 글에서 오리게네스약 185-254는, 그 여자의 집에 속한 사람들을 죽음에서 보호해 주겠다는 약속에서 기독교 교회에 대한 예언, 곧 '예표'를 발견한다. 하나님의 집 안에 있는 사람들만 구원을 받게 된다. 라합의 집을 표시하기 위해 창문에 내건 붉은 줄은 하나님의 집을 가리키는데, 사용되는 그리스도의 붉은 피라는 상징을 예시한다2.3, 2.8, 2.11, 7.3 참조.

본문

만일 구원받기 원하는 사람들이 있다면, 전에 그들이 창녀의 집을 찾았던 것처럼 이 집으로 오게 하십시오. 그들 가운데 구원받기를 바라는 사람이 있다면, 누구나 이 집으로 와서 구원에 이를 수 있습니다. 구속의 표지로 그리스도의 피를 내건 이 집으로 그 사람들을 오게 하십시오. "그 사람의 피를 우리와 우리 자손에게 돌리시오."(마 27:25)라고 말한 사람들에게 그리스도의 피는 정죄를 의미합니다. 예수께서는 "많은 사람을 넘어지게도 하고 일어서게도"(눅 2:34) 하시는 분이기에, 그의 피는 "그의 표지를 비방하는" 사람들에게는 형벌로 나타나며, 반대로 신자들에게는 구원으로 나타납니다. 그러므로 아무도 속거나 넘어지지 않게 하십시오. 이 집 밖에서는, 다시 말해 교회 밖에서는, 아무도 구원받을 수 없습니다*extra hanc domum, id est extra ecclesiam, nemo salvatur*.……구원의 표지는 창문을 통해 주어졌다고 말할 수 있는데, 창문을 통해 빛이 들어오듯이 그리스도께서 성육신을 통해 우리에게 신성의 빛을 보여주었기 때문입니다. 그래서 전에 음녀였던 여자의 집에 드나들던 모든 사람이 그 표지를 의지해 물과 성령으로, 또 우리 주이시며 구주이신 예수 그리스도의 피로 깨끗하게 되어 구원에 이르게 됩니다. 주 예수 그리스도께 영원토록 영광과 권세를 돌려드립시다.

논평

이 글은 성경 본문에 적용된 독특한 방식의 성경 주석을 보여주며, "교회라는 집" 밖에는 구원이 없다는 사상을 제시한다는 점에서 매우 흥미롭다. 근거로 사용된 성경 본문은 여호수아 2장이고, 이 장은 두 명의 이스라엘 정탐꾼이 여리고로 들어갔다가 창녀 라합의 도움으로 안전한 집에 보호받게 되는 이야기를 담고 있다. 정탐꾼들은 보답으로 그녀에게 안전을 약속하고, 그녀는 집 창문에다 "붉은 색" 줄을 달아 자기 집이라고 표시해야 한다. 오리게네스는 이 본문을 풍유적 방식으로 교회에 대해 논하는 것으로 이해하고, 교회는 그리스도의 피의 붉은 색을 표지로 삼아 안전한 장소로 제시된다.

생각해 볼 물음들

❶ 오리게네스는 어떤 유형의 성경 주석을 사용해서 "붉은 줄"과 그리스도의 피를 연결하는가? 라합의 집과 교회는 어떻게 연결되는가?

❷ 라틴어 구절 *extra hanc domum, id est extra ecclesiam, nemo salvatur*를 주목하라. 본문에서는 이 구절을 번역하여 실었는데, 그 의미는 무엇인가?

7.3 카르타고의 키프리아누스

: 교회의 단일성

북아프리카 신학자인 카르타고의 키프리아누스[258 순교]는 251년 교회의 단일성에 대해 논하는 이 글을 썼다. 이 글에서 그는 가톨릭교회의 나뉠 수 없는 특성과 구원을 얻는 일에서 가톨릭교회가 맡는 본질적 역할을 강조한다. 교회 밖에서는 구원을 얻을 수 없다. 그가 남긴 말 가운데 "교회를 어머니로 섬기지 않는다면, 하나님을 아버지로 모실 수 없다"는 말이 특히 유명하다 7.2, 8.3, 8.7, 8.8 참조.

본문

교회를 주관하는 주교들인 우리는 특히 이러한 단일성을 굳게 지켜 보전해야 하고, 그럼으로써 주교단 자체도 하나이고 나뉘지 않았다는 사실을 입증해 보여야 한다. 그 누구도 거짓으로 형제들의 공동체*fraternitas*를 속이거나, 신실하지 못한 잘못으로 우리가 지닌 진리에 대한 믿음을 더럽히지 않도록 해야 한다. 주교단은 하나이고, 각 주교는 전체에 속한 한 부분이다. 교회는 하나이고, 자체의 생명력으로 점차 많은 교회들로 퍼져나갔다. 이것은 태양이 많은 광선을 지니지만 하나의 빛이고, 나무도 가지가 많지만 깊은 뿌리 위로 솟은 몸통은 하나이며, 물줄기가 많으나 하나의 수원에서 시작하는 것과 같다. 원천에서 아무리 많은 갈래로 나뉘어 뻗어간다고 해도 그 근원에는 단일성이 자리 잡고 있다. 태양 본체에서 빛줄기 하나를 떼어내 보라. 빛의 단일성은 결코 나눌 수 없다. 나무에서 가지 하나를 잘라내 보라. 그렇게 잘린 가지는 싹을 내지 못한다. 물줄기를 원천에서 차단해 보라. 막힌 물줄기는 말라 버린다. 교회도 이와 같다. 교회는 주님의 빛으로 가득하고, 자신의 빛줄기를 온 세상에 비춘다. 하지만 온 세상으로 퍼져나간 빛은 하나의 빛이고, 몸의 단일성을 깨뜨리지 않는다. 교회는 풍성한 가지를 펼쳐 온 세상을 덮으며, 넘치는 물줄기를 온 땅으로 흘려보낸다. 하지만 하나의 머리, 하나의 원천, 하나의 어머니가 있을 뿐이고, 풍성하게 자라나 많은 열매를 맺게 된다. 우리는 교회의 태에서 태어나 그 젖으로 자라나고, 교회의 숨을 받아 생명을 이어간다.

그리스도의 신부는 결코 음녀처럼 될 수 없고, 깨끗하고 순결하다. 그 신부는 오직 하나의 집만 알기에 덕스러운 순결함으로 집안의 거룩함을 지킨다. 교회는 하나님을 위해 우리를 보살피고, 자기가 낳은 자녀들을 하나님 나라로 이끈다. 교회로부터 이탈하여 음녀와 하나가 된 자는 누구나 교회의 보증에서 제외되고, 그리스도의 교회에게 등을 돌리는 자는 누구나 그리스도의 상급을 얻지 못한다. 그런 사람들은 이방인이요 버림받은 자고 원수다. 교회를 어머니로 섬기지 않는다면 하나님을 아버지로 모실 수 없다*Habere iam non potest Deum patrem qui ecclesiam non habet matrem*.……

이러한 단일한 성사와 나뉠 수 없는 평화의 끈은, 사람들이 주 예수 그리스도의 옷을 나누거나 찢지 않은 채 제비를 뽑았고……그래서 옷 전체를 차지했기에 옷이 갈라지거나 상하지 않게 되었다고 말하는 복음서의 기록이 증언한다.……그 옷이 뜻하는 것은 "위에서 오는" 단일성, 곧 하늘에서 아버지로부터 오는 단일성이고, 그것을 받아 누리는 사람들이 결코 깨뜨릴 수 없는 단일성이다. 그것은 깨뜨릴 수 없는 전체로서 나뉘지 않은 채 허락되었기 때문이다. 그리스도의 교회를 찢고 나누는 사람은 누구든 그리스도의 옷을 소유할 수 없다*possidere non potest indumentum Christi qui scindit et dividit ecclesiam Christi*.

논평

이 글에서 키프리아누스는 중요하고 힘 있는 여러 가지 이미지를 사용하여 교회의 단일성을 옹호한다. 첫째는 "아버지이신 하나님과 어머니인 교회"라는 이미지다. 여기서 키프리아누스는 라틴어 에클레시아*ecclesia*, 교회가 여성형이라는 사실을 이용한다. 가톨릭 전통에서 발전한 교회 관련 용어집에는 "거룩한 어머니이신 교회"라는 용어가 나오는데, 이 말은 키푸리아누스에게서 그 뿌리를 찾을 수 있다. 둘째는 그리스도의 '솔기 없는 예복'이라는 이미지인데, 요한복음 19:23-24에 나오는 "병정들이 예수를 십자가에 못 박은 뒤에, 그의 옷을 가져다가 네 몫으로 나누어서 한 사람이 한 몫씩 차지했다. 그리고 속옷은 이음새 없이 위에서 아래까지 통째로 짠 것이므로 그들은 서로 말하기를 '이것은 찢지 말고, 누가 차지할지 제비를 뽑자' 했다"는 이야기에 따른 것이다. 키프리아누스는 이 '옷' 곧 '예복'이 교회를 가리키는 예표라고 주장한다.

생각해 볼 물음들

❶ 키프리아누스가 요한복음 19:23-24을 근거로 주장하려는 논점은 무엇인가? 여러분은 그가 제시하는 논점이 얼마나 설득력 있다고 생각하는가? 그가 이 논점을 주장하기 위해 사용하는 다른 방식은 무엇인가?

❷ 키프리아누스는 교회의 본질에 대한 자신의 사상을 펼치기 위해, 태양과 나무와 시냇물이라는 이미지를 어떤 식으로 사용하는가?

7.4 ▼

예루살렘의 키릴로스

: 교회의 보편성

이 중요한 강의에서 예루살렘의 키릴로스Cyril of Jerusalem, 약 313-386는 교회를 가리켜 '가톨릭'catholic이라고 부를 수 있는 이유는, 그 가르침과 타당성에서 보편적 특성을 지니기 때문이고, 그 특성을 근거로 이단의 종파적 모임과 교회를 구분할 수 있다고 주장한다7.9, 7.14, 7.29 참조.

본문

이렇게 교회는 '가톨릭'이라고 불리는데, 그 이유는 교회가 이 끝에서 저 끝까지 사람 사는 온 세상*oikoumene*에 두루 퍼져 있기 때문이고, 하늘에 있는 것이나 땅에 있는 것, 보이는 것이나 보이지 않는 것과 관련해 사람들이 알아야 할 교리 전체*katholikos*를 하나도 남김없이 교회가 가르치기 때문이다. 또 교회가 '가톨릭'이라고 불리는 이유는 지배자든 피지배자든, 배운 자든 못 배운 자든, 모든 부류의 사람이 교회에 충성해야 하기 때문이다. 게다가 교회는 영혼이 범한 것이든 몸이 저지른 것이든 가리지 않고 모든 종류의 죄에 대한 보편적인*katholikos* 치료와 회복을 베풀어 주며, 말씀과 행위나 온갖 영적 은사에 상응하는 일체의 미덕들을 소유하기 때문이다.……그런데 '교회'라는 말은 여러 가지 의미를 지닌다. 에베소의 극장을 가득 채운 군중을 가리킬 수도 있고(행 19:41)……이교도들의 모임을 가리킬 수도 있다.……'교회'라는 말이 이처럼 다양한 뜻으로 사용되므로, '하나의 거룩하고 보편적인 교회'라는 신앙 조항을 여러분에게 제시하여 이단자들의 모임을 피하고, 여러분이 새롭게 태어난 곳인 거룩하고 보편적인 교회 안에 머물러 있을 수 있게 했다. 만일 여러분이 낯선 도시를 방문하게 된다면, 그저……"교회가 어디에 있습니까?"라고만 묻지 말라. 그와 달리 "가톨릭교회가 어디에 있습니까?"라고 물으라. 이것이 우리 모두의 어머니이신 거룩한 교회를 부르는 고유한 이름이다. 교회는 하나님의 외아들이신 우리 주 예수 그리스도의 신부다.

논평

이 글에서 키릴로스는 '가톨릭'이라는 단어의 네 가지 의미를 하나로 묶는다.

❶ 세상 전체에서 두루 발견되고

❷ 복음을 온전하게 선포하고

❸ 인류 전체를 아우르고

❹ 인류 전체가 앓고 있는 질병에 대해 보편적인 치유를 베푼다.

키릴로스는 '가톨릭'의 여러 가지 의미를 밝히는 데서 한 걸음 더 나아가, 이 용어가 기독교의 모임 및 조직과 이에 맞서는 분파적이고 이단적인 조직들을 구분하는 데 유용하다는 점을 보여준다.

생각해 볼 물음들

❶ 키릴로스가 구분하는 '가톨릭'이라는 용어의 여러 가지 의미를 여러분의 말로 설명하라. 그가 이 용어를 매우 중요하게 여긴 이유는 무엇인가?

❷ 키릴로스가 교회를 가리키는 데 사용하는 그 외의 칭호들은 무엇인가? 그가 이해하는 교회의 본질 및 역할과 관련해서 이 칭호들이 의미하는 것은 무엇인가?

7.5 ▼

시르타의 페틸리아누스
: 성직자들의 성결함

시르타의 도나투스파 주교인 페틸리아누스Petilian, 약 365 출생는 가톨릭교회의 도덕적 부패와 교리적 오류에 대해 경고하는 서신을 동료 사제들에게 보냈다. 401년 아우구스티누스가 보내 온 답장은 페틸리아누스를 화나게 했고, 그래서 그는 더 자세하게 아우구스티누스를 반박하는 편지를 쓰게 되었다. 이렇게 402년에 쓴 편지에서 아우구스티누스가 발췌한 이 인용문에서 페틸리아누스는 성례전의 타당성은 전적으로 그것을 거행하는 사람의 도덕적 성품에 좌우된다는 도나투스파의 주장을 그대로 펼친다. 아래 인용한 아우구스티누스의 글에서 큰따옴표로 표시한 부분이 페틸리아누스의 말이다7.15 참조.

본문

"우리가 요구하는 것은 [성례전을] 베푸는 사람의 양심인데, 성결한 상태에서 [성례전을] 거행할 때만 받는 사람의 양심을 깨끗하게 할 수 있다. 신앙이 없는 사람이라는 사실을 알면서도 그에게서 신앙을 받아들이는 사람은, 신앙이 아니라 죄를 받아들이게 되는 까닭이다"라고 [페틸리아누스는] 말한다. 이어서 그는 이렇게 말한다. "그렇다면 당신은 이것을 어떻게 확인하겠는가? 모든 것에는 기원과 뿌리가 있기 마련인데, 만일 어떤 것이 자기 근원이 되는 무엇인가를 갖지 못한다면, 그것은 아무것도 아니다. 그 어떤 것도 좋은 씨앗에서 다시 태어나지*renenereretur* 않고서는 참으로 두 번째 출생을 누릴 수 없다."

논평

이 본문은 성례전이 영적 효력을 지닐 수 있게 해주는 것은 성직자의 인격적 성품이 아니라 그리스도의 공로라고 보는 가톨릭의 견해에 맞서는 도나투스파 사람들의 관심사를 분명하게 보여준다. 페틸리아누스가 품은 의문은 이렇다. 어떻게 타락하거나 자격이 없는 사람에게 성례전을 집례하도록 허락할 수 있는가? 성례전이 시행 과정에 더럽혀졌다면, 그런 성례전을 받음으로써 도대체 어떤 유익을 얻을 수 있는가? 페틸리아누스가 이 문제를 다루는 방식을 보면 이 문제가 성례전 신학과 관련이 있기는 하지만, 근본적으로는 교회와 교회의 사역을 담당하는 성직자의 정체성 및 도덕적 순수성에 관한 것이라는 사실을 알 수 있다.

생각해 볼 물음들

❶ 페틸리아누스가 아우구스티누스에 맞서 주장하는 논점을 여러분의 말로 요약해 보라.

❷ 페틸리아누스가 씨앗의 유비를 통해 주장하는 논점은 무엇인가?

7.6

히포의 아우구스티누스

: 교회의 혼합된 본질

히포의 아우구스티누스354-430는 교회를 의인과 악인으로 이루어진 '섞인 몸'이라고 보았다. 그는 가라지의 비유(마 13:24-30)를 읽으면서, 교회는 밀과 가라지가 섞여 자라는 밭과 같다는 확신을 얻었다. 추수 때가 되면 마침내 밀과 가라지가 분리될 것이나, 그전까지는 같은 밭에서 어울려 지내게 된다. 여기에 인용한 글에서 아우구스티누스는 이렇게 이해한 교회의 본질을 아가서에서 얻은 이미지를 사용해 탐구한다7.3, 7.5, 7.18 참조.

본문

아가서에서는 교회를 가리켜 "나의 누이 나의 신부는 문 잠긴 동산, 덮어놓은 우물, 막아 버린 샘"이요 "온갖 맛있는 과일"을 맺는 과수원이라고 묘사한다(아 4:12-13). 나는 이 본문이 거룩하고 의로운 사람에게만 적용되고, 흉포한 자나 사기꾼, 욕심쟁이, 고리대금업자, 술주정꾼, 시기심 많은 사람에게는 적용되지 않는 것으로 해석할 수가 없다. 이런 사람들도 의로운 사람과 같은 세례를 받았고, 다만 같은 사랑을 지니지 않았을 뿐이다.……그들이 어떻게 "문 잠긴 동산, 덮어놓은 우물" 안으로 뚫고 들어왔는가? 키프리아누스는 그 사람들이 말로만 세상을 포기했고 행실로는 그렇지 않다고 말하면서도, 그들도 역시 교회 안에 있는 것이라고 인정한다. 만일 그들이 교회 안에 있어 "그리스도의 신부"를 이룬다면, 이 교회가 진정 "티나 주름이 없는"(엡 5:27) 신부이겠는가? 그 아름다운 "비둘기"(아 6:9)가 그런 교회 구성원들로 인해 더럽혀지는가? 그들은 "나리 꽃" 같은 교회를 에워싸고 있는 "가시덤불"인가?(아 2:2) 나리꽃 같은 교회는 문 잠긴 동산이요, 덮어놓은 우물이다. 다시 말해 교회는 의로운 사람들, 곧 "마음에 받은 할례"로 말미암아 "속사람으로 유대 사람"(롬 2:29)이 된 사람들 안에 존재한다. "왕후님은……구중 궁궐에서 온갖 영화를 누리니"(시 45:13). 그들 속에서 확정된 수의 성도들을 볼 수 있는데, 이들은 세상이 지어지기 전에 예정되었다. 그 외부로는 가시덤불의 무리가 교회를 에워싸고 있는데, 이들은 정해진 수에 속하지 못하고, 노골적으로나 은밀하게 교회에서 분리된 사람들이다. "내가 널리 알리고 전파하려 해도 이루 헤아릴 수도 없이 많습니다"(시 40:5).……그 수에는 여전히 악하게 사는 사람들도 포함되고, 심지어 이단과 이교의 미신에 빠진 사람들도 들어 있다. 그럴지라도 "주님께서는 자기에게 속한 사람을 아신다"(딤후 2:19). 하나님의 헤아릴 수 없는 예지에서 보면, 안에 있는 것처럼 보이나 실제로는 밖에 있는 사람들이 많듯이, 밖에 있는 것처럼 보여도 사실은 안에 든 사람들도 많다.

논평

이 글에서 우리는, 교회를 세상과 구별된 곳으로 보면서도, 다른 한편으로 교회 안에는 사실상 세상에 속한 듯이 살아가는 사람들이 들어있다고 확신했던 아우구스티누스의 생각을 엿볼 수 있다. 이러한 형편에는 언제나 신비적 요소가 작용한다고 아우구스티누스는 주장한다. 누가 참된 신자이고, 누가 그렇지 않은가? 순전히 도덕적인 기준을 내세우는 것만으로는 충분하지 않다. 어떤 사람의 행동만 보고서는 그가 그리스도인인지 알 수 없다. 아우구스티누스가 볼 때, 오직 하나님만이 누가 참된 그리스도인인지 판단하고 결정하실 수 있으며, 이러한 하나님의 판단은 결코 미리 알 수 없다. 많은 사람이 이 개념을 받아들여 발전시켰는데, 그중에서 장 칼뱅은 그 어떤 인간도 이 문제를 판단할 위치에 있지 않다고 주장했다.

생각해 볼 물음들

❶ 이 글에서 아우구스티누스가 주장하는 논점을 여러분의 말로 요약해 보라.

❷ "안에 있는 것처럼 보이나 실제로는 밖에 있는 사람들이 많듯이, 밖에 있는 것처럼 보여도 사실은 안에 든 사람들도 많다." 본문에서 이 구절의 위치를 확인하라. 이 구절에서 아우구스티누스가 말하려는 바는 무엇인가?

7.7 ▼

레오 1세 교황

: 교회 안의 직무

5세기 중반에 나온 이 글에서 교황 레오 1세약 400-461, 흔히 '위대한 레오 교황'이라고 불린다는 모든 기독교 신자들이 그리스도의 사제적 직무를 나누어 맡는다고 주장했다. 이렇게 해서 레오는 모든 신자가 사제가 된다는 종교개혁의 이론을 앞서 예시했다7.13, 7.26, 7.32 참조.

본문

그리스도 안에서 새로 태어난 사람은 누구나 십자가의 표지를 받아 왕이 되고, 성령의 기름 부음을 받아 사제로 성별됩니다. 그러므로 우리가 담당하는 특별한 봉사 직무와는 별개로, 영적이고 이성적인 기독교인은 누구나 왕 같은 백성의 일원이자 [그리스도의] 사제적 직무를 맡은 사람으로 인정받습니다. 한 영혼이 하나님께 순종하여 자기 몸을 다스리는 일만큼 '왕다운' 것이 무엇이겠습니까? 또 주님께 깨끗한 양심을 바치고 마음의 제단에서 흠 없는 헌신의 제물*immaculatas pietatis hostias*을 봉헌하는 일보다 더 '사제적인' 일이 무엇이겠습니까?

논평

이 중요한 글에서는 평신도가 교회에서 담당하는 역할을 그들의 '왕 같은' 속성과 '사제적인' 속성이라는 관점에서 파악한다. 이 글의 배경이 되는 성경 본문은 베드로전서 2:9이다. "그러나 여러분은 택하심을 받은 족속이요, 왕과 같은 제사장들이요, 거룩한 민족이요, 하나님의 소유가 된 백성입니다. 그래서 여러분을 어둠에서 불러내어 자기의 놀라운 빛 가운데로 인도하신 분의 업적을, 여러분이 선포하는 것입니다." 이 본문은 교회를 '왕 같은 사제직'이라는 개념으로 이해하며, 마틴 루터가 제시한 '만인사제직'7.13 논의의 배경이 되기도 한다.

생각해 볼 물음들

❶ 교황 레오 1세는 어떻게 기독교인들이 왕이요 사제가 된다고 믿는가? 기독교인들은 어떻게 이러한 지위에 이르게 되는가?

❷ 레오 1세가 "왕 같은 사제직"에 어떤 기능을 부여하는지, 여러분의 말로 설명해 보라.

인노켄티우스 3세 교황

: 교회와 국가

7.8 ▼

인노켄티우스 3세가 교황으로 재임하던 당시1198-1216 중세의 교황 지위는 서유럽의 정치적 권위 제도에서 전례 없이 높은 수준에 도달했다. 이러한 형편은 1198년 10월에 발표된 교령인 「우주의 창조주처럼」*Sicut universitatis conditor*에서 신학적으로 정당화되었다. 이 교령에서 인노켄티우스 3세는 국가가 교회에 종속된다는 원리를 아래와 같이 제시했다. 이 교령의 이름은 본문의 첫 구절인 "우주의 창조주께서……처럼"에서 따왔다. 이 교령은 중세의 교회론뿐만 아니라 교회와 국가의 관계에 대해 다룬다는 점에서 매우 중요하다7.10 참조.

본문

우주의 창조주께서는 하늘의 창공에 두 개의 큰 빛(둘 가운데 큰 빛은 낮을 주관하고 작은 빛은 밤을 주관한다)을 두신 것처럼, 보편적 교회—'하늘'이라고 불린다—의 창공에는 두 개의 고귀한 직분을 세우셨습니다. 두 직분 가운데 큰 것은 인간의 영혼('낮')을 다스리고 작은 것은 인간의 몸('밤')을 다스립니다. 이 고귀한 두 직분은 교황의 권위와 왕의 권력입니다. 달이 태양에게서 빛을 얻으며 크기나 특성에서 태양보다 열등하듯이, 왕의 권력은 교회의 권위에서 나옵니다.

논평

이 본문은 유럽 역사에서 교황의 권위가 점차 커져가던 이 중요한 시기를 배경으로 하고 있으며, 특히 국제적인 분쟁에서 중재자로서 교황의 역할이 점차 증대되는 상황에 비추어 이해할 필요가 있다. 본문에서는 교회의 권위가 세속 권력보다 우위에 있다는 점을 분명히 주장한다.

생각해 볼 물음들

❶ 이 글은 창세기 1:14-17의 해석을 적용한다. 이 성경 본문을 읽어 보라. 인노켄티우스 3세는 해와 달, 낮과 밤에 대한 자신의 해석을 어떻게 옹호하는가?

❷ 그 당시 서유럽의 교회와 국가의 관계에 대해 이 글이 실제적으로 함축하는 내용은 무엇인가?

토마스 아퀴나스

: 교회의 보편성

7.9

사도신경의 조항들을 주해하는 이 글에서 토마스 아퀴나스약 1225-1274는 '보편성'catholicity 개념을 분석하여 세 가지 핵심적 요소로 설명한다7.4, 7.14, 7.29 참조.

본문

교회의 세 번째 항목에 관해 말하자면, 교회는 가톨릭 곧 보편적인데 이 특성은 세 가지 근거로 설명할 수 있습니다. 첫째, 장소라는 면에서 교회가 도나투스주의자들의 주장과는 달리 세상 전체에*per totum mundum* 두루 퍼져 있기 때문입니다. "여러분의 믿음이 온 세상에 널리 알려지고 있다"라고 말하는 로마서 1:8과 "온 세상에 나가서 만민에게 복음을 전파하여라"라고 말하는 마가복음 16:15을 보십시오. 옛적에 하나님께서는 유대 지역에만 자신을 알리셨으나 지금은 널리 세계 전체에 자신을 알리십니다. 게다가 교회는 세 부분으로 이루어집니다. 하나는 땅 위에, 다른 하나는 하늘에, 세 번째는 연옥에 있습니다. 둘째, 교회는 사람들의 조건과 관련해 보편적입니다. 주인이든 종이든, 남자든 여자든, 그 누구도 거부하지 않기 때문입니다. "남자나 여자나 아무런 차별이 없습니다"라고 말하는 갈라디아서 3:28을 보십시오. 셋째, 교회는 시간과 관련해 보편적입니다. 어떤 사람들은 교회가 특정한 시점까지만 존속할 것이라고 말하는데, 이것은 그릇된 주장입니다. 우리의 교회는 아벨의 때에 시작하여 세상이 끝나는 날까지 존속할 것이기 때문입니다. "내가 세상 끝 날까지 항상 너희와 함께 있을 것이다"라고 말하는 마태복음 28:20을 보십시오. 세상이 끝난 후에도 교회는 하늘에서 지속될 것입니다.

논평

이 글은 아주 명료한 까닭에 따로 논평할 내용이 없다. 아퀴나스가 자신의 주장을 뒷받침하기 위해 인용하는 성경 본문들을 눈여겨볼 필요가 있는데, 이 글에서 그 구절들은 문제의 논점을 지지하는 표준적 증거 본문으로 사용되고 있다. 이 글을 예루살렘의 키릴로스가 자기 사상의 흐름을 전개하면서 교회의 '보편성' 개념에 대해 설명하는 것7.4과 대조해 보라. 교회는 "특정한 시점까지만" 존속한다고 주장하는 사람들이란 피오레의 요아킴 Joachim of Fiore 같은 사람들을 가리킨다. 피오레는 1260년 인간 역사의 새 시대가 시작하고, 그때 교회는 지금까지의 역할을 벗어 버린다고 주장했다.

생각해 볼 물음들

❶ 아퀴나스가 교회를 가리켜 '보편적'이라고 말할 때, 그것이 무엇을 의미하는지 여러분의 말로 설명해 보라.

❷ 갈라디아서 3:28을 읽어 보라. 아퀴나스는 이 본문을 어떻게 사용하는가? 이 본문에서 그는 '보편성' 곧 '가톨릭성'에 대해 어떤 의미를 끌어내는가?

7.10 ▼

보니파시오 8세 교황

: 교황의 수위권

보니파시오 8세 교황약 1234-1303은 1302년 11월 18일에, 교회와 국가의 관계에 대해 자신의 생각을 담은 칙서 「하나이며 거룩한」*Unam sanctam*을 발행했다. 이 칙서는 영적 권위가 세속의 권위보다 앞서고 우월하다는 점을 분명히 밝힌다. 칙서는 또한 "교회 밖에는 구원이 없다"라는 카르타고의 키프리아누스가 말한 공식을 재차 확인했다7.3, 7.8, 7.27 참조.

우리는 굳게 믿고 단호하게 고백해 온 대로, 교회가 하나이고 거룩하고 보편적이며 사도적이라는 사실과 교회 밖에는 구원도 없고 죄 용서도 없다는 사실을 믿음으로 주장해야 한다.……교회는 오로지 하나뿐인 신비한 몸으로서 교회의 머리는 그리스도이고 그리스도의 머리는 하나님이시며(고전 11:3), 교회 안에서는 주님도 한 분이시요 믿음도 하나요 세례도 하나다(엡 4:5). 홍수가 일었을 때 노아의 방주는 하나뿐이었고, 이것은 하나의 교회에 대한 예표다. 단일한 척도를 따라 완성된 이 방주에는 키잡이인 선장이 한 사람뿐이었으니, 그가 바로 노아다. 우리가 알듯이, 방주 밖의 세상에 존재했던 모든 것은 멸망했다.

우리는 이 교회를 유일한 교회로 공경한다. 주께서 예언자의 입을 통해 "내 생명을 원수의 칼에서 건져 주십시오. 하나뿐인 나의 목숨을 개의 입에서 빼내어 주십시오."(시 22:20)라고 말씀하셨기 때문이다. 주님은 자기 영혼, 곧 몸과 마음을 아울러 자신을 위해 기도하신 것이요, 이 몸 곧 교회를 가리켜 주님은 "하나"라고 부르셨는데, 신부와 신앙, 성사, 교회 사랑의 일치 때문이다. 교회는 주님의 솔기 없는 옷*tunicum*으로, 사람들은 이 옷을 찢지 않고 제비를 뽑아 차지했다(요 19:23-24). 그러므로 하나의 유일한 교회의 몸은 하나이고, 머리도 어떤 괴물처럼 두 개가 아니고 하나다. 그 머리는 그리스도와 그리스도의 대리자인 베드로, 그리고 베드로의 계승자들이다. 주님께서 베드로에게 "내 양 떼를 먹여라"(요 21:17)라고 말씀하셨는데, 이 말은 특정한 이 양들이나 저 양들이 아니라 양 전체를 의미하기 때문이다. 이런 이유로 우리는 그리스도께서 당신의 모든 사람을 베드로에게 맡기셨다고 생각한다. 그러므로 그리스 사람들이나 다른 사람들이 자기들은 베드로나 그의 계승자들에게 맡겨지지 않았다고 말한다면, 그들은 자기들이 그리스도의 양이 아니라고 주장하는 셈이다. 요한복음에서 우리 주님께서는 "한 목자 아래에서 한 무리 양떼가 될 것이다"(요 10:16)라고 말씀하셨기 때문이다.

복음의 말씀을 통해 우리는 교회와 그 권한에는 두 자루의 칼, 곧 영적인 칼과 세속적인 칼이 있다는 것을 안다……그러므로 두 개의 칼 곧 영적인 칼과 물적인 칼이 모두 교회의 권한에 속한다. 그러나 영적인 칼은 교회를 위해 주어진 것이요, 물적인 칼은 교회로부터 주어진 것이다*sed is quidem pro ecclesia, ille vero ab ecclesia exercendus*. 영적인 칼은 사제의 손에 맡겨졌고 물적인 칼은 왕과 군대의 손에 맡겨졌으나, 사제의 동의와 허락을 받아 다루어야 한다. 그런데 한 쪽 칼이 다른 칼에 종속되는 것이 마땅하고, 따라서 세속의 권위가 영적 권한에 예속되어야 한다. 사도 바울이 "모든 권세는 하나님께로부터 온 것이며, 이미 있는 권세들도 하나님께서 세워 주신 것입니다"(롬 13:1-2)라고 말했듯이, 한 쪽 칼이 다른 칼에 종속되지 않는다면, 다시 말해 열등한 칼이 다른 칼의 인도를 받아 위로 나가지 않는다면, 그것들은 하나님께서 세우신 것들이 아니기 때문이다……그러므로 우리는 영적인 일이 세속적인 일을 능가하듯이 영적인 권세가 품위와 고귀함이라는 면에서 모든 세속적 권세를 능가한다는 사실을 분명하게 인정해야 한다……따라서 세상의 권위가 잘못될 경우 영적 권위의 판단을 받아야 하며, 낮은 영적 권위가 잘못을 저지르는 경우는 더 높은 영적 권세의 판단을 받게 되고, 모든 것 중 최고 권위가 잘못될 경우에는 인간의 권위가 아니라 하나님에 의해서만 판단받을 수 있다. 이는 사도 바울이 "신령한 사람은 모든 것을 판단하나, 자기는 아무에게서도 판단을 받지 않습니다"(고전 2:15)라고 말한 것과 같다.

이 권위는 (인간에게 부여되고 인간이 행사하기는 하지만) 그 자체로 인간의 권위가 아니라 신적 권위이며, 주님께서 베드로가 고백한 믿음을 들으시고 "네가 무엇이든지 땅에서 매면 하늘에서도 매일 것이요"(마 16:19)라는 말씀으로 베드로에게 부여하시고 그와 그의 후계자들에게 재차 확증해 주신 권위다. 그러므로 하나님께서 세우신 이 권세에 저항하는 모든 사람은, 마니케우스처럼 만물에 두 가지 기원이 있다고 믿는 것이 아니라면, 하나님의 명령에 거역하는 것이다(롬 13:2). 우리는 마니케우스의 주장을 그릇된 것이요 이단에 속한 것이라고 판단하는데, 모세의 증언에 따르면 하나님께서 하늘과 땅을 창조하신 일은 '처음들에'beginnings가 아니라 "한 처음에"beginning 이루어졌기 때문이다(창 1:1).

따라서 우리는 피조물인 모든 인간이 로마 교황에게 복종하는 것이 구원에 절대적으로 필요하다는 사실을 규정하고 표명하고 선언한다.

논평

이 글은 중세 후기 서유럽에서 교회와 국가의 관계에 관한 역사를 다룬 중요한 문헌이고, 제도적인 교회 모델을 강하게 주장하는 글로도 중요하다. 이 개념은 이 문헌의 다른 부분에서 *extra hanc domum, id est extra ecclesiam, nemo salvatur*(이 집 밖에서, 곧 교회 밖에서는 누구도 구원받지 못한다)라는 라틴어 구절로 표명된다. 이 구절은 오리게네스의 글7.2에서 처음으로 언급됐지만, 카르타고의 키프리아누스의 저술에서 보다 더 온전한 형태로 발전했다. 역시 키프리아누스와 관련된 그리스도의 "솔기 없는 옷"이라는 이미지도 여기서 훨씬 더 발전된 모습으로 나온다. 이것은 요한복음 19:23-24에 나오는 구절을 토대로 삼은 것이다. 키프리아누스는 이 '옷' 즉 "겉옷"이 교회에 대한 예표라고 주장하고, 칙서 「하나이며 거룩한」*Unam sanctam*은 이 주제를 한층 더 발전시킨다. 영적 권위와 세속적 권위의 상호관계를 특정한 성경 본문들을 근거로 삼아 논의하는 방식도 주목해 보라.

생각해 볼 물음들

❶ 이 본문에서 교회의 권위와 국가의 권위를 연관시켜 다루는 방식을 여러분의 말로 설명해 보라.

❷ "네가 무엇이든지 땅에서 매면 하늘에서도 매일 것이요(마 16:19)." 본문에서 이 구절의 위치를 확인하라. 보니파시오는 이 구절을 어떻게 해석하는가? 이 해석은 교회와 국가 사이의 권력 관계에 어떤 영향을 미치는가?

7.11

얀 후스

: 교회

중세기에 교회론의 문제를 두고 크게 다툼이 벌어졌는데, 특히 교황권을 제한하려 하거나 지역 교회들을 확립하고자 애썼던 사람들이 논쟁을 촉발했다. 15세기 초에 보헤미아의 사상가 얀 후스Jan Hus, 약 1369-1415, 'Huss'라고도 표기한다는 교황의 권력을 비판하고, 민족교회를 옹호하는 주장을 폈다. 아래 글은 얀 후스가 1413년 교회에 관해 라틴어로 쓴 논문에서 인용했다7.8, 7.10, 7.12, 7.17 참조.

본문

[앞에서 논한 주제에 대한 응답으로] 우리는 통상적으로 교회로 여기는 것을 넘어, 교회는 세 가지 방식으로 정의할 수 있다고 말한다. 첫째, 교회는 신자들, 곧 지금 이 순간에 의롭게 살고 있기에 신자로 인정받는 사람들의 모임이나 회합*congregacio vel convocacio fidelium*이라고 정의할 수 있다. 이 정의에 따르면, 선택받지 못해 유기되었어도 현재 은총을 소유한 사람들도 교회에 속한다. 하지만 이런 교회는 그리스도의 신비한 몸이 아니고, 보편적 교회나 그 일부도 아니다. 두 번째 정의에서는 교회를, 선택받지 못해 유기되었어도 현재 은총과 의로움을 지닌 사람들과 참으로 예정된 사람들이 섞여 있는 모임으로 이해한다. 이 교회는 하나님의 거룩한 교회와 완벽하게 일치하지 못하고 부분적으로만 일치한다. 천국이 바다에서 온갖 종류의 물고기를 잡아 올리는 그물과 같고, 다섯은 어리석고 다섯은 지혜로운 열 처녀와 같듯이, 이 교회는 알곡과 쭉정이, 밀과 잡초를 모두 담고 있기에 '섞인'*mixtim* 교회로 불린다.……

하지만 세 번째 정의에 따르면, 교회는 사람들이 지금 이 순간에 은총 안에 있느냐 의롭게 사느냐와는 상관없이, 구원으로 예정된 모든 사람들로 이루어진 모임이다. 이것은 사도 바울이 제시한 정의로, 다음의 성경 본문에서 볼 수 있다. "그리스도께서 교회를 사랑하셔서 교회를 위하여 자신을 내주심 같이 하십시오. 그리스도께서 그렇게 하신 것은, 교회를 물로 씻고, 말씀으로 깨끗하게 하여서, 거룩하게 하시려는 것이며, 티나 주름이나, 또 그와 같은 것들이 없이, 아름다운 모습으로 교회를 자기 앞에 내세우시려는 것이며, 교회를 거룩하고 흠이 없게 하시려는 것입니다"(엡 5:25-27).

논평

이 논문에서 후스는 교회를 세 가지로 정의한다. 첫째 정의는 교회를 완전한 성도들의 조직으로 보는 도나투스주의 개념과 일치하고, 둘째 정의는 교회를 성도와 죄인들이 '섞인 몸'으로 보는 아우구스티누스의 개념과 일치하며, 셋째 정의는 마지막 날에 하나님께서 정결하게 하실 교회라는 개념과 일치한다. 세 번째 견해를 지지하는 후스는 존 위클리프의 저술에서 그 개념을 가져온 것으로 보이는데, 특히 여기서 다루는 부분은 위클리프의 글에 크게 의존하고 있다. 이러한 교회 이해를 보니파시오 8세의 칙서, 「하나이며 거룩한」*Unam sanctam* 7.10에서 제시하는 교회관과 비교해 보면 도움이 된다.

생각해 볼 물음들

❶ 이 본문에서 후스가 다루는 여러 가지 교회 모델을 여러분의 말로 설명하라.

❷ 후스는 어떤 교회 모델을 좋아하는가? 그 이유는 무엇인가?

7.12

마틴 루터

: 교회의 표지들

마틴 루터1483-1546는 1539년에 근대 초기 독일어로 저술한 이 논문에서 참된 기독교 교회를 구별하는 일곱 가지 표지를 규정한다. 하나님의 말씀의 선포와 들음, 기독교의 참 성례전인 세례, 그리고 제단의 성례, 천국 열쇠의 직무, 목회 직무, 적합한 공중예배, 십자가 표지가 그것이다. 이 가운데서 첫째가 가장 중요하며, 여기서 그것에 대해 좀 더 자세히 살펴본다7.16, 7.17 참조.

본문

첫째, 그리스도의 거룩한 백성*dis Christlich heilig Volck*은 하나님의 거룩한 말씀을 소유하느냐로 확인할 수 있다. 물론 사도 바울의 말씀처럼(고전 3:12-14), 모든 사람이 동등한 수준으로 말씀을 소유하는 것은 아니다. 말씀을 순전하게 소유하는 사람이 있는가 하면 순전하지 못하게 소유한 사람들도 있다. 말씀을 순전하게 소유한 사람들은 "기초 위에 금이나 은이나 보석으로……집을 지은" 사람으로 불리고, 순전하지 못하게 말씀을 소유하지 못한 사람은 "기초 위에……나무나 풀이나 짚으로 집을" 지으나 불을 통해서야 구원에 이르게 된다. 이에 관해서는 위에서 충분히 밝혔다. 하나님의 말씀을 소유하는 것이 가장 중요하고 거룩한 일이며, 이로 말미암아 그리스도의 백성이 거룩하다고 불리게 된다. 하나님의 말씀은 거룩하고, 그 말씀과 연결되는 모든 것을 거룩하게 만들기 때문이다. 하나님의 말씀은 진정 하나님의 거룩하심 그 자체다. 이에 대해 로마서 1:16에서는 "이 복음은……모든 믿는 사람을 구원하는 하나님의 능력입니다"라고 말하고, 디모데전서 4:5에서는 "모든 것은 하나님의 말씀과 기도로 거룩해집니다"라고 말한다. 성령은 말씀을 주시고, 그 말씀으로 그리스도의 교회에 기름 부어 거룩하게 하신다. 성령은 교황이 손과 옷, 외투, 성배, 돌 등에 기름을 부어 성결케 하는 도유식을 통해 교회를 거룩하게 하는 것이 아니라, 성령께서 친히 하나님의 말씀을 주시고 그 말씀으로 교회에 기름 부어 거룩하게 하신다. 그런 물질들로는 사람들을 올바로 가르쳐 하나님을 사랑하고 믿고 찬양하게 하거나 신실함을 지키게 할 수 없다. 그것들은 구더기 허물*madensack*, 육체을 치장해 줄지는 모르나 결국에는 썩어버리고, 그와 더불어 도유식 및 그것이 담은 거룩함과 육체까지도 썩게 된다.

하지만 이 거룩한 것*heiligthum*은 참으로 거룩한 것이요, 비록 여러분이 교황의 관이나 주교의 모자를 소유하지 못하고, 갓 태어나 맨몸으로 세례 받은 아기들처럼(우리 모두가 그렇다) 벌거벗은 채 빈손으로 죽게 된다고 해도, 영원한 생명으로 옷 입혀 주는 참된 기름 부음이다. 그런데 지금 우리는 여러분이나 나와 같은 사람들이 입으로 선포하는 '외적 말씀'에 관해 말하고 있다. 이 말씀은 그리스도께서 당신의 교회와 백성이 세상에서 구분될 수 있는 외적 표지*eusserlich zeichen*로 남겨 놓으신 것이다. 우리는 그리스도께서 "누구든지 사람들 앞에서 나를 시인하면, 나도 하늘에 계신 내 아버지 앞에서 그 사람을 시인할 것이다"(마 10:32)라고 말씀하신 것처럼, 외적인 말씀을 신실하게 믿고 세상 앞에서 담대하게 고백해야 한다. 말씀을 마음으로는 알면서도 드러내 고백하지 않는 사람들이 많다. 많은 사람이 말씀을 알지만 그대로 믿고 행하지 않는다. 말씀을 믿고 그대로 실천하는 사람들이 적기 때문이다. 씨 뿌리는 사람의 비유(마 13:4-8)를 보면, 네 종류의 밭에 씨가 뿌려졌으나, 기름지고 좋은 땅인 네 번째 밭만이 인내하여 열매를 맺는다.

이제 하나님의 말씀이 선포되고 믿어지고 고백되고 행해지는 것을 여러분이 듣거나 보는 모든 곳마다*Wo du nu solch wort hoerest odder sihest predigen, gleuben, bekennen und darnach thun*, 극히 소수일지라도 참되고 '거룩한 공교회'*ecclesia sancta catholica*가 반드시 존재한다는 사실을 의심하지 말라. 왜냐하면 하나님의 말씀은 "헛되이……되돌아오지 아니하고"(사 55:11) 그 밭에서 최소한 시분의 일이나 약간일지라도 반드시 손에 넣기 때문이다. 이

일 외에 다른 징표가 전혀 없다고 해도, 그것만으로도 거룩한 기독교 백성이 그곳에 존재한다는 것을 입증하기에 족하다. 하나님의 말씀은 하나님의 백성 없이는 있을 수 없으며, 역으로 하나님의 백성은 하나님의 말씀 없이는 존재할 수 없기 때문이다. 하나님의 백성이 없다면 그 말씀을 누가 선포하며, 선포되는 말씀을 누가 들을 수 있겠는가? 하나님의 말씀이 없다면 하나님의 백성이 무엇을 믿을 수 있으며, 믿으려 하겠는가?

논평

루터는 이 글을 쓸 무렵 가톨릭교회로부터 공식적으로 파문을 당했다. 그때 루터를 중심으로 모여 그의 가르침을 체계화하고자 애썼던 사람들의 모임은 어떤 처지에 있었는가? 그들은 기독교 교회를 이루었는가? 아니면 이단이나 분파 집단에 머물렀는가? 이 문제에 답하기 위해서는, 무엇보다도 중세 교회와의 제도적 연속성을 탈피한 교회에 대한 개념을 세우는 일이 필요했다. 이 본문에서 루터는 하나님의 말씀이 참되게 선포되는 곳이라면, 어디나 기독교 교회가 존재한다는 핵심 논제를 주장한다. 중세 교회와의 역사적·제도적 연속성은 교회를 정의하는 데 필수 요소가 아니다. '도유식'은 기름 붓는 형식을 가리킨다는 점을 기억하라.

생각해 볼 물음들

❶ "이제 하나님의 말씀이 선포되고 믿어지고 고백되고 행해지는 것을 여러분이 듣거나 보는 모든 곳마다, 극히 소수일지라도 참되고 '거룩한 공교회'가 반드시 존재한다는 사실을 의심하지 말라." 본문에서 이 구절의 위치를 확인하라. 이 구절이 루터의 개혁 과제에 대해 지니는 함의는 무엇인가?

❷ 루터는 "구더기 허물"이라는 이미지를 어떻게 사용하는가?

마틴 루터

: 성직자와 평신도

독일의 프로테스탄트 신학자 마틴 루터 1483-1546 는 1520년에 근대 초기 독일어로 저술한 주요 개혁 논문인 『독일 민족의 기독교인 귀족에게 고함』에서, 성직자와 평신도는 지위에서 근본적인 차이가 없다고 주장한다. 이 본문에서 제기된 개념들은 '만인사제직'이라는 프로테스탄트 사상의 토대를 이룬다 7.7, 7.32 참조.

본문

로마주의자들은 자신들 주위에 아주 교활하게 세 개의 담을 둘러쳐 일체의 개혁을 차단했습니다. 그 결과 기독교 전체가 심각하게 부패했습니다. 첫째, 세속 권력자들이 압박해 오자, 그들은 세속의 권위 *weltlicher gewalt* 는 자기들에게 아무런 권한을 행사할 수 없고, 그와 정반대로 영적 권력이 세속의 권력보다 우위에 있다고 선언하는 법을 세웠습니다. 둘째, 사람들이 성경을 토대로 그들의 잘못을 뜯어고치려고 하면, 그들은 교황 외에 그 누구도 성경을 해석할 수 없다고 주장합니다. 셋째, 사람들이 공의회를 통해 그들에게 위협을 가해 오면, 그들은 교황 외에 아무도 공의회를 소집할 수 없다는 주장으로 맞섭니다.……

먼저, 첫 번째 담을 공략하도록 합니다. 교황과 주교, 사제, 수도사들을 '영적 계급' *geistlich stand* 으로 부르고, 이에 반해 군주와 영주, 장인, 농민들은 '세속 계급' *weltlich stand* 으로 부르자는 주장이 그것입니다. 이것은 겉만 그럴듯한 거짓 개념으로, 아무도 그것을 두려워할 필요가 없습니다. 기독교인은 누구나 진정한 영적 계급에 속하고, 그들 사이에는 직무 *ampt* 상 차이 외에 아무런 구별이 없기 때문입니다.……우리는 모두 하나의 세례, 하나의 복음, 하나의 신앙을 가지며, 또한 우리를 영적인 그리스도의 백성이 되게 하는 것은 세례와 복음과 신앙뿐이라는 점에서 우리 모두는 동등한 기독교인입니다.……사도 베드로가 "여러분은……왕과 같은 제사장들이요, 거룩한 민족이요"(벧전 2:9)라고 말했듯이, 우리는 모두 세례를 받아 사제로 성별됩니다.……

그러므로 주교에게 베푸는 서품에 대해서는 이렇게 말할 수 있습니다. 그것은 동일한 권한을 지닌 전체 모임*der gantzen samlung*을 대표하는 한 사람을 선택한 후, 그 사람에게 다른 사람들을 위해 그 대표하는 권한을 행사할 권위를 위임하는 것에 불과합니다.……

세속의 권력자들도 우리와 동일한 세례를 받고 동일한 신앙과 복음을 지니고 있기에, 우리는 그들도 사제와 주교라는 점을 인정해야 하며 또 그들의 직무도 기독교 공동체*gemeyne* 안에서 합법적이고 유용한 지위를 차지하는 것으로 인정해야 합니다.……그러므로 사제의 지위*ein priester stand*에 있는 사람은 공직자*amptman* 외에 아무것도 아닙니다. 그는 이 직무를 수행하는 동안만 윗자리에 있고, 이 직책에서 물러나면 다른 모든 사람처럼 농민이나 시민으로 돌아갑니다. 따라서 사제가 그 직책에서 물러나면 결코 사제가 아니라는 점은 매우 분명한 사실입니다. 그러나 로마주의자들은 '지울 수 없는 특성'*characteres indelebiles*이라는 개념을 고안해서 면직된 사제도 일반적인 평신도와는 다르다고 지껄입니다.……

이 사실에서 볼 때, 평신도와 사제, 군주와 주교, 곧 영적인 것과 세속적인 것 사이에는 직무와 일의 차이 외에*den des ampts odder wercks halben* 그들의 기본적인 지위*stand*라는 관점에서는 실질적인 차이가 전혀 없습니다. 모든 사람이 영적 계급에 속하며, 각 사람이 담당하는 일이 다르다고 해도 모두가 진정 사제와 주교와 교황입니다.

논평

이 본문은 오늘날 '만인사제직'으로 널리 알려진 개념을 제시한다. 기독교인들은 그들이 받은 세례와 믿음과 복음에 근거해서 모두가 사제다. 이 이론을 가리켜 대체로 '만인사제직'이라고 부른다. 그들은 오직 그들이 위임받은 다양한 '직책'이나 '직무'*ampt*, '사역'이나 '책임'*werck* 으로만 구별된다. 루터는 성직자가 물러나거나 해직되면 평범한 사람의 신분으로 돌아간다는 점을 분명히 강조하는데, 이 점에 주목해 보라. 칙서 「하나이며 거룩한」*Unam sanctam* 7.10 에서 주장하는 견해와 대조해 보는 것도 도움이 된다. "지울 수 없는 특성"*characteres indelebiles* 이라는 용어는 서품받은 사제는 성직의 본질과 존엄성을 무를 수 없게 영원토록 지닌다는 중세기의 가르침을 가리킨다.

생각해 볼 물음들

❶ 교회의 성직자를 가리켜 공직자라고 말할 때, 루터가 의미하는 것이 무엇인지 여러분의 말로 설명해 보라. 공직자는 해고될 수 있다. 루터가 이 사실로부터 성직자의 직위와 관련해 도출하려는 결론은 무엇인가?

❷ 루터는 교회 안에서 전문적인 직무를 폐지해야 한다고 생각했는가? 그렇지 않다면 그가 이루려는 변화는 어떤 것이었는가?

7.14 ▼

필리프 멜란히톤

: 가톨릭성의 본질

독일의 루터파 신학자인 필리프 멜란히톤 1497-1560 은 '가톨릭'catholic 이라는 단어의 용법을 설명하는 아래의 글에서, 교리적 정확성이 가톨릭이라는 용어를 규정하는 중요한 요소 가운데 하나라고 강조한다. 교회는 온 세상에 흩어져 존재한다 해도 하나의 보편적인 가르침에 따라 일치를 이루어야 한다 7.4, 7.7, 7.29 참조.

본문

'가톨릭'catholic이 의미하는 것은 무엇인가? 이 말이 뜻하는 것은 "보편적"universal이라는 말과 동일하다. *Kath'holou*는 '보편적으로' 또는 '일반적으로'라는 의미다.……가톨릭이라고 불리는 것과 실제로 가톨릭적인 것은 별개의 문제다. 진정한 가톨릭이라고 불리는 사람들은 참으로 가톨릭적인(보편적인) 교회의 교리를 따르는 사람들이다. 참 가톨릭교회는 예언자와 사도들이 가르친 것을 믿으며, 모든 시대 모든 때의 증인들에게 지지받으며, 분파와 이단과 이단적 집단들을 용납하지 않는 교회다. 우리 모두는 틀림없이 가톨릭적(보편적)이다. 다시 말해, 우리는 건전하게 사고하는 교회가 가르치는 말씀을 따르고, 그 말씀에 대적하는 분파들과는 어울리지 않고 거리를 둔다.

논평

이 본문도 매우 명료하여 논평이 거의 필요 없다. 멜란히톤의 관심은 먼저 '가톨릭성'catholicity, 보편성이라는 용어의 의미를 규명하고, 이와 동시에 종교개혁 교회들이 비록 중세 가톨릭교회에서 갈라져 나오기는 했어도, 자신들에게도 그 용어를 사용할 온전한 권리가 있다는 점을 밝히는 데 있다. 이 맥락에서 널리 사용되는 그리스어 *kath'holou*는 '전체에 일치하는'이라는 의미를 지닌다. 멜란히톤은 종교개혁 교회들이 기독교의 전통적 가르침을 지니고 있으므로, 그 교회들도 자신을 가리켜 '가톨릭'이라고 부를 완전한 권리가 있다고 주장한다.

생각해 볼 물음들

❶ 이 글에서 멜란히톤은 왜 신학적 정확성이라는 개념을 강조하는가?

❷ 여러분이 보기에, 멜란히톤은 어떤 개념들을 '가톨릭성'과 상충하는 것으로 여겨 반대하는가?

7.15 ▼

제바스티안 프랑크
: 참된 교회

이 글에서 제바스티안 프랑크Sebastian Franck, 1499-1543가 대변하는 급진적인 종교개혁 사상은 교부시대에 신학적 또는 교회론적 중요성을 부여하려는 일체의 시도에 대해 철저히 비판했다. 1531년에 라틴어로 쓰였고, 일부만 남아 있는 한 편지에서 제바스티안 프랑크는, 사도들 이후로 참된 교회는 더 이상 존재하지 않게 되었다는 독특하고 급진적인 견해를 펼쳤다7.3, 7.11, 7.20 참조..

본문

전체 박사들에 맞서 나는 사도들의 교회에서 사용했던 외적인 요소들은 모두 폐지되었고*abrogata*, 그 사람들이 자신들의 권한과 소명을 넘어서까지 이 무너진 성례전들*lapsa sacramenta*을 회복하고자 시도했음에도 불구하고 그 가운데 아무것도 회복되거나 재정립되지 않았다고 주장합니다. 교회는 세상 끝날까지 이교도들 가운데 흩어진 채로 남아 있게 될 것이기 때문입니다. 정말이지 적그리스도와 그의 교회는 그리스도께서 오실 때 파괴되어 무너져버리고 말 것이고, 그리스도께서는 세상 곳곳에 흩어져 있는 이스라엘을 그분의 나라로 다시 불러 모으실 것입니다.……[이 사실을 알았던 사람들의] 사역은 사악한 이단과 헛짓거리로 여겨져 핍박을 당했으며, 그 대신에 중요한 자리는 어리석은 암브로시우스와 아우구스티누스, 히에로니무스, 그레고리우스가 차지했습니다. 이 사람들 가운데서 그 누구도 그리스도를 알지 못했고, 그리스도로부터 가르치라는 보내심을 받지도 못했습니다. 오히려 이 사람들은 전부 적그리스도의 사도였으며, 지금도 여전히 그렇습니다.……우리는 교회의 권세와 모든 외적인 일들이 쇠퇴해 버렸고, 이 교회가 이교도들 가운데 흩어져 버렸다는 사실을 경험을 통해 알기에, 나는 이 땅 위에 사는 어떤 사람도 (개인적으로 하나님으로부터 그렇게 하도록 부르심을 받지 않고서는) 이 흩어진 교회를 다시 하나로 묶거나 교회의 감춰진 의식들*obruta symbola*을 다시 빛 속으로 되돌릴 수 없다고 분명히 주장합니다.……교회의 외적인 일들은 그리스도께서 그렇게 하도록 명령하신 것이 아니라면, 다시 세우려고 해서는 안 됩니다.

논평

이 글은 교회를 제도라는 관점에서 정의하는 견해에 대해, 그리고 오늘날 아우구스티누스와 같은 교부 저술가들을 신학적 권위자로 인정해야 한다고 주장하는 사람들에 대해, 급진적인 옛 종교개혁자가 제기하는 비판이라고 볼 수 있다. 여기서 프랑크는 교황을 중심으로 한 교회론뿐만 아니라 루터 같은 개혁자들의 견해도 모두 비판한다. 프랑크가 여러 차례 언급하는 "외적인 것들"*externa*이란 성례전을 포함한 외적 예식들을 가리키는데, 그는 이것들을 '타락한' 것으로 여긴다. 참된 교회는 마지막 때, 그리스도께서 영광 중에 돌아와 자기 교회의 흩어진 백성들을 그분의 나라로 다시 불러 모을 때 존재하게 된다. 그때까지 참된 교회는 숨겨진 채로 존속한다.

생각해 볼 물음들

❶ 프랑크는 왜 암브로시우스나 아우구스티누스 같은 교부 저술가들을 혹독하게 비판하는가?

❷ 프랑크는 교회의 현재적 "개혁"보다는 미래의 "회복"에 대해 말하기를 좋아한다. 본문을 통해 그 이유를 파악할 수 있는가?

「제1차 헬베티아 신앙고백」

: 교회의 본질

「제1차 헬베티아 신앙고백」*First Helvetic Confession* 은 종교개혁을 받아들인 스위스 도시들, 그중에서도 특히 취리히, 베른, 바젤의 대표들이 1536년에 바젤에 모여 작성한 개혁주의 신앙고백이다. 스위스 독일어로 작성된 이 신앙고백은 교회의 질서와 통치라는 외적 표지들의 중요성을 강조했던 초기 개혁주의의 교회관을 보여준다7.12, 7.15, 7.17, 7.20 참조.

본문

우리는 거룩하고 보편적인 교회가 이 반석[그리스도] 위에 세워진 산 돌들이 하나로 모여 세워졌음을 굳게 믿습니다. 모든 성도들의 모임이요 친교인 교회는 그리스도의 신부이자 반려자이고, 그리스도께서는 교회를 당신의 피로 씻어 마지막에는 흠 없고 티 없는 상태로 아버지께로 이끄십니다. 이러한 교회와 그리스도의 회중*dise kilchen und samlung Christi* 은 오직 하나님만 아시고 하나님께만 속하지만, 가시적인 징표와 의식과 규례들을 통해 하나로 묶여 외적으로 세워지고 모습을 드러냅니다. 이것들은 그리스도께서 친히 하나님의 말씀으로 세우시고, 보편적이고 공적이며 질서 정연한 규율로 정하신 것입니다. 이러한 표지들이 없이는(일반적으로 말해 하나님께서 계시하신 특별한 허가 없이는) 그 누구도 이 교회에 속할 수 없습니다.

논평

이 본문은 교회가 하나님의 말씀으로 시작한 공동체이고, 교육과 설교를 통해 유지된다는 종교개혁 사상을 제시한다. 교회는 그리스도를 토대로 삼아 그 안에 세워진다는 사실을 강조하면서도 교회를 특정한 조직들로 구성되는 제도라고 보는 주장이 전혀 나오지 않는다는 점에 주목하라.

생각해 볼 물음들

❶ 본문에서 그리스도에 관해 언급하는 내용을 모두 찾아보라. 이 본문은 어떤 방식으로 교회를 그리스도와 연결하는가?

❷ 본문에서 교회를 규정하는 '표지'들은 무엇인가?

7.17 ▼

장 칼뱅

: 교회의 표지들

이 글에서 제네바의 프로테스탄트 신학자인 장 칼뱅1509-1564은, 하나님의 말씀의 설교와 성례전의 올바른 시행을 참된 교회의 본질적 특성, 곧 "표지들"이라고 규정한다. 이러한 정의는 종교개혁의 주류파 안에 널리 수용되었다. 이 두 가지 핵심적인 특성들이 존재하기만 하면, 다른 문제들에서 어느 정도 부족하거나 다양성을 지니는 일은 용납될 수 있다고 칼뱅은 주장한다7.12, 7.18, 7.19 참조.

본문

하나님의 말씀이 순수하게 선포되고 받아들여지며, 또 성례전이 그리스도께서 제정하신 그대로 거행되는 곳에서는 어디서나 하나님의 교회가 존재한다는 사실을 의심해서는 안 된다. "두세 사람이 내 이름으로 모여 있는 자리, 거기에 내가 그들 가운데 있다"(마 18:20)라고 하신 그분의 약속은 어김이 없기 때문이다.……만일 어떤 모임의 사역이 하나님의 말씀을 인정하고 경외하며 또 성례전을 거행한다면, 그 모임은 마땅히 교회로 불리고 인정받을 자격이 있다. 그러한 일들에는 반드시 결실이 따르기 때문이다. 이 원칙을 따름으로써 우리는 악한 영들이 늘 깨뜨리고자 애써 온 보편적 교회의 단일성을 지켜 내며, 또 특정 지역의 필요에 따라*pro locorum opportunitate distributi sunt* 설립된 합법적인 모임들의 권위도 부정하지 않게 된다.

말씀의 선포와 성례전의 준수가 교회를 구별하는 표지가 된다는 사실을 살펴보았다. 이 일들이 행해지는 곳에서 하나님께서 복을 주셔서 반드시 열매를 맺고 번성하게 된다. 내 말의 의미는 말씀이 선포되는 곳마다 즉시 결실을 맺는다는 것이 아니라, 말씀이 받아들여지고 뿌리를 내리는 곳마다*statam habere sedem* 말씀이 그 효력을 나타낸다는 것이다. 선포되는 복음을 경건한 마음으로 듣고 성례전을 게을리하지 않는 동안에는 결코 그릇되거나 모호한 형태*facies*의 교회가 나타나지 않으며, 또한 그 누구도 교회의 권위를 무시하거나 그 경고를 어기거나 권면에 저항하거나 징계를 가볍게 여기는 일도 벌어지지 않는다. 나아가, 교회에서 떨어져 나가고 교회 일치를 무너뜨리는 일은 더더욱 있을 수 없다. 주님께서는 당신의 교회의 친교를 매우 소중하게 여기시며, 그런 까닭에 교만한 마음으로 그리스도의 공동체(그 공동체가 참되게 말씀과 성례전의 사역을 굳게 유지하는데도)를 떠나는 사람을 배반자로 여기신다. 주님께서는 교회의 권위를 매우 귀하게 여기고, 따라서 교회의 권위가 침해당할 때면 자신의 권위가 실추된 것으로 여기신다.……

우리는 말씀의 순수한 사역과 성례전을 온전한 형태로 거행하는 일이 어떤 공동체를 교회로 인정할 수 있게 해주는 충분한 증거와 보증이라고 말하는데, 이 말은 이러한 두 가지 표지가 모두 존재하는 곳에서는, 비록 교회가 다른 면에서 흠집이 많더라도*etiamsi multis alioqui vitiis scateat* 교회를 부인해서는 안 된다는 것을 뜻한다. 게다가 교리라든가 성례전을 집행하는 일에 어떤 결함이 개입될 수도 있으나, 이것이 우리로 하여금 그 교회와의 교제에서 멀어지게 해서는 안 된다. 참된 교리의 모든 조항이 다 동등한 비중을 지니는 것이 아니기 때문이다. 어떤 교리들은 아주 중요해서 모든 사람이 마땅히 그 교리를 종교에 합당한 것으로 인정해야 하고, 거기에 의문을 제기해서는 안 된다. 예를 들어 하나님은 한 분이시며, 그리스도는 하나님이요 하나님의 아들이시고, 우리의 구원은 하나님의 자비에 달렸다는 교리 조항들이 그것이다. 교회들 사이에서 논쟁의 대상이 되면서도 신앙의 단일성을 깨뜨리지 않는 교리 조항들도 있다……나는 아무리 하찮은 것일지라도 오류를 용납하지 않고, 그런 것을 조장할 생각도 없다. 내 말의 의미는 사소한 점에서 차이가 있는 견해라 할지라도, 그것이 신앙의 본질 면에서 건전한 교리를 옹호하고 주님께서 제정한 성례의 사용을 지지한다면, 그런 견해 차이 때문에 교회를 버리는 일이 있어서는 안 된다는 것이다.

논평

이 글에서는 교회란 사도적 교회와의 제도적 연속성에 의해 규정되는 것이 아니라, 신약성경에 나오는 사도들의 설교를 굳게 따름으로써 규정된다는 종교개혁의 견해를 주장하고 발전시킨다. 칼뱅이 참된 기독교 교회의 토대는 역사적인 것이 아니라, 철저히 신학적인 것이라고 강조하는 점에 주목하라. 하나님의 말씀이 참되게 선포되고 성례전이 온전히 거행되는 곳에 참된 교회는 존재한다. 기독교의 본질에 부차적인 쟁점들을 둘러싸고 일어나는 의견의 불일치는 기꺼이 용납하려는 칼뱅의 자세를 주목하라.

생각해 볼 물음들

❶ 칼뱅에 의하면, 기독교 교회를 규정짓는 두 가지 특성은 무엇인가?

❷ 칼뱅은 참된 교회의 존재 여부를 판정하는 데서 왜 설교를 매우 중요한 요소로 여기는가?

리처드 후커

: 교회의 순결

영국 성공회의 저술가인 리처드 후커Richard Hooker, 약 1554-1600는 1594년에 출간한 이 글에서 아우구스티누스가 "신비적" 또는 "비가시적" 교회와 구분한 가시적 교회 이론을 옹호한다. 이 글은 1559년 엘리자베스의 "종교정책"의 결과로 세워진 당시 영국 성공회의 존재를 신학적으로 옹호한 것이라고 볼 수 있다7.5, 7.15, 7.17, 7.20 참조.

본문

7. ……이제 가시적인 교회에 대하여 말하자면, 교회의 자녀들은 '한 분 주님, 하나의 신앙, 하나의 세례'라는 표지를 지닌다. 교회는 이러한 표지들을 지닌 사람이면 누구든 자기 자녀로 인정하고, 이러한 표지가 보이지 않는 사람들은 이방인과 낯선 사람으로 여긴다. 사라센 사람과 유대인과 신앙이 없는 사람들이 교회 울타리 밖으로 밀려나는 까닭은 이런 표지들이 없기 때문이다. 우리는 어떤 사람들이 이 표지들을 지니고 있는 한, 그들이 가시적인 교회에 속한다는 사실을 부정할 수 없다. 사람이라면 누구나 그리스도인이거나 아니거나 둘 가운데 어느 한편에 속하기 때문이다. 그들이 외적인 고백에 의해 그리스도인이 되었다면, 그리스도의 가시적인 교회에 속한다. 그리고 외적인 고백에 의해 그리스도인이 된 그 사람들이, 비록 불경한 우상숭배자요 사악한 이단자요 파문받아 마땅한 인물들이며 또 끔찍한 잘못으로 쫓겨날 만한 사람이라 할지라도, 그들은 모두 자신들이 한 서약의 표지 안에 앞에서 언급한 것들을 지니고 있다. 하지만 그 사람들이 계속 그런 상태로 있는 한, 우리는 그들이 악마의 종이요 하수인일 뿐이라고 여긴다.

8. 그런데 동일한 사람이 악마의 무리에도 속하고 예수 그리스도의 교회에

도 속하는 일이 가능한가? 그리스도의 신비적 몸인 교회에 속하는 것은 불가능하다. 그 몸은 오직 이스라엘의 참 백성과 아브라함의 참 자손과 하나님의 참된 종과 성도들만으로 이루어지는 까닭이다. 주로 외적인 고백의 측면에서 보면, 그들이 예수 그리스도의 가시적인 몸인 교회에 속할 수도 있으며 또 실제로 속하는 경우도 많지만, 그들의 신앙고백의 내면을 이루는 정신적 기질이나 외적인 대화에서 판단하면 하나님께서 보시기에 극히 가증스럽고, 가시적인 교회의 건전한 사람들이 보기에도 참으로 혐오스럽다. 그래서 우리 구주께서는 하늘나라를 물고기도 아니요 물고기와 비슷하지 않은 것들까지도 다 아우르는 그물에 비유하신다(마 13:47). 또 주님께서는 당신의 교회를, 누구라도 쉽게 식별하는 쭉정이가 좋은 열매와 뒤섞여 자라는 밭에 비유하시는데(마 13:24), 그 상태는 마지막 때 세상이 완성될 때까지 이어질 것이다. 하나님께서는 이 땅 위에 영원토록 가시적인 교회들을 두실 것이다. 하나님의 백성이 광야에서 송아지를 예배하고 구리뱀에게 경배하며(왕하 18:4), 바알에게 무릎을 꿇어 엎드리고, 우상 앞에서 향을 피워 희생제사를 드렸으나……그처럼 불순종하고 반역하는 가운데서도 그들은 하나님의 율법과 언약의 거룩한 증표를 지니고 계속해서 하나님의 가시적인 양 무리로 살아갔다.

논평

후커는 가시적 교회의 뒤섞인 특성을 밝히기 위해 원래 아우구스티누스가 사용했던 여러 가지 성경적 이미지들—다양한 물고기가 담긴 그물이나 밀과 쭉정이가 함께 자라는 밭과 같은 이미지들—을 받아들인다. 이를 근거로 삼아 후커는 온전하고 거룩한 삶이 교회를 규정하는 특성이나 "표지"가 아니라고 밝히며, 그와는 달리 교리와 성례전이 교회를 규정한다고 주장한다.

생각해 볼 물음들

❶ 이 본문에서 후커는 쭉정이의 비유를 어떻게 사용하는가?

❷ "그들이 외적인 고백에 의해 그리스도인이 되었다면, 그리스도의 가시적인 교회에 속한다." 위의 본문에서 이 글의 위치를 확인하라. 이 구절에서 후커가 말하려는 바는 무엇인가? 이 구절에서 그가 끌어내는 결론은 무엇인가?

「웨스트민스터 신앙고백」

: 교회

7.19 ▼

1643년 런던에서 작성한 이 중요한 개혁교회 신앙고백은 '보이는 교회'와 '보이지 않는 교회'를 구분하는 개혁주의의 견해를 보여준다. 독자적인 '개별 교회들'은 그 구성원들의 품행이 아니라, 각 교회가 지닌 교리와 성례전이라는 측면에서 판단해야 한다는 주장에 주목하라7.4, 7.12, 7.17, 7.20 참조.

본문

보이지 않는 보편적(가톨릭) 교회는 선택받은 모든 사람으로 이루어지고, 머리 되시는 그리스도 아래서 하나를 이루며, 지금까지 하나였고 앞으로도 하나일 것이다.……또한 복음 아래서 보이는 보편적(가톨릭) 교회는 (옛적에 율법 앞에서처럼 한 나라에 한정되지 않고) 온 세상에 걸쳐 참 종교를 고백하는 사람들과 그 자녀들로 이루어진다.……그리스도께서는 이 보편적이고 보이는 교회에게 하나님의 말씀과 규례와 사역을 맡기셔서, 이 세상에서 마지막날까지 성도들을 모으고 완전케 하는 일을 하게 하셨으며, 친히 약속하신 대로 당신의 현존과 성령을 통해 그 일들을 효과적으로 이루도록 도우신다.……[이 보편적 교회에 속한] 개별 교회들은 자체 내에서 복음의 교리를 가르치고 배우는 일과 규례를 집행하는 일, 공적 예배를 실행하는 일이 얼마나 순수하게 이루어지느냐에 따라 그 순수함이 달라진다. 하늘 아래 가장 순수한 교회일지라도 오류와 불결함을 지닐 수밖에 없으며, 어떤 교회들은 심각하게 타락해서 전혀 그리스도의 교회답지 못하게 되기도 한다. 그렇다고 해도 이 땅에는 언제나 하나님의 뜻을 따라 그분께 예배하는 교회가 있을 것이다.

논평

「웨스트민스터 신앙고백」이 작성되던 무렵, '가톨릭'이라는 단어를 사용하는 것에서 일부 문제가 일어나기 시작했음이 분명하다. 17세기 영국에서 '가톨릭'과 '로마가톨릭'이라는 말을 동의어로 여기는 일이 점차 일반화되었다. 많은 프로테스탄트 저술가들이 교회의 가톨릭성을 논의하면서 오해를 피하기 위해 universal(보편적)이라는 단어를 사용하기 시작했다. 여기에 인용한 글에는 이런 흐름이 반영된 것으로 보인다. '가톨릭'이라는 단어의 사용을 포기하지 않고 있다는 점에 주목하라. 이 본문은 대체로 아우구스티누스적인 교회관을 옹호한다.

생각해 볼 물음들

❶ 이 신앙고백이 "가장 순수한 교회들"조차도 "오류와 불결함"을 지닐 수밖에 없다고 인정하는 이유는 무엇인가?

❷ 이 글에서 "보이는" 교회와 "보이지 않는" 교회로 나누는 구분을 여러분의 말로 설명해 보라. 여러분이 보기에 이 구분이 중요한 이유는 무엇인가?

로저 윌리엄스

: 세상과 교회의 분리

로저 윌리엄스Roger Williams, 약 1603-1684는 교회와 국가의 분리를 강하게 옹호했던 영국 청교도 사상가였다. 미국으로 이민한 후, 그는 1636년 그곳에 프로비던스 플랜테이션 식민지를 세워 소수파 종교인들을 위한 피난처를 제공했다. 1644년 벌어진 논쟁에서 윌리엄스는 세상과 분리된 교회라는 개념을 옹호했고, '분리 장벽'이라는 유명한 구절을 소개했다. 아래의 본문은 교회의 삶에 대한 국가의 역할을 인정해야 한다는 존 코튼의 주장에 대해 윌리엄스가 제시한 반론 중 첫 번째 논점이다7.3, 7.5, 7.12, 7.15, 7.16, 7.17, 7.18, 7.19, 7.24 참조.

본문

첫째, 전 세계에 퍼져서 예수 그리스도의 증인으로 신실하게 살아가는 많은 사람들이 다음과 같은 사실을 분명하게 증명해 줍니다. 구약성경에 예형예표, Type으로 존재했던 유대인의 교회나 신약성경에서 대형Antitype으로 등장한 그리스도인의 교회는 모두 세상에서 분리되어 존재했습니다. 또 그 교회들이 교회의 동산과 세상의 광야를 가르는 울타리, 곧 분리 장벽을 허물어 틈을 냈을 때 하나님께서는 그 벽 전체를 무너뜨리고는 촛대를 옮겨 버리셨으며, 당신의 동산을 오늘날과 같은 광야로 바꿔 버리셨습니다. 그러므로 하나님께서 당신의 동산과 낙원을 다시 일으켜 세우시려고 하실 경우, 그 동산은 세상과 구분되어 그분께 속하도록 그 둘레에다 담을 쳐야 하며, 세상에서 구원받게 되는 모든 것은 광야인 세상에서 떼어내 하나님의 동산인 교회 안으로 옮겨 심어야 합니다.

논평

이 본문은 '분리주의' 견해를 주장하는 청교도 문헌에서 중요한 자료 가운데 하나다. 이 글은 윌리엄과 존 코튼John Cotton, 1584-1652이 벌인 논쟁에서 나온 것으로, 그때 뉴잉글랜드의 지도적 청교도 목사였던 코튼은 교회와 국가를 분리된 두 개의 실체로 인정한다고 해도 치안판사가 교회의 보호자 역할을 맡아야 한다고 주장했다. 윌리엄스는 그런 생각을 철저히 거부했고, 교회는 세상과 분리되어야 한다고 반박했다. 그는 세속의 사상이나 권위가 교회 안에 발판을 마련한다면, 기독교 교회의 정체성이 위협받을 수밖에 없다고 생각했다.

생각해 볼 물음들

❶ 윌리엄스가 "세상의 광야"와 "교회의 동산"이라는 개념을 사용해 제시하려는 논점은 무엇인가? 여러분은 그가 "담으로 둘러 싼 정원"('천국'의 문자적 의미)을 뜻하는 에덴의 이미지를 근거로 삼고 있다고 생각하는가?

❷ 윌리엄스는 분명 "분리 장벽"이 교회를 국가로부터 보호해 준다고 믿는다. 이 이미지는 미국에서 나중에 특히 토머스 제퍼슨이 이 용어를 채택해 벌어진 논쟁에 어떤 영향을 끼쳤는가?

7.21 ▼

프리드리히 슐라이어마허

: 신자들의 친교인 교회

독일의 개신교 신학자인 프리드리히 슐라이어마허1768-1834가 교회의 본질과 기능에 관해 분석하는 아래 글은 원래 1834년에 독일어로 출간되었다. 이 글에서는 거듭난 사람들과 신앙 공동체의 관계를 탐구한다. 이 문서의 배경이 중요하다. 슐라이어마허는 프로이센의 수도인 베를린에서 활동했다. 프로이센의 프리드리히 빌헬름 3세는 1817년에 프로이센의 루터파 교회와 개혁파(칼뱅주의) 교회를 통합해서 새로운 프로이센 연합교회를 세웠다. 이렇게 국가의 강요로 이루어진 교파 통합은 교회와 국가 간의 관계뿐만 아니라, 교회의 사회적 역할을 이해하는 방식과 관련해서도 심각한 문제를 야기했다. 이 본문은 이러한 갈등과 논쟁을 반영한다7.6, 7.25 참조.

본문

구속을 통해 이 세상 속에 존재하게 되는 모든 것은 신자들의 친교 안에 포함되며, 이 친교에는 거듭난 모든 사람들이 언제나 존재한다. 따라서 이번 항에서는 기독교 교회론을 다룬다.

신자들의 친교와 기독교 교회, 이 두 가지 표현을 동일한 것이라고 간주할 때, 우리의 명제는 로마가톨릭의 상징과는 상반되는 것으로 보인다. 로마가톨릭의 상징의 초기 형태들이나 니케아 신조는 이 두 가지 표현을 대등하면서도 차이가 있는 것으로 사용하는 일에 대해서는 아무것도 알지 못한다. 분명한 사실은 친교를 협소한 의미로나 넓은 의미로 이해할 수 있다는 점이다. 만일 거듭난 사람들이 자신들이 이미 그 친교 안에 속한 것으로 여긴다면, 그들은 분명 실질적인 신자들과는 다른 의미에서이기는 하지만 거듭남 이전에도 그 친교에 속했던 것이 확실하다.

그렇지 않다면 교회에 가입하는 일이나 교회의 확장은, 연속성의 완전한 단절에 의해서가 아니고는—즉 역사에 알려지지 않은 방식이 아니고는—결코 생각할 수 없다. 그러나 각 개인의 새로운 삶은 공동체의 새로운 삶에서 나오고, 공동체의 삶은 다름 아니라 오직 구속자의 삶에서 나오는 것이 사실이다. 따라서 우리는 성화 상태에 사는 사람들 전체가 내적 친교를 이루는 것으로 보아야 한다. 예비적 은총의 효력 아래 사는 사람들 전체는 외적 친교를 이루며, 거듭남을 통해 내적 친교로 옮겨가고 그렇게 해서 그 친교의 울타리가 넓게 확장되도록 돕는다. 하지만 문제의 이 두 표현을 각각 두 가지 형태의 친교에 적용하려고 노력하는 일은 용어들을 아주 기이하고 혼란만 일으키는 방식으로 사용하는 일이 될 것이다.

게다가 여기서는 어떤 특별한 형태의 친교가 두드러지게 강조되거나 배제되지 않는다. 완전하든 불완전하든, 이미 존재하는 것이든 곧 나타나게 될 것이든, 모든 형태의 친교가 포함된다. 거듭난 사람들이 서로 손을 맞잡는 곳이라면 어디서나 그들 사이에 일정한 친교가 나타나게 되어 있다는 사실, 오직 그 사실만을 추정할 수 있다. 만일 그들이 손을 맞잡는다면, 신앙에 대한 그들의 증언이 일정 부분 겹치고, 서로를 인정하게 되며, 또 공통된 영역에서 함께하는 일에 대한 공통된 이해를 필연적으로 수반하기 때문이다. 우리가 은총의 의식을 다루기 시작하면서 언급했던 것, 즉 은총의 의식은 언제나 공동체의 삶에서 나온다는 것은 이렇게 폭넓은 의미에서만 생각할 수 있었다. 그런데 이제 여기서 처음으로 그 진술에 대한 온전한 설명에 이른다. 만일 우리가 거듭날 때 이미 공동체의 삶에 속한 것으로 깨닫는 것이 아니라 오히려 그런 삶을 찾거나 세우는 일을 시작해야 했던 것이라면, 이 사실은 은총의 전체 사역 가운데서 가장 결정적인 것은 공동체 안의 삶에 기초하지 않았다는 것을 뜻하게 된다……

우리의 명제 안에서 표현된 그리스도인의 자기의식self-consciousness은, 그리스도에 대한 우리의 신앙에 의해 결정되고 인간사와 환경에 대한 우리의 동류의식에 의해 형성되는 일반적인 형태다. 만일 이것을 이와 상응하는 부정적인 표현과 결합해 보면 이 점이 훨씬 명확해진다. 만일 구속을 배제하고 생각하면, 이 세상은 인간과 사물들이 원래의 완전함을 누려야 할 자리인데도 죄와 악의 자리가 되었으며, 또 만일 그리스도의 출현과 함께 옛일들과는 반대되는 새 일들이 세상으로 들어왔다면, 이 세상에서 기독교 교회와 합치되는 그 부분만이 우리에게, 성취된 완전함이나 선의 자리가 되고 또—조용한 자기의식과 관련해서는—지복의 자리가 된다. 이렇게 되는 까닭은, 인간 본성과 자연 질서가 지닌 원래의 완전함—물론 이렇게 조건 지워진 것이기는 해도—때문이 아니라, 오직 그리스도와 함께 시작되고 그를 통해 전달되는 죄 없는 완전함과 지복 때문이다. 이와 반대의 경우도 사실이다. 이 세상은 그리스도와 함께하는 이 친교 밖에 있는 한, 그 본래의 완전함에도 불구하고 언제나 악과 죄의 자리가 된다. 따라서 여기서, 구원이나 지복은 외부에서 들어올 수 있는 것이 아니라 교회 안에 존재하는 것으로 교회 안에서만 발견할 수 있다는 명제, 곧 교회만이 구원한다는 명제를 보게 된다고 해도 놀라운 일이 아니다. 그 외에, 구속에 의해 이 세상 속에 이루어지는 것과 세상의 나머지 모든 것 사이의 대립은, 그리스도의 고유한 존엄성과 구속의 온전한 내용을 완전하게 파악하는 정도에 비례하여 첨예하게 드러나게 된다는 점도 분명하다. 그 대립은 그리스도와 죄인 사이의 대립이 비슷해지거나 약화되는 곳에서만, 더 좋고 나쁨의 구분이 모호해지면서 사라지거나 흐트러지게 된다.

이 사실은 또 우리의 명제가 그리스도인의 자기의식의 발화일 뿐이라는 사실을 보이는 최고의 증거가 된다. 만일 기독교 교회가 그 본질적 본성에서 외적인 인식의 대상이라면, 그러한 인식은 그 친교에 참여하지 않고서도 전달될 수가 있기 때문이다. 하지만 우리와 같은 그리스도에 대한 믿음을 공유하지 않는 사람들은 그리스도인의 친교가 세상과 대립한다는 것을 알지 못하는 것이 사실이다. 구속이 필요하다는 감정이 철저히 억압되는 곳에서는 어디서나 기독교 교회에 대한 오해가 생겨나는데, 이 두 가지 태도는 보조를 맞춰*pari passu* 발전한다. 의식 속에 예비적 은총이 처음으로 드러나는 것과 더불어 기독교 교회의 신적인 기원에 대한 예감이 나타난다. 나아가 그리스도에 대한 생생한 믿음과 함께 하나님 나라가 신자들의 친교 안에 실제로 현존한다는 믿음이 깨어난다. 다른 한편, 기독교 교회에 대한 변함없는 적대감은 구속에 대한 최고 수준의 무감각을 내타내는 증상이며, 이러한 적대감은 그리스도의 인격에 대한 피상적인 존중조차도 허용하지 않는다. 하지만 기독교 교회를 하나님 나라로 보는 믿음은, 교회가 언제나 세상과의 대립 속에서 살아갈 것이라는 사실을 함축할 뿐만 아니라, 교회는—작은 일에서 시작한 친교가 이 수준까지 자라나고 계속해서 일하는 모습을 통해서만 인식할 수 있다—크게 자라나고, 교회에 맞서는 세상은 힘을 잃게 되리라는 희망을 담고 있다. 그리스도의 성육신이 인간 본성 일반에게 의미하는 것은 바로 거듭남이 개인에게 의미하는 것과 같기 때문이다. 그리고 성화가 다양한 기능들을 점진적으로 지배해 가는 과정으로서, 시간이 지남에 따라 단편적인 세부사항들은 줄어들고 점점 더 전체를 이루어 가면서 그 모든 부분들이 하나로 연결되고 서로를 지지하게 되는 것처럼, 친교도 역시 제각기 분리된 구속 행위들을 모아 점점 더 협동적이고 상호작용할 수 있도록 세워 가면서 자신을 조직하게 된다. 이러한 조직화는 점점 강화되어, 자기에게 반대하는 조직화되지 않은 다수를 지배하게 된다.

논평

슐라이어마허가 프로이센에 거주하던 시기에 종교 문제로 커다란 혼란이 발생했으며, 교회와 국가에 관한 문제가 점차 커다란 논쟁거리로 떠올랐다. 이러한 갈등은 교회의 본질을 다루는 그의 논의에 반영되었는데, 여기서는 교회가 어떻게 국가와 관계를 맺어야 하는가에 관한 문제는 다루지 않는다. 그 대신 교회의 본질을 신자들의 공동체로 이해하는 신중한 논의를 담고 있다. 본문에 나오는 '상징'이라는 말은 '신앙의 진술'을 가리킨다는 점에 주의하라.

생각해 볼 물음들

❶ "여기서는 어떤 특별한 형태의 친교가 두드러지게 강조되거나 배제되지 않는다. 완전하든 불완전하든, 이미 존재하는 것이든 곧 나타나게 될 것이든, 모든 형태의 친교가 포함된다." 이 구절의 위치를 본문에서 확인하라. 이 구절에서 슐라이어마허가 말하려는 바는 무엇인가? 여러분이 보기에, 이 구절은 슐라이어마허가 활동하던 당시에 일어난 교회론 논쟁들과 어떻게 관련되는가?

❷ 슐라이어마허는 교회에 어떤 독특한 역할을 부여하는가?

제1차 바티칸 공의회

: 교회와 교황의 수위권

제1차 바티칸 공의회는 유럽에서 정치적·사회적 발전이 야기한 위기와 불확실성의 시대에 로마 가톨릭교회의 지위가 점차 불안정하게 됨에 따라, 교회의 지위와 가르침을 강화하고자 개최되었다. 제1차 바티칸 공의회가 이룬 업적 가운데 하나는 교회의 권위를 재천명한 것이었다. 아래에 인용한 글은 제1차 바티칸 공의회의 4차 회기 중인 1870년 7월 18일에 작성된 헌장, 곧 「영원한 사목자」*Pastor aeternus*라고도 불리는 「교회에 관한 교의 헌장」에서 뽑은 것이다. 이 헌장은 유명한 교황의 무류성(無謬性)에 관한 선언을 담고 있다7.8, 7.10, 7.27 참조.

본문

1. 복음서들의 증언에 따라, 우리는 하나님의 교회 전체를 관할하는 최고 치리권이 주님이신 그리스도로부터 직접적이고 즉시로 복된 사도 베드로에게 약속되고 수여되었다고 선언하며 가르친다. 주님께서 "앞으로는 너를 게바라고 부르겠다"(요 1:42)라고 하신 말씀을 들은 시몬은 "선생님은 살아 계신 하나님의 아들 그리스도십니다"라고 고백했으며, 그후에 주님께서는 오직 그에게만 다음과 같이 말씀하셨다.

> 시몬 바요나야, 너는 복이 있다. 너에게 이것을 알려 주신 분은, 사람이 아니라, 하늘에 계신 나의 아버지시다. 나도 너에게 말한다. 너는 베드로다. 나는 이 반석 위에다가 내 교회를 세우겠다. 죽음의 문들이 그것을 이기지 못할 것이다. 내가 너에게 하늘 나라의 열쇠를 주겠다. 네가 무엇이든지 땅에서 매면 하늘에서도 매일 것이요, 땅에서 풀면 하늘에서도 풀릴 것이다(마 16:16-19).

예수께서는 부활하신 후에 오직 베드로에게만 "내 어린 양 떼를 먹여라," "내 양 떼를 쳐라"(요 21:15)라고 말씀하시면서, 당신의 양떼 전체를 이끄는 최고 목자이자 통솔자*pastor et rector*의 치리권을 부여하셨다.

주 그리스도께서 당신의 교회에게 정해 주신 통치 형태를 잘못 이해하는 사람들이나, 다른 사도들보다 (개인이나 집단적으로) 앞서는 베드로가 그리스도에게서 참되고 합당한 최고 치리권을 받았다는 사실을 부정하는 사람들이 내세우는 그릇된 주장들은 가톨릭교회가 언제나 지켜온 성경의 이러한 명백한 가르침에 완전히 상충하는 것이다. 또 다른 사람들은 이 수위권이 베드로에게 직접적이고 즉시로 수여된 것이 아니라 교회에게 수여된 것이라고 주장하면서, 그 수위권이 교회를 통해서 베드로가 지닌 교회 직무자로서의 역량에 맞춰 그에게 전수되었다고 주장하는데, 이 사람들에 대해서도 똑같이 그릇되다고 말할 수 있다.

법규: 그러므로 사도 베드로가 주님이신 그리스도에게서 모든 사도의 머리*princeps*요 투쟁하는 전체 교회의 가시적 수장으로 임명받지 않았다고 말하는 사람이 있다면, 또는 이 직책이 베드로가 주 예수 그리스도에게서 직접적이고 즉시로 받은 참되고 합당한 치리권의 직책이 아니라 명예직일 뿐이라고 말하는 사람이 있다면, 그는 마땅히 정죄받아야 한다.……

4. ……시대 상황과 사태의 형편에 따라 교황들은 하나님의 도우심을 의지해 성경 및 사도 전통과 일치하는 것으로 판단한 특정한 사안들을 우리가 준수해야 할 교리로 정할 수 있다. 이 일은 때를 따라 세계 공의회를 소집하거나 세상에 흩어져 있는 교회들의 의견을 모아 결정할 수 있고, 경우에 따라서는 특별 공의회를 통해서나 하나님의 섭리로 마련된 다른 유용한 기회를 이용해 결정할 수 있다.

베드로의 계승자들에게 성령이 약속된 목적은 그들이 성령의 계시를 통해 새로운 교리를 가르치라는 것이 아니라, 사도들을 통해 전승된 믿음의 유산이나 계시를 성령의 도우심으로 거룩하게 보존하고 신실하게 해명하라는 것이다. 교황들의 사도적 가르침은 존경스런 모든 교부들이 받아들였고 모든 정통적인 거룩한 교사들이 존중하고 따랐던 것인데, 그들은 우리 주님이신 구주께서 제자들 가운데 첫째에게 "나는 네 믿음이 꺾이지 않도록, 너를 위하여 기도했다. 네가 다시 돌아올 때에는, 네 형제를 굳세게 하여라"(눅 22:32)라는 말씀으로 약속하신 대로 베드로 좌가 언제나 어떤 오류에도 오염되지 않는다는 것을 알았다.

따라서 이러한 진리와 오류 없는 믿음의 선물이 베드로와 그 자리를 이어받은 계승자들에게 거룩하게 전수되었다. 그 목적은 교황들로 하여금 만인의 구원을 위해 고귀한 직무를 수행하게 하고, 또 그들이 이끄는 그리스도의 양 떼 전체가 오류에 물들어 독이 든 양식을 버리고 하늘의 교리가 담긴 양식으로 자라나게 하려는 데 있었다. 이렇게 해서 분열의 조짐은 제거되며, 전체 교회가 일치를 이루어 견고한 토대 위에서 지옥문과 당당히 맞서게 된다.

그러나 오늘 이 시대는 어느 때보다도 사도적 직무의 건전한 영향력을 필요로 하는 데다, 교황의 권위를 헐뜯는 사람들도 나타나고 있는 까닭에, 우리는 하나님의 독생자께서 최고 사목직에 부여하신 특권을 장엄하게 선언하는 일이 절대로 필요하다고 주장한다.

그러므로 우리는 기독교 신앙이 시작한 때부터 물려받은 전통을 신실하게 지키며, 우리 구주 하나님의 영광을 위해, 또한 가톨릭교회의 고양과 기독교 백성의 구원을 위해, 거룩한 공의회의 승인을 받아 아래에 언급하는 사실을 하나님께서 계시하신 교의로 규정하고 가르친다. 로마 교황이 교황의 권위로*ex cathedra* 선포할 때(다시 말해 교황이 모든 기독교인의 목자이자 교사로서 자기 직무를 행사하면서 자신의 지고한 사도적 권위에 의지하여 신앙이나 도덕에 관한 교리를 전체 교회가 지켜야 할 것으로 규정할 때), 그는 베드로를 통해 그에게 약속된 하나님의 도우심을 힘입어 거룩하신 구속자께서 교회가 신앙이나 도덕에 관한 교리들을 규정할 때 지니도록 정하신 그 무류성을 지니게 된다. 그러므로 로마 교황이 내리는 결정은 교회가 동의하기 때문이 아니라, 그 자체로서 변경할 수 없는 것이다.

법규: 따라서 우리의 이러한 결정을, 하나님의 뜻에 반하여 뻔뻔스럽게 부정하는 사람이 있다면, 그 사람은 마땅히 정죄받아야 한다.

논평

이 글은 근대에 나타난 가장 중요한 교회론적 진술들 가운데 하나이며, 자세히 연구할 가치가 있다. 본문은 교회의 권위 문제뿐만 아니라, 교회 내에서 교황이 베드로의 계승자로서 맡는 독특한 역할도 다룬다. 본문에서는 당시의 정치적 불확실성에 대해서는 명확하게 언급하지 않은 채 교회가 시대의 불확실성으로 흔들리지 않아야 한다고 주장하고, 교회는 하나님께서 세운 제도이고, 보편적 진리를 규정하고 보호할 책임을 부여받았다고 분명히 밝히고 있다.

생각해 볼 물음들

❶ 이 문서에서는 교황의 역할을 어떻게 이해하는가? 이러한 견해를 어떻게 옹호하고 발전시키는가?

❷ '교황의 무류성' 개념을 어떻게 정의하는가? 그 개념의 함의들은 무엇인가?

7.23 ▼

헨리 바클레이 스웨트
: 교회의 사도성

19세기 후반 영국에서 교회론에 관한 논의에 커다란 관심이 일었다. 그 이유 가운데 하나는 성공회가 영국의 국가 교회로 세워졌다는 단순한 사실 외에 성공회의 독특한 지위를 규정해야 할 필요가 대두했던 데서 찾을 수 있다. 다른 한편으로 영국 안에서 로마 가톨릭교회가 재건된 일은 두 교회의 지위를 명확히 밝히는 과제에 새로운 관심을 불러일으켰다. 두 교회를 모두 사도적인 교회로 볼 수 있을까? 이 글에서 케임브리지 대학교의 신학 흠정 교수인 스웨트H. B. Swete, 1835-1917는 교회를 가리켜 '사도적'이라고 말하는 의미에 대해 탐구한다2.2, 2.5, 2.10, 7.1, 7.12, 7.27, 7.32 참조.

본문

보편 교회는 사도들에 의해 세상 속에 세워졌으며, 사도들의 가르침을 굳게 지키고, 사도적 직무를 계승한다는 세 가지 측면에서 사도적이다.

1. 우리 주님은 승천하기 전에 사도들에게 유대와 사마리아와 땅끝까지 나아가 복음을 선포하라는 사명을 주셨다. 사도행전에서 볼 수 있듯이 유대와 사마리아에 대한 복음전도는 열두 사도와 그 동료들이 수행했다. 이방인에 대한 선교는, 서방 지역 쪽으로는 주로 다른 사람의 손에 맡겨졌다. 그러나 사도 바울은 첫 사도들의 완전한 인정을 받아 선교를 했으며, 사도들의 사명 가운데서 그들이 온전히 이루지 못한 부분을 완수했다. 열두 사도는 사도 바울과 의견을 같이하고 교제함으로써 "애석하게도 자신들의 마음에서 지워 버려야 했던 지역에 대한 선교를 바울을 통해서 이룬 것이라고 생각할 수 있었다"(H. J. A. 호트). 그러므로 우리가 사도의 수를 열두 명으로 한정한다고 해도, 이방 지역에 세워진 기독교 세계는 근본적으로 사도들이 세운 것이라고 말할 수 있게 되었다. 바울과 그의 동료들이 세운 교회들은 사도적 근거 위에 세워진 것인데, 그 이유는 바울이 사도이기 때문이기도 하지만 그의 사역이 첫 사도들과 하나되어 이루어졌기 때문이기도 하다.

    앞서 인용한 테르툴리아누스의 글에서 살펴보았듯이, 그 당시에 세워진 교회들이 모두 열두 사도나 바울에게서 출발하지는 않았다. 사도 시대가 끝나고 그들을 잘 알았던 제자들이 모두 죽은 후에, 그때까지도

복음이 전해지지 않았던 여러 지역에 새로운 기독교 조직들이 생겨났다. 오늘날도 현대 교회의 선교 활동을 통해 이와 동일한 과정이 계속해서 일어나고 있다. 이 교회들도 신조들에서 보편교회의 속성이라고 말하는 사도성을 지니는가? 테르툴리아누스는 그 교회들도 사도들의 교리를 물려받았다면 당연히 사도성을 지닌다고 답한다.

2. 사도행전에서 볼 수 있듯이, 초기의 회심자들은 열심히 "사도의 가르침을 받아"들였다(행 2:42). 사도들과 바울의 가르침 위에 전통이, 혹은 서신들에 나오는 표현으로 말하면 '유전'이 형성되었으며 교회의 영구한 보화로 물려졌다(살후 2:15, 3:6). 전통의 알맹이는 '신앙의 규범'으로 알려지고 초기의 신조들 속에서 구체적으로 표현되었다. 이러한 사도 전승은 사도들이 세운 것으로 인정되는 교회들, 특히 베드로와 바울에 의해 설립된 로마 가톨릭교회 안에서 순수하게 보존되는 것으로 주장되었다. 그러나 세계 모든 곳에 퍼져 있는 전체 보편 교회는 사도들에게서 시작된 하나의 동일한 신앙을 소유했다고 볼 수 있다. 전통은 구전으로만 이어진 것이 아니라 사도들의 문헌에도 담겼는데, 이 문헌들이 2세기 말쯤에 하나로 모아져 신약성경이라는 "공적 문서"를 이루었다. 기록된 것이나 기록되지 않은 것이나 사도 시대의 증언은 보편 교회의 유산이었으며, 교회는 모든 사도적 가르침을 자신의 소유라고 주장하고 그 외의 어떠한 진리 체계도 인정하지 않았다.

3. 보편 교회는 사도전승에 더해 사도 직분도 소유했다. 직무상의 권위가 사도들로부터 규칙 바르게 물려지는 것이 첫 시대의 분명하고도 확고한 원칙이었다. 전체 제자들의 모임에서 일곱 집사가 선출되었지만, 선택받은 사람들은 사도들 앞에 세워지고 사도들에게서 직무를 부여받았다. 이방인들 가운데 세워진 새 교회에서는 바나바와 바울이 장로들을 세웠다. 또한 사도 바울은 사도들이 없는 에베소와 그레데에서 장로와 감독들을 세우는 일을 동료인 디모데와 디도에게 위임했다. 디모데 자신도 사도 바울의 안수를 통해 목회자로서의 은사를 받았다(딤후 1:6).

계승의 원칙은 속사도 시대에도 유지되었다. 우리는 앞에서, 로마의 클레멘스가 장로들을 해임한 고린도교인들에게 그 사람들은 사도들에 의해 임명되거나 사도들이 세운 규정에 따라 "전체 교회의 동의를 받아 명망 있는 사람들에 의해" 임명되었다는 점을 상기키는 것을 살펴보았다. 이 말은, 전문 용어를 사용하지는 않지만, 사도적 설립자들이 죽은 후에 그들의 바람대로 어떤 식으로든 직무의 계승이 계속되었다는 사실을 분명하게 보여준다. 군주적 주교직이 생겨나면서 곧바로 그 직분의 기능 가운데 하나가 이러한 계승을 확고하게 유지하는 것이라고 생각하게 되었다. 이레나이우스는 "사도들에 의해 여러 교회에 주교로 임명된 사람들과 우리 시대에 이르기까지(기원후 180년 무렵까지) 그들을 계승해 온 사람들을 모두 밝힐 수 있다"라고 말했다. 이어서 그는 "모든 교회에서 이루어진 계승을 일일이 거론하는 일은 지루할 것이다"라고 덧붙이고는, 로마교회의 계승을 하나의 예로 들어 설명한다. 그가 말하려는 요지는 다음과 같다. "우리는 사도들을 계승한 교회의 장로들, 곧 주교직을 계승하여 확고한 진리의 은사를 받은 사람들에게 복종해야 한다." 이러한 계승을 받지 못한 사람들은 의심스럽게 여겨야 한다. 이레나이우스의 제자인 히폴리투스도 사도직의 계승에 동일한 중요성을 부여했다. 그는 말하기를, "사도들은 바른 신앙을 고수하는 사람들에게 성령을 전해 주었으며, 그들의 계승자인 우리는 동일한 은총과 대사제직과 가르침의 직무를 맡았고 교회의 수호자로 인정받았다"고 했다. 다음 세대 사람인 키프리아누스는 다른 형편에서 이렇게 말했다. "그리스도께서는 사도들에게 말씀하시고 그렇게 해서 교회의 모든 수장들에게 말씀하신다. 이들은 '누구든지 너희의 말을 들으면 내 말을 듣는 것이요, 내 말을 들으면 나를 보내신 분의 말을 듣는 것이다'라는 말씀대로 사도들을 대신하는 서품을 받아 사도들을 계승한 사람들이다."

그러므로 보편 교회가 사도들의 손으로 세워지고 사도적 가르침을 물려받았듯이, 사도적 직무가 후대 기독교 세계의 삶에서 영속되는 한 교회의 직책은 그 사도적 직무를 끊임없이 계승하게 된다. 이렇게 말한다고 해서 주교들이 모든 면에서 사도들의 계승자가 된다거나, 군주적 주교제의 기원이 사도 요한의 때까지 거슬러 올라간다고 말하는 것은 아니다. 하지만 첫 시대부터 계승이 이루어진 것이 분명하며, 따라서 어떤 식으로든 연속성의 원리가 유지되었다. 달리 말해, 고대 교회에서 사역을 행할 권위는 교회 자체에서나 교회를 통해 직접 일하시는 그리스도에게서 나온 것이 아니라, 그리스도께서 처음에 열두 사도에게 주신 은사로 말미암아 사도들이나 그들의 대리인 및 계승자들에게서 나왔다. 사람들이 성직자들을 선출했지만, 궁극적으로 성직자들은 사도들의 위임을 받은 사람들의 손으로부터 권위를 물려받았다. 따라서 보편 교회에서 모든 사역 활동은 첫 시대의 사역과 열두 사도 및 바울의 사역, 그리고 그리스도 자신의 사역과 역사적인 연속성을 지닌다.

논평

교회론과 관련된 대부분의 논쟁은 도나투스주의 논쟁과 종교개혁 때 일어난 논쟁에서 볼 수 있듯이, '단일성'과 '보편성' 문제를 집중적으로 다루었다. 그런 탓에 '사도성'이라는 개념은 상당히 간과되었다. 여기 인용한 유익한 글에서 스웨트는 사도성 개념의 세 가지 주요한 측면들을 탐구한다. 스웨트는 저명한 교부학 학자였고, 이 글에는 그 분야에 대한 그의 관심과 실력이 잘 나타나 있다.

생각해 볼 물음들

❶ 본문에서 스웨트가 밝히는 '사도성'의 세 가지 측면을 여러분의 말로 설명하라.

❷ "보편 교회가 사도들의 손으로 세워지고 사도적 가르침을 물려받았듯이……." 본문에서 이 구절의 위치를 확인하라. 여러분은 이 구절을 어떻게 평가하겠는가?

「바르멘 선언」
: 교회의 정체성

'독일교회의 위기'가 최고점에 이르렀던 1934에 발표된 「바르멘 선언」 *Barmen Confession*은 역사적으로나 신학적으로 중요한 문헌이며, 국가와 관련해서 교회가 지닌 독특성을 강조한다. 나치 정부가 교회를 장악해 자신들의 목적에 맞춰 변질시키려 하던 때, 프로테스탄트 신학자와 교회 지도자들(칼 바르트 등)은 교회는 오직 예수 그리스도에게서 자신의 정체성과 목적을 찾는다고 주장했다7.21, 7.27, 7.33 참조.

본문

1. 성경에서 우리에게 증언하는 예수 그리스도는 우리가 귀 기울여 들어야 하고, 사나 죽으나 신뢰하고 순종해야 하는 하나님의 유일한 말씀이다. 우리는 교회가 하나님의 유일한 말씀과는 별도로, 또는 이 말씀에 추가해서 다른 어떤 사건, 권세, 표상, 진리 등을 하나님의 계시와 교회적 선포의 원천으로 인정할 수 있다거나 인정해야 한다고 주장하는 거짓 가르침을 배격한다……
3. 그리스도의 교회는, 예수 그리스도께서 성령을 통하여 말씀과 성례전 안에서 주님으로 현존하시며 일하시는 형제자매들의 공동체다. 용서받은 죄인들로 이루어진 그리스도의 교회는, 악한 세상 한가운데서 주님만이 교회의 주인이시며, 따라서 교회는 주님의 오심을 기다리는 가운데 그 분의 위로와 인도하심만을 의지해 살아가며 또 그렇게 살기를 원한다는 사실을, 자신의 믿음과 순종으로, 선포와 직제로 증언해야 한다. 우리는 교회가 자신이 선호하는 것을 이루기 위해 또는 널리 유행하는 이념적이고 정치적인 신념 *der jeweils herrschenden weltanschaulichen und politischen Uberzeugungen*을 따르기 위해 자신에게 맡겨진 선포와 직제의 형태를 자

유롭게 포기해도 된다고 주장하는 거짓 가르침을 배격한다.……

5. 성경의 명령에 의하면, 국가는 아직 구속받지 못한 세상—교회가 존재하는 자리다—속에서 하나님의 지시를 따라*nach gottlicher Anordnung*, 인간의 판단과 역량에 맞추어 무력을 행사하고 압박함으로써 정의와 평화를 수립해야 하는 의무가 있다. 교회는 하나님 앞에서 감사와 존경하는 마음으로 하나님의 이러한 명령을 은혜로 인정한다. 교회는 하나님의 나라와 계명과 의를 분명하게 드러내며, 그렇게 함으로써 다스리는 자와 다스림을 받는 자 모두의 책임을 분명하게 제시한다. 교회는 하나님께서 만물을 유지하시는 수단인 하나님 말씀의 능력을 신뢰하고 순종한다. 우리는, 국가가 자기에게 맡겨진 특정한 사명을 벗어나 인간의 삶에 유일한 최고의 권위가 될 수 있고 또 그렇게 되어야 마땅하다고 생각하면서, 국가의 소명뿐만 아니라 교회의 소명까지 성취할 수 있다고 주장하는 거짓 가르침을 배격한다. 또 우리는, 교회가 자기에게 맡겨진 특정한 사명을 벗어나 국가에게 속한 독특한 특성이나 과업, 권위를 차지할 수 있고 또 당연히 차지한다고 생각하면서, 스스로 국가의 한 기관이 되어야 한다고 주장하는 거짓 가르침을 배격한다.

논평

「바르멘 선언」(1934년, 「독일 복음주의 교회의 현상황에 대한 신학적 선언」이라고도 부른다)은 많은 사람이 "독일 기독교인들"과 "나치 정권"의 야합이라고 보았던 상황에 직면해서, 독일 개신교회의 온전성을 지켜 내는 일에 관심을 쏟았다. 이 문헌은 참된 그리스도의 교회는 세속의 어떤 인물이나 규범이나 가치가 아니라, 예수 그리스도께 충성해야 한다고 주장한다. 특히 교회의 일에서 국가가 담당하는 역할을 명료하게 밝히는 데 관심을 쏟는다. 독일 루터교회는 루터의 '두 왕국론'에서 적지 않은 영향을 받았다. 비평가들이 볼 때 루터의 이론은 국가에게 과도한 힘을 부여해서 국가가 교회에게 지나친 영향을 끼치도록 했으며, 그 결과 아돌프 히틀러가 자기 목적에 맞게 독일 기독교를 개조할 수 있는 길을 열어 주었다.

생각해 볼 물음들

❶ 이 문헌은 그 당시 아돌프 히틀러가 권력을 쟁취하면서 생겨난 여러 가지 관심사를 다룬다. 여러분은 어떤 논점에서 이 관심사들을 확인할 수 있는가?

❷ 이 문헌의 각 항은, 먼저 긍정적인 가르침을 밝히고 이어서 용납할 수 없는 견해들을 배격하는 형태로 이루어진다. 위에 언급한 세 개의 항목에서 긍정적 명제들과 배격하는 명제의 관계를 설명해 보라.

7.25

스티븐 찰스 니일

: 교회의 거룩성과 선교

20세기가 시작되면서 교회의 선교적 본질에 대한 관심이 새롭게 증가했다. 이러한 발전에 크게 기여한 두 사람—스티븐 찰스 니일Stephen Charles Neill, 1900-1984과 레슬리 뉴비긴Lesslie Newbigin, 1909-1998—은 똑같이 인도에서 기독교 주교로 사역했고, 인도의 상황 속에서 그들이 지녔던 기존의 교회 본성 이해가 도전받는 경험을 했다. 이 글은 1937년 인도 남부의 산간 마을인 코다이카날에서 개최된 선교사 모임에서 스티븐 니일—당시 틴네벨리의 주교였다—이 행한 강의에서 인용했다. 이 글에서 니일은, 선교를 선택 사항이 아니라 필수적인 일로 인정하는 새로운 교회 이해를 개발하는 것이 중요하다고 역설했다. 니일은 자신이 이해한 교회의 '거룩함'이라는 틀 안에서 선교 이론을 다진다7.27, 7.32, 7.33 참조.

우리는 교회가 여전히 불완전하고 완성되지 못한 상태에 있다고 생각하며, 신앙이란 불완전하고 성숙하지 못한 현실 속에서도 하나님의 온전하고 원대한 계획을 알고 그것을 향해 나아가는 것이라고 믿는다. 하나님의 계획은 그리스도 안에서 만물을 하나 되게 하시고, 만물이 모든 이름 위에 뛰어난 그분의 이름에 무릎 꿇게 하시는 것이다. 이 일은 하나님께서 교회에게 두신 계획이요 세상의 기초를 놓을 때부터 그분의 마음속에 있었던 것이지만, 극히 변덕스럽고 완악한 세상 속에서는 매우 더디게 이루어지고, 인간의 저항에 막혀 좌절되며, 우리 눈으로 보듯이 고통스러울 정도로 느리고 불확실하게 그 목적을 향해 나가고 있다.

내가 아래서 몇 가지 명제로 간략하게 제시한 거룩한 목적을 이루는 일에 교회가 적극적으로 자신을 바쳐 헌신할 때에야 비로소 교회는 당당하게 보편적이라는 이름을 내세울 수 있다. 그 목적은 온 세상에 널리 하나님의 가시적인 나라를 확장하는 일, 성경을 통해 개략적으로 우리에게 주어져서 이제까지는 매우 불완전하게 이해할 수밖에 없었으나 하나님께서 역사에 두신 큰 목적이 완성될 때 완전히 밝혀질 하나님의 진리를 활짝 열어 증언하는 일, 부자와 가난한자, 높은 자와 낮은 자를 가리지 않고 모든 사람을 복음의 교제 속으로 이끄는 일, 성령을 통해 우리에게 부어진 하나님의 은총을 삶의 모든 조건과 환경 속에서 완벽하게 드러내는 일 등이다. 가시적인 교회가 실패하고 빈곤한 처지에 있는 것을 보고 참 많은 사람들이 안타까워한다. 그렇더라도 우리는 마음을 곧추세워 하나님을 바라보고, 아직은 도달하지 못했지만 하나님의 창조 목적에 속했으므로 결코 무너지지 않을 완성을 믿고 바라보아야 한다.……

교회를 거룩하다고 부를 수 있는 이유는, 교회에 속한 모든 구성원이 그리스도의 삶을 본받아 살기 때문이 아니라, 구성원들이 친교 안에서 그리스도의 성품과 삶을 재현하는 일을 큰 목적으로 삼아 일치를 이루기 때문이다. 거룩함은 지금 당장 이룰 일이 아니라 미래의 목표다. 많은 종파들이 배척을 수단으로 삼아 교회를 거룩한 곳으로 만들려고 애썼다. 교회는 교인 자격의 기준을 갈수록 엄격하게 세웠고, 그에 비례해 부적격자를 배척할 권한도 더욱 엄격히 행사했다. 그 결과는 실질적인 거룩함과 거리가 멀었고, 죄를 감추어 버리는 위선 또는 죄인의 회복보다는 정죄를 목표로 삼는 바리새주의로 나타났다. 복음서들을 통해 알 수 있듯이, 그리스도를 자신들의 공동체에서 철저히 배척했던 사람들은 바리새인과 위선자들이었다. 참된 교회는 사람들을 있는 그대로, 연약하고 불완전한 모습대로 용납하고, 그들을 교회의 사명에 동참하게 하여 재창조와 갱신에 헌신하도록 이끌어 준다.

논평

니일이 강연했던 때는 제2차 세계대전이 발발하기 전날이었는데, "선교적 교회" 운동—교회는 자기 정체성과 실천의 측면에서 확고한 선교적 의도를 지녀야 한다고 주장하는 운동—이 활발하게 일어나기 20년 전이었다. 이 강의에서 니일은 교회의 사명(선교를 포함한다)을 규명하며, 그러한 사명을 지지하고 지속하기 위해 어떤 교회관이 필요한지에 대해 논의한다. 이러한 그의 논의는 아우구스티누스의 교회 개념과 연결되는데, 이 개념에 따르면 교회의 목표는 본성에서가 아니라 열망에서 '거룩한' 사람들에 의해 성취된다.

생각해 볼 물음들

❶ 니일이 교회의 형편없는 상태를 강조하고 교회의 불완전함 때문에 좌절하는 모습에 주목하라. 이것은 "온 세상에 널리 하나님의 가시적인 나라를 확장하는 일"이라는 교회의 목표에 어떤 영향을 미치는가?

❷ "거룩함은 지금 당장 이룰 일이 아니라 미래의 목표다." 니일의 이 말이 의미하는 것은 무엇인가? 그는 바리새인과 서기관들의 이야기(눅 18:9-14)를 사용해서 어떻게 이 주장을 옹호하는가?

이브 콩가르

: 교회의 계층체제

프랑스의 도미니크회 저술가인 이브 콩가르Yves Congar, 1904-1995는 제2차 바티칸 공의회에서 신학 자문역으로 주요 역할을 수행했다. 콩가르는 특히 20세기 가톨릭의 교회의 본질과 관련한 논의에서 두드러진 영향을 끼쳤다. 1951년에 프랑스어로 출간된 주요한 신학저술에서 인용한 아래 글에서 콩가르는 교회의 삶에서 평신도가 차지하는 위치를 다루면서, 교회가 왜 계층체제 구조를 지니는가 하는 문제에 대해 성찰한다7.5, 7.7, 7.13, 7.22, 7.27 참조.

본문

교회는 건축 중인 건물, 예를 들어 예배당에 비교할 수 있다. 세상은 석재를 공급하는 채석장이다. 거친 돌을 가져와 최종 위치에 배치해서 완성할 때까지는 많은 요소가 빠짐없이 필요하다. 망치와 끌, 운송 수단, 비계와 사다리, 기중기, 감독하는 건축가와 근면한 노동자 등이다. 건축가의 설계대로 모든 돌이 제자리에 놓이고 교회가 완공되면, 더 이상 필요 없는 비계와 기타 모든 물건은 치워지고 일꾼들은 쉼을 얻는다. 그리스도의 몸이 하늘에서 최종 상태에 도달하면, 계층체제인 사제직의 중보 행위도 더는 필요 없고 신앙의 교도권, 다스리는 권위, '교의', 법, 성례전도 존재하지 않게 된다. 하나님께서 만유의 주님이 되실 것이기 때문이다(고전 15:28). 그때 인간은 구원받아 다시 태어나고 외적인 것들은 중단될 것이기에, 지상 교회의 조직, 계층체제, 성전, 권세들, 교회의 법적 제도와 회당 등 기다림과 변화의 시대—성사*sacramentum*가 아직 완벽한 실재*res*가 아닌 때—에 속한 모든 것은 사라지게 될 것이다. 혹시 영적 실재들을 외적으로 표현한 것이 일부 여전히 존재한다고 해도, 그것은 외적 현상들을 의지해 외부에서 내부로 들어가 그 실재들을 드러내 보이기 위한 것은 아닐 것이다. 오히려 그 목적은 넘치는 공덕으로 영광의 요소를 제시함으로써, 영적 실재들에 대해 가르치고 계몽하는 데 있다고 보아야 할 것이다. 다시 말해 내부에서 외부로 나아가 진리와 생명의 완전한 내면성과 결코 대립하지 않는 그 실재들을 보여주는 데 있다. 바로 이런 이유에서 요한은 천상의 예루살렘(갈 4:26, 이곳은 완전히 자유로운 곳이다)을 다음과 같이 묘사한다. "나는 그 안에서 성전을 볼 수 없었습니다. 그것은 전능하신 주 하나님과 어린 양이 그 도성의 성전이시기 때문입니다. 그 도성에는 해나 달이 빛을 비출 필요가 없습니다. 그것은, 하나님의 영광이 그 도성을 밝혀 주며, 어린 양이 그 도성의 등불이시기 때문입니다"(계 21:22-23, 또한 계 22:3-5 참조). 거기서 우리는 메시아의 약속이 온전히 성취되는 것(사 40:1-9)과 예레미야가 다음과 같이 선포하는 새 언약의 결과를 본다. "나는 나의 율법을 그들의 가슴 속에 넣어 주며, 그들의 마음 판에 새겨 기록하여, 나는 그들의 하나님이 되고 그들은 나의 백성이 될 것이다.……그 때에는 이웃이나 동포끼리 서로 '너는 주님을 알아라' 하지 않을 것이니, 이것은 작은 사람으로부터 큰 사람에 이르기까지 그들이 모두 나를 알 것이기 때문이다"(렘 31:33-34, 또한 히 8:10-11 참조).

그러나 이 땅에 있는 예루살렘은 위에 있는 예루살렘의 시작이요 전조일 뿐이다. 이 땅 위의 예루살렘은 이뤄져 가는 중이고 인간은 하나님을 향한 순례 중에 있으므로, 그 예루살렘은 외면적인 요소를 지니고, 이런 의미에서 '율법'(이 말은 갈라디아서의 몇몇 구절들과 관련해 분명 난점들을 제기하기는 한다)을 지니게 된다. 형이상학적으로 볼 때, 합당한 원리는 다음과 같다. 행동이 그 규범에 합치하지 않으면, 그 행동의 외부에서 규칙이 작동한다. 다시 말해, 우리의 자유 안에서 선이 온전히 이뤄지지 않으면 율법이나 훈육이 작동하고, 진리가 정신을 가득 채우지 않으면 훈계가 작동하며, 살아있는 사람에게서 생명의 샘이 분출하지 않으면 외부로부터 양식이 공급된다. 여기서 우리는 신학과 기독교의 관점에서 하나님의 계획, 곧 하나님의 구원하시는 경륜의 법을 해석하기만 한다. 그 계획의 목적은 하나님께서 만유의 주님이 되시고, 그의 피조물은 그분의 성전이 되며, 인간은 그분의 생명을 이루는 협조자가 되는 것이다. 이 일을 이루기 위해 하나님께서는 우리 세상 안에서, 좀 더 정확히 말해 인간 본성의 깊은 곳에서 한 가지 수단을 선택하셨는데, 그것이 바로 성육신이다. 그래서 처음부터 하나님께서는 우리가 그분과 나누어야 하는 하나 됨의 교제를, 그것을 성취할 수단인 인간 예수 그리스도의 중보(딤전 2:5)와 이어놓으셨다. 이렇게 해서 하나님께서는 당신의 생명을 우리에게 주시면서 당신의 방식이 아니라 우리의 방식에 따라 일하신다. 거룩한 생명의 궁극적 실재 가운데서 우리에게 주시는 것이 무엇이든, 그것은 (그리스도의) 인성의 성사*sacramentum humanitatis*를 통해 주어진다. 다시 말해, 오메가 안에는 알파로부터 오지 않은 것이 아무것도 없고, 그리스도께서 우리를 위해 몸을 입고 나타나 일하고 고난당하신 일로부터 오지 않은 것이 아무것도 없다.

따라서 그 성사는 십자가 위에서 유일하게 이루어진 '성사'인 "다 이루었다"*Consummatum est*라는 말씀을 통해 그리스도께서 만물을 아버지께로 돌려드릴 때까지 이어질 것이다. 그때 비로소 하나님께서는 만유의 주님이 되실 것이고, 오직 그때에야 '달이 다할 때까지'*donec auferetur luna* 이어지는 밤 동안 인간이 의지하며 살아야 할 중보 체제는 끝나게 될 것이다.

제도로서의 교회는 이러한 중보의 일을 수행하는 것 외에 다른 의미를 지닐 수 없다(전통적인 상징 체계에서는 교회가 달에 비유된다). 교회를 제도로 오해하는 사람들은 외면적 요소, 곧 '율법'의 존재 이유를 오해하는 사람과 같으며, 이런 태도로 인해 그릇된 판단을 내린다. 바로 이러한 이유에서 그들은 계층체제인 구조의 의미를 완전히 오해하게 된다. 계층체제는 제도로서의 교회를 이루는 한 가지 면모이고, 현존하는 중보 제도의 한 가지 요소일 뿐이다.

논평

제2차 세계대전이 끝난 후, 바뀐 사회 분위기로 인해 '권위'와 '권력'이라는 개념에 의혹이 증가했고, 이에 따라 교회의 계층체제 구조가 빈번히 비판의 대상이 되었다. 콩가르는 새로워진 가톨릭교회 안에서 평신도가 매우 주요한 역할을 맡는다고 믿기는 했지만, 이것이 사제, 주교, 교황으로 이뤄진 교회의 계층체제를 폐기한다고 보지는 않았다. 콩가르는 교회의 '구조'와 '삶'을 구분하고, 교회의 구조는 그리스도께서 교회의 삶을 가능하게 하기 위해 은총의 수단으로 교회에 부어 주신 것이라고 주장한다.

생각해 볼 물음들

❶ 건축 중인 공사라는 '교회 표상'을 통해 콩가르가 주장하는 논점은 무엇인가? 여러분이 보기에 이것은 얼마나 설득력이 있는가?

❷ 콩가르가 지금 이 땅 위에 존재하는 교회와 장차 천국에서 완성될 교회를 대비시키는 목적은 무엇인가? 천상에 있는 교회 형태가 지금 이 땅 위에 존재하지 않는 이유는 무엇인가?

7.27 ▼

제2차 바티칸 공의회

: 교회의 본질

제2차 바티칸 공의회1962-1965는 현대 세계에서 로마 가톨릭교회의 주요 관심사로 떠오른 쟁점들을 다루었다. 공의회의 세 번째 회기(1964년 9월 14일-11월 21일)에서는 교회의 본질과 선교를 포함하여 여러 가지 문제들을 논의했다. 그 결실로 발표된 「교회에 관한 교의 헌장」—보통 라틴어로 루멘 젠티움*Lumen Gentium*, '인류의 빛'이라고 부른다—은 근래에 등장한 가장 중요한 교회론 문헌들 가운데 하나로 인정받는다. 여기서 살펴볼 본문은 이 문헌에서 인용했다7.8, 7.10, 7.22, 7.32 참조.

6. 구약성경에서는 하나님 나라의 계시를 흔히 상징의 형태로 제시한다. 이와 유사하게 교회의 내적 본질도 여러 가지 표상을 통해 설명한다. 유목생활이나 농사, 건물, 가정생활, 결혼에서 취한 이러한 표상들은 예언서에서 만날 수 있다.

교회는 양 우리이며, 그곳으로 들어가는 유일하고 필수적인 문은 그리스도이시다(요 10:1-10). 교회는 양 떼이며, 하나님께서 친히 그들의 목자가 되시겠다고 말씀하셨다(사 40:11, 겔 34:11-12 참조). 비록 인간 목자들이 양들을 다스리기는 하지만, 선한 목자이며 목자의 우두머리이신 그리스도께서 언제나 그들을 친히 목초지로 이끄시고(요 10:11, 벧전 5:4 참조), 그들을 위해 당신의 목숨을 내어주신다(요 10:11-16 참조).

교회는 하나님께서 경작하시는 밭이다(고전 3:9). 그 밭에서는 예언자들을 거룩한 뿌리로 삼아 옛 올리브나무들이 자라며, 그 밭에서 유대인과 이방인들의 화해가 이루어졌으며 다시 이루어지게 될 것이다(롬 11:13-26). 아주 잘 가꿔진 포도원인 그 밭은 하늘의 농부께서 경작하셨다(마 21:33-34, 사 5:1-2 참조). 하지만 그리스도께서 참포도나무가 되시고, 가지인 우리에게 생명과 열매를 주시며, 우리는 교회를 통하여 그리스도 안에 머물며 그리스도를 떠나서는 아무것도 할 수 없다(요 15:1-5).

교회는 자주 하나님의 집이라고 불린다(고전 3:9). 주님께서는 집 짓는 사람이 버렸으나 집 모퉁이의 머릿돌이 된 돌에 자신을 비유하신다(마 21:42, 또한 행 4:11, 벧전 2:7, 시 118:22 참조). 이 토대 위에 사도들이 교회를 세웠으며(참조. 고전 3:11), 이 토대를 의지하여 교회는 튼튼히 서서 일치를 이룬다. 이 건물은 여러 가지 이름으로 묘사된다. 하나님의 가족이 사는 그분의 집, 성령 안에 사는 하나님의 가족(엡 2:19, 22), 하나님께서 사람들과 함께 사시는 집(계 21:3), 특히 거룩한 성전을 들 수 있다.

돌로 지은 예배 장소를 상징하는 이 성전은 교부들이 매우 소중하게 여기며, 전례에서는 당연히 거룩한 도시, 새 예루살렘에 비교된다. 살아있는 돌인 우리는 여기 이 땅 위에서 그 집을 짓는 데 사용된다(벧전 2:5). 요한은 세상이 새롭게 될 때 이 거룩한 도시가 남편을 위해 단장한 신부와 같이 하나님으로부터 하늘에서 내려오는 것을 보았다(계 21:1-2).

또한 "하늘에 있는 예루살렘"이요 "우리의 어머니"(갈 4:26, 또한 계 12:17 참조)라고 불리는 교회는, 순결한 어린 양의 순결한 신부로 묘사된다(계 19:7, 21:2, 9, 22:17). 그리스도께서 교회를 사랑하셔서 "물로 씻고, 말씀으로 깨끗하게 하여서, 거룩하게"(엡 5:26) 하셨다. 그리스도께서 끊이지 않는 끈으로 교회를 자기와 하나 되게 하셔서 한결같이 "먹여 살리고 돌보"신다(엡 5:29). 그리스도께서 교회를 순결하게 하셔서 자신과 하나 되어 사랑과 신뢰로 순종하기를 바라신다(엡 5:24 참조). 마지막으로, 그리스도께서는 우리가 하나님과 그리스도의 사랑, 곧 모든 지식을 초월하는 그 사랑을 알 수 있도록 교회에게 영원한 하늘의 선물을 부어 주셨다(엡 3:19 참조). 교회는 주님에게서 떨어져 이 세상에서 낯선 땅을 여행하는 동안(고후 5:6 참조) 자신이 포로생활의 처지에 있는 것으로 여긴다. 교회는 그리스도께서 하나님의 오른편에 앉아 계신 저 높은 곳에 있는 것들을 찾고 사모한다. 교회의 생명은 신랑이신 그리스도와 함께 영광 중에 나타날 때까지, 그곳에서 그리스도와 함께 하나님 안에 감추어져 있다(골 3:1-4 참조).

논평

이 글은 「교회에 관한 교의 헌장」에 "교회의 신비"라는 제목으로 실린 제1장에서 인용했다. 1장에서는 많은 성경적 표상과 개념들을 통합적으로 다루면서, 교회의 본질과 사명에 대한 가톨릭교회의 이해를 제시한다. 제2차 바티칸 공의회의 특징은 전체적으로 성경에 호소하는 것에서 볼 수 있는데, 이러한 면모는 이 주제에 대한 가톨릭의 가르침을 철저히 신약성경을 근거로 제시하려는 새로운 관심사가 반영된 것이다.

생각해 볼 물음들

❶ "교회는 하나님께서 경작하시는 밭이다"(고전 3:9). 본문에서 이 구절의 위치를 확인하라. 이 구절에서 제시되는 논점은 무엇인가?

❷ "교회는 주님에게서 떨어져 이 세상에서 낯선 땅을 여행하는 동안(고후 5:6 참조), 자신이 포로생활의 처지에 있는 것으로 여긴다." 이 구절의 위치를 확인하라. 이것은 '도상의 교회'*ecclesia in via*라는 개념을 언급한 것이고, 교회가 비록 세상 안에 있기는 해도 이 세상을 넘어서는 목표와 운명을 지닌다는 사실을 말한다. 이 본문을 바탕으로 이러한 교회론적 특성을 설명해 보라.

7.28 ▼

요한 지지울라스

: 지역 교회와 보편 교회

현대 정교회의 주요 신학자인 요한 지지울라스John D. Zizioulas, 1931 출생는 이 글에서 '가톨릭성' 개념을 설명하고, 그 개념과 지역 교회들의 연관성을 탐구한다. 논의 과정에서 그는 지역 모임을 전체 가톨릭교회의 일부로 인정할 수 있는 여러 가지 특성들을 밝힌다7.29, 7.31 참조.

본문

방금 살펴본 사실에서 교회의 '가톨릭성'catholicity을 '지역성'에 대응하는 것으로 나란히 놓을 수 없다는 결론이 나온다. 가톨릭성은 지역 교회의 필수적인 측면이고, 모든 지역 조직들의 교회성을 판단하는 궁극적 기준이다. 하지만 보편성universality은 별개의 개념으로 확실히 지역성과 대비될 수 있다. 보편성의 개념이 어떻게 지역 교회에 대한 우리의 이해에 영향을 미치는가?

성만찬은 한 지역의 상황에 따른 구분만이 아니라 지리학의 개념으로 제시되는 구분, 곧 세상을 여러 지역으로 나누는 구분도 초월하는 본성을 지닌다. 특정 지역 내의 구분을 넘어서지 못하는 성만찬이 그릇된 성만찬인 것처럼, 세계 내 다른 지역 공동체들로부터 의식적·고의적으로 고립되고 분열된 채 이루어지는 성만찬도 참된 성만찬일 수 없다. 이 사실로부터 한 지역 교회가 지역적이면서 동시에 참 교회일 수 있기 위해서는, 세계의 나머지 지역 교회들과 온전한 친교를 이루어야 한다는 필연적 결론이 나온다.

한 지역의 교회가 나머지 지역의 교회들과 온전한 친교를 이루기 위해서는 다음과 같은 요소들을 갖추어야 한다.

1. 특정한 지역 교회는 모든 지역 교회들의 문제와 관심사를 위해 기도하고 적극적으로 도와주어야 한다. 어떤 지역 교회가 세상의 나머지 교회들에서 일어나는 일에 무관심하다면, 그것은 결코 교회일 수 없다.
2. 하나의 지역 교회와 나머지 지역 교회들 사이에는 복음 및 교회의 종말론적 본질 이해와 관점이라는 면에서 공통 토대가 존재한다. 이 사실은 모든 단일 지역 교회가 전체 지역 교회의 참다운 신앙에 대해 항상 관심을 가지고 지켜볼 것을 요구한다.
3. 이러한 친교를 활성화할 조직들이 제공되어야 한다. 이 점에 대해서는 보다 더 자세히 설명할 필요가 있다.

교회의 지역성이 보편성 요소에 흡수되어 부정되는 일이 일어나지 않기 위해서는, 지역 교회들 간의 친교를 촉진하는 것을 목표로 삼는 사역 조직들이 지역 교회를 지배하는 상부구조가 되지 않도록 최대한 관심을 기울여야 한다. 교회사 전체 과정을 살펴볼 때, 초지역적인 성만찬이나 주교를 세우려는 시도가 전혀 없었다는 사실은 참으로 의미심장하다. 모든 성만찬과 모든 주교들은—최소한 그 본래 의미에서—지역적인 특성을 지닌다. 성만찬의 관점에서 교회를 볼 때, 이 사실은 앞에서 규정한 지역 교회야말로 진정한 교회라고 부를 수 있는 유일한 교회 형태라는 것을 의미한다. 교회의 보편성을 확보하는 것을 목표로 삼는 모든 조직은 새로운 형태의 교회를 창안하는 것이 아니라, 교회들 사이에서 친교의 네트워크를 세우는 일을 한다. 이 사실은 역사가 지지할 뿐만 아니라, 건전한 신학적·실존적 토대에 근거한 것이기도 하다. '보편적 교회'라고 불리는 교회 실체를 지역 교회라는 실체와 대등하게 여기거나 그보다 우위에 놓는 방식으로 교회 구조를 보편화한다면, 그것은 불가피하게 특정 지역의 상황과 다른 이질적 문화 및 기타 요소들을 교회 개념 속으로 끌어들이게 될 것이다. 한 문화를 나머지 문화들에 악의적으로 강요하지 않는 한, 문화가 획일적으로 보편화되는 현상은 일어날 수 없다. 무엇보다도 역사와 종말론 사이의 변증법—이것이 성만찬 자체의 핵심 요소다—을 부정하지 않고서는 보편적 '기독교 문화'를 꿈꾸는 것도 가능하지 않다. 그러므로 보편적 수준에서 문화적 구분들을 초월하는 일—이것은 교회의 항구적 목표라 할 수 있다—이 가능하다면, 그 일은 보편적 교회를 뜻하는 보편적 조직을 통해서가 아니라 특정한 지역 교회들 안에서 그 교회들을 통해 표현되는 지역 상황들을 매개로 해서 이루어져야 한다. 지역 교회를 배제한 보편적 교회는 문화와 동떨어진 교회이거나—보편적 문화라는 것은 아예 존재하기 않기 때문에—아니면 특정 문화를 찬양하거나 그 문화를 세상에 직간접적으로 강요하는 그릇된 방식으로 문화 속에 자리 잡은 교회이기 때문이다.

결론적으로 말해, 지역 교회들의 친교를 촉진하는 것을 목표로 삼는 모든 교회 조직들(예를 들어, 모든 유형의 교회 회의와 공의회들)은 교회론적인 의미를 지니며, 언제나 교회론에 비추어 파악해야 한다. 하지만 그런 교회 조직들이 앞서 언급한 심각한 위험 요소들이 없는 교회 형태들이라고 여겨서는 안 된다.

논평

이 글에서 지지울라스는 중앙 집중적이고 계층체제적인 교회 이해에 비판적인 정교회 교회론을 제시한다. 교회는 중앙 집중화된 보편적 조직으로 여겨져서는 안 되고, 오히려 지역 문화에 민감한 방식으로 '육화'되어야 한다. 지지울라스가 반박하는 기본적인 교회 모델은 제1차 바티칸 공의회가 제시한 모델이다. 제2차 바티칸 공의회의 교회 이해는 이 글에서 제시하는 비판들에 대해 훨씬 덜 취약하다는 점을 염두에 두라.

생각해 볼 물음들

❶ 지지울라스가 '지역 교회'라는 말로 의미하는 것은 정확히 말해 무엇인가? 그것은 어떻게 정의되는가? 그것의 특징들은 무엇인가? 지역 교회의 '보편성' 곧 '가톨릭성'은 어떻게 이해되고 유지될 수 있는가?

❷ 지지울라스는 교회의 본성을 바르게 이해하는 일에서 성만찬이 핵심적인 중요성을 지닌다고 본다. 그의 '성만찬적인' 교회 이해를 여러분의 말로 설명해 보라.

7.29 ▼

에이버리 덜레스
: '가톨릭성'의 의미

미국의 가톨릭 신학자인 에이버리 덜레스Avery Dulles, 1918-2008는 교회의 가톨릭성catholicity 개념을 세세하게 논한 글의 결론 부분에서 '가톨릭'이라는 용어가 기독교 역사에서 사용되어 온 다섯 가지 일반적 방식을 제시한다 7.4, 7.9, 7.14, 7.28 참조.

본문

'가톨릭'이라는 용어는 첫 글자를 대문자로 쓰든 소문자로 쓰든 상관없이 다양한 수준의 의미를 지닌다……여기서는 다음과 같은 다섯 가지 의미로 정리할 수 있다.

1. '가톨릭성'의 형용사 형태.……이런 의미에서 가톨릭이라는 말은 우주적 본성에 뿌리를 내린 보편적 공동체, 곧 시간과 공간의 한계를 넘어서며 하나님의 자기 소통에서 비롯되는 보편적 공동체에 속한다는 것을 뜻한다. 이런 의미의 '가톨릭'에 반대되는 것은 '분파'라는 말이다.
2. '지역적인' 또는 '특수한'이라는 말과 반대되는 '보편적인'이라는 뜻. 이런 의미는 초기의 교회 교부들, 특히 안티오키아의 이그나티우스와 순교자 폴리카르푸스의 중요한 문헌들에서 사용된 '가톨릭'이라는 말의 일차적인 의미로 볼 수 있다. 물론 이 문헌들의 정확한 해석과 관련해서는 일부 다른 의견도 있다.
3. '거짓의' 또는 '이단의'라는 의미와 대조되는 '참된' 또는 '진짜의'라는 의미. 이 용어를 이처럼 논쟁적 의미로 사용한 것은 특히 기원후 150년 이후의 많은 교회 교부들에서 발견되며, 우리 시대에는 그리스 정교회 신학자들 사이에서 많이 사용되고 있다.
4. 시공간 속에서 이루어지는 가시적인 연속성 또는 신조와 성례전과 역사적인 주교직 같은 사회적이고 제도적인 조직들에 의한 가시적 매개를 특히 중요하게 여기는 기독교 유형. 이런 의미의 '가톨릭'Catholic, 대문자 C로 표기한다 이라는 말은 세계교회협의회 암스테르담 총회1948에서 두드러지게 사용되었다. '프로테스탄트'가 이에 대응하는 말로 사용되었는데, '은사주의적'charismatic 이나 '신비적'이라는 말을 적합한 대응 개념으로 볼 수 있는 사례도 있다.
5. 세상 속에 하나의 사회로 조직되고, 베드로의 계승자인 로마의 주교 및 그와 연결된 주교들이 다스리는 교회를 가리키는 명칭. '가톨릭'이라는 말이 위에서 살펴본 다양한 의미를 지니는 까닭에, 에큐메니칼 진영에서는 이 사회 조직을 가리켜 일반적으로 '로마가톨릭'Roman Catholic 이라는 용어를 사용한다.

논평

덜레스는 '가톨릭성'이라는 용어를 정확하고 명료하게 해석해서 다섯 가지 의미로 제시한다. 이 본문은 논평이 필요 없을 만큼 명료하다.

생각해 볼 물음들

❶ 예루살렘의 키릴로스가 가톨릭성이라는 주제에 대해 쓴 글7.4을 살펴보라. 덜레스가 제시한 다섯 가지 논점 가운데 어느 것을 키릴로스의 논의에서 볼 수 있는가? 어떤 주제들이 빠졌는가?

❷ 토마스 아퀴나스7.9와 필리프 멜란히톤7.14의 견해들을 살펴보고, 위의 질문에서 요구한 과정을 반복해 보라. 여러분이 관찰한 것을 어떻게 설명하겠는가?

7.30

스탠리 하우어워스

: 신앙의 이야기와 교회

흔히 '후기자유주의'로 알려진 운동은 교회의 공동체적 중요성을 특별히 강조하고, 그 독특한 개념과 가치 체계를 통해 교회의 특성을 밝힌다. 듀크 대학교 신학부의 길버트 로우 명예 교수인 스탠리 하우어워스Stanley Hauerwas, 1940 출생는 이 이론을 대표하는 주요 인물이고, 특히 기독교 윤리학 분야에서 탁월한 저자로 널리 인정받는다. 1981년에 출간된 초기 저서인 『성품의 공동체』*A Community of Character*에서 인용한 이 글에서 하우어워스는 교회의 중요성을 윤리적인 논의와 실천의 측면에서 설명하고, 기독교적 이야기를 통해 어떻게 교회의 독특한 정신을 유지할 수 있는지에 대해 논한다7.1, 7.2, 7.12, 7.16, 7.24, 7.33 참조.

하지만 신학 성찰에서 이야기narrative의 중요성을 강조하는 것은 단순히 성경 자료들의 형태에 대해서만 논하는 것이 아니라, 하나님의 본성, 자아, 세상의 본질에 관해서도 주장하는 것이다. 우리는 '이야기의 사람들'storied people인데, 그 이유는 우리를 지탱하는 하나님께서 '이야기의 하나님'storied God이시며, 우리는 하나님의 성품과 조화되게 우리 성품을 다듬음으로써만 하나님을 알 수 있기 때문이다.……

따라서 기독교적 신념들의 진리를 헤아리는 일에서 교회의 존재는 무시해도 상관없는 부차적이거나 우연한 요소가 아니다. 교회 자체와 개체로 존재하는 교회에서 실천하는 사회 윤리는 기독교인들이 그들의 신념이 참된 것이라고 생각할 수 있게 해주는 본질적 근거가 된다. 세상은 하나님의 피조물이요 하나님의 구속에 종속된 것인데도 불구하고, 종말론적인 면에서 보면 언제까지나 하나님의 통치를 거부하는 영역으로 남게 되리라는 것이 기독교의 핵심적인 신념이기 때문이다. 자기 사명에 충실하지 못한 때가 많았던 교회는 최소한 하나님 나라의 징표가 되도록 맡겨진 권리를 지켜내야 하고, 그렇게 해서 이 세상이 죄로 인해 불순종하는 처지에 있어도 여전히 하나님께서 지으신 특성을 지닌다는 점을 바르게 보여줄 수 있는 제도적 공간을 제공해야 한다. 기독교적 신념들은, 이 세상의 본질을 정확하게 꿰뚫어 볼 수 있게 해주는 공동체를 세우는 역량을 지닐 수 있는지에 따라 그 윤리적 중요성이 판가름 난다.

기독교인의 사회 윤리는 이 세상을 좀 더 '공정한' 곳으로 만들려는 전략들을 개발하는 데서 출발하는 것이 아니라, 이스라엘과 예수의 이야기들 속에 계시되고 우리가 체험하는 하나님의 신실하신 성품에 의해 다듬어지고 세워지는 사회를 건설하는 일에서 시작해야 한다. 하나님에 관한 놀랍고도 풍요로운 이야기들은 교회에게 이런 이야기들을 들려주고, 그 이야기에 따라 자신들의 삶을 세우려고 애쓰는 담화와 해석의 공동체가 되라고 요청한다. 따라서 전체 신자들의 몸인 교회는 하나의 특정한 역사적 패러다임에 한정되거나 제도적 형식에 갇힐 수 없다. 오히려 본성상 하나님에 관한 이야기들은, 다른 사람들이 전통을 본받아 신실하게 살고자 애쓰는 가운데 깨달은 것에 늘 도전을 받아 자신들도 그 이야기를 이해하려고 애쓰는 사람들을 필요로 한다. 교회는 전통을 통해서만 존재하고 자랄 수 있기 때문이다. 전통은—오랜 세월에 걸쳐 제의와 관습으로 유지되어 온 기억으로서—기독교의 이야기들이 필요로 하는 토론의 자리와 울타리를 제공해 준다. 최근 프랭크 커모드Frank Kermode가 깨우쳐 주었듯이, 내러티브의 해석은 다른 내러티브를 통해 이루어진다. 사실 내러티브는 그 자체가 이미 해석의 한 형태이고, 내러티브의 능력은 더욱 풍성한 내러티브들이 자라나기에 족한 해석 공동체를 세울 수 있는 잠재력에 의해 결정된다.

기독교적 신념들의 내러티브 형태를 강조하는 일은 불가피하게 기독교 윤리가 전적으로 기독교적이어야만 한다는 의미로 이어질 수가 있다. 이러한 태도는 기독교인들이 자신들과 신념들을 공유하지 않는 사람들과 이룬 협력을 위태롭게 하는 것처럼 보인다. 더 심한 경우 이런 태도는 교회가 세상을 위해 봉사하는 일에 더 이상 관심을 쏟지 않는 종교적 폐쇄 집단으로 퇴보하는 일을 정당화할 수도 있다. 그럴 경우 새롭기는 하나 전혀 성숙하지 못한 부족주의라는 결과를 낳게 된다. 하지만 교회는 결코 '부족주의'에 속하지 않으며, 그렇게 될 수도 없다. 오히려 교회는 우리가 사는 세상이 사실상 산산이 분열되어 부족주의적인 처지에 매여 있는 현실을 깨닫게 해주는 공동체다.

세상이 집착하는 편협한 가치들을 해석하고 그 대안을 제시할 수 있는 교회의 능력은, 우리 공동체의 안팎에서 우리와 다른 모습으로 살아가는 사람들의 삶의 의미를 우리에게 들려주는 그 이야기—분명히 특별한 이야기다—로부터 나온다.

논평

교회는 기독교의 이야기로 다듬어진 개념과 가치를 지닌 공동체라는 것이 하우어워스의 핵심 주장이다. 기독교의 내러티브는 기독교적 개념과 가치들을 증언하기도 하고, 사물의 존재 방식에 관한 진리를 외칠 수 있는 사람들의 공동체를 세울 힘을 지닌다. 윤리는 무엇이 '의로운가'에 관해 의견일치를 이루는 일에서가 아니라, 기독교적 이야기가 보여주는 하나님의 성품을 분별하는 데서 시작한다. 기독교 윤리란, 근본적으로 이렇게 드러나는 하나님의 진리에 자기 삶을 일치시켜 세워 가려는 노력이다.

생각해 볼 물음들

❶ 하우어워스는 교회와 교회의 이야기 사이의 관계를 어떻게 설명하는가? 이러한 논의를 펴는 하우어워스의 분석에서 내러티브는 왜 그렇게 중요한가? 그는 우리가 '이야기의 사람들'이라고 말하는데, 그 의미는 무엇인가?

❷ 하우어워스가 '부족주의'라는 말로 의미하는 것은 무엇인가? 하우어워스는 자신의 견해가 교회를 '부족주의'에 빠지게 하거나 일종의 폐쇄 집단으로 주저앉게 만든다고 생각하는가? 여러분은 어떻게 생각하는가?

7.31 ▼

게오르그 드라가스

: 정교회의 교회 개념

정교회 교회론의 주요 특징 가운데 하나는 성찬의 실천을 토대로 삼아 교회론을 이해한다는 점이다. 매사추세츠 브루클라인에 있는 홀리크로스 그리스정교회 신학교의 교부학 교수로 있는 게오르그 드라가스George Dragas, 1944 출생가 정교회 교회론을 요약해 보여주는 이 글에서 그 점을 분명히 확인할 수 있다. 이 글에서 드라가스는 정교회 교회 개념의 삼위일체론적 토대를 제시하고, 이어서 교회 개념이 어떻게 그리스도의 인격과 성찬에 참여하는 것을 근거로 삼고 있는지 밝힌다7.27, 7.32 참조.

본질상 교회는 삼위일체 하나님의 교회로 이해되어야 한다. 거룩한 삼위일체가 교회를 있게 하는 궁극적 기초이자 원천이며, 교회 그 자체는 하나님의 형상과 모양으로 존재한다. 이렇게 복되신 삼위일체의 형상을 지닌 것에서 교회의 존재 형태가 나오며, 이러한 형태는 실제로 교회의 본질을 보여준다. 하나님 안에 있는 교회는 삼위일체로 계신 하나님의 단일성을 세상에 드러내 보인다. 하나님의 본질에 속한 것이 은총을 통해 교회에게 허락된다.

삼위일체의 은총은 교회의 본성을 이해하는 출발점이고, 특히 성령이 하나의 삶과 존재를 공유하듯이 교회가 다양성 속에서 단일성을 이룬다는 사실을 이해하는 출발점이 된다. 서로 구분되고 독특한 세 위격들은 삶과 본질에서 하나다. 이와 비슷하게 교회는 삶과 존재의 단일성 안에 있는 동등한 인격들의 다양성을 드러내 보인다. 하나님과 교회 사이에 차이가 있다면, 하나님의 경우 단일성 속의 다양성은 진리인 데 반해, 교회의 경우 단일성 속의 다양성은 그 진리에 참여하는 것에 불과하다는 점이다. 교부들의 언어로 말하자면, 전자는 우시아*ousia*, 본질인 반면, 후자는 메투시아*metousia*, 참여이다. 그러므로 하나님의 세 위격들이 삶과 존재에서 지니는 단일성은 교회의 인격들이 삶과 존재에서 이루는 단일성의 원형이다. 그리스도는 교회를 위해 이렇게 기도하셨다. "아버지, 아버지께서 내 안에 계시고, 내가 아버지 안에 있는 것과 같이, 그들도 하나가 되어서 우리 안에 있게 하여 주십시오. 그래서 아버지께서 나를 보내셨다는 것을, 세상이 믿게 하여 주십시오." 단일성의 표지는 협력과 사랑이지 예속이 아니다. 삼위일체의 은총에 기초한 정교회의 삼위일체 이론은 정교회 교회론을 위한 기본적인 존재론적 범주를 제공해 준다. 교회는 성 삼위일체의 이콘*eikon*이며, 하나님의 은총에 참여하는 존재다.

교회는 어떻게 하나님의 신비와 은총에 참여하는가? 메투시아 테우*metousia Theou*, 하나님의 본질에 참여함는 어떻게 이루어지는가? 교회는 어떻게 성

삼위일체의 이콘이 되는가? 아주 간단히 말해, "그리스도 안에서, 그리스도를 통해"라는 구절로 답할 수 있다. 그리스도는 하나님의 형상대로 지음 받은 존재인 교회와 인간을 삼위일체 하나님의 형상에 결속시키는 끈이 된다. 그리스도 안에서 우리는 이콘과 카타이콘*kat'eikon*, 형상을 따라 존재하는 것을 모두 갖는다. 따라서 우리는 교회를 그리스도의 교회로서 삼위일체 하나님의 교회라고 말해야 한다. 성삼위일체와 그리스도론의 연계, 곧 신학과 경륜의 연계는 교회론에서도 그와 비슷한 연계를 필요로 한다. 교회가 그리스도 안에 있고 그의 은총에 참여하는 한, 교회는 삼위일체 하나님의 형상으로 존재하며, 삼위일체의 은총에 참여한다. 인격체들이 삶과 존재에서 이루는 단일성은 이러한 그리스도의 경륜을 벗어나서는 성립할 수 없으며, 바로 여기서 우리는 신약성경이 '그리스도의 몸'이라고 부르는 것과 마주서게 된다.

그리스도는 교회의 머리이고, 교회는 그리스도의 몸이다. 바로 이러한 그리스도론의 관점에서 우리는 교회 안에 존재하는 단일성 속의 다양성을 보다 더 바르게 이해하게 된다. 이 그리스도의 몸이라는 개념은 흔히 거룩한 성찬과 결합되는데, 성찬에서 그분의 몸이 계시되고 현실화하기 때문이다. 거룩한 성찬에서 우리는 머리이신 온전한 그리스도와 몸인 교회를 만난다. 하지만 성찬은 수많은 장소에서 다양하고 많은 모임들을 통해 거행된다. 그렇다면 이것은 그리스도의 몸이 여럿이라는 것을 뜻하는가? 그렇지 않다. 머리는 하나이고 성찬으로 기념하는 몸(그리스도께서 성육신으로 취하신 바로 그 몸)도 하나로서, 널리 퍼져 있는 수많은 집단이 이 몸에 통합되기 때문이다. 주님은 당신의 하나뿐인 몸을 모든 사람에게 주셨듯이 친히 많은 장소에 나타나셨으며, 그래서 사람들은 그분의 몸에 참여해 그분과 하나가 되고 다른 사람들과도 하나가 된다. "빵이 하나이므로, 우리가 여럿이라도 한 몸입니다. 그것은 우리 모두가 한 덩이 빵을 함께 나누어 먹기 때문입니다." 성찬을 통해 그리스도의 몸이 계시되는 곳에서는 아무리 많은 장소와 모임이라도 그 단일성을 가로막는 장애가 되지 못한다.

논평

드라가스의 글은 매우 명료하고 깔끔하기에 이 본문에 대한 논평은 거의 필요하지 않다. 하지만 드라가스가 교회론을 풀어 가는 과정은 매우 중요하기에 주목해서 살펴볼 필요가 있다. 그는 교회론의 삼위일체론적 토대를 강조하는 것으로 시작해서, 그다음에는 그리스도론을 근거로 교회론을 굳게 다지며, 마지막으로 그리스도에 참여하는 일을 성찬과 연결시켜 설명한다.

생각해 볼 물음들

❶ 드라가스가 제시하는 교회에 대한 관점을 여러분의 말로 요약해 보라. 그가 "그리스도는 교회의 머리이며, 교회는 그리스도의 몸이다"라는 말로 의미하는 것은 무엇인가?

❷ 드라가스는 자신의 교회론을 어떤 방식으로 하나님의 존재와 행위 속에 세우는가? "성삼위일체와 그리스도론의 연계, 곧 신학과 경륜의 연계는 교회론에서도 그와 비슷한 연계를 필요로 한다"라는 중요한 언급에 초점을 맞춰 살펴보라.

요한 바오로 2세 교황

: 평신도와 선교

7.32 ▼

전통적으로 가톨릭교회는 다양한 등급으로 이루어진 성직제도에 힘과 권위가 집중된 계층체제의 특성이 강한 것으로 생각되어 왔다. 그러나 근래 발표된 교황 문헌들은 평신도들이 특히 교회의 선교를 확장시키는 일에서 중요한 역할을 맡는다고 강조한다. 제2차 바티칸 공의회에서 발표한 "평신도 사도직"에 관한 교령에서는 복음전도에서 평신도가 맡는 중요한 역할을 강조하고, 특히 세속 세계 속에서 평신도가 누리는 증언의 기회들에 대해 언급했다. 아래에서 살펴볼 글은 1990년 12월에 교황 요한 바오로 2세1920-2005가 발표한 교황 회칙, 「교회의 선교 사명」*Redemptoris missio*에서 인용했다2.3, 2.8, 2.11, 7.3, 7.26, 7.27 참조.

본문

세례 받은 평신도는 모두 선교사다

71. 근래에 교황들은 선교 활동에서 평신도 역할의 중요성을 강조해 왔습니다. 저는 교황 권고 「평신도 그리스도인」*Christifideles Laici*에서 교회가 맡은 "영원한 사명은 아직도 인류의 구원자 그리스도를 알지 못하는 많은 사람들—셀 수 없을 만큼 많은 남자와 여자들—에게 복음을 전하는 일"이라고 주장하고, 이 일에서 신실한 평신도들이 맡은 책임을 분명히 밝혔습니다. 만민을 향한*ad gentes* 선교는 하나님의 백성 전체가 감당해야 할 책임입니다. 새 교회를 세우는 데는 성찬례가 필수 요소이고 따라서 사제의 직무가 필요하지만, 매우 다양한 방식으로 수행되는 선교 활동은 모든 그리스도인이 맡아야 하는 과제입니다.

기독교가 처음 출발할 때부터 평신도들은—개인, 가정, 공동체로서—신앙을 전파하는 일에 함께했습니다. 비오 12세 교황은 선교에 관한 그의 첫 회칙에서 이 사실을 상기시키면서, 평신도 선교에 관한 몇 가지 사례를 지적했습니다. 현대에도 이러한 남녀 평신도 선교사들의 적극적인 참여가 계속 이어지고 있습니다. 가정과 학교에서, 정치와 사회와 문화의 영역에서, 특히 기독교 교리를 가르치는 일에서 여성들이 담당한 중요한 역할을 어찌 잊을 수 있겠습니까? 많은 교회들이 남녀 평신도 선교사들의 활동에 힘입어 시작되었다는 사실을 인정하고, 그들에게 영예를 돌려야 합니다.

제2차 바티칸 공의회는 하나님 백성 전체의 선교적 특성과 특히 평신도 사도직에 대해 설명하면서 이러한 전통을 확인했고, 특히 평신도들이 선교 활동에 참여해 이룬 공헌을 강조했습니다. 모든 신자에게 이 책임을 함께 나누도록 요청하는 것은, 단순히 사도직을 좀 더 효율적이게 만드는 일을 넘어, 그 일이 그들이 받은 세례의 존엄성에 근거한 권리이자 의무이기 때문입니다. 세례를 통해 "신자들은 그리스도께서 사제와 예언자와 왕으로서 담당하신 삼중적인 사명에 참여합니다." 그러므로 "평신도들은 개인으로나 단체로나, 하나님의 구원의 소식을 온 세상 모든 사람에게 전하고 또 받아들여지도록 열심히 노력해야 하는 보편적 의무와 권리를 갖습니다. 세상 사람들이 평신도들을 통해서만 복음에 귀를 기울이고 그리스도를 이해할 수 있는 형편에서는 이 의무가 한층 더 긴요합니다." 게다가 평신도들은 세속적인 신분을 이용해 "세속적인 일에 참여하고 그 일들을 하나님의 뜻에 맞게 수행함으로써 하나님의 나라를 추구"하도록 부르심을 받았습니다.

72. 평신도들이 선교사로 참여해 활동할 수 있는 영역은 참으로 넓습니다. "그들이 들어갈 분야는" 지역, 국가, 국제적인 차원에서 "정치와 사회와 경제를 아우르는 방대하고 복잡한 세계입니다." 교회 안에는 그리스도인의 삶을 키워 주는 다양한 형태의 섬김과 직능과 직무와 방법들이 있습니다. 나는 최근 많은 교회들 사이에서 새롭게 "교회 공동체 운동들"ecclesial movements이 일어나 급속하게 성장하고 있음을 압니다. 이 운동들이 지역 교회의 삶의 한 부분이 되고자 겸손히 노력하고 주교나 사제들에 의해 교구나 본당 조직 안에 기꺼이 수용될 때, 그들은 새로운 복음전도와 선교 활동을 위해 하나님께서 주신 합당한 선물로 인정받을 수 있습니다. 그래서 저는 이 운동들이 더욱 확산되기를 바라고, 특히 젊은이들 사이에서 그리스도인들이 서로 결속하고 자신을 표현할 수 있는 다양한 방식을 통해 그리스도인의 삶과 복음전도에 새로운 활력을 불어넣는 데 사용되기를 권고합니다.

선교 활동에서는 다양한 형태의 평신도 사도직을 인정하고, 그들의 특성과 목적을 존중해야 합니다. 평신도 선교 단체와 국제적인 기독교 봉사 기구, 교회 공동체 운동들, 다양한 형태의 단체와 연맹들은 모두 만민을 향한*ad gentes* 선교에 속하여, 지역교회들의 협력자가 되어야 합니다. 그럴 때 성숙하고 책임 있는 평신도, 곧 젊은 교회들이 "교회 설립plantatio Ecclesiae의 본질적이고 필수적인 요소"로 인정하는 평신도로 성장해 갈 수 있을 것입니다.

논평

이 글은 요한 바오로 2세가 1988년에 발표했던 교황 권고 「평신도 그리스도인」*Christifideles laici*에서 "신자들은 그리스도께서 사제와 예언자와 왕으로서 담당하신 삼중적인 사명에 참여합니다"라는 요지로 제시한 기본적인 교회론 주제를 더 다듬어 적용한 것이다. 먼저 나온 이 문서는 많은 사람에게 교회 평신도들의 소명과 선교를 포괄적으로 다룬 최초의 문서로 인정받는다. 이 문서는 모든 평신도 그리스도인이 교회의 선교에 함께 책임진다는 점을 강조했고, 개인과 사회 전체를 새롭게 복음화할 필요성을 분명히 밝혔다. 평신도의 '세속적 신분'을 언급한 것은 그들이 '세속주의자'라는 뜻이 아니라, 세속 세계에 살고 있다는 점을 밝히는 것이다.

생각해 볼 물음들

❶ 제1차 바티칸 공의회는 평신도를 서품을 받지 않은 사람들이라고 생각하는 경향이 있었다. 이 문헌에서는 이러한 인식을 어떻게 수정하는가?

❷ 이 본문에서는 여러 "교회 공동체 운동들"에 대해 언급한다. 그중 한 가지 사례가 최근 몇 십 년 사이에 라틴 아메리카와 일부 아시아 지역에서 기독교 공동체를 세우는 일에 중요한 역할을 담당한 '교회의 기초 공동체'Base Ecclesial Communities다. 여러분은 이 문서가 지역 교회들과 연합해 일하는 그런 공동체들을 강조하는 이유가 무엇이라고 생각하는가?

존 웹스터
: 교회와 복음

하나님의 교회는 하나님의 복음과 어떤 관계가 있는가? 영국의 저명한 칼 바르트 해석자인 존 웹스터John Webster, 1955-2016는 이 글에서 교회론이 기독교 신학의 토대가 될 정도까지 부풀려질 위험이 있다고 주장한다. 20세기 후반에 나온 많은 교회론들은 교회론의 토대를 삼위일체론 안에 두었다. 이와 달리 웹스터는 이 글에서 신뢰할 만한 교회론은 '하나님의 완전성'이라는 개념에 근거를 두고, 그 개념을 보조하는 위치에 있어야 한다고 주장한다7.12, 7.17, 7.18, 7.24, 7.27, 7.30 참조.

본문

복음주의 교회론에서는 교회의 필수적인 특성과 거기서 필연적으로 파생되는 특성 모두를 남김없이 밝히는 일에 관심을 쏟는다. 두 가지 결론이 나온다. 1)교회론과 전혀 무관하게 이루어지는 복음 해명은 부적합하다. 오늘날 교회의 사회적 형태는 외적 형식에 불과해 별로 중요한 것이 아니며, 또는 단순히 말씀 선포를 위한 도구나 내적이고 영적인 사건으로 파악된 신앙을 위한 형식일 뿐이라고 보는 이중적인 가정이 퍼지게 되면서 많은 개신교 신학과 교회 생활이 손상을 입었다. 복음주의 개신교의 일부 흐름을 살펴보면, 현대의 정치·철학적 풍조인 자유주의 및 개인주의에 동화된 일이 특히 파괴적인 결과를 낳았는데, 교회가 복음을 온전하게 바라보는 감각을 저해했을 뿐만 아니라 제도권 종교개혁자들과 그들의 후예인 고교회파 개신교도들에게서 배워야 했던 많은 것을 놓치게 만들었다. 칼뱅은 "교회에 참여하는 일은 매우 힘이 커서, 우리로 하나님의 공동체에 속하게 해준다"라고 말했다. 2)그렇다고 해서 교회론이 '제1신학'이 될 수는 없다. 현대 개신교에서 흔히 발견되는 교회론의 축소주의minimalism는 교회론을 확장하여 교회론이 모든 기독교 가르침의 교리적인 하부구조가 되게 하는 방법으로는 교정할 수 없다. 이러한 확장이 지난 20년 동안 주류 개신교 신학에서 매우 빠르고 성공적으로 이루어졌다. 특히 신학의 '후기자유주의'에서 영감을 끌어오는 사람들, 가톨릭적 루터나 가톨릭적 루터주의를 발굴해 온 루터교인들, '실천'의 언어를 통해 교회를 설명하는 사람들 사이에서 이런 현상이 두드러졌다. 이러한 목표들을 촉진하고자 시도된 신학과 교회 생활의 재통합은 교회를 구원 경륜 내의 요소로 강조하는 것 못지않게 중요하다. 하지만 그 결과로 나타난 교회론은 그 과도함으로 인해 흔히 문제가 된다. 교회론이 지평을 가득 채워서 교회의 삶과 활동에 근본 요소인 은총의 기적을 희미하게 만들어 버릴 수가 있다……

교회론은 그 토대를 이루는 신론만큼만 좋을 수 있다. 이 원리—삼위일체론이 기독교의 모든 가르침에 비해 우위에 있다고 단언한다—가 의미하는 것은, 훌륭한 교의 체계는 교회론에서 삼위일체 하나님과 그분의 행위에 대한 교회의 고백과 일치하지 않는 일체의 견해를 배제한다는 것이다. 그러므로 교회의 신학을 세우는 과제에서 볼 때, 이 원리는 기독교 신학이 교회론에서 특히 다음과 같은 두 가지를 확실하고 틀림없이 수행해야 한다는 것을 뜻한다. 1) 단순히 교회론의 특정한 주장과 어울리는 하나님의 속성이나 행위들을 선택할 것이 아니라, 하나님에 대한 기독교의 고백 전반을 고려해야 하며, 2) 교회론의 기준은 교회론과 신학에서 일반적으로 받아들이는 용어(예를 들어, 오늘날의 논의에서 거의 보편적으로 사용되는 '관계'라는 용어)가 아니라, 계시에서 알려지는 하나님의 특정한 성품이라는 사실이다. 신학은 교회론을 논하기 전에 잠시 멈춰 서서, 신론과 교회론의 역할 사이에 적절한 경계선을 확정해야 한다. 그런데 이 단계에서 조급함이 다시 우리를 흔들어 놓을 수가 있다(이미 그렇게 되었다).

바로 이러한 이유에서, 나는 하나님의 완전성 개념에서 시작하기를 제안한다. 교회론에서 널리 통하는 견해에서는 다른 곳, 특히 경륜적 삼위일체the economic Trinity에 관한 교리에서 시작해야 해야 한다고 주장한다. 그러나 그렇게 하는 것은 오해를 낳게 되며, 그 출발점을 택하게 되면 복음과 교회의 관계 및 차이점을 제대로 파악하지 못하는 결과에 이르게 된다. 부디 내가 이 논의를 진행해 가면서 그 점을 분명히 밝힐 수 있기를 바란다.

논평

본문은 2004년 일리노이 주 휘튼 칼리지에서 웹스터가 몇 차례 행한 강연을 담은 '복음주의 교회론'이라는 논문에서 인용했다. 웹스터의 기본 주장은, 하나님께서 신적 은총의 본질을 드러내기 위해 그리고 교회 안에서 교회를 통해 하나님을 섬기도록 부름 받은 사람들에게 위엄을 부어 주기 위해 특정한 방식으로 행하기로 선택하셨다는 것이다.

생각해 볼 물음들

❶ 웹스터는 여러 갈래로 발전한 교회론들 가운데 그가 보기에 도움이 안 되는 것들을 지적한다. 그가 그것들이 적합하지 않다고 본 까닭은 무엇인가?

❷ "교회론은 그 토대를 이루는 신론이 좋은 만큼만 좋을 수 있다." 웹스터는 왜 자신의 교회론을 인간 공동체 이론과 같은 것들이 아니라 하나님의 본성 안에 세우려고 하는가?

❸ 게오르그 드라가스가 주장한 삼위일체적 성격이 두드러진 정교회 교회론7.31에 대해 웹스터는 어떻게 응답하겠는가?

추가 독서 자료

— William R. Barr and Rena M. Yocom(eds), *The Church in the Movement of the Spirit*(Grand Rapids, MI: Eerdmans, 1994).

— Raymond F. Collins, *The Many Faces of the Church: A Study in New Testament Ecclesiology*(New York: Crossroad Publishing, 2004).

— Avery Dulles, *Models of the Church*(Dublin: Gill & Macmillan, 1976).

— Roger Haight, *Christian Community in History: Historical Ecclesiology*(London: Continuum, 2004).

— Philip J. Hefner, "The Church"; in C. E. Braaten and R. W. Jenson(eds), *Christian Dogmatics*, 2 vols.(Philadelphia: Fortress Press, 1984), vol. 2, pp. 183-247.

— Michael J. Himes, *Ongoing Incarnation: Johann Adam Möhler and the Beginnings of Modern Ecclesiology*(New York: Crossroad Publications, 1997).

— Peter Hodgson, "The Church"; in P. Hodgson and R. King(eds), *Christian Theology*(Philadelphia: Fortress Press, 1982), pp. 223-247. (『현대 기독교 조직신학: 기독교 신학의 전통과 과제에 대한 개론』 윤철호 역, 한국장로교출판사, 1999)

— Mark Husbands and Daniel J. Trier(eds), *The Community of the Word: Toward an Evangelical Ecclesiology*(Downers Grove, IL: InterVarsity, 2005).

— Michael Jinkins, *The Church Faces Death: Ecclesiology in a Post-modern Context*(New York: Oxford University Press, 1999).

— Veli-Matti Kärkkäinen, *An Introduction to Ecclesiology: Ecumenical, Historical & Global Perspectives*(Downers Grove, IL: InterVarsity Press, 2002).

— Hans Küng, *The Church*(New York and London: Sheed & Ward, 1968). (『교회』 정지련 역, 한들출판사, 2007)

— Paul McPartlan, *Sacrament of Salvation: An Introduction to Eucharistic Ecclesiology*(Edinburgh: T&T Clark, 1995). (『구원의 성사: 성찬적 교회론 입문』 박낭자

역, 성바오로, 2002)

—— Jürgen Moltmann, *The Church in the Power of the Spirit: A Contribution to Messianic Ecclesiology*(Minneapolis, MN: Fortress Press, 1993).

—— Bernard P. Prusak, *The Church Unfinished: Ecclesiology through the Centuries*(New York: Paulist Press, 2004).

—— Arne Rasmusson, *The Church as Polis: From Political Theology to Theological Politics as Exemplified by Jürgen Moltmann and Stanley Hauerwas*(Lund, Sweden: Lund University Press, 1994).

—— Herwi Rikhof, *The Concept of Church: A Methodological Inquiry into the Use of Metaphors in Ecclesiology*(London: Sheed and Ward, 1981).

—— Juan Luis Segundo, *The Community Called Church*(Maryknoll, NY: Orbis Books, 1978).

—— Bryan P. Stone, *A Reader in Ecclesiology*(Farnham, UK: Ashgate, 2012).

—— George H. Tavard, *The Church, Community of Salvation: An Ecumenical Ecclesiology*(Collegeville, MN: Liturgical Press, 1992).

—— J. M. R. Tillard, *Church of Churches: The Ecclesiology of Communion*(Collegeville, MN: Liturgical Press, 1992).

—— G. G. Willis, *Saint Augustine and the Donatist Controversy*(London: SPCK, 1950).

8장 성례전

서론

성례전 신학은 서로 다른 기독교 전통 사이에서 큰 차이를 나타내는 기독교 사상 분야다. 예를 들어 16세기에 프로테스탄트와 가톨릭 사상가들 사이에 벌어진 대규모 논쟁들은 성례전의 정의 및 기능과 관련해 상당한 의견 차이를 드러냈다. 가톨릭과 정교회에서는 일곱 가지 성례전을 인정하면서, 그 성례전들이 각각 상징하는 사건을 불러일으킨다고 주장하는데 반해, 개신교 교회들은 대체로 두 가지의 성례전(세례와 주의 만찬)만 인정하고, 그 성례전들이 은총을—일으키는 것이 아니라—상징으로 나타내 보인다고 주장한다. 이번 장에서 살펴 볼 읽을거리들을 통해 독자들은 기독교 전통 안에 이러한 쟁점들과 관련해 큰 차이점이 있다는 사실을 확인하고, 그 중요성을 깨달을 수 있다. 이 외에도 세례의 특별한 역할과 성례전에서 실제로 이루어지는 일이 무엇인지 등 여러 가지 문제들이 중요하게 다루어진다.

1. 성례전은 무엇인가?

3세기와 4세기에 서방교회에서 사크라멘툼*sacramentum*이라는 라틴어가 널리 사용되기에 이르렀다. 3세기의 로마 신학자 테르툴리아누스는 일상생활에서 사용하는 라틴어 *sacramentum*이 로마 병사들에게 요구되는 충성과 헌신의 맹세, 곧 '신성한 맹세'를 뜻한다는 사실을 지적했다. 그는 이러한 유사성을 근거로 삼아 성례전이 교회 안에서 기독교인의 헌신과 충성을 불러일으키는 데 중요한 도구가 된다고 보았다

그러면 성례전을 어떻게 정의해야 하는가? 히포의 아우구스티누스는

성례전이란 성스러운 실재를 가리키는 표징이라는 말로 성례전의 성격을 규정했다. "신성한 것들에 적용된 표징을 가리켜 성례전이라고 부른다." 이어서 그는 이 표징들이 제멋대로 사용될 수 있는 것이 아니라고 말한다. 곧 표징 자체와 그것이 가리키는 것 사이에 일정한 연관성이 있어야 한다고 주장한다. "만일 성례전이 그것이 가리켜 보이는 것들과 일정한 유사성을 지니지 못한다면, 그것은 결코 성례전일 수 없다." 예를 들어 세례는 씻거나 깨끗하게 하는 일을 상징하는 물을 포함하고, 그래서 그리스도의 은총을 통해 인간의 영혼을 씻고 정결하게 하는 일을 가리켜 보인다.

이러한 논의는 중세에도 계속되었는데, 이때 성례전을 세례성사, 성체성사, 견진성사, 고해성사, 병자성사, 혼인성사, 성품성사의 일곱 가지로 정하는 합의에 이르렀다. 16세기에 일어난 논쟁들은 중세 성례전 신학의 토대를 이루었던 여러 가지 전제들에 대해 문제를 제기했다. 프로테스탄트에서는 세례와 성만찬이라는 두 개의 성례전만 받아들였다. 이번 장에는 이런 논쟁들과 관련해 아래와 같은 읽을거리들을 실었다.

성례전은 어떻게 정의되는가?

8.14 ▸ 베크의 랜프랭크: 성례전의 신비

8.15 ▸ 생 빅토르의 위그: 성례전의 정의

8.16 ▸ 페트루스 롬바르두스: 성례전의 정의

8.22 ▸ 울리히 츠빙글리: 성례전의 본질

8.23 ▸ 장 칼뱅: 성례전의 본질

8.27 ▸ 제2차 바티칸 공의회: 성만찬

8.31 ▸ 로완 윌리엄스: 성례전의 본질

2. 세례의 목적과 위치

세례는 어떤 일을 하는가? 초기 교회에서 중요했던 세례는 자연스럽게 신학적으로도 비중 있게 다루어졌으며, 특히 그 상징체계 및 기독교의 인생관에서 세례가 맡는 기능을 이해하는 일이 중요하게 다루어졌다. 생명과 깨끗하게 씻는 사역에 대한 상징으로 사용되는 물의 역할이 자주 논의되었으며, 그와 더불어 유아에게 세례를 베풀어야 하는지의 문제도 다루어졌다. 16세기 종교개혁 시대에 특히 중요하게 떠오른 한 가지 논쟁은, 세례가 하나님의 은총을 상징하는지 아니면 적극적으로 그 은총을 불러일으키는지의 문제에 관한 것이었다. 이러한 논쟁과 논의들은 다음과 같은 읽을거리들을 통해 살펴볼 수 있다.

세례는 어떤 유익을 주는가?

8.2 ‣ 테르툴리아누스: 세례에서 물의 의미

8.3 ‣ 카르타고의 키프리아누스: 이단의 세례

8.4 ‣ 예루살렘의 키릴로스: 세례의 의미

8.6 ‣ 푸아티에의 힐라리우스: 세례의 효력

8.7 ‣ 나지안주스의 그레고리우스: 세례의 상징

8.9 ‣ 히포의 아우구스티누스: '세례를 베풀 권리'

8.17 ‣ 제4차 라테란 공의회: 세례와 성만찬

8.26 ‣ 존 헨리 뉴먼: 유아 세례

8.29 ‣ 세계교회협의회: 세례

3. 실재적 임재의 본질

최후의 만찬(마 26:17-30) 때 그리스도께서 주신 명령을 따라 떡과 포도주를 중심으로 행하는 성례전을 기독교에서 무엇이라고 부르는 것이 가장 옳은지에 대해 의견 일치가 이루어지지 않았다. 신학 저술들에서 성례전을 표현하는 방식은 다음과 같이 다양하게 나타난다.

❶ **성찬**성만찬, the Eucharist. 이 용어는 그리스어권 기독교에서 널리 사용되었고, 서방 기독교에서도 일반적으로 받아들였다. 그리스어 유카

리스티아*eucharistia*의 기본 의미는 '감사하다' 또는 '감사'다.

❷ **미사**the mass. 이 용어는 3세기에 라틴어를 사용하는 서방 교회에서 나왔다. 이 말의 원래 의미는 '해산'인데, 예배가 끝난 후 회중을 세상 속으로 내보내는 것을 뜻했다. 이처럼 예배의 특정 측면에 사용되던 말이 점차 예배 전체에 적용되기에 이르렀다.

❸ **성체성사**holy communion. 이 용어는 이 성례전이 신자와 그리스도 사이에서 깊은 교제, 곧 '교통'*communion*을 가능하게 해주거나 키워 준다고 보는 기독교의 기본 신념을 담고 있다.

❹ **주의 만찬.** 특히 개신교와 관계가 깊은 이 용어는, 그리스도께서 배반당해 체포되고 재판받아 십자가에 처형되기 직전, 그분의 핵심적인 삶의 순간을 회상하는 것이 이 성례전의 근본 목적이라는 신념을 담고 있다.

교회의 삶에서 성례전이 중요하다는 점을 확인하고 나서, 신학자들은 이 성례전에서 무슨 일이 일어나는지 파악하는 일을 중요한 문제로 다루었다. 포도주와 빵은 예수 그리스도의 몸과 피와 어떤 방식으로 연결되는가? 중세 초기와 16세기의 종교개혁 시기에 이 문제를 둘러싸고 많은 논쟁이 벌어졌다. 여러 가지 설명이 등장했는데, 그중 네 가지를 살펴본다.

❶ **화체설**실체변화, transubstantiation. 이 이론은 빵과 포도주의 실체가 그리스도의 몸과 피로 변하면서도 그 외적 모양은 바뀌지 않고 그대로 있다고 주장한다.

❷ **의미변화**transignification. 빵과 포도주 그 자체는 변하지 않지만, 성별(聖別) 행위에 의해 그 의미가 바뀐다고 주장한다.

❸ **공재설**consubstantiation. 그리스도의 몸과 피가 빵과 포도주와 함께 나란히 존재한다고 주장한다.

❹ **기념설**memorialism. 빵과 포도주를 그리스도의 고난과 죽음에 대한 상징으로 보고, 그분이 없는 곳에서 그를 기억할 수 있도록 도와주

는 것으로 여긴다.

이번 장에는 이러한 쟁점들을 다루고, 관련된 논쟁들의 본성을 꿰뚫어 볼 수 있도록 아래와 같은 읽을거리들을 포함했다.

'실재적 임재'는 어떻게 이해해야 하는가?

8.1 ▸ 알렉산드리아의 클레멘스: 그리스도를 먹는 믿음

8.5 ▸ 예루살렘의 키릴로스: 그리스도의 몸과 피

8.10 ▸ 다마스쿠스의 요하네스: 성령과 성만찬

8.11 ▸ 파스카시우스 라드베르투스: 실재적 임재

8.12 ▸ 코르비의 라트람누스: 실재적 임재

8.13 ▸ 풀다의 칸디두스: "이것은 내 몸이다"

8.17 ▸ 제4차 라테란 공의회: 세례와 성만찬

8.18 ▸ 토마스 아퀴나스: 화체설

8.19 ▸ 마틴 루터: 화체설

8.20 ▸ 마틴 루터: 유언인 빵과 포도주

8.21 ▸ 울리히 츠빙글리: "이것은 내 몸이다"

8.24 ▸ 트리엔트 공의회: 화체설

8.25 ▸ 존 웨슬리: 성만찬과 구원

8.27 ▸ 제2차 바티칸 공의회: 성만찬

8.28 ▸ 에드바르트 스힐레벡스: 실재적 임재

8.30 ▸ 알렉산더 슈메만: 성만찬

8.32 ▸ 교황 요한 바오로 2세: 희망의 표징인 성만찬

알렉산드리아의 클레멘스

: 그리스도를 먹는 믿음

『파이다고고스』그리스어 *Paedagogos*, '개인교사'는 3세기 초에 알렉산드리아의 클레멘스약 150-215가 쓴 교재다. 그 책에서 인용한 아래 글에서 클레멘스는 바울이 말한 다음과 같은 구절의 의미를 탐색한다. "나는 여러분에게 젖을 먹였을 뿐, 단단한 음식을 먹이지 않았습니다. 그 때에는 여러분이 단단한 음식을 감당할 수 없었습니다"(고전 3:2). 클레멘스는 이 구절이 영혼을 위한 여러 가지 영양분을 가리키는 것으로 해석한다. 그다음에 특히 요한복음을 기초로 삼아 영혼의 양식이라는 개념을 예수 그리스도를 먹는다는 성례전적 개념과 연결한다8.32 참조.

본문

우리는 "젖"(고전 3:2)이라는 말이 세상 널리 선포되는 복음을 의미하고, "단단한 음식"이라는 말은 교육의 결과로 굳건한 토대 위에 선 믿음을 뜻하는 것으로 이해할 수 있다. 믿음은 듣는 일보다 훨씬 더 강한 것이며 또 영혼에 영양분을 공급하므로 "단단한 음식"에 비교된다. 또 다른 곳에서 주님께서는 이것을 다른 상징을 사용해 말씀하신다. 요한복음을 보면, 주님께서 "내 살을 먹고 내 피를 마시라"(요 6:53-55)고 말씀하신다. 마시는 일을 은유로 믿음과 약속에 적용하면 다음과 같은 의미가 분명해진다. (인간처럼) 많은 지체로 이루어진 교회는—주님께서 몸과 피로 이루어지셨듯이—이 두 가지, 곧 몸에 해당하는 믿음과 영혼에 해당하는 희망에 의해 새롭게 자라나고 하나로 결합하여 튼튼히 서게 된다. 사실상 믿음의 피는 희망이며, 희망은 영혼에게 그러하듯이 믿음에도 힘을 주어 든든히 서게 한다.

논평

여기서 클레멘스는 "단단한 음식"(고전 3:2)이라는 개념을 사용해서 영적 양식이라는 쟁점을 살핀다. 기독교인의 일상생활에서 선택한 "먹다"와 "마시다"라는 이미지를 사용해 성만찬을 설명하는 방식에 주목하라.

생각해 볼 물음들

❶ 클레멘스는 왜 "마시다"라는 이미지를 이처럼 유용하게 여기는가? 그는 어떻게 이 이미지의 근거를 다지며, 또 어떤 식으로 이 이미지를 사용하는가?

❷ 여러분은 이 글에서 믿음에 관한 이미지로 어떤 것들을 발견하는가? 클레멘스는 그 이미지들을 어떤 식으로 설명하는가?

8.2 ▼

테르툴리아누스

: 세례에서 물의 의미

3세기의 처음 10여 년 사이에, 세례에 관해 라틴어로 저술한 이 논문에서 테르툴리아누스약 160-220는 물이 지닌 깊은 의미를 탐색하여, 우리가 물과 연관된 상징 세계를 이해할 수 있도록 돕는다. 테르툴리아누스의 주장에 따르면, 세례의 물은 구원사를 이루는 핵심 사건들과 신자들을 연결시켜 준다. 이 본문은 성경적인 암시들로 가득하다8.4, 8.6, 8.9 참조.

본문

물을 성스럽게 사용하는 규칙을 정하는 데 적용된 많은 자연 증거들과 은총의 특별한 내용들, 관습적인 예식들, 예표들, 언행의 준비 사항들을 생각해 보라. 첫째는 노예생활에서 풀려난 [이스라엘] 백성이 물을 가로질러 건넘으로써, 이집트 왕의 폭압에서 해방되었던 일이다. 게다가 그때 물은 왕과 함께 그의 모든 군대까지 삼켜 버렸다. 세례의 성례전을 통해 분명하게 성취되는 예표는 무엇인가? 나라들은 물을 수단으로 삼아 현재의 이 세상에서 해방되고, 옛 압제자인 악마에게서 벗어났으며, 그 압제자는 물에 빨려 들어갔다. 둘째, 모세가 높이 치켜들었던 나무는 오염되어 상했던 물을 본래의 신선함으로 되돌려 놓았다. 그 나무가 바로 그리스도였으며, 그리스도는 오염되어 상했던 샘물을 변화시켜 세례에 합당한 건강한 물로 바꾸신다. 이 물은 사람들이 딛고 선 반석에서 끊임없이 그들에게 흘러넘치는 물이며 또 그리스도께서 바로 그 반석이신 까닭에, 이 사실은 세례가 그리스도 안에서 물로 인해 우리에게 허락되는 복이라는 사실을 분명히 보여준다. 하나님과 그리스도의 임재 안에서 세례를 확증하는 데 사용되는 물이 보여주는 은총이 얼마나 큰지 생각해 보라. 그리스도께서 계신 곳이 어디든지 그곳에는 물이 있다. 그리스도께서는 친히 물로 세례를 받으셨으며, 혼인 잔치에 초대받아서 물을 사용해 그의 권세를 처음으로 나타내셨고, 목마른 사람들을 보시고 자기가 주는 영원히 마르지 않는 물로 나오라고 초청하셨다. 자비에 대해 가르치면서 작은 자에게 베푸는 물 한 잔이 사랑의 행위라고 말씀하셨고, 우물가에서 원기를 회복하셨으며, 물 위를 걸으셨고, 기꺼이 바다를 가로지르시고, 친히 물을 떠서 제자들을 섬기셨다. 세례에 대한 이런 증언들은 수난을 겪으시는 중에도 계속 이어진다. 빌라도가 행한 일에서 보듯이, 그분이 십자가 처형으로 넘겨질 때 물이 증거로 사용되었으며, 병사가 창으로 저질렀던 일에서 분명히 드러나듯이, 그분의 몸이 찔리자 옆구리에서 물이 쏟아졌다.

논평

이 본문에는 성경에서 끌어온 이미지들로 가득한데, 독자들은 제기된 논점들을 파악하기 위해 그 이미지들을 끝까지 헤아려 볼 필요가 있다. 중요한 성경 본문들로는 출애굽기 14:27-30, 15:23-25, 마태복음 3:13-17, 요한복음 2:1-11, 19:34을 들 수 있다. 테르툴리아누스는 세례의 성례전을 훨씬 더 폭넓은 상징 세계 안에서 다루고, 출애굽과 그리스도의 십자가 죽음과 같은 구속사의 핵심 사건들과 연계하려고 한다. 본문에 나오는 '예표'라는 말은 그리스도를 예시하는 것으로 여겨지는 구약의 사건이나 물건을 뜻한다. 물은 단순히 깨끗하게 하는 일만 가리키는 것이 아니라, 하나님께서 역사 속에 임재하시고 행하시는 일을 가리키는 상징이나 표지로 이해할 수 있다.

생각해 볼 물음들

❶ 이 글에서 테르툴리아누스가 사용하는 물이라는 말이 어떤 의미들을 함축하는지 열거하라. 그가 이런 의미들을 중요하게 여기는 이유는 무엇인가?

❷ 테르툴리아누스는 본디오 빌라도가 그리스도께 판결을 내린 후, 자기 손을 씻는 행위(마 27:24)에 대해 언급한다. 여기서 테르툴리아누스가 주장하는 논점은 무엇인가?

8.3 ▼

카르타고의 키프리아누스
: 이단의 세례

키프리아누스[258 순교]는 3세기에 자기 동료 퀸투스에게 보낸 아래 편지에서 이단이 베푼 세례는 정당성이 없다고 주장한다. 그런 세례를 정당하다고 인정하는 것은 기독교 교회의 독특성과 유일성을 파괴하는 일이 된다고 말한다7.3, 7.4, 8.7, 8.8 참조.

본문

우리 동료들 가운데 몇 사람이 이단자들에게 발을 담갔던*tincti* 사람들이 우리에게 돌아올 때 세례를 받지 않아도 된다고 말하는데, 어떤 근거에서 그렇게 가정하게 되었는지 나로서는 알지 못합니다. 그러면서 그들은 '하나의 세례'가 있다는 것을 근거로 내세웁니다. 맞는 말입니다. 하지만 그 하나의 세례는 가톨릭교회 안에 있습니다. 교회가 하나라면 교회 밖에는 세례가 있을 수 없습니다. 세례가 둘일 수는 없습니다. 다시 말해 이단들이 참된 세례를 행한다면, 세례가 그들에게 속할 수 있습니다. 그런데도 그들에게 권위가 있다고 주장하고, 그런 특권을 부여하는 사람들이 있습니다. 그렇게 해서 그들의 주장대로 그리스도의 원수와 적들이 사람을 씻어 정결케 하고 성화시키는 권세*abluendi et purificandi et sanctificandi hominis potestatem*를 지니는 것으로 봐야 한다고 인정합니다. 하지만 우리는 이단에서 벗어나 우리에게 온 사람들이 우리에게 다시 세례를 받는다고 말하지 않고, 그냥 세례를 받는다고 말합니다. 그들은 이단들에게서 어떤 것도 받지 않았고, 거기서 그들이 받을 만한 것은 아무것도 없습니다. 그들은 우리에게 왔고, 모든 은총과 진리가 충만한 우리 가운데서 세례를 받습니다. 은총과 진리는 하나이기 때문입니다.

논평

교회의 초기 시대에 이단의 등장으로 야기된 주요 쟁점 가운데 하나는, 이단이 베푸는 세례가 정당한가라는 문제였다. 이단이란 기독교 신앙의 부정이라기보다는 왜곡이라고 보는 것이 합당할 것이다. 그렇다면 기독교의 믿음의 내용 가운데 일부는 인정하지만 다른 것은 부정하는 처지에 있는 사람에게서 받는 세례는 어떤 의미가 있겠는가? 이 글에서 키프리아누스는 성례전들이 가톨릭교회라는 영역 내에서 참되고 효력을 발휘하는 데 반해, 다른 곳에서는 그렇지 못하다고 주장한다. 이 쟁점은 도나투스주의 논쟁이 벌어지던 때 다시 등장하며, 그때 키프리아누스의 견해가 재평가되었다.

생각해 볼 물음들

❶ 키프리아누스가 이단이 베푸는 세례에 정당성이 없다고 부정하는 정확한 이유가 무엇인지 여러분의 말로 설명해 보라.

❷ 교회의 본질에 관한 키프리아누스의 견해7.3에 대해 살펴보라. 그가 교회의 정체성 및 기능에 관해 가르친 내용과 세례의 효력 사이의 관련성을 설명하라.

8.4

예루살렘의 키릴로스

: 세례의 의미

아래 본문은 예루살렘의 키릴로스약 313-386가 세례 지원자들을 대상으로 여러 차례 행한 교리문답 강의 가운데 첫 번째 강의에서 인용한 것이다. 이 글에서 키릴로스는 세례의 의미를 설명해서 사람들이 준비할 수 있도록 이끈다. 이 강의는 여러 가지 면에서 커다란 가치가 있는데, 특히 기독교 초기의 세례 예식에 관한 문헌을 담고 있다는 점에서 중요하다. 이 강의는 베드로전서 5:8-11을 읽는 것으로 시작한다8.2, 8.6, 8.7 참조.

본문

긴 시간을 기다려 교회의 참 자녀로 태어난 여러분, 저도 오랫동안 여러분에게 하늘에 속한 영적 비밀들을 알려드리게 될 때를 기다려 왔습니다. 하지만 보는 것이 곧 믿는 것임을 잘 알았기에, 또 여러분이 체험을 하고 나면 훨씬 더 잘 받아들이는 청중이 되고 그럴 때 내가 여러분을 이끌어 밝고 향기로운 이 천국의 초장으로 인도할 수 있다는 사실을 알았기에, 이 순간까지 기다렸습니다. 이제 여러분은 생명을 주는 신성한 세례의 놀라운 비밀들을 이해할 수 있습니다. 이처럼 여러분이 더 완벽한 가르침을 받을 채비가 되었기에, 이제 여러분이 세례 받은 그 저녁 때 여러분에게 어떤 일이 일어났는지를 설명하려고 합니다.

첫째, 여러분은 세례 욕조가 달린 방으로*proaulios tou baptismatos oikon* 들어가서 서쪽을 바라보고 섰습니다. 그리고 지시를 따라 손을 뻗고, 마치 그곳에 악마가 생생하게 현존하는 듯이 여기며, 그 악마를 거부하는 선언을 했습니다. 그런데 여러분은 이 행동과 관련해서 옛 역사에 속하는 예표를 알 필요가 있습니다. 폭군 중에서도 가장 무자비하고 냉혹한 파라오가 자유롭고 고결한 히브리 민족을 억압하던 때, 하나님께서는 모세를 보내셔서 이집트 사람들이 부과한 혹독한 노예 상태에서 그들을 해방시키셨습니다. 그들은 자신들의 집 문설주에 어린 양의 피를 뿌렸고, 파괴자들은 이 피로 표시된 집들을 건너뛰었으며, 그렇게 해서 히브리인들은 노예 상태에서 기적적으로 풀려났습니다. 그들이 풀려난 후에도 원수들은 그들을 쫓아 왔으며, 앞에 있는 바다가 열린 것을 보고도 멈추지 않고 따라오다가 결국 홍해 깊숙이 휩쓸리고 말았습니다.

이제 옛일에서 새 일로, 예표에서 실재로 나갑시다. 그 옛날 모세는 하나님의 보내심을 받아 이집트로 갔고, 지금은 그리스도께서 아버지의 보내심을 받아 이 세상 속으로 오셨습니다. 그때 모세는 억압당하는 백성을 이집트에서 이끌어냈으며, 지금 그리스도께서는 죄의 폭압 아래 있는 사람들을 해방했습니다. 그때는 어린 양의 피가 파괴자를 물리쳤고, 지금은 흠 없는 어린 양 예수 그리스도의 피가 악마를 물리쳤습니다. 옛날에는 폭군이 히브리 백성을 바다에 이르기까지 추적했으며, 여러분의 경우에는 사악한 자의 우두머리인 악마가 구원의 물 가장자리까지 여러분 한 사람 한 사람을 추적했습니다. 저 옛날 폭군은 바닷물에 휩쓸려 버렸으며, 이 악마는 구원의 물속에 묻혀 버렸습니다.

논평

이 글은 두 가지 이유에서 중요하다. 첫째, 초기 예루살렘 교회에서 개종자들에게 세례를 베풀었던 방식에 대해 몇 가지 통찰을 제공해 준다. 둘째, 초기 기독교 사상가들이 출애굽 사건을 세례의 예시 또는 예고로 해석했던 방법을 보여준다(더 정확히 말해 출애굽은 세례의 '예표'로 제시된다 2.1 참조).

생각해 볼 물음들

❶ 출애굽을 이루는 사건 및 인물들과 세례 사이에서 발견되는 평행 현상을 여러분의 말로 설명해 보라.

❷ 여기서 키릴로스는 유월절 사건의 의미를 어떻게 해석하는가?

8.5 ▼

예루살렘의 키릴로스

: 그리스도의 몸과 피

예루살렘의 키릴로스가 행한 여러 차례의 교리문답 강의에서 뽑은 아래 글은 방금 세례를 받은 사람들에게 포도주와 빵의 의미를 설명해 준다. 이 강의는 고린도전서 11:23-25을 읽는 것으로 시작한다. 특히 빵과 포도주를 성별할 때, 그 결과로 일어나는 실제적인 변화를 강조하고 있다는 점에 주목하라 8.1, 8.9, 8.10, 8.11, 8.12, 8.18 참조.

본문

[예수 그리스도께서는] 갈릴리의 가나에서 자기 뜻대로 물을 포도주로 바

꾸었습니다. 그렇다면 그가 포도주를 피로 바꿀 수 있다고 믿지 못할 이유가 어디에 있겠습니까?……

따라서 우리는 그리스도의 몸과 피에 참여한다는 온전한 확신을 가져야 합니다. 그분의 몸은 빵의 모양으로, 그분의 피는 포도주 형태로 여러분에게 허락되었고, 그 결과 여러분은 그리스도의 몸과 피를 받음으로써 그분과 한 몸, 한 피가 될 수 있기 때문입니다.……베드로는 우리가 "하나님의 성품에 참여하는 사람"(벧후 1:4)이 되었다고 말합니다.……

그러니 그것들을 빵과 포도주에 불과한 것으로 여기지 마십시오. 주께서 선언하신 대로 그것들은 몸과 피입니다. 여러분에게 다른 식으로 생각하고 싶은 마음이 든다면, 여러분이 그리스도의 몸과 피를 받았다는 사실을 결코 의심하지 말고 굳게 믿도록 하십시오.

논평

이 글에서 키릴로스는 빵과 포도주가 그리스도의 몸과 피로 변하는 것을 요한복음 2:1-11에 근거해서 간략하게 옹호하고, 이 변화의 중요성에 대해 설명한다. 특히 성찬의 빵과 포도주를 먹는 일과 신성하게 된다는 약속이 연관되어 있는 점에 주목하라.

생각해 볼 물음들

❶ 키릴로스의 주장에 따르면, 성찬의 빵과 포도주로부터 얻는 유익은 무엇인가?

❷ 이 글의 앞부분에 나오는 성경구절인 고린도전서 11:23-25을 읽으라. 키릴로스의 논의는 이 성경 본문과 어떤 식으로 관련되는가?

8.9 ▼

푸아티에의 힐라리우스

: 세례의 효력

마태복음에 나오는 예수의 세례 사건을 주석한 아래 글에서 푸아티에의 힐라리우스Hilary of Poitiers, 약 300-368는 예수의 세례와 평범한 신자들의 세례 사이에서 유사하게 이루어지는 아버지와 성령의 역사에 관하여 설명한다 8.3, 8.8 참조.

본문

그리스도에게 일어난 모든 일로 말미암아 우리는 물로 씻은 후에 *post aquae lavacrum* 하늘 높은 곳에서 성령이 우리에게 내려오시며, 아버지께서 말씀으로 우리를 불러 주셔서 하나님의 자녀들이 된다는 사실을 알게 된다.

논평

이 짧은 본문은 다음과 같이 기록된 마태복음 3:16-17을 주석한 내용이다. "예수께서 세례를 받으시고, 곧 물에서 올라오셨다. 그 때에 하늘이 열렸다. 그는 하나님의 영이 비둘기 같이 내려와 자기 위에 오는 것을 보셨다. 그리고 하늘에서 소리가 나기를 '이는 내가 사랑하는 아들이다. 내가 그를 좋아한다' 하였다."

생각해 볼 물음들

❶ 힐라리우스는 세례를 통해 부어지는 특별한 은택이 무엇이라고 말하는가?

❷ 힐라리우스의 분석은 그가 주석하는 본문의 구조를 어떻게 반영하고 있는가?

나지안주스의 그레고리우스

: 세례의 상징

8.7 ▼

나지안주스의 그레고리우스329-389는 381년 1월 콘스탄티노플에서 그리스어로 행한 세례에 관한 연설에서 세례의 신학과 의미에 관해 성찰했다. 연설의 많은 부분은 세례 받는 사람 편에서 삶이 새로워질 필요성에 대해 다룬다. 하지만 몇몇 부분에서는 세례의 신학적 의미를 성찰하면서, 그 상징론에 관해 논했다. 그 연설에서 인용한 이 글은 깨끗하게 씻음과 갱신이라는 주제를 집중적으로 다루는데, 물로 몸을 깨끗하게 씻는 외적 행위는 내면의 깊은 곳에서 이루어지는 변화와 갱신에 대한 상징 곧 예표그리스어 *typos*로 여겨진다8.3, 8.8 참조.

본문

2. 말씀은 우리에게 세 가지 출생, 곧 자연적 출생, 세례의 출생, 부활의 출생이 있다고 말합니다. 이 가운데서 첫째 출생은 밤에 이루어지고 수동적이며 고통을 수반합니다. 하지만 둘째 출생은 낮에 이루어지고 고통을 없애 주며, 우리의 출생에 따르는 장막을 제거해 우리로 좀 더 고상한 삶으로 나가도록 인도합니다. 셋째 출생은 훨씬 더 짧게 엄청난 모습으로 이루어지고, 단번에 모든 인간을 하나로 모아 창조주 앞에 서게 하며, 그들의 말과 행위를 드러내 보입니다……

7. 그런데 완전히 죄 없음은 하나님께 속하고……그에 반해 죄짓는 일은 인간의 일이요, 땅 위의 창조에 속합니다(창조는 분리의 시작이기 때문입니다). 그래서 창조주께서는 당신의 피조물을 아무런 도움도 없이 홀로 내버려 두거나, 피조물이 당신에게서 떨어져 나갈 위험에 방치하는 것이 옳지 않다고 여기셨습니다. 그분은 존재하지 않았던 것에 존재를 부여하셨던 것처럼, 존재하던 것에 새로운 창조, 곧 첫 번째보다 훨씬 더 신성

하고 고귀한 창조를 허락하셨습니다. 새 창조는 삶을 갓 시작하는 자들에게는 보증이고 나이 들어 훨씬 성숙한 자들에게는 선물이자 죄를 통해 잃어버렸던 형상의 회복이어서, 그 결과 갈수록 나빠지고 악을 향해 끝없이 굴러 떨어지는 일로 절망한 우리가 더는 선과 덕에서 완전히 떨어져 나가지 않게 됩니다.……이것이 바로 세례의 은총과 능력으로, 예전에 그랬던 것처럼 세상을 이기는 일이 아니라 각 사람의 죄를 제거하고 그들을 죄의 모든 더러움과 얼룩에서 정결하게 하는 일로 나타납니다.

8. 그런데 우리는 두 가지 방식(몸과 영혼을 말합니다)으로 지음 받았으며 그 중 한 부분은 가시적인 것이요 다른 부분은 비가시적인 것처럼, 우리가 정결하게 씻기는 일도 두 가지 방식으로, 곧 물과 영으로 이루어집니다. 하나는 눈으로 볼 수 있게 몸으로 받고, 다른 것은 그와 동시에 일어나기는 하지만 눈에 보이지 않게 몸과 별개로 이루어집니다. 하나는 상징적인 것이며, 다른 것은 우리의 내면 깊은 곳에서 실제로 우리를 깨끗하게 해줍니다. 그런데 이렇게 씻는 일은 우리의 첫 출생을 돕고자 행하는 것으로 우리가 쇠퇴하는 대신 새롭게 해주고, 지금 우리의 모습을 벗어나 하나님을 닮게 해주고, 불이 없이도 우리를 새롭게 조성하며, 우리를 깨뜨리지 않고서도 새롭게 지어 줍니다. 한마디로 말해 세례는 두 번째 삶으로 인도하는, 하나님과의 언약이라고 이해할 수 있습니다.

논평

이 본문은 381년 1월 6일 그리스도의 세례를 기념하는 "거룩한 빛의 날"(주현절) 다음 날에 행한 설교에서 인용했다. 이 글은 이 설교에서 중요한 역할을 하는 빛이라는 이미지로 이어진다. 이 읽을거리 앞부분에서는 "세 가지 출생"에 관해 언급하고, 그레고리우스는 시간이 없어서 세 가지 출생 가운데 두 번째 것, 곧 세례를 통해 이루어지는 새로운 출생에 관해서만 다룬다고 밝히고 있다. 세례는 하나님의 창조 행위의 연장이요, 인간 본성의 재창조가 이루어지는 일로 묘사된다. 세례는 외적으로 깨끗게 하고 내적으로 정결케 하는 일과 관계가 있다.

생각해 볼 물음들

❶ 그레고리우스는 세례가 하나님의 은총을 나타내 보이는 것이라고 말한다. 그가 세례와 창조를 연결시켜 논의하면서, 이 견해를 어떻게 강조하는지를 설명해 보라.

❷ "우리가 정결하게 씻기는 일도 두 가지 방식으로……이루어집니다." 본문에서 이 구절의 위치를 확인하라. 이 구절에서 그레고리우스가 말하려는 바는 무엇인가?

8.8 ▼

히포의 아우구스티누스

: 도나투스파의 성례전 이해

히포의 아우구스티누스354-430는 400년경 세례에 관해 라틴어로 저술한 이 논문에서 성직자와 신자 모두의 도덕적 상태에 비추어 성례전의 효력 문제를 다룬다. 아우구스티누스의 교회관에 따르면, 사제와 회중에는 성인뿐만 아니라 죄인까지 포함된다. 그렇다면 이런 특성이 성례전의 효력을 약화시키는가? 아우구스티누스는 이 글에서 자신의 답을 제시한다7.3, 7.4, 7.15, 8.3, 8.7, 8.9 참조.

본문

악마를 따르는 사람들 사이에서조차 그리스도의 성례전이 거룩한 것일 수 있는 까닭에……또 그 사람들이 그렇게 악한 마음으로 성례전을 받았다고 할지라도……성례전을 다시 베풀어야 할 필요는 없다.……내가 보기에 세례 문제에서 우리가 고려해야 할 것은, 세례를 베푸는 이가 누구인가가 아니라 그가 베푸는 것이 어떤 것인가이며, 세례를 받는 이가 어떤 사람인가가 아니라 그가 받는 것이 무엇인가 하는 점이 분명하다*non esse cogitandum quis det sed quid det, aut quis accipiat sed quid accipiat, aut quis habeat sed quid habeat*...... 그런 까닭에 악마의 편에 속한 그 어떤 사람도 그리스도의 소유인 성례전을 더럽힐 수가 없다. 복음의 말씀에 의해 세례가 거행될 때, 세례를 거행하는 자나 받는 자가 아무리 악하다고 해도, 그 성례전 자체는 그것의 주인 되시는 분으로 인해 거룩하다. 악한 사람에게서*per hominum perversum* 세례를 받는 사람들의 경우, 그들이 만일 그 거행자의 악을 받는 것이 아니라 그 신비(성례전을 말한다)의 거룩함을 받으며, 그래서 바른 믿음과 소망과 사랑 안에서 교회와 일치를 이룬다면, 그들은 죄를 용서받게 된다.……하지만 세례받는 사람 자신이 악하다면 거행되는 일은 그들의 구원에 아무런 도움이 안 되고, 오히려 그들은 자신들의 오류 속에 그대로 머물게 된다. 다른 한편으로 그 사람들이 세례를 통해 받은 것은 그들 속에 거룩한 상태로 남아 있게 되고, 그래서 나중에 그들이 바르게 회복될 경우 되풀이해서 받을 필요가 없다*et sanctum tamen in eo permanet quod accipitur nec ei si correctus fuerit iteratur*.

논평

의로운 사람만이 성례전을 거행할 수 있고, 합당하게 받을 수 있다(성례전의 효력을 인효적*ex opere operantis*으로 이해하는—문자적으로는 '사역을 행하는 그 사람 때문에' 효력이 있다고 보는—견해)라고 주장한 도나투스주의의 견해에 맞서, 아우구스티누스는 성례전의 효력이 거행하는 사람이나 받는 사람 중 어느 쪽의 공로에 근거하는 것이 아니라, 그리스도 자신에게 근거한다고 주장한다(사효적*ex opere operato*으로 이해하는—문자적으로는 '거행되는 그 사역 때문에' 효력이 있다고 보는—견해).

생각해 볼 물음들

❶ 아우구스티누스가 "세례 문제에서 우리가 고려해야 할 것은, 세례를 베푸는 이가

누구냐가 아니라 그가 베푸는 것이 어떤 것인가이며, 세례를 받는 이가 어떤 사람인가가 아니라 그가 받는 것이 무엇인가 하는 점이 분명하다"라는 구절에서 주장하는 논점을 여러분의 말로 설명해 보라.

❷ 아우구스티누스의 주장에 의하면, 성례전을 베푸는 사람이 악할 경우 성례전을 신실하게 받는 사람에게는 어떤 효과가 나타나게 되는가?

8.9

히포의 아우구스티누스

: '세례를 베풀 권리'

'누구에게 세례를 베풀 권위가 있는가'라는 쟁점은 도나투스주의 논쟁이 벌어진 기간에 특히 중요한 문제가 되었다. 이 논쟁은 많은 쟁점들을 불러일으켰다. 예를 들어 성례전의 효력은 세례를 베푸는 사람의 도덕성에 근거하는가, 아니면 세례 받는 사람의 신실함에 근거하는가? 교회의 울타리 밖에서 행하는 성례전은 타당한가? 아래 본문은 평신도이자 언어학자로서 도나투스주의에 동조했던 인물인 크레스코니우스Cresconius에 맞서 아우구스티누스가 406년에 쓴 논문에서 인용했다. 이 글에서 아우구스티누스는 이러한 쟁점들을 탐구한다7.3, 7.4, 7.15, 8.3, 8.7, 8.8 참조.

본문

우리는 성례전을 그릇되게 거행하는 사람들—성례전은 그 사람들의 것이 아니라 주님의 것이다—때문에 추수한 곡식의 단일성이 무너질 것을 염려하여 이 문제를 다룬다. 이런 사람들도 주님의 밭을 추수할 때까지는*ad tempus ventilationis areae dominicae* 어쩔 수 없이 우리 가운데 섞여 있게 된다. 그리스도의 단일성에서 분리되거나 갈라져 나가게 만드는 일은 참으로 엄청난 악이다. 그리스도께서 당신의 소유를 이런 분리주의자에게도 베풀어 주신다거나—이렇게 생각하는 것은 신앙이 아니라 불경스러운 오류다—분리주의자가 그리스도 안에 뿌리를 두고 있다거나, 그리스도께서 분리주의자들의 원천이 되신다고 주장하는 것은 결코 용납할 수 없다. 그런데도 (분리주의자가) 그리스도의 세례를 베풀고 그런 세례를 주고받는다면, 그 세례는 영원한 생명이 아니라 영원한 저주에 이르게 할 것이다. 그런 저주에 이르게 되는 사람들은 선한 일을 악으로 바꾼다기보다는 악을 받아들이기만 하면 선한 것을 그 악에다 뒤섞음으로써 끈질기게 신성모독을 저지르는 사람들이다.

논평

도나투스주의자들은 성례전의 효력이 그 예식을 거행하는 사람의 도덕적 온전성에 근거한다고 주장했다. 이에 반해 아우구스티누스는 성례전의 효력이 궁극적으로 그리스도의 약속에 근거한다고 가르쳤다. 그러면 교회에서 고의로 갈라져 나간 사람들은 어떻게 되는가? 아우구스티누스는 성례전의 '변칙적인'irregular 거행과 '무효한'invalid 거행을 분명히 구분해 다룬다. 성례전을 무효로 만드는 것은 성례전을 거행하거나 받는 사람들의 죄가 아니라, 고의로 그리스도의 몸에서 갈라져 나가는 분열이다. 교회를 "섞인 몸"이라고 보았던 아우구스티누스는 교회에 성도들뿐만 아니라 죄인들도 포함될 수 있다고 인정한다. 하지만 분열은 교회와 성례전의 연결고리를 끊어 버리며, 그 결과 성례전들이 수혜자에게 아무런 유익도 주지 못하게 된다고 그는 주장한다. 성례전들은 교회 안에서만 효력이 있다.

생각해 볼 물음들

❶ 이 본문 앞부분의 논의에서는 어떤 유형의 교회론을 전제하고 있는가? 이 글에서 제시하는 개념과 이미지의 배후에서 쭉정이의 비유(마 13:24-30)는 어떤 식으로 작용하는가?

❷ 아우구스티누스가 분리주의자들의 세례를 반대하는 특별한 이유를 여러분의 말로 설명해 보라.

8.10 ▼

다마스쿠스의 요하네스

: 성령과 성만찬

다마스쿠스의 요하네스John of Damascus, 약 676-749는 8세기 전반 그리스어로 저술한 『정통신앙에 관하여』*On the Orthodox Faith*에서, 빵이 그리스도의 몸으로 변화하는 사건에서 성령이 중심 역할을 한다고 인정한다. 성육신이 이와 동일한 원리를 보여주는 증거로 제시된다3.19, 4.20, 8.1 참조.

본문

그런데 여러분은 어떻게 빵이 그리스도의 몸이 되고, 포도주와 물이 그리스도의 피가 되느냐고 묻는다. 내가 여러분에게 말하겠다. 그것들 위로 성령이 임하셔서 일체의 말과 사고를 초월하는 일을 이루신다.……주님께서 성령에 의해 거룩하신 테오토코스*theotokos*의 몸을 취하여 입으신 것처럼, 그 일이 성령에 의해 일어난다는 것을 아는 것만으로도 여러분에게 충분하다.

논평

이 짧은 글은 성만찬에서 성령이 맡는 역할에 대해 설명한다. 여기서 다루는 쟁점은 전문 용어로 '에피클레시스''간구'나 '청원'을 뜻하는 그리스어 *epiklesis*에서 왔다라고 알려졌다. 여기서 요하네스는 아버지께서 빵과 포도주 위로 성령을 부어 주시도록 구하는 전례 부분을 언급하고 있다.

그리스어 테오토코스*theotokos*는 문자적으로 '하나님을 낳으신 이'를 뜻하며, 그 당시에 마리아의 아들이 인간의 몸을 입은 하나님이라는 핵심 원리를 주장하려는 목적으로 널리 사용되었던 용어였다.

생각해 볼 물음들

❶ 본문에서 요하네스는 자신의 독자들이 어떤 논점을 받아들이기를 원했는가?

❷ 성만찬의 실재적 임재와 성육신 사이에서 발견되는 유사성을 여러분의 말로 설명해 보라.

8.11 ▼ 파스카시우스 라드베르투스

: 실재적 임재

9세기 때 피카르디에 있는 코르비 수도원을 배경으로, 예정론과 실재적 임재의 본질을 쟁점으로 삼아 몇 가지 신학 논쟁이 일어났다. 여기에 인용한 본문과 8.12의 글은 각각 파스카시우스 라드베르투스Paschasius Radbertus, 785-865와 코르비의 라트람누스Ratramnus of Corbie, 868 사망의 글에서 인용한 것으로, 두 사람 모두 이 시기에 코르비 수도원에 속했었다. 두 사람이 똑같이 『그리스도의 몸과 피에 대하여』*On the Body and Blood of Christ*라는 제목으로 글을 썼는데, 실재적 임재에 대해 전혀 다른 견해를 주장했다. 844년 무렵 저술을 끝낸 라드베르투스는 빵과 포도주가 실제로 그리스도의 몸과 피가 된다고 주장했다. 곧이어 글쓰기를 마친 라트람누스는 빵과 포도주는 단지 몸과 피를 나타내는 상징일 뿐이라는 견해를 옹호했다8.12, 8.13 참조.

성례전이란 거룩한 예식을 통해 우리에게 구원의 보증으로 허락되는 것으로서, 눈에 보이게 행하는 일이 내면에서 전혀 다르고 거룩한 것을 이루어낸다.……

우리는 이 세상을 살아가는 여행길에서 성례전의 몸과 피를 먹고 마시며, 나아가 거기서 자양분을 공급받아 그리스도 안에서 하나가 될 수 있다. 그리스도께서는 이런 식으로 우리를 지탱해 주시고, 그 결과 우리는 불멸의 영원한 것을 예비할 수 있게 되고, 그와 동시에 성스러운 은총을 공급받아 영적으로 살아있게 된다. 모든 성례전 가운데 역사하시는 성령께서 이 일을 행하실 것이다.……물로 행하는 세례에서 우리는 성령을 통해 다시 태어나고, 이어서 그리스도의 능력을 힘입어 날마다 그의 몸을 먹고 그의 피를 마신다. 어떤 인간의 씨도 없이 동정녀의 태 안에서 인간 예수 그리스도를 창조하신 바로 그 성령께서, 이 성례전이 성별될 때마다 그의 보이지 않는 능력으로 그리스도의 살과 피를 창조하신다. 물론 이 일은 외적으로 시각이나 미각을 통해서는 파악할 수 없는 것이다.……

"내 살은 참 양식이요, 내 피는 참 음료이다"(요 6:55)라고 선포하는 진리의 말씀을 믿는 사람은 누구나 신비한 성별을 통해 그 몸과 피가 창조된다는 사실을 결코 의심하지 않는다.……우리 입으로 그리스도를 씹어 삼킨다는 것이 적절해 보이지 않기에, 요한의 말은 이 신비한 예전에서 빵과 포도주가 성령의 능력으로 성별되어 참으로 그분의 살과 피가 되고, 성령은 날마다 살과 피를 창조하여 세상의 생명을 위해 신비롭게 희생제물이 되게 하신다는 의미로 보아야 한다. 성령을 통해 성적 결합이 없이도 동정녀에게서 참된 몸이 창조되었듯이, 똑같은 그리스도의 몸과 피가 빵과 포도주의 물질로부터 신비한 성별에 의해 창조된다. 이 살과 피에 대해 그리스도께서는 분명하게 "내가 진정으로 진정으로 너희에게 말한다. 너희가 인자의 살을 먹지 아니하고, 또 인자의 피를 마시지 아니하면, 너희 속에는 생명이 없다"(요 6:53)라고 선언하신다. 여기서 그리스도께서 가리키시는 것은 참된 살과 참된 피 외에 다른 것일 수가 없다.

논평

이 글과 다음에 오는 글에서 우리는 코르비 수도원에서 일어난 성만찬 논쟁에 대해 살펴본다. 파스카시우스는 오늘날 전통적인 견해로 인정되는 것—곧 빵과 포도주 안에서 실제로 변화가 일어난다는 이론—의 지지자라고 볼 수 있다. 당시에 아직 '화체설'(실체변화)이라는 용어가 등장하지 않았지만, 파스카시우스의 전반적인 견해는 분명 이 이름으로 부를 만한 것이었다. 파스카시우스가 볼 때, 그리스도의 성체적인 몸은 마리아에게서 태어난 몸, 곧 십자가에 처형당하고 다시 살아난 몸, 그리고 성별할 때마다 하나님에 의해 기적적으로 반복되는 몸으로 정의되어야 한다. 빵과 포도주의 변화를 철저히 실재론적인 관점에서 보는 파스카시우스의 견해는 라바누스 마우루스와 같은 많은 저술가들에게 비판을 받았다.

생각해 볼 물음들

❶ 파스카시우스가 성만찬의 변화에서 성령이 어떤 역할을 하는 것으로 이해하는지 설명하라.

❷ 성례전적 변화에 대한 이러한 이해에서 인간의 이성은 어떤 역할을 하는가?

8.12 ▼

코르비의 라트람누스

: 실재적 임재

8.11에서 언급했듯이, 9세기 코르비 수도원에서 중요한 논쟁이 일어났다.

파스카시우스 라드베르투스는 빵과 포도주가 실제로 그리스도의 몸과 피가 된다는 견해를 펼쳤다. 이제 다음으로 라트람누스Ratramnus, 868 사망의 견해를 살펴보는데, 그는 빵과 포도주는 단지 몸과 피를 가리키는 상징일 뿐이라는 견해를 주장했다8.10, 8.11, 8.13 참조.

본문

어떤 신자들은, 교회에서 날마다 기념하는 그리스도의 몸과 피의 신비 안에서는 표상의 형태로든 은밀한 상징으로든 아무 일도 일어나지 않는다고 말하면서, 단지 그것은 사실을 있는 그대로 드러내 보여주는 것이라고 주장한다. 하지만 다른 사람들은 이러한 요소들이 신비의 모양으로 나타나며, 따라서 물질적인 감각으로 헤아릴 수 있으면서도 다른 한편으로는 신앙으로 분별하게 되는 것이라고 주장한다.……두 견해 사이에는 작은 차이점도 없다. 사도 바울이 신자들에게 편지를 써서, 모두 같은 생각을 품고 같은 말을 하고 그들 사이에 분열이 없도록 하라고 말했는데도, 그들은 그리스도의 몸과 피의 신비에 관해 그처럼 완전히 다른 견해를 주장함으로써 분열되고 말았다.……사제의 집례를 통해 그리스도의 몸이 된 빵은 외적으로 인간의 감각이 보는 것과 내면적으로 신자들의 정신이 보는 모습이 서로 다르다. 겉보기에 빵은 형태와 색과 냄새에서 이전과 다를 것이 없다. 그러나 내적으로 볼 때는 전과 전혀 다르게 훨씬 더 귀하고 탁월한 것으로 드러난다. 그 까닭은 하늘에 속한 거룩한 것, 곧 그리스도의 몸이 계시되기 때문이다. 이것을 이해하거나 받거나 흡수하는 일은 육체적인 감각으로는 불가능하며, 오직 믿음의 눈으로만 가능하다. 포도주도 역시 사제의 성별을 통해 그리스도의 피의 성례전이 된다. 표면적으로 포도주는 물건의 모양을 하고 있지만, 내적으로는 다른 것을 담고 있다. 표면에서 볼 수 있는 것이 포도주의 물질 외에 무엇이겠는가? 그것을 맛보라. 포도주의 맛을 느끼게 될 것이다. 냄새를 맡으면 포도주의 향이 나고, 눈으로 보면 포도주의 색을 보게 된다.……그 누구도 이것이 사실임을 부정할 수 없기에, 빵과 포도주가 비유적인 의미에서 그리스도의 몸과 피를 가리킨다는 것이 분명하다. 신비로운 성별이 이루어지고 나서 그것들이 더 이상 빵과 포도주로 불리지 않고 그리스도의 몸과 피라고 불릴 때라도, 외적인 형태만 놓고 보면 빵에서 살의 모양을 분별할 수 없으며 그와 마찬가지로 진짜 피의 액체를 볼 수 없다.……그러면 변화가 일어난 것을 전혀 볼 수 없는데, 어떻게 그것들을 그리스도의 몸과 피라고 부를 수 있겠는가?……물질적인 외양만 보면, 그것들은 모두 물질로 창조된 것이라고 말할 수 있다. 하지만 그것들이 지닌 능력에서 보면, 그것들은 영적으로 창조된 것이며 그렇기에 그리스도의 몸과 피의 신비들이다.

논평

파스카시우스 라드베르투스의 용납할 수 없는 주장에 놀라고 기분이 상한 라트람누스는 그와 상반되는 이론을 제시하여 노골적으로 파스카시우스를 공격하면서, 빵과 포도주의 물적 실재와 그것들이 끼치는 영적 영향을 확고하게 구분했다. 라트람누스가 빵과 포도주에는 전혀 존재론적 변화가 없다고 주장한 것은 당시에 아무런 비판도 불러일으키지 않았다. 하지만 1050년경에 이르러 훗날 '화체설'로 불리게 되는 견해를 점차 지지하게 되면서 그의 견해에 관심이 쏠리게 되었다.

생각해 볼 물음들

❶ "사제의 집례를 통해 그리스도의 몸이 된 빵은 외적으로 인간의 감각이 보는 것과 내면적으로 신자들의 정신이 보는 모습이 서로 다르다." 본문에서 이 구절의 위치를 확인하라. 이 구절이 의미하는 것은 무엇인가? 라트람누스는 실제적 변화를 부정하는가, 아니면 발생한 일을 이해하는 데는 여러 가지 방식이 있다는 점을 주장하는 것인가?

❷ "물질적인 외양만 보면 그것들은 모두 물질로 창조된 것이라고 말할 수 있다. 하지만 그것들이 지닌 능력에서 보면 그것들은 영적으로 창조된 것이며 그렇기에

그리스도의 몸과 피의 신비들이다." 이 주장이 제기하는 논점은 무엇인가? 라트람누스는 이 구분을 근거로 어떻게 파스카시우스를 비판하는가?

8.13 ▼

풀다의 칸디두스

: "이것은 내 몸이다"

744년에 설립된 베네딕트회 풀다 수도원은 카롤링거 시대의 영향력 있는 사상가이자 822년에서 842년까지 수도원장으로 일했던 라바누스 마우루스의 지도 아래 신학적 성찰의 중심지가 되었다. 이때 이 수도원에 속한 가장 저명한 신학자 가운데 한 사람이 풀다의 칸디두스Candidus of Fulda, 845 사망였고, 성찬용 빵의 본질에 대한 그의 견해는 몇 가지 논쟁을 불러일으켰다 8.10, 8.11, 8.12 참조.

본문

"받아서 먹으라." 이를테면 내 사람들이여, 나의 몸을 취하여 이제 너의 것으로 삼으라는 말씀이다. 이것은 여러분을 위해 주신 몸이다. 그분은 많은 인간 중에서 이 몸을 취하셨고 고난을 통해 그 몸을 깨뜨리셨으며, 깨뜨린 후에는 다시 죽은 자들 가운데서 일으키셨다.……그는 우리로부터 취한 것을 이제 우리에게 주셨다. 그러므로 여러분은 그것을 "먹어야" 한다. 다시 말해, 여러분은 교회의 몸을 완전하게*perficite* 세워야 하며, 그래서 그 몸이 하나의 온전하고 완벽한 빵, 곧 그리스도께서 머리가 되시는 빵이 되도록 해야 한다.

논평

"이것은 내 몸이다"(마 26:26)라는 구절에 대한 칸디두스의 해석은 매우 주목할 만하다. 칸디두스는 이 구절이 교회라는 의미의 '그리스도의 몸'을 가리키는 것이라고 이해한다. 그리스도의 몸과 피로 이루어진 성례전의 목적은 그리스도의 몸인 교회를 양육하고 온전하게 하는 데 있다.

생각해 볼 물음들

❶ 빵이 성별(聖別)된 후에 지니는 본질에 대해 칸디두스가 어떻게 이해하는지 여러분의 말로 설명해 보라.

❷ 칸디두스가 주장하는 견해는 경쟁자인 카롤링거 학자들의 견해8.11, 8.12 참조와 어떻게 다른가? 주된 차이점은 무엇인가?

8.14 ▼

베크의 랜프랭크

: 성례전의 신비

캔터베리의 안셀무스보다 먼저 노르망디 베크 수도원의 원장과 캔터베리 대주교를 지낸 베크의 랜프랭크Lanfranc of Bec, 약 1005-1089는, 성만찬과 관련해서 논리적으로 전혀 적합하지 않아 보이는 이론, 특히 투르의 베렝가Berengar of Tours의 이론에 크게 격분했다. 랜프랭크는 1050년경 라틴어로 저술한 『그리스도의 몸과 피에 관하여』라는 논문에서 베렝가의 이론이 제기하는 합리주의적 이해에 대해 크게 비판했다8.10, 8.11, 8.12 참조.

본문

한편에는 '성례전'*sacramentum*이 있고, 다른 한편으로는 '성례전의 실체'*res sacramenti*가 있다. 성례전의 '실체'는 그리스도의 몸이다. 하지만 그리스도께서는 죽은 사람들 가운데서 살아나셨고, 다시는 죽지 않으시며, 죽음이 그를 지배하지 못한다(롬 6:9). 그래서 사도 안드레의 말처럼 사람들이 실제로 [그리스도의] 몸의 조각들*carnes*을 먹고 그 피를 마시지만, 그럼에도 그분은 계속 온전함*integer*을 유지하면서 만물이 회복되는 그날까지 하늘에서 아버지 우편에 계신다. 여러분이 내게 어떻게 이런 일이 가능하냐고 묻는다면, 나로서는 '그것은 신앙의 신비다'라고 간단하게 답할 수 있을 뿐이다. 그 사실을 믿는 것이 유익하고, 따져 묻는 일은 아무런 효용이 없다.

논평

이 글에서 랜프랭크는 투르의 베렝가[약 1010-1088]에 반대하여 격한 분노를 퍼붓는다. 중세의 많은 저술가들에게 상당히 괴팍한 인물로 평가되었던 베렝가는, 성만찬의 빵이 그리스도의 몸이 될 수 있다고 보는 견해를 터무니없다고 주장했다. 그리스도의 몸이 과거 천 년 동안 하늘에 있었는데, 어떻게 한 조각의 빵이 그리스도의 몸이 될 수가 있겠는가? 1070년 무렵 저술한 이 논문에서 랜프랭크는 성례전의 신비를 열렬히 옹호하면서, 성례전 자체와 그 성례전이 상징으로 표현하는 대상을 분명히 구분했다. 랜프랭크는 논점을 직접적으로 설명하지 않은 채, 그리스도의 몸이 하늘에서 온전히 유지되면서도 "그리스도의 몸 조각"을 먹는 일이 가능하다고 주장한다.

생각해 볼 물음들

❶ 중세의 많은 신학자들은 베렝가가 신학에서 이성을 사용하는 일에 대한 신뢰를 무너뜨렸다고 여겼다. 이 본문에서, 랜프랭크도 역시 그렇게 생각했다는 사실을 보여주는 내용을 찾을 수 있는가?

❷ 이 글에서 성례전*sacramentum*과 성례전의 실체*res sacramenti*로 구분하는 것을 여러분의 말로 설명해 보라.

8.15

생 빅토르의 위그

: 성례전의 정의

12세기 전반 파리에서 생 빅토르의 위그Hugh of St Victor, 1096-1141는 성례전 신학을 포괄적으로 다루는 『기독교 신앙의 성례전에 관하여』를 라틴어로 저술했다. 이 저술에서 그는, 자신이 보기에 성례전을 규정하는 데 필수적인 것들로 여겨지는 여러 가지 개념들을 하나로 묶어 내려고 시도했다8.16, 8.17, 8.21 참조.

본문

성스러운 것을 가리키는 표징이라고 해서 모두 성례전이라고 부르기에 합당한 것은 아니다. (성경의 글자들이나 조각상과 그림들이 모두 '신성한 것을 가리키는 표징'이지만, 그렇다고 해서 그것들을 성례전이라고 부를 수는 없기 때문이다)……성례전을 좀 더 온전하고 바르게 이해하려는 사람이라면, 다음과 같은 정의를 따라야 할 것이다. "성례전이란 외적 감각 앞에 놓인 물리적이거나 물질적인 요소로서, 그 요소가 지닌 유사성을 통해 눈에 보이지 않는 영적 은총을 대표하고, 그 제정된 형식을 통해 그 은총을 드러내 보이며, 그 요소를 성별함으로써 그 은총을 담아 내는 것이다." 이 정의는 매우 적절하고 완벽한 것으로서 모든 성례전에 적용될 수 있으며, 그와 동시에 오직 성례전들에만 적용 가능한 것이라고 볼 수 있다. 이 세 가지 특성을 지니는 것은 모두 성례전이고, 이 세 가지 특성을 결여하는 것은 성례전으로 인정되지 않는다. 모든 성례전은 그것이 성례전으로서 가리키는 실체에 대해 일종의 유사성을 지녀야 하고, 그 유사성으로 동일한 대상을 대표할 수 있어야 한다. 또 성례전은 그 실체를 드러내 보여줄 수 있는 방식으로 제정되어야 한다. 마지막으로 성례전은 그 실체를 담고 있으면서, 성화되는 사람들에게 동일한 것을 베푸는 효력을 지니는 방식으로 성별되어야 한다.

논평

생 빅토르의 위그는 12세기에 파리에서 활동한 탁월한 신학자들 가운데 한 사람이다. 이 글에서 그는 성례전에 대해 정의하면서, 성례전이 가리켜 보이는 은총과 유사성을 지닌 물질적 요소들을 포함해야 한다고 말한다. 이러한 정의는 성례전 목록에서 고해성사를 배제하는 중요한 결과를 낳았고, 페트루스 롬바르두스가 이러한 정의를 수정하고 나서8.16 참조 중세에 표준화된 일곱 가지 성례전 목록이 자리 잡게 되었다.

생각해 볼 물음들

❶ 위그가 제시하는 성례전 정의에서 핵심을 이루는 특성들을 여러분의 말로 설명해 보라.

❷ 위그의 정의를 따를 때, 세례성사와 성품성사, 고해성사, 성체성사 가운데서 어떤 것들이 '성례전'으로 인정되는가?

페트루스 롬바르두스

: 성례전의 정의

8.16 ▼

페트루스 롬바르두스Peter Lombard, 약 1100-1160는 1155에서 1158년 사이에 파리에서 『네 권의 명제집』*the Four Books of the Sentences*을 펴냈다. 이 책에서 그는 아우구스티누스와 같은 교부 저술가들에게서 가져온 인용문들—"명제"라고 부른다—을 하나로 엮어 조화시켜서 종합적인 신학 이론을 제시하고자 애썼다. 아래에 인용한 본문에서 그는 성례전의 본질에 대해 성찰하고, 자기 나름의 정의를 제시한다8.14, 8.15 참조.

본문

성례전은 자기가 가리켜 보이는 대상과 유사성을 지닌다. "만일 성례전이 자기가 가리켜 보이는 것들과 일정한 유사성을 지니지 못한다면, 그것은 결코 성례전일 수가 없다"(아우구스티누스).……만일 어떤 것이 하나님의 은총을 가리키는 표징이자 보이지 않는 은총의 형태이고 그래서 은총의 형상을 지니고서 그 은총을 낳는 원인이 될 때, 비로소 그것을 성례전이라고 부를 수 있다. 그러므로 성례전은 가리켜 보여줄 뿐만 아니라, 성화시키려는 목적으로 제정된 것이다.……가리켜 보여줄 목적으로만 제정된 것은 결코 성례전이 아니며 표징에 불과하다. 그런 표징들은 옛 율법의 물질적 희생제물이나 제의 관례처럼 그것을 행하는 사람을 의롭게 해주지 못한다.……

이제 새 율법의 성례전들에 대해 살펴보자. 세례성사, 견진성사, 성체성사(성찬), 고해성사, 종부성사, 성품성사, 혼인성사가 그것이다. 이 가운데는 세례성사처럼 죄를 치유하고 도우시는 은총을 부어 주는 것들이 있고, 혼인성사처럼 치유만 베푸는 것들이 있으며, 성체성사와 성품성사처럼 은총과 능력으로 우리를 튼튼하게 세워 주는 것들이 있다.……의로움과 구원을 전달해 주는 이 성례전들이 인간이 타락하자마자 곧바로 제정되지 않은 이유는 무엇인가? 은총의 수여자이신 그리스도께서 오시기 전에는 은총의 성례전이 허락되지 않았다는 것이 우리의 대답이다. 그 성례전들은 그리스도의 고난과 죽음으로부터 효력을 공급받기 때문이다.

논평

페트루스 롬바르두스는 생 빅토르의 위그가 제시한 견해8.15 참조와는 달리 물질적 요소들(빵, 포도주, 물 등)에 전혀 의거하지 않는 방식으로 성례전을 정의한다. 이렇게 해서 고해성사가 성례전에 포함된다. 이러한 정의를 사용해서 페트루스는 중세 신학에서 결정적인 것으로 인정된 일곱 가지 성례전 목록을 제시할 수 있었다.

생각해 볼 물음들

❶ 페트루스가 제시하는 성례전 정의의 기본 요소들을 여러분의 말로 설명해 보라.

❷ 페트루스가 제시한 정의는 생 빅토르의 위그가 주장한 것과 어떻게 다른가? 이러한 차이의 결과는 무엇인가?

8.17 ▼

제4차 라테란 공의회

: 세례와 성만찬

인노켄티우스 3세1198-1216 재위의 지도 아래 중세의 교황권은 서유럽에서 전례가 없을 정도로 높은 정치적 권위를 누리게 되었다. 교회의 지위를 확고히 다지고 싶었던 인노켄티우스는, 악습들을 다루고 개혁안들이 확실히 시행되도록 하기 위해 1215년에 제4차 라테란 공의회를 소집했다. 유럽 전역에 퍼져 있는 주교들의 참석이 확실하지 않자, 인노켄티우스는 1213년 4월에 주교와 기타 교회의 지도자들에게 소환장을 보냈으며, 1215년 11월 로마에서 공의회가 개최되었다. 그 결과 공의회는 예년에 비해 많은 사람이 참석했고, 그때 내린 결정들은 교회의 내부 조직과 외적 영향력을 강화하는 일에서 하나의 이정표로 인정받게 되었다. 그 공의회에서 발표한 주요 성명 가운데서 으뜸가는 것은 세례와 성만찬에 관한 것이었으며, 신학 용어집에 '화체설'이라는 말이 포함되는 결실을 낳았다8.11, 8.12, 8.14 참조.

우리는 오직 한 분이신 참 하나님이 계시며, 그분은 영원하시고, 헤아릴 수 없으며, 전능하시고, 변하지 않으시며, 이해할 수 없고, 형언할 수 없는 분이시며, 아버지와 아들과 성령의 세 위격이면서도 단연코 단일하신 하나의 본질이며, 실체이며, 본성이심을 진심으로 고백하며 굳게 믿는다. 아버지는 기원이 없으시고, 아들은 오직 아버지에게서 나왔으며, 성령은 똑같이 아버지와 아들로부터 나오셨고, 영원토록 시작과 끝이 없으시다. 낳으시는 아버지, 출생하시는 아들, 발현하시는 성령은 하나의 실체이고 동등하시며, 똑같이 전능하고 영원하시며, 만유의 한 원리이시고, 보이는 것과 보이지 않는 것, 영적인 것과 물적인 것을 포함한 만물의 창조자이시다. 그분은 태초에 전능하신 능력으로 무로부터*ex nihilo* 영적이고 육적인 피조물, 곧 천상의 것들과 지상의 것들을 창조하셨고, 그다음에 영혼과 몸을 지닌 인간을 창조하셨다. 악마와 악령들은 하나님께서 본래 선하게 창조하셨으나 자기 행실로 악하게 되었다. 하지만 인간은 악마의 유혹에 넘어가 죄를 범했다.

이 거룩하신 삼위일체는 공통된 본질로 인해 나뉘지 않으면서도 그 위격들의 속성에 따라 독특성을 지니신다. 삼위 하나님은 적절하게 계획된 시간에 맞춰 모세와 거룩한 예언자들과 여러 종들을 통해 인류에게 구원의 가르침을 주셨다. 마침내 하나님의 독생자, 예수 그리스도께서 삼위일체의 공통된 행위로 성육신하셨는데, 성령의 도우심으로 평생 동정이신 마리아에게 잉태되시고, 이성적인 영혼과 인간의 몸으로 이루어진 참 인간, 두 본성을 지닌 한 인격이 되셨으며, 생명의 길을 더욱 밝게 보여주셨다. 그분은 신성을 따라 불멸하시고 고난당할 수 없는 분이지만, 인성을 따라 고난당하고 죽음을 겪을 수 있게 되셨다. 그분은 인류의 구원을 위해 십자가에 달려 고난당하고 죽으신 후, 음부로 내려가셨으며, 죽은 자들 가운데서 부활하시고, 하늘로 오르셨다. 그분은 영혼으로 내려가시고, 육신으로 부활하셨으며, 영혼과 몸의 두 가지로 승천하셨다. 그분은 마지막 날에 산자와 죽은 자들을 심판하시고, 모든 사람을 그들의 행위에 따라 선택받은 자와 버림받은 자로 판결하기 위해 오실 것이다. 그들은 모두 지금 입고 있는 몸 그대로 부활할 것인데, 그렇게 해서 악한 일이든 선한 일이든 그들의 공로대로 심판을 받아, 악한 자는 악마와 함께 영원한 형벌에 떨어지고 선한 사람은 그리스도와 함께 영원한 영광을 누리게 될 것이다.

신실한 자들로 이루어진 하나의 보편적 교회가 있고, 그 밖에서는 누구도 구원받을 수 없으며, 그 안에서는 예수 그리스도께서 사제이자 희생제물이 되신다. 신적 권능에 의해 빵은 몸으로, 포도주는 피로 실체변화함으로써*transsubstantiatio* 그리스도의 몸과 피가 참으로 빵과 포도주의 형상으로 제단의 성례전에 현존하게 된다. 그래서 이러한 일치의 신비를 이루기 위해 우리는 그분께서 우리에게서 받으신 것을 그분으로부터 받는다. 예수 그리스도께서 친히 사도들과 그 후계자들에게 주신 교회의 열쇠를 받아 정당하게 임명된 사제 외에는 그 누구도 이 성례전을 거행할 수 없다. 하지만 세례의 성례전은 나뉘지 않은 삼위일체 곧 아버지와 아들과 성령께 탄원하여 물로써 성별되고, 세례를 받은 후에도 죄에 빠진 사람은 누구나 진정한 참회를 통해 회복될 수 있다. 동정을 지키는 사람과 금욕을 준수하는 사람들뿐만 아니라 결혼한 사람들도 역시 바른 신앙과 선한 행위를 통해 하나님의 은혜를 누리고 영원한 복에 이를 자격이 있다.

논평

제4차 라테란 공의회는 결정문을 발표하면서 서문으로 "신앙고백"을 실었다. 이 신앙고백은 신조들의 신중한 진술을 훌쩍 뛰어넘는 방식으로 신앙의 기본 주제를 요약해 제시한다. 특히 무로부터의 창조를 분명히 밝히고, 성령이 아버지와 아들 모두에게서 나오는 이중 발현을 강조하며, 교회 밖에는 구원이 없다는 점을 확고히 단언하는 점에 주목하라. 하지만 우리가 관심을 두고 살펴볼 것은 성례전에 관한 가르침이고, 이 가르침은 "신앙고백"의 마지막 항에 들어 있다.

생각해 볼 물음들

❶ 흔히 제4차 라테란 공의회에서는 영적 문제들과 관련해서 교회 제도의 권위를 크게 강조했다고 여겨진다. 이런 특성은 누가 빵과 포도주를 성별할 수 있는가라는 문제를 결정하는 데 어떤 식으로 반영되었는가?

❷ 이 공의회에서는 세례가 "누구라도 교회가 규정한 형식을 따라 바르게 거행할 때"는 타당하다고 결정했다. 거행하는 사람이 안수 받은 사람이어야 한다는 조건이 달리지 않은 점에 주목하라. 이 사실은 이 문제에서 교회의 권위를 약화시키는 것이라고 볼 수 있는가?

8.18 ▼

토마스 아퀴나스

: 화체설

중세기의 위대한 신학자 토마스 아퀴나스약 1225-1274는 『신학대전』*Summa theologiae*으로 가장 잘 알려졌는데, 이 저술은 1265년 라틴어로 쓰기 시작해서 그가 세상을 떠날 때까지 미완으로 남았다. 이 저술은 중세 신학의 가장 위대한 작품으로 널리 인정받는다. 화체설을 다루는 아래의 논의에서 아퀴나스는 중세 가톨릭 신학의 규범으로 자리 잡게 되는 이론을 펼친다

8.5, 8.10, 8.11, 8.12, 8.17, 8.27, 8.30 참조.

본문

2. 이 성례전에서 성별이 이루어진 후에도 빵과 포도주의 실체가 그대로 남아 있는지에 관하여

……이 성례전에서 성별이 이루어진 후에도 빵과 포도주의 실체는 그대로

남아 있다고 주장하는 사람들이 있다. 하지만 이 견해는 지지할 수 없다. 왜냐하면 우선 이 견해는 이 성례전의 본성을 깨뜨리기 때문이다. 그 본성에 따르면, 성례전에서 성별하기 전에는 존재하지 않았던 그리스도의 참된 몸이 있어야 한다. 집 안을 불로 밝히기 위해서는 불을 가져다 놓거나 아니면 불을 붙여야 하는 것처럼, 어떤 물건이 전에 없던 장소에 있게 되는 일은 위치를 옮겨 놓거나 아니면 다른 어떤 것을 그 물건으로 변환하는 일이 아니고서는 이루어질 수 없다. 그런데 그리스도의 몸은 위치의 변화를 통해 성례전 안에 존재하게 되는 것이 아니라는 점은 확실하다.……따라서 그리스도의 몸은 빵의 실체가 그 몸으로 변환됨으로써만 성례전 안에 존재한다는 결론에 이른다. 어떤 것으로 변환되는 것은 그 변환이 이루어진 후에는 남아 있지 않는다. 그러므로 위의 견해는 이단에 속하는 것으로 멀리해야 한다.

3. 이 성례전을 성별한 후에 빵이나 포도주의 실체가 소멸되는지에 관하여

……성례전에 빵이나 포도주의 실체가 남아 있지 않은 까닭에, 어떤 사람들은 그것들의 실체가 그리스도의 몸이나 피의 실체로 변환되는 일이 불가능하다고 생각하고, 나아가 성별을 통해 빵이나 포도주의 실체가 소멸되거나 아니면 기본 물질들(곧 네 가지 원소)로 분해되는 것이라고 주장한다.……하지만 이런 일은 있을 수 없다. 그 이유는 빵의 실체가 변환되는 것 외에 그리스도의 참 몸이 성례전 안에 존재하게 되는 방법을 생각한다는 것은 불가능하기 때문이다. 또 빵의 실체가 소멸된다거나 기본 물질로 분해된다고 보는 가정은 이러한 변환을 인정하지 않기 때문이다.……

4. 빵이 그리스도의 몸으로 변할 수 있는지에 관하여

……이 변환은 자연적인 변환들과 같지 않고 완전히 초자연적인 것이며, 오직 하나님의 능력에 의해서만 일어난다.……자연법칙에 따라 일어나는

모든 변환은 형상적인 변환이다.……하지만 하나님께서는……형상적인 변환, 곧 동일한 주체 안에서 한 형상이 다른 형상을 대체하는 일을 이루실 수 있을 뿐만 아니라, 전 존재의 변환, 곧 A의 전체 실체를 B의 전체 실체로 변환하는 일을 행하실 수 있다. 그런데 이러한 변환이 하나님의 능력에 의해 성례전 안에서 일어난다. 따라서 빵의 전체 실체가 그리스도의 몸의 전체 실체로 변환된다.……그러므로 이 변환을 실체변화transubstantiation, 화체설라고 부른다.……

5. 이 성례전에서 이러한 변환이 일어난 후에 빵과 포도주의 우연성들이 그대로 남는지에 관하여

……성별 후에도 빵과 포도주의 모든 우연성들이 그대로 남아 있다는 점은 우리 감각으로 보아도 확실하다. 그리고 하나님의 섭리에 비추어, 이에 대한 타당한 이유를 확인할 수 있다. 첫째, 사람이 인간의 몸을 먹고 피를 마시는 것은 정상적인 일이 아니기 때문이다. 사실 이런 생각은 혐오감을 일으킨다. 그러므로 그리스도의 몸과 피는 흔히 이용하는 물질들, 곧 빵과 포도주의 모양으로 우리 앞에 놓이고 먹게 된다. 둘째, 만일 우리가 우리 주님을 그 본래 모양대로 먹는다면, 이 성례전은 불신자들에게 조롱을 당하게 될 것이다. 셋째, 우리가 눈에 보이지 않게 주님의 몸과 피를 먹는다고 해도, 이 일이 신앙의 공로에 유익이 되도록 하기 위해서다.

논평

성찬의 실재적 임재의 본질에 대해 논하는 이 글은 화체설(실체변화) 개념을 제시한 결정적인 논의로 인정받는다. 이 글에서 아리스토텔레스의 철학을 기초로 빵과 포도주의 우연성accidents, 외적 형태과 실체substance, 내적 실재를 구분하여 제시하는 것에 주목하라.

생각해 볼 물음들

❶ 아퀴나스의 주장에 따르면, 성별 과정에서 어떤 일이 일어나는지를 정확하게 설명해 보라. 아퀴나스가 "실체변화(화체설)"라는 말로 뜻하는 것은 무엇인가?

❷ 아퀴나스에 따르면, 성별 후에 빵과 포도주의 모든 우연성들이 변하지 않고 그대로 남아 있는 이유는 무엇인가?

마틴 루터

: 화체설

8.19 ▼

성례전에 관한 중세 교회의 가르침을 비판하는 이 글은, 독일의 프로테스탄트 개혁자 마틴 루터1483-1546가 1520년에 저술한 『바빌론 포로가 된 교회』에서 인용했다. 이 글에서 루터는 '화체설'실체변화, transubstantiation 개념은 용납될 수 없다고 주장한다. 루터는 성만찬에 그리스도께서 실제로 임재하신다는 견해를 지지하면서도, 다른 한편으로는 성만찬을 아리스토텔레스의 관점에서 실체변화로 해석하는 것을 인정하지 않는다8.16, 8.17, 8.24, 8.28 참조.

본문

그러므로 '빵'은 빵의 '형상form, 또는 우유성accident'을 의미하고 '포도주'는 포도주의 '형상, 또는 우유성'을 의미하는 것이라고 이해하는 일은 그 말들에 낯설고 불합리한 의미를 덧붙이는 것이다. 그 사람들은 왜 다른 모든 것들도 그들의 '형상, 또는 우유성'을 뜻하는 것으로 보지 않는가? 그리고 다른 모든 것들은 이렇게 이해할 수 있을지 몰라도, 하나님의 말씀을 이런 식으로 약화시키고 말씀에서 그 의미를 박탈해서 큰 해를 끼지는 것은 용납할 수 없다.

교회는 1200년 넘게 올바로 믿어 왔으며, 그 기간에 거룩한 교부들은 언제 어디서건 이러한 '실체변화'(그릇된 말이요 잘못된 개념이다)를 주장하지 않았다. 그런데 지난 300년 사이에 아리스토텔레스의 사이비 철학이 교회로 파고들었으며, 그로 인해 많은 것들을 그릇되게 정의해 왔는데, 신의 본질은 출생하거나 낳지도 않는 것이라거나, 영혼은 인간의 몸의 본질적 형상이라고 주장하는 것이 그 예다. 캉브레의 추기경이 인정하듯이, 이런 식의 주장들은 아무런 근거나 이유도 없이 제기된 것들이다.

그 사람들은 우상숭배에 빠질지도 모를 위험성 때문에 빵과 포도주가 실제로 존재해서는 안 되는 것이라고 주장하고 싶었을 것이다. 터무니없는 주장이다. 평신도들은 그 사람들이 논하는 난해한 철학인 실체와 우유성에 대해 들어본 적도 없으며, 배운다고 해도 이해할 수가 없다. 어쨌든 눈으로 볼 수 없는 실체의 경우와 마찬가지로, 볼 수 있는 우유성에서도 동일한 위험이 따른다. 만일 그들이 우유성을 예배하는 것이 아니라 그 아래 숨겨진 그리스도를 예배하는 것이라면, 어째서 눈에 보이지 않는 빵[의 실체]을 예배해야 하는가?

그런데 왜 그리스도는 자기 몸을 빵의 우유성들 속에 담는 것과 마찬가지로 빵의 실체 속에 담을 수 없는가? 예를 들어, 빨갛게 달궈진 쇠의 경우 불과 쇠라는 두 가지 실체가 섞여 있는 까닭에 모든 부분이 쇠이면서 동시에 불이다. 그리스도의 영광스러운 몸이 빵의 실체의 모든 부분에 담기는 일이 훨씬 더 가능한 일이라고 보지 말아야 할 이유는 무엇인가?……나는 평범한 사람들 가운데서 여전히 이 성례전에 대한 단순한 믿음이 발견된다는 사실이 참으로 기쁘다. 왜냐하면 그들은 이 주제를 이해하지 못할 뿐만 아니라 실체 없이도 우유성들이 존재하는가라는 문제도 논하지 않으며, 오히려 그리스도의 몸과 피가 참으로 거기에 담겨 있다는 점을 단순한 신앙으로 받아들이며, 몸과 피를 담고 있는 것이 무엇인가에 관한 논쟁은 시간이 남아 할 일이 그것밖에 없는 사람들에게 맡겨 버리기 때문이다.……

그리스도에 대해서 참인 것은 이 성례전에도 참이다. 신성이 인간의 몸 안에 거하기 위해서, 인간의 본성이 실체변화하고 신성이 인간 본성의 우유성들 안에 포함되는 일이 필수적인 것은 아니다. 두 본성이 모두 온전한 상태로 존재하며, 따라서 참으로 "이 사람은 하나님이시며, 이 하나님은 사람이시다"라고 말할 수 있다. 철학으로서는 이 사실을 간파할 수 없으나 신앙으로는 할 수 있다. 그리고 하나님의 말씀의 권위는 그것을 파악하는 우리 지성의 능력보다 훨씬 크다. 이와 마찬가지로, 이 성례전에서 실제의 몸과 피가 임재하기 위해서 빵과 포도주가 실체변화하고 그리스도가 그것들의 우유성 속에 포함되는 일이 필연적인 것은 아니다. 오히려 빵과 포도주는 그대로 남아 있으며, 그래서 "이 빵은 내 몸이며, 이 포도주는 내 피다"라는 말은 참이며, 그 역도 마찬가지다. (나는 하나님의 거룩한 말씀을 존중하여 이 지식을 굳게 지켜나갈 것이며, 인간이 하찮은 주장들로 공격하거나 그 말씀과는 상관없는 의미로 왜곡하려는 시도를 용납하지 않겠다)

논평

이 본문에서 루터는 화체설 개념을 거부하면서, 그 근거로 화체설은 아리스토텔레스의 '사이비 철학'이 신학 속에 침투한 것이라는 점을 내세운다. 그런데 루터가 화체설이라는 **용어**에 반감을 나타내기는 하지만, 실재적 임재에 대한 그 자신의 견해는 화체설이 말하는 것과 상당히 유사한 것이 사실이다. '캉브레의 추기경'은 루터가 사제직을 준비할 때 연구했던 중세 후기의 저명한 신학자 피에르 다이Pierre d'Ailly를 가리킨다.

생각해 볼 물음들

❶ 루터는 정확하게 어떤 근거에서 화체설을 부정하는가?

❷ "예를 들어, 빨갛게 달궈진 쇠의 경우 불과 쇠라는 두 가지 실체가 섞여 있는 까닭에 모든 부분이 쇠인 동시에 불이다. 그리스도의 영광스러운 몸이 빵의 실체의 모든 부분에 담기는 일이 훨씬 더 가능한 일이라고 보지 말아야 할 이유는 무엇인가?" 본문에서 이 구절의 위치를 확인하라. 이 구절에서 루터가 말하려는 바는 무엇인가? 여기서 실재적 임재와 관련해서 어떤 견해를 제시하는가?

마틴 루터

: 유언인 빵과 포도주

성만찬의 기능에 관해 논하는 이 글은 8.19처럼 1520년에 저술한 『바빌론 포로가 된 교회』에서 인용했다. 이 글에서 마틴 루터는, 성만찬이 유언자가 사망할 때 지정된 상속인에게 재산을 주기로 약속하는 '유훈'이나 '유언' 처럼 작용한다고 주장한다. 특히 성육신은 "하나님께서 죽으실 수 있다"는 말의 타당성을 확인시켜 준다는 루터의 주장에 주목하라. "약속하시는 하나님의 말씀에 의탁하는" 신앙이라는 개념은 루터와 다른 종교개혁자들에게서 발견되는 특징이다6.23, 6.25, 8.15, 8.16, 8.19 참조.

본문

그러므로 우리는 첫 번째 확고한 명제로 다음의 사실을 주장한다. 미사 곧 제단의 성례전*missam seu sacramentum altaris*은 그리스도께서 죽으면서 신자들에게 서로 나누라고 남긴 그리스도의 유언*testamentum Christi*이다. 그리스도께서 "이 잔은 내 피로 세운 새 언약이다"(눅 22:20, 고전 11:25)라고 하신 말씀의 의미가 바로 그것이다. 이 진리를 다져서, 우리가 말해야 하는 모든 것을 떠받치는 확고한 토대로 삼도록 하자. 여러분은 지극히 소중한 이 성례전 속에 인간이 끼워 넣은 일체의 불신앙적인 요소들을 우리가 폐기하는 것을 보게 될 것이다. 진리이신 그리스도께서는 이 잔이 우리를 위하여 부으신 그의 피로 세운 새 언약(눅 22:20)이라고 말씀하신다. 내가 아무런 근거도 없이 이 구절을 강조하는 것이 아니다. 이것은 결코 사소한 문제가 아니며, 우리의 온 관심을 쏟아야 할 것이다.

유언이 무엇인지를 살펴보면, 그와 더불어 미사가 무엇이며, 미사의 용도와 유익과 오용이 어떤 것들인지 알 수가 있다. 유언은 임종을 맞은 사람이 남기는 약속으로, 그 속에는 유산의 내용과 상속자가 누구인지 밝혀 놓는다. 그러므로 유언을 통해 알 수 있는 내용은 첫째, 유언자의 죽음이며 둘째, 재산 상속의 약속과 상속자의 지명이다. 그래서 바울은 로마서 4장과 갈라디아서 3-4장, 히브리서 9장에서 유언의 본질에 대해 길게 논한다. 우리는 이와 동일한 내용을 그리스도의 다음과 같은 말씀에서도 볼 수 있다. 그리스도는 "이것은 너희를 위하여 주는 내 몸이다.……이 잔은 너희를 위하여 흘리는 내 피로 세우는 새 언약이다"(눅 22:19-20)라는 말로 자신의 죽음을 확증했다. "죄를 사하여 주려고"(마 26:28)라는 말로는 유산이 무엇인지 밝혔다. 그리고 "너희를 위하여"(눅 22:19-20, 고전 11:24), "많은 사람을 위하여"(마 26:28, 막 14:24)라는 말로 유언자의 약속을 믿고 받아들이는 사람들을 지명하여 상속자로 삼았다. 상속자가 되는 길이 바로 믿음인데, 이에 대해서는 뒤에서 살펴본다.

그러므로 여러분이 알다시피 우리가 미사라고 부르는 것은 하나님께서 우리에게 주신 죄 사함의 약속이며 하나님의 아들의 죽음으로 확증된*firma sit* 약속이다. 약속과 유언의 차이점이라면 단지 유언에는 그것을 남긴 사람의 죽음이 따른다는 것뿐이다. 유언자는 이제 곧 죽게 되어서 약속을 하는 사람*testator idem est quod moriturus promissor*이며, 반면에 약속하는 사람은 (내식대로 표현해) 죽음과는 상관없는 유언자라고 할 수 있다. 그리스도의 이 유언은 태초부터 하나님의 모든 약속 가운데 예시되어 왔다. 그 옛적 약속들이 지닌 가치가 무엇이든 그것들은 전부 그리스도 안에 나타난 새 약속에서 온 것이다. 그래서 '계약'*pactum*과 '언약'*foedus*과 '주의 유언'*testamentum domini*이라는 말들이 성경에 매우 자주 등장하며, 이러한 말로 어느 날엔가 하나님께서 죽게 되신다는 것을 나타냈다. "유언의 효력을 논의하는 경우에는, 유언한 사람이 죽었다는 확인이 꼭 필요합니다"(히 9:16). 그때 하나님께서 유언을 하셨으며, 따라서 하나님이 죽으셔야 마땅하다. 그런데 하나님은 인간이 되지 않고서는 죽을 수 없다. 따라서 성육신과 그리스도의 죽음이 모두 참으로 귀한 단어인 '유언'이라는 말 속에 포함된 것으로 보아야 한다.

이 사실로부터, 미사의 올바른 사용과 그릇된 사용이 어떤 것인지, 미사에 적합한 준비와 부적합한 준비가 어떤 것인지 알 수 있다. 미사가 앞서 말한 것처럼 약속이라면, 그 약속에 참여하는 일은 자신의 행위나 능력이나 공로에 의해서가 아니라 오직 신앙으로 가능하다. 약속하시는 하나님의 말씀이 있는 곳에는 반드시 받아들이는 사람의 신앙이 있어야 하기 때문이다*Ubi enim est verbum promittendis dei, ibi necessaria est fides acceptantis hominis*. 그러므로 우리의 구원은 약속하시는 하나님의 말씀에 의탁하는 신앙*fides quae pendeat in verbo promittendis dei*에서 시작되며, 하나님은 우리의 어떤 노력과도 상관없이 값없이 차고 넘치는 은혜로 우리 앞서 행하시고 당신의 약속의 말씀을 우리에게 베푸신다는 것이 분명해진다. 하나님께서는 "우리의 행위를 받으시고 그에 따라 우리를 고치셨다"가 아니라 "단 한 마디 말씀으로 그들을 고쳐 주셨고, 그들을 멸망의 구렁에서 끌어내어 주셨다"(시 107:20). 하나님의 말씀이 모든 것에 우선한다. 말씀 뒤에 신앙이 오며, 신앙에 뒤이어 사랑*charitas*이 오고, 그 다음에 사랑은 모든 선한 일을 한다. 사랑은 악을 행하지 않으며, 율법의 완성이기 때문이다(롬 13:10). 인간은 신앙을 통해서만 하나님께 나가거나 그분과 교제할 수 있다.

논평

여기서 루터가 강조하는 것은, 약속을 담고 있는 유언이 그 약속을 한 사람이 죽은 후에 비로소 효력을 나타낸다는 사실이다. 이렇게 해서 성만찬 예식은 세 가지의 매우 중요한 요소로 이루어진다.

❶ 성만찬 예식은 은총과 죄 사함의 약속을 확증한다.
❷ 성만찬 예식은 그 약속을 받은 사람이 누구인지 밝혀 준다.
❸ 성만찬 예식은 그 약속을 한 사람의 죽음을 선언한다.

따라서 성만찬은 은총과 죄 사함의 약속이 지금 이 순간에 효력을 발생한다는 점을 극적으로 선포한다. 성만찬은 "하나님께서 우리에게 주신

죄 사함의 약속이며, 하나님의 아들의 죽음으로 확증된 약속"이다. 신앙 공동체는 그리스도의 죽음을 선포할 때, 죄 사함과 영원한 생명의 고귀한 약속이 그 순간 신앙을 지닌 사람들에게 효력을 내고 있음을 선언한다.

생각해 볼 물음들

❶ 이 본문에서 루터가 "유언"이라는 개념을 사용해 제시하는 논의를 여러분의 말로 설명하라.

❷ "약속하시는 하나님의 말씀이 있는 곳에서는 반드시 받아들이는 사람의 신앙이 있어야 하기 때문이다." 본문에서 이 구절의 위치를 확인하라. 이 구절에서 루터가 말하려는 바는 무엇인가?

8.21 ▼

울리히 츠빙글리

: "이것은 내 몸이다"

1526년 2월 23일 스위스 독일어로 『주의 만찬론』*Eine klare Unterrichtung vom nachtmal Christi*라는 제목으로 출간된 이 저술에서, 스위스의 프로테스탄트 개혁자 울리히 츠빙글리1484-1531는 주의 만찬을 '기념설'이라는 견해로 제시했다. 츠빙글리에 의하면, 성만찬은 그리스도가 계시지 않는 동안 그분을 기억하는 장치다8.10, 8.11, 8.13, 8.17, 8.20, 8.22, 8.23 참조.

본문

하지만 이 논증("이것은 내 몸이다"라는 말씀이 그리스도의 물리적인 몸인 빵을 가리킨다는 논증)에는 두 가지의 분명한 약점이 있다. 첫째 약점은, 교황이나 어떤 사람이 "이것은 내 몸이다"라고 말할 때, 그리스도의 몸이 반드시 임재한다고 믿어야 할 어떤 근거도 우리에게 제시되지 않는다는 것이다. 그리스도께서 친히 "이것을 행하여 나를 기억하여라"라고 말씀하셨고, 그래서 그리스도의 몸이 거기에 있다고 주장하는 것은 소용이 없다.……둘째 약점은, 어떤 것을 정당화하기 위해 하나님의 말씀을 사용하기 전에 먼저 그 말씀을 올바로 이해해야 한다는 점을 알지 못한다는 것이다. 예를 들어, 그리스도께서 "나는 포도나무요"(요 15:5)라고 말씀하실 때, 우리는 그가 비유적인 언어를 사용하신다는 것을 알 필요가 있다. 다시 말해 그리스도는 포도나무와 같아서, 가지들이 나무에서 영양을 공급받아야 하고 나무가 없이는 열매를 맺을 수 없듯이, 신자들은 그리스도 안에 있어야 하며 그분이 없으면 아무것도 할 수 없다. 그런데 만일 여러분이 "나는 포도나무요"라는 그리스도의 말씀을 이렇게 해석하는 데 반대하고 그분이 물리적인 포도나무여야 한다고 주장한다면, 여러분은 결국 그분을 포도나무 조각으로 만들어 버리고 마는 것이다. 이와 마찬가지로 여러분은 "이것은 내 몸이다"라는 말씀을 대할 때, 먼저 그리스도께서 당신의 살과 피를 물리적인 형태로 주시려고 했는지를 확실히 밝혀야 한다. 그렇게 하지 않고 그분께서 그렇게 말씀하셨기에 그렇다고 주장하는 것은 전혀 의미가 없다. 여러분이 제멋대로 생각한 것이 아니라, 그분 자신이 생각한 의미 그대로 이해해야 하기 때문이다.……이 교리의 기초에 대해 살펴보자. 만일 "이것은 내 몸이다"라는 그리스도의 말에서 작은 단어 "…이다"를 실사로, 곧 문자적으로 받아들인다면, 필연적으로 그리스도의 몸이나 살의 실체가 문자적으로, 그리고 본질적으로 임재한다는 결론에 이르게 된다. 하지만 이것은 두 가지의 명백한 오류를 낳는다.

첫째 오류는 다음과 같다. 만일 그리스도께서 문자적이고 본질적인 면에서 몸으로 임재하신다면, 그분이 실제로 사람의 이빨에 찢기고 입안에서 그 형태가 짓이겨지게 된다. 우리는 "하나님께서는 무슨 일이나 다 하실 수 있다"라는 말로 이 쟁점을 얼버무릴 수 없다.……그렇다면, 몸이 문자적이고 육체적으로 임재하지 않는다는 것이 분명해진다. 만일 그런 식으로 임재하신다면, 그 몸의 덩어리와 재질을 감지하고 이빨로 깨물 수 있을 것이다.……그러므로 "…이다"라는 말을 문자적으로 이해하면, 그리스도의 몸은 가시적이고 실체적이고 물질적이고 구체적으로 임재해야 한다. 이러한 까닭에 이 그릇된 주장 자체도, 그 말씀을 우리가 물질적으로 살과 피를 먹는다는 의미로 이해해서는 안 된다는 증거를 담고 있다. 만일 하나님이 문자적으로 "이것은 내 몸이다"라고 말씀하신다면, 그 몸은 문자적으로, 그리고 물질적으로 거기 있어야 하기 때문이다.……우리는 어떤 식으로든 그러한 임재를 경험하거나 감지하지 못하기 때문에, 그리스도의 말씀이 물리적인 몸과 피를 가리키는 것일 수 없다는 결론이 나온다. 만일 말씀의 의미가 그런 것이라면, 그분은 거짓이 없는 까닭에 우리는 언제나 그 살과 피를 감지할 수 있어야 한다. 따라서 우리는 문자적 임재에 대한 주장이 살과 피를 반박하는 효과를 낼 뿐이라는 사실을 알 수 있다.

문자적 해석에서 생겨나는 둘째 오류는 우리가 첫째 오류를 다룰 때 언급했던 두 번째 견해, 곧 우리는 빵 안이나 아래에서 그리스도의 몸을 먹으며 빵은 빵 그대로 남아 있게 된다는 견해에 해당한다. 만일 우리가 "…이다"라는 단어를 실제로, 곧 문자적으로 받아들일 경우, 빵은 빵 그대로 남아 있다고 말하면서 빵의 실체가 몸의 실체로 변화한다는 실체변화를 부정하는 것은 명백한 잘못이다. 이러한 이유로 나는 첫째 오류에서 사용한 논증을 적용한다. 하나님의 말씀은 살아있다. 그분은 "이것은 내 몸이다"라고 말씀하신다. 따라서 그것은 그분의 몸이다. 그런데 둘째 오류에서 완강하게 주장하는 것처럼 "…이다"라는 단어를 문자적으로 받아들인다면, 필연적으로 빵의 실체는 몸의 실체로 완전히 변해야 한다. 하지만 이것은 더 이상 빵이 거기에 존재하지 않는다는 것을 의미한다. 따라서 빵은 그대로 남아 있고, 그 빵 안이나 아래서 몸을 먹게 된다고 주장하는 것은 불가능하다. 이 견해가 얼마나 심각하게 비합리적인지 생각해 보라. 이 견해는 "이것은 내 몸이다"라는 그리스도의 말씀이 비유나 상징이라는 점을 결코 용납하지 않는다. 이 견해는 "…이다"라는 말을 문자적으로 이해해야 한다고 고집한다. 그런데 이 견해는 한 걸음 더 나아가 이 단어를 무시하고 "빵 안에서 그리스도의 몸을 먹는다"라고 말한다. 하지만 그리스도는 "빵 안에서 내 몸을 받아 먹으라"라고 말씀하지 않았다. "이것은 내 몸이다"라고 말씀하셨다. 자신의 깊은 어둠에서 벗어나는 것은 참 두려운 일이다! 내가 이런 식으로 그리스도의 말씀을 왜곡했더라면, 심판의 도끼가 나를 찍어 냈을 것이 분명하다. 그런데 둘째 오류는 어렵지 않게 알아볼 수 있고, 우리는 다만 둘을 비교하기만 하면 되는데, 그때 둘이 서로 배척하게 된다. 첫째 오류는 "…이다"라는 단어를 근거로 살과 피가 임재한다고 주장한다. 하지만 우리가 그 단어를 문자적으로 받아들이면, 그것은 그 단어를 문자적으로 이해하면서도 여전히 빵은 빵으로 남아 있다고 주장하는 둘째 오류를 무너뜨린다. 그 단어를 문자적으로 받아들이면, 빵은 빵이 아니라 몸이기 때문이다. 다른 한편으로, 둘째 오류는 적어도 빵의 실체가 몸의 실체로 변하지 않는다는 사실은 인정한다. 따라서 둘째 오류는 "…이다"라는 단어가 문자적으로 받아들여질 수 없다는 사실을 지켜 낸다. 만일 그 단어가 문자적인 것이라면, 몸은 빵 못지않게 분명하게 감지할 수 있는 것이 될 것이다. 축성(그들은 이렇게 부른다)을 행하기 전에 빵이 빵으로 감지되는 것과 마찬가지로 축성하는 순간부터 빵은 몸으로 감지되어야 하기 때문이다. 이렇게 해서 첫째 오류는 무너지고, 우리는 그 두 가지 견해가 모두 확실히 그릇된 것이라고 결론 내릴 수 있다. 둘째 오류가 "…이다"라는 말을 문자적으로 이해해야 한다고 주장한다면, 그것은 우리가 살펴본 대로 전혀 용납할 수 없는 견해를 취하는 것이다. 비유적인 해석을 피할 수 있는 다른 방법이 없기 때문이다. 하지만 우리가 그런 개념을 지지하는 토대가 없다는 점을 지적하여 이러한 약점을 강력하게 폭로할 때, 그들은 단호하게 "우리는 그리스도의 단순한 말씀을 굳게 신뢰하며, 그리스도의 단순한 말씀을 따르는 그리스도인들이 잘못되는 법은 없다고 믿는다"라고 외친다. 하지만 그들이 말씀들의 단순한 의미라고 부르는 것이, 사실은 가장 의심스럽고 모호하며 이해하기 어려운 것이다. 만일 성경의 단순한 의미라는 것이 우리가 그 문자를 오해한 것을 따라 주장하는 것이라면, 그리스도는 포도나무의 한 조각, 어리석은 양, 문이 되어 버리고, 베드로는 교회의 반석이 된다. 이 단어들이 지니는 단순하고 본래적인 의미는 유사한 모든 사례들을 통해 얻는 의미이고, 신자들은 누구나 그 마음으로 가장 쉽고 자연스럽게 파악할 수 있는 의미다.

논평

이 글에서 츠빙글리는 라틴어 구절 *hoc est corpus meum*("이것은 내 몸이다", 마 26:26)의 참 의미를 설명한다. 츠빙글리는 이 구절에 나오는 "…이다"라는 단어의 의미는 '상징하다'로 이해해야 합당하다고 주장한다. 이 글에서 츠빙글리가 비판하는 암묵적인 대상은 마틴 루터가 주장하는 실재적 임재라는 개념이다. 츠빙글리는 이 개념이 자신의 개혁 원리들과 조화할 수 없는 것이라고 보았다.

생각해 볼 물음들

❶ "실재적 임재" 개념을 비판하는 츠빙글리의 주장을 여러분의 말로 설명해 보라.

❷ 츠빙글리가 "이것은 내 몸이다"(마 26:26)라는 그리스도의 말씀에 나오는 "…이다"라는 단어를 문자적으로 해석해서는 안 된다고 주장하는 이유는 무엇인가?

울리히 츠빙글리

: 성례전의 본질

8.22 ▼

스위스의 프로테스탄트 개혁자 울리히 츠빙글리가 스위스 독일어로 저술한 이 글은, 1525년 5월에 『세례에 관하여』*Von dem Touff*라는 제목으로 출간되었다. 이 저술은 세례에 관하여 세부적으로 분석하기에 앞서, 성례전의 일반적인 본질을 다루는 중요한 논의로 시작한다. 여기서 츠빙글리가 제시하는 성례전 이해는 성례전들의 상징적 역할에 초점을 맞추고, 특히 성례전들이 개인들 편에서 전체 교회에 보내는 공적 헌신에 대한 표징으로 기능하는 방식을 집중적으로 다룬다. 그는 1388년 4월에 스위스가 오스트리아인에 맞서 거둔 큰 승리를 기념하기 위해 네엔펠스 전쟁 유적지로 떠나는 연례 순례 여행—네엔펠스 순례 여행Näfelser Fahrtfeier—에서 유사성을 찾아낸다. 스위스의 충성스런 시민이 이 큰 승리를 국가에 대한 충성의 표지로 기념하듯이, 그리스도인들은 그리스도의 죽음을 기념하여 교회에 대한 충성의 표징으로 삼는다8.14, 8.15, 8.17, 8.19, 8.27 참조.

본문

[그리스도께서는] 당신을 따르는 우리에게 두 가지 예식을 남겨 놓으셨다. 그 두 가지 외적 형식(표징)들 중 하나는 세례이며, 다른 하나는 감사례 곧 기념식으로서 우리의 연약함을 돕기 위해 허락하신 것이다.……이 표징들 가운데 첫째인 세례를 통해 우리는 처음으로 하나님께로 구별되는데, 이에 대해서는 나중에 살펴본다. 다른 표징인 주의 만찬 곧 감사례를 통해 우리는 당신의 아들을 통해 우리를 구속하신 하나님께 감사를 드린다.

세례에 관해 논하기 전에 먼저 '성례전'이라는 말의 의미를 밝힐 필요가 있다. 우리 독일 사람들에게 이 '성례전'이라는 단어는 죄를 없애 주거나 우리를 성결하게 해주는 능력을 지닌 것을 의미한다. 하지만 이것은 심각한 오류다. 어떤 외적 형식이 아니라, 예수 그리스도만이 우리 그리스도인들의 죄를 제거하거나 성결하게 할 수 있기 때문이다.……이런 맥락에서 볼 때, '성례전'이라는 말은 헌신의 표징*Pflichtszeichen*을 의미한다. 만일 어떤 사람이 흰 십자가를 단다면 [스위스] 연방*Eydgnoß*의 지지자가 되기 원한다는 것을 밝히는 것이다. 그런데 그가 네엔펠스로 순례를 가서 하나님을 찬양하고 우리 조상에게 베푸신 승리에 대해 감사드린다면, 진정으로 자기가 연방에 속한 사람임을 증명하는 것이다. 이와 마찬가지로 세례의 표지를 받는 사람은 누구나 하나님께서 자신에게 하신 말씀에 귀 기울이고, 하나님의 계명을 배우며, 거기에 맞추어 삶을 살기로 결심한 사람이다. 또 회중 가운데서 이 기념식 곧 성만찬에 참여하여 하나님께 감사하는 사람은 누구나 진심으로 그리스도의 죽음 안에서 기뻐하고, 그 일을 베푸신 하나님께 감사한다는 것을 증언하는 것이다. 그러므로 나는 애매한 태도를 취하는 그 사람들에게 이 성례전들이 참된 성례전임을 인정하고, 그 성례전들을 그것들이 가리켜 보이는 것과 동일한 표징*Zeichen*이라고 말하지 말 것을 요청한다. 왜냐하면 그 성례전들이 그것들이 가리키는 것 그 자체라면, 그것들은 더 이상 표징이 아니기 때문이다. 표징과 그 표징이 상징하는 실체는 동일한 것일 수가 없다. 성례전들은—교황주의자들도 주장하듯이—단지 거룩한 것들에 대한 표징일 뿐이다. 세례는 우리가 주 예수 그리스도께 맹세하도록 이끄는 표징이다. 기념식은 그리스도께서 우리를 위해 죽음을 당하셨다는 사실을 우리에게 보여준다. 그것들은 이 거룩한 일들에 대한 표징과 맹세*Zeichen und Verpflichtungen*이다. 여러분이 할례의 맹세와 유월절 어린 양으로 드리는 감사의 제사를 살펴본다면, 이에 대한 충분한 증거를 얻을 수 있을 것이다.

논평

이 본문은 1388년에 네엔펠스 근처에서 스위스가 오스트리아인과 싸워 거둔 승리에 대해 언급한다. 이때의 승리가 스위스(또는 헬베티아) 연방의 출발점이 된 것으로, 4월 첫째 목요일에 이 전투 지역으로 순례 방문을 함으로써 그 승리를 기념했다. 츠빙글리는 이 일을 유비로 삼아 두 가지 논점을 제시한다. 첫째, 스위스 병사들은 연방에 대한 충성을 공적으로 선언하는 "헌신의 표지"*Pflichtszeichen*로 흰 십자가를 달았다(지금 스위스 국기에 들어 있다). 이와 마찬가지로 기독교인들도 먼저 세례를 통해, 이어서 성만찬에 참여함으로써 교회에 대한 자신의 충성을 공적으로 증명해 보인다. 세례는 "그리스도에게 속했음을 드러내어 확증하는 것"이다. 둘째, 연방을 탄생시킨 역사적 사건을 기념함으로써, 연방에 대한 충성의 표시를 보인다.

이와 마찬가지로 그리스도인들은 기독교 교회를 있게 한 역사적 사건(예수 그리스도의 죽음)을 기념함으로써, 자신이 교회에 헌신한다는 표시를 보인다. 따라서 성만찬은 기독교 교회를 세운 역사적 사건을 기념하는 일이요 신자들이 교회와 교인들에게 충성한다는 것을 보이는 공적 선언이다.

생각해 볼 물음들

❶ 본문에서 츠빙글리는 세례에 관해 무엇을 말하는가? 또 네엔펠스의 유비를 사용해 그의 견해를 어떻게 설명하는가?

❷ 본문에서 츠빙글리가 주의 만찬에 관해 말하는 것은 무엇인가? 네엔펠스의 유비를 사용해 그의 견해를 어떻게 설명하는가?

8.23 ▼

장 칼뱅

: 성례전의 본질

1559년판 『기독교 강요』에서 인용한 아래 글에서, 장 칼뱅은 성례전적 표징과 그것이 가리키는 은총의 관계를 탐구한다. 하나님께서는 인간의 연약함에 맞춰 의도적으로 자기 자신을 조정하신다는 점을 강조하는 것에 주목하라8.21, 8.22, 8.28 참조.

본문

우선 성례전이 어떤 것인지 살펴볼 필요가 있다. 내 생각에 따라 간략하고 적절하게 정의를 내려 보면 다음과 같다. 성례전이란 주님께서 우리의 연약한 신앙을 받쳐 주시기 위해, 우리를 향한 당신의 선하신 뜻을 담은 약속을 우리 양심에 새겨 주시는 외적 표징으로서, 우리는 그 표징을 통해 주님과 주님의 천사들과 사람들 앞에서 그분을 향한 우리의 신앙을 증언하게 된다. 조금 더 간단하게 말하면, 성례전은 우리를 향한 하나님의 은총을 외적 표징을 통해 확증해 주는 증거이고, 그분을 향한 우리의 신앙을 함께 증언하는 일이다*cum mutua nostrae erga ipsum pietatis testificatione*. 이러한 정의 가운데 어느 쪽을 따르든 그 의미는 아우구스티누스가 제시한 개념과 다르지 않은데, 그는 성례전을 가리켜 '성스러운 것을 가리키는 가시적 표징' 혹은 '비가시적 은총의 가시적 형태'라고 말한다. 하지만 내가 제안한 정의가 실제 내용을 훨씬 더 자세하고 분명하게 설명한다.……

그런데 이러한 정의로부터 우리는 다음과 같은 사실을 알 수 있다. 성례전에는 반드시 그보다 앞서 이루어진 약속이 있고, 성례전은 그 약속에 결합된 일종의 부록과 같은 것*tanquam appendicem quandam adiungi*으로서 그 약속을 확증하고 보증해 주며, 그 약속을 우리에게 더욱 명료하게 제시해 준다는 사실이다. 성례전은 이를테면 비준해 주는 일을 목적으로 삼는다. 이렇게 하나님께서는 먼저 우리의 무지와 우둔함을 헤아리시고, 그다음에 우리의 연약함을 감안하신다. 하지만 정확하게 말해 성례전은 하나님의 거룩한 말씀을 강화하기보다, 말씀에 대한 우리의 신앙을 지지하기 위해 필요하다. 하나님의 진리는 그 자체로 견고함과 확실함에서 부족함이 없고, 그 자체만으로 완전하게 확증될 수 있기 때문이다. 그러나 우리의 믿음은 얕고 연약해서 매 순간 도움을 받고 모든 수단으로 뒷받침되지 않으면, 흔들리고 물러지며 비틀거리다 결국 무너져 내린다. 그러므로 자비로우신 주님께서는 한없는 친절을 베푸셔서 당신 자신을 우리에게 맞게 조정하시는데, 우리는 늘 땅 위를 기어 다니고 육신에 얽매여 있으며, 영적인 것을 생각하기는커녕 감지하지도 못하는 피조물이기 때문이다. 따라서 주님께서는 이렇게 땅에 속한 요소들을 이용하여, 육신에 매인 우리 앞에 영적인 복의 거울을 세워 주시는 방식으로 일하신다. 만일 우리가 육체를 초월한 존재였다면(크리소스토무스의 말처럼), 주님께서는 우리에게 이런 영적인 복들을 있는 그대로 무형의 상태로 주셨을 것이다. 그런데 우리의 영혼은 몸에 얽매여 있어서, 주님께서는 영적인 것들을 눈에 보이는 것들에 담아 베풀어 주신다. 이 말의 의미는, 성례전에서 우리 앞에 놓이는 선물은 그 물질의 본성을 따라 주어진 것이 아니라, 하나님께서 그러한 복들의 표징으로 주셨다는 것이다.

논평

본문에서 주장하는 기본 논점은, 하나님의 약속들을 상기하고 거듭 확신하는 일이 인간에게 필요하다는 것이다. 성례전은 그처럼 다시 확신을 지니게 해주는데, 하나님의 선하심에 어떤 결함이 있어서가 아니라 인간이 약하고 여리기 때문이다. 그런 면에서 성례전은 의심하는 인간에게 은혜로우신 하나님의 약속들이 신뢰할 만하다는 사실을 확신시켜 주는 목적을 지닌다.

생각해 볼 물음들

❶ 본문에서 칼뱅은 성례전을 어떻게 정의하는가? 그 정의는 페트루스 롬바르두스가 제안한 정의8.16와 어떻게 다른가?

❷ "그러므로 자비로우신 주님께서는 한없는 친절을 베푸셔서 당신 자신을 우리에게 맞게 조정하시는데, 우리는 늘 땅 위를 기어 다니고 육신에 얽매여 있으며, 영적인 것을 생각하기는커녕 감지하지도 못하는 피조물이기 때문이다. 따라서 주님께서는 이렇게 땅에 속한 요소들을 이용하여, 육신에 매인 우리 앞에 영적인 복의 거울을 세워 주시는 방식으로 일하신다." 본문에서 이 중요한 구절의 위치를 확인하라. 이 구절에서 칼뱅이 말하려는 바는 무엇인가? 이 구절은 칼뱅이 이해한 a) 신학 언어와 b)성례전의 목적에 대해 어떤 빛을 비추어 주는가?

트리엔트 공의회

: 화체설

트리엔트 공의회는 1551년 10월 11일에 끝난 13차 회기 중에, 성만찬에서 그리스도의 실재적 임재의 성격을 분명하게 밝혀 제시했으며, 성별의 결과로 빵과 포도주의 실체가 변화하는 일을 가리키는 말로 '실체변화(화체설)'가 적합하다고 주장했다8.5, 8.10, 8.11, 8.12, 8.13, 8.16, 8.17, 8.31, 8.32 참조.

본문

우선 거룩한 공의회에서는, 고귀한 성례전인 성찬례를 거행하면서 빵과 포도주를 성별할 때, 참 하나님이요 참 인간이신 우리 주 예수 그리스도께서 그 감지할 수 있는 물질들의 형상 안에 참으로, 실제로, 실체적으로 계신다는 사실을 단호하고도 명료하게 고백하며 가르친다. 우리 구주께서는 하늘에서 그 본래의 존재 방식대로 언제나 아버지의 오른편에 계신다는 것과, 그러면서도 그분은 고유한 실체를 지니신 채로 많은 곳에서 성례전을 통해 우리에게 현존하신다는 것, 다시 말해 인간의 말로는 설명할 수 없으나 신앙의 조명에 의해 하나님께는 그 일이 가능하다는 사실을 깨닫게 되는 방식으로 우리에게 현존하신다는 것(우리가 굳게 믿어야 할 일이다), 이 두 가지 사실은 서로 상충하지 않기 때문이다.

지금까지 그리스도의 참된 교회 안에서 지극히 거룩한 성례전을 살펴 온 우리 모든 선조들의 확고한 고백에 따르면, 우리 구주께서는 최후의 만찬 자리에서 이 놀라운 성례전을 제정하셨으며, 빵과 포도주를 축사하신 후 확실한 말씀으로 제자들에게 당신의 참된 몸과 피를 주신다고 선언하셨다. 이러한 말씀들을 거룩한 복음서 저자들이 기록했고, 이후에 사도 바울이 반복해 말했다. 그러므로 이 말씀들은 합당하고 지극히 분명한 의미를 담고 있으며, 교부들도 그런 의미로 이 말씀들을 이해했다. 논쟁을 즐기는 사악한 사람들이 그 말씀들을 왜곡해 허구로 꾸며 낸 비유로 바꾸어 버림으로써 교회의 보편적 인식과는 반대로 그리스도의 살과 피의 실체를 부정하는 일이 있는데, 이는 결코 용납할 수 없는 일이다……

우리 구주 그리스도께서 빵의 형상으로 나누어 주신 것이 당신의 참된 몸이라고 선언하셨으므로, 하나님의 교회는 빵과 포도주를 성별함으로써 빵의 온전한 실체가 우리 주 그리스도의 몸의 실체로 변하고, 포도주의 온전한 실체가 그분의 피로 바뀌는 변화가 일어난다는 사실을 언제나 믿음으로 인정해 왔으며, 본 공의회에서도 그 믿음을 다시 확증한다. 거룩한 가톨릭교회는 이 변화를 합당하고도 바르게 '실체변화'라고 부른다*quae conversio convenienter et proprie a sancta catholica Ecclesia transubstantiatio est appellata*.

논평

트리엔트 공의회는 프로테스탄트 종교개혁의 성례전 신학이 심각한 결함을 지녔다고 믿었다. 트리엔트 공의회에 참여한 사람들 가운데는, 종교개혁 진영 안에 특히 '실재적 임재'라는 문제와 관련해서 가톨릭적 특성을 띠는 루터의 견해로부터 급진적 성격이 강한 츠빙글리의 견해에 이르기까지 다양한 견해가 존재한다는 사실을 알았던 사람들이 있었음에도, 그런 면모가 트리엔트 공의회의 최종 결정에는 반영되지 않았다. 이 본문에서는 실체변화의 용어와 신학 모두를 강하게 옹호한다.

생각해 볼 물음들

❶ 성만찬에서 그리스도의 실재적 임재를 언급한 트리엔트 공의회의 견해를 여러분의 말로 설명해 보라.

❷ 트리엔트 공의회에서는 왜 화체설을 그토록 강하게 주장했는가?

존 웨슬리
: 성만찬과 구원

감리교회의 설립을 주도한 존 웨슬리와 찰스 웨슬리 두 사람은, 신학을 찬송시 형태로 표현해 내는 능력과 찬송시를 회중을 가르치는 신학적 도구로 사용한 일로 유명했다. 1786년 발표한 이 유명한 찬송시에서 존 웨슬리 1703-1791는, 그리스도 안에 있는 구원의 현실성과 성찬예배에서 그 구원을 기념하는 일의 밀접한 연관성을 강조했다5.23 참조.

본문

희생제물 되신 거룩하신 분, 당신의 은총을 구합니다.
당신의 그 고귀한 죽음을 우리가 받드오니,
흠 없는 어린 양께서 단번에 드려졌고,
여기 이 아래, 당신의 큰 성전에서,
당신께서 모든 인간을 속량하셨으며
이제는 보좌 앞에 계십니다.

당신께서 지성소에 서시고
지금도 죄인들을 위해 도살되십니다.
솟구치는 당신의 피가 외치며 기도하니,
널리 퍼져 나가 절망한 사람들에게 이릅니다.
당신의 피는 여전히 우리의 속전이 되고,
온 세상을 향해 구원을 선포합니다.

이곳에서 피어오르는 당신의 속죄 연기가
해를 어둡게 하고 휘장을 가르며,

하늘로 이르는 새 길을 열어 놓아,
저 크고 눈에 보이지 않는 분을 드러내 보입니다.
당신으로 기뻐하신 우리 하나님께서 내려다보시고
당신께 반역한 자들을 영광으로 부르셨습니다.

하나님은 여전히 당신 희생을 소중히 여기시며
그 달콤한 향기를 언제나 기뻐하십니다.
희생제물을 연기가 땅과 하늘을 가득 채우고,
생명과 기쁨과 평화를 널리 퍼뜨립니다.
이 낮은 곳 당신의 거처들까지 이르러
신성한 향기로 그곳을 가득 채웁니다.

오랜 세월 찾던 구주를 모셔 내리기 위해
이제 우리는 하늘로 올라갈 필요가 없습니다.
당신께서는 이미 모든 사람에게 오셨습니다.
당신께서 베푸시는 잔치의 영광을
모든 신실한 영혼들에게 나타내시고
당신께서 실제 여기 계심을 나타내 보이소서.

논평

존 웨슬리와 찰스 웨슬리는 찬송가를 축소판 신학 논문으로 만들었다. 찬송가는 그리스도인의 교육 목표들을 성취하는 주요 수단들로 여겨졌다. 이 찬송시에서 우리는 존 웨슬리가 성만찬의 본질에 관해 성찰하는 내용을 볼 수 있다. 실재적 임재라는 쟁점을 다루기도 하지만(마지막 절 참조), 웨슬리의 실질적 관심사는 십자가 위에서 이루어진 그리스도의 구속 사역과, 성만찬에서 그것을 기억하고 선포하는 일의 밀접한 관계를 강조하는 데 있다. 성만찬이 하나님의 성품을 '보여주고', 하나님을 '드러내는' 수단으로 강조되고 있음에 주목하라.

생각해 볼 물음들

❶ 여러분은 성만찬에 관한 웨슬리의 일반적인 견해를 어떻게 설명하겠는가? 웨슬리의 주된 관심사는 무엇인가? 그가 강조하려는 것은 무엇인가?

❷ 웨슬리는 구약성경의 희생제사와 성만찬에서 어떤 유사성을 발견하는가?

8.26 ▼

존 헨리 뉴먼

: 유아 세례

존 헨리 뉴먼John Henry Newman, 1801-1890은 19세기의 중요한 가톨릭 신학자 중 한 사람으로 인정받는다. 뉴먼은 영국 성공회의 사제로 사역을 시작했고, 이후 1845년에 가톨릭신자로 개종했다. 이 본문은 1828-1842년 사이 옥스퍼드 대학교에서 행한 일련의 설교에서 인용했다. 이 설교에서 뉴먼은 유아세례의 문제를 다룬다. 뉴먼은 글의 앞부분에서 세례의 본질에 대해 논한 후, 더 구체적으로 유아들에게 세례를 베풀어야 하는지의 문제를 다룬다. 뉴먼이 사용한 성경 본문은 "사람이 물과 성령으로 나지 아니하면 하나님의 나라에 들어갈 수 없느니라"라고 말씀하는 요한복음 3:5(킹제임스 번역본)이다8.4, 8.6, 8.7, 8.11, 8.12, 8.29 참조.

본문

하나님의 죄 없는 어린 양이신 그리스도의 피를 통하지 않고서는 누구도 구원받을 수 없으며, 그 피는 하나님의 은혜로운 뜻에 따라 성례전으로 불리는 외적 · 가시적 표징들을 통해 우리 한 사람 한 사람에게 부어집니다. 이 가시적인 예식들은 하늘의 진리를 우리에게 드러내 보이고, 그것들이 가리키는 것을 전달해 줍니다. 물로 씻는 세례는 영혼이 죄에서 깨끗하게 되는 것을 가리키고, 빵과 포도주라는 물적 요소들은 눈으로 볼 수 없게 현존하는 것, 곧 "주의 만찬에서 신자들이 참으로 취하고 받는 그리스도의 몸과 피"를 가리키는 상징입니다. 여기까지만 보면 두 가지 성례전이 똑같습니다. 하지만 그 형식을 보면 다음과 같은 중요한 차이가 있습니다. 세례는 단 한 번 베풀어지는 데 반해, 주의 만찬은 계속해서 받습니다. 우리 주 그리스도께서는 사도들에게 이르시기를, 사람들을 그리스도의 제자로 세울 때 세례를 베풀라고 하셨습니다. 세례는 단 한 번 행하여 사람들을 그분의 은혜 안에 받아들이지만, 주의 만찬은 날마다 사람들을 그분의 은혜 안에 품어 지켜 줍니다. 주님께서는 "너희가 마실 때마다 이것을 행하여, 나를 기억하여라"라고 말씀하셨습니다.

그런데 여기서 곧바로 한 가지 문제가 생겨나는데, 중요하기에 신중하게 살펴보아야 합니다. 우리는 살아가면서 어느 때 세례를 받아 그리스도의 제자가 되어야 할까요? 물론 처음 그리스도인들은 성년에 이르러 세례를 받았는데, 그때 비로소 복음을 전해 받았고, 어린 나이에 세례를 받을 방도가 없었기 때문입니다. 하지만 그리스도인 부모에게서 태어난 사람들은 사정이 달랐고, 그런 까닭에 그리스도인의 자녀들은 몇 살 때 세례를 받아야 하느냐는 문제가 생겼습니다.

그런데 1500년 동안은 기독교계에서 이 문제와 관련해 논쟁이 일어나지 않았으며, 그에 답하는 데도 특별한 어려움이 없었습니다. 오늘날 우리가 그렇듯이, 세례를 의무로 인정한 사람치고 어린아이들에게 세례를 베풀지 않는 사람은 없었습니다. 그런데 300년쯤 전에 기이한 견해들이 떠돌기 시작하고 여러 종파들이 등장해 전에는 하지 않던 온갖 일을 행하며 이전에 해온 모든 일들을 폐기했는데, (그들의 고백에 따르면) 스스로 판단하고 행동하는 것이 모든 사람의 의무라는 원리를 내세워 그런 주장을 폈습니다. 그런데 이 새 분파들 가운데는 유아세례가 그릇된 일이라고 주장하면서, 성경 어디서도 유아 세례를 가르치지 않는다는 간단한 논증으로 이 사실을 강요하는 분파가 있었습니다.

이제 이 주제에 대해 살펴보도록 합니다. 우선, 성경에서는 어린아이에게 세례를 베풀라고 명령하지 않는다는 사실을 지적하는 것은 옳고 타당합니다. 하지만 이것을 엄중한 규정으로 보아서는 안 되는데, 성경에서는 결코 어느 때를 세례를 받는 시기로 정하지 않으며, 다만 때를 따라 세례를 받으라고만 말하기 때문입니다. 그런데 우리가 어느 나이로 확정하든 성경의 문자를 넘어서게 된다는 점은 분명합니다. 이것은 어려운 일일 수도 있고 아닐 수도 있으나, 회피할 수는 없습니다. 다시 말해 이것은 우리가 초래한 난제가 아닙니다. 하나님께서 일을 그런 방식으로 의도하셨습니다. 하나님께서는 침묵을 지키셨고, 거기에는 의심할 바 없는 타당한 이유가 있습니다. 우리는 우리에게 맡겨진 일을 하려고 애써야 하며, 그분께서 우리에게 명하신 일이 무엇이든지, 크든 작든 그분이 비춰 주신 빛을 따라 밝히고자 애써야 합니다.……

그러나 어쨌든 지금 다루는 사례와 관련해서 하나님께서 성경에 분명하게 밝혀 놓지 않으셨다고 해도, 하나님께서 우리에게 하라고 명하신 일을 확인하는 데는 큰 어려움이 없습니다. 지금까지 교회가 생각해 온 대로 하나님께서는 우리에게 어린 자녀들에게 세례를 베풀라고 하셨고, 세례를 뒤로 미루는 것은 커다란 유익을 미루는 것이요 어린이의 구원을 위태롭게 하는 것이라는 사실을 어렵지 않게 알 수 있습니다. 사람들이 어렵게 만들려고 작정하지 않는 한, 아무런 어려움이 없습니다.

먼저 세례가 무엇인지 살펴봅시다. 세례는 하나님께서 그리스도를 위해 우리에게 베푸시는 자비와 용서와 용납의 수단이며 약속입니다. 세례는 우리의 본성을 변화시키는 은총을 베풀어 줍니다. 그런데 죄 가운데 출생한 유아들은 하나님의 자비와 은총을 가장 많이 필요로 하고, 이 사실은 결코 의심할 수 없습니다. 그러므로 첫눈에 보아도 어린이들이 세례를 받아야 한다는 점은 바람직한(약하게 표현해서) 일로 보입니다. 세례는 어린이들의 필요에 딱 어울립니다. 세례는 아이들에게 필요하면서도 하나님의 값없는 은혜가 아니고서는 얻을 수 없는 바로 그 복에 대한 약속을 담고 있습니다. 만일 세례가 단지 우리 인간의 행위에 불과한 것이라면, 사정은 달라질 것입니다. 세례는 우리의 행위라기보다는 하나님의 행위요, 하나님께서 주시는 약속입니다. 다시 말하자면, 본성상 하나님의 진노 아래 있고, 자신 안에 영적 삶의 요소들을 전혀 지니지 못하며, 부패한 죄에 사로잡혀 있는 유아들은, 필요라는 문제에서 볼 때 분명코 세례의 대상이 됩니다……

이 첫 번째 사례의 경우, 우리의 본성은 본래 타락한 상태에 있으며, 모든 사람이 태어날 때부터 하나님의 용서와 도움을 필요로 하고, 세례는 우리의 필요에 가장 적절한 자비를 약속하며, 인간은 누구도 스스로의 노력으로 하나님의 자비를 얻을 수 없다는 점을 알 수 있습니다. 이 모든 사실을 놓고 볼 때, 하나님께서 이런 문제들에 대해 특별한 지시를 하지 않으시고 우리 자신에게 그 문제를 맡기셨기 때문에, 어린아이에게 세례 받을 권리를 허용하는 것이 절대로 타당하고 옳은 일이라고 생각합니다.

논평

뉴먼은 16세기에 벌어진 논쟁들 가운데 유아 세례의 실행을 둘러싸고 커다란 다툼이 있었다는 사실을 알았다. 뉴먼은 유아 세례가 기독교 교회에서 일반적으로 인정되는 견해라고 여겼으며, 그 견해를 옹호할 필요가 있다고 보았다. 뉴먼은 먼저 세례를 통해 이루어지는 일에 대해 설명한 후, 이어서 유아에게 세례를 베푸는 문제를 논한다.

생각해 볼 물음들

❶ 이 글을 시작하는 부분에서 뉴먼이 세례 일반의 신학적인 의미라고 밝히는 견해를 요약해 보라. 뉴먼은 세례와 성만찬이 그리스도인의 삶에서 어떤 역할을 하는 것으로 이해하는가?

❷ "죄 가운데 출생한 유아들은 하나님의 자비와 은총을 가장 많이 필요로 하며……." 본문에서 이 구절의 위치를 확인하라. 여러분은 뉴먼이 유아 세례에 대한 견해를 펼치는 데서 이런 방식의 논증이 얼마나 중요하다고 생각하는가?

8.27 ▼

제2차 바티칸 공의회

: 성만찬

제2차 바티칸 공의회1962-1965에서는 현대 세계에서 로마 가톨릭교회에게 주요 관심거리가 된 쟁점들을 다루었다. 공의회의 두 번째 회기(1963년 9월 29일-12월 4일)는 전례의 개정이라는 복잡한 쟁점을 포함해 여러 가지 문제를 다루었다. 이 회기의 마지막 날 그 결실인 「거룩한 전례에 관한 헌장」—흔히 라틴어 제목인 *Sacrosanctum Concilium*(거룩한 공의회)으로 알려졌다—이 발표되었다. 이 헌장 가운데서 여기에 옮긴 항은 "성체성사의 지극히 거룩한 신비"The Most Sacred Mystery of the Eucharist라는 제목이 달려 있다8.5, 8.10, 8.11, 8.12, 8.15, 8.16, 8.17, 8.28, 8.32 참조.

본문

47. 우리 구주께서는 배반당하시던 날 밤, 마지막 만찬 자리에서 당신의 몸과 피를 희생제물로 삼은 성찬을 제정하셨다. 구주께서 이 일을 행하신 목적은 그분이 다시 오실 때까지 만대에 걸쳐 십자가의 희생이 영속되도록 하고, 당신께서 사랑하시는 신부인 교회에게 그분 자신의 죽음과 부활을 기념하는 일을 맡기려는 데 있었다. 이것은 사랑의 성사요 일치의 표지와 자비의 끈이며, 그리스도를 받아 모시어 마음이 은총으로 충만해지고 장차 누릴 영광의 약속이 우리에게 허락되는 유월절 만찬이다.

48. 그러므로 교회는 그리스도의 신자들이 이 신앙의 신비에 참여할 때, 낯선 자나 침묵하는 구경꾼이 되지 않기를 간절히 바란다. 그와 달리 신자들은 그 예식과 기도를 깊이 이해하여 자신들이 행하는 일을 분명히 의식하고, 헌신과 지극한 협조로 이 성스러운 행위에 참여해야 한다. 신자들은 하나님의 말씀으로 교육을 받고 주님의 몸의 식탁에서 양분을 공급받아야 하며, 하나님께 감사드려야 한다. 사제의 손을 빌려서뿐만 아니라 사제와 함께 하나가 되어 흠 없는 희생제물을 바침으로써, 신자들은 자기 자신을 봉헌하기를 배워야 한다. 중보자이신 그리스도를 통해 신자들은 날마다 하나님과 하나 되고, 서로 간에 하나 되는 온전한 일치를 향해 나가며, 마침내 하나님께서 만유의 주님이 되시도록 해야 한다.

49. 이러한 이유로 거룩한 공의회는 특히 주일과 의무 축일들에 신자들과 함께 거행하는 미사를 염두에 두고, 미사의 희생제사가 그 제의적 형식에서까지 온전한 사목적 효과를 낼 수 있도록 다음과 같이 교령을 발표한다.

교령들

50. 미사 예식은 여러 부분에서 그 고유 본질과 상호 관련성이 좀 더 분명하게 드러나게 하고, 신자들의 독실하고 적극적인 참여가 좀 더 쉽게 이루어지게 하는 방향으로 개정되어야 한다.

이런 목적에 따라 예식들을 단순화할 필요가 있는데, 물론 그 본질을 보존하는 일에도 마땅히 주의를 기울여야 한다. 시간이 흐르면서 중복되거나 별 유익이 없이 첨가된 부분들은 삭제해야 한다. 역사의 우연한 일들로 인해 사라진 부분들도 유용하거나 필요할 경우, 거룩한 교부들의 시대에 지녔던 활력을 되찾을 수 있도록 회복되어야 한다.

51. 성경의 보화들을 더욱 활짝 열어 놓아, 하나님의 말씀의 식탁에서 신자들에게 더욱 풍성한 양식이 공급될 수 있게 해야 한다. 이런 방식으로, 사람들이 성경의 중요한 부분들을 정해진 햇수 안에 읽을 수 있을 것이다.

52. 교회력을 따라 강론함으로써, 성경 본문을 바탕으로 신앙의 신비들과 기독교 삶의 중심 원리들을 가르친다. 따라서 강론은 전례의 소중한 부분으로 평가되어야 한다. 주일과 의무 축일에 신자들과 함께 드리는 미사에서 중대한 이유 없이 강론이 생략되어서는 안 된다.

53. 특히 주일과 의무 축일에는 복음과 강론 다음에 드리는 "공동 기도" 또는 "신자들의 기도"가 복원되어야 한다. 신자들은 이 기도에 참여함으로써, 거룩한 교회를 위해, 세상의 권력자들을 위해, 여러 가지 고통으로 억압당하는 사람들을 위해, 인류 전체를 위해, 온 세상의 구원을 위해 중보 기도하게 된다.

54. 이 헌장의 제36항에서 규정하는 대로 사람들과 함께 드리는 미사에서, 특히 성경 독서와 "공동 기도" 부분에, 그리고 지역적 상황에 따라 사람들에게 적합한 부분에 모국어를 적절하게 배치할 수 있다. 그러나 신자들이 자신들에게 배정된 미사 통상문 부분을 라틴어로 함께 말하거나 노래할 수 있도록 배려해야 한다. 미사에서 모국어를 좀 더 폭넓게 사용하는 것이 바람직해 보이는 부분에서는 이 헌장의 제40항에서 제시한 규정을 따라야 한다.

55. 사제의 영성체 후에 신자들이 동일한 희생제사에서 주님의 몸을 받아 모심으로써, 좀 더 온전한 형태로 미사에 참여하는 일이 이루어질 수 있도록 적극 권장한다.

트리엔트 공의회에서 규정한 교의 원리들은 온전하게 유지되고, 양형 영성체는 사도좌에서 정한 경우에 주교의 판단에 따라 성직자와 수도자들은 물론 평신도들에게도 허용될 수 있다. 예를 들어 서품 미사에서 새로 서품 받는 사람에게, 수도 서원 미사에서 새로 서원하는 사람에게, 세례에 이어지는 미사에서 새로 세례 받은 사람에게 허용된다.

논평

이 글은 제2차 바티칸 공의회의 가장 중요한 문헌 가운데 하나로, 교회의 전례 생활을 새롭게 이해하는 데 필요한 기초를 제시한다. 이 헌장은 성만찬에 대한 이해를 밝히는 데서 끝나지 않고, 교회의 성례전적 삶의 신학적 토대가 교회의 일상적 삶과 밀접하게 연결되어 있다는 점을 확고히 다지기 위해 여러 가지 특별한 실천적 권고들을 제시하고 있음을 주목하라.

생각해 볼 물음들

❶ 이 공의회에서는 성만찬에 어떤 특별한 기능들을 부여하는가?

❷ 변화를 위한 특별한 권고들이 본문에서 제시되는데, 그 권고들의 실천적 효과는 무엇인가?

8.28 ▼

에드바르트 스힐레벡스

: 실재적 임재

네덜란드의 로마가톨릭 신학자인 에드바르트 스힐레벡스Edward Schillebeeckx, 1914-2009는 1960년대에 화체설 교의를 비존재론적으로 이해한 대표적 학자로서 명성을 얻었다. 스힐레벡스에게 성만찬의 빵은 그것이 가리켜 보이는 영적 실체들을 대표하거나 '상징하는' 방식을 변화시킨 것이라고 볼 수 있다. 아래에 인용한 다소 긴 본문에서 스힐레벡스는 '의미변화'transignification라는 논쟁적 개념에 대해 설명한다8.17, 8.24, 8.27 참조.

본문

내가 프랑스에서 공부하던 1945년과 1946년 사이에 학생들 사이에서 화체설transubstantiation, 실체변화을 주제로 활기찬 토론이 이루어졌다. 나이가 지긋했으나 매우 열린 마음을 지녔던 교의학 교수는 학생들이 자신의 토미즘적인 실체변화 이론(이 이론은 트리엔트 공의회 이후의 신학에 대한 반동이었다)을 받아들이지 못한다는 사실을 알고서는, 세미나를 열어 학생들 자신의 견해를 발표하게 했다. 그때 벌어진 토론에서는 '기능변화'transfunctionalisation 나 심지어 '목적변화'transfinalisation 와 같은 용어들—실제로 변하는 것은 빵의 물리적 실체가 아니라 그 기능과 의미였다고 보는 개념—까지 등장했다. 이러한 논쟁거리들은 그 당시에 아직 가톨릭 사상에 영향을 끼치지 못했던 현대 현상학과는 전혀 관계가 없었으며, 오히려 현대 물리학과 베르그송의 비판론의 결과로서 아리스토텔레스의 실체 개념과 연관되어 등장한 난점들에 의해 촉발되었다.

물리적 해석과 순전히 존재론적인 해석을 뛰어넘어 성만찬의 현존을 성례전적 현존 안에 배치한 최초의 신학자는 의심할 바 없이 드 바키오치 J. de Baciocchi 였다. 그는 실체변화의 존재론적 깊이를 받아들였지만, 그것을 성례전적 수준에 배치했다. 그는 실제로 기능변화, 목적변화, 의미변화라는 용어들을 사용했다. 사물들의 궁극적 실재란, 그 사물들이 우리의 감각이나 그 감각을 기초로 한 학문적 분석에 비추어서 어떤 것인지가 아니라, 그리스도에 대해서 어떤 것인지를 말하는 것이다. 주님이신 그리스도의 능력은 모든 것을 그분을 위한 것으로 만든다. 그러므로 만일 그리스도가 실제로 빵과 포도주 안에서 자기 자신을 하나님의 좋은 선물로 준다면, 객관적이고 근본적인 변화 곧 실체변화가 발생한다. 다시 말해 빵과 포도주가 자기 자신을 주는 그리스도의 참된 선물의 표징이 되는 것이다. 여기서 드 바키오치는 현상계 배후에 놓인 실체라는 개념에 반발했다. "빵과 포도주의 선물은 그리스도에 의해 몸과 피의 선물로 변화"되며, 이렇게 해서 빵의 실재를 변화시킨다. 이 견해는 가톨릭 신학자에 의해 '실재론'(실체변화)과 '가장 깊은 의미에서의 성례전적 상징주의'를 종합하고자 했던 최초의 시도였다.

이러한 견해로 인해, 아리스토텔레스의 자연철학에 근거한 해석은 완전히 대체되었으며, 인간학적인 접근법이 이미 받아들여지고 있었다고 볼 수 있다. 하지만 1950년을 넘어서기 전까지 이러한 재해석이 이루어지지 않았다는 점이 주목할 만하다. 이 해에 회칙 「후마니 제네리스」*Humani Generis*가 나왔는데, 이 회칙에서는 실체변화가 시대에 뒤떨어진 철학적 실체 개념을 근거로 삼은 것이므로 그리스도의 실재적 임재를 일종의 상징론으로 보는 방식으로 수정해야 한다고 주장한 신학자들의 견해를 비난했다. 이 상징론에서는 성별된 빵을 단지 그리스도의 영적인 임재를 나타내고 그리스도와 그의 신비한 몸 및 그 구성원들의 친밀한 연합을 가리키는 효과적인 표징일 뿐이라고 보았다. 하지만 나는 1950년 이전의 가톨릭 신학에서는 성만찬을 순전히 상징론적으로 해석하는 경우를 발견할 수 없었다. 로마가톨릭의 비판은 오해에서 기인한 것으로 보인다. 원전 자료로 돌아가는 관행을 선호했던 '신신학'*Nouvelle Théologie*에 속하는 여러 신학자들과 함께 앙리 드 뤼박은 초기 스콜라주의 신학자들과 중세 중기의 신학자들이 모두 그리스도의 성찬에의 임재*res et sacramentum*, 성사의 중간 효력를 강조하지 않고 성찬에서 그리스도와의 친교*res sacramenti*, 성사의 실재, 곧 신비적인 몸을 기초로 하는 모든 신자의 연합을 강조했다는 점을 입증해 보였다. 토마스 아퀴나스도 역시 이 성례전의 구원하는 능력은 궁극적으로 믿음의 공동체 자체 내에 그리스도가 실제로 임재하는 데 근거한다고 주장했다. 이렇게 재발견한 이론은 사실상 새로운 해석들을 지지했다. 사실이 무엇이든 드 바키오치는 순전히 상징적인 해석에는 철저히 반대했다. 성례전을 표징으로 재발굴해 낸 세계 대전 이후의 가톨릭 신학자들은 드 바키오치가 처음에 따랐던 길, 실재론과 성례전의 종합이라는 길을 다시는 버리지 않았다. 9세기 이후 신학자들은 이 두 기둥 사이에서 평형을 유지하고자 노력해 왔다.……

독일에서는 1959년 10월 7일부터 10일까지 파사우에서 열린 성만찬에 관한 심포지엄에서 실체변화에 대한 새 이론이 훨씬 더 풍성하게 탐구되었다. 그때의 강의와 토론을 기록한 인쇄물에 실린 L. 쉐프치크Scheffczyk와 B. 벨테Welte의 글을 통해 대표적인 특징을 확인할 수 있다. 쉐프치크는 영적 실재뿐만 아니라 물질적 실재도 구원과 연관시키는 성경적 창조 신앙을 자기 출발점으로 삼았고, 성경에서 사물들의 존재는 깊은 의미에서 영적이고 신적인 실재들을 가리키는 표징이자 상징이었다고 주장했다. 이 주장은 특히 인간과 연관 지어 논의되고 그 심오한 의미를 밝혀 하나님의 아들인 인간 예수에게 적용되었으며, 그래서 성만찬에서 물적 실체는 온전한 표징이 된다고 보았다. 쉐프치크는 비록 같은 단어를 사용하지는 않았으나 드 바키오치와 마찬가지로 실제적 실체변화는 목적변화이며 의미변화라고 주장했다. B. 벨테는 훨씬 더 철저한 분석을 제시했다. 그는 인격적이고 영적인 관계는 물리적이고 물질적인 관계보다 훨씬 더 실제적이라는 사실을 출발점으로 삼았다. 따라서 그는 성찬의 빵과 포도주를 그들의 관계에 비추어 이해한다. 본래의 아퀴나스 견해에서 보면, 존재와 참됨과 선함('의미를 지님')은 서로 교차할 수 있다. 사물들은 그들 자체의 존재로서 다른 누군가(하나님, 인간)에게 의미를 지닌다. 다시 말해 실재 자체에 속하는 원초적 의미를 지닌다. 어떤 것이 이처럼 '누군가에 대한 의미를 지니지' 않으면, 그것 본래의 것이 아니기 때문이다. 이렇게 초월적으로 '의미를 지니는 일'은 실제적 형태를 통해 구체화된다. 화학 물질은 영양분이 되기도 하지만, 연료가 되기도 한다. 만일 이 관계가 변하면, 사물의 존재 자체가 변한다. 그리스 신전은 그 건물의 건축자와 거기서 예배를 드리는 사람들과 현대의 관광객들에게 서로 다르게 여겨진다. 인간은 본질적으로 이러한 관계변화에 얽혀 있지만, 그 변화는 인간에 의해 좌우되지 않는다. 즉, 관계가 바뀔 때, 사물들의 존재 자체가 변한다. 그러므로 신전은 '역사적인 실체변화'를 겪는다고 말할 수 있다. 인간에 의해 발생하는 관계들도 있다. 그런 일들에서는, 관련된 존재가 실제로 무엇인가는 강제적으로 결정된다. 물감을 들인 천은 단지 장식적인 특성을 지니지만, 만일 정부에서 그 천을 높이 치켜세워 국기로 사용하기로 결정한다면, 그 천은 실제로 그리고 객관적으로 더 이상 동일 천이 아니다. 물리적으로는 변한 것이 전혀 없지만, 그 존재는 본질적으로 변했다. 이런 유형의 새로운 의미는 물리적이나 화학적인 변화에 비해 훨씬 더 실제적이고 깊다. 성만찬의 경우도 역시, 인간이 아니라 하나님의 아들에 의해 빵과 포도주에 새 의미가 부여된다. 하나님의 아들에 의해 발생하는 관계는 그 신적인 성격으로 인해 절대적 의미의 구속력을 지니며, 성만찬이 신자들에 대해 지니는 성격을 결정짓는다. 믿음이 없어서 이런 식으로 성찬을 이해하지 않는 사람은 누구나 객관적으로 현존하는 이 실재 외부에 자신을 배치한다. 다시 말해 그 사람은 존재의 질서 밖에 있다.

논평

스힐레벡스는 실체변화(화체설) 개념을 역사적으로 성찰하는 동시에 신학적으로 분석하면서, 전통적인 트리엔트식 정의를 대신해, 1960년대의 지적 문화에 좀 더 쉽게 다가갈 수 있는 이론을 제안한다. 스힐레벡스가 제안하는 기본 논점은 다음과 같이 요약할 수 있다. 첫째, 존재론적인 사고방식들은 오늘날 많은 사람들에게 특히 어려운 것으로 여겨지는데 재고될 필요가 있다. 둘째, 빵과 포도주를 성별할 때 이루어지는 영적 변화를 다른 방식으로 납득할 수 있게 설명하는 방법이 있으며, 특히 빵과 포도주의 의미에서 변화가 일어난다고 보는 견해를 생각해 볼 수 있다.

'목적변화'는 성별의 선언으로 빵과 포도주의 목적이나 목표가 변한다는 견해다. 따라서 빵과 포도주는 신자들의 신앙을 키워 주는 성스런 물질로서, 새로운 기능을 한다고 말할 수 있다. '의미변화'란 성별의 선언으로 빵과 포도주의 의미가 변하고, 그 결과 빵과 포도주는 그것들이 지닌 순전히 물질적인 의미를 초월해 기독교인이 최후의 만찬과 연결시키는 모든 것을 의미하거나 대표하게 된다고 보는 견해다. 교황 바오로 6세는 회칙 「신앙의 신비」*Mysterium fidei*, 1965에서 목적변화와 의미변화를 모두 정죄했다.

생각해 볼 물음들

❶ 스힐레벡스가 실체변화 개념을 논하는 존재론적 이론이 더 이상 받아들여질 수 없다고 믿는 이유가 무엇인지 여러분의 말로 분명히 설명해 보라.

❷ 그리스 신전의 의미를 이해하는 다양한 방식을 유비로 삼아 제시하는 논점은 무엇인가?

세계교회협의회

: 세례

세계교회협의회의 신앙과 직제 위원회에서는 1982년에 「세례와 성만찬과 사역」Baptism, Eucharist, and Ministry이라는 제목으로 매우 영향력 있는 신학 성명서를 발행했다. 이 문서는 주로 개신교 교파들 사이에서 성공회, 루터교회, 감리교회, 정교회, 개혁교회 등 여러 전통이 함께 인정할 수 있는 성례전적 믿음이 무엇인지를 밝히기 위해, 여러 해 동안 교회 일치적 연구와 대화를 거친 결과물이었다. 이 문서는 성례전 및 기독교 사역과 관련된 쟁점들을 교회 일치적인 관점에서 논의하고 발전시키는 데 매우 유용한 것으로 입증되었다8.2, 8.3, 8.4, 8.6, 8.7, 8.17, 8.26 참조.

본문

I. 세례의 제정

B1. 기독교의 세례는 나사렛 예수의 사역과 죽음, 부활에 토대를 두고 있다. 세례는 십자가에 못 박히고 부활하신 그리스도와 결합하는 것이고, 하나님과 그의 백성 사이의 새 계약에 들어가는 것이다. 세례는 하나님의 선물로서 아버지와 아들과 성령의 이름으로 거행된다. 마태의 기록에 따르면, 부활하신 주님은 당신의 제자들을 세상으로 보내시면서 그들에게 세례를 주라고 명령하셨다(마 28:18-20). 사도적 교회가 첫날부터 보편적으로 실행한 세례는 신약성경의 서신들, 사도행전, 교부들의 문헌에서 증언한다. 오늘날 교회들은 자기 백성에게 은총을 베푸시는 주님께 대한 헌신의 예식으로서 이 세례의 관습을 계속 이어간다.

B2. 세례는 예수 그리스도를 통해 시작되는 새 삶의 표징이다. 세례는 세례 받는 사람을 그리스도 및 그리스도의 백성과 연합하게 한다. 신약성경과 교회 예전은 그리스도의 부요함과 그리스도의 구원의 선물을 나타내는 여러 가지 이미지로 세례의 의미를 밝혀 준다. 이 이미지들은 종종 구약성경에서 상징적으로 물을 사용한 일과 연결된다. 세례는 그리스도의 죽음과 부활에 참여하는 일(롬 6:3-5, 골 2:12)이고, 죄의 씻음(고전 6:11), 새로운 출생(요 3:5), 그리스도께서 비추는 빛(엡 5:14), 그리스도로 옷 입음(갈 3:27), 성령으로 거듭남(딛 3:5), 물에서 구원받은 경험(벧전 3:20-21), 멍에로부터 탈출(고전 10:1-2), 성과 인종, 사회적 지위로 갈라진 장벽을 넘어 새로운 인간성으로 해방되는 일(갈 3:27-28, 고전 12:13)이다. 사용되는 이미지는 많으나 그 실체는 하나다.

A. 그리스도의 죽음과 부활에 참여

B3. 세례는 예수 그리스도의 삶과 죽음과 부활에 참여하는 것을 의미한다. 예수께서는 요단강으로 내려가셔서 모든 의를 이루기 위해 죄인들과 하나 되어 세례를 받으셨다(마 3:15). 이 세례는 예수를 고난받는 종의 길로 이끌었고, 그 길은 그분이 겪으신 고난과 죽음, 그리고 부활에서 선명하게 드러났다(막 10:38-40, 45). 그리스도인들은 세례를 받을 때 그리스도의 해방하시는 죽음에 잠기게 되는데, 그곳에서 그들의 죄가 묻히고 "옛 아담"이 그리스도와 함께 십자가에 달리며 죄의 권세가 무너진다. 따라서 세례 받은 사람들은 더 이상 죄의 노예가 아니고 자유로운 자다. 그들은 그리스도의 죽음과 완전히 하나가 되어 그와 함께 장사되고, 지금 여기서 예수 그리스도의 부활의 능력으로 새 삶으로 부활하고, 그처럼 부활하여 궁극적으로 그와 하나가 될 것을 확신하게 된다(롬 6:3-11, 골 2:13, 3:1, 엡 2:5-6).

B. 회개와 용서와 깨끗게 함

B4. 그리스도인들이 그리스도의 죽음과 부활의 신비에 참여하도록 이끄는 세례에는 죄의 고백과 마음의 회개가 따른다. 요한이 베푼 세례는 그 자체가 죄 용서를 위한 회개의 세례였다(막 1:4). 신약성경에서는 세례의 윤리적 함의를 강조하여, 세례를 깨끗한 물로 몸을 씻는 정결례, 온갖 죄에 물든 마음을 깨끗게 하는 일, 칭의의 행위로 제시한다(히 10:22, 벧전 3:21, 행 22:16, 고전 6:11). 따라서 세례 받은 사람들은 그리스도께 용서받고 깨끗하게 되어 성화되며, 나아가 세례 경험을 통해 성령의 인도하심을 따라 새로운 윤리적 목표를 지니게 된다.

C. 성령의 선물

B5. 성령께서는 사람들의 삶 속에서, 세례 받기 전과 세례 받을 때와 세례 받은 후에 각각 일하신다. 바로 이 성령께서 예수를 하나님의 아들로 계시하셨고(막 1:10-11), 오순절에 제자들에게 능력을 주셔서 하나로 묶으셨다(행 2장). 하나님께서는 세례 받은 모든 사람에게 성령의 기름 부으심과 약속을 주시고, 그들을 인 치시고, 그들의 마음에 하나님의 자녀로서 누리는 유산의 첫 몫을 심어 주신다. 성령은 그들이 마지막 때 온전한 구원에 이르고 하나님의 영광을 찬양하게 될 때까지, 그들의 마음 속에서 신앙의 삶이 자라도록 키워 주신다(고후 1:12-22, 엡 1:13-14).

D. 그리스도의 몸과 연합함

B6. 우리 주님께 순종하는 마음으로 이루어진 세례는 우리가 함께 제자가 되었다는 표징이자 보증이다. 그리스도인들은 세례를 통해 그리스도와 연합하며, 서로 간에 연합하고, 모든 시대와 장소의 교회와 연합한다. 따라서 우리로 하여금 신앙 안에서 그리스도와 연합하게 하는 공통된 세례는 일치를 이루는 기본적인 끈이다. 우리는 한 백성이고, 각자의 자리와 온 세상에서 한 분이신 주님을 고백하고 섬기도록 부르심을 받았다. 우리가 세례를 받아 누리는 주님과의 연합은 기독교의 일치를

위한 중요한 토대가 된다. "세례도 하나요……하나님도 한 분이십니다. 하나님은 모든 것의 아버지시요"(엡 4:4-6). 세례를 통한 일치가 하나의 거룩하고 보편적이고 사도적인 교회 안에서 실현될 때, 치유하시고 화해케 하시는 하나님의 사랑에 대한 그리스도인의 참 증언이 이루어질 수 있다. 따라서 그리스도 안에서 하나 되게 하는 우리의 세례는 교회들에게 그들의 분열을 극복하고 교제를 분명하게 드러내 보이라는 소명이 된다.

논평

세계교회협의회의 문서인 "세례와 성만찬과 사역"(세계교회협의회의 신앙과 직제 위원회가 1982년 모임을 열었던 페루의 도시 이름을 따서 흔히 리마문서라고도 부른다)은 이 주제를 다룬 에큐메니칼 논의에서 이정표가 될 만한 것으로 널리 인정된다. 이 글에서 세례는 신약성경에 나오는 친숙한 언어와 이미지로 다듬어지며(신약의 본문이 얼마나 자주 인용되는지 보라), 그렇게 해서 나중에 그리스도인들은 분열시켰던 여러 가지 논쟁에 빛을 비춰 준다. 비록 개신교 교파들 사이에서 세례식의 실제와 관련해서 여러 가지 차이점이 보이지만, 이 문서는 기독교 교리와 실천의 바탕에 놓인 공통된 주제와 신념들을 밝히려고 애쓴다.

생각해 볼 물음들

❶ 리마문서에 따르면, 세례에서 실제로 이루어지는 일은 무엇인가? 세례를 받음으로써 사람들은 어떤 모습으로 변화하는가?

❷ 리마문서는 세례에서 성령의 역할을 특히 강조하고, 교회 공동체의 중요성을 인정한다. 이 두 가지 점에 대해 리마문서가 가르치는 내용을 여러분의 말로 요약해 보라.

알렉산더 슈메만

: 성만찬

알렉산더 슈메만Alexander Schmemann, 1921-1983은 20세기 정교회 신학에서 가장 두드러진 인물 가운데 한 사람이다. 그는 뉴욕 주에 있는 세인트 블라디미르 신학교의 학장으로 일했고, 그 기간에 정교회의 주요 지도자로서 명성을 얻었다. 이 중요한 글에서 슈메만은 정교회 성만찬 이론의 여러 가지 특성들을 밝힌다3.18, 8.9 참조.

본문

이제 우리는 정교회 예전에서 기념송anamnesis 부분의 결론에 나오는 에피클레시스*epiklesis*, 곧 성령을 구하는 기도의 기능이 무엇인지 살펴본다.

특히 크리소스토무스와 대(大) 바실리우스의 예전들에서 "그러므로 주님"이라는 말로 시작하는 에피클레시스 본문은 이 기도가 기념사와 유기적으로 연결되어 있음을 보여준다.

나는 이번 장을 시작하면서 크리소스토무스의 기도 본문을 인용했는데, 이제부터는 대 바실리우스의 예전에 나오는 동일 기도문인 에피클레시스만 인용하겠다.

> 그러므로 주님, 우리는 그리스도의 구원하시는 고난과 생명을 주시는 십자가, 사흘 동안 무덤에 계셨다가 죽은 자들 가운데서 부활하심, 하늘로 오르셔서 하나님 아버지의 우편에 앉아 계심, 영광 가운데 놀라운 모습으로 다시 오실 것을 기념하면서, 모든 사람을 위해 그리고 모든 사람을 대신해, 주님의 소유 가운데서 당신의 것을 드립니다.……이제 우리 감히 주님의 거룩한 제단으로 나가, 그리스도의 거룩하신 몸과 피의 예표를 드리면서 지극히 거룩하신 주님께 기도하며 구하오니, 주님의 선하심으로 당신의 성령을 우리와 여기 이

예물 위에 부어 주소서.

알다시피 에피클레시스 기도는 기념사의 결론 부분을 이룬다. 성찬례가 이루어지는 '새 시간'의 테두리 안에서 에피클레시스 기도는 "우리에게 허락된 모든 것", 곧 그리스도께서 이루신 구원의 신비 전체, 온 세상에 미치며 우리에게 허락되는 그리스도의 사랑의 신비를 통합한다. 기념사는 이러한 신비와 그 실재를 인식한다는 고백이며, 그 신비가 세상과 인간의 구원이 된다는 믿음의 고백이다. 전체 성찬례와 마찬가지로 기념사는 단순한 반복이 아니다. 기념사는 그리스도께서 단번에 완전하게 베푸신 성찬과 우리가 그 앞에 서는 행위를, '이 세상' 속에서 계속 반복해서 표명하고 선물로 누리며 경험하는 일이다.

성찬례는 처음부터 마지막까지 빵과 포도주를 중심으로 행하여진다. 빵과 포도주는 하나님께서 처음에 생명의 양식으로 지으신 것이다. "너희의 먹거리가 될 것이다"(창 1:29). 하지만 생명의 의미와 본질과 기쁨은 음식에 있지 않고 하나님께 있으며, 그분과 나누는 친교에 있다. 인간은, 그리고 인간에게 휘말려 "이 세상"까지도 이 음식 곧 "낙원에 있는 불멸의 양식"(대 바실리우스의 예전)에서 멀리 쫓겨났다. 음식이 인간을 지배하게 되었는데, 이 지배는 생명이 아니라 죽음과 소멸과 분리로 이끈다. 이런 까닭에, 그리스도께서 세상에 오셨을 때 그분 자신을 가리켜 이렇게 말씀하셨다. "하나님의 빵은 하늘에서 내려와 세상에 생명을 주는 것이다"(요 6:33). "내가 생명의 빵이다. 내게로 오는 사람은 결코 주리지 않을 것이요, 나를 믿는 사람은 다시는 목마르지 않을 것이다"(요 6:35).

그리스도는 "하늘의 빵"이다. 이 정의에는 그리스도를 구주와 주님으로 믿는 우리 신앙의 모든 내용과 실재가 담겨 있다. 그리스도는 생명이요 따라서 음식이다. 그분은 "모든 사람을 위해, 그리고 모든 사람을 대신해" 이 생명을 희생제물로 드렸고, 그 결과 우리는 그분의 생명, 곧 새 창조에 속한 새 생명을 받아 누리고 그분의 몸이 되어 그분을 드러낼 수 있게 되었다.

교회는 이 모든 것에 아멘으로 응답하고, 믿음으로 이 모든 것을 받으며, 성찬례에서 성령을 통해 이 모든 것을 성취한다. 예전의 모든 의식들은 그리스도의 구원 사역을 구성하는 실재들을 차례대로 나타내 보여준다. 그러나 다시 말하지만, 여기서 진행되는 일은 성취가 아니라 현시(顯示)로 이루진다. 현시되는 것은 현시 이전에는 존재하지 않았던 어떤 새로운 것이 아니기 때문이다. 결코 그렇지 않다. 그리스도 안에서 이미 모든 것은 성취되었고, 모든 것이 현실이 되었으며, 모든 것이 허락되었다. 그분 안에서 우리는 아버지께로 나갈 길과 성령 안의 친교와 그분의 나라에서 누리게 될 새 삶에 대한 희망을 얻었다.

그런데 여기 성찬기도의 끝부분에서 만나는 에피클레시스도 역시 이러한 현시이자 선물이며, 그것들에 대한 교회의 수용이다. "당신의 성령을 우리와 여기 이 예물 위에 부어 주소서." 성령을 구하는 기도는 빵과 포도주만을 대상으로 삼는 고립된 행위가 아니기 때문이다. 성령을 구하는 기도를 드린 후, 미사 집례자는 곧바로 이렇게 기도한다. "성령의 친교 안에서 하나의 떡과 잔을 나누는 우리 모두가 서로 하나가 되게 하소서"(대 바실리우스). "이 떡과 잔이 여기에 참여한 이들에게 영혼의 정결함과 죄의 용서와 성령의 친교와 하늘나라의 성취가 되게 하소서."

이어서 기도는 곧바로 중보로 넘어가는데, 중보에 대해서는 나중에 살펴본다. 성찬의 목적은 빵과 포도주의 변화에 있는 것이 아니라, 우리의 음식과 생명이 되시고 교회를 그리스도의 몸으로 현시하시는 그리스도께 우리가 참여하는 일에 있다.

바로 이러한 이유에서, 동방 정교회에서는 거룩한 예물들 자체를 특별한 숭배와 묵상과 찬미의 대상으로 삼지 않으며, 또 그 예물들의 변화가 어떻게 언제 어떤 방식으로 이루어지는지도 특별한 신학적 '문제'로 다루지 않는다. 성찬—이것은 거룩한 예물들의 변화를 의미한다—은 시간, 본질, 인과관계와 같은 '이 세상'의 범주들로는 밝혀 내거나 설명할 수 없는 신비다. 성찬은 오직 신앙 안에서만 비밀을 드러내 보인다. "나는 이것이 참으로 당신의 지극히 순결한 몸이요 고귀한 피라는 것을 믿습니다." "이 세상" 안에서는 아무것도 설명되거나 정의되거나 변화하지 않는다. 그렇다면 이 빛, 마음에 넘치는 이 기쁨, 충만함과 '저 세상'에 닿는 듯한 이 느낌은 어디서 오는가?

우리는 이 질문들에 대한 답을 에피클레시스에서 얻는다. 하지만 이 답은 우리의 '단층' 논리의 법칙들에 근거한 '이성적인' 것이 아니라, 성령께서 우리에게 보여주시는 것이다. 우리 앞에 열리는 성찬의 거의 모든 순서마다, 교회는 성찬이 "성령의 친교"에 참여하는 사람들을 위한 것이라고 가르치는 에피클레시스의 본문으로 이렇게 기도한다. "성령의 친교 안에서 하나의 떡과 잔을 나누는 우리 모두가 서로 하나가 되게 하소서." 이어서 "하늘나라의 성취"를 위해 기도한다. 성찬의 목적을 말하는 이 두 가지 정의는 본질상 동의어다. 두 가지 정의가 모두 성례전의 종말론적 본질과 하나님 나라를 지향하는 특성을 밝혀 준다. 하나님 나라는 다가오고 있지만 이미 교회 안에 나타나고 허락되었다.

이렇게 해서 에피클레시스는 아나포라*anaphora*, 곧 "교회로 모임"과 입당, 하나님 말씀인 복음의 선포, 봉헌, 성찬 봉헌, 감사, 기념사로 이루어진 예전 부분을 마무리 짓는다. 그러나 에피클레시스와 함께 예전의 절정 부분이 시작된다. 예전의 본질은 성찬례, 곧 신자들에게 거룩한 선물인 그리스도의 몸과 피를 나누어 주는 일에 있다.

논평

이 글에서 슈메만은 성령의 역할을 크게 강조하면서, 전반적으로 다마스쿠스의 요하네스가 『정통신앙에 관하여』에서 제시한 이론8.11 참조의 논지를 따른다. 에피클레시스*epiklesis*—성찬례에서 성령을 빵과 포도주 위로 불러 모시는 일—를 신학적으로 매우 중요한 것으로 받아들인다.

생각해 볼 물음들

❶ 슈메만이 제시하는 성령의 신학적 기능을 여러분의 말로 설명하라.

❷ 슈메만은 성찬의 신비를 지나치게 합리주의적으로 이해하는 이론에 대해 비판한다. 이 비판으로 그가 말하려는 것은 무엇인가? 여러분이 보기에 이번 8장에서 언급된 인물들 가운데 슈메만이 제기하는 비판의 표적이 될 만한 사람들은 누구인가?

로완 윌리엄스

: 성례전의 본질

옥스퍼드 대학교의 레이디 마가렛 신학교수를 역임했고, 최근에 캔터베리 대주교로 일한 로완 윌리엄스Rowan Williams, 1950 출생는 다양한 신학 주제에 관해 폭넓게 글을 썼으며, 전 세계의 살아 있는 신학자 가운데 가장 중요한 인물로 널리 인정받는다. 윌리엄스는 저명한 이론 신학자이면서도 늘 신학과 교회 생활의 연관성을 소중하게 여겨 강조했고, 그가 지은 책의 상당수가 이런 관점에서 저술되었다. 이 글은 런던에 있는 한 교회에서 행한 그의 강연에서 인용한 것이며, 나사렛 예수가 기독교 공동체를 위해 표적들을 행한 방식에 대해 다룬다8.14, 8.15, 8.16, 8.27, 8.32 참조.

본문

[나사렛 예수의] 행위와 말을 담고 있는 전승은 예수가 소요를 일으키는 혁명가에 속하는 표징 행위자sign-maker였다는 인식에 의해 크게 영향을 받았음이 분명하다. 우리가 이해한 바에 따르면, 예수는 하나님의 백성이 심판 자리로 소환되고 하나님의 왕권 아래 회복되어 전에 없이 하나님과 밀접하게 결합하는 위기의 때가 시작되었다는 확신을 품고 사역했다. 신실하신 하나님께서는 약속하신 대로 백성의 불신앙을 단번에 깨뜨리고 제거하실 것이다. 그래서 예수는 아직 이루어지지 않은 공동체, 곧 하나님 나라를

위해 일한다. 예수는 미래의 열두 지파를 위해 랍비와 판관들을 선택하고, 치유를 베풀고 죄를 용서하며, 강한 권세로 이스라엘의 버림받은 자들을 그의 식탁공동체에 참여케 하여 이 새 나라로 이끈다. 예수가 처한 기이한 고독, 그가 당한 의혹과 몰이해는 그의 행위들이 여전히 실현되어 가는 과정에 있는 인간의 삶, 곧 정치적이고 종교적인 현실 체제와 불화하는 삶을 가리키는 표징이었다는 사실과 관계가 있다. 그가 품었던 '의식'은 하나님께서는 기꺼이 찾아오셔서 백성을 일으켜 세우시는 하나님이라는 유대교의 근본 신념에 철저히 뿌리를 내리고 있다. 하지만 예수가 불러 세우고 치유와 교제를 통해 그 형태를 정하고 표징으로 삼은 그 '백성'은, 기존의 이스라엘과 동일하면서도 동시에 동일하지 않은 특성을 지닌다.

이러한 역설적 특성은 예수가 보여준 하나님 나라 '표징들' 가운데 마지막 표징에서 가장 분명하게 드러난다. 그 표징은 유월절 주제를 특이하게 변형한 것으로, 예수는 그 표징을 통해 임박한 자신의 죽음으로 보증하는 새 언약을 선포한다. 최후의 만찬은 평범하고 일상적인 친교 식사가 아니다. 예수에 관한 전승을 할 수 있는 데까지 거슬러 올라가 살펴보면, 최후의 만찬은 궁극적으로 예수와 그의 제자들을 이스라엘과의 연속성에서 끊어 내고, 새롭게 규정된 하나님의 백성이 시작되게 하는 사건으로 '의도된' 것이라는 사실을 알 수 있다. 세족 목요일은 성금요일과 부활절의 전조이고, 새롭고 영원한 언약의 보증이다. 하나님께서는 당신이 택하고 사랑하시는 이를 배척과 죽음의 위험에 내어놓은 고귀한 선물을 통해 당신의 사랑의 크기를 나타내 보이셨고, 그렇게 해서 인간이 하나님께 드리는 신뢰와 헌신의 질을 완전히 바꾸어 놓으셨다. 다시 말해 신앙을 창조하셨다. 하나님께서는 이스라엘을 부르셨던 것과 똑같이, 토라의 원리를 철저히 실천하는 삶을 통해 하나님의 본성을 증언하도록 부름 받은 신앙 공동체를 창조하신다. 그래서 모든 행위를 통해 하나님을 증언해야 하지만, 그 방식은 하나님의 요구에 부응하여 하나님의 창조 행위에 합당하게 응답하는 일로 이루어지지 않는다. 이제 우리가 해야 할 일은 무엇보다도 연대성을 굳게 다지라고 부어 준 선물에 대한 표징이 되는 것이다. 바울의 말로 바꿔 말하면, 윤리는 '그리스도의 몸을 세우는' 일과 관련된다. 만일 우리가 다른 사람과 함께하는 행위가 서로 나누는 선물과 베풂을 보여준다면, 그 행위는 교회를 시작하게 한 철저한 자기 내어줌에 대한 표징이 된다.

그러므로 처음부터 교회가 실천했던 가장 고유한(곧 자기정체성을 드러내 보이는) 행위는 유월절 사건에 대한 표징이 되는 것이었다는 사실을 어렵지 않게 알 수 있다. 예수에 관한 전승에서 세례는 처음부터 사명과 능력부여를 의미했고, 더 나아가 세상 권세 잡은 자들의 손에 죽어야 하고 자신의 삶을 선물로 내어놓아 하나님의 능력을 실현해야 하는 특별한 사명(막 10:38-39, 또한 눅 12:50 참조)을 뜻했으며, 따라서 회개한 사람의 씻음은 이러한 죽음, 선물, 능력 부여와 동일한 것으로 여겨지게 되었다. 최후의 만찬은 우리를 이끌어 그 언약을 확증하는 사건에 참여하게 하고, 신실하지 못한 제자들과 함께 식탁에 앉게 하는데, 그곳에서 제자들의 신실하지 못함은 하나님의 심판을 받으며, 동시에 제거된다. 최후의 만찬은 부활하신 예수와 함께 나누는 식사이기 때문이다.

논평

윌리엄스는, 인간 공동체의 삶에서는 표징들을 세우는 일이 통상적인 요소이고, 기독교 공동체의 삶에서도 그러한 표징이나 행위들이 중요한 역할을 담당하는 것이 당연하다고 주장한다. 윌리엄스가 볼 때, 이러한 행위들은 '유월절 사건'(십자가)과 연결되며, 신자들이 나사렛 예수와 이룬 일치 및 그들이 성취한 구속과 변화를 입증해 보이고 촉진한다.

생각해 볼 물음들

❶ 윌리엄스는 교회와 이스라엘의 관계를 어떻게 이해하는가? 이것은 그가 생각하는 성례전의 역할과 어떤 관계가 있는가?

❷ 윌리엄스는 세례와 성만찬이 '유월절 사건'과 어떤 연관성을 지닌다고 생각하는지 여러분의 말로 설명해 보라.

교황 요한 바오로 2세

: 희망의 표징인 성만찬

전 세계 로마 가톨릭교회 주교들과 5년에 걸친 협의를 마치고 나서, 1995년 3월 25일 교황 회칙 「생명의 복음」*Evangelium vitae*이 발간되었다. 이 서신이 일차적으로 관심을 두고 다룬 문제는 사형 제도에 관한 것이었다. 교황 요한 바오로 2세1920-2005는 사형 제도는 "절대로 필요한 경우에만" 사용하는 게 합당하다고 선언했다. 하지만 이 서신은 삶과 죽음의 쟁점들을 다루는 신학 영역과 관련해서도 중요한 성찰을 담고 있고, 그리스도의 죽음을 영원한 생명에 관한 복음 선포로 이어 주는 수단인 성만찬에 대해 다룬다. 아래 인용한 본문에서는, 죽음의 세상 속에서 희망의 상징이 되는 성만찬에 대해 간략하면서도 힘 있게 선언한다8.10, 8.17, 8.30, 10.11, 10.14 참조.

본문

25 "네 아우의 피가 땅에서 나에게 울부짖는다"(창 4:10). 생명의 원천이고 옹호자이신 하나님께 울부짖는 것은 무고한데도 살해당한 첫 사람인 아벨의 피만이 아닙니다. 아벨 이후 살해당한 모든 인간의 피도 역시 주님을 향해 소리 높여 부르짖습니다. 히브리서 저자가 상기시켜 주듯이, 아벨이 그 무죄함을 통해 예언적으로 표상하고 있는 그리스도의 피는 하나님을 향해 아주 특이한 방식으로 부르짖습니다. "여러분이 나아가서 이른 곳은 시온산, 곧 살아 계신 하나님의 도성……입니다. 여러분은……새 언약의 중재자이신 예수와 그가 뿌리신 피 앞에 나아왔

습니다. 그 피는 아벨의 피보다 더 훌륭하게 말해 줍니다"(히 12:22, 24).

그것은 뿌려진 속죄의 피입니다. 옛 언약에 속한 희생제사의 피가 그 피를 가리키는 상징과 예언적 표징으로 사용되어 왔습니다. 하나님께서는 희생제사의 피를 보시고 당신의 생명을 사람들에게 부어 주시고 그들을 정화하여 성별하시겠다는 뜻을 밝히셨습니다(출 24:8, 레 17:11 참조). 이제 이 모든 것이 그리스도 안에서 성취되고 실현되었습니다. 그리스도의 피는 구속하고 정화하며 구원하는, 뿌려진 피입니다. 그 피는 새 언약의 중보자가 "죄를 사하여 주려고 많은 사람을 위하여 흘리는"(마 26:28) 피입니다. 십자가에서 창에 찔린 그리스도의 옆구리에서 흘러나오는(요 19:34 참조) 피는 아벨의 피보다 "더 훌륭하게 말해 줍니다". 정말이지 이 피는 더 철저한 "정의"를 외치고 요구하며, 무엇보다도 자비를 청원합니다. 이 피는 아버지 앞에서 형제들을 위해 중재하며(히 7:25 참조), 또 새 생명의 선물과 완전한 구속의 원천이 됩니다.

그리스도의 피는 아버지 하나님의 사랑이 얼마나 큰지를 드러내 보이기도 하지만, 다른 한편으로 하나님 보시기에 인간이 얼마나 고귀하고 그 생명의 가치가 얼마나 무한한지를 보여줍니다. 사도 베드로는 이 사실에 대해 다음과 같이 말합니다. "여러분은 조상으로부터 물려받은 여러분의 헛된 생활방식에서 해방되었습니다. 여러분도 아시지만, 그것은 은이나 금과 같은 썩어질 것으로 된 것이 아니라, 흠이 없고 티가 없는 어린 양의 피와 같은 그리스도의 귀한 피로 되었습니다"(벧전 1:18-19). 신자들은 자기를 내어주시는 그리스도의 사랑(요 13:1 참조)의 표징인 그의 고귀한 피를 묵상함으로써 모든 인간이 지닌 신성을 닮은 존엄성을 깨닫고 이해하게 되며, 새롭고 놀라운 마음으로 감사하며 다음과 같이 외치게 됩니다. "'그토록 위대하신 구주를 얻게 되었으니'(부활절 전야에 부르는 부활 찬송), 또 사람들이 '멸망하지 않고 영생을 얻게' 하시려고 '외아들을 주셨으니'(요 3:16 참조), 창조주께서 보실 때 인간이 얼마나 소중한가!"

게다가 그리스도의 피는 인간의 위대함과 그에 따르는 소명이 자기 자신을 진실하게 내어주는 데 있다는 사실을 보여줍니다. 그리스도의 피는 생명의 선물로 부어졌기 때문에, 더 이상 죽음이나 형제들과의 마지막 분리를 가리키는 표징이 아니라, 모든 사람에게 생명의 풍성함을 나누어 주는 교제의 도구입니다. 성찬의 성례 안에서 이 피를 마시고 그리스도 안에 사는 사람은 누구나(요 6:56 참조) 그분의 사랑과 생명의 선물이 지니는 활력 속으로 이끌리고, 그렇게 해서 모든 사람에게 맡겨진 원초적인 사랑의 소명을 완수하게 됩니다(창 1:27, 2:18-24 참조).

바로 이 그리스도의 피로 말미암아 모든 사람이 생명을 촉진시키는 일에 헌신할 수 있는 능력을 얻습니다. 이 피는 희망의 가장 강력한 원천이며, 하나님의 계획 속에서 생명이 승리하리라는 절대적 확신의 토대입니다. 천상의 예루살렘에 있는 하나님의 보좌로부터 힘 있는 음성이 "다시는 죽음이……없을 것이다"라고 선포합니다(계 21:4). 사도 바울도 죄에 대한 현재 승리는 죽음에 대한 최종적 승리의 표징이자 예시라고 확증하면서, 다음과 같이 말합니다. "그 때에, 이렇게 기록한 성경 말씀이 이루어질 것입니다. '죽음을 삼키고서 승리를 얻었다.' '죽음아, 너의 승리가 어디에 있느냐? 죽음아, 너의 독침이 어디에 있느냐?'"(고전 15:54-55)

논평

이 본문에서는 어떻게 죽음의 상징—그리스도의 피—이 그토록 긍정적 의미를 지니게 되고, 삶과 죽음의 문제와 관련된 여러 가지 윤리적·사회적 쟁점들에 막대한 중요성을 지니게 되었는지의 문제를 다룬다. 이 글은 아주 명료하므로 별도의 논평이 필요 없다.

생각해 볼 물음들

❶ 교황 요한 바오로 2세가 성만찬을 희망의 표징이라고 밝히고, 특히 생명 보존을

위해 수고하는 동기가 된다고 말하는 주장을 요약해 보라.

❷ "'그토록 위대하신 구주를 얻게 되었으니'……창조주께서 보실 때 인간이 얼마나 소중한가!" 본문에서 이 구절의 위치를 확인하라. 이 구절이 의미하는 것은 무엇인가? 이 구절은 어떻게 그리스도의 죽음과 연결되는가? 이 논점과 관련해서 4.21과 5.16의 본문을 살펴보면 도움이 된다.

추가 독서 자료

— Johann Auer, *A General Doctrine of the Sacraments and the Mystery of the Eucharist*(Washington, DC: Catholic University of America Press, 1995).

— Thomas F. Best(ed.), *Baptism Today: Understanding, Practice, and Ecumenical Implications*(Collegeville, MN: Liturgical Press, 2008).

— Lyle D. Bierma, *The Doctrine of the Sacraments in the Heidelberg Catechism: Melanchthonian, Calvinist, or Zwinglian?*(Princeton, NJ: Princeton Theological Seminary, 1999). (『오늘을 위한 하이델베르크 교리문답』 장호준 역, 복 있는 사람, 2016)

— Marian Bohen, *The Mystery of Confirmation: A Theology of the Sacraments* (London: Darton, Longman & Todd, 1966).

— Francis Clark, *Eucharistic Sacrifice and the Reformation*(London: Darton, Longman and Todd, 1960).

— George Hunsinger, *The Eucharist and Ecumenism: Let Us Keep the Feast* (Cambridge: Cambridge University Press, 2008).

— Robert W. Jenson, *Visible Words*(Philadelphia: Fortress Press, 1978).

— Aidan Kavanagh, *The Shape of Baptism*(New York: Pueblo Publishing, 1978).

— Bernard Leeming, *Principles of Sacramental Theology*(Westminster, MD: Newman Press, 1960).

— Paul McPartlan, *Sacrament of Salvation: An Introduction to Eucharistic Ecclesiology*(Edinburgh: T&T Clark, 1995). (『구원의 성사: 성찬적 교회론 입문』 박낭자 역, 성바오로, 2002)

— Kenan B. Osborne, *Christian Sacraments in a Postmodern World: A Theology for the Third Millennium*(New York: Paulist Press, 1999).

— Paul F. Palmer, *Sacraments and Forgiveness: History and Doctrinal Development of Penance, Extreme Unction and Indulgences*(London: Darton, Longman & Todd, 1959).

—— David N. Power, *The Sacrifice We Offer: The Tridentine Dogma and Its Reinterpretation* (Edinburgh: T&T Clark, 1987).

—— Hugh M. Riley, *Christian Initiation* (Washington, DC: Catholic University of America Press, 1974).

—— Alexander Schmemann, *The Eucharist* (Crestwood, NY: St. Vladimir's Seminary Press, 1988). (『하나님 나라의 성찬』 김아윤, 주종훈 역, 새세대, 2012)

—— Bryan D. Spinks, *Two Faces of Elizabethan Anglican Theology: Sacraments and Salvation in the Thought of William Perkins and Richard Hooker* (London: Scarecrow Press, 1999).

—— Herbert Vorgrimler, *Sacramental Theology* (Collegeville, MN: Liturgical Press, 1992).

—— James F. White, *The Sacraments in Protestant Practice and Faith* (Nashville, TN: Abingdon Press, 1999).

—— Susan K. Wood, *One Baptism: Ecumenical Dimensions of the Doctrine of Baptism* (Collegeville, MN: Liturgical Press, 2009).

—— World Council of Churches, *Baptism, Eucharist and Ministry* (Geneva: World Council of Churches, 1982).

9장 기독교와 타종교

서론

기독교는 언제나 다양한 종교가 어우러진 세상 속에 존재해 왔다. 특히 기독교는 유대교라는 모체 안에서 생성되었는데, 이 사실은 기독교가 구약성경 및 유대교의 생동하는 신앙과 맺는 관계를 명료하게 밝히는 일이 무엇보다도 중요하고 꼭 필요하다는 것을 의미한다. 이 쟁점은 이미 신약성경에서도 중요한 사실로 인정하고 있고, 특히 바울의 두 서신(갈라디아서와 로마서)에서 자세하게 다룬다. 기독교인들은 구약성경의 종교 예식들을 지켜야 하는가? 할례는 받아야 하는가? 음식과 관련된 율법은 어떤가?

하지만 초기 기독교의 문화 체계는 점차 고대 그리스와 로마 종교들의 강력한 영향을 받게 되었다. 기독교는 올림포스의 신들과 어떤 관계가 있는가? 로마의 종교와는 어떤 관계인가? 기독교는 로마 제국 내에서 합법적 종교가 아니었던 까닭에 적잖은 괴롭힘의 대상이 되기 일쑤였으며 때로는 강력한 박해의 희생자가 되기도 했다. 이렇게 공적으로 가해진 적개심 때문에, 기독교 저술가들이 로마 종교의 지적·문화적 지위라는 문제를 진지하게 다루는 일이 어려울 수밖에 없었다. 그런데 313년 로마 황제 콘스탄티누스의 회심과 함께 상황이 바뀌었다.

로마 제국이 몰락한 후, 서방 교회는 유럽에서 지적으로 강한 영향력을 발휘했다. 서유럽에 있었던 유대교와 이슬람 공동체들의 영향으로 기독교 신학자들은 다른 종교들을 이해하는 일에 관심을 기울이게 되었다. 하지만 타종교를 신학적으로 성찰하는 일은 대체로 19세기와 20세기에 와서야 이루어졌다. 인도—당시 영국의 식민지였다—에서 이슬람교나 힌두교와 접촉했던 영국 신학자들은 기독교 신학이 다른 종교 전통들을 지적으로 어떻게 이해할 것인지의 문제를 성찰했다. 하지만 이 문제와 본격적으로 씨름하게 된 계기는 서구로 이민자들이 증가하면서 힌두교와 이슬람교, 시크교 등 여러 종교 전통들이 제2차 세계대전 이후의 서구 문화에 확고한 특성으로 자리 잡게 된 일이었다.

이번 장에서는 종교 자체의 본질과 관련해서 세 가지 주요 유형의 읽을거리들을 다룬다. 루트비히 포이어바흐는 종교를 인간이 지닌 열망의 표현이라고 보았다. 칼 마르크스는 종교를 사회적·종교적 소외의 결과라고 보았다. 그리고 칼 바르트는 종교를 하나님을 향한 인간의 저항의 표현이라고 주장했다. 세 가지 견해는 모두 커다란 영향을 끼쳤고, 신중하게 살펴볼 가치가 있다.

하지만 20세기에 들어와 주요한 쟁점으로 떠오른 것은 종교 다원주의에 대한 기독교의 신학적 응답이라는 문제였다. 이 시기야말로 이 주제를 신학적으로 성찰하기에 가장 적합한 기간이었다. 기독교 역사 전반에 걸쳐 아래와 같은 세 가지 중요한 신학적 이론이 등장했고, 이번 장의 읽을거리들을 통해 그 요점들을 살펴본다.

❶ **배타주의**exclusivism, 개별주의[particularism]라고도 부른다는 기독교의 복음을 듣고 거기에 응답하는 사람만 구원을 받는다고 주장한다.

❷ **포용주의**inclusivism는 기독교가 하나님의 규범적 계시를 대표하기는 하지만, 다른 종교 전통에 속한 사람들도 구원받는 것이 가능하다고 주장한다.

❸ **다원주의**pluralism는 세계의 모든 종교들은 동일한 종교 실재의 핵심을 똑같이 바르게 구현한 것이요, 그 핵심으로 인도하는 길이 된다고 주장한다.

이번 장에서는 이 주제들에 대해 다음과 같은 폭넓은 본문들을 제공한다.

타종교에 대한 기독교의 여러 가지 이론들

9.1 ▸ 순교자 유스티누스: 기독교와 유대교

9.4 ▸ 칼 바르트: 기독교와 종교

9.5 ▸ C. S. 루이스: 기독교와 다른 종교들의 신화

9.6 ▸ 칼 라너: 기독교와 비기독교 종교들

9.7 ▸ 제2차 바티칸 공의회: 기독교 밖의 종교들

9.8 ▸ 클라크 피녹: 다원주의와 그리스도론

9.9 ▸ 존 힉: 상보적 다원주의

9.10 ▸ 존 B. 캅: 종교다원주의

9.11 ▸ 레슬리 뉴비긴: 다원주의 문화와 복음

9.12 ▸ 가빈 드코스타: 다원주의의 자기모순점들

9.13 ▸ 허버트 맥케이브: 기독교와 신들의 폐위

9.14 ▸ 데이비드 포드: 경전 교차연구와 종교 간의 대화

9.15 ▸ 교황 프란치스코: 복음전도와 종교 간의 대화

순교자 유스티누스

: 기독교와 유대교

기독교와 타종교의 관계는 신약성경 시대에도 쟁점으로 다루어졌지만, 2세기와 3세기에 들어와서도 계속해서 주요 문제로 논의되었다. 기독교 저술가들은 기독교와 고대 후기의 고전 종교들의 관계와 더불어 기독교와 유대교의 관계를 밝히는 과제와 씨름할 수밖에 없었다. 2세기에 나온 아래의 중요한 문헌에서 변증가인 순교자 유스티누스Justin Martyr, 약 100-165는 합당한 것으로 인정받을 수 있는 이론의 토대에 대해 설명한다. 이 글은 유스티누스가 유대인 트리포와 나눴던 대화에서 인용했다2.16, 2.17, 9.5, 9.6, 9.7 참조.

본문

트리포여, 이 우주 전체를 지으시고 질서를 정하신 분 외에는 어떤 신도 없었고, 앞으로도 없을 것입니다. 우리는 우리를 위한 하나님이 계시고 당신을 위한 다른 하나님이 계신다고 생각하지 않습니다. 강한 손과 편 팔로 당신네 선조들을 이집트에서 이끌어 내셨던 그분만이 하나님이라고 생각합니다. 우리는 다른 어떤 신(그런 신은 없습니다)을 신뢰하는 것이 아니라, 당신도 신뢰하는 분 곧 아브라함과 이삭과 야곱의 하나님을 믿습니다. 하지만 우리가 모세나 율법을 따라 하나님을 믿는 것은 아닙니다. 그렇게 믿는다면, 우리도 당신들과 똑같을 것이기 때문입니다. 오히려 나는 최종적인 율법과 언약, 곧 세상에서 가장 위대한 것이 있다고 배웠습니다. 그것은 하나님의 은혜를 구하는 사람이라면 누구나 지켜야 하는 것입니다. 호렙산에서 선포된 율법은 옛 것이요 오직 당신에게만 해당하나, 이 새로운 율법은 모든 사람을 위한 것이기 때문입니다. 어떤 계약을 맺은 후에 새로 맺는 계약이 이전 계약을 폐기하는 것처럼, 앞선 율법을 대체하여 세운 새 율법이 옛 율법을 폐지했습니다. 이처럼 영원하고 최종적인 율법—그리스도를 말합니다—과 신뢰할 수 있는 언약이 우리에게 허락되었기에, 이제 더 이상 율법이나 계명이나 규례는 없습니다. 당신은 이사야가 말한 다음과 같은 구절을 읽어보지 않았습니까? "나의 백성아, 나에게 귀를 기울여라. 나의 백성아, 내 말을 귀담아 들어라. 법은 나에게로부터 비롯될 것이며, 나의 의는 만백성의 빛이 될 것이다. 나의 의가 빠르게 다가오고 있고, 나의 구원이 이미 나타났으니, 내가 능력으로 뭇 백성을 재판하겠다. 섬들이 나를 우러러 바라보며, 나의 능력을 의지할 것이다"(사 51:4-5). 이 새 언약에 대해 예레미야는 이렇게 말했습니다. "그 때가 오면, 내가 이스라엘 가문과 유다 가문에 새 언약을 세우겠다. 나 주의 말이다. 이것은 내가 그들의 조상의 손을 붙잡고 이집트 땅에서 데리고 나오던 때에 세운 언약과는 다른 것이다. 내가 그들의 남편이 되었어도, 그들은 나의 언약을 깨뜨려 버렸다. 나 주의 말이다"(렘 31:31-32). 그러므로 하나님께서 새 언약을 모든 나라를 비추는 빛으로 세웠노라고 선포하셨다면, 우리는 자신들의 우상과 악한 행실을 버리고 십자가에 달리신 예수 그리스도의 이름으로 하나님께 나오는 사람들은, 죽음 앞에서도 신앙과 경건함으로 굳게 서리라는 것을 알고 믿을 수 있습니다. 게다가 예수 그리스도께서는 행하신 일과 베푸신 이적들로 말미암아 새 율법과 새 언약이 되시고, 세상에서 하나님의 은혜를 기다리는 사람들에게 완전한 응답이 되신다는 사실을 누구나 알 수 있습니다. 십자가에 달린 그리스도를 통해 하나님께 나가는 우리가 진정한 영적 이스라엘이며, 유다와 야곱과 이삭과 아브라함의 자손입니다. 아브라함은 할례를 받지 않았는데도 믿음으로 하나님께 인정받아 복을 누렸고, 모든 나라의 조상으로 부름 받았습니다. 이제 차근차근 이것을 증명하려고 합니다.

논평

2세기에 활동한 유스티누스는 '로고스를 따라 사는' 사람들은 누구나 기독교인으로 간주할 수 있다고 주장함으로써, 기독교와 타종교(그는 특히 그리스 종교들을 염두에 두었다)의 관계라는 문제를 해결했다. 유스티누스에 따르면, 로고스는 세상에 널리 자기 씨앗을 흩뿌려 놓았고1.1 참조, 그 결과 모든 문화와 모든 시대의 사람들이 기독교인이 될 수 있다고 기대할 수 있었다. 하지만 유스티누스는 기독교와 유대교의 관계가 특히 중요하다는 사실도 인정했다. 이 글에서 그는 예수 그리스도를 하나님의 로고스로 말할 뿐만 아니라 하나님의 노모스*nomos*, 새 율법로도 제시하는데, 이 새 율법은 구약의 섭리를 완성하고 대체한다. 유스티누스의 주장이 바울이 로마와 갈라디아에 있는 교회들에게 보낸 편지에서 펼친 이론을 재론한 것처럼 보이긴 해도, 그 이론을 훨씬 더 명료하게 제시하고 있다.

생각해 볼 물음들

❶ 유스티누스는 기독교가 유대교의 제약을 초월하는 한편, 유대교의 희망을 성취했다고 주장한다. 그는 이 생각을 어떤 식으로 옹호하는가?

❷ 독일의 교부학 학자인 아돌프 폰 하르나크는 유스티누스의 그리스도론을 "그리스도는 로고스이며 노모스다"라는 공식으로 요약할 수 있다고 말했다. 여러분은 이에 동의하는가?

9.2 ▼

루트비히 포이어바흐

: 종교의 인간적 기원

독일의 무신론 철학자요 비평가인 루트비히 포이어바흐Ludwig Feuerbach, 1804-1872는 1841년에 출간한 『기독교의 본질』에서, 종교의 기본 요소들은 근본적으로 인간의 열망과 두려움을 가상의 초월적 자리에 투사한 것에 기인한다고 주장했다. 그에 따르면, 하나님 의식(프리드리히 슐라이어마허 신학의 중심 주제)은 인간의 자기의식self-consciousness에 불과하다9.3 참조.

본문

하나님 의식은 인간의 자의식self-consciousness이며, 하나님을 아는 지식은 인간의 자기인식이다. 우리는 하나님을 통해 인간을 알고, 역으로 인간을 통해 하나님을 안다. 이 둘은 하나다. 인간에게 하나님이 되는 것은 인간의 정신이고 영혼이며, 따라서 인간의 정신과 영혼은 곧 인간의 하나님이다. 하나님은 인간의 내적 자아가 겉으로 분명하게 드러난 것이다. 종교란 인간의 감추어진 보물들이 의례를 통해 드러나는 것이고, 인간의 내밀한 사상을 고백하는 것이요, 인간이 지닌 사랑의 비밀을 공개적으로 인정하는 것이다.

하지만 이렇게 하나님 의식을 인간의 자기의식이라고 규정한다고 해서 종교적 인간이 곧바로 자신의 하나님 의식을 자신의 자의식으로 인식한다는 것을 의미하지는 않는다. 사실, 이러한 인식의 결핍이 종교의 특성을 보이는 표지다. 이러한 오해를 피하기 위해 종교란 인간이 지닌 최초이자 가장 간접적인 자의식이라고 말하는 편이 나을 것이다. 이런 이유로 종교는 개인의 역사뿐만 아니라 인류 역사 전반에서도 철학보다 앞선다. 처음에 사람들은 자신의 인간적 본질이 마치 자신 외부에 존재하는 것처럼 그릇되게 위치를 설정하나, 결국 나중에 그것이 실제로는 자신의 내부에 존재한다는 것을 깨닫는다.……그러므로 종교의 역사적인 발전은 다음과 같이 설명할 수 있다. 옛 종교에서 객관적이라고 생각했던 것이 나중에 주관적인 것으로 인식되고, 전에 하나님으로 여겨 경배했던 것이 지금은 인간적인 것으로 인식된다. 예전에 종교였던 것이 나중에는 우상으로, 곧 인간이 자신의 본질을 경배했던 것으로 인식된다. 인간이 자기 자신을 객체화했지만, 이러한 객체로서의 자신을 인식하는 데는 실패했다. 후기의 종교는 이러한 절차를 밟는다. 그러므로 종교에서 모든 진보는 자기인식의 심화다.

논평

이 글에서 포이어바흐는 종교적 믿음은 외적·객관적 신성과 관련되는 것이 아니라, 인간의 내적·주관적 감정 또는 부적절하게 '투사'되거나 '객체화'된 희망들과 관계가 있다고 주장한다.

생각해 볼 물음들

❶ "그러므로 종교에서 모든 진보는 자기인식의 심화다." 본문에서 이 구절의 위치를 확인하라. 이 구절에서 포이어바흐가 말하려는 바는 무엇인가? 그는 어떻게 이러한 결론에 이르는가?

❷ 훗날 지그문트 프로이트는 종교란 일종의 '소원 성취'라고 주장했다. 어떻게 이 견해가 포이어바흐의 이론을 바탕으로 형성되었다고 볼 수 있는가?

9.3 ▼

칼 마르크스

: 포이어바흐의 종교론에 대하여

독일의 정치 철학자이자 사회 비평가인 칼 마르크스Karl Marx, 1818-1883는 포이어바흐가 종교적 믿음이란 인간의 감정을 부적절하게 객체화한 데서 생겨난 것이라는 사실을 입증했다고 보았다. 하지만 마르크스는 포이어바흐가 그 자신의 논점을 끝까지 제대로 밀어붙이는 데는 실패했다고 주장했다. 특히 포이어바흐는 개인들이 종교적인 감정을 지니게 되는 방식에서 사회·경제적 상황이 차지하는 중요성을 파악하는 데 실패했다고 보았다1.32, 9.2 참조.

본문

1. 이전의 모든 유물론—포이어바흐의 유물론까지 포함해서—이 안고 있는 주된 약점은 사물과 현실과 감각세계가 관찰의 대상이라는 형태로서만 인식되었지, 인간의 감각 행위*sinnlich menschliche Tätigkeit*나 실제

적인 행위로, 주체적으로는 인식되지 않았다는 점이다.……『기독교의 본질』에서 포이어바흐는 이론적인 태도만이 인간이 지니는 유일하게 참된 태도이며, 그에 반해 실천적 행위는 그 더럽고 유대인적인 현상으로만 파악된다고 주장한다. 이런 까닭에 그는 '혁명적'이고 '실천 비판적'인 행위의 의미를 간파하지 못한다.……

4. 포이어바흐는 종교적 자기 소외*religiösen Selbstentfremdung*라는 사실, 곧 세계가 종교적 형태와 세속적 형태로 이원화된 일에서 출발한다. 따라서 그의 업적은 종교적 세계를 그것의 세속적 토대로 해체시켰다는 데 있다.……

6. 포이어바흐는 종교의 본질을 인간의 본질로 해체한다. 그러나 인간의 본질은 각 개인 안에 내재하는 추상이 아니다*kein dem einzelnen Individuum inwohnendes Abstraktum*. 인간의 참된 본질은 사회적 관계들의 총체*das ensemble der gesellschaftlichen Verhältnisse*이다. 포이어바흐는 이러한 논점과 씨름하지 않고 다음과 같이 밀고 나간다.

1) 역사 과정을 도외시하고 종교적 감정을 실체화하며, 추상적이고 고립된 인간 개인을 내세우며
2) 인간 본질을 오직 '유'(類)*genus*의 관점에서만 바라보아 내적이고 침묵하는 것으로 파악하고, 이것이 많은 개인을 연결하는 자연적이고 공통된 고리라고 본다.

7. 따라서 포이어바흐는 '종교적 감정' 자체가 사회적 산물이라는 사실과 자신이 분석하는 추상적 개인이 특정한 사회 형태*einer bestimmten Gesellschaftsform*에 속한다는 사실을 간파하지 못한다.……

11. 철학자들은 다양한 방식으로 세계를 해석해 왔을 뿐이다. 그러나 중요한 일은 세상을 변화시키는 것이다*Die Philosophen haben die Welt nur verschieden interpretiert, es kömmt drauf an sie zu verändern*.

논평

마르크스는 포이어바흐의 기독교 비판[9.2 참조]을 반박하는 11번 테제에서 포이어바흐가 충분히 밀고 나가는 데 실패했다고 주장한다. 종교를 설명하는 것만으로는 충분하지 않다. 중요한 점은 무엇보다도 종교의 근거들을 제거할 수 있는 사회적·경제적 변화를 일으키는 일이다. 마르크스는 신을 "고안해 내는" 인간의 성향을 사회·경제적 소외에서 찾고, 따라서 단순한 이론적 성찰이 아니라 세상 속에서 이루어지는 실천적 행동을 중요하게 여긴다. 이러한 통찰은 나중에 라틴 아메리카 해방신학의 여러 부분에서 다시 두드러지게 나타난다.

생각해 볼 물음들

❶ 마르크스가 포이어바흐의 이론을 어떻게 이해했는지 여러분의 말로 설명해 보라. 두 사람의 일치점과 차이점을 확실히 파악해 설명하라.

❷ "철학자들은 다양한 방식으로 세계를 해석해 왔을 뿐이다. 그러나 중요한 일은 세상을 변화시키는 것이다." 이 구절에서 마르크스가 말하려는 바는 무엇인가? 어떤 면에서 이 구절이 그가 포이어바흐에게 제기한 비판의 절정이 된다고 볼 수 있는가?

9.4 ▼

칼 바르트

: 기독교와 종교

스위스의 개신교 신학자 칼 바르트[1886-1968]는 '종교'와 '계시'를 구분하여, 종교란 인간이 자기 자신을 정당화하려는 노력이며, 계시란 하나님에 대한 인간의 선입견을 하나님께서 은총을 통해 반박하는 것이라고 주장했다. 바르트는 기독교가 스스로 '종교'가 되기를 선택한다면, 자신의 고유한 정체성을 상실하게 된다고 보았다. 바르트에 따르면, 종교는 인간이 만든 구조물이다 2.37, 3.29 참조.

본문

종교와 종교들에 대한 신학적 평가는 무엇보다도 그렇게 헤아리고 판단하는 일에서 매우 신중하고도 관용하는 자세로 이루어져야 한다. 신학적인 평가는 아주 조심스럽게 인간을 종교의 주체로 인정하고 관찰하고 이해한다. 하지만 종교의 주체인 인간은 하나님과 분리된 인간, 인간 그 자체인 인간일 수 없다. 그는 예수 그리스도가 태어나고 죽고 다시 살아난 일의 동기가 되는(그가 이 사실을 알든 모르든) 인간이다. 그는 하나님의 말씀 안에서 계획된(그가 이 일에 대해 들어보았든 아니든) 인간이다. 그는 그리스도 안에서 자신의 주님을 만나게 되는(그가 이 사실을 인식하든 아니든) 인간이다. 신학적 평가는 언제나 종교를 이러한 인간의 활기 넘치는 언어와 행위라고 이해한다. 신학적인 평가는 이렇게 인간이 지닌 삶의 언어와 행동에 고유한 본질, 소위 '종교의 본질'을 귀속시키지 않는다.……

계시는 교회를 참된 종교의 자리로 지목한다. 하지만 이 말은 기독교 종교 그 자체가 인간 종교의 완성된 본질이라는 의미가 아니며, 또 기독교 종교가 참된 종교로서 그 근본에서 다른 모든 종교들보다 훨씬 우월하다는 것을 뜻하지도 않는다. 기독교 종교의 진리는 계시의 은총과 밀접하게 연계되어 있다는 점을 분명하게 강조할 필요가 있다. 교회는 은총을 통해 은총에 힘입어 살며, 그런 한에서 참된 종교의 자리가 된다는 사실이 특히 중요하다. 그런데 이것이 옳다면, 교회는 자기의 '본질' 곧 종교의 '본질'을 성취해 내는 완전성을 조금도 자랑할 수 없게 되는데, 이것은 다른 종교들에 그런 본질을 부여할 수 없는 것과 마찬가지다. 우리는 종교의 본질이라는 일반 개념을 근거로 교회를 다른 종교들과 구분하고 차별화할 수 없다.……

우리는 종교는 불신앙이다라는 점을 지적하는 것으로 시작한다. 종교란 하나님 없는 인간의 관심사인데, 그것도 하나의 거대한 관심사라고 말할 수 있다.……우리가 종교에서 가르치는 것을 찾으려 할 때, 다시 말해 우리 자신의 행위로 칭의와 성화를 이루고자 할 때, 우리는 하나님께로 곧바로 나가는 길에 오를 수 없다. 그리고 여기서는 하나님에 관한 사고와 표상이 일차적인 중요성을 지니느냐 아니면 부차적으로만 중요하느냐는 문제가 되지 않는다. 하나님만이 우리를 그 길에서 좀 더 높은 단계에 속한 우리 목표로 이끌어 주실 수 있다. 하지만 인간은 하나님을 향한 문을 걸어 잠그고, 하나님에게서 우리를 소외시키며, 노골적으로 하나님에게 반대하게 된다. 계시 안에 계신 하나님은 인간이 삶과 타협하려고 하거나 스스로 의롭게 되고 성화되려 하는 일을 용납하지 않으신다. 계시 안에 계신 하나님, 곧 예수 그리스도 안에 계신 하나님은 세상 죄를 스스로 짊어지신 분이요, "우리를 염려하시는 까닭에 우리의 모든 염려를 친히 감당하기 원하시는 분이시다".……

종교는 그 자체로는 결코 참이 아니다. 하나님의 계시는 어떤 종교가 참일 수 있다는 사실, 다시 말해 종교가 실제로 하나님에 관한 지식이요 예배이며, 인간과 하나님의 화해가 될 수 있다는 사실을 인정하지 않는다. 계시는 하나님의 자기 내어주심과 자기 현시이자 하나님과 인간 사이에 맺는 평화의 사역인데, 이 계시는 다른 진리와 양립할 수 없는 진리이며, 자신과 맞서는 모든 것을 거짓과 오류에 불과한 것으로 만들어 버리는 진리다. 만일 우리가 '참된 종교'라는 개념을 종교 그 자체에 속한 진리를 뜻하는 것으로 받아들인다면, 참된 종교란 우리가 선함을 인간이 자기 힘으로 성취할 수 있는 것으로 보아 '선한 사람'이라고 말하는 경우와 마찬가지로 도달할 수 없는 것이 되어 버린다. 어떤 종교도 참일 수 없다. 종교는 그것이 추구하는 목적과 존재하는 이유에 비추어서만 참일 수 있다. 또 종교는 외부로부터 인간을 의롭게 해주는 방식을 통해서만 참된 것이 될 수 있다. 다시 말해 자신의 본질과 존재의 힘이 아니라, 본질과 존재의 외부에 이루어지는 헤아림과 수용과 구별을 의지해서만 참된 것이 될 수 있다. 그런데 이런 일은 인간 자신의 관점에서는 전혀 파악할 수 없으며, 일체의 자격과 공로와는 상관없이 주어지는 것이다. 의롭게 된 사람과 마찬가지로 참된 종교도 은총의 작품이다. 그런데 은총은 하나님의 계시다. 어떤 종교도 하나님의 계시 앞에 참된 종교로 설 수 없다. 계시 앞에서는 어떤 인간도 의로울 수 없다. 계시는 우리 모두를 죽음의 심판 앞에 세운다. 하지만 계시는 죽은 사람을 생명으로 인도하고 죄인을 회개로 불러 낼 수 있다. 이와 유사하게, 계시는 모든 종교가 거짓됨을 폭로하는 넓은 틀 안에서 참된 종교를 창조할 수도 있다. 계시에 의한 종교의 폐기가 종교의 부정, 곧 종교는 불신앙이라는 심판만을 뜻하는 것은 아니다. 이러한 심판이 여전히 유효하기는 하지만, 계시 안에서 종교가 고양되는 일도 가능하다. 종교는 계시에 의해 지탱될 수도 있고 계시 안에서 감추어질 수도 있다. 종교는 계시에 의해 의롭게 될 수 있고—즉시 덧붙여야 할 사실로—성화될 수도 있다. 계시는 종교를 받아들여 참된 종교로 세울 수 있다. 그런데 할 수 있다고 말하는 것으로 끝이 아니다. 이미 계시가 그렇게 행하지 않았다면, 우리가 어떻게 계시가 그 일을 할 수 있다고 주장할 수 있겠는가? 의롭게 된 죄인들이 있는 것처럼 참된 종교도 존재한다. 만일 우리가 이 유추를 엄격하게 따른다면—그런데 우리는 단순히 유추하는 일로 끝내는 것이 아니라 넓은 의미에서 사실 자체를 다룬다—전혀 주저하지 않고 기독교 종교가 참된 종교라고 말할 수 있다.

논평

이 글에서 바르트는 '종교'를 하나님 계시에 기초한 것이 아니라 인간이 세운 구조물로 보며, 이런 '종교'에 대해서는 일관되게 반대 입장을 취한다. 그는 역사가 끝날 때까지 '종교'가 신앙에 대한 지지대나 버팀목으로서 계속 필요할 것이라고 주장한다. 바르트는 하나님의 은총으로 이러한 '종교'를 초월하고 넘어서게 된다는 사실을 강조한다. 종교는 중립적인 것이지 부정적인 것이 아니다. 바르트는 독일어 단어 *Aufhebung*을 사용하는데, 여기서는 '폐기'로 번역했다. 하지만 이 독일어는 훨씬 더 깊은 의미를 지니고 있고, 종교의 '변형'이나 '승화'를 의미하는 것으로 이해할 수 있다. 인간이 세운 구조물이요 하나님의 계시와 대비되는 것으로 이해된 종교는 분명 비판을 받아 마땅하지만, 바르트의 주장에 따르면 유용한 역할을 맡기도 한다.

생각해 볼 물음들

❶ 이 글에서 바르트가 주장하고 있는 '종교'와 '불신앙'의 관계를 여러분의 말로 설명해 보라.

❷ 종교를 '폐기한다'는 말로 바르트가 말하려는 바는 무엇인가?

9.5

C. S. 루이스

: 기독교와 다른 종교들의 신화

기독교는 다른 종교들과 어떤 관계인가? 옥스퍼드의 문학 비평가인 J. R. R. 톨킨Tolkien, 1892-1973은, 모든 종교와 세계관들이 신화에 근거한다고 보았다. 여기서 신화란 실재를 다양한 방식으로 표현한 것으로, 마치 커다란 전체의 특정 측면만을 비추어 주는 분산된 빛 조각과 같은 것이라고 설명한다. 톨킨에게 기독교는 구조상 그런 신화의 형태를 지닌다. 물론 기독교는 참된 신화이고, 나머지 다른 모든 신화들은 그 근사치에 불과하다고 본다. 톨킨의 옥스퍼드 동료인 C. S. 루이스Lewis, 1898-1963도 유사한 견해를 주장했다. 여기 실은 글은 1945년 옥스퍼드의 소크라테스 클럽에서 발표한 「신학은 시인가?」라는 논문에서 인용했다. 이 글에서 루이스는 기독교와 다른 종교들 사이에서 종종 발견되는 유사성들이 왜 당연한 현상으로 받아들여질 수 있는지를 기독교 실재관의 포괄적인 본질을 기초로 설명한다. 루이스는 고대 노르웨이 신화에 등장하는 주요 인물인 오딘의 아들 발데르를 자주 언급한다 1.1, 2.41, 9.1, 9.7 참조.

본문

그런데 우리가 신앙을 시에 불과한 것으로 보게 하는 두 가지 사고방식이 있습니다. 이제 이에 대해 살펴보려고 합니다. 첫째, 기독교신학에는 분명히 우리가 초기의 원시적인 종교에서 발견되는 것과 유사한 요소들이 있습니다. 그런 요소들이 오늘 우리에게는 시적인 것으로 보일 수 있습니다. 여기서 문제가 다소 복잡해집니다. 오늘날 우리는 발데르Balder의 죽음과 귀환을 시적인 개념, 곧 신화로 여깁니다. 그래서 그리스도의 죽음과 부활도 시적인 개념, 곧 신화라고 보고 싶은 생각이 듭니다. 하지만 우리는 "두 이야기가 모두 시적이다"라는 사실에서 출발해 그것을 근거로 "따라서 두 이야기가 모두 사실이 아니다"라는 결론에 이르지는 않습니다. 제가 보기에 발데르를 에워싸고 있는 시적인 분위기는 부분적으로 우리가 이미 그를 믿지 않게 되었다는 사실에서 기인합니다. 그러므로 시적 경험이 아니라 그런 불신이 논증의 실질적 출발점이라고 할 수 있습니다. 그런데 이 사실은 분명히 미묘한, 어쩌면 굉장히 미묘한 문제일 수 있으므로 여기서 다루지는 않겠습니다.

이방 종교에서 발견되는 유사한 개념들은 기독교신학의 참과 거짓을 가르는 일에 어떤 영향을 끼칠까요? 저는 2주 전에 브라운 씨가 그 답을 아주 잘 제시해 주셨다고 생각합니다. 브라운 씨는, 논증의 편의상 기독교가 참이라고 가정할 경우, 기독교가 타종교와 일치하는 부분이 전혀 없으려면 다른 모든 종교들은 백 퍼센트 그릇된 것이라고 전제해야만 한다고 말했습니다. 여러분도 기억하듯이, 프라이스H. H. Price 교수님은 브라운 씨의 의견에 동의하며, "그렇습니다. 이런 유사성을 근거로 '기독교인에게 불리한 방향이 아니라 이교도에게 더 유리한 방향으로' 결론을 내릴 수 있을 것입니다"라고 답했습니다. 사실, 그런 유사성은 기독교신학이 진리라는 사실에 유리하게도 불리하게도 작용하지 않습니다. 만일 기독교신학이 거짓이라는 가정에서 출발한다고 해도, 그 유사성은 이 가정에 무리 없이 합치하게 됩니다. 같은 인간이 동일한 우주를 바라보고 똑같이 그릇된 억측을 반복한다고 하더라도 이상한 일은 아닙니다. 하지만 여러분이 기독교신학이 참이라는 가정에서 출발한다고 해도, 그 유사성은 똑같이 잘 맞아떨어집니다. 기독교신학은 기독교인들과 (그보다 앞서서) 유대인들에게 특별한 계몽이 허락되었다고 말합니다. 우리는 하나님께서 빛을 "모든 사람에게 비추어 주신다"고 배웠습니다. 그러므로 우리는 이교도 큰 스승들과 신화 창조자들의 상상력을 빌려 우리가 우주 전체 이야기의 핵심 줄거리라고 믿는 주제—성육신과 죽음과 재생이라는 주제—에 대한 희미한 그림자를 발견할 수 있게 된다고 여깁니다. 그리고 그리스도와 이교적 그리스도(발데르와 오시리스 등) 사이의 차이점은 우리가 예상하는 만큼입니다. 이교의 이야기들은 누군가가 죽었다가 살아나는 내용으로 가득한데, 그 일은 매년 일어나는가 하면 언제 어디서 일어나는지 아무도 모르기도 합니다. 기독교의 이야기는 역사적 인물을 다루는데, 그가 처형된 것은 저명한 로마 행정장관이 다스릴 때 일어나 그 정확한 날짜를 확인할 수 있으며, 그 인물과 그가 세운 공동체는 오늘날까지도 밀접한 관계로 이어져 오고 있습니다. 이것은 거짓과 참의 차이가 아닙니다. 이것은 실제 사건이냐 아니면 그 동일한 사건에 대한 흐릿한 꿈이나 예감이냐로 구분되는 차이입니다. 이것은 마치 희미했던 사물에 점점 초점이 맞추어지는 일을 보는 것과 같습니다. 처음에 그것은 신화와 제의의 구름 속에 널리 퍼져 모호하게 떠 있었습니다. 그러다 점점 응축되고 단단해지고 어떤 의미에서는 작아져서 1세기 팔레스타인에서 역사적 사건으로 나타났습니다. 이렇게 점차 초점이 맞추어지는 일은 기독교 전통 내부에서도 발생합니다. 구약성경을 구성하는 가장 아래층은 많은 진리들을 제가 전설이나 신화로 여기는 형태로—즉 구름 속에 떠 있는 형태로—담고 있습니다. 하지만 시간이 흐르면서 그 진리들은 응축되어 점점 더 역사적인 형태를 지니게 되었습니다. 노아의 방주라든가 아얄론 골짜기 위에 태양이 멈춰 섰던 일들에서 출발해 다윗왕의 궁정 회상록까지 이르게 됩니다. 그러다 마침내 신약성경에 이르러 역사가 절대 주권을 장악하게 되고 진리가 몸을 입습니다. 여기서 '몸을 입는다'는 말은 단순한 은유가 아닙니다. 존재론적 관점에서 '하나님이 사람이 되셨다'는 형태로 언급되던 사실이, 인간 지식적 관점에서 나온 '신화가 사실이 되었다'는 진술과 유사하다는 것은 우연이 아닙니다. 모든 것의 본질적인 의미는 신화의 '하늘'에서 역사의 '땅'으로 내려왔습니다. 그렇게 해서 신화는 그리스도께서 스스로 자기 영광을 비우고 인간이 되신 것처럼, 부분적으로 자기 영광을 비웠습니다. 그것이 바로 신학이 탁월한 시로 자기 경쟁 상대를 물리치기는커녕, 형식 면에서도 내용 면에서도 경쟁 상대에 비해 시적이지 못하다는 사실에 대한 제대로 된 설명입니다. 신약성경이 구약성경에 비해 시적이지 못한 이유도 바로 이 때문입니다. 여러분은 교회에서 말씀을 들을 때, 구약성경은 매우 엄청난 본문으로 이루어졌는데, 신약성경은 상대적으로 빈약하다고—사람에 따라서는 따분하기 짝이 없다고—느낀 적이 많지 않으십니까? 사실이 그렇고 또 당연히 그래야 합니다. 이것은 신화가 사실로 낮아지고, 하나님이 인간으로 낮아지는 것입니다. 다시 말해, 언제 어디에나 존재하되 형체도 없고 형언할 수도 없어서 오직 꿈과 상징과 제의로 구현된 시를 통해서만 얼핏 볼 수 있던 그 무엇이, 작아져 단단하게 되었고, 갈릴리 바다를 저어 가는 배 위에 누워 잠들 수 있는 한 사람이 되었습니다.

논평

루이스는 역사 전체에 걸쳐, 인간은 참된 실상의 일부를 엿볼 수 있게 해주는 신화들을 발전시켜 왔다고 주장한다. 이 신화들은 진리의 근사치들이라고 볼 수 있다. 모든 신화가 부분적이고 불충분하게 증언하는 그 실재를 성육신에서 보게 되는데, 이것을 가리켜 루이스는 "신화가 사실이 되었다"라는 말로 설명한다.

생각해 볼 물음들

❶ 루이스는 '신화'라는 말을 어떻게 이해하는가? 그는 기독교의 신화와 이교의 신화들이 서로 어떻게 관련된다고 보는가?

❷ 루이스는 이 논문을 다음과 같은 논평으로 끝낸다. "저는 태양이 떠오르는 것을 믿듯 기독교를 믿습니다. 그것을 보기 때문만이 아니라 그것에 의지해 다른 것을 보기 때문입니다." 이 논평에 근거해서 루이스가 다른 종교들을 어떻게 이해하는지를 설명해 보라.

9.6 ▼

칼 라너

: 기독교와 비기독교 종교들

예수회 학자인 칼 라너Karl Rahner, 1904-1984는 기독교와 타종교의 관계에 상당한 관심을 쏟았다. 이 주제를 분석하는 가운데 라너는 기독교의 독특성을 강조하면서도 동시에 다른 종교들도 자기 신자에게 진정한 구원을 제공할 수 있다고 주장한다. 라너는 다른 종교에서도 하나님의 은총을 발견할 수 있다고 강변하면서, 다른 종교의 신자들을 '익명의 그리스도인'으로 보아야 한다고 주장한다9.7 참조.

본문

제1 논제: 우리가 여기서 다룰 논제는 기독교 신앙이 타종교들을 신학적으로 이해할 수 있는 기초를 분명하게 제시하므로 가장 먼저 다루어야 마땅하다. 기독교는 자신이 모든 사람을 위한 절대적인 종교라고 여기며, 다른 어떤 종교도 자기와 나란히 동등한 권리를 지닌 것으로 인정하지 않는다는 것이 이 논제다. 이 명제는 기독교의 자기이해에서 자명하고 기본적인 것이다. 여기서는 이 명제를 입증하거나 그 의미를 설명할 필요는 없다. 간단히 말해, 기독교에서는 인간이 자신의 권위를 근거로 삼아 인간과 하나님의 관계를 설정한 것을 결코 타당하고 합법적인 종교로 인정하지 않는다. 타당하고 합법적인 종교는 인간 실존에 대한 인간 자신의 해석을 의미하지 않으며, 또 인간이 자기 자신에 관해 겪는 경험을 성찰하여 객관화한 것도 아니다. 기독교의 관점에서 볼 때, 타당하고 합법적인 종교란 오히려 인간을 향한 하나님의 행위요, 하나님께서 인간에게 자기 자신을 전달하는 자유로운 자기-계시다. 타당하고 합법적인 종교는 하나님께서 인간과 맺는 관계로서, 하나님께서 자유롭게 제정하신 것이며, 이렇게 세워진 제도 안에서 하나님에 의해 계시된다. 하나님께서 인간과 맺으시는 이 관계는 몸을 입으신 하나님의 말씀의 성육신과 죽음과 부활을 근거로 삼으며, 그런 까닭에 기본적으로 모든 인간과 동일하게 이루어지는 관계다. 기독교란 하나님께서 그리스도 안에서 인간과 맺으신 이런 관계를 당신의 말씀으로 친히 해석하신 것이다. 그래서 기독교는 실존적인 능력과 강한 힘을 지니고 다른 종교의 세계로 들어가—다른 종교를 있는 그대로 판단하고—그 종교에 문제를 제기할 때에야 비로소 자기 자신이 모든 사람을 위한 참되고 합법적인 종교라는 사실을 인식할 수 있다. 그리스도께서 오신 후로—그리스도께서 완전한 하나님의 말씀으로서 몸을 입고 와서, 죽음과 부활을 통해 이 세상과 하나님을 이론만이 아니라 실제로도 화해시켜 하나 되게 하신 이래로—그리스도 및 세상 속에 지속되는 그리스도의 역사적 현존(이것을 교회라고 부른다)은 인간을 하나님께 이어 주는 참 종교다. 하지만 우리는 이 첫 논제와 관련해 이미 한 가지 논점을 명료하게 밝혔다(여기서는 그것을 더 이상 발전시키거나 증명하지 않는다). 기독교 종교는 그 기원을 인류 역사 시작점까지 거슬러 올라가 찾을 수 있게 해주는—물론 이런 작업은 여러 가지 기본 단계들을 통해 이루어진다—자체의 전역사pre-history를 가지고 있는 것이 사실이다. 게다가 신약성경의 증거에 따르면 이렇게 전역사를 가지고 있다는 사실은, 기독교 종교가 내세우는 절대적 진리 주장을 이론적이고 실제적으로 증명하는 일에서, 오늘날의 기초신학에서 생각하는 것보다 훨씬 더 중요하다는 점도 역시 사실이다. 하지만 기독교 종교 자체는 역사 안에서 시작됐으며, 늘 존재해 온 것이 아니라 시간 속의 특정 지점에서 출발했다. 기독교 종교가 언제 어디서나 인간을 위한 구원의 참된 길이었던 것은 아니다. 최소한 역사적으로 확인 가능한 교회-사회적 조직체로서나, 그리스도 안에서 또는 그리스도의 관점에서 하나님의 구원 행위를 성찰한 결실이라는 점에서는 그렇지 않다. 그러므로 역사적인 실체로서의 기독교는 나사렛 예수 안에, 그리고 예루살렘에서 발생한 독특한 십자가와 텅 빈 무덤이라는 구원 사건 안에 시공간적인 출발점을 둔다. 하지만 바로 이 사실로부터, 이 절대적인 종교는—실제로 모든 인간에게 절대적인 종교로 등장하기 시작했을 때도—역사적인 방법을 통해 인간에게 다가서고, 유일하게 타당하고 힘 있는 종교로 그들과 마주 서야 한다는 결론이 나온다. 따라서 이 절대적인 종교가 역사적으로 구체적인 형태를 띠고 나타나 실존적으로 참된 요구를 제기하는 그 순간이, 사실상 모든 인간에게 연대기적으로 동일한 시간에 발생하는 것인지, 아니면 그 순간의 발생 자체가 역사를 이루고 그래서 모든 인간과 문화와 역사 상황에 연대기적으로 동시에 발생하는 것은 아닌지의 문제가 제기된다.……

제2 논제: 복음이 실제로 한 개인의 역사 상황 속으로 들어오게 되는 순간까지, 비기독교 종교(모세의 종교 밖에 있는 종교들까지)는 하나님에 관한 자연적 지식에 속하는 요소들만, 그것도 원죄 및 그에 따른 일탈의 결과인 인간의 타락상과 얽혀 있는 요소들만 지니고 있었던 것은 아니다. 비기독교 종교도 역시, 그리스도로 인해 인간에게 값없이 주어진 선물인 은총으로 발생하는 초자연적 요소들을 지닌다. 이러한 이유로 비기독교 종교도 역시 그 안에 포함된 오류와 타락상을 부정하지 않고서도 합법적인 종교(물론 그 등급에서는 차이가 있기는 해도)로 인정받을 수가 있다. 이 논제는 좀 더 자세히 설명할 필요가 있다.

먼저 우리는 비기독교 종교들에 대한 이런 평가를 타당한 것으로 적용할 수 있는 시점에 대해 살펴볼 필요가 있다. 이 시점은 시간상으로 기독교 종교가 이 종교에 속한 사람들에게 역사적으로 참된 요소가 되는 때다. 이 시점이 신학적으로 보아 첫 번째 성령강림절과 같은 때인지, 아니면 연대기적 시간으로 보아 각 개인과 종교에 따라 다른 때인지는 지금으로서는 상당 부분 미해결의 문제로 남겨 놓을 수밖에 없는 중요한 일이다. 하지만 우리는 이 문제에서 우리에게 옳게 보이는 견해를 좀 더 잘 제시할 수 있는 방식으로 우리의 공식을 선택했다. 물론 시간 속에서 이 순간을 좀 더 정확하게 결정하기 위한 기준은 다시 미해결의 문제로 남겨둘 수밖에 없다.

이 논제는 두 부분으로 나뉜다. 먼저 이 논제는 비기독교 종교들 속에도 초자연적이고 은총을 담고 있는 요소들이 존재한다고 가정하는 것이 선험적으로 얼마든지 가능하다는 점을 의미한다. 우선 이 진술에 대해 살펴보기로 한다. 물론 이 말은 다신론적인 신 개념의 모든 요소들과, 비기독교 종교들이 지니는 종교적, 윤리적, 형이상학적인 모든 개념이 이론이나 실천 양면에서 해가 없는 것으로 다루어질 수 있고 또 그렇게 다루어야 한다는 것을 의미하지는 않는다. 기독교 역사 전반을 살펴보거나 비기독교 종교들에 대한 기독교의 해석 역사—로마서에서 시작해 '이방인들'의 종교와 다툰 구약성경의 논쟁으로 이어지는 역사—전체를 살펴보면, 그런 요소들에 대해 끈질긴 저항이 있었다는 사실을 알 수 있다. 그 모든 저항은, 실제로 그것들이 표현하고 의미하는 것에서 볼 때, 여전히 타당성을 지닌다. 그 모든 저항은, 여전히 기독교와 교회가 그 종교들을 믿는 사람들에게 전해야 하는 메시지의 한 부분을 이룬다. 게다가 여기서 우리는 그 종교들의 후험적인 역사에 관심을 두지 않는다. 따라서 우리는 이러한 비기독교 종교들에서 용납할 수 없는 것이 무엇이며 하나님의 뜻과 대립되는 것이 무엇인지 경험적으로 설명할 수가 없으며, 또 그런 것들을 그들의 여러 가지 형태와 등급에 따라 제시할 수도 없다. 여기서 우리는 교의신학에 관심을 기울이며, 따라서 비기독교 종교들이 실제 역사에서 기독교와 강력한 접촉이 이루어진 바로 그 순간부터 따져서 (우선은 그렇게만) 그 종교들의 불법성에 관해 보편적이고 조건 없는 판단을 내릴 수 있을 뿐이다. 하지만 이렇게 판단한다고 해서 비기독교 종교들이 지닌 기본적인 차이점들을 부정하는 것은 결코 아니다. 왜냐하면 경건하고 하나님을 기뻐하는 이교도는 이미 구약성경에서도 다룬 주제였으며, 또 사도 바울이 아레오바고 연설에서 이교 종교의 긍정적이고 기본적인 견해를 일언지하에 배척하지 않았듯이, 이처럼 하나님을 기뻐하는 이교도가 구체적이고 사회적으로 형성된 종교를 완전히 벗어나 살면서 자기의 고유한 토대 위에 자신의 종교를 세운 것이라고 간단하게 단정할 수 없기 때문이다. 우리가 다루는 논제의 첫째 부분을 떠받치는 결정적 근거는 기본적으로 신학적인 고려 사항이다. 궁극적으로 이러한 고려사항(훨씬 더 엄밀한 조건들은 배제하고서)은, 만일 우리가 그리스도인이 되기를 원한다면, 하나님께서 모든 사람에게 두신 보편적이고 진지한 구원 목적이 원죄가 지배하는 낙원 이후의 구원 단계에서도 참되다는 믿음을 고백해야만 한다는 사실에 근거한다. 우리는 이러한 신앙 명제가 인간이 실제로 도달한 개인적 구원에 관해서는 어떤 것도 확실히 말하지 않는다는 사실을 분명히 안다. 하지만 하나님은 모든 사람의 구원을 바라신다. 그리고 하나님께서 계획하신 이 구원이 바로 그리스도가 성취한 구원이다.……

제3 논제: 만일 두 번째 논제가 옳다면, 기독교는 기독교 이외의 종교에 속한 사람들을 단순히 비그리스도인으로 만나는 게 아니라, 이미 여러 가지 점에서 익명의 그리스도인으로 받아들여진 사람들로 만날 수 있고 또 당연히 그래야 한다. 이교도를 아직 어떤 식으로도 하나님의 은총과 진리에 접촉하지 못한 사람으로 여기는 것은 그릇된 일이다. 하지만 그 이교도가 하나님의 은총을 경험했다면—다시 말해 그가 특정한 상황에서 자신의 죽어가는 실존의 불가해성을 무한을 향해 열리는 일로 경험함으로써 이 은총을 자기 존재의 궁극적이고 불가해한 생명력으로 받아들였다면—그는 외부로부터 전도자의 설교에 영향을 받기 이전이라도 이미 진정한 의미에서 계시를 받은 것이다. 왜냐하면 그의 모든 영적 행위들의 선험적 지평으로 여겨지는 이 은총이, 비록 객관적으로는 인식되지 않더라도, 주관적인 면에서 그의 의식에 작용하기 때문이다. 이 경우 외부에서 그에게 전해지는 계시는, 여기 바이에른에 사는 한 소년에게 학교에서 처음으로 오스트레일리아라는 대륙이 있다는 사실을 말해 주는 것과 같은 의미에서, 그가 이제껏 전혀 알지 못한 것을 선포하는 일이 아니다. 따라서 그 계시는 그 사람이 자신의 이성적 존재의 깊은 곳에서 이미 획득했거나 획득할 수 있었던 것을 객관적인 개념으로 표현한 것이다. 교리적으로 따져서 이러한 암묵적 신앙 *fides implicita* 이 소위 이교도에게 일어날 수 있는 것인지를 엄밀하게 증명하는 일은 여기서는 불가능하다. 여기서는 다만 우리의 논제를 밝히고, 이 논제에 대한 증명이 발견될 수 있는 방향을 제시할 수 있을 뿐이다. 그러나 만일 교회의 선교 활동의 대상이 되는 어떤 사람이 교회가 선포하는 메시지에 접촉하지 않고서도 이미 자기 구원을 향한 길 위에 있거나 또 특정한 상황에서 그 구원을 발견한 것이 사실이라면—그와 동시에 이런 방식으로 그에게 이른 구원이, 다른 종류의 구원이 존재하지 않는 까닭에 그리스도의 구원이라는 것이 확실하다면—익명의 유신론자뿐만 아니라 익명의 그리스도인이 존재하는 것은 당연히 가능해야 한다.……

제4 논제: 그리스도인이 살아가는 구체적인 현실 속에 존재하는 종교 다원주의가 가까운 미래에 사라지게 되리라고 희망하는 것은 무리인 것으로 보인다. 그렇다고 해도 그리스도인의 처지에서 이 비기독교를 익명적 성격의 기독교라고 해석하고, 나아가 그리스도인이 언제나 선교사로 나서서 그들을 만나야 하고, 이미 하나님께서 주셔서 그들이 지닌 것이나 무의식적이고 암묵적으로 받아들여 지니고 있는 하나님의 은총의 선물을 명확하게 깨달을 수 있도록 이끌어 주어야 할 대상으로 여기는 일은 얼마든지 가능하다. 만일 이 두 가지 진술이 다 옳다면, 오늘날 교회는 자신이 구원의 권리를 소유한 배타적 공동체라고 주장할 것이 아니라, 가시적인 교회 밖에서도 기독교의 희망이 감추어진 실재로 현존한다는 사실을 역사적으로 분명하게 제시하는 선구자요 명료하고 구체적으로 보여주는 역사적이고 사회적인 조직으로 여겨야 할 것이다. 무엇보다도 우리는 그리스도의 하나 된 교회 안에서 전체 인류가 일치를 이룰 수 있도록 끈질기고도 새롭게 노력하고 고난당하고 기도해야 마땅하겠으나, 다른 한편으로는 세속적인 역사 분석과 신학적인 근거 위에서, 이 세상과 우리의 역사적인 실존 상황 속에 현존하는 종교 다원주의가 가까운 미래에는 사라지지 않으리라는 사실을 인정해야만 한다.……

라너는 『신학논총』*Theological Investigations*의 제5권에서 네 개의 논제를 제시하고, 비그리스도인들도 구원받을 수 있을 뿐만 아니라 비기독교 종교 전통들도 일반적으로 그리스도 안에 있는 하나님의 구원 은총과 접촉할 수 있다는 견해를 주장한다. 라너는 기독교가 그리스도 안에 나타난 하나님의 자기계시라는 유일의 사건에 기초한 절대 종교라고 주장하면서도, 비기독교 종교 전통들도 거기에 속한 사람들에게 복음이 전해지기 전까지는 하나님의 구원하시는 은총을 바르게 매개할 수 있다는 사실을 인정한다. 비기독교 종교 전통들에 속한 사람들에게 복음이 선포된 이후에는, 기독교 신학의 관점에서 보아 그 전통들은 더 이상 합당하지 않다. 특히 라너가 다른 종교 전통들이 기독교로 대체되지 않을 것이라고 밝히는 점에 주목하라. 따라서 종교 다원주의는 인간 실존의 한 가지 특성으로 계속 이어질 것이라고 그는 주장한다.

생각해 볼 물음들

❶ 라너가 '익명의 그리스도인'이라는 말로 뜻하는 것은 무엇인가? 그 말이 제기하는 난점에는 어떤 것들이 있는가?

❷ 라너가 비기독교 종교들도 그리스도를 통해 이루어지는 구원을 제공해 준다는 견해를 어떻게 옹호하는지, 여러분의 말로 설명해 보라.

9.7 ▼

제2차 바티칸 공의회

: 기독교 밖의 종교들

제2차 바티칸 공의회는 1965년 10월 28일 기독교와 다른 종교들의 관계와 관련해 이정표가 되는 선언을 했다. 이 선언은 기독교의 독특성을 주장하면서, 그와 동시에 하나님께서 비록 부분적으로나마 타종교 전통 안에서도 알려질 수 있다고 주장한다. 이 선언은 20세기에 기독교와 타종교, 그중에서도 특히 유대교와의 관계를 다루는 기독교적 논의에서 가장 중요한 것으로 널리 인정받는다1.1, 9.1, 9.6 참조.

본문

1. 우리 시대, 곧 갈수록 사람들이 가깝게 결합되고 민족들 사이의 우정의 끈이 견고해지는 때, 교회는 비기독교 종교들과 맺는 관계를 더욱 신중하게 살핀다. 개인과 개인, 민족과 민족 사이에서 일치와 사랑을 구현할 사명을 지닌 교회는 무엇보다도 인간이 공통으로 지닌 것이 무엇이고, 인간 사이에서 상호 교류를 증진할 수 있는 일이 무엇인지 성찰한다.

 인류 전체는 하나의 공동체를 이룬다. 하나님께서 인류의 모든 족속을 한 혈통으로 지으셔서 온 땅 위에 살게 하셨으며(행 17:26 참조), 모든 사람이 똑같이 하나님을 궁극의 목적으로 삼기 때문이다. 하나님의 섭리와 확고한 선과 구원 계획은 모든 사람에게 미치고(지혜서 8:1, 행 14:17, 롬 2:6-7, 딤전 2:4 참조), 때가 이르면 선택받은 사람들이 하나님의 영광으로 빛나는 거룩한 도시에 함께 모이며, 그 빛 가운데 모든 사람이 거닐게 될 것이다(계 21:23f. 참조).

 사람들은 인간의 풀리지 않는 난제들을 해결하고자 자신이 속한 다양한 종교에서 답을 찾는다. 사람들의 마음을 무겁게 짓누르는 문제들은 예나 지금이나 동일하다. 인간이란 무엇인가? 인생의 의미와 목적은 무엇인가? 바른 행동은 무엇이고, 죄는 무엇인가? 고통은 왜 생겨나고 그 목적은 무엇인가? 참된 행복은 어디서 찾을 수 있는가? 죽음에서 겪게 되는 일은 무엇인가? 심판은 무엇인가? 죽음 후에 받는 상급은 무엇인가? 마지막으로, 우리의 기원이자 지향할 목표이면서 우리의 실존 전체를 휘어 감고 있는 신비, 곧 인간의 능력으로는 결코 설명할 수 없는 그 궁극적 신비는 무엇인가?

2. 역사가 시작되고 나서 오늘날까지 여러 민족들은 자연의 흐름과 인간적 삶의 사건들 배후에서 숨겨진 채로 작동하는 힘을 발견해 왔다. 때로는 지고의 존재를 인식하기도 하고, 심지어 아버지이신 존재를 만나기도 했다. 이러한 인식과 깨달음은 깊은 종교 의식으로 작동하는 삶의 방식을 낳았다. 좀 더 진보된 문명에 속한 종교들은 세련된 개념과 정밀한 언어로 이런 문제들에 답하려고 애쓴다. 예를 들어 힌두교를 믿는 사람들은 신성한 신비를 탐구하고, 그것을 셀 수 없이 풍부한 신화와 엄밀하게 정련된 철학적 통찰을 통해 표현한다. 나아가 금욕과 깊은 명상을 실천하며 신뢰와 사랑으로 신께 의지함으로써 현생의 고뇌에서 해방되기를 구한다. 다양한 형태로 존재하는 불교에서는 이 무상한 세상이 본질적으로 불완전하다고 주장하면서, 확신과 신뢰로 완전한 해탈에 도달하고, 신성의 도움을 받거나 자신의 노력으로 지고의 깨달음에 이르는 삶의 방식을 가르친다. 전 세계에서 발견되는 다른 종교들도 역시 그들 고유의 방식으로 교리와 도덕 계율과 신성한 예식을 아우르는 삶의 틀을 제시하여 사람들에게 마음의 평안을 주려고 노력한다.

가톨릭교회는 이 종교들이 간직하고 있는 참되고 거룩한 것들을 결코 배척하지 않는다. 그들의 삶과 행동 양식 및 계율과 교리도 진심으로 존중한다. 그것들이 비록 교회에서 가르치는 것과는 여러 가지로 다르지만, 모든 사람을 비추는 참 진리의 빛을 담고 있을 때가 많다. 하지만 교회가 놓치지 말고 선포하고 증언해야 할 것은 그리스도께서 "길이요 진리요 생명"(요 14:6)이라는 사실이다. 하나님께서 그리스도 안에서 만물을 당신과 화목하게 하셨기에(고후 5:18-19), 모든 사람이 그리스도 안에서 자신들의 종교가 가르치는 삶이 완성되는 것을 보게 된다.

따라서 교회는 교회의 자녀들에게 신중하고도 자비로운 마음으로 타종교의 신자들과 대화하고 협력하도록 권고한다. 기독교인은 자기의 고유한 신앙과 삶의 방식을 증언하면서도, 비기독교인들에게서 발견되는 영적·도덕적 진리와 함께 그들의 사회적 삶과 문화까지도 인정하고 보호하고 지지할 수 있어야 한다.

3. 교회는 이슬람교도들도 크게 존중한다. 그들은 살아계시고 영원하시며 자비로우시고 전능하신 한 분 하나님, 하늘과 땅을 지으시고 인간에게 말씀하시는 창조주를 예배한다. 그들은 아브라함이 하나님의 계획에 온전히 헌신했듯이, 하나님의 숨겨진 뜻에 무조건 헌신하려고 애쓰면서 아브라함의 신앙에 자신들의 신앙을 기꺼이 연결시킨다. 그들은 예수를 하나님으로 인정하지는 않지만 예언자로 존경하고, 예수의 어머니 마리아를 공경하며, 때로는 그녀에게 간절히 간구하기도 한다. 게다가 그들은 심판의 날을 기다리며, 죽은 자의 부활과 그후 이어지는 하나님의 보상을 기다린다. 이런 이유로 그들은 올바른 삶을 높이 평가하고, 특히 기도와 자선과 금식을 매개로 하나님께 예배드린다.

   오랜 세월 동안 기독교인과 이슬람교도들 사이에 많은 다툼과 불화가 이어져 왔다. 이제 거룩한 공의회는 모든 사람들에게 과거를 잊고 서로를 이해하기 위해 진지하게 노력하고, 함께 힘을 모아 평화와 자유, 사회 정의, 도덕적 가치들을 수호하고 키워 나갈 것을 권고한다.

4. 신비로운 교회의 깊은 차원을 규명하는 거룩한 공의회는 새 언약의 백성을 아브라함의 혈통과 연결시켜 주는 영적 고리를 기억한다.

   그리스도의 교회는 하나님의 구원 계획 속에서 교회가 선택받고 신앙을 지니게 된 일이 선조들과 모세와 예언자들에게서 시작되었다는 점을 인정한다. 교회는 믿음으로 아브라함의 자손이 된 모든 그리스도인(갈 3:7 참조)이 선조 아브라함이 받은 부르심에 참여한다는 사실과, 하나님의 선택받은 백성이 노예의 땅에서 해방되었던 출애굽에 교회의 구원이 신비로운 방식으로 예시되어 있다는 사실을 공언한다. 따라서 교회는 한없이 자비로우신 하나님과 옛 언약을 맺었던 그 백성을 통해 구약성경의 계시가 교회에게 전해졌다는 사실을 부정하지 않는다. 교회는 야생 올리브나무 가지인 이방인들이 접붙여진 참 올리브나무에서 교회도 역시 자양분을 공급받는다(롬 11:17-24 참조)는 사실을 인정한다. 교회는 우리의 평화이신 그리스도께서 십자가를 통해 유대인과 이방인들을 화해시키셨고(엡 2:14-16 참조), 그들을 그분 자신 안에서 하나가 되게 하셨음을 믿는다.

마찬가지로 교회는 사도 바울이 자기 동족에 관해 다음과 같이 말한 것을 항상 염두에 둔다. "내 동족은 이스라엘 백성입니다. 그들에게는 하나님의 자녀로서의 신분이 있고, 하나님을 모시는 영광이 있고, 하나님과 맺은 언약들이 있고, 율법이 있고, 예배가 있고, 하나님의 약속들이 있습니다. 족장들은 그들의 조상이요", 동정녀 마리아의 아들인 "그리스도도 육신으로는 그들에게서 태어나셨습니다"(롬 9:4-5). 이에 더해 교회는 사도들 곧 교회가 세워진 기둥들이 유대인이고, 세상에 그리스도의 복음을 선포한 초기 제자들 가운데 많은 사람이 유대인이었음을 기억한다.

성경이 증언하는 대로, 예루살렘은 하나님의 때가 이른 것을 알지 못했다(눅 19:42 참조). 유대인들은 대부분 복음을 받아들이지 않았고, 오히려 그들 중 많은 사람이 복음이 전파되는 것을 반대했다(롬 11:28 참조). 그렇기는 해도 사도 바울은 유대인들이 조상들 덕택에 여전히 하나님의 큰 사랑을 받는다고 말한다. 하나님께서는 베푸신 선물이나 정하신 선택을 거두시지 않기 때문이다. 교회는 예언자들과 사도 바울과 함께 하나님만 아시는 그날을 기다린다. 그날이 오면 모든 백성이 한목소리 로 하나님을 부르고 "어깨를 나란히 하고" 주님을 섬기게 될 것이다(습Soph. 3:9, 또한 사 66:23, 시 65:4, 롬 11:11-32 참조).

기독교인과 유대인들은 이처럼 공통된 정신적 유산을 지닌 까닭에, 거룩한 공의회는 서로 간 이해와 공감을 늘리고 굳게 하기를 소망한다. 이 일은 특히 성경과 신학의 연구 및 우호적 대화를 통해 이룰 수 있다.

유대 권력자들과 그 추종자들이 예수를 십자가에 처형하도록 압박했다고 해도(요 19:6 참조), 그 당시의 유대인들 전체나 오늘날의 유대인들에게 예수의 고난에 대한 책임을 물을 수는 없다. 교회가 하나님의 새 백성인 것은 맞지만, 유대인들을 배척하거나 저주하는 일을 마치 성경에 근거한 것처럼 주장해서는 안 된다. 그러므로 누구든지 교리를 가르치거나 하나님의 말씀을 설교할 때, 복음의 진리나 그리스도의 정신과 일치하지 않는 것을 가르치는 일이 없도록 조심해야 한다.

교회는 어떤 사람에게든 어떤 형태로든, 박해를 가하는 일을 철저히 배격한다. 유대인과 공유하는 유산을 기억하고, 정치적 고려가 아니라 오직 그리스도의 사랑이라는 믿음의 동기에서 일하는 교회는 어느 때든 어떤 근거에서 나온 것이든, 반유대주의적인 주장과 증오심과 박해를 배격한다.

교회는 지극한 사랑으로 일하시는 그리스도께서 모든 사람의 죄 때문에 기꺼이 고난을 당하여 죽으셨고, 그 결과 모든 사람이 구원을 얻게 되었다는 사실을 언제나 계속해서 주장한다. 그러므로 교회는 설교를 통해 그리스도의 십자가를 하나님의 보편적 사랑의 표지이며 모든 은총의 원천이라고 선포해야 하는 의무를 진다.

5. 모든 사람이 하나님의 형상을 따라 지음 받은 까닭에, 우리가 어떤 사람을 형제로 대접하지 않는다면, 우리는 결코 만인의 아버지이신 하나님께 참된 마음으로 기도할 수 없다. 인간이 하나님과 맺는 관계와 자기 동료 인간과 맺는 관계는 성경에서 "사랑하지 않는 사람은 하나님을 알지 못합니다"(요일 4:8)라고 말할 만큼, 서로 깊고 밀접하게 연관되어 있다.

그러므로 인간의 존엄성이나 그에 따르는 권리에서 볼 때, 개인과 개인, 민족과 민족 사이에서 빚어지는 차별은 이론과 실천 어느 쪽으로도 전혀 지지받을 수 없다.

따라서 교회는 인종, 피부색, 신분, 종교를 근거로 사람들을 차별하거나 박해하는 일을 그리스도의 정신에 위배되는 것으로 배척한다. 거룩한 사도인 베드로와 바울의 발자취를 따르는 거룩한 공의회는 그리스도의 신실한 자들에게 "이방 사람 가운데서 행실을 바르게"(벧전 2:12)하고, 힘을 다해 모든 사람과 화평하게 지내며(롬 12:18 참조), 그렇게 해서 하늘에 계신 아버지의 참된 자녀가 되도록(마 5:45) 진심으로 권고한다.

논평

이 중요한 글은 타종교와의 대화를 권장하면서도 기독교의 독특성을 지켜낼 수 있는 틀을 제시한다. 특히 유대교 공동체와 좋은 관계를 맺을 것을 강조하면서, 유대인 전체가 그리스도의 죽음에 대해 책임져야 한다는 식의 주장을 일체 배격하는 방식에 주목하라. 공의회의 견해가 모든 종교는 그 구성원을 구원할 능력을 지니는 것으로 보아야 한다는 칼 라너의 제안9.6 참조을 따르는 것에 주목하라. 라너는 계시와 구원론 모두에서 포괄주의적이고, 제2차 바티칸 공의회는 계시에서는 포괄주의적이지만 구원론의 측면에서는 배타주의적 특성을 지닌다.

이 본문은 많은 성경 구절들을 인용하여 근거로 삼는다. "소프"Soph.는 구약성경에 나오는 예언자인 '스바냐'의 옛 이름을 가리키는 약어다. 본문에 나오는 "어깨를 나란히 하고" 주님을 섬긴다는 구절은 흔히 "한마음으로 주님을 섬기다"로 번역된다.

생각해 볼 물음들

❶ 제2차 바티칸 공의회의 설명에 의하면, 하나님의 계시는 교회 밖에서 어떤 식으로 그 모습을 드러내는가? 이러한 계시의 결과는 무엇인가?

❷ 야생 올리브나무의 비유를 통해 제시하는 논점은 무엇인가?

9.8 ▼

클라크 피녹
: 다원주의와 그리스도론

이 글에서 캐나다의 저명한 복음주의 신학자 클라크 피녹Clark Pinnock, 1937-

2010은, 종교 다원주의를 받아들이면 허약한 그리스도론을 낳을 수밖에 없다고 주장한다. 그러한 그리스도론에서는 예수를 다른 많은 종교적 인물들 가운데 하나에 지나지 않는 것으로 여긴다. 피녹은 다원주의자들이 이 문제를 다루는 여러 가지 전략을 간략하게 소개하고, 그 전략들의 장점과 단점에 대해 평가한다9.6, 9.7, 9.9, 9.11, 9.12 참조.

본문

다원주의 신학자들은 그리스도론을 다루는 부분에서 어려움을 겪는다. 예수가 모든 민족에게 결정적인 존재가 된다면, 이 사실은 종교 간의 대화와 협력에 도움이 되지 않는다. 그래서 그리스도론에서 궁극성 주장들finality claims을 제거하기 위해 역사 자료들을 재해석하는 방법을 찾아야 한다. 그런 주장들을 줄여서 종교 간의 평화에 장애물이 되지 않게 해야 한다. 다원주의자들은 세상 모든 사람에게 규범이 되는 그리스도를 내세우지 않고서도 신약성경을 읽을 수 있는 방법을 찾는다. 그들은 예수가 추종자들에게는 유일한 길이지만, 다른 이들에게는 반드시 그럴 필요가 없는 길을 찾는다. 가령 예수의 유일성을 관계적인 것으로 볼 수 있다면, 문제를 훨씬 줄일 수 있을 것이다. 다원주의자들은 예수 그리스도의 궁극성finality에 대한 믿음이 다른 종교들을 이해하고 그들과 원만하게 어울리는 일을 방해한다고 생각한다. 그들은 이 문제를 해결하기 원한다.

지금까지 다양한 해결 방법들이 제시되었다. 가장 급진성이 약한 해결책은 형이상학에서 행위/기능적 범주로 강조점을 옮기는 방식으로 이루어진다. 신학적 다원주의자들의 관점에서, 예수를 하나님의 사랑이 행동으로 구현한 이로 이해하고, 사람들이 하나님의 은총에 이르는 길을 찾도록 도와주는 이로 제시한다면 문제가 훨씬 쉬워질 수 있다. 그리스도의 예언자적 직무에 강조점을 두고서, 그리스도가 자신의 삶과 가르침을 통해 아버지의 성품과 뜻을 인간에게 계시하는 방식을 강조하지 않는 이유가 무엇인가? 이것은 형이상학적 기인(奇人)인 예수로부터, 그가 사람들에게 끼친 영향, 즉 사람들에게 하나님이 어떤 분이신지 알 수 있는 길을 제시했던 방식으로 강조점을 옮기는 것이다.……하나님께서 외부로부터 예수를 통해 기적적인 방식으로 역사 속으로 들어오셨다는 개념을 되풀이하는 대신에, 우리는 예수가 어떻게 하나님의 참 본성을 이해하는 창문의 역할을 하는지 설명할 수 있을 것이다.……J. A. T. 로빈슨은 후기에 이르러 이 노선을 취했다. 로빈슨은 나사렛 예수 안에서 인간이 된 것은 하나님의 실체가 아니라 하나님의 사랑이라고 주장했다. 예수가 특별한 이유는 하나님께서 그 안에서 그를 통해 행동하셨기 때문이다. 예수는 하나님이 어떤 분이신지 우리에게 보이는 표상이 되었다. 성육신이라는 표상은 우리가 예수를 통해 하나님과 관계 맺는 방식을 신비로우면서도 효과적으로 설명해 준다. 예수는 인격적인 사랑인 하나님의 본질로 이끌어 주는 실마리이지, 결코 하나님의 존재를 유일무이하게 구현한 인물이 아니다. 예수는 종류가 아니라 등급에서 유일무이하다.

우리를 향한 하나님의 사랑을 구현해 보인 예수라는 개념은 어느 정도까지는 참이다. 하지만 얼마 지나지 않아 심각한 난점들이 제기된다. 첫째, 바람직하지 않은 궁극성 주장들은 기능적인 성격을 지닌 것들인데도 불구하고 행위 그리스도론action Christology에 들러붙는 경향이 있다. 그리스도-사건을 단지 현시적인 것으로만 보아야 할 때도 그것을 굳이 결정적인 현시라고 주장한다. 그런데 우리에게 결정적인 것이라면 왜 다른 사람들에게는 그렇지 않은가? 만일 그것이 우리가 속한 문화 환경에서 결정적인 것이라면, 왜 다른 사람들이 처한 환경에서는 그렇지 않은가? 둘째, 기능적 그리스도론은 그 방법론에서 기능적인 면을 끝까지 밀고 나가지 못한다. 에드바르트 스힐레벡스 역시 하나님의 사랑을 전달하는 예수의 역할을 강조하면서도 결국에는 예수와 아버지 하나님 사이의 존재론적 일치를 주장한다. 그의 최종 평가를 보면 실체와 행위의 범주들을 하나로 결합하고 있다. 그는 추론하기를, 만일 예수가 우리에게 지극히 인간적인 하나님을 제시한다면 우리는 결국 불가해한 신비 앞에 서게 되는 것이 아니냐고 주장한다. 셋째, 신약성경을 보면 예수의 인격에 관하여 존재론적 가르침을 제시하는 본문들이 여러 곳 있으며, 따라서 행위 그리스도론으로 옮겨 가는 것이 우리를 곤경에서 완전히 벗어나게 해주지는 못한다. 행위 그리스도론이 성경의 증언에 대해 어느 정도 설명해 줄지는 몰라도 모든 증언을 설명해 주지는 못한다.

신약성경에 나오는 고등 그리스도론high Christology의 '문제'를 교정할 수 있는 두 번째 길은, 예수에게 기능적인 주장을 넘어서는 고등의 주장들을 적용하는 것을 받아들이면서도, 보편적인 규범성은 제외할 수 있게 해주는 방법이다. 폴 니터Paul F. Knitter는 신약성경에서 예수의 결정적인 사역에 대해 사용하는 '최종적인' 언어에 대해 평하면서 "그러한 선포에 눈을 감아 버리는 것은 심리학적으로 억압하는 것이든지 아니면 우리가 마주하고 싶지 않은 것을 정직하지 못하게 부정해 버리는 것이다"라고 말했다. 우리는 성경의 증언들이 그 안에 담긴 본래의 의미를 말하지 못하도록 막을 수는 없다.

그러면서도 니터는 그런 선포를 다른 방법으로 회피하려고 시도한다. 첫째, 그는 초기 기독교인들의 문화에 비추어 그 표현들을 설명하면서, 그들이 자신들의 종교 경험을 그들 나름의 방식으로 말하는 것은 자연스러운 일이었다고 말한다. 문화의 영향을 받아 형성된 담론 방식이었던 그들의 말은 우리에게 예수의 실제적 인격보다는 그들의 사회적 형편에 대해 더 많은 것을 말해 준다. 둘째, 그들이 예수를 드높였던 찬양은 진리 주장이라기보다는 예수에 대한 사랑과 헌신의 표현이었다. 그것은 마치 우리가 "내 아내(또는 남편)는 세상에서 가장 부드럽고 다정한 사람이다"라고 말하는 것과 같다. 이런 말은 연구의 결과로 얻어 낸 학문적 진술이 아니라 사랑의 언어다. 그런 주장들을 이런 방식으로 살펴보면, 예수는 관계라는 면에서 유일무이하고(배우자가 관계적으로 유일무이하듯이), 기독교인들이 하나님을 경험하는 방식에서 유일무이하지만, 보편적인 의미에서, 즉 다른 종교 상황에서 하나님을 경험하게 되는 다른 사람들에게까지 규범적이 된다는 의미에서는 유일무이하지 않다. '예수는 주이시다'라는 고백은 세상 모든 사람이 그를 경배해야 한다거나 그를 통해 하나님께 나와야 한다는 의미를 주장하는 것이 아니라, 예수가 우리에게 어떤 의미가 있는지를 말해 준다. 이 고백은 우리가 하나님을 경외하는 방식일 뿐, 다른 사람들이 다양하게 표현하는 고백들을 판단하는 기준이 될 수는 없다.

이 접근법에 따르면, 우리는 신약성경의 증언들이 예수에 대해 예외적일 정도로 고등한 주장들을 제안한다는 점을 인정할 수 있다. 우리는 그런 주장들을 부정하거나 제거하지 말아야 한다. 사랑이라는 경험적이고 고백적인 관점에서 그 주장들을 재해석하는 것이 열쇠다. 예수에 관한 그 주장들은 문화적으로 형성되고 심리적으로 다듬어진 까닭에, 교회가 역사적으로 이해해 온 것과 같은 일상적 의미의 진리 주장으로 볼 수 없다. 이렇게 해서 고등 그리스도론의 문제는 사라져 버린다.

이 접근법은 완전히 타당하지는 않다고 해도 독창적이고 그 나름의 가능성을 지닌다. 하지만 다음과 같은 문제가 있다. 첫째, 신약성경의 저자들은 자신이 사실과 진리라고 여겼던 것을 있는 힘을 다해 주장하는 것으로 보인다. 그들은 종교적인 감정을 나눌 뿐만 아니라 정보라고 생각한 것들도 전달한다.……둘째, 여기에 수반되는 것으로 정당성 문제라는 것이 있다. 현대 해석자들은 무슨 권리로 성경의 증인들이 의도하는 것을 바꾸어 다른 것을 의미하게 할 수 있는가? 그들이 무슨 권리로 이렇게 의미를 바꾸고 축소할 수 있는가? 죽음에서 부활하신 세상의 구주 예수에 관해 주장하는 내용들을, 문화에 의해 형성된 자신들의 정신세계 속에서 일어나는 일에 대한 서술로 바꾸는 것은 부당한 일이다. 누군가 이와 동일한 논리를 다원주의자들에게 적용해서 그들이 주장하는 것들을 이와 같은 식으로 바꿔 버린다고 가정해 보라. 다원주의자들이 하나님에 관해 주장하는 것들도 이와 비슷하게 정신세계에서 도출되는가? 그들은 하나님에 대한 그들의 사랑 때문에 하나님이 실제로 존재한다고 믿는가? 이런 식의 주장은 용납할 수 없는 허튼소리일 뿐이다. 우리에게 다른 사람들이 싫어하거나 인정하지 않는 주장을 펼 권리가 있을지 모르나, 그들에게 자기 생각을 마음대로 바꾸거나 왜곡하라고 요구할 수는 없다. 하나님에 관한 니터의 주장을 진지하게 받아들여야 하는 것처럼, 예수에 관한 신약성경의 주장도 진지하게 받아들여야 한다. 비인지주의적 편견을 예수에 관한 주장에만 적용하고 하나님에 관한 주장에 적용하지 않는 것은 일관성이 없다.

셋째, 그리스도인들이 자신의 신앙에서 중요한 것을 전혀 잃지 않고서도 비규범적인 예수를 고백할 수 있다는 주장은 매우 의심스러운 것이다. 니터는 우리가 복음의 진리는 우리의 진리이지만 반드시 세상을 위한 진리일 필요는 없다는 사실을 인정하고서도 그리스도를 위해 살고 심지어 죽을 수도 있다고 주장한다. 이것은 마치 예수는 주님일 수도 있고 아닐지도 모른다는 의구심을 품은 채 예수는 주님이시라고 고백하는 것과 같다. 어떻게 그리스도의 부활이 우리에게는 참되고 세상에 대해서는 그렇지 않을 수가 있는가? 만일 부활하신 주님이 우리에게 의미 있는 신화에 불과하고 그 이상으로 아무것도 아니라는 사실이 인정된다면, 기독교인의 신앙은 치명적인 손상을 입게 될 것이다.

신약성경에 나오는 고등 그리스도론 문제와 관련해 훨씬 더 급진적인 이론을 제시한 사람이 존 힉이다. 첫째, 존 힉은 예수에게서 나온 유일성 주장들을 철저하게 거부했다. 그는 이 문제 앞에서 주저하는 것은 예수와 후대의 발전들을 잇는 연속성의 고리를 그대로 내버려둔 채 거기에 타당성의 근거를 제공하는 일이 된다는 사실을 알았다. 이러한 조처는 주석학적으로는 위험한 일인지 몰라도 방법론적으로는 분명 현명한 일이다. 둘째, 니터와 마찬가지로 존 힉도 신약성경의 증인들이 예수를 지지해 내세운 모든 유일성 주장들을 비인지적인 사랑의 언어 수준으로 바꾸어 놓는다. 셋째, 그는 성육신 그리스도론을 전통들의 발전이라는 가상적인 맥락 속에 위치시키려고 시도한다. 그는 불교를 예로 삼아 종교 지도자들이 시간이 흐르면서 존경심의 수준을 넘어 신성화되어 가는 과정을 살펴본다. 넷째, 그는 성육신 믿음에는 여러 가지 해결할 수 없는 논리적 문제가 있다고 덧붙인다. 이것은 그 외의 모든 반론을 무기력하게 만드는 철학적 배경을 제공한다.

불행하게도 존 힉의 논점들 가운데서 어떤 것도 확고하게 인정받지 못했다. 첫째, 우리는 비판적인 주석을 근거로 삼아서는 예수가 내세운 유일성 주장들을 부정할 수 없다. 예수가 명백하게 성육신에 대해 주장하지 않는다는 그의 논점을 인정한다고 해도, 예수가 내세운 암묵적인 주장들은 부활 이후의 그의 인격에 관한 훨씬 더 발전된 견해들을 견고하게 뒷받침한다. 쉽사리 무시해 버릴 수 없는 이 견해는 교회의 신앙에서 쟁점으로 등장한 예수에 대한 고등 견해를 담고 있다. 둘째, 성경의 증인들이 제기한 예수의 유일성 주장들을 비인지적인 사랑의 언어 수준으로 바꾸는 것은, 그 증인들이 진지하게 여기는 믿음에 비추어 볼 때 용납할 수 없는 허튼소리이다. 이런 견해는 성경의 증인들이 선포하는 내용의 진리와는 상반된 적대적인 가정들에 뿌리를 두고 있다. 정당하지도 않고 공평하지도 않은 이 견해는 성경의 증인들을 진지하게 받아들이길 거부한다. 셋째, 초기 시대의 교리 안에서 그리스도론이 발전했으며, 그러한 발전 가운데서 주목할 만한 것이 성육신 이론이다. 하지만 그때 발전한 그리스도론은 예수의 부활 사건을 포함하고 있어서 이미 고등한 이론이었으며, 처음부터 담겨 있던 것을 열어 보인 것이라고 말할 수 있다. 불교를 유비로 삼아 그려 볼 수 있는 장기간에 걸친 발전을 이 경우에서는 찾아볼 수 없다. 넷째, 성육신 믿음이 합리적인지 아닌지와 관련해 두 가지 점을 말할 수 있다. 먼저, 궁극성의 문제가 성육신에 대한 믿음보다 훨씬 더 크다. 성경의 증인들은 여러 가지 방법으로 예수를 온 우주의 주님이라고 치켜올린다. 다음으로, 모든 사람이 성육신을 믿는 일에 따르는 논리적 문제로 인해 힉만큼 마음이 흔들리는 것은 아니다. 사려 깊은 많은 그리스도인들이 성육신 믿음을 논리적인 것이라고 생각하며, 심지어는 참되고 고귀한 것이라고 여긴다.

예수 그리스도의 궁극성이라는 믿음을 달갑지 않게 여겨 성경에서 제거하려는 이런 시도들에 대해 신약성경은 매우 효과적으로 저항한다. 그리스도론을 아래쪽으로 개정하려는 시도들은, 증거와 상충하고 또한 특별한 의도와 적대적인 전제들을 근거로 삼는 까닭에 받아들이기가 어렵다. 주석적으로 설득력 있는 방법으로 그렇게 개정하는 일은 불가능하다. 우리가 신약성경으로 하여금 비규범적 그리스도론을 가르치도록 만들 수는 없다. 시도해 보는 일이야 아무런 잘못이 없으며, 또 주석적인 실험을 수행해 봄으로써 많을 것을 배울 수도 있다. 하지만 결과라는 면에서 보면, 신약성경에서 그리스도의 궁극성 교리를 제거하려는 노력은 실패했다고 선언할 수밖에 없다.

논평

피녹은 자신과 같은 복음주의 진영에 속한 많은 동료들에 비해 타종교에 대해 훨씬 더 '포괄주의적'인 견해를 제시하려고 애쓰면서도 존 힉이 주장하는 다원주의 이론에 대해서는 철저히 비판한다. 피녹은 타종교들이 지적인 면에서 정당화될 수 없다고 주장한다. 이 글과 힉이 주장하는 다원주의 이론9.9 을 비교하고, 그 둘을 비판적으로 살펴보는 것이 도움이 된다.

생각해 볼 물음들

❶ 피녹이 다원주의 패러다임에 제기하는 반론들을 여러분의 말로 설명해 보라.

❷ 피녹은 특히 '비규범적인 예수'라는 개념이 어떤 난점을 지니고 있다고 보는가?

9.9 ▼

존 힉
: 상보적 다원주의

존 힉John Hick, 1922-2012은 세계 종교들이 제각각 "무한하고 초월적인 신적 실재"를 독특하고 타당한 방식으로 구현한 것이라고 보는 다원주의 이론의 주요 대표자로 널리 인정받는다. 특히 종교들은 "신적 실재를 다양한 모습으로 파악하게 해주는 '렌즈'"가 된다는 결론에 주목하라9.6, 9.7, 9.8, 9.10, 9.12 참조.

오늘날 많은 사람들이 우리의 종교관에서 코페르니쿠스적 전환이 필요하다고 생각하는 것 같다. 전통적인 교의에서는, 신앙의 우주에서 기독교가 중심이 되며 다른 모든 종교는 그리스도 안의 계시 둘레를 다양한 거리를 두고서 회전하고 있는 것이요, 그 계시까지의 거리의 원근에 따라 등급이 결정되는 것이라고 말해 왔다. 그러나 지난 백여 년 동안 우리는 새로운 관찰을 통해서 다른 종교들에도 하나님에 대한 깊은 신앙과 참된 성인들, 깊은 영적 삶이 존재한다는 사실을 깨닫게 되었다. 그래서 우리는 익명의 기독교라든가 암묵적 신앙 같은 이론상의 주전원epicycles을 고안해 냈다. 그러나 이제는 기독교 중심적 사고에서 하나님 중심적 사고로 전환하여, 우리의 종교와 다른 위대한 종교들이 모두 이 하나의 신적 실재 둘레를 돌고 있는 것이라고 보는 것이 더 현실적이지 않을까?

정말이지 우리가 기독교와 유대교, 이슬람교뿐만 아니라 불교, 힌두교, 도교 등 여러 전통들이 지니고 있는 신성에 대한 인간의 인식들 전체를 이해하고자 한다면, 우리에게 훨씬 더 폭넓은 사고의 틀이 필요할 것이다. 그 틀은 거대 전통들 각각의 흐름 속에서 다양한 형태로 발견되는 독특한 차이점을 통해서 가장 확실하게 확인할 수 있을 것이다. 기독교의 경우, 그 독특성은 한편으로 창조 '이전에' 창조와는 독립해서 무한히 스스로 존재하고 자존하는 하나님과, 다른 한편으로 그의 피조물인 인간과 관계를 맺고 그 피조물에 의해 경험되는 하나님 사이의 차이에서 볼 수 있다. 힌두교의 경우는, 인간의 사고와 언어 영역을 초월하는 절대적 실재인 니르구나 브라만Nirguna Brahman과 인간에 의해 묘사될 수 있는 특성을 지닌 인격적 신으로 경험되는 브라만인 사구나 브라만Saguna Brahman을 구분한다. 불교의 경우는, 인간의 몸을 입은 응신불(應身佛)Nirmanakaya과 하늘에 속한 보신불(報身佛)Sambhogakaya, 무한하고 영원한 법신불(法身佛)Dharmakaya 즉 우주적인 불성(佛性)으로 구분한다. 그리고 도교의 경전에서는 "말로 표현할 수 있는 도는 영원한 도가 아니다"라는 말로 시작한다. 유대교 신비주의『조하르』*Zohar*

에서는 무한한 신적 근원인 아인 소프En Soph와 성경의 하나님을 구분한다. 무슬림 신비주의(예를 들어 이븐 아라비Ibn Arabi의 경우)에서는 진정한 실재인 알 하크Al Haqq와 인간이 신에 관해 지니는 구체적 개념들을 구분한다. 마찬가지로, 기독교 신비주의자인 마이스터 엑크하르트는 신성*deitas*과 신*deus*을 구분하는데, 이 방식은 힌두교 사상에서 니르구나와 사구나로 구분하는 것과 아주 유사하다. 그리고 금세기에 폴 틸리히는 "유신론의 신을 초월하는 신"에 대해 말했다. 현대의 과정신학도 역시 신의 영원한 본성과 시간적 본성을 구분한다. 이렇게 살펴본 모든 것들은 한마디로 말해 무한하고 초월적인 실재 그 자체와, 그 실재를 유한한 인간이 생각하고 상상하고 경험한 것으로 구분한 것이다.

이렇게 구분함으로써 우리는 무제약적이고 초월적인 유일의 신적 실재를 인식할 뿐만 아니라, 그 실재에 대해 인간이 지니는 여러 개념과 이미지와 경험의 다양성 및 그에 대한 응답의 다양성을 인식하게 된다. 그 실재에 대한 인간의 다양한 인식과 응답은 이 세상의 종교적 전통들에 의해 형성되며, 역으로 그 전통들에 대해 알 수 있게 해준다. 그 종교 전통들에는 전 세계 인간 가족 안에서 다양하게 발달해 온 사고와 감정과 경험의 방식들이 반영되어 있다. 이처럼 다양한 문화적 변용들은, 엄청난 규모로 다양하게 존재하는 인간의 존재 방식들에 상응한다. 예를 들어 중국인과 인도인, 아프리카인, 유대인, 그리스-로마인의 방식들이 있고, 우리가 속한 현대 대서양권 기술 문명의 방식이 있다. 인류의 삶이 이렇게 다양한 형태를 취하게 된 데는 지리와 기후, 경제의 요인들이 그 나름대로 일정 부분 영향을 끼친 것이 분명하지만 그 온전한 이유는 알 수가 없다.

이처럼 다양하게 형성된 인간 됨의 문화 방식들을 보면서, 우리는 그것들이 어떻게 신적 실재를 다양한 모습으로 파악하게 해주는 '렌즈'가 되는지 일정 부분이나마 이해할 수 있다는 게 내 생각이다. 인간의 모든 인식에는 불가피하게 인식자의 참여가 수반되기 때문이다. 정신이 인식 활동을 할 때는 의식의 내적 구조 및 특수한 의식에 심어진 특정 개념들을 활용하는 방식으로 환경의 영향을 조직화한다. 이 개념들은 조직하고 인지하는 역량을 가리키는데, 우리는 이 역량들을 사용해 외부에서 우리에게 들어오는 자료를 해석하고 거기에 의미를 부여한다. 그리고 이러한 인식론적 패턴을 따라 의식적인 경험이 정신의 해석 행위로부터 발생하는데, 이 인식론적 패턴은 종교적 경험에도 적용된다.

광범위한 형태를 지니는 인간의 종교 경험은 다음과 같은 두 가지 기본적인 개념 가운데 어느 하나에 의해 형성되는 것으로 보인다. 하나는 신 또는 인격적인 실재Real as personal의 개념으로, 유신론 종교들에서 주로 발견된다. 다른 하나는 절대자 또는 비인격적인 실재의 개념으로, 이것은 나머지 비유신론적인 종교권에서 주로 발견된다. 하지만 이 기본 개념들은 일반적이고 추상적인 형태를 띠고 있어 우리의 실제적인 종교 경험과 어울리지 않는다. 우리는 일반적인 신의 현존이나 일반적인 절대자의 실재를 경험하지 않는다. 모든 개념은 폭넓게 특수하고 구체적인 형태들을 취하며, 이것들이 각 종교의 실제적인 사고와 경험을 통해 알려진다.

그러므로 신성의 개념은 다양한 형태의 신성한 페르소나*personae*—야훼, 하늘 아버지, 알라, 크리슈나, 시바 등—로 구체화된다. 이 페르소나는 신적 실재가 인간의 삶의 특정 영역에 끼치는 영향을 통해 인간의 경험 속에 나타난다. 따라서 야훼는 유대인들에게 나타나서 유대인들에 의해 파악된 신의 얼굴로, 철학적인 용어로 설명하면 유대인들이 무한한 신적 실재를 경험하여 그려낸 구체적 형태다. 말하자면 본질상 야훼는 히브리인과의 관계 속에 존재하며, 그 관계는 언약이라는 개념으로 규정된다. 히브리인의 역사 경험에서 야훼의 역할을 제외한다는 것은 있을 수 없다. 야훼는 유대인 역사의 일부이며, 유대인은 야훼의 역사의 일부이다. 이런 점에서 야훼는 크리슈나와 전혀 다른 신적 페르소나다. 크리슈나는 인도의 비슈누교 전통에 속하는 수억 명의 사람들에게 나타나서 그들이 파악한 신의 얼굴이다. 크리슈나는 야훼의 경우와는 다른 인간 역사의 흐름에 속하며, 전혀 다른 종교 사상과 경험 세계 속에 존재한다. 이러한 신성한 페르소나들은 신적 실재와 인간의 특정한 신앙공동체가 조우함으로써 형성된 것이며, 따라서 초월적 실재의 매우 강력한 영향을 받을 뿐만 아니라 인간이 상상해 낸 틀과 죄인인 인간의 왜곡된 특성에 영향을 받을 수밖에 없었다. 신의 계시뿐만 아니라 인간의 투사라는 요소도 개입된다. 그렇지 않다면, 다양한 신적 페르소나들이 흔히 잔인한 학살과 야만적인 형벌, 무자비한 박해, 억압적이고 비인간적인 정권을 정당화해 온 일을 어떻게 해명할 수 있겠는가? 거대 종교 전통들에서 수많은 신자들이 이해하고 형상화한 신은 어떤 면에서 보면 인간의 산물임에 틀림없으며, 그런 탓에 아버지 하나님의 경우를 보면 제2차 세계대전 때 유럽에서 적이 되어 싸운 양편 모두를 편들었고, 알라의 경우는 최근에 일어난 이란-이라크 전쟁에서 양쪽 모두에게 끌려다녔다. 하지만 신적 페르소나들이 순전히 인간의 투사일 뿐이라고 결론지을 수는 없다. 그와는 반대로, 여기서 내가 간략하게 제시하는 이론은 그 페르소나들이 우리에게 초월적인 신적 실재를 드러내 보이는 구체적인 형태들을 이룬다는 것이다. 각 페르소나는 인간 역사의 특정한 흐름 내에서 파악하고 경험한(다른 한편으로는 그릇되게 파악하고 경험한) 실재the Real다.

비유신론적인 종교 전통들에서 실재라고 이해하는 여러 가지 임페르소나*impersonae*에 대해서도 본질상 똑같이 말할 수 있다. 여기서는 절대자의 개념이 브라만과 니르바나(涅槃), 다르마(法), 다르마카야(法身), 순야타(空), 도(道)로 구체화된다. 그리고 불이일원론(不二一元論)적인 힌두교 전통이나 소승불교 및 대승불교 전통에 의해 한 개인의 사고와 실천이 형성됨에 따라, 그 사람은 이런 개념과 명상법이 제시하는 독특한 방식으로 실재를 경험하게 된다.

그런데 이러한 신적인 실재가 많은 사람들에게는 인격적인 신으로 경험되고 또 다른 사람들에게는 비인격적인 브라만이나 도(道)나 순야타로 경험되는 일이 가능한 일일까? 현대 물리학의 상보성 원리의 도움을 받아 유추해 볼 수 있을 것이다. 빛을 포함해 전자기 방사선은 때로는 파동처럼 작용하고 때로는 입자처럼 작용하는 것을 볼 수 있다. 특정한 방법으로 실험하면 파동과 같은 방사선을 발견하고, 다른 방법으로 실험하면 입자들이 방출되는 것을 보게 된다. 이 두 가지 관찰은 모두 타당하며, 따라서 상보적인 것으로 이해해야 한다. 전자기적 실체는 원래 그런 것이며, 인간이 관찰할 경우 관찰자가 연구하는 방식에 따라 파동 같기도 하고 입자 같기도 하다. 이와 유사하게, 인간이 특정한 방식—유신론적 사고와 예배라는 방식—으로 '실험'하게 되면 그 실재를 인격적인 것으로 발견하게 되고, 다른 사람들이 다른 방식—예를 들어, 불교나 힌두교의 사고와 명상의 방식—으로 연구하면 그 실재를 비인격적인 것으로 발견하게 되는 것이 사실이다. 이것이 옳다면, 우리는 두 가지 결과 보고를 사실로 인정하는 과학자들을 본받아서 실재를 상보적 진리로 이해할 수 있을 것이다.

이 이론은 우리가 다양한 형태의 종교적 경험과 사고에서 발견되는 차이점들을 가볍게 여기지 않게 해주는 장점을 지닌다. 이 이론은 하나님 아버지와 브라만, 알라, 법신불이 현상학적인 면에서 동일한 것이라고, 다시 말해 동일한 것을 경험해 달리 표현한 것뿐이라고 생각하도록 강요하지 않으며, 또 그런 실체들이 영적 실천이나 문화 형태, 삶의 양식, 사회 유형 등에서 이끌어 내는 인간의 반응을 똑같은 것으로 생각하도록 압력을 가하지도 않는다. 이 이론은 인간의 폭넓은 종교 경험을 관찰하여 귀납적으로 끌어낸 것으로, 이 이론에 따르면, 세계의 거대 종교들은 인간 됨의 방식을 다루는 중요하고 다양한 문화들에서 가르치는 실재 곧 궁극적 존재를, 다양한 지식과 개념들로 구체화하고 그에 상응하는 응답을 다양한 형태로 제시한 것이다. 내가 보기에 이 이론은 여러 종교 전통들이 지니는 매력적인 차이점뿐만 아니라, 그 종교들이 하나의 무한한 신적 실재에 대한 인간의 다양한 응답으로 지니는 기본적인 상보성도 공정하게 다룬다.

이 상보성은 세계의 거대 종교 전통들이 근본적으로 유사한 구원론적 구조를 지니고 있다는 사실과도 관계가 있다. 다시 말해, 그 모든 전통들은 구원/해방/계몽/완성을 관심사로 다룬다. 그들은 모두 우리 인간의 근본적인 삶이 심각하게 결핍되고 왜곡되어 있다는 사실을 선언하는 데서 시작한다. 인간의 삶은 '타락하여' 환영(幻影)*maya*의 비실재에 빠져 있거나 고(苦)*dukkha*와 슬픔과 불안에 사로잡혀 있다. 하지만 다음으로 모든 전통은, 이미 우리에게 열려 있는 또 다른 실재가 있어서, 그것과 하나 되거나 연결됨으로써 무한히 더 좋은 존재를 발견할 수 있다고 주장한다. 모든 전통은 한 걸음 더 나아가 이러한 구원/해방에 이르는 삶의 길을 제시한다. 이렇게 해서 그 전통들은 모두 인간 실존을 자아 중심에서 실재 중심으로 변화시키는 일을 한다. 구원/해방은 예수 그리스도를 통해 계시된 하나님을 믿고 전적으로 자기를 포기함으로써, 또는 이슬람*islam*이라는 말이 뜻하는 대로 신에게 절대 복종함으로써, 자기중심성을 초월하여 브라만과의 근원적인 합일을 이룸으로써, 자아와 그 번뇌의 비현실성을 깨닫고 열반을 체험함으로써, 색즉시공*sunyata*이라는 점에서 그 자체가 열반인 삶의 흐름을 따름으로써 이루어진다. 어느 길을 따르더라도, 죄나 오류나 자기폐쇄적인 실존을 벗어 버리고 해방과 실재 중심의 최고 행복에 이르는 이행이 이루어진다.

논평

이 글에서 존 힉은, 타종교의 문제를 다루는 일에서 가장 중요한 하나님의 본성은 하나님의 보편적인 구원 의지라고 주장한다. 만일 모든 사람이 구원받는 것이 하나님의 뜻이라면, 하나님의 자기계시가 인류 가운데 소수만 구원에 이르게 하는 방식으로 이루어진다는 것은 있을 수 없는 일이다. 그래서 힉은 모든 종교가 동일한 하나님에게 연결된다는 사실을 인정해야 한다고 결론짓는다. 기독교인이라고 특별나게 하나님에게 나아갈 수 있는 것이 아니고, 보편적으로 모든 종교를 통해 하나님에게 나아갈 수 있다. 특히 그가 세계 종교들의 공통된 구원론적 구조라고 믿고 강조하는 것을 주의 깊게 살펴보라.

생각해 볼 물음들

❶ 힉이 주장하는 모든 종교들의 공통된 구조를 여러분의 말로 설명해 보라. 그가 이 주장으로 제시하려는 논점은 무엇인가? 여러분이 보기에 힉은 이 논의에서 어떤 성과를 거두는가?

❷ "이 상보성은 세계의 거대 종교 전통들이 근본적으로 유사한 구원론적 구조를 지니고 있다는 사실과도 관계가 있다." 본문에서 이 구절의 위치를 확인하라. 이 구절에서 힉이 말하려는 바는 무엇인가? 여기서 그는 어떤 결론을 이끌어 내는가?

9.10 ▶

존 B. 캅

: 종교다원주의

기독교와 불교의 관계에 대해 큰 관심을 기울여 연구했던 존 B. 캅John B. Cobb Jr., 1925 출생은 이 글에서 종교들을 다루는 특정한 다원론적 가정들에 대해 날카로운 문제를 제기한다. 그는 특히 '종교'라고 부를 수 있는 보편적인 범주가 있는가라는 질문을 던지고, 이 복잡한 쟁점을 설명하기 위한 사례로서 중국에서 불교와 유교가 공존하면서, 하나는 영성과 관련되고 다른 하나는 도덕과 관련되는 방식을 다룬다9.6, 9.7, 9.8, 9.9, 9.12 참조.

본문

종교 다원주의를 옹호하는 신학들을 비판하는 글 모음집에 내가 기고한다는 것이 참 기이하다는 생각이 든다. 하지만 지금까지 다원주의를 규정해 온 방식이 너무 편협하다고 생각해서—내가 보기에 정말이지 그릇된 방법이다—글을 싣는 데 동의했다. 다원주의를 그런 식으로 정의하는 한, 나는 다원주의에 반대한다. 하지만 내가 다원주의를 반대하는 이유는, 좀 더 온전하고 진정한 다원주의를 제안하기 위해서다. 이에 대해 설명하려고 한다.

내가 논문 기고를 거절했던 한 학회에서는 나중에 『기독교 유일성이라는 신화』*The Myth of Christian Uniqueness*라는 제목으로 책을 출간했다. 내가 거부했던 이유는, 그 학회가 표명하고 촉진하려는 의안에 동의하지 않았기 때문이다. 그 학회를 주관한 사람들이 염두에 두었던 중심 의안은, 주요 종교들은 실제적인 목적에서 볼 때 그들 나름대로 종교의 실체를 동등하게 구현해 내는 방식들이라고 보는 견해였다. 기독교가 다른 종교들과는 근본적으로 다른 중요한 것을 성취했다고 보는 유일성 주장은 철저히 배제되었다. 내가 보기에 이러한 견해의 바탕을 이루는 가정들은 그릇된 것이며, 또 그 견해를 따르는 사람들을 오도했다.

그중에서도 가장 기본적인 가정은, 종교의 본질이라는 것이 존재한다는 생각이다. 이 본질이 모든 '종교'의 공통된 특성이며, 동시에 그 종교들의 중심적인 또는 규범적인 면모를 이룬다고 여겨진다. 그래서 불교나 유교, 기독교가 종교로 인정되기만 하면, 그 종교가 도대체 어떤 것인지 그리고 그것을 어떻게 평가해야 하는지 알 수 있다. 그 다음으로 합의가 이루어지는 단계가 이어진다. 공통된 본질을 전제로 하고, 그 본질이 모든 거대 종교들에서 정도의 차이는 있으나 동등하게 잘 구현되고 표현된다는 사실을 인정하게 된다. 이렇게 해서 기독교의 오만한 태도와 무례한 개종 노력을 단번에 잠재우리라는 희망을 얻게 되었다. 그 결과 그리스도인들은 이 세상에 꼭 필요한 평화를 이루는 데 필수적인 요소인 종교 간의 평화에 이바지할 수 있게 된다.

만일 사람들이 나처럼 이러한 총체적 종교관을 거부한다면, 위에서 제기한 것과 같은 논의에 참여하는 일은 매우 어렵다. 나는 대부분의 사람들에게 종교라는 용어의 사용을 안내해 주는 일련의 특성이나 특질이 있다고 믿는다. 하지만 그러한 특성들이 전부가 아닌 일부만 존재할 때도 종교라는 용어가 사용된다. 예를 들어, 아브라함의 신앙이 주도하는 세상에 사는 사람들은 대체로 지고의 존재, 곧 신을 예배하는 일이 종교의 특질이라고 생각한다. 하지만 그 사람들이 불교 전통들에는 이런 특성이 없다는 사실을 안다고 해서 불교가 종교라는 사실을 무조건 부인하지는 않는다. 그들은 불교에 깊은 경외심이나 신심이 깃들어 있다는 점과, 불교는 경험의 질이나 특성을 성스러운 방향으로 변화시키는 것을 목표로 삼는다는 것, 또 불교는 제의 예식 등을 지키는 절이나 도량 같은 조직들을 통해 모습을 드러낸다는 점을 인정한다. 대부분의 사람들에게서 공통된 특성들을 볼 수 있으며 따라서 불교는 거의 언제나 세계 종교에 포함된다.

다음으로 유교를 살펴보면, 아브라함식의 종교 이해와 공통되는 부분과 일치하지 않는 부분을 다양하게 확인할 수 있다. 넓게 생각하면, 유교에서도 지고의 존재에 대한 예배를 찾을 수는 있으나 이 예배가 담당하는 역할은 유대교와 기독교, 이슬람의 경우에 비해 훨씬 덜 중요하다. 인간의 행실을 바르게 세우는 일에는 큰 관심을 쏟지만 경험의 질이나 특성을 변화시키는 데는 관심이 덜하다. 그렇다면 유교는 종교인가? 이 문제는 17세기에 예수회가 반대자들과 갈라서게 만들었으며, 로마가톨릭이 이 문제에 대해 보인 우유부단한 태도는 중국 왕실이 가톨릭교회로 개종했을 수도 있는 가능성을 막아 버렸다.

20세기에 와서는 공산주의를 종교로 볼 수 있는지의 문제가 예민한 쟁점으로 등장했다. 아브라함식 신앙을 기준으로 삼는 사람들은 즉시 공산주의가 하나님을 부인한다는 점을 지적하겠지만, 그처럼 하나님을 부정한다는 사실 때문에 불교를 배제하지는 않는다. 사람들은 또 전도에 대한 열정과 사심 없이 발휘되는 헌신, 전체주의적인 주장들, 인간의 변화에 대한 관심, 새 시대의 도래에 대한 확신에 주목하고, 이 모든 현상에서 종교적인 특성들을 발견한다. 어떤 사람들은 불교가 기독교와 닮은 것보다는 실제로 공산주의가 기독교, 적어도 개신교 형태의 기독교와 더 많이 닮았으며, 공산주의가 결여하거나 부정하는 특성들은 기독교에서 가장 '종교적인' 면모들일 뿐이라고 주장한다. 일반적인 해결책은 공산주의를 유사 종교*quasi-religion*—그 의미가 무엇인지와는 상관없이—라고 부르는 것이다.

사람에 따라 종교라는 말에 연관시킬 특성들을 서로 다르게 긴 목록으로 작성해 낼 수 있을 것이다. 불교인이 작성한 목록은 무슬림이 작성한 목록과 겹치면서도 다를 것이다. 이 사실은 한 목록이 다른 목록보다 더 정확하다는 의미일까? 이 사실은 어떤 객관적인 실재가 있으며, 이 목록들은 그 실재에 대략적으로 대응한다는 것을 의미할 뿐이다. 하지만 이 용어를 사용할 때 엄격하게 따라야 하는 플라톤식의 '종교' 개념 같은 것은 없다. 종교라는 용어는 다양한 상황에서 사용되는 과정을 거쳐 그 의미를 지니게 된다.

각 사용자들은 자신들의 의미를 명료하게 다듬기 위해 상당히 애써야 한다. 하지만 어떤 종교가 참된 것인가에 관한 주장은 무의미하다. 종교와 같은 것은 없다. 오직 전통과 운동, 공동체, 사람, 신조, 실천이 있을 뿐이며, 이런 특성들을 사람들이 그들이 사용하는 종교라는 말에 담아 표현하는 것이다.

여기서 종교를 뜻하는 라틴어의 어원에서 유래한 한 가지 의미에 특별히 관심을 둘 만하다. 종교*Religion*라는 말은 '하나로 묶다'를 의미하며, 삶 전체를 질서 지우는 방식이라고 생각할 수 있다. 이런 의미에서 모든 거대 전통들은 종교이며 또 종교가 될 수 있다. 공산주의 역시 그렇다. 모든 전통이 이 세상 속에서 그 나름대로 존재하는 방식이며 또 그럴 자격이 있다. 대개 그 전통들은 자기 자신을 참 길이라고 내세우거나 그렇게 인정받기를 좋아한다. 만일 이것이 그 전통들을 종교라고 부르는 것이 의미하는 전부라면, 나는 그 전통들을 그렇게 부르는 데 아무런 반론도 제기하지 않겠다. 하지만 이러한 용법은 사람들이 중요하게 여기는 종교의 모든 의미들을 다 담아 내지는 못한다는 점을 인정할 필요가 있다. 사실 우리는 이런 전통들이 그 전통들을 따르는 사람들에게 삶의 중요한 방식으로 기능하지 못할 때라도 그 전통들이 종교적이라고 여기는 생각을 접지 않는다. 중국 불교의 경우, 스스로 불교신자라고 여기는 사람들 대부분이 자신을 유교신자라고도 생각한다. 둘 가운데 어느 것도 이 세상 속에 존재하는 일을 포괄적으로 다루는 방식이 되지 못한다. 많은 사람들에게는 중국인이라는 사실이 포괄적인 의미 통일성, 곧 존재의 기본 방식을 제공하며, 그러한 맥락에서 그들은 특정한 목적을 위해서는 불교를 받아들이고 다른 목적을 위해서는 유교를 받아들일 수 있었다. 종교라는 것을 세계 내에 존재하는 가장 근원적 방식을 의미하는 것으로 이해한다면, 대부분의 중국인들에게는 중국인이라는 것이 곧 종교다. 종교라는 말이 지닌 다른 의미들과 더불어 이 의미도 기억할 필요가 있지만, 대부분의 논의에서 이 의미는 종교라는 말을 사용하는 결정적인 기초로 작용하기보다는, 오히려 드러날 수도 있고 드러나지 않을 수도 있는 특성들 가운데 하나로 다루어진다.

만일 사람들이 나처럼 이런 방식으로 상황을 이해한다면, 『기독교 유일성이라는 신화』의 편집자들이 매우 중요하게 여기는 것처럼, 모든 거대 전통들이 거의 대등한 가치와 타당성을 지니는지는 여전히 문제가 된다. 하지만 이 문제를 답하는 데 필요한 접근법은 이 모든 전통들은 종교이며, 바로 그런 까닭에 공통된 본질이나 목적을 지닌다고 가정하는 사람들이 생각하는 것보다 훨씬 더 복잡하다. 내가 보기에 쟁점은 그 전통들 모두가 동일한 목표—이 목표를 규정할 수 있다고 할 때—를 똑같이 잘 성취할 수 있겠느냐는 문제가 아니다. 오히려 쟁점은 그 전통들이 지닌 다양한 목표들이 똑같이 잘 실현될 수 있겠느냐는 문제다.

중국의 불교와 유교의 경우를 살펴보자. 이 두 종교의 상대적 가치와 타당성은 무엇인가? 오랜 세월 동안 이 둘은 하나의 목표에 이르는 대체 경로로서가 아니라 상호 보완적인 것으로 공존해 왔다. 좀 지나칠 정도로 단순화해서 말하면, 유교는 공적 사안을 다루는 반면, 불교는 내적 삶을 다루었다. 이 둘이 각자의 역할을 성취하는 데 거의 대등하게 성공했다고 주장하는 사람들도 있을지 모르나, 그런 주장은 지지하기가 힘들고 특별히 중요한 것도 아닌 듯싶다.

거대 종교 전통들의 상대적인 가치에 관한 물음은, 만일 '종교'라는 범주를 낮추어 잡기만 하면 얼마든지 제기할 수 있으며 게다가 별 혼동 없이 다룰 수 있다. 불교와 유교는 다양한 방식으로 그 특징을 규정할 수 있는 전통들이다. '종교적이다'라는 말을 규정하는 정의들 전체는 아니더라도 거의 대부분의 정의에 따라 그 둘은 모두 종교적이라고 말할 수 있다. 하지만 그 전통들이 여러 특성들 가운데서 '종교적'이라 부를 수 있는 특성을 지닌다는 사실로부터 그것들을 종교라고 부르는 데로 나가는 것은 길을 잘못 든 것이며, 실제에서도 논의 대부분을 잘못된 방향으로 이끌었다. 이런 이유 때문에 나는 내가 보기에 매우 명확해 보이는 것을 장황하게 논하는 것이다. 내가 채찍질하는 말은 죽은 말이 아니다. 그 말은 『기독교 유일성이라는 신화』의 편집자들이 지닌 가정 속에서 살아 달리고 있다. 그 가정은 매우 강력하기에, 내가 아는 한 그것을 지지하는 어떤 논증도 필요로 하지 않으며, 또 내가 제안하는 것처럼 그것에 반대하는 논증들은 논의의 대상에 들지도 못한 채 조직적으로 무시되어 버린다.

나는 『기독교 유일성이라는 신화』의 편집자들(그리고 그 책에 기고한 몇몇 저자들)이 내세우는 '다원주의'에 반대한다. 그 이유는, 모든 종교의 목적이 기독교 안에서만 실현된다는 주장을 옹호하기 위해서가 아니라, 훨씬 더 근본적인 다원주의를 주장하기 위해서다. 유교, 불교, 힌두교, 이슬람교, 유대교, 기독교는 종교 전통이기도 하지만, 다른 많은 이름으로도 얼마든지 설명이 가능한 것들이다. 게다가 그것들 모두가 '종교적'이라는 말로 규정하는 일군의 특성들 가운데서 동일한 특성들을 구현하는 것도 아니다.

'다원주의'나 '반다원주의'를 옹호하는 사람들 중에서는 다원성이라는 사실 자체를 부정하는 사람을 거의 볼 수 없다. 우리와 다른 점이라면 그 사람들은 다원성 안이나 배후에서 자신들이 종교라고 부르는 자기동일성의 요소, 곧 선험적인 것*a priori*을 찾는다는 점이다. 바로 이것이 그들의 관심을 지배하며, 또 그들에게 규범으로 작동한다. 이 견해를 지지하는 그리스도인들 사이에서 쟁점이 되는 것은, 그리스도인들이 우위성을 주장할 수 있는지의 문제다.

이런 논의를 지켜보는 사람들에게 충격적으로 여겨지는 일은, 종교는 본질을 가지고 있다고 가정하는 사람들 사이에서 막상 그 본질이 무엇인가에 관해서는 전혀 합의가 이루어지지 않았다는 점이다. 개별 학자들 사이에서도 자기 생각을 바꾸는 일이 흔하다. 학자들이 여러 종교 전통들을 대변할 때면 그 차이가 훨씬 더 커진다. 하지만 그들 사이에서 그 본질이 무엇인지에 대해서는 확실하게 정해진 것이 없으면서도, 그런 본질이 존재한다는 가정은 깨어지는 일 없이 유지된다.

나로서는 종교가 본질을 지닌다고 가정하거나, 거대한 종교 전통들을 종교라고, 다시 말해 중심 목표를 종교적인 것에 두고 있는 전통들이라고 이해하는 것이 옳다고 가정할 만한 선험적인 근거를 알지 못한다. 나는 이런 견해를 지지하는 경험적인 증거를 전혀 알지 못한다. 나는 다만 학문적인 관례와 언어의 힘이 잘못된 길로 빠질 수 있다는 사실만을 안다. 나는 각 종교 전통들로 하여금 그 본성과 목적, 자기 안에 있는 종교적 요소들의 역할을 규정할 수 있게 해주는 다원주의를 요청한다.

논평

이 중요한 논의에서 캅은, '종교'라고 불리는 보편적이거나 포괄적인 실체가 있으며, 그 본질을 밝히거나 규정할 수 있다고 믿는 사람들에게 강하게 이의를 제기한다. 이 견해를 따른다면, 개체 종교들은 '종교'라는 보편적 현상의 구체적 사례가 될 것이다. 캅은 이 이론이 완벽하게 오류이고, 이 이론 위에 '종교 신학'을 세우려는 모든 시도는 지지할 수 없는 것이라고 주장한다.

생각해 볼 물음들

❶ 존 캅은 왜 존 힉과 같은 저자들이 주장하는 일반적인 이론에 반대하는지, 그 이유를 여러분의 말로 설명해 보라.

❷ "종교와 같은 것은 없다. 오직 전통과 운동, 공동체, 사람, 신조, 실천이 있을 뿐이며, 이런 특성들을 사람들이 그들이 사용하는 종교라는 말에 담아 표현하는 것이다." 본문에서 이 구절의 위치를 확인하라. 존 캅은 어떻게 이러한 결론에 도달하는가? 이 구절이 함축하는 의미는 무엇인가?

9.11 ▼

레슬리 뉴비긴

: 다원주의 문화와 복음

영국의 신학자이자 선교사인 레슬리 뉴비긴Lesslie Newbigin, 1909-1998은 1988년 글래스고 대학교에서 행한 일련의 강연에서 『기독교 유일성이라는 신화』*The Myth of Christian Uniqueness*의 기고자인 존 힉, 윌프레드 캔트웰 스미스, 고든 카우프만 같은 저술가들의 다원주의 종교 이론에서 간과한 몇 가지 커다란 난점들을 분석했다. 아래 글의 논의는 모든 종교들이 동등한 타당성을 지닌다고 인정하는 것이 세상을 좀 더 평화로운 곳으로 만들게 되리라는 견해를 다루며 시작한다9.5, 9.6, 9.7, 9.8, 9.9, 9.10, 9.12 참조.

본문

모든 인간에게는 일치를 향한 열망이 있다. 일치가 평화를 보증해 준다고 믿기 때문이다. 문제는 우리가 각자 자기 방식대로 일치를 이루기 원하고, 서로 경쟁하는 일치 프로그램들이 우리를 갈라 놓는다는 것이다. 아우구스티누스의 말처럼, 어떤 전쟁이든 하나같이 평화를 명분으로 내세워 벌어진다. 세계사란 하나의 세계를 이루기 위해 계속되어 온 노력의 이야기라고도 말할 수 있는데, 우리는 이러한 노력을 가리켜 '제국주의'라고 부른다. 기독교의 복음도 제국주의의 도구로 사용된 때가 많았으며, 우리는 이에 대해 마땅히 참회해야 한다. 그러나 복음은 본질적으로 일체의 제국주의를 거부한다. 복음의 중심에는 모든 제국주의를 초라하게 만드는 십자가가 서 있으며, 이 십자가를 통해 우리는 온전히 자기를 비워 모든 사람을 하나 되게 하시는 분을 만나고 그분 안에서 인류 일치의 중심을 발견하기 때문이다. 인류의 일치를 제시하는 성경적 비전의 핵심은, 제국주의 권력이 아니라 죽임 당하신 어린 양이 일치의 중심이 되신다는 것이다.

사실 인류의 일치를 추구하는 모든 프로그램은 이런 일치를 가능하게 하는 자체의 조직 원리를 지니고 있다. 앙드레 뒤마가 지적했듯이, 예수의 십자가를 모든 사람이 화해를 이룰 수 있는 토대로 여기는 기독교의 전망에서처럼, 이런 조직 원리가 명료하게 인식되고 진술되지 않는다면, 우리는 그 주창자의 의도와 이해관계가 그 중심에 숨겨져 있다는 사실을 발견하게 된다. 일치의 중심에 관한 명료한 언급이 없다면, 주창자의 전제와 이해관계가 실질적인 중심이 된다. 『기독교 유일성이라는 신화』에서 이 사실이 분명하게 드러난다. 하버드 대학교의 고든 카우프만Gordon D. Kaufman 교수는 인류의 일치에 대한 필요성을 언급하는 것으로 시작해서, 아무런 논증도 없이 기독교의 복음은 그러한 일치를 위한 중심을 제공할 수 없다고 가정하고, 나아가 '근대적인 역사의식'은 우리에게 그리스도의 유일성 주장을 포기할 것과 성경적 세계관도 다른 모든 인간의 견해들과 마찬가지로 문화적 영향의 산물이라는 사실을 인정할 것을 요구한다고 주장한다. 바로 이 '근대적인 역사의식'이 우리로 하여금 기독교의 규범들을 다른 종교들에게 강요하지 않고서도 다른 종교들의 정신세계 속으로 들어가게 해줄 수 있다고 본다. 하지만 다른 문화에 속한 사람들이 볼 때, 20세기 서구 지성인들의 근대적인 역사의식이 기독교 이야기가 제공해 온 기준점vantage point을 대신할 만한 대안을 제공할 수 있는지, 또 인류의 일치를 위한 토대를 제공해 줄 수 있는지는 확실치 않다. 사실 근대의 역사 연구로 인해 우리는, 다른 시공간에 살았던 사람들은 자신들의 문화로 다듬어진 렌즈를 통해 이 세상을 바라보았다는 점과, 그들이 '사물을 있는 그대로 본다'고 주장하는 것도 문화사에 대한 우리 연구로 말미암아 상대화될 수밖에 없다는 점을 깨닫게 되었다. 그런데 근대적인 역사의식이 우리에게 사물의 실상을 있는 그대로 볼 수 있게 해주는 특별한 관점을 제공해 준다고 가정하는 것은 당연히 근거 없는 도그마일 뿐이다. 근대적인 역사의식도 특정한 문화의 산물이므로, 인식론적인 특권을 지닌 것이라고 주장할 수 없다. 따라서 카우프만의 종교 신학도, 더 이상의 궁극적 근거를 필요로 하지 않는 궁극적인 신앙-결단faith-commitment을 토대로 삼고 있다는 점에서 기독교의 신학과 다를 바 없다. 그의 경우, 궁극적인 신앙-결단은 '근대적인 역사의식'의 타당성과 연관된다.

모든 종교는 인류의 공통된 하나의 경험, 곧 위대한 신비주의자들에 의해 가장 온전하게 탐구된 그 경험이 다양한 형태로 나타난 것이라고 보는 널리 알려진 주장에 대해서도 똑같이 말할 수 있다. 기독교를 포함해 세계의 모든 거대 종교들에서 신비 체험이 매우 중요한 역할을 맡아왔다는 점은 옳다. 하지만 어떤 종교 전통에서도 그 체험을 유일한 실재라고 보지 않는다. 모든 종교 전통들이 그 외에도 삶의 행실이나 정의, 자유, 순종, 이웃 사랑과 같은 많은 실재들을 인정한다. 종교에서 신비적인 요소를 핵심적인 실재로 선택하는 것은, 그 종교 생활을 구성하는 다른 요소들에 비추어 문제가 될 수 있는 판단이다. 신비 경험이 참된 실재에 이르는 최고의 실마리를 제공해 준다고, 다시 말해 모든 인간에게 구원에 이르는 길을 제공해 준다고 주장하는 것은 선택 가능한 여러 대안 가운데서 특정한 신앙-결단을 선택하는 것이다. 이런 견해는 '왜 다른 것이 아니고 이것인가?'라는 질문을 피할 수 없다.

같은 책에서 윌프레드 캔트웰 스미스Wilfred Cantwell Smith는 널리 알려진 자신의 견해를 다시 주장한다. 그의 주장에 따르면 모든 종교의 중심에는 그 종교 나름의 초월자 경험이 자리 잡고 있으며, 또 우리가 말하는 것이 나무나 돌로 만든 형상이든 마음속에 새겨진 형상이든, 아니면 인간 예수와 같은 형상이든, 그것은 모두 초월자가 우리 인간에게 나타나는 것을 표현해 내는 수단이다. 이처럼 초월자와 접촉하는 수단이나 형상 가운데서 어느 하나를 유일하다고 주장하는 것은 이치에 맞지 않을 뿐만 아니라 신성모독에 해당한다. 오히려 많은 사람들은, 『바가바드기타』나 라마누자의 신학에서 아름답게 서술하는 대로, 신은 참으로 자비롭기에 예배자가 어떤 식으로 예배하든 그를 기꺼이 받으신다는 진리를 신봉한다.

스미스가 말하는 '초월자'는 형식적인 범주에 불과한 것이 확실하다. 그것은 예배자가 어떤 것을 선택하느냐에 따라 남성이나 여성, 아니면 사물로 파악될 수 있다. 그러므로 예배의 대상이 되는 실재를 알 수 없기 때문에 그릇되거나 방향을 잘못 잡은 예배 같은 것은 있을 수 없다. 스미스는 "내가 아는 한 신학적으로 가장 분별력 있는 견해 가운데 하나"라고 말하면서 『요가바시스타』*Yogavasistha*에서 다음과 같은 말을 인용한다. "당신은 형체가 없습니다. 당신이 지닌 유일한 형체는 당신에 대한 우리의 지식뿐입니다." 초월자의 한 개념을 두고 유일한 것이라고 주장하는 일, 가령 예수 안에 초월자가 완전하게 현존한다고 말하는 기독교의 주장(골 1:19) 같은 것은 전혀 용납될 수 없다. 초월자에 대한 다른 개념들을 평가할 기준 같은 것은 아예 없다. 우리는 주관성의 굴레에 갇혀 버렸다. 초월자는 알 수 없다.……

결론적으로 『기독교 유일성이라는 신화』에서 제안하는 다원주의 견해에 대해 내 나름으로 두 가지 평가를 내린다. 하나는, 지식 사회학의 관점에서 본 평가다. 이런 유형의 사고가 발전해 온 문화는 슈퍼마켓이라는 상징으로 대변되는 사회다. 자율적인 개인을 최고의 실재로 치켜세우는 사회 속에서 우리는, 슈퍼마켓 진열대에서 제공되는 풍성한 다양성을 즐기면서 우리가 선호하는 브랜드를 마음대로 선택할 수 있는 자유에 길들여졌다. 이런 사고방식은 아주 자연스럽게 우리의 종교관에도 스며든다. 누구든 자기가 좋아하는 브랜드에 집착하고 그 브랜드의 장점을 크게 칭찬할 수는 있으나, 다른 사람들도 모두 그 브랜드를 선택해야 한다고 주장하는 일은 용납되지 않는다.

이 사실은 두 번째 논점으로 이어지는데, 이것이 훨씬 더 중요하다. 『기독교 유일성이라는 신화』에서는 배타주의를 벗어나고, 그리스도의 구원 사역이 기독교 밖까지 영향이 미친다고 인정하는 포괄주의를 뛰어 넘어, 예수 그리스도의 유일성을 인정하지 않는 다원주의에 도달한 일을 높이 평가했다. '루비콘강을 건넌' 이 도약은 존 힉이 '코페르니쿠스적 전환'이라고 부른 것—그리스도 중심적 실재관에서 신 중심적 실재관으로 넘어간 것—을 한층 더 발전시킨 것이다. 이렇게 발전한 도약을 가리켜 '구원 중심적'—구원을 향한 공통된 탐구를 중심으로 삼는다—이라고 부른다. '하나님'이라는 말조차도 초월적 실재의 여러 개념들을 배척한다고 보아 배타주의에 포함시킨다. 그러면 '구원'이란 무엇인가? 힉의 주장에 따르면, 구원이란 '인간 경험이 자아 중심에서 하나님—또는 궁극적 실재Reality—중심으로 바뀌는 것'이다. 기독교 전통의 주장에 따르면, 이러한 구원이 가능한 까닭은 만물의 창조자요 섭리자인 하나님이 예수라는 역사적 인물 안에서 우리를 만나시고 죄와 죽음의 무거운 짐을 거두셨으며, 우리로 그를 신뢰하고 사랑하도록 부르시고, 그 결과 자기 자신이 아니라 하나님에게 중심을 둔 삶으로 변하게 하셨기 때문이다. 『기독교 유일성이라는 신화』의 저자들은 이런 주장을 거부한다. '궁극적 실재'는 어떤 특정한 이름이나 형태, 형상, 이야기와 동일시되지 않는다. 궁극적 실재는 "우리가 그에 관해 아는 지식 외에는 아무런 형태가 없다." 궁극적 실재는 알 수 없는 것이며,

따라서 우리 각자가 그것에 대한 자기 나름의 형상을 세워야 한다. 예수라는 구체적인 인물이 행했듯이, 우리의 자아에 타격을 가하고 다른 중심을 제공해 줄 수 있는 객관적인 실재는 존재하지 않는다. 자아와 자아의 구원 필요성만 존재할 뿐이며, 또 이 필요는 자아가 자기 나름대로 소중하게 여기는 그 알 수 없는 초월자를 통해 충족되어야 한다. 달리 말해, 이 도약은 코페르니쿠스적 전환을 뒤집어 놓은 것이다. 이것은 자아 밖에 있는 중심에서 벗어나 자아에게로 옮겨가 자아를 유일한 중심으로 삼는 것이다. 이것은 기독교 신학의 관심을 하나님의 구원 행위에서 '종교 경험'으로 바꾸고 신학을 인간학으로 바꾼 도약이다. 그래서 포이어바흐가 기존의 하나님은 자아의 이미지를 부풀려 하늘에 투사한 것에 불과하다는 말로 최종 판결을 내린 그 도약을 한층 더 발전시킨 것이다. 이것은 실재에 맞서 자아가 거둔 최후의 승리다. '구원 중심적' 견해는 '실재'를 자아와 자아가 지닌 욕구를 섬기는 하인으로 만든다. 이 견해에서는 인격적인 '실재'가 자아에게 말을 걸어오고 응답하라고 요구할 가능성을 인정하지 않는다. 이것은 소비사회가 만들어 낸 불가피한 산물이다.

오늘날 우리를 강하게 휘어잡아, 예수 그리스도의 절대적 주권에 대한 확신을 포기하게 만들고 종교 다원주의를 수용하는 쪽으로 몰아가는 사고와 정서의 흐름에 저항하는 일은 쉽지 않다. 강력한 힘으로 지배하는 사회의 통념 구조plausibility structure에 도전하는 것이 쉬운 일이 아니다. 순응하는 편이 훨씬 쉽다. 현대 문화를 널리 지배하는 상대주의는 모든 확신에 찬 믿음의 고백을 의심스러운 것으로 만들었다. 그리스도인들이 예수에 대한 확신을 주장하면, "맞다. 하지만 다른 사람들도 자신들의 신앙의 상징들에 대해 그와 비슷하게 주장한다. 예수는 그렇게 되고 다른 사람이나 다른 것은 안 되는 이유가 무엇인가?"라는 답이 돌아온다. 이렇게 뭔가를 믿기 꺼려 하는 자세가, 시대정신*Zeitgeist*이 유일하게 힘을 발휘하게 되는 정신 상태를 낳게 되었다. 온전한 진리를 알 수 있는 사람은 아무도 없다고 말하는 참된 명제를 핑계 삼아, 올바른 지식으로 이끄는 타당한 실마리가 될 수 있는 모든 주장을 부정한다. 진리란 어느 한 사람이 파악할 수 없을 만큼 크다는 논리로 항변하는 것은 겉보기에 겸손해 보이기는 하지만, 진리를 논하는 모든 주장에 그런 논리를 들이댈 경우, 사실은 연약한 인간이 손에 넣을 수 있는 지식을 넘어서는, 우월한 지식을 내세우는 교만한 행태가 되어버린다. 우리는 '당신은 신에 관한 그 진리가 예수 안에서 우리에게 계시된 진리보다 훨씬 더 크다는 것을 어떻게 아는가?'라고 물어야 한다. 사마르타와 같은 사람들이 우리에게 '다른 종교들도 경전을 가지고 있는데, 당신들은 무슨 근거에서 성경만이 유일하게 권위가 있다고 주장하는가?'라고 물어오면, 우리는 역으로 다음과 같이 질문해야 한다. '당신은 어떤 근거에서, 이 다양한 경전들이 내세우는 절대성 주장들을 상대화할 수 있다고 주장하는가? 당신이 어떤 고차적인 진리를 알고 있기에, 예수에 관해 전혀 상반되게 말하는 성경과 코란의 주장을 조화시킬 수 있다고 말하는가? 혹시 당신은 아무것도 믿지 않는 것이 더 낫다고 말하려는 것이 아닌가?' 이 반론에 대해 다시 '우리가 바라는 것은 인류가 일치를 이루어 재앙에서 구원받게 되는 일이다'라는 답이 돌아올 경우, 그에 대해 '우리도 역시 그렇게 일치되기를 원한다. 그렇기 때문에 인류를 하나로 묶어 줄 수 있는 진리를 찾는 것이다'라고 대답해야 한다. 그 진리는 교리나 세계관이 아니며, 심지어 종교 경험도 아니다. 그 진리는 정의나 사랑 같은 추상적인 개념을 되풀이해서 말한다고 찾을 수 있는 것이 아니다. 인간 예수 그리스도가 진리이며, 그분 안에서 하나님은 이 세상의 화해를 이루셨다. 진리는 인격적이며, 구체적이고, 역사적이다. 이렇게 고백한다고 해서 비판자들이 생각하듯이, 우리가 하나님의 구원하시는 자비는 그리스도인들에게만 한정되며, 나머지 세상 사람들은 버림받는다고 믿는다는 의미는 아니다.

논평

뉴비긴은 기독교뿐만 아니라 그가 오랜 동안 섬겼던 인도 지역의 여러 종교도 깊이 이해했던 연구자다. 이 글에서 뉴비긴은 존 힉과 윌프레드 캔트웰 스미스 같은 저술가들이 주장한 '다원주의' 패러다임에 대해 우려를 표명한다. 뉴비긴은 이 세상에 다양한 종교들이 존재한다는 사실과 또 지구상의 긴장(흔히 종교적인 갈등이 그 주요 원인이다)을 완화하기 위해서는 종교들 사이에 이해를 증진하는 것이 중요하다는 사실을 긍정하면서도, 모든 종교를 거대한 전체의 측면들을 똑같이 타당하게 보여주는 것으로 다루는 일은 인정할 수 없다고 강하게 주장한다.

생각해 볼 물음들

❶ 뉴비긴이 윌프레드 캔트웰 스미스가 주장한 이론을 거부한 이유가 무엇인지, 본문에서 인용한 글을 사용해서 여러분의 말로 명료하게 설명해 보라. 뉴비긴이 결정적인 문제라고 생각한 것은 무엇인가?

❷ 뉴비긴은 '구원 중심적인' 종교 이해를 비판한다. 그가 이 용어로 의미하는 것이 무엇인지, 위의 본문을 근거로 설명해 보라. 존 힉의 글9.9에서는 이 개념을 어떻게 설명하는지 살펴보라. 존힉이 이 이론으로 말하려는 바는 무엇인가? 이 이론의 장점은 무엇인가? 뉴비긴은 왜 존 힉의 견해가 잘못이라고 생각하는가?

9.12 ▼

가빈 드코스타
: 다원주의의 자기모순점들

가톨릭 신학자 가빈 드코스타Gavin D'Costa, 1958 출생는 존 힉의 '다원주의' 종교 이론에 대해 가장 끈질기게 통찰력 있는 비판을 제기해 온 인물 가운데 한 사람이다. 이 본문에서 드코스타는 타종교를 이해하는 전통적인 삼중 유형론—배타주의, 포괄주의, 다원주의—이 과연 지지할 만한 것인가와 관련해서 근본적인 문제를 제기한다. 존 힉의 이론을 평가하는 이 중요한 글에서 드코스타는, 다원주의가 사실은 배타주의의 다른 형태일 뿐이라고 주장한다9.8, 9.9, 9.11 참조.

존 힉은 모든 종교가 '실재'the Real, 유신론적 함의를 지니는 '하나님'이나 비유신론적 함의를 지니는 니르구나 브라만[Nirguna Brahman] 등에 대응하는 중립적 용어에 이르는 길이라 주장한다. 힉의 주장에 따르면, 이것이 종교다원주의를 분명하게 설명하는 가장 좋은 가설이다. 다른 가능성들은 모든 종교가 그릇된 것이라고 말하거나, 진리는 오직 하나의 종교에만 있고 다른 종교들에서는 이 진리의 단편들을 발견할 수 있으며, 그래서 종교들은 늘 열등하거나 충분하지 못한 것으로 여긴다고 그는 주장한다. 수많은 종교들을 공정하게 다루는 가장 그럴듯한 가설은, 실재는 궁극적으로 모든 설명을 벗어나 있는 까닭에 다양한 종교들이 제시하는 다양한 실재 설명으로도 완전히 해명되지 않는 것으로 봐야 한다는 것이다. 이 다양한 설명들 모두는 어느 정도만 참되며 다른 방식에서 보면 그릇된 것이다……

이 견해를 지지하기 위해 두 가지 장치가 동원된다. 하나는, 칸트 방식으로 물자체noumenal와 현상phenomenal을 구분하는 것이다. 실재 자체는 모든 설명을 초월하는 물자체이고, 종교들이 제시하는 다양한 이미지들은 물자체에 대한 현상적 표현들과 같다. 그 다원주의자들은 이런 식으로 실재가 알라, 아버지 하나님, 니르바나와 같은 개념들과 연관되는 동시에 초월한다고 주장한다. 둘째 장치는, 신화적 진리와 사실적 진리로 구분하는 방식을 채용하는 것이다. 이 구분 방식은 최종성과 궁극성 주장들의 적절한 지위를 밝히는 데, 즉 그 주장들이 사실은 잠정적이요 부분적이라는 점을 밝히는 데 사용된다. 예를 들어, 하나님이 오직 예수 안에서만 배타적으로 계시되었다고 말하는 주장들은 신화적인 것으로 간주해야 하며, 예수의 인격에 관한 형이상학적 주장이라기보다는 예배자들이 예수에 관해 지니는 궁극적 관심을 표현한 것이라고 보는 게 옳다.

다원주의는 논리상 언제나 배타주의의 한 가지 형태였고, 사실 다원주의라고 불리는 것은 존재하지 않는다는 것이 나의 주장인데, 이제 이 주장을 입증하기 위해 이러한 철학적 다원주의 견해가 사실은 특정한 배타적 진리 기준과 더불어 특정한 배타적 진리 주장들을 담고 있다는 사실을 보이고자 한다. 이런 점에서 다원주의는 여러 종교들에게 자율적이고 다원적인 타당성을 전혀 허용하지 않는다고 볼 수 있다. 존 힉의 진리 기준을 밝히기 위해, 우리는 두 가지 별개의 길을 밟아야 할 것이다. 그 이유는 존 힉이 이 문제에 답하는 방식이 모호한 데다, 말 그대로 분명히 구별되는 두 가지 답이 있기 때문이다. 생각해 볼 수 있는 한 가지 답은 이렇다. 힉의 진리 기준은 본질상 유신론적인 것으로서, 만인을 사랑하시는 하나님이라는 철학적이면서 계시까지 아우르는 개념에 근거한다. 이 개념에서 하나님은 만인이 구원받기를 바라시는 분이며, 그러한 계획이 이루어져 결국에는 영원한 사랑의 친교가 이루어질 수 있도록 세상을 창조하시는 분이다. 따라서 이런 유형의 진리 주장과 상충하는 주장들은 그릇된 것이요 잠정적인 것으로 여겨지게 된다. 여기서는 이 주장의 토대에 관한 문제는 깊게 다룰 수 없지만, 이 문제가 우리의 논의에서 매우 흥미롭고 중심적인 것이라는 사실은 분명하다. 이런 유신론적인 대답은 그의 책 『신과 믿음의 보편성』 *God and the Universe of Faiths*, 1973 이라든가, 『죽음과 영원한 생명』 *Death and Eternal Life*, 1976 에서 제시하는 최후의 종말론적 시나리오에서, 그리고 『종교에 관한 해설』 *An Interpretation of Religion*, 1989 의 일부에서 분명하게 확인할 수 있다.

이러한 답이 나오는 이유는, 힉이 종교 언어의 인식론적 지위를 옹호하는 일에 매달리는데(늘 그래왔다) 이것이 서로 상충하는 다양한 진리 이해들을 용납하려는 그의 다원주의적 목표와 정면으로 충돌하기 때문이다. 앞에서 나는 힉의 글들에서 다른 답을 끌어낼 수도 있다는 점을 지적했다. 이제 이에 대해 간단하게 살펴보려고 한다. 하지만 나의 주된 논점은 첫째 대답과 관계가 있다. 말하자면, 철저하게 배타적이고 특별한 진리 기준들이 존재하는데, 힉은 결국 이 진리와 상충하는 주장들을 배제하거나 신화화했다는 것이다. 게다가 그는 그러한 오류를 구원에서 배제해 버린 것으로 보이며, 또 그가 『죽음과 영원한 생명』에서 제안하는 준종말론적인 para-eschatological 이론은, 모든 사람이 구원에 이를 기회를 얻게 된다는 점을 인정하기 위해, 사후에 그리스도와 만나게 된다고 주장하는 배타주의자들의 견해와 유사하다.

두 번째 대답은, 내가 선험적 불가지론(우리 자신을 넘어서는 진리가 존재한다는 사실 외에 진리가 무엇인지는 알 수 없다고 주장하는 이론)이라고 부르는 것과 관계가 있다. 이것은 그의 『종교에 관한 해설』에서 발견되는 중심 논점이다. 힉이 이 물자체와 현상을 구분하는 것을 보면, 물자체의 어떤 이미지도 특권을 지니지 못한다는 주장을 밀어붙이는데, 이 주장이 뜻하는 바는, 실재는 모든 사람을 사랑하고 그들의 구원과 행복을 바라서 그들을 자기와의 교제로 이끈다고 보는 진술이, 실재는 결국 모든 사람의 궁극적 실재와 다를 것이 없으며 그 궁극적 상태는 구별이나 차이가 없는 순전한 의식에 존재한다고 보는 진술보다 더 참된 것이라고 말할 수 없다는 것이다. 만일 어느 진술도 더 참되거나 엄밀하지 않고 더 적합하지 않다면, 다음과 같은 세 가지 결과 가운데 하나에 이르게 된다.

첫째, 실재에 대해 모순된 것들을 말할 수 있다는 점에서 실재는 모순들을 담고 있다. 힉은 이 사실을 인정하지 않는데, 실재는 모순될 수 없다고 보기 때문이다. 둘째, 그 진술들은 더 높은 수준의 명제적인 종합을 통해 조화될 수가 있는데, 이러한 종합은 두 진술의 모순된 본질을 극복하는 방식으로 두 진술의 부분적인 진리를 다룰 수 있게 해준다. 이 경우 결론으로 도출되는 진술은 앞의 두 진술에 비해 훨씬 더 엄밀하고 적합해야 한다. 그러므로 이 종합적 진술은 실재와 관련해서 앞의 두 진술보다 더 큰 적합성과 타당성을 지닌다. 만일 이것이 사실이라면, 어떤 현상적 서술들은 특권을 지니고 더 적합하고 더 참된 것이 된다. 그런데 이것이 앞에서 언급한 힉의 초기 유신론을 보여주는 저술에서는 사실이었다. 이 쟁점에 대해 무엇을 말하든지 간에, 요점은 다른 이미지들과 비교해서 어떤 현상적 이미지들의 특권을 인정하는 데서 진리 기준들이 나온다는 말이 될 것이고, 그렇게 해서 나의 주장은 유효하게 된다. 셋째, 앞의 두 진술은 어떠한 인지적 강점도 지니지 못하고, 단지 구원에 이르는 태도와 기질을 일으키는 데나 효과가 있을 뿐이다. 이 견해는 궁극적으로 진리의 기준은 특별히 어떤 교리 또는 이론과 결속하거나 그것들에 의해 정당화되지 않는 실천의 한 형태라는 사실을 인정한다는 점에서, 내가 실천적 다원주의라고 부르는 것과 겹친다. 존재론적 주장들의 관점에서 볼 때 이것은 선험적 불가지론으로 이어진다. 내가 여기서 관심을 두는 것은 후자다. 이제 간단하게 실천적 다원주의를 살펴본다. 그런데 힉의 이러한 견해는 (이 견해의 이해 가능성과는 별개로) 다음과 같은 문제에 직면한다. 존 힉은 실재가 모든 언어를 초월하고, 어떤 방식으로도 설명할 수 없는 것이라는 사실을 어떻게 아는가? 실재가 이 세상 속에 자신을 계시하기로 선택한다는 주장에 대해, 이런 주장들은 진지하게 다룰 수 없는 것이라는 사실을 그는 어떻게 아는가? 이 문제들에 답하는 데는 긴 시간이 걸릴 것이고, 힉의 칸트적 계몽주의의 유산은 어디서 가능한 답을 찾게 될 것인지 파악하는 실마리가 된다. 하지만 내가 주장하려는 주된 논점은 입증되었다. 즉, 선험적 불가지론이 내세우는 매우 특이한 진리 주장들은 배타주의적 진리 주장이기도 하다는 것이다. 예를 들어, 실재는 그 자체로 알 수가 없는 것이라든가, 어떤 종교에서 실재가 자기 자신을 계시했다고 주장할 때, 그런 주장은 거짓일 뿐이라고 간주하는 주장들을 들 수 있다. 이러한 다원주의는 대안으로 제시되는 주장들을 용인하지 않고, 그것들을 신화에 불과한 것으로 몰아붙인다. 관용적인 다원주의가 안고 있는 역설은, 그것이 결국에는 기독교든 다른 종교이든, 대개의 정통적 종교의 믿음에 대해 관용적이지 않다는 사실이다. 그러므로 힉이 이 문제에 답하고자 어떤 수단을 동원하든지, 그가 제시하는 답은 그가 배타주의자일 뿐 자신이 주장하는 대로 다원주의자는 아니라는 점을 보여준다. 나는 이 글에서 다원주의는 논리상 언제나 배타주의의 한 형태일 뿐이며, 사실 다원주의라고 불리는 것은 존재하지 않는다는 점을 입증했기를 소망한다.

논평

다른 종교를 이해하는 전통적인 삼중 모델은 영국의 저술가 알란 레이스 Alan Race가 그의 책 『기독교인과 종교 다원주의』 *Christians and Religious Pluralism*, 1983에서 처음으로 제안했다. 오랫동안 이 모델은 부적절하고 오해의 소지가 있어 어느 정도 독선적인 것으로 여겨져 왔다. 이 글에서 드코스타는 대표적인 다원주의자 존 힉의 저술과 씨름하면서, 근본적으로 다원주의 패러다임은 '배타주의적'이라고 보아야 마땅한 일련의 가정들을 근거로 삼고 있다고 주장한다. 이런 까닭에 전통적인 삼중 모델은 수정되어야 하고, '다원주의' 이론은 재고될 필요가 있다.

생각해 볼 물음들

❶ 먼저 존 힉의 견해를 담은 글9.9을 읽으라. 여러분은 드코스타가 존 힉의 견해를 공정하게 파악했다고 생각하는가?

❷ 힉을 비판하는 드코스타의 핵심 주장을 여러분의 말로 설명해 보라. 드코스타가 보기에 진짜 문제는 힉이 전제로 삼고 있는 가정들에 있다. 이 가정들은 무엇인가? 그것들은 어떤 의미를 함축하고 있는가?

❸ "다원주의는 논리상 언제나 배타주의의 한 형태일 뿐이며……." 본문에서 이 구절의 위치를 확인하라. 여러분은 드코스타가 이 결론에 대해 자신의 논거를 제시했다고 생각하는가? 만일 그렇다면, 그것의 함의는 무엇인가?

9.13 ▼

허버트 맥케이브

: 기독교와 신들의 폐위

기독교와 타종교들의 관계라든가 기독교와 무신론의 관계는, 흔히 기독교의 하나님도 "신들"이라는 포괄적 범주에 포함된다는 전제 위에서 분석되고 논의된다. 이 견해에 따르면, 우주에는 다양한 신들이 거주하며 그 신들의 숫자는 정확하게 알 수 없다. 다신론은 많은 신들을 인정하며, 유일신론—이 범주에 기독교가 속한다—은 하나의 신만을 인정하고, 무신론은 신을 인정하지 않는다. 그런데 신(들)은 우주 안에 거주하는 존재들이며 따라서 발견과 탐구의 대상으로 삼을 수 있다고 보는 이런 가정을 얼마나 신뢰할 수 있을까? 영국의 도미니크회 신학자인 허버트 맥케이브Herbert McCabe, 1926-2001는, 신이라는 포괄적 관념을 강하게 반대한 사람이었다. 그의 사후에 출간된 『여전히 신은 중요하다』*God Still Matters*에서 맥케이브는 기독교에서는 신들의 "폐위"를 주장한다고 말했다. 맥케이브는 토마스 아퀴나스의 사상을 이용하여, 하나님은 이 세상의 거주자가 아니며 또 우리가 발견하거나 조사할 수 있는 탐구 대상이 아니라고 강조한다1.9, 1.10, 9.5, 9.6, 9.7 참조.

본문

하나님은 존재하는 만물의 창조자이시고, 아퀴나스의 말대로 모든 존재의 질서 밖에 계시므로, 우리가 파악할 수 없는 분이심이 분명하다. 그래서 하나님은 어떤 유형의 존재로도 분류될 수 없다. 개를 고양이와 비교하여 차이를 밝히고 개와 고양이를 돌이나 별과 비교하여 차이를 밝히는 방식으로, 하나님을 유사성이라는 기준을 따라 다른 것들과 비교하거나 대조할 수는 없다. 하나님은 우주의 거주자가 아니라, 우주가 존재하는 이유를 설명해 주는 근거다. 하나님은 만물 안에 존재하면서 그 모든 것이 변함없이 존재하도록 지탱하시지만, 그분 자신은 그 어느 곳에도 속하지 않으며 또 하나님이 어떤 존재인가 하는 문제도 논리적 영역 그 어디에도 속하지 않는다. 여러분은 우주 안에 있는 모든 것을 헤아리고 분류하는 일을 마치고 난 후에, "그리고 하나님도 거기에 존재한다"라고 덧붙여 말할 수 없다. 여러분이 우주 안에 있는 모든 것을 헤아리고 분류하는 일을 마쳤다면, 거기서 끝난 것이니 마침표를 찍으라. 이 세상 속에 하나님은 없다.……

하나님을 여러 신들 가운데 하나의 신이 아니라 창조자라고 보았던 유대교의 깨달음은, 실재의 배후에 있으면서 실재를 뒷받침하는 절대적 신비를 발견한 것이다. 그 신비를 (유대교의 형태로나 기독교의 형태로) 공유하는 사람들은 많은 신들을 하나로 통합해 낸 일신론자들이 아니다. 그들과 우리는 신들을 폐위시켰으며, 이제는 모든 것을 지탱하는 신비만 존재한다. 이 신비는 이해가 불가능하지만, 신들이 멀리 있듯이 멀리 있는 것이 아니다. 신들은 올림포스산 위나 별이 가득한 하늘 위, 어딘가에 산다. 신비는 언제나 모든 곳에 있으며, 모든 모래 알갱이 속에, 온갖 모양으로 퍼지는 아름다운 색상 속에, 포도주에서 옅게 피어오르는 향기 속에 있으면서 이 모든 것의 존재를 매 순간 지탱해 준다. 우리는 말 그대로 하나님을 파악하거나, 그 가까이로 다가설 수 없다. 이미 하나님은 우리가 우리 자신에게 가까운 것보다 우리에게 더 가까이 계시기 때문이다. 하나님은 우리 존재의 궁극적 심연으로서, 우리가 우리 자신이 되게 만들어 주신다.

논평

이 글에서 맥케이브는 우리가 신들에 관해 포괄적인 범주로 생각하기를 멈추고, 그 대신 하나님을 모든 실재의 원천이자 목표, 개별적인 모든 것과 전체 만물을 통합하는 존재, 그 모든 것을 가능하게 해주는 근거로 이해할 수 있는 길을 되찾아야 한다고 주장한다. 맥케이브는 특히 제2이사야(이사야 40-55장을 말하며, 포로기에 나온 이사야의 예언)와 포로기 이후 유대교에서 등장한 신학 형태들을 가리키는 용어로 "유대교의"라는 말을 사용하는데, 여기서 이러한 하나님 이해가 특히 명료하게 드러난다고 보았다. 맥케이브가 보기에 기독교는 "신들을 폐위"하고 그 신들을 "신비"로 대체했다. 여기서 신비란 비합리적이고 혼란스러운 어떤 것을 말하는 것이 아니라, 인간이 파악하기에는 너무 크지만, 궁극적으로는 우리가 우주에 대해 파악하는 모든 행위를 가능하게 해주는 것이라는 의미로 사용된다.

생각해 볼 물음들

❶ "하나님은 우주의 거주자가 아니라, 우주가 존재하는 이유를 설명해 주는 근거다." 위의 본문에서 이 구절이 있는 위치를 확인하라. 이 구절에서 맥케이브가 말하려는 바는 무엇인가?

❷ 초기 기독교인들은 고전 로마 종교의 신들에 대해 보였던 태도 때문에, 로마 사람들에게 '무신론자'라고 비난을 받았다. 이런 현상의 이유를 맥케이브의 이론을 토대로 설명할 수 있는가?

9.14 ▼

데이비드 포드

: 경전 교차연구와 종교 간의 대화

케임브리지 대학교 신학부의 흠정교수를 역임한 데이비드 포드David Ford, 1948 출생는 현대의 종교 간 대화에서 탁월한 방법을 창안한 중요한 인물이다. '경전 교차연구'scriptural reasoning는 다양한 종교 전통에 속한 사람들이 함께 모여, 각자 자신들의 경전에서 선택한 본문을 나누어 읽고 토론하는 일로 이루어진다. 이러한 모임들은 교회, 모스크, 회당이 아니라, 대체로 중립적인 공간—대학의 세미나실 같은 곳—에서 이루어진다. 아래 중요한 글에서 포드는 종교 간 대화에 관심이 커진 이유를 살피고, 경전 교차연구의 몇 가지 기본 주제에 대해 설명한다. 2007년에 이 인용문이 실린 책이 출간된 후로 경전 교차연구가 빠르게 현장에 적용되고 퍼져 나갔으며, 그 결과 상당한 발전이 이루어졌다. 하지만 포드의 글은 여전히 이 이론을 보여주는 간단하고 가장 좋은 개론서 가운데 하나로 인정받고 있으며, 이 이론을 실제에 적용하는 일이나 종교 간 대화의 중요성을 파악하는 데 가장 좋은 입문서로 남아 있다.

본문

아브라함식 협력: 의견의 일치보다는 우정

경전 교차연구scriptural reasoning라는 협동작업은 타나크Tanakh와 신구약성경, 코란에서 뽑은 본문들을 소모임으로 모여 읽고 해석하며(이 방법은 유대인의 하브루타 연구에서 영감을 얻었다), 나아가 (소모임이 하나 이상일 경우) 전체 모임을 열고 함께 연구하는 일을 중심으로 이루어진다. 이 모임에서는 대체로 본문 연구와 연관된 이론적이고 철학적이며 신학적이고 '공적 쟁점'이 되는 문제들을 탐구하며, 가끔은 모임의 과정이나 관리, 미래의 일과 관련된 문제들을 논의하는 것을 목적으로 삼는다.

학구적인 유대인과 그리스도인, 무슬림들이 함께 이끌어가는 경전 교차연구에서는 소모임 활동의 우선사항을 각 종교에 속한 사람들이 깊이 연구하고 아껴 온 자신들의 경전을 들고 모임에 참여하는 일에 둔다. 그들은 또 아레프 나예드Aref Nayed가 '내부 문고'라고 이름 붙인 것들을 가져온다. 다시 말해, 그들 고유의 전통 안에서 연구와 기도, 예배, 경험을 통해 배운 것들뿐만 아니라 그들이 연구한 학문에서 배운 것들, 그리고 광범위한 문화와 예술, 정치와 경제와 사회 상황에 속하는 요소들도 가져온다.

이런 만남의 사회적 역학 관계를 묘사하기 위해 거듭 사용되는 이미지가 '환대'다. 그래서 각 경전이 담고 있는 환대에 관한 자료들이 자주 연구를 위한 중심 주제로 다루어진다. 그런데 이 환대는 세 가지 방향의 상호작용으로 이루어진다. 말하자면 한 사람이 다른 사람들에 대해 집주인 역할을 담당하고 나머지 사람들은 손님이 되며, 그 한 사람은 나머지 두 사람을 자기네 '모국'의 경전과 그 해석 전통 속으로 맞아들인다. 이런 식의 환대에 힘입어, 공동 연구는 오랜 동안 경험을 통해 발전해 온 관습과 지침들을 살펴보고 거기서 도움을 얻는다. 이러한 방법은 경전 교차연구를 실행하는 신중한 지혜이며, 대부분의 관습들처럼 그것이 수행되는 것을 지켜보고 흉내 내거나 즉흥적으로 실행해 보는 견습 훈련을 통해 가장 효과적으로 배울 수 있다. 협동작업에서 가장 중요한 요소들을 선별하여 공리들의 형태로 정리하면 다음과 같다.

- 다른 사람들의 경전이 그들 자신에게는 **신성한** 것이라는 점을 인정하라 (그 경전 자체의 권위를 반드시 인정할 필요는 없다). 각 사람은 제 나름의 방

식으로(이 방식에 관해 토론할 수도 있다) 자신들의 경전이 하나님으로부터 온 것이라고 믿으며 또 그 모임에 참여해 그 경전을 하나님 앞에서, 하나님의 현존 안에서, 하나님을 위해 해석하는 일을 한다고 믿는다.

- 어떤 경전과 그 종교 전통의 주인 역할을 하는 '모국어 화자들'은, 자신들이 그 경전을 배타적으로 소유하는 것이 아니라는 점을 인정할 필요가 있다. 다시 말해 그들은 그 경전의 최종적 의미를 독점하는 전문가가 아니다. 그리고 손님들은 그 주인을 1심 법원(최종 판결을 내리는 대법원이 아니다)처럼 여겨 그에게 주의를 기울여 듣고 질문해야 한다는 점을 인정할 필요가 있다.
- 의견의 일치를 주된 목표로 삼지 말라. 즉 합의에 도달할 수도 있겠으나, 커다란 차이점을 인정하는 쪽으로 결론이 날 가능성이 더 크다.
- 논쟁을 두려워하지 말고, 논쟁이 차이점들을 이해하게 해주는 지적으로 정직한 방법이 된다고 인정하라. 상호 환대를 이루는 한 가지 요소는, 정중하고 진실하게 논쟁하는 법을 배우는 것이다. 각 종교의 전통이나 학문은 토론과 논쟁으로 이루어진 복잡한 관행을 포함한다.
- 이해에 도달하기 위해 공유하는 학문적 자원들을 사용하라. 다시 말해 다른 종교공동체에 속한 사람들이 우리와 동일한 분야에서 훈련을 받았거나 특정한 철학(실용주의, 비판적 실재론, 현상학, 관념론)을 공유할 수도 있다.
- 시간을 충분히 들여 읽고 거듭 읽으며, 많은 질문과 가능성들을 다루고, 본문들의 의미를 각자의 해석 전통 안에서 그리고 여러 전통들과 (때로는 치열하게) 씨름하는 가운데 살펴보고, 본문의 난제를 성급하게 해결하려 하지 말고 그 깊이를 드러낼 수 있도록 깊이 탐색하라.
- 하나님께서 두신 목적인 평화를 힘을 모아 성취한다는 생각으로 읽고 해석하라. 이렇게 공유된 희망은 (그 세부적인 모양은 서로 다르다 해도) 불가피한 차이점과 오해, 대립, 분노 가운데서도 인내심을 유지하게 해준다.
- 상호 환대가 우정으로 바뀌도록 마음을 열라. 각 전통은 우정을 소중하게 여기며, 또 지금 여기서 이루어지는 우정은 미래에 이루어질 평화를 예시하는 가장 신뢰할 만한 표지가 된다.……

경전 교차연구는 공적 영역에서 어떤 가능성들을 지니는가?

간단히 말해, 경전 교차연구에 관해 언급한 사항들을 대학교라는 영역으로 확장하는 것이 중요하다. 대학교는 공적 영역에 속하는 대표적인 자리다. 우리는 다양한 종교가 공존하는 세속 세상에 살고 있다는 점과 세속적 세계관과 원리들이 중립성이라는 명분으로 공적 영역을 독점할 권리가 없다는 사실을 분명히 깨닫고, 각각의 종교 전통들이 자신들의 핵심 믿음과 이해와 실천을 토대로 삼아 공적인 일에 기여할 수 있게 해주는 '공통의 토대'를 다질 필요가 있다. 이 일은 양자 간에 그리고 다자간에 많은 협력을 필요로 한다. 그중에서 특히 유대인과 그리스도인과 무슬림들 사이에 대화가 필요하다. 앞서 몇 개 항에 걸쳐서 경전 교차연구가 차이점들을 공정하게 다루고 나아가 그들 사이에 강력한 관계를 형성할 수 있는 풍부하고 깊은 만남을 가능하게 해준다는 사실을 살펴보았다. 새로운 협력 관계는 몇 가지 방식으로 공적 세상을 향해 영향을 끼칠 수 있다. 그 방식이란 화해의 표징이 되는 것, 유대인과 그리스도인과 무슬림이 대화를 통해 각자의 경전이 지닌 중요한 윤리적·정치적 함의를 밝혀내게 해주는 것, 세 종교가 공적 책임을 감당하는 영역에서 공통의 과제를 실천하도록 하는 것이다.

일반적으로 세속화된 사회들은 종교적인 자원들을 공적 지혜나 평화를 위해 사용하지 못한다. 종교들은 대체로 세속 사회들에 반발하면서, 동화냐 대결이냐의 문제와 씨름했다. 그런데 다른 가능성이 있다. 공적 영역을 좀 더 나은 곳으로 변화시키는 일을 목표로 삼고, 모든 당사자들이 상호 비판적으로 참여하는 것이다. 이 일에 함께하는 유대인과 그리스도인과 무슬림들이 성공을 거둘 수 있는 최선의 방법은, 각자 자신의 경전과 전통 속으로 좀 더 깊이 들어가고, 그들 서로 그리고 공공의 이익에 관련된 모든 사람들과 함께 지혜를 찾는 깊은 대화를 나누며, 나아가 공동선을 쟁취하는 행동에 깊이 동참하는 데 있다. 그러므로 경전 교차연구가 제시하는 한 가지 약속은, 공동 연구와 지혜로운 해석과 우정을 통해 21세기의 모범적인 시민이 되고 하나님과 하나님의 평화로운 목적들을 위해 공공의 이익에 헌신하는 사람들을 세우는 것이다.

결론

경전 교차연구가 이해와 평화, 협력 등 많은 일들을 가능케 해주는 잠재적 유용성을 지니지만, 세 가지 종교 전통 모두가 공통적으로 지니는 가장 깊고 포괄적인 원리는, 바로 하나님을 위해 그 일을 한다는 사실이다. 경전 교차연구는 수단으로 사용될 수도 있겠으나, 무엇보다도 비슷한 일을 하는 다른 사람들과 함께 하나님의 이름을 찬양한다는 점에서 하나님 앞에서 그 자체로 소중한 일이요 수행할 만한 가치를 지닌다. 예를 들어, 그리스도인의 경우 경전 교차연구는 하나님의 지혜가 어떤지를 분명하게 드러내 보여준다(유대인과 무슬림들의 경우도 이와 비슷하게 유사성과 차이점을 지닌 흥미로운 문제들을 열어 보여준다).……

경전 교차연구의 중심에서는 우리 세상의 울부짖음에 깊이—심지어는 두려움에 떨면서—공명하는 일이 일어난다. 스티븐 케프니스Steven Kepnes가 제안하는 "경전 교차연구의 규칙들" 가운데 하나는 다음과 같다.

> 경전 교차연구는 인간 세상이 파괴되어 포로가 된 형편에 있고, 바른길에서 벗어나 있으며, 타락과 질병과 전쟁과 종족 학살로 가득하다는 성경적인 인식에서 출발한다. 경전 교차연구를 실천하는 사람들은 빈곤과 고난과 갈등에 대한 문제의식을 지니고 치유의 방도를 찾고자 하나로 뭉친다.

이 점에 대한 가장 예리한 설명은, 경전 교차연구가 발전하는 데 가장 중요한 역할을 한 인물인 피터 옥스Peter Ochs가 제시한 글에서 볼 수 있다.……그의 핵심 공리는 "울부짖는 사람들을 돌보는 일"인데, 그는 세 종교의 경전 모두에서 이에 대한 사례를 찾아내고, 또 경전 교차연구에서 이 문제에 대응하는 방식과 그 외의 근대와 근대 후기와 후기 자유주의 시대가 제시하는 해결방식을 구분한다. 그가 제시하는 가장 결정적인 사례는 불타는 떨기나무 덤불에서 하나님께서 모세에게 계시된 일(출애굽기 1-20장 전체, 특히 3장)로, 이 일에서는 고난당하는 이스라엘 백성의 울부짖음이 전형적인 구속의 촉매가 된다. "우리는 그 울부짖음을 단순한 울음소리로 듣지 않고, '나에게 그 소리가 들리니 이제 내가 행하리라'고 말씀하시는 하나님의 응답을 불러내는 울부짖음으로 듣는다." 경전 교차연구란, 유대인과 그리스도인과 무슬림이 연합하여, 자신들의 경전을 읽어 영감을 얻고, 자기 공동체를 포함해 고난당하는 세상의 울부짖음에 함께 응답하는 일이며, 긍휼히 여기시는 하나님께서 그 울부짖음에 주시는 응답에 동참하여 하나님을 위해 헌신하는 일이다.

논평

포드는 경전 교차연구 과정이 상대방의 차이점과 온전함을 존중하는 태도를 낳는다고 주장하면서, 중요한 질문들을 성급하게 배제하는 일을 피하라고 말한다. 예를 들어 그는 유대교와 기독교와 이슬람이 각각 자신들의 경전의 지위와 권위와 특성을 그들 나름의 방식대로—즉 여러 종교 전통을 포괄하는 의견의 일치를 이루라고 강요하지 않는 방식으로—이해한다고 말한다. 하지만 이 방식이 대화와 논의에 장애가 된다고 보아서는 안 된다. 특히 포드가 이 연구 과정은 일치나 합의를 이루라는 요구에 전혀 구속되지 않고 자유롭게 이루어진다고 말한 것에 주목하라. 그는 이 연구가 공통점이나 합의보다는 "깊은 차이점들을 인정"하는 단계로 이끌어 준다고 주장한다. 본문을 인용하면서 생략한 각주가 몇 개 있다. 그 각주 대부분은 추가로 읽어 볼 자료들을 보여주는데, 그중 하나는 데이비드 F. 포드와 C. C. 페크놀드Pecknold가 편집한 모음집인 『경전 교차연구의 전망』*The Promise of Scriptural Reasoning*, Oxford: Blackwell, 2006이다. 본문에서 언급한 아레프 알리 나예드Aref Ali Nayed의 논문은 「함께 경전 읽기: 하나 됨의 성스러운 해석학을 향하여」*Princeton Seminary Bulletin* 26, no. 1, 2005이다.

생각해 볼 물음들

❶ 포드가 종교 간 협동작업을 위한 "공리들"로 제시한 목록은 어떻게 경전 교차연구를 위한 지침으로 적용되는가?

❷ 포드가 "상호 비판적으로 참여"하는 일의 중요성에 대해 논한 것을 여러분의 말로 설명해 보라. 이러한 접근법의 대안들로는 어떤 것이 있는가? 포드가 이 접근법의 장점이라고 생각하는 것은 무엇인가?

9.15 ▼

교황 프란치스코

: 복음전도와 종교 간의 대화

가톨릭 국가들로 삶의 터전을 옮기는 이민자들이 증가하고, 다른 한편으로 아시아와 아프리카에서 가톨릭교회가 지속적으로 확장된 결과, 가톨릭교회에서 기독교와 타종교의 관계를 다루는 문제가 점차 중요해졌다. 제2차 바티칸 공의회는 다른 종교들도 진리와 선의 요소들을 간직하고 있다고 선언하고, 그들이 진리의 빛을 비추고 복음이 전해지는 준비 단계로 봉사할 수 있다고 밝혔다9.7 참조. 그러므로 기독교의 선교 활동은 하나님께서 기독교인이 아닌 사람들 가운데 뿌려놓으신 진리와 선의 씨앗이 열매 맺도록 하는 일에 힘쓴다. 이 주제는 프란치스코 교황이 2013년 11월 로마의 성 베드로 성당에서 발표한 교황 권고인 「복음의 기쁨」*Evangelii Gaudium*에서 깊이 다루어졌다. 아래 글은 그 문서에서 인용한 것이다9.5, 9.6, 9.7 참조.

본문

250. 기독교 이외의 다른 종교를 믿는 사람들과 나누는 대화는 여러 가지 장애와 난관에 부딪치기도 하고 특히 양쪽의 근본주의 사상에서 비롯

되는 어려움을 겪기도 하지만, 그럼에도 진리와 사랑 안에서 열린 자세로 이루어져야 합니다. 종교 간의 대화는 세상의 평화를 이루기 위한 필수 조건이요, 그렇기에 다른 종교 공동체들과 함께 기독교인이 감당해야 할 의무입니다. 이 대화는 무엇보다도 인간 실존에 관해 나누는 대화이며, 인도 주교들의 말을 빌려 간단히 말하면 "그들에게 마음을 열고 기쁨과 슬픔을 함께 나누는" 일입니다. 이런 식으로 우리는 다른 사람을 용납하고, 그들이 살고 생각하고 말하는 다양한 방식을 받아들이는 법을 배웁니다. 그럴 때 우리는 서로 하나가 되어 정의와 평화를 위해 일하는 사명을 감당할 수 있는데, 바로 이것이 우리가 나누는 모든 교류의 기본 원리가 되어야 합니다. 사회의 평화와 정의를 지향하는 대화는 그 자체가 모든 실제적인 고려사항을 뛰어넘어, 새로운 사회 상황을 이루어 내야 하는 윤리적 책무입니다. 구체적인 주제를 다루기 위해 함께 애쓰는 일은 서로에게 귀 기울여 들음으로써, 양쪽 모두가 정화되고 풍요롭게 되는 과정이 될 수 있습니다. 더 나아가 이러한 노력을 통해 진리를 향한 사랑도 나누게 됩니다.

251. 이처럼 늘 친밀하고 진지하게 이루어지는 대화에서는 언제나 대화와 선포의 본질적 일치에 관심을 기울여야 합니다. 그럴 때 교회는 비기독교인들과의 관계를 지속하고 강화해 갈 수가 있습니다. 경솔한 종교혼합주의는, 고귀한 가치를 온전히 이해하지 못해 무시해 버리는 사람들의 손에서 전체주의적인 태도로 나타날 수밖에 없습니다. 참된 개방성이란 자신의 깊은 신념을 흔들림 없이 지키고 자기 정체성을 기쁜 마음으로 확실히 유지하면서, 그와 동시에 "마음을 열어 다른 편에 속한 사람들을 이해하고" 또 "대화가 서로를 풍요롭게 할 수 있음을 인정하는" 일입니다. 문제를 회피하고자 모든 일에 대해 '예'라고 말하는 외교적 개방성은 도움이 되지 않습니다. 이런 태도는 다른 사람을 기만하는 것이거나, 따뜻한 마음으로 다른 사람과 나누도록 우리에게 맡겨진 선한 일을 그들에게 베풀지 않는 것이기 때문입니다. 복음전도와 종교 간의 대화는 결코 상충하지 않으며, 서로 지지해 주

고 자랄 수 있게 도와줍니다.

252. 오늘날 이슬람교 신자들은 전통적인 기독교 국가들 안에서 커다란 비중을 차지하고 그곳에서 자유롭게 예배하면서 사회의 온전한 구성원이 되고 있으므로, 우리와 그들과의 관계가 매우 중요한 일이 되었습니다. 우리는 그들이 "아브라함의 믿음을 따른다고 고백하며, 우리와 마찬가지로 마지막 날에 인류를 심판하실 한 분 자비로운 하나님을 경배한다"는 사실을 잊어서는 안 됩니다. 이슬람교의 신성한 문헌들에도 기독교의 가르침이 일부 담겨 있습니다. 예수와 마리아를 크게 공경하고 있으며, 이에 더하여 무슬림들이 남녀노소를 가리지 않고 날마다 시간을 내어 기도에 힘쓰고 종교 예식에 신실하게 참여하는 것을 보면, 참으로 감탄할 만합니다. 많은 사람이 자신의 삶 전체가 하나님께로부터 온 것이요 하나님을 위한 것이라는 깊은 확신을 지닙니다. 그들은 또 윤리적인 헌신과 가난한 사람들에게 베푸는 자비로 하나님께 응답해야 한다고 인정합니다.

253. 이슬람교와 대화를 지속하기 위해서는, 그 대화에 참여하는 모든 사람이 적합한 훈련을 받는 것이 꼭 필요합니다. 그럴 때 그들은 즐거운 마음으로 자신들의 정체성을 굳게 지킬 뿐만 아니라, 나아가 다른 사람들의 가치를 인정하고 그들의 요구에 담긴 관심사를 이해하며 공통된 믿음에 빛을 비춰 줄 수가 있습니다. 우리가 이슬람 전통에 속한 국가들에서 용납되고 존중받기를 기대하며 요구하는 것처럼, 우리도 우리나라로 이민 온 무슬림들을 애정과 존중하는 마음으로 품어야 합니다. 저는 이슬람교 신자들이 서방국가에서 누리는 자유를 감안하여, 이슬람 국가들도 기독교인들에게 자유롭게 예배하고 신앙을 실천할 수 있도록 허용할 것을 요청하며, 겸손히 청원합니다! 폭력적인 근본주의에서 비롯된 불안스런 사건들에 직면해서, 우리는 이슬람교의 참된 신자들을 존중하는 마음으로 증오심에 불타는 일반화를 피해야 합니다. 진정한 이슬람교와 바르게 해석된 코란은 어떤 형태든 폭력에 반대하기 때문입니다.

254. 비기독교인들이 하나님의 은혜의 손길에 힘입어 각자의 양심에 충실할 때, 그들도 "하나님의 은총으로 의롭게 되어" 살 수 있으며, 나아가 "예수 그리스도의 유월절 신비에 참여"할 수 있습니다. 그런데 성화 은총의 성사적 차원에서 볼 때, 그들 가운데서 이루어지는 하나님의 활동은 표징과 예식, 거룩한 형식들을 낳게 되며, 뒤이어 이것들은 하나님을 향해 나가는 공동체 체험에 다른 사람들을 이끌어 들입니다. 이것들은 비록 그리스도께서 제정하신 성사와 동일한 의미와 효력은 지니지 못하지만, 성령께서 비그리스인들을 무신론적 내재주의나 개인적 수준의 종교 경험에서 해방하기 위해 사용하시는 통로가 될 수 있습니다. 성령께서는 어디서나 사람들이 고난을 견디고 큰 평화와 조화 속에서 살도록 도와주는 다양한 형태의 실천적 지혜를 베풀어 주십니다. 우리 기독교인도 오랜 세월에 걸쳐 축적된 이런 보화에서 유익을 얻을 수 있습니다. 이 보화는 우리 자신의 신념을 더욱 더 잘 실천할 수 있도록 도와줍니다.

논평

「복음의 기쁨」*Evangelii Gaudium*은 베네딕트 16세 교황이 작성하기 시작하고, 뒤이어 교황 직에 오른 프란치스코 교황이 취임 첫해에 마무리한 중요한 교황 문헌이다. 이 문서는 긍정적이고 호감이 가는 어조, 따뜻한 복음의 권면과 그런 정신에 어울리는 교회의 전도 사역을 강조한 것으로 유명하다. 이 문헌에서 다른 신앙을 지닌 사람들에 대한 복음전도를 다루는 항은 모든 민족에게 복음을 전하는 사명을 잊지 않으면서도, 존중과 대화의 중요성을 강조한다. 프란치스코의 주장에 따르면, 종교 간의 대화는 세상의 갈등을 줄이기 위해서뿐만 아니라 마음을 열고 의미와 진리에 관한 깊은 물음들을 나누기 위해서도 중요한데, 이런 논의를 통해 복음전도의 문을 열게 된다.

생각해 볼 물음들

❶ 프란치스코는 "대화와 선포의 본질적 일치"에 대해 말한다. 본문에서 이 구절이 나오는 위치를 확인하라. 그가 이 말로 의미하는 것은 무엇인가?

❷ 프란치스코는 인간이 진리와 의미를 탐구하는 일에서 성령이 맡은 역할을 어떻게 설명하는가? 이것은 프란치스코가 복음을 전하는 교회의 방법이라고 생각하는 것과 어떤 관계가 있는가?

—— Adnan Aslan, *Religious Pluralism in Christian and Islamic Philosophy: The Thought of John Hick and Seyyed Hossein Nasr*(Richmond, UK: Curzon, 1998).

—— Carl E. Braaten, *No Other Gospel! Christianity among the World's Religions* (Minneapolis, MN: Fortress Press, 1992). (『다른 복음은 없다!』 김명용 역, 성지출판사, 1999)

—— Carl Reinhold Bråkenhielm, *How Philosophy Shapes Theories of Religion: An Analysis of Contemporary Philosophies of Religion with Special Regard to the Thought of John Wilson, John Hick and D. Z. Phillips*(Lund, Sweden: Gleerup, 1975).

—— David Cheetham, *John Hick: A Critical Introduction and Reflection*(Aldershot, UK: Ashgate, 2003).

—— John B. Cobb, *Christ in a Pluralistic Age*(Philadelphia: Westminster Press, 1975).

—— John B. Cobb, "The Religions"; in P. Hodgson and R. King(eds), *Christian Theology*(Philadelphia: Fortress Press, 1982), pp. 299-322.

—— Gavin D'Costa, *Theology and Religious Pluralism*(Oxford: Blackwell, 1986).

—— Gavin D'Costa(ed.), *Christian Uniqueness Reconsidered: The Myth of a Pluralistic Theology of Religions*(Maryknoll, NY: Orbis Books, 1990).

—— David F. Ford and Frances Clemson(eds), *Interreligious Reading after Vatican II: Scriptural Reasoning, Comparative Theology and Receptive Ecumenism* (Malden, MA: Wiley Blackwell, 2013).

—— David F. Ford and C. C. Pecknold(eds), *The Promise of Scriptural Reasoning* (Oxford: Blackwell, 2006), pp. 1-22.

—— George E. Griener, *Ernst Troeltsch and Herman Schell: Christianity and the World Religions? An Ecumenical Contribution to the History of Apologetics*(Frankfurtam Main: Peter Lang, 1990).

—— John Hick, *An Interpretation of Religion* (London: Macmillan, 1989).

—— John Hick and Paul Knitter(eds), *The Myth of Christian Uniqueness* (Maryknoll, NY: Orbis Books, 1987).

—— Charles B. Jones, *The View from Mars Hill: Christianity in the Landscape of World Religions* (Cambridge, MA: Cowley Publications, 2005).

—— Hendrik Kraemer, *The Christian Message in a Non-Christian World* (London: Harpers, 1938).

—— Harold A. Netland, *Dissonant Voices: Religious Pluralism and the Question of Truth* (Grand Rapids, MI: Eerdmans, 1991).

—— William Lloyd Newell, *The Secular Magi: Marx, Freud, and Nietzsche on Religion* (Lanham, MD: University Press of America, 1995).

—— Douglas Pratt, *The Church and Other Faiths: The World Council of Churches, the Vatican, and Interreligious Dialogue* (New York: Peter Lang, 2010).

—— Wilfrid Cantwell Smith, *Towards a World Theology* (London: Macmillan, 1981).

—— Miroslav Volf,(ed.), *Do We Worship the Same God? Jews, Christians, and Muslims in Dialogue* (Grand Rapids, MI: Eerdmans, 2012).

10장 마지막 일들

서론

이 마지막 장에서는, 역사의 끝에 일어날 일들에 관한 기독교의 견해—대체로 '종말론'eschatology, 그리스어로 '마지막 일들'을 뜻하는 *ta eschata*에서 왔다으로 부르는 신학 분야—를 집중적으로 다룬다. 여기서 핵심 주제는 기독교의 희망—현재를 넘어서는 다른 영역이 존재하며, 예수 그리스도의 죽음과 부활에 힘입어 그곳에 이르게 된다는 믿음—이다. 흔히 '새 예루살렘'이라는 말로 형상화되는 그 초월적 영역을 가리켜 '천국'이라는 말이 널리 사용된다. 기독교는 희망의 종교이고, 예수의 부활을 토대로 삼는다. 하나님은 죽음을 물리치셨으며 고난당해 죽은 모든 사람에게 희망을 주시는 분이라고 믿고 신뢰할 수 있는 근거가 예수의 부활이다.

기독교의 희망이라는 주제는 초기 기독교에서 특히 중요한 역할을 담당했고, 죽음을 경멸하는 태도를 낳는 데 크게 기여했다. 초기 기독교 지도자들의 순교 기록을 보면, 그들이 죽음을 두려워하지 않았다는 사실과 이런 태도가 이교도들에게 끼친 영향을 크게 강조하고 있다. 이처럼 죽음을 두려워하지 않았던 놀라운 모습—당시 문화 평론가들이 자주 언급한다—은 스토아철학의 평정심이라는 관념에서 비롯된 것이 아니라, 기독교의 고유한 특징인 불멸에 대한 확고한 믿음에서 왔다. 이번 장에서는 이러한 믿음의 기본 요소들을 살펴보고, 그에 더해 '마지막 일들'과 연관된 여러 가지 문제들도 다룬다.

이번 장의 읽을거리들을 통해 흥미로운 여러 주제들을 공부할 수 있고, 나아가 더 깊이 연구할 주제들을 확인할 수 있다.

1. 기독교의 희망

앞에서 살펴보았듯이, 기독교는 희망에 관한 확고한 의식을 특징으로 한다. 이 희망은 예수 그리스도의 부활과 하나님의 신실하심을 근거로 삼고, '천국'이라는 개념으로 표현된다. 아래의 본문들을 통해 이 견해의 기본 내용들을 분명히 인식할 수 있을 것이다.

기독교의 희망

10.1 ▸ 리옹의 이레나이우스: 창조 세계의 최종적 회복

10.6 ▸ 카르타고의 키프리아누스: 기독교인의 본향인 천국

10.11 ▸ 히포의 아우구스티누스: 기독교인의 희망

10.14 ▸ 베네딕트 12세 교황: 천국에서 하나님 뵙기

10.16 ▸ 존 던: 부활

10.17 ▸ 제레미 테일러: 죽음과 천국

10.20 ▸ C. S. 루이스: 천국에 대한 희망

10.25 ▸『가톨릭교회 교리서』: 천국

10.26 ▸ 캐스린 태너: 영원한 삶

2. 부활한 몸의 본질

죽음에 대해 영원한 영혼이 유한한 몸을 떠나는 것이라는 식으로 생각하는 사람들이 많지만, 기독교에서는 부활의 관점에서 죽음과 미래의 희망을 설명한다. 그러면 부활한 몸과 이 세상에 속한 몸은 어떤 관계인가? 천국에서 사람들은 어떤 모습으로 보일까? 이런 질문들은 기독교 신학에서 (결정적인 것은 아니지만) 널리 논의되어 왔다. 아래의 본문들은 이러한 쟁점들에 대해 바른 인식을 제공해 줄 것이다.

부활한 몸의 본성

3. 연옥

기독교 신학에서 쟁점이 되는 영역 중 하나는 연옥 개념이다. '중간 상태'라는 개념이 가톨릭에서는 널리 용인되지만, 대부분의 개신교와 정교회 신학자들은 그 사상을 거부한다. 『가톨릭교회 교리서』는 이 개념을 다음과 같이 설명한다. "하나님의 은총과 사랑 안에서 죽었으나 완전히 정화되지 못한 사람들도 영원한 구원을 보장받지만, 천국의 기쁨에 참여하는 데 필요한 거룩함에 이르기 위해서는 죽은 후에 정화되는 과정을 거쳐야 한다." 여러 본문을 통해 이러한 믿음의 기원과 의미를 살펴본다.

연옥

리옹의 이레나이우스

: 창조 세계의 최종적 회복

2세기의 신학자 리옹의 이레나이우스약 130-202는 『이단 반박』Against Heresies의 마지막 책에서 기독교의 희망이라는 주제를 다룬다. 이 주제에 관해 논하는 중에, 그는 하나님께서 지으신 창조 세계의 최종적 회복이라는 개념과 '천년왕국'—시간의 종말이 이르기 전에 이어지는 천 년의 기간—이라는 개념을 설명한다10.4, 10.13 참조.

본문

이단적인 글을 읽고서 스스로 오류에 빠져들기도 하고, 하나님께서 일하시는 방식이나, 의인의 부활의 비밀이나 불멸이 시작되는*principium incorruptelae* 하나님 나라—하나님 나라에 합당히 여김 받은 자들은 신의 본질에 참여하는 데 점차 익숙해진다—의 비밀에 무지한 사람들이 적지 않다. 이런 까닭에 이 주제를 좀 더 깊이 살펴보고, 다음과 같은 사실을 설명하려고 한다. 창조 세계가 회복될 때 의로운 사람들은 주님을 따라 가장 먼저 부활하고, 하나님께서 선진들에게 약속하신 유산을 상속하여 거기서 다스리게 되며, 이 일이 있은 후에 심판이 이루어지게 될 것이다. 그들은 자신이 수고하고 고통을 겪으며 온갖 고난으로 시험을 당했던 그 창조 질서*conditio* 안에서 자기들의 인내에 대한 상급을 받아야 하며, 또 하나님에 대한 사랑 때문에 죽임을 당한 그 창조 질서 안에서 생명을 회복하고 그들을 억압했던 곳을 다스리게 되는 것은 아주 정당한 일이다. 하나님은 모든 것에서 풍성하시며(롬 10:12), 모든 것이 그분의 것이기 때문이다. 그러므로 창조 질서는 처음 상태로 회복되어 온전히 의인들을 섬겨야 하는 것이 당연하다. 사도 바울은 이 사실을 가리켜 로마서에서 "피조물은 하나님의 자녀들이 나타나기를 간절히 기다리고 있습니다"(롬 8:19-21)라고 말한다.……

[여기서 이레나이우스는 "이제부터 내가 나의 아버지의 나라에서 너희와 함께 새 것을 마실 그 날까지, 나는 절대로 마시지 않을 것이다"(마 26:29)라고 한 예수의 말씀을 인용한 후 논의를 이어간다.] 예수께서는 이 땅의 유산으로 산출된 포도주를 마시게 될 것이 분명한데, 이 땅은 예수께서 친히 새롭게 회복하셔서 하나님의 영광된 자녀들을 섬기도록 주신 것이다. 다윗이 말한 대로, 주님께서는 "땅의 모습을 다시 새롭게" 하실 것이다(시 104:30). 예수께서는 제자들과 함께 "포도나무 열매로 빚은 것을…… 마시"겠다고 약속하셨는데(마 26:29), 이 일로 두 가지를 가리키셨다. 포도나무 새 열매로 빚은 것을 마실 수 있도록 이 땅을 유산으로 주시겠다는 것과, 제자들의 육체의 부활이 그것이다. 새 포도주를 마시게 될 몸은 새로운 조건 내에서 부활한 몸이기 때문이다. 그런데 이 말씀을 예수께서 하늘 위 지극히 높은 곳에서*in supercaelesti loco* 제자들과 포도나무 열매로 빚은 것을 마시게 된다는 뜻으로 이해해서는 안 된다. 또 그 포도주를 마시게 될 이들이 육체를 벗어난 사람들이라고 보아도 안 된다. 포도나무에서 난 것을 마시는 일은 영혼보다는 몸에게 더 어울리는 일이기 때문이다.

논평

본문에서 이레나이우스는 예수 그리스도께서 재림할 때 이 세상에 세워지고 천 년 동안 이어질 회복된 영역('천년왕국')에 대한 견해를 밝힌다. 이 기간이 끝난 후, 최후의 심판이 이루어진다. 이레나이우스가 보기에, 이 세상의 천년왕국이라는 개념은 여러 가지 사항에 의해, 그중에서도 특히 그리스도께서 제자들과 함께 다시 포도주를 마시겠다는 약속에 의해 확증된다. 만일 그들이 몸을 벗어버린 영혼이라면, 어떻게 이런 일이 가능하겠느냐고 이레나이우스는 묻는다. 장차 포도주를 마시게 될 일에 대한 언급은 최후의 심판이 있기 전, 이 땅 위에 하나님의 나라가 세워지게 될 것이라는 점을 분명히 가리킨다.

생각해 볼 물음들

❶ 이레나이우스는 창조론이 종말론적인 희망과 어떻게 연결된다고 이해하는가?

❷ 이레나이우스가 마태복음 26:29에 나오는 예수의 말씀을 해석하는 방법을 여러분의 말로 설명해 보라.

안티오키아의 테오필루스

: 조건적 불멸설

안티오키아의 테오필루스Theophilus of Antioch는 알려진 것이 거의 없는 사람으로, 180년 직후에 그리스어로 쓴 『아우톨리쿠스에게』*To Autolycus*라는 논문을 남겼다. 이 논문은 이교도인 아우톨리쿠스의 공격에 맞서 기독교를 옹호하는 내용을 담고 있다. 테오필루스는 자기 논증을 펼치는 과정에서 불멸성의 개념에 대해 다룬다10.25 참조.

본문

인간은 본질상 죽을 수밖에 없는 존재로 창조되었을까요? 결코 그렇지 않습니다. 그러면 인간은 불멸할까요? 우리는 그런 생각도 받아들일 수 없습니다. 그렇다면 인간은 아무것도 아닐까요? 그렇게 말할 수도 없습니다. 우리가 말하려는 요지는 인간이 본성상 죽을 수밖에 없는 것도 아니고, 영원한 존재도 아니라는 점입니다. 만일 하나님께서 인간을 죽을 수밖에 없는 존재로 만드셨다면, 하나님은 인간이 겪는 죽음의 원인이 되실 것입니다. 따라서 하나님께서는 인간을 죽을 수밖에 없는 존재나 영원한 존재로 지으신 것이 아니라, 위에서 살펴본 대로 두 가지 가능성을 모두 지닌 자로 지으셨습니다. 만일 인간이 하나님의 계명을 지켜 영원과 관련된 일들을 향해 나간다면, 그 보상으로 하나님에게서 영원한 생명을 받게 됩니다. 반대로 하나님께 불순종함으로써 죽음과 관련된 일들로 기울어진다면, 인간 자신이 자기 죽음의 원인이 될 것입니다. 하나님께서는 인간을 자유로우면서도*eleutheros* 자신을 다스릴 능력*autexousios*을 지닌 존재로 지으셨기 때문입니다.

논평

테오필루스는 같은 시대에 활동한 순교자 유스티누스나 리옹의 이레나이우스 같은 저술가들과 마찬가지로 인간 영혼의 불멸성은 고유한 본질이 아니라 조건적인 것이라고 주장한다. 달리 말해 영혼의 불멸성은 인간 본성의 필연적 요소가 아니다. 불멸성은 하나님께 온전히 순종할 때 비로소 허락되는 것이라고 보아야 한다. 캔터베리의 안셀무스가 『왜 하나님은 인간이 되셨는가』*Cur Deus homo*에서 펼치는 주장에도 이와 비슷한 가정이 깔려 있다.

생각해 볼 물음들

❶ 테오필루스는 조건적 불멸이라는 견해를 주장하면서 어떤 근거들을 제시하는가?

❷ 이 글에서 인간의 '자유'나 '자율'그리스어 *autexousia*의 바른 번역이라는 개념은 어떤 역할을 맡는가?

10.3

테르툴리아누스
: 천국과 지옥

테르툴리아누스약 160-220의 초기 저술 가운데 하나인 『변증론』*Apologeticus*은

197년경에 나왔다. 이 본문에서 테르툴리아누스는 기독교를 비판하는 여러 이교도 저술가들의 공격에 맞서, 심판과 불멸에 관한 기독교의 견해를 설명하고 옹호한다10.10, 10.11, 10.14, 10.18, 10.19 참조.

본문

사람들은 우리가 하나님께서 세상을 심판하실 것이라고 선포한다고 우리를 조롱한다. 하지만 시인과 철학자들 역시 지하 세계에 심판 자리가 있다고 주장한다. 이와 마찬가지로 우리가 처벌의 장소로 지하에 숨겨진 불구덩이 게헨나Gehenna를 앞세워 경고하면, 사람들은 엄청난 비난을 퍼붓는다. 하지만 그들 역시 저승에 피리플레게톤Pyriphlegethon 강이 있다고 주장한다. 또 우리가 천국을 선포하면서 그곳은 하나님께서 기쁨으로 성도들의 영혼을 맞아들이는 곳이요 불붙은 장벽으로 세상의 일상적인 지식에서 차단된 장소*maceria quadam igneae illius zonae a notitia orbis communis segregatum*라고 말한다면, 사람들은 우리가 믿는 것보다 먼저 그런 곳으로 예시된 엘리시온 평원Elysian Fields이 있다고 주장한다. 그래서 당신들에게 묻는데, 철학자나 시인들이 이처럼 우리 교리와 비슷한 것들을 어디서 배웠겠는가? 그것들은 바로 우리가 지닌 비밀들에서 그 사람들이 배워 간 것이다. 따라서 시기적으로 앞서는 우리 비밀들이 훨씬 더 신뢰할 만한 것이요, 복제물에 불과한 그것들에 비해 훨씬 더 믿을 만한 것이다. 만일 그 사람들이 뒤늦게 이런 비밀들을 자신들 생각으로 고안해 냈다면, 우리의 비밀들이 나중에 나온 그것들의 복제물들*imagines*이 된다고 보아야 할 것이다. 그림자가 결코 몸보다 먼저 있을 수 없고, 복제물이 진리보다 먼저 있을 수 없기 때문이다*Nunquam enim corpus umbra aut veritatem imago praedecit*.

논평

이 글에서는 이교 철학자들이 기독교의 천국과 지옥 개념들을 비판할 자격이 없다고 주장하면서, 그 근거로 그리스의 이교 저술들 속에 이미 이러한 개념들이 예시되고 있다는 사실을 든다. 테르툴리아누스는 초기 시대에 기독교 저술가들이 널리 사용했던 구약성경의 원자료를 이교의 저술가들이 표절했을 가능성을 제시한다.

생각해 볼 물음들

❶ 테르툴리아누스가 '엘리시온 평원'이라는 이교의 개념을 어떻게 다루는지 여러분의 말로 설명해 보라. 이렇게 해서 그가 제기하는 논점은 무엇인가?

❷ "그림자가 결코 몸보다 먼저 있을 수 없고, 복제물이 진리보다 먼저 있을 수 없기 때문이다." 이 구절에서 테르툴리아누스가 말하려는 바는 무엇인가? 그는 이 생각을 자신의 논증에서 어떻게 이용하는가?

10.4 ▼

테르툴리아누스
: 천년왕국

이 글은 테르툴리아누스가 207-208년 사이에 이단자 마르키온을 비판하면서 라틴어로 저술한 논문에서 인용했다. 테르툴리아누스는 '천년왕국' 개념을 중점적으로 다루면서 기독교적 희망의 기본 특성을 밝힌다10.19 참조.

본문

또 우리는 천국보다 먼저 이 땅 위에 세워지는 나라가 우리에게 약속되어 있다는 것을 확신한다. 그러나 그 나라는 부활 후에 있게 되는 것으로, 현재의 상태와는 다른 나라다. 그 나라는 하나님께서 친히 세우시는 도시로, 사도 바울이 "하늘에 있는……우리의 어머니"(갈 4:26)라고 말한 천국이 이 땅 위에 내려와 예루살렘으로서 천 년 동안 이어지게 된다. 그가 "우리의 시민권*politeuma*은 하늘에 있습니다"(빌 3:20)라고 말할 때, 그것은 분명 하늘의 도시를 가리키는 것이다.……우리는 이 도시가, 하나님께서 부활한 성도들을 맞아들이시고, 세상에서 성도들이 포기하거나 이루지 못한 복에 대한 보상으로 풍성하고 영적인 모든 복을 그들에게 베푸셔서, 그들을 새롭게 하기 위해 하나님께서 세우신 것임을 확신한다. 하나님의 종들이 그분의 이름으로 고난당했던 그곳에서 기쁨을 누려야 하는 것은 하나님 보시기에 당연하고 소중한 일이기 때문이다. 이것이 바로 그 나라의 목적으로, 그 나라는 천 년 동안 이어질 것이다. 그 기간에 성도들은 그들의 공로에 따라 앞서거나 뒤서거나 부활하게 될 것이다*sanctorum resurrectio pro meritis maturius vel tardius resurgentium*. 성도들의 부활이 끝나면 불로 세상을 심판하고 파괴하는 일이 시작될 것이며, 우리는 "썩어 없어지지 않을 몸으로 살아나고" 천사 같은 실체로 "홀연히……변화"하여(고전 15:51-53) 하늘나라로 옮겨지게 될 것이다.

논평

여기서 천년왕국은 이 땅 위에서 천 년 동안 이어지는 하나님의 통치기간을 의미하며, 그 기간에 이 땅에서 악이 제거된다. 신자들은 이처럼 땅에서 이루어지는 낙원의 기쁨을 누린 후, 마지막에 천국으로 올라가게 된다. 테르툴리아누스는 이렇게 땅 위에 이루어지는 나라로 들어가고 그 다음에 천국으로 들어가는 것 모두를 가리켜 '부활'이라는 말을 사용한다.

생각해 볼 물음들

❶ 테르툴리아누스의 견해에 볼 때, 천년왕국은 어떤 역할을 담당하는가?

❷ 천년왕국과 하늘에 있는 최후의 하나님 나라는 어떤 관계인가?

10.5 ▼

오리게네스

: 부활의 몸

3세기 전반 출간된 『원리론』*De principiis*에서 인용한 이 글에서 오리게네스는 부활한 몸은 성격상 완전히 영적인 몸이라는 독특한 견해를 펼친다. 이 저술은 원래 그리스어로 쓰였으나, 지금은 라틴어 번역본으로만 전해진다

10.7, 10.9, 10.13 참조.

본문

우리의 육적인 몸animal body이 부활의 은총으로 변화되어 영적인 몸spiritual body이 된다는 사실을 사람들이 어떻게 생각하는지 묻고자 한다.……몸이 살과 피의 정욕들에 얽매여 있게 되리라고 말하는 것은 분명 그릇된 것이다.……하나님의 명령에 따라, 땅에 속하는 육적인 몸은 영적인 몸으로 대체될 것이며, 그렇 게 해서 천국에 거할 수 있게 된다. 별 가치가 없는 사람들과 천박하고 이렇다 할 공로가 없는 사람들에게까지 영광스럽고 귀한 몸이, 각 사람의 삶과 영혼의 가치에 비례하여 부어질 것이다. 영원한 불이나 형벌로 떨어지도록 정해진 사람들까지도 부활의 변화를 통해 썩지 않을 몸이 될 것이다.

논평

본문에서 오리게네스는 한편으로는 신약성경의 바울 서신과, 다른 한편으로는 플라톤 철학의 완전 개념을 토대로 삼아 다듬은 부활한 몸이라는 견해를 제시한다. 그가 원칙상 모든 형태의 '정욕'을 배제하고 있다는 점에 주목하라.

생각해 볼 물음들

❶ 오리게네스는 땅에 속하는 우리의 몸과 영적인 몸의 관계를 어떻게 설명하는가?

❷ 오리게네스는 개인의 공로와 성취될 영광의 관계를 어떤 식으로 이해하는가?

10.6 ▼

카르타고의 키프리아누스

: 기독교인의 본향인 천국

카르타고의 키프리아누스258 사망는 250년대 초 로마 세계에 커다란 전염병이 돌았던 때, 라틴어로 『죽음에 대하여』*De mortalitate*라는 논문을 썼다. 이 논문은 원래 카르타고의 기독교인들을 대상으로 삼아 전염병 발생으로 야기된 문제들을 다루었던 설교를 문서로 출간한 것으로 여겨진다. 왜 전염병이 기독교인과 이교도 모두에게 피해를 주었는지 알고자 했던 기독교인들이 있었다. 또 어떤 사람들은 전염병으로 죽는 것이 갈수록 적대적으로 변해 가는 문화 환경 속에서 신앙을 위해 순교자가 될 기회를 그들에게서 빼앗는 것이 아닌지를 우려했다. 하지만 키프리아누스의 주된 관심사 가운데 하나는 기독교인의 희망에 대한 자기 관점을 세우는 데 있었다. 기독교인들은 죽음을 통해 본향*patria*으로 돌아가게 되므로, 죽음을 두려워해서는 안 된다. 키프리아누스는 독자들을 격려하여, 고향으로 돌아가 친구와 가족들, 그리고 무엇보다도 부활하신 그리스도와 재회하게 되는 기쁨을 그려보도록 권한다10.11, 10.16, 10.26 참조.

본문

예수께서는 이제 곧 자신이 제자들을 떠나게 된다는 말을 듣고 슬퍼하는 제자들에게 "너희가 나를 사랑한다면, 내가 아버지께로 가는 것을 기뻐했을 것이다"라고 말씀하십니다. 이 말씀은 우리가 아끼고 사랑하는 사람이 세상을 떠날 때면 슬퍼하기보다 기뻐해야 한다는 것을 가르칩니다.……

사랑하는 친구들이여, 우리는 세상을 단념한 사람들이요 이곳에서 잠시 동안 나그네와 순례자로 살고 있다는 사실을 잊지 말고 기억해야 합니다. 우리 모두 본향으로 돌아가게 되는 날을 기꺼이 맞이하도록 합시다. 그날에 우리는 세상의 굴레에서 해방되고 이 땅에서 끌어 올려져 천국으로, 곧 하늘나라로 돌아가게 됩니다. 우리 가운데 낯선 나라에 살면서 고향으로 돌아가기를 서두르지 않을 사람이 누가 있겠습니까? 친지들에게 돌아가길 서두르면서 속히 사랑하는 이들을 품을 수 있게 순풍이 불어오기를 바라지 않는 사람이 누가 있겠습니까? 우리는 우리 본향인 천국을 바라봅니다*Patriam nostram paradisum computamus*. 우리 마음은 이미 우리 부모인 선조들에 대한 생각으로 부풀어 오르기 시작했습니다. 우리 본향을 찾고 부모를 뵙게 되는 일인데, 서둘러 달려가야 하는 게 마땅합니다. 사랑하는 많은 이들이 거기서 우리를 기다립니다. 그 안전한 곳에서 부모와 형제와 자녀들이 우리를 그리워하고, 우리가 구원받기를 바라고 있습니다. 우리가 그들 가운데 참여하여 그들과 함께 어울리게 되는 일이 그들에게나 우리에게 얼마나 큰 기쁨일까요. 죽음의 두려움도 없고 영원한 삶을 누리는 천국에는 얼마나 커다란 즐거움이 있을까요! 참으로 크고 한없는 기쁨이 가득합니다! 그곳에는 영광스러운 사도들과 당당한 예언자들, 투쟁과 고난을 이겨내 승리의 관을 쓴 수많은 순교자들, 순결의 능력으로 몸과 육신의 욕망을 물리치고 승리한 독신자들이 있으며, 또 가난한 자들에게 음식과 물질을 베풀어 의로운 일을 실천하고, 주님의 계명을 지켜 이 땅에 속한 유산을 하늘의 보배로 바꾸어서, 하나님께 풍성한 보상을 받은 사람들이 있습니다. 사랑하는 친구들이여, 간절한 마음으로 그들에게 나아가기를 서두릅시다. 속히 그들과 함께하고, 나아가 그리스도께 이르기를 구합시다. 하나님께서 우리가 간절히 바라는 이 일에 함께하시고, 우리 주 그리스도께서 우리 믿음과 마음의 소원을 이끌어 주시기를 구합니다. 주님은 지극한 마음으로 당신을 찾는 사람들에게 주님의 큰 영광을 상으로 주십니다.

논평

이 본문은 요한복음에 나오는 '고별담화'(요 16:28)에 대한 언급으로 시작해서 죽음에 대한 논의로 이어진다. 첫 단락에서는 다른 사람들의 죽음에 대해 슬퍼하는 일을 다루지만, 곧바로 키프리아누스의 진짜 관심은 인간이 자신의 죽음에 대해 느끼는 불안에 있다는 점이 분명해진다. 키프리아누스는 왜 죽음을 두려워해야 하느냐고 묻는다. 죽음은 우리의 본향으로 돌아가는 순간이다. 여기서 키프리아누스는 외국에 나가 있는 사람이 자기 고향으로 돌아가 가족과 친구를 만나기를 갈망하는 일을 유비로 사용하며, 이 땅에서 포로가 된 인생을 끝내고 하나님 나라로 돌아가는 일을 논한다. 카르타고는 항구도시였는데, 키프리아누스가 해외에서 신속하게 바다를 건너 돌아오게 해주는 '순풍'이라는 개념을 사용하는 것에 주목하라.

생각해 볼 물음들

❶ 키프리아누스의 논증은 매우 시각적이면서 상상력에 호소하고 있다. 여러분은 그가 이토록 생생한 언어—예를 들어 독자들로 하여금 죽은 가족과의 재회를 그려보도록 만드는 데서 볼 수 있다—를 의도적으로 사용하는 이유가 무엇이라고 생각하는가?

❷ 라틴어 파트리아*patria*, '본향'이나 '고국'는 로마 문화에서 매우 좋은 기억을 떠올리게 해주는 단어였다. 키프리아누스는 천국을 가리키는 말로 이 용어를 사용해 어떤 논점을 제시하려고 하는가?

10.7 ▼ 올림푸스의 메토디우스

: 부활

이 글은 올림푸스의 메토디우스Methodius of Olympus, 약 311 사망가 부활에 관해 쓴 논문에서 인용했다. 300년경 그리스어로 저술된 이 글은 의사 아글라오폰Aglaophon의 집에서 열린 토론 형태를 취한다. 이 글은 부활이 필연적으로 영적인 몸을 수반한다고 본 오리게네스의 생각을 논박하는 데 관심이 있었고, 인간의 몸이 부활에 의해 어떻게 변화되는지를 설명하기 위해 충격적인 이미지를 사용한다10.5, 10.9 참조.

본문

그것은 마치 뛰어난 조각가가 금이나 기타 재료를 녹여서, 모든 부분이 아름답게 조화된 고귀한 조각상을 제작한 것과 같다고 할 수 있습니다. 그런데 어떤 시기심 많은 사람이 그 조각상을 망가뜨렸습니다. 그 조각상의 아름다움을 보고 질투심이 동한 그 사람이 그것을 파괴해 쾌감을 얻으려는 헛된 마음으로 저지른 일이지요. 그래서 조각가는 그 조각상을 다시 제작하기로 했습니다. 자, 지혜로운 아글라오폰이여, 생각해 보기 바랍니다. 만일 그 조각가가 그토록 많은 노력과 애정과 땀을 들여 만든 그 조각상을 다시 완전한 상태로 되돌리려고 한다면, 그것을 녹여 이전 모습 그대로 만들어야 마땅하겠지요.……

내가 보기에 하나님의 계획은 이런 인간의 사례와 완전히 동일합니다. 하나님께서는 당신이 지으신 가장 놀라운 피조물인 인간이 질투와 반역으로 타락했음을 아셨습니다. 인간을 향한 하나님의 사랑은 참으로 커서 인간이 계속해서 이렇게 더럽고 영원에 이르지 못하는 상태에 빠져 있도록 내버려 두실 수 없었습니다. 그래서 하나님께서는 인간을 본래의 재료로 해체하여 모든 흠을 제거한 후에 다시 지으셨습니다. 조각상을 녹이는 일은 인간의 몸이 죽어 해체되는 것에 해당하고, 재료들을 다시 주조하는 일은 죽음 이후의 부활에 해당합니다.

논평

오리게네스는 인간의 육체가 영원한 영혼을 가둔 감옥일 뿐이고, 죽음을 통해 이 감옥에서 해방되며, 완전히 영적인 모습으로 부활하게 된다고 주장했다. 메토디우스는 부활이 망가진 철제 조각상을 다시 주조하는 일과 같다고 주장한다. 메토디우스가 이 이미지를 사용해서 어떻게 땅 위의 몸과 부활한 몸이 실체의 연속성을 지니면서도 형태가 다르다고 주장하는지 주의해서 살펴보라.

생각해 볼 물음들

❶ 오리게네스의 견해에 대해 어떤 비판이 제기되는가? 이 물음에 답하기 전에, 오리게네스의 글10.5을 다시 읽어 보는 것이 도움이 될 것이다.

❷ 메토디우스가 망가진 조각상의 유비를 사용해서 정확하게 어떤 논점을 주장하는지를 본문에 나온 구절을 참고하여 여러분의 말로 명료하게 설명해 보라.

예루살렘의 키릴로스

: 죽은 자들을 위한 기도

10.8 ▼

예루살렘의 키릴로스Cyril of Jerusalem, 약 313-386는 세례 받을 준비를 하는 사람들에게 행한 일련의 강의에서 기독교의 예배에 대해 설명하는 중에, 성만찬 예전에 포함된 죽은 자들을 위한 기도를 다룬다10.10 참조.

본문

다음으로 우리는 영면한 거룩한 교부들과 주교들을 위해 기도하고, 또한 우리보다 앞서 잠든 모든 사람을 위해 기도합니다. 우리가 드리는 기도가 기도의 대상인 그 영혼들에게 큰 유익이 되며, 그때 거룩하고 지극히 크신 희생자께서 친히 현존하신다는 믿음으로 기도합니다.……이와 마찬가지로 죄를 지은 채 죽은 사람들을 위해 하나님께 기도할 때, 우리는……모든 사람의 죄를 위해 희생제물이 되신 그리스도를 바치며, 그렇게 해서 그들과 우리 자신을 위해 사랑 많으신 하나님의 은혜를 얻게 됩니다.

논평

이 글의 핵심 논증은 그리스도의 현존 안에서 기도하는 일은 다른 형편에서는 누릴 수 없는 효력을 기도에 부어 준다는 것이다.

생각해 볼 물음들

❶ 키릴로스는 죽은 자들을 위한 기도가 어떤 목적에 유용하다고 생각하는가?

❷ 이 글을 요하네스 크리소스토무스의 견해10.10와 비교해 보라. 어떤 유사성을 발견할 수 있는가?

10.9 ▼

니사의 그레고리우스

: 부활의 몸

니사의 그레고리우스약 335-394는 바울이 고린도전서 15:35-39에서 부활에 관해 논한 내용을 다룬 후에 이 주제에 대한 자신의 견해를 밝히고 자기의 생각과 바울의 개념을 비교한다(여기서 그레고리우스는 바울을 가리켜 "그 사도"라고 부른다). 이 글은 그레고리우스가 영혼과 부활에 관해 그리스어로 저술한 논문에서 가져왔다10.5, 10.6, 10.7, 10.13 참조.

본문

그 사도가 주장하는 것은 모든 면에서 우리가 이해하는 부활 관념과 일치하며, 또 우리가 이 문제를 정의하는 것과 기본적으로 동일한 생각들을 보여준다. 한 마디로 말해, 부활이란 우리의 본성을 본래 상태로 재형성하는 것, 그것 외에 다른 것은 없다. 성경에서 우리는 다음과 같은 내용을 확인할 수 있다. 처음 창조 작업이 이루어졌을 때, 가장 먼저 땅이 푸른 식물을 내었으며, 그 다음에 이 식물에서 씨가 나오고, 이 씨앗이 온 땅에 뿌려져서 거기서 처음 것과 동일한 열매들이 쏟아져 나왔다. 여기서 영감을 받은 사도는 부활의 때에도 그와 동일한 일이 일어난다고 말한다. 그래서 그 사도에게서 우리는 인간 본성이 훨씬 더 고귀한 상태로 변화된다는 사실뿐만 아니라 인간 본성이 그 원초적 상태로 회복되는 일을 소망으로 품어야 한다는 것도 배운다. 이 본래의 과정은 씨앗에서 곡식의 열매가 나오는 것이 아니라, 열매에서 씨앗이 나오고 그 후에 씨앗에서 열매가 자라나는 과정으로 이루어진다.

논평

이 글에서 그레고리우스는 '부활' 개념을 '회복'과 '복원'이라는 면에서—달리 말해 사물들이 원래 지음 받았던 상태로 회복되는 것으로—이해할 수 있다고 주장한다.

생각해 볼 물음들

❶ 그레고리우스의 논증에서 씨앗의 유비는 어떤 역할을 하는가?

❷ "인간 본성이 그 원초적 상태로 회복되는 일을 소망으로 품어야 한다." 본문에서 이 구절의 위치를 확인하라. 이 구절에서 그레고리우스가 말하려는 바는 무엇인가? 그는 이 진술을 어떻게 정당화하는가?

10.10 ▼

요하네스 크리소스토무스

: 죽은 자들을 위한 기도

이 글은 요하네스 크리소스토무스약 347-407가 386-398년 사이에 콘스탄티노플에서 그리스어로 행한 여러 편의 설교 가운데 하나다. 여기서 크리소스토무스는 죽은 자를 위해 기도하는 관행을 이론적으로 정당화하면서, 당시 기독교 예전에서 이 관행이 중요했다는 점을 밝힌다10.8 참조.

본문

그 사람들을 기념하여 돕도록 합시다. 욥의 자녀들도 아버지가 드린 희생제물로 깨끗하게 되었는데(욥 1:5), 우리도 죽은 자들을 위해 예물을 드려 그들이 위로받게 할 수 있다는 것을 왜 의심하십니까?……죽은 사람들을 위해 기도를 드려 그들을 돕는 일에 주저하지 마십시오.

논평

요하네스 크리소스토무스는 그 시대에 가장 탁월한 기독교 설교자 가운데 한 사람으로 널리 인정받았다. '크리소스토무스'라는 그의 별명은 그리스어로 '황금의 입을 가진'이라는 뜻이다. 이 본문은 간결하고 명료하여 따로 논평이 필요 없다. 욥기에 근거한 유비는 이 본문이 제시하는 것만큼 간단하지 않다. 욥기 1:4-5을 읽어 보면 본문의 정황을 정확히 이해하는 데 도움이 될 것이다.

생각해 볼 물음들

❶ 크리소스토무스는 죽은 자를 위한 기도의 목적으로 무엇을 제시하는가?

❷ 이 본문과 예루살렘의 키릴로스의 견해10.8를 비교해 보라. 어떤 유사성이 있는가?

10.11 ▼

히포의 아우구스티누스

: 기독교인의 희망

히포의 아우구스티누스354-430는 당시에 벌어졌던 여러 가지 큰 논쟁—펠라기우스 논쟁과 도나투스 논쟁 등—에서 이룬 업적으로 유명하지만, 그 자체로 별로 논쟁적이지 않은 여러 주제에 관해서도 글을 쓰고 설교했다는 사실도 중요하다. 『하나님의 도성』에서 인용한 이 글에서 아우구스티누스는 기독교인의 희망이라는 주제를 다룬다10.13, 10.14 참조.

본문

세상을 떠난 성도들의 영혼*sanctorum animae defunctorum*은 죽음으로 말미암아 그들의 몸에서 분리되어 아무런 고통도 당하지 않는다. 그들의 "육신이 소망 중에 안식하기"(시 16:9) 때문이다. 그들의 영혼이 어떤 수치를 당하더라도 이제는 아무런 수치도 느끼지 않는다. 그들의 영혼이 (플라톤이 주장하듯이) 자신의 몸이 망각되기를 바라기 때문이 아니라, 반대로 하나님께 받은 약속을 기억하고 있기 때문이다. 그분은 자신의 말씀에 언제나 신실하신 분이시며, 그들의 머리카락 하나도 상하지 않게 하시겠다고 약속하셨다(눅 21:18). 이런 이유로 그들은 간절한 기대와 인내로 몸의 부활을 기다린다. 이전의 몸으로는 많은 고난을 겪었지만, 부활의 몸으로는 다시는 어떤 고통도 겪지 않을 것이다. 육신이 연약하여 그들의 의지와 어긋나는 까닭에 그들이 성령의 법을 의지하여 육신을 억누를 때에도 "자기 육신을 미워하지"(엡 5:29) 않았으니, 육이 영적인 것이 되려는 지금은 그 육을 얼마나 더 많이 사랑하게 되겠는가! 영이 육에게 종노릇할 때 그 영을 육적이라고 부르는 것이 합당하다면, 육이 영에게 종속될 때 그 육을 영적이라고 부르는 것이 합당하다. 어떤 사람들은 "썩을 것으로 심는데, 썩지 않을 것으로 살아납니다"(고전 15:42)라는 성경 구절에 근거하여 육이 영으로 변화되기 때문이라고 주장하지만, 그것은 육이 완벽하고 놀라울 정도로 기꺼이 영에 순종하기 때문이다. 그 결과 그것들은 그들의 열망을 이루어, 확고부동한 불멸*immortality*, 영생을 누리게 하고, 모든 불안과 부패와 나태에서 자유롭게 할 것이다. 그 몸은 이 땅에서 가장 건강한 상태에 있었던 몸보다 더욱 좋을 것이며, 더 나아가 최초의 인간들이 죄를 짓기 전*in primis hominibus ante peccatum*에 지녔던 몸보다 훨씬 우월할 것이기 때문이다.

논평

여러 가지 면에서 흥미로운 이 본문에서 아우구스티누스는 '몸'과 '영'의 관계를 탐구하는 방식을 보여준다. 일부 학자들은 아우구스티누스의 논의가 사도 바울뿐만 아니라, 그에 못지않게 신플라톤주의자인 플로티누스를 따른 것이 아닌지 의심한다. 하지만 본문에서 알 수 있듯이, 아우구스티누스는 기독교의 죽음과 불멸에 관한 견해를 플라톤과 연관된 견해와 분명히 구별한다.

생각해 볼 물음들

❶ 아우구스티누스는 부활에서 '몸'과 '영'의 관계를 어떻게 이해하는가?

❷ 많은 교부 학자들은 마지막 때 일어날 일들을 창조의 회복이라는 관점에서 해석했다. 아우구스티누스도 이에 동의하는가? 특히 아우구스티누스가 부활한 몸은 "최초의 인간들이 죄를 짓기 전에 지녔던 몸보다 훨씬 우월할 것"이라고 단언할 때, 그가 여기서 말하려는 바는 무엇인가?

10.12 ▼

그레고리우스 1세 교황

: 연옥

일찍이 연옥 개념을 다룬 이 중요한 글은 593년이나 594년에 나온 그레고리우스의 마태복음 12:32에 대한 주석 가운데서 특히 '다가오는 세상에서' 죄를 용서받을 수 있다고 설명하는 부분에서 인용했다. '정화하는 불'에 대해 언급하는 부분을 주목하라. 그레고리우스 1세Gregory the Great, 약 540-604는 590년부터 사망할 때까지 교황으로 있었으며, 가장 위대한 교황 가운데 한 사람으로 인정받는다10.8, 10.10, 10.15 참조.

본문

비교적 작은 죄들에 대해 말하자면, 최후의 심판이 있기 전에 정화하는 불*purgatorius ignis*이 있다는 것을 믿어야 한다. 진리이신 그분께서 "누구든지……성령을 거슬러 말하는 사람은, 이 세상에서도 오는 세상에서도, 용서를 받지 못할 것이다"(마 12:32)라고 선언하셨기 때문이다. 이 말씀을 근거로 어떤 죄들은 이 세상에서 용서를 받을 수 있는 데 반해, 다른 죄들은 다가오는 세상에서 용서받게 된다는 사실을 알 수 있다.

논평

그레고리우스의 마태복음 주석에서 인용한 이 본문에서는 연옥 개념을 체계적으로 제시하지는 않는다. 이 글은 연옥에 관한 초기 단계의 개념과 어휘들을 보여준다. 그레고리우스는 다음과 같은 핵심 질문을 제기한다. 장차 죄를 용서받을 수 있는 '다가오는 세상'이란 무엇인가? 그리고 이것이 장차 이르게 될 삶에 관해 함축하는 것은 무엇인가?

생각해 볼 물음들

❶ 그레고리우스가 "누구든지……성령을 거슬러 말하는 사람은, 이 세상에서도 오는 세상에서도, 용서를 받지 못할 것이다"라고 말하는 마태복음 12:32을 근거로 삼아 제기하는 논점을 여러분의 말로 설명해 보라.

❷ 그레고리우스가 언급하는 '정화하는 불'이 의미하는 것은 무엇인가? 다른 종류의 불로는 어떤 것이 있겠는가?

10.13 ▶

페트루스 롬바르두스

: 천국에 사는 인간의 외양

기독교 신학자들 사이에서 논쟁거리가 된 문제 가운데 하나가 부활한 사람의 나이에 관한 것이었다. 어떤 사람이 60세에 죽었다면 그는 새 예루살렘의 거리에 60세의 모습으로 나타나게 될까? 어떤 사람이 열 살에 죽는다면, 그는 어린아이의 모습으로 나타날까? 중세에는 이런 쟁점을 논의하느라 많은 정력을 허비했다. 13세기 말에 이르러서야 점차 의견이 일치를 이루게 되었다. 사람은 30세쯤에 가장 완전한 수준에 이르므로, 어떤 사람이 그 나이에 도달하지 못하고 죽었다고 하더라도 부활할 때에는 그 나이에 상당한 모습으로 나타나게 될 것이다. 페트루스 롬바르두스약 1100-1160는 중세 신학교과서의 고전이었던 그의 책 『네 권의 명제집』*The Four Books of the Sentences*에서 이 문제를 그 시대에 일반적으로 통용되던 방식을 따라 논한다. 여기에 실은 글은 그 책에서 인용했다. 그의 주장에 따르면, 새 예루살렘의 주민들은 30세쯤(그리스도가 십자가에서 처형될 때 이 나이였다)의 사람들로, 그것도 모든 흠이 사라진 사람들로 채워지게 될 것이다10.1, 10.2, 10.7, 10.9 참조.

본문

태어나자마자 죽은 아이는 그가 살아서 30세에 도달했을 때 지녔을 만한 모습으로, 몸에 아무런 흠집도 없는 상태로 부활하게 될 것이다. 그러므로 출생 시에는 매우 작았던 이 실체가 스스로 그 자체 내에서 증식함으로 말미암아 부활 때에는 그렇게 온전한 모습으로 나타나는 것이라고 말할 수 있다. 이 사실로부터 비록 그 아이가 계속 살았더라도 그의 실체는 다른 어떤 원천에서 오는 것이 아니라, 그 자체가 증가해 이루어지는 것이라고 말할 수 있다. 그것은 아담의 갈비뼈에서 여성이 만들어지거나, 또는 복음서에 나오는 빵이 늘어났던 일과 같은 것이다.

논평

천국에 사는 사람들의 외관상 나이는 신학의 영역 밖에서도 중요한 문제였다. 예를 들어, 중세와 르네상스 시대의 많은 예술가들은 가족 예배당과 성당과 수도원을 천국에 관한 벽화로 장식해 달라는 요청을 받았다. 그들은 천국에 있는 성도들을 어떤 모습으로 그렸을까? 페트루스 롬바르두스가 제시한 답이 큰 영향을 끼친 것으로 보인다. 그리스도께서 죽으셨을 때의 나이가 30세 정도였기에 이 나이가 완전한 나이로 여겨졌고, 따라서 영광 중에 천국에 오른 사람들도 그 나이 때의 모습으로 그려진다.

생각해 볼 물음들

❶ 페트루스는 어린 소년이 이 세상에서 지녔던 몸을 성년 남성의 몸으로 확장시키는 데 필요한 물질이 어디에서 오는가라는 문제로 어려움을 겪었다. 그가 제시하는 답은 무엇인가?

❷ 페트루스는 부활한 몸이 완전한 상태로 나타날 것이라고 강조하면서, 그 몸의 외관상 나이 서른 살을 그 완전함의 한 면모라고 여긴다. 이렇게 천국에 속한 몸의 완전성을 이루는 다른 요소로서 그가 밝히고 있는 것은 무엇인가?

10.14 ▼

베네딕트 12세 교황

: 천국에서 하나님 뵙기

아래의 글은 1336년 1월 29일 출간되었고 「하나님의 지복직관」*De visione Dei beatifica*이라고도 알려진 교황 헌장 「복되신 하나님」*Benedictus Deus*에서 인용했다. 이 글에서 베네딕트 12세 교황1342 사망은 기독교의 희망에 대해, 특히 온전히 하나님을 뵙는다는 개념—인간 삶의 현 조건들 아래서는 불가능한 것—에 대해 권위 있는 설명을 제시한다10.1, 10.11 참조.

본문

우리는 사도들에게 물려받은 권위로 다음과 같은 사실을 분명히 밝힌다. 하나님의 보편적인 안배에 따라, 우리 주님이시고 구주이신 예수 그리스도께서 승천하신 이후로 모든 성인들의 영혼과……그리스도의 거룩한 세례를 받은 후에 죽은 신자들의 영혼은 (그들이 죽었을 때 정화되어야 할 것이 없었거나……그렇게 정화되어야 할 것을 지닌 채 죽었더라도 죽은 후에 온전히 정화되었다면)……그들이 육신을 다시 취하기 전과 공심판(公審判)general judgment 이 있기 전에도 이미 천사들의 무리에 속하여 그리스도와 함께 천국, 곧 하늘나라와 천상의 낙원에 있어 왔고, 지금도 있고, 앞으로도 있을 것이다. 우리 주 예수 그리스도의 고난과 죽음 이후로 이 영혼들은 어떤 피조물의 매개 없이 하나님의 본질을 직관하여 얼굴을 마주하여 보아왔고, 지금도 보고 있다.

논평

이 본문은 특히 '지복직관'beatic vision—하늘에 오른 사람들이 다른 매개물 없이 하나님을 직접 뵙는 것—이라고 알려진 개념을 다룬다. 전통적인 신학에서는 인간 본성이 그 약점으로 인해 하나님을 볼 수 없다고 주장했다. 베네딕트는 이 약점이 부활로 말미암아 제거될 것이고, 그래서 부활한 사람들은 하나님을 직접 대면해 볼 수 있게 된다고 주장한다.

생각해 볼 물음들

❶ 베네딕트는 죽음 이후의 신자들에게 어떤 일이 일어난다고 생각하는가?

❷ 바울이 말한 "지금은 우리가 거울로 영상을 보듯이 희미하게 보지마는, 그 때에는 얼굴과 얼굴을 마주하여 볼 것입니다"(고전 13:12)라는 구절을 살펴보라. 이 구절은 본문에서 베네딕트의 생각에 어떻게 반영되어 있는가?

제노바의 카테리나

: 연옥

10.15 ▼

제노바의 카테리나Catherine of Genoa, 1447-1510가 『연옥에 관한 논고』*Treatise on Purgatory*를 작성한 시기는 대략 1490년대라는 사실 외에 밝혀진 것이 없다. 이탈리아어로 쓰인 이 저술에서 카테리나는 연옥이 존재하는 이유와 목적에 관해 탁월한 견해를 제시하며, 죄에서 정결하게 된다는 개념의 중요성을 강조한다10.12 참조.

본문

[연옥에서 겪게 되는] 모든 고통은 원죄original sin이든 자범죄actual sin이든 죄가 그 원인이다. 하나님께서는 영혼을 순수하고 단순하며 죄의 오염으로부터 깨끗한 상태로 지으셨으며, 그에 더해 지복적 본능을 부어 주셨다. 영혼은 원죄로 인해 하나님께서 떨어져 나오고 여전히 원죄에 사로잡혀 있지만 이 지복적 본능으로 하나님께로 돌아가기를 갈망한다. 이러한 원죄에 자범죄가 더해지면서 영혼은 하나님으로부터 더욱 멀리 떨어지게 되었다……

영혼이 처음 창조되었을 때 누렸던 순수하고 깨끗한 상태로 가까이 다가갈 때, 그 지복적 본능이 다시 깨어나고 점점 더 강하게 자라나서는, 그 궁극적 목표에 도달하지 못하게 만드는 모든 장애물을 깨뜨릴 힘을 지니게 된다. 영혼이 이처럼 하나님을 뵙는 일에 눈을 뜰수록 그 고통도 더 커진다.

연옥에 있는 영혼들은 죄책이 없기 때문에 그들과 하나님 사이에는 그들이 겪는 고통 외에는 아무런 장애물이 없다. 이 고통이 그들을 꼼짝 못하도록 묶어 놓아 이 지복적 본능을 통해 완전에 이르지 못하도록 막아 버린다. 그들은 또한 이 본능이 의로움에 대한 요구에 의해서도 묶인다는 것을 안다. 이러한 까닭에 혹독한 불*un tanto extreme foco*이 필요하다. 이 불은 죄책을 제외하고는, 지옥의 불과 같다. 이 죄책이 바로 지옥의 형벌에 떨어진 사람들의 의지를 악하게 만드는 것이며, 이들에게 하나님은 그분의 선하심을 베풀어 주시지 않는다. 따라서 그들은 계속해서 악한 의지를 지니며 하나님의 뜻에 반항하게 된다……

연옥에 있는 영혼들은 모든 일에서 하나님의 뜻과 일치를 이루며, 이 때문에 하나님께서는 그들에게 그분의 선하심을 베푸신다. 그 결과 그들은 자신들의 모든 죄에서 깨끗하게 되어 기쁨을 누리게 된다.

그리고 죄책에 관해 말하자면, 이 영혼들은 처음에 하나님께 지음 받았을 때와 같이 의롭게 된다. 죄로 인해 고통스러운 이생의 삶을 마치고 나서 죄를 고백하고 더 이상 죄짓지 않기로 결심한 그들의 죄책을 하나님께서 즉시 용서해 주시기 때문이다. 남는 것은 죄의 찌꺼기뿐이며, 이것도 불의 고통으로 깨끗해진다.

그들이 모든 죄책에서 깨끗해지고 마음으로 하나님과 일치를 이룰 때, 그들은 그분을 분명하게 볼 수 있으며(하나님께서 그들에게 자신을 드러내시는 만큼), 또 그분을 즐거워하는 일이 얼마나 큰일인지를 알 수 있게 된다. 이것이 바로 그들이 창조된 목적이다.

논평

카테리나는 이 글에서 죄책이 연옥에서 어떻게 불로 정결하게 되는지를 설명한다. 여기에 덧붙여 죄책의 본질과 특히 죄책이 하나님을 뵙는 일에 끼치는 영향을 깊이 있게 다룬다.

생각해 볼 물음들

❶ 카테리나에 따르면, 죄책은 어떤 영향을 끼치는가? 죄책이 정결하게 되는 것은 왜 그렇게 중요한가? 카테리나는 정결하게 하는 수단으로 무엇을 제시하는가?

❷ 본문에서 '지복직관'이라는 주제는 어떤 식으로 드러나는가? 이것은 베네딕트 12세가 이 주제에 관해 언급한 것10.14과 어떤 관계에 있는가?

10.16 ▼

존 던
: 부활

런던 세인트폴 대성당의 주임 사제를 역임한 존 던John Donne, 1572-1631은, 영어로 글을 쓰고 영적으로 가장 탁월했던 시인들 가운데 한 사람으로 인정받는다. 아래의 시는 신학적이고 영적인 주제들을 폭넓게 다룬 시 모음집 『홀리 소네트』*Holy Sonnets*에서 인용했다5.21, 10.11 참조.

본문

죽음이여, 뽐내지 마라. 사람들이 너를 두고
강하고 무섭다 말하지만, 실상은 그렇지 않다.
네가 멸했노라 생각하는 사람들, 결코 죽지 않았으니
가련한 죽음이여, 나 역시 네가 죽일 수 없다.
네 그림자일 뿐인 잠과 안식에서
그렇게 많은 즐거움이 생겨난다면,
네게서는 더욱 많은 즐거움이 흘러나온다.
참 선한 사람을 네가 가장 먼저 데려가지만,
그들에겐 죽음도 육신의 안식이요 영혼의 해방일 뿐.
너는 운명과 우연, 폭군, 절망한 사람들의 종이요,
독약과 전쟁과 질병과 어울린다.
아편이나 마술도 우리를 잠들게 할 수 있고,
그 힘이 너보다 더 강하니, 네가 으스댈 까닭이 무엇이냐?
한 번의 짧은 잠이 지나면, 영원토록 깨어나리니,
그때 더 이상 죽음은 없으며,
죽음이여, 네가 영원히 죽으리라.

논평

이 시에서는 죽음을 의인화하여 다루고, 그리스도의 부활로 말미암아 죽음이 정복되었다고 주장한다. 이 시는 죽음의 사망과 최종적인 패배를 선언하는 것으로 끝난다.

생각해 볼 물음들

❶ 흠정역 성경에서 "맨 나중에 멸망 받을 원수는 사망이니라"(고전 15:26)라는 구절을 살펴보라. 이처럼 죽음을 원수로 보는 주제는 던의 시에 어떻게 반영되는가?

❷ 다음의 흠정역 성경 구절을 살펴보라. "이 썩을 것이 썩지 아니함을 입고 이 죽을 것이 죽지 아니함을 입을 때에는 사망을 삼키고 이기리라고 기록된 말씀이 이루어지리라. 사망아 너의 승리가 어디 있느냐. 사망아 네가 쏘는 것이 어디 있느냐. 사망이 쏘는 것은 죄요 죄의 권능은 율법이라. 우리 주 예수 그리스도로 말미암아 우리에게 승리를 주시는 하나님께 감사하노니"(고전 15:54-57). 죽음을 물리친 승리라는 주제가 던의 시에서 어떻게 펼쳐지고 있는가?

10.17 ▼

제레미 테일러

: 죽음과 천국

제레미 테일러Jeremy Taylor, 1613-1667는 17세기의 가장 탁월한 영성 저술가 가운데 한 사람으로 인정받는다. 그는 흔히 '찰스 시대 신학자'Caroline Divine라고 불리는데, 이 단어는 찰스 1세 및 2세의 통치 시대에 활동했던 영국 교회의 종교 사상가들을 가리키는 용어다. 널리 알려진 그의 저술에는 『거룩한 생활의 규칙과 수련』*The Rule and Exercises of Holy Living*, 1650과 『거룩한 죽음의 규칙과 수련』*The Rule and Exercises of Holy Dying*, 1651이 있다. 아래 본문은 후자의 저술에서 인용했다10.11, 10.14 참조.

본문

만일 여러분이 죽음을 두려워하지 않으려면, 성도들과 천사들이 누리는 지복felicity을 사랑하기 위해 노력하십시오. 그에 더해 이 세상보다 더 살기 좋은 곳이 있으며, 우리보다 더 고귀한 존재들이 있고, 저 위에는 이 땅의 나라보다 더 좋은 나라가 있으며, 그곳에 거하는 이들은 우리보다 더 많이 좋은 것을 알고 안식과 기쁨으로 가득한 곳에서 산다는 것을 확신하십시오. 먼저 그것이 얼마나 소중한 것인지를 깨닫고, 이어서 그것을 얻는 법을 배우기 바랍니다. 그러면 죽음은 더 이상 무서운 것이 아니며, 오히려 우리를 크고 놀라운 기쁨과 지복으로 인도해 주는 길이 됩니다. 만일 어떤 사람이 어리석은 폭군이나 학식과는 거리가 먼 사람들과 대화하다가 호메로스, 플라톤, 소크라테스, 키케로, 플루타르코스, 파브리시우스와 같은 인물과 대화할 수 있게 되었다면, 자기가 발전했다고 생각하지 않을까요? 이처럼 이방인들도 깊이 생각하지만 우리는 더 높이 생각합니다. "주 안에서 죽는 자들"은 사도 바울을 비롯해 모든 사도들과 대화를 나누게 될 것이고, 또 모든 성도와 순교자들, 우리 마음속에 영예로운 사람으로 간직된 선한 이들, 탁월한 왕과 거룩한 주교들과 대화를 나누게 될 것이며, 무엇보다도 우리 영혼의 참 목자이신 예수 그리스도와 하나님과도 대화를 나누게 될 것입니다.

논평

『거룩한 죽음』*Holy Dying* —책 제목을 짧게 줄여 이렇게 부른다—은 테일러의 주저에 속한다. "잘 죽는 것은 대단한 기술이다"It is a great art to die well라고 테일러는 말했다. 이렇게 시작되는 이 책은 기독교인에게 평온하고 존엄하게 죽음을 맞는 길을 안내하는 데 그 목적이 있다. 기독교인이 죽음의 공포를 이길 수 있는 수단으로 테일러가 제시하는 것 가운데 한 가지는 죽음 너머의 일에 대한 희망을 관상하는 것이다. 여기서 우리는 천국에 대한 믿음이 기독교인의 삶에 미치는 영향을 분명하게 밝히고 있는 것을 볼 수 있다. 테일러의 확신에 찬 믿음에 따르면, 기독교의 희망을 관상하는 일은 삶의 종말을 두려워하는 사람들에게 하늘에서 참으로 놀라운 일이 그들을 기다리고 있다는 사실을 상기시킴으로써 위로와 용기를 준다.

생각해 볼 물음들

❶ 테일러는 기독교의 천국에 대한 희망이 죽어가는 사람들에 어떤 식으로 용기를 북돋워 주고 지원해 줄 수 있다고 보는가?

❷ 천국에서 신자들은 "사도 바울을 비롯해 모든 사도들과 대화를 나누게 될 것이고, 또 모든 성도와 순교자들, 우리 마음속에 영예로운 사람으로 간직된 선한 이들, 탁월한 왕과 거룩한 주교들과 대화를 나누게 될 것이며, 무엇보다도 우리 영혼의 참 목자이신 예수 그리스와 하나님과도 대화를 나누게 될 것입니다." 이 구절에서 테일러가 말하려는 바는 무엇인가? 그것이 위안이 된다고 보는 이유는 무엇인가?

조나단 에드워즈

: 지옥의 실재

10.18 ▼

조나단 에드워즈1703-1758의 유명한 설교 "진노하신 하나님의 손에 붙들린 죄인들"은 원래 18세기에 매사추세츠에서 일어난 대각성 운동 기간에 했던 설교다. 이 설교에서 에드워즈는 설교를 듣는 청중에게 충격을 주어 회개로 이끌기 위해 전통적인 지옥 개념을 열렬하게 옹호한다10.3, 10.24, 10.26 참조.

본문

하나님께는 악한 자들을 언제라도 지옥으로 내던질 능력이 충분합니다. 하나님께서 일어나시면 인간의 손은 힘을 쓸 수 없습니다. 아무리 강한 자라도 그분께 저항할 수 없고, 그 손길에서 벗어날 수 없습니다. 하나님께서는 악한 자들을 지옥으로 던져 넣으실 능력이 있으실 뿐만 아니라, 그 일을 아주 쉽게 하실 수 있습니다. 종종 세상의 군왕이 반역자를 진압하는 데 큰 어려움을 겪는 것을 봅니다. 반역자가 막강한 힘으로 방비하고 수많은 추종자를 거느려 강력해졌기 때문입니다. 그러나 하나님께 그런 경우는 없습니다. 어떻게든 하나님의 능력을 막아 낼 요새는 없습니다. 비록 하나님의 대적들이 힘을 합쳐 큰 무리를 이룬다고 해도, 그들은 쉽게 무너져 흐트러집니다. 그들은 회오리바람 앞에 놓인 왕겨 더미 같고, 타오르는 불길 앞에 놓인 마른 건초 더미 같습니다. 우리가 땅 위로 기어가는 벌레를 밟아 짓이기는 일이 쉽고, 물건을 매단 가느다란 실을 끊거나 불태우는 것이 쉽듯이, 하나님께서 당신 뜻대로 원수들을 지옥에 던져 넣는 일은 아주 쉽습니다. 하나님께서 책망하시면 땅이 흔들리고 그분 앞에서 바위도 무너져 내리는데, 우리가 무엇이기에 그분 앞에 설 수 있다고 생각합니까?

악한 자들은 지옥에 던져져도 마땅합니다. 하나님의 공의가 훼방받는 일이 있어서는 안 되기에, 하나님께서 악인들을 멸하기 위해 어느 때라도 당신의 권세를 사용하는 일을 무엇으로도 막을 수 없습니다. 오히려 공의가 그들의 죄를 영원히 벌하라고 큰소리로 외칩니다. 하나님의 공의는 소돔의 포도 열매를 맺은 나무에 대해 "찍어 버려라. 무엇 때문에 땅만 버리게 하겠느냐?"(눅 13:7)라고 말씀하십니다. 하나님께서 드신 공의의 칼은 언제나 악인들의 머리 위에 맴돌고 있고, 그 칼을 물릴 수 있는 것은 오직 하나님의 뜻, 그분의 주권적이고 자비로운 손길뿐입니다.

악인들은 이미 지옥으로 떨어지는 유죄선고를 받았습니다. 그들은 지옥으로 떨어져도 마땅할 뿐만 아니라, 하나님께서 인간과 맺으신 영원불변한 의의 법, 곧 하나님의 율법에 의해 선고받고 배척당했습니다. 그래서 "믿지 않는 사람은 이미 심판을 받았다"(요 3:18)라는 말씀대로 그들은 이미 지옥에 속합니다. 회개하지 않은 사람들도 모두 지옥에 떨어지는 것이 마땅합니다. 그곳이 그들의 자리이며, 요한복음 8:23에서 "너희는 아래에서 왔고"라고 말하는 대로 그들은 지옥에 속한 사람들입니다. 그들은 지옥에 묶여 있으며, 그곳은 정의와 하나님의 말씀과 하나님의 변함없는 율법의 판결에 따라 그들에게 배당된 자리입니다.

이제 그 사람들도 하나님의 진노와 노여움의 대상이 되어, 지옥의 고통 속에 던져질 수밖에 없습니다. 그런데도 그들이 지금 당장 지옥에 떨어지지 않는 이유는, 그들을 능력으로 다스리는 하나님께서 현재 지옥에서 하나님의 혹독한 노여움을 견디며 고통당하고 있는 가련한 사람들에게 진노하시는 만큼, 그들에게 진노하지 않으시기 때문이 아닙니다. 그렇습니다. 하나님께서는 지금 땅 위에 살고 있는 수많은 사람들에게 훨씬 더 크게 진노하고 계십니다. 지옥의 불길 속에 있는 사람들보다 지금 편안한 마음으로, 이 집회에 참여하고 있는 많은 사람들에게 훨씬 더 크게 진노하고 계신 것이 분명합니다.

따라서 하나님께서 손을 거두어 그들을 내치지 않으시는 이유는 그들의 사악함에 눈을 감아 버리거나 화를 내지 않으시기 때문이 아닙니다. 하나님께서는 결코 그들과 같은 분이 아니십니다. 그들은 하나님을 그런 분이라고 생각할지 모르나 결코 그렇지 않습니다. 그들을 향한 하나님의 진노는 뜨겁게 타오르고, 그들에게 임한 저주는 사라지지 않습니다. 구덩이는 활짝 열리고 불이 준비되었으며, 용광로는 뜨겁게 달아올라 그들을 맞을 준비가 되었고, 불꽃은 맹렬하게 타오르고 있습니다. 잘 벼려져 번쩍이는 칼이 그들의 목 위에 놓이고, 구덩이는 그들 아래서 입을 활짝 열었습니다.

악마는 하나님께서 허락만 하시면, 언제라도 악인들을 덮치고자 노리고 있습니다. 그들은 악마에게 속하고 악마는 그들의 영혼을 사로잡아 지배합니다. 성경은 그들을 악마의 소유라고 말합니다(눅 11:21-22). 악마들은 그들을 감시하고, 항상 그 오른편에서 먹잇감을 노리는 사자처럼 그들을 노리고 있지만, 지금은 잠시 뒤로 물러나 있습니다. 하나님께서 악마들을 제어하는 손을 거두기만 하시면, 그들은 한순간에 가련한 영혼들을 덮칠 것입니다. 옛 뱀이 입을 크게 벌리고 있고, 지옥이 그들을 맞고자 문을 활짝 열었습니다. 하나님께서 허락만 하시면, 그들은 순식간에 삼켜져 사라질 것입니다.……

악한 사람들은 계속해서 그리스도를 거부하고 사악한 상태로 머물러 있으면서도 지옥에서 벗어나려고 온갖 수고와 재간을 동원하지만, 그런 것들로는 한순간도 지옥을 막아낼 수 없습니다. 거의 모든 불신자들이 지옥에 대해 알지만, 막상 자기는 그곳에 가지 않을 것이라고 우쭐대고, 자기 힘으로 안전을 도모하며, 자기가 전에 행한 일이나 현재 하는 일, 앞으로 하려고 하는 일을 내세워 자랑합니다. 모든 사람이 지옥의 저주를 피할 방도를 스스로 강구하면서, 자기 힘으로 잘 감당하고 있으며 자기 계획은 실패하지 않을 것이라고 우쭐합니다. 그들도 극히 적은 사람만이 구원을 얻을 수 있고 지금까지 죽은 사람들 대부분이 지옥으로 떨어졌다는 사실을 듣지만, 그들은 다른 사람들과 달리 자신들은 문제를 잘 해결할 수 있어 지옥에서 벗어날 수 있다고 생각합니다. 그들은 그 고통의 장소에 갈 마음이 전혀 없습니다. 그래서 자기는 일을 잘 처리해 실패하는 일이 없도록 하겠다고 속으로 생각합니다. 하지만 어리석은 인간은 자기 계획을 내세우고, 자신의 힘과 지혜에 대한 확신으로 비참할 정도로 스스로를 기만합니다. 그들은 그림자에 불과한 것을 신뢰합니다. 지금까지 동일한 은혜의 방편 아래 살다가 죽은 사람들 가운데서도 많은 자들이 지옥으로 떨어진 것이 확실합니다. 그 사람들이 그렇게 된 것은 지금 살아있는 사람들만큼 지혜롭지 못해서가 아닙니다. 다시 말해, 그들이 지옥에 떨어지지 않기 위해 훌륭한 방도를 마련하기 못했기 때문이 아닙니다.

논평

이 글은 전통적인 지옥 개념을 다룬 고전 문헌 가운데 하나로 널리 인정받는다. 이 설교—대략 두 시간 정도의 분량—에서 에드워즈는, 길을 돌이켜 회개하지 않은 사람들은 필연적으로 영원한 지옥에 떨어진다고 주장한다. 특히 인간의 영혼은 불멸이며, 따라서 지옥이든 천국이든 그곳에서 영원히 지내야 한다고 보는 견해에 주목하라.

생각해 볼 물음들

❶ 이 본문의 전체적인 주제를 여러분의 말로 설명해 보라. 여러분은 에드워즈가 설교 후에 회중에게 기대했던 행동이 무엇이었다고 생각하는가?

❷ 만일 인간 영혼이 불멸성에 도달하는 것이 신앙을 통해서만 실현될 수 있다면, 이 사실은 에드워드의 주장에 어떤 차이를 낳겠는가? 이 쟁점을 명료하게 다루려면, 안티오키아의 테오필루스가 이 주제에 관해 쓴 글10.2을 읽는 것이 도움이 된다.

10.19 ▼

존 웨슬리

: 보편적 회복

이 설교에서 존 웨슬리1703-1791는 동물계와 식물계를 포함해 창조 세계의 보편적이고 최종적인 회복에 대한 전망을 제시한다. 하나님께서 인간과 그 밖에 나머지 피조물을 동등하게 평가하신다는 주장에 웨슬리가 동의할 수 없다고 솔직하게 말하는 점에 주목하라10.1 참조.

본문

그런데 동물들을 포함한 '피조물'이 언제까지 이렇게 한탄스러운 처지에 놓여 있을까요? 하나님께서는 우리가 이렇게 주장하는 것을 바라지 않으시고, 심지어 그런 생각을 품는 것조차 금하십니다. "모든 피조물이……신음"할 때(사람들이 알든 모르든) 그들의 부르짖음은 텅 빈 하늘로 사라지는 것이 아니라, 그들을 지으신 분의 귀에 가닿습니다. 하나님께서는 당신의 피조물이 "함께 [해산의] 고통을 겪고" 있을 때, 그들의 모든 고통을 아시고 그들을 이끌어 때가 되면 이루어질 새 탄생으로 점점 더 가까이 인도하십니다. 하나님께서는 생명 있는 모든 피조물이 마지막 때 "하나님의 자녀들이 나타나기를 간절히 기다리고" 있는 것을 아십니다. 그때가 되면 그들은 "썩어짐의 종살이에서 해방되어서(소멸에 의해 해방되지는 않는데, 소멸은 해방이 아니기 때문입니다), 하나님의 자녀가 누릴 영광된 자유"에 이르게 될 것입니다.……

우리는 이런 보편적인 관점을 요한계시록 21장에서 볼 수 있습니다. "보좌에 앉으신" 분께서 "보아라, 내가 모든 것을 새롭게 한다"라고 말씀하실 때, 그리고 "하나님의 집이 사람들 가운데 있다. 그들은 하나님의 백성이 될 것이다. 하나님이 친히 그들과 함께 계시고, 그들의 하나님이 되실 것이다"라는 말씀이 이루어질 때, 다음과 같은 복이 모든 피조물에게(본문에서는 사람의 자녀들에게 한정해서 말하지 않기에) 그들 각자의 역량에 따라 부어질 것입니다.……

몇 가지 구체적으로 살펴보면, 그때가 되면 의심의 여지없이 모든 동물은 그들이 지음 받을 때 지녔던 활력과 힘과 민첩성에로 회복될 뿐만 아니라 그들이 이전에 누렸던 것보다 훨씬 더 높은 수준으로 회복될 것입니다. 그들은 천국에서 지녔던 이해력의 수준으로 회복될 뿐만 아니라, 코끼리의 이해력이 벌레의 이해력을 능가하듯이, 처음 수준보다 훨씬 더 뛰어난 수준으로 회복될 것입니다. 또 그 짐승들은 하나님의 동산에서 받았던 보살핌보다 훨씬 커다란 보살핌을 누리도록 회복될 것이며, 우리로서는 헤아리기 힘들 정도로 고상하게 높여질 것입니다. 그때가 되면 그들이 누렸던 자유가 완벽하게 회복될 것이며, 그래서 그들은 모든 행동에서 자유롭게 될 것입니다. 그들은 모든 비정상적 욕구와 다루기 힘든 격정과 자체로 악하거나 악으로 기우는 기질에서 해방될 것입니다. 어떤 피조물에게서도 분노, 폭력성, 잔인성, 피에 대한 굶주림을 찾아볼 수 없게 될 것입니다. 그와는 반대로 "이리가 어린 양과 함께 살며, 표범이 새끼 염소와 함께 누우며, 송아지와 새끼 사자와 살진 짐승이 함께 풀을 뜯고, 어린 아이가 그것들을 이끌고 다닌다. 암소와 곰이 서로 벗이 되며, 그것들의 새끼가 함께 눕고, 사자가 소처럼 풀을 먹는다.……나의 거룩한 산 모든 곳에서, 서로 해치거나 파괴하는 일이 없다"(사 11:6-9)는 말씀 그대로 될 것입니다.……

만물의 아버지께서는 극히 미천한 피조물까지도 온유하게 돌보시고, 그 결과 그들이 현재의 종노릇하면서 겪는 모든 것에 대해 크게 보상해 주실 것이라는 사실을 나는 결코 의심하지 않지만, 하나님께서 그들과 사람의 자녀들을 동일하게 배려하신다고는 감히 주장할 수 없습니다.

논평

웨슬리는 분명 구속을 피조물의 최종적 회복이라는 견지에서 이해한다. 웨슬리에게 이사야 11:6-9이 제시하는 비전은 핵심적 중요성을 지닌다. 이러한 견해에 따르면, 천국은 코끼리와 벌레들을 포함할 것이다. 하지만 웨슬리의 주된 관심사는, 이렇게 회복된 창조 세계 안에서 인간에게 어느 정도나 우월한 지위를 부여하느냐에 있다. 그의 대답은 조금 모호하기는 해도 흥미롭다.

생각해 볼 물음들

❶ 웨슬리는 어떤 생각을 근거로 "생명 있는 모든 피조물"이 최종적으로 회복될 것이라고 단언하는가? 웨슬리에게 특히 중요한 성경 본문은 무엇인가?

❷ 웨슬리는 회복된 창조 세계 안에서 코끼리와 사람 중 어떤 것이 더 큰 지위에 있게 될 것으로 믿었는가? 어떻게 해서 그는 그런 결론에 도달하는가?

10.20 ▼

C. S. 루이스
: 천국에 대한 희망

이 글은 영국의 문학 비평가이자 평신도 신학자인 C. S. 루이스Lewis, 1898-1963가 원래 '희망'을 주제로 한 방송 대담의 내용이다. 나중에 이 글은 루이스의 고전적 저술인 『순전한 기독교』*Mere Christianity*, 1954에 한 장으로 편집되어 실렸다. 본문에서 루이스는 천국에 대한 희망이라는 개념을 탐구하면서, 천국을 향한 희망이 이 세상 삶에서 이탈하게 하는 결과를 낳는 것은 아니며, 또 그런 희망이 우리 내면 깊은 곳에 있는 열망이라는 감정을 이해할 수 있게 해준다고 강조한다10.1, 10.25, 10.26 참조.

희망은 신학적 덕목 가운데 하나입니다. 이 말의 의미는 영원한 세계를 지속적으로 추구하는 일은 (현대인들이 흔히 생각하듯) 현실 도피나 소원 성취에 속하는 것이 아니라, 기독교인이라면 당연히 지녀야 할 자세라는 것입니다. 이 말은 우리가 눈에 보이는 현재 세상을 버려야 한다는 뜻이 아닙니다. 역사를 살펴보면, 현재 세상을 위해 가장 위대한 일을 이룬 기독교인들은 죽음 이후의 다음 세상에 대해 가장 많이 생각했던 사람들이었다는 사실을 알 수 있습니다. 로마 제국이 개종하도록 문을 열었던 사도들, 중세를 일으켜 세웠던 위대한 인물들, 노예 매매를 폐지했던 영국 복음주의자들이 모두 이 지구상에 큰 족적을 남길 수 있었던 이유는, 바로 천국에 마음이 사로잡혔기 때문입니다. 기독교인들이 이 세상에서 무기력하게 된 것은 죽음 이후의 다음 세상에 대해 생각하기를 멈추고서부터입니다. 천국을 바라보십시오. 그러면 세상은 '덤으로' 얻게 됩니다. 그러나 세상을 바라보면 어느 것도 얻을 수 없습니다.……

대부분의 사람들이 '천국'을 바라는 일을 참 어렵게 생각합니다. 기껏해야 '천국'이란 죽은 친구들을 다시 만나게 되는 일을 뜻한다고 여깁니다. 이렇게 어려워하는 이유 가운데 하나는 우리가 제대로 훈련을 받지 않았다는 데 있습니다. 우리가 받은 모든 교육은 우리 마음을 이 땅의 세상에 고정시켜 버리는 경향이 있습니다. 다른 이유는 진심으로 천국을 바라는 마음이 우리에게 있기는 하지만, 그것을 깨닫지 못하는 데 있습니다. 자기 내면을 들여다보는 법을 배운 사람이라면 누구나 자기들이 이 세상에서는 손에 넣을 수 없는 것을 추구한다는 사실을, 그것도 간절히 원한다는 사실을 알 수 있을 것입니다. 이 세상에 있는 온갖 것이 나서서 우리가 찾는 그것을 주겠노라고 외치지만, 그것들은 결코 그 약속을 지키지 못합니다. 우리가 처음으로 사랑에 빠지거나 낯선 나라를 떠올리거나 신나는 과목을 공부할 때 우리 내면에서 솟구쳐 오르는 열망은, 사실 결혼이나 여행이나 학습으로는 충족시킬 수 없는 열망입니다. 이 말은 흔히 실패로 끝나버린 결혼이나 휴가나 연구 경력을 염두에 두고 말하는 것이 아닙니다. 그런 일에서 최고로 멋진 수준에 이르렀다 해도 결코 채울 수 없는 열망이 있다는 점을 말하는 것입니다. 이처럼 처음 열망을 느끼는 순간에는 깨달았으나, 현실 속에서 곧바로 사라져 버리는 것들이 있습니다. 제가 말하는 것이 무엇인지 누구나 알 것입니다. 아내는 훌륭한 아내일 수 있고, 호텔과 그 풍경은 탁월할 수 있고, 화학 과목은 매우 흥미로운 공부일 수 있습니다. 그런데도 무엇인가가 우리를 허전하게 합니다. 이 사실을 해명하는 데는 그릇된 방법이 두 가지, 옳은 방법이 하나 있습니다.

1. **어리석은 사람의 방식**. 이 사람은 사안 자체에 비난을 퍼붓습니다. 이 사람은 만일 자기가 다른 여자를 만났거나 더 호화로운 여행을 했거나 그 외 어떤 일을 했더라면, 지금쯤 모든 사람이 바라는 기적 같은 일을 이루었을 것이라는 생각에 빠져 평생을 보냅니다. 권태롭고 불만에 젖어 사는 부자들이 대부분 이런 부류에 속합니다. 그들은 평생 동안 이 여자에서 저 여자에게로 건너뛰고(물론 이혼 절차를 거치면서), 이 대륙에서 저 대륙으로, 이 취미에서 저 취미로 뛰어넘어 살아가면서 언제나 가장 나중 것이 '진짜'라고 생각하지만, 늘 실망으로 끝나고야 맙니다.
2. **환멸에 젖어 사는 '지각 있는 사람'의 방식**. 이런 사람은 성급하게도 모든 것이 헛되다고 마음을 먹습니다. 그는 "젊을 때는 그렇게 느끼는 것도 당연해. 하지만 시간이 흘러 내 나이 때가 되면 무지개를 좇는 일을 포기하기 마련이지"라고 말합니다. 그래서 그는 주저앉아 지나치게 많은 것을 기대하지 않는 법을 배우며, 자신에게서 이른바 "달을 향해 짖어대는" 기질을 억누릅니다. 이런 태도는 물론 첫째 방식보다는 훨씬 나으며, 또 그 자신은 더 행복하게 해주고 사회에는 해를 덜 끼칩니다. 이 방식은 그 사람을 도덕적인 우월감에 젖게 만들기도 하지만(사실 이 사람은 그가 '철부지'라고 부르는 사람들에 비해 훨씬 뛰어나기도 합니다), 전체적으로 보아 매우 원만하게 사람들과 어울려 지내게 해 줍니다. 만약 인간이 영원토록 사는 것이 아니라면, 이런 태도가 우리가 선택할 수 있는 최선의 방도일

수도 있습니다. 하지만 무한한 행복이 실제로 존재하고, 우리를 기다리고 있다면 어떨까요? 인간이 실제로 무지개의 끝에 가닿는 것이 가능하다면 어떻겠습니까? 그럴 경우, 우리가 소위 "상식"이라는 것으로 우리에게서 그런 행복을 누릴 수 있는 역량을 억눌러 버렸다는 사실을 뒤늦게야(죽은 후에) 깨닫게 될텐데 그처럼 애석한 일이 어디 있을까요?

3. **기독교인의 방식**. 기독교인들은 "피조물이 태어날 때부터 지닌 욕구가 있다면, 그 욕구를 충족시켜줄 것도 있게 마련이다"라고 말합니다. 아기는 배고프다고 느낍니다. 그래서 음식이라는 것이 있습니다. 새끼 오리는 헤엄치기를 원합니다. 그래서 물이 있습니다. 사람은 성욕을 느낍니다. 그래서 성관계라는 것이 있습니다. 만일 이 세상에 속한 어떤 경험으로도 채울 수 없는 욕구가 내 안에 있다면, 그에 대한 가장 합당한 설명은 내가 다른 세상에 맞도록 지어졌다는 것입니다. 내가 이 세상에서 누리는 어떤 쾌락으로도 그 욕구를 채울 수 없다고 해서, 그것이 이 우주가 가짜라고 입증하는 것은 아닙니다. 이 세상의 쾌락은 결코 그 욕구를 채우라고 생겨난 것이 아니라, 다만 그 욕구를 일깨우고 진정한 쾌락의 방향을 제시하고자 생겨난 것입니다. 이게 옳다면, 우리는 이 세상에 속한 이런 복들을 경멸하거나 그에 대해 감사할 줄 모르는 태도를 취하지 않도록 조심해야 하며, 다른 한편으로는 그런 쾌락들이 다른 무엇인가의 복제물이나 그림자나 신기루에 불과하다는 사실도 잊지 말아야 합니다. 우리는 죽은 다음에야 충족될, 우리의 참된 나라에 대한 욕구가 우리 안에 살아 숨 쉬도록 잘 간직해야 합니다. 또한 그 욕구를 억눌러 버리거나 멀리 제쳐 놓아서도 안 됩니다. 그 나라로 힘차게 나아가고 다른 사람들도 그렇게 하도록 돕는 것을 우리 삶의 주요 목표로 삼아야 마땅합니다.

논평

여기서 루이스는 천국에 대한 기독교적 사고와 관련해 두 가지 질문을 다룬다. 첫째, 천국이 사람들의 관심을 지금 이 땅의 삶에서 다른 곳으로 이끌어 세상의 고통과 고난을 잊게 만든다는 비판을 다룬다. 둘째, 천국 희망이 어떻게 우리 내면 깊은 곳에 있는 채워지지 않는 열망들을 이해할 수 있는 지적인 틀을 제공해 주는지를 탐구한다. 이러한 열망들은 이 세상이 우리의 참 고향이 아니라는 사실을 깨닫게 해주고, 나아가 삶의 초월적인 측면들을 발견하도록 이끌어 주는 것으로 보는 게 가장 옳다고 그는 주장한다.

생각해 볼 물음들

❶ 루이스가 이 본문의 첫 단락에서 탐구하는 논점을 여러분의 말로 설명해 보라. 그 단락에서 어떤 문장이 그의 견해를 가장 잘 요약하고 있는가?

❷ "만일 이 세상에 속한 어떤 경험으로도 채울 수 없는 욕구가 내 안에 있다면, 그에 대한 가장 합당한 설명은 내가 다른 세상에 맞도록 지어졌다는 것입니다." 본문에서 이 구절의 위치를 확인하라. 이 구절에서 루이스가 말하려는 바는 무엇인가?

10.21 ▼

루돌프 불트만

: 종말론의 실존론적 해석

루돌프 불트만1884-1976은 1955년 에든버러 대학교에서 행한 기포드 강연을 출판한 『역사와 종말론』1957에서, 마지막 때의 일을 실존주의적으로 재해석해 제시한다. 이 해석에 따르면, 전통적 심판 이해는 현재 이루어지는 개인적이고 실존적인 결단으로 파악된다2.39 참조.

본문

[복음의] 메시지는 예수 그리스도 안에 나타난 하나님 은총의 계시에 비추

어서 자신의 정당성을 확인한다. 신약성경에 따르면 **예수 그리스도는 종말론적 사건이며**, 하나님께서 옛 세상을 끝장내시는 하나님의 행위다. 이 종말론적 사건은 기독교 교회의 선포 안에서 계속적으로 현재의 일이 되며, 또 믿음을 통해 반복적으로 현재의 일이 된다. 옛 세상은 믿는 사람에게서 종말에 이르렀으며, 이제 그 사람은 "그리스도 안에 있는 새 피조물"이다. "옛 사람"인 그 자신이 종말을 맞고, 이제 "새 사람"이요 자유로운 사람이 되었다는 사실과 더불어 옛 세상이 종말에 이르렀기 때문이다.

바울과 요한에 따르면, 종말론적 사건은 극적이고 우주적인 대재앙이 아니라 역사 속에서 일어나는 사건으로, 예수 그리스도의 출현으로 시작하고 역사 속에서 연속하여 계속 발생하는 일이지만, 역사가들이 확증해 낼 수 있는 역사 발전과 같은 것이 아니다. 이것이 바로 기독교 메시지의 역설이다. 종말론적 사건은 선포와 신앙 안에서 계속해서 사건이 된다. 예수 그리스도는 종말론적 사건으로, 과거의 확증된 사실이 아니라, 지금 여기서 선포를 통해 당신과 나에게 말을 건네 오고 반복적으로 현재의 일이 된다는 의미에서 종말론적 사건이다.

선포는 말 건넴*Anrede*이며, 말 건넴으로서의 선포는 응답, 곧 **결단**을 요구한다. 이 결단은 미래에 대한 책임 때문에 현재 매 순간 요구되는 결단들과는 분명 다른 것이다. 신앙의 결단에서, 나는 책임져야 하는 행위에 대해 결단하는 것이 아니라, 하나님의 은총을 힘입어 자신에게서 자유롭게 되고 새로운 자아를 부여받은 존재로서 나 자신의 새로운 이해에 대해 결단하는 것인데, 이것은 동시에 하나님의 은총 안에 세워진 새로운 삶을 받아들이는 결단이다. 이렇게 결단하는 가운데 나는 또 나의 책임 있는 행위에 대한 새로운 이해에서도 결단한다. 이 말이 의미하는 것은, 역사적인 순간에 요구되는 책임 있는 결단이 신앙에 의해 내게서 면제된다는 것이 아니라, 모든 책임 있는 결단은 사랑에서 비롯된다는 것이다. 사랑은 전적으로 자기 이웃을 위해 존재하는 일이며, 이 일은 자신에게서 자유롭게 된 사람에게만 가능하기 때문이다.

신자들이 세상으로부터 끌어내어져 이를테면 세상 밖에 살며, 그러면서 동시에 세상 안과 자신의 역사성 속에 계속 머물러 있다는 것은 그리스도인의 삶이 지닌 역설이다. 역사적이 된다는 것은 미래로부터 산다는 것을 의미한다. 신자들도 역시 미래로부터 사는데, 그 이유는 첫째 그의 신앙과 자유는 결코 소유물이 될 수 없으며, 그것들은 종말론적 사건에 속하는 것으로서 결코 과거의 사실들이 될 수 없고 오히려 계속 반복되는 사건으로서만 실재하기 때문이다. 둘째, 신자들은 역사 속에 머물러 있기 때문이다. 원칙상 미래는 언제나 인간에게 자유라는 선물을 준다. 기독교 신앙이란 이 선물을 취하는 능력이다. 인간이 자기 자신에게서 벗어나는 자유는 언제나 역사적인 결단의 자유 안에서 실현된다.……

신약성경에서는 기독교 실존의 종말론적 특성을 가리켜 흔히 '아들 됨'이라는 말로 부른다. 프리드리히 고가르텐F. Gogarten은 다음과 같이 말한다. "아들 됨이란 습성이나 자질 같은 것이 아니라, 삶의 결단을 통해 계속해서 취해야 하는 것이다. 아들 됨은 현재의 시간적인 역사가 지향하는 것이며, 따라서 다른 어떤 곳이 아니라 바로 이 역사 속에서 일어나는 것이기 때문이다." 기독교 신앙은 "구원의 급진적이고 종말론적인 특성을 믿는다는 이유로, 인간을 그가 속한 구체적이고 세상적인 실존 밖으로 끌어내지 않는다. 그와는 달리 신앙은 인간을 온전한 냉철함을 지닌 그대로 세상의 실존 속으로 불러들인다.……인간의 구원은 다른 어떤 곳이 아닌 바로 그러한 실존 안에서만 일어나기 때문이다."

라인홀드 니버Reinhold Niebuhr가 그의 흥미로운 책 『신앙과 역사』1949에서 이와 비슷하게 신앙과 역사의 관계를 설명했는데, 시간 관계상 그 내용에 대해서는 구체적으로 살펴보지 않겠다. 또 허버트 버터필드H. Butterfield가 『기독교와 역사』1949에서 주장한 견해도 다루지 않는다. 내가 보기에, 그가 역사주의의 문제와 역사성의 본질을 명료하게 파악한 것 같지는 않으나, 그 책은 중요한 통찰을 많이 담고 있다. 그가 "모든 순간이 종말론적이다"라고 한 말에는 나도 동의한다. 차라리 나는 이렇게 말하고 싶다. "모든 순간이 종말론적 순간이 될 가능성을 지니며, 기독교 신앙에서 이 가능성이 실현된다."

기독교적 실존이 종말론적이고 탈세상적인 존재이며 동시에 역사적인 존재라는 역설은, 루터가 말한 '의인인 동시에 죄인'*simul iustus, simul peccator*이라는 개념과 유사하다. 신앙 안에서 그리스도인은 역사를 넘어서는 관점—야스퍼스와 같은 사람들이 찾고자 했던 관점—을 갖는데, 그러면서도 자신의 역사성을 상실하지 않는다. 그리스도인의 탈세상성은 하나의 특성이 아니라 '낯선 것'*aliena*이라고 부를 수 있는데, 그리스도인의 의*iustitia*를 가리켜 루터가 '낯선 것'이라고 부른 것과 같은 의미에서 그렇다.

우리는 역사주의 문제에서 제기되는 '역사 속의 의미 물음'을 다루는 것으로 이 강의를 시작했다. 그리고 총체적인 역사의 의미를 묻는 이 문제에 인간으로서는 답할 수 없다는 사실을 살펴보았다. 인간은 역사 외부에 설 수 없기 때문이다. 하지만 이제 우리는 이렇게 말할 수 있다. 역사의 의미는 언제나 현재 안에 있으며, 기독교 신앙에 의해 현재가 종말론적 현재로 파악될 때 역사 속의 의미는 실현된다. "나는 역사의 의미를 알 수가 없어. 그러니 역사에 얽혀 있는 내 삶은 의미가 없어"라고 불평하는 사람에게는 이렇게 충고한다. 보편적인 역사 속으로 들어가 당신 자신을 둘러보려고 하지 말고, 당신 자신의 개인적인 역사를 꿰뚫어 보라. 역사의 의미는 언제나 당신의 현재 안에 있으며, 당신은 관찰자의 눈으로는 그것을 볼 수 없고 오직 당신 자신의 책임적인 결단을 통해서만 볼 수 있다. 모든 순간 속에는 종말론적인 순간이 될 가능성이 깃들어 있다. 당신이 그것을 깨워야 한다.

논평

이 글에서 불트만은 '심판'을, 인간이 자신에게 선포되는 신적 케리그마*kerygma*와 마주치게 되는 실존적 위기의 순간을 가리키는 것으로 해석한다. 불트만에 따르면, 제4복음서에서 말하는 '실현된 종말론'은 재림*parousia*을 미래 사건이 아닌 신자와 케리그마가 마주칠 때 이미 발생한 일로 제시한다.

생각해 볼 물음들

❶ 불트만이 "예수 그리스도는 종말론적인 사건이다"라고 말하는 것은 무엇을 의미하는가?

❷ 이 본문은 개인적인 "결단"의 중요성을 강조한다. 그 이유는 무엇인가? 불트만은 실존적 결단과 최후의 심판을 어떻게 관련시키는가?

10.22 ▼

헬무트 틸리케

: 윤리와 종말론

독일의 저명한 루터교 윤리학자이자 신학자인 헬무트 틸리케Helmut Thielicke, 1908-1986는 긴 시간을 들여 세 권으로 된 『신학적 윤리』*Theological Ethics*를 저술했다. 이 책에서 그는 전통적으로 루터교가 가르쳐 온 '두 왕국'을 종말론적 관점에서 재해석했다. 아래 본문은 이 책에서 인용한 것으로, 윤리에서 종말론의 중요성을 강조한다10.23 참조.

본문

그 결과, 기독교 윤리는 불가능한 가능성이라는 역설적인 말로만 표현할 수 있다. 이 말의 의미는 우리가 산상수훈에서 제시하는 종말론적 관점에서 문제를 보는 순간 분명하게 드러난다. 산상수훈은 모세의 규범을 극단까지 밀고 나간다. 산상수훈은 우리에게 절대적인 요구를 부과하여, 분노의 결과만이 아니라 분노 자체를 금하고, 간음 행위만이 아니라 간음에 대해 생각하는 것 자체를 금한다(마 5:22, 28). 그렇게 해서 우리의 행위뿐만 아니라 우리의 존재까지도 문제 삼는다. 산상수훈은 우리에게 단순히 다르게 행동해야 한다고 요구하는 것이 아니라 다르게 **존재해야**be 한다고 요구한다. 이를테면 산상수훈은 타락이라는 것 자체가 일어난 적이 없는 것처럼, 그리고 우리의 실존 전체가 이 시대에 좌우되지 않는 것처럼 우리에게 요구한다. 산상수훈은 마치 우리가 여전히 하나님의 손으로 처음 지음 받았던 원상태에 있는 것처럼 우리에게 요구를 부과한다. 산상수훈은 이미 새 시대가 이르러 옛 시대를 대체하기나 한 것처럼 우리에게 요구를 지운다. 그 결과로 우리가 행하는 모든 일과, 나아가 우리 행위를 규정하는 모든 윤리가 종말론적으로 도전받게 된다.

기독교 윤리는 다가오는 세상의 파괴적인 심판 아래 놓여 있다는 점에서 불가능한 과업이다. 하지만 우리가 서로 갈등하는 두 시대 사이에 살면서 타협점*modus vivendi*을 찾아야 한다는 점에서 기독교 윤리는 필수적인 과업이기도 하다. 윤리의 전체 작업을 떠받치는—그와 동시에 계속 흐트러뜨리는—이 긴장의 특성을 밝히기 위해, 이 긴장의 세 가지 독특한 면모를 살펴본다.

첫째, 기독교 윤리의 비밀은 종말론적 비밀이다. 기독교 윤리는 시간과 영원 사이, 이 시대와 다가오는 시대 사이의 풀 수 없는 긴장 위에 서있다. 이 긴장은 두 힘의 균형을 맞춤으로써 제거할 수 없는데, 힘의 균형을 맞추는 것은 사실상 타협을 의미한다. 이런 식의 무시간적 해결방식을 구하는 것은, 결과라는 관점에서 볼 때 시간을 더 이상 끝을 향하여 달려가는 것으로 보지 않도록 요구한다. 이런 해결방식은 영구한 것을 찾되, 타협을 수단으로 삼아서라도 '영구한' 타당성을 지니는 것으로 인정할 수 있는 것들을 추구하는 것을 뜻한다.

둘째, 기독교 윤리의 비밀은 그리스도론적 비밀이다. 기독교 윤리는 그리스도의 신성과 인성 사이의 해결할 수 없는 긴장 위에 서있다. 내가 그리스도의 신적 본성과 인적 본성의 결합을 논리적으로 설명할 수 없는 것처럼, 다시 말해 논리를 따져서 정적이고 무시간적인 방식으로 그 둘을 조화시킬 수 없는 것처럼, 이 시대 안에 살면서 동시에 하늘나라에 속하기도 하는 그리스도인의 실존의 단일성에 대한 공식을 찾아낼 수도 없다. 윤리는 표면상 현명하고 신중한 것으로 보이고 연속성의 법칙과 불연속성의 법칙 모두를 충족시켜 주는 것처럼 보인다. 하지만 이러한 규칙들을 제공하는 것으로는 긴장을 해결할 수 없거니와 해결하려고 해서도 안 된다. 그렇게 시도할 경우 기독교 윤리는 불가능성에 직면하게 되는데, 이 불가능성은 두 본성 교리에서 그리스도가 당연히 두 가지 본성을 주장했다는 점을 입증하려고 할 때, 더 나아가 그리스도를 두 본성의 중간 지점에 있는 것으로, 즉 일종의 반신반인의 존재로 설명하려고 할 때 맞닥뜨리게 되는 불가능성과 동일한 것이다.

이 긴장을 해소할 수 없다는 사실은, 우리가 하나님 나라로 부름 받아 두 세상이 긴장하는 중간 영역에 존재할 때 발생하는 일이 우리로서는 헤아릴 수 없는 불가해한 기적이라는 점을 보여주는 표징이다. 우리는 그리스도의 인격의 성육신이 어떻게 일어났는지를 설명할 수 없듯이 이 기적이 어떻게 발생하는지도 설명할 수 없다. 이와 마찬가지로 우리는 새 자아가 옛 자아와 어떻게 관련되는지도 설명할 수 없다. "이제 살고 있는 것은 내가 아닙니다. 그리스도께서 내 안에서 살고 계십니다"(갈 2:20). 이 구절에서는 '육을 따라 사는' 자아와 '영을 따라 사는' 자아 모두에 대해 동일하게 '나'라고 말한다. 여기서 말하는 동일성은 루터가 성찬의 요소들이 그리스도의 몸과 피와 동일하다고 여긴 생각을 "…이다"*est*라는 말로 주장한 것과 유사하다. 하지만 이 동일성은 오직 신앙으로만 주장할 수 있다. 이 문제를 부정적으로 보아, 통계학상의 객관적인 의미에서 자아의 두 형태가 합치하는 것으로 말하거나 교차하는 두 원에서 겹치는 부분과 겹치지 않는 부분을 확인할 수 있는 일에 빗대어 두 자아를 동일시하는 것은 불가능하다. 우리는 역설적 동일성을 말할 수 있을 뿐인데, 이 동일성은 관점에 따라 다른 모양으로 나타날 수가 있다. 다시 말해, 앞부분에 나오는 자아("내가")는 자신의 관점에서*coram se ipso* 보는 것이요, 뒷부분에 나오는 자아("그리스도께서 내 안에서")는 하나님의 관점에서 보는 것이다.

여기에 새로운 존재의 비밀이 있다. 이러한 존재의 비밀은 그 존재에서 나오는 행위에도 비밀스런 특성을 부여한다. 이것은 행위가 성령의 능력 안에서—즉 또 다른 비밀의 이름으로—일어난다는 의미에서 참일 뿐만 아니라, 이 행위의 규범들이 두 시대 사이에 놓인 비밀스런 상황에 참여한다는 의미에서도 참이다.

셋째, 기독교 윤리의 비밀은 성례전적 비밀이다. 기독교 윤리는, 성례전에서 볼 수 있듯이, 표징과 그 표징이 가리키는 대상 사이의 해결할 수 없는 긴장 위에 서있다. 나는 내 구체적인 실존 안에서 사랑하고 행동하거나 응답하는 일을 통해서는 새로운 실존을 적절한 실체 형태로*in adequate res form* 표현해 낼 수 없다. 나는 단지 표징을 수단으로 사용하여 그 표징들을 넘어서는 것을 가리키는 예증적 행위들을 통해서만 새로운 실존을 표현할 수 있다. 주님의 몸이 빵과 포도주라는 표징 아래 감추어져 있듯이, 참된 이웃 사랑에 수반되는 복종은 내 사랑이라는 매우 복잡한 행위 속에 숨겨져 있다. 이 사랑의 행위는 공감, 환대, 자기애와 같은 다양한 동기들로 이루어지는데, 이 자기애라는 것은 아무리 고상해 보여도 이기적인 것에 불과할 수도 있거나 진정으로 이웃을 위한 것일 수도 있다. 나의 행위는 참으로 복합적인데, '지지'와 '반대'가 뒤섞여 있기 때문이다(루터가 '두 왕국' 이론에서 말한 것처럼 질서 내에서, 예를 들어 전쟁이나 소송에서, 사랑을 표현하는 데 수반되는 문제들을 생각해 보라).

결론적으로 말해, 윤리는 긴장 관계에 있는 두 요소 모두를 공평하게 다루는 타협안을 제시하여 그 긴장을 해결하는 것을 목표로 삼을 수 없다. 오히려 윤리는 그 긴장 속으로 들어가 뚫고 나가는 길을 따라야 한다. 윤리는 행동을 필요로 하는 구체적인 문제들과 관련해 어디에서 긴장이 빚어지고 있는지를 보여줄 수 있다. 그에 더해, 모든 행동들이 용서의 약속을 필요로 하고 용서의 약속 아래 있는 상황에서 윤리는, 그리스도인이란 새 시대의 시민으로 살면서 동시에 옛 시대를 하나님의 카이로스*Kairos*라고 즉 하나님의 인내하심으로 지속되는 '은혜 받을만한 때'acceptable time라고 인정할 줄 아는 사람들이라는 사실을 입증해 보이는 행동들이 어떤 모습이어야 하는지 보여줄 수 있다. 이처럼 '두 세상 사이를 걷는 일'이 윤리학의 주제다. 엄격한 의미에서 그것은 길 위의 신학*theologia viatorum* 의 주제다. 윤리학은 '아직 아니'not yet의 율법 아래 살기도 하지만 동시에 "내가 곧 가겠다"(계

22:20)라는 말씀이 주는 평화 안에서 산다. 신학적 윤리는 종말론적인 윤리이며, 이 사실을 빼면 아무것도 아니다.

논평

여기서 틸리케는 전통적인 루터교 교리인 '두 왕국'을 종말론적으로 다시 진술해야 한다고 주장한다. '이 땅의 왕국'과 '천상의 왕국'을 현재에서 겹쳐지는 두 개의 권위 영역으로 생각하는 대신, 하나님의 새로운 두 시대가 현 시대 속으로 뚫고 들어온다는 관점에서 이 개념을 재구성해야 한다. 그래서 '지금'now과 '아직 아니'not yet 사이에는 종말론적 긴장이 존재하며, 이 사실이 윤리적인 결단과 의사결정에 깊이 반영되어야 한다.

세 가지 용어에 대한 평가가 필요하다. 그리스어 용어인 카이로스*kairos*는 '결정적인 순간'을 가리킨다. "in adequate res form"이라는 구절은 어떤 것의 현실적이고 물질적인 실체를 가리키는데, 여기서 이 실체는 그것이 훨씬 더 큰 어떤 것을 상징하거나 가리킬 수 있는 역량과 대비된다. 라틴어 *coram se ipso*라는 구절은 "자기 자신의 관점에서"로 번역할 수 있고, 하나님의 관점과는 대조되는 것으로서 어떤 상황에 대한 인간 본질의 관점을 가리킨다.

생각해 볼 물음들

❶ 틸리케의 주장에 따르면, 기독교 윤리는 어떻게 "시간과 영원 사이, 이 시대와 다가오는 시대 사이의 풀 수 없는 긴장 위에" 근거하는가? 여러분은 이 구절이 들어 있는 부분을 찾아 그 맥락을 헤아려 봄으로써, 도움을 얻을 수 있을 것이다.

❷ 틸리케는 기독교 윤리가 그리스도론적인 특성을 지닌다고 주장한다. 이 주장으로 그가 말하려는 바는 무엇인가? 이런 특성은 윤리의 종말론적 본질의 한 면모인가, 아니면 별도로 고려해야 할 사항인가?

리처드 보컴

: 위르겐 몰트만의 종말론

리처드 보컴Richard Bauckham, 1946 출생은 독일 신학자 위르겐 몰트만의 가장 신뢰할 만한 해석자로 널리 인정받는다. 몰트만은 20세기 후반에 종말론 논의를 이끈 가장 중요하고 영향력 있는 저자 가운데 한 사람이다. 보컴의 이 글은 몰트만이 기념비적 저술인 『희망의 신학』에서 주장한 종말론에 대해 명쾌한 요약과 논평을 제시한다10.11 참조.

본문

몰트만의 신학이 이룬 가장 중요한 업적 가운데 하나는 미래 종말론future eschatology을 회복시킨 일이다. 이 업적은 부분적으로는 미래 종말론이 성경적인 신앙에 결정적인 중요성을 지닌다고 주장한 근대 성서학의 연구 결과에 대한 응답으로 이루어진 것이다. 슈바이처와 도드, 불트만을 비롯한 많은 학자들은 성경의 종말론에서 세상의 실제적이고 시간적인 미래에 대해 언급한 내용을 벗겨 내지 않으면 현대인들이 그 종말론을 받아들일 수 없다고 생각한 데 반하여, 몰트만은 1960년대의 몇몇 독일 신학자들과 마찬가지로 미래 종말론에서 기독교 신앙을 현대 세계에 신뢰할 만하고 유의미한 것으로 제시할 수 있는 길을 발견했다. 몰트만은 근대인들이 새로운 미래를 찾고자 하는 희망으로 역사를 지속적이고 급진적인 변화 과정으로 경험하는 것을, 교회에서 기독교란 반동적인 전통주의라고 생각하거나 역사로부터 철저히 주관적인 본래성으로 도피하는 것이라고 착각해서 거부하거나 무시해서는 안 된다는 점을 입증하려 했다. 오히려 성경적인 기독교 신앙은 세상의 미래를 종말론적으로 파악하며, 그런 까닭에 교회는 현대 세계 속으로 들어가 변화의 가능성들과 씨름하고, 고착화하려는 모든 흐름들에 맞서 그 가능성들을 촉진시키며, 나아가 그 가능성들이 미래의 하나님 나라를 지향할 수 있도록 종말론적인 방향을 제시해야 한다. 복음은 미래에 진리가 있다는 종말론적인 신앙을 제시함으로써 오늘날에도 적합하고 신뢰할 만한 것으로 인정받으며, 현재를 미래를 향해 변화하도록 이끌어 줌으로써 자신의 정당성을 증명한다.

몰트만이 볼 때, 기독교의 희망은 예수의 부활로부터 생겨난다는 점에서 철저히 그리스도론적이다. "기독교는 종결부에서만이 아니라 처음부터 끝까지 종말론이며 희망이다"라는 몰트만의 유명한 주장은, 예수의 부활의 의미에 관한 주장이라는 점에서만 의미를 지닌다. 또한 기독교의 희망은 예수의 부활을 그 배경이 되는 구약성경과 유대교의 신학에 비추어서 보는 데서 나온다. 이처럼 기독교 신학의 유대적 뿌리를 되찾는 일이 몰트만 신학의 핵심적인 특징이다. 이스라엘의 하나님은 미래를 여는 약속을 제시함으로써 이스라엘에게 자신을 계시했다. 이러한 배경에 비추어서, 하나님께서 십자가에 달린 예수를 새 생명에로 일으키신 행동은 하나님의 약속의 결정적이고 최종적인 사건으로 이해된다. 이 사건 안에서 하나님은 모든 죽은 자의 부활과 모든 실재의 새 창조, 공의와 영광으로 이루어진 하나님 나라의 도래를 약속하며, 예수의 인격을 통해 이 일을 실행함으로써 이 약속을 보증한다. 예수의 부활은 모든 실재의 종말론적 미래를 담고 있다.

부활을 약속이라고 보는 이 개념이 몰트만의 십자가와 부활의 변증법과 연결될 때 그의 종말론의 중요한 면모들이 드러난다. 우선, 십자가와 부활 사이의 모순은 약속이 현실과 모순을 일으키는 변증법적 종말론을 낳는다. 종말론적인 나라는 단순히 현재에 내재된 가능성들의 성취가 아니라 철저하게 새로운 미래를 의미한다. 다시 말해 죽은 자들에게는 생명, 불의한 자들에게는 의로움, 악과 죽음에 종속된 창조 세계에는 새 창조를 의미한다. 하지만 두 번째로, 십자가와 부활의 철저한 모순 안에 있는 예수의 정체성도 역시 중요하다. 부활은 예수의 특정 면모가 죽음에 종속되지 않고 살아 남는다는 것을 뜻하지 않는다. 다시 말해, 예수는 완전히 죽었으며 하나님에 의해 완전하게 부활했다. 이 연속성은 하나님의 새 창조 행위 안에서 허락된다. 이와 비슷하게, 하나님의 약속은 다른 세상을 위한 것이 아니라, 물적이고 세상적인 모든 실재를 아우르는 이 세상의 새 창조를 위한 것이다. 죄와 고난과 죽음에 예속되어 있는 창조 세계 전체가 하나님의 새 창조 안에서 변형된다.

그러므로 기독교의 종말론은 이 세상이 달라질 것이라는 희망이다. 희망은 역사의 모든 가능성을 뛰어넘는 하나님의 종말론적 행동을 통해서만 성취될 수 있는 약속에서 생겨난다. 그 희망은 모든 악과 고난과 죽음의 종말을, 만물에 깃든 하나님의 현존의 영광 안에 포함하기 때문이다. 그렇다고 해서 그 희망이 현재에는 아무런 효력을 발휘하지 못한다고 말하는 것은 아니다. 그와는 반대로, 부활은 역사적인 과정을 작동시켰으며, 그 과정 속에서 약속은 이미 세상에 영향을 미치고 있으며, 그 세상을 변화할 미래의 방향으로 움직이게 한다. 이 과정이 교회의 보편적인 사명이다. 바로 이 지점에서 몰트만의 『희망의 신학』은 교회를 미래뿐만 아니라 세상을 향해 개방시킨다. 기독교의 참된 희망은 이 세상에 속한 일들을 변경 불가능한 것으로 덮어 버리고는 저 세상적인 것만을 소망하는 일이 아니다. 오히려 기독교의 희망은 이 세상의 미래를 바라보는 희망이며, 그런 까닭에 희망은 지금의 현실이 아직은 이루지 못했으나 장차 이루게 될 모습을 보여준다. 세상은 약속된 미래의 방향으로 바뀔 수 있는 것으로 제시된다. 이런 방식으로 신자들은 현실 체제에 순응하는 데서 풀려나 그 체제에 비판적으로 맞설 수 있게 된다. 신자들은 현재의 일과 약속된 일 사이의 모순으로 인해 어려움을 겪는다. 하지만 이런 엄청난 간극으로 인해 신자들은 세계 역사 가운데서 종말론적 미래로 나갈 수 있는 가능성들을 찾고 활성화시킬 수 있게 된다. 따라서 이 약속은 적극적인 희망을 불러일으킴으로써 역사 안에서 미래의 나라를 예견할 수 있게 해준다. 이 미래의 나라는 모든 예측을 뛰어넘는 초월성을 지니며, 이 때문에 신자들은 늘 현실의 조건에 만족하지 못하는데, 이것이 변화를 추구하는 새롭고도 지속적인 충동을 불러일으킨다.

몰트만은 기독교의 공동체적 희망 개념을 개인 및 교회의 삶과 사고에서 핵심적인 동기부여 요소로 재발견해야 한다고 주장했다. 종말론을 "기독교 교의학의 결론 부분에 위치한 작고 무해한 장"이라는 지위에서 구출하여 영예로운 자리에 배치할 필요가 있다(칼 바르트). 몰트만은 종말론이 기독교적 사고에서 핵심적인 중요성을 지닌다고 주장한다. 기독교 신학은 하나님의 변혁적 사역을 통해 열리는 희망을 제시하며, 이것을 세속적인 희망과 사회 변화의 개념들과 확연히 대비시킨다.

생각해 볼 물음들

❶ 여러분은 기독교 신학에서 종말론을 재발견해야 한다는 몰트만의 주장이 얼마나 중요하다고 생각하는가? 그러한 재발견을 통해 얻게 되는 유익은 무엇인가?

❷ 보컴은 "십자가와 부활의 변증법"에 관해 말한다. 그가 이 개념으로 말하려는 바는 무엇인가? 몰트만의 주장에 따르면, "희망"이라는 주제는 그리스도의 십자가를 둘러싼 음울한 현실과 어떤 관계가 있는가?

한스 우르스 폰 발타자르

: 지옥

한스 우르스 폰 발타자르Hans Urs von Balthasar, 1905-1988는 흥미로운 책을 많이 저술했는데, 그 가운데 한 책에서 수난주간에 일어난 사건들을 신학적으로 탐구한다. 성금요일(십자가 처형)과 부활절(부활)의 중요성을 살피고 나서, 그 중간의 성토요일—그리스도께서 죽은 자들에게 내려간 날—의 의미도 탐색한다10.3, 10.18 참조.

죽은 자들에게 내려간 일은 삼위일체적 사건이라는 점에서 당연히 구원 사건이기도 하다. 그리스도는 '진정한 의미의 지옥', 곧 저주받은 자의 지옥*infernus damnatorum*에서 어떤 구원도 행할 수 없었다고—특별한 예정 교리의 관점에서, 또는 하데스(게헨나)와 지옥을 동일한 것으로 보는 맥락에서—주장함으로써 이 구원 사건을 선험적인*a priori* 방식으로 제한하는 것은 빈약한 신학일 뿐이다. 저명한 스콜라 신학자들은 많은 교부들을 따라 그런 선험적인 방어막들을 세웠다. 지하에 네 종류의 '수감 지역'—옛 지옥pre-Hell, 연옥, 세례받지 않은 유아들의 지옥, 진짜 불지옥—이 있다는 데 의견이 일치하자, 신학자들은 한 걸음 더 나가 그리스도께서 어디까지 내려가셨으며 또 그의 구속의 영향력이 그의 인격적 임재*praesentia*에 의해서든 단순한 영향*effectus*에 의해서든, 어디까지 미쳤는지에 관해 물었다. 가장 자주 나온 대답은, 그리스도는 자기의 권능을 보이기 위해 지옥에까지 찾아가 저주받은 자들에게 나타났으며, 유아들의 지옥에서는 아무 일도 행하지 않았고, 연옥에서는 사면을 베풀 수 있었는데 그 세부적인 면모는 논의의 여지가 있다는 것이었다. 옛 지옥은 구속적 행위를 베풀기에 적절한 장소로 남아 있었다……이러한 구조 전체는 한편으로 제쳐 두어야 하는데, 그리스도 이전(여기서 '이전'이라는 말은 연대기적 의미가 아니라 존재론적 의미로 이해해야 한다)에는 지옥이나 연옥이 없었으며—유아들의 지옥에 관해 우리는 아무것도 알지 못한다—단지 하데스(우리는 기껏해야 이것을 막연하게 상부 하데스와 하부 하데스로 나눌 수 있을 뿐이며, 그 둘의 관계는 명확하게 알려지지 않았다)만 있었으며, 그곳에서 그리스도는 (육체적으로나 영적으로) 죽은 자들과 연대함으로써 '우리'를 구원하기 원하셨기 때문이다.

하지만 이 사실을 근거로, 그리스도 이전과 이후의 모든 인간이 그때 이후로 다 구원받았다거나 그리스도는 지옥에 내려간 일을 통해 지옥을 깨끗이 비웠으며, 이제 저주의 모든 두려움이 사라지게 되었다는 결론을 끌어내려는 생각은 큰 반대에 부딪혀 힘을 잃었다……여기서 하데스와 지옥을 구분하는 것이 신학적으로 중요하게 된다. 그리스도는 죽은 자들 가운데서 부활하면서, 하데스 곧 인간이 하나님께 나갈 길이 막혀 있는 상태에서 벗어난다. 하지만 그리스도는 심원한 삼위일체적 경험을 통해 '지옥'을 끌어안으며, 그렇게 해서 심판자로서 인간을 영원한 구원이나 영원한 사망으로 던져 넣을 수 있는 자신의 권세를 드러내 보인다.

논평

이 난해한 글에서 발타자르는 가톨릭의 전통적인 지옥 이해를 분석하면서, 그리스도가 지옥으로 내려갔다는 교리를 평가한다. 특히 죽은 자들의 장소인 '하데스'와 하나님의 심판의 장소인 '지옥'을 구분하는 것에 주목하라. 발타자르는 초기 신학에서 이 두 가지 개념을 암묵적으로 동일시한 것이 심각한 혼란을 낳았다고 주장한다.

생각해 볼 물음들

❶ '죽은 자들의 장소'(하데스)와 '지옥'으로 가르는 구분을 여러분의 말로 설명해 보라. 이 구분의 요점은 무엇인가? 이 구분은 어떤 목적에 사용되는가?

❷ 여러분은 지옥의 세밀한 지리와 지형을 따지는 사람들에 대해 발타자르가 비판적인 이유가 무엇이라고 생각하는가?

10.25 ▼

『가톨릭교회 교리서』

: 천국

1992년에 간행된 『가톨릭교회 교리서』는 기독교 신앙의 기본 주제들을 가톨릭의 관점에서 탁월하면서도 평이하게 설명한 저술로 명성을 얻었다. 여기에 인용한 항목들은 기독교의 '천국 희망'을 다루며, 그에 대한 몇 가지 기본 주제들을 간략하게 제시한다10.1, 10.3, 10.4, 10.6, 10.12, 10.14 참조.

본문

지극히 거룩하신 삼위일체와 함께하는 이 완전한 삶—삼위일체, 동정녀 마리아, 천사들, 모든 복된 사람들과 함께 생명과 사랑으로 나누는 친교—을 '천국'이라고 부른다. 천국은 인간이 지닌 가장 깊은 갈망의 궁극적 목적이자 실현이며, 최종적인 최고 행복에 이른 상태다. 천국에서 사는 것은 '그리스도와 함께 있는' 것이다. 선택받은 사람들은 '그리스도 안에' 살면서도 자신의 참된 정체성과 고유한 이름을 그대로 유지한다. 아니, 발견한다고 말하는 것이 옳을 것이다. 삶은 그리스도와 함께하는 것이요, 그리스도가 계신 곳에 생명이 있고 하나님 나라가 있기 때문이다.

예수 그리스도는 당신의 죽음과 부활로 우리에게 천국을 '열어' 주셨다. 복된 사람들의 삶은 그리스도께서 성취하신 구속의 열매를 온전하고 완벽하게 소유하는 것으로 이루어진다. 그리스도께서는 하늘에서 영화롭게 되실 때, 당신을 믿고 당신의 뜻을 신실하게 따른 사람들을 참여하게 하신다. 천국은 그리스도와 온전히 하나가 된 모든 사람의 복된 공동체다.

이처럼 하나님과 함께하며 그리스도 안에 있는 모든 사람과 나누는 복된 친교의 신비는 일체의 이해와 설명을 초월한다. 성경에서는 이러한 친교를 생명과 빛, 평화, 혼인 잔치, 하늘나라의 포도주, 아버지의 집, 천상의 예루살렘, 낙원 등의 표상들을 사용해서 말한다. "눈으로 보지 못하고 귀로 듣지 못한 것들, 사람의 마음에 떠오르지 않은 것들을 하나님께서는 자기를 사랑하는 사람들에게 마련해 주셨다."

하나님은 초월적인 분이신 까닭에, 하나님께서 친히 당신의 신비를 열어 인간이 볼 수 있게 해주시고 인간에게 그에 합당한 능력을 부어 주시지 않는다면, 하나님의 참 모습을 볼 수 없다. 하늘의 영광 안에 계신 하나님을 이렇게 뵙는 일을 가리켜 교회는 '지복직관'이라고 부른다.

하나님을 뵙고, 여러분의 주님이시며 하나님이신 그리스도와 함께 구원과 영원한 빛의 기쁨을 누리며……하늘나라에서 의인들과 하나님의 벗들과 함께 영생의 기쁨을 누리는 일이 여러분에게 얼마나 큰 영광과 행복이겠습니까?

천국의 영광을 누리는 복된 사람들은 다른 사람들과 모든 피조물을 향한 하나님의 뜻을 이루기 위해 기쁜 마음으로 계속 일한다. 그들은 이미 그리스도와 함께 다스리고 있으며, 또 그분과 함께 "영원무궁하도록 다스릴 것이다."

논평

이 문헌은 내용이 매우 명료하고, 성경을 풍부하게 인용하고 있다. 이 본문이 다음과 같은 세 가지 주요 주제를 하나로 묶고 있는 것에 주목하라. 천국은 인간의 궁극적 목적이고, 거기서 우리는 마침내 우리의 참 정체성을 발견하게 된다. 예수 그리스도는 그분 자신의 죽음과 부활을 통해 천국을 '여신' 분이다. '지복직관'이란, 마지막에 모든 장애물과 제한이 제거된 상태에서 믿는 사람들이 하나님을 얼굴을 맞대고 볼 수 있다는 개념이다.

생각해 볼 물음들

❶ 『가톨릭교회 교리서』는 천국을 마지막에 인간이 원래 정해진 상태에 이르는 자리라고 이해하며, 인간의 운명이 완성된다는 점을 강조한다. 『가톨릭교회 교리서』가 이 주제에 대해 말하는 기본 요소들을 여러분의 말로 설명해 보라.

❷ 본문의 마지막 부분에 인용한 글은 카르타고의 주교로 순교한 키프리아누스**258 사망**의 편지에서 가져왔다. 앞에서10.6 그의 견해를 살펴보았다. 이 인용문이 제기하는 논점은 무엇인가?

10.26 ▼

캐스린 태너

: 영원한 삶

캐스린 태너Kathryn Tanner, 1957 출생는 현재 예일 대학교 신학부의 마퀀드 조직신학 교수다. 그녀는 2001년에 펴낸 『예수, 인성과 삼위일체』*Jesus, Humanity and the Trinity*에서 전통에 근거하면서도 미래를 지향하는 쪽으로 기독교의 신앙을 창조적으로 종합한다. '영원한 삶'의 개념에 대한 태너의 논의가 특히 흥미로운데, 기독교 신학 전통을 건설적으로 다루면서 명석하고 분명한 의미를 제시하기에 여기서 인용한다10.1, 10.6, 10.11, 10.13, 10.14, 10.16 참조.

본문

그리스도 안의 삶은 죽음의 현실을 꿰뚫고 나가며, 그런 까닭에 영원한 삶이다. 삼위일체 하나님 안에 있는 삶은 우리가 그리스도 안에서 성령의 능력을 힘입어 현재와 죽은 후에 누리는 삶이다. 그러한 삶에 대해 생전과 사후는 아무런 차이를 낳지 못한다. 죽음은 하나님 안에 있는 이런 삶에 아무런 영향도 끼칠 수 없는데, 하나님께서는 우리의 죽음에도 불구하고 우리와 관계를 이어가시면서 그 관계를 통해 온전한 생명을 허락하시기 때문이다. 그러므로 우리가 지금 살아있어도 그리스도께 대하여 죽은 자라면 우리는 죽은 것이다. 그리스도에게서 (그리고 그리스도 안에 있는 우리 동료들에게서) 분리되는 일은, 겉보기엔 그처럼 고립되고 철저히 자기중심적인 실존으로 인해 우리에게 많은 이익을 주는 것 같아 보여도, 사실은 죽음일 뿐이다. 게다가 삶의 온갖 고난과 죽음에도 불구하고 영원한 삶이 우리의 몫으로 허락되었으며, 그로 인해 숱한 시련으로 고통당하는 이들이 위로를 얻는다. 그러므로 생물학적 죽음까지 포함해 모든 죽음 앞에서 우리가 그리스도에 대하여 살아있다면 비록 죽음 가운데 있어도 우리는 산 자이다. "우리는 살아도 주님을 위하여 살고, 죽어도 주님을 위하여 죽습니다. 그러므로 우리는 살든지 죽든지 주님의 것입니다"(롬 14:8).

그런데 영원한 삶을 이렇게 이해하는 것은, 삶(넓은 의미로 본 삶)의 모든 소유물이 하나님과의 관계(삶을 관계라고 보는 성경의 두 번째 의미)로부터 온다는 구약성경의 견해를 따른 것이다. "오직 너희의 하나님 여호와께 붙어 떠나지 않은 너희는 오늘까지 다 생존했느니라"(신 4:4, KJV). 이러한 관점에서 볼 때, 하나님에게서 벗어나거나 도망치려고 애쓰는 일은 넓게 보아 죽음의 힘을 지닌다. (이것은 말 그대로 자기 자신을 파괴하려고 애쓰는 것이다) 영원한 삶을 하나님 안에 있는 삶이라고 보는 방식은, 삶을 하나님과의 관계로 이해하는 성경의 두 번째 의미를 강조하는 것이다. 그것은 또 하나님과의 관계가 지닌 죽음을 이기게 하는 특성을 밝히는 방식이기도 하다. 만일 세상과 인간 사회와 개인들이 죽음의 현실을 뛰어넘어 하나님과의 관계에 힘입어 산다면, 그들은 단순히 하나님과의 관계 속에 사는 것이 아니라 하나님 안에 사는 것이다. 죽음 이후에 우리 육체가 지니는 유일한 생명의 힘은, 생명을 베푸시는 그리스도의 인격을 통해 성령의 능력 안에서 허락되는 하나님 자신의 생명의 힘이다. 영원한 삶은 우리와 하나님의 관계가 조건에 따라 좌우되는 것이 아니라는 사실을 확고하게 보여준다. 영원한 삶은 생물학적 죽음이나 공동체와 우주의 소멸에 의해서도 결코 영향을 받지 않는다. 성경의 가르침에 따르면, 어떤 일이 일어나든지 하나님은 변함없이 이스라엘과 교회의 하나님이시며, 그분이 지으신 세상과 그 안에 있는 모든 개체들의 하나님이시다. 영원한 삶이라는 관념은 간단히 말해 이처럼 죽음의 현실을 꿰뚫고 들어가, 하나님의 사랑하시고 지속적인 신실하심을 계속해서 긍정하는 길이다.

창조 속에 분명하게 드러나 있듯이, 영원한 삶은 하나님께서 피조물의 유익을 위해 변함없이 베푸신 사랑의 지속이자 완성이면서도, 영원한 삶 그 자체는 피조물이 단순히 피조물로서 하나님과 맺는 관계를 훨씬 능가하는 큰 선물이다(또한 그러한 큰 선물을 베풀어 준다). 영원한 삶의 확고한 무조건성은 그러한 차이를 보여주는 한 가지 특성이다. 영원한 삶으로 말미암아, 모든 은택의 원천이신 하나님과의 관계가 어떻게 죄나 죽음(생물학적인 죽음까지 포함해 모든 의미의 죽음)으로 인해 파괴될 수 없는지 분명해진다. 생명을 주시는 하나님과의 관계를 하나님 편에서 무조건적으로 지탱하신다. 어떤 형편에서도 하나님께서는 우리에게 생명을 주시는 관계를 신실하게 유지하시며, 그리스도를 통해 우리에게도 신실하게 행할 수 있는 힘을 부어 주신다. 그런데 이 관계도 역시 조건에 따라 좌우되는 것이 아니다. 그 까닭은 그 관계 안에서 우리가 마땅히 되어야 하는 것—하나님께서 우리와 맺는 관계를 증언하는 형상—을, 우리 자신의 실패와 고통과 죄에도 불구하고 하나님 편에서 (하나님께서 그리스도 안에서 값없이 베푸시는 호의와 자비하심을 통해) 지키고 강화하시기 때문이다. 영원한 삶의 관계 안에서 하나님은 우리가 어떻게 행하든 그리고 우리에게 어떤 일이 일어나든지, 우리를 하나님과의 관계 속에 보존하시며 그 자리를 지키게 하신다. 우리는 인간적인 실패와 신실하지 못함과 죽음의 현실에도 불구하고 하나님 안에서 산다.

둘째, 영원한 삶은 하나님과 피조물 사이를 잇는 외적인 관계와 같은 종류의 관계가 아니다. 다시 말해 피조물인 우리의 정체성이 본질상 하나님과의 관계에 의해 정해지도록 새롭게 규정된다. 이제 우리에게는, 전에 피조물로서 하나님에게서 분리되지 않았던 것처럼 하나님에게서 분리되는 일이 일어나지 않는다. 이 새로운 정체성이 참으로 의미하는 것은, 우리가 이제 우리의 존재를 위해 완벽하게 하나님을 의존하게 되었다는 것이다. 다시 말해 그리스도 안에서 우리는, 평범한 하나님의 피조물로서는 누릴 수 없는 방식으로 하나님과 관계를 맺는다.

하나님 안에 있는 삶의 이런 면모를 보여주는 모델이 성육신이다. 예수는 하나님 안에 사는 분이며, 인간으로서 하나님에게서 결코 분리되지 않는 분, 그의 존재 자체가 곧 하나님의 존재인 인간이다. 이것이 바로 위격적 연합hypostatic union이 말하는 의미다. 다른 말로 표현해, 예수 안에서 하나님은 우리 인간의 행위와 속성들을 지닌 분이 되신다. 은총에 의해—성령의 능력 안에서 우리 몫으로 허락되는 관계, 곧 예수와 맺는 생명의 관계에 의해—우리는 예수가 누리는 하나님 안의 삶과 유사한 삶을 누리게 된다. 예수를 통해 우리(그리고 세상 전체)는 예수가 사는 것과 같은 하나님 안의 삶을 살게 된다. 간단히 말해, 세상은 은총을 통해 위격의 연합과의 유사한 것을 누리게 된다. 특히 이 세상이 끝난 후에 그리스도께서 그런 것처럼 우리가 지닌 유일한 삶과 존재가 하나님 안에 있고 하나님을 통해 이루어진다는 사실이 확연히 드러나게 될 때, 그것을 가장 분명하게 누리게 된다.

셋째, 영원한 삶은 그것에 수반되는 선물들로 인해 단순히 피조물들이 누리는 관계들보다 훨씬 더 큰 선물이 된다. 성육신의 결과로 하나님의 능력과 성품이 예수의 인간적인 행위와 속성들을 통해 빛을 발한다. 하나님의 능력과 성품은 예수의 인간적인 행위와 속성들에 구원하는 능력을 부어 주며(예를 들어, 죄의 결과들을 극복하고 치유하는 것이 그 목적이다) 결국에는 부활에서 예수 자신의 인간적 존재의 명백한 영화로 끝나게 된다. 그러므로 그리스도 안의 삶은, 우리에게 창조된 유익들뿐만 아니라 썩지 않음과 불멸성과 같은 신적인 속성들도 가져다준다. 이것들은 우리 몸의 부활 안에서 그리스도의 은총을 통해서만 우리의 몫이 된다. 우리 삶의 불꽃이 시들어갈 때 우리는 하나님 자신의 불길로 타오르게 된다.

논평

이 글에서 태너는 영원한 삶을 철저하게 관계라는 관점에서 이해한다. 그녀는 하나님과 이스라엘 사이에, 그리고 하나님과 교회 사이에 세워진 언약 관계가 어떻게 이 땅에 속한 존재, 유한한 실재, 죽음과 같은 제약들을 초월하는지 성경을 근거로 삼아서 설명한다. 그녀는 성육신 개념에 대한 자기 나름의 해석을 통해 영원한 삶과 예수 그리스도의 밀접한 연관성을 밝힌다.

생각해 볼 물음들

❶ 태너가 영원한 삶과 관련해서 제기하는 세 가지 기본 논점을 여러분의 말로 설명

해 보라. 영원한 삶을 우리가 지금 소유할 수 있는 것—미래를 함축하는 현재—이라고 주장하는 방식에 주목하라.

❷ 본문 가운데 몇 곳에서 태너는 영원한 삶이라는 개념과 은총의 관계를 설명한다. 그 부분을 확인하고 설명해 보라. "영원한 삶 그 자체는 피조물이 단순히 피조물로서 하나님과 맺는 관계를 훨씬 능가하는 큰 선물이다(또한 그러한 큰 선물을 베풀어준다)"라는 구절에서 그녀가 말하려는 바가 무엇이라고 생각하는가?

추가 독서 자료

— John M. Baillie, *And the Life Everlasting*(London: Oxford University Press, 1934).

— Richard Bauckham and Trevor A. Hart(eds), *Hope against Hope: Christian Eschatology at the Turn of the Millennium*(Grand Rapids, MI: Eerdmans, 1999).

— Carl E. Bratten, "The Kingdom of God and the Life Everlasting"; in P. Hodgson and R. King(eds), *Christian Theology*(Philadelphia: Fortress Press, 1982), pp. 274-298.

— David Fergusson and Marcel Sarot(eds), *The Future as God's Gift: Explorations in Christian Eschatology*(Edinburgh: T&T Clark, 2000).

— Zachary Hayes, *Visions of a Future: A Study of Christian Eschatology*(Wilmington, DL: Michael Glazier, 1989).

— James Martin, *The Last Judgement in Protestant Theology*(Edinburgh: Oliver & Boyd, 1963).

— Colleen McDannell and Bernhard Lang, *Heaven: A History*(New Haven, CT: Yale University Press, 1988).

— Alister E. McGrath, *A Brief History of Heaven*(Oxford: Blackwell, 2001).

— Paul Minear, *Christian Hope and the Second Coming*(Philadelphia: Fortress Press, 1974).

— Jürgen Moltmann, *The Coming of God: Christian Eschatology*(London: SCM Press, 1996).

— H. Richard Niehbuhr, *The Kingdom of God in America*(New York: Harper & Row, 1959).

— Henning Graf Reventlow, *Eschatology in the Bible and in the Jewish and Christian Tradition*(Sheffield, UK: Sheffield Academic Press, 1997).

— J. A. T. Robinson, *In the End God*(London: Collins, 1968).

— Jeffrey Burton Russell, *A History of Heaven: The Singing Silence*(Princeton, NJ: Princeton University Press, 1997).

—— John Sanders, *No Other Name: An Investigation into the Destiny of the Unevangelized*(Grand Rapids, MI: Eerdmans, 1992).

—— Hans Schwarz, *On the Way to the Future: A Christian View of Eschatology* (Minneapolis, MN: Augsburg Publishing House, 1979).

—— Krister Stendahl(ed.), *Immortality and Resurrection*(New York: Macmillan, 1965).

—— Jerry Walls(ed.), *The Oxford Handbook of Eschatology*(Oxford: Oxford University Press, 2008).

신학용어 해설 · 자료 출전 · 심화 추가 독서 자료 · 찾아보기

신학용어 해설

기독교 신학과 관련된 글을 읽을 때 흔히 마주치게 되고 이 책에서도 중요하게 다루는 전문 용어들을 간략하게 설명한다.

ㄱ

• **가톨릭(catholic)**

시공간 면에서 교회의 보편성을 가리키며, 또한 이런 특성을 중요하게 여기는 구제적인 교회 조직(흔히 가톨릭교회라고 불린다)을 지칭하는 형용사.

• **가톨릭 종교개혁(Catholic Reformation)**

대개 트리엔트 공의회가 시작된 1545년 이후의 기간에 가톨릭교회 내에서 일어난 부흥운동을 가리킨다. 예전의 학문 저술들에서는 흔히 '반종교개혁'(Counter-Reformation)이라고 부르는데, 이 운동은 프로테스탄트 종교개혁에 대한 반동일 뿐만 아니라 그에 못지않게 가톨릭교회 자체의 종교개혁이었다고 할 수 있다.

• **가현설(Docetism)**

초기 시대의 그리스도론 이단으로, 예수 그리스도는 인간의 '겉모습'만을 지닌 (인간이 아닌), 온전한 신적 존재라고 주장했다.

• **감리교회(Methodism)**

존 웨슬리는 영국 교회 안에서 메소디스트 운동을 일으켰으며, 이 운동이 나중에 독자적인 힘을 지닌 교파인 감리교회(Methodism)를 낳게 되었다. 기독교인의 삶에는 '살아있는 신앙'이 필요하다는 점과 경험이 중요한 역할을 한다는 사실을 강조했다. 이러한 감리교는 당시 영국의 무기력했던 이신론(Deism)과는 분명하게 대조를 이루었으며, 영국에서 중요한 종교부흥을 낳게 되었다.

• **개신교(복음주의, evangelical)**

처음에는 1510년대와 1520년대에 독일과 스위스에서 두드러졌던 개혁운동들을 가리켰으나, 지금은 주로 영어권 신학에서 성경의 절대적 권위와 그리스도의 대속적 죽음을 크게 강조하는 운동을 가리킨다.

• **개혁주의(Reformed)**

장 칼뱅(1510-1564)과 그의 계승자들의 저술에서 영감을 받은 신학 전통. 문헌 속에서 '칼뱅주의'라는 말이 자주 나타나지만, 오늘날에는 이 말 대신에 개혁주의라는 말을 더 즐겨 사용한다.

• **겸허설(kenoticism)**

그리스도가 인간의 몸을 입을 때 신적 속성을 모두 '포기'하거나 '자기를 비워' 전지나 전능 같은 신적 속성을 버렸다는 점을 강조하는 그리스도론의 한 형태.

• **경건주의(Pietism)**

17세기의 독일 사상가들과 밀접한 관계가 있는 기독교의 한 운동으로, 신앙을 인격적으로 받아들이는 일과 기독교인의 삶에 성결이 필요함을 강조했다. 이 운동은 영어권 세계에서 감리교회를 통해 가장 잘 알려졌다.

- **계몽주의(the Enlightenment)**

서구 문화에서 1750년 무렵에 시작된, 인간의 이성과 자율성을 강조하는 운동. 18세기 서유럽과 북아메리카 사상의 대표적인 특성으로 자리 잡았다.

- **공관복음서(synoptic gospels)**

복음서의 첫 세 권(마태·마가·누가복음)을 가리키는 말. 이 용어("개요"를 뜻하는 그리스어 *synopsis*에서 유래)는 세 권의 복음서가 예수 그리스도의 삶과 죽음과 부활에 대해 비슷한 개요를 제시하는 것을 가리킨다.

- **공관복음서 문제(synoptic problem)**

세 권의 공관복음서가 서로 어떤 관계인지를 다루는 학구적 문제.

- **공의회 우위설(conciliarism)**

교회나 신학과 관련된 권위를 이해하는 방식으로, 신앙과 행위의 문제들을 결정하는 데서 보편 공의회의 역할을 중요하게 여기는 이론.

- **공재설(共在說, consubstantiation)**

성만찬에서 빵과 포도주의 실체가 그리스도의 살과 피의 실체와 동시에 존재한다고 주장하는 실재적 임재 이론으로, 마틴 루터(1483-1546)가 주장했다.

- **관상(contemplation)**

명상과는 구별되는 기도의 한 형태로, 이 기도에서 개인은 하나님의 임재를 직접 체험하기 위해 말이나 개념들의 사용을 최소화하거나 포기한다.

- **교리문답(catechism)**

기독교 교리를 쉽게 설명한 입문서로, 보통 질문과 답의 형태로 이루어져 있으며 종교 교육을 위한 용도로 사용된다.

- **교부들(fathers)**

'교부 사상가들'을 가리키는 다른 용어.

- **교부의(patristic)**

교회사에서 신약성경이 저술된 시기에 이어지는 초기 몇 세기를 가리키거나(교부 시대), 이 기간에 저술 활동을 한 사상가들(교부 사상가들)을 가리키는 형용사. 따라서 많은 학자들은 이 시대가 약 100년에서 451년까지(신약성경의 최종 문헌이 완료된 때부터 칼케돈 공의회 때까지)라고 판단한다.

- **교파화 과정**

(신앙고백의 형성, confessionalization)

'제2차 종교개혁'으로 알려진 기간에 프로테스탄트 운동 초기에 거둔 성과와 깨달음을 확고하게 다듬는 노력이 이루어졌다. 그리고 기독교 신학을 체계화하는 여러 노력을 통해 개혁자들의 통찰들을 통합하고 정리했다. 이 과정이 흔히 '교파화 과정'이라고 불리는데, 이것은 곧 「아우크스부르크 신앙고백」(1530)과 같은 '신앙고백들'을 앞세워 자신의 정체성을 밝히는 형태로 교회들이 발전했음을 의미한다.

- **교회론(ecclesiology)**

기독교 신학에서 교회에 관한 이론을 다루는 분야.

- **구원론(soteriology)**

기독교 신학에서 구원(그리스어 *soteria*)에 관한 이론을 다루는 분야.

- **그리스도론(Christology)**

예수 그리스도의 정체성, 그중에서도 특히 그의 신성과 인성 문제를 중점적으로 다루는 기독교 신학의 한 분야.

- **근본주의(fundamentalism)**

미국에서 시작된 프로테스탄트 기독교의

한 형태로, 무오한 성경의 권위를 특히 강조한다.

• **급진 종교개혁(radical Reformation)**

재세례파 운동이라는 용어 대신에 점차 자주 쓰이는 말로, 루터(1483-1546)와 츠빙글리(1484-1531)의 사상에서, 그중에서도 특히 그들의 교회에 관한 이론에서 이탈한 종교개혁의 한 운동을 가리킨다.

• **급진 정통주의(radical orthodoxy)**

1990년대에 영어권 신학에서 등장해 중요한 논쟁과 논의를 일으키는 운동. 이 운동의 의제는 복잡하고 어려운데, 기독교에서 근대성과 탈근대성 모두에 대한 대안으로 일어난 운동이라고 이해하는 것이 가장 적합하다. 근대의 것이든 탈근대의 것이든 모든 세속주의를 폐기하고 대신 히포의 아우구스티누스의 저술에서 본받을 만한 모델을 발굴해 포괄적인 기독교의 관점을 확고히 다지는 것이다.

ㄴ

• **낭만주의(Romanticism)**

계몽주의의 중추를 이루는 핵심 주제들, 그중에서도 특히 인간 이성을 통해 실재를 알 수 있다는 주장에 반하여 나간 운동. 낭만주의는 실재를 일련의 합리적 단순성들로 끌어내리는 모든 시도에 대해 저항했다. 그 대신 인간의 상상력에 호소했으며, 상상력이 자연과 인간의 감정에서 관찰되는 복잡성과 긴장들의 종합을 이루어 낼 수 있다고 주장했다.

ㄷ

• **다섯 가지 길(The Five Ways)**

토마스 아퀴나스(약 1225-1274)가 주장한 다섯 가지 '신 존재 증명'을 말한다. 경험 지식-인과관계-우연적 존재-진리와 가치-목적론적 논증.

• **단성론(monophysitism)**

그리스도 안에는 오직 하나의 본성, 곧 신성만 존재한다고 주장하는 이론(그리스어로 "오직 하나"를 뜻하는 *monos*와 "본성"을 뜻하는 *physis*에서 왔다). 이 견해는 칼케돈 공의회(451)에서 주장한, 그리스도는 신성과 인성의 두 본성을 지닌다는 정통적인 견해와 달랐다.

• **데카르트주의(Cartesianism)**

르네 데카르트(1596-1650)와 관련된 철학 사상으로, 특히 인식 주체와 인식 대상의 분리를 강조하고, 사유하는 개별적 자아의 존재가 철학적 성찰의 올바른 출발점이 된다고 주장한다.

• **도나투스주의(Donatism)**

4세기에 로마가 지배하던 북아프리카를 중심으로 일어난 운동으로, 교회와 성례전에 대해 엄격한 주장을 펼쳤다.

• **동일본질의(consubstantial)**

그리스어 호모우시오스(*homoousios*)에서 유래한 라틴어로, 문자적으로 "동일한 본질을 지닌"이라는 의미다. 이 용어는 특히 아리우스주의에 맞서 예수 그리스도의 완전한 신성을 주장하는 데 사용되었다.

• **두 본성의 교리(doctrine of two natures)**

예수 그리스도가 신성과 인성의 두 본성을 지닌다는 교리. 이와 관련된 용어로는 '칼케돈 신조'와 '위격적 연합'이 있다.

ㄹ

• **로고스(logos)**

"말"을 뜻하는 그리스어로, 교부시대 그리

스도론이 발전하는 데 결정적인 역할을 했다. 예수 그리스도를 '하나님의 말씀'으로 인정했다. 이 사실이 함축하는 의미, 그리고 특히 예수 그리스도 안의 신적 로고스가 그의 인성과 어떤 관계인지가 문제로 다루어졌다.

● **루터주의(Lutheranism)**

마틴 루터(1483-1546)와 관련된 종교사상으로, 특히 『소교리문답』(1529)과 「아우크스부르크 신앙고백」(1530)에 잘 나타나 있다.

● **르네상스(문예 부흥, Renaissance)**

14-16세기에, 이탈리아를 중심으로 하여 유럽 여러 나라에서 일어난 인간성 해방을 위한 역동적 문화 프로그램. 과거 고전 시대를 창조적으로 다시 수용해서 사회와 교회 전반의 사상과 삶을 되살리고자 애썼다. 도시의 발달과 상업자본의 형성을 배경으로 하여 개성·합리성·현세적 욕구를 추구하는 반(反) 중세적 정신 운동을 일으켰으며, 문학·미술·건축·자연과학 등 여러 방면에 걸쳐 유럽 문화의 근대화에 사상적 원류가 되었다.

ㅁ

● **마니교(Manicheism)**

마니교도들을 중심으로 형성된 운명론적 특성이 강한 이론으로, 히포의 아우구스티누스(354-430)가 젊은 시절 이 운동에 가담했었다. 성격이 다른 두 신이 존재한다고 보며, 하나는 악한 신으로 다른 하나는 선한 신으로 생각한다. 그래서 악한 신이 직접 힘을 미친 결과로 악이 존재한다고 보았다.

● **모더니즘(근대주의, modernism)**

19세기 끝 무렵에 활동한 가톨릭 신학자들은 전통적인 기독교 교리, 그중에서도 특히 나사렛 예수의 정체성과 의미를 다룬 전통적 교리들에 비판적 태도를 취했다. 이 운동은 급진적인 성서비평을 긍정적으로 보았으며, 신앙의 신학적 차원보다는 윤리적 차원을 더 강조했다. 가톨릭교회 내의 일부 학자들이 그때까지 가톨릭교회가 전반적으로 무시해 오던 계몽주의와 타협하려고 했던 시도라고 말할 수 있다.

● **모범론(exemplarism)**

속죄를 설명하는 특별한 방식으로, 예수 그리스도가 신자들에게 보인 도덕적·종교적 모범을 강조한다.

● **모형론(예표론, typology)**

구약성경에 나오는 특정 인물이나 사건이 복음서의 내용을 예시한다고 보는 성경 해석 방식이다. 예를 들어, 노아의 방주는 교회의 '모형'(그리스어 *typos*, "표상")이 된다고 본다.

● **무흠수태(immaculate conception)**

예수의 어머니인 마리아가 어떤 죄에도 오염되지 않고 수태했다는 믿음.

● **묵시적인(apocalyptic)**

세상의 종말과 마지막 일들을 집중적으로 다루는 저술이나 종교적 사유 양식을 가리키며, 흔히 복잡한 상징체계를 통해 제시된 비전의 모양을 띤다. 이 유형의 저술로 다니엘서(구약)의 후반부와 요한계시록(신약)을 들 수 있다.

ㅂ

● **바르트주의(Barthian)**

스위스 신학자 칼 바르트(1886-1968)의 신학 이론을 가리키는 말로, 계시의 우위성과 예수 그리스도의 중심성을 강조한 것으로 유명하다. 이와 관련된 것으로 '신정통주의'와 '변증법적 신학'이라는 용어가 있다.

- **반(反) 펠라기우스 저작들 (anti-Pelagian writings)**

펠라기우스 논쟁에 대처해 히포의 아우구스티누스(354-430)가 저술한 글들로, 여기서 그는 은총과 칭의에 관한 자신의 견해를 옹호했다. ('펠라기우스주의'를 참조하라)

- **변증론(apologetics)**

기독교 신앙을 옹호하는 일을 중점적으로 다루는 신학 분야로서, 특히 기독교의 믿음과 교리를 합리적으로 정당화하고자 노력한다.

- **변증법적 신학(dialectical theology)**

1920년대에 스위스 신학자 칼 바르트와 그의 동료들이 중심이 되어 이룬 신학 이론으로, 하나님과 인간의 관계를 긴장과 역설, 모순으로 파악하고 하나님과 인간 사이에 놓인 절대적 간격을 강조했다.

- **보편 공의회(ecumenical council)**

전 세계 기독교계에서 소집된 주교들의 회합. 여기서 내린 결정을 지금도 여러 교회들이 규범으로 인정하고 있다.

- **복음주의(개신교, evangelical)**

처음에는 1510년대와 1520년대에 독일과 스위스에서 두드러졌던 개혁운동들을 가리켰으나, 지금은 주로 영어권 신학에서 성경의 절대적 권위와 그리스도의 대속적 죽음을 크게 강조하는 운동을 가리킨다.

- **부정의(apophatic)**

인간의 범주를 사용해서는 하나님을 알 수 없다고 강조하는 신학의 한 방법. 신학에 대한 부정적("부정"이나 "부인"을 뜻하는 그리스어 *apophasis*에서 왔다) 방법들은 동방정교회의 수도원 전통과 깊은 관계가 있다.

- **분파주의(schism)**

고의로 교회의 단일성을 깨뜨리는 행위로, 카르타고의 키프리아누스(258 사망)와 히포의 아우구스티누스(354-430) 같은 초기 교회의 중요한 사상가들이 강하게 비판했다.

- **불가타 성경(Vulgate)**

대부분 히에로니무스(약 347-420)가 라틴어로 번역한 성경으로, 중세의 신학은 주로 이 성경을 기초로 삼았다.

ㅅ

- **사도 시대(apostolic era)**

대체로 기독교 역사에서 예수 그리스도가 부활한 때(AD 약 35)로부터 마지막 사도가 사망한 때(약 90)까지의 기간을 가리킨다. 많은 교회들이 이 시대에 형성된 개념과 관례를 그들 나름의 의미와 관점에 따라 규범적인 것으로 인정하고 있다.

- **사벨리우스주의(Sabellianism)**

기독교 초기의 삼위일체 이단으로, 한 분 하나님이 역사 과정에 다른 모양으로 나타난 것을 삼위일체의 세 위격이라고 보았다. 대체로 '양태론'의 한 유형으로 간주된다.

- **삼위일체(Trinity)**

하나님에 관한 기독교 특유의 교리로서, 하나님이 성부·성자·성령으로 복잡하게 체험되는 방식을 다룬다. 이 교리는 흔히 '세 위격이신 한 분 하나님'과 같은 간략한 공식으로 표현된다.

- **상호내주(*perichoresis*)**

삼위일체론과 관련된 용어로 라틴어로 흔히 '상호침투'(*circumincessio*)라고 표기하기도 한다. 삼위일체의 세 위격 모두가 서로 다른 위격들의 삶에 참여하며, 그래서 어느 위격도 나머지 위격들의 활동에서 분리되거나 고립되지 않는다는 개념이다.

- **성공회(영국 국교회, Anglicanism)**

영국의 종교개혁에 역사적 뿌리를 두고 있는 교회 조직. 16세기 헨리 8세의 이혼 문제를 계기로, 1534년에 로마 가톨릭교회에서 갈려 나와 영국의 국왕을 수장으로 하여 성립된 교회.

- **성례전(sacrament)**

예수가 친히 제정한 것이라고 여겨지는 교회의 예식 또는 예전. 가톨릭교회의 신학과 실천에서는 일곱 개의 성례전(세례, 견진, 성체, 고해, 혼인, 신품, 종부성사)을 인정하지만, 개신교는 대체로 두 개의 성례전(세례와 성만찬)만을 신약성경에서 발견할 수 있다고 주장한다.

- **성만찬(Eucharist)**

'미사', '주의 만찬', '성체성사' 등 다양한 이름으로 불려온 성례전을 가리키는 말로, 본서에서는 이 성만찬이라는 말을 사용한다.

- **성부수난설(patripassianism)**

3세기 때 노에투스와 프락세아스, 사벨리우스 같은 저술가들이 이끈 이단 신학으로, 성부가 성자로서 고난을 당했다는 믿음을 강조했다. 달리 말해, 그리스도의 십자가 고난은 아버지가 당한 고난으로 보아야 한다는 것이다. 이들의 주장에 의하면, 신성 안의 구분은 양태 혹은 활동의 변화일 뿐이며 따라서 성부·성자·성령은 동일한 신적 실재의 다른 양태 또는 다른 표현이라고 보아야 한다.

- **성상파괴(iconoclastic)**

로마 황제 레오 3세(재위 717-742)가 유대인과 이슬람교도들이 개종하는 데 성상이 장애가 된다고 판단하여 성상을 파괴하도록 결정한 일. 가장 중요한 문제로 하나님을 형상의 모양으로 나타내는 것을 성육신 교리가 어디까지 정당화할 수 있는가의 쟁점을 다루기도 했지만, 논쟁의 성격은 다분히 정치적이었다.

- **성경 원리(Scripture principle)**

교회의 믿음과 실천들은 성경에 근거해야만 한다는 이론으로, 주로 개혁주의 신학자들과 관계가 있다. 성경에 근거한 것으로 입증되지 않는 것은 신자들에게 구속력이 있는 것으로 받아들일 수 없다. 이 원리를 한마디로 요약해서 표현한 것이 '오직 성경으로만'(*sola scriptura*)이다.

- **성육신(incarnation)**

하나님이 예수 그리스도의 인격 속에서 인간의 본성을 입은 것을 가리키는 용어. 하나님이 인간이 되셨다는 점을 크게 강조하는 신학적 견해를 가리켜 흔히 '성육신주의'(incarnationalism)라고 부르기도 한다.

- **소치누스주의(Socinianism)**

기독교의 한 이단으로, 이탈리아의 파우스토 파올로 소치니(Fausto Paolo Sozzini, 1539-1604)와 밀접한 관계가 있다. 그는 '소치누스'라는 라틴식 이름으로 더 잘 알려졌다. 소치누스는 삼위일체와 성육신 이론을 강하게 비판한 일로 유명하지만, '소치누스주의'라는 용어는 주로 그리스도의 십자가 죽음은 초자연적이거나 초월적인 함의를 전혀 지니지 않는다는 사상을 가리키는 말로 사용된다. 이 이론에 의하면, 그리스도가 죽은 것은 인간의 죄를 배상하기 위해서가 아니라 인간이 죄를 이길 수 있도록 격려하는 탁월한 도덕적 모범이 되기 위한 것이었다.

- **속죄(atonement)**

1526년 윌리엄 틴데일(William Tyndale)이 라틴어 rec-onciliatio를 영어로 번역하기

위해 최초로 고안한 용어다. 그 후 이 용어는 "그리스도의 사역"이나 "그리스도가 죽음과 부활을 통해 신자들에게 베푸는 은택"이라는 의미를 지니게 되었다.

- **송영**(doxology)

기독교의 공적 예배와 특별한 관계가 있는 찬양의 형식을 가리킨다. '송영적' 신학 이해에서는 찬양과 예배가 신학적 성찰에서 중요하다고 강조한다.

- **스콜라주의**(scholasticism)

중세와 밀접한 관계가 있는 독특한 기독교 신학 이론으로, 기독교 신학을 합리적으로 정당화하고 체계적으로 제시하는 것을 중요하게 여겼다.

- **신수난설**(theopaschitism)

6세기에 등장해 논쟁을 일으킨 이론으로, 일부 사람들은 이단이라고 보았다. 요한 막센티우스 같은 사상가들과 관계가 있으며 "삼위일체 중 한 분이 십자가에 달렸다"는 주장을 펼쳤다. 이 공식은 완전히 정통적인 의미로 해석할 수 있으며, 비잔티움의 레온티우스(약 500-543) 같은 사람이 옹호했다. 그러나 교황 호르미스다스(450-523) 같은 신중한 사상가들은 이 공식이 혼란을 일으키고 잘못된 길로 이끌 가능성이 있다고 보았으며, 그래서 점차 힘을 잃게 되었다.

- **신(新)신학**(*La nouvelle théologie*)

이 '원전으로 돌아가기'의 핵심 주제는 초대교회의 원전과 전승과 신조로 돌아가는 것이었다.

- **신앙고백**(confession)

원래 죄의 고백을 가리키는 말이었지만, 16세기에 와서 그 의미가 크게 달라져 프로테스탄트 교회의 신앙 원리를 담은 문서를 가리키는 전문용어가 되었다. 초기 루터주의 이념을 담은 루터교의 「아우크스부르크 신앙고백」(1530)과 개혁교회의 「제1헬베티아 신앙고백」(1536) 등이 그 예다.

- **신앙 유비**(*analogia fidei*)

창조 세계의 질서와 하나님 사이의 일치점은 오직 하나님의 자기계시를 통해서만 확인할 수 있다는 이론으로, 특히 칼 바르트(1886-1968)와 관계가 있다.

- **신앙주의**(fideism)

기독교 신학에서 기독교 신앙 외에 어떠한 외부 자료의 비판이나 평가도 필요하지 않다고 (또는 가능하지 않다고) 보는 견해.

- **신인동형론**(anthropomorphism)

(손이나 팔 같은) 인간의 모습이나 기타 인간적 특징을 하나님에게 덧씌우는 견해.

- **신정론**(theodicy)

독일의 철학자 고트프리트 빌헬름 라이프니츠(1646-1716)가 고안한 용어로, 세상에 악이 존재하는 문제에 맞서 하나님의 선하심을 정당화하는 이론을 가리킨다.

- **신정통주의**(neo-orthodoxy)

칼 바르트(1886-1968)의 사상 일반을 가리키는 용어로, 특히 그가 개혁파 정통주의 시대의 신학적 주제들을 근거로 삼아 펼친 논의 방식을 가리킨다.

- **신조**(신경, creed)

모든 그리스도인이 공통적으로 인정하는 기독교 신앙을 간단하게 정의한 것. 대표적인 신조로는 '사도신경'과 '니케아 신조'를 들 수 있다.

- **실천**(프락시스, praxis)

문자적으로 "행동"을 뜻하는 그리스어로,

칼 마르크스가 사유에 비해 행동의 중요성을 강조하기 위해 사용했다. 이렇게 실천(프락시스)을 강조한 것은 라틴아메리카의 해방신학에 커다란 영향을 끼쳤다.

ㅇ

- **아리우스주의(Arianism)**

교회 초기의 대표적인 그리스도론 이단으로, 예수 그리스도를 하나님의 피조물 가운데 으뜸가는 존재로 여기며 그의 신적 지위를 부정한다. 아리우스 논쟁은 4세기에 그리스도론이 발전하는 데 중요했다.

- **아조르나멘토(*aggiornamento*)**

가톨릭교회의 교회 갱신운동으로서, 교황 요한 23세(1881-1963) 및 제2차 바티칸 공의회(1962-1965)와 밀접한 관계가 있다. 이 이탈리아어는 "현대화"나 "갱신"으로 옮길 수 있으며, 제2차 바티칸 공의회의 결실로 나온 신학적·영적·제도적 갱신 운동을 가리킨다.

- **안티오키아 학파(Antiochene School)**

오늘날의 터키에 위치한 도시 안티오키아를 중심으로 활동한 교부들의 학파로, 그리스도론(특히 그리스도의 인간성을 강조했다)과 성경 해석 방법(문자적 주석 방법을 채용했다)으로 주목을 받았다. '알렉산드리아 학파'가 이 두 분야에서 안티오키아 학파와 경쟁했다. ('알렉산드리아 학파'를 참조하라)

- **알레고리(풍유, allegory)**

성경 본문을 어떻게 해석해야 할 것인가를 다루는 한 방식으로, 이 이론에서는 성경 이미지들이 깊고 영적인 의미를 지닌다고 보며, 그 의미를 성경 해석자들이 밝혀낼 수 있다고 주장한다.

- **알렉산드리아 학파(Alexandrian School)**

교부들의 학파 중에서 특히 이집트의 알렉산드리아와 관계 있는 학파로서, 그리스도론(그리스도의 신성을 강조한다)과 성경 해석 방법(알레고리 주석 방법을 채용했다)으로 유명하다. 이 두 분야와 관련해 경쟁적 이론을 펼친 학파가 '안티오키아 학파'다. ('안티오키아 학파'를 참조하라)

- **양자론(養子論, adoptionism)**

예수가 그의 사역 기간 중 어느 시점에 (보통 그의 세례 때에) 하나님의 아들로 "입양되었다"고 보는 이단적 견해다. 이에 반해 정통 이론에서는 예수가 본래 잉태되는 순간부터 하나님의 아들이었다고 가르친다.

- **양태론(modalism)**

삼위일체론에 관한 이단으로, 삼위일체의 세 위격을 신성이 서로 다르게 나타난 '양태'(modes)라고 보았다. 양태론의 전형적인 이론에서는 하나님이 창조에서는 아버지로, 구속에서는 아들로, 성화에서는 성령으로 활동한다고 주장했다.

- **에비온주의(Ebionitism)**

초기 시대의 그리스도론 이단으로, 예수 그리스도가 다른 인간과는 달리 특별한 카리스마적 은사를 받기는 했지만 어디까지나 완전한 인간일 뿐이라고 주장하는 이론이다.

- **역사비평적 방법(historico-critical method)**

성경을 포함해 역사적 문헌을 이해하는 방법으로, 그 문헌들의 바른 의미는 그것들이 기록되던 때의 특수한 역사적 조건에 비추어서 확정되어야 한다고 주장한다.

- **역사적 예수(historical Jesus)**

주로 19세기에 나사렛 예수라는 역사적 인물을 탐구하고 지칭하는 데 사용된 용어로, 신약성경과 신조들에서 그 인물을 해석해 낸 전통적인 모습과는 대조를 이룬다.

- **영지주의(Gnosticism)**

선택받은 자에게만 주어지는 영적인 지식 또는 그 지식 위에 형성된 종교 체계를 주장한 종교 사상.

- **예전(禮典, liturgy)**

공적 예배, 그중에서도 특히 성만찬을 규정한 형식 또는 그것을 기록한 문서. 그리스정교회에서는 예전이라는 말이 보통 성만찬[의 예전]을 뜻한다.

- **예정(predestination)**

아우구스티누스가 처음 사용한 '예정'이라는 용어는, 하나님께서 처음에 그리고 영원히 어떤 사람들은 구원하고 다른 사람들은 구원하지 않기로 정하셨다는 것을 뜻한다. 아우구스티누스의 후계자들은 말할 것도 없고 그와 동시대의 많은 사람들은 이러한 생각을 받아들일 수 없었다. 펠라기우스의 사상에서도 당연히 이와 유사한 개념을 찾아보기 힘들다.

- **오캄의 면도날(Ockham's razor)**

보통 '절약의 원리'라고도 불린다. 오캄은 단순성이 신학의 미덕이자 철학의 미덕이라고 주장했다. 그는 이 '면도날'을 사용해서 꼭 필요하지 않은 가정들을 모두 제거했다.

- **위격의 연합(hypostatic union)**

예수 그리스도 안에서 신성과 인성이, 각자의 실체가 혼동되지 않고서도 하나로 연합한다는 이론.

- **은사 운동(Charismatic movement)**

개인과 공동체의 삶 속에서 성령의 인격적 체험을 크게 강조하는 기독교 형태로, 보통 방언과 같은 다양한 은사 현상들을 중요하게 여긴다.

- **이데올로기(ideology)**

어떤 사회나 집단의 행동과 사고방식을 지배하는 신념과 가치체계를 말하며, 주로 세속적인 의미로 쓰인다.

- **이신론(Deism)**

주로 17세기에 활동한 일단의 영국 사상가들의 견해를 가리키는 말로, 이들의 합리주의는 여러 가지 면에서 계몽주의 사상을 이끄는 토대가 되었다. 이 용어는 보통 신이 세상을 창조했다는 것은 인정하지만, 그 후 계속해서 세상에 관여한다는 생각은 거부하는 신관을 가리킨다.

- **이신칭의 교리 (doctrine of justification by faith)**

기독교 신학에서 죄인이 어떻게 하나님과의 교제를 회복할 수 있는지를 다루는 분야. 이 교리는 종교개혁 시대에 매우 중요한 주제로 다루어졌다.

- **이콘(성상, icons)**

성스러운 그림, 그중에서도 특히 예수를 그린 그림을 말한다. 정교회 영성에서는 '신성을 향한 창문'으로서 중요한 역할을 담당한다.

- **인문주의(humanism)**

엄밀한 의미로 유럽의 르네상스와 연관된 지적 운동을 가리킨다. 이 운동의 핵심 요소는 세속적이거나 세속화하는 사상 체계(오늘날에는 흔히 이런 의미로 쓰인다)가 아니라 고대의 문화적 업적에 대한 새로운 관심이었다. 이 고대의 문화는 르네상스 시대에 유럽 문화와 기독교의 갱신을 위한 주요 자원으로 인정되었다.

● 자유주의 개신교(liberal Protestantism)

19세기 독일을 중심으로 일어난 운동으로, 종교와 문화의 연속성을 강조한다. 슐라이어마허(1768-1834) 때부터 폴 틸리히(1886-1965)의 시대까지 번성했다. 동시대의 문화에 적합하도록 믿음을 재구성하는 데 관심을 가진다.

● 재림(파루시아, *parousia*)

문자적으로 "도래"나 "도착"을 뜻하는 그리스어로, 그리스도의 재림을 가리키는 말이다. 파루시아라는 관념은 '마지막 일들'을 논하는 기독교의 이론에서 중요한 요소다.

● 재세례파(Anabaptism)

"다시 세례를 베푸는 사람들"을 뜻하는 그리스어에서 온 말로, 16세기 종교개혁의 급진파를 가리키는 말이다. 메노 시몬스(1496-1551)와 발타자르 후브마이어(1480-1528) 같은 사상가들이 기초를 놓았다.

● 전유(專有, 귀속, appropriation)

삼위일체론의 한 면모로서, 삼위일체의 모든 외적 행위 속에서는 세 위격이 다 활동하지만 그러한 행위들을 특별히 어느 한 위격의 사역으로 보는 것이 적합하다고 주장하는 이론. 이 이론에 의하면, 세 위격이 모두 창조와 구속 사역에 임재하여 활동하는 것이 맞지만, 창조는 성부의 사역이며 구속은 성자의 사역으로 보는 것이 적합하다.

● 정경(canon)

이 말은 그리스어 카논(*kanōn*, 규칙이나 규범, 잣대)에서 온 것으로, 기독교 공동체의 합의를 통해 '성경에 속하는' 것으로 확정한 문헌, 곧 기독교 신학을 위해 권위 있는 것으로 확정한 문헌을 가리킨다.

● 정통(orthodoxy)

여러 가지 의미로 사용되는 말로, 그 가운데 다음의 것들이 가장 중요하다. 이단과 대비되는 말로 "올바른 신앙"을 뜻하는 정통신앙, 러시아와 그리스에서 두드러진 기독교의 형태를 가리키는 정교회, 16세기 말과 17세기 초에 프로테스탄티즘 내에서 일어난, 교리를 정의하는 일을 중요하게 여겨 강조했던 운동을 가리키는 정통주의.

● 제4복음서(fourth gospel)

요한복음을 말한다. 이 용어는 보통 '공관복음서'라고 불리는 세 권의 복음서가 공통된 구조로 이루어진 것과 구별해 요한복음의 독특한 문학적·신학적 특성을 강조하는 말이다.

● 존재론적 논증(ontological argument)

하나님의 존재를 증명하는 방법 가운데 하나로, 스콜라주의 신학자인 캔터베리의 안셀무스(약 1033-1109)와 밀접한 관계가 있는 이론을 가리키는 말이다. 이 논증에 따르면, 하나님은 생각해 낼 수 있는 그 어떤 존재보다 더 큰 존재이므로 관념으로서만 존재하는 어느 존재보다 더 큰 것이 분명하며, 따라서 하나님은 실제로 반드시 존재하는 것이 분명하다.

● 존재 유비(*analogia entis*)

토마스 아퀴나스(약 1225-1274)와 밀접하게 관련된 이론으로, 하나님께서 세상을 창조하셨기 때문에 창조 세계의 질서와 하나님 사이에 일치점이나 유비가 존재한다는 개념이다. 이 개념은 이미 알려진 자연 질서의 대상과 관계로부터 하나님에 관한 결론을 도출하는 방식들에다 이론적 타당성을 제공해 준다.

● 종교사학파(history of religions school)

종교의 역사, 그중에서도 특히 기독교의

기원을 논하는 이론으로, 이 이론에서는 구약과 신약성경이 영지주의 같은 다른 종교들과 만나 그에 대응하면서 발전한 것으로 다룬다.

- **종말론(eschatology)**

기독교 신학에서 부활과 지옥, 최후의 심판, 영원한 삶 같은 '마지막 일들'을 다루는 분야.

- **주석(exegesis)**

문헌 해석의 학문으로, 주로 성경에 관련된 말로 쓰인다. 성경 주석이라는 말은 기본적으로 "성경을 해석하는 과정"을 의미한다. 성경 주석에 사용되는 특수한 기술은 보통 '해석학'이라고 부른다.

- **주의설(主意說, voluntarism)**

하나님은 신적인 의지의 행동에 의해 어떤 행동의 공로적 가치를 판정한다는 견해. 오캄의 윌리엄이 볼 때, 주지설 이론은 하나님에게 공로에 따라 도덕적 행위를 보상해야 하는 의무를 지우며, 그 때문에 하나님의 자유를 훼손했다. 오캄은 하나님의 자유를 옹호하여, 하나님은 어떤 식으로든 인간의 행동에 합당하게 보상하는 일에서 자유로워야 한다고 주장했다. 따라서 인간 행동의 도덕적 가치와 공로적 가치 사이에는 직접적인 관계가 없다.

- **지복직관(至福直觀, beatific vision)**

하나님을 온전히 뵙는 것으로, 사람이 죽은 후에 인간 본성의 제약들에서 풀려날 때 이루어진다. 토마스 아퀴나스(약 1225-1274) 같은 일부 사상가들은, 모세나 바울처럼 은혜를 입은 사람들은 살아있을 때도 이렇게 직접 하나님을 뵈었다고 주장했다.

- **진복팔단(眞福八端, 팔복, the Beatitudes)**

산상설교의 앞부분에 나오는, 여덟 가지 복의 약속(마 5:3-11). 예를 들어 "마음이 청결한 자는 복이 있나니 그들이 하나님을 볼 것임이요"라거나 "화평하게 하는 자는 복이 있나니 그들이 하나님의 아들이라 일컬음을 받을 것임이요"라고 말한다.

ㅊ

- **청교도주의(Puritanism)**

16세기 후반에 영국에서 영어권 세계를 대표하는 유명한 신학이 등장했다. 청교도주의는 신앙의 경험적 측면과 목회적 측면을 특히 강조한 개혁파 정통주의의 한 형태라고 보는 것이 가장 타당할 것이다.

- **츠빙글리주의(Zwinglianism)**

일반적으로 츠빙글리의 사상을 가리키는 말이지만, 특별히 '실재적 임재'와 관련된 그의 견해를 가리키는 말로도 사용된다(츠빙글리의 견해는 '실제적 부재'에 속한다).

ㅋ

- **카리스마(은사, charisma, charismatic)**

성령의 은사와 밀접하게 관련된 용어. 중세 신학에서 '카리스마'라는 용어는 하나님께서 은혜로 각 사람에게 부어 주는 영적 은사를 뜻하는 말로 사용되었다. 20세기 초 이후로 '카리스마'라는 말은 성령의 직접적 임재와 체험을 크게 강조하는 신학이나 예배 형태를 가리키는 말이 되었다.

- **카타르시스(catharsis)**

개인의 영적 성장과 발전에서 부딪히는 장애물에서 벗어나게 해주는 정화 과정이나 마음을 비우는 과정.

- **카파도키아 교부들(Cappadocian fathers)**

교부시대에 그리스어권에서 활동한 세 명의 주요 사상가들로, 카이사레아의 바실리우스(약 330-379), 나지안주스의 그레고리우스(329-389), 니사의 그레고리우스(약 335-394)를 말한다. 세 사람 모두 4세기 말에 활동했다. '카파도키아'는 세 사람이 근거지로 삼았던, 소아시아(오늘날의 터키)에 있는 지역이다.

• **칼뱅주의(Calvinism)**

전혀 다른 두 가지 의미로 사용되는 애매한 용어다. 첫째, 이 말은 장 칼뱅(1509-1564)이나 그의 저술에 큰 영향을 받은 종교 단체(예를 들면 개혁주의 교회)와 개인(예를 들면 테오도르 베자[1519-1605] 등)의 사상을 가리킨다. 둘째, 이 말은 장 칼뱅 자신의 사상을 가리킨다. 첫 번째 의미가 훨씬 더 널리 사용되기는 하지만 이 용어가 잘못된 것이라는 인식이 늘고 있다.

• **칼케돈 신조(Chalcedonian definition)**

칼케돈 공의회(451)에서 예수 그리스도는 인성과 신성의 두 본성을 지닌 것으로 인정한다고 공식적으로 선언한 규정.

• **케리그마(*kerygma*)**

루돌프 불트만(1884-1976)과 그의 제자들이 주로 사용한 용어로, 신약성경에 나오는 예수 그리스도의 의미에 관한 핵심적인 메시지나 선포를 가리킨다.

• **콰드리가(*Quadriga*)**

성경을 해석하는 4중적 방식을 가리키는 라틴어로, 문자적 의미, 풍유적 의미, 교훈적 의미, 종말론적 의미로 구분한다.

ㅌ

• **테오토코스(*theotokos*)**

문자적으로 "하나님을 낳은 이"를 뜻하는 그리스어다. 성육신 교리의 핵심 내용인, 예수 그리스도가 바로 하나님이라는 점을 강조할 목적에서 예수 그리스도의 어머니 마리아를 가리키는 용어로 사용되었다. 네스토리우스 논쟁이 벌어지던 무렵에 동방교회 사상가들이 그리스도의 신성과 성육신의 사실성을 밝히려는 목적으로 이 용어를 폭넓게 사용했다.

• **토마스주의(토미즘, Thomism)**

중세의 대표적인 신학자이자 철학자인 토마스 아퀴나스(약 1225-1274)의 사상을 가리키는 용어. 이와 연관된 용어인 "신토마스주의"는 고전적 토마스주의가 다양하게 변형된 이론들을 가리키는 말로, 그중에서도 특히 20세기에 활동한 조셉 마레샬(1878-1944)과 자크 마리탱(1882-1973), 에티엔 질송(1884-1978)에 의해 다듬어진 이론을 가리킨다.

ㅍ

• **페미니즘(feminism)**

여성의 해방을 추구하는 전 세계적 운동으로, 현대 신학과 실천이 성평등을 인정하고 남녀 간의 올바른 관계를 인식해야 한다고 주장한다. 오랫동안 이를 가리켜 온 용어인 '여성해방'에서 알 수 있듯이 이 운동은 실질적인 해방운동이며, 현대사회에서 여성의 평등을 성취하기 위해 애쓰면서 그 과정을 가로막는 신념, 가치, 사고방식 등의 장애물을 무너뜨리기 위해 싸운다.

• **펠라기우스주의(Pelagianism)**

인간이 어떻게 구원에 합당한 자격을 얻게 되는가라는 문제에서 히포의 아우구스티누스(354-430)와 정반대되는 견해로, 하나님의 은총 개념을 중요하게 여기지 않고 인간의 행함을 크게 강조했다.

• **포스트모더니즘(postmodernism)**

20세기 후반에 시작된 문화 현상으로, 계

몽주의의 보편적이고 합리적인 원리들에 대한 신뢰가 전반적으로 붕괴한 결과로 등장했다. 이 운동의 특징으로는 절대적인 것을 부정하고, 객관적이고 합리적으로 실재를 규정하는 시도를 거부한 일 등을 들 수 있다.

- **프로테스탄티즘(Protestantism)**

스파이어 의회(1529)가 열린 후에 가톨릭 교회의 믿음과 실천에 '항거한' 사람들을 가리키는 용어. 1529년 이전에 그러한 운동을 펼친 개인과 집단은 자신들을 '개신교인'이라고 불렀다.

- **필리오케(*filioque*)**

문자적으로 "그리고 아들로부터"를 뜻하는 라틴어로, 서방교회판 니케아 신조에 나온다. 이 견해에 따르면, 성령은 (동방교회에서 말하는 대로) 아버지로부터만 나오는 것이 아니라 아버지와 아들 모두로부터 나온다.

ㅎ

- **하나님의 두 가지 능력(two power of God)**

하나님의 '절대적 능력'(*potentia absoluta*)은 하나님이 어떤 행동 과정이나 세계의 질서를 세우는 일을 시작하기 전에 존재했던 대안들을 가리킨다. 하나님의 '한정된 능력'(*potentia ordinata*)은 창조자 하나님이 신적 본성과 성품을 따라 세워 놓은 창조 질서를 가리킨다. '하나님의 두 가지 능력'은 현재 하나님이 마음대로 선택할 수 있는 서로 다른 두 개의 대안을 가리키는 것이 아니다. 그와는 달리 이것은 구원의 역사 속에 있는 서로 다른 두 계기를 뜻한다.

- **합리주의(rationalism)**

진정한 인식은 경험이 아닌 생득적인 이성에 의하여 얻어진다고 하는 태도. 데카르트, 스피노자, 라이프니츠 등이 이러한 태도를 보인다.

- **해방신학(liberation theology)**

원래는 복음의 해방하는 능력을 강조하는 모든 신학 운동을 가리키지만, 1960년대 후반 이후 라틴아메리카에서 일어난 운동을 가리키는 말이 되었다. 이 운동은 정치적 행동을 강조하고, 가난과 억압에서 정치적인 해방을 쟁취하는 것을 목표로 삼는다.

- **해석학(hermeneutics)**

신학 텍스트, 특히 성경의 텍스트를 주로 현재와의 연관성을 밝히려는 목적에서 해석하거나 주석하는 작업의 바탕에 놓인 원리들을 말한다.

- **헤시카즘(hesychasm)**

동방교회와 밀접한 관계가 있는 전통으로, 하나님을 뵙는 수단으로서의 '내적 고요'(그리스어 hēsychia)라는 관념을 크게 강조했다. 특히 신신학자 시메온(949-1022)과 그레고리우스 팔라마스(약 1296-1357) 같은 학자들과 관계가 있다.

- **호모우시온(*homoousion*)**

문자적으로 "동일한 본질의"라는 뜻을 지닌 그리스어로, 4세기 때 예수 그리스도가 하나님과 동일한 본질을 지녔다고 주장한 주류 그리스도론 믿음을 가리키는 말로 널리 사용되었다. 이 용어는 그리스도가 "하나님과 유사한 본질(*homoiousios*)을 지녔다"고 본 아리우스의 견해와 충돌하여 큰 논쟁에 휘말렸다. '동일본질의'를 참조하라.

- **화체설(transubstantiation)**

성만찬에서 빵과 포도주가 그 형태는 그대로 유지하면서도 그리스도의 살과 피로 변한다고 가르치는 교리.

후기자유주의(postliberalism)

1980년대에 듀크 대학교와 예일 대학교 신학부를 중심으로 일어난 신학 운동. 인간의 경험에 의존하는 자유주의를 비판하고 공동체의 전통이 신학에서 주도적인 역할을 한다고 주장했다.

흑인신학(black theology)

1960-1970년대에 미국의 흑인 공동체 내에서 신학적인 면에서 해방을 도모했던 운동. 흑인들이 경험하는 현실을 신학적으로 해명하고자 애썼다.

자료 출전

1장

1.1 Justin Martyr, *Apologia*, I.xlvi.2–3, II.x.2–3, II.xiii.4–6. (『초기 기독교 교부들』 김선영 역, 두란노아카데미, 2011) "순교자 유스티노스의 제1변증서"만 수록. | pp. 53-54

1.2 Clement of Alexandria, *Stromata*, I.v.28. | pp. 55-56

1.3 Tertullian, *De praescriptione haereticorum*, 7. (『초기 라틴 신학』 이상훈, 이은혜 역, 두란노아카데미, 2011) | pp. 58-59

1.4 Augustine of Hippo, *De doctrina Christiana*, II.xl.60–61. (『그리스도교 교양』 성염 역, 분도출판사, 2011) | pp. 61-62

1.5 *Enchiridion Symbolorum*, ed. H. Denzinger, 39th edn (Freiburg im Breisgau: Herder, 2001), §125–126; pp. 62–64. 공유 저작물을 이용함. (『하인리히 덴칭거—신경, 신앙과 도덕에 관한 규정 선언 편람』 이성효 역, CBCK, 2017) | pp. 64-65

1.6 *Enchiridion Symbolorum*, ed. H. Denzinger, 39th edn (Freiburg im Breisgau: Herder, 2001), §30; p. 36. 공유 저작물을 이용함. | pp. 67-68

1.7 Anselm of Canterbury, *Proslogion*, 3. (『모놀로기온 프로슬로기온』 박승찬 역, 아카넷, 2002) | pp. 69-70

1.8 Gaunilo, *Responsio Anselmi*, 6. | p. 72

1.9 Thomas Aquinas, *Summa theologiae*, Ia q. 2, aa. 2–3. (『신학대전 1』 정의채 역, 바오로딸, 2014) | pp. 75-78

1.10 Thomas Aquinas, *Summa theologiae*, Ia q. 13, aa. 5–6. (『신학대전 2』 정의채 역, 바오로딸, 2014) | pp. 81-85

1.11 William of Ockham, *Quodlibetal Questions*, I, q. 1. (『오캄 철학 선집』 이경희 역, 간디서원, 2004) | pp. 87-89

1.12 Martin Luther, *Heidelberg Disputation*, Theses 19–20; in *D. Martin Luthers Werke: Kritische Gesamtausgabe* (Weimar: Böhlaus, 1911), vol. 1, 354.17–21. (『루터: 초기 신학 저술들』 유정우 역, 두란노아카데미, 2011) | pp. 90-91

1.13 John Calvin, *Institutes of the Christian Religion*, III.ii.7, p. 17. | pp. 92-93

1.14 *Heidelberg Catechism*, Questions 96–98; in E. F. K. Müller (ed.), *Die Bekenntnisschriften der reformierten Kirche* (Leipzig: Böhme, 1903), 710.8–27. (『오늘을 위한 하이델베르크 교리문답』 장호준 역, 복 있는 사람, 2016) | pp. 94-95

1.15 John Locke, *An Essay Concerning Human Understanding*, ed. P. H. Nidditch (Oxford: Clarendon Press, 1975), 314.25–315.24. (『인간지성론

1-2』 정병훈, 이재영, 양선욱 역, 한길사, 2015) | pp. 96-98

1.16 René Descartes, *Meditations on First Philosophy; in Mediationes de Prima Philosophia* (Paris: Librarie Philosophique J. Vrin, 1944), 65.7–15, 66.8–28. (『성찰 : 자연의 빛에 의한 진리 탐구 프로그램에 대한 주석』 이현복 역, 문예출판사, 1997) | pp. 99-100

1.17 Blaise Pascal, *Pensées* 110, 188, 190, 449; in *Pensées* (Paris: Editions du Seuil, 1962), pp. 66, 99, 100, 196–197. (『팡세』 현미애 역, 을유문화사, 2013; 『팡세』 방곤 역, 신원문화사, 2007; 『팡세』 최현 역, 범우사, 1985; 『팡세』 정봉구 역, 육문사, 1990) | pp. 101-102

1.18 Blaise Pascal, *Pensées* 232, 242, 446, 449; in *Pensées* (Paris: Editions du Seuil, 1962), pp. 117, 120, 195, 198. (『팡세』 을유문화사, 2013; 『팡세』 신원문화사, 2007; 『팡세』 범우사, 1985; 『팡세』 육문사, 1990) | pp. 104-105

1.19 Immanuel Kant, *Kritik der reinen Vernunft*, 2 vols. (Frankfurt am Main: Suhrkamp Verlag, 2000), vol. 2, pp. 533–534. (『순수이성비판 2』 백종현 역, pp. 775-777, 아카넷, 2006) 아카넷의 허락을 받아 직접 인용함. | pp. 106-107

1.20 Søren Kierkegaard, *Unscientific Postscript*, trans. David F. Swenson and Walter Lowrie (Princeton, NJ: Princeton University Press, 1941), pp. 182–183. | pp. 109-110

1.21 First Vatican Council, session 3, on faith and reason; in *Enchiridion Symbolorum*, ed. H. Denzinger, 39th edn (Freiburg im Breisgau: Herder, 2001), §§3015–3020; pp. 818–820. 공유 저작물을 이용함. (『보편 공의회 문헌집 제3권』 김영국, 손희송, 이경상 역, 가톨릭출판사, 2006) | pp. 111-114

1.22 John Henry Newman, *Essay in Aid of a Grammar of Assent*, 2nd edn (London: Burns & Oates, 1870), pp. 159–160. | pp. 115-116

1.23 Adolf von Harnack, *Outlines of the History of Dogma*, trans. Edwin K. Mitchell (Boston, MA: Beacon Hill Press, 1893), pp. 2–7. | pp. 117-119

1.24 Karl Barth, "Theology"; in *God in Action*, trans. E. G. Homrighausen and Karl J. Ernst (Edinburgh: T&T Clark, 1936), pp. 39–57. Karl Barth, *Offenbarung, Kirche und Theologie*, München 1934, S. 15–34 (Theologische Existenz heute 9) © Theologischer Verlag Zürich | pp. 120-121

1.25 Ludwig Wittgenstein, *Philosophical Investigations*, trans. G. E. M. Anscombe (Oxford: Blackwell, 1968), pp. 31–32. (『철학적 탐구』 이승종 역, 아카넷, 2016) | pp. 123-124

1.26 Ludwig Wittgenstein, *Culture and Value*, ed. G. H. von Wright, trans. Peter Winch (Oxford: Blackwell, 1980), pp. 82–86. (『문화와 가치』 이영철 역, 책세상, 2020) | pp. 126-127

1.27 Vladimir Lossky, *The Mystical Theology of the Eastern Church* (London: James Clarke, 1957), pp. 27–28. (『동방교회의 신비신학에 대하여』 박노양 역, 한국장로교출판사, 2003) | pp. 128-130

1.28 Dietrich Bonhoeffer, Letter to Eberhard Bethge, dated July 16, 1944; in Dietrich Bonhoeffer, *Letters and Papers from Prison*, ed. E. Bethge, trans. Reginald Fuller (New York: Macmillan; London: SCM Press, 1971), pp. 359–361. (『옥중서신』 김순현 역, pp. 340-344, 복 있는 사람, 2016) | pp. 131-

1.29 Paul Tillich, *Systematic Theology* (Chicago: University of Chicago Press, 1951), vol. 1, pp. 59–64.(『폴 틸리히 조직신학 1』 남성민 역, 새물결플러스, 2021) 새물결플러스의 허락을 받아 이용함. | pp. 135-138

1.30 Ian T. Ramsey, *Religious Language: An Empirical Placing of Theological Phrases* (London: SCM Press, 1957), pp. 186–187; p. 171. SCM Press의 허락을 받아 이용함. | pp. 140-141

1.31 Sallie McFague, *Models of God: Theology for an Ecological Nuclear Age* (Philadelphia: Fortress Press, 1987), pp. 32–34. 1517 Media의 허락을 받아 이용함. (『어머니, 연인, 친구: 생태학적 핵 시대와 하나님의 세 모델』, 정애성 역, 뜰밖, 2006) | pp. 142-144

1.32 Gustavo Gutiérrez, *A Theology of Liberation*, 2nd edn, trans. Sister Caridad Inda and John Eaglson (Maryknoll, NY: Orbis Books; London: SCM Press, 1978), pp. 9–12. (『해방신학』 성염 역, 분도출판사, 1977) 분도출판사의 허락을 받아 이용함. | pp. 146-149

1.33 Brian A. Gerrish, *The Old Protestantism and the New: Essays on the Reformation Heritage* (Chicago: University of Chicago Press; Edinburgh: T&T Clark, 1982), p. 175. University of Chicago Press의 허락을 받아 이용함. | pp. 150-151

1.34 George Lindbeck, *The Nature of Doctrine* (Philadelphia: Westminster Press, 1984), pp. 32-35. (『교리의 본성』 김영원 역, 도서출판100, 2021) 도서출판100의 허락을 받아 이용함. | pp. 152-155

1.35 Dumitru Stăniloae, *The Experience of God: Orthodox Dogmatic Theology* (Brookline, MA: Holy Cross Orthodox Press, 1998), pp. 81–83. Holy Cross Orthodox Press의 허락을 받아 이용함. | pp. 157-159

1.36 Kevin Vanhoozer, "Theology and the Condition of Postmodernity"; in K. Vanhoozer, ed., *The Cambridge Companion to Postmodern The-ology* (Cambridge: Cambridge University Press, 2003), pp. 3–24; pp. 10–13에서 발췌. Cambridge University Press의 허락을 받아 이용함. | pp. 161-164

1.37 John Polkinghorne, *Theology in the Context of Science* (London: SPCK, 2008), pp. 84–86. Yale University Press의 허락을 받아 이용함. (『과학으로 신학하기』 신익상 역, 모시는사람들, 2015) | pp. 165-167

1.38 Francis, encyclical letter *Lumen fidei*, §§23–25. http://www.vatican.va/holy_father/francesco/encyclicals/documents/papa-francesco20130629_enciclica-lumen-fidei_en.html (accessed February 2, 2016). (『신앙의 빛』 김영선 역, CBCK, 2013) | pp. 169-171

2장

2.1 Melito of Sardis, *Peri Pascha*, 1–4; 35–43. | pp. 183-185

2.2 Irenaeus, *Adversus haereses*, III.ii.1–iv.1. (『초기 기독교 교부들』 두란노아카데미, 2011) | pp. 187-188

2.3 Hippolytus, *De antichristo*, 59. | pp. 189

2.4 Clement of Alexandria, *Stromata*, I.xxviii.3. | p. 191

2.5 Tertullian, *De praescriptione*

haereticorum, xx, 4–xxi, 4; xxxii.1. (『초기 라틴 신학』 두란노아카데미, 2011) | pp. 192-193

2.6 Origen, *De principiis*, IV.ii.4–5. (『원리론』 이성효, 이형우, 최원오, 하성수 역, 아카넷, 2014) | pp. 195

2.7 Cyril of Jerusalem, *Catechesis*, V, 12. | pp. 196-197

2.8 Augustine, *De utilitate credendi*, III, 9. (『아우구스티누스: 전기 저서들』 공성철 역, 두란노아카데미, 2011; 백민관 저, 『가톨릭에 관한 모든 것』 가톨릭대학교출판부, 2007; http://www.logoslibrary.org/augustine/profit/index.html) | pp. 198-200

2.9 Jerome, *Letter*, LIII, 4–6, 10. | pp. 201-203

2.10 Vincent of Lérins, *Commonitorium*, II, 1–3. (『중세 초기 신학』 원성현 역, 두란노아카데미, 2011) | pp. 204-205

2.11 Bernard of Clairvaux, *Sermones super Cantico Canticorum*, XL.vi, 2. | pp. 206-207

2.12 Stephen Langton, unpublished manuscript B.II.26, Trinity College, Cambridge, as cited by Beryl Smalley, "Stephen Langton and the Four Senses of Scripture," *Speculum* 6 (1931), pp. 60–76; Latin text at p. 73, note 1. | pp. 208-209

2.13 Ludolf of Saxony, *Vita Jesu Christi Domini ac salvatoris nostri* (Paris: Gering & Rembolt, 1502), praefatio. Note that this edition uses a variant title; the more common title is *Vita Jesu Christi redemptoris nostri*. | pp. 210-211

2.14 Jacques Lefèvre d'Etaples, *Quincuplex psalterium* (1508), preface; in Quincuplex Psalterium (Paris, 1509), α recto – α verso. | pp. 213-215

2.15 Martin Luther, *Dictata super Psalterium*, preface; in D. *Martin Luthers Werke: Kritische Gesamtausgabe*, vol. 3, ed. G. Kawerau (Weimar: Böhlau, 1885), 11.3–35. | pp. 216-217

2.16 Martin Luther, *Commentary on Galatians*; in D. *Martin Luthers Werke: Kritische Gesamtausgabe* (Weimar: Böhlaus, 1911), vol. 40, 602.18–603.13, 607.19–609.14. (『갈라디아서 강해 상』 김선회 역, 루터 신학대학교 출판부, 2003) | pp. 218-221

2.17 John Calvin, *Institutes of the Christian Religion*, I.iii.1, I.v.2. (『기독교 강요 상』 김종흡 역, 생명의말씀사, 1988) | pp. 222-223

2.18 John Calvin, *Institutes of the Christian Religion*, II.x.1, 2. (『기독교 강요 상』 생명의말씀사, 1988) | p. 224

2.19 Council of Trent, Session IV; in *Enchiridion Symbolorum*, ed. H. Denzinger, 39th edn (Freiburg im Breisgau: Herder, 2001), §1501, p. 496. 공유 저작물을 이용함. (『보편 공의회 문헌집 제3권』 김영국, 손희송, 이경상 역, 가톨릭출판사, 2006) | p. 226

2.20 *Confessio Gallicana* (1559), articles 3–5; in E. F. K. Müller (ed.), *Die Bekenntnisschriften der reformierten Kirche* (Leipzig: Böhme, 1903), 222.5–44. | pp. 228-229

2.21 *Confessio Belgica* (1561), article 2; in E. F. K. Müller (ed.), *Die Bekenntnisschriften der reformierten Kirche* (Leipzig: Böhme, 1903), 233.11–21. | p. 231

2.22 Melchior Cano, *De locis theologicis*, XII.v.5–14; in Melchior Cano, *De locis theologicis praelectiones* (Louvain,

1569), pp. 719–727. | pp. 232-233

2.23 *Epitome*, 1–8; in *Die Bekenntisschriften der evangelisch–lutherischen Kirche*, 2nd edn (Göttingen: Vandenhoeck & Ruprecht, 1952), 767.14–769.34. | pp. 234-235

2.24 Robert Bellarmine, *Prima Controversiae generalis, lib. iii, de interpretatione et vera sensu scripturae*; in *Disputationes de controversiis Christianae Fidei, adversus huius temporis Haereticos* (Cologne, 1619), pp. 139–143. | pp. 236-237

2.25 *The Bible: Authorized King James Version* (Oxford: Oxford University Press, 1997), pp. 56–57. | pp. 239-241

2.26 Sir Thomas Browne, *Religio Medici*, I, 16; in Thomas Browne, *Religio Medici*, ed. Jean-Jacques Denonain (Cambridge: Cambridge University Press, 1955), pp. 21–23. | pp. 243-245

2.27 Francis White, *A Treatise of the Sabbath Day* (London: Richard Badger, 1635), pp. 11–12. | p. 246

2.28 Jonathan Edwards, *The Images of Divine Things*, paras 57, 70, 156, 211; in Jonathan Edwards, *The Images of Divine Things*, ed. Perry Miller (New Haven, CT: Yale University Press, 1948), pp. 61, 69, 109, 134. 공유 저작물을 이용함. | pp. 248-249

2.29 Willliam Paley, "Natural Theology"; in *The Works of William Paley* (London: William Orr, 1844), pp. 25–26. | pp. 250-251

2.30 Johann Adam Möhler, *Symbolism: or Exposition of the Doctrinal Differences between Catholics and Protestants* (New York: Dunigan, 1844), pp. 349–352.· | pp. 253-255

2.31 John Henry Newman, *Lectures on the Prophetical Office of the Church*, 2nd edn (London: Rivingtons, 1838), pp. 37–41. | pp. 257-260

2.32 Charles Hodge, *Systematic Theology* (Grand Rapids, MI: Eerdmans, 1940), vol. 1, pp. 165–166. (『조직신학 1』 김귀탁 역, 크리스천다이제스트, 2002) | pp. 262-263

2.33 "God's Grandeur"; in *The Poems of Gerard Manley Hopkins*, ed. W. H. Gardner and N. H. Mackenzie (London: Oxford University Press, 1948), p. 31. (『홉킨스 시선』 김영남 역, 지식을 만드는 지식, 2014) | p. 265

2.34 Charles Gore, *The Incarnation of the Son of God*, 2nd edn (London: John Murray, 1892), pp. 96–97. | pp. 267-268

2.35 James Orr, *The Christian View of God and the World as Centering in the Incarnation* (New York: Charles Scribner's Sons, 1908), pp. 75–77. | pp. 270-271

2.36 Wilhelm Herrmann, *The Communion of the Christian with God* (Edinburgh: T&T Clark, 1906), pp. 57–63. | pp. 272-276

2.37 Karl Barth, *Church Dogmatics*, I/1, ed. and trans. G. W. Bromiley and T. F. Torrance (Edinburgh: T&T Clark, 1975), pp. 191, 193–194. (『교회 교의학 1-1』 박순경 역, 대한기독교서회, 2003) 대한기독교서회의 허락을 받아 이용함. | pp. 278-280

2.38 Emil Brunner, *Truth as Encounter*, 2nd edn, trans. Amandus Loos and David Cairns (London: SCM Press, 1964), p. 109. 공유 저작물을 이용함. | pp. 282-283

2.39 Rudolf Bultmann, "New Testament and Mythology"; in H. W. Bartsch (ed.), *Kerygma and Myth*, trans. R. H. Fuller (London: SPCK, 1953), pp. 1–16. Rudolf Bultmann 유족의 허락을 받아 이용함. (『성서의 실존론적 이해』 유동식 역, 신양사, 1959) | pp. 284-285

2.40 Pius XII, encyclical letter *Divino afflante Spiritu*, published Septem-ber 30, 1943. http://www.vatican.va/holy_father/pius_xii/encyclicals/documents/hf_p-xii_enc_30091943_divino-afflante-spiritu_en.html (accessed February 17, 2016). (『하인리히 덴칭거—신경, 신앙과 도덕에 관한 규정 선언 편람』 CBCK, 2017) 일부 수록 | pp. 288-289

2.41 Austin Farrer, "An English Appreciation"; in H. W. Bartsch (ed.), *Kerygma and Myth*, ed. and trans. R. H. Fuller (London: SPCK, 1953), pp. 212–223. Herbert Reich Evangelischer Verlag의 허락을 받아 이용함. | pp. 290-293

2.42 Gerhard von Rad, *Old Testament Theology*, 2 vols. (London: SCM Press, 2012), vol. 2, pp. 363–364, 365, 374, 384–385. Gütersloher Verlagshaus 및 Chr. Kaiser Verlag의 허락을 받아 이용함. (『구약성서신학 2』 허혁 역, 분도출판사, 1993) | pp. 294-296

2.43 Karl Rahner, *Foundations of the Christian Faith: An Introduction to the Idea of Christianity*, trans. William V. Dych (New York: Crossroad; London: Darton, Longman and Todd, 1978), pp. 371, 373–377. INIGO Medien GmbH.의 허락을 받아 이용함. | pp. 297-300

2.44 Brevard Childs, *Biblical Theology in Crisis* (Philadelphia: Westminster Press, 1970), pp. 99–100. WJK의 허락을 받아 이용함. (『성경신학의 위기』 박문재 역, 크리스천다이제스트, 1992) | pp. 301-302

2.45 Phyllis Trible, "Feminist Hermeneutics and Biblical Studies," *Christian Century* 3–10 (February 1982): 116–118. Used by Permission. | pp. 304-308

2.46 John Meyendorff, *Living Trad-ition: Orthodox Witness in the Contemporary World* (Crestwood, NY: St. Vladimir's Seminary Press, 1978), pp. 7–8. St. Vladimir's Seminary Press의 허락을 받아 이용함. | pp. 309-311

2.47 J. I. Packer, *God Has Spoken*, 2nd edn (London: Hodder & Stoughton, 1979), pp. 80–82. Hodder & Stoughton의 허락을 받아 이용함. | pp. 312-314

2.48 Thomas F. Torrance, *The Ground and Grammar of Theology* (Charlottesville: University Press of Virginia, 1980), pp. 87–91. University Press of Virginia의 허락을 받아 이용함. | pp. 315-319

2.49 *Catechism of the Catholic Church*, §§75–82. (『가톨릭 교회 교리서』 한국천주교중앙협의회, 2008. 제3, 4편만 수록; "가톨릭 교회 교리서", https://www.cbck.or.kr/Documents/Catechism) | pp. 321-324

2.50 N. T. Wright, "How Can the Bible Be Authoritative?" *Vox Evangelica* 21 (1991): pp. 7–32. London School of Theology의 허락을 받아 이용함. | pp. 325-327

2.51 Alister E. McGrath, *The Open Secret: A New Vision for Natural Theology* (Oxford: Blackwell, 2008), pp. 15–18. Wiley의 허락을 받아 이용함. | pp. 328-330

3장

3.1 Athenagoras of Athens, *Apologia*, X, 1–4. (『초기 기독교 교부들』 두란노아카데미, 2011) | pp. 343-344

3.2 Irenaeus, *Demonstration of the Apostolic Preaching*, 12. | pp. 345-346

3.3 Irenaeus, *Demonstration of the Apostolic Preaching*, 6. | p. 347

3.4 Tertullian, *Adversus Hermogenem*, 2–3. | pp. 349-350

3.5 Origen, *De principiis*, II.i.4. (『원리론』 아카넷, 2014) | pp. 351-352

3.6 Origen, *Homilia in numeros*, XIV, 2. | p. 354

3.7 Gregory of Nyssa, *Ad Ablabium: Quod non sint tres dei*; in *Gregorii Nysseni opera*, ed. Werner W. Jaeger, Hermann Langerbeck, and Heinrich Dörrie, 3 vols. (Leiden: E. J. Brill, 1996), vol. 3, part 1, pp. 37–52. 공유 저작물을 이용함. (『후기 교부들의 기독론』 염창선, 원성현, 임승안 역, 두란노아카데미, 2011) | pp. 356-359

3.8 Basil of Caesarea, *De spiritu sancto*, IX, 22–23. (『성 바질의 성령에 관하여』 주승민 역, 올리브나무, 2017) | pp. 360-362

3.9 Gregory of Nazianzus, *Oratio theologica* V, 26 [= Oratio XXXI, 26]. (『후기 교부들의 기독론』 두란노아카데미, 2011) | pp. 364-365

3.10 Athanasius, *Epistulae ad Serapionem*, I, 20–28. | pp. 365-367

3.11 Hilary of Poitiers, *De Trinitate*, XII, 52, 57. | p. 368

3.12 Augustine, *De Trinitate*, IX.i.1–v.8. (『삼위일체론』 성염 역, 분도출판사, 2015) | pp. 370-375

3.13 Augustine, *De libero arbitrio*, II.xx.54. (『자유의지론』 성염 역, 분도출판사, 1998) | pp. 377-378

3.14 Epiphanius of Constantia, *Panarion*, lxii, 1. | pp. 379-380

3.15 Cyril of Alexandria, *In Ioannis evangelium*, XVI, 20.4. | pp. 381-382

3.16 John of Damascus, *De fide orthodoxa*, I, 8. | pp. 383-384

3.17 Council of Toledo, *Symbolum fidei de Trinitate et Incarnatione*, 10–14; in *Enchiridion Symbolorum*, ed. H. Denzinger, 39th edn (Freiburg im Breisgau: Herder, 2001), §§522–528. 공유 저작물을 이용함. (『하인리히 덴칭거—신경, 신앙과 도덕에 관한 규정 선언 편람』 CBCK, 2017) | pp. 385-386

3.18 Anselm of Canterbury, *Proslogion*, 8. (『모놀로기온 프로슬로기온』 아카넷, 2002) | p. 388

3.19 Richard of St. Victor, *De Trinitate*, III, 14. | pp. 389-390

3.20 Alexander of Hales, *Summa theologiae* (Ad Claras Aquas: Collegii S. Bonaventurae, 1948), vol. 4, p. 197. | pp. 392-393

3.21 Thomas Aquinas, *Summa theologiae*, Ia, q. 25, aa. 3–4. | pp. 394-395

3.22 Bonaventure, *Breviloquium*, pars III, cap. 1, 1–3. | pp. 396-397

3.23 Julian of Norwich, *Revelations of Divine Love*, 52, 62, 63; in Julian of Norwich, *Revelations of Divine Love*, trans. Clifton Wolters (Harmondsworth, UK: Penguin, 1958), pp. 151, 174, 176. (『하나님 사랑의 계시』 엄성옥 역, 은성, 2007) | pp. 399-400

3.24 William of Ockham, *Quodlibetal Questions*, VI, q. 1. | pp. 401-402

3.25 Thomas à Kempis, *De imitatione*

Christi, I, 1–2. (『그리스도를 본받아』 홍병룡 역, 포이에마, 2012) | p. 404

3.26 John Calvin, *Institutes of the Christian Religion*, I.xvi.2–3, 8. (『기독교 강요 상』 생명의말씀사, 1988) | pp. 406-407

3.27 Spinoza, *Ethics*, V, 17; in *Opera: Lateinisch und Deutsch*, vol. 2, ed. Konrad Blumenstock (Darmstadt: Wissenschaftliche Buchgesellschaft, 1980), 526.31–528.6. 공유 저작물을 이용함. (『에티카』 황태연 역, 비홍출판사, 2014) | p. 409

3.28 Friedrich Schleiermacher, *The Christian Faith*, trans. M. R. Mackintosh and J. S. Stewart (Edinburgh: T&T Clark, 1928), pp. 738–739. | pp. 410-412

3.29 Karl Barth, *The Epistle to the Romans*, trans. Edwyn C. Hoskyns (Oxford: Oxford University Press, 1933), pp. 28–29. Theologischer Verlag Zürich의 허락을 받아 이용함. (『로마서』 손성현 역, 복 있는 사람, 2017) | pp. 413-414

3.30 Jürgen Moltmann, "The 'Crucified God': God and the Trinity Today"; in J. B. Metz (ed.), *New Questions on God* (New York: Herder & Herder, 1972), pp. 31–35. Crossroad의 허락을 받아 이용함. | pp. 416-418

3.31 German Original: Hans Urs von Balthasar, *Herrlichkeit. Eine theologische Ästhetik*. Vol. III/2,2: Neuer Bund, pp. 249-252 (1970). © Johannes Verlag Einsiedeln, Freiburg. English Translation: *The Glory of the Lord* VII: *Theology: The New Covenant*. T. & T. Clark, Edinburgh / Ignatius Press, San Francisco 1989, pp. 268-270. Johannes Verlag의 허락을 받아 이용함. | pp. 420-422

3.32 Leonardo Boff, *Trinity and Society*, trans. Paul Burns (Tunbridge Wells, UK: Burns & Oates; Maryknoll, NY: Orbis Books, 1988), pp. 156–158. (『삼위일체와 사회』 이세형 역, 대한기독교서회, 2011) 대한기독교서회의 허락을 받아 이용함. | pp. 424-426

3.33 Robert Jenson, "The Triune God"; in C. E. Braaten and R. W. Jenson (eds), *Christian Dogmatics* (Philadelphia: Fortress Press, 1984), vol. 1, pp. 87–92. 1517 Media의 허락을 받아 이용함. | pp. 427-431

3.34 Hans Küng, *The Incarnation of God*, trans. J. R. Stephenson (Edinburgh: T&T Clark, 1987), pp. 530–533. Stiftung Weltetho의 허락을 받아 이용함. | pp. 433-437

3.35 Eberhard Jüngel, *God as the Mystery of the World*, trans. Darrell L. Guder (Edinburgh: T&T Clark, 1983), p. 13. Mohr Siebeck의 허락을 받아 이용함. | pp. 438-439

3.36 Jacques Ellul, *The Humiliation of the Word*, trans. Joyce Main Hanks (Grand Rapids, MI: Eerdmans, 1985), pp. 102–106. (『굴욕당한 말』 박동열, 이상민 역, 대장간, 2014) | pp. 441-444

3.37 Walter Kasper, *The God of Jesus Christ*, trans. Matthew O'Connell (London: SCM Press, 1983), pp. 267–269. Bloomsbery의 허락을 받아 이용함. (『예수 그리스도의 하느님』 김관희 역, 수원가톨릭대학교출판부, 2015) | pp. 445-447

3.38 Paul Jewett, *God, Creation, and Revlation* (Grand Rapids, MI: Eerdmans, 1991), pp. 323–325. Eerdmans의 허락을 받아 이용함. | pp. 449-451

3.39 John Milbank, "'Postmodern Critical Augustinianism': A Short *Summa* in Forty Two Responses to Unasked Questions," *Modern Theology* 7 (1991): pp. 225–237; pp. 225–237에서 발췌. Wiley Journal의 허락을 받아 이용함. | pp. 453-455

3.40 Elizabeth A. Johnson, *She Who Is: The Mystery of God in Feminist Theological Discourse* (New York: Crossroad, 1992), pp. 55–57. Copyright © Elizabeth Johnson She Who Is by Elizabeth A. Johnson (Crossroad, 2017). Reprinted by arrangement with The Crossroad Publishing Company. www.crossroadpublishing.com | pp. 457-459

3.41 Anne Carr, "Feminist Theology"; in A. E. Mc-Grath (ed.), *Blackwell Encyclopaedia of Modern Christian Thought* (Oxford: Blackwell, 1993), pp. 223–224. Wiley의 허락을 받아 이용함. | pp. 460-463

3.42 Sarah A. Coakley, "'Persons' in the 'Social' Doctrine of the Trinity: A Critique of Current Analytic Discussion"; in S. T. Davis, D. Kendall, and G. O'Collins (eds), *The Trinity: An Interdisciplinary Symposium on the Trinity* (Oxford: Oxford University Press, 2002), pp. 123–144; pp. 123–125에서 발췌. Copyright © Sarah Coakley and David A. Pailin, The Trinity: An Interdisciplinary Symposium on the Trinity (Oxford: Oxford University Press, 1993). PLSclear를 통해서 Oxford University Press의 허락을 받아 이용함. | pp. 465-467

3.43 David Bentley Hart, "Tsunami and Theodicy," *First Things* 151 (March 2005): 6–9. First Things의 허락을 받아 이용함. | pp. 469-472

4장

4.1 Ignatius of Antioch, *Letter to the Trallians*, 9–10; *Letter to the Smyrnaeans*, 2–3. (『초기 기독교 교부들』 두란노아카데미, 2011) | pp. 481-482

4.2 Irenaeus, *Adversus haereses*, I.xxiv.1–2. | pp. 483-484

4.3 Tertullian, *Adversus Praxean*, 1. | p. 485

4.4 Tertullian, *Adversus Praxean*, 27. | pp. 486-488

4.5 Novatian, *De trinitate*, 16. | pp. 489-490

4.6 Origen, *De principiis*, II.vi.3. (『원리론』 아카넷, 2014) | p. 491

4.7 A letter of Arius to Eusebius, bishop of Nicomedia (c.321). This letter is known, with slight variations, in two major sources, as follows: first, Theodoret of Cyrus, *Ecclesiastical History*, I.v.1–4; in *Die griechischen Christlichen Schriftsteller der ersten Jahrhunderte: Theodoret Kirchengeschichte*, ed. L. Parmentier and F. Schweiweiler (Berlin: Akademie Verlag, 1954), 26.1–27.6; second, Epiphanius of Constantia, *Pararion* lxix, 6; in *Epiphanii episcopi Constantiae opera*, ed. G. Dindorfius (Leipzig: Weigel, 1861), 148.10–149.16. | pp. 493-494

4.8 Athanasius, *Epistulae ad Serapionem*, IV, 14. | pp. 495-496

4.9 Apollinarius of Laodicea, Letter 2; in *Apollinaris von Laodicea und seine*

Schule, ed. H. Lietzmann (Tübingen: Mohr, 1904), 256.3–7. 공유 저작물을 이용함. | p. 498

4.10 Gregory of Nazianzus, Letter 101. | pp. 499-500

4.11 Theodore of Mopsuestia, Catecheti-cal Homily, 8.13–14, trans. Al-phonse Mingana; in *Woodbrooke Studies: Christian Documents in Syriac, Arabic, and Garshuni* (Cambridge: Heffer, 1933), pp. 89–90, with slight alteration for clarity. | p. 502

4.12 Nestorius, as cited in Socrates, *Historia Ecclesiastica*, VII, 32; in *Socratis scholastica: Ecclesiastica historia*, ed. R. Hussey (Oxford: Clarendon Press, 1853), vol. 2, pp. 804–807. | pp. 504-505

4.13 Cyril of Alexandria, Letter IV, 3–5 (Second Letter to Nestorius); in *Oxford Early Christian Texts: Cyril of Alexandria – Select Letters*, ed. L. R. Wickham (Oxford: Clarendon Press, 1983), 4.22–6.28. 공유 저작물을 이용함. | pp. 506-507

4.14 Leo the Great, Letter 28 to Flavian (June 13, 449); in J. P. Migne, *Patrologia Latina* (Paris, 1841–55), 54.758B–760A; 764A–768B. 「레오의 둘째 교의 서한」(Tomus II)으로 일컫는 서한과 구분하기 위해 때로 「레오의 첫째 교의 서한」(Tomus I)이라고 한다. (『하인리히 덴칭거—신경, 신앙과 도덕에 관한 규정 선언 편람』 CBCK, 2017) | pp. 510-512

4.15 *Enchiridion Symbolorum*, ed. H. Denzinger, 39th edn (Freiburg im Breisgau: Herder, 2001), §§301–302. (『하인리히 덴칭거—신경, 신앙과 도덕에 관한 규정 선언 편람』 CBCK, 2017) | p. 514

4.16 John of Damascus, *Contra imaginum calumniatores*, I, 16. | p. 517

4.17 Honorius of Autun, *Libellus octo quaestionum de angelis et homine*, 2. | pp. 519-520

4.18 Thomas Aquinas, *Summa theologiae*, IIIa, q. 1, a. 3. (『신학대전 2』 바오로딸, 2014) | p. 522

4.19 Gregory Palamas, *Homilia*, 34. | pp. 523-524

4.20 Martin Luther, *On the Councils and the Church* (1539); in *D. Martin Luthers Werke: Kritische Gesamtausgabe* (Weimar: Böhlau, 1914), vol. 50, 587.29–590.4. (지원용 저, 『루터 선집 8-교회를 위한 목회자』 컨콜디아사, 1985) | pp. 525-527

4.21 François Turrettini, *Institutio theologiae elencticae*, topic 14, q. 5; in *Institutio theologiae elencticae*, 3 vols. (Rome: Trajecti, 1734), vol. 2, pp. 424–427. | pp. 529-530

4.22 G. E. Lessing, "Über den Beweis des Geistes und der Kraft"; in *Gotthold Ephraim Lessings sämtlichen Schriften*, vol. 13, ed. Karl Lachmann (Berlin: Göschen'sche Verlagshandlung, 1897), 4.11–8.20. | pp. 532-533

4.23 Friedrich Schleiermacher, *The Christian Faith*, trans. M. R. Mackintosh and J. S. Stewart (Edinburgh: T&T Clark, 1928), pp. 98–99. 공유 저작물을 이용함. | pp. 535-537

4.24 Martin Kähler, *Der sogenannte historische Jesus und der geschichtliche, biblische Christus*, ed. E. Wolf (Munich: Kaiser Verlag, 1953), pp. 40–45. (『세계 기독교 대사상 5』 채위, 박종화 역, 교육출판공사, 2007) | pp. 539-542

4.25 George Tyrell, *Christianity at the Cross-Roads* (London: Longmans Green

& Co., 1909), pp. 46–49. | pp. 544-546

4.26 Albert Schweitzer, *Von Reimarus zu Wrede: Eine Geschichte der Leben-Jesu-Forschung* (Tübingen: Mohr, 1906), pp. 396–401. (『예수의 생애 연구사』 허염 역, 대한기독교출판사, 1986) | pp. 548-549

4.27 G. K. Chesterton, *The Everlasting Man* (1925); in *The Collected Works of G. K. Chesterton* (San Francisco: Ignatius Press, 1986), vol. 2, pp. 306–308. 공유 저작물을 이용함. | pp. 551-552

4.28 P. T. Forsyth, *The Person and Place of Jesus Christ* (London: Independent Press, 1909), pp. 35, 41, 44. | pp. 554-555

4.29 Dorothy L. Sayers, *Creed or Chaos?* (London: Methuen, 1947), pp. 32–35. | pp. 556-558

4.30 Paul Tillich, *Systematic Theology*, 3 vols. (Chicago: University of Chicago Press, 1978), vol. 2, pp. 113–114. (『폴 틸리히 조직신학 2』 남성민 역, 새물결플러스, 출간 예정) 새물결플러스의 허락을 받아 이용함. | pp. 559-561

4.31 Wolfhart Pannenberg, *Jesus – God and Man*, trans. Lewis L. Wilkins and Duane A. Priebe (Philadelphia: Westminster Press, 1968), pp. 22–25. Hilke und Wolfhart Pannenberg-Stiftung의 허락을 받아 이용함. | pp. 563-565

4.32 Thomas F. Torrance, *The Trinitarian Faith* (Edinburgh: T&T Clark, 1988), pp. 151–154. Bloomsbury의 허락을 받아 이용함. | pp. 566-569

4.33 Rosemary Radford Ruether, *Sexism and God- Talk: Towards a Feminist Theology* (Boston: Beacon Press, 1983), pp. 127–130. "Sexism and God-Talk" by Rosemary Radford Ruether Copyright © 1983, 1993 by Rosemary Radford Ruether Reprinted by permission of Beacon Press, Boston. (『성차별과 신학』 안상님 역, 대한기독교출판사, 1985) | pp. 571-574

4.34 Morna D. Hooker, "Chalcedon and the New Testament"; in Sarah Coakley and David A. Pailin (eds), *The Making and Remaking of Christian Doctrine* (Oxford: Clarendon Press, 1993), pp. 73–93; pp. 86–88에서 발췌. Copyright © Sarah Coakley and David A. Pailin, The Making and Remaking of Christian Doctrine (Oxford: Oxford University Press, 1993).
PLSclear를 통해서 Oxford University Press의 허락을 받아 이용함. | pp. 575-578

4.35 N. T. Wright, *Jesus and the Victory of God* (London: SPCK, 1996), pp. 4–8. (『예수와 하나님의 승리』 박문재 역, 크리스천다이제스트, 2004) CH북스의 허락을 받아 이용함. | pp. 579-585

4.36 Janet Martin Soskice, "Blood and Defilement: Reflections on Jesus and the Symbolics of Sex"; in Gerald O'Collins, Daniel Kendall, and Stephen T. Davis (eds), *The Convergence of Theology: A Festschrift Honoring Gerald O'Collins, S.J.* (Mahwah, NJ: Paulist Press, 2001), pp. 285–303; pp. 285–286, 287–289에서 발췌. Paulist Press의 허락을 받아 이용함. | pp. 586-588

5장

5.1 Irenaeus, *Adversus haereses*, V.i.1. (『초기 기독교 교부들』 두란노아카데미,

2011) | pp. 599-600

5.2 Irenaeus, *Adversus haereses*, III. xviii.1. | p. 601

5.3 Clement of Alexandria, *Quis dives salvetur*, 37. | pp. 602-603

5.4 Athanasius, *De incarnatione Verbi*, VIII, 4–IX, 1. (『후기 교부들의 기독론』 두란노아카데미, 2011) | pp. 604-605

5.5 Athanasius, *Contra Arianos*, III, 33. | p. 606

5.6 An anonymous paschal homily inspired by the *Treatise on the Passion of Hippolytus*; in *Sources Chrétiennes: Homélies paschales*, vol. 1, ed. P. Nautin (Paris: Cerf, 1950), 177.8–179.9. | p. 608

5.7 Rufinus of Aquileia, *Expositio symboli*, 14. | pp. 609-610

5.8 A homily for Holy Saturday, ascribed to Epiphanius of Constantia but of uncertain authorship; in J. P. Migne, *Patrologia Graeca* (Paris, 1857–66), 43: 440A; 452B–C; 461B. | p. 611

5.9 Theodore of Cyrrhet, *De providentia*, 10. | pp. 612-613

5.10 Augustine, *Sermo*, 263, 1. | pp. 614-615

5.11 Maximus of Constantinople, *Quaestiones ad Thalassium*, 22. | pp. 616-617

5.12 Simeon the New Theologian, *Hymns of Divine Love*, 7. | pp. 618-619

5.13 Anselm of Canterbury, extracts from *Cur Deus homo*, I.xi–xxi; II.iv–xx. (『인간이 되신 하나님』 이은재 역, 한들출판사, 2015) | pp. 620-622

5.14 Peter Abelard, *Expositio in Epistolam ad Romanos*, 2. (『스콜라 신학 선집』 최영근, 김도훈 역, 두란노아카데미, 2011) | pp. 624-625

5.15 Hugh of St. Victor, *De sacramentis*, I.viii.6–7, I.viii.10. | pp. 626-627

5.16 Rupert of Deutz, *Opus de gloria et honore Filii hominis super Matthaeum*, 13. | pp. 628-629

5.17 Thomas Aquinas, *Summa theologiae*, IIIa, q. 48, a. 2. | pp. 630-631

5.18 Nicolas Cabasilas, *De vita in Christo*, 3. (『그리스도 안의 삶』 황애경 역, 정교회출판사, 2008) | pp. 632-633

5.19 John Calvin, *Consilium de peccato et redemptione*; in Corpus Reformatorum, vol. 10, part 1, ed. G. Baum, E. Cunitz, and E. Reuss (Braunschweig: Schwetschke, 1871), pp. 156–157. | pp. 633-634

5.20 *The Racovian Catechism*, V, 8; in *The Racovian Catechism*, trans. Thomas Rees (London: Longman, 1818), p. 303. | pp. 635-638

5.21 John Donne, Holy Sonnet XV; in *Complete Poetry and Selected Prose*, ed. J. Hayward (New York: Random House, 1932), p. 285. (『존 던의 거룩한 시편』 김선향 역, 청동거울, 2001) | pp. 639-640

5.22 George Herbert, "Redemption"; in *The Works of George Herbert*, ed. F. E. Hutchinson (Oxford: Clarendon Press, 1941), p. 40 (『성전』 김영만 역, 좋은날, 2001). | pp. 641-642

5.23 John Wesley and Charles Wesley, *Hymns and Sacred Poems* (London: William Strahan, 1739), pp. 117–119. (『웨슬리 찬송시선집』 나형석 역, KMC, 2010) | pp. 643-644

5.24 Friedrich Schleiermacher, *The Christian Faith*, trans. H. R. Mackintosh and J. S. Stewart (Edinburgh: T&T Clark, 1928), pp. 429–431. | pp. 645-648

5.25 Friedrich Schleiermacher, *The Chris-*

tian Faith, trans. H. R. Mackintosh and J. S. Stewart (Edinburgh: T&T Clark, 1928), pp. 374–375. | pp. 650-652

5.26 Charles Gore, "Our Lord's Human Example," *Church Quarterly Review* 16 (1883): pp. 282–313; p. 298에서 발췌. | pp. 653-654

5.27 Hastings Rashdall, "The Abelardian Doctrine of the Atonement"; in *Doctrine and Development: University Sermons* (London: Methuen, 1898), pp. 128–145; pp. 130–143에서 발췌. | pp. 655-656

5.28 Gustaf Aulén, *Christus Victor: An Historical Study of the Three Main Types of the Idea of the Atonement*, trans. A. G. Hebert (London: SPCK, 1931), pp. 17–22. Used by Permission. (『승리자 그리스도』 문창수 역, 정경사, 1992) | pp. 658-662

5.29 Vladimir Lossky, "Redemption and Deification"; in *In the Image and Likeness of God*, trans. John Erickson and Thomas Bird (New York: St. Vladimir's Seminary Press, 1974), pp. 97–98. 공유 저작물을 이용함. | pp. 664-665

5.30 Bernard Lonergan, *The Collected Works of Bernard Lonergan: 6 – Philosophical and Theological Papers*, 1958–1964 (Toronto: University of Toronto Press, 1996), pp. 8–13. Translated & published with permission of the publisher. | pp. 666-670

5.31 Wolfhart Pannenberg, *Jesus – God and Man*, trans. Lewis L. Wilkins and Duane A. Priebe (Philadelphia: Westminster Press, 1968), pp. 38–39, 47–48. Hilke und Wolfhart Pannenberg-Stiftung의 허락을 받아 이용함. | pp. 671-672

5.32 J. I. Packer, "What Did the Cross Achieve? The Logic of Penal Substitution," *Tyndale Bulletin* 25 (1974): pp. 3–45; pp. 16–18, 44에서 발췌. Tyndale House의 허락을 받아 이용함. | pp. 674-676

5.33 Dorothee Soelle, *Suffering* (Philadelphia: Fortress Press, 1975), pp. 162–164. 1517 Media의 허락을 받아 이용함. (『고난』 최미영, 채수일 역, 한국신학연구소, 1993) | pp. 678-679

5.34 Colin E. Gunton, *The Actuality of Atonement* (Edinburgh: T&T Clark, 1988), pp. 62–65. Bloomsbury의 허락을 받아 이용함. | pp. 680-682

5.35 *Catechism of the Catholic Church*, §§613–18. (『가톨릭 교회 교리서』 한국천주교중앙협의회, 2008; "가톨릭 교회 교리서", https://www.cbck.or.kr/Documents/Catechism) | pp. 684-686

5.36 Miroslav Volf, *Exclusion and Embrace: A Theological Exploration of Identity, Otherness, and Reconciliation* (Nashville, TN: Abingdon, 1996), pp. 291–294. (『배제와 포용』 박세혁 역, IVP, 2012) | pp. 687-690

5.37 Rosemary Radford Ruether, *Introducing Redemption in Christian Feminism* (Sheffield: Sheffield Academic Press, 1998), pp. 97–100. Bloomsbury의 허락을 받아 이용함. | pp. 691-694

5.38 J. Denny Weaver, "Violence in Christian Theology," *Cross Currents* 51 (2001): pp. 150–176; pp. 155–159에서 발췌. From CROSSCURRENTS, VOLUME 51 Copyright © 2001 by the Association for Public Religion and Intellectual Life. Published by the University of North Carolina Press. The University of North Carolina Press의 허락을 받아 이용함. www.uncpress.org | pp. 695-698

6장

6.1 Irenaeus, *Adversus haereses*, IV. xxxviiii.1. | p. 709

6.2 Tertullian, *Adversus Marcionem*, II.xv.2–3. | pp. 710-711

6.3 Origen, *Homilia in Leviticum, xii, 4; in Sources Chrétiennes*, vol. 287, ed. M. Borret (Paris: Cerf, 1981), 178.5–178.23. 공유 저작물을 이용함. | p. 712

6.4 Lactantius, *Divinae Institutiones*, VI, 10–11. | pp. 713-714

6.5 Ambrose, *De sacramentis*, V.iv.19. | pp. 715-716

6.6 Ambrosiaster, *Commentaria in epistolam ad Romanos*, v, 12. | p. 717

6.7 Gregory of Nyssa, *Commentary on the Beatitudes*, 3. | pp. 718-719

6.8 Augustine, *De dono perseverantiae*, XIV, 35. | p. 721

6.9 Augustine, *De natura et gratia*, iii, 3–iv, 4. (『어거스틴의 은총론 2』 차종순 역, 한국장로교출판사, 1997) | pp. 722-723

6.10 Pelagius, *Letter to Demetrias*, 16. (『펠라지오에서 시메온까지』 전헌호 역, 가톨릭출판사, 2003) | pp. 724-725

6.11 Pelagius, *Pro libero arbitrio, as reported by Augustine, De gratia Christi*, IV, 5. (『어거스틴의 은총론 3』 차종순 역, 한국장로교출판사, 1997) | pp. 726-727

6.12 *Enchiridion Symbolorum*, ed. H. Denzinger, 39th edn (Freiburg im Breisgau: Herder, 2001), §§222–230. 공유 저작물을 이용함. (『하인리히 덴칭거—신경, 신앙과 도덕에 관한 규정 선언 편람』 CBCK, 2017) | pp. 728-729

6.13 *Enchiridion Symbolorum*, ed. H. Denzinger, 39th edn (Freiburg im Breisgau: Herder, 2001), §§371–377. 공유 저작물을 이용함. (『하인리히 덴칭거—신경, 신앙과 도덕에 관한 규정 선언 편람』 CBCK, 2017) | pp. 730-733

6.14 Hildegard of Bingen, *Liber divinorum operum*, I.iv.100. (『세계와 인간: 하느님의 말씀을 담은 책』, 이나경 역, 올댓컨텐츠, 2011) | pp. 734-735

6.15 Alan of Lille, *Contra hereticos*, I, 51. | pp. 736

6.16 Francis of Assisi, "Canticum fratris solis vel Laudes creaturarum"; in Kajetan Esser, *OFM, Die opuskula des hl. Franziskus von Assisi. Neue textkritische Edition*. (Rome: Editiones Collegii S. Bonaventurae ad Claras Aquas, 1976), pp. 128–129. 공유 저작물을 이용함. (『태양의 노래』 정현숙 역, 분도출판사, 1986) | pp. 737-738

6.17 Thomas Aquinas, *Summa theologiae*, Prima Secundae, q. 110, a. 1. (『신학대전』 손은실, 박형국 역, 두란노아카데미, 2011) | pp. 739-742

6.18 Mechthild von Magdeburg, *Das flissende Licht der Gottheit*, 1.33–43; in Mechthild von Magdeburg, *"Das fliessende Licht der Gottheit," nach der Einsiedler Handschrift in kritischem Vergleich mit der gesamten Überlieferung*, ed. Hans Neumann, 2 vols. (Munich: Artemis Verlag, 2001–2003), vol. 1, pp. 26–27. 공유저작물을 이용함. | p. 743

6.19 Johannes Duns Scotus, *In III. Sent.*, dist. iii, q. 1. | p. 745

6.20 Gregory of Rimini, *In I sententiarum*, dist. XI–xli, qu. 1, a. 2. | p. 747

6.21 Gabriel Biel, *In II sententiarum*, dist. xxvii, q. unica, art. 3, conc. 4. | pp. 748-749

6.22 Giovanni Pico della Mirandola, *Oratio de hominis dignitate*, 4.10–5.23; in Giovanni Pico della Mirandola, *Opera* (Bologna: Benedetto Faelli, 1496), fol. 132r–v. (『피코 델라 미란돌라 : 인간 존엄성에 관한 연설』 성염 역, 철학과 현실사, 1996) | pp. 750-751

6.23 Martin Luther, *The Liberty of a Christian*; in *D. Martin Luthers Werke: Kritische Gesamtausgabe*, vol. 7 (Weimar: Böhlaus, 1897), 25.26–26.9. (『聖書 이야기, 그리스도人의 自由』 이종윤 역, 금성출판사, 1987) | pp. 753-754

6.24 Martin Luther, *Lectures on Romans* (1515–16); in *D. Martin Luthers Werke: Kritisch Gesamtausgabe*, vol. 56 (Weimar: Böhlau, 1938), 269.25–30, 272.3–21. (『루터 : 로마서 강의』 이재하, 강치원 역, 두란노아카데미, 2011) | pp. 755-756

6.25 Philip Melanchthon, *Loci Com-munes* (1521); in *Melanchthons Werke in Auswahl*, ed. H. Engelland (Gütersloh: Bertelsmann Verlag, 1953), vol. 2, 106.22–110.11. | pp. 757-759

6.26 John Calvin, *Institutes*, III.xxi.1, 5. | pp. 761-762

6.27 John Calvin, *Institutes*, III.xi.2, 23. | pp. 763-764

6.28 Council of Trent, Session VI, chapter 4; in *Enchiridion Symbolorum*, ed. H. Denzinger, 39th edn (Freiburg im Breisgau: Herder, 2001), §1524. 공유 저작물을 이용함. | p. 765

6.29 Theodore Beza, Letter to John Calvin, July 29, 1555; in *Correspondance de Théodore de Bèze*, ed. H. Aubert (Geneva: Droz, 1960), vol. 1, p. 171. 공유 저작물을 이용함. | pp. 767-768

6.30 John Donne, Holy Sonnet XIV; in *Poems of John Donne*, ed. E. K. Chambers, 2 vols. (London: Lawrence & Bullen, 1896), vol. 1, p. 165. (『존 던의 거룩한 시편』 청동거울, 2001) | pp. 769-770

6.31 *Westminster Confession*, X.1–2; in E. F. K. Müller (ed.), *Die Bekenntnisschriften der reformierten Kirche* (Leipzig: Böhme, 1903), 565.12–566.3. (『웨스트민스터 신앙고백』 김혜성, 남정숙 역, 생명의 말씀사, 1983; "웨스트민스터 신앙고백", http://www.kor-tv.com/kidok%20westminster.htm) | pp. 771-772

6.32 Jonathan Edwards, *Christian Doctrine of Original Sin Defended*; in *The Works of President Edwards*, ed. S. B. Wright, 10 vols. (New Haven, CT: Yale University Press, 1929–1930), vol. 2, pp. 309–316. (『원죄론』 김찬영 역, 부흥과개혁사, 2016) | pp. 773-775

6.33 John Wesley, Sermon V: "Justification by Faith"; in John Wesley, *Sermons on Several Occasions* (London: G. Whitfield, 1746), vol. 1, pp. 81–101. (『존 웨슬리 설교선집』 김영선 역, 열린출판사, 2009) | p. 777

6.34 *Newman's Apologia pro Vita Sua: The Two Versions of 1864 and 1865* (London: Oxford University Press, 1913), pp. 333–335. | pp. 779-780

6.35 Karl Barth, *Church Dogmatics*, II/2, ed. and trans. G. W. Bromiley and T. F. Torrance (Edinburgh: T&T Clark, 1957), pp. 103, 161, 164, 166–167. (『교회 교의학 2-2』 황정욱 역, 대한기독교

서회, 2007) 대한기독교서회의 허락을 받아 이용함. | pp. 782-784

6.36 Emil Brunner, *The Christian Doctrine of God: Dogmatics Vol. 1*, trans. Olive Wyon (London: Lutterworth Press, 1949), pp. 346–351. 공유 저작물을 이용함. | pp. 786-787

6.37 Reinhold Niebuhr, *The Nature and Destiny of Man*, 2 vols. (New York: Macmillan, 1941), vol. 1, pp. 256–259, 266–267. (『인간의 본성과 운명 1』 오희천 역, 종문화사, 2013) 종문화사의 허락을 받아 이용함. | pp. 789-791

6.38 Valerie Saiving Goldstein, "The Human Situation: A Feminine View," *Journal of Religion* 40 (1960): pp. 100–112; extract at pp. 107-109. University of Chicago Press의 허락을 받아 이용함. | pp. 792-794

6.39 "Pastoral Constitution on the Church in the Modern World, *Gaudium et Spes*, Promulgated by His Holiness Pope Paul VI on December 7, 1965," sections 12–17. http://www.vatican.va/archive/hist_councils/ii_vatican_council/documents/vat-ii_cons_19651207_gaudium-et-spes_en.html (accessed February 17, 2016). (『기쁨과 희망: 현대 세계의 교회에 관한 사목 헌장』 신정훈 역, 가톨릭대학교출판부, 2017; "기쁨과 희망: 현대 세계의 교회에 관한 사목 헌장", http://www.cbck.or.kr/book/book_list.asp?p_code=K5140) | pp. 795-800

6.40 Mary Hayter, *The New Eve in Christ* (London: SPCK, 1987), pp. 87–92. SPCK의 허락을 받아 이용함. | pp. 801-806

6.41 German Original: Joseph Ratzinger [Benedict XVI], *Im Anfang schuf Gott. Vier Predigten über Schöpfung und Fall* (Erich Wewel Verlag, Donauwörth 1986, Johannes Verlag Einsiedeln, Freiburg 1996, 2005). © Libreria Editrice Vaticana. Englisch: Joseph Ratzinger [Benedict XVI], *In the Beginning: A Catholic Understanding of the Story of Creation and the Fall* (Grand Rapids, MI: Eerdmans, 1995), pp. 44–45, 47. Johannes Verlag의 허락을 받아 이용함. | pp. 807-808

7장

7.1 Irenaeus, *Adversus haereses*, IV. xxxiii.8. | p. 819

7.2 Origen, *Homilia in Iesu Nave*, III, 5.

7.3 Cyprian of Carthage, *De catholicae ecclesiae unitate*, 5–7. (『초기 라틴 신학』 두란노아카데미, 2011) | pp. 820-821

7.4 Cyril of Jerusalem, *Catechetical Lecture XVIII*, 23, 26. | p. 825

7.5 Petilian of Cirta, letter to Augustine; in Augustine, *Contra litteras Petiliani*, III. lii.64. | p. 827

7.6 Augustine, *De baptismo*, V.xxvii.38. | pp. 828-829

7.7 Leo the Great, *Sermo* 95 *de natali ipsius*. | pp. 830-831

7.8 Innocent III, "Sicut universitatis conditor," as set out in Epistola I, 401; in J. P. Migne, *Patrologia Latina* (Paris, 1841–55), 214.377B. (『하인리히 덴칭거—신경, 신앙과 도덕에 관한 규정 선언 편람』 CBCK, 2017) | p. 832

7.9 Thomas Aquinas, *In symbolum apostolorum*, 9. (『토마스 아퀴나스 사도신경 강해설교』 손은실 역, 새물결플러스, 2015) | p. 833

7.10 Boniface VIII, "De unitate et potestate Ecclesiae"; in *Enchiridion Symbolorum*, ed. H. Denzinger, 39th edn (Freiburg im Breisgau: Herder, 2001), §§870–875. | pp. 835-837

7.11 Jan Hus, *Tractatus de ecclesia*, 7; in *Tractatus de ecclesia*, ed. S. Harrison Thomson (Cambridge: Heffer, 1956), pp. 44–45. | pp. 838-839

7.12 Martin Luther, *On the Councils and the Church* (1539); in *D. Martin Luthers Werke: Kritische Gesamtausgabe* (Weimar: Böhlau, 1914), vol. 50, 628.29–630.2. (지원용 저, 『루터 선집 8-교회를 위한 목회자 루터』 컨콜디아사, 1985) | pp. 840-842

7.13 Martin Luther, *Appeal to the German Nobility* (1520); in *D. Martin Luthers Werke: Kritische Gesamtausgabe* (Weimar: Böhlau, 1888), vol. 6, 406.21–408.30. | pp. 843-844

7.14 Philip Melanchthon, *De appellatione ecclesiae catholicae*; in *Corpus Reformatorum (Melanchthon)* (Halle: Schwetschke), vol. 24, cols. 397–399. | p. 846

7.15 Sebastian Franck, letter to John Campanus, 1531; in B. Becker, "Fragment van Francks latijnse brief aan Campanus," *Nederlands Archief voor Kerkgeschiedenis* 46 (1964–1965), pp. 197–205; pp. 201–204에서 발췌. 이 편지의 라틴어 원본은 일부만 존재한다. 독일어·네덜란드어로 번역된 완전한 형태의 편지는 다음을 참조하라. *Quellen zur Geschichte der Täufer*, vol. 7, ed. M. Krebs and H. G. Rott (Gütersloh: Mohn, 1959), pp. 301–325. 공유 저작물을 이용함. | pp. 847-848

7.16 *The First Helvetic Confession* (1536), article 14; in E. F. K. Müller (ed.), *Die Bekenntnisschriften der reformierten Kirche* (Leipzig: Böhme, 1903), 101.25–101.37. | p. 849

7.17 John Calvin, *Institutes*, IV.i.9–12. | pp. 850-852

7.18 Richard Hooker, *Laws of Ecclesiastical Polity*, III.i.7–8; in Richard Hooker, Works, ed. J. Keble, 3rd edn (Oxford: Oxford University Press, 1845), vol. 1, pp. 342–343. | pp. 853-854

7.19 *Westminster Confession*, XXV, 1–5; in E. F. K. Müller (ed.), *Die Bekenntnisschriften der reformierten Kirche* (Leipzig: Böhme, 1903), 597.28–599.4. (『웨스트민스터 신앙고백』 김혜성, 남정숙 역, 생명의 말씀사, 1983; "웨스트민스터 신앙고백", http://www.kor-tv.com/kidok%20westminster.htm) | pp. 855-856

7.20 Roger Williams, "Mr Cotton's Letter Lately Printed, Examined and Answered" (1644); in *The Complete Writings of Roger Williams*, ed. Reuben Aldridge Guild (New York: Russell & Russell Inc., 1963), vol. 1, p. 108. 이 책은 원래 페이지 번호를 달고 있는 여러 저작물을 포함하고 있다. 코튼의 주장에 대한 윌리엄스의 답변은 이 책의 마지막 부분에 재인쇄되어 있다. 맞춤법은 현대식을 따랐다. | p. 857

7.21 Friedrich Schleiermacher, *The Christian Faith*, trans. H. R. Mackintosh and J. S. Stewart (Edinburgh: T&T Clark, 1928), pp. 525–528. | pp. 859-862

7.22 First Vatican Council, *Pastor aeternus*, First Dogmatic Constitution on the Church, chapters 1 and 4; in *Enchiridion Symbolorum*, ed. H. Denzinger, 39th edn (Freiburg im

Breisgau: Herder, 2001), §§3053–3055. 공유 저작물을 이용함. | pp. 863-866

7.23 H. B. Swete, *The Holy Catholic Church: The Communion of Saints – A Study in the Apostles' Creed* (London: Macmillan, 1915), pp. 44–49. | pp. 867-870

7.24 "The Theological Clarification of the Present State of the German Evangelical Churches" (1934), 1–5; in *Bekenntnisschiften und Kirchenordnungen der nach Gottes Wort reformierten Kirche*, ed. W. Niesel (Zurich: Evangelischer Verlag, 1938), 335.25–335.31; 335.46–336.10; 336.21–336.38. (김영재 편, 『기독교 신앙고백』 영음사, 2011) | pp. 871-872

7.25 Stephen Neill, *Beliefs: Lectures Delivered at the Kodaikanal Missionary Conference, 1937* (Madras: Christian Literature Society for India, 1944), pp. 18–20. | pp. 874-875

7.26 Yves Congar, *Lay People in the Church: A Study for a Theology of the Laity*, rev. edn, trans. Donald Attwater (London: Geoffrey Cassell, 1965), pp. 111–113. Latin words italicized by editor for clarity. Éditions du Cerf의 허락을 받아 이용함. | pp. 876-878

7.27 Vatican II, *Lumen Gentium*, §6. (『제2차 바티칸 공의회 문헌』 CBCK, 2008; "인류의 빛: 교회에 관한 교의 헌장", https://cbck.or.kr/Documents/Council) | pp. 880-881

7.28 John D. Zizioulas, *Being as Communion: Studies in Personhood and the Church* (New York: St. Vladimir's Seminary Press, 1985), pp. 257–259. St. Vladimir's Seminary Press의 허락을 받아 이용함. (『친교로서의 존재』 이세형, 정애성 역, 삼원서원, 2012) | pp. 882-884

7.29 Avery Dulles, *The Catholicity of the Church* (Oxford: Clarendon Press, 1985), p. 185. Copyright © Avery Dulles, *The Catholicity of the Church* (Oxford: Oxford University Press, 1985). PLSclear를 통해서 Oxford University Press의 허락을 받아 이용함. | pp. 885-886

7.30 Stanley Hauerwas, *A Community of Character: Toward a Constructive Christian Social Ethic* (Notre Dame, IN: University of Notre Dame Press, 1981), pp. 91–92. (『교회됨』 문서영 역, 북코리아, 2010) | pp. 888-889

7.31 George Dragas, "Orthodox Ecclesiology in Outline," *Greek Orthodox Theological Review* 26 (1981): pp. 185–192; pp. 185–186에서 발췌. Holy Cross Orthodox Press의 허락을 받아 이용함. | pp. 891-892

7.32 Pope John Paul II, "Redemptoris Missio: On the Permanent Validity of the Church's Missionary Mandate," issued December 7, 1990, §§71–72. | pp. 894-896

7.33 John Webster, "On Evangelical Ecclesiology," *Ecclesiology* 1 (2004): pp. 9–35; pp. 10–12에서 발췌. Brill의 허락을 받아 이용함. | pp. 897-899

8장

8.1 Clement of Alexandria, *Paedagogus*, I.vi.38. | p. 909

8.2 Tertullian, *De baptismo*, I, 9. | pp. 910-911

8.3 Cyprian of Carthage, *Epistle LXXI*,

1. | p. 913

8.4 Cyril of Jerusalem, *First Address on the Mysteries*, 1–3. | pp. 914-915

8.5 Cyril of Jerusalem, *Fourth Address on the Mysteries*, 2–6. | pp. 916-917

8.6 Hilary of Poitiers, *In Matthaeum*, ii, 5. | p. 918

8.7 Gregory of Nazianzus, *Oratio theologica*, XL, 2, 7–8. | pp. 919-920

8.8 Augustine, *De baptismo*, IV, 16, 18. | pp. 921-922

8.9 Augustine, *Contra Cresconium*, IV.xxi.26. | pp. 923-924

8.10 John of Damascus, *De fide orthodoxa*, IV, 13. | p. 925

8.11 Paschasius Radbertus, *De corpore et sanguine Christi*, III.1, 4; IV.1. (『중세 초기 신학』 두란노아카데미, 2011) | pp. 927-928

8.12 Ratramnus of Corbie, *De corpore et sanguine Christi*, II.9–11, 16. | pp. 929-930

8.13 Candidus of Fulda, *De passione domini*, 5. | p. 931

8.14 Lanfranc of Bec, *De corpore et sanguine Christi; in Beati Lanfranci archiepiscopi Cantuarensis opera*, ed. J. A. Giles (Oxford: Clarendon Press, 1844), vol. 2, p. 167. | pp. 932-933

8.15 Hugh of St. Victor, *De sacramentis*, IX, 2. | pp. 934-935

8.16 Peter Lombard, *Sententiarum libri quatuor*, IV.i.4, ii.1. (『스콜라 신학 선집: 안셀름부터 오캄까지』 최영근, 김도훈 역, 두란노아카데미, 2011) | p. 936

8.17 Fourth Lateran Council, Canon 1; in *Enchiridion Symbolorum*, ed. H. Denzinger, 39th edn (Freiburg im Breisgau: Herder, 2001), §XXX. (『하인리히 덴칭거—신경, 신앙과 도덕에 관한 규정 선언 편람』 CBCK, 2017) | pp. 938-939

8.18 Thomas Aquinas, *Summa theologiae*, IIIa, q. 75, aa. 2–5. | pp. 940-942

8.19 Martin Luther, *The Babylonian Captivity of the Church* (1520); in *D. Martin Luthers Werke: Kritische Ausgabe* (Weimar: Böhlau, 1888), vol. 6, 509.22–512.4. (『말틴 루터의 종교개혁 3대 논문』 지원용 역, 컨콜디아사, 1993) | pp. 943-945

8.20 Martin Luther, *The Babylonian Captivity of the Church* (1520); in *D. Martin Luthers Werke: Kritische Ausgabe* (Weimar: Böhlau, 1888), vol. 6, 513.14–514.21. (『말틴 루터의 종교개혁 3대 논문』 컨콜디아사, 1993) | pp. 946-948

8.21 Huldrych Zwingli, *On the Lord's Supper* (1526); in *Corpus Reformatorum: Huldreich Zwinglis sämtliche Werke* (Leipzig: Heinsius, 1927), vol. 91, 796.2–800.5. (『츠빙글리와 불링거』 서원모, 김유준 역, 두란노아카데미, 2011) | pp. 949-953

8.22 Huldrych Zwingli, *On Baptism; in Corpus Reformatorum: Huldreich Zwinglis sämtliche Werke* (Leipzig: Heinsius, 1927), vol. 91, 217.14–218.24. | pp. 954-955

8.23 John Calvin, *Institutes*, IV.xiv.1, 3; in *Joannis Calvini: Opera selecta*, ed. P. Barth and W. Niesel (Munich: Kaiser Verlag, 1936), vol. 5, 259.1–261.3. (『기독교 강요 하』 김종흡 역, 생명의말씀사, 1988) | pp. 956-958

8.24 Council of Trent, Session XIII, chapters 1, 4; in *Enchiridion Symbolorum*, ed. H. Denzinger, 39th edn (Freiburg im Breisgau: Herder, 2001), §§1636–1637, 1642. 공유 저작물을 이용함. | pp.

959-960

8.25 John Wesley, *Hymns on the Lord's Supper*, 116; in John and Charles Wesley, *Hymns on the Lord's Supper* (London, 1786), pp. 86–87. (『웨슬리 형제의 성만찬 찬송』 나형석 역, 기독교대한감리회, 2004) | pp. 961-962

8.26 John Henry Newman, Sermon 16, "On Infant Baptism"; in *Parochial and Plain Sermons*, 8 vols (London: Longmans, Green, & Co., 1908), vol. 7, pp. 217–225. | pp. 963-966

8.27 Vatican II, *Sacrosanctum concilium*, §§47–49. (『제2차 바티칸 공의회 문헌』 CBCK, 2008; "거룩한 공의회: 거룩한 전례에 관한 헌장", https://cbck.or.kr/Documents/Council) | pp. 967-969

8.28 Edward Schillebeeckx, *The Eucharist* (London: Sheed & Ward, 1968), pp. 108–119. Bloomsbury의 허락을 받아 이용함. | pp. 970-974

8.29 *Baptism, Eucharist and Ministry*, Faith and Order Paper 111 (Geneva: World Council of Churches, 1982), pp. 2–3. (『세례·성만찬·사역』 한국기독교장로회총회 역, 한신대학출판부, 1982) | pp. 975-978

8.30 Alexander Schmemann, *The Eucharist: Sacraments of the Kingdom* (New York: St. Vladimir's Seminary Press, 1988), pp. 224–227. St. Vladimir's Seminary Press의 허락을 받아 이용함. (『하나님 나라의 성찬』 김아윤, 주종훈 역, 새세대, 2012) | pp. 979-982

8.31 Rowan Williams, *On Christian Theology* (Oxford: Blackwell, 2000), pp. 203–204. Wiley의 허락을 받아 이용함. | pp. 983-985

8.32 Pope John Paul II, encyclical letter "'Evangelium Vitae': To the Bishops, Priests and Deacons, Men and Women Religious, Lay Faithful, and All People of Good Will, on the Value and Inviolability of Human Life" (March 25, 1995). http://w2.vatican.va/content/john-paul-ii/en/encyclicals/documents/hf_jp-ii_enc_25031995_evangelium-vitae.html (accessed February 17, 2016). (『생명의 복음(Evangelium Vitae)』 송열섭 역, 한국천주교중앙협의회, 1995) | pp. 986-988

9장

9.1 Justin Martyr, *Dialogue with Trypho*, 11. | pp. 997-998

9.2 Ludwig Feuerbach, *The Essence of Christianity; in Gesammelte Werke*, ed. W. Schuffenhauer (Berlin: Akademie Verlag, 1973), vol. 5, pp. 46–47. (『기독교의 본질』 강대석 역, 한길사, 2008) | pp. 1000

9.3 Karl Marx, Theses on Feuerbach (1845); in *Marx–Engels Gesamtausgabe*, vol. 1, part 5, ed. A. Adoratskii (Berlin: Marx–Engels Verlag, 1932), 533.14–555.35. (『칼맑스 프리드리히엥겔스 저작선집 1』 최인호 역, 박종철출판사, 2016) | pp. 1001-1002

9.4 Karl Barth, *Church Dogmatics*, I/2, ed. and trans. G. W. Bromiley and T. F. Torrance (Edinburgh: T&T Clark, 1956), pp. 280, 297–300. (『교회 교의학 1-2』 신준호 역, 대한기독교서회, 2010) 대한기독교서회의 허락을 받아 이용함. | pp. 1004-1006

9.5 C. S. Lewis, "Is Theology Poetry?"; in *C. S. Lewis: Essay Collection* (London: Collins, 2000), pp. 1–21; pp. 15–16에

서 발췌. (『영광의 무게』 홍종락 역, 홍성사, 2008) | pp. 1008-1010

9.6 Karl Rahner, *Theological Investigations* (London: Darton, Longman and Todd; New York: Crossroad, 1966), vol. 5, pp. 115–134. INIGO Medien GmbH의 허락을 받아 이용함. | pp. 1011-1017

9.7 Vatican II, *Nostra aetate* (October 28, 1965); in *Vatican II: Conciliar and Postconciliar Documents*, ed. Austin Flannery, OP (Northport, NY: Costello Publishing Company; Dublin: Dominican Publications, 1975), pp. 738–742. (『제2차 바티칸 공의회 문헌』 CBCK, 2008; 『제2차 바티칸 공의회문헌해설총서 1』 현석호 역, 성바오로, 1999; "교육의 중대성: 그리스도인 교육에 관한 선언", https://cbck.or.kr/Documents/Council) | pp. 1019-1023

9.8 Clark H. Pinnock, *A Wideness in God's Mercy* (Grand Rapids, MI: Zondervan, 1992), pp. 64–69. Zondervan의 허락을 받아 이용함. | pp. 1025-1031

9.9 John Hick, *The Second Christianity* (London: SCM Press, 1983), pp. 82–87. John Hick: The Second Christianity by John Hick © John Hick 1953. SCM Press의 허락을 받아 이용함. (『새로운 기독교』 김승철 역, 나단, 1991) | pp. 1032-1037

9.10 John B. Cobb Jr., "Beyond Pluralism"; in G. D'Costa (ed.), *Christian Uniqueness Reconsidered: The Myth of a Pluralistic Theology of Religions* (Maryknoll, NY: Orbis, 1990), pp. 81–95; pp. 81–84에서 발췌. Orbis Books의 허락을 받아 이용함. | pp. 1038-1044

9.11 Lesslie Newbigin, *The Gospel in a Pluralist Society* (Grand Rapids, MI: Eerdmans, 1989), pp. 159–161, 168–170. (『다원주의 사회에서의 복음』 홍병룡 역, IVP, 2007) | pp. 1045-1050

9.12 Gavin D'Costa, "The Impossibility of a Pluralist View of Religions," *Religious Studies* 32 (1996): pp. 223–232; pp. 227–229에서 발췌. Cambridge University of Press의 허락을 받아 이용함. | pp. 1052-1055

9.13 Herbert McCabe, *God Still Matters* (London: Continuum, 2002), pp. 37, 59. Bloomsbury의 허락을 받아 이용함. | pp. 1057-1058

9.14 David F. Ford, *Christian Wisdom: Desiring God and Learning in Love* (Cambridge: Cambridge University Press, 2007), pp. 278–280, 301–303. Cambridge University Press의 허락을 받아 이용함. | pp. 1059-1064

9.15 Francis, *Evangelii Gaudium*, §§250–254. ("복음의 기쁨", http://www.vatican.va/phome_en.htm) | pp. 1065-1068

10장

10.1 Irenaeus, *Adversus haereses*, V.xxxii.1, V.xxxiii.1. (『초기 기독교 교부들』 두란노아카데미, 2011) | pp. 1077-1078

10.2 Theophilus of Antioch, *Ad Autolycum*, II, 27. | pp. 1079-1080

10.3 Tertullian, *Apologeticus*, XLVII, 12–14. | p. 1081

10.4 Tertullian, *Adversus Marcionem*, III. xxiv.3–6. | pp. 1082-1083

10.5 Origen, *De principiis*, II.x.3. (『원리론』 아카넷, 2014) | p. 1084

10.6 Cyprian of Carthage, *De mortalitate*, 7; 25. | pp. 1085-1087

10.7 Methodius of Olympus, *De resurrectione*, I.xlii.1–xliii.4. | pp. 1088-1089

10.8 Cyril of Jerusalem, *Fifth Address on the Mysteries*, 9–10. | p. 1090

10.9 Gregory of Nyssa, *Dialogus de anima et resurrectione*. | p. 1091

10.10 John Chrysostom, *Homilia in 1 Corinthos*, xli, 5. | p. 1092

10.11 Augustine, *De civitate Dei*, XIII, 20. (『신국론: 11-18권』 성염 역, 분도출판사, 2004) | pp. 1093-1094

10.12 Gregory the Great, *Dialogia*, IV.xli.3. | p. 1095

10.13 Peter Lombard, *Sententiarum libri quatuor*, II.xxx.15. | p. 1097

10.14 Benedict XII, *Benedictus Deus; in Enchiridion Symbolorum*, ed. H. Denzinger, 39th edn (Freiburg im Breisgau: Herder, 2001), §1000. (『하인리히 덴칭거—신경, 신앙과 도덕에 관한 규정 선언 편람』 CBCK, 2017) | pp. 1098-1099

10.15 Catherine of Genoa, *Treatise on Purgatory*, iii, v; in *Edizione Critica dei Manoscritti Cateriniani*, ed. Umile Bonzi da Genova (Genoa: Marietti, 1960), vol. 2, pp. 327–332. 공유 저작물을 이용함. | pp. 1100-1101

10.16 John Donne, Holy Sonnet X; in *Complete Poetry and Selected Prose*, ed. J. Hayward (New York: Random House, 1932), p. 283. (『존 던의 거룩한 시편』 청동거울, 2001) | p. 1102

10.17 Jeremy Taylor, *The Rules and Exercises of Holy Dying* (London, 1651), section 8, 1. (『거룩한 죽음』 주욱중 역, 크리스챤다이제스트, 1991) | pp. 1103-1104

10.18 Jonathan Edwards, "Sinners in the Hands of an Angry God"; in *The Works of President Edwards*, ed. S. B. Wright, 10 vols. (New Haven, CT: Yale University Press, 1929–1930), vol. 7, pp. 163–177. (『진노한 하나님의 손에 붙들린 죄인들』 안보헌 역, 생명의 말씀사, 1998) | pp. 1105-1108

10.19 John Wesley, Sermon LXV: "The Great Deliverance," sections III.1–5; in John Wesley, *Sermons on Several Occasions* (London: Wesleyan Conference Office, 1874), vol. 2, pp. 61–63. (『웨슬리 설교전집 5』 조종남, 김홍기, 임승안 외 공역, 대한기독교서회, 2006) | pp. 1109-1110

10.20 C. S. Lewis, *Mere Christianity* (London: HarperCollins, 2002), pp. 134, 136–137. (『순전한 기독교』 장경철, 이종태 역, 홍성사, 2008) | pp. 1112-1114

10.21 Rudolf Bultmann, *History and Eschatology* (Edinburgh: Edinburgh University Press, 1957), pp. 151–155. Mohr Siebeck의 허락을 받아 이용함. (『역사와 종말론』 서남동 역, 대한기독교서회, 1998) | pp. 1115-1118

10.22 Helmut Thielicke, *Theological Ethics*, ed. and trans. William H. Lazareth, 3 vols. (Grand Rapids, MI: Eerdmans, 1966), vol. 1, pp. 44–47. Mohr Siebeck의 허락을 받아 이용함. (『기독교 신학적 윤리』 곽재욱 역, 화평앤샬롬, 2007) | pp. 1119-1122

10.23 Richard Bauckham, "Jürgen Moltmann"; in D. F. Ford (ed.), *The Modern Theologians*, 2 vols. (Oxford: Blackwell, 1989), pp. 293–310; pp. 298–300에서 발췌. Wiley의 허락을 받아 이용함. | pp. 1124-1126

10.24 Hans Urs von Balthasar, *Mysterium Paschale* (Edinburgh: T&T Clark, 1990), pp. 176–177. Bloomsbury의 허락을 받아 이용함. | pp. 1128-1129

10.25 *Catechism of the Catholic Church*, §§1024–1029. (『가톨릭 교회 교리서』 한국천주교중앙협의회, 2008; "가톨릭 교회 교리서", https://www.cbck.or.kr/Documents/Catechism) | pp. 1130-1131

10.26 Kathryn Tanner, *Jesus, Humanity and the Trinity: A Brief Systematic Theology* (Minneapolis: Fortress Press, 2001), pp. 108–110. 1517 Media의 허락을 받아 이용함. | pp. 1132-1135

심화 추가 독서 자료

이 책은 기독교 전통의 기본적인 주제와 쟁점, 논쟁, 학파, 사상가들을 독자들에게 소개하는 것을 목표로 삼는다. 책의 성격상 기독교 신학의 모든 것을 다룰 수는 없고, 방대한 주제들에 대한 '맛보기'를 제시한다. 다행히 지난 30년 사이에 폭넓은 영역을 두루 다루는 신학 자료집들이 출간되어서, 특정 분야에 관심을 둔 독자들에게 풍성한 자료를 제공해 준다. 그런 자료를 통해 특정한 주제나 학파의 사상을 집중적으로 살펴볼 수 있다. 심화 연구를 위한 자료들로 아래의 책들을 추천한다.

- Jeff Astley, David Brown, and Ann Loades, *Creation: A Reader* (Edinburgh: T&T Clark, 2003).
- Jeff Astley, David Brown, and Ann Loades, *Evil: A Reader* (Edinburgh: T&T Clark, 2003).
- Lewis Ayres, *The Trinity: Classic and Contemporary Readings* (Oxford: Blackwell Publishing, 2005).
- John S. Bowden and James Richmond, *A Reader in Contemporary Theology* (London: SCM Press, 1967).
- Ellen T. Charry, *Inquiring after God: Classic and Contemporary Readings* (Oxford: Blackwell, 1999).
- Daniel B. Clendenin, *Eastern Orthodox Theology: A Contemporary Reader* (Grand Rapids, MI: Baker Books, 1995).
- Dan Cohn-Sherbok, *Holocaust Theology: A Reader* (Exeter: University of Exeter Press, 2001).
- Dan Cohn-Sherbok, *Interfaith Theology: A Reader* (Oxford: Oneworld, 2001).
- Oliver Crisp, *A Reader in Contemporary Philosophical Theology* (London: T&T Clark, 2009).
- Stephen E. Fowl, *The Theological Interpretation of Scripture: Classic and Contemporary Readings* (Oxford: Blackwell, 1997).
- Robin Gill, *Theology and Sociology: A Reader* (London: Cassell, 1996).
- Colin E. Gunton, Stephen R. Holmes, and Murray Rae, *The Practice of Theology: A Reader* (London: SCM Press, 2011).
- Patrick Hannon, *Moral Theology: A Reader* (Dublin: Veritas Publications, 2006).
- Michael A. Hayes and Liam Gearon, *Contemporary Catholic Theology: A Reader* (Leominster, UK: Gracewing, 1998).
- Paul Helm, *Faith and Reason* (Oxford: Oxford University Press, 1999).
- Edward Hindson, *Introduction to Puritan Theology: A Reader* (Grand Rapids, MI: Guardian Press, 1976).
- Douglas G. Jacobsen, *A Reader in Pentecostal Theology: Voices from the First Generation* (Bloomington: Indiana

University Press, 2006).

- William S. Johnson and John H. Leith, *Reformed Reader: A Sourcebook in Christian Theology* (Louisville, KY: Westminster John Knox Press, 1993).
- G. Neil Messer, *Theological Issues in Bioethics: An Introduction with Readings* (London: Darton, Longman & Todd, 2002).
- Michael S. Northcott, *Urban Theology: A Reader* (London: Cassell, 1998).
- Ben C. Ollenburger, E. A. Martens, and Gerhard F. Hasel, *The Flowering of Old Testament Theology: A Reader in Twentieth-Century Old Testament Theology; 1930–1990* (Winona Lake, IN: Eisenbrauns, 1992).
- Nelson Pike, *God and Evil: Readings on the Theological Problem of Evil* (Englewood Cliffs, NJ: Prentice Hall, 1964).
- Richard J. Plantinga, *Christianity and Plurality: Classic and Contemporary Readings* (Oxford: Blackwell, 1999).
- Gesa Elsbeth Thiessen, *Theological Aesthetics: A Reader* (London: SCM Press, 2004).
- Graham Ward, *The Postmodern God: A Theological Reader* (Oxford: Blackwell, 1997).
- John B. Webster and George P. Schner (eds), *Theology after Liberalism: A Reader* (Oxford: Blackwell, 2000).
- James Woodward and Stephen Pattison, *The Blackwell Reader in Pastoral and Practical Theology* (Oxford: Blackwell, 2000).

전문자료

특별히 관심을 두어 살펴볼 자료들을 세 분야로 구분해 제시한다. 20세기 후반부에 매우 중요한 분야로 인정받고 대학의 연구 과정에서도 비중 있게 가르친 그 분야들은 페미니즘, 해방신학, 비서구권 세계의 신학이다. 이 분야에 대해 더 깊이 연구하려는 사람들을 위해 아래와 같이 중요한 자료들을 선별해 제시한다.

페미니즘

- María Pilar Aquino, Daisy L. Machado, and Jeanette Rodriguez, *A Reader in Latina Feminist Theology: Religion and Justice* (Austin: University of Texas Press, 2002).
- Elisabeth Schüssler Fiorenza, *The Power of Naming: A Concilium Reader in Feminist Liberation Theology* (Maryknoll, NY: Orbis Books, 1996).
- Ursula King, *Feminist Theology from the Third World: A Reader* (Maryknoll, NY: Orbis Press, 2009).
- Prasanna Kumari, *A Reader in Feminist Theology* (Madras, India: Gurukul Lutheran Theological College, 1993).
- Ann Loades, *Feminist Theology: A Reader* (Louisville, KY: Westminster John Knox Press, 2004).

해방신학

- Curt Cadorette, *Liberation Theology: An Introductory Reader* (Maryknoll, NY: Orbis Books, 1992).
- Elisabeth Schüssler Fiorenza, *The Power of Naming: A Concilium Reader in Feminist Liberation Theology* (Maryknoll, NY: Orbis Books, 1996).
- Arvind P. Nirmal and V. Devasahayam, *A Reader in Dalit Theology* (Madras,

India: Gurukul Lutheran Theological College, 1990).

비서구권 세계의 신학

- Ursula King, *Feminist Theology from the Third World: A Reader* (Maryknoll, NY: Orbis Press, 2009).
- John D'Arcy May (ed.), *Living Theology in Melanesia: A Reader* (Goroka, Papua New Guinea: Melanesian Institute for Pastoral and Socio-Economic Service, 1985).
- John Parratt, *A Reader in African Christian Theology*, rev. edn (London: SPCK, 1997).
- R. S. Sugirtharajah and C. Hargreaves (eds), *Readings in Indian Christian Theology* (London: SPCK, 1993).

찾아보기

ㄱ

ㄴ

ㄷ

ㅅ

ㅇ

ㅈ

ㅊ

ㅋ

ㅌ

ㅍ

ㅎ